Merriam-Webster's
Vocabulary Builder

미리엄웹스터 보캐뷸러리 빌더

Merriam-Webster's Vocabulary Builder

Merriam–Webster's
Vocabulary Builder

Second Edition

Mary Wood Cornog

Merriam-Webster, Incorporated
Springfield, Massachusetts

미리엄웹스터 보캐뷸러리빌더를 기획하고 설계한 가장 기본적인 목표는 다음 두 가지다.

- 일상적으로 사용하는 어휘의 양을 늘려준다. 다시 말해 새로운 단어를 독자의 장기기억 속에 넣어준다.
- 일상에서 마주치는 낯선 단어들의 의미를 좀더 쉽게 추론할 수 있도록 도와준다. 고대그리스어와 라틴어 어근들을 익힘으로써 더 많은 어휘를 혼자서 손쉽게 확장해 나갈 수 있도록 기초지식을 쌓게 해준다.

이러한 목표를 효과적으로 달성하기 위해 미리엄웹스터 보캐뷸러리빌더는 기존에 나와있는 무수한 단어학습서들을 분석하고 어떤 문제가 있는지 진단했다.

- 많은 책들이 알파벳 순서에 따라, 또는 사용빈도에 따라 단어를 나열한다. 이러한 단어배열의 문제는, 독자 입장에서 볼 때 단어 사이에 어떠한 연관성도 느낄 수 없다는 것이다. 아무 관련 없는 단어들의 목록을 외우는 것은 고역일 수밖에 없으며, 겨우 외운다고 하더라도 오래 머릿속에 남지 않는다.
- 단어에 대한 해설이 부실하다. 대부분 단어의 뜻을 한 두 단어로 달아 놓고 넘어간다. 심지어 그 단어가 사용된 예문을 아예 보여주지도 않는 책도 있다. 이렇게 외운 단어는 실제 말이나 글에 적용하여 쓸 수 없기 때문에 얼마 못 가 머릿속에서 지워질 수밖에 없다.

변치 않는 진실은, 이러한 접근방식은 그 의도가 어떻든 우리 인간의 자연스러운 정보습득 방식과 매우 동떨어져있다는 것이다. 그렇다면 우리는 어떤 상황에서 단어를 쉽고 자연스럽게 기억할까?

- 단어가 의미있는 문맥 안에서 등장할 때
- 단어가 그 자체로 유용할 때, 그래서 기억해야 할 만한 가치가 있을 때
- 단어의 유래나 용법을 제대로 이해할 수 있을 때

따라서 어휘량을 늘리고자 할 때, 단어의 의미를 외우는 것 못지않게 단어가 사용되는 맥락과 용법을 정확하게 이해하는 것은 매우 중요하다.

오늘날 영어단어가 형성되는 데 가장 큰 뿌리가 된 것은 그리스어와 라틴어다. (그 다음으로 많은 영향을 미친 언어는 독일어다.) 물론 그리스어/라틴어는 로마제국이 멸망하고 오랜 시간이 지난 뒤 다른 언어들을 통해 영어에 들어오기 시작했다. 이러한 흐름은 지금 이 순간에도 계속 진행되고 있다. 매일 새롭게 만들어지는 단어들, 특히 과학용어들은 거의 예외없이 그리스-라틴 어근을 기반으로 만들어진다. 따라서 그리스-라틴 어근을 익히는 것은, 단순히 기존의 단어들의 의미를 기억하는 것뿐만 아니라, 앞으로 어디선가 마주칠 낯선 단어의 의미를 쉽게 추론할 수 있도록 도와줄 것이다. 어근의 의미만 분명히 알고 있다면, 낯선 단어라도 스펠링만 보고 의미를 어느 정도는 추론해낼 수 있을 것이다.

물론 이 책에서 모든 그리스-라틴 어근을 소개하지는 못한다. 하지만 영어단어를 만들 때 가장 많이 사용되는 중요한 어근들은 총망라했다. 영어에서 사용하는 그리스-라틴어 어근은 대개 그리스어/라틴어 단어의 일부만 가져온 것이다. 물론 몇몇 어근들은 (CRAC/CRAT처럼) 형태가 달라지기도 하는데, 이는 (영어 동사 buy-bought처럼) 그리스-라틴어에서 상황에 따라 단어의 형태가 달라지는 현상이 그대로 반영되어 들어왔기 때문이다.

단어를 외우고 오래 기억하려면 어떻게 해야 할까? 무수한 연구결과를 종합해보면 정답은 분명하다. 새로 익힌 단어를 일상에서 사용하는 것이다. 또 그 단어가 쓰인 글을 주기적으로 읽어, 되새기는 것이다. 그래야만 새로운 단어는 장기기억 속으로 들어간다. 따라서 단어를 외울 때 단어만 외우려고 하지 말고 다양한 글을 찾아서 읽어야 한다. 이 책은 그러한 노력을 덜어주기 위해, 단어와 연관된 재미있는 글을 해설코너에서 제공한다. 해설을 읽다보면 그 단어를 직접 사용하고 싶은 마음이 저절로 들 것이다. 또한 이 책에서 만난 단어들은 신비스럽게도 여러분이 일상에서 접하는 글과 말 속에서 마구 쏟아져나올 것이다. 새로운 자동차를 샀을 때 자신이 산 자동차가 세상에 얼마나 많이 돌아다니는지 비로소 눈에 들어오는 것처럼 말이다.

이 책은 늘 책상 한 켠에 놓아두길 바란다. 가방에 넣고 다니면 더욱 좋다. 1-2분이라도 틈이 날 때마다 아무 페이지나 펼쳐서 어근 하나를 익히고 단어해설을 읽어보라. 굳이 순서대로 읽을 필요는 없다. 어근마다 단어마다 제각각 완결된 형태로 이루어져 있기 때문이다. (물론 책에 단어들이 배열되어 있는 순서대로 읽어 나간다면 단어를 기억하기가 좀더 쉬울 것이다.) 단어 하나든, 어근 하나에 속해 있는 단어 네 개든, 유닛 하나든, 언제든 틈이 나는 대로 읽고 문제를 풀어보고 그 단어를 사용해 새로운 문장을 만들어보라. 그리고 단어를 처음 익힐 때는 반드시 한번씩은 크게 소리내 읽어보기 바란다.

외운 단어는 바로 사용해보라. 보고서, 에세이, 일기 등 다양한 글을 쓰면서 외운 단어를 써보라. 새로 익힌 단어를 직접 써보면 그 단어를 확실히 알고 있다는 자신감이 생길 것이다. 옛말에 말하듯이 "무엇이든 세 번 쓰면 내 것이 된다." 물론 세 번만으로도 완전히 외워지지 않는 단어도 있을 것이다. 포기해선 안 된다. 이 책에서 외운 단어가 자신의 일상적인 어휘집 속에 들어갈 수 있도록 노력해야 한다. 글이나 말 속에 이 단어가 나왔을 때 알아듣는 것에 만족하지 말고 필요할 때는 언제든 자유롭게 소환하여 편하게 사용할 수 있어야 한다.

이 단어들을 여러분이 사용한다면 원어민 친구들도 깜짝 놀랄 것이다. 당신을 똑똑하고 영리한 사람이라고 인식할 것이다. (한 가지 팁은, 잘난 체하지 말고 무심한 듯 툭 내뱉는 것이다. 그래야 더 강렬한 인상을 심어줄 수 있다.) 이러한 단어를 쓸 수 있다는 것만으로도 영어에 대한 자신감은 솟구칠 것이고, 자아성취의 만족감 또한 만끽할 수 있을 것이다.

이 책의 초판은 Mary Wood Cornog가 썼다. 또한 Michael G. Belanger, Brett P. Palmer, Stephen J. Perrault, Mark A. Stevens 등 Merriam-Webster의 많은 편집자들이 함께 노력했다. 이 책은 개정판으로 Merriam-Webster의 대표이자 발행인인 C. Roger Davis의 전폭적인 지지와 격려 위에 Mark A. Stevens가 새롭게 편집한 것이다.

한국어판 학습가이드

이 책은 총 260개 어근을 소개하며, 각 어근마다 단어를 네 개씩 소개한다. 그리고 단어 16개를 하나의 유닛으로 묶어 총 75유닛, 1200개 단어를 소개한다. 유닛은 세 개의 어근과 한 개의 보너스어근으로 구성되어 있다. 보너스어근 코너는 크게 네 가지 유형으로 나뉘어지는데, Part 1에서는 신화에서 유래한 단어들을 소개하고, Part 2에서는 그리스-라틴어 차용어들을 소개하고, Part 3에서는 숫자어근들을 소개하고, Part 4에서는 한국인 화자들에게 익숙한 어근들을 소개한다.

어근 4개, 총 16개 단어를 유닛 하나로 묶은 것은 이 정도 분량이 하루에 단어를 학습하기에 적당한 양이라고 여겨지기 때문이다. 한꺼번에 너무 많은 단어를 외우는 것은 힘이 들 뿐만 아니라 효율성도 떨어진다. 다시 말해 욕심을 내어 단시간에 많은 단어를 외우는 것은 그다지 효과가 없다. 하루 이틀 지나면 절반은 까먹고 만다. 가장 좋은 단어학습 방법은 부담을 느끼지 않을 만큼 조금씩 매일 꾸준히 단어를 외우는 것이다.

하지만 하루에 단어 16개를 외우는 것을 얕잡아 보아서는 안 된다. 실제로 책을 읽어보면 이마저도 벅차다는 느낌이 들지 모른다. 16개 단어를 설명하는 과정에서 등장하는 연관단어들과 표현까지 고려한다면 하루에 외워야 하는 단어는 100개 가까이 늘어난다. 예컨대 compel을 외우면서 compelling, compulsion, compulsive 같은 파생어들도 외워야 할 뿐만 아니라, compelling film, compulsive gambling 같은 관용적 표현까지 익혀야 한다. 이 정도 단어와 표현을 매일 외워 나간다는 것은 결코 쉬운 일이 아니다. 물론 이 책은 그 어려운 일을 손쉽게 헤쳐나갈 수 있도록 도와줄 것이다.

유닛이 끝날때마다 워크북에 수록된 리뷰퀴즈를 풀어보며 단어를 얼마나 기억하고 있는지 확인하기 바란다. 또한 이 책에 수록된 단어들의 원어민 발음을 녹음한 MP3 파일을 xcendo. net/voca에서 다운로드받을 수 있다.

GRAT

Latin *gratus/gratia*
pleasing 기분 좋은 welcome 반가운
grace 품위 agreeableness 만족스러움

gratify
[grǽtɪfaɪ]

gratuity
[grət úːiti]

verb
- 충족시키다. 기쁨이나 만족을 주다.
- 유혹에 굴복하다. 마음껏 채우다.

noun
- 팁.

It gratified him immensely to see his daughter bloom so beautifully in high school.

딸이 고등학교 시절 매우 아름답게 피어나는 모습을 보는 것은 그에게 엄청난 만족감을 주었다.

After sitting for three hours over a six-course meal at Le Passage we always leave the waiter a very generous gratuity.

르파싸지에서 3시간 동안 풀코스 만찬을 하고 난 뒤 나올 때는 언제나 웨이터에게 상당한 팁을 주었다.

gratify는 grat+ify가 결합한 단어로 '쾌락을 채워주다'라는 뜻이다.
He was gratified to hear that his idea had been confirmed.
자신의 아이디어가 승인되었다는 소식을 듣고 신이 났다.
Truly gratifying experiences and accomplishments usually are the result of time and effort. 진정으로 만족스러운 경험과 성취란 대개 시간과 노력의 결과로 받는 것이다.
Instant gratification of every desire will result in a life based on junk food and worse.
모든 욕구를 즉각 충족시키는 것은 결국 정크푸드만 먹고 사는 삶, 또는 그 이상의 나쁜 결과로 이어질 수 있다.
욕구를 즉각 만족시키는 것은 바람직하지 못하다.
gratifying an impulse는 give in to an impulse라는 말과 같다.

gratuity는 tip을 좀 더 고급스럽고 격식있게 표현하는 말이다.
고급레스토랑에 가면 Gratuities accepted라는 문구가 쓰여 있는 것을 볼 수 있다. '팁 받습니다'라는 뜻이다.
품위 있고 비싼 곳에서는 tip이라는 가벼운 말보다는 gratuity를 주로 사용한다. 예컨대 똑같은 돈이라도 택시기사에게 주는 것은 tip이고, 고급 레스토랑 지배인에게 주는 것은 gratuity다.

✦
six-course meal 6가지 음식이 순서대로 나오는 코스요리.

✦
bloom [bluːm] 꽃, 꽃이 피어나다.
give in to a demand 요구에 굴복하다.
gratification [grӕtɪfɪkéɪʃən] 만족.
impulse [ímpʌls] = a sudden desire
indulge [indʌ́ldʒ] 만끽하다, 응석을 다 받아주다.

A meal that's served *graciously* will be received with *gratitude* by *grateful* guests.
'자비롭게' 대접하는 식사에 대해 '감사할 줄 아는' 손님들은 '고마움'을 느낄 것이다.
ingrate[ɪŋɡreɪt]는 감사할 줄 모르는 '배은망덕한 사람'이다.

➊ 먼저 이 책의 헤드라인에서는 어근을 소개한다. 어근은 단어의 뿌리root라는 뜻으로, 때로는 어간, 즉 말의 줄기stem라고 부르기도 한다.

➋ 어근의 유래와 더불어 우리에게 익숙한 단어들 중에 이 어근을 활용하는 단어들을 오른쪽 헤드라인에서 간략하게 소개한다. (어근해설이 없는 보너스유닛에서는 라틴어 격언을 소개한다.)

➌ 본문 첫 줄에는 헤드라인에서 소개한 어근을 사용하는 단어를 네 개 소개한다. 이 책에서 소개하는 단어들의 난이도는 일률적이지 않다. 어떤 단어는 꽤 쉬울 수도 있지만, 어떤 단어는 정말 어려울 수 있다. 하지만 이렇게 양극단에 속하는 단어는 10퍼센트에 불과하다. 나머지 90퍼센트에 속하는 단어들은 SAT 시험에서 요구하는 단어수준에 맞춰져 있다. SAT 필수단어들은 교육수준이 높은 미국인들이 많이 쓰는 어휘로 과학자, 변호사, 교수, 의사와 같은 전문직 종사자들과 대화를 하거나 그들이 쓴 글을 읽기 위해서는 반드시 알아야 하는 단어들이다.

➍ 새롭게 소개하는 단어에는 모두 발음기호를 달았다. 미국인들의 가장 일반적인 발음을 선별했다.

➎ 단어마다 의미는 두 개까지만 제시했다. 의미가 너무 많아지면 외우는 데 방해가 될 수 있기 때문에 가장 핵심이 되는 일반적인 의미를 선별했다. 물론 개중에는 너무 쉽다고 여겨지는 단어도 있을지 모르지만, 설명을 읽어보면 그러한 인상은 대개 착각에 불과하다는 것을 알게 될 것이다. 어떤 글이나 말에서 그 단어가 나올 때 대충 의미는 짐작할 수 있더라도, 직접 말하고 글을 쓸 때 적절하게 사용하지 못한다면 제대로 아는 것이 아니다.

➏ 의미 다음에 예문을 제시한다. 단어의 의미를 좀더 쉽게 기억할 수 있도록, 단어가 가장 적절하게 사용된 문장을 선별했다.

➐ 그 다음 이 책의 가장 큰 특징이라 할 수 있는 단어해설이 나온다. 해설에서는 단어의 유래와 용법, 단어와 관련한 재미있는 사실들을 제공한다. 이 과정에서 더욱 풍부한 예문을 접할 수 있으며, 빈번하게 함께 사용되는 어휘집합(collocation)을 공부할 수 있다. 콜로케이션을 통째로 외우는 것은 단어를 더 쉽게 외우는 유용한 방법이다. 해설의 목적은 단어에 최대한 친숙해지도록 하여, 단어를 더 오래 기억할 수 있도록, 더 나아가 어려움없이 실생활에 바로 사용할 수 있도록 도와주는 것이다. 지적인 단어를 정확하게 사용할 수 있다는 자신감을 갖게 될 것이다. (작은 회색폰트는 앞서 나온 원문의 번역이라는 뜻이다.)

➑ 마지막으로 예문과 해설에서 등장한 새로운 단어와 표현들을 정리해서 보여준다. 이 섹션은 원서에는 원래 없는 것으로, 예문을 학습하는 과정에서 다시 사전을 찾아야 하는 불편함을 덜어주기 위해 한국어판을 제작하면서 추가한 것이다. (지면이 부족하여 **관련단어를 다른 칼럼에 붙인 경우도 있다.**)

PART

1

PLEN PLE

Latin
to fill 채우다

plenary
[pl'ennəri]

adjective
- 참석할 권한이 있는 사람들이 모두 출석한.
- 모든 면에서 완전한.

For the convention's plenary session, five thousand members gathered to hear a star speaker.
대회총회에서 5000명 회원이 유명연사의 연설을 듣기 위해 모였다.

Under the U.S. Constitution, the Congress has "plenary power" to wage war.
미국헌법에 따르면 의회가 전쟁을 벌일 '전권'을 가지고 있다.
Which means that no one else—not the courts, not the states, not the president—has any power whatsoever to second-guess Congress about warmaking.
이 말은 곧, 의회가 전쟁을 결의하면 사법부도 행정부도 대통령도 제재할 수 있는 권한이 없다는 뜻이다.
물론 최근에는 의회보다는 대통령이 전쟁을 초래하는 것처럼 보일 때가 많다.
At a conference, the plenary sessions (unlike the various smaller "presentations," "workshops," "forums," and "seminars" that otherwise fill the day) try to bring everyone together in the same room. 컨퍼런스에서 총회는 (하루종일 이어지는 다양한 소규모 '프레젠테이션', '워크숍', '포럼', '세미나'와 달리) 한 공간에 모든 사람이 참여하는 행사다.

+
wage [w'eɪdʒ] a campaign/war 전쟁을 일으키다.
whatsoever [hw,ɒtsoʊ'evər] 명사 뒤에 사용되어 부정적 의미를 강조하는 말. whatever의 강조형.

complement
[k'ɒmplɪment]

noun
- 완전히 채울 수 있는 양.
- 대응물, 상대.

On the committee, the two young people provided an energetic complement to the older members.
위원회에서 두 젊은이는 나이든 회원들에게 활기를 불어넣어 주는 역할을 했다.

We think of salt as the complement of pepper (maybe mostly because of their colors).
우리는 소금이 후추를 (아마도 색깔 측면에서) 보완해준다고 생각한다.
complement는 무언가를 완벽하게 채워주거나 균형을 맞춰주는 것을 말한다.
The right necktie is a perfect complement to a good suit.
훌륭한 수트에는 적절한 넥타이를 매주어야 완벽해진다.
A ship's complement of officers and crew is the whole force necessary for full operation.
complement of officers and crew는 함선을 완전히 가동하기 위한 '필수인력' 또는 '탑승정원'을 의미한다.
A bright blue scarf complements a cream-colored outfit beautifully.
밝은 파란색 스카프는 크림색 옷을 아름답게 보완해준다.
complete에서 온 complement와 comply에서 온 compliment를 헷갈리지 않도록 주의하라.

+
complete [kəmpl'iːt] 완전한, 완료하다.
comply [kəmpl'aɪ] with 규칙을 따르다.
compliment [k'ɒmplɪment] 칭찬, 경의, 경의를 표하다.

plenty는 기본적으로 '가득 채워진'을 의미한다.
complete은 com(together)+ple(to fill)이 결합하여 '완전히 채워진'이라는 뜻이다.

deplete
[dɪplˈiːt]

verb

● 다 써버려 줄어들다.

Years of farming on the same small plot of land had left the soil depleted of minerals.

작은 땅에 여러 해 연속으로 농사를 지었더니 토양의 무기물이 모두 고갈되었다.

■

de(from)는 대개 뒤에 붙는 의미에서 멀어지다, 즉 '거꾸로 하다'는 의미를 표시한다. ple(to fill)를 거꾸로 하는 것이니 deplete은 다 써버린다는 의미다.

A kitchen's food supplies can be rapidly depleted by hungry teenagers.

늘 배가 고픈 10대들이 있는 집에서는 식료품이 순식간에 고갈된다.

Desertions can deplete an army.

탈영은 군대의 사기를 떨어뜨릴 수 있다.

사람을 목적으로 삼는 경우 deplete은 은유적인 의미로 사용된다.

Layoffs can deplete an office staff.

정리해고는 직원들의 사기를 떨어뜨린다.

Too much time in bed can rapidly deplete your muscular strength.

침대에서만 너무 많은 시간을 보내면 근력이 급격하게 약화될 수 있다.

✛
plot [plˈɒt] 땅 한 뙈기.
a vegetable plot 채소밭.
desertion [dɪzˈɜrʃən] 탈출, 탈영.

replete
[rɪplˈiːt]

adjective

● 가득 또는 상당히 많이 채워진.

The professor's autobiography was replete with scandalous anecdotes about campus life in the 1950s.

그 교수의 자서전은 1950년대 캠퍼스에서 벌어진 온갖 스캔들로 가득 차 있다.

■

replete는 오늘날 자주 쓰는 refill이라는 단어와 형태가 같다. refill은 어쨌든 담을 수 있는 만큼 가득 채우는 것을 말한다.

Autumn landscapes in New England are replete with colorful foliage.

뉴잉글랜드의 가을풍경은 형형색색 단풍으로 넘실댄다.

Supermarket tabloids are always replete with details of stars' lives, whether real or imaginary.

슈퍼마켓에서 파는 타블로이드에는 늘 스타들의 진짜인지 가짜인지 알 수 없는 시시콜콜한 일상소식들이 가득 차 있다.

A professor may complain that most of the papers she received were replete with errors in grammar and punctuation.

교수들은 자신이 받은 과제들이 대부분 문법과 구두점 오류로 넘쳐난다고 한탄한다.

✛
anecdote [ˈænɪkdoʊt] 일화.
foliage [fˈoʊliɪdʒ] 잎.

POT

Latin *potens*
able 할 수 있는

potential
[pəˈenʃəl]

noun
● 잠재성.
adjective
● 잠재적인.

If the plan works we'll be millionaires, but the potential for disaster is high.

계획이 작동한다면 우리는 백만장자가 되겠지만, 불행해질 가능성도 높다.

■

Studying hard increases the potential for success, but wet roads increase the potential for accidents.

열심히 공부하는 것은 성공할 잠재성은 높이는 반면, 빗길은 사고가 발생할 잠재성을 높인다. 이처럼 잠재성은 그 자체로 좋은 것도 아니고 나쁜 것도 아니다.

He has great potential as a soccer player.

그는 축구선수로 상당한 잠재성이 있다.

어떤 사람이나 사물이 potential을 가지고 있다고 말할 때는, 늘 좋은 쪽을 의미한다.

—potential losses 잠재적 손실
—potential benefits 잠재적 혜택

potential이 형용사로 쓰일 때는 대개 possible과 같은 의미로 사용된다.

—potential customer 잠재고객
—war potential 전투(잠재)력

과학분야에서는 특별한 의미로 사용되기도 한다.

potential energy는 절벽 위에 놓인 바위가 저장하고 있는 에너지, 즉 '위치에너지'를 의미한다. 이에 반해 절벽에서 굴러 떨어질 때 발생하는 운동에너지는 kinetic energy라고 한다.

—electric potential 전위(전기적 위치에너지)

✛

potent [pˈoʊtənt] = powerful

impotent
[ˈɪmpətənt]

adjective
● 무기력한. 힘이 부족한.

The government now knows it's utterly impotent to stop the violence raging in the countryside, and has basically retreated to the capital city.

정부는 이제 지방의 극심한 폭동을 제지할 힘이 터무니없이 부족하다는 것을 깨닫고는, 수도로 후퇴하는 기조를 세웠다.

■

im(not)+potent가 결합한 단어다.

A police department may be impotent to stop the flow of drugs into a neighborhood.

경찰력만으로는 마약이 확산되는 것을 막기에 역부족이다.

A group of countries may be impotent to force another country to change its human-rights policies.

여러 나라가 모인다고 해도 어느 한 국가의 인권정책을 변화시키도록 강제하기는 힘들다.

The political impotence of a prime minister may be shown by her inability to get an important piece of legislation passed.

총리의 정치적 무능함은 중요한 법안을 통과시키지도 못하는 것에서 볼 수 있다.

If a man is impotent, he is unable to have sexual intercourse because his penis fails to get hard or stay hard.

남자에게 impotent라는 단어를 쓴다면 '발기부전'을 의미한다.

✛

impotence [ˈɪmpətəns] 무기력(다른 사람이나 사건에 영향을 미칠 능력이 없는 상태). 임포텐스.

potent는 '강력한/효력있는'이라는 뜻이다. potent new antibiotic은 기존의 약에 내성을 가진 감염질병도 치료할 수 있는 새로운 강력한 항생제를 의미한다. 산업용으로 사용하던 어떤 가스가 기후변화에 a potent contributor (강력한 기여요인)로 밝혀질 수도 있다. potent drink는 조금만 마셔도 비틀거릴 수 있는 '독한 술'을 의미한다.

plenipotentiary
[plˌenɪpətˈenʃieri]

noun

● 전권대사.

In the Great Hall, in the presence of the Empress, the plenipotentiaries of four European nations put their signatures on the treaty.

그레이트홀에서 여왕이 참석한 가운데, 유럽의 네 나라의 전권대사들이 조약에 서명했다.

■

12세기 로마가톨릭교회는 이전에 존재했던 강성한 로마제국의 제도를 여러 면에서 모방했다. 그 당시 교회가 부활시킨 고대로마의 제도 중에는 협상과정에서 plena potens(full powers)를 행사할 수 있는 관료도 있었다. 통치자의 지시를 받아 외국에 가서 협상하는 일반적인 대사는 ambassador라고 한다. 하지만 협상장소로 가는 데 길게는 몇 달이 걸릴 수도 있던 시절, 급박한 상황에서는 잘못된 협상을 할 수도 있었다. 따라서 통치자의 승인을 받지 않고도 상대국과 자유롭게 협상할 수 있는 권한을 가진 대사를 두어야 할 필요성이 발생했다. 그러한 권한을 plenipotentiary power라고 한다.
오늘날 실시간 통신기술이 발달하면서 plenipotentiary라는 개념은 빛을 잃었고, 대부분 사라졌다. 물론 협상테이블에서 스스로 결정할 내릴 권한을 갖지 못한 ambassador는 지금도 존재한다.
Today my diplomatic mission in this country as Ambassador Extraordinary and Plenipotentiary of China will be over.
오늘 중국의 특명전권대사로서 제 임무는 끝이 납니다.
지금도 외교분야에서 가끔 등장하는 단어다.

✛
ambassador [æmbˈæsədər] 대사.

potentate
[pˈoʊtənteɪt]

noun

● 절대군주. 강력한 지배자.

After 18 years as president of the college, he wielded power like a medieval potentate, and no one on the faculty or staff dared to challenge him.

대학 총장으로 18년 동안 재직한 끝에 그는 중세의 강력한 절대군주처럼 권력을 휘둘렀고, 어떤 교수도 직원도 감히 그에게 이의를 제기하는 사람이 없었다.

■

오스만제국에는 grand vizier, 이슬람제국에는 caliph, 몽골에는 khan이 있었다면 고대 터키/페르시아/인도 지역에는 potentate라고 하는 절대군주가 있었다. 오늘날 potentate는 권력과 권위를 잔인하고 부당하게 사용하는 tyrant와 비슷한 의미로 사용된다. 유머러스한 방식으로 사용되는 것을 자주 볼 수 있다.
Supreme Intergalactic Potentate 은하계 최고의 폭군
Potentate of Pasta 파스타의 폭군
He holds court in his vast 15th-floor office like an oriental potentate, signing documents and issuing commands.
15층 짜리 웅장한 자신의 사무실에서 동양의 절대군주처럼 한 마디 하고나서 서류에 사인을 하고 명령을 내렸다.

✛
medieval [mˌiːdiˈiːvəl] 중세의.
grand vizier [grˈænvɪˈzɪr] 그랜비지어.
caliph [kˈeɪlɪf] 칼리프.
khan [kˈɑːn] 칸.
tyrant [tˈaɪərənt] 폭군.
hold court 사람들을 세워놓고 말하다. (사람들이 그의 말에 귀 기울여 듣는 상황)
issue a command 명령을 내리다.

ANIM

Latin **anima**
breath or soul 숨/영혼

animated
[ˈænɪmeɪtɪd]

adjective
- 원기 왕성한(lively, vigorous, active).
- 살아있는 것처럼 보이는.

Her gestures as she talked were so animated that even people across the room were watching her.

말할 때 몸짓이 매우 활기차서 멀리 반대편에 있던 사람들까지 그녀를 보고 있었다.

■

Animated cartoon characters have been "given life" by film techniques.

애니메이션 카툰 속 등장인물들은 필름기법을 통해 '생명이 부여된' 것이다.

The animation of drawings actually goes back to handheld toys in the 1830s.

그림이 살아 움직이는 것처럼 만든 것은 1830년대 손으로 들고 조종하는 장난감까지 거슬러 올라갈 수 있다.

A child watching the cartoon may also be animated—squealing, laughing, and jumping around.

만화를 보면서 아이들도 생기를 얻을 수 있다. 소리를 지르고, 웃고, 방방 뛰기도 한다.

The best discussions and arguments are often highly animated.

좋은 토론이나 논쟁은 대개 매우 활발한 분위기에서 진행된다.

✛
animation [ˌænɪmˈeɪʃən] 애니메이션, 활기.
squeal [skwiːl] 꽤액 소리를 지르다.

magnanimous
[mægnˈænɪməs]

adjective
- 고결하고 기품이 있는.
- 도량이 넓은.

She was magnanimous in victory, saying she'd been lucky to win and praising her opponent's effort.

그녀는 이기고 나서도 품위를 잃지 않고, 자신은 운이 좋아 이겼을 뿐이라고 말하며 상대방의 노력을 칭찬했다.

■

magnus(great)+animus(spirit)가 결합한 magnanimity는 기본적으로 '고매한 영혼'을 의미한다. magnanimity는 pettiness, smallness과 반대되는 말이다.

A truly magnanimous person can lose without complaining and win without gloating.

진정으로 담대한 사람은 저도 불평하지 않고 이겨도 우쭐대지 않는다.

Angry disputes can sometimes be resolved when one side makes a magnanimous gesture toward the other.

적대적인 분쟁상황에서는 어느 한 쪽이 상대방을 향해 관대한 제스처를 취할 때 해결될 수 있다.

And it's the mark of magnanimity to give credit to everyone who worked on a project even if you'd rather it all went to you.

자신에게 모든 공을 돌리고 싶어도 프로젝트에 참여한 모든 이들에게 공을 돌리는 것은 담대함을 보여주는 징표다.

✛
petty [pˈeti] 보잘것없는, 하찮은.
magnanimity [mægnˈænɪmɪti] 담대함.
gloat [gloʊt] 우쭐대다. 자신의 성공에 흡족해하며 남의 실패를 고소하게 여기다.

anim이라는어근은, 숨을 쉬는 것은 곧 영혼이 있다고 말한다.
그래서 animal은 살아 숨쉬는 동시에 영혼이 있는 존재다.
하지만 오늘날 수많은 human animal들은 자신들만 영혼이 있다고 주장한다.

animosity

[æˈnɪmˈɒsɪti]

noun

● 악의. 적대감.

Legend has it that the animosity **between the Greeks and the Trojans began with the stealing of the beautiful Helen from her husband, Menelaus.**

전설에 따르면 그리스인과 트로이인 사이의 적대감은 메넬라오스에게서 아름다운 아내 헬레네를 빼앗으면서 시작되었다.

■

라틴어 animus는 원래 soul, emotion을 의미하는 말이었는데, 영어에 건너오면서 나쁜 감정을 가리키는 말로 변형되었다.

Your animus towards him suggests that you are the wrong man for the job.

그에 대한 증오는 당신이 그 일에 맞지 않다는 것을 알려준다.

animus에서 유래한 animosity는 두 사람, 두 집단, 두 나라 사이에 존재하는 hostility를 의미한다. ill will, bad blood과 같은 뜻이다.

The deep animosities that exist between certain ethnic and religious groups sometimes seem as if they will last forever.

특정 민족이나 종교집단 사이에 존재하는 뿌리깊은 적대감은 영원히 지속될 것처럼 보인다.

The situation has reached crisis point because of the bad blood between the two.

둘 사이의 원한 때문에 상황은 최악으로 치달았다.

✢
animus [ˈænɪməs] 적대감.
ill-will 증오, 악감정.
hostility [hɒstˈɪlɪti] 적개심.
bad blood 원한.
resentment [rɪzˈentmənt] 분개.

inanimate

[ɪnˈænɪmət]

adjective

● 살아 있지 않은(lifeless).
● 활발하게 움직이지 않는(dull).

The sculptures of Rodin are so expressive that, although inanimate, **they seem full of life and emotion.**

로댕의 조각상은 표현이 매우 깊어 비록 살아 있지는 않으나 생명과 감정이 충만한 것처럼 보인다.

■

He thought of the baby almost as an inanimate object.

그는 아기를 보고 움직이지 않는 인형인 줄 알았다.

A couch potato seems to be an inanimate object.

카우치포테이토는 죽은 물건처럼 보이기도 한다.

TV 앞 소파에 앉아 과자봉지를 들고 뒹구는 사람을 couch potato라고 한다.

The inanimate form of the dog lay stretched in front of the fire for hours.

꼼짝도 않고 있는 개 형상이 몇 시간동안 불 앞에 축 늘어져있다.

We all know it's ridiculous to curse at inanimate objects when it's just our own clumsiness that's at fault.

우리 자신의 서툰 행동으로 인해 벌어진 일을, 움직이지도 않는 물체에 분풀이하는 모습은 누가 봐도 우습다.

✦
at fault 잘못/책임이 있는.
Some people claim that it is the UN that is at fault.

Words from Trojan War

protean
[prˈoʊtiən]

adjective
- 다재다능한.
- 변화무쌍한.

A protean athlete, he left college with offers from the professional leagues to play baseball, football, and basketball.

다재다능한 운동선수였던 그는 야구, 축구, 농구 프로리그에서 영입제안을 받고 학교를 그만두었다.

■

스파르타의 왕 Menelaus의 아내였던 Helen은 트로이의 왕자 Paris에게 반해 그를 따라 트로이로 도망간다. 도망간 아내를 되찾기 위해 아테나와 연합하여 일으킨 전쟁이 바로 Trojan War다.
전쟁이 끝나고 헬레네를 데리고 다시 스파르타로 돌아오기 위해 분투하던 메넬라오스는 바다의 신 Proteus가 도움을 줄 수 있다는 사실을 알게 된다. 하지만 프로테우스를 잡는 일은 매우 어려운 일이었다. 프로테우스는 자유자재로 변신할 수 있는 능력이기 때문이다.
Protean은 프로테우스처럼 '다양한 모양으로 바뀔 수 있는', 또는 '연달아 다양한 역할을 수행할 수 있는'이라는 뜻이다.
He is a protean musician who can move from blues to ballads and grand symphony.
그는 블루스에서 발라드, 더 나아가 그랜드심포니까지 커버할 수 있는 다재다능한 뮤지션이다.
Actors like Robin Williams seem protean in their ability to assume different characters.
로빈 윌리엄스 같은 배우들이 다양한 인물을 연기하는 능력은 실로 변화무쌍하다.

➕
versatile [vˈɜːrsətəl] 다재다능한.

Achilles' heel
[əkˈɪliːz hˈiːl]

noun
- 취약한 지점.

By now his rival for the Senate seat had discovered his Achilles' heel, the court records of the terrible divorce he had gone through ten years earlier.

지금쯤 상원의원자리를 두고 경쟁하는 측에서 그의 아킬레스건이라 할 수 있는, 10년이나 걸린 지저분한 이혼 재판기록을 발견했을 것이다.

■

아킬레우스가 아기일 때 바다의 요정이었던 그의 어머니는 그를 Styx강물에 담가 죽지 않는 불멸의 존재로 만든다. 하지만 발뒤꿈치를 잡고 물아 담가서 이 부분이 물에 닿지 않았다. 이로써 이 부분은 여전히 죽을 수 있는 부분이 되었고, 결국 아킬레우스는 이 부분에 치명적인 상처를 입고 만다.
이로써 발꿈치에서 종아리로 뻗어 올라가는 힘줄을 오늘날 Achilles tendon이라고 불리게 되었다.
하지만 '아킬레스건'은 정식 의학용어가 아니다. weak point를 의미하는 일반적인 의미로만 사용될 뿐이다.
I think Frank's vanity is his Achilles' heel.
프랭크의 허영심이 아킬레스건이 될 거라고 생각한다.
The Jeopardy contestant's Achilles' heel is ignorance in the Sports category.
그 제퍼디 참가자의 약점은 스포츠에 대해 전혀 모른다는 것이다.

➕
vulnerable [vˈʌlnərəbəl] 취약한.
tendon [tˈendən] 힘줄.
vanity [vˈænɪti] 허영심.

Aegroto dum anima est, spes est.
As long as there is life there is hope.
숨이 붙어있는 한, 희망은 있다.

stentorian

[stentˈɔːriən]

adjective

- 깊고 풍부한 소리를 내는.

Even without a microphone, his stentorian voice was clearly audible in the last rows of the auditorium.

마이크를 사용하지 않고도 그의 우렁찬 목소리는 강당 맨 뒷줄까지 또렷하게 들렸다.

■

Stentor는 《Iliad》에 등장하는 그리스의 장군이다.
Homer는 그를 brazen-voiced Stentor라고 묘사했는데, 놋쇠로 만든 관악기에서 나는 소리처럼 목소리가 우렁찼기 때문이다.
인공적으로 목소리를 키울 수 없던 시대에, 군대를 일사불란하게 움직일 수 있도록 명령을 하거나 지시사항을 전달할 때 우렁찬 목소리는 매우 중요한 역할을 했다.
He bellowed in a stentorian voice.

그는 우렁찬 목소리로 고함쳤다.

The judge was known for issuing all his rulings in a stentorian voice.

그 판사는 웅장한 목소리로 판결을 내리는 것으로 유명하다.

✛
brazen [brˈeɪzən] brass(놋쇠)로 만든.
bellow [bˈeloʊ] 고함을 지르다.
Confederate [kənfˈedərət] 미국 남북전쟁에서 남군.

nestor

[ˈnɛstər]

noun

- 원로. 장로.

The guest of honor was a nestor among journalists, and after dinner he shared some of his wisdom with the audience.

영광의 게스트는 기자세계의 원로였으며, 만찬이 끝난 뒤 자신의 지혜를 청중들에게 들려주었다.

■

Nestor는 《Iliad》의 등장인물로, Trojan War에 참가한 그리스의 지도자들 중에서 가장 연장자다.
청년시절 위대한 전사였던 그는 오늘날 지혜로운 수다쟁이로 각인되었다. 이러한 지혜와 수다는 나이가 들면서 생겨난 특성이다.
These days, a nestor is not necessarily long-winded.

물론 요즘엔 nestor라고 해서 꼭 말이 많은 것은 아니다.
그저 지혜롭고 너그럽게 조언을 해주는 어른도 많다.

✛
long-winded = talkative 필요이상으로 말을 많이 하는.

PATER PATR

Latin/Greek
father 아버지

patrician
[pətrˈɪʃən]

noun
- 좋은 혈통을 타고난 귀족.

They passed themselves off as patricians, and no one looked too closely at where their money came from.
그들은 귀족인 양 행세했기에, 어디서 돈이 나오는지 유심히 살펴보는 사람은 없었다.

■

Until about 350 B.C., only patricians could hold the office of senator, consul, or pontifex(priest).
기원전 350년경까지 로마에서는 귀족만 원로원, 집정관, 대신관(사제) 직책을 맡을 수 있었다.
로마시대 patrician은 원래부터 로마의 시민이었던 집안에서 태어난 사람을 일컫는 말이었다. 하지만 로마가 거대제국이 되면서 황제는 공적이 있는 사람들을 (명예)로마시민, 즉 patrician으로 인정하기 시작했다. 이로써 귀족을 일컫는 말로 확장되었다.
As time went by, other nobles, such as those in medieval Italian republics and in German city-states, also came to be known as patricians.
시간이 흘러 중세 이탈리아공화국이나 독일의 도시국가에서도 귀족을 patrician이라고 일컫기 시작했다.
The actress Grace Kelly, an immigrant's daughter, was admired for her patrician beauty even before she became Princess Grace of Monaco. 이민자의 딸이었던 영화배우 그레이스 켈리는 모나코의 그레이스 공비가 되기 전부터 고결한 외모로 찬사를 받았다.
신분제가 소멸된 오늘날에는 혈통과 무관하게 외모, 태도, 취향이 훌륭한 사람을 patrician이라고 부른다.

✛
pass sb/sth off as sth sb/sth을 sth인 것처럼 생각하게 만들다.

patriarchy
[pˈeɪtriɑːrki]

noun
- 부계사회.
- 가부장제.

She spent the 1980s raging against the patriarchy, which she claimed had destroyed the lives of millions of women.
그녀는 1980년대 내내 가부장제를 맹렬히 반대하면서, 가부장제가 수백만 여성의 삶을 파괴했다고 주장했다.

■

patr(father)+arch(ruler, leader)가 결합한 patriarch는 말 그대로 아버지 지배자라는 뜻으로, 가족에서 부족에 이르기까지 무엇인가를 지배하는 남자를 의미한다.
구약성서에서 Methuselah, Abraham, Isaac, Jacob을 비롯한 초기 부족장들이 바로 patriarch다.
In the Eastern Orthodox church, a patriarch is usually the equivalent of a bishop.
동방정교회에서 주교에 해당하는 지위를 patriarch라고 부른다.
Many feminists have claimed that all Western societies are patriarchal.
많은 페미니스트들이 서구사회가 철저히 가부장적이라고 주장한다.
patriarchy라는 단어는 원래 인류학에서만 쓰이는 전문용어였는데, 1970년대 여성운동이 활발해지면서 대중 사이에 퍼지기 시작했다.
하지만 그들의 주장에는 많은 이견이 존재하며, 따라서 지금은 예전만큼 자주 언급되지 않는다.

✛
patriarch [pˈeɪtriɑːrk] 가장, 족장.
patriarchal [pˌeɪtriˈɑːrkəl] 가부장제의, 부계중심 씨족의.

patron은 어떤 사람, 기관, 프로젝트를 다양한 방식으로 후견/후원을 하는 사람으로, 아버지같은 역할을 한다.

expatriate
[ekspˈeɪtriət]

noun
- 남의 나라에서 사는 사람.

As he got to know his fellow expatriates in Morocco, he found himself wondering what had led each of them to leave America.
모로코에 사는 동포들을 알게 되었을 때, 그들은 각자 어떤 사정으로 미국을 떠나 이곳에 살게 되었는지 궁금했다.

■

ex(out of, away from)+patria(fatherland)가 결합한 expatriate은 '조국을 벗어난 사람'을 의미한다. exile이나 emigrant와 달리 expatriate는 자발적으로 잠시 동안만 (사정상 시간은 길어질 수도 있지만) 외국에 머무는 사람을 말한다. expatriates는 자신의 정체성을 그대로 간직하기 위해 노력하며, 마침내 본국으로 돌아가기를 고대한다. 줄여서 expat이라고 부르기도 한다.
A famous colony of expatriates was the group of writers and artists who gathered in Paris between the two world wars.
유명한 국외거주자 집단으로는 두 세계대전 사이에 파리에 모여든 작가와 예술가들을 들 수 있다. 헤밍웨이, 스콧 피츠제럴드, 거트루드 스타인 등이 여기 속해있었다.

✛

exile [ˈeksaɪl] 추방당해 외국에 사는 사람. 망명자.
emigrant [ˈemɪgrənt] 영원히 살 목적으로 외국에 나가 사는 사람.
colony [kˈɒləni] 생활양식이 비슷한 사람들. 또는 그들이 사는 곳.
senator [sˈenɪtər] 상원의원, (로마시대) 원로원.
consul [kˈɒnsəl] 영사, (로마시대) 집정관.
pontiff [pˈɒntɪf] = **pope** 교황.

paternalistic
[pətˌɜːrnəlˈɪstɪk]

adjective
- 지나치게 참견하는.

Some still accuse the university of being too paternalistic in regulating student living arrangements.
대학이 학생들의 생활을 지나치게 통제하고 참견한다고 여전히 비난하는 사람들이 있다.

■

A good father shows paternal concern about his children, just as a good mother often acts out of maternal feeling. 좋은 어머니는 모성적 감성에서 우러나 행동하지만, 좋은 아버지는 부성적 관심을 보인다. 물론 자식들이 paternal concern을 늘 환영하는 것만은 아니다. Companies and universities used to practice a kind of paternalism.
많은 회사와 대학이 소속 직원이나 학생들의 사소한 것까지 참견하려고 한다. 예컨대 개인의 외모, 더 나아가 결혼과 임신까지 규칙을 만들어 관리하려는 회사도 있고, 기숙사에서 남녀를 떼어놓기 위해 온갖 규칙을 만들어 강제하는 대학도 있다.
paternalistic은—물론 좋은 의도에서 시작한 것일 수도 있으나—가족의 모든 결정을 대신 내려주고자 노력하는 지나치게 자상한 아버지의 모습을 떠올리게 한다. 오늘날 '가족같은' 회사가 환영받지 못하는 것처럼 paternalistic이란 형용사는 대개 부정적인 의미로 쓰인다.

✛

paternal [pətˈɜːrnəl] 아버지다운, 부계의.
maternal [mətˈɜːrnəl] 어머니다운, 모계의, 임산부의.
paternalism [pətˈɜːrnəlɪzəm] 모든 것을 통제하려는 태도.

MATER MATR

Latin/Greek
mother 엄마

maternity
[mətˈɜːrnɪti]

noun
● 모성. 엄마가 되는 것과 연관된 것.

It's quite possible that the Mona Lisa is a portrait of maternity, and that the painting marks the recent birth of her child Andrea.

모나리자는 모성애를 그린 것이라는 해석은 매우 그럴 듯해 보인다. 안드레아를 이제 막 출산한 기념으로 그린 초상화로 추정된다.

■

maternity benefits 모성복지혜택.
아이를 키우는 여성에게 제공하는 다양한 혜택.
maternity leave 모성휴가.
출산휴가를 비롯하여 아이를 낳거나 키우는 엄마에게 주는 휴가.
With maternity come maternal feelings.
엄마가 되면 자연스럽게 모성애도 생겨난다.
모성애는 온혈동물은 물론 악어와 같은 파충류에게서도 찾을 수 있다.
—maternity dress 임부복.
—maternal instinct 모성본능.
—maternal smoking 임산부의 흡연.
—his maternal aunt 이모 (엄마쪽 여삼촌).
Marriage didn't seem to affect her much, but maternity has changed her completely.
결혼은 사실 그녀의 삶에 별다른 영향을 미치지 않았으나, 출산은 그녀의 삶을 완전히 바꿨다.

✚
mark [mˈɑːrk] 기념하다.
maternal [mətˈɜːrnəl] 모성의.

matriarch
[mˈeɪtriɑːrk]

noun
● 여족장. 가족, 집단, 정부를 통솔하는 여자.

Every August all the grown children and their families are summoned to the estate by the matriarch.

8월이 되면, 장성한 모든 아이들과 그 가족들이 할머니의 집에 모두 모였다.

■

matriarchy는 여자 혼자, 또는 여자 여럿이서 통솔하는 사회체제를 말한다.
It isn't certain that a true matriarchal society has ever existed, so matriarchy is usually treated as an imaginative concept.
진정한 모계사회가 존재한 적이 있는지는 분명하지 않기 때문에, 모계제는 대개 상상 속 개념으로만 여겨진다.
There are many families in which relatedness through women rather than men is stressed, and a woman has become the dominant figure, or grande dame, or matriarch.
오늘날 많은 가족에서, 남자보다 여자의 친족관계가 중요하게 여겨지며, 여자가 가장 중요한 역할을 한다.
He'd been married to Cynthia for three years, but she hadn't yet dared to introduce him to her great-aunt, the family matriarch.
그는 신시아와 3년 동안 결혼생활을 했으나, 신시아는 아직까지도 자신의 가족을 이끄는 큰고모에게 남편을 소개할 용기가 나지 않았다.

✚
summon [sˈʌmən] 소환하다.
related [rɪlˈeɪtɪd] 친족으로 연결된.
grande dame [grˈand dɑm] 집안을 통솔하는 여자.

matron은 아이가 있는 성숙한 여자 즉 '주부', '아줌마'를 의미한다.
matrimony는 어머니가 되기 위한 절차라는 뜻으로 '혼례(결혼)'을 의미한다.

matrilineal
[mˌætrəlˈɪniəl]

adjective
- 모계의. 어머니를 혈연계통의 기준으로 삼는.

Many of the peoples of Ghana in Africa trace their family through matrilineal connections.
아프리카 가나의 많은 사람들은 모계를 중심으로 족보를 추적한다.

■

A person's lineage is his or her line of ancestors.
한 개인의 가계란 조상으로부터 내려오는 혈통이다.
Matrilineality usually determines who will inherit property on a person's death.
모계는 유산상속을 결정할 때 중요한 요인이 되는 경우가 많다.
Though families that follow the European model are patrilineal, matrilineal societies have existed around the world.
유럽형 가족모델은 부계중심이지만, 어머니의 성을 따르는 사회도 많다. 아메리카 원주민 부족들이 대표적인 예라 할 수 있다.
The tribe seemed to be matrilineal, with all inheritances passing through the females rather than the males.
이 부족은 모계중심처럼 보인다. 모든 상속이 남자가 아닌 여자를 통해서 이뤄지고 있기 때문이다.

✚
patrilineal [pˌætrəlˈɪniəl] 부계의.
matriarchy [mˈeɪtriɑːrki] 가모장제.
patriarchy [pˈeɪtriɑːrki] 가부장제.
patriarch [pˈeɪtriɑːrk] 가부장.
inheritance [ɪnhˈerɪtəns] 상속, 유산.

matrix
[mˈeɪtrɪks]

noun
- 모체. 주형. 어떤 것이 형성되고 성장하는 기반.
- 행렬. 매트릭스.

The country's political matrix is so complex that no one who hasn't lived there could possibly understand it.
그 나라의 정치지형은 너무 복잡해서, 거기서 사는 사람이 아니면 이해하기 어렵다.

■

matrix는 원래 아기를 품고 있는 womb을 의미한다.
고대로마에서 matrix는 번식을 위한 교배용 암컷동물 또는 종자를 얻기 위한 식물을 의미했다. (지금은 이것을 parent plant 또는 mother plant라고 한다)
matrix of a culture = cultural matrix
사회/문화가 성장하고 발전할 수 있는 환경이나 토양.
fossil-bearing matrix: 지질학자들은 화석을 품고 있는 토양이나 암석을 matrix라고 부른다. 화석은 대개 퇴적암층에서 발굴되기 때문에 sedimentary rock matrix라고 부르기도 한다.
a matrix table 행렬.
오늘날 수학자들은 다양한 연산을 위해 수나 기호를 가로세로로 나열한 행렬을 matrix라고 부른다.
matrix는 유명한 SF영화에서 전 인류가 살아가는 가상공간을 지칭하는 이름으로도 사용되었다.

✚
lineage [lˈɪniɪdʒ] 가계, 혈통.
womb [wˈuːm] 자궁.
fossil [fˈɒsəl] 화석.
sedimentary [sˌedɪmˈenteri] 퇴적의.

SCEND

Latin *scandere*

climb 오르다

transcend

[trænsˈend]

verb
- 초월하다. 한계를 넘어서다. 극복하다.

His defeat in the election had been
terribly hard on him, and it took two
years before he finally felt he had
transcended the bitterness it had
produced.

그에게 선거패배는 끔찍하게 힘든 고통을 안겨주었는데, 2년이 지난
뒤에야 패배의 쓰라림을 겨우 이겨낼 수 있었다.

■

Great leaders are expected to transcend the
limitations of politics, especially during wartime
and national crises.

전시나 국가적 위기상황에서 대중은 위대한 지도자가 나와 정치적
한계를 넘어서 주기를 기대한다.

A great writer may transcend geographical
boundaries to become internationally
respected.

위대한 작가는 지리적 경계를 넘어 국제적으로 존경받는다.

Certain laws of human nature seem to
transcend historical periods and hold true for all
times and all places.

인간의 본성에 관한 몇몇 법칙은 역사적 시기를 초월하여 시대와
장소를 막론하고 유효한 것처럼 보인다.

✦

surpass [sərpˈæs] 능가하다.
transcendent [trænsˈendənt] 초월적인.
transcendence [trænsˈendəns] 초월.

condescend

[kˌɒndɪsˈend]

verb
- 자기를 낮추다.
- 잘난 체하다. 우월한 척 행동하다.

Every so often my big brother would
condescend to take me to a movie,
but only when my parents made him.

큰 형은 매번 나를 극장에 데리고 가겠다고 거들먹거리지만,
부모님이 가라고 해야만 데리고 간다.

■

신분구조가 엄격하던 시절에 계급, 권력, 지위가 높은
사람들이 낮은 사람에게 '자신의 가치나 위엄을 낮추는'
것은 자애롭고 예의 바른 겸양의 미덕이었다.
하지만 오늘날 계급이 사라진 현대사회에서 누군가 자신의
가치나 위엄을 낮추는 듯한 행동을 한다면 어떨까? 그것은
거꾸로 자신이 우월하다고 표현하는 것이다.
결국 condescension은 거들먹거리는 기분나쁜
행동으로 여겨지게 되었고, 이로써 상반된 두 가지 의미를
모두 갖게 되었다.

Employees at an office party may not be
thrilled when the boss's wife condescends to
mingle with them.

직원회식에 사장 부인이 직원들과 '어울려준다고' 해서 감동받는
직원은 없을 것이다. 자신의 지위를 낮춰준다고 생각하는 것
자체가 재수없다.

A poor relation is unlikely to be grateful to a
wealthy and condescending relative
who passes on her secondhand clothes.

잘 사는 친척이 '인심 쓰며' 입던 옷을 물려준다고 그걸 고맙게 받는
사람은 많지 않을 것이다. (relation=relative)

A snooty sales clerk condescended to wait on
her after ignoring her for several minutes.

몇 분 동안 투명인간 취급하며 도도하게 굴던 판매원이 황송하게도
시중을 들어주더군.

to ascend the stairs는 계단을 오르다.
to ascend the throne은 왕위에 오르다.
물론 ascend(go up)하면 언젠가는 descend(come down)하는 것이 순리.

---

descendant
[dɪsˈendənt]

noun

● 후손. 후예.
● 원본이나 전작에서 직접 파생된 것.

**Though none of the great man's
descendants ever came close to
achieving what he had, most of them
enjoyed very respectable careers.**

그 위대한 남자의 자손 중 그가 일궈낸 업적에 다가간 사람은
없지만, 대부분 매우 존경받을 만한 직업경력을 영위했다.

■

David's descendants are those who are
descended from them.
다윗의 descendants는 그의 혈통을 물려받은 사람들이다.
descendant와 반대되는 개념은 ancestor다.
Every modern thesaurus could be called
the descendant of the one devised by Peter
Mark Roget in 1852.
오늘날 유의어사전은 1852년 피터 마크 로제가 고안한 사전의
전통을 잇는 것이라고 할 수 있다. 이처럼 descendant를
사물에 쓸 경우 '파생물'을 의미한다.

✛

descend [dɪsˈend] 내려오다, 내려앉다, 물려들다.
descent [dɪsˈent] 하강, 내리막길, 혈통.
line of descent 가계.
African descent 아프리카계.
thesaurus [θɪsˈɔːrəs] 유의어사전.
condescension [kˌɒndɪsˈenʃən] 겸양, 생색.
mingle [mˈɪŋgəl] 섞다, 어울리다.
grateful [grˈeɪtfʊl] —에 대해 감사하게 느끼는.
condescending [kˌɒndɪsˈendɪŋ] 거들먹거리는, 생색내는.
snooty [snˈuːti] 거만한.

---

ascendancy
[əsˈendənsi]

noun

● 지배권. 이익을 통제할 수 있는 권한.

**China's growing ascendancy over
Tibet was capped by the invasion of
1950.**

점차 커지던 티벳에 대한 중국의 지배권은 1950년 침략 당시
최고조에 달했다.

■

ascendancy는 어원상 rising이라는 의미이지만
이 말이 '강력한 영향을 미치는 힘'이라는 뜻을 갖게 된 것은
점성술 때문이다.
In astrology, the constellation and planet that
are just rising, or ascendant, above the eastern
horizon in the sun's path at the moment of
a child's birth exercise a lifelong controlling
influence over the child.
점성술에서는 아이가 태어나는 시간에 태양이 떠오르는 있는 동쪽
지평선 바로 위로 떠오르는 별자리와 행성이 아이에게 평생 영향을
미친다고 생각한다.
여기서 ascendant는 '중천으로 떠오르는'이라는 뜻이지만
이는 곧 '강한 영향을 미치는', '우세한'이라는 의미를
갖게 된다.
ascendant는 가끔 descendent와 대립되는 쌍으로
ancestor를 의미하기도 한다.

✛

domination [dˌɒmɪnˈeɪʃən] 지배, 우세.
astrology [əstrˈɒlədʒi] 점성술.
in the ascendant [əsˈendənt] 욱일승천의 기세로.

Words from Odyssey

odyssey
[ˈɒdɪsi]

noun
- 도전과 모험으로 가득찬 여행.
- 영적인 탐구.

Their six-month camping trip around the country was an odyssey they would always remember.

전국을 돌아다닌 6개월간의 캠핑여행은 결코 잊지 못할 여정이었다.

■

Homer의 《Odyssey》의 영웅 Odysseus는 Trojan War에 출전했다가 집으로 돌아오는 데 20년이나 걸린다. Odysseus는 놀라운 모험을 헤치고 집으로 돌아가는 길에 자신과 세계에 대해 많은 것을 배운다. 심지어 죽은 사람과 이야기하기 위해 저승까지 내려가는 경험을 한다.
Odyssey는 목표를 향해 나아가는 길고 험난한 여정, 더 나아가 실제 여행뿐만 아니라 영적, 정신적 여정을 의미하는 단어로 사용된다.
The march to Travnik was the final stretch of a 16-hour odyssey.
트라브닉으로 들어가는 행군은 16시간 여정의 마지막 구간이었다.
On their four-month odyssey they visited most of the major cities of Asia.
4개월 여정 동안 그들은 아시아의 주요도시들은 대부분 방문했다.

+
stretch [strˈetʃ] 구간.

Penelope
[pəˈnɛləpi]

noun
- 현모양처.

Critics of Hillary Rodham Clinton in the 1990s would perhaps have preferred her to be a Penelope, quietly tending the White House and staying out of politics.

1990년대 힐러리 로댐 클린턴을 비판하는 사람들은 그녀가 백악관이나 조용히 관리하는 페넬로페가 되어서, 정치에서 빠져주길 바랬다.

■

Penelope는 Trojan War에 갔다가 살았는지 죽었는지도 모르는 남편 Odysseus를 20년이나 기다린 부인이다. 그 기간 동안 그녀는 아들 Telemachus를 건장한 청년으로 키워낸다.
오디세우스가 돌아오지 않자 무수한 구혼자들이 아름다운 그녀에게 끊임없이 청혼을 해왔다. 페넬로페는 나이든 시아버지의 수의를 다 짤 때까지는 재혼할 수 없다고 말한다. 하지만 그녀는 자신이 짠 옷감을 밤마다 몰래 풀어 시간을 끈다.
Penelope는 오늘날 인내하고 충실하고 완벽한 아내의 전형으로 여겨진다. 물론 그러한 것을 지키기 위해서는 지혜롭고 영리해야 할 것이다.
While he was away on maneuvers, his wife stayed loyally at home like a true Penelope.
작전을 하기 위해 외지로 나가있는 동안, 그의 아내는 조신하게 집을 지켰다. 이 시대의 진정한 현모양처라 할 수 있다.

+
tend [tend] 돌보다, 관리하다.
maneuver [məˈnuːvər] 책략, 공작.

mentor

[m´entɔːr]

noun

- 멘토, 신뢰할 수 있는 가이드, 코치.

This pleasant old gentleman had served as friend and mentor to a series of young lawyers in the firm.

나이 든 이 유쾌한 신사는 회사에서 젊은 변호사들의 친구이자 멘토로서 역할을 했다.

■

Odysseus는 출정하기 전 갓난아기에 불과한 자신의 아들 Telemachus를 Mentor라는 믿을 수 있는 친구에게 보살펴 달라고 맡긴다. 여신 Athena는 텔레마코스가 교육을 다 받았다고 여겨졌을 때 아버지가 아직 살아있다는 것을 알려주고 아버지를 찾아 떠나라고 말한다. 아테나는 자신이 직접 멘토르로 변신하여 Telemachus를 곁에서 지켜준다.

지금은 다른 사람(대개 자신보다 어린 사람)에게 넓은 세상에서 성공하는 방법을 조언하고 도움을 주는 코치나 튜터 같은 사람을 mentor라고 부른다.

He had mentored scores of younger doctors.

그는 무수히 많은 의사들을 멘토링했다.

최근에는 mentor를 동사로도 쓰기도 한다.

The company president took the new recruit under her wing and acted as her mentor for the next several years.

사장은 새로 뽑은 신입사원을 비호하면서 이후 몇 년 동안 멘토처럼 행동했다.

✛

scores of 상당히 많은. 여기서 score는 20을 의미한다.
under the wing of —의 비호 아래.

siren

[s´aɪərən]

noun

- 남자를 홀리는 매혹적인 여자.

Reporters treated her like a sex symbol, but she lacked the graceful presence and air of mystery of a real siren.

리포터들은 그녀를 섹스심볼처럼 대했지만, 그녀에게는 진짜 사이렌의 우아한 기품과 신비스러운 분위기 같은 것이 없었다.

■

Siren은 아름다운 노래를 불러 뱃사람들을 유혹하여 배를 난파시키는 반인반수 괴물이다. 사이렌의 노래를 들으면 물속으로 뛰어들거나 배가 부서지는 장면을 보고 싶은 욕망을 누르지 못해 암초를 향해 배를 돌진한다.

The only way to sail by sirens safely was to make oneself deaf to their enchanting song.

사이렌들 사이를 무사히 항해할 수 있는 유일한 방법은 넋을 빼놓는 그들의 노래가 들리지 않도록 귀를 막는 수밖에 없다.

트로이에서 귀향하는 길에 사이렌을 마주친 오디세우스는 선원들 귀를 밀랍으로 막았지만, 자신은 호기심을 누르지 못해 귀를 막지 않는 대신 돛대에 몸을 묶는다.

A siren today is a sinister but almost irresistible woman.

사이렌은 오늘날 사악해보이지만 도저히 거부할 수 없는 섹시한 여자를 일컫는다.

Siren voices/song/call—

판단력을 마비시켜 잘못된 행동을 하도록 이끄는 목소리/노래/유혹.

✛

bewitch [bɪw´ɪtʃ] 홀리게 만들다.
enchanting [ɪntʃ´æntɪŋ] 홀리는, 마법으로 사로잡는.
sinister [s´ɪnɪstər] 음흉한, 사악해 보이는.

CRIM

Latin
fault 잘못 crime 범죄
accusation 고발

criminology
[krˌɪmɪnˈɒlədʒi]

noun
- 범죄학.

His growing interest in criminology led him to become a probation officer.

범죄학에 대한 관심이 점점 커져서 그는 보호관찰관이 되었다.

■

Criminology includes the study of all aspects of crime and law enforcement—criminal psychology, the social setting of crime, prohibition and prevention, investigation and detection, capture and punishment.

범죄학은 범죄심리학, 범죄가 발생하는 사회적 환경, 억제와 예방, 수사와 탐문, 체포와 처벌 등 범죄와 법집행에 관한 모든 측면을 다룬다.

✛
probation [prˌoʊbˈeɪʃən] officer 보호관찰관.
detection [dɪtˈekʃən] 탐지.
investigation [ɪnvˌestɪgˈeɪʃən] 수사.
criminologist [krˌɪmɪnˈɒlədʒɪst] 범죄학자.

decriminalize
[dˌiːkrˈɪmɪnəlaɪz]

verb
- 기소대상에서 제외하다. 범죄혐의를 풀어주다.

An angry debate over decriminalizing doctor-assisted suicide raged all day in the statehouse.

자살을 도와주는 의료행위를 범죄에서 제외하는 문제를 두고 벌어진 격렬한 논쟁으로 의사당이 온종일 시끄러웠다.

■

Decriminalization of various "victimless crimes"—crimes that don't directly harm others, such as private gambling and drug-taking—has been recently recommended by conservatives as well as liberals.

개인의 도박이나 마약흡입처럼 타인에게 직접적인 해를 주지 않는 이른바 '피해자 없는 범죄'를 비범죄화하는 것에 대해 최근 진보주의자들은 물론 보수주의자들도 찬성한다.

법체계의 부담을 덜고 범죄자들에게 들어가는 세금도 줄이고 개인의 자유도 증진할 수 있다는 주장이 설득력을 얻고 있기 때문이다.

Decriminalization is not the same as legalization.

비범죄화는 합법화와 정확하게 일치하지 않는다.

대마초 흡연을 비범죄화한 다음에도 교통신호위반처럼 법칙금을 물릴 수 있으며, 또는 대마초 흡연과 소지는 비범죄화하더라도 그것을 판매하거나 제공하는 행위는 여전히 범죄로 처벌할 수 있다.

✛
decriminalization [diːkrˌɪmɪnəlaɪzˈeɪʃən] 비범죄화.
legalization [lˌiːgəlaɪzˈeɪʃən] 합법화.
illegal [ɪlˈiːgəl] 불법의.

crime은 정부가 금지하는 행위다.

crime을 저지른 사람은 정부가 직접 처벌하며, 그런 행위를 한 사람은 criminal로 낙인 찍힌다.

crime보다는 다소 가볍게 여겨지는 civils' wrong(시민의 부적절한 행동)은 tort라고 한다.

incriminate

[ɪnkrˈɪmɪneɪt]

verb

● 죄를 씌우다. 잘못의 책임을 돌리다.

The muddy tracks leading to and from the cookie jar were enough to incriminate them.

쿠키병을 향해 나아갔다가 돌아온 진흙발자국만 봐도 그들이 범인이라는 걸 알 수 있다.

▪

Testimony may incriminate a suspect by placing him at the scene of a crime.

증언은 범죄현장에 용의자가 있었다는 사실을 확인함으로써 그의 범죄연루 가능성을 보여줄 수 있다.

Incriminating evidence is the kind that strongly links him to the crime.

범죄연루 증거는 범죄와 용의자를 더 밀접하게 연결해준다.

하지만 연루되었다는 것만으로는 진짜 범인이라고 단정할 수 없다.

A virus has been incriminated as the cause of a type of cancer.

바이러스가 특정한 유형의 암의 원인일 수 있다.

incriminate는 일상적인 맥락에서 '원인으로 간주된다'는 의미로 쓰인다.

Video games have been incriminated in the decline in study skills among young people.

비디오게임은 청소년의 학습능력 감퇴에 원인일 수 있다.

recrimination

[rɪkrˌɪmɪnˈeɪʃən]

noun

● 맞고소.
● 상호비방.

Their failure to find help led to endless and pointless recriminations over responsibility for the accident.

그들은 도움을 구하지 못하고 결국 사고의 책임을 놓고 무의미한 맞고소를 끝없이 이어가야만 했다.

▪

A disaster often brings recriminations among those connected with it.

재난은 대개 연관된 사람들 사이에 서로 비난하는 상황을 초래한다.

Divorces and child-custody battles usually involve recriminations between husband and wife.

이혼과 자녀양육권 분쟁에서는 대부분 남편과 아내가 서로 상대방 탓을 하며 난타전을 벌인다.

When two suspects start exchanging angry recriminations after they've been picked up, it often leads to one of them turning against the other in court.

유력한 용의자로 지목된 두 사람이 격렬한 상호비방을 주고받는 상황이 되면 대개 그들 중 한 명이 재판정에서 상대방에게 등을 돌리는 경우가 많다.

✛

the scene of a crime 범죄현장.

incriminating [ɪnkrˈɪmɪneɪtɪŋ] 연루되었음을 보여주는.

child-custody 자녀 양육권.

suspect [sʌspˈekt] 의심하다, 혐의를 두다.

  [sˈʌspekt] 용의자, 의심스러운.

PUN PEN

Latin *poena/punier*
penalty 처벌
to punish 처벌하다

penal
[pˈiːnəl]

adjective
- 형벌의.

impunity
[ɪmpjˈuːnɪti]

noun
- 처벌을 받지 않음.

The classic novels Les Misérables and The Count of Monte Cristo portray the terrible conditions in French penal institutions in the 19th century.

고전소설《레미제라블》과《몬테크리스토백작》은 19세기 프랑스의 끔찍한 형벌제도를 잘 보여준다.

■

A country's penal code defines its crimes and describes its punishments.

국가의 형법은 범죄를 규정하고 그에 대해 어떤 형벌을 내릴지 정한다.

During the 18th and 19th centuries, many countries established penal colonies.

18-19세기, 많은 국가들이 '형벌식민지'를 건설했다.

penal colony는 죄수들을 유배하는 황량한 식민지로, 오늘날 미국과 오스트레일리아의 일부지역이 이러한 방식으로 개척되었다.

The mildest of the federal penal institutions are the so-called "country club" prisons.

연방교도소 중에서 가장 편안한 곳은 흔히 "컨트리클럽"감방이라고 불린다.

✛

penal code 형법.
penal colony 범죄자 유배지.
penal servitude [sˈɜːrvɪtuːd] 징역.
death penalty 사형.

Under the flag of truce, the soldiers crossed the field with impunity.

휴전 깃발 아래, 병사들은 무사히 전장을 가로질러갔다.

■

immunity가 면역(免免하다+疫역병)을 의미하듯 impunity는 면벌(免면하다+罰처벌)을 의미한다.
Tom Sawyer broke his Aunt Polly's rules with near impunity.

마크 트웨인 소설 속 톰 소여는 폴리이모가 정한 규칙을 깨고도 거의 처벌을 받지 않는다. 듣기 좋은 사탕발림으로 용서를 받아내는 재주가 뛰어났기 때문이다.

It's astonishing that these gangs are free to walk the streets with impunity.

이놈의 깡패들이 아무 벌도 받지 않고 길거리를 자유롭게 활보하다니 놀라울 뿐이다.

with impunity는 대개 부정적인 맥락에서 사용된다.
You can't go on breaking the speed limit with impunity forever.

과속을 하고도 무사할 거라고 생각하지 마라.

✛

truce [trˈuːs] 휴전.
immunity [ɪmjˈuːnɪti] 면역.

---

penalty는 '형벌'이라는 뜻으로 death penalty는 '사형', pay the penalty는 '벌금을 물다'라는 뜻이다.
punish는 '처벌하다', '응징하다'라는 뜻이다.

penance
[pˈenəns]

noun
● 속죄.

In the Middle Ages bands of pilgrims would trudge to distant holy sites as penance for their sins.

중세에는, 순례자들이 무리 지어 자신의 죄를 속죄하는 의미로 멀리 있는 성지까지 묵묵히 발걸음을 옮기곤 했다.

■

penance는 자신의 잘못을 슬퍼하고 뉘우치며 스스로 벌을 주는 행위로 자발적인 것일 수도, 명령에 의한 것일 수도 있다.

The Christian season of Lent, 40 days long, is traditionally a time for doing penance.

'사순'이라고 하는 기독교의 전통적인 절기는 40일 동안 속죄하는 시간이다.

As penance during the period of Lent, Christians may give up a favorite food.

사순절 기간 동안 속죄하는 의미로, 기독교도들은 좋아하는 음식을 멀리해야 할 수 있다.

✛
trudge [trˈʌdʒ] 터덕터덕 걷다.
repentance [rɪpˈentəns] 회개.
Lent [lˈent] 부활절 전 날까지 40일 동안 속죄하는 마음으로 경건하게 생활하는 시기. (旬은 10일이라는 뜻)

punitive
[pjˈuːnɪtɪv]

adjective
● 처벌하기 위한.

The least popular teachers are usually the ones with punitive attitudes, those who seem to enjoy punishing more than teaching.

징벌적 태도를 보이는 선생들은 대개 가장 인기가 없다. 가르치는 것보다는 혼내는 것을 더 즐기는 것처럼 보이기 때문이다.

■

punitive damages 징벌적 배상―
어떤 사람이나 회사에게 해를 입었을 경우 자신이 손해본 것만큼 보상을 청구하는 것이 일반적이지만, 피고의 죄질이 특별히 나쁘다고 여겨질 경우, 실제 손해보다 훨씬 큰 금액을 요구할 수 있는데 이것을 '징벌적 배상'이라고 한다. punitive damages 청구가 인정되는 경우는 드물지만, 승소하면 실제 손해금액보다 4배 이상 받을 수도 있다.

The government is expected to take punitive steps against offenders.

정부는 가해자에게 징벌적 조치를 취할 것으로 여겨진다.

The US could impose punitive tariffs on exports.

미국정부는 수출품에 징벌적 관세를 부과할 수 있다.

Other economists say any punitive measures against foreign companies would hurt US interests.

외국 기업에 대한 징벌적 조치는 오히려 미국의 이익을 해칠 것이라고 말하는 경제진문가들도 있다.

✛
tariff [tˈærɪf] 관세, 관세율.

CULP

Latin
guilt 유죄

culpable
[kˈʌlpəbəl]

adjective
- 비난받아 마땅한.

The company was found guilty of culpable negligence in allowing the chemical waste to leak into the groundwater.

회사는 지하수에 화학폐기물이 흘러들어가도록 방치한 직무태만으로 유죄판결을 받았다.

culp(guilty)+able은 '죄가 될 수 있는'을 의미한다.
To a lawyer, "culpable negligence" is carelessness so serious that it becomes a crime.
법률에서 '귀책성 과실'은 범죄가 될 수 있을 정도로 심각한 부주의를 의미한다.
예컨대, 자기 집 수영장 주변에 펜스를 치지 않아 옆집 아이가 빠진 경우 culpable negligence 판결을 받을 수 있다.
Degrees of culpability are important in the law.
법적 판단을 할 때 귀책성은 매우 중요한 기준이다.
의도를 가지고 상해를 입힌 사람은 단순한 부주의로 상해를 입힌 사람보다 법정에서 무거운 처벌을 받는다.

+
negligence [nˈeɡlɪdʒəns] 해야 할 일을 하지 않음, 범죄로 처벌될 만큼 중대한 과실, 태만, 부주의.
culpability [kˌʌlpəbɪlɪti] 귀책성.

exculpate
[ˈekskʌlpeɪt]

verb
- 혐의를 풀다. 무죄를 입증하다.

The girls aren't proud of what they did that night, but they've been exculpated by witnesses and won't be facing criminal charges.

소녀들은 그날 밤 자신들이 한 일을 떳떳하게 여기지는 않지만, 증인에 의해 무죄가 입증되어 형사상 혐의는 받지 않을 것이다.

ex(out of)+culp(guilt)가 결합한 exculpate는 '죄에서 벗어나다'는 뜻이다.
A suspected murderer may be exculpated by the confession of another person.
살인사건 용의자는 다른 사람의 자백으로 혐의에서 벗어날 수 있다.
Defense lawyers are always looking for exculpatory evidence.
피고 측 변호인은 늘 무죄를 입증하는 증거를 찾는다.
In trying to exculpate herself, she only made herself look guiltier.
자신의 무죄를 입증하기 위해 노력했지만, 그런 행동은 오히려 그녀를 범죄자처럼 보이게 만들었다.

+
face a charge of —한 혐의를 받다.
suspected murderer 살인사건 용의자.
exculpatory [ˈekskʌlpətɔːri] 무죄를 입증하는.
exculpation [ˌekskʌlpˈeɪʃən] 무죄입증.

신문에서 자주 볼 수 있는 '범인'이라는 단어 culprit이 이 어근에서 나온 대표적인 단어다.

inculpate
[ɪnkˈʌlpˌeɪt]

verb
● 고소하다. 죄의 책임을 묻다.

It was his own father who finally inculpated him, though without intending to.

물론 그럴 의도는 아니었겠지만, 결국 그에게 죄를 뒤집어씌운 사람은 아버지였다.

■

inculpate는 exculpate와 정반대 의미다.
inculpatory evidence와 exculpatory evidence 역시 정반대의 증거다.
By inculpating someone else, an accused person may manage to exculpate himself.
피의자는 다른 이의 유죄를 입증함으로써 자신의 무죄를 입증하려 한다.
Through plea bargaining, the prosecution can often encourage a defendant to inculpate his friends in return for a lighter sentence.
양형거래를 통해 검찰은 피고인에게 가벼운 형을 주는 대가로 친구들의 죄를 불도록 유도한다.
He's trying hard to inculpate as many of his friends in the crime as he can.
그는 자신의 친구들에게 최대한 범죄혐의를 씌우기 위해 노력했다.

✛
inculpatory [ɪnkˈʌlpˌətɔːri] 유죄를 입증하는.
plea bargaining 양형거래.
defendant [dɪfˈendənt] 피고.
sentence [sˈentəns] 판결.

mea culpa
[mˌeɪəkˈulpə]

noun
● 내 탓이오. 자신의 과오를 인정함.

The principal said his mea culpa at the school board meeting, but not all the parents were satisfied.

교장은 학교 이사회에서 자신의 잘못을 인정한다고 말했지만, 모든 부모가 만족한 것은 아니었다.

■

"mea culpa, mea culpa, mea maxima culpa"
내 탓이오, 내 탓이오, 내 큰 탓이로소이다.
mea culpa는 가톨릭 미사 중에 암송하는 기도에 나오는 라틴어로, 자신의 죄를 참회한다는 내용이다.
오늘날 I apologize. 또는 It was my fault.라는 의미로 Mea culpa!를 일상적으로 사용하기도 한다.
The book may be a long mea culpa for the author's past treatment of women.
이 책은 지난 시절 여자들을 대했던 자신의 행동에 대한 '긴 참회록'이다.
The oil company issued a mea culpa after a tanker runs aground.
유조선이 좌초된 후 정유회사는 '사과문'을 발표했다.
mea culpa는 '참회록', '사과문'이라는 의미로도 사용된다.

✛
tanker [tˈæŋkər] 유조선.
run aground 좌초하다.

Words from **Underground**

Hades
[hˈeɪdiːz]

noun
- 저승.

In a dramatic scene, he crawls up out of the ground coated in black petroleum as though emerging from Hades.

드라마틱한 장면에서, 검은 석유를 뒤집어쓴 채 그가 땅에서 기어나온 모습은 마치 하데스에서 솟아난 것처럼 보였다.

■

Hades는 하늘을 다스리는 Zeus, 바다를 다스리는 Poseidon과 형제로 땅 속, 지하세계를 다스리는 올림포스신이다. 로마신화에서는 Pluto라고 불린다. 하데스는 자신의 아내 Persephone와 함께 지하세계를 다스리는데, 그곳 역시 '하데스'라고 불린다. 하데스는 광물자원과 생식력이 넘치는 곳이자, 죽은 영혼들의 보금자리다.
It's hotter than Hades in here!
이곳은 하데스보다 뜨겁다!
오늘날 Hades는 Hell을 좀더 높여 일컫는 말로 사용된다.

✚
petroleum [pətrˈoʊliəm] 석유.

stygian
[ˈstɪdʒiən]

adjective
- 극도로 어둡고 축축하고 음울하고 으스스한.

When the power went out in the building, the halls and stairwells were plunged in stygian darkness.

건물에 전기가 나갔을 때, 복도와 계단실은 단번에 암흑 속으로 빠져들었다.

■

그리스의 저승 Hades는 불길 속에 활활 타오르는 기독교의 지옥과는 달리 춥고 어둡다. 하데스에는 다섯 개의 강이 흐른다.
—Acheron 아케론. 비통의 강. 하데스에서 처음 만나는 강으로 망자는 이 강을 건너며 자신의 죽음을 슬퍼한다. 이 강을 건너기 위해서는 뱃사공 Charon에게 뱃삯을 주어야 한다. (그래서 고대그리스인들은 시신의 입 속에 동전을 넣어주었다.)
—Cocytus 코퀴토스. 회한의 강. 물위에 비친 자신이 이승에서 살던 모습을 보며 시름에 젖는다.
—Phlegethon 플레게톤. 정화의 강. 물이 아닌 불이 흐르는 강으로 영혼이 불에 타 깨끗해진다.
—Lethe 레테. 망각의 강.
—Styx 스틱스. 증오의 강. styx는 그리스어로 hateful을 의미한다. 하데스를 휘감아 도는 가장 큰 강으로, 이 강에서 한 맹세는 깰 수 없다. 신들조차 가장 엄숙한 맹세를 할 때 이 강의 이름을 걸 정도로 무섭고 소름이 끼쳤다고 한다.
stygian atmosphere/tunnel/darkness—
stygian은 'Styx 같은'이라는 말이다. 저승의 을씨년스러운 음산한 분위기를 떠올리게 한다.
이 다섯 강을 건너면 낙원 Elysion과 지옥 Tartaros가 나온다.

Cum vinum intrat, exit sapientia.
When wine enters, wisdom exits.
술이 들어오면, 지혜는 나간다.

lethargic

[lɪθˈɑːrdʒɪk]

adjective

- 무기력한.
- 열의가 없는.

Once again the long Sunday dinner had left most of the family feeling stuffed and lethargic.

다시 한 번 일요일의 긴 저녁식사는 식구들 모두 배가 불러 움직임을 둔하게 만들었다.

■

죽어서 Hades에 들어간 사람들은 불길 속에 온몸을 태우는 정화의식을 거친 다음 Lethe 강물을 마시고 저승에서 새로운 생명을 얻는다고 그리스인들은 믿었다. Lethe는 forgetfulness를 의미하는 그리스어로, 레테강물을 마시는 순간 전생의 기억은 물론 하데스에서 보낸 끔찍한 시간도 모두 잊는다고 한다.
하지만 Lethe에서 나온 lethargic/lethargy는 망각과는 무관하게, 숨쉬기도 힘든 송장같은 상태를 의미한다.
He felt too miserable and lethargic to get dressed.

그는 너무 비참하고 무기력해서 옷을 차려입을 마음도 들지 않았다.
New mothers often complain of lethargy and mild depression.

이제 막 출산을 한 엄마들은 무기력과 가벼운 우울증을 호소하는 경우가 많다.

➕

sluggish [slˈʌgɪʃ] 느린.
apathetic [ˌæpəˈθetɪk] 냉담한.
stuffed [stʌft] 배가 터질만큼 많이 먹은.
lethargy [lˈeθərdʒi] 무기력.
plunge [plˈʌndʒ] 던져넣다, 뛰어들다.

Elysium

[ilˈɪʒəm]

noun

- 엘리시움. 이상향.

They had named their estate Elysium, and as we gazed out over its fountains, ponds, and sweeping lawns we could see why.

그들은 자신들의 땅에 엘리시움이라는 이름을 붙였다. 그 곳의 분수, 연못, 넓게 펼쳐진 잔디밭을 보면 그 이유를 알 수 있다.

■

Elysium은 그리스어 Elysion에서 유래한 라틴어다. 그리스로마신화에서 Elysium(=Elysian fields)은 영웅들과 순수한 자들의 영혼이 거처하는 최후의 안식처로 묘사된다.
'천국'하면 떠오르는 아름다운 정원의 모습이 바로 Elysium이다. Elysium이 더할 나위 없이 행복과 기쁨이 넘치는 곳, 또는 그런 상태를 의미하게 된 이유를 쉽게 이해할 수 있을 것이다.
파리의 중심가로 유명한 샹젤리제 거리는 원래 그 도로에 접한 아름다운 공원의 이름을 딴 것이다. 공원 이름이 바로 Champs-Élysées, 영어로 번역하면 Elysian Fields, 즉 지상낙원, 극락이다.
프랑스대통령이 집무하는 곳도 Palais de l'Élysée, 영어로 Élysée Palace(극락궁)다.
She spoke about her country place as an Elysium where they could spend their lives surrounded by beauty.

그녀는 자신의 사는 시골을, 아름다움에 둘러싸여 살아가는 극락처럼 묘사했다.

➕

Elysian [ilˈɪʒən] 천상의.

VOC

Latin

voice 목소리
speak 말

equivocate

[ɪkwˈɪvəkeɪt]

verb

● (속이기 위해) 애매하게 말하다.
● 즉답을 피하다.

As the company directors continued to equivocate, the union prepared to return to the picket lines.

회사감독관들이 계속해서 얼버무리자, 노동조합은 농성대열로 돌아갈 채비를 했다.

■

equi(equal)+voc(speak)이 결합한 equivocate는 하나의 문제의 양면을 모두 말한다는 뜻이다.
His equivocal response has done nothing to dampen the speculation.
이도 저도 아닌 그의 대답은 투기 열기를 잠재우는 데 아무런 도움도 되지 않았다.
어떤 태도도 취하지 않으려고 하는 대답은 equivocal answer, 반대로 명확하게 입장을 표현하는 대답은 unequivocal answer라고 한다.
Politicians are famous for equivocating.
모호하게 말하는 것은 정치인들의 전매특허지.
Equivocation is typical of nervous witnesses in a courtroom.
모호한 화법은 법정에서 긴장한 증인들의 전형적인 특징이다.

✚

dampen [dˈæmpən] 물을 끼얹어 축축하게 하다. 기를 꺾다.
speculation [spˌekjʊlˈeɪʃən] 추측, 투기.
equivocal [ɪkwˈɪvəkəl] 명확하게 표명하지 않는.
equivocation [ɪkwˌɪvəkˈeɪʃən] 얼버무림.

irrevocable

[ɪrˈevəkəbəl]

adjective

● 되돌리거나 철회할 수 없는.

She had told him she wasn't going to see him again, but he couldn't believe her decision was irrevocable.

그녀가 다시는 만나지 않겠다고 말했음에도, 그는 그것이 돌이킬 수 없는 결정이라고 생각하지 않았다.

■

irrevocable은 격식을 갖춘 어휘라는 느낌을 주는데, 그래서 법률문서에 자주 등장한다.
Irrevocable trusts are trust funds that cannot be dissolved by the people who created them.
취소불능신탁은 개설한 사람도 해지할 수 없는 신탁이다.
반대로 개설한 사람이 취소할 수 있는 신탁은 revocable trust라고 한다.
irrevocable credit 취소불능신용장—
은행이 고객에게 대금을 반드시 지급한다는 것을 약속하는 문서.
irrevocable gift 취소불능증여—
증여가 성립하고 난 뒤 증여자가 되돌려받거나 소유권을 행사할 수 없는 증여.
We've all had to make irrevocable decisions.
우리는 모두 돌이킬 수 없는 결정을 내려야만 했다.

✚

dissolve [dɪzˈɒlv] 녹다, 풀리다.
retract [rɪtrˈækt] 취소하다, 안쪽으로 넣다.

vocal ensemble은 여럿이 노래를 부르는 합창단을 의미한다. vocation은 원래 자신을 섬기는 종이 되라는 calling from God(신의 부름: 소명召命)을 의미했는데 지금은 단순히 '직업'이라는 뜻으로 쓰인다. 여러분이 지금 공부하고 있는 vocabulary는, 말(VOC)을 만들기 위해 알아야 하는 어휘집이라는 뜻이다.

advocate
[ˈædvəkeɪt] *verb* [ˈædvəkət] *noun*

verb
● 옹호하다.

noun
● 옹호자.

Our lawyer is advocating a suit against the state, but most of us would rather try some other approaches first.

우리 변호사는 국가를 상대로 소송해야 한다고 주장하지만, 우리는 대부분 다른 방법을 먼저 시도하고자 한다.

■

We have advocated for better roads.
우리는 도로개선사업을 옹호한다.
They advocated for merging the two school districts.
그들은 두 학군을 통합하는 것을 지지했다.
The ruling party advocates an increase in the military budget.
여당은 방위예산 증액을 지지한다.
The opposition party advocates closing the budget gap.
야당은 예산차액을 줄이는 것을 옹호한다.
advocate는 나를 옹호하고 내 편에 서서 싸워주는 사람을 의미하는 명사로 쓰이기도 한다. 본래 이 단어는 법정에서 변호사를 지칭하는 말로 사용되었으며, 영국에서는 지금도 lawyer를 advocate라고 부른다.
play devil's advocate—
토론에서 일부러 반대의견을 내 상대방을 시험하다

✛
district [dˈɪstrɪkt] 지역.
close a gap 간격을 줄이다.

vociferous
[voʊsˈɪfərəs]

adjective
● 큰 소리로 시끄럽게 떠드는.

Whenever the referee at these soccer games makes a questionable call, you hear vociferous protests from half the parents.

이들 축구경기에서는 심판이 의심스러운 판정을 내릴 때마다, 어느 한쪽 편 학부모들로부터 시끄럽게 항의하는 소리가 들릴 것이다.

■

A vociferous group shouts loudly and insistently.
시끄러운 집단은 끊임없이 큰소리를 낸다.
When a small group makes itself vociferous enough, everyone else may even start thinking it's actually a majority.
작은 집단이라고 해도 큰소리로 떠들면 사람들은 그들이 다수파라고 생각하기 시작한다.
The minority population became more vociferous in its demands.
소수파는 요구사항이 있을 때 더 요란해진다.
—vociferous critics 떠들썩한 비난
—vociferous demands 요란한 요구
—vociferous opponents 끈질기게 물고 늘어지는 반대파
—a vociferous minority 시끄럽게 외치는 소수자들

✛
emphatic [ɪmfˈætɪk] 단호한 어조로.

PHON

Greek

sound 소리 voice 목소리
speech 말

phonics
[fˈɑːnɪks]

noun

● 파닉스.

My son's school switched to phonics instruction several years ago, and reading achievement in the early grades has been improving.

아들이 다니는 학교는 몇 년 전 기존 수업을 파닉스수업으로 바꾸었는데, 그 이후 저학년의 읽기성적이 높아졌다.

■

In the field of beginning reading, there are two basic schools of thought in the U.S. today: "whole language" teaching and phonics.

읽기를 처음 가르치는 교수법이론으로 오늘날 미국에는 두 가지 학파가 존재한다. 텍스트를 많이 읽힘으로써 저절로 글을 읽을 수 있도록 도와주는 '총체적 언어' 교수법과 개별 스펠링과 음절을 어떻게 발음하는지 가르침으로써 글을 읽을 수 있도록 도와주는 '파닉스' 교수법이다.

Phonics instruction may be especially difficult in English, since English has the most difficult spelling of any Western language.

영어의 경우 파닉스수업은 특별히 어려울 수 있는데, 서양언어 중에서 스펠링이 가장 까다롭기 때문이다.

예컨대 cough/photo/giraffe에서 [f] 소리, special/issue/vicious/portion에서 [ʃ] 소리, tack/quite/shellac에서 [k]소리를 표기하는 방식이 제각각 다를 뿐만 아니라 do/core/lock/bone에서 o, lead/ocean/idea/early에서 ea를 발음하는 방식이 제각각 다르다.

Teaching phonics obviously isn't an easy job, but it's probably an important one.

파닉스는 가르치는 것이 쉽지 않은 것은 분명하지만, 중요한 과정으로 여겨진다.

phonetic
[fənˈetɪk]

adjective

● 발음 상징하는, 발음과 연관된.

In almost every Spanish word the pronunciation is clear from the spelling, so the phonetic part of learning Spanish isn't usually a big challenge.

스페인어는 대부분 스펠링 그대로 발음한다. 그래서 스페인어에서 발음부분은 그다지 어렵지 않다.

■

The English alphabet is phonetic, and the Chinese alphabet isn't phonetic.

영어 알파벳은 소리를 표시하는 반면, 중국의 알파벳은 소리가 아닌 뜻을 표시한다.

Since in English a letter doesn't always represent the same sound, dictionaries often use specially created phonetic alphabets in which each symbol stands for a single sound in order to represent pronunciations.

영어는 표음문자임에도 알파벳이 늘 같은 소리를 표시하지 않기 때문에 대다수 사전들은 제각각 하나의 소리만 표시하는 특수하게 만들어진 발음기호를 사용하여 어떻게 발음하는지 보여준다.

✦

phonetic alphabets 발음기호.
phonetics [fənˈetɪks] 음성학.
shellac [ʃəlˈæk] shell+lac 조개껍데기처럼 단단하고 매끄러운 표면을 만들어내는 락카. 니스.

-phone이라는 접미어가 바로 여기서 왔다. tele(far)가 붙은 telephone은 멀리 떨어져서 이야기할 수 있는 기계, micro(small)가 붙은 microphone은 작은 목소리로 이야기할 수 있는 기계, xylo(wood)가 붙은 xylophone은 나무를 두드려 소리내는 악기를 일컫는다.

polyphonic
[pˌɑlɪfˈɑnɪk]

adjective

● 여러 멜로디가 화음을 이루는 음악 스타일의.

Whenever he needed something calming, he would put on some quiet polyphonic music from the Renaissance and just let the voices waft over him.

차분한 것이 필요할 때면 그는 르네상스시대의 고요한 폴리포니 음악을 틀고 그 음률 속에 빠져든다.

■

poly(many)+phon(voice)이 결합한 polyphony는 여러 목소리나 선율이 함께 어울리는 음악형식이다.
In polyphony, each part has its own melody, and they weave together in a web that may become very dense.
폴리포니에서는 제각각 멜로디가 다른 노랫소리가 함께 어울리면서 촘촘한 그물망을 짜낸다.
polyphony는 16세기 이탈리아 성가곡에서 절정을 이루었다. 특히 1570년경 Thomas Tallis가 작곡한 polyphony는 40개의 멜로디로 이루어진 탁월한 성가곡이다.
The principles remain the same today, and songwriters such as the Beatles have sometimes used polyphony as well.
폴리포니의 원리는 오늘날에도 여전히 이어져, 비틀즈 같은 뮤지션들도 가끔 폴리포니를 활용한다.

✚
waft [wˈɒft] 소리/냄새가 감돌다.

cacophony
[kəkˈɒfəni]

noun

● 거슬리고 듣기 싫은 소리. 불협화음.

In New York she was often dragged off by her boyfriend to downtown jazz concerts, where she struggled to make sense of what sounded like nothing but cacophony.

뉴욕에서 그녀는 남자친구에게 이끌려 시내 재즈콘서트에 가곤 했는데, 그곳에 갈 때마다 불협화음에 불과한 소음을 이해하기 위해 분투했다.

■

caco(bad)+phon(sound)가 결합한 cacophony는 말 그대로 듣기 싫은 소리, 즉 불협화음을 의미한다.
Grunge, thrash, hardcore, and goth music are cacophonous and unlistenable to some people.
그런지, 쓰래시, 하드코어, 고쓰뮤직은 어떤 사람들에게는 도저히 들어주기 힘든 불협화음으로 들릴 수 있다.
Open-air food markets may be marked by a cacophony of voices but also by wonderful sights and sounds.
야외 푸드마켓은 거슬리는 소음들로 가득하지만 아주 멋진 광경과 소리로 여겨질 수 있다.
Few people can really enjoy the cacophony of jackhammers, car horns, and truck engines that assaults the city pedestrian.
보행자를 위협하는 드릴소리, 자동차 경적소리, 트럭 엔진소리 등이 뒤섞인 불협화음을 듣기 좋다고 말하는 사람은 없을 것이다.

✚
drag (off) sb to (영화나 모임에) 억지로 끌고가다.
cacophonous [kəkˈɒfənəs] 불협화음의.
jackhammer [dʒˈækhˌæmər] 착암기.

PRIM

Latin *primus*
first 우선하는

primal
[prˈaɪməl]

adjective

● 기초적인(basic). 원시의(primitive).

There was always a primal pleasure in listening to the rain beat on the roof at night and dropping off to sleep in front of the fire.

한밤에 지붕을 때리는 빗소리를 들으며 벽난로 앞에서 잠이 드는 것에는 언제나 어떤 원시적인 쾌감이 있다.

■

primal은 primitive와 primary를 포괄하는 의미를 가지고 있다. 가장 근원적인 것이기에 거부할 수 없는 중요한 것을 묘사한다.
a primal fear of the unknown 알지못하는 것에 대한 원초적 두려움. primal은 동물적 본성에 기초하는 강렬하면서도 본능적인 어떤 것을 의미한다.
Sitting around a campfire may feel like a primal experience, in which we share the emotions of our cave-dwelling ancestors.
캠프파이어를 둘러 앉으면 원시적 경험을 할 수 있는데, 그것은 바로 동굴에 살던 우리 조상들의 감정을 공유하는 것이다.
Intense fear of snakes or spiders may have primal roots, owing to the poison that some species carry. 뱀이나 거미를 보고 기겁하는 것은, 그들이 지닌 독에 대한 두려움이 우리 본능 속에 각인되어 있기 때문이다.
primal scream therapy는 어린 시절 고통스러운 경험을 풀어놓으며 마음껏 비명을 지르고 폭력을 발산하며 자신의 억눌린 좌절과 분노를 발산하는 심리치료법으로, 1970년대 미국에서 선풍적인 인기를 끌었다.

✛
drop off to sleep 잠이 들다.

primer
[prˈaɪmər]

noun

● 읽기책. 아이들에게 글을 가르치기 위한 작은 책.
● 입문서.

She announced that she'd be passing out a primer on mutual funds at the end of the talk.

그녀는 이야기가 끝난 뒤 뮤추얼펀드 설명서를 나눠주겠다고 말했다.

■

primer는 원래 아이들이 글을 배울 때 가장 먼저 배우는 책을 말한다. 1690년경 미국에서 출판된 《The New England Primer》가 바로 대표적인 책인데, 성경에서 가져온 인용구와 도덕적 교훈들이 담겨 있으며, 다양한 목판화 그림이 군데군데 들어가 있다.
a primer of good management techniques 경영기법입문서.
지금은 교육방식이 달라져 초등교육에서 primer를 더이상 쓰지 않지만, 여전히 일상적으로는 '입문서'라는 의미로 널리 사용되고 있다.
primer를 [prˈɪmər]라고 발음할 때는 페인트를 의미한다. 목재나 금속에 페인트를 칠할 때 먼저 밑칠을 하는데, 이 밑칠페인트를 프라이머라고 한다.
She had written a little primer on volunteering, which she was now expanding into a full-length book.
그녀는 자진하여 짧은 입문서를 써놓았는데, 지금 그것을 완벽한 책으로 확장하는 작업을 하고 있다.

✛
owing to = because of
primary [prˈaɪmeri] 첫번째의, 주요한, 우선하는.
primitive [prˈɪmɪtɪv] 원초적인, 구식의.
primeval [praɪmˈiːvəl] prim(first)+ev(age) 원시의.

primary는 시간상, 순서상 가장 먼저 나온다는 의미로 '주된, 기본적인'이라는 뜻이다.
primitive는 발전단계에서 가장 먼저 나온다는 의미로 '원초적인'이라는 뜻이다.
primeval은 세상이나 인간이 탄생한 초기에 유래했다는 뜻으로 '원시적인, 태고적인'이라는 의미다.

primate

[prˈaɪmeɪt]

noun

● 영장목. (인간, 유인원, 원숭이가 속한 동물분류.)

Dr. Leakey sent three young women to work with individual primates: Jane Goodall with the chimpanzees, Dian Fossey with the gorillas, and Birute Galdakis with the orangutans.

리키박사는 젊은 여자 세 명을 각각 영장류 하나씩 맡아 연구하게 했다. 제인 구달은 침팬지를, 다이앤 포시는 고릴라를, 비루트 갈다키스는 오랑우탄을 연구했다.

■

스웨덴의 식물학자 Carl von Linné (칼 폰 린네: 영어명 Carolus Linnaeus)가 처음 제시한 생물의 단계별 분류단위에서 인간을 primate으로 분류했다. 영장목이 포유강에 속하는 다른 동물들과 구별되는 특징으로는 커다란 뇌, 둔감한 후각, 발톱의 퇴화, 긴 임신기간, 긴 유아기 등이 있다.

Along with the apes and monkey, the primate order includes such interesting animals as the lemurs, tarsiers, galagos, and lorises. 유인원과 원숭이와 더불어 영장목에는 여우원숭이, 안경원숭이, 갈라고, 로리스 같은 재미있는 동물들도 있다.

> ★
> **Linnaean system** 린네의 생물분류법
>
> Domain [doʊmˈeɪn] 역 域
> Kingdom [kˈɪŋdəm] 계 界
> Phylum [fˈaɪləm] (동물) / Division (식물) 문 門
> Class [klˈæs] 강 綱
> Order [ˈɔːrdər] 목 目
> Family [fˈæmɪli] 과 科
> Genus [dʒˈiːnəs] 속 屬
> Species [spˈiːʃɪz] 종 種

primordial

[praɪmˈɔːrdiəl]

adjective

● 최초로 만들어진.
● 태초의. 처음부터 전해 내려오는.

Many astronomers think the universe is continuing to evolve from a primordial cloud of gas.

많은 천문학자들이 우주가 태초의 가스구름에서 진화했을 것이라 생각한다.

■

primordial은 origin을 의미하는 라틴어 primordium에서 나온 말로, 발전이나 진화의 과정에서 출발점이 되는 것을 지칭한다.
primordial landscape—
인간의 손이 닿지 않은 원시적인 풍경.
primordial cell—
처음 생성된 세포, 또는 그 모습을 그대로 간직한 채 이어져온 원시세포.
The substance out of which the earth was formed and from which all life evolved is commonly called "the primordial ooze" or "the primordial soup."
지구를 형성한 물질, 모든 생명체의 근원이 된 유기물의 혼합용액을 흔히 '원상액' 또는 '원시수프'라고 한다.
The asteroids in our solar system may be remnants of a primordial cloud of dust.
태양계에 존재하는 소행성들은 태초에 존재했던 먼지구름의 잔존물일 것이다.

✦

ooze [ˈuːz] 보드라운 진흙, 즙.
ape [ˈeɪp] 침팬지, 고릴라, 오랑우탄 등 꼬리가 없는 원숭이.

Words from Museum

muse
[mjˈuːz]

noun
- 영감의 원천.

At 8:00 each morning he sat down at his desk and summoned his muse, and she almost always responded.

매일 아침8시, 그는 책상에 앉아 뮤즈를 소환했는데, 뮤즈는 거의 대부분 응답했다.

■

Muse는 음악을 비롯한 예술과 문학을 관할하는 9명의 그리스여신들이다. 뮤즈를 모시는 신전은 라틴어로 museum이라고 한다.

"Sing to me of the man, Muse"

내게 그 남자의 노래를 불러주오, 뮤즈여.

호메로스의 《오디세이》의 첫 구절로, 여기서 '그 남자'는 오디세우스를 가리킨다. 많은 예술가, 시인들이 작업을 시작하면서 자신에게 영감을 불어넣어 줄 Muse를 불러내는데, 시의 첫 구절에 이처럼 Muse를 소환하는 주문을 넣는 경우도 많다.

또한 무수한 예술가와 작가들이 실존하는 사람을 자신의 Muse로 삼기도 했다.

After his last book of poetry was published, his muse seemed to have abandoned him.

마지막 시집을 출간한 뒤 그의 뮤즈는그를 버린 것처럼 보였다.

+

summon [sˈʌmən] 소환하다.
museum [mjuːzˈiːəm] 박물관, 미술관.

mnemonic
[nɪmˈɒnɪk]

adjective
- 기억과 관련된. 기억하도록 도와주는.

Sales-training courses recommend various mnemonic devices as a way of remembering peoples' names.

판매훈련과정은 사람이름을 외우는 방법 같은 다양한 기억술을 가르쳐준다.

■

Mnemosyne는 기억의 여신이자 muse의 어머니로, 그리스어로 memory를 의미한다.

기억을 도와주는 것을 mnemonic aid 또는 단순히 mnemonic이라고 한다.

"Every Good Boy Does Fine"은 높은음자리표가 있는 오선의 음 EGBDF를 쉽게 외울 수 있도록 도와주는 mnemonic device다.

"King Philip Could Only Find Green Socks"는 Kingdom-Phylum-Class-Order-Family-Genus-Species(계문강목과속종)를 쉽게 기억할 수 있도록 도와주는 mnemonic device다.

amnesia나 amnesty는 a(not)+mnes(remember) 에서 파생된 단어들이다. 하지만 이 단어들과 달리 mnemonic은 처음 나오는 m을 발음하지 않는다.

She always learns her students' names quickly by using her own mnemonic devices.

그녀는 자신만의 기억법을 활용하여 학생들의 이름을 언제나 금방 외웠다.

+

amnesia [æmnˈiːʒə] 기억상실증.
amnesty [ˈæmnɪsti] 사면.

Faber est suae quisque fortunae.
Every man is the artisan of his own fortune.
운명을 만드는 사람은 바로 자신이다.

calliope
[kəlˈaɪəpi]

noun
- 칼리오페.

The town's old calliope, with its unmistakable sound, summoned them to the fair every summer.

그 마을의 오래된 칼리오페는 또렷한 소리로, 매년 여름 박람회가 열릴 때마다 그들을 불러들였다.

■

Calliope는 서사시, 서정시를 관장하는 Muse로 《일리아드》,《오디세이》 같은 서사시를 쓰는 시인들에게 영감을 주었다.

고대그리스에서는 아무리 긴 서사시라도 대개 처음부터 끝까지 곡조를 붙여 판소리처럼 불렀기 때문에 칼리오페는 음악에도 어느 정도 관여하고 있었을 것으로 여겨진다.

1855년 미국에서 증기를 이용하는 오르간 비슷한 악기를 발명했는데, 이 악기에 Calliope라는 이름을 붙였다. 물론 Calliope는 자신의 이름이 이렇게 쓰이는 것을 달가워하지 않았을 것이다.

미시시피강과 오하이오 강에는 강을 오가며 극장공연을 하는 대형선박들이 있었는데, 이들이 사람을 모으고 축제분위기를 잡고자 할 때 칼리오페를 주로 사용했다. 12킬로미터 밖까지 들리는 뿡뿡거리는 소리는 관객들을 끌어 모으는 데 가장 좋은 수단이었다.

오늘날 칼리오페 연주곡은 듣기 힘들다. 하지만 서커스행렬이나 회전목마가 등장하는 장면에서 늘 따라나오는 독특한 악기소리가 바로 칼리오페 연주다.

✚

summon [sˈʌmən] 소환하다.

paean
[pˈiːən]

noun
- 기쁨, 승리를 노래하는 찬가.
- 찬사.

At his retirement party, the beloved president was treated to paeans from friends and employees to his years at the head of the company.

퇴임식 파티자리에서, 많은 이들의 사랑을 받던 사장님은 동료와 직원들로부터 회사를 이끌던 시절에 대한 찬사를 받았다.

■

고대그리스에서 의술의 신 Apollo를 찬양하는 합창을 paian이라고 했다. 좀더 넓은 의미로, paian은 신에게 바치는 찬가를 모두 일컫기도 했다.

Homer의 《Iliad》에서 Achilles의 부하들이 적장 Hector가 죽었다는 소식을 듣고 파이안을 부르는 장면이 등장한다.

오늘날 연회, 장례식 등에서 부르는 찬가, 출정하는 군인들을 위해 부르는 찬가, 전쟁승리를 기념하는 찬가 등을 모두 paean이라고 할 수 있다.

At her 40th birthday party, her best friend delivered a glowing paean that left her in tears.

40번째 생일파티에서 그녀는 절친의 열렬한 축사를 듣고 눈물을 흘렸다.

✚

eulogy [jˈuːlədʒi] 찬양하는 말이나 글.
banquet [bˈæŋkwɪt] 연회.

JECT

Latin **jacere**
to throw or hurl 던지다

interject
[ˌɪntərdʒˈekt]

verb
- 다른 사람이 말하는 도중 말을 끼워넣다.

His anger was growing as he listened to the conversation, and every so often he would interject a crude comment.
대화를 들을수록 화가 나 이따금씩 거친 말을 내던져 흐름을 끊었다.

■

inter(between)+ject(throw)는 글자 그대로 throw between을 의미하는데, 이 단어의 용례를 보면 던지는 대상은 '대화 속에 불쑥 던지는 말'이라는 것을 알 수 있다.
The disc jockey interjected moronic and insensitive words.
DJ는 상황에 맞지 않는 멍청한 말만 내질렀다.
"That's absolute rubbish!" he interjected.
"정말 쓰레기군!" 불쑥 내뱉었다.
Ah! Eh? Heavens! Wonderful!처럼 놀람, 반박, 감탄 등을 표현하는 감탄사나 추임새를 interjection이라고 한다.
The best interjections are so quick that the conversation isn't even interrupted.
대화를 방해하지 않을 정도로 빠르게 내뱉는 interjection은 대화에 활기를 더해준다.

✚
every so often 일정한 간격을 두고 자주.
moronic [mɔːrˈɒnɪk] 바보같은.
insensitive [ɪnsˈensɪtɪv] 둔감한.
rubbish [rˈʌbɪʃ] 쓰레기, 쓸데없는.
interjection [ˌɪntərdʒˈekʃən] 갑자기 지르는 소리, 감탄사.

conjecture
[kəndʒˈektʃər]

verb
- 추측하다. (to guess)

noun
- 어림짐작.

He was last heard of in Bogotá, and they conjectured that he had met his end in the Andes at the hands of the guerrillas.
그가 보고타에 있다는 소식을 마지막으로 들었기에, 안데스산 어딘가에서 게릴라들의 손에 최후를 맞이했을 것이라고 그들은 추정했다.

■

con(together)+ject(hurl)는 글자 그대로 '함께 던지다'를 의미하는데, 수많은 사실을 모두 쏟아놓음으로써 이론을 만들어낸다는 뜻이다.
Columbus conjectured from his calculations that he would reach Asia if he sailed westward.
콜럼버스는 추산을 통해 서쪽으로 항해하면 아시아에 도달할 수 있다고 추측했다.
And his later conjecture that there was a "Northwest Passage" by sea from the Atlantic to the Pacific over the North American continent was proved correct centuries later.
북아메리카 대륙 위로 대서양에서 태평양으로 넘어가는 '북서로'가 있다는 훗날 그의 추측은, 수 세기 후 옳은 것으로 입증되었다.
conjecture는 이처럼 명사로도 사용된다.
What she said was pure conjecture.
그녀가 말한 것은 그저 추정일 뿐이야.

✚
hurl [hˈɜːrl] 내던지다, 내팽개치다.
    The driver *hurled* abuse *at* me.

reject는 무언가를 뒤로 던지는 (또는 밀쳐버리는) 행동으로 '거부하다'를 의미하며,
eject는 무언가를 밖으로 던져버리는 (또는 쫓아내는) 행동으로 '내쫓다'를 의미하며,
inject는 무언가를 다른 것 안으로 던지는 (내뿜는) 행동으로 '주입하다'를 의미한다.

projection
[prədʒˈekʃən]

noun

● 예측. 현재에 미루어 미래에 일어날 일을 추측함.
● 투사. 투영.

The president has been hearing different deficit projections all week from the members of his economic team.

대통령은 일주일 내내 경제분과 비서관들에게 다양한 적자 추정액에 대한 보고를 들었다.

■

projection에는 다양한 뜻이 있지만 기본적으로 어떤 것을 밖으로/앞으로 내던지는 것을 의미한다.
A movie is projected onto a screen.
영화는 스크린에 영사된다.
The skilled actress projected her voice out into a large theater without seeming to shout.
노련한 배우의 목소리는, 소리를 지르는 것 같지 않는데도 커다란 극장 안에 쩌렁쩌렁 울려퍼졌다.
He declined to make projections about fourth quarter earnings.
그는 4/4분기 수익을 예측해달라는 요청을 거절했다. 숫자와 연관된 의미로 사용할 때 projection은 미래의 수치에 대한 예측, 추정, 전망을 의미한다.
God is a projection of humans' need to have something greater than themselves.
신은 자신보다 위대한 뭔가를 갖고 싶어하는 인간의 욕구가 투영된 것에 불과하다.
a projection on a bone 뼈에 난 돌기.
표면에 튀어나온 물체는 모두 projection이라고 지칭할 수 있다.

✛
deficit [dˈefəsɪt] 결손액, 부족한 금액.

trajectory
[trədʒˈektəri]

noun

● 궤도. 어떤 물체가 공중에서 이동하는 곡선경로.

Considering the likely range, trajectory, and accuracy of a bullet fired from a cheap handgun at 100 yards, the murder seemed incredible.

100미터 거리를 두고 싸구려 권총에서 발사된 총알이 날아갈 수 있는 사거리, 탄도, 정확도를 고려하면, 이 살인은 불가능해 보였다.

■

trans(across)+ject(hurl)가 결합한 trajectory는 어떤 물체가 공중에 쏘아져 그리는 궤적을 의미한다.
By calculating the effect of gravity and other forces, the trajectory of an object launched into space at a known speed can be computed precisely. 중력을 비롯한 다양한 힘의 작용을 계산해야, 일정 속도로 우주로 발사하는 물체의 궤도를 정확하게 계산해낼 수 있다.
Missiles stand a chance of hitting their target only if their trajectory has been plotted accurately.
미사일은 탄도를 정확하게 계획할 때에만 목표물을 맞힐 가능성이 있다. 탄도(彈道)는 포탄이 날아가는 궤도를 의미한다.
The trajectory of a whole life may be set in a person's youth. 전체 삶의 궤적은 어린 시절 결정된다.
trajectory는 이처럼 일상적인 의미로도 사용된다.
This book traces the long trajectory of the French empire. 이 책은 프랑스제국의 긴 궤적을 추적한다.

✛
stand a chance of 승산이 있다.
plot [plɒt] 음모를 짜다, 단계별 실행전략을 짜다.

DE

Latin

down 아래
away 멀리

debase

[dɪbˈeɪs]

verb

● (평판이나 가치를) 떨어뜨리다.

Every year she complains about how Christmas has been debased by commercialism.

해마다 그녀는 상업주의로 인해 크리스마스가 퇴락하고 있다고 불평한다.

■

Some commentators are constantly blustering about the debased tastes of the ordinary American, and especially the debased music of America's youth.

몇몇 평론가들은 평범한 미국인의 저하된 취향, 특히 젊은이들이 좋아하는 저질음악에 대해 끊임없이 불평한다.

Both candidates had managed to debase themselves by the end of a political campaign.

두 후보 모두 선거를 거치는 동안 자신들의 평판을 스스로 깎아내렸다.

Governments find that they need to quietly debase their countries' currency by reducing the percentage of valuable metal in its coins.

많은 정부들이 동전에 함유된 가치 높은 금속의 비율을 낮춰 조용히 화폐의 가치를 떨어뜨려야 한다는 것을 깨닫는다.

주화의 가치보다 금속의 가치가 더 커지는 순간, 사람들은 주화를 녹여 그 금속을 되팔기 시작하기 때문이다.

✚

commercialism [kəmˈɜːrʃəlɪzəm] 영리주의.
bluster [blˈʌstər] 사납게 고함치다.
leprosy [lˈeprəsi] 나병.
sclerosis [sklərˈoʊsɪs] 경화증.
emphysema [emfɪsˈiːmə] 폐기종.

defamation

[dˌefəmˈeɪʃən]

noun

● 중상. 비방.

In a famous case in 1735, the newspaper publisher J. P. Zenger was found not guilty of defamation because everything he had printed about the plaintiff was true.

1735년 유명한 사건에서 신문발행자 젱어는 명예훼손재판에서 무죄판결을 받았는데, 고발자에 대해 출간한 내용이 모두 사실이었기 때문이다.

■

Harming someone's reputation in speech with falsehoods is known as slander, and doing the same thing in writing is known as libel.

허위사실을 말로 퍼트려 다른 사람의 명예를 해치는 것은 slander라고 하고, 글로 유포하여 다른 사람의 명예를 해치는 것은 libel이라고 한다.

말로 하는 비방을 libel이라고 부르는 경우도 가끔 있다.

Any ordinary citizen who can claim to have suffered harm as a result of such defamation may sue. 이러한 명예훼손(slander/libel)으로 고통을 겪었다고 생각하는 사람은 누구든 고소할 수 있다.

"Public persons" are defamed all the time, and most of them have decided that it's better to just grin and bear it. 정치인과 같은 '공인'들은 늘 명예훼손을 당하기 때문에, 대부분 그냥 웃어넘기는 편이 더 낫다고 판단한다.

✚

plaintiff [plˈeɪntɪf] 고소인, 원고.
falsehood [fˈɔːlshʊd] 허위.
slander [slˈændər] 구두명예훼손.
libel [lˈaɪbəl] 문서명예훼손.
grin and bear it 불쾌한 상황을 그냥 웃어넘기다.

descent는 내리막길 또는 경사면이고, decline은 건강이나 수입 등이 하락하는 것이다.
devalue는 어떤 것의 가치를 깎아내리는 것이고,
depressed 한 상태를 우리는 흔히 기분이 down되었다고 말한다.

degenerative
[dɪdʒˈenərətɪv]

adjective
● 퇴행성의.

Alzheimer's is a degenerative disease of the brain, marked by the decline of mental and physical abilities.

알츠하이머는 뇌의 퇴행성 질환으로 정신적, 육체적 능력의 현저한 퇴화로 나타난다.

■

Degenerative diseases—including cancer, glaucoma, Parkinson's, diabetes, arthritis, and leprosy—are usually contrasted with infectious diseases. 퇴행성질환에는 암, 녹내장, 파킨슨병, 당뇨병, 관절염, 나병 등이 있는데, 대개 감염성질환과 대비된다.
Many infectious diseases (Lyme disease, AIDS, etc.) can cause a body or body part to degenerate, and infective organisms play a part in some degenerative diseases.
많은 감염병들(라임병, 에이즈 등)이 몸 전체 또는 일부를 급격하게 퇴행시킬 수 있으며, 감염된 기관은 퇴행성질환의 주요원인이 된다.
Some degenerative diseases can be controlled; some can even be cured.
몇몇 퇴행성질환은 통제할 수 있고, 더 나아가 완치할 수도 있다.
But no one has yet discovered a way to reverse such degenerative conditions as multiple sclerosis, emphysema, or Alzheimer's.
하지만 다발성경화증, 폐기종, 알츠하이머 같은 퇴행증상을 돌이키는 방법은 아직 발견되지 않았다.

✛
glaucoma [ɡlaʊkˈoʊmə] 녹내장.
diabetes [dˌaɪəbˈiːtɪs] 당뇨병.
arthritis [ɑːrθrˈaɪtɪs] 관절염.

dejection
[dɪdʒˈekʃən]

noun
● 낙담. 실의.

Her friends were puzzled by her frequent periods of dejection, which seemed to occur with no obvious cause.

명백한 이유없이 주기적으로 우울감에 빠지는 그녀의 모습을 보고 친구들은 당혹스러웠다.

■

de(down)+ject(to hurl)가 결합한 dejected는 casting eyes down(downcast)와 같은 뜻이다.
최근 사용빈도가 줄어들고 있는 melancholy, gloom, sadness와 마찬가지로 dejection도 점점 사용되지 않고 있다. 오늘날 이들 대신 가장 많이 사용되는 단어는 바로 depression이다.
de(down)+press가 결합한 depression은 말 그대로 '내리누르다'라는 뜻이다. depression은 다른 단어들과 달리 의학용어로도 쓰인다.
Lots of people now assume that anyone depressed should be taking an antidepressant; if we went back to dejected and dejection, we might not be so quick to make that assumption.
지금은 많은 사람들이 '우울'을 느끼면 '항우울제'를 복용해야 한다고 생각한다. 반면 dejected/dejection이라는 말을 다시 쓴다면 약을 복용해야 한다는 생각을 지금처럼 쉽게 떠올리지 못할 것이다.

✛
dejected [dɪdʒˈektɪd] 낙심한.
downcast [dˈaʊnkæst] 풀이 죽은, 기가 꺾인.
melancholy [mˈelənkɒli] 침울.
gloom [ɡlˈuːm] 암울.
antidepressant [ˌæntidɪprˈesənt] 항우울제.
infectious [ɪnfˈekʃəs] 전염되는.

PORT

Latin **are**
to carry 옮기다

portage
[pˈɔːrtɪdʒ]

noun
- 배를 들고 옮김.
- 끊어진 수로 사이를 연결해주는 육로

The only portage on the whole canoe route would be the one around the great waterfall on our second day.

전체 카누루트에서 육상운송루트는 하나밖에 없다. 두 번째 날 거대한 폭포를 둘러가는 것이다.

■

portage는 '운송' 또는 '화물'을 의미하는 15세기 프랑스어가 영어에 들어온 것이다.
1698년 portage가 '배를 들고 나르다'라는 의미로 처음 사용된 기록을 찾을 수 있는데, 이때 배를 들고 나를 수밖에 없게 만든 장애물은 다름아닌 Niagara Falls였다.
A long portage can still test a camper's strength.
카누를 짊어지고 육로로 이동하는 것은 여전히 체력의 한계를 시험한다.
지금은 카누가 가벼워졌다고 해도, 온갖 캠핑도구를 챙겨 들고 이동하는 여정은 매우 힘들다.
카누는 원래 아메리카인디언들의 dugout canoe (통나무를 파내서 만든 길쭉한 배)를 일컫는 말이었지만, 지금은 작은 배를 모두 카누라고 한다.
The biggest challenge would be the half-mile portage around the river's worst rapids.
가장 큰 난관은, 이 강에서 가장 거센 여울을 피해 반마일을 배를 들고 나르는 코스라 할 수 있다.

✚
dugout [dˈʌɡaʊt] 나무속을 파내 만든 배. 땅을 파내 만든 방공호. 덕아웃.
rapid [rˈæpɪd] 급류, 여울.

portfolio
[pɔːrtfˈoʊlioʊ]

noun
- 서류나 그림을 옮길 때 쓰는 빳빳한 케이스.
- 개인이나 기관의 투자목록.

In those days, a graphic artist who had recently moved to New York would just schlep his portfolio around to every magazine office in the city.

그 당시 뉴욕으로 갓 이주한 그래픽 아티스트로서 시내를 돌아다니며 잡지사마다 포트폴리오를 뿌리고 다녔다.

■

port(to carry)+folium(leaf)에서 나온 portfolio는 말 그대로 '나뭇잎을 나르다'라는 말이다.
예전에는 화가들이 자신의 작품을 들고 다니면서 직접 보여줘야만 했다. 이때 작품이 구겨지거나 훼손되지 않도록 빳빳하게 받혀주는 '케이스'가 필요했는데, 이것을 portfolio라고 불렀다. 주로 가죽으로 만든 포트폴리오는, 자신의 재능을 보여주는 showcase를 상징했다. 물론 지금은 웹사이트를 통해 자신의 작품을 얼마든지 보여줄 수 있기 때문에 실제 포트폴리오 케이스는 거의 사용되지 않는다.
또한 얼마 전까지만 해도 주식중개인들은 고객들의 투자내역을 고객별 노트에 일일이 기록해 두었는데, 이 노트를 portfolio라고 불렀다. 인터넷이 보급되고 난 뒤 이들의 portfolio 역시 웹사이트를 통해 공지한다.
손으로 만질 수 있는 portfolio는 모두 사라졌지만, 그 속에 담겼던 것들을 우리는 여전히 portfolio라고 부른다.

✚
schlep [ʃlˈep] 무거운 걸 질질 끌고 다니다.

portable audio는 '들고 다닐 수 있는 오디오'라는 뜻이다. 호텔에서 짐을 날라주는 사람, 또는 히말라야에서 등짐을 대신 지어주는 사람을 porter라고 한다. transport는 한 장소에서 다른 장소로 물건을 옮기는 '운송'을 의미한다. export는 상품을 밖으로 실어 나르는 것이고 import는 안으로 실어 나르는 것이다.

comport

[kəmpˈɔːrt]

verb

- —와 들어맞다.
- 예의 바르게 처신하다.

This new evidence comports with everything we know about what happened that night.

이 새로운 증거는 그날 밤 사건에 대해 우리가 알고 있는 것과 잘 들어맞는다.

■

com(with)+port(to carry)가 결합한 라틴어 comportare는 기본적으로 '둘을 날라서 하나로 맞추다'라는 뜻이다.

A college's policy comports with state law.
대학의 정책이 주법과 들어맞다.

A visit to your parents doesn't comport with your other weekend plans.
부모님 찾아 뵙는 것은 주말계획과 들어맞지 않다.

Your aunt and uncle won't listen to anything on TV that doesn't comport with their prejudices.
당신 고모와 고모부는 자신의 생각과 들어맞지 않는 이야기가 TV에서 나오면 듣지 않을 거야.

Our 17-year-old comported himself well at the wedding reception.
우리 17살짜리 아이가 결혼피로연에서 처신을 잘 했다.

An ambassador always comports herself with dignity. 대사는 늘 자신의 위엄에 맞게 처신을 한다.

Your class comported itself in a way that was a credit to the school.
너희 학급은 학교의 명예를 높이는 모범적인 행동을 했다.

프랑스어의 영향을 받아 oneself를 목적어로 사용할 때 comport는 '바르게 처신한다'라는 의미로도 쓰이기 시작했다. '규율이나 예의에 자신을 맞추다'라는 뜻이다.

Her comportment is always dignified.
그녀의 행실은 늘 품위가 있다.

deport

[dɪpˈɔːrt]

verb

- 추방하다.
- 예의 바르게 처신하다.

More than 240 England football fans are being deported from Italy following riots last night.

지난 밤 폭동의 여파로 잉글랜드의 축구팬 240여 명이 이탈리아에서 추방된다.

■

de(away)+port(to carry)에서 나온 deport는 '멀리 옮기다' 곧 '추방하다'라는 뜻이다.

He was deported from Ecuador when his visa expired.
그는 비자가 만료되어 에콰도르에서 추방되었다.

He deported himself with dignity.
그는 위엄있게 처신했다.

comport와 마찬가지로 oneself를 목적어로 삼을 경우 똑같이 '처신하다'라는 뜻이 된다. 자기 자신을 추방하는 것은 '자신을 스스로 낮추다' 즉 '예의 바르게 처신하다'는 뜻이다. deport는 의미에 따라 명사형이 달라진다. deportation은 추방, deportment는 행실이라는 뜻이다. 예전에는 여학교마다 deportment class가 있었다. ('행실수업' 또는 '예절수업'이라고 번역할 수 있다.)

She never fails to impress people with her elegant deportment in the most difficult social situations.
가장 까다로운 사교적 상황에서 그녀는 여지없이 우아한 행실로 사람들에게 깊은 인상을 심어주었다

✛

comportment [kəmpˈɔːrtmənt] 처신, 행실.
deportment [dɪpˈɔːrtmənt] 처신, 행실.
deportation [diːpɔːrtˈeɪʃən] 추방.

Words from **Mythology**

Dionysian
[dˌaɪənˈɪʃən]

adjective
- 광란의.

bacchanalian
[bˌækənˈeɪliən]

adjective
- 주색에 빠진.

Only in the tropics did such festivals become truly Dionysian, he said, which was why he was booking his flight to Rio.

열대지방 축제들만이 진정한 디오니소스축제라고 말하면서, 자신이 리우행 비행기티켓을 예약한 이유를 설명했다.

■

Dionysus는 와인을 발명하여 인류에게 전해준 신이다. 와인과, 와인이 이끌어내는 온갖 거친 행동 때문에, 디오니소스는 대중에게 상당한 인기를 얻었으며, 많은 신화 속 사건 속에 등장한다.
디오니소스는 포도나뭇잎을 머리에 두르고서 와인잔을 들고 있는 모습으로 그려진다. 염소다리를 가진 satyr(사티로스) 무리와 maenad(마이나데스)라고 하는 거친 여자요정들이 그를 둘러 싸 시중을 든다.
19세기 니체 같은 학자들은 고대세계를 Apollo로 상징되는 관점과 Dionysus로 상징되는 관점, 즉 질서와 무질서, 절제와 방종, 통제와 황홀이 끊임없이 투쟁하는 시대였다고 주장했다.
Dionysus는 로마로 건너가 Bacchus가 된다.

+
frenzied [frˈenzid] 열광적인.
delirious [dɪlˈɪəriəs] 제정신이 아닌.
wine goblet [gˈɒblɪt] 와인잔.

The bacchanalian partying on graduation night resulted in three wrecked cars, two lawsuits by unamused parents, and more new experiences than most of the participants could remember the next day.

졸업식날 밤 흥청망청한 파티의 결과는 박살난 자동차 세 대, 전혀 즐겁지 않은 부모들의 고소고발 두 건, 파티에 참여한 이들이 다음 날 기억하지도 못하는 무수한 낯선 경험들이었다.

■

Bacchanalia는 드라마, 와인, 황홀경을 관장하는 로마의 신 Bacchus의 정신을 구현하는 축제를 의미한다.
Bacchanalia는 원래 비밀리에 몇몇 사람들만이 참여할 수 있는 축제로, 와인에 흠뻑 취해 일상적인 제약을 모두 벗어던지고 온갖 격렬한 욕망을 만끽할 수 있는 기회를 제공했다.
마침내 Bacchanalia는 대중화되어 로마전역으로 확산되었고, 규모도 통제할 수 없을 만큼 커졌다.
폭력, 살인, 기물파괴 등 엄청난 부작용이 발생하자, 마침내 기원전 186년 로마제국은 Bacchanalia를 전면금지한다.
Bacchanalia는 역사속으로 사라졌지만,
오늘날 뉴올리언즈의 Mardi Gras, 리우데자네이루의 삼바축제 등 매년 열리는 열대지방의 카니발들이 그 정신을 이어받고 있다.

+
Mardi Gras [mˈɑːrdi grˈɑː] 마디그라(고기 뜯는 화요일).

Dilige et quod vis fac.
Love and then what you will, do.
사랑하라, 그리고 하고 싶은 것을 하라!

Apollonian
[ˌæpəlˈoʊniən]

adjective
- 정결한. 고상한.

After a century of Romantic emotion, some composers adopted a more Apollonian style, producing clearly patterned pieces that avoided extremes of all kinds.

낭만적 정서가 지배하던 100년이 지난 후, 몇몇 작곡가들은 좀 더 고전적인 스타일을 받아들여 온갖 극단적인 요소들을 배제하고 명백히 양식화된 곡들을 작곡했다.

■

그리스신화에서 Apollo는 태양, 빛, 예언, 음악의 신으로, 모든 신들 중에서 가장 숭배받는 신이었다. Nietzsche가 광기의 Dionysus와 대비하여 '차분한 이성'을 상징하는 신으로 Apollo를 설정하면서 아폴론에 대한 오늘날 이미지가 굳어졌다. Apollonian이라는 형용사 역시 이러한 의미에서 사용된다.
This isn't the whole story about Apollo, however; he had a terrible temper and could be viciously cruel when he felt like it.
물론 이것은 아폴론의 일면에 불과하다. 그는 성미가 지독하게 급했으며, 변덕에 따라 악랄하고 잔인하기도 했다.

✚
vicious [vˈɪʃəs] 악의에서 우러난, 남을 해치고자 하는.

satyr
[sˈætər]

adjective
- 호색한.

Still drinking and womanizing at the age of 70, he likes to think of himself as a satyr rather than an old goat.

나이 70에 여전히 주색잡기를 즐기는 그는 자신을 색골영감보다는 호색한이라고 생각하고 싶어한다.

■

그리스신화에 나오는 군소 신 중에, 숲의 신 Satyr는 남자의 얼굴과 상체와 팔, 염소의 귀와 꼬리를 가지고 있으며 염소다리를 닮은 두 다리로 걷는 '반인반수' 괴물이다. 복수형은 Satyrs다.
사티로스는 과격한 장난꾸러기들로 술을 마시며 아름다운 자연의 정령 nymph들을 쫓아다니는 색골들이다.
이러한 사티로스의 모습은 고대 예술작품에 자주 등장한다.
그리스신화에 등장하는 숲의 신 Pan은 Satyr와 외양이나 성격이 똑같다. 다만 판은 다른 Satyr보다 훨씬 힘이 세며, 늘 피리를 불고 다닌다. 판이 부는 피리가 바로 panpipe다.
Satyr를 satire라고 발음하지 않도록 주의하라.
She describes her uncle as a satyr, who behaves outrageously around every young woman he meets at a party.
그녀는 자신의 삼촌을 색마라고 묘사했다. 그녀의 삼촌은 파티에서 만나는 젊은 여성들마다 빠짐없이 껄떡대며 희롱했다.

✚
old goat 색골영감.
nymph [nˈɪmf] 요정, 정령.
satire [sˈætaɪər] 풍자.

DYS

Greek
bad 나쁜
difficult 어려운

dystopia
[dɪsˈtoʊpiə]

noun
- 인간성이 말살된 끔찍한 상상 속 사회.

For a 10-year-old British boy, boarding school could be a grim dystopia, with no comforts, harsh punishments, and constant bullying.

10살짜리 영국소년에게 기숙학교는 암울한 디스토피아였다. 안락함이라고는 전혀 없고 가혹한 체벌과 끊임없는 괴롭힘만 난무하였다.

■

dystopia는 1516년 Thomas More가 상상해낸 이상국가 Utopia에서 파생된 단어로 1950년쯤 처음 등장했다.
Thomas More는 '장소'를 의미하는 -topia(TOP)에, '없다'라는 뜻의 그리스어 ou를 합쳐 이 단어를 만들어냈다지만, '좋은'이라는 뜻의 eu를 붙인 것으로 해석할 수도 있다. 말하자면 모어의 Utopia는 너무 좋아서(eu) 존재할 수 없는(ou) 곳이다.
George Orwell's *Nineteen Eighty-Four* and Aldous Huxley's *Brave New World* are the most famous of the 20th century's many depressingly dystopian novels.
조지 오웰의 《1984》와 올더스 헉슬리의 《멋진 신세계》는 20세기 수많은 우울한 디스토피아 소설 중에서도 가장 유명하다.

✚
boarding school 학생들에게 숙식을 제공하는 학교.
dystopian [dɪsˈtoʊpiən] 디스토피아를 묘사하는.

dyslexia
[dɪslˈeksiə]

noun
- 난독증.

She managed to deal with her dyslexia through careful tutoring all throughout elementary school.

초등학교를 다니면서 세심한 개인교습을 받으며 난독증을 간신히 치료했다.

■

Dyslexia is a neurological disorder that usually affects people of average or superior intelligence.
난독증은 지능이 평균 이상 높은 사람들에게 자주 나타나는 신경성 장애다.
Dyslexic individuals have an impaired ability to recognize and process words and letters.
난독증이 있는 사람은 단어나 글자를 읽고 처리하는 능력이 손상되어 있다.
dyslexia는 대개 단어나 글자를 반대방향으로 읽는 증상을 보이며, 때로는 말도 거꾸로 하는 경우가 있다. 적절한 독서기술을 지도함으로써 치료할 수 있다.
Because his dyslexia was discovered early, he was able to receive the special reading instruction he needed.
난독증을 일찍 발견한 덕분에, 그에 맞는 특별한 독서훈련을 받을 수 있었다.

✚
dyslexic [dɪslˈeksɪk] 난독증을 앓고 있는.
impaired [ɪmpˈeərd] 손상된.
hearing-impaired 청력에 장애가 있는.
visually-impaired 시력에 장애가 있는.

dysphagia는 difficult to eat이라는 뜻으로 음식물을 삼키기 어려워하는 '연하장애'를 의미하며
dyspnea는 difficult to breath라는 뜻으로 '호흡곤란'을 의미한다. dysphasia는 difficult to speak이라는
뜻으로 뇌손상으로 인한 '실어증'을 의미한다. dys-와 dis-는 다른 어근이니 헷갈리지 않도록 주의하라.

dyspeptic
[dɪspˈɛptɪk]

adjective
● 소화불량을 겪는.
● 짜증을 잘 내는, 잘 웃지 않는.

**For decades the dyspeptic columnist
served as the newspaper's—and the
city's—resident grouch.**

수십 년 간 불평만 하던 칼럼니스트는 신문의—도시의—잔소리꾼
역할을 했다.

■

dys(bad)+pepsis(cook/digestion)가 결합한
dyspepsia는 소화불량을 의미한다. 흥미롭게도 그리스어
pepsis는 '요리하다'와 '소화시키다'를 동시에 의미한다.
어쨌든 나쁜 요리는 소화불량의 원인이 될 수 있다.
dyspepsia로 고생하는 사람은 dyspeptic person
이라고 할 수 있으며, 또한 dyspeptic은 다른 형용사들과
마찬가지로 그 자체만으로 dyspeptic person을
의미하는 명사로 쓰이기도 한다.
Dyspeptic individuals are often the victims of
their own habits and appetites.
소화불량은 대개 잘못된 식습관이나 식욕으로 인해 발생한다.
Worry, overeating, inadequate chewing, and
excessive smoking and drinking can all bring on
dyspepsia. 근심, 과식, 잘 씹지 않고 먹기, 과도한 흡연, 음주는
모두 소화불량을 야기할 수 있다.
dyspepsia를 앓으면 신경이 곤두서고 짜증이 나기
마련이다. 그래서 dyspeptic은 '짜증을 잘 내는'이라는
뜻으로도 자주 사용된다.

✛
resident [rˈezɪdənt] 상주하는.
grouch [grˈaʊtʃ] 투덜대는 사람, 불평꾼. 불평.
dyspepsia [dɪspˈepsʃə] 소화불량.
eupepsia [juːpˈepsʃə] 소화정상. (의학용어)

dysplasia
[dɪsplˈeɪʒə]

noun
● 세포나 기관의 비정상적인 발달/성장/구조.

**The infant was born with minor hip
dysplasia, which was fixed by a routine
operation.**

아기는 사소한 둔부 기형을 가지고 태어났으나 통상적인 수술로
고쳤다.

■

dys(bad)+plasia(development)가 결합한
dysplasia는 잘못된 성장, 발달을 의미한다.
의학적으로 '형성장애'를 의미하는 말로 흔한 질환이다.
Structural dysplasias are usually something
you're born with.
구조적 형성장애는 대개 특정한 신체부위가 온전히 발달하지 못한
상태로 태어난 것을 의미한다.
하지만 간단한 수술로 고칠 수 있는 경우가 많다.
Cell dysplasia is often associated with cancer.
세포성 형성장애는 대개 암과 연관되기 때문에 주의해야
한다.
A dysplastic mole is always something to be
concerned about.
기이한 형태로 성장하는 사마귀나 점은 위험할 수 있으니
늘 눈여겨봐야 한다.
plasia의 형용사꼴이 바로 plastic이다.

✛
mole [mˈoʊl] 점, 사마귀.
dysplastic [dɪsplˈæstɪk] 형성장애의, 이형성의.

MAL

Latin
bad 나쁜

malevolent

[məlˈevələnt]

adjective
- 강렬한 적의나 증오를 품은.

Captain Ahab sees Moby Dick not simply as a whale but as a powerfully malevolent foe.

아합선장은 모비딕을 단순히 고래가 아니라 증오하는 적으로 인식한다.

■

Malevolence runs deep.
malevolence는 일시적인 감정이 아니라 깊이 배어 있는 감정이다.
Malevolent enemies have bitter and lasting feelings of ill will.
적의에 불타는 상대는 상대방에 대한 가차없는 반감을 깊이 품고 있다.
Malevolent racism and bigotry can erupt in acts of violence against innocent people.
증오에 찬 인종주의와 편견은 무고한 사람들에 대한 폭력행위로 분출되기도 한다.
Malevolence can also show itself in hurtful words, and can sometimes be seen in something as small as an angry look or gesture.
적의는 상처를 주는 말로 드러날 수도 있고, 사소한 표정이나 몸짓으로도 드러날 수 있다.

✦
foe [fˈoʊ] = enemy
malevolence [məlˈevələns] 적의.
bigotry [bˈɪɡətri] 불합리한 편견, 고집.
erupt [ɪrˈʌpt] 분출하다, 폭발하다.

malicious

[məlˈɪʃəs]

adjective
- 남에게 고통, 상처, 괴로움을 주고자 하는.

The boys didn't take the apples with any malicious intent; they were just hungry and didn't know any better.

소년들은 악의를 갖고 사과를 딴 것이 아니다. 그저 배가 고팠을 뿐이고 더 나은 방법이 없었기 때문이다.

■

malicious와 malevolent는 모두 다른 사람이 고통받는 것을 보고 싶어 한다는 점에서 비슷하지만 malevolent는 깊고 지속적인 증오를 의미하는 반면, malicious는 대개 사소하고 짓궂은 일시적인 감정을 의미한다.
Malicious gossipers are often simply envious of a neighbor's good fortune.
남을 험담하는 이들은 이웃이 잘 되는 것에 그저 배가 아파서 그런 것에 불과한 경우가 많다.
Vandals may take malicious pleasure in destroying and defacing property but usually don't truly hate the owners.
재물을 파손하는 이들은 남의 물건을 파괴하고 훼손하는 데에서 악의적 쾌감을 얻긴 하지만, 소유주를 진짜 증오하는 경우는 많지 않다.
Malice has to be proved in order to convict someone of certain crimes such as first-degree murder. '악의'는 법적으로 중요한 개념으로, 피고에게 1급살인과 같은 판결을 내리기 위해서는 악의가 증명되어야 한다.

✦
malice [mˈælɪs] 악의, 적의.
gossip [ɡˈɒsɪp] 잡담, 험담, 수다.
deface [dɪfˈeɪs] 손상시키다.
malnutrition [mˌælnuːtrˈɪʃən] 영양부족.

malady는 몸과 마음의 나쁜 상태, 즉 질병이나 질환을 의미한다.
malpractice는 나쁜 의료행위로 '의료과실'을 의미한다. malodorous는 'bad odor(나쁜 냄새)가 나는'이라는
뜻이다. malefactor는 male(bad)+factor(doer)라는 뜻으로 '악한'을 의미한다.

malign
[məˈaɪn]

verb
- 거짓이나 잘못된 진술을 하여 상처를 주다.

malnourished
[mˌælnˈʌrɪʃt]

adjective
- 영양상태가 나쁘거나 형편없는.

Captain Bligh of the Bounty may be one of the most unjustly maligned figures in British naval history.

바운티호 블라이선장은 영국해군 역사상 가장 부당하게 오명을 뒤집어쓴 인물이다.

When they finally found the children in the locked cabin, they were pale and malnourished but unharmed.

마침내 문이 잠긴 객실에서 아이들을 발견했을 때, 아이들은 창백한 영양실조 상태였지만 건강에 이상은 없었다.

■

malign은 defame/slander/libel 같은 동사와 비슷한 의미로 '허위로 비방하다/중상하다/헐뜯다'라는 뜻이다.
The maligner isn't necessarily guilty of deliberate lying.
의도적으로 거짓을 말하지 않았다고 해도 남에게 상처를 줄 수 있다.
He's a much-maligned player but has tremendous spirit.
그는 부당하게 많은 비판을 받지만 대단한 정신력을 가진 선수다.
자주 비판의 대상이 되는 사람이나 물건을 much-maligned라고 표현한다면, 그 비판이 공정하거나 타당하지 않다고 생각한다는 뜻이다.
Reliance on sponsorship can have a malign effect on theatre groups.
후원에 의존하는 것은 극단에 악영향을 미칠 수 있다.
malign influence/effect형태로 malign은 형용사로도 많이 쓰인다.
malignant tumor 악성종양. malign과 뜻이 같은 malignant는 주로 의학적 용어로 사용된다. (↔benign)

+
slander [slˈændər] (말로) 비방하다.
libel [lˈaɪbəl] (글로) 비방하다.
malignant [məlˈɪgnənt] 악성의.
benign [bɪnˈaɪn] 양성의, 해롭지 않은.

■

In developing country, famine and poverty are only two of the common causes of malnutrition.
후진국에서 기근과 가난은 영양실조의 가장 흔한 두 가지 원인이다.
In wealthier societies, malnutrition is often the result of poor eating habits.
부유한 사회에서 영양실조는 대개 나쁜 식습관으로 인해 발생한다.
Any diet that fails to provide the nutrients needed for health and growth can lead to malnutrition.
건강과 성장에 필요한 영양소를 공급하지 못하는 식단은 영양실조를 유발할 수 있다.
Some malnourished people are actually fat.
영양이 부족한 사람들 중에는 실제로 비만인 경우도 있다.

+
malady [mˈælədi] 병, 병폐.
malpractice [mælprˈæktɪs] 고의과실.
malodorous [mælˈoʊdərəs] 나쁜 냄새를 풍기는.
malefactor [mˈælɪfæktər] 악인.

FUNCT

Latin *fungi*
to perform, carry out 수행하다

functionary
[fˈʌŋkʃəneri]

noun
- 특정한 역할을 수행하는 사람.
- 정부나 정당이나 직책을 가지고 있는 사람.

He was one of a group of party functionaries assigned to do the dirty work of the campaign.
그는 선거운동에서 궂은 일을 하도록 임명된 당의 행동대원이었다.

어떤 사람을 functionary라고 부른다면 불쾌해할지도 모른다. 격식을 갖춘 말이긴 하지만, 별다른 권한도 없이 상부의 명령을 그대로 수행하는 사람을 의미하기 때문이다. ('똘마니'를 격식있게 부르는 말.)
bureaucrat도 functionary와 비슷한 의미로 사용되는 경우가 많다. 어쨌든 관료들도 대부분 위에서 시키는 대로 일하기 때문이다.
A character in a play could be called a functionary if it was obvious that her sole function was to keep the plot moving.
극을 전개해 나가는 것이 유일한 역할인 것이 분명한 등장인물도 functionary라고 부를 수 있다.
A low-level functionary in the company handles such complaints.
회사에서 말단직급들이나 그런 불평에 응대하는 업무를 한다.

✦
bureaucrat [bjˈʊərəkræt] 관료.

malfunction
[mˌælfˈʌŋkʃən]

verb
- 정상적인 방식으로 작동하지 않다.

An examination of the wreck revealed that the brakes may have malfunctioned as the truck started down the hill.
사고차량을 조사한 결과, 트럭이 언덕을 내려가면서 브레이크가 오작동을 일으킨 것으로 밝혀졌다.

A malfunctioning switch might keep us from turning on a light.
고장난 스위치로는 전등을 켤 수 없다.
A malfunctioning heart valve might require replacement with an artificial valve.
심장판막이 제대로 기능하지 않으면 인공판막으로 교체해야 한다.
If your immune system malfunctions it may start to attack healthy cells.
면역체계가 제대로 작동하지 않으면 건강한 세포를 공격할 수도 있다.
A malfunction in a voting machine could result in hundreds of votes being miscounted.
투표집계기가 오작동하여 수백 표를 잘못 계산할 수도 있다.
Something that was downloaded is causing parts of the operating system to malfunction.
다운로드한 파일 중 무언가가 운영체제의 일부에 오작동을 유발하고 있다.

✦
wreck [rˈek] 사고로 부서진 차/배/비행기/건물.
valve [vˈælv] 밸브, 판막.
immune [ɪmjˈuːn] 면역(성)의.

"My car is functional."이라고 한다면 function을 잘 수행한다는 뜻이지만, 한편으로 function 이외의 다른 장점은 없다는 뜻이다. 문자를 안다고 하더라도 사실상 글을 읽고 그 뜻을 이해하지 못하거나 원하는 내용을 글로 쓰지 못하는 사람을 functional illiterate이라고 일컫는다('기능적 문맹' 또는 '실질문맹'이라고 번역한다).

defunct

[dɪfˈʌŋkt]

adjective

● 더 이상 존재하지 않는. 기능하지 않는.

The company, which had once had annual sales of $150 million, was now defunct.

한때 연간 1억 5000만 달러 매출을 올렸던 그 회사는 이제 사라지고 없다.

■

de(the opposite of)+funct(to perform)가 결합한 defunct는 말 그대로 '작동하지 않는'이라는 뜻으로 단종되거나 소멸되었다는 의미의 형용사다.
Defunct American political parties include the Greenback Party, the Readjuster Party, and the Nullifier Party.
지금은 사라진 미국의 정당으로 배춧잎당, 재정리당, 파기당이 있다.
Defunct Academy Awards categories include Best Dance Direction and Best Assistant Director.
아카데미상에는 안무상과 조감독상이 있었지만 지금은 존재하지 않는다.
Buffalo Bill's defunct. 버팔로 빌은 죽었다.
defunct는 사람에게도 쓸 수 있다. 물론 죽음을 이렇게 표현하는 것은 매우 무례하게 들릴 수 있다.

✦
greenback [grˈiːnbæk] = dollar = buck.
미국 지폐 뒷면이 초록색이라 붙여진 이름. Greenback party는 남북전쟁 이후, 화폐발행을 늘려야 한다고 주장한 정당이다.
readjust [rˌiːədʒˈʌst] re+adjust 다시 조정하다.
nullify [nˈʌlɪfaɪ] 무효화하다.
Buffalo Bill William Frederick Cody
버팔로를 4000마리 이상 잡은 서부의 총잡이(1846~1917).

dysfunctional

[dɪsfˈʌŋkʃənəl]

adjective

● 기이하게 행동하는.
● 정상적인 방식으로 작동하지 않는.

A psychologist would call their family dysfunctional, but even though there's a lot of yelling and slamming of doors, they seem pretty happy to me.

심리학자는 문제가 있는 가족이라고 하겠지만, 그토록 소리를 질러대고 문을 쾅쾅 닫아도 내 눈에는 꽤 행복해 보인다.

■

dysfunction은 원래 의학분야의 전문용어였다
—brain dysfunction 뇌기능장애
—a dysfunctional liver 간기능부전
dysfunction은 사회과학에서도 전문용어로 사용되기 시작했다
—a dysfunctional city council 역행하는 시의회
—diplomatic dysfunction 외교부재
In 1980s, therapists and talk-show hosts began talking about dysfunctional families.
1980년대 들어서면서 테라피스트와 토크쇼 진행자들이 '제 기능을 하지 못하는 가족'에 대해 이야기하기 시작했다.
전문용어였던 dysfunctional이 이때 '문제가정'을 일컫는 말로 사용되면서 대중적인 어휘로 확산되었다.
His severe emotional dysfunction was very clearly apparent.
그가 심각한 정서장애를 앓고 있는 것은 매우 명확해 보인다.

✦
dysfunction [dɪsfˈʌŋkʃən] 역기능, 기능장애.

Words from Mythology

tantalize
[tˈæntəlaɪz]

verb
● 헛물만 켜게 만들다. 감질나게 하다.

The sight of a warm fire through the window tantalized the little match girl almost unbearably.

창문을 통해 따뜻한 불빛이 보이는 광경은 작은 성냥팔이소녀의 손에 결코 닿을 수 없는 애타는 현실이었다.

■

그리스신화에서 King Tantalus는 자신의 아들 Pelops를 죽여서 그 고기로 국을 끓여 신들의 만찬에 내놓는다. 다행히도 다른 신들은 눈치를 채고 고기를 입에 대지 않았지만, Demiter는 벌써 펠롭스의 어깨살을 한 입 뜯어먹은 뒤였다.

신들은 음식 속 고기를 모아 펠롭스를 다시 살려냈고, 이미 먹어버린 어깨는 상아로 채워 넣었다. 그런 다음 탄탈로스에게 천벌을 내린다.

탄탈로스는 Hades에서 열매가 주렁주렁 매달린 나무 아래에서 목까지 차오른 물속에 서 있어야 하는 형벌을 받는다. 물을 마시려고 고개를 숙일 때마다 물은 밑으로 빠지고, 과일을 따려고 팔을 뻗을 때마다 가지는 위로 올라갔다.

Tantalus is eternally tantalized by the water and fruit.

탄탈로스는 눈 앞에 물과 과일을 놓고도 영원히 먹을 수 없다.

이렇게 눈 앞에 놓고도 잡을 수 없어 애타게 만드는 것을 '탄탈로스가 되다' 즉 tantalize라고 한다.

The dreams of democracy have so tantalized them.

민주주의라는 꿈은 늘 그렇게 손에 잡힐 듯 하다가도 달아나버렸다. 계속 싸우는 사회만이 민주주의를 쟁취할 수 있다.

oedipal
[ˈeːdɪpəl]

adjective
● 오이디푸스컴플렉스의.

Already on her first visit she sensed a tense oedipal situation, with her boyfriend and his father barely getting through dinner without coming to blows.

첫 방문에서 벌써 팽팽한 오이디푸스적 상황을 감지할 수 있었다. 그녀의 남자친구와 그의 아버지는 주먹을 주고받지 않았을 뿐, 살벌한 분위기 속에서 저녁식사를 했다.

■

그리스신화에 따르면, 장차 태어날 아들에게 죽임을 당할 것이라는 예언을 들은 Thebe의 왕은 갓 세상에 나온 아들 Oedipus를 내다버린다.

하지만 이 아기를 목동이 주어다 길렀고, 장성한 오이디푸스는 우연히 길에서 마주친 아버지를 알아보지 못하고 살해한다. 그런 다음 자신의 어머니와 결혼한다. 마침내 참담한 진실이 밝혀진 뒤, 어머니는 자살하고, Oedipus는 자신의 눈을 찔러 앞을 보지 못하는 소경이 되어 방랑을 떠난다.

심리학자 Sigmund Freud는 이 이야기를 바탕으로 Oedipus Complex [ˈiːdɪpəs kompleks]라는 개념을 만들어낸다. 어린아이가 이성부모를 성적으로 갈구하는 한편, 동성부모를 질투하는 심리현상을 일컫는다.

Lingering oedipal feelings are an essential source of adult personality disorder, and can result in choosing a spouse who closely resembles your father or mother.

오이디푸스적 감정은 끊임없이 머릿속에 맴돌며 성인 인격장애의 본질적인 원천이 되며, 아버지나 어머니를 닮은 배우자를 선택하는 결과로 이어지기도 한다.

dragon's teeth

[drˈægəns tˈiːθ]

noun

- 분쟁의 씨앗.

Many experts believed that, in invading a Middle Eastern country that hadn't attacked us, we were sowing dragon's teeth.

우리를 공격한 적이 없는 중동국가들을 먼저 침략함으로써 우리가 분쟁의 씨앗을 뿌렸다고 많은 전문가들이 생각했다.

■

Phoenician prince Cadmus는 용을 죽이고 난 뒤 여신 Athena의 지시에 따라 용의 이빨을 땅에 심는다. 무수한 이빨에서 곧바로 완전무장한 전사들이 솟아났다. 아테나는 카드모스에게 전사들 한 가운데에 보석을 던지라고 했고, 그러자 그들은 서로 죽고 죽이는 대혈투를 벌인다. 결국 최고의 전사 다섯 명이 남는데, 이들이 바로 카드모스의 장군이 되고, 이들과 함께 위대한 도시국가 Thebe를 건설한다.

하지만 카드모스로부터 시작된 테베의 왕가는 끊임없이 비극에 휩싸인다. 그의 손자 펜테우스 왕은 숲속에서 비밀리에 이뤄지는 Bacchanalia(디오니소스축제)에 갔다가 자신의 어머니에게 갈기갈기 찢겨 죽는다. 또한 그리스 비극의 대명사 오이디푸스는 카드모스의 5대손이다. 카드모스 신화에서 유래한 sow dragon's teeth라는 표현은 오늘날 '문제가 될 소지를 만들다'라는 뜻으로 쓰인다.

✚
sow [sˈoʊ] 씨를 뿌리다.
lingering [lˈɪŋgərɪŋ] 머릿속을 맴도는, 사라지지 않는.

arachnid

[ərˈæknɪd]

noun

- 거미류. (거미, 전갈, 진드기, 이 등)

His interest in arachnids began when, as a child, he would watch spiders build their gorgeous webs in the corners of the porch.

거미에 대한 관심은 어렸을 때 거미들이 현관 모퉁이에 쳐놓은 화려한 그물을 보았을 때 시작되었다.

■

Arachne는 베 짜는 솜씨가 매우 뛰어났으나 겸손할 줄 모르는 여자였다. 자신이 길쌈을 관장하는 아테나여신보다 훨씬 실력이 뛰어나다고 으스댔고, 결국 아테나와 대결을 펼친다. 아라크네는 정말 흠잡을 데 없을 만큼 뛰어난 tapestry를 짜냈지만, 실수를 저지르거나 못된 행동을 하는 신들의 모습을 태피스트리에 담아 여신을 분노케한다. 결국 아테나여신은 아라크네를 평생 실을 짜며 사는 거미로 만들어버린다. 그래서 Arachne는 그리스어로 '거미'를 의미하는 말이 되었다.

Arachne에서 나온 arachnid는 거미와 비슷한 동물들을 일컫는 말로, 이들은 다리가 여덟 개이기 때문에, 다리가 여섯 개인 곤충과 쉽게 구별할 수 있다.

Arachnids feed on insects by injecting digesting juices and then sucking up the liquefied remains.

거미강 동물은 곤충을 잡아 소화액을 주입하여 흐물흐물해진 사체를 빨아먹는다.

✚
mite [mˈaɪt] 진드기.
tick [tˈɪk] 이(몸에 사는 진드기).
tapestry [tˈæpɪstri] 벽걸이용단.

AM

Latin amare
love 사랑하다

amicable

[ˈæmɪkəbəl]

adjective

- 원만한(friendly). 우호적인(peaceful).

Their relations with their in-laws were generally amicable, despite some bickering during the holidays.

사돈들의 관계는 대체로 원만했다. 비록 휴일 동안 약간의 말다툼이 있었지만.

■

The United States and Canada have been always amicable so they are proud of sharing the longest unguarded border in the world.

미국과 캐나다는 줄곧 우호적인 관계를 유지해왔으며, 무장경계를 하지 않는 전 세계에서 가장 긴 국경을 공유하고 있다는 것을 자랑스럽게 여긴다.

amicable은 흔히 두 집단이나 국가의 관계가 우호적이라고 말할 때 자주 등장한다.

Two friends who've been quarreling manage to have an amicable conversation and to say amicable good-byes at the end.

싸우던 두 친구가 마침내 원만하게 대화를 하고 마지막에 우호적인 작별인사를 했다.

개인적인 관계에 amicable이 사용될 경우, 다소 격식을 차린 우정을 의미한다.

amicable meeting/settlement 우호적인 회의/합의

✚
bicker [bˈɪkər] 말다툼, 말다툼하다.
quarrel [kwˈɔːrəl] 말싸움, 반목, 다투다.

enamored

[ɪnˈæmərd]

adjective

- 매료된(charmed or fascinated, inflamed with love).

Rebecca quickly became enamored of the town's rustic surroundings, its slow pace, and its eccentric characters.

레베카는 마을의 소박한 환경, 느긋함, 유별난 특성에 곧 매료되었다.

■

Computer hackers are always enamored of their new programs and games.

해커들은 늘 새로운 프로그램과 게임에 매료된다.

Millions of readers have found themselves enamored with Jane Austen's novels.

수백만 독자들이 제인 오스틴의 소설에 빠져든다.

Romeo and Juliet were utterly enamored of each other.

로미오와 줄리엣은 상대방에게 완전히 흘렸다.

A friend at work may complain that she's not enamored of the new boss.

직장동료는 새로 온 상사가 마음에 안 든다고 불평한다.

She started talking about how she's not enamored with the neighbors.

옆집사람들이 얼마나 마음에 안 드는지 떠들기 시작했다.

Thoroughly enamored of the splendid Victorian house, they began to plan their move.

화려한 빅토리아시대 저택에 완전히 매료되어, 그들은 이사계획을 짜기 시작했다.

✚
inflamed [ɪnflˈeɪmd] 달아오른.
rustic [rˈʌstɪk] 시골풍의 소박한.
eccentric [ɪksˈentrɪk] 별난, 괴짜.

로마신화에 등장하는 사랑의 신 Cupid의 다른 이름이 바로 Amor다.
amiable은 '상냥한, 붙임성 있는'이라는 의미한다.
스페인어 amigo는 '친구'를 의미한다.

amorous

['æmərəs]

adjective

● 호색적인. 성적 욕망이 타오르는.

It turned out that the amorous Congressman had gotten his girlfriend a good job and was paying for her apartment.

바람둥이 의원이 자신의 여자친구에게 좋은 일자리를 주고
아파트까지 사준 것으로 드러났다.

■

An amorous couple is smooching on a park bench.

몸이 달아오른 커플이 공원벤치에서 엉겨붙어 있다.
이처럼 육체적 욕망에 사로잡혀있는 상태를 묘사하는 말로
amorous는 가장 적절한 표현이다.
타블로이드 신문들이 가끔 연예인들이 손을 잡고 걸어가는
사진을 싣고, 그 밑에 the amorous pair라고 쓴 것을
볼 수 있다. 이것은 그들이 정서적으로 호감을 느낀
것이 아니라 육체적인 이유로 호감을 느꼈을 뿐이라는,
비아냥거리는 표현이다.

amorous advances 성적으로 유혹하며 다가옴

✚

smooch [smˈuːtʃ] 키스하고 몸을 비비다.
Victorian [vɪktˈɔːriən] 빅토리아 여왕이 통치했던 시기의 (1837-1901년). 19세기 영국풍의.

paramour

[pˈærəmʊər]

noun

● 내연남. 내연녀.

He had been coming to the house for two years before her brothers realized that he was actually the paramour of their shy and withdrawn sister.

그가 그 집을 드나든 지 2년이나 지나서야 남동생들은 그가
수줍음을 많이 타는 누나의 연인이었음을 깨달았다.

■

par(through)+amour(love)는 말 그대로 육체적
사랑만으로 맺어진 관계를 의미한다. 사회적 관습에서
벗어난 비밀스러운 연인을 의미한다.
paramour는 오늘날 유부남/유부녀의 숨겨둔 애인을
가리키는 말로 주로 쓰인다.
A 35-year-old married woman, in collusion with her paramour, killed the latter's wife and five-year-old daughter.

35살 기혼여성이 자신의 내연남과 공모하여 내연남의 아내와
5살짜리 딸을 살해하였다.

✚

withdrawn [wɪðdrˈɔːn] 수줍어하는.
amour [æmˈʊər] 정사(情事), 밀애(密愛).
collusion [kəlˈuːʒən] 공모.
amiable [ˈeɪmiəbəl] 붙임성있는. The driver was an *amiable* young man

PHIL

Greek
love 사랑

oenophile
[ˈinəfˌaɪl]

noun
● 와인애호가.

As an amateur oenophile, he was constantly talking to his friends in the vocabulary of wine tasting.

아마추어 포도주 감정가로서 그는 포도주 맛을 표현하는 어휘로 친구와 끊임없이 이야기하고 있었다.

■

oeno-는 wine이라는 단어의 뿌리가 된 그리스어 어근이다.
oenophile은 '와인애호가'를 의미하는 반면, oenologist는 양조용 포도 재배에서 포도주 제조과정까지 전반적인 양조기술을 가진 '와인양조업자'를 의미한다.

Oenephiles can describe wine using nouns like *nose*, *finish*, and *bouquet*, as well as adjectives such as *woody*, *full-bodied*, *robust*, and *noble*.

와인애호가들은 nose, finish, bouquet와 같은 명사, woody, full-bodied, robust, noble과 같은 형용사를 사용하여 와인의 맛을 설명한다.

He's so serious about wines that it's hard to be his friend if you're not an oenophile.

그는 와인에 정말 진심이기 때문에, 이너파일이 아니라면 친구가 되기 어려울 것이다.

✦
bouquet [boʊkˈeɪ] 향취.
woody [wˈʊdi] 목질의.
full-bodied 풍미가 깊은.
robust [roʊbˈʌst] 감칠맛이 나는.

philatelist
[fɪlˈætəlɪst]

noun
● 우표수집가.

The U.S. Postal Service issues first-day covers of each new stamp design especially for philatelists.

미국 우정국은 새로운 우표가 나올 때마다 발행 첫날 소인이 찍힌 우표를 붙인 봉투를 우표수집가를 위해 특별히 발행한다.

■

The first postage stamps were made available on May 1, 1840, in England, and it didn't take long for the hobby of philately, stamp collecting to arise.

최초의 우표가 1840년 5월 1일 영국에서 발행된 지 얼마 지나지 않아, 우표수집은 취미로 자리잡기 시작한다.
20세기 philatelist 중에는 유명한 록스타, 영국의 왕, 미국의 대통령도 있을 정도로 philately는 인기있는 취미였다.

✦
philately [fɪlˈætəli] 우표수집.

philosophy는 sophia(wisdom)를 사랑하는 것, 즉 '철학'을 의미한다. bibliophile은 biblo(book)를 사랑하는 사람, 즉 '애서가'라는 뜻이다. Philadelphia는 adelphos(brother)를 사랑하는 곳, 즉 '형제애의 도시'라는 뜻으로 퀘이커의 창시자 William Penn이 명명했다.

Anglophile
[ˈæŋgloʊfaɪl]

noun
- 영국을 동경하는 사람.

His grandparents were Anglophiles, and whenever they had guests in the afternoon the beautiful silver tea service would come out.

그의 조부모는 영국을 좋아하는 사람들이었기에, 오후에 손님을 맞이할 때면 늘 아름다운 은색 찻잔을 내왔다.

■

영국과 두 차례 전쟁을 치른 후에도 미국인들은 다른 어떤 나라보다도 영국을 더 우호적으로 여겼다. 역사상 줄곧 미국인들은 온갖 방식으로 영국적인 것을 모방하려고 노력했다. 영화배우들은 일부러 영국식 억양을 쓰기도 했다. 두 나라는 오랫동안 긴밀한 동맹관계를 유지했다. 하지만 미국에는 영국을 흠모하는 사람만 있는 것은 아니다.
—Francophile France-lover
—Germanophile Germany-lover
—Italophile Italy-lover
—Philosemitic Jewish-lover
In the 19th century, Russian Slavophiles called for rejecting European culture in favor of homegrown Russian culture. 19세기 러시아의 슬라브주의자들은 자국의 러시아문화를 보존하기 위해 유럽문화를 배척하자고 주장하기도 했다. Slavic language를 쓰는 사람들(Russian, Polish 등)을 Slav라고 한다.

✦
homegrown [hˌoumgrˈoun] 자생의, 토착의.
Semitism [sˈɛmətˌizəm] 유대인의 문화.
Semitic [sɪmˈɪtɪk] 유대인의.
anti-Semite [ˌæntisˈemaɪt] 반유대주의자.

philanthropy
[fɪlˈænθrəpi]

noun
- 자선행위.
- 자선단체.

Her last philanthropy was dedicated to protecting a vast area in central Africa where many of the great apes lived.

그녀는 마지막 자선활동으로, 고등한 유인원이 많이 사는 중앙아프리카의 광대한 지역을 보호하는데 헌신했다.

■

phil(love)+anthrop(human being)이 결합한 philanthropy는 문자 그대로 '인류애'를 의미한다. 개인적으로 알지 못하는 사람들을 도움을 주기 위해 돈을 주는 행위를 말한다. (물론 그 대상이 사람이 아닌 동물이 되는 경우도 있다.)
Individuals have often set up their own permanent philanthropic organizations in the form of foundations.
재단 형태로 영구적인 자선단체를 설립하는 개인들도 있다.
The greatest American philanthropists have included Warren Buffett, Bill Gates, Andrew Carnegie, and John D. Rockefeller, but tens of millions of us could be considered philanthropists on a much smaller scale.
미국의 유명한 자선사업가로는 워렌 버핏, 빌 게이츠, 앤드류 카네기, 존 록펠러 등이 있지만 수천만 보통사람들도 훨씬 작은 규모의 자선사업가라고 말할 수 있다.

✦
foundation [faʊndˈeɪʃən] 재단.

PARA

Greek

beside옆에
closely related to 밀접하게 연관된

paraphrase
[pˈærəfreɪz]

verb
● 의미를 다른 말로 다시 진술하다.

paralegal
[pˌærəlˈiːgəl]

adjective
● 변호사 보조원의.

She started off the class by asking one of the students to paraphrase the Tennyson poem, to make sure everyone understood its basic meaning.

학생 한 명에게 테니슨의 시를 다른 말로 풀어서 표현해보라는 것으로 수업을 시작하여, 모든 학생들이 시의 기본적인 의미를 이해했는지 확인했다.

■

paraphrase는, 원래 문구 옆에 나란히(para) 놓을 수 있는 문구(phrase)를 만드는 것이다.
When you tell a friend what someone else has said, you're almost always paraphrasing.
다른 사람이 말한 것을 친구에게 전할 때, 우리는 거의 예외없이 패러프레이즈한다. 그 말을 토씨 하나 틀리지 않고 그대로 되풀이하지 않는 한 paraphrase일 수밖에 없다.
If you go to hear a talk, you might paraphrase the speaker's main points afterward for your friends. 강연을 들으러 갔다면, 발표자가 말하는 핵심을 나중에 친구들에게 전해줄 때 패러프레이즈한다.
When writing a paper on a short story, you might start off your essay with a paraphrase of the plot. 단편소설에 관한 글을 쓸 때, 줄거리를 풀어쓰는 것으로 에세이로 시작할 수 있다.
Paraphrasing is especially useful when dealing with poetry. 특히 시를 읽을 때 패러프레이즈는 유용한 방법이다. 시의 언어는 어렵기도 하고 의미를 고정하기 어려운 경우도 많기 때문이다.

✦
phrase [frˈeɪz] 구, 표현하다.

Part of the firm's business involved researching real-estate properties, which the senior lawyers regarded as paralegal work.

이 회사가 수행하는 업무 중에는 부동산 조사가 있는데, 고참변호사들은 이 일을 법률보조원들이 하는 업무라고 생각했다.

■

법률사무소에서 하는 업무는 대부분 공인변호사들을 곁에서 도와주는 법률보조원들이 하는 일인데, 이들을 paralegal assistant 또는 legal aide 또는 paralegal이라고 부른다.
Often a paralegal is trained in a narrow field and then entrusted with it.
법률보조원은 대개 전문분야에서 교육을 받고, 그 일을 담당하게 된다.
Paraprofessionals used to be trained in the office itself, but today it's common to study for a paraprofessional certificate or degree at a community college or university.
전문직조원은 현장에서 몸으로 부딪히며 업무를 익혔지만, 지금은 전문학교나 대학에서 공부하여 전문직보조사 자격증이나 학위를 따는 것이 일반적이다.

✦
entrust [ɪntrˈʌst] (중요한 일을) 믿고 맡기다.
paraprofessional [pˌærəprəfˈeʃənəl] 전문직보조원.

parallel line은 나란히 뻗어 나가는 '평행선'을 의미한다.
그리스인들은 희곡 본문 옆에 누구의 대사인지 표시하기 위해 메모를 써넣었는데 이것을 paragraphos라고
불렀다. paragraph는 오늘날 줄을 바꾸어 새로 시작하는 문단을 일컫는다.

paramedic
[pˈærəmedɪk]

noun
- 구급대원. 응급처치훈련을 받은 전문인력.

Five ambulances had already arrived, and a dozen paramedics were crouched over the victims with bandages and IVs.
구급차 다섯 대가 벌써 도착했으며, 10여 명의 구급대원이 붕대와 링거를 들고 피해자들을 곁에 쭈그리고 앉았다.

■
전쟁터에서, 부상병을 야전병원으로 이송하는 사람을 medic 또는 corpsman이라고 부른다.
이처럼, 의사와 간호사를 뺀 나머지 의료보조인력을 trained paramedical personnel이라고 한다.
With advances in medical technology such as defibrillators, paramedics became an essential part of emergency medicine.
심장제세동기 등 의료기기가 발전하면서, 구급대원은 응급의학의 핵심적인 일부가 되었다.
Today hundreds of thousands of people owe their lives to paramedics.
오늘날 수십만 명이 구급대원 덕분에 죽을 뻔한 위기에서 살아났다.

✛
IV = intravenous [ˌɪntrəvˈiːnəs] 정맥주사, 링거.
medic [mˈedɪk] 위생병.
corpsman [kˈɔːrmən] 위생병.
paramedical [pˌærəmˈedɪkəl] 의료활동을 보조하는.
defibrillator [diːfˈɪbrɪleɪtər] 제세동기.
insurgent [ɪnsˈɜːrdʒənt] 반군.
warlord [wˈɔːrbːrd] 군벌.
off-duty 근무하고 있지 않은.
personnel [pˈɜːrsənel] 구성원, 대원.

paramilitary
[pˌærəmˈɪlɪteri]

adjective
- 준군사조직의.

noun
- 준군사조직.

In the country's most remote regions, the real power was held by large landowners, who actually kept paramilitary forces, their own private armies, on their estates.
이 나라에서 변방의 실질적인 권력은 대지주들이 가지고 있는데, 그들은 실제로 자신의 사유지에 사병조직은 물론, 준군사조직까지 거느리고 있다.

■
Groups opposing a government, even when organized along military lines, are more often referred to as guerrillas or insurgents.
정부에 맞서는 집단은 군사체계에 따라 조직되었다고 하더라도 게릴라 또는 반군이라고 부른다. 이에 반해 paramilitary는 기본적으로 정부가 만든 조직을 일컫는다.
In countries with weak central governments, warlords may form their own paramilitary forces and take over all local police and military functions. 중앙정부의 힘이 약한 나라에서는 군벌들이 자체 준군사조직을 구성하여 지역의 모든 경찰, 군대기능을 장악하기도 한다. 현재의 아프가니스탄, 소말리아, 이라크, 콩고와 같은 나라들이 그러하다.
Paramilitary is also applied to groups of off-duty military or police personnel who carry out illegal violence with the quiet support of a government. 정부의 은밀한 지원을 받아 불법폭력을 자행하는 퇴직군인이나 경찰로 이루어진 집단도 paramilitary라고 부른다.

Words from **Pleasure of Life**

epicure

[ˈepɪkjʊər]

noun
- 식도락가.

He reads trashy novels and watches junk on TV, but he has an epicure's love of fine cheeses and wines.

그는 쓰레기 같은 소설을 읽고, 시답지 않은 TV 프로그램을 보지만, 고급 치즈와 와인에 대한 미식가의 열정을 간직하고 있다.

■
Pleasure is the chief aim of life.
쾌락이 삶의 궁극적인 목표다.
하지만 에피쿠로스는 이 명제로 사람들의 뇌리에 각인되어 있다. 물론 그가 말하는 pleasure는 원래 '고통과 불안이 없는 상태'를 의미하는 것에 불과했다.
하지만 그의 철학을 추종하는 Epicureanism에서 pleasure는 점차 '순수한 감각적 쾌락'을 의미하는 말로 변질되었고, 마침내 epicure는 섬세한 입맛을 가진, 특히 '음식과 와인에 정통한 사람'을 일컫는 단어가 되었다.
an epicurean dish
아무 데서나 맛볼 수 없는 아주 맛있는 고급음식
He's a serious epicure, and you have to be brave to invite him over for dinner.
그는 진정한 식도락가이기에, 그를 저녁만찬에 초대하려면 상당한 용기가 필요할 것이다.

✚
gourmet [gˈʊərmeɪ] 미식가, 맛있고 비싼(=epicurean).

narcissism

[nˈɑːrsɪsɪzəm]

noun
- 자아도취.
- 자기중심주의.

His girlfriend would complain about his narcissism, saying he spent more time looking at himself in the mirror than at her.

그의 여자친구는 자기보다 거울을 들여다보는 데 더 많은 시간을 보냈다면서 그의 나르시시즘에 대해 불평을 했다.

■
그리스신화에서 Narcissus는 첫눈에 사랑에 빠질 만큼 아주 잘생긴 청년이다. Narcissus를 보고 사랑에 빠진 이 중에 요정 Echo가 있다. Echo는 Hera의 벌을 받아 상대방이 한 말의 마지막 말만 따라 할 수 있었다. 어려움 속에도 Echo는 Narcissus에게 사랑고백을 했지만 매몰차게 거절당하고 만다. 실연의 상처 속에서 Echo는 점점 피골이 상접해 결국 돌이 되어버리고 목소리만 남는다. Narcissus에게 사랑고백을 했다 거절당한 이들은 단체로 Nemesis에게 복수를 해달라고 기도했고, 결국 Nemesis는 그에게 저주를 내린다. Narcissus는 물가에 비친 자신의 모습에 반해, 만질 수도 없고 키스할 수도 없는 자신과 사랑에 빠져 먹지도 않고 물도 마시지 않고 야위어 갔다. 마침내 그가 죽는 순간, 신들은 그를 꽃으로 변하게 만든다. 물에 비친 자신의 모습을 보기 위해 고개를 숙이고 서 있는 꽃 수선화가 된다. 실재로 narcissistic personality disorder(자기애적 성격장애) 가 존재하며, 다소 심각한 정신질환에 속한다. 물론 일상에서는 엄격하지 않은 의미로 사용한다.

✚
narcissus [nɑːrsˈɪsəs] 수선화.
echo [ˈekoʊ] 에코, 메아리.
nemesis [nˈemɪsɪs] 천벌.

Amicus certus in re incerta cernitur.
A certain friend in an incertain affair is distinguished.
진정한 친구는 곤경에서 알아본다.

venereal

[vɪnˈɪəriəl]

noun

● 섹스와 관련된 질병. 섹스를 통해 전파되는 질병.

In the 19th century syphilis especially was often fatal, and venereal diseases killed some of the greatest figures of the time.

19세기 매독은 특별히 치명적인 질병이었는데, 성병은 당시 위대한 인물들 몇몇을 사망에 이르게 했다.

■

Venus는 사랑과 욕망을 관장하는 여신으로 그리스의 Aphrodite에 해당한다.
Venereal disease는 성적 접촉을 통해 얻는 질병을 의미한다. 성병은 오래 전부터 존재했지만 20세기에 와서야 진단테스트가 개발되고 치료약물이 나왔다.
지금은 venereal disease를 공식적으로 sexually transmitted disease(STD)라고 부른다.
하지만 실제로 STD로 분류되는 질병 중 몇 종류는 다른 경로로도 감염될 수 있다는 것이 밝혀졌다.

✚

syphilis [sˈɪfɪlɪs] 매독.
gait [gˈeɪt] 걸음걸이.
swagger [swˈæɡər] 으스대며 걷다.
ripple [rˈɪpəl] 잔물결이 찰랑거리다.
vain [vˈeɪn] 잘난체하는.
boar [bˈɔːr] 수퇘지, 멧돼지(=wild boar).

Adonis

[ədˈɑnɪs]

noun

● 아도니스. 잘 생긴 젊은이.

Conversation in the little clusters of girls suddenly stops whenever this Adonis– blond, muscular, with an athlete's gait– swaggers down the school corridor.

잘 빠진 근육질 몸매에 금발머리를 한 이 미소년이 우쭐거리며 학교복도를 걸어갈 때마다 삼삼오오 모여 대화를 나누는 소녀들이 일시에 조용해진다.

■

Adonis는 Narcissus와 마찬가지로 그리스신화에 등장하는 아름다운 청년이다. 사랑과 미의 여신 Aphrodite와 저승세계의 여신 Persephone의 사랑을 동시에 받았다.
어느 날 사냥을 하던 중 Adonis는 야생멧돼지의 공격을 받고 죽는다. 아프로디테의 간청에 못 이겨 Zeus는 Adonis를 1년 중 절반은 이승에서 아프로디테와 함께, 나머지 절반은 저승에서 페르세포네와 함께 지낼 수 있게 해주었다.
Today a man called an Adonis probably has strikingly fine features, low body fat, rippling muscles—and a certain vain attitude of overconfidence.
오늘날 아도니스라고 불리려면, 군살이 없고 잔근육이 물결치는 굉장히 매력적인 외모를 갖춰야 할 것이며, 자만심처럼 보일 만큼 자신감이 넘쳐야 할 것이다.
하지만 Adonis가 된다고 마냥 좋아할 것은 없다.
아도니스를 죽인 멧돼지는 그를 남몰래 흠모하던 사냥의 여신 Artemis였다고 한다. 또 다른 이야기에서는 그를 질투한 전쟁의 신 Ares가 멧돼지를 보냈다고 한다.
아름다운 외모는 오히려 불행의 씨앗이 될 수 있으니, 자신이 아름다운 외모를 타고났다고 생각된다면 운명의 장난에 휩쓸리지 않도록 조심하라.

BELL

Latin
war 전쟁

antebellum
[ˌæntibˈɛləm]

adjective
- 전쟁 이전의.
- 미국의 남북전쟁(1861~1865) 이전의.

When World War I was over, the French nobility found it impossible to return to their extravagant antebellum way of life.
제1차 세계대전이 끝났을 때, 프랑스 귀족들은 전쟁 전에 영위했던 사치스러운 생활로 돌아갈 수 없다는 것을 깨달았다.

■

Antebellum often summons up images of ease, elegance, and entertainment that disappeared in the postwar years.
'전쟁 전'이라는 말은 대개 전쟁 이후에는 사라지고 없는 느긋함, 우아함, 여흥의 이미지를 떠올리게 만든다.
전쟁에서 이긴 국가들조차 전쟁 전보다 곤궁해지기 마련인데, 전쟁에서 진 국가들은 말할 나위도 없을 것이다.
In the American South, the antebellum way of life depended on a social structure, based on slavery.
남북전쟁 전 미국남부의 생활방식은 노예제에 기반한 사회구조에 의존했다.
The grand antebellum mansion has hardly been altered since it was built in 1841.
이 웅장한 저택은 1841년 지어졌기 때문에 남북전쟁 전 건축물로 분류되어 개조하기가 어렵다.

✛
nobility [noʊbˈɪlɪti] 귀족, 고결함.
extravagant [ɪkstrˈævəgənt] 사치스러운.
summon up 기억나게 만들다.

bellicose
[bˈelɪkoʊs]

adjective
- 호전적인 (warlike, aggressive, quarrelsome).

The more bellicose party always got elected whenever there was tension along the border and the public believed that military action would lead to security.
국경을 따라 긴장이 고조되고 군사적 조치가 안보로 이어진다는 여론이 높아지면 늘 호전적인 정당이 선거에서 승리한다.

■

bellicose는 진짜 전쟁을 하고 싶어하는 태도를 묘사하는 말로, 일반적으로 국가나 국가지도자에게만 사용된다.
The international relations of a nation with a bellicose foreign policy tend to be stormy and difficult.
호전적인 외교정책을 펴는 국가와 관계를 맺는 것은 험악하고 까다로운 일이다.
Their refusal to cease work on nuclear weapons was seen as a bellicose act by the neighboring countries.
핵무기개발을 중단하길 거부하는 것은 이웃국가들에게 적대적인 행동으로 비춰졌다.
The Senate Republicans, outraged by their treatment, were in a bellicose mood.
그들의 처우에 화가 난 공화당 상원의원들은 적대적인 태세를 취했다.

✛
warlike [wˈɔːrlaɪk] 호전적인.
quarrelsome [kwˈɔːrəlsəm] 싸우기 좋아하는.
bellicosity [bˈelɪkoʊsəti] 호전성.

로마신화에 등장하는 전쟁의 신 Mars의 아내 Bellona는 전쟁의 여신이다.

belligerence
[bəlˈɪdʒərəns]

noun
● 공격성(aggressiveness), 호전성(combativeness).

The belligerence in Turner's voice told them that the warning was a serious threat.

터너의 목소리에 묻어나는 공격성은 경고가 진정한 위협이라고 그들에게 알려주었다.

■

The belligerence of Marlon Brando's performances in *A Streetcar Named Desire* electrified the country in the 1940s and '50s.

《욕망이라는 이름의 전차》에서 말론 브란도가 보여준 행동의 공격성은 1940년대와 50년대 미국 전역에 충격을 주었다.

bellicose나 bellicosity와는 달리, belligerence는 개인부터 국가까지 어느 차원에서나 사용할 수 있다.

Belligerent speeches by leaders of the Soviet Union and the United States throughout the Cold War were keeping the world on edge.

냉전시대 내내 소련과 미국의 지도자들이 주고받은 적대적인 연설은 전 세계를 살얼음판으로 만들었다.

The terrible war in the Congo in recent years has involved seven nations as belligerents.

최근 콩고에서 벌어지고 있는 끔찍한 전쟁에는 7개국이 교전국으로 참가하고 있다.

✛
electrify [ɪlˈektrɪfaɪ] 감전시키다, 충격을 주다.
on edge 불안에 떠는.
belligerent [bəˈlɪdʒərənt] 교전국, 호전적인.
combative [kəmˈbætɪv] 투쟁적인.

rebellion
[rɪbˈeliən]

noun
● 저항. 반란. 폭동(open defiance).

A student rebellion that afternoon in Room 13 resulted in the new substitute teacher racing out of the building in tears.

그날 오후 13호실에서 일어난 한 학생의 반항으로 결국 새로 온 대체교사가 울면서 건물 밖으로 뛰쳐나가고 말았다.

■

Plenty of teenagers rebel against their parents in all kinds of ways.

수많은 10대들이 갖가지 방법으로 부모에게 반항한다.

Armed rebellions are usually put down by a country's armed forces.

무장반란은 대개 국가의 무력에 의해 진압된다.

rebellion은 개인적 반항보다는 집단적 행동을 의미한다.

Sometimes rebellions lead to a full-fledged revolution—that is, the overthrow of a government.

가끔 반란은 전면적인 혁명, 즉 정부의 전복으로 이어지기도 한다.

The native rebellion began at midnight, when a gang of youths massacred the Newton family and set the house afire.

토착인들의 반란은 자정에 시작되었다. 젊은이들로 이뤄진 폭력집단이 뉴튼 일가를 학살하고 그들의 집에 불을 질렀다.

✛
rebel [rˈebəl] 반역자, 반란자.
    [rɪbˈel] 반란을 일으키다, 반항하다.
open defiance [dɪfˈaɪəns] 대놓고 드러내는 반항, 도발.
set afire [əfˈaɪˈər] 불지르다.

SURG

Latin surgere
to rise, spring up 솟아나다

upsurge
[ˈʌpsɜːrdʒ]

noun
- 급격한 상승.

Almost forgotten for years, at 76 he was offered a colorful role in an odd little film, which brought an upsurge in interest in his career.

오랫동안 거의 잊혔던 그는 76세에 기묘한 단편영화에 독특한 역할을 맡아달라는 제안을 받았는데, 이러한 출연은 그의 경력에 대한 대중의 관심을 급격히 끌어올렸다.

■

An upsurge in drug use sometimes leads to an upsurge in crime.
마약사용이 급증하면 범죄율이 급증하는 경우가 많다.
An upsurge of flu cases can be cause for alarm.
독감발생의 급증은 경계해야 할 이유가 될 수 있다.
An upsurge of fury at overpaid CEOs might lead to new legislation to restrain high salaries.
과도하게 급여를 받는 최고경영자에 대한 우려가 급증하면 최고임금을 제한하는 법안이 나올 수 있다.
We usually welcome an upsurge of consumer confidence, an upsurge in new-car sales, or an upsurge in the stock market.
일반적으로 사람들은 소비자신뢰지수의 급등, 신차판매의 급증, 주식시장의 급등을 환영한다. upsurge는 긍정적인 맥락에서도 사용된다.

✛
case [keɪs] 발생 건.
legislation [ˌledʒɪslˈeɪʃən] 법제화.
restrain [rɪstrˈeɪn] 억제하다.
consumer confidence 소비자신뢰(사람들의 소비의향을 측정하는 경제지표).

insurgent
[ɪnsˈɜːrdʒənt]

noun
- 반군.

The Mexican press was fascinated by the armed insurgency's mysterious leader, who wore a mask and went by the name of Subcomandante Marcos.

멕시코언론은 '부사령관 마르코스'라는 이름만 알려진 정체불명의, 마스크를 쓰고 무장한 반군지도자에 매료되었다.

■

Insurgencies fall into the category of "irregular warfare." insurgency는 정규전이 아닌 산발적으로 발발하는 '비정규전'으로 분류된다.
Revolutions often begin within a country's armed forces, whereas insurgencies often arise in remote areas. revolution은 대개 정규군 안에서 촉발되어 정부를 순식간에 전복하는 것을 일컫는 반면, insurgency는 조직적 역량이 약한 소수가 권력이 제대로 작동하지 못하는 외곽지역에서 소규모 반란이나 폭동을 촉발하는 것을 일컫는다.
An insurgency may be based on ethnic or religious identity, or its roots may be basically political or economic.
insurgency는 농촌지역 주민들의 지지를 얻어 힘을 모아야 하기 때문에 민족적, 종교적 대의를 내세우는 경우가 많지만, 근본적인 대의는 혁명과 마찬가지로 정치적, 경제적인 것이다.
Since insurgencies are rarely strong enough to face a national army head-on, insurgents tend to use such tactics as bombing, kidnapping, hostage taking, and hijacking.
반군은 국가정규군과 맞대결할 만큼 강하지 않기 때문에, 반군들은 대개 폭파, 납치, 인질, 하이재킹 같은 전술을 활용한다.
insurgent는 흔히 guerrilla라고도 불린다.

surge는 '급상승, 쇄도하다'를 의미한다. A lightning strike sends a sudden *surge down* the wires. 번개를 맞으면 일시적으로 내려 꽂는 강한 전류에 전자기기들이 기름에 튀기듯 타버릴 수 있는데, 이를 막기 위한 장치가 surge protector다. storm surge는 폭풍으로 인해 바닷물이 급작스럽게 치솟아 오르는 것을 말한다.

counterinsurgency

[kˌaʊntərɪnsˈɜːdʒənsi]

noun
● 반군억제활동.

Counterinsurgents who build trust with the local population will gradually begin to receive useful information.

지역주민과 신뢰를 구축한 반군억제활동가들은 점차 유용한 정보를 얻어올 것이다.

■

counter라는 접두어가 붙으면 어떤 행동에 맞서 제압하려는 것을 의미한다.
Counterinsurgency were first used to describe the American effort to strengthen the South Vietnamese government against communist forces in the 1960s.
이 단어는 1960년대 공산반군에 대항하여 남베트남 정권을 강화하려는 미국의 노력을 지칭하기 위해 처음 만들어졌다.
Counterinsurgency efforts often attempt to win the "hearts and minds" of a population by hiring and paying local villagers, opening health clinics and schools, organizing sports programs, and providing agricultural assistance.
반군억제활동이란 무력을 쓰는 것이 아니라 반군이 활동하는 지역주민들의 환심을 사는 것이다. 병원과 학교를 지어주고, 스포츠팀도 만들어주고, 먹고 살 수 있도록 일자리도 주고 경제적으로 지원한다.

✛

counterinsurgent [kˌaʊntərɪnsˈɜːdʒənt] 반군억제활동가.
insurgency [ɪnsˈɜːrdʒənt] 반란, 폭동.
head-on 정면충돌의.
rebellion [rɪbˈeliən] 반란, 폭동.
hostage [hˈɒstɪdʒ] 인질.
hijack [hˈaɪdʒæk] 비행기를 공중에서 납치하다.

resurgent

[rɪsˈɜːrdʒənt]

adjective
● 다시 살아나는.

The country had let down its guard over the summer, and in the fall a resurgent flu virus overwhelmed the public-health system, killing tens of thousands.

그 나라는 여름내내 경계를 소홀히했는데, 가을이 되자 다시 살아난 독감바이러스가 공중보건시스템을 순식간에 무너뜨려 수만 명이 사망했다.

■

re(again)+surg(to rise)가 결합한 resurgent는 문자 그대로 '다시 솟아나는'을 의미한다. resurgent/resurgence가 가장 적절하게 사용된 용례는 다음과 같다.
a resurgent baseball team 부활한 야구팀
a resurgent steel industry 부활하는 철강산업
the resurgence of jogging 되살아난 조깅의 인기
a resurgence of violence in a war zone
전쟁지역에서 폭력의 재발
A popular movement known as the Risorgimento managed to unify the Italian peninsula and create the modern state of Italy in 1870.
무수한 독립국가들로 이루어져 있던 이탈리아반도에서, '리소르지멘토'라고 하는 대대적인 통일운동이 벌어졌고 그 결과 1870년 오늘날 이탈리아국가가 탄생했다.
세계사 시간에 배우는 Risorgimento가 바로 영어로 resurgent와 똑같은 말이다.

✛

let the guard down
= drop the guard
= lower the guard

ARM

Latin *arma*

weapons 무기
tools 도구

armada
[aːrmˈaːdə]

noun
- 함대.

The U.S. Navy hopes to build an electric armada, a new generation of ships driven by electric power.

미 해군은 전기로 움직이는 새로운 세대의 선박 전기함대를 만들고자 한다.

■

스페인어 amarda(=armed: 무장한)는 오늘날 스페인어를 사용하는 국가에서 자국의 해군을 지칭하는 말로 사용된다. 흔히 Spanish Armada로 쓰인다.
In English, armada usually has historical overtones.
영어권에서 armada는 대개 역사적인 뉘앙스를 함축한다.
The Great Armada of 1588 was a 120-ship fleet sent by Philip II of Spain in an attempt to invade Elizabethan England.
1588년 스페인의 필립 2세는 엘리자베스여왕이 통치하던 영국을 침략하기 위해 군함 120척으로 구성된 대규모함대를 파견하면서 이들을 Great Armada라고 명명한다.
영국군은 8척을 불태워 스페인함대 중앙으로 밀어넣고 남쪽 항로를 막았다. 스페인군함들은 돌아가기 위해 북쪽으로, 영국 해안으로 올라갈 수밖에 없었고, 결국 수십 척의 배가 폭풍이 몰아치는 북해에서 난파하고 만다. 스페인함대는 Armada Invencible이라고 불리기도 했는데, 영국은 자신들의 승리를 극적으로 강조하고 스페인을 조롱하기 위해 이 별칭 Invincible Armada(무적함대)를 의도적으로 널리 퍼트렸다.
an armada of fishing boats sailing up the coast.
해안으로 다가오고 있는 고기잡이 배들. 작은 배들이 무리 지어 있는 모습을 유머스럽게 표현할 때 쓰기도 한다.

armistice
[ˈaːrmɪstɪs]

noun
- 휴전.

Ambassadors from three neighboring countries were trying to arrange an armistice between the warring forces.

이웃나라 3개국 대사들이 모여 교전국 간의 휴전을 중재하기 위해 노력했다.

■

sol(sun)+stice(to come to a stop)이 결합한 solstice는 1년 중 '해가 멈추는' 때를 의미한다.
arm+stice가 결합한 armistice는 군대가 멈추고 무기를 내려놓는 '휴전'을 의미한다.
Armistice Day: the eleventh hour of the eleventh day of the eleventh month of 1918 — the truce that marked the end of World War I on the Western Front.
1918년 11월 11일 11시, 연합군과 독일이 대치했던 서부전선에서 제1차 세계대전을 끝낸 휴전협정이 발효된다. 이날을 Armistice Day 라고 한다.
이후 Armistice Day는 전쟁희생자를 추모하는 국가기념일이 되었다. 하지만 2차세계대전을 거치면서 영연방국가들은 이날의 이름을 Remembrance Day로 바꾸었고, 미국은 Veterans Day로 바꾸었다. 프랑스 등 유럽에서는 아직 Armistice Day라고 부른다.

✛
warring [wˈɔːrɪŋ] 교전중인.
solstice [sˈɒlstɪs] 태양이 적도에서 가장 멀어진 시점. 하지/동지.
truce [trˈuːs] 정전.
overtone [ˈoʊvərtoʊn] 위에 깔리는 음악, 함축적인 의미.
fleet [flˈiːt] 함대.

weapon을 의미하는 arms(무기)에서 armed(무장한), army(군대) 같은 단어들이 나왔다.
팔을 의미하는 arm은 철자만 같을 뿐 다른 어원에서 나온 것이다.

armory

[ˈɑːrməri]

noun

● 무기생산기지(造兵廠, 兵器廠). 무기고.

The great military rifles known as the Springfield 30.06 and the M1 were developed at the Springfield Armory in Massachusetts.

스프링필드30.06과 M1으로 알려진 탁월한 군용 라이플총은 매사추세츠 스프링필드 병기창에서 개발되었다.

■

An armory has traditionally been a military storage compound where machine guns, rifles, pistols, ammunition, parts, and accessories are kept. armory는 전통적으로 기관총, 라이플, 권총, 탄약, 부품, 부속품을 보관하는 병기창고단지를 의미한다.
In the U.S., National Guard and Reserve units often use armories as training headquarters in peacetime. 미국의 방위군과 예비군은 병기창/무기고 단지를 평시에 훈련본부로 사용한다.
Ever since George Washington established the country's first armory in Springfield in 1777, arsenals and armories of the Army Ordnance Corps have had a remarkable history of arms manufacture. 조지 워싱턴이 1777년 스프링필드에 최초의 조병창을 건설한 이래, 육군병기군단의 조병창과 무기고는 무기제조 분야에서 주목할 만한 역사를 일궈냈다.

✛
compound [kˈɒmpaʊnd] 군부대/대학/아파트단지처럼 구획된 영역.
ammunition [ˌæmjʊnˈɪʃən] 탄약.
arsenal [ˈɑːrsənəl] 무기고.
ordnance [ˈɔːrdnəns] 군수물자 보급.
corps [kˈɔːr] 군단.

disarming

[dɪsˈɑːrmɪŋ]

adjective

● 흥분이나 경계심을 가라앉히는.

All of us at the meeting were charmed by the new manager's disarming openness and modesty.

첫 만남에서 우리는 모두 새로 온 관리자의 경계심을 풀어주는 솔직함과 겸손함에 매료되었다.

■

A defeated country is sometimes forced to disarm. 전쟁에서 패배한 국가는 대개 무장해제 당한다.
The research aimed at disarming a deadly virus. 그 연구는 치명적인 바이러스를 무장해제하는 것을 목표로 삼았다.
My nephew has a disarming smile.
의심하거나 경계하거나 부정적인 태도를 취하려고 하다가도, 보는 순간 누그러질 수밖에 없는 아름다운 미소를 가끔 볼 수 있다.
a disarming sense of humor
상대방의 공격성을 누그러뜨리는 유머감각은 사회생활을 헤쳐나가는 긴요한 무기가 될 수 있다.
She had been prepared to find him terrifying, but his manner was so disarming that she relaxed almost immediately.
그녀는 그를 놀래켜주고자 만반의 준비를 했지만, 그의 차분하고 부드러운 행동 앞에서 순식간에 긴장이 풀어지고 말았다.

✛
modesty [mˈɒdɪsti] 겸손함.

Words from **Mythology**

martial
[mˈɑːrʃəl]

adjective
- 전쟁이나 군대와 관련한.

The stirring, martial strains of "The British Grenadiers" echoed down the snowy street just as dawn was breaking.

동이 막 틀 무렵 신나는 군가 '대영제국척탄병' 연주곡이 눈덮인 거리에 울려퍼졌다.

■

Mars는 로마의 전쟁의 신일 뿐만 아니라, 로마를 수호하는 신이기도 했다. Mars는 군사, 무기, 행진곡에 이르기까지 군대에 관한 모든 것을 관장한다.

Martial arts are skills of combat and self-defense also practiced as sport.

Martial arts는 군인들이 갖춰야 할 개인전투와 방어기술로, 오늘날 스포츠로 많은 이들이 수련하는 '무술'이다.

When martial law is declared, a country's armed forces take over the functions of the police.

계엄령이 선포되는 순간 군대가 경찰의 기능을 접수한다.

martial law는 국가 전체가 전시체제에 돌입한다는 것을 선포하는 '계엄령'이다.

The drill instructor was court-martialed for having sex with a trainee and sentenced to six months in a military prison.

교관은 훈련병과 섹스를 한 혐의로 군사재판에 회부되어 6개월 영창형을 받았다.

+

stirring [stˈɜːrɪŋ] 흥분시키는.
the strains of sth —라는 연주곡.
grenadier [ˌɡrɛnəˈdɪr] grenade(수류탄)를 투척하는 병사.
court-martial 군사재판. 군사재판을 하다.

myrmidon
[mˈɜːrmədˌɑn]

noun
- 심복. 무조건 복종하는 추종자.

These soldiers were like myrmidons, all too eager to do the Beloved Leader's bidding.

이 군인들은 뮈르미돈처럼, 자신들의 존경하는 지도자의 명령이라면 뭐든 다 할 각오가 되어 있다.

■

Trojan War에서, 위대한 영웅 Achilles의 군대는 Myrmidon이라 불렸다. 피맛을 보고 싶어하는 늑대처럼 사나운 이들은 Aegina섬 출신 전사들이었다.

아이기나섬에 살던 사람들은 전염병이 돌아 몰살당한다. 제우스는 이곳의 거대한 개미총의 개미들을 인간으로 바꿔 새로운 종족 뮈르미돈을 만들어낸다. 곤충에서 기원했기 때문에 이들은 죽으라고 명령하면 거침없이 죽을 수 있을 만큼 아킬레우스에게 맹목적으로 충성했다.

이게 사람인가 아닌가 여겨질 만큼 살벌한 기세로 거침없이 달려드는 적군을 마주한 이들은 역사상 트로이뿐만이 아니었을 것이다.

He's nothing but a myrmidon of the CEO, one of those creepy aides who's always following him down the hall wearing aviator sunglasses.

그는 CEO의 심복에 불과하다. 비행기 조종사 선글라스를 쓰고 복도를 걸어오는 그를 항상 쫓아 다니는 비굴한 아첨꾼들 중 한 명이다.

+

to do sb's bidding —의 말이라면 하기 싫은 일도 다 한다.
creepy [krˈiːpi] 소름끼치는 (비굴하게 아첨하는 사람을 일컬을 때에도 사용한다)
aide [ˈeɪd] 조수, 측근, 부관, 보좌관.

Silent leges inter arma.
For times of arms, the laws fall mute.
전쟁 중에 법은 침묵한다.

vulcanize

[vˈʌlkənaɪz]

verb
- 경화하다.

The native islanders had even discovered how to vulcanize the rubber from the local trees in a primitive way.

섬원주민들은 원시적인 방법으로 자생나무에서 추출한 고무를 경화하는 방법까지 알고 있었다.

■

Vulcan은 불을 관장하며, 또한 불을 이용한 기술, 특히 대장간 일을 관장하는 로마의 신이다. 불카누스는 그리스신화의 Hephaestus와 같다.
1839년 Charles Goodyear는 고무를 질기고 단단하게 만드는 법을 우연히 발견하면서 고무산업에 일대 혁신을 몰고왔다. 그 비법은 천연고무와 황을 혼합하여 가열하는 것이었는데 굿이어는 이 과정을 vulcanization라고 이름붙였다. 이후 vulcanize는 '고무를 경화하다'라는 의미로 쓰이기 시작했다.
In the Civil War balloons made of vulcanized rubber carried Union spies over the Confederate armies.

남북전쟁 당시, 북군스파이들이 경화고무로 만든 거대한 풍선을 타고 남군을 정찰하기도 했다.

Today vulcanized rubber remains in use for automobile tires and numerous other products.

오늘날 경화고무는 자동차타이어, 신발을 비롯하여 무수한 제품에 사용되고 있다.

✛
sulfur [sˈʌlfər] 황.
Union [jˈuːnjən] 북군.

procrustean

[proʊkrˈʌstiən]

adjective
- 개인적 차이나 상황을 전혀 고려하지 않는.

The school's procrustean approach seemed to assume that all children learned in the same way and at the same rate.

학교의 지나치게 획일적인 접근방식은 모든 아이들이 같은 방식으로 같은 속도로 배운다고 가정하는 듯 보였다.

■

Procrustes was a bandit who ambushed travelers and, after robbing them, made them lie on an iron bed.

프로크루스테스는 지나가는 나그네들을 습격하는 산적으로, 그들이 가진 것을 빼앗은 다음 철제 침대에 눕혔다.
침대 밖으로 몸이 나오면 그 부분을 잘라버렸고, 침대보다 짧으면 몸을 잡아늘렸다. 어떤 식으로든 그에게 잡힌 불운한 나그네들은 모두 죽고 말았다.
Procrustes는 그리스의 영웅 Theseus를 알아보지 못하고 그를 약탈하는 실수를 저지른다.
결국 Procrustes는 자신의 침대에 누워 '맞춰지는' 신세가 된다.
이후 procrustean bed는 개인차를 고려하지 않고 모든 것을 가차없이 하나의 기준에 맞추는 것을 의미하게 되었다.
procrustean은 '프로크루스테스의 침대와 같은'이라는 의미다.

✛
bandit [bˈændɪt] 산적.
ambush [ˈæmbʊʃ] 매복하여 습격하다.

AQU

Latin

water 물

---

aquaculture
[ˈækwɪkˌʌltʃər]

noun

● 수산양식.

The farming of oysters by the Romans was an early form of aquaculture that has continued to the present day.

로마의 굴 양식은 수산양식의 초기형태로 오늘날까지 계속되고 있다.

■

Aquaculture is now the world's fastest-growing form of food production.

수산양식은 오늘날 세계에서 가장 빠르게 성장하는 식량산업이다.

New technologies are allowing cheaper and more efficient cultivation of fish for food.

예전에는 비싼 어류와 갑각류만 양식을 할 수 있었지만

새로운 기술로 인해 더 낮은 비용으로 더 효율적으로 더 많은 물고기를 식량으로 키울 수 있게 되었다.

해조류양식도 더불어 크게 발전하고 있다.

Wild salmon has become an expensive rarity, and aquaculture is the source of most of the salmon we now eat.

자연산 연어는 비싸고 희귀해져, 우리가 먹는 연어는 대부분 양식에서 나오고 있다.

✛

cultivation [kˌʌltɪvˈeɪʃən] 경작, 재배.
seaweed [sˈiːwiːd] 해초.
algae [ˈældʒi] 해조류.

aquanaut
[ˈækwǎnˌɔt]

noun

● 수중탐사원. 수중생활자.

Each scientist at the laboratory spent two weeks a year as an aquanaut living in the deep-sea station.

실험실의 과학자들은 매년 2주 동안 심해연구소에서 수중탐사원으로 생활한다.

■

aqua(water)+naut(sailor)가 결합한 aquanaut은 바닷속을 탐험하거나 바닷속에서 생활하는 사람이다.

astronaut과 aeronaut 역시 우주선조종사, 비행선조종사만을 가리키는 것이 아니라 그곳에 탑승한 사람들, 그곳에서 생활하는 사람들을 모두 일컫는다.

Various underwater habitats for aquanauts, such as Conshelf, SEALAB, and MarineLab, have captured the public imagination since the 1960s.

1960년대 이후 콘쉘프, 씨랩, 마린랩 등 바닷속에서 생활할 수 있는 다양한 해저주택들이 소개되어 대중의 호기심을 자극했다.

As an aquanaut she often lives underwater for several days at a time.

수중탐사원으로서 그녀는 수시로 한번에 며칠씩 물 속에서 지낸다.

✛

astronaut [ˈæstrənɔːt] 우주비행사.
aeronaut [ˈɛrənˌɔt] 비행선 을 탄 사람.

aquarium은 '수족관'을 의미하며, 거대한 수족관이 있는 전시공간을 일컫기도 한다. aquatics는 수영, 조정, 요트 등 물에서 하는 스포츠경기를 통틀어 일컫는 말이다. 스칸디나비아 사람들은 aquavit을 즐겨 마신다. 라틴어 aqua vitae(water of life)를 줄인 말인데, 여기서 aqua는 물이 아니라 알코올이라는 것이 함정.

aqueduct
['ækwɪdʌkt]

noun

● 수도. 수도관.
● 수도교.

Roman aqueducts were built throughout the empire, and their spectacular arches can still be seen in Greece, France, Spain, and North Africa.

로마의 수도교는 제국이 유지되는 내내 건설되었다. 그 경이로운 아치구조물들은 지금도 그리스, 프랑스, 스페인, 북아프리카에서 볼 수 있다.

■

aqu(water)+duct(lead)가 결합한 aqueduct는 물이 흘러가도록 유도하는 관이나 통로를 의미한다.
The great arches of ancient aqueducts span valleys in countries throughout the old Roman Empire.
옛 로마제국이 지배하던 지역 곳곳에, 오래된 수도교의 거대한 아치형 구조물들이 골짜기 사이를 연결한다.
Most aqueducts today either are riverlike channels or run underground.
오늘날 수도는 대부분 강처럼 흐르는 지상수로나 지하수로로 되어있다. 그래서 로마시대의 수도교처럼 멋진 구조물은 오늘날 거의 세워지지 않는다.
The aqueduct that runs through the city is an open concrete-lined river.
도시를 관통하는 수도관은 개방형 콘크리트 구조물로 되어 있다.

✚
span [spˈæn] 계곡 사이를 연결하다.
line [lˈaɪn] 안쪽면을 덧대다.
concrete-lined river 안쪽면을 콘크리트로 만든 수로.

aquifer
['ækwɪfər]

noun

● 대수층. 지하수를 품고 있는 지층.

Cities without access to a nearby lake or river must rely on underground aquifers to meet their water needs.

호수나 강이 멀리 있는 도시들은 지하 대수층에 의존해 용수문제를 해결해야 한다.

■

The Ogallala Aquifer under the Great Plains yields about 30 percent of the nation's groundwater used for irrigation in agriculture.
대평원 아래에 펼쳐져 있는 오갈랄라대수층은 미국의 농업용수로 사용되는 지하수 가운데 30 퍼센트 정도를 공급한다.
또한 이 대수층은 8개 주의 주민들의 식수원으로 사용된다.
But for many years more water has been extracted from the Ogallala Aquifer than has been returned, and the situation today is of great concern.
하지만 오랜 세월동안 회수되는 물보다 더 많은 양을 뽑아쓰는 바람에 오늘날 상황은 매우 심각하다.
The aquifer they depend on for irrigation is slowly being depleted, and the farmers are being forced to cut back on water use.
농업용수로 사용하는 대수층이 서서히 고갈되는 상황에서, 농부들은 물을 아껴서 사용하라는 압박을 받고 있다.

✚
irrigate ['ɪrɪɡeɪt] 땅에 물을 대다. 관개(물댈灌+물댈漑)하다.
be of concern to —에게 근심거리가 되다.
extract [ɪkstrˈækt] 뽑아내다.
　　　　　['ekstrækt] 추출물.
cut back (on) = reduce

HYDR

Greek

water 물

hydraulic
[haɪdrˈɔːlɪk]

adjective
- 수력의. 물을 이용해 작동하는.
- 유압으로 작동하는.

Without any hydraulic engineers, the country is unlikely to build many dams or reservoirs on its own.
수력 엔지니어가 전혀 없어서, 그 나라는 자력으로 많은 댐이나 저수지를 건설하지 못할 것으로 보인다.

hydraulic system은 작은 구멍이나 관을 통해 액체를 밀어 넣음으로써 발생하는 압력을 이용해 작동하는 기계장치다.
By means of a hydraulic lift, the driver can lift the bed of a dump truck with the touch of a button.
유압리프트를 이용해 운전사는 버튼 하나로 덤프트럭 적재함을 들어올릴 수 있다.
Somewhat like a pulley or a lever, a hydraulic system magnifies the effect of moderate pressure exerted over a longer distance into powerful energy for a shorter distance.
도르래나 지렛대와 비슷하게 유압시스템은 긴 거리에 작동하는 약한 압력을 짧은 거리에 작동하는 강력한 에너지로 증대한다.
hydraulic steering 유압조향장치
hydraulic brake 유압브레이크
hydraulic clutch 유압클러치

✛
reservoir [rˈezərvwɑːr] 저수지.
pulley [pˈʊli] 도르래.

dehydrate
[diːhˈaɪdreɪt]

verb
- 건조시키다. 수분을 제거하다.
- 에너지와 열정을 박탈하다.

The boy appeared at dusk staggering out of the desert, dangerously sunburned and dehydrated.
남자아이는 해가 저물 무렵 사막에서 비틀거리며 나타났는데, 위험할 정도로 피부에 화상을 입었으며 탈수된 상태였다.

Dehydrating food is a good way to preserve it. 음식에서 수분을 빼는 것은 음식을 보존하는 좋은 방법이다. dehydration은 음식의 유통기한을 늘일 수 있을 뿐만 아니라 같은 공간에 더 많은 식품을 저장할 수 있게 한다. 대표적인 예로 dehydrated grapes(raisins)이 있다.
Freeze-drying produces food that only needs rehydration. 동결건조는 다시 수분을 공급하면 (즉, 물을 부으면) 원래 음식상태로 복원되는 식품제공법이다.
Runners, cyclists, and hikers fearful of dehydration seem to be constantly hydrating themselves nowadays. 달리기, 자전거타기, 걷기 등 운동을 하는 사람들은 탈수되지 않기 위해서 오늘날 끝없이 수분을 공급한다. 최근에는 튜브를 통해 언제든 물을 쉽게 빨아먹을 수 있도록 설계된 수통도 나온다.
A dull teacher can dehydrate history.
고리타분한 선생은 역사에서 물기를 빼 지루하게 만들 수 있다.
An unimaginative staging can dehydrate a Shakespeare play. 상상력이 없는 무대는 셰익스피어 연극에서 물기를 쪽 빼, 아무런 감흥도 주지 못할 수 있다.

✛
dehydration [dˌiːhaɪdrˈeɪʃən] 탈수.
hydrate [hˈaɪdreɪt] 수분을 공급하다, 수화물(水化物. 물을 머금고 있는 물질).

많은 사람들이 좋아하는 꽃 hydrangea[haɪˈdreɪndʒə]는 물국화(水菊)다.
이름만 보면 물에서 자라는 국화라고 생각할 수 있지만 흙에서 자란다.
그 씨앗이 고대그리스의 물항아리처럼 생겨서 이런 이름이 붙었을 뿐이다.

hydroelectric
[hˌaɪdroʊɪlˈektrɪk]

adjective
● 수력발전의.

A massive African hydroelectric project
**is creating the world's largest manmade
lake, and is said to hold the key to the
future for the country.**

대규모 아프리카 수력발전 프로젝트는 세계에서 가장 큰 인공호수를
만드는 것으로, 그 나라의 미래를 여는 열쇠를 쥐고 있다고 여겨진다.

■

hydroelectric systems의 대표적인 시설물은 바로
댐이다. 댐은 물을 높은 곳에서 떨어뜨려 강한 수압으로
터빈을 돌려서 high-voltage electricity를 생산한다.
강이 세차게 흐르는 산악지형은 hydroelectricity를
생산할 수 있는 가장 좋은 조건이다.
hydroelectricity는 공해물질을 배출하지 않으며, 완전히
재생가능한 에너지원을 이용하지만, 거대한 토목공사로
자연환경을 파괴한다는 측면에서 환경운동가들 사이에
논란의 대상이 되고 있다.

✛

high-voltage electricity 고압전기.
hydroelectricity 수력전기.
stagger [stˈæɡər] 비틀거리며 걷다.
sunburn [sˈʌnbɜːrn] 햇볕에 화상을 입다.
raisin [rˈeɪzən] 건포도.

hydroponics
[hˌaɪdrəpˈɑnɪks]

noun
● 물재배.

He had never thought hydroponics
**produced vegetables as tasty as those
grown in soil, and the tomatoes seemed
particularly disappointing.**

그는 수경법으로 재배한 야채가 흙에서 재배한 야채만큼 맛있다고
생각한 적이 없다. 토마토는 특히 실망스러웠다.

■

aquaculture 또는 tank farming이라고도 하는
hydroponics는 식물영양 메커니즘을 연구하는 과정에서
시작되었다. 바닥에 뿌리를 내릴 수 있는 자갈이나 모래
등을 깔아놓는 경우도 있지만 뿌리가 물 속에 그냥 떠 있는
경우도 있다.
Peppers, cucumbers, and various other
vegetables are produced hydroponically in
huge quantities.
고추, 오이 등 다양한 야채들이 대량으로 수경재배되고 있다.
hydroponics의 가장 큰 장점은 재배비용이 줄어든다는
것이다. 밀폐된 공간에서 대량재배할 수 있을 뿐만 아니라
관개나 영양공급을 기계로 통제할 수 있기 때문이다.
The use of hydroponics and greenhouses
enables the floral industry to operate year-
round.
수경재배기법과 온실 덕분에 화초산업은 연중 내내 운영할 수 있게
되었다.

✛

aquaculture [ˈækwɪkˌʌltʃər] 수경재배.
gravel path [ɡrˈævəl] 자갈을 깐 길.

UND

Latin *unda/undare*
wave 파도
to rise in wave. to surge or flood 범람하다

undulant

[ˈʌndjulənt]

adjective
- 물결모양의. 파도처럼 오르락내리락하는.
- 형태/외곽선/표면이 물결치는 듯한.

The man's undulant, sinister movements reminded her of a poisonous snake about to strike.

그 남자의 물결치는 듯한 불길한 동작은 물기 직전의 독사를 떠올리게 했다.

The surface of a freshly plowed field is undulant.
이제 막 경작한 밭의 표면은 물결모양이다.

A range of rolling hills could be called undulant.
나지막한 구릉이 연달아 있는 모습도 물결 같다고 표현할 수 있다.

A waterbed mattress is often literally undulant.
물침대는 대개 문자 그대로 출렁거린다.

A field of wheat will undulate in the wind, like the waves of the sea.
밀밭은 바람이 불면 바다에서 파도가 치듯이 출렁거린다.

In the second movement, the composer depicts the waves of the ocean by means of lines that rise and fall in undulant patterns.
두 번째 악장에서 작곡가는 물결처럼 오르락내리락하는 선율을 활용하여 바다의 물결을 묘사한다.

✚

wavy [wˈeɪvi] 물결모양의.
sinister [sˈɪnɪstər] 불길한.
rolling hills 완만한 경사의 구릉.
overflow [ˌoʊvərflˈoʊ] 넘치다, 범람.
overwhelm [ˌoʊvərhwˈelm] 압도하다.
levee [lˈevi] 제방, 둑.
silt [sˈɪlt] 개흙.
charge a fee 요금을 받다.

inundate

[ˈɪnʌndeɪt]

verb
- 침수시키다. 물이 넘쳐서 뒤덮어버리다.
- 압도하다.

As news of the singer's death spread, retailers were inundated with orders for all his old recordings.

그 가수가 죽었다는 소식이 퍼지자, 음반유통업자에게 그 가수의 지난 모든 음반에 대한 주문이 물밀듯이 밀려들어왔다.

Mississippi River overflowed its banks, broke through levees, and inundated the entire countryside.
1993년 여름, 미국 중서부에 내린 기록적인 폭우로 미시시피강이 강둑을 넘고 제방을 뚫어 주변지역 전체를 물로 덮어버렸다.

The Nile River inundated its entire valley every year, bringing the rich black silt.
나일강은 해마다 계곡 전체를 뒤덮어 영양이 풍부한 검은 퇴적물을 토양에 제공한다.

But the inundations ceased with the completion of the Aswan High Dam in 1970.
하지만 나일강 홍수는 1970년 아스완하이댐이 완공되면서 더이상 일어나지 않는다.

Congressional offices are inundated with phone calls and e-mails.
의회사무처에 전화와 이메일이 물밀듯 밀려들어온다.

중대한 법안이 올라올 때마다 유권자들의 항의가 쏟아져 들어와 직원들이 허우적거린다.

A town may be inundated with complaints when it starts charging a fee for garbage pickup.
쓰레기수거비를 징수하기 시작하면 도시는 불평불만으로 뒤덮여버릴지도 모른다.

undulation[ˈʌndʒʊleɪʃn]은 '물결' 또는 '물결처럼 움직이는 것'을 의미한다.
undulate[ˈʌndʒʊleɪt]는 '파도처럼 오르락내리락하다'라는 뜻이다.
15세기 Paracelsus는 물의 정령에 Undine(운디네)라는 이름을 붙였다(영어발음은 [ʌnˈdin]).

---

redound

[rɪdˈaʊnd]

verb
- 이바지하다. 좋은 영향을 미치다.
- 자신의 행동이 (어떤 결과로) 되돌아오다.

Each new military victory redounded to **the glory of the king, whose brilliance as a leader was now praised and feared throughout Europe.**

새로운 전쟁에서 승리할 때마다 왕의 영광은 높아졌고, 그의 지도자로서 총명함은 이제 유럽전체에서 칭송을 받는 동시에 두려움의 대상이 되었다.

■

redound는 re(back)+und(wave) 즉
flow back(거꾸로 흐르다)이라는 의미로, 해변에서 파도가 밀려들어왔다가 빠져나가는 것을 떠오르게 한다. 자신이 한 행동에 따른 응분의 결과를 일컫는 의미로 해석된다.
또한 redound는 오래전부터 resound나 rebound의 잘못된 표기로 오인되면서, 결국 이들의 의미가 가미되었다.
The prohibition of alcohol in 1919 redounded **unintentionally** to **the benefit of gangsters such as Al Capone.**
1919년 금주령은 의도하지 않게 알 카포네와 같은 갱스터들에게 혜택을 주는 결과를 낳았다.
Capone's jailing on tax-evasion charges redounded to **the credit of the famous "Untouchables."**
카포네를 탈세혐의로 체포하는 작전은 유명한 '언터처블'의 명성을 높여주었다.

✛
resound [rɪzˈaʊnd] 크게 울려퍼지다.
rebound [rɪbˈaʊnd] 튀어오르다.
reflect [rɪflˈekt] 반사하다, 반성하다.
Untouchables 알 카포네에게 매수당하지 않은 경찰들로 꾸린 FBI 특수수사반. '검은 손이 닿지 못하는 수사관들'이라는 의미.

---

redundancy

[rɪdˈʌndənsi]

adjective
- 불필요한 중복. 넘치는 상태.
- 필요없는 반복.

A certain amount of redundancy **can help make a speaker's points clear, but too much can be annoying.**

어느 정도 반복은 말하고자 하는 요점을 명확하게 하는 데 도움이 되지만, 너무 지나친 반복은 거슬릴 수 있다.

■

redundancy는 overflow라는 뜻으로 흘러 넘칠 만큼 필요한 것보다 많은 상태, 즉 반복, 중복을 의미한다.
Avoiding redundancy **is one of the prime rules of good writing.**
같은 말을 반복하지 않는 것은 좋은 문장을 쓰기 위한 중요한 규칙이다.
'오늘날 현대사회에서', '목숨이 위태로울 만큼 심각한 치명상', '양 당사자의 서로간의 상호이익'과 같은 표현은 redundancy의 전형적인 사례라 할 수 있다.
data redundancy 하나의 데이터를 여러 곳에 저장함으로써 데이터를 안전하게 보관하는 방법.
redundancy는 오늘날 컴퓨터분야에서 자주 등장한다.
항공기 역시 안전을 위해 운항정보를 동시에 여러 저장장치에 저장한다.
The computer files contain a great deal of data redundancy **that isn't actually serving any purpose.**
컴퓨터파일은 실제로 아무 의미없이 상당양의 데이터를 반복해서 담고 있다.

✛
redundant [rɪdˈʌndənt] 풍부한, 남아도는.
repetition [rˌepɪtˈɪʃən] 반복.
serve its purpose 목적을 수행하다.

Words from **Mythology**

fauna
[fˈɔːnə]

noun
- 동물군.

The larger fauna of the county includes coyotes, black bear, deer, moose, wild turkey, hawks, and vultures.
국내의 폭넓은 동물군에는 코요테, 흑곰, 사슴, 무스, 야생칠면조, 매, 독수리 등이 있다.

■
Faunus와 Fauna는 그리스신화의 Pan에 해당한다. 로마의 삼림을 관장하는 신과 여신으로, 특히 그곳에 사는 동물들을 관장했다.
파우누스와 파우나를 보필하는 faun이라고 하는 숲의 정령들이 있는데, 이들은 그리스신화의 satyr에 해당한다. fauna는 일정한 지역이나 환경에서 자연적으로 서식하는 동물들을 총칭하는 말이다.
The fauna of a continent is often very similar across a broad east-west band; from north to south, however, they may vary greatly.
한 대륙의 동물군은 대개 동서방향으로는 매우 비슷한 반면, 남북방향으로는 크게 달라진다.

flora
[flˈɔːrə]

noun
- 식물군.

Scientists are busily identifying the flora of the Amazon rain forest before the rapid expansion of commercial interests consumes it.
과학자들은 상업적 이해관계가 아마존우림을 빠르게 잡아먹어버리기 전에 자연식물군을 파악하기 위해 바쁘게 연구하고 있다.

■
Flora는 로마신화에서 봄과 꽃식물의 여신으로, 특히 인간이 먹지 않는 식물들과 들꽃을 관장했다. 플로라는 긴 꽃 드레스를 입고 머리에 꽃 장식을 한 아름다운 젊은 여인의 모습으로 나타나 땅 위에 꽃을 흩뿌린다.
라틴어 flora는 그 자체로 '꽃'을 의미한다. 영어에서는 일정 지역이나 환경에서 자연적으로 자라는 식물들을 총칭하는 말로 쓰인다. 영어단어 floral, floret, flourish 같은 단어들이 바로 이 어근에서 나왔다.
A region''s flora may range from tiny violets to towering trees.
한 지역의 식물군은 아주 작은 제비꽃부터 높이 솟은 나무들까지 모두 포괄한다.
flora and fauna 동식물군. 어떤 지역에 서식하는 눈에 보이는 모든 생물들.

✚
floral [flˈɔːrəl] 꽃의, 꽃무늬의.
floret [flˈɒrt] 작은 꽃.
flourish [flˈɜːrɪʃ] 잘 자라다, 번성하다.

Vestis virum reddit.
The clothes make the man.
옷이 사람을 만든다.

cereal

[sˈɪəriəl]

noun

- 곡식.
- 곡물로 만든 음식

Rice is the main food cereal of Asia, whereas wheat and corn are the main food cereals of the West.

쌀은 아시아의 주요곡물인 반면, 밀과 옥수수는 서양의 주요 곡물이다.

■

그리스의 여신 Demeter는 로마에 건너와 Ceres가 된다. 케레스는 다른 신들과 다툼에 휩쓸리지 않는 차분한 여신으로 곡식을 관장하는 풍요의 신이다. 그런 이유로 인해 로마인들은 자신이 먹는 곡물들을 그녀의 이름으로 불렀다. 이러한 이유로 고대로마인들이 먹던 wheat, barley, spelt, oats, millet은 cereal에 포함되지만, 아메리카원주민들이 먹던 corn(maize)은 원래 cereal에 포함되지 않았다. 하지만 지금은 쌀부터 옥수수까지 모든 곡물을 총칭할 뿐만 아니라 이들을 재료로 만든 가공곡물을 일컫는 말로 쓰인다.
Corn, unknown in ancient Europe, has become a staple cereal of the modern world.

옥수수는 고대 유럽에는 전파되지 않았던 곡식이지만, 오늘날 세계적인 주식이 되었다.

✚
wheat [hwˈiːt] 밀.
barley [bˈɑːrli] 보리.
spelt [spˈelt] 스펠트밀.
oats [ˈoʊts] 귀리.
millet [mˈɪlɪt] 기장.
maize [mˈeɪz] = corn 옥수수.
staple [stˈeɪpəl] food/product/activity
일상에서 기본이 되는 중요한 음식/제품/활동.

dryad

[drˈaɪæd]

noun

- 나무요정.

The ancient Greeks' love of trees can be seen in their belief that every tree contained a dryad, which died when the tree was cut.

고대그리스인들의 나무 사랑은 나무마다 요정이 있으며, 나무를 베면 요정도 죽는다고 믿었던 데서 엿볼 수 있다.

■

Dryad는 oak tree를 뜻하는 그리스어에서 왔다.
그리스인들은 모든 나무에 영혼이 있다고 생각했는데, 이들을 dryad라고 불렀다. 가장 유명한 드리아스로는 Daphne가 있다.
그녀에게 반한 Apollo가 쫓아오자 다프네는 필사적으로 도망친다. 거의 잡히는 찰나, 다프네는 자신의 아버지인 강의 신에게 구해달라고 기도했고 아버지는 그녀를 월계수로 만들어버린다.
나무가 되어버린 다프네를 못 잊은 아폴론은 매년 가장 뛰어난 시인에게 그녀의 이파리를 따 월계관을 씌우라고 명령한다. 이후 최고의 시인을 poet laureate (월'계관'을 쓴 '시인')이라고 부르게 되었다.

✚
laurel [lˈɔːrəl] 월계수.
wreath [rˈiːθ] 둥글게 만든 관.
laureate [lˈɔːriət] laurel wreath(월계관)를 쓴.
poet laureate 계관시인.

PATH

Greek

feeling 느낌
suffering 고통

pathos
[pˈeɪθɒs]

noun
- 연민, 비애를 자아내는 요소.
- 연민의 감정.

apathetic
[æpəθˈetɪk]

adjective
- 냉담한.
- 무관심한.

The pathos of the blind child beggars she had seen in India could still keep her awake at night.

인도에서 구걸하는 맹인아이를 본 뒤로 그녀는 아직도 측은함에 밤늦도록 잠들지 못한다.

His apathetic response to the victory bewildered his friends.

승리에 대한 그의 냉담한 반응은 친구들을 어리둥절하게 했다.

■

pathos는 그리스어를 그대로 가져온 것이다.
아리스토텔레스는 대중연설이 설득력을 갖기 위해서는
다음 세 가지 요소를 갖춰야 한다고 이야기한다.
—ethos 에토스 연사의 권위
—logos 로고스 논리적 타당성
—pathos 파토스 청중과 공감
파토스는 권위나 논리와는 달리 옳고 그름을 판단하는
청중의 식견에 호소하는 것으로, 그야말로 청중을
감동시키는 힘이다.
pathos는 오늘날 영어식 발음 '페이소스'라고 일컬어지며
소설, 영화, 드라마, 음악, 심지어 그림에서도 중요한 요소로
여겨진다. 가끔은 어떤 상황이나 인물의 됨됨이에서도
pathos를 느낀다.
pathos에서 나온 pathetic은 다소 냉소적인 의미로도
쓰인다. pathos 역시 그런 뉘앙스를 풍기는 경우가 있다.
I think it's pathetic that only half of the eligible
voters tend to vote.
유권자 중 절반만이 투표를 하는 현실이 안타까울 뿐이다.
Bernie's hitting was pretty pathetic!
버니의 안타는 아무 효과도 없었어!

■

a(not/without)+path(feeling)이 결합한 apathy는
lack of emotion, 즉 감정이 결여된 상태를 의미한다.
We feel little sympathy for him, and may even
feel antipathy, or dislike.
우리는 그에 대해 동정을 느끼기보다는 반감, 혐오를 느낀다.
Albert Camus의 유명한 소설 《The Stranger》의
중심소재는 apathy다. 어머니의 죽음에 대해서도
별다른 감정을 느끼지 못하는 주인공은 결국 이러한
indifference(무관심)로 인해 감옥에 들어간다.
The American voter is often called apathetic.
미국 유권자들은 무관심하다는 이야기를 자주 듣는다.
선진국 중에서 주요선거 투표참여율이 50% 정도밖에
되지 않는 유일한 나라이기 때문이다.

✚

pathetic [pəθˈetɪk] 애처로운, 연민을 자아내는, 형편없는.
apathy [ˈæpəθi] 무관심. 어떤 것에도 관심을 보이지 않는 상태.
sympathy [sˈɪmpəθi] 연민, 공감.
antipathy [æntˈɪpəθi] 반감, 혐오.
empathize [ˈempəθaɪz] with —의 마음을 이해하다,
공감하다.
sensation [sensˈeɪʃən] 육체적으로 느끼는 감각.
count on 의지하다.
hard-hearted 동정심없는, 감정이 메마른.
psychic [sˈaɪkɪk] 심령의.
coin [kˈɔɪn] 주조하다, 용어를 만들어내다.

✚

eligible [ˈelɪdʒɪbəl] 자격/연령이 되는.

pathetic은 마음 속 고통을 자아내는, 즉 '애처로운'이라는 뜻이다.
sympathetic은 '함께 고통을 느끼는' 즉 '동정심 있는'이라는 뜻이다.

empathy
[ˈempəθi]

noun
● 감정이입. 공감.

Her maternal empathy was so strong that she often seemed to be living her son's life emotionally.

워낙 모성공감이 강하다 보니, 종종 그녀는 정서적으로 아들의 삶을 자신이 살아가는 것처럼 보인다.

■

Charles Dickens counted on producing an empathetic response in his readers.

19세기 찰스 디킨스는 독자들이 다음 신문을 사지 않으면 안 될 만큼 강렬한 감정이입 반응을 끌어내는 데 주력했다.

Only the most hard-hearted reader could fail to feel empathy for Sidney Carton as he approaches the guillotine.

《두 도시 이야기》의 주인공 시드니 칼튼이 단두대로 걸어가는 장면에서 극도로 감정이 메마른 사람이 아니고서는 공감하지 않을 수 없을 것이다.

One who empathizes suffers along with the one who feels the sensations directly.

empathy란 다른 사람이 몸으로 느끼는 고통스러운 감각을 그대로 느끼는 것이다.

We feel sympathy, or pity, for victims of a war in Africa, whereas we may feel empathy for a close friend going through the much smaller disaster of a divorce.

아프리카의 전쟁피해자에 대해 느끼는 감정은 sympathy나 pity에 가깝지만, 이혼 같은 훨씬 사소한 어려움을 겪는 가까운 친구에게 느끼는 감정은 empathy에 가깝다.

empathy와 sympathy는 비슷하지만, 대개 empathy 가 더 강렬하고 본능적인 감정이다.

telepathic
[telˈɪpæθɪk]

adjective
● 텔레파시를 이용한.

After ten years of marriage, their communication is virtually telepathic, and each always seems to know what the other is thinking.

결혼생활 10년차가 되니 서로 의사소통은 거의 텔레파시를 통해 이루어진다. 상대방이 무슨 생각을 하는지 늘 알고 있는 듯하다.

■

tele(distant)+path(feeling)이 결합한 telepathy는 멀리 떨어진 상태에서도 생각이나 느낌을 전달하는 초능력을 일컫는다.

Telepathy was coined around 1880, when odd psychic phenomena and extrasensory perception, or ESP were being widely discussed.

텔레파시는 1880년경 만들어진 단어로, 이 당시 기이한 심령현상이나 초감각인지능력(ESP)을 경험했다는 사람들이 쏟아져 나와 이에 대한 관심이 매우 높았다.

최근에는 telepathy와 비슷한 meme이라는 개념이 유행하고 있다.

Meme might somehow physically fly from brain to brain so that people all over the world might have the same idea at about the same time without any obvious communication.

밈이란 사람들의 뇌 사이를 물리적으로 옮겨 다니는 것으로, 전 세계 사람이 어떤 명시적인 소통을 하지 않고도 동시에 같은 생각을 하게 만든다고 여겨진다.

telepathy는 과학적으로 입증되지 않았음에도, 미국인들 중 30%는 여전히 그 존재를 믿고 있다.

ANT ANTI

Greek

against —에 반대하는

antagonist
[ænt'ægənɪst]

noun
- 경쟁상대. 적.

Hawley campaigned as an antagonist to big technology companies in general and Google in particular.

홀리는 거대기술기업 전체, 특히 구글에 맞서는 적수가 되겠다고 선거운동을 했다.

■

There may occasionally be an evil protagonist and a good antagonist. 악한 주인공과 선한 상대역도 가끔 볼 수 있다. 소설, 연극, 영화에서 주인공은 protagonist, 이에 맞서는 역할은 antagonist라고 한다. 우리는 흔히 protagonist는 선하고 antagonist는 악할 것이라고 생각하지만 늘 그런 것은 아니다.
In the drama of the real world, it's especially hard to sort out which is which, so we usually speak of both parties to a conflict as antagonists. 현실세계의 드라마에서는 누가 주인공이고 누가 상대역인지 구분하는 것이 어렵다. 따라서 우리는 대개 갈등관계에 있는 당사자를 모두 antagonist라고 말한다.
During a strike representatives of labor and management become antagonists; they often manage to antagonize each other, and the antagonism often remains after the strike is over. 파업하는 동안 노사대표는 모두 antagonist가 된다. 그들은 대개 서로 적대하는데, 파업이 끝난 뒤에도 이러한 적대감이 남아 있는 경우가 많다.

✚
dastardly [dˈæstərdli] 악랄한.
antagonize [æntˈægənaɪz] 적대하다.
antagonism [æntˈægənɪzəm] 적대감.

antigen
[ˈæntɪdʒən]

noun
- 항원.

When the immune system is weak, it may not be able to produce enough antibodies to combat the invading antigens.

면역체계가 약하면 몸에 침투한 항원과 싸울 만한 항체를 만들지 못할 수 있다.

■

박테리아나 바이러스와 같은 외부침입자에 맞서기 위해 우리 몸의 면역체계는 antibody를 만들어낸다. antibody를 생성하도록 유발하는 외부에서 침입한 화학물질은 antigen이라고 하는데, 이는 ANTIbody GENerator에서 앞에 나오는 어근들을 결합하여 만든 단어다.
GEN은 birth를 의미하는 어근으로 병리학에서 자주 사용된다. antigen은 antibody를 생성하는 물질이고, allergen은 allergy를 유발하는 물질이고, pathogen은 pathology를 초래하는 물질이다.
Antigens are often rod-like structures that stick out from the surface of an invading organism and allow it to attach itself to cells in the invaded body.
항원은 대개 몸 안에 침입한 유기체의 표면에 튀어나온 막대모양 구조로 되어 있어, 침투한 세포에 들러붙는다.

✚
allergen [ˈælərdʒen] 알레르겐.
pathogen [pˈæθədʒen] 병원균, 병원체.
pathology [pəˈɒlədʒi] 병리현상, 병증.
rod [rˈɒd] 막대.

anticlimax는 클라이맥스와 반대로 시시한 결말을 의미한다. antiseptic은 septic(세균에 감염되어 부패하는) 을 막는 '멸균제, 방부제'라는 뜻이고, antibiotic은 biotic(생명체/세균에 감염되는)을 막는 '항생제'라는 뜻이다. antacid는 acid(산)을 공격하는 '제산제'다. antidote는 홀리는 것(dote)를 막아주는 '해독제'를 의미한다.

antipathy
[ænt'ɪpəθi]

noun
- 적대감.

It seemed odd that he could feel such intense antipathy for someone he'd only met once, and we suspected there was more to the story.

겨우 한 번 만난 사람에게 그렇게 강렬한 반감을 느낄 수 있다는 것이 이상해서, 우리가 모르는 이야기가 있을 것이라고 의심했다.

■

When the nation of Yugoslavia was created in 1945, it combined a number of ethnic groups with a history of violent antipathy toward each other.

1945년 유고슬라비아 건국 당시, 서로 극심한 반감의 역사를 가진 많은 소수민족들이 한 나라가 되었다.

In 1991-92 four regions of the country announced that they would become independent nations; a bloody six-year war followed, fueled by these ancient and powerful antipathies.

1991-92년 이 나라는 네 지역으로 나뉘어 독립국가가 되겠다고 선포하였고, 피비린내 나는 6년전쟁이 뒤따랐다. 역사적으로 뿌리깊은 강렬한 반감은 전쟁을 더욱 격렬하게 부채질하였다.

The American Civil War similarly resulted from antipathy between the North and the South.

미국의 남북전쟁도 마찬가지로 남북 간의 적대감에서 비롯되었다.

╋
fuel [fjˈuːəl] (연료를 공급해) 상황을 더 악화시키다, 부채질하다.

antithesis
[ænt'ɪθəsɪs]

noun
- 반대되는 생각.
- 댓구법.

Life on the small college campus, with its personal freedom and responsibility, was the antithesis of what many students had known in high school.

개인적인 자유와 책임감을 누리는 작은 대학캠퍼스의 삶은, 많은 학생들이 고등학교에서 알고 있었던 것과는 정반대다.

■

War is the antithesis of peace, wealth is the antithesis of poverty, and love is the antithesis of hate.

전쟁은 평화의 반대이며, 부는 가난의 반대이며, 사랑은 증오의 반대이다. antithesis는 '반대'를 의미한다.

Holding two antithetical ideas in one's head at the same time is so common as to be almost normal. 정반대되는 두 가지 생각이 동시에 머릿속에 떠오르는 것은 너무 흔한 일이라서 결코 이상한 일이 아니다. 예컨대, 우리는 자신이 운명의 주인이라고 생각하면서 동시에 끔찍한 양육의 무기력한 희생자라고 생각한다.

"Ask not what your country can do for you—ask what you can do for your country" is a famous antithesis for the resounding effect.

'나라가 당신을 위해 무엇을 해줄 수 있는지 묻지 말고, 나라를 위해 당신이 무엇을 할 수 있는지 물어라.' 케네디대통령의 이 말은 댓구법을 활용하여 깊은 울림을 줄 수 있다는 것을 보여준다. 수사학에서 antithesis는 대조법, 댓구법을 의미한다.

╋
antithetical [ˌænt̬ɪθˈet̬ɪkəl] 반대되는, 공존할 수 없는.
resounding [rɪzˈaʊndɪŋ] 크게 울러퍼지는.
a resounding success 대성공.

IDIO

Greek *idios*
one's own 자신이 소유한
private 사적인

idiom

[ˈɪdiəm]

noun

● 이디엄.

As a teacher of foreign students, you can't use idioms like "Beats me!" and "Don't jump the gun" in class unless you want to confuse everyone.

외국인들을 가르치는 선생님으로서, 학생들을 혼란에 빠뜨리고 싶지 않다면 Beats me!나 Don't jump the gun 같은 이디엄을 수업 중에 쓰면 안 된다.

■

idiom이란 단어집합으로, 개별단어들의 의미와는 전혀 무관한 의미를 갖는다. 현대영어에서 일상적으로 사용되는 idiom은 수천 개에 달한다. 몇 가지 예를 보자.

We're on the same page. 우리는 같은 생각을 하고 있어.
My turn to ride shotgun today!
오늘은 내가 조수석에 탈 차례야!
I always make a point of locking up at night.
나는 밤이 되면 반드시 문을 잠궈.
The other day we went for a drive in the country. 일전에 우리는 시골로 드라이브를 갔지.
First off, you should choose a team. 먼저, 팀을 골라.
The agency has been asleep at the wheel and has failed to enforce regulations.
정부는 방심하고 있다가 규정을 집행하는 데 실패했다.
All you can do is bite the bullet and pay up the bill. 네가 할 수 있는 건 이를 악물고 돈을 내는 것 말고는 없어.
Eat, or I'll give you a knuckle sandwich.
처먹어, 아니면 아가리를 쳐 맞을 줄 알아.
The couple made out in their underwear on the beach. 커플은 해변에서 수영복을 입은 채 섹스를 했다.
She was heavily made-up. 진하게 화장을 했다.
It's time we gave the kitchen a makeover.
이참에 주방을 리뉴얼해야겠어.

idiomatic

[ˌɪdioʊəˈmætɪk]

adjective

● 제 나라 언어다운.

The instructions for assembling the TV probably sounded fine in the original Chinese but weren't exactly written in idiomatic English.

TV 조립설명서는 아마도 중국어 원문에서는 문제가 없었겠지만, 영어로 번역된 글은 전혀 영어답지 않게 쓰였다.

■

The speech and writing of a native-born English-speaker may seem crude, uneducated, and illiterate, but will almost always be idiomatic.

태어날 때부터 영어를 쓴 사람의 말과 글은 투박하고 무식하고 교양없어 보일지 모르지만, 그런 글들이 바로 영어다운 영어다.

For a language learner, speaking and writing idiomatically in another language is the greatest challenge.

다른 나라의 언어를 배워서 원래 그 나라 말처럼 자연스럽게 쓰고 말하는 것은 매우 어려운 일이다.

Even highly educated foreign learners rarely succeed in mastering the kind of idiomatic English spoken by an American 7th-grader.

아무리 많은 교육을 받는다고 하더라도 미국의 중학교 1학년 학생들이 구사하는 원어민영어를 외국인이 완전히 마스터하는 것은 거의 불가능하다.

idiomatic expression은 그 나라 언어의 특성을 고스란히 보여주는 '관용적인 표현'으로, 이것을 줄여서 idiom이라고 한다.

✦
illiterate [ɪˈlɪtərət] 글을 읽지 못하는.

이 어근으로 만든 라틴어 idiota는 문자 그대로 자신이 아는 것만 믿으며 다른 사람의 이야기는 듣지 않는 사람을 의미하지만, 실제로는 '무식한 사람'을 일컫는 말로 쓰였다. 이 말이 영어로 건너와 일상적으로 쓰이는 idiot이 되었다. 교육수준과 무관하게, 세상 어느 집단에서나 idiot은 일정 비율로 존재한다.

idiosyncrasy

[ˌɪdioʊsˈɪŋkrəsi]

noun
● 개인의 행동이나 사고방식의 특성.

Mr. Kempthorne, whose idiosyncrasies are well known to most of us, has recently begun walking around town talking to two ferrets he carries on his shoulders.
특유의 행동으로 유명한 켐프턴씨는 최근 어깨에 둘러맨 흰족제비 두 마리와 이야기하면서 마을을 돌아다니기 시작했다.

■

idiosyncrasy는 기이하지만 무해한 개인의 행동양식이다. Most Americans are careful to hide their idiosyncrasies, since our culture doesn't seem to value odd behavior.
미국문화는 기이한 행동을 가치있게 여기지 않는 편이기 때문에 미국인들은 대부분 자신만의 특유의 행동을 드러내려고 하지 않는다. The British, however, are generally fond of their eccentrics, and English villages seem to be filled with them.
반면 영국인들은 일반적으로 기행을 좋아하기에, 영국의 마을들은 그러한 기행들로 가득 차 있는 것처럼 보인다.
하지만 나치포스터 같은 것으로 집안을 가득 채운다면 이것은 idiosyncratic behavior라는 말로 표용할 수 있는 수준을 넘어선 행동이라는 것을 명심하라. idiosyncrasy는 스펠링을 틀릴 확률이 매우 높은 단어다. 눈여겨보라.

✛
ferret [fˈerɪt] 흰족제비.
eccentric [ɪksˈentrɪk] 기이한, 기인.

idiopathic

[ˌɪdioʊpˈæθɪk]

adjective
● 원인을 알 수 없는 특이한 징후의.

After her doctor hemmed and hawed and finally described her condition as "idiopathic," she realized she needed a second opinion.
의사가 주저하고 망설이다가 마침내 '원인불명'이라고 진단하고 나서, 다른 의사를 찾아봐야 한다는 것을 깨달았다.

■

idio(one's own)+path(suffering)가 결합한 idiopathy는 기본적으로 어떤 개인에게 다르게 나타나는 특별한 질병이나 몸상태를 의미한다. 하지만 실제로 의사들은 원인을 규명해내지 못한 의학적 상태를 일컬을 때 idiopathy라고 말한다.
Most facial tics are called idiopathic by doctors, since no cause can be found.
안면경련은 대부분 의사들은 원인을 찾을 수 없기 때문에 원인불명이라고 진단한다.
Other well-known conditions, including chronic fatigue syndrome, irritable bowel syndrome, and fibromyalgia, still perplex the medical community. 만성피로증후군, 과민성 대장증후군, 섬유근육통을 비롯해 잘 알려진 증상들도 여전히 의료계의 골칫거리다.

✛
hem [hˈem] 에헴하다.
haw [hˈɔː] 에- 에- 하다.
hem and haw 뭐라고 말해야 할지 몰라 말을 더듬다.
tic [tˈɪk] 틱장애.
fibromyalgia [fˌaɪbroʊmaɪˈældʒə] 섬유근육통.
beats me! 몰라!
jump the gun 촐싹거리다.
knuckle [nˈʌkəl] 손가락관절, 주먹으로 치다.

Words from **Mythology**

jovial
[ˈdʒoʊviəl]

adjective
● 쾌활한.

Junoesque
[ˌdʒunoʊˈɛsk]

adjective
● 기품있고 아름다운.

Their grandfather was as jovial and sociable as their grandmother was quiet and withdrawn.

할아버지는 쾌활하고 사교적인 반면, 할머니는 조용하고 내성적이다.

■

Jove는 Jupiter의 또다른 이름이다.
Jupiter는 Zeus에 대응하는 로마의 신으로, 제우스처럼 신들의 신으로 여겨졌다.
로마인들은 목성에 Jupiter라는 이름을 붙였다. 그것이 태양계에서 가장 큰 행성이라는 사실을 로마인들은 어떻게 알았던 것일까? 육안으로 볼 때 목성은 두 번째로 밝은 별에 불과하기 때문이다.
A person "born under Jupiter" is destined to be merry and generous.
'목성의 기운 아래 태어난' 사람은 즐겁고 너그러운 기질을 타고난다.
페르시아에서 들어온 점성술이 크게 성행하면서 로마인들은 별자리로 길흉화복을 점쳤다.
jovial, joviality 같은 단어는 이러한 점성술에서 유래했을 것으로 여겨진다.
By Jove, you're right! 어머, 네 말이 맞았어!

In 1886, as a centennial gift, the French sent to America a massive statue of a robed Junoesque figure representing Liberty, to be erected in New York Harbor.

1886년 프랑스는 미국 독립 100주년을 기념하여 천을 휘감고 있는 기품있고 아름다운, 자유를 상징하는 여신상을 보내 뉴욕항에 세웠다.

■

Juno는 로마의 신의 우두머리 Jupiter의 아내로서 기품이 넘치는 최고의 여신이다.
As a goddess of women and marriage, Juno was a mature matron.
결혼의 여신으로서 주노는 성숙한 부인을 상징한다.
Junoesque에서 -esque는 -like와 같은 뜻이다.
Junoesque와 비슷한 말로 statuesque가 있다.
She was a statuesque brunette.
그녀는 조각상처럼 키도 크고 우아한 갈색머리 미녀였다.
The aging jazz singer acquired a certain Junoesque quality in her mature years.
이 재즈싱어는 나이가 들면서 성숙함이 쌓이면서 어떠한 기품을 갖게 되었다.

+
jolly [ˈdʒɒli] 명랑한, 유쾌한.
withdrawn [wɪðˈdrɔːn] 내성적인.
Jupiter [ˈdʒuːpɪtər] 목성.
destined [ˈdestɪnd] to 예정된, 운명지어진.
joviality [ˌdʒoʊviˈælɪti] 쾌활함.
Jove [dʒoʊv] 신.

+
robe [roʊb] 땅에 끌리는 옷. 그런 옷을 입다.
Matron [ˈmeɪtrən] 나이가 지긋한 가정주부, 수간호사.
statuesque [ˌstætʃuˈesk] 조각상같은, 위엄있는.
brunette [bruːˈnet] 갈색머리 백인여자.

Forma bonum fragile est.
All that is fair must fade.
아름다운 외모는 덧없는 속성이다.

mercurial

[mɜːrkjˈʊəriəl]

adjective

● 변덕스러운.

His mother's always mercurial temper became even more unpredictable, to the point where the slightest thing would trigger a violent fit.

그의 어머니의 고질적인 변덕은 더 예측하기 어려워져, 아주 사소한 것으로도 격렬한 발작을 촉발하는 지경에까지 이르렀다.

■

날개 달린 모자를 쓰고 날개 달린 샌들을 신은 Mercurius는 빠른 속도를 상징하는 신이자 상업과 교역의 신이다. 메르쿠리우스는 영어로 Mercury라고 표기한다. 로마인들은 가장 빠르게 움직이는 행성에 Mercury라는 이름을 붙였는데, 이것이 바로 태양계 가장 안쪽에 위치한 '수성'이다.
로마인들은 또한 순식간에 흘러내리는 liquid silver(水銀) metal을 일컫는 이름으로 Mercury를 선택했다. mercurial이라는 형용사는 이 액체금속의 특성을 묘사하는 말이다.
Mercurial poisoning 수은중독.
Mercurial temperament is usually bright but impulsive, changeable, and sometimes a bit unstable.
어떤 기질을 mercurial이라고 묘사한다면, 대개 유쾌하지만 충동적이고 변덕스럽고, 다소 불안정하다는 뜻이다.

✚
skitter [skˈɪtər] 미끄러지듯 움직이다.
fit [fˈɪt] 일시적인 흥분, 발작.

Triton

[trˈaɪtən]

noun

● 트리톤. 소라고동.

In one corner of the painting, a robust Triton emerges from the sea with his conch to announce the coming of the radiant queen.

그림의 한쪽 구석에 건장한 트리톤이 바다에서 솟아올라 소라고동을 들고 눈부신 여왕의 등장을 알린다.

■

Triton은 원래 바다의 신 Neptune(Poseidon)의 아들이다. 물고기와 바다생물의 수호자로서 다정하고, 건장하고 쾌활한 청년이지만 하반신은 물고기형상이다. 다양한 장식이미지에 등장하는 남자인어는 모두 Triton을 묘사한 것이다.
Like his father, Triton often carries a trident (three-pronged fork) and may ride in a chariot drawn by seahorses.
트리톤은 자신의 아버지처럼 트라이던트(삼지창)를 들고, 해마가 끄는 마차를 타고 나타난다.
Triton은 늘 소라고동을 들고 다니는데, 이것을 불면 바다가 포효한다. 그래서 오늘날 소라고동도 Triton이라고 부른다.
Neptune의 가장 큰 위성의 이름이 왜 Triton인지 이제 이해될 것이다.

✚
conch [kˈɒntʃ] 소라.
trident [trˈaɪdənt] 삼지창.
-pronged [prɒˈŋd] —갈래로 된.
chariot [tʃˈæriət] 2륜전차.
Neptune [nˈeptuːn] 해왕성.

GRAV

Latin

heavy 무거운 **weighty** 무게가 나가는
serious 심각한

grave
[ɡrˈeɪv]

adjective
- 진지한. 심각한.
- 근엄한. 외모나 행동에 격식을 차린.

We realized that the situation was grave and that the slightest incident could spark all-out war.

우리는 상황이 심상치 않으며 사소한 사건이 전면전을 촉발할 수 있다는 사실을 깨달았다.

Public figures today seem to have a lot less gravity than they used to have.

요즘 공인들은 예전보다 근엄함이 없어 보인다.

'중력'을 의미하는 gravity는 '진지함'을 의미하기도 한다.

I have grave doubts that the documents tell the whole story.

이 문서가 전체 내용인지 진심으로 의심스럽다.

grave는 'gravity가 있는'이라는 뜻으로 '진지한, 심각한'이라는 뜻이다.

"Ask for me tomorrow and you shall find me a grave man."

내일 나를 찾아오면, 내가 grave man이라는 것을 알게 될 것이오.

grave는 또한 '무덤'을 의미하기도 하는데, 셰익스피어는 이를 이용해 멋진 대사를 썼다.

하지만 '무덤'을 의미하는 grave와 '진지한'을 의미하는 grave는 모양만 같을 뿐 전혀 다른 어원에서 나온 말이다.

✛
all-out 전력을 쏟는.
gravity [ɡrˈævɪti] 중력, 진지함, 심각함.

gravitas
[ɡrˈævɪtæs]

noun
- 근엄한 기품.

The head of the committee never failed to carry herself with the gravitas she felt was appropriate to her office.

위원회 회장은 자신의 직무에 어울린다고 느끼는 품위를 언제나 유지했다.

이 단어는 라틴어를 그대로 가지고 온 것이다. 로마인들은 권한을 가진 사람(성인남자)이 갖춰야 할 가장 기본적인 자질로 gravitas를 꼽았다. 한 집안의 가장으로서, 사회인으로서, 하급공무원들조차 이 덕목을 획득하기 위해 애를 썼다.

오늘날 gravitas는 '귀티나는 위엄' 정도의 의미로 남녀 모두에게 사용된다. 하지만 어원 GRAV의 의미가 완전히 사라질 수는 없는 법. gravitas는 살짝 몸무게가 나가는 듯 보이며 움직임이 느린 60살이 넘은 사람을 묘사할 때 자주 사용된다.

She is pale, dark, and authoritative, with the gravitas you might expect of a Booker prize winner.

그녀는 창백하고 음울하고 권위가 있어보여, 우리가 상상하는 부커상 수상자의 위엄을 풍긴다.

At their father's funeral they showed the same solemn gravitas at which they had often laughed during his lifetime.

아버지의 장례식에서 그들은, 아버지가 살아있는 동안 그들이 자주 놀렸던 바로 그 진지한 모습을 보여주었다.

✛
authoritative [əθˈɔːrɪteɪtɪv] 권위있는.
solemn [sˈɒləm] 엄숙한, 진지한.

gravity 때문에 무게가 존재한다. gravity가 없다면 지구에 그 무엇도 지구표면에 머물 수 없기 때문에
어떠한 생명도 살 수 없을 것이다. 물론 laws of gravity(중력법칙)를 이해한다고 하여도 그 힘으로 인해 무언가
바닥에 떨어져 깨질 때 소리지르지 않고 차분하게 행동하기는 어려울 것이다.

gravitate
[grˈævɪteɪt]

verb
● 자연스러운 경향/힘에 의해 끌려들어가다.

**On hot evenings, the town's social life
gravitated toward the lakefront, where
you could stroll the long piers eating ice
cream or dance at the old Casino.**

무더운 저녁, 마을의 사교적인 생활은 자연스럽게 호숫가로
모여드는데, 사람들은 아이스크림을 먹으며 긴 잔교를 산책하거나
오래된 카지노에서 춤을 춘다.

■

gravitate는 중력처럼 끊임없이 잡아당기는 힘에 의해
생겨나는 '무게'처럼 자신의 의지와 무관하게 끌려가는
것을 말한다.
Young people gravitate toward a role model.
젊은이들은 롤 모델에 끌린다.
Moths gravitate to a flame.
나방은 불빛에 끌린다.
The conversation always gravitated toward
politics.
대화는 늘 정치적 주제로 수렴했다.
Everyone at a party often gravitates to the bar.
파티에 참석한 사람들은 대개 바로 모여든다.

✛
stroll [strˈoʊl] 한가로이 거닐다.
gravitation [grˌævɪˈteɪʃən] 끌어당기는 힘, 인력, 중력.
pier [pˈɪər] 진교(배를 댈 수 있도록 물 한 가운데로 뻗어나간
다리), 교각, 기둥.

aggravate
[ˈægrəveɪt]

verb
● 부상/문제 등을 악화시키다.
● 짜증나게 하다.

**She went back to the soccer team before
the knee was completely healed,
which naturally aggravated the injury.**

그녀는 무릎이 완치되기 전에 축구팀에 복귀하였고, 이로써 부상은
악화될 수밖에 없었다.

■

ad(make)+grav(heavy/serious)가 결합된
aggravate는 '심각하게 만들다'라는 뜻으로 '(상황을)
악화시키다,' '(사람을) 짜증나게 하다'는 의미로 사용된다.
A touchy trade relationship between two
countries can be aggravated by their inability to
agree on climate-change issues.
두 나라 사이의 민감한 교역관계는 기후변화협약에 합의하지
못함으로써 악화될 수 있다.
Depression can be aggravated by insomnia—
and insomnia can be aggravated by depression.
우울증은 불면증으로 인해 악화될 수 있으며, 또 불면증은
우울증으로 인해 악화될 수 있다.
What really aggravates me is the way she won't
listen.
나를 정말 짜증나게 하는 것은 귀 기울여 듣지 않는 그녀의 태도였다.
오늘날 aggravate는 '짜증나게 한다'라는 의미로 많이
사용된다.

✛
touchy [tˈʌtʃi] 까다로운, 민감한.
aggravation [ˌægrəˈveɪʃən] 악화, 짜증나게 하는 것.
insomnia [ɪnsˈɒmniə] 불면증.

LEV

Latin *levis/levare*
light 가벼운
to raise or lighten 들어올리다

alleviate
[əlˈiːvieɪt]

verb
- 완화하다. 신체적, 정신적 고통을 경감하다.

Cold compresses alleviated the pain **of the physical injury, but only time could** alleviate the effect **of the insult.**

신체적 부상은 냉습포가 덜어주지만, 모욕당한 감정은 시간만이 덜어준다.

■

Physical pain or emotional anguish, or a water shortage or traffic congestion, can all be alleviated by providing the appropriate remedy.

신체적 고통, 감정적 괴로움, 갈증, 교통체증 모두 적절한 처방을 통해 완화할 수 있다.

To alleviate is not to cure.

완화하는 것은 치료하는 것이 아니다.

완화는 고통, 괴로움, 갈증, 체증을 잠시 보류해줄 뿐이다.

The neighboring nations organized an airlift of supplies to alleviate the suffering caused by the drought.

이웃국가들은 가뭄으로 인한 고난을 덜어주기 위해 보급물자를 공수하는 계획을 짰다.

✦

compress [kˈɒmpres] 압박붕대.
anguish [ˈæŋgwɪʃ] 통증, 고통.
congestion [kəndʒˈestʃən] 혼잡, 정체, 울혈.
alleviation [əlˈiːvieɪʃən] 완화.
levitate [lˈevɪteɪt] 공중부양하다/시키다.
leverage [lˈevərɪdʒ] 영향력, 레버리지. 빌린 돈으로 기업을 인수하다.

elevation
[ˌelɪvˈeɪʃən]

noun
- 높이. 해발.
- 승진. 들어올림.

Her doctor is concerned about the elevation of **her blood pressure since her last visit.**

그녀의 주치의는 지난 방문 이후 그녀의 혈압상승에 대해 걱정한다.

■

We're probably at an elevation of about 13,000 feet above sea level.

우리는 해발 1만 3000피트 정도 상공에 떠있다.

우울한 감정이 줄어드는 것을 심리학에서는 mood elevation이라고 말한다.

Leg elevation helps you improve your blood circulation.

다리를 (심장보다) 높은 위치에 두는 것은 혈액순환에 도움이 된다.

A vice president may be elevated to president, or a captain may be elevated to admiral.

부회장은 회장으로 승진할 수 있고 영관급은 장성으로 승진할 수 있다.

To relieve the swelling, the doctor recommended elevation of her legs several times a day.

붓기를 가라앉히기 위해서 의사는 하루에 몇 차례 다리를 올리고 누워있으라고 권고했다.

✦

elevate [ˈelɪveɪt] 승진시키다, 들어올리다.
mood elevation 기분의 고조.

lever는 무거운 물건을 들어올리는 '지렛대'를 의미하며, 이렇게 지렛대로 들어올리는 힘을 leverage라고 한다.
levitation은 몸이 공중에 떠오르는 공중부양, 또는 그렇게 보이는 마술을 의미한다.

cantilever
[kˈæntɪliːvər]

noun
● 캔틸레버. 외팔보.
verb
● 캔틸레버 공법으로 짓다.

The house's deck, supported by cantilevers, jutted out dramatically over the rocky slope, and looking over the edge made him dizzy.

바위산 위에 위태롭게 뻗은 캔틸레버 위에 데크를 깔고 집을 지었는데, 데크 너머로 쳐다보기만 해도 아찔했다.

■

cantilever는 한쪽 지지대 힘만으로 다른 한 쪽은 지지대 없이 떠있게 만드는 공법을 의미한다. 벽에 단 선반이나 건물 바깥으로 난 발코니가 대표적인 캔틸레버 구조다.
A cantilever bridge may have a huge span built out on either side of a single large foundation pier.

캔틸레버 교량은 거대한 하나의 교각 양쪽으로 엄청난 교량을 지탱하는 공법이다.
교각 하나에 무려 550미터(!) 교량을 매달 수 있다.
Grand Canyon's "Skywalk" is the best-known piece of cantilevered construction in America.

그랜드캐년의 '스카이워크'는 캔틸레버 공법으로 지은 미국에서 가장 유명한 건축물이다.

✛
jut [dʒˈʌt] 돌출하다.
slope [slˈoʊp] 비탈, 경사면.
pier [pˈɪər] 교각, 기둥, 잔교.
span [spˈæn] 경간. (기둥과 기둥 사이의 거리)

levity
[lˈevɪti]

noun
● 경솔함. 경거망동.

The Puritan elders tried to ban levity of all sorts from the community's meetings, but found it increasingly difficult to control the younger generation.

청교도 장로들은 공동체모임에서 경솔한 행동을 금지하려고 노력했으나 젊은 세대를 통제하기는 점점 어려워진다는 것을 깨달았다.

■

levity는 본래 gravity과 반대방향으로 움직이는 물리적 힘을 일컫는 말이었다. 19세기까지 과학자들은 이 힘의 존재여부를 놓고 논쟁을 했다. 하지만 그 힘이 존재하지 않는 것으로 판명된 오늘날, levity는 '가벼운 태도'를 의미하는 말로만 쓰인다.
To stern believers of some religious faiths, levity is often regarded as almost sinful.

몇몇 종교적 신앙의 독실한 신자들에게 경솔함은 죄와 비슷한 것을 의미하기도 한다.
하지만 지금은 시대가 변하여 frivolity와 마찬가지로 시대에 뒤떨어진 뉘앙스를 풍기며 대개 우스갯소리로만 사용된다.

✛
stern [stˈɜːrn] 엄격한.
sinful [sˈɪnfəl] 죄짓는, 벌받을.
frivolity [frɪvˈɒlɪti] 경박함, 까부는 행동.
dizzy [dˈɪzi] 어지러운.

PEND

Latin *pendere*
to hang or weigh 매달다, 무게를 재다

pendant
[p'endənt]

noun
- 펜던트. 늘어뜨린 장식.

Around her neck she was wearing the antique French pendant **he had given her, with its three rubies set in silver filigree.**

그녀는 목에 그가 준 고풍스러운 프렌치 펜던트를 하고 있었다. 은세공 장식에 루비 세 알이 박혀 있었다.

■

pendant는 큰 보석이나 장식을 매다는 형태의 목걸이를 말한다. 대개 보석을 매달지만 연인이나 아이의 사진이나 머리카락을 넣은 작은 함을 매달기도 한다.
pendant의 주요 장식이 가슴, 특히 심장 가까이 머물기 때문에 pendant는 예로부터 charm이나 amulet과 같은 역할을 한다고 여겨졌다. 또한 pendant에 사용한 보석이나 금속이 건강에 영향을 미칠 수 있다고 믿었다.
건축에서 천정에 매달려있는 장식구조물을 pendant라고 한다. 물론 이러한 pendant들은 대개 목걸이처럼 흔들리지는 않는다.
He found himself peering at her silver pendant, trying to make out the odd symbols that formed the design.

은으로 된 그녀의 펜던트를 그는 자신도 모르게 집중해서 들여다 보고 있었다. 그 기괴한 형태가 무엇을 상징하는지 알아내고 싶었던 것이다.

✛
filigree [fˈɪlɪgriː] 세공품.
charm [tʃ'ɑːrm] 목걸이에 매단 장식, 마법주문, 부적.
amulet [ˈæmjʊlət] 부적.
peer [pˈɪər] at 집중해서 살펴보다.

append
[əp'end]

verb
- 첨부하다.

She appended to **the memo a list of the specific items that the school was most in need of.**

그녀는 학교에 당장 필요한 구체적인 물품목록을 메모 뒤에 덧붙였다.

■

Lawmakers frequently append small bills to big ones.

입법의원들은 대개 큰 법안에 작은 법안들을 첨부하여 입법제안을 한다.
큰 법안에 사람들의 관심을 집중시킴으로써, 작은 법안은 사람들이 뜯어보지 못하게 하려는 것이다.
책이나 보고서 뒤에 덧붙이는 작은 섹션을 appendix라고 한다.
이메일에 파일을 '첨부하는' 것은 append/appendix라고 하지 않고 attach/attachment라고 한다.
append가 다소 격식을 갖춘 단어이기도 하지만 append sth smaller to sth bigger라는 형태에서 알 수 있듯이 appendix는 본문에 비해서 중요하지 않다는 느낌을 주기 때문이다. 실제로 우리는 첨부파일을 보내기 위해 이메일을 쓰는 경우가 많다는 것을 떠올려보면 append/appendix가 적절하지 않다는 것을 알 수 있다.

✛
appendix [əpˈendɪks] 부록, 맹장.
attach [ətˈætʃ] 덧붙이다.

로마시대에는 추를 매달아 균형을 맞춰 무게를 쟀기 때문에, 무게를 재는 행위와 매다는 행위를 구분하지 않았다. appendix는 장 끝에 '달려있는' 쓸모없이 문제만 일으키는 '맹장'을 의미하며, 또한 책 맨 끝에 '달려있는' 유용한 부가정보를 담은 '부록'을 의미한다.

appendage
[əpˈendɪdʒ]

noun

● 부속물. 더 크거나 중요한 부분에 붙어있는 것.
● 4지. 팔, 다리처럼 몸통에 붙어 있는 신체부위.

She often complained that she felt like a mere appendage of her husband when they socialized with his business partners.

남편의 사업모임에 따라 나갈 때 그녀는 자신이 그저 부속물에 불과하다는 느낌을 받는다고 불평했다.

■

append에서 파생된 명사는 appendix만이 아니다. appendix는 '끝'에 매달려있는 것을 의미하지만 appendage는 큰 것에 붙어있는 작은 것을 의미한다. Appendage is often used in biology to refer to parts of an animal's body: an insect's antennae, mouthparts, or wings, for example.

생물학에서 appendage는 더듬이, 부리, 날개 등 몸통에 붙어있는 부분을 일컫는 말로 사용된다.

The appendages of some animals will grow back after they've been removed.

몇몇 동물의 appendage는 잘려도 다시 자라난다.

A salamander can regrow a finger, and the tiny sea squirt can regrow all its appendages—and even its brain.

도롱뇽의 발가락은 잘려도 다시 자라나며, 멍게는 사지는 물론 뇌도 재생된다.

✦

sea squirt [skwˈɜːrt] 멍게.
agitator [ˈædʒɪteɪtər] 혼란유발자.
vat [vˈæt] 큰 통.
slurry [slˈɜːri] 진흙, 퇴비 등이 섞여있는 물.

suspend
[səspˈend]

verb

● 유예하다. 보류하다.
● 사방에 아무 걸림이 없도록 매달다.

The country has been suspended from the major trade organizations, and the effects on its economy are beginning to be felt.

주요 무역기구에 참여할 수 없게 되면서, 국가경제에 미치는 영향이 서서히 느껴지고 있다.

■

sus(up)+pend(hang)가 결합한 suspend는 말 그대로 hang up 즉, 무언가를 매달아 놓는다는 뜻이다. suspension bridge 현수교. 거대한 케이블에 매달아 세운 다리.
A substance is in suspension.
어떤 물질이 매달려있다는 것은, 완전히 용해된 상태도 아니고 종결된 상태도 아니라는 뜻이다. 물 속에 떠있는 모래나 바닷가 공기중에 떠다니는 파도의 물보라를 in suspension이라고 표현할 수 있다.
The agitator in the vat keeps the slurry in suspension.
통 속 휘섯개가 계속 돌아가면서 슬러시가 가라앉지 않도록 한다.
suspension of disbelief 의심의 보류.
suspense는 비유적으로 어떻게 처리할지 확신하지 못하는 상태, 약간은 불안이 느껴지는 상태를 의미한다. 초현실적 영웅들이 등장하는 영화를 우리가 즐길 수 있는 것은 '저런 일은 현실에서 일어날 수 없다'는 의심을 잠시나마 매달아 둘 수, 즉 보류할 수 있기 때문이다.

✦

suspension [səspˈenʃən] 지연, 보류, 정직, 서스펜션.

Words from **Mythology**

Olympian
[əlˈɪmpiən]

adjective
- 고상한. 초연한.

Now 77, he moved slowly and spoke to the younger lawyers in Olympian tones, but his college friends could remember when he was a brash, crazy risk-taker.

이제 77세가 된 그는 움직임도 느려지고 젊은 변호사들에게 초연한 어조로 말했지만, 그의 대학동창들은 그가 성급하고 위험을 무릅쓰는 과격한 젊은이였다는 것을 기억할 것이다.

■

The Greek gods lived high atop Mt. Olympus, which allowed them to watch what went on in the human realm below and intervene as they saw fit.

그리스신들은 올림포스산 정상에서 살면서 그 아래의 인간계에 무슨 일이 일어나는지 지켜보며, 필요할 때는 개입하곤 했다.

인간이 개미를 가지고 놀 듯이 올림포스신들은 인간을 놀잇감 삼아 놀았다. 이처럼 초연한 태도로 자신과 무관한 일처럼 말하며 '고상한' 척하는 태도를 Olympian이라고 한다.

기원전 8세기 Olympia라고 하는 신성한 장소에서 처음 열린 각종 경기를 Olympic games라고 한다. 오늘날 올림픽에 출전한 선수를 일컬어 Olympian이라고 부르기도 한다.

✦
lofty [lˈɔːfti] 고상한.
detached [dɪtˈætʃt] 초연한.
brash [brˈæʃ] 경솔한.
see fit to do —하는 것이 적절하다고 생각하다.

titanic
[taɪtˈænɪk]

adjective
- 크기나 힘이 엄청난. 거대한.

The titanic floods of 1993 destroyed whole towns on the Mississippi River.

1993년 거대한 홍수로 미시시피강 유역의 도시들이 모두 파괴되었다.

■

그리스신화에서 티탄은 거인창조주들로서 젊고 강하고 영리한 신들을 낳지만, 곧 이들에 의해 몰락한다. 자신의 아버지세대 티탄들을 물리치고 세상을 제패한 이들은 제우스, 포세이돈, 아테나, 아폴론 같은 신들로, 이들은 올림포스산에 모여 살았기 때문에 올림포스신이라고 부른다.

1911년 당시 다른 어떤 배와도 비할 수 없을 만큼 크고 힘이 센 여객선이 완성되었고, 이 배에 Titanic이라는 이름이 붙었다. 하지만 1912년 처녀항해에서 거대한 빙산과 충돌하여 뉴펀들랜드의 차가운 바닷속으로 가라앉는 비극의 주인공이 되고 말았다.

They are the country's two richest business titans.

그들은 이 나라에서 가장 돈이 많은 재계의 두 거인이다.

The world had witnessed a titanic struggle between two visions of the future.

세상은 미래에 대한 두 가지 비전의 거대한 충돌을 목격했다.

✦
titan [tˈaɪtən] 거물.
maiden voyage 처녀항해.
inventive [ɪnvˈentɪv] 새로운 것을 잘 떠올려내는.

Optimus magister bonus liber.
The best teacher is a good book.
최고의 스승은 좋은 책이다.

Promethean

[proʊmˈiːθiən]

adjective
- 대담하고 창의적인.

Beginning in the 1960s, the little Asian countries of South Korea, Taiwan, and Singapore began to display a Promethean energy that would become one of the marvels of the modern world.

1960년대부터 아시아의 작은 국가 한국, 대만, 싱가포르는 현대사회의 기적이라 할 수 있을 만큼 프로메테우스적 에너지를 보여주기 시작했다.

■

Prometheus는 올림포스신 이전 세대인 Titan 종족이다. 제우스가 아버지 Cronus를 내쫓고 권력을 잡았을 때, 프로메테우스는 제우스의 편에 서서 티탄 형제들에 맞서 싸웠다. 하지만 훗날 제우스가 인간을 말살하고자 할 때 프로메테우스는 신들에게서 불을 훔쳐 인간에게 가져다줌으로써 인간을 구한다. 그는 또한 인간에게 글을 쓰고, 농사를 짓고, 집을 짓고, 별자리를 읽고, 날씨를 예측하고, 아플 때 스스로 치료하고, 동물을 길들이는— 간단히 말해서 인간에게 인간만의 고유함을 안겨주는 온갖 재능과 기술을 가르쳐준다.
So inventive was Prometheus that anything of great creativity and originality can still be called Promethean.

프로메테우스는 이처럼 독창적이었던 탓에, 지금도 창조성과 독창성이 뛰어난 것을 보면 '프로메테우스 같다'고 비유한다. 하지만 새로운 것을 끊임없이 발명하는 사람은, 근본적으로 기존의 질서에 저항하는 반골이다. 고분고분하지 않은 프로메테우스는 결국 제우스에게 미움을 받을 수밖에 없는 운명이었다. 절벽에 쇠사슬로 묶여 독수리에게 매일 간을 뜯어 먹히는 고통스러운 형벌을 받는다.

Pandora's box

[pændˈɔːrəz bˈɑːks]

noun
- 무수한 문제의 근원.

In a thundering speech, he predicted that, if the bill was passed, the new policy would open a Pandora's box of economic problems.

쩌렁쩌렁한 연설에서 그는 법안이 통과되는 순간, 새로운 정책은 모든 경제적 문제의 판도라의 상자를 열어젖힐 것이라고 예언했다.

■

Prometheus는 천상에서 불을 훔쳐 인간에게 주었는데, 이때 인간은 남자만으로만 이루어져 있었다. 불을 갖게 된 인간을 벌하기 위해 올림포스신들은 궁리 끝에 최초의 여자, 아름다운 판도라를 만들어낸다.
Zeus는 Pandora에게 상자 하나를 선물로 주면서 절대 열어보지 말라고 한다. 하지만 제우스가 자리를 뜨자 마자 Pandora는 뚜껑을 열었고, 세상의 온갖 문제들이 순식간에 퍼져 나간다. Pandora는 황급히 뚜껑을 닫았는데, 이로 인해 상자 안에서 단 하나만 나오지 못했다. 바로 '희망'이다.
오늘날, 평범해 보이지만 예측할 수 없는 해로운 결과들을 낳는 것을 '판도라의 상자'라고 부른다.

FLECT FLEX

Latin *flectere*
to bend 구부리다

deflect
[dɪflˈekt]

verb
- 비껴나다.

The stealth technology used on bombers and fighter jets works by deflecting radar energy, making them "invisible."

전폭기와 전투기에 사용되는 스텔스기술은 레이다 에너지가 비껴나도록 함으로써 '보이지 않게' 한다.

■

A soccer goalie's save might involve deflecting the ball rather than catching it.

축구 골키퍼는 공을 잡기보다는 비껴나게 함으로써 실점을 막는다.

Workers wear eye shields to deflect tiny particles flying out of machines.

공장노동자는 기계에서 날아오는 작은 입자들을 비껴나도록 보안경을 착용한다.

A Hollywood actress might deflect criticism about her personal life by giving lavishly to charity.

할리우드의 여배우들은 후한 자선기부를 통해 사생활에 대한 비난을 비껴간다.

We've all tried to change the subject to deflect a question we really didn't want to answer.

우리는 누구나 대답하고 싶지 않은 질문을 비껴가기 위해 대화주제를 바꾸려고 한다.

+
goalie [gˈoʊli] = goalkeeper
save [sˈeɪv] 상대방의 득점을 막다.
lavishly [lˈævɪʃli] 아낌없이, 헤프게.

reflective
[rɪflˈektɪv]

adjective
- 빛/이미지/소리를 반사하는.
- 사색적인.

He likes action movies and going out drinking with friends, but when you get to know him you realize he's basically reflective and serious.

그는 액션영화를 좋아하고 친구들과 술자리를 즐기지만, 그를 더 잘 알게 되면 그가 기본적으로 사색적이고 진지한 사람이라는 것을 알 수 있다.

■

Reflective people are people who reflect on things.

사색적인 사람은 사물에 대해 곰곰이 생각하는 사람이다.

reflect는 자신이 했던 말이나 행동에 대해 차분하고 조용하게 생각해보기 위해 되돌아본다는 뜻이다.

Reflective people tend to be a bit philosophical and intellectual.

사색적인 사람들은 다소 철학적이고 지적인 편이다.

reflective people은 자신에게 사형을 선고할 배심원들을 향해 소크라테스가 한 이 말에 공감할 것이다.

"The unexamined life is not worth living."

반성하지 않는 삶은 살 가치가 없다.

Gazing into a fireplace or a campfire seems to give almost everyone reflective moods.

벽난로나 캠프파이어를 응시하는 것은 사람들을 사색에 잠기게 한다.

+
reflect [rɪflˈekt] 반사하다, 곰곰이 생각하다.
examine [ɪgzˈæmɪn] 조사하다, 검토하다.
fireplace [fˈaɪərpleɪs] 벽난로.

flexible은 구부릴 수 있는 것을 말한다. 웨이트트레이닝을 하기 전에 트레이너가
"Flex your muscles"라고 하는데, 이는 대개 팔다리를 구부려 근육을 풀라는 뜻이다.
몸을 구부릴 때는 flexor muscle(굴근)을 사용해야 한다.

genuflect
[dʒ'enjʊflekt]

noun

● 한 쪽 무릎을 꿇었다가 일어나며 하는 인사.

At religious shrines in China, pilgrims may not only genuflect but actually lie down flat on the ground.

중국의 사당에서는 순례자들이 무릎만 꿇는 것을 넘어 정말 땅에 납작 엎드려 절을 한다.

■

genu(knee)+flect(to bend)가 결합하여
말 그대로 '무릎을 굽히다'라는 뜻이다.
Genuflection has long been a mark of respect and obedience.
genuflection는 오랫동안 경의와 복종을 표하는 행동으로 여겨졌다.
King Arthur's Knights of the Round Table genuflected not only when he knighted them but whenever they greeted him formally.
아더왕의 원탁의 기사은 왕에게 작위를 받을 때뿐만 아니라 격식을 차리고 인사할 때마다 무릎을 꿇어 경의를 표했다.
이러한 전통은 왕이 통치하는 국가에서 오늘날까지도 이어지고 있다.
Each worshipper is expected to genuflect whenever entering or leaving a pew on the central aisle.
예배자들은 중앙통로에 있는 신도의자에 들어갈 때나 나올 때 무릎을 굽혀 인사해야 한다.

✛
shrine [ʃr'aɪn] 성소, 사당.
pilgrim [p'ɪlgrɪm] 성지순례자.
knight [n'aɪt] 기사, 작위를 수여하다.
pew [pj'uː] 긴 나무의자, 교회신도석.

inflection
[ɪnfl'ekʃən]

noun

● 억양. 목소리의 높이/어조/세기의 변화.
● 단어의 굴절.

She couldn't understand her grandfather's words, but she knew from his inflection that he was asking a question.

그녀는 할아버지의 말을 이해할 수 없었지만 억양으로 질문을 하고 있다는 사실을 알 수 있었다.

■

inflect는 '구부린다'는 뜻이다. 말은 억양으로 구부릴 수 있고 단어는 어미를 덧붙여 구부릴 수 있다.
A rising inflection at the end of a sentence generally indicates a question, and a falling inflection indicates a statement.
문장 끝에 억양을 올리면 대체로 질문을 의미하고, 억양을 내리면 진술을 의미한다.
이렇게 말의 높이, 어조, 세기를 조절하여 의미를 전달하는 방법은 글에서 사용할 수 없다.
Another way of inflecting words is by adding endings.
말을 굴절하는 또 다른 방식은 어미를 덧붙이는 것이다.
굴절이란 격, 성, 수, 인칭, 시제, 법, 태, 비교 등을 표시하기 위한 단어의 형태를 바꾸는 것을 의미한다. 예컨대 명사에 -s를 붙이면 복수의 뜻이 되고, 동사에 -ed를 붙이면 과거시제가 되고, 형용사에 -er를 붙이면 비교급이 된다.

✛
pitch [p'ɪtʃ] 세차게 내던지다, 음의 고저.
tone [t'oʊn] 음에 실린 감정, 음조.

FRACT

Latin *frangere*
to break or shatter 산산조각내다

fractious
[frˈækʃəs]

adjective
- 짜증을 잘 내는.
- 툭하면 싸우는.

Shopping with a fractious child is next to impossible.
짜증을 내는 아이를 데리고 쇼핑하는 것은 거의 불가능한 일이다.

■

Their openly fractious relationship drives the group. 공개적으로 불편함을 표출하는 관계가 이 모임을 이끌어가고 있다. fraction은 원래 '신경을 긁음'을 의미한다. 논쟁이나 갈등으로 인해 평정심이 흐트러지는 것을 일컫는다. 물론 지금은 fraction이 이러한 의미로 쓰이지 않지만, 형용사 fractious에는 그 의미가 그대로 살아있다.
A fractious political party is one whose members keep fighting among themselves.
당원들끼리 계속 싸우는 정당—
A fractious baby is one that's always breaking the home's peace and quiet with angry squalling.
악을 쓰고 소리를 질러 집안의 평화와 고요함을 끝없이 깨뜨리는 아기— 아무리 아기라고 해도 신경을 긁는 행동은 참기 힘들다.
A fractious horse is one that hasn't been properly broken or trained.
제대로 조련되지 않은 말—

✛

unruly [ʌnrˈuːli] 통제하기 어려운, 제멋대로인.
fraction [frˈækʃən] 파편, 분수.
squall [skwˈɔːl] 악을 쓰며 소리를 지르다, 돌풍, 스콜.
break the horse 말을 길들이다.
fern [fˈɜːrn] 양치류.
uneven [ˌʌnˈiːvən] 고르지 않은.
astronomy [əstrˈɒnəmi] 천문학.

fractal
[frˈæktəl]

noun
- 프랙탈.

He was showing her the fractals in the local ferns, in which each leaf reproduced the shape of the entire fern.
그 지역 양치류의 프랙탈을 보여주었는데, 전체 양치류의 모양이 잎사귀마다 반복되고 있었다.

■

fractal은 1975년 처음 등장한 용어로, 어떤 물체를 확대하여 볼 때 그 물체의 전체모양이 반복되어 나타나는 현상을 일컫는다.
Fractals can be seen in snowflakes, in which the microscopic crystals that make up a flake look much like the flake itself.
프랙탈은 눈송이에서 볼 수 있다. 눈송이를 구성하는 미세한 결정체가 눈송이 자체와 매우 흡사한 모양을 띤다. 나무 껍질과 브로콜리 봉오리에서도 프랙탈을 찾을 수 있다.
Coastlines often represent fractals as well, being highly uneven at both a large scale and a very small scale.
해안선에서도 프랙탈을 쉽게 찾을 수 있다. 크든 작든 매우 구불구불하다.
Fractal geometry has been important in many fields, including astronomy, physical chemistry, and fluid mechanics.
프랙탈기하학은 천문학, 물리화학, 유체역학을 비롯한 많은 분야에서 중요한 연구주제다.
Some artists are benefiting, creating beautiful and interesting abstract designs by means of fractals.
몇몇 예술가들은 프랙탈을 활용해 아름답고 흥미로운 추상적인 디자인을 만들어낸다.

fraction은 전체가 부서져 조각난 파편이다.
fracture는 바위, 뼈, 벽 등이 갈라진 금/틈 또는 골절/균열을 의미한다.

infraction
[ɪnfrˈækʃən]

noun
● 법규위반.

The assistant principal dealt with any students who had committed minor infractions **of the rules.**

교감선생님은 규칙을 경미하게 위반한 학생들을 처벌했다.

■

An infraction is usually the breaking of a law, rule, or agreement.

infraction은 대개 법, 규칙, 계약을 어기는 것을 일컫는다.

A nation charged with an infraction of an international treaty will usually have to pay a penalty. 국제조약 위반으로 기소된 나라는 대개 벌금을 내야 한다.

Most of us occasionally commit infractions of parking laws and get ticketed.

많은 사람들이 가끔씩 주차법을 위반하여 딱지를 뗀다.

미국연방법에서, infraction은 misdemeanor(경범죄) 보다 가벼운 범칙행위로, 대개 벌금처분만 받는다.

Speeding tickets are usually for infractions.

과속딱지도 일반적으로 법규위반에 속한다.

물론 과속은 영구적으로 기록에 남을 뿐만 아니라 벌금액수가 상당히 클 수 있다.

Use of another's writings without permission may be an infringement of the copyright.

허가없이 타인의 저작물을 사용하는 저작권침해를 이야기할 때는 infraction이 아닌 infringement라는 말을 쓴다.

✛
pay a penalty 벌금을 내다.
misdemeanor [mˌɪsdɪmɪˈiːnər] 경범죄.
infringement [ɪnfrˈɪndʒmənt] (특허권, 판권, 사생활) 침해.

refraction
[rɪfrˈækʃən]

noun
● 굴절.

From where I was standing, the refraction **made it look as if her legs underwater were half their actual length.**

내가 서있는 곳에서 볼 때, 굴절로 인해 물 속에 담긴 그녀의 다리가 실제 길이의 절반 정도인 것처럼 보였다.

■

refraction은 광선이나 에너지파가 어떤 물질을 통과하면서 뻗어나가는 방향이 '부서지면서' 빗나가거나 꺾어지는 현상을 말한다.

The effects of refraction can be seen in a rainbow. 굴절효과는 무지개에서 볼 수 있다.

무지개란 햇빛이 물방울을 통과하거나 반사되면서 여러 각도로 휘어지면서 여러 색깔 띠로 분리되는 현상이다.

The amount of refraction depends on the angle and the type of matter; refraction can occur even when passing through different kinds of air.

굴절의 정도는 각도와 매질의 유형에 따라 달라진다. 굴절은 성질이 다른 공기를 통과할 때에도 발생한다.

A mirage occurs when light passing through warm air meets the very hot air near the surface; reflecting the sky, it often resembles a lake.

여름에 사막이나 아스팔트 위에서 볼 수 있는 신기루는 따뜻한 공기를 통과한 빛이 지표면의 매우 뜨거운 공기를 만날 때 발생한다. 하늘이 반사되어 비치는데, 이것이 마치 호수처럼 보인다.

✛
mirage [mˈɪrɑːʒ] 신기루.
reflect [rɪflˈekt] 반사하다.

TUIT TUT

Latin
to look after 돌보다

tutorial
[tuːtˈɔːriəl]

noun
- 교습. 소규모 학생 집단을 위한 수업.
- 특정 주제에 대한 교육 프로그램.

He'd been taking tutorials with the same graduate student for two years, and learning far more than he'd ever learned in his large classes.

그는 2년 내내 대학원에서 다른 학생 한 명과 더불어 둘이서만 지도를 받았는데, 규모가 큰 수업에서 배웠던 것보다 훨씬 많은 것을 배웠다.

■

tut(look after)에서 나온 tutor는 어근의 뜻에서 알 수 있듯이, teacher보다 학생을 면밀히 관찰하고 세밀하게 가르쳐준다. tutorial은 tutor가 진행하는 수업이다. Tutorials with live tutors are useful for both advanced students and struggling ones.

튜터가 직접 지도하는 강습은 상위권 학생은 물론 중하위권 학생에게도 유용하다.

오늘날 컴퓨터 프로그램은 대개, 새로운 사용자들이 프로그램을 쉽게 쓸 수 있도록 electronic tutorial을 제공한다. 최근에는 그림이나 동영상을 활용하여 프로그램 활용법을 설명하기도 한다.

electronic tutorial만으로 완벽하게 이해하기 힘든 프로그램은 real-life tutor가 진행하는 tutorial을 찾아가서 배워야 한다.

tuition
[tuˈɪʃən]

noun
- 수업료.
- 교습.

As she happily flipped through her college catalogs, her parents sat quietly but uneasily calculating the total tuition costs.

그녀가 대학안내서를 신나서 훑어보는 동안, 부모는 가만히 앉아서 불안한 마음으로 학비 총액을 계산하고 있었다.

■

미국에서 tuition은 학비를 의미한다. 2010년 무렵 미국의 공립대학은 4년간 수업료, 기숙사비, 식비를 포함하여 5000만원, 사립대학은 2억 원 수준이었다.

영국에서는 tuition을 '교습'이라는 의미로 쓴다. At boarding schools, tuition isn't separated from fees for room and board.

기숙학교에서는 숙박비와 식비가 수업료와 별도로 분리되어 청구되지 않는다.

✚
flip [flˈɪp] through 손가락으로 가볍게 책장을 넘기다.
scoff [skˈɒf] at 조롱하다.
board [bˈɔːrd] 머무는 동안 제공되는 식사.
Free room and board are provided for all hotel staff.

영어에서 이 어근은 주로 guide/guard/teach라는 의미로 사용된다.
tutor는 어떤 주제를 통달할 수 있도록 tutee(교습생)를 돌봐주는 개인교사를 의미한다.

intuition

[ɪntuˈɪʃən]

noun

● 직관. 정신적인 노력 없이 즉시 알아내는 능력.
● 직관으로 알아낸 것.

She scoffed at the notion of "women's intuition," special powers of insight and understanding in personal relations that women are supposed to have.

여자라면 당연히 가지고 있을 것이라고 여겨지는 개인적인 관계에 대한 특별한 통찰력과 이해력, 즉 '여자만의 촉'이 존재한다는 가설을 그녀는 비웃었다.

■

intuition은 무언가를 꿰뚫어본다(to look at)는 뜻으로 instinct와 의미상 매우 가깝다.
The moment a man enters a room you may feel you know intuitively or instinctively everything about him—that is, you may intuit his basic personality. 어떤 사람을 보는 순간 그 사람에 대한 모든 것을 아는 것처럼 느껴진다면, 그것은 직관이나 본능이 작동한 것이다. 다시 말해 그 사람의 기본적인 성품을 직감한 것이다.
Artists and creative thinkers often tend to rely on their intuitive sense of things. 예술가와 창의적인 사상가들은 사물에 대한 직관적인 감각에 의존하는 경향이 있다. 그래서 직관은 흔히 상상력과 밀접하게 연관되어 있으며 신비로운 곳에서 나온다고 여겨진다.
Some psychologists claim that the left brain is mainly involved in logical thinking and the right brain in intuitive thinking. 좌뇌는 논리적 사고를 주관하는 반면 우뇌는 식관적 사고를 주관한다고 주장하는 심리학자들도 있다.

✛
instinct [ˈɪnstɪŋkt] 본능.
intuit [ɪntˈuːɪt] 직관하다.
intuitive [ɪntˈuːətɪv] 직관적인, 직관으로 인식한.

tutelage

[tˈuːtɪlɪdʒ]

noun

● 개인지도. 후견(guardianship).

Under the old man's expert tutelage, they had learned to carve and paint beautiful and realistic duck decoys.

노인의 전문적인 개인지도 아래, 아름다우면서도 진짜 같은 오리모형을 조각하고 칠하는 법을 배웠다.

■

tutelage는 대개 전문화된 개인지도를 의미한다.
Alexander the Great was under the brilliant tutelage of the philosopher Aristotle between the ages of 13 and 16.
알렉산더대왕은 13살에서 16살까지 철학자 아리스토텔레스에게서 탁월한 개인교습을 받았다.
tutor 아리스토텔레스는 tutee 알렉산더에게 철학, 의학, 과학에 대한 깊은 관심과 애정을 심어주었을 것이다.
알렉산더대왕은 16살 처음 군대를 지휘하기 시작해서 16년 후 죽을 때까지 그 이전까지는 볼 수 없었던 위대한 제국을 건설하는 대업을 이룩한다.
아리스토텔레스의 tutelage가 그의 업적에 상당한 기여를 했을 것이라고 오늘날 많은 이들이 추정한다.
Under the great man's tutelage, he slowly learned how to develop his musical ideas into full-fledged sonatas.
탁월한 악성의 개인지도 아래, 그는 자신의 음악적 상상을 완벽한 소나타로 만들어내는 법을 서서히 터득했다.

✛
guardianship [gˈɑːrdiənʃɪp] 후견, 보호.
decoy [dˈiːkɔɪ] 유인하기 위한 미끼.
full-fledged = fully fledged [fledʒd]
깃털이 다 난, 완전히 성장한, 만개한.

Words from Trojan War

hector
[ˈhektər]

verb
- 호통치다. 허세부리다.

He would swagger around the
apartment entrance with his friends and
hector the terrified inhabitants going in
and out.

그는 친구들과 아파트 입구를 어슬렁거리며, 그곳을 출입하는
겁먹은 주민들을 위협할 것이다.

■

Homer의 걸작 《Iliad》에서 Troy군의 대장 Hector는
고결하고 신의있는 인물의 전형으로 묘사된다. 그의 뛰어난
검술에 그리스의 무수한 전사들이 죽어나가지만, 결국
Achilles와 결투에서 헥토르는 죽고 만다.
하지만 hector가 지금과 같은 의미를 갖게 된 것은
17세기다. 영국내전이 끝난 뒤 할 일을 잃은 무장군인들이
런던시내를 무리지어 다니면서 시민들을 공격하고
협박하며 두려움에 떨게 만들었다.
그들은 Roysters, Blades, Bucks, Bloods등 다양한
이름으로 gang을 형성했는데, 그 중에서도 가장 악명을
떨친 gang의 이름이 바로 Hactors였다.
당시 gang들의 주요무기가 칼이었던 것을 떠올려보면
Hectors, Blades, Bloods 같은 단어가 조폭들 사이에
인기있는 이름이었던 이유를 알 수 있다.
To rattle the other team, they usually hector
them constantly.

상대편을 자극하기 위해 그들은 대개 끊임없이 으스대며 위협했다.

✚
swagger [swˈægər] 으스대며 걷다.
gang [gˈæn] 패거리.
rattle [rˈætəl] 흥분시키다, 자극하다

Cassandra
[kəsˈændrə]

noun
- 불운이나 재앙을 예측하는 사람.

They used to call him a Cassandra
because he often expected the worst,
but his predictions tended to come true.

그들은 그를 카산드라라고 부르곤 했는데, 그는 대개 최악을
예측했기 때문이다. 하지만 아쉽게도 그의 예측은 실현되는 경우가
많았다.

■

트로이의 왕 프리아모스의 딸 Cassandra는 아폴론이
연모하는 아름다운 처녀였다. 몸을 허락하겠다고 약속한
댓가로 아폴론은 그녀에게 예언의 능력을 주었는데,
마지막 순간 그녀가 관계맺기를 거절한다.
화가 난 아폴론은 자신이 준 능력을 거두어 가려고 하다가
지나치다는 생각이 들어, 대신 아무도 그녀의 말을 믿지
않을 것이라는 저주를 내린다.
그래서 카산드라가 그리스와 전쟁에서 영웅들이 죽고
트로이가 멸망할 것이라고 예언했을 때 사람들은 비웃기만
한다. 또한 마지막 순간까지 카산드라는 트로이목마를 성
안에 절대 들여서는 안 된다고 간청했지만 무시당하고 만다.
오늘날 Cassandra는 줄곧 불길한 예측과 전망을 하는
사람을 일컫는다. 물론 그러한 예상은 가끔씩 맞기도 한다.
His gloomy economic forecasts earned him
a reputation as a Cassandra.

그의 우울한 경제전망은 불운을 예측하는 카산드라라는 평판을
안겨주었다.

Timendi causa est nescire.
The cause of fear is ignorance.
두려움은 무지에서 나온다.

palladium
[pəlˈeɪdiəm]

noun
- 팔라듐.

Most wedding rings today are simple bands of gold, platinum, or palladium.

요즘 결혼반지는 대부분 금, 플래티늄, 팔라듐으로 된 심플한 밴드 모양으로 만든다.

그리스의 여신 아테나는 시적으로 Pallas Athena라고 불리기도 했다. 하지만 Pallas가 무슨 뜻이었는지는 분명치 않다.
고대도시 트로이의 수호신 역시 아테나여신이었다.
트로이 성 안에는 아테나여신 조각상이 서있었는데, 이 조각상을 palladium이라고 불렀다.
19세기 화성과 목성 사이에서 새로운 소행성들이 발견되었는데 과학자들은 이 별들에 그리스신화 속s 등장인물들의 이름을 붙였다. 1803년 발견한 소행성에 Pallas라는 이름을 붙였다.
같은 해, 새롭게 분리해낸 은빛 금속성분에 과학자들은 당시 발견된 소행성을 기리는 뜻으로 palladium이라는 이름을 붙였다. 오늘날 '백금'으로 통용된다.
The wedding rings were white gold, a mixture of gold and palladium.

결혼반지는 백금으로 했는데, 금과 팔라듐을 혼합하여 만든 것이다.

✚ asteroid [ˈæstərɔɪd] 소행성.

Trojan horse
[trˈoʊdʒən hˈɔːrs]

noun
- 조직 내부에 들어가 조직을 와해시키는 사람.

Researchers are working on a kind of Trojan horse that will be welcomed into the diseased cells and then destroy them from within.

연구자들은 병든 세포 속에 들어가 내부에서 세포를 파괴하는 일종의 트로이목마를 찾고 있다.

10년째 포위했음에도 트로이성을 점령하지 못하자, 그리스인들은 속이 빈 거대한 목마를 만든다.
그 안을 무장한 군사들로 채운 뒤, 성문 앞에 세워두고 트로이에 아테네여신에게 바치는 선물이라고 하면서 그리스군은 철수하는 척 후퇴한다.
트로이인들은 목마를 성 안으로 들이고 승전잔치를 대대적으로 벌인다. 그날 밤 목마에서 무장한 그리스군인들이 나와 성문을 열었고 숨어 있던 그리스군들이 성안으로 밀려들어와 도시를 불태웠다.
오늘날 트로이목마는 아무런 해도 미치지 않을 것처럼 보이지만 받아들이고나면 피해를 주거나 파괴하는 힘을 가진 어떤 것을 일컫는 말로 쓰인다. 유용할 것 같았던 컴퓨터프로그램이 소프트웨어를 망가뜨리거나 오류를 일으키는 것을 대표적인 예로 들 수 있다.
A "balloon mortgage," in which the low rates for the first couple of years suddenly explode into something completely unaffordable, should be feared as a Trojan horse.

만기에 일시상환하는 대출을 '벌룬모기지'라고 하는데, 처음 몇년 동안에는 적은 이자만 내다가 갑자기 감당할 수 없을 만큼 상환금액이 폭발하기 때문에 트로이의 목마가 될 수 있다는 경각심을 가져야 한다.

SYN

Greek/Latin

together 함께
at the same time 동시에

syntax
[sˈɪntæks]

noun
- 통사론.
- 문장.

The president's critics complain about her odd and confusing syntax when he speaks in public.

대통령을 비판하는 사람들은 그가 대중연설할 때 사용하는 기괴하고 혼란스러운 문장에 대해 불평한다.

■

syntax는 어떤 단어 다음에 어떤 단어가 나오는지, 다시 말해 word order를 연구하는 학문으로 '통사론'이라고 한다. 시를 공부할 때 syntax는 diction과 더불어 많이 논의된다.

What is the syntactic difference between "Whose woods these are I think I know" and "I think I know whose woods these are"?

이 두 문장 사이의 통사적 차이는 무엇일까?

Why does the poet choose "woods" rather than "land," and "think" rather than "bet."

시인은 왜 land가 아니라 woods라고 썼을까? 왜 bet이라고 하지 않고think라고 했을까?

시의 의미를 제대로 파악하기 위해서는 syntax와 diction을 따져야 한다.

✚

syntactic [sɪntˈæktɪk] 통사론상의.
diction [dˈɪkʃən] 어휘선택.
tremble [trˈembəl] 떨다, 떨리다.
carpal [kˈɑrpəl] 손목관절의.
irritable [ˈɪrɪtəbəl] 쉽게 자극되는.
underdog [ˈʌndərdɔːg] 경쟁에서 이길 가망성이 없는 사람.
awesome [ˈɔːsəm] 굉장한.
buzzword [bˈʌzwɜːrd] 최신 은어.

synthesize
[sˈɪnθɪsaɪz]

verb
- 종합하다. 합성하다.

From all the proposals put in front of us, we were asked to synthesize a plan that could get the support of the whole group.

우리 앞에 놓인 모든 제안을 종합해서, 전체 그룹의 지지를 받을 수 있는 계획을 만들라는 요청을 받았다.

■

Chemists are constantly synthesizing new compounds—that is, synthetic compounds.

화학자들은 새로운 화합물을 끊임없이 만들어낸다. 이것을 합성화학물질이라고 한다.

Nonfiction writers must often synthesize large amounts of material from many sources to produce a book—which represents a synthesis of the important materials.

논픽션작가들은 많은 출처에서 뽑아낸 상당히 많은 자료들을 종합해서 책을 만들어내야 한다. 책은 곧 중요한 자료의 종합본이다.

An electronic synthesizer can imitate the sounds of acoustic instruments.

전자 신디사이저는 어쿠스틱악기 소리를 흉내낼 수 있다.

synthesizer는 다양한 기본음을 생성하고 그것을 조작하거나 '합성'하여 소리를 만들어내는 기계다.

✚

synthetic [sɪnθˈetɪk] 합성의.
compound [kˈɒmpaʊnd] 합성물.
synthesis [sˈɪnθɪsɪs] 종합, 합성.
synthesizer [sˈɪnθɪsaɪzər] 신디사이저.
acoustic [əkˈuːstɪk] 전자음을 사용하지 않는.

synchronize는 syn(same)+chron(time)이 결합한 말로, 어떤 움직임이 같은 시간에 발생한다는 뜻이다.
move in sync는 move in synchronization을 줄인 말로 '동시에 움직이다'라는 뜻이다.
synonym은 의미가 같은 '비슷한 말'을 의미한다.

synergy
[sˈɪnərdʒi]

noun
● 시너지.

With the first company's importance in print media and the second's success on the Web, everyone was convinced that the merger would result in an awesome synergy.

인쇄매체에서 1등하는 회사의 관록과 웹에서 2위를 달리는 회사의 합병은 굉장한 시너지를 가져올 것이라고 누구나 확신했다.

■

The whole is greater than the sum of its parts.
전체는 부분의 합보다 크다.
이 오래된 속담은 synergy의 기본적인 의미를 표현한다.
Sometimes a "cocktail" of drugs may be more effective than the sum of the effectiveness of each of the separate drugs.
때로는 약물의 '칵테일'이 개별약물의 효과를 합한 것보다 더 클 때도 있다. 화학분야에서 synergy는 자주 등장한다.
When the right two companies merge, they'll produce a profitable synergy.
적절한 두 회사가 합병하면, 수익성 측면에서 시너지를 창출할 것이다. synergy는 17세기부터 존재했던 단어지만, 1990년대 기업세계에서 유행어가 된다.
The idea of synergy was one factor in what became a "merger mania" in 1990s. 시너지라는 아이디어는 1990년대 '합병광풍'을 몰고 온 한 가지 요인이었다.
Unfortunately, business synergy often turned out to be harder to achieve than to imagine.
안타깝게도 기업의 시너지는 대개 상상하는 것보다 성취하기 어려운 것으로 밝혀졌다.

syndrome
[sˈɪndroʊm]

noun
● 특정 상태에서 나타나는 일련의 신체적 반응.

When there is no trembling—the most obvious symptom of Parkinson's disease—most doctors fail to recognize the Parkinson's syndrome.

떨림이 없는 것은 파킨슨병의 가장 명백한 증상으로, 의사들 대부분 파킨슨병의 징후를 찾아내지 못한다.

■

syn(together)+drom(to run)이 결합한 syndrome은 기본적으로 run together라는 뜻이다. 어떤 질병에 걸렸을 때 몸에 동시에 나타나는 여러 가지 증상들을 의미한다. 따라서 의사들은 병을 진단할 때 syndrome을 찾는다.
가끔은 syndrome만 찾아내고 그 증상의 원인은 찾아내지 못하는 경우도 있다. 이렇게 원인이 밝혀지지 않은 질병은 한시적으로 syndrome이라고 불린다.
하지만 원인이 규명된 다음에도 syndrome이라는 이름이 그대로 사용되는 질병도 많다. 일상적으로 우리가 자주 접할 수 있는 syndrome몇 가지를 들자면:
—Down syndrome 다운증후군
—acquired immune deficiency syndrome AIDS
—Asperger's syndrome 아스퍼거증후군
—carpal tunnel syndrome 손목터널증후군
—chronic fatigue syndrome 만성피로증후군
—sick building syndrome 빌딩질환증후군
—irritable bowel syndrome 과민성대장증후군
syndrome은 심리학에서도 자주 사용한다.
The underdog syndrome is a belief that things are beyond your control.
언더독신드롬은 자신이 아무것도 통제할 수 없다는 믿음을 일컫는다.

PUT

Latin *putare*
to think 생각하다 consider 고민하다
believe 믿다

reputed
[rɪpjˈuːtɪd]

adjective
● 소문에 따르면.

The 15th-century prince Vlad the Impaler is reputed to have inspired the character Dracula, though in fact, evil though Vlad was, Dracula's creator only borrowed his nickname.

15세기 말뚝공작 블라드는 드라큘라 캐릭터에 영감을 준 인물로 일컬어진다. 하지만 블라드가 사악하긴 인물이긴 했으나, 드라큘라의 작가는 그의 별칭만 빌려왔을 뿐이다.

■

reputed mobster 조직폭력배로 알려진 사람.
reputed drug kingpin 마약조직의 거두로 알려진 사람.
reputed gang leader 깡패두목으로 알려진 사람.
reputed는 오늘날 언론보도에 끊임없이 등장하는 표현으로, 대개 범죄용의자를 일컬을 때 자주 등장한다.
My elderly aunt is reputed to have had four husbands who all died mysteriously.
큰 고모에게는 남편이 넷이 있었는데 모두 알 수 없는 이유로 죽었다고 한다.
reputed는 이처럼 일상적인 표현에서도 자주 등장한다.
He reputedly made a large fortune in oil.
그는 석유사업으로 큰 돈을 벌었다고 한다.
reputed와 reputable을 혼동해서는 안 된다. 예전에는 이 두 단어 모두 '평판이 좋은'이라는 뜻으로 쓰였지만, 지금은 reputed를 그런 의미로 사용하지 않는다.

✚

impale [ɪmpˈeɪl] 찌르다, 꿰뚫다.
mobster [mˈɒbstər] 조직폭력배.
kingpin [kˈɪŋpɪn] 두목.
reputable [rˈepjʊtəbəl] 평판이 좋은.

disrepute
[dˌɪsrɪpjˈuːt]

noun
● 오명. 불명예.

The family had fallen into disrepute after the conviction and imprisonment of his father and uncle.

그의 아버지와 삼촌이 유죄선고를 받고 투옥된 후, 가족의 명예는 바닥으로 떨어졌다.

■

A reputation can be easy to lose, and someone who is no longer respectable may eventually find he's become genuinely disreputable.
평판이란 쉽게 잃어버릴 수 있는 것이다. 더 이상 존중받지 못하는 사람은 결국 완전히 신뢰가 무너질 수 있다.
A company may fall into disrepute as a result of news stories about its products' defects. 제품의 결함에 관한 뉴스가 나오는 순간, 회사에 대한 신뢰는 추락할 수 있다.
disrepute는 이렇게 개인이 아닌 단체에도 쓸 수 있다.
Drug scandals have brought entire sports into disrepute. 약물스캔들은 스포츠 전반에 대한 신뢰를 떨어뜨린다.
A scientific theory may fall into disrepute as a result of new discoveries.
새로운 발견으로 인해 기존의 과학이론은 신뢰할 수 없게 된다.

★
Vlad the Impaler 말뚝공작 블라드.

뾰족한 말뚝에 음부를 꽂아서 세워 두면 체중에 의해 서서히 몸 속으로 파고들어 몸을 꿰뚫는 말뚝관통형 (impalement)을 즐겨 사용했다고 하여서 붙여진 이름이다. 말뚝이 세워진 뒤 2-3일 이상 살아있는 경우도 있다고 한다.

reputation은 다른 사람이 나에 대해 생각하는 것이다.
compute는 com+put(합쳐 생각하다)에서 '계산하다'라는 말이 되고 여기서 computer가 나왔다.
dispute는 dis+put(다르게 생각하다)에서 '논쟁하다/반박하다'라는 말이 된다.

impute
[ɪmpjˈuːt]

verb

● ―에서 ―을 찾아내다. ―에게 ―을 돌리다.

The British imputed motives of piracy to American ships trying to prevent them from interfering with American trade during the War of 1812.

영국은 1812년 전쟁에서 미국무역에 간섭하지 못하게 막아서는 미국선박들에게서 해적질을 하려는 의도를 보았다.

■

impute sth to sb/sth은 대개 보이지 않는 어떤 것을 그 사람(이나 사물)에서 본다는 뜻이다.
We may impute meaning to a casual remark by a friend, that was never intended. 친구가 무심코 던지는 말에서 전혀 의도하지 않았던 의미를 찾아내기도 한다.
Many of us like to impute bad motives to others, while always regarding our own motives as pure. 많은 이들이 다른 이에게서는 삿된 동기를 찾아내기를 좋아하면서, 자신의 동기는 순수하다고 생각한다.
It is grossly unfair to impute blame to the United Nations.
UN에 비난의 초점을 맞추는 것은 전적으로 공정하지 않다.
imputed income 귀속소득. 세법에서 실제 돈을 번 것으로 아니지만 소득으로 간주할 수 있는 것. 예컨대 회사에서 무료로 제공하는 차량렌트 같은 것이 포함된다.

✛

disreputable [dɪsrˈepjʊtəbəl] 전혀 신뢰할 수 없는.
be brought into disrepute = fall into disrepute
명성을 잃다.
grossly [grˈoʊslɪ] 전적으로, 과도하게(부정적인 강조).
picturesque [pˌɪktʃərˈesk] 그림 속 장면 같은, 현대적 요소가 하나도 보이지 않는.

putative
[pjˈuːtətɪv]

adjective

● 소위, ―라고 이야기되는.

To strengthen the case for the defense, a putative expert took the stand.

피고측 주장을 뒷받침하기 위해, 전문가라고 하는 이가 증언대에 섰다.

■

Tintagel Castle in Cornwall, a picturesque ruin, is the putative fortress of the medieval King Arthur. 콘월의 틴타겔성, 그림 속 풍경 같은 이 유적은 중세 아더왕의 요새였다고 전해진다. putative는 세간의 통념을 믿지 못하는, 의심하는 태도를 드러낸다.
The residents of New York City are putatively chic, neurotic, rude, and dangerous. 뉴욕사람들은 맵시있고, 신경질적이고, 무례하며, 위험하다고 여겨진다.
Cable TV is full of putative experts, who often turn out not to have much knowledge of the subjects they're talking about.
케이블TV에는 소위 전문가라고 하는 사람들이 우글거리는데, 이야기하는 주제에 대해 지식이 많지 않다는 것이 드러날 때가 많다.

★

deputy [dˈepjʊti] 대리인, 조직의 2인자.

집단의 의견을 대신 전해주는 대표. depute는 원래 '아랫사람에게 주인의 뜻을 고려하게 하다'라는 의미에서 출발하여 '신하에게 자신의 생각을 대신 말하게 하다' 즉 '위임하다'라는 의미로 발전되었다.
A sub-committee was deputed to investigate the claims.

PROB

Latin

to prove 입증하다.
proof 증거 honesty 정직 integrity 진실성*

approbation
[ˌæprəbˈeɪʃən]

noun
- 승인. 공식적인 인가.
- 찬사. 기쁨과 열정이 담긴 칭찬.

The senate signaled its approbation of the new plan by voting for it unanimously.

상원은 만장일치 표결로 새로운 계획에 공식적인 찬성을 표했다.

■

approval과 approbation은 모두 approve에서 파생된 명사이지만, approbation은 **훨씬 의미가 강하다.**
An official commendation for bravery is an example of approbation.

공식 무공훈장과 같은 것을 approbation이라고 일컬을 수 있다.

Getting reelected to office by a wide margin indicates public approbation.

큰 득표차로 재선에 성공한다는 것은 곧 대중의 인정을 받는다는 의미다.

The social approbation received by a star athlete usually makes all the pain worthwhile.

스타 운동선수가 받는 사회적 찬사는 대개 그 모든 고통을 감내할 가치가 있게 만든다.

✚

unanimously [juːnˈænɪməsli] 만장일치로, 이구동성으로.
approval [əprˈuːvəl] 찬성, 승인.
commendation [kˌɑməndˈeɪʃən] 공을 인정하는 상장.

probate
[prˈoʊbeɪt]

noun
- 유언공증.

When her father died, she thought she would be able to avoid probate, but she wasn't that lucky.

아버지가 돌아가셨을 때 그녀는 유언공증을 받지 않아도 될 거라고 생각했지만 운이 그렇게 좋지는 않았다.

■

Without a probate process, greedy acquaintances or relatives could write up a fake will stating that all the person's wealth belonged to them. 유언공증절차를 거치지 않으면,
탐욕스러운 친지나 주변사람이 죽은 사람의 유산이 전부 자기 것이라고 진술하는 가짜 유서를 작성할 수도 있다.
따라서 제대로 된 유언을 작성하려면, 공식허가를 받은 감독관이 유언을 작성하는 현장을 직접 목격하고 확인도장을 찍어줘야 한다.
Probate court is a special court that oversees the handling of estates (the money and property left when someone dies), making sure that everyone eventually receives what is properly theirs.

유언재판소는 죽은 사람이 남긴 자산(동산과 부동산)이 유언에 따라 제대로 상속되는지 감독하는 특수법원이다.
오늘날 probate는 probate court에서 처리하는 모든 일을 의미한다.

✚

probate court 유언재판소.
oversee [ˌoʊvərsˈiː] 감독하다.
probe [prˈoʊb] 탐험, 탐침. 탐문하다, 탐색하다.
I don't want to *probe* too deeply into your personal affairs.

probe는 전기회로가 작동하는지 테스트하는 작은 기기에서 화성에 발사하는 우주선에 이르기까지, 증거물을 찾아내는 탐색/탐침/탐사작업을 의미한다. probable은 원래 provable에서 나온 말이다. probable outcome/consequence/result는 100퍼센트 확실하지는 않지만 '있을 법한 결과'라는 뜻이다.

probity
[prˈoʊbɪti]

noun
● 청렴. 고결. (absolute honesty and uprightness)

Her unquestioned probity helped win her the respect of her fellow judges.

그녀는 의심할 여지없는 청렴성 덕분에 동료판사들의 존경을 받았다.

■

Probity is a quality the public generally hopes for in its elected officials but doesn't always get.

청렴성은 자신들이 선출한 공직자들에게 대중이 일반적으로 기대하는 자질이지만, 그러한 기대가 항상 충족되는 것은 아니다.

Bankers have traditionally been careful to project an air of probity, even though banking scandals and bailouts have made this harder than ever.

은행가들은 전통적으로 청렴의 기풍을 투사하기 위해 주의를 기울여 왔지만, 금융비리와 구제금융은 그러한 전통을 이어가기 어렵게 만들었다.

✛
upright [ˈʌpraɪt] 곧추 선, 고결한.
project [prədʒˈekt] 투사하다.
bailout [bˈeɪlˌaʊt] 긴급구제.

reprobate
[rˈeprəbeɪt]

noun
● 난봉꾼.

His wife finally left him, claiming he was a reprobate who would disappear for weeks at a time, gambling and drinking away all his money.

한 번 나가면 몇 주 동안 들어오지도 않고 도박과 술로 재산을 탕진하는 난봉꾼이라고 남편을 비난하며 아내는 떠나고 말았다.

■

approve의 반댓말 reprove는 '꾸짖다'라는 뜻으로 여기서 파생한 reprobate는 '꾸짖음을 받을 만한 사람'을 의미한다.

A reprobate in Bible is someone condemned to hell.

성경에서 reprobate는 지옥에 떨어질 악인, 하느님에게 버림받은 사람을 일컫는 말이다.

성경 밖에서 reprobate는 한량이나 건달처럼 놀기 좋아하는 사람을 악의 없이 놀릴 때 사용된다.

Everyone's favorite Shakespeare character Falstaff—a lazy, lying, boastful, sponging drunkard—is the model of a reprobate.

누구나 좋아하는 셰익스피어 작품 속 인물 팔스타프는 게으르고 거짓말하고 허풍을 떠는 술고래로 난봉꾼의 전형이다.

✛
reprove [rɪprˈuːv] 꾸짖다, 나무라다.
boastful [bˈoʊstfəl] 허세를 떠는.
sponge [spˈʌndʒ] 빨아들이다.
drunkard [drˈʌŋkərd] 술고래.

Words from **Mythology**

herculean
[hˌɜːrkjʊlˈiːən]

noun

- 엄청나게 강한.
- 상당한 힘과 노력을 필요로 하는.

Accomplishing all the things he promised during the presidential campaign will be a herculean task.

대선캠페인 동안 약속한 과업을 모두 지키는 것은 지극히 어려운 일일 것이다.

■

제우스와 인간 어머니 사이에서 태어난 영웅 헤라클레스는 초인적인 힘을 가진 것으로 유명하다.
Twelve Labors of Heracles 헤라클레스의 열두과업―
To pacify the wrath of the god Apollo, Hercules was forced to perform twelve enormously difficult tasks, or "labors."
아폴론의 분노를 잠재우기 위해 헤라클레스는 극도로 어려운 열두 가지 임무, 즉 '열두과업'을 수행해야만 했다.
저승에 들어가서 저승입구를 지키던 무서운 개를 데리고 오는 일부터 히드라라고 불리는 머리 많은 괴물을 죽이는 일까지 다양한 과업을 해낸다.
His herculean efforts finally brought peace to our troubled island.
그의 불굴의 노력은 마침내 우리 갈등하는 섬에 평화를 안겨주었다.
herculean이 붙으면, 막대한 헌신이 요구되는 극도로 어려운 일이라는 뜻이다.

+
pacify [pˈæsɪfaɪ] 달래다.
wrath [rˈæθ] 분노.

amazon
[ˈæməzən]

noun

- 키 크고 강인하고 다부진 여장부.

I was greeted by the team's captain, a robust, broad-shouldered amazon who gripped my hand with crushing force.

나를 맞이한 것은 팀의 주장이었는데, 넓은 어깨를 뽐내는 강인한 여장부였다. 그녀는 내 손을 부서져라 움켜쥐었다.

■

One of the famous labors of Heracles (Hercules) was to obtain the sash of the Amazon queen Hippolyta.
유명한 헤라클레스의 12과업 중 하나가 바로 아마존의 여왕 히폴리타의 새쉬를 가져오는 것이었다.
1542년 최초의 유럽인들이 남아메리카에서 강을 타고 탐험하던 중 원주민전사들에게 공격을 받는다.
유럽인들 눈에 그들은 분명히 여자들로 보였다고 한다.
그 이후 이 강은 Amazon이라는 이름을 얻게 된다. 하지만 그 여전사들이 누구였는지는 여전히 밝혀지지 않고 있다.
However impressive a figure they cut, though, not every tall and strong woman today would take it as a compliment to be called an amazon.
아무리 외양이 신화 속 아마존과 딱 들어맞는다고 하더라도, 오늘날 키가 크고 다부진 여성을 아마존이라고 부르는 것을 칭찬으로 받아들이는 여자는 별로 없을 것이다.

+
sash [sˈæʃ] 한쪽 어깨에서 반대쪽 허리로 가로질러 차는 띠나 벨트. 샤시(=sash window).
cut a fine/strange figure 멋진/기이한 외양을 가지다.

Historia scribitur ad narrandum non ad probandum.
History is written in order to narrate not in order to prove.
역사는 입증하기 위해서가 아니라, 말해지기 위해 쓰여진다.

Augean stable

[ɔdʒˈiənstˈeɪbəl]

noun

● 적폐의 소굴.

Leaders of many of the newly formed nations of Eastern Europe found that the old governments of their countries had become Augean stables that they must now clean out.

새롭게 독립한 많은 동유럽국가들의 지도자들은 자국의 옛 정부들이 청산해야 할 적폐의 소굴이라는 것을 깨달았다.

■

Elis의 신화적인 왕 Augeas는 황소 3000마리를 키울 수 있는 거대한 외양간을 가지고 있었는데, 30년 동안 청소를 하지 않았다. 헤라클레스는 유명한 '12 과업' 중 하나로 이 외양간을 청소하는 일을 맡는다. 헤라클레스는 강 두 개를 이곳으로 끌어들여 강물을 외양간에 쏟아부어 겨우 청소할 수 있었다.

아우게이아스 외양간은 오래된 적폐처럼, 문제라는 것은 알지만 누구도 건들이고 싶어하지 않는 과제를 일컫는다.
Clear the Augean stable/task/labor/clutter
처치곤란한 구역질나는 임무를 해치우다.

영국에는 Augean PLC라는 회사가 있는데, 쉽게 추측할 수 있듯이 폐기물처리업체다.

✚

stable [stˈeɪbəl] 외양간.
filth [fˈɪlθ] 구역질나는 오물.
clutter [klˈʌtər] 잡동사니가 어질러져 있는 상태.

aegis

[ˈiːdʒɪs]

noun

● 방패.
● 후원.

The conference was held under the aegis of the World Affairs Council, which provided almost all of the funding.

이 컨퍼런스는 자금을 대부분 제공한 세계정세회의의 후원 아래 개최되었다.

■

aegis는 그리스신화에서 제우스와 그의 딸 아테나가 착용했던 염소가죽으로 만든 방패와 흉갑이다.
무시무시한 메두사의 머리가 새겨져 있는 aegis는 어떠한 공격도 막아낼 수 있었다.
The space program will continue under the aegis of the armed forces.
우주프로그램은 군대의 후원 아래 계속될 것이다.
오늘날 이 단어는 거의 예외없이 under the aegis of 형태로 사용된다.
The refugee camp operates under the aegis of the UN.
이 난민캠프는 UN의 후원아래 운영된다.
고성능 레이더와 중장거리 대공미사일을 이용해 적의 미사일공격을 차단하는 미국의 통합방어시스템의 이름이 바로 Aegis Combat System이다. 이 시스템 속에 운영되는 함정이 바로 aegis destroyer다.

✚

breastplate [brˈestpleɪt] 흉갑.
destroyer [dɪstrˈɔɪər] 구축함.

CO

Latin
with, together 함께

---

coalesce
[ˌkoʊəlˈes]

verb
● 합체하다.

cogeneration
[ˌkoʊdɛnərˈeɪʃən]

noun
● 열병합발전.

Three local civic groups have recently coalesced to form a single organization, believing it will result in more effective campaigns.

최근 지역시민단체 세 곳이 결합하여 단일조직을 결성하였다. 더 효과적으로 캠페인을 할 수 있을 것이라고 생각한 것이다.

■

Cities, if unrestricted, tend to coalesce into bigger and bigger conurbations.
인위적 제한이 없으면 도시들은 더 큰 광역도시권으로 뭉친다.
Gradually the different groups of people coalesced into one dominant racial group.
다양한 그룹의 사람들은 점차 지배적인 인종그룹으로 흡수되었다.
Some physicists believe that planets coalesced not from space rocks but from icy clouds of cosmic dust. 몇몇 물리학자들은 행성이 우주암석이 아니라 우주먼지의 얼음구름이 합쳐진 것이라고 생각한다.
Even some languages coalesce—for example, the fairly new language Afrikaans, a mixture of Dutch and native languages spoken in South Africa, which only really solidified about 150 years ago. 언어도 합체한다. 예컨대, 네덜란드어와 남아프리카에서 사용되는 원주민언어가 혼합된 아프리칸스는 실제로 150년 전쯤 구체적인 형태를 갖게 된 상당히 최근 등장한 언어다.

✛
conurbation [ˌkɒnərbˈeɪʃən] 도시광역화.
= con(together)+urb(city)
Afrikaans [ˌæfrɪkˈɑːns] 남아프리카에서 쓰는 네덜란드어.
solidify [səlˈɪdɪfaɪ] 굳어지다, 고정되다.

With its new cogeneration system, the company reports converting over 65% of the energy in natural gas to electricity, making this the most efficient power plant ever built.

새로운 열병합발전 시스템을 통해 이 회사는 천연가스에너지 중 65퍼센트 이상을 전기로 전환하는데 성공했다고 보고한다. 이는 지금까지 건설된 발전소 중 가장 효율적인 수치다.

■

예전에는 그냥 버려졌던 열들을 모아, 사용가능한 열과 에너지로 만들어내는 기술을 cogeneration이라고 한다. cogeneration의 산출물은 대개 뜨거운 증기나 물이다.
Cogeneration is one of the principal ways in which countries intend to reduce their greenhouse-gas emissions so as to slow climate change.
열병합발전은 기후변화를 늦추고자 하는 노력으로 온실가스배출량을 줄이기 위해 많은 나라들이 추진하는 대표적인 방법이다.
Lumber mills can operate their own cogeneration plants, feeding them with wood scraps and sawdust, and wastewater treatment plants generate gas that can likewise be used as a source of energy.
목재공장은 자체 발전시설을 만들어 부산물로 나오는 나무토막과 톱밥을 연료로 사용하는 열병합발전을 할 수 있으며, 폐수처리공장도 가스를 수집하여 에너지원으로 사용할 수 있다.
Since it's hard to move heat long distances, cogeneration is most efficient when the heat can be used nearby.
열은 먼 거리를 이동할 수 없기 때문에, 열병합발전소는 열을 사용할 수 있는 곳과 가까운 곳에 있어야 가장 효율이 높다.

---

cofounder(공동창업자), co-owner(공동소유자), coworker(동료) 같은 단어에서 볼 수 있는 접두어다. 물론 co-로 시작하는 단어라고 해도 그 의미를 쉽게 파악하기 어려운 경우가 많다.

codependency
[kˌoʊdipˈɛndəntsɪ]

noun
- 상호의존성.

She never knew what codependency was until her daughter took up with a mean, abusive alcoholic and refused to leave him.

딸이 상스럽고 폭력을 일삼는 알코올중독자와 살면서 그와 헤어지기를 거부하는 꼴을 보기 전까지는 상호의존성이 뭔지도 몰랐다.

Dependency on addictive substances has been known for centuries, but the concept of codependency got its name only as recently as 1979. 중독성물질에 대한 의존성은 수백 년 전 알려졌지만, 상호중독성이라는 개념은 1979년에 와서야 생겼다.
codependency는 마약중독자나 알코올중독자 같은 사람들을 돌보며 기꺼이 희생하는 연인이나 배우자들의 심리적 이유를 설명하기 위해 만들어진 개념이다.
In recent years, people have started claiming that all kinds of conditions—anorexia, overeating, gambling, fear of intimacy, etc.—can result in codependency.
최근에는 식욕부진, 과식, 도박, 친밀감에 대한 두려움 등 온갖 상태가 상호의존성을 초래할 수 있다는 주장이 나오기 시작했다.
어쨌든 알코올중독자나 마약중독자를 배우자로 두고 있는 상호의존관계에 있는 사람들은 매우 특별한 난관에 직면해 있으며, 어디에서든 지원과 조언을 받아야 한다.

✛
abusive [əbjˈuːsɪv] 폭력을 행사하는.
anorexia [ænərˈeksiə] 식욕감퇴.
intimacy [ˈɪntɪməsi] 친밀감.
addict [ˈædɪkt] 중독자.
take up with sb/sth 해를 입히는 것과 가까이 지내다.

cohesion
[koʊhˈiːʒən]

noun
- 단합. 단결.
- 분자의 응집력.

The party's greatest strength was its cohesion and discipline, and on bill after bill that year not a single member voted with the other party.

그 당의 가장 큰 강점은 단합과 규율이었고, 그 해 이뤄진 법안표결에서도 단 한 명도 상대정당에 유리한 표를 던지지 않았다.

cohere의 명사형으로 cohesion, cohesiveness, coherence가 있는데, 제각기 조금씩 의미가 다르다.
He's so calm when he answers questions in interviews. I wish I could be that coherent.
그는 인터뷰하면서 질문에 차분하게 대답했다. 나도 그렇게 조리있게 말하고 싶다. coherence는 사람의 말이나 글을 구성하는 문장들이 긴밀하게 연결되어 있다는 뜻이다.
Police picked up him, saying he was incoherent.
진술이 앞뒤가 맞지 않다고 하면서 체포했다.
He is widely respected but not really part of the cohesive team and social network.
그는 상당히 인기가 있기는 하지만 단합된 팀의 일원이 아니며 관계도 원만하지 않다. 사람들의 단결, 단합을 이야기할 때는 coherent가 아닌 cohesive/cohesion을 써야 한다.
Water molecules have strong cohesive forces thanks to their ability to form hydrogen bonds with one another. 물분자는 서로 잡아당기는 수소분자 덕분에 강한 응결력을 갖는다. cohesion, cohesive, cohesiveness는 화학시간에 자주 들을 수 있다.

✛
cohere [koʊhˈɪər] 하나로 뭉쳐 전체를 만들다.
coherent [koʊhˈɪərənt] 내적일관성이 있는.

HER ^{HES}

Latin *haerere*
to stick 달라붙어있다

adherent

[ædhˈɪərənt]

noun

- 특정한 리더, 집단, 교리를 추종하는 사람.
- 특정 철학이나 종교 신봉자.

The general's adherents heavily outnumbered his opponents and managed to shout them down repeatedly.

장군의 지지자들은 수적으로 반대파를 압도했으며, 계속 고함을 질러 상대편의 말문을 막았다.

Just as tape adheres to paper, a person may adhere to a cause, a faith, or a belief.

테이프가 종이에 달라붙듯이, 사람은 어떠한 대의, 신념, 믿음에 달라붙을 수 있다.

an adherent of Hinduism 독실한 힌두교신자.

an adherent of environmentalism 환경보호론 신봉자.

an adherent of the Republican Party

공화당 열혈지지자.

A plan for cutting taxes always attracts adherents easily.

감세정책은 언제나 쉽게 지지자를 끌어 모을 수 있다.

물론 감세가 초래할 문제는 후임자에게 떠맡기면 그만이다.

She had left Scientology and was now an adherent of the Unification Church.

그녀는 사이언톨로지를 떠나, 지금은 독실한 통일교 신자가 되었다.

He's no longer really an adherent of that economic philosophy.

그는 더 이상 그 경제철학의 열혈추종자가 아니다.

✛

environmentalism [ɪnvˌaɪərənmˈentəlˌɪzəm] 환경보호론.

cohere

[koʊhˈɪər]

verb

- 응집하다. 하나의 무리처럼 잘 어울리다.
- 일관성이 있다.

His novels never really cohere; the chapters always seem like separate short stories.

그의 소설들은 산만하다. 챕터들이 늘 제각각 개별적인 단편소설처럼 느껴진다.

You may feel a paper coheres well, since it's sharply focused and all the ideas seem to support each other.

글의 초점이 잘 잡혀 있고 아이디어들이 서로 뒷받침하고 있을 때, 글의 완결성이 높다는 느낌을 준다.

When all the soldiers in an army platoon feel like buddies, the platoon has become a cohesive unit.

소대원 전원이 서로 우애를 느낄 때, 그러한 소대는 한몸처럼 움직인다.

Water molecules tend to cohere, so water falls from the sky in drops, not as separate molecules.

물 분자는 응결하는 성질이 있어, 하늘에서 떨어질 때 독립된 분자가 아닌 물방울로 뭉쳐서 내려온다.

물리학에서 cohere는 '응결', adhere는 '응착'을 의미한다.

✛

platoon [plətˈuːn] 소대.

adhesive는 끈적거리며 어딘가에 '달라붙어 있는'이라는 뜻이다.
hesitate는 어느 지점에 달라붙어 있다는 뜻으로 잘 떨어지지 않아 '주저하다'는 뜻이다.

incoherent
[ɪnkoʊhˈɪərənt]

adjective
- 명확하지 않거나 이해하기 어려운.
- 허술한.

The police had found him in an abandoned warehouse, and they reported that he was dirty, hungry, and incoherent.

경찰보고에 따르면, 버려진 창고에서 발견됐을 당시 지저분하고, 굶주렸으며, 알아들을 수 없는 말을 해댔다고 한다.

■

incoherent는 coherent의 반댓말로 이 두 단어는 모두 말과 생각의 특성을 묘사하는 단어다.
Incoherence in speech may result from emotional stress, especially anxiety or anger.
말이 횡설수설한 것은 불안, 분노 같은 정서적 스트레스 때문일 가능성이 높다.
Incoherence in writing may simply result from poor planning.
반면 글이 허술한 것은 구성이 형편없기 때문인 경우가 많다.
A twelve-page term paper that isn't written until the night before it's due will generally suffer from incoherence.
제출 전날 밤 부랴부랴 작성한 12페이지 학기말과제는 대개 앞뒤가 맞지 않는다.
By the time his fever reached 105°, the boy was mumbling incoherent sentences.
열이 40도에 다다르자, 아이는 알수없는 말을 중얼거리기 시작했다.

✛
coherent [koʊhˈɪərənt] 잘 짜여진, 조리있는.

inherent
[ɪnhˈerənt]

adjective
- 원래부터 타고난. 내재하는.

A guiding belief behind our Constitution is that individuals have certain inherent rights that can't be taken away.

우리 헌법을 떠받치는 기본적인 믿음은, 개개인은 절대 박탈할 수 없는 타고난 어떤 권리를 가지고 있다는 것이다.

■

inherent는 무언가에 단단하게 '달라 붙어있어' 떼어낼 수 없다는 뜻이다.
I'm afraid the problems you mention are inherent in the system.
안타깝게도 자네가 말한 문제는 시스템상 어쩔 수 없는 것일세.
A plan may have an inherent flaw that will cause it to fail.
어떤 계획은 실패할 수밖에 없는 태생적 허점을 안고 있다.
A person may have inherent virtues that everyone admires.
누구나 존경하는 타고난 미덕을 갖춘 이도 있다.
Firefighting is an inherently dangerous occupation.
불을 끄는 일은 그 자체로서 위험을 감수해야 하는 직업이다.
Mahatma Gandhi believed goodness was inherent in humans.
마하트마 간디는 신성이 인간 속에 내재한다고 믿었다.

✛
inherent rights 타고난 권리, 생득권.

CLUS CLUD

Latin *claudere*
to close 닫다
이 어근을 가진 단어들은 s와 d가 자주 바뀐다.

occlusion
[əklˈuʒən]

noun
- 차단. 막힘. 폐색.

The doctors worry that a loosened piece of plaque from the artery wall could lead to an occlusion of a brain artery, resulting in a stroke.

의사들은 동맥 벽에서 떨어져 나온 플라크 덩어리가 뇌동맥의 폐색을 유발하여 뇌졸중을 일으킬 수 있다고 우려한다.

■

ob(against)+clus(to close)에서 나온 occlusion은 나가는 통로를 막아버렸다는 뜻이다.
Almost all heart attacks are the result of the occlusion of a coronary artery by a blood clot.
심장마비는 대부분 혈전에 의한 관상동맥 폐색으로 인해 발생한다.
Many strokes are caused by an occlusion in an artery serving the brain. 뇌졸중도 대부분 뇌에 혈액을 공급하는 동맥의 폐색으로 인해 발생한다.
치과에서는 위 치아와 아래 치아가 잘 맞지 않는 '부정교합'을 malocclusion[ˌmæləˈkluʒən]이라고 한다.
빠르게 움직이는 한랭전선이 느리게 움직이는 온난전선과 충돌했을 때 한랭전선이 밑으로 미끄러져 내려가면서 따뜻한 공기를 들어올리는데, 이로써 한랭전선과 온난전선은 더 이상 움직이지 못하는 교착상태에 빠진다.
이를 기상학에서는 occlusion이라고 하며 occlusion이 일어난 경계를 occluded front(폐색전선)라고 한다.

✛
stroke [strˈoʊk] 뇌졸중.
coronary [kˈɔːrəneri] 왕관(corona=crown) 모양의, 관상의.
coronary artery 심장을 움켜쥐고 있는 왕관 모양 동맥. 관상동맥.
clot [klˈɒt] 굳어서 만들어진 딱지, 덩어리.
occlude [əklˈud] 막다.

exclusive
[ɪksklˈuːsɪv]

adjective
- 배타적인. 상류층에게만 허용되는.
- 온전한.

That technology is exclusive to one cell-phone manufacturer, but some of the others are dying to use it.

이 기술은 휴대폰 제조업체 한 곳에서 독점하지만, 다른 제조업체들도 간절히 쓰고 싶어한다.

■

ex(out of/outside)+clus(to close)에서 나온 exclude는 기본적으로 문을 닫아 누군가 또는 무언가 들어오지 못하도록 한다는 뜻이다. expel, export, exclusive 같은 단어에 붙어 있는 ex-역시 같은 뜻이다.
When exclusive appears in an advertisement, it's often making an appeal to snobs.
exclusive라는 문구가 쓰인 광고는 대개 자신이 잘난 줄 아는 사람에게 소구하는 것이다. exclusive offer는 소수의 특별한 사람들에게만 제공하는 '특별제안'이라는 뜻이다.
신문이나 뉴스에서 exclusive라고 말하면 다른 곳에서는 보도하지 않은 '단독'이라는 뜻이다.
Not so many years ago, "exclusive" housing developments excluded those of a certain race or color. 몇 년 전만해도 미국에서는 유색인종의 입주를 배제하는 exclusive housing developments가 성행했다.
An inclusive policy, an inclusive church, or an inclusive approach is one that aims to include as many people as possible.
exclusive의 반댓말은 inclusive다. inclusive는 가능한 한 많은 사람을 포괄하는 것을 목표로 한다.

✛
be dying for sth/to do sth 간절히 원하다.
snob [snˈɒb] 허세부리는 사람, 자기가 잘난 줄 아는 사람.

예컨대 include는 원래 주위를 '에워싸 닫다'를 의미했는데, 지금은 '포함하다'라는 뜻으로 쓰인다. inclusive는 모든 것을 포함하는, 즉 '포괄적인'이라는 뜻이다.

recluse

[rˈeklu:s]

noun
- 은둔자.

The lonely farmhouse was home to a middle-aged recluse, a stooped, bearded man who would never answer the door when someone knocked.

외딴 농가에는 중년 은둔자가 거주하고 있었다. 구부정하고 수염이 덥수룩한 남자였는데, 누군가 문을 두드려도 아무 대꾸도 하지 않았다.

■

Greta Garbo and Howard Hughes were two of the most famously reclusive celebrities of modern times.

그레타 가르보와 하워드 휴즈는 현대사회의 은둔자로 가장 널리 알려진 유명인이다. 가르보는 세계적인 스타로 세계에서 가장 아름다운 여성이라고 불렸으며, 휴즈는 세계에서 가장 많은 부를 거머쥔 영화제작자이자 항공기제작자였다.

It seems that Garbo's reclusiveness resulted from her desire to leave her public with only the youthful image of her face.

가르보의 은둔은 대중에게 젊은 시절 자신의 아름다운 얼굴만 남기고자 하는 욕망 때문이던 것으로 보인다.

Hughes was terrified of germs, though that was the least of his problems.

휴즈는 세균을 무서워했지만, 이는 그에게 가장 사소한 문제에 불과했다. 대인기피증이 매우 심했다고 한다.

✛
stoop [stˈu:p] 구부정하게 걷다.
reclusive [rɪklˈu:sɪv] 은둔한.
germ [dʒˈɜ:rm] 세균.

seclusion

[sɪklˈu:ʒən]

noun
- 격리.
- 은거지.

The police immediately placed him in seclusion in a hospital room, with armed guards at the door.

경찰은 즉시 그를 병실에 격리하고 문 앞에서 무장 경호원을 배치했다.

■

se(apart)+clus(to close)에서 나온 seclusion은 기본적으로 '닫혀 있는 장소나 상태'를 의미한다.

Seclusion of the island might be what its owner prizes most about it. 사람들이 오지 않는다는 것은 섬주민들이 내세우는 가장 큰 장점이 될 수 있다.

Presidents and their staffs may go into seclusion before making critical decisions.

대통령과 참모들은 중대한 결정을 내리기 전에 은둔에 들어가기도 한다.

Monastery life is purposely secluded, and monks may have taken vows to live lives of seclusion. 수도원의 삶은 외부와 차단되기 때문에, 수도사가 되려면 은둔의 삶을 살겠다는 서약을 해야 할 것이다.

The deadly brown recluse spider prefers seclusion but is sometimes disturbed by very unlucky people.

갈색은둔거미는 은둔하기를 좋아해서 붙여진 이름으로, 자신의 은둔을 방해하는 사람에게는 치명적인 독을 선사한다.

✛
seclude [sɪklˈud] 격리하다.
monastery [mˈɒnəsteri] 수도원.
take a vow to —하기로 서약하다.

Words from **Mythology**

iridescent
[ˌɪrɪˈesənt]

adjective
- 빛의 방향에 따라 색깔이 변하는.

The children shrieked with glee as the iridescent soap bubbles floated away in the gentle breeze.

아이들은 부드러운 바람결에 다채로운 빛깔의 비눗방울이 떠다니는 것을 보며 기쁨에 겨워 소리를 질렀다.

■

그리스의 여신 iris는 신들의 메시지를 전달하는 역할을 했다. 올림포스에서 지상으로 내려올 때, 또 올라갈 때 무지개를 계단으로 이용했기 때문에 무지개의 여신으로 여겨지기도 한다.
luminescent, obsolescent 등에서 볼 수 있는 -escent는 becoming이라는 뜻이다.
iris에 -escent가 붙은 iridescent는 무지개처럼 다채롭게 변하는 빛깔을 묘사한다.
Iridescence is seen in an opal, a light oil slick, a butterfly wing, or the mother-of-pearl that lines an oyster shell.
iridescence는 오팔, 얇은 기름막, 나비의 날개, 굴 껍데기 안쪽의 진주층에서 볼 수 있는 다채롭게 변하는 빛을 일컫는다.

✦
shriek [ʃriːk] 비명을 지르다.
glee [gliː] 기쁨.
luminescent [ˌluːmɪˈnesənt] 빛을 내는.
obsolescent [ˌɒbsəˈlesənt] obsolete되는.
obsolete [ˈɒbsəliːt] 낡은, 구식의.
oil slick [slɪk] 유막.

ambrosia
[æmbrˈoʊʒiə]

noun
- 신들이 먹는 음식.
- 맛이나 냄새가 좋은 음식.

After two days lost in the woods, the simple stew tasted like ambrosia to them.

숲에서 길을 잃고 헤매다 이틀 만에 돌아와 맛보는 소박한 스튜는 마치 신들의 음식처럼 맛있었다.

■

ambrosia는 그리스어로를 immortality라는 뜻이다.
In Greek and Roman mythology only the immortals—the gods and goddesses—could eat ambrosia or drink nectar.
그리스로마신화에서는 죽지 않는 신들만이 암브로시아를 먹고 넥타를 마실 수 있었다. ambrosia와 nectar는 모두 달콤한 꿀로 만든 것으로 여겨진다.
The gods also used nectar and ambrosia like oils for ceremonial anointing.
신들은 넥타와 암브로시아를 기름붓는 의식을 할 때 쓰는 '성유'처럼 사용했다. 그래서 종교의식에서 사용하는 신성한 음식과 물을 암브로시아라고 부르기도 한다.
This is my favorite ambrosial dessert.
이건 내가 정말 좋아하는 천상의 디저트지.
과일이나 디저트가 정말 맛있다는 것을 강조하기 위해 ambrosia를 활용하기도 한다. 진짜 ambrosia를 먹어본 사람은 없기 때문에, 마음놓고 비유해도 된다.

✦
immortal [ɪmˈɔːrtəl] 불사의.
nectar [nˈektər] 넥타, 꿀물.
ceremonial [ˌserɪˈmoʊniəl] 의식의.
anoint [əˈnɔɪnt] 성유를 바르다.
ambrosial [æmbrˈoʊʒəl] 천상의 맛이 나는.
the state of affairs 사태, 형세.

Uni navi ne committas omnia.
Do not entrust everything to one ship.
한 배에 모든 것을 싣지 마라.

cyclopean
[sˌaɪkloʊpˈɛən]

adjective
- 거대한.

They're imagining a new medical center on a **cyclopean scale**—a vast ten-block campus with thirty high-rise buildings.
그들은 새로운 메디컬센터를 거대한 규모, 즉 10개 블록에 걸쳐 고층건물 30개로 이뤄진 광활한 캠퍼스를 구상하고 있다.

■

그리스신화의 Cyclopes는 이마 가운데 눈 하나가 달려 있는 엄청나게 크고 거친 거인이다. Odysseus 일행은 퀴클롭스와 마주친 절체절명의 순간에 불타는 막대기로 괴물의 눈에 찔러 위기에서 탈출할 수 있었다.
트로이나 미케네 같은 고대유적지에서 거대한 돌로 쌓은 구조물을 볼 수 있는데, 시멘트도 사용하지 않고 축조한 정교한 건축구조물들은 퀴클롭스 같은 거인들이 쌓은 것 아닐까 하는 의심이 들게 한다.
cyclopean은 'Cyclopes가 만든 것 같은'이라는 뜻으로 거대한 구조물을 묘사할 때 자주 등장한다.
The street ended in a vast **Cyclopean gateway**— built of enormous rough stone blocks.
그 길 끝에는 거대한 게이트웨이가 서있다. 엄청나게 큰 바위덩어리를 쌓아 만들었다.
They marveled at the massive ancient **cyclopean walls**, which truly seemed to have been built by giants.
그들은 거대한 고대의 성벽을 보고 경외감을 느꼈다. 그것은 마치 거인들이 지은 것처럼 보였다.

✚
marvel [mˈɑːrvəl] 경탄하다.

calypso
[kəlˈɪpsoʊ]

noun
- 칼립소. 서인도제도의 활기찬 음악.

If you take a Caribbean vacation in December, you end up listening to a lot of Christmas carols played to a **calypso beat**.
12월에 카리브해에서 휴가를 보낸다면 칼립소 비트에 맞춰 연주하는 크리스마스 캐롤을 많이 듣게 될 것이다.

■

Homer의 《Odyssey》에 등장하는 nymph Calypso는 Trojan War가 끝나고 귀향하는 Odysseus를 꾀어 7년 동안이나 자신의 매혹적인 섬에 붙들어둔다.
Andrews Sisters와 Harry Belafonte 같은 가수들이 미국에 소개한 서인도제도의 전통음악은 그리스신화 속 요정이 부르는 노래처럼 빠져드는 마력이 있었다. 이 음악은 원래 흥겨운 멜로디에 즉흥적으로 가사를 붙여 부르는 아프리카노예들이 부르던 노동요였다.
사실 이 음악의 이름은 원래 '카이소'라는 아프리카 말이었는데, 20세기 초 누군가 그것을 발음이 비슷한 그리스신화 속 요정 이름을 가져다붙여 현재 '칼립소'로 통용되고 있다.
They danced and sang to the rhythm of the **calypso music** long into the night.
그들은 밤새도록 칼립소 리듬에 맞춰 춤추고 노래불렀다.

✚
nymph [nˈɪmf] 요정.

FIN

Latin
end 끝
boundary 경계

confine
[kənfˈaɪn]

verb
- 제한하다.
- 가두다.

He had heard the bad news from the CEO, but when he spoke to his employees he confined his remarks to a few hints that sales had slipped.

그는 CEO로부터 곧 정리해고가 있을 것이라는 이야기를 들었으나, 직원들에게는 매출이 급감했다는 이야기만으로 살짝 암시하는 것으로 그쳤다.

■

Someone who has committed a serious crime will be confined to the state prison.

중대한 범죄를 저지른 사람은 교도소에 수감될 것이다. confine은 기본적으로 어떤 것을 경계 안에 둔다는 뜻이다.

A person under "house arrest" is confined to his or her house by the government.

'가택연금'은 정부에 의해 자신의 집에 감금되는 것이다.

At a business meeting, the discussion may be confined to a single topic.

업무회의에서 논의는 한 가지 주제로 제한된다.

Someone confined to a bedroom or a wheelchair is too ill or disabled to be anywhere else. 침실이나 휠체어에 갇혀 있다는 것은 너무 아프거나 장애가 있어 어디에도 갈 수 없다는 뜻이다.

A town may keep industrial development confined to one area by means of zoning.

도시는 구획을 정해 공업개발을 일정지역 안으로 제한한다.

✛

confines [kˈɒnfaɪnz] of an area 경계 안에 속하는 영역.
zone [zˈoʊn] 구획하다.

definitive
[dɪfˈɪnɪtɪv]

adjective
- 완성된. 가장 높은 수준의.
- 완결된.

The team's brilliant research provided a definitive description of the virus and its strange mutation patterns.

이 팀의 탁월한 연구는 바이러스와 그것의 기괴한 돌연변이 패턴에 대한 최종적인 규명을 제공한다.

■

A definitive example is the perfect example.

완결된 사례는 완벽한 사례다. definitive는 최종적으로 완결된 것, 더 이상 개선할 수 없는 가장 뛰어난 것을 의미한다.

His *An Orkney Tapestry* is still the definitive book on the islands.

《오크니 타페스트리》는 지금까지 쓰여진 이 섬에 대한 가장 완벽한 책이다.

No one has come up with a definitive answer as to why this should be so.

이것이 왜 그렇게 될 수밖에 없는지 확고하게 대답을 내놓은 사람은 지금껏 없었다.

Ella Fitzgerald's famous 1950s recordings of American songs have even been called definitive—but no one ever wanted them to be the last.

1950년대 엘라 피츠제럴드의 음반은 나올 때마다 '재즈의 완결판' 이라고 불렸지만 누구도 그것이 마지막이기를 바라는 사람은 없었다.

✛

define [dɪfˈaɪn] 경계를 분명히하다, 정의하다.
definition [dˌefɪnˈɪʃən] 정의, 한정.

프랑스영화는 마지막에 Fin이라는 단어를 보여준다.
final은 맨 끝에 온다는 뜻으로 '마지막의'라는 뜻이며 finish는 '끝', finale는 '마지막 장면'을 뜻한다.
물론, 이 어근이 사용되었다 하더라도 그 의미를 추론해내기 어려운 단어도 많다.

finite
[fˈaɪnaɪt]

adjective

● 한정된. 크기나 범위가 분명하게 고정되어 있는.

Her ambitions were infinite, but her wealth was finite.

그녀의 야망은 무한했지만 재산은 유한했다.

■

It has come as a shock to many of us to realize that the atmosphere's ability to absorb greenhouse gases are finite rather than unlimited.

온실가스를 흡수할 수 있는 대기의 역량이 무한하지 않고 한계가 있다는 사실은 많은 이들에게 충격으로 다가왔다.

The debate continues as to whether the universe is finite or infinite and, if it's finite, how to think about what lies beyond it.

우주는 유한한가 무한한가 하는 논쟁, 그리고 우주가 유한하다면 그 너머에는 무엇이 있는가 하는 논쟁은 지금도 계속되고 있다.

Religion has always concerned itself with the question of the finite (that is, human life on earth) versus the infinite (God, eternity, and infinity). 종교는 언제나 유한자(지상의 인간) 대 무한자(신, 영원, 무한)에 대한 질문을 한다.

영어문법에서 finite verb는 주어에 의해 '한정된' 동사로 시제, 인칭, 수 등이 표시된 동사형태를 의미한다. 이에 비해 non-finite verb는 전혀 한정이 되지 않은 (시제, 인칭, 수 등이 표시되지 않은) 동사형태를 의미하며 여기에는 gerunds, participles, infinitives가 포함된다. infinitive는 아무런 한정도 하지 않은 '동사원형'으로 조동사 뒤에 쓰이거나 to와 함께 쓰인다 (to-infinitive).

finite numbers 유한 수. 과학분야에서 finite는 '명확하게 측정할 수 있는'이라는 뜻이다.

infinitesimal
[ˌɪnfɪnɪtˈesɪməl]

adjectiv

● 극미한. 헤아릴 수 없을 만큼 작은.

Looking more closely at the research data, he now saw an odd pattern of changes so infinitesimal that they hadn't been noticed before.

연구데이터를 더 면밀히 보니, 너무 미세하여 전에는 보이지 않던 특이한 변화의 패턴이 이제사 눈에 띄었다.

■

infinite는 측정할 수 없을 만큼 큰 것을 의미하는 반면, infinitesimal은 한없이 작은 것을 의미한다.

Microscope allows us to see infinitesimal organisms that had been thought too infinitesimally small to exist.

현미경을 통해 무한히 작아서 존재한다고 상상하지도 못했던 유기체들을 눈으로 볼 수 있게 되었다.

수학에서 infinitesimal은 0에 수렴하는 매우 작은 수를 의미하는데, 이를 '무한소'라고 한다.

An infinitesimal speck of dust on the lens can keep a CD player from functioning.

렌즈에 미세한 먼지가 하나라도 붙으면 CD플레이어가 제대로 작동하지 않을 수 있다.

✦

infinite [ˈɪnfɪnɪt] 무한.
infinity [ɪnfˈɪnti] 무한대.
decimal [dˈesɪməl] 10진법의, 소수의.
duodecimal [dˌuoʊdˈesəməl] 12진법의.
hexadecimal [hˌeksədˈesəməl] 16진법의.
speck [spˈek] 얼룩, 흠, 먼지.

SEQU

Latin *sequi*
to follow 뒤따르다

sequential
[sɪkwˈenʃəl]

adjective
- 순차적인. 연속되어 발생하는.

In writing the history of the revolution, his challenge was to put all the events of those fateful days in proper sequential order.

혁명의 역사를 쓰면서 골치아팠던 문제는 그 운명의 나날에 일어난 모든 사건들을 적절한 순서에 맞게 배치하는 것이었다.

■

Number them in sequence. 순서대로 번호를 매겨라.
sequence는 '정해진 순서'라는 뜻으로 sequential은 '그 순서에 따라 배열된'을 의미한다.
The chapters may be studied out of sequence.
이 책의 챕터는 순서와 무관하게 학습할 수 있다.
Sequential courses/tasks/steps must follow each other in the proper order.
정해진 순서에 따라서 수강해야 하는 강좌, 수행해야 하는 임무, 밟아야 하는 단계를 말할 때 sequential이라는 단어를 쓰면 된다.
Most novels and films move sequentially, but some use techniques such as flashbacks that interrupt the movement forward in time.
소설과 영화는 대부분 순차적으로 진행되지만, 시간 순을 역행하는 플래시백 같은 기법을 활용하는 작품도 있다.

✛

sequence [sˈiːkwəns] 일정한 순서.
flashback [flˈæʃbæk] 뚜렷하게 떠오르는 회상.

subsequent
[sˈʌbsɪkwənt]

adjective
- 그 다음에 일어나는.

Through all her subsequent love affairs, she never stopped thinking about the man who got away.

연애를 할 때마다 그녀를 버리고 떠나버린 남자에 대한 생각을 떨쳐버릴 수 없었다.

■

sub(below)+sequ(follow)가 결합한 subsequent는 어떤 것을 기준으로 그 다음에 나오는 것을 의미한다.
All our subsequent attempts to contact her failed. 그녀에게 접촉하려는 이후 시도는 모두 실패했다.
여기서 subsequent는 시간 상 뒤에 오는 것을 가리킨다.
The subsequent houses on the list looked even worse. 목록에서 그 다음에 나오는 집들은 더 나빠 보였다.
여기서 subsequent는 특정한 순서 상 뒤에 오는 것을 가리킨다.
The subsequent villages on the river heading east become steadily more primitive.
강 동쪽에 멀리 보이는 마을들은 점차 옛 향수를 떠오르게 한다.
여기서 subsequent는 주요 피사체보다 뒤에 있다는 뜻이다. 배경, 원경에 위치한 것을 가리킨다.
"I subsequently learned the real story."
나중에 사건의 진상을 알게 되었다.
subsequently는 시간상 뒤(later)라는 의미로 쓰인다.

✛

subsequence [sˈʌbsɪkwəns] 이후 일어나는 일.
subsequently [sˈʌbsɪkwəntlɪ] 나중에.
primitive [prˈɪmɪtɪv] 구식의, 현대적이지 않은.

sequel은 소설, 영화, TV드라마의 '후속편'을 의미한다.

consequential

[kˌɒnsɪkwˈenʃəl]

adjective

● 결과로 발생한(resulting). 중대한(important).

None of our discussions thus far has been very consequential; next week's meeting will be the important one.

지금까지 우리 논의 중 어떤 것도 제대로 된 결론에 도달하지는 못했다. 다음 주 회의가 정말 중요하다.

■

consequential은 기본적으로 다른 어떤 것에 따라나오는 것으로, '결과적인'이라는 뜻이다. 예컨대 법률문서에서 consequential losses는 어떤 부적절한 행동으로 인해 초래된 것으로 여겨지는 손실을 의미하며, 대개 이에 대해 의뢰인이 법적 소송을 제기한다.
The warming of the Earth and the consequent climatic changes **affect us all.**
지구온난화와 그로 인한 기후변화는 우리 모두에게 영향을 미친다.
consequent는 consequential의 형용사이지만, consequent에는 '중대한'이라는 의미가 없다.
하지만 법률문서가 아닌 일상적인 문맥에서 consequential이 사용될 때에는 resulting보다는 significant/important라는 뜻으로 사용되는 경우가 많다. 물론 그 결과가 매우 크다는 데에서 나온 의미다.
From a medical standpoint a week is usually not a consequential delay.
의학적 관점에서 볼 때 한 주 늦춘다고 큰 일이 생기는 것은 아니다.

✚
consequent [kˈɒnsɪkwənt] 결과로 발생한.
consequence [kˈɒnsɪkwens] 결과, 중요성.

non sequitur

[nˌɒn sˈekwɪtər]

noun

● 앞선 내용과 논리적으로 연결되지 않는 진술.

Rattled by the question, his mind went blank, and he blurted out a non sequitur that fetched a few laughs from members of the audience.

질문을 받고 당황해서 머리가 멍해진 그는 엉뚱한 말을 내뱉었고, 청중들 사이에서 웃음이 터져나왔다.

■

Non sequitur는 '이어지지 않는다'라는 뜻의 라틴어 문장을 그대로 가져온 것으로, 앞에 나온 것과 논리적으로 연결되지 않는 말이나 글을 의미한다.
non sequitur는 아리스토텔레스가 제시한 기본적인 논리오류 유형 중 하나다. 제시된 추론과 근거에서 끌어낼 수 없는 결론으로 도약하는 것을 말한다.
곤란한 질문을 받았을 때 정치인들이 어떻게 피해나가는지 유심히 보면 지금도 non sequitur가 얼마나 자주 활용되는 논리오류인지 알 수 있다.
Had she missed something important, or was this just a non sequitur?
뭔가 중요한 걸 빠뜨린 걸까? 아니면 단순히 논리적 비약일까?
He's hopeless at conversation, since practically everything he says is a non sequitur.
그와 대화하겠다는 생각은 접는 것이 좋다. 사실상 그가 말하는 것은 모두 논리적으로 말이 안 되기 때문이다.

✚
fetch [fˈetʃ] 자아내다.
sequel [sˈːkwəl] 후속편.
She's writing a sequel to **her first novel.**
hopeless [hˈoʊpləs] at sth —에 매우 서툰.

TERMIN TERM

Latin *terminare/terminus*
to limit/bound/set limits to 한계를 설정하다
limit/boundary 한계/경계

terminal

[tˈɜːrmɪnəl]

adjective
- 끝의. 종말이나 한계를 형성하는. 치명적인.

noun
- 터미널, 말단장치, 신경말단.

She knows she's in the late stages of a terminal illness, and has already drawn up a will.

그녀는 자신이 불치병 말기에 있다는 것을 알고서 이미 유언장을 작성했다.

■

A terminal disease ends in death.
마지막으로 앓는 병은 죽음으로 끝나는 병, 곧 불치병이다.
If you're terminally bored, you're "bored to death."
마지막으로 경험하는 지루함, 지루함의 끝판왕은 '지루해 죽는' 것이다.
For many students, a high-school diploma is their terminal degree.
많은 학생들에게 고교졸업장은 최종학력이다.
Some students finish college before terminating their education.
대학을 마침으로써 학업을 끝내는 학생들도 있다.
A terminal is the endpoint of a line.
터미널은 어떤 선의 끝점(말단지점)을 의미한다.
bus/train terminal 버스/기차 운행노선의 종점/종착역.
terminal punctuation 문장을 끝맺는 구두점.
terminal ornament 건물의 끝단을 장식하는 조형물.
computer terminal 데스크탑 컴퓨터.
처음 컴퓨터가 나왔을 때 거대한 컴퓨터 본체에 연결된 케이블 말단에 작은 모니터와 입력장치가 달려있었는데, 이것이 오늘날 데스크탑과 똑같이 생겼다.
그래서 지금도 데스크탑 컴퓨터를 '단말기'라고 부르는 사람을 볼 수 있다.

indeterminate

[ˌɪndɪˈɜːrmɪnət]

adjective
- 모호한. 정확하게 규정할 수 없는.

The police are looking for a tall white bearded man of indeterminate age who should be considered armed and dangerous.

경찰은 총기를 소지한 위험인물로 여겨지는 연령미상의 수염 난 키 큰 백인을 찾고 있다.

■

de(to)+term(limit)이 결합한 determine은 어떤 것의 경계를 한정하여 정의하고 결론을 확정하는 것을 의미한다. 따라서 in(not)이 붙은 indeterminate은 경계를 파악하기 어려운 것을 의미한다.
A mutt is usually the product of indeterminate breeding, since at least the father's identity is generally a mystery.
잡종개는 불특정 교배를 통해 생산된 개를 말하는데, 어미개는 대개 분명히 알 수 있는 반면 씨를 제공한 수캐는 알기 힘들다.
A painting of indeterminate origins is normally less valued than one with the painter's name on it.
알 수 없는 출처의 그림은 일반적으로 화가의 이름이 표시된 그림보다 가치가 낮게 평가된다.
If negotiations are left in an indeterminate state, nothing has been decided.
협상이 불확정 상태에 있다면 아무 결론도 도출하지 못했다는 말이다.

✦
bearded [bˈɪərdɪd] 턱수염이 난.
mutt [mˈʌt] = mongrel [mˈʌŋɡrəl] 잡종개.
draw up 작성하다.
terminate [tˈɜːrmɪneɪt] 종결짓다.

영어에서 limit/boundary는 대개 끝을 의미한다.
그래서 term은 일정한 시간 지속되다가 종료되는 '기간'을 의미한다.
terminate a sentence/meeting/ballgame은 문장/회의/야구경기를 '종료하다'라는 말이다.

interminable

[ˌɪntˈɜːrmɪnəbəl]

adjective

● 끝이 없는. 질질 끄는.

The preacher was making another of his interminable pleas for money, so she snapped off the TV.

설교자가 헌금하라는 듣기 싫은 호소를 또 내뱉자, 텔레비전을 꺼버렸다.

■

우주와 시간을 빼면 끝이 없는 것은 존재하지 않기에, interminable이라는 단어는 언제나 과장하는 말로 사용된다.
On an unlucky day you might sit through an interminable meeting.
끝도 없이 지루한 회의석상에 앉아있어야 하는 경우도 있다.
You might have an interminable drive home in heavy traffic.
교통체증으로 인해 퇴근길에 하염없이 차 안에 갇혀있어야 하는 경우도 있다.
I watched an interminable film yesterday.
어제 나는 끝나지 않을 것처럼 지루한 영화를 봤다.
He delivered an interminably long speech.
그는 끝나지 않을 것처럼 긴 연설을 했다.
그래도 이 모든 일들은 24시간 안에 끝나는 것이 분명하니 조바심내지 않기를 바란다.
I had an interminable wait in the doctor's office and didn't get home until 6:00.
의사와 상담하기 위해 한없이 기다리다가, 6시까지 집에 오지 못했다.

✚

plea [plˈiː] 간청, 탄원, 항변, 해명.

terminus

[tˈɜːrmɪnəs]

noun

● 종착역. 말단.
● 끝지점(tip).

They've been tracking the terminus of the glacier for 20 years, in which time it has retreated 500 yards.

20년간 빙하의 종착점을 추적해 왔는데, 이 기간 동안 종착점은 500미터 뒤로 물러났다.

■

로마제국에서 terminus는 경계석을 의미했다.
모든 경계석에는 경계를 지키는 신이 새겨져 있었는데 그 신의 이름이 바로 Terminus다.
테르미누스는 평화의 수호자로 여겨지기도 했는데, 테르미누스가 있는 곳은 이웃한 토지의 경계에 대한 어떠한 논란도 일어날 수 없었기 때문이다.
또한 테르미누스를 위한 축제도 열렸는데, 그 축제는 Terminalia(테르미날리아)라고 했다.
It would be a spectacular terminus at the end of a rocky and winding road.
이것은 구불구불한 자갈길의 끝을 장식하는 화려한 종점이 될 것이다.
오늘날 철도종착역 인근에 가면 Terminus라는 이름을 가진 호텔이나 모텔을 어렵지 않게 찾을 수 있다.
Their land extends all the way out to the terminus of the little peninsula.
그들의 땅은 작은 반도의 말단을 넘어 계속 뻗어나가고 있다.

✚

yard [jˈɑːrd] = 0.914 meter
tip [tˈɪp] 맨끝.
the tips of his fingers 손가락끝.
glacier [glˈeɪʃər] 빙하.

Words from **Mythology**

aeolian harp
[iˈoʊliən hˈɑːrp]

noun
- 바람이 통과하면서 소리를 내는 현악기.

Poets have long been fascinated by the aeolian harp, the only instrument that produces music without a human performer.

시인들은 오래전부터 사람이 연주하지 않아도 음악을 만들어내는 아이올로스의 하프에 매료되었다.

■

Aeolus는 바람의 왕 또는 수호신이다. 수많은 자녀들과 함께 동굴 속에서 살면서 제우스가 요청하는 다양한 바람을 내보내준다.
오디세우스가 트로이에서 귀향하는 길에 이 동굴에 잠깐 머물렀는데, 아이올로스는 돛을 한가득 채워줄 바람을 주머니에 담아준다. 하지만 오디세우스가 잠든 사이 선원 한 명이 거기에 보물이 들어있는 줄 알고 주머니를 열었다가 세찬 바람이 빠져나오면서 배를 처음 출발지로 다시 갖다 놓는다.
Aeolus의 하프는 Hermes가 만든 악기로 바람이 통과하면서 사람을 홀리는 하모니를 만들어낸다.
죽은 거북의 껍질에 붙어있는 마른 힘줄에 바람이 닿으면서 소리가 난다.
Every so often, a breeze would spring up and the aeolian harp in the window would emit its beautiful harmonies.

가끔씩 산들바람이 불어와 아이올로스의 하프의 연주소리처럼 창가에서 아름다운 화음이 울려퍼졌다.

✛
lyre [laɪər] U자 모양으로 생긴 작은 하프.
every so often = sometimes, but not frequently
emit [ɪmˈɪt] 열, 빛, 가스, 냄새 등을 풍기다. 소리를 내다.

halcyon
[hˈælsiən]

adjective
- 평온한.
- 유복한.

She looks back fondly on those halcyon childhood days when she and her sisters seemed to inhabit a magical world where it was always summer.

그녀는 유복한 어린 시절을 정겹게 회상하곤 한다. 그 때 그녀와 자매들은 언제나 여름만 지속되는 마법세상에 살고 있었던 것 같다.

■

halcyon은 원래 그리스의 새(아마도 물총새) 이름이었다.
halcyon은 겨울이 오면 지중해에 둥지를 트는데, 이때 시칠리아의 거친 겨울바다를 2주 동안 잠잠하게 만드는 힘을 가지고 있다고 여겨졌다. 로마인들은 이 시기를 halcyon days라고 불렀다.
halcyon days라는 표현은 점차 '평온한 나날'이라는 의미로 사용되기 시작한다.
It was all a far cry from those halcyon days in 1990, when he won three tournaments on the European tour.

유럽투어에서 토너먼트를 세 번이나 우승했던 1990년 황금기와는 너무도 확연한 차이가 났다.

오늘날 halcyon days는 추억 속 '리즈시절'을 일컫는 말로 자주 등장한다.
In those halcyon summers, he and his cousins spent every day sailing and swimming in the blue Wisconsin lakes.

평온했던 그해 여름, 그는 사촌들과 함께 매일 푸른 위스콘신호수에서 요트를 타고 수영을 하며 지냈다.

✛
fondly [fˈɒndli] 다정하게.
a far cry from ―과 완전히 다른, 딴판인.

Animum fortuna sequitur.
Fortune follows brave soul.
행운은 늘 용기를 따라다닌다.

zephyr
[zˈefər]

noun
- 서풍.
- 산들바람. 미풍.

Columbus left Genoa sailing against the zephyrs that continually blow across the Mediterranean.

콜럼버스는 제노바를 떠나 지중해를 가로질러 끊임없이 불어오는 서풍을 거슬러 항해했다.

■

고대그리스인들은 동서남북풍에 제각각 신의 이름을 붙여서 불렀다.
—Eurus [jˈʊrə] 에우로스. 동풍
—Zephyrus [zˈefərəs] 제피로스. 서풍
—Notus [nˈəʊtəs] 노토스. 남풍
—Boreas [bˈɔːriəs] 보레아스. 북풍
A zephyr is a kind wind, bringer of clear skies and beautiful weather.

서풍은 맑은 하늘과 화창한 날씨를 가져다주는 온화한 바람이기도 하다.

On fair days a gentle zephyr would blow from morning until night.

맑은 날에는 부드러운 시풍이 아침부터 밤까지 분다.

cynosure
[sˈaɪnəʃˌʊr]

noun
- 길잡이.
- 주목의 초점.

Near the club's dance floor, a young rock star was hanging out, the cynosure of a small crowd of admirers.

젊은 락스타는 클럽의 댄스플로어 가까운 곳에서 몇몇 팬들의 시선을 즐기며 시간을 보내고 있었다.

■

Dog's tail을 의미하는 그리스어 kynosoura에서 유래한 라틴어 Cynosura(개꼬리)는 Ursa Minor 별자리를 일컫는 말이 되었다.
Ursa Minor는 Little Bear(작은 곰)라는 뜻으로, 오늘날 Little Dipper(작은 국자)라고 불리기도 한다.
이 별자리의 곰의 꼬리 또는 국자의 손잡이 끝에 있는 별은 절대 움직이지 않기 때문에 이 별은 예로부터 뱃사람이나 여행자들에게 길을 찾는 기준으로 사용되었다.
이 별은 Polaris라고 불리는데 이는 North Star(북극성) 라는 뜻이다. 모든 별이 Polaris를 중심으로 돈다.
라틴어 Cynosura는 서서히 Polaris를 일컫는 말로도 쓰였고, 이 단어가 영어로 건너와 cynosure가 되면서 '가이드'와 '주목대상'이라는 의미를 갖게 되었다.
Big(Great) Dipper 큰 국자자리
=Ursa Major = Big Bear 큰 곰자리, 북두칠성
Little Dipper 작은 국자자리
= Ursa Minor = Little Bear 작은 곰자리, 작은 북두칠성

+

hang out 특정한 장소에서 사람들과 어울려 노닥거리다.
Polaris [poʊlˈærɪs] 북극성.
dipper [dˈɪpər] 국자.
kingfisher [kˈɪŋfɪʃər] 물총새.

RE

Latin
again 다시

remorse

[rɪmˈɔːrs]

noun
- 자책. 회한.

Remorse for the accident that occurred that night seems to have altered the course of the senator's life.

그날 밤 일어난 사건에 대한 자책으로 상원의원의 삶의 방향이 달라진 것으로 보인다.

■

re(again)+mor(to bite)가 결합한 remorse는 '다시 또 다시 문다', 다시 말해 gnaw(갉아먹다)라는 뜻이다.
In criminal court, judges are always looking for signs that a convicted felon is suffering remorse for his crime.

형사재판에서, 판사는 항상 유죄를 선고받은 중범죄자가 자신이 저지른 범죄에 대해 깊이 뉘우치는지 징후를 찾는다.

그런 징후가 없다면, 판사는 형량을 연장하거나 가석방을 거부할 것이다.
He is going to be full of remorse and regret for his stupidity.

그는 자신이 저지른 바보같은 행동을 후회하고 자책할 것이다.
remorse는 regret보다 훨씬 강렬한 감정이다.
remorse는 평생 지속되기도 한다.
Her outburst at her daughter left her filled with remorse for days afterward.

딸에게 화를 터뜨리고 나서 며칠 동안 그녀는 자책해야만 했다.
Remorse over the accident seems to be the main cause of his depression.

그 사고에 이후 깊은 후회가 우울증의 주된 원인이 된 듯하다.

✚
gnaw [nɔ] 갉아먹다.
felon [fˈɛlən] 중범죄자.

reiterate

[riˈɪtəreɪt]

verb
- 반복하여 말하다.

At the end of every class, Professor Lewis reiterates that we should get an early start on our term papers.

루이스교수는 수업이 끝날 때마다 학기 논문을 빨리 쓰기 시작하라고 거듭 당부한다.

■

라틴어 iterum은 again을 의미하기 때문에 reiterate는 기본적으로 again and again이라는 뜻이다.
iteration은 오늘날 컴퓨터 프로그래밍에서 많이 쓰는 단어로, 어떤 명령이나 계산을 반복실행하는 것을 의미한다.
I want to reiterate that our conventional weapons are superior.

우리의 재래식 무기가 훨씬 뛰어나다는 것을 반복해서 말하고 싶다.
일상적인 맥락에서 reiterate는 단순히 '반복해서 말하다' 라는 뜻이다.

✚
iterate [ˈɪtəreɪt] 반복하다.
iteration [ˌɪtərˈeɪʃən] 반복.
reiteration [riˌɪtərˈeɪʃən] 반복.
creaky [krˈiːki] 삐걱거리는.
clunker [klˈʌŋkər] 고물이 된 기계(자동차).
sluggish [slˈʌgɪʃ] 둔한.
edge [ˈedʒ] 우위, 선두.
square [skwˈeər] 부합하다.
U.S. House and Senate 미국 하원과 상원.
herder [hˈɜːrdər] 목동.
in bad shape 몸이 망가진.
juvenile [dʒˈuːvənaɪl] 어린이의.
bursting with 터질라.

redo는 do again, reheat은 heat again, recheck은 check again,
reread는 read again, resell은 sell again, repaint은 paint again이라는 뜻이다.
re-를 붙여서 언제든 새로운 단어를 만들어낼 수 있다.

---

rejuvenate
[rɪdʒˈuːvəneɪt]

verb
● 다시 젊어지게 하다.

He was in bad shape after his wife's death, but everyone says he's been rejuvenated by his remarriage.

아내가 죽은 뒤 그는 몸이 골골했으나, 재혼한 뒤 다시 젊어졌다고 모두들 말한다.

■

라틴어 juvenis(young)는 오늘날 juvenile 같은 영어단어에서 볼 수 있다.
Rejuvenation is something that can be carried out on a creaky old house, a clunker of a car, a sluggish career, a weak economy, or a company that's lost its edge.

낡고 오래된 집, 고물차, 부진한 경력, 허약한 경제, 기세를 놓친 회사를 새롭게 바꾸는 작업을 이야기할 때 rejuvenate라는 말을 쓸 수 있다.
Ads for lotions promise skin rejuvenation.

로션광고는 피부에 새로운 활기를 약속한다.
rejuvenate는 역시 우리 몸을 젊게 만든다는 의미로 가장 많이 사용된다.
Diet-book covers show rejuvenated (or maybe just young) models bursting with health.

다이어트 책 표지에는 건강미 넘치는 젊어보이는 (또는 실제로 젊은) 모델이 등장한다.
스페인의 탐험가 Juan Ponce de León은 Fuente de la Juventud(Fountain of Youth)을 찾아오겠다는 명분으로 대서양을 건너 플로리다와 푸에르토리코를 개척하였다.
이탈리아의 유명한 프로축구단 Juventus는 라틴어로 youth라는 뜻이다.

---

reconcile
[rˈekənsaɪl]

verb
● 일치시키다.
● 화해시키다.

Now she has to reconcile her liking for her brother-in-law with the news that he was picked up for armed robbery last week.

시동생에 대해 느끼던 호감과 그가 지난주 무장강도 짓을 하다 붙잡혔다는 소식을 이제 하나로 접목해야 한다.

■

re(again)+concil(to calm/soothe)이 결합한 reconcile은 기본적으로 to calm again이라는 뜻이다.
Warring friends can often be reconciled by a nice note or apology.

친구와 싸우고 난 뒤 사과하는 글이나 말을 통해 화해하는 경우가 많다.
When a scientist is faced with two results from two research projects that don't square very well, he may try to reconcile them.

과학자가 두 가지 연구프로젝트에서 나온 결과가 서로 잘 들어맞지 않는 경우, 그것을 논리적으로 꿰어 맞추고자 노력한다.
미국의 상원과 하원은 제각각 통과시킨 두 가지 다른 버전의 법안을 조율하여 최종안을 만들어내는 작업을 하는데, 이 절차를 reconciliation이라고 부른다.
I had to reconcile myself to not getting to the beach next summer.

내년 여름 해변에 가지 않기로 한 약속을 받아들일 수밖에 없었다.
He has reconciled himself to the idea of his daughter in the Peace Corps marrying a Mongolian goat herder.

평화봉사단활동을 하는 딸이 몽골의 양치기와 결혼하겠다는 결정을 따를 수밖에 없었다. reconcile yourself to sth은 마음에 들지 않는 상황을 수긍한다는 뜻이다.

RE

Latin

back 뒤에
backward 뒤로

rebut
[rɪbˈʌt]

verb
● 자신에 대한 비난에 반박하다.

The claims about receiving payoffs from builders were eventually rebutted by the mayor's office, but the damage had been done.

시장실은 결국 건축업자에게 뇌물을 받았다는 혐의를 반박하는 데 성공했지만, 어쨌든 상당한 손상을 입었다.

■

Stop butting in! 들이대지 좀 마! butt는 원래 소나 양같은 동물이 뿔로 들이받아서 밀어붙이는 행동을 일컫는다. 물론 사람끼리 진짜 머리통을 박는 경우는 흔치 않을 것이다.
They don't want outsiders butting in on their decision-making. 그들은 의사결정과정에 외부인이 치고 들어오는 것을 달가워하지 않는다.
rebut는 기본적으로 butt back을 의미한다. '밀어서 날려버리다' 즉 '물리치다'라는 뜻이다. 물론, 말로 상대방을 날려버리려면 상당히 센 말을 내뱉어야 할 것이다.
He conducted a point-by-point rebuttal of charges from the competitors. 경쟁후보들이 제기한 혐의들을 하나하나 논박해냈다. rebuttal은 자신에게 제기된 주장이나 의혹을 격파해서 물리치는 반박이다.
The lawyer for the accused or for the party being sued almost always tries to rebut the charges against his or her client.
고소나 소송을 당한 쪽의 변호사는 언제나 자신의 의뢰인에게 씌워진 혐의를 반박하기 위해 노력한다.

✚

payoff [pˈeɪɒf] 댓가로 받는 돈, 선수금, 뇌물.
butt [bˈʌt] (머리로) 들이받다, 밀어붙이다, 들이대다.
rebuttal [rɪbˈʌtəl] 고소혐의에 대한 반박.

revoke
[rɪvˈoʊk]

verb
● 법적 효력을 공식적으로 취소하다.

His real-estate license had been revoked after his conviction for fraud three years earlier.

3년 전 사기에 대한 유죄판결이 확정된 다음 공인중개사 면허는 취소되었다.

■

re(backward)+voc(to call)이 결합한 revoke는 call back, 즉 '가던 사람을 불러 세워 되돌아오게 하다'라는 뜻이다. 허가해 준 것을 다시 뺏은 것이다.
Your driver's license could be revoked after about three convictions for driving under the influence of alcohol; some people's licenses are even revoked for life. 운전면허증은, 음주운전을 한 사실이 세 번 확정되면 취소될 수 있다. 가끔은 평생 면허가 취소되기도 한다.
You could get your passport revoked if a judge thought you had violated the terms of your bail and suspected you might skip the country.
불구속조건을 위반하고 나라밖으로 도망칠 수 있다고 의심될 경우 판사는 그 사람의 여권을 취소할 수 있다.
If you're out of prison on probation and violate the terms of probation, it will probably be revoked and you'll end up back in the slammer.
집행유예를 받아 풀려났는데 유예조건을 어기면, 집행유예는 취소되고 다시 감방으로 돌아가야만 한다.

✚

slammer [slˈæmər] 감방.
bail [bˈeɪl] 보석. 불구속 상태에서 재판받을 수 있는 법원의 허가. 또는 그 허가를 받기 위해 내는 돈.
probation [prˌoʊbˈeɪʃən] 형집행을 유예하고 보호감찰을 받는 제도.

'다시'와 '뒤'는 의미상 밀접하게 연결되어 있어 사실상 구별하기가 쉽지 않다.
rebound는 bound back(다시 돌아오다: 튀기다), recall은 call back(다시 불러내다: 기억을 되살리다),
react는 act back(다시 행동하다: 반응하다)이라는 뜻이다.

regress

[rɪgrˈes]

verb

● 이전의 낙후된 상태로 돌아가다.

In the years since she had left, the country seemed to have regressed **badly, and its corruption and dire poverty had gotten much harder to ignore.**

그녀가 떠난 뒤 나라는 심각하게 퇴보한 듯 보였다. 부패와 지독한 가난은 무시하기 힘들 만큼 극심해졌다.

■

If a disease regresses, that's generally a good thing, but in most other ways we prefer not to regress. 질병이 진행하지 않고 역행한다면, 그것은 일반적으로 좋은 일이겠지만, 그 밖의 경우 역행하는 것은 대부분 바람직하지 않다. regress는 progress의 반댓말이다.
If someone's mental state has been improving, we hope he or she won't start to regress.
어떤 사람의 정신상태가 좋아졌다면, 우리는 다시 나빠지지 않길 희망한다.
When a nation's promising educational system begins to regress, that's a bad sign for the country's future. 국가의 유망한 교육제도가 퇴보하기 시작하면, 그것은 국가의 미래에 나쁜 징후다.
Rich people prefer regressive taxes rather than progressive taxes. 부자들은 누진세보다 역진세를 좋아한다. progressive tax는 세금을 징수할 대상액이 커질수록 세율도 커지는 반면, regressive tax는 거꾸로 세율이 작아진다.

✚
progress [prəgrˈes] 진행되다, 발전하다.
progressive [prəgrˈesɪv] 진보하는, 점진적으로 변화하는.

reciprocal

[rɪsˈɪprəkəl]

adjective

● 양쪽이 똑같이 주고받는.
● 상응하는.

They had done us a great favor, so as a reciprocal gesture **we invited them for a weekend on the island.**

그들이 우리에게 호의를 많이 베풀어주었기에, 보답하는 몸짓으로 주말에 섬으로 초대했다.

■

라틴어 reciprocus는 returning the same way, 또는 alternating이라는 뜻이다.
It was a hopeless love that could not possibly be reciprocated.
되돌려받을 가능성이 없는 절망적인 짝사랑이었다.
reciprocating movement 피스톤처럼 왕복하는 운동.
reciprocal proportion 반비례.
수학에서 합이 1이 되는 '역수'를 reciprocal이라고 한다. 예컨대 5/6과 6/5은 reciprocal이다. 이것을 그래프로 나타낸 것이 '반비례'다.
They gave assurances they would press for reciprocity with Greece in the issuing of visas.
그리스와 상호 비자발급 조치를 추진해나가기로 약속했다.
reciprocity는 한 나라에서 법적으로 효력을 갖는 것을 다른 나라에서도 인정하는 상호조치를 의미한다.

✚
reciprocate [rɪsˈɪprəkeɪt] 보답하다. 받은 대로 돌려주다.
reciprocity [rˌesɪprˈɒsɪti] 호혜.
dire [dˈaɪər] 절실한, 시급한, 지독한.
regressive [rɪgrˈesɪv] 퇴행하는.

TRACT

Latin *trahere*
to drag or draw 끌다

traction
[tr ´ækʃən]

noun
● 마찰력. 미끄러지지 않게 잡아주는 힘.

The spinning wheels were getting no traction on the ice, and we began to slip backward down the hill.
회전하는 바퀴는 얼음 위에서 마찰력을 얻지 못했고, 우리는 언덕 아랫쪽으로 미끄러지기 시작했다.

■

Tractors get terrific traction, because of their powerful engines and the deep ridges on their huge wheels. 트랙터는 강력한 엔진과 커다란 바퀴에 깊이 파인 홈을 이용해 엄청난 마찰력을 얻는다.
tractor는 무언가를 끄는 것을 말한다. tractor 하면 농기계가 먼저 떠오르지만, trailer(무언가에게 끌려가는 것: 적재함)를 끄는 트럭의 앞부분도 tractor라고 한다. tractor에는 엔진과 운전석이 있다.
A cross-country skier needs traction to kick herself forward, but doesn't want it to slow her down when she's gliding.
스키를 탈 때 앞으로 치고 나가기 위해서는 마찰력이 필요하지만, 활강할 때는 마찰력은 거꾸로 속도를 줄이는 역할을 한다. 마찰력을 두 가지 방식으로 동시에 활용하기 위해 스키의 밑바닥은 대개 fish-scale(물고기 비늘) 모양으로 되어 있다.
Isabelle's legs were in traction for about two weeks. 이자벨은 2주 정도 다리에 견인치료를 받았다.
잡아당기거나 무거운 것을 매달아 특정부위를 곧게 펴는 치료법을 traction이라고 한다.

✛
traction [tr ´ækʃən] 견인력, 마찰력.
ridge [r ´ɪdʒ] 산맥, 길게 돌출한 융기.
glide [gl ´aɪd] 미끄러지듯 움직이다.

retract
[rɪtr ´ækt]

verb
● 안으로 집어넣다.
● 철회하다.

She was forced to retract her comment about her opponent after it was condemned in the press.
언론의 비난을 받은 후 그녀는 상대편에 대한 논평을 철회하라는 압박을 받았다.

■

re(back)+tract(draw)가 결합한 retract는 글자 그대로 draw back을 의미한다.
A cat retracts its claws into its paws when they aren't being used.
고양이는 발톱을 사용하지 않을 때 발 속에 숨긴다.
retract는 어떤 것에서 튀어나온 물체가 다시 들어가는 것을 묘사한다.
The politician was forced to issue a retraction of his or her allegations against the opponent.
그 정치인은 정적에 대한 추정에 근거한 주장을 철회하라는 압박을 받았다.
Thousands of citizens were forced to publicly retract their "wrong" ideas by the Soviet government in the 1930s.
1930년대 소비에트연방정부는 무수한 시민들에게 자신의 '잘못된' 생각을 공개적으로 철회하는 자아비판을 강요했다.
Someone wrongly accused may demand a retraction from his accuser.
부당하게 고소당한 사람은 고소인에게 고소취하를 요구할 수 있다.

✛
retraction [rɪtr ´ækʃən] 철회, 움츠림.
allegation [ˌ æ lɪɡ ´eɪʃən] 입증되지 않은 혐의 진술.

attractive는 무언가를 끌어당기는 것으로 '매력적인'이라는 의미다. distract는 관심을 다른 곳으로 끌어당겨 '산만하게 하다'라는 의미다. extract는 잘 빠지지 않는 것을 힘겹게 '끄집어내다'라는 뜻으로 extract a tooth는 '이를 뽑다' extract plutonium은 '플루토늄을 추출하다' extract a confession은 '자백을 받아내다'를 의미한다.

protracted
[proʊtrˈæktɪd]

adjective
- 질질 끄는. 원치 않는 상태가 오래 지속되는.

No one was looking forward to a protracted struggle for custody of the baby.

자녀양육권을 두고 분쟁이 오래 지속되는 걸 좋아할 사람은 없다.

■

pro(forward)+tract(drag)가 결합한 protracted는 drag out in time(시간을 끌다)이라는 뜻으로, 원치 않는 상태가 지루하게 이어지는 것을 의미한다.
A protracted strike may cripple a company.
오래 이어지는 파업은 회사를 망가뜨릴 수 있다.
A protracted rainy spell may rot the roots of vegetables. 지루한 장마는 채소뿌리를 썩게 할 수 있다.
A protracted lawsuit occasionally outlives the parties involved.
질질 끄는 소송은 양쪽 당사자가 다 죽고 난 뒤까지 이어지기도 한다.
Before the invention of the polio vaccines, polio's victims had no choice but to suffer a protracted illness and its aftereffects.
소아마비 백신이 발명되기 전에는 소아마비에 걸리면 선택의 여지없이 오랜 시간 고통을 앓고 또 후유증에 시달려야만 했다.

✚
cripple [krˈɪpəl] 수족을 못쓰게 만들다.
spell [spˈel] 특정한 날씨나 행동이 이어지는 기간.
rot [rˈɒt] 썩어서 물러지다.
polio [pˈoʊlioʊ] 소아마비.
lawsuit [lˈɔːsuːt] 법적 분쟁.
aftereffect [ˈæftərəfˌekt] 후유증, 여파.

intractable
[ɪntrˈæktəbəl]

adjective
- 고집스러운. 다루기 힘든.

Corruption in the army was the country's intractable problem, and for many years all foreign aid had ended up in the colonels' pockets.

군대의 부패는 국가의 난제였는데, 수년간 받아온 모든 외국의 원조는 장교들의 주머니로 들어갔다.

■

intractable은 untreatable과 같은 뜻으로 심지어 어원도 같다. 하지만 untreatable은 사람에게만 쓸 수 있는 반면, intractable은 상태나 조건에도 쓸 수 있다.
A cancer patient may suffer intractable pain that doctors are unable to treat.
암환자들은 억누를 수 없는 고통에 시달리는데, 이는 의사들도 어찌하지 못한다.
An intractable alcoholic goes back to the bottle immediately after "drying out."
고질적인 알코올중독자는 '금주' 시간이 끝나자마자 바로 술병을 잡는다.
Homelessness, though it hardly existed thirty years ago, is now sometimes regarded as an intractable problem.
30년 전만 해도 거의 존재하지 않았던 노숙자들은 이제 고질적인 사회문제로 여겨진다.

✚
colonel [kˈɜːrnəl] 대령.
untreatable [ʌntrˈiːtəbəl] 치료할 수 없는.
dry out 술을 끊다, 알코올중독을 치료하다.

Words from Dragons

nemesis
[nˈemɪsɪs]

noun
- 꺾기 힘든 강력한 경쟁자나 적수.

During the 1970s and '80s, Japanese carmakers became the nemesis of the U.S. auto industry.

1970년대에서 80년대까지 일본의 자동차 제조업체들은 미국의 자동차산업의 강력한 경쟁자로 부상했다.

■

그리스의 여신 Nemesis는 고귀한 행동에는 상을 주고 악한 행위에는 복수를 하는 신이지만, 사람들은 대개 복수의 여신으로만 기억한다.

네메시스는 나쁜 짓을 한 사람에게 즉시 벌을 내리지 않는 경우도 많다. 때로는 죄값을 치르게 하기 위해 다섯 세대를 기다리기도 한다. 어쨌든 그녀의 대의는 언제나 정당하기 때문에 Nemesis는 궁극적으로 반드시 승리한다.

The powerful drug lord is the nemesis of a Mexican police chief.

강력한 마약왕은 멕시코경찰서장이 도저히 맞설 수 없는 상대다.

이 문장에서 볼 수 있듯이 오늘날 nemesis는 반드시 정의로운 편만을 의미하지 않는다.

Ernst Stavro Blofeld was James Bond's nemesis in three of Ian Fleming's novels.

에른스트 스타브로 블로펠트는 이언 플레밍 소설 세 권에 걸쳐 제임스 본드의 강력한 적수로 등장한다.

In eighth grade his nemesis was a disagreeable girl named Rita who liked playing horrible little tricks.

8학년 때 그의 적수는 말도 되지 않는 사소한 속임수를 즐겨하는 리타라는 이름의 까칠한 소녀였다.

She was sure her old nemesis was plotting to get her fired.

그녀는 오래된 라이벌이 모의해서 자신이 해고당했다고 확신했다.

Scylla and Charybdis
[sˈɪlə ənd kərˈɪbdɪs]

noun
- 진퇴양난.

Doctors and patients who need to calculate the ideal dosage of the medication, knowing how it can trigger a different dangerous condition, often feel caught between Scylla and Charybdis.

전혀 다른 위험한 상태를 초래할 수 있다는 것을 알고 있기에, 약물의 적정복용량을 계산해야 하는 의사와 환자는 대개 진퇴양난에 처한 것 같은 느낌을 받는다.

■

Messina 해협은 시칠리아섬과 이탈리아반도의 '발가락' 사이를 지나는 좁은 통로다. 그리스신화에 따르면, 육지 쪽 바위에는 날카로운 이빨을 가진 여섯 개의 머리가 뱀처럼 뻗어나온 Scylla라고 하는 여자괴물이 개처럼 짖어댔으며, 시칠리아섬 쪽에는 하루에 세 번씩 바닷물을 삼켜서 소용돌이를 일으키는 Charybdis라고 하는 여자괴물이 살았다.

Odysseus는 메시나해협을 지나면서, 스킬라와 카리브디스 사이에서 어느 쪽을 선택할 것인지 난처한 상황에 처한다.

between Scylla and Charybdis
= between a rock and a hard place
이도 저도 선택하기 힘든 딜레마 상황에

✚
disagreeable [dˈɪsəgrˈiːəbəl] 불쾌한, 사귀기 어려운.
plot [plˈɒt] 이야기를 구상하다. 모의하다.

Nil sine magno vita labore dedit mortalibus.
Life grants nothing to us mortals without great work.
힘겨운 노력 없이 삶은 우리에게 아무것도 주지 않는다.

chimera
[kaɪmˈɪərə]

noun
● 키메라. 기괴한 형상을 한 상상 속 괴물.

This latest piece of legislation is a weird chimera, with sections devoted to agriculture, defense, welfare, law enforcement, and scientific research.
최근 이루어진 이 법제정은 농업, 국방, 복지, 치안, 과학연구를 한데 구겨 넣은 그야말로 기괴한 괴물이다.

■

그리스신화에서 Chimera는 불을 내뿜는 여자괴물로 염소몸통에 사자머리와 용꼬리가 달려있다. 터키 남서부지역을 황폐화시켰는데, Bellerophon이 하늘을 나는 말 Pegasus를 타고 하늘에서 공격하여 겨우 죽일 수 있었다.
Religious unity remained as much a chimera as ever.
종교의 통합은 여느 때와 마찬가지로 말도 되지 않는 망상으로 남아 있다.
chimera는 오늘날 괴이하고 어울리지 않는 부분들로 조합된 상상의 산물 또는 '실현 불가능한 몽상'이라는 의미로 쓰인다.
As he aged he began to think the CIA was watching him, and even though it was just a chimera it caused him a lot of anxiety.
나이가 들어가면서 그는 CIA가 자신을 감시하고 있다고 생각하기 시작했다. 물론 그것은 상상의 산물에 불과했음에도 그에게 상당한 불안을 야기했다.

✚
a figment of one's imagination 상상의 산물.
figment [fˈɪgmənt] 꾸며낸 허구.

gorgon
[gˈɔːrgən]

noun
● 추하고 역겹고 끔찍한 여자.

The beautiful star disappeared into the makeup room and emerged two hours later transformed into a gorgon.
그 아름다운 여배우가 분장실에 들어간 지 두시간만에 고르곤으로 변신하여 나타났다.

■

Gorgons는 그리스신화에 나오는 세 괴물자매로, 머리카락이 뱀으로 되어있으며, 이들을 쳐다보는 사람은 그 즉시 돌로 변하고 만다.
Gorgons 중에서 가장 유명한 괴물이 바로 Medusa다. Perseus는 메두사를 직접 바라보지 않고 거울처럼 반짝이는 방패에 비친 모습을 보고 그녀의 목을 잘랐다.
오늘날 medusa는 머리통을 닮은 둥근 몸통에 뱀같이 생긴 긴 촉수를 달고 있는 일반적인 형태의 해파리들을 일컫는 말로 쓰인다.
Her boss was a gorgon who terrorized the office.
그녀의 상사는 사무실을 공포의 도가니로 몰아넣는 여자괴물이었다.

✚
jellyfish [dʒˈelifɪʃ] = medusa 해파리.

PALEO

Greek *palaios*
ancient 아주 오래된

Paleolithic
[pˌeɪlioulˈɪθɪk]

adjective
- 구석기시대의.

He raves about the health benefits of his Paleolithic diet, the kind that our pre-agricultural, hunting-and-gathering Stone Age ancestors would have eaten.

그는 농경 이전에 수렵-채집생활을 하던 석기시대 조상들이 먹었을 구석기식단의 건강상 이점을 극찬했다.

■

paleo(ancient)+lith(stone)이 결합한 paleolithic은 석기시대 중에서도 오래된 시기를 말한다.
The first known period of human culture, the Paleolithic actually covers almost all of human history. 인류 최초의 문명이라 할 수 있는 구석기시대는 250만 년 전 돌을 도구로 처음 사용했을 때부터 1만 년 전 농경을 발명할 때까지 인간의 전체 역사에서 사실상 거의 대부분을 차지한다.
Near the end of the Paleolithic period, animal bones and antlers were being used for tools, especially pointed tools, and sculpted figures and cave art were being produced.
구석기시대가 끝날 무렵 동물 뼈와 뿔로 만든 뾰족한 도구가 나오기 시작했고 조각과 동굴벽화도 만들어지기 시작했다.
The Paleolithic gave way to the Mesolithic period, with its tools made of polished stone, wood, and bone. 구석기시대는 돌, 나무, 뼈를 연마해서 만든 도구를 사용하는 중석기시대로 넘어간다.

✦
rave [rˈeɪv] 열변을 토하다.
antler [ˈæntlər] 사슴뿔.
Mesolithic [mˌɛsoʊlˈɪθɪk] = middle stone 중석기시대의.
obsession [əbsˈeʃən] with —에 대한 열광.
meteorite [mˈiːtiəraɪt] 운석.

paleography
[pˌeɪliˈɑgrəfi]

noun
- 고대에 작성된 글.
- 고문연구.

For her thesis on Central American paleography, she spent a winter in Honduras studying rock inscriptions 30 miles upriver from the nearest town.

중앙아메리카의 고문에 관한 논문을 쓰기 위해 그녀는 온두라스에서 겨울을 나며, 도시에서 50킬로미터 상류에 있는 바위에 새겨진 비문을 연구했다.

■

Early writing took the form of pictographs, very simple pictures that first represented things or ideas and later came to represent actual words.
초기 문자는 상형문자 형태로, 처음에는 사물이나 생각을 상징하는 매우 단순한 그림이었으나 나중에는 실제 단어를 상징하게 된다.
세계에서 가장 오래된 문자기록은 약 4,000년 전 수메르(오늘날 이라크 남부)에서 발견된 것이다.
The first actual alphabet, in which each character represents a sound, appeared in the same general region about 500 years later.
문자가 제각각 소리를 상징하는 사실상 최초의 알파벳은 약 500년 후 같은 문명지역에서 나타났다.
Decoding some ancient languages has proven to be a huge task for paleographers. 몇몇 고대언어를 해석하는 일은 지금도 고문학자에게 중요한 작업이다. 물론, 언제 어디서 작성되었는지 알아내는 일조차 힘든 경우도 있다.

✦
inscription [ɪnskrˈɪpʃən] 돌에 새겨진 글.
pictograph [pˈɪktəgrˌæf] 상형문자.
alphabet [ˈælfəbet] 소리를 기호로 표현한 음소문자.
wipe [wˈaɪp] out 닦아내다.
fossil [fˈɒsəl] 화석.

paleobiology는 고생물학, paleogeography는 고지질학, paleoecology는 고생태학을 의미한다.

paleontology
[pˌeɪlɪɒntˈɒlədʒi]

noun
● 고생물학.

Her obsession with dinosaurs as a child continued through her teens, and no one was surprised when she started graduate school in paleontology.

어린시절 공룡에 대한 집착은 10대 내내 그대로 이어졌기에, 그녀가 고생물학을 전공하기 위해 대학원에 들어간 사실은 전혀 놀랍지 않았다.

■

Since 1820s, paleontology has sought to discover the entire history of life on earth.

1820년대 생겨난 고생물학은 단세포생물이 생겨난 시점부터 오늘날까지, 전체 생명의 역사를 탐구하는 작업을 해왔다. paleontology는 화석을 발굴하는 작업과 밀접하게 연관된 학문으로, 지구상에 공룡이 존재했다는 사실이 입증되면서 학문으로 자리잡았다.

Paleontologists made remarkable discoveries that a huge meteorite that fell in the Gulf of Mexico wiped out the dinosaurs—all except the birds, the only surviving dinosaurs.

고생물학자들은 멕시코만에 거대한 운석이 떨어지면서 공룡을 싹쓸이해버렸다는 놀라운 발견을 했다(이때 날아다니는 공룡만 살아남았는데 이것이 바로 '새'다).

Radiometric dating 방사능연대측정.

방사성원소가 얼마나 붕괴되었는지 측정함으로써 얼마나 오래된 것인지 밝혀내는 방법. 최근에는 DNA, RNA, 단백질분자를 활용한 연대측정방법으로 자주 활용된다.

Paleontologists often consult with geologists searching for oil, gas, and coal deposits.

고생물학자들은 석유, 가스, 석탄매장지를 찾는 지질학자들과 자주 협업을 한다. 이러한 물질들은 모두 고대의 식물과 동물의 잔해가 쌓여 형성된 fossil fuel이기 때문이다.

Paleozoic
[pˌeɪliəzˈoʊɪk]

noun
● 고생대.
adjective
● 고생대의.

His geological specialty was the beginning of the Paleozoic, from which the earliest fish fossils date.

그가 전공한 지질학시대는 고생대 초기로, 최초의 물고기화석이 이 때 형성된 것이다.

■

paleo(ancient)+zo(animal)가 결합한 Paleozoic은 고생물들이 살던 시기를 일컫는다.

지질학에서는 지구의 역사를 네 eon(累代)으로 구분한다.

Hadean [hˈeɪdiən] eon 명왕누대—

46-40억년 전. 지구의 탄생.

Archean [ɑrkˈiən] eon 시생누대—

40-25억년 전. 바다의 탄생. 생명체 출현.

Proterozoic [prˌɑtərəzˈoʊɪk] eon 원생누대—

25-5억 5000만년 전. 다세포생물 출현.

Phanerozoic [fˌænərəzˈoʊɪk] eon 현생누대—

5억 5000만년 전-현재.

현생누대는 다음 세 era(代)로 구분된다.

Paleozoic era 고생대—

5억 5000만년-2억 5000만년 전. 척추동물과 육지식물 출현.

era는 다시 period(紀)로 구분된다. 고생대의 시작과 함께 Cambrian Period(5억 5000만-4억 8000만년 전)가 시작된다. 그래서 현생누대 이전을 통틀어 Pre-Cambrian Period라고 부르기도 한다.

Mesozoic [mˌɛsəzˈoʊɪk] era 중생대—

2억 5000만-6600만년 전. 새와 포유류 출현. 공룡이 번성한 Jurassic period(2억-1억 4500만년 전)가 중생대에 속한다.

Cenozoic [sˌinəzˈoʊɪk] era 신생대—

6600만년 전-현재. 지금 우리는 250만년 전 시작된 Quaternary period(제4기)에 살고 있다. period는 다시 epoch(世)로 구분되는데, 지금 우리는 1만년 전 시작된 Holocene [hˈɑloʊsin] epoch(홀로세)에 살고 있다.

MEDI

median

[ˈmiːdiən]

noun

● 중앙값.

The city's west side is well-off but its east side isn't, so the city's median house prices are typical for the region.

도시 서쪽은 부유한 반면 동쪽은 그렇지 않아서, 이 도시의 주택가격의 중앙값은 지역마다 크게 차이난다.

■

There are two common forms of average—the mean and the median. 우리가 흔히 말하는 '평균'에는 두 가지 종류가 있다. 평균값과 중앙값이다.

To find the mean, you'd simply add up the total value of money and property of everyone in the group and divide it by the number of people. 평균값을 구하기 위해서는 모든 사람이 소유한 돈과 자산을 더한 다음 사람수로 나누면 된다.

To find the median, you'd identify the net worth of the person who is richer than half the people and poorer than the other half. 중앙값을 구하기 위해서는 집단의 절반보다는 부유하고 절반보다 가난한 사람을 찾아내 그 사람이 소유한 순자산의 가치를 확인하면 된다. 집단 전체를 줄 세운 뒤 한가운데 있는 사람의 값이 median이다.

If Warren Buffett drove through a tiny village in India, the mean net worth of those in the village would suddenly rise to perhaps a billion dollars, but their median net worth would remain close to zero. Which figure would be more meaningful? 워렌 버핏이 인도의 작은 마을을 거쳐간다면, 그 마을주민들의 평균순자산은 순식간에 10억 달러로 치솟을테지만, 순자산중앙값은 여전히 0에 가까운 수에 머물러있을 것이다. 어떤 숫자가 더 의미 있을까?

mediate

[ˈmiːdieɪt]

verb

● 합의를 이끌어내기 위해 토론하다.
● 중재하다.

He was the third person who had attempted to mediate the dispute between the firm and its striking workers, the first two having given up in despair.

그는 회사와 파업노동자를 중재하기 위해 세 번째로 나선 사람이었다. 앞선 두 사람은 가망이 없다며 포기했다.

■

The government provides mediators for disputes between companies and labor unions. 정부는 기업과 노동조합 사이의 갈등을 해결하기 위한 중재자를 파견한다. mediation은 노사갈등에 관한 뉴스에서 자주 등장한다.

The mediator tries to bring the two sides to an agreement, but doesn't have the power to actually order such an agreement. 중재자는 양측이 합의할 수 있도록 노력하지만, 합의를 강제할 수 있는 권한은 갖지 않는다.

When two neighboring countries claim exclusive fishing rights in the same ocean waters, they may invite a trained mediator to help settle the argument. 이웃한 두 국가가 같은 바다에서 독점어업권을 주장할 때, 숙련된 중재자에게 분쟁을 해결해달라고 부탁할 수 있다.

A committee will arbitrate between management and unions. 위원회가 경영진과 노동조합 간에 분쟁을 조정할 것이다. arbitration은 분쟁당사자가 arbitrator의 판결을 반드시 수용해야 한다는 점에서 mediation과 다르다.

medium은 가운데 위치한 어떤 것을 가리킨다. 유럽역사에서 medieval period는 middle ages와 같은 말로 antiquity(고대그리스/로마제국)가 멸망한 뒤 modern age(현대)가 시작되기 전까지 시대를 말한다. 실제로 1620년대 유럽인들은 자신들을 modern이라고 규정하면서 이전 시대를 medieval이라고 불렀다.

intermediary

[ˌɪntərmˈiːdiəri]

noun

● 중간에서 메시지를 전달해주는 사람.

The divorce had been bitter, and the two now communicated only through an old friend who they both trusted as an intermediary.

이혼은 양쪽 모두 깊은 상처를 남겼고, 이로써 두 사람은 서로 신뢰하는 오랜 친구를 통해서만 이야기를 주고받았다.

■

inter(between/among)+medi(middle)가 결합한 intermediary는 중간지역을 오가며 양쪽의 말을 전해주는 사람이다.
이와 비슷한 역할을 하는 사람을 상황에 따라 go-between, middleman, mediator, facilitator, broker, agent 등으로 일컫기도 한다.
A real-estate broker or agent shuttles between a house's buyer and seller, who may never even meet each other.
부동산중개인은 주택판매자와 구매자 사이를 오가며 계약을 성사시킨다. 구매자와 판매자는 서로 만나지 않아도 된다.
When you put money in a bank or investment firm, financial intermediaries invest it in various companies. 은행이나 투자회사에 돈을 넣으면, 금융중개상이 그 돈을 여러 회사에 투자한다.

✚
arbitration [ˌɑːrbɪtrˈeɪʃən] 분쟁조정.
arbitrate [ˈɑːrbɪtreɪt] 조정하다.
go-between = middleman [mˈɪdəlmæn]
말을 섞고 싶어하지 않는 두 사람 사이를 오가며 말을 대신 전해주는 사람.
facilitator [fəsˈɪlɪteɪtər] 토론을 원활하게 진행할 수 있도록 도와주는 사람.

mediocrity

[mˌiːdiˈɒkrɪti]

noun

● 그렇고 그런 것.

He's the kind of person who can get depressed by the mediocrity of a dinner, or even a wine.

그는 저녁식사, 특히 와인의 질이 평범하기 그지없을 때 우울함을 느낄 수 있는 그런 사람이다.

■

medius(middle)+ocris(stony mountain)이 결합한 mediocre는 원래 산 정상까지 올라가는 길에서 딱 '중간지점'을 의미한다.
Why doesn't mediocrity describe something that's right in the middle of the pack?
그런데 mediocrity는 왜 무리 중 한가운데 있는 것을 의미하지 않을까? 무엇이든 중간만 하면 만족할 수 있는 것 아닐까? 아니 '중간이나 한다'는 것은 칭찬해줄 만한 일 아닌가? 하지만 mediocrity는 '중간밖에 못한다'는 데 방점을 찍는다. 물론 이 단어가 편향된 의미를 갖고 있다고 불평하는 사람도 있을지 모른다.
I had wasted an evening on a mediocre play. 그저 그런 연극을 보며 저녁시간을 낭비하고 말았어.
The mediocre actor in it should probably find another profession.
거기 출연한 그저 평범한 배우는 빨리 다른 직업을 찾는 것이 좋겠더군. 이처럼 사람에게도 mediocrity라는 표현을 쓸 수 있지만, 절대 칭찬이 아니니 얼굴을 맞대고 이 단어를 내뱉는 실수를 범해선 안 될 것이다.

✚
mediocre [mˌiːdiˈoʊkər] 그저 그런, 2류의.
well-off 부유한.
mean [mˈiːn] 평균값.

HOLO HOL

Greek holos
whole 전체

holistic

[hoʊlˈɪstɪk]

adjective

● 전체론의. 부분이 아닌 전체시스템과 관련한.

Environmental scientists tend to be holistic in their views, even when they're only studying a tiny patch of ground.

환경과학자들은 토양일부를 연구하는 경우에도 총체적인 관점에서 바라보려는 경향이 있다.

■

The whole is greater than the sum of its parts.

전체는 부분의 합보다 크다.

이 경구는 holism의 본질을 표현한다. holism은 남아프리카공화국의 위대한 장군이자 정치가 Jan Smuts(얀 스뮈츠)가 1926년 만들어낸 용어로, 대개 '전체론'이라고 번역한다.

You can't see the forest for the trees.

나무를 보다가 숲은 보지 못한다.

서구의 분석적인 경향에 반대하는 holism은 오늘날 과학, 사회과학, 특히 의학에서 중요한 개념으로 자리잡았다.

Holistic medicine tries to treat the "whole person" rather than focusing too narrowly on single symptoms.

holistic medicine은 특정한 증상에만 초점을 맞추기보다는 사람 전체를 치료하고자 한다.

대개 '전인의학'이라고 번역되는 holistic medicine은, 마음과 몸의 연관성을 강조하며, 약물보다는 침술이나 요가와 같은 동양의 전통적인 의술에 의존한다.

✦
holism [hˈoʊlɪzəm] 전체론.

hologram

[hˈɒləgræm]

noun

● 홀로그램. 레이저로 만들어내는 3차원 영상.

When holograms are used for data storage, the entire bulk of the storage material can be used rather than just its surface.

홀로그램을 데이터 저장장치로 사용하면, 저장매체의 표면만 사용하는 것이 아니라 덩어리 전체를 사용할 수 있다.

■

A hologram is a picture of a "whole" object, showing it in three dimensions.

홀로그램은 '온전한' 대상을 3차원으로 보여주는 그림이다.

hologram이라는 개념은 1947년 처음 등장했지만 1960년 레이저가 발명된 다음에야 구현되었다.

오늘날 hologram 기술은 컴팩트디스크(CD) 플레이어와 바코드스캐너와 같은 checkout scanner에 응용되고 있다.

holographic images—

신용카드나 ID카드에 붙어있는 스티커를 일컫는 말.

물론 여기서 말하는 '홀로그램'은 진정한 홀로그램이 아니다. 복사를 방지하기 위한 장치에 불과하다.

진짜 hologram은 공중에 떠있는 유령처럼 어느 방향에서나 볼 수 있는 3차원 형상을 구현한다.

머지않아 hologram 기술이 적용된 TV가 개발되어 3D로 영상을 체험할 수 있는 시대가 올지도 모른다.

✦
holographic [hˌɑːləgrˈæfɪk] 홀로그램의.
epoch [ˈepək] (역사적) 시대.

catholic이라는 단어에도 이 어근이 들어 있다. 대문자를 쓰는 Catholic은 로마에 총본산이 있는 전세계적인 기독교회를 말하는데, 이것은 곧 whole-Christian(온전한 기독) 또는 only-Christian(유일한 기독)이라는 뜻이다. catholic을 소문자로 쓰면 universal(보편적인)이라는 뜻이 되며, catholic tastes는 '폭넓은 취향'을 의미한다.

Holocene

[hˈɑloʊsˌin]

adjective

● 홀로세의. 현재 지질 세대의.

As the Holocene epoch began, the glaciers were swiftly retreating, forests were taking over the bare land, and human beings were moving northward again in large numbers.

홀로세가 시작되면서 빙하는 빠르게 양극으로 물러났고, 숲이 맨땅을 뒤덮었으며, 인류는 다시 북쪽으로 대거 이동했다.

■

지질학자들에 따르면, 우리는 지금 1만 년 전 마지막 빙하기가 끝난 뒤 시작된 Holocene epoch에 살고 있다. Holocene epoch의 도래와 더불어 인류는 농경을 시작했다.

geological epoch를 구분하는 이름에 whole이라는 어근은 왜 들어갔을까? 지구의 지질학적 발전단계를 구분하는 7단계 명칭을 보면 그 이유를 알 수 있다.

—Paleocene [ˈpeɪliəˌsin] epoch remotely recent
팔레오세. 6500만년 전-5500만년 전.

—Eocene [ˈioʊˌsin] epoch early recent
에오세. 5500만년 전-3400만년 전.

—Oligocene [ˈɑlɪgoʊˌsin] epoch scarcely recent
올리고세. 3400만년 전-2300만년 전.

—Miocene [ˈmaɪoʊˌsin] epoch less recent
마이오세. 2300만년 전-600만년 전.

—Pliocene [ˈplaɪəˌsin] epoch more recent
플라이오세. 600만년 전-250만년 전.

—Pleistocene [ˈplaɪstəˌsin] epoch most recent
플라이스토세. 250만년 전-1만년 전.

—Holocene epoch whole recent
홀로세. 1만년 전-현재.

여기서 -cene은 new, recent라는 뜻이다.

holocaust

[hˈɒləkɔːst]

noun

● 홀로코스트.
● 화재 등 상당한 인명피해를 초래한 대재난.

Her parents had escaped the Holocaust in Poland by fleeing into the forest and surviving there with hundreds of others for two years.

그녀의 부모는 폴란드에서 숲속으로 도망쳐 2년동안 수백 명의 사람들과 생활하면서 홀로코스트를 모면했다.

■

그리스어 holokaustos는
burnt whole(완전히 태운)이라는 뜻이다.
구약의 율법을 따르는 초기유대인들에게 holocaust는 양, 염소, 어린 황소를 통째로 제단 위에서 놓고 태워서 신에 바치는 것을 의미했다. 이 단어는 고대그리스어로 된 구약성경에 200번 정도 등장하지만, 영어번역본에서는 모두 다른 단어로 번역되어 볼 수 없다.
1700년대 holocaust는 영어에서 대량살상을 일컫는 말로 처음 사용되기 시작했다. 하지만 서양역사를 통틀어 나치가 자행한 대규모학살에 비하면 그 전까지 발생한 holocaust는 그야말로 새발의 피에 불과하다.
제2차 세계대전 동안 나치의 손에 죽은 유대인은 600만 명에 이른다. 비유대인까지 포함하면 나치가 학살한 희생자 수는 1500만 명이 넘을 것으로 추산된다. 이 사건은 일반적으로 대문자를 써서 Holocuast라고 표기한다.

✦

slaughter [slˈɔːtər] 학살.
massacre [mˈæsəkər] 대량학살.
carnage [kˈɑːrnɪdʒ] (전쟁 중) 대량학살.
mass murder 대량학살.
butchery [bˈʊtʃəri] 대량학살.

Words from Ancient Kings

Croesus
[krˈiːsəs]

noun
- 엄청난 부자.

Warren Buffett's extraordinary record of acquiring and investing made him an American Croesus.

워렌 버핏의 특별한 투자, 합병기록은 그를 미국 최대의 갑부로 만들어주었다.

■

They're rich as Croesus, with their penthouse, yacht, and horses.

그들은 엄청난 부자다. 펜트하우스에, 요트에, 말도 있다.

rich as Croesus라는 표현의 주인공 크로이소스는 오늘날 터키 서부에 위치한 고대왕국 Lydia의 왕으로 기원전 546년경 죽었다.

리디아는 역사상 처음으로 동전을 사용한 국가다.

크로이소스 치세에 최초의 순금과 순은으로 만든 동전이 사용되었으며, 이에 더해 왕의 부에 대한 이러저러한 전설이 덧붙여졌다.

Count no man happy until his death.

죽기 전까지는 정말 행복한 사람인지는 누구도 알 수 없다.

그리스의 통치자 솔론이 젊은 시절 리디아를 여행하다가 크로이소스의 금은보화를 보고 그에게 이렇게 말했다. 실제로 크로이소스는 델포이의 신탁을 잘못 해석하여 페르시아를 침공했다가 완전히 몰락하고 산채로 장작불에 태워지는 위기에 처한다. 가까스로 목숨을 구했지만 비참하게 세상을 떠돌다 세상을 뜨고 만다. 누가 성공한 삶인지는 끝까지 살아봐야 알 수 있는 것이다.

✚
count [kˈaʊnt] = consider

Midas touch
[mˈaɪdəs tʌtʃ]

noun
- 온갖 모험으로 돈을 버는 재능.

Investors are always looking for an investment adviser with the Midas touch, but after a couple of good years each adviser's brilliance usually seems to vanish.

투자자들은 항상 마이다스의 손을 가진 투자자문을 찾지만, 대부분 2년 정도 좋은 실적을 내고나면 그런 재능도 사라지는 듯하다.

■

Midas는 오늘날 터키에 위치한 프리기아왕국을 통치하던 전설적인 왕이다.

선행의 댓가로 Dionysus가 한 가지 소원을 들어주기로 했는데, Midas은 자신이 만지는 것은 모두 금이 되게 해달라고 말한다.

Midas는 자신이 손을 대는 음식, 물은 물론 딸마저 금으로 바뀌는 것을 보고 겁에 질려 디오니소스에게 다시 그 능력을 거두어가달라고 간청했고, 디오니소스는 그 소원을 들어주었다.

마이다스의 에피소드는 '탐욕'이 초래하는 불행을 일깨워 주는 교훈적인 이야기였지만 오늘날 사람들은 '마이다스의 손'을 이야기할 때는 대개 이러한 교훈을 생략한다.

Her wealthy father had always had the Midas touch, and his money-making genius was still a mystery to her.

그녀의 부유한 아버지는 언제나 황금의 손을 가지고 있었다. 그의 돈버는 재주는 여전히 미스테리다.

✚
genius [dʒˈiːniəs] 특별한 재능, 재주, 그런 재능을 가진 사람.

Vasa vana plurimum sonant.
Empty pots make the most noise.
빈 수레가 요란하다.

Pyrrhic victory
[pˈɪrɪk vˈɪktəri]

noun
- 과도한 희생을 치르고 얻은 승리.

That win turned out to be a Pyrrhic victory, since our best players sustained injuries that would sideline them for weeks.
그 승리는 지느니 못한 것으로 밝혀졌다. 우리의 최고선수들이 부상을 당해 몇 주 동안은 출전하지 못하게 되었기 때문이다.

■

그리스 동북부에 위치한 Epirus의 왕이었던 Pyrrhus는 기원전 279년 Battle of Asculum에서 로마를 무찔렀으나 자신의 충성스러운 장군들을 모두 잃고, 군사도 상당히 많이 잃는다.
One more such victory and we are lost.
이런 승리를 한 번 더 한다면 우리는 망할 것이다.
전투가 끝난 뒤 피로스는 이렇게 외쳤다고 한다. 여기서 Pyrrhic victory라는 말이 나왔다.
피로스의 승리는 생각보다 자주 볼 수 있다. 말싸움을 해서 이기면 잠깐 통쾌할 수 있지만 상대방의 마음을 상하게 만들어 관계가 돌이킬 수 없게 틀어질 수 있다.
또한 약소국을 침공했다가 주변국들의 광범위한 반감을 사서 오히려 궁지에 몰릴 수도 있다.
The triumphant corporate takeover proved to be a Pyrrhic victory, since the resulting debt crippled the corporation for years.
기업인수전에서 거둔 승리는 결국 피로스의 승리로 판명이 났다. 인수하면서 동원된 부채로 인해 기업은 수년동안 허우적거렸다.

✛
triumphant [traɪˈʌmfənt] 승리에 취해 의기양양한.
cripple [krˈɪpəl] 불구(무례한 호칭). 불구로 만들다.
drudgery [drˈʌdʒəri] 고역.

Sisyphean
[sˌɪsəfˈiən]

adjective
- 헛수고의.

After twenty years, many researchers had begun to think that defeating the virus was a Sisyphean task that would never succeed.
20년 후 많은 연구자들이 바이러스를 물리치는 일은 결코 성공하지 못할 헛된 과업이라는 것을 깨닫기 시작했다.

■

Reputedly the cleverest man on earth, King Sisyphus of Corinth tricked the gods into bringing him back to life after he had died.
지상에서 가장 영리하다고 알려진 코린토스의 왕 시지포스는 죽고 난 뒤 신을 속여 다시 되살아난다.
이 사실을 뒤늦게 깨달은 신들은 그를 저승으로 돌려보내, 길고 가파른 언덕 위로 거대한 바위를 밀어 올리는 형벌을 준다. 하지만 돌이 꼭대기에 다다르면 굴러 떨어져 처음 시작한 곳부터 다시 밀어 올려야 한다.
It was a Sisyphean struggle to get the boards to really listen.
이사회가 진정으로 귀 기울이게 하는 것은 정말 헛된 투쟁이었다.
Sisyphean은 끝이 없고, 보람도 없고, 끝내 성공하지 못할 노력을 일컫는다.
For a mother of nine, laundry and ironing can seem Sisyphean in their endlessness and drudgery.
아홉 자녀를 둔 어머니에게 세탁과 다림질은 끝없이 이어지는 고역은 시지포스의 형벌 같았다.

✛
reputedly [rɪpjˈuːtɪdli] 소문에 의하면.
= reportedly= allegedly

PART

2

SUPER

Latin

over 위에
higher 더 뛰어난

superfluous
[suːpˈɜːrfluəs]

adjective
● 남아도는.

insuperable
[ɪnsˈuːpərəbəl]

adjective
● 이겨낼 수 없는.

My Freshman Comp professor removes all superfluous words from our essays, and usually ends up shortening mine by about 40 percent.

대학 1학년 작문 교수님은 우리가 쓴 글에서 불필요한 단어들을 모두 삭제했는데, 내 글은 대개 40퍼센트씩 줄어들었다.

■

super(over)+flu(to flow)가 결합한 superfluous는 '흐르다'를 의미하므로, superfluous는 강물이 불어나 흘러 넘치는 모습을 떠오르게 한다.
Superfluous characters in computer code may keep it from working.
컴퓨터코드에 필요없는 문자가 들어가면 작동하지 않을 수 있다.
Most of the buttons on a remote control may strike us as superfluous, since we never use them. 리모컨의 버튼들은 대부분 한번도 사용하지 않기 때문에 불필요하다는 인상을 줄 수 있다.
When a situation "speaks for itself," any comment may be superfluous.
'자명한' 상황에서는, 부연설명이 거추장스러울 수 있다.
And whenever you yourself are feeling superfluous, it's probably time to leave.
있어봤자 도움이 안된다고 느껴지면, 떠나야 할 시간이 온 것이다.

✚
speak for itself 자명하다.
strike sb as sth —에게 —라는 인상을 주다.
subdue [səbdˈuː] 굴복시키다.

In learning to speak again after suffering a massive stroke, he had overcome what seemed like insuperable odds.

심각한 뇌졸중을 겪은 후 다시 말하기를 배우면서, 도저히 승산이 없는 게임처럼 보였지만 결국 이겨냈다.

■

in(not)+super(over)가 결합한 insuperable은 문자 그대로 '넘기 힘든'이란 뜻이다. insurmountable과 의미가 거의 같다.
—insuperable/insurmountable obstacles
—insuperable/insurmountable difficulties
—insuperable/insurmountable barriers
—insuperable/insurmountable obstructions
—insuperable/insurmountable problems
—insuperable/insurmountable objections
Americans love stories of people who succeed in spite of terrible handicaps, whether as a result of physical limitations, prejudice, poverty, or lack of opportunity.
미국인들은 신체적인 한계, 편견, 가난, 기회박탈 등 지독하게 불리한 조건에서도 성공을 일궈낸 사람들의 이야기를 좋아한다.
Such rugged spirits may be called indomitable, "incapable of being subdued."
이러한 굳센 정신은 불굴의, '굴복시킬 수 없는' 이라고 말한다.

✚
stroke [strˈoʊk] 뇌졸중.
insurmountable [ˌɪnsərmˈaʊntəbəl] 능가할 수 없는.
obstruction [ɒbstrˈʌkʃən] 통과할 수 없게 가로막은 차단물.
rugged [rˈʌgɪd] 굳센.
indomitable [ɪndˈɒmɪtəbəl] 불굴의.

끊임없는 수련을 통해 인간의 정신적 한계를 극복한 초인적인 존재를 가리키는 니체의 übermensch를 1903년 조지 버나드 쇼가 Superman이라고 번역하였다. 30년 뒤 이 이름을 단 만화책 속 영웅이 탄생하면서 super-라는 접두어는 확산되기 시작했다. supermodel, superpowerful, supersize, supersweet 등을 볼 수 있다.

supersede

[s͵uːpərˈsiːd]

verb

● 대체하다.

The notorious decision in the Dred Scott case was superseded by the 14th Amendment to the Constitution, which stated that anyone born in the U.S. had all the rights of a citizen.

드레드스콧사건의 악명높은 판결은 미국에서 태어난 사람은 누구나 시민의 모든 권리를 갖는다고 명시한 수정헌법 14호에 의해 폐기되었다.

■

super(over)+sedere(to sit)가 결합한 supersede는 기존의 것을 깔고 앉아 '자리를 빼앗다'는 뜻이다.
Your boss sent around a memo that supersedes the memo she sent the day before.
사장은 자신이 전날 보낸 문건을 대체하는 문건을 보냈다.
Every time the first-class postage rate goes up, the new stamps supersede the old ones.
제1종 우편요금이 인상될 때마다, 새로운 우표가 출시되어 이전 우표를 대신한다.
In science, a new theory often supersedes an older one; for example, the theory that a characteristic you acquire during your lifetime can be passed on biologically to your children (called Lamarckism) was superseded by Darwin's theory of evolution.
과학계에서 새로운 이론이 오래된 이론을 대체하는 경우가 많다. 예컨대, 일생에 거쳐 획득한 특성이 생물학적으로 자녀에 전해질 수 있다는 라마르크이론은 다윈의 진화론으로 대체되었다.
스펠링을 기억하라. supersede는 영어에서 -sede로 끝나는 유일한 단어다.

superlative

[suːpˈɜːrlətɪv]

adjective

● 최상의.

The new restaurant turned out to be an elegant place, and we all agreed that the food and wine were superlative.

새로운 식당은 우아한 장소였고, 우리는 모두 그곳의 음식과 와인이 최상급이라는 데 동의했다.

■

superlative는 outstanding과 같은 단어보다도 다소 과장된 느낌을 주는데, 이는 다른 것들보다 훨씬 뛰어나다는 비교의 개념이 들어있기 때문이다.
작문과제에 선생님이 Superlative work!이라는 문구를 써서 돌려준다면 우쭐한 느낌이 들지 않을 수 없다.
Superlative is a term used in grammar for the highest degree of comparison.
문법에서 형용사나 부사의 최상급 비교표현을 superlative라고 한다.
For the adjective simple, the comparative form is simpler and the superlative form is simplest.
형용사 simple의 비교급은 simpler이고 최상급은 simplest다.
For the adverb boldly, the comparative form is more boldly and the superlative is most boldly.
부사 boldly의 비교급은 more boldly이고 최상급은 most boldly 이다.

✛

Lamarckism [ləmˈɑrkɪzəm] 用-不用 說.
comparative [kəmpˈærətɪv] 비교적, 비교급.
postage [pˈoʊstɪdʒ] 우편요금.
postage stamp 우표 (우편요금을 납부했다는 것을 증명하는 인지).

surmount

[sərmˈaʊnt]

verb
● 오르다. 극복하다.

The story of how he surmounted poverty and crippling physical ailments to achieve what he achieved is almost unbelievable.

그가 가난과 신체적 장애를 극복하고 그러한 업적을 이룬 이야기는 믿기 어려울 만큼 놀랍다.

라틴어 어근 mount는 ascend, get up onto를 의미한다. mountain이 여기서 나왔다.
mount에 over, above를 의미하는 접두어 sur가 붙은 surmount 역시 mountain이라는 이미지를 강렬하게 불러온다. 산꼭대기 위에 서있는 모습은 성취의 상징으로, 인간의 노력을 긍정적으로 묘사한다.
I realized I had to surmount the language barrier. 언어의 장벽을 넘어야 한다는 것을 깨달았다.
He has had to surmount immense physical disabilities. 엄청난 신체적 장애를 극복해야 했다.
We have to surmount difficulties/problems/hurdles/handicaps. 우리는 살아가면서 무수한 난관/문제/장애물/불리함을 극복해야 한다.

✚
crippling 심하게 손상한.
utter [ˈʌtər] 진짜, 완전히.
strew [strˈuː] 어수선하게 흩어져 있다.
altercation [ˌɔːltərkˈeɪʃən] 언쟁.
stuff [stˈʌf] oneself 배불리 먹다.
potluck [pˈɑtlʌk] dinner 각자 음식을 가지고 와서 즐기는 파티.
decay [dɪkˈeɪ] 부식하다, 쇠락하다.

surcharge

[sˈɜːrtʃɑːrdʒ]

noun
● 부가된 금액.

Checking the bill, she discovered two surcharges that no one had warned her about.

계산서를 확인하면서, 그녀는 전혀 알지 못했던 추가요금이 두 개나 더 붙어 있는 것을 발견했다.

The Arab oil embargo of 1973 led airlines to add fuel surcharges to their passenger fares that were large enough to discourage air travel.

1973년 아랍 석유 금수조치가 내려졌을 때 항공사들은 승객운임에 유류할증을 부과했는데, 할증료가 너무 높아 항공여행수요를 꺾을 정도였다.

When you request a "rush job" from a service supplier, it will probably bring a surcharge along with it.

서비스공급자에게 '빠른 처리'를 요청하면, 그에 따른 급행료가 붙을 것이다. **이처럼 특별서비스를 추가할 때 더해지는 요금을 surcharge라고 한다.**

A particularly difficult phone installation may carry a surcharge.

전화 가설시 특별히 공사가 어려울 때 추가요금이 더해지기도 한다.

An added tax may be called a surcharge when it only affects people with incomes above a certain level.

소득이 일정 수준을 넘는 사람들에게만 붙는 부가적인 세금도 surcharge라고 할 수 있는데, 이러한 세금을 surtax라고 한다.

✚
embargo [ɪmbˈɑːrgoʊ] 통상봉쇄. 특정시점까지 보도금지.
surtax [sˈɜːrtæks] 소득세에 붙는 누진세.

sur는 super의 축약형이다. surface는 사물의 위나 겉에 드러난 얼굴로 '표면'을 의미한다.
surplus는 필요한 것보다 많아 남는 '잉여'를 의미한다.
survey는 위에서 보다(vey=view)라는 뜻으로 '내려다보다', '조망하다'는 뜻이다.

surfeit
[sˈɜːrfɪt]

noun
● 초과. 과잉.

surreal
[sərˈiːəl]

adjective
● 초현실적인.

Whenever he glanced into his daughter's room, he was always astonished at the utter surfeit of things—dolls, dollhouses, stuffed animals, cushions, games, posters, and clothing strewn everywhere.

딸의 방을 흘끗 들여다볼 때마다 인형, 인형의 집, 봉제동물인형, 쿠션, 게임, 포스터, 옷 등이 온통 가득차 있는 것을 보고 놀랐다.

In a surreal sequence, the main character gets a job on floor 7 1/2, which turns out to be only half as high as the other floors, so everyone must walk around stooped over.

초현실적인 이야기에서, 주인공은 7.5층에서 일자리를 얻는데, 이곳은 다른 층의 절반 높이 밖에 되지 않아 모두 몸을 굽힌 채 걸어다녀야 한다.

■

In our consumer society, we're always noticing a surfeit of one thing or another, such as breakfast cereals in the supermarket.
오늘날 소비사회에서는, 슈퍼마켓에서 파는 아침식사용 시리얼처럼 이것저것 범람한다는 사실을 어디서나 느낄 수 있다.
Statistics are always indicating a surfeit of lawyers or doctors or accountants in some parts of the country and a lack of them in others.
통계는 이 나라의 어떤 지역에서는 변호사나 의사나 회계사가 남아돌고 어떤 지역에서는 부족하다는 것을 늘 보여준다.
The death of a young star always results in a surfeit of articles and books about him or her.
젊은 스타의 죽음은 그에 대한 기사와 책의 범람으로 이어지기 마련이다.
A potluck supper usually results in a surfeit of food, which might leave you surfeited, or stuffed.
각자 음식을 조금씩 가져오는 저녁식사모임은 대개 음식이 남아도는 상황으로 이어져, 배가 터질 정도로 많이 먹는 결과를 초래한다.
surfeit를 동사로 쓸 경우 stuff oneself와 같은 뜻으로 사용된다.

■

The central idea of Surrealism is that the unconscious mind is the source of all imagination, and that art should try to express its contents. 초현실주의의 핵심사상은 무의식적 마음이 모든 상상의 원천이며, 예술은 무의식 속에 있는 것을 표현해야 한다는 것이다. Surrealism은 20세기 초, 당시 유행한 Sigmund Freud의 정신분석학 이론을 토대로 유럽의 시인, 화가, 영화감독들이 주창한 문화운동이다.
"Limp watches" of Salvador Dalí is the best-known Surrealist image of all. 살바도르 달리의 '흘러내리는 시계' 그림은 가장 유명한 초현실주의 그림이다.
Magritte, Miró도 Surrealist painter로 유명하다.
The house was a surreal mixture of opulence and decay. 이 집은 화려함과 낡음이 초현실적으로 뒤섞여있다.
Surrealism은 오래전 시들었지만, 비현실적인 상황을 묘사할 때 우리는 여전히 surreal이라는 말을 쓴다.

✦
stoop [stˈuːp] 상체를 수그리고 서다.
limp [lˈɪmp] 절뚝거리다, 흐느적거리는.
opulence [ˈɒpjʊləns] 화려함.

SUB

Latin
under 아래

subconscious
[s,ʌbkˈɒnʃəs]

adjective
● 무의식의. 의식 수준 아래 존재하는.

After dropping three dishes in a week, she began thinking there might be some kind of subconscious agitation behind her case of butterfingers.

일주일에 접시 세 개를 떨어뜨린 뒤, 그녀는 자신이 물건을 잘 떨어뜨리는 이면에 어떠한 무의식적 불안이 도사리고 있을지 모른다고 의심하기 시작했다.

■

We're rarely aware, or at least fully aware, of our subconscious mental activity.
우리는 무의식적 정신활동을 거의 인식하지 못한다. 인식하더라도 온전히 인식하지 못한다.
Subconscious thought does affect our feelings and behavior, and it's often revealed in dreams, artistic expression, and slips of the tongue.
무의식적 사고는 우리 감정과 행동에 영향을 미치며, 꿈, 예술적 표현, 말실수를 통해 드러나는 경우가 많다.
The subconscious mind can be a hiding place for anxiety, a source of creativity, and often the reason behind our own mysterious behavior.
무의식적 마음은 불안이 숨는 곳이 될 수 있으며, 창의력의 근원이 될 수 있으며, 우리 자신이 기이한 행동을 하는 알 수 없는 이유가 될 수 있다.

✛
agitation [,ædʒɪˈteɪʃən] 극심한 불안, 흥분. 군중의 동요.
slip of the tongue 말실수.
butterfingers [bˈʌtərfˌɪŋgərz] 물건을 잘 떨어뜨리는 사람, 공을 잘 놓치는 사람.
butterfingered 잘 떨어뜨리는.

subliminal
[sʌblˈɪmɪnəl]

adjective
● 잠재의식의.

A few worried parents claimed that some heavy-metal songs contain subliminal messages—in the form of words recorded backwards—that urge young fans to take up devil worship.

일부 걱정하는 부모들은 몇몇 헤비메탈 노래들이 말을 거꾸로 녹음하는 형태로, 어린 팬들에게 악마를 숭배하도록 강요하는 잠재의식 메시지를 전달한다고 주장했다.

■

sub(under)+limen(threshold)가 결합한 subliminal은 just below the threshold of conscious awareness를 의미한다. 의식적으로 감지되거나 인식될 정도로 강하지 않은 수준의 인식이다. The classic example of a subliminal message is "Eat popcorn" flashed on a movie screen so quickly that the audience doesn't even notice it consciously. 잠재의식 메시지의 전형적인 예로는 '팝콘을 먹어라'라는 문구를 영화 속에 삽입한 것이다. 하지만 너무 빨리 지나가서 관객들은 의식적으로 이 문구를 알아보지 못한다.
결론적으로, 이러한 광고는 효과가 없는 것으로 판명되었다.
Look carefully at some ads in print or on TV, and you can discover how many ways they may be subliminally affecting you.
인쇄광고나 TV광고를 주의깊게 살펴보라. 광고가 당신의 잠재의식에 영향을 미치기 위해 얼마나 많은 기법을 사용하는지 알 수 있다.

✛
threshold [θrˈeʃhoʊld] 문턱.
flash [flˈæʃ] 번쩍이다, 눈 깜짝할 사이에 지나가버리다.

subway는 땅 밑에 있는 길 '지하철'이고, submarine은 해수면 아래에서 움직이는 '잠수함'이다.
subject는 다른 사람의 권위 아래에 있는 '신하'다. subscribe는 문서 아래쪽에 자기 이름을 쓴다는 뜻으로
계약서에 '서명한다'는 뜻이고, subscription은 계약서에 서명하는 행위를 말한다.

subjugate

[sˈʌbdʒʊɡeɪt]

verb

● 무력으로 굴복시켜 통치하다.

**The country's government claimed
it was just trying to protect national
security, but some saw its actions as an
attempt to subjugate the news media.**

그 나라의 정부는 국가안보를 위한 조치였을 뿐이라고 주장했지만,
몇몇 사람들은 뉴스매체를 길들이려는 시도라고 간주했다.

■

sub(under)+jugus(yoke)가 결합한 subjugate는
문자 그대로 '멍에 아래에 넣다(멍에를 씌우다)'라는 뜻이다.
Farmers control oxen by means of a heavy
wooden yoke over their shoulders.

농부는 황소의 어깨 위에 무거운 나무멍에를 얹어놓음으로써
황소를 길들인다.

고대의 로마군은 새로운 지역을 정복하면 패잔병들에게
군복을 벗고 소 멍에 밑으로 기어가게 했다. 이러한 굴욕을
통해 정복자에게 복종한다는 다짐을 받았다.
In dozens of countries, ethnic minorities are
subjugated by their country's government,
army, and police.

수십 개 국가에서 소수민족들이 자신들이 속한 국가의 정부, 군대,
경찰의 강압적 통치 아래 살고 있다.

Her own needs had been subjugated to
the needs of her family.

그녀 자신의 욕구는 가족의 욕구에 종속되고 말았다.

**욕구나 소망이 다른 것에 종속되었다는 말은, 그것을 위해
희생한다는 뜻이다.**

✛
yoke [jˈoʊk] 멍에.
submission [səbmˈɪʃən] 항복, 굴복.

subversion

[səbvˈɜːrʒən]

noun

● 정부 내부에서 비밀리에 진행되는 전복시도.
● 조직내 사기, 충성심, 신뢰를 떨어뜨리는 행위.

**It's sometimes easier for a government
to combat attack from outside than
subversion from within.**

정부 입장에서 때로는 외부의 공격에 맞서 싸우는 것이 내부의
전복시도에 대응하는 것보다 훨씬 쉽다.

■

sub(under)+vert(to turn)이 결합한 subversion은
무언가를 뒤집는 것(turn over something)이다.
In the 1950s and '60s, many people worried
about communist subversion of the U.S.
government, though they often saw subversive
activities where none existed.

1950년대와 60년대, 미국정부를 공산주의자들이 전복할 수 있다는
불안이 만연했지만, 그러한 전복활동은 대부분 아예 존재하지도 않는
것이었다.

Nondemocratic governments often claim that
anyone who disagrees with them or joins
a demonstration is a subversive.

비민주적인 정부들은 자신과 의견을 달리하거나 시위에 참여하는
사람을 누구든 불순분자라고 주장한다.

When words like *weekend*, *sandwich*, *job*,
and *camping* started being used by the French,
some of them began claiming that America was
subverting their language.

몇몇 영어단어들이 프랑스에서 널리 사용되기 시작하자, 미국이
자신들의 언어를 훼손하고 있다고 주장하는 사람들이 나타났다.

✛
subversive [səbvˈɜːrsɪv] 전복하는, 체제전복을 꿈꾸는 사람.
subvert [səbvˈɜːrt] 전복하다, 타도하다.

Greek Borrowings

trauma

[trˈaʊmə]
wound

noun
- 심각한 신체적 부상.
- 트라우마. 정신적 외상.

Fifteen years later, their adopted Cambodian daughter was still having nightmares in which she relived the trauma of those terrible years.

15년 이후, 그들이 콜롬비아에서 입양한 딸은 여전히 끔찍한 세월의 트라우마가 되살아나는 악몽에 시달리고 있었다.

■

trauma는 '상처'를 의미하는 그리스어로, 지금은 신체적 외상보다는 정신적인 상처를 일컫는 말로 사용된다.
Traumatic event can leave psychological symptoms long after any physical injuries have healed.

신체적 상처가 완치된 뒤에도 오랫동안 심리적 상처는 남기는 사건을 traumatic event라고 한다.

trauma는 이제 정식 병명으로도 사용된다.
post-traumatic stress disorder,
즉 사후 트라우마를 초래할 만큼 강렬한 스트레스 장애다. 줄여서 외상후스트레스장애 또는 PTSD라고 부른다. 전쟁, 재해, 성적/육체적 학대 등이 PTSD의 원인이 될 수 있다.
PTSD's symptoms include depression, anxiety, flashbacks, and recurring nightmares.

PTSD는 우울, 불안, 플래시백, 되풀이되는 악몽과 같은 증상으로 나타난다.

+
relive [riːlˈɪv] 되살아나다.
traumatic [traʊmˈætɪk] 트라우마를 남길 만큼 강렬한.
flashback [flˈæʃbæk] 과거의 경험이 갑자기 떠오르는 환각.
recur [rɪkˈɜːr] 되풀이하다.

kudos

[kˈuːdoʊz]
glory/prestige

noun
- 어떤 성취로 얻은 명성.
- 찬사.

His first film earned him kudos at the independent film festivals, and the big studios were soon calling him up.

그는 첫 영화는 독립영화제에서 명성을 얻었고, 곧 대형제작사의 러브콜을 받았다.

■

그리스어 kydos는 영광 또는 특권을 의미한다. 이 단어가 영어에 들어와 kudos가 되었다.
He acquired kudos just by appearing on television.

TV에 나온 것만으로 그는 명성을 얻었다.

The new hotel chain has won kudos for the way it treats guests.

새로운 호텔체인은 투숙객을 접대하는 태도로 명성을 얻었다.

kudos를 복수형으로 착각하는 사람들이 너무 많아서, kudo라고 쓴 것도 가끔 볼 수 있다. 명성이나 찬사는 셀 수 없는 것이다.

A young Korean pianist has been winning kudos from critics worldwide.

젊은 한국인 피아니스트는 전세계적인 비평가들로부터 찬사를 얻었다.

+
prestige [prestˈiːʒ] 위세, 명망.

Suppressio veri, expressio falsi.
A suppression of truth is equivalent to an expression of falsehood.
진실을 억압하는 것은 무언가 숨기고 있다는 뜻이다.

acme

[ˈækmi]
mountain peak

noun

● 가장 높은 지점. 절정. 극치.

Last Saturday's upset victory over Michigan may prove to have been the acme of the entire season.
지난 토요일 미시건을 상대로 역전승을 거둔 것은 시즌을 통틀어 가장 높은 성과로 판명될 것이다.

■

그리스어로 산꼭대기를 의미하지만, 영어에서는 진짜 산꼭대기를 일컫는 말로 쓰이지 않는다.
Her new job is the acme of her career.
새로운 일자리는 그녀의 경력에서 최고점이다.
This leap is the acme of classical dance technique.
이 도약은 클래식 댄스테크닉의 최고봉이다.
만화에서 Acme Company라는 회사이름을 자주 볼 수 있는데, 최고의 제품을 만드는 회사라는 뜻이다.
물론 브랜드의 의미를 곧이곧대로 받아들이는 사람은 없을 것이다.
acme와 acne가 왠지 비슷하게 여겨진다면, 그런 느낌은 틀린 것이 아니다. 두 단어 모두 같은 어근에서 유래한 것이다. acne는 농이 '산꼭대기처럼' 솟아오른 피부질환이다.
At the acme of his racing career, Bold Ruler won the Kentucky Derby.
경주마로서 역량이 절정에 다다랐을 때, 볼드룰러는 켄터키더비에서 우승했다.

➕
acne [ˈækni] 여드름.

eureka

[jʊrˈiːkə]
I have found

phrase

● 알겠다!

The mountain town of Eureka, California, was named for the cries of delight by prospectors when they discovered gold in its hills.
캘리포니아의 산악도시 유레카는 탐사자들이 그곳 산에서 금을 발견했을 때 기쁨에 겨워 Eureka!라고 외친 것이 그대로 도시이름이 되었다.

■

이 그리스어가 유명해진 것은 고대그리스의 수학자 Archimedes 때문이다.
Archimedes는 어느 날 새로 만든 금관이 정말 순금으로 만들어졌는지 알아내라는 왕명을 받는다. 해답을 찾기 위해 골몰하던 Archimedes는 어느 날 목욕탕에 들어갔다가 물이 흘러 넘치는 것을 보고 갑자기 Eureka!라고 외친다. 자신의 몸의 부피를 흘러 넘친 물의 무게를 재어 측정할 수 있다는 사실을 깨달은 것이다. 무게가 똑같더라도 가벼운 물질로 더 크게 만든 물체는 부피가 크기 때문에 더 많은 물이 흘러 넘칠 것이다. 따라서 왕관의 무게와 똑같은 순금덩어리의 부피를 측정해 왕관의 부피와 비교하면 그것이 순금으로 만들어졌는지 아닌지 알 수 있다.
물론 Archimedes 이야기가 진짜인지 아닌지는 알 수 없다. 어쨌든 우리는 고심하는 문제의 해법이 번쩍 떠올랐을 때 Eureka!라고 외칠 수 있다.
Ureka! I knew I'd find that file sooner or later!
유레카! 그 파일을 언젠가 찾을 줄 알았어!

➕
prospector [prɑːspektər] 금을 캐러 다니는 사람.

CRE CRET

Latin crescere
to come into being 태어나다
to grow 자라다

crescent

[krˈesənt]

noun
- 초승달.
- 초승달처럼 생긴 것.

The symbol of Islam is a crescent moon with a star between the points, an astronomical impossibility.

이슬람의 상징은 초승달과 초승달 양 끝 사이에 있는 별인데, 천문학적으로 불가능한 현상이다.

■

crescent는 기본적으로 growing을 의미한다.
crescent moon은 full moon로 '성장하는' 과정에 있는 달이다. new moon(新月)은 실제로 달이 전혀 보이지 않는 그믐달(朔月)이다. 오른쪽 절반만 보이는 반달(上弦)을 거쳐 full moon(보름달, 滿月)이 되고 그 다음 왼쪽 절반만 보이는 반달(下弦)이 된다. new moon 앞뒤로 나타나는 오목한 달은 crescent, full moon 앞뒤로 나타나는 볼록한 달은 gibbous moon이라고 한다.
crescent wrench 우리가 흔히 '몽키스패너'라고 부르는 공구의 원래 이름이다. 초승달처럼 생겨서 붙여진 이름이다. (Monkey는 상표를 따온 것이라고 한다.)
커피와 함께 즐겨먹는 croissant[krwɑːsˈɑːnt]는 프랑스어로, crescent와 같은 말이다. 초승달 모양으로 빚은 페이스트리다.
the Fertile Crescent 비옥한 초승달. 페르시아만에서 이라크-레바논-이스라엘을 거쳐 이집트 나일강으로 이어지는 지역을 일컫는 말로, 이곳에서 길쌈, 도기, 가축, 관개농업, 문자 등 인류의 문명이 최초로 발생하였다.

✛
astronomical [ˌæstrənˈɒmɪkəl] 천문학상의.
gibbous [gˈɪbəs] 볼록한.
pastry [pˈeɪstri] 과자처럼 바삭한 껍질이 있는 밀가루 빵.

accretion

[əkrˈiːʃən]

noun
- 부착. 점진적으로 축적/확장됨.
- 축적물.

A coral reef is built by the accretion of tiny, identical organisms.

산호초는 동일한 미세한 유기물들이 부착되어 만들어진다.

■

The slow accretion of scientific knowledge over many centuries has turned into an avalanche in our time.
수백 년에 걸쳐 서서히 축적되어 온 과학지식이 오늘날 거대한 눈사태처럼 쏟아져 내리고 있다.
Any accretion of ice on a grounded jet will result in takeoff delays.
비행기가 착륙해 있는 동안 착빙(着氷)이 발생하면 이륙이 지연될 수 있다.
The land area of the Mississippi Delta increases every year from the accretion of soil washed down the river.
미시시피델타의 면적은 해마다 강을 따라 떠내려오는 토사의 축적으로 인해 매년 늘어나고 있다.
This figure doesn't count the accrued interest on the investments.
이 수치는 투자에 붙은 수익을 포함한 것이 아니다.
accretion은 과학분야에서 자주 등장하지만 동사형 accrue는 금융분야에서 자주 등장한다.
The firm had accrued debts of over 6 million dollars. 이 회사에는 600만 달러 이상의 부채가 누적되어 있었다.

✛
avalanche [ˈævəlæntʃ] 눈사태.
delta [dˈeltə] 삼각주.
accrue [əkrˈuː] (이자가) 붙다, 쌓이다.

음악에서 crescendo는 음악을 점점 크게 연주하라는 말이며
decrescendo는 음악을 점점 작게 연주하라는 말이다.

excrescence

[ɪkskrˈesəns]

noun

- 혹. 사마귀. 비정상적으로 성장한 종양.
- 기형의, 불필요한, 원치 않는 부분.

**The new warehouse squatted like some
hideous excrescence on the landscape.**

새 창고는 풍경속에서 흉물스러운 사마귀처럼 솟아나 있었다.

■

Warts and pimples are common excrescences
that can usually be wiped out with medication.

사마귀와 여드름은 흔한 이상증식으로 대개 약으로 깨끗하게 없앨
수 있다.

Excrescences such as cysts and tumors need to
be removed surgically.

물혹이나 종양과 같은 이상증식은 외과수술로 제거해야 한다.

Mushrooms are the excrescences of
underground fungus networks.

버섯은 지하균류의 이상증식이다.

Some people consider slang words are
vulgar excrescences on the English language.

어떤 이들은 속어를 영어의 천박한 이상증식이라고 생각한다.
하지만 속어야말로 영어에서 가장 다채로운 어휘라고
여기는 사람도 있다.

✚

squat [skwˈɒt] 웅크리고 앉다, 불법점유하다, 불법건조물.
hideous [hˈɪdiəs] 섬뜩한.
wart [wˈɔːrt] 사마귀.
pimple [pˈɪmpəl] 여드름, 뾰루지.
cyst [sˈɪst] 물혹, 낭종.
tumor [tˈuːmər] 종양.
fungus [fˈʌngəs] 진균류.
vulgar [vˈʌlgər] 저속한.

increment

[ˈɪnkrɪmənt]

noun

- 조금씩 꾸준히 쌓여서 늘어나는 증가분.
- 임금인상분.

**Her bank account has grown weekly by
increments of $50 for the past two years.**

그녀의 은행계좌는 지난 2년 동안 매주 50달러씩 늘어났다.

■

Incremental increases in drug dosages are used
for experimental purposes.

약물의 효능을 실험할 때에는 대개 약물 복용량을 점진적으로
늘린다.

Incremental tax increases are easier to swallow
than sudden large increases.

세금을 갑자기 큰 폭으로 올리는 것보다 점진적으로 조금씩 인상하는
것이 사람들의 반발을 사지 않는다.

Incremental changes of any kind may be hard
to notice, but can be very significant in the long
run.

어떤 경우든 점증적인 변화는 눈치채기 어려워도 장기적으로는
상당한 효과를 발휘한다.

Rome wasn't built in a day, but built up by
increments. 로마는 하루아침에 세워진 것이 아니다.

기원전 10세기 마을 몇 개에 불과하던 곳이 조금씩
커지다가 1세기에는 제국의 수도가 되었다.

She qualified for a salary of $10000,
with annual increments of 2.5%.

그녀는 급여 1만 달러에 매년 2.5퍼센트씩 인상조건을 받기에 충분한
자격을 갖추고 있다.

✚

incremental [ˌɪnkrɪmˈentəl] 증가분의, 점증적인.

GRAD

Latin *gradus/gradi*
step. degree 단계
to step or walk 발을 내딛다/걷다

gradation
[greɪdˈeɪʃən]

noun
- 그라데이션.
- 등급에서 어느 단계.

In the fall, the leaves show gradations of color from deepest red to brightest yellow.

가을이 되면 나뭇잎은 가장 진한 빨간색에서 가장 밝은 노란색까지 다채로운 색깔을 보여준다.

■

TV images require subtle gradations of light and shade.

TV영상은 빛과 그림자의 미세한 차이도 표현할 수 있어야 한다.
gradation은 단계적으로 미세하게 차이를 둠으로써 전체적으로 자연스럽게 연결되게끔 보이는 것을 의미한다.
In the Boy Scouts, gradations of rank move upward from Tenderfoot to Eagle Scout.

보이스카우트에는 Tenderfoot에서 Eagle Scout까지 단계별 계급이 있다.
A violin or a voice can produce gradations of musical pitch too small to appear in written music. 바이올린이나 목소리는 악보에 표시할 수 없을 만큼 매우 미세한 차이까지 표현해낼 수 있다.
《걸리버여행기》를 쓴 Jonathan Swift는 이렇게 말하기도 했다.
Ladies must daily practice the several kinds and gradations of laughter by the looking-glass.

여성들은 날마다 거울을 보며 몇 가지 종류의 웃음을 미묘한 차이를 두고 연습하는 것이 분명하다.

✛

looking-glass mirror의 옛말.
by all means (모든 수단을 다해서→) 마음껏, 물론.

degrade
[dɪgrˈeɪd]

verb
- 비하하다. 모욕하다. 부적절하게 대하다.
- 저하시키다. 질을 더 나쁘게 만들다.

They had feared for years that television was degrading the mental capacities of their children.

TV가 아이들의 정신적 능력을 저하시킬 것이라고 수년 동안 우려했다.

■

King Lear is degraded by the daughters he has given his kingdom to.

리어왕은 자신의 왕국을 넘겨준 딸들에게 수모를 당한다.
The old king finds it degrading when the number of his guards is reduced from 100 to 25.

늙은 왕은 자신을 경호하는 호위병이 100명에서 25명으로 줄어든 것을 보고 모멸감을 느낀다.
His degradation seems complete when, after going mad, he's reduced to living in the wilderness.

그가 광인이 되고 난 뒤 광야에 내쳐지면서, 비로소 그의 비참한 수모는 절정에 달하는 듯하다.
I didn't want to degrade/humiliate her in front of her colleagues.

동료 앞에서 그녀에게 창피를 주고 싶지는 않았다.
degrade는 humiliate와 거의 같은 의미로 사용된다.
By all means apologize for your mistake, but don't degrade yourself.

물론 잘못에 대해서는 사과해야겠지만 자신을 비하할 필요는 없어.

✛

degradation [dˌegrədˈeɪʃən] 하락, 좌천.
humiliate [hjuːmˈɪlieɪt] 굴욕감을 느끼게 하다.

gradient

[ɡrˈeɪdiənt]

noun
- 기울기. 경사(slope).
- 경사도. 변화도.

Steep temperature gradients in the atmosphere are usually associated with unstable conditions.

대기의 급격한 온도변화는 일반적으로 불안정한 상태와 관련이 있다.

■

스키를 타는 곳을 흔히 '슬로프'라고 하는데, slope는 원래 '산비탈'이나 '경사지'를 의미한다.
slope는 gradient과 같은 뜻이다.
In the interstate highway system, the maximum gradient is 6 percent.
미국 고속도로의 최대경사도는 최대 6퍼센트까지 허용된다.
말하자면 100 미터 거리에서 수직으로 6미터 이상 올라갈 수 없다는 뜻이다.
Any rate of change that's shown on a graph may have a sloped gradient.
어떠한 변화든 그래프로 그리면 경사진 선이 나온다.
가로축엔 시간을 표시하고 세로축엔 어떤 활동이나 수치를 표시하면, 활동이 빠르게 일어날 경우 그래프의 기울기가 가파르고, 활동이 느리게 일어날 경우 기울기가 완만할 것이다.

✦

horizontal axis 가로축.
vertical axis 세로축.
steep [stˈiːp] 경사가 가파른.
gradual [ɡrˈædʒuəl] = gentle [dʒˈentəl] 경사가 완만한.
amputate [ˈæmpjʊteɪt] 절단하다.
limb [lˈɪm] 팔다리(4지).
orbit [ˈɔːrbɪt] 궤도.
lapse [lˈæps] into 짧은 시간 동안 나쁜 상태로 빠져들다.

retrograde

[rˈetrəɡreɪd]

adjective
- 역행하는.
- 더 나쁜 이전 상태로 거슬러 올라가는.

For the government to cover up the findings of its scientific research institutes was clearly a retrograde step.

정부가 정부연구기관의 연구결과를 은폐하는 것은 분명히 퇴행적인 조치였다.

■

If a country decided to go back to amputating the limbs of criminals, we might call that policy retrograde.
범죄자의 4지를 절단하는 형벌을 부활시킨다면 그것은 분명 '정책의 시대적 역행'이라고 할 수 있을 것이다.
A retrograde view of women might be one that sees them basically as housekeepers.
여자는 집안일이나 잘하면 된다고 생각하는 것은 여성에 대한 퇴행적 시각이다.
Mars and Jupiter show retrograde motion at some stages of their orbits.
화성과 목성은 궤도를 따라 돌다가 어느 순간 거꾸로 도는 것처럼 보인다. 하지만 이는 실제로 거꾸로 도는 것이 아니라 지구에서 그렇게 보이는 것일 뿐이다.
여기서 retrograde는 backward와 같은 말이다.
Once a thriving democracy, the country lapsed into dictatorship in the 1970s, a retrograde step that it's still recovering from.
한때 민주주의가 꽃피웠던 이 나라는 1970년대 잠시 독재정치를 겪었는데. 이 퇴행적 역사에서 아직도 완전히 회복하지 못하고 있다.

GNO GNI

Greek
to know 알다

---

cognitive
[kɑˈgnɪtɪv]

adjective
- 인지의. 지각, 판단, 이해 등 인지과정과 관련한.
- 실제 지식에 기반한.

A child isn't a computer; a third-grader's cognitive abilities are highly dependent on his or her upbringing and happiness.

아이는 컴퓨터가 아니다. 3학년 아이의 인지능력은 양육방식과 행복에 따라 크게 달라진다.

■

Cognitive skills and knowledge involve the ability to acquire factual information.
인지기술과 지식은 사실정보를 습득하는 능력으로, 대개 시험을 통해 쉽게 테스트할 수 있다.

Cognition should be distinguished from social, emotional, and creative development and ability.
인지는 사교적, 정서적, 창의적 능력이나 발달과는 전혀 다르다.

cognitive science 인지과학.
인간의 지각, 사고, 학습을 다루는 학문으로 오늘날 급격하게 성장하는 분야다.

Psychology is not entirely a cognitive science, since it deals with behavior as well as the mind.
심리학이 인지과학과 완전히 일치하지 않는 것은, 심리학은 행동과 더불어 마음도 다루기 때문이다.

✛
upbringing [ˈʌpbrɪŋɪŋ] 부모의 양육방식.
cognition [kɑgnˈɪʃən] 인지.
ignoramus [ˌɪgnərˈeɪməs] 알아야 할 것을 알지 못하는 무식한 사람.

---

agnostic
[ægnˈɑstɪk]

noun
- 불가지론자.

adjective
- 불가지론의.

Both of them were always agnostics, but after they had children they started attending church again.

두 사람 모두 불가지론자였지만, 아이가 생기고 난 뒤 다시 교회에 나가기 시작했다.

■

agnostic과 agnosticism은 신이 존재하는지 알 수 없다는 태도로 1870년경 영국의 위대한 생물학자 T. H. Huxley가 만들어낸 말이다. 그는 교회의 공격으로부터 Charles Darwin의 저작을 옹호하는 데 헌신했다.

Many agnostic thinkers believe that human minds simply aren't equipped to grasp the nature of God. 불가지론자들은 인간의 마음으로는 신의 본성을 이해하기 어렵다고 생각한다.

agnostic과 atheist는 다르다. atheist는 어떠한 신도 존재하지 않으며, 더 나아가 신이 존재하지 않는다는 것을 증명할 수 있다고 주장한다.

agnostic와 비슷하게 생긴 gnostic이라는 말도 있는데, 이것은 예수가 살았던 시절부터 예수를 따르던 사람들을 중심으로 형성된 종파를 일컫는다. 이들은 '깨달음, 앎, 지혜'를 추구하며 예수의 삶을 쫓아 물질적인 세계를 거부하며 살았기 때문에 Gnosticism이라고 불린다. 최근 《다빈치코드》 등 대중소설에 등장하면서 관심이 높아졌다.

✛
agnosticism [ægnˈɑstɪsɪzəm] 불가지론.
atheist [ˈeɪθiɪst] 무신론자.
gnostic [nˈɑstɪk] 영지주의자, 영지주의의.
Gnosticism [nˈɑstəsˌɪzəm] 영지주의(靈智主義).

'알다'를 의미하는 know라는 영어단어 자체가 gno에서 유래했다.
recognize는 re(again)+cog(know)에서 나온 말로 '원래 알았던 것을 다시 알아보다'라는 뜻이며,
ignore는 in(not)+gno(know)에서 나온 말로 '모르는 척 하다'라는 뜻이다. ignoramus는 '무식쟁이'다.

incognito
[ɪnkɒgnˈiːtoʊ]

adverb
- 익명으로. 자신의 신분을 숨기고 변장을 한 채.

Years after her reign as a top Hollywood star, she was discovered working incognito as a bartender in Manhattan while living in cheap hotels.

할리우드의 톱스타 자리에서 물러나고 몇 년이 흐른 뒤, 맨해튼의 싸구려 호텔에 살면서 자신의 신분을 숨기고 바텐더로 일하는 그녀의 모습이 포착되었다.

■

In a famous myth, Zeus and Hermes visit a village incognito to test the villagers.
제우스와 헤르메스는 사람들을 시험하기 위해 자신들의 모습을 숨기고 한 마을에 들어간다.
남루한 차림의 여행자들을 모두 문전박대하였으나, Baucis와 Philemon이라고 하는 가난한 노부부는 예외였다. 없는 살림에 정성껏 차려낸 저녁을 즐기고 마침내 정체를 드러낸 제우스와 헤르메스는 자신들을 환대해준 노부부에게 넉넉하게 보상을 해 주고, 그 집을 뺀 나머지 집을 쑥대밭으로 만들었다.
Movie stars often go out in public incognito, in faded sweatshirts, worn-out pants, and sunglasses.
영화배우들은 사람들이 알아볼 수 없도록 색이 바랜 스웨터와 낡은 바지를 입고 선글래스를 쓰고 공공장소에 나가기도 한다.

✚
reign [rˈeɪn] 지배기간.
disguise [dɪsgˈaɪz] 변장하다.
hospitality [hˌɒspɪtˈælɪti] 친절한 대접.

prognosis
[prɒgnˈoʊsɪs]

noun
- 예후. 어떤 질병에서 회복할 가능성.
- 예측이나 예언.

The prognosis for a patient with chicken pox is usually excellent; the prognosis for someone with liver cancer is terrible.

수두환자의 예후는 대개 양호하지만 간암환자의 예후는 심각하다.

■

pro(before)+gno(know)가 결합한 prognosis는 knowledge beforehand (미리 아는 지식)라는 뜻으로 앞으로 상황이 어떻게 변할지 알려주는 것을 의미한다. prognosis는 원래 전문적인 의학용어였지만, 이내 모든 분야의 전문가들이 내놓는 prediction을 아우르는 의미로 확대되어 사용되기 시작하였다.
Economists are constantly offering prognoses about where the economy is going.
경제학자들은 경제동향에 대한 예측을 수시로 제공한다.
복수형을 눈여겨보라.
Climate scientists regularly prognosticate about how quickly the earth's atmosphere is warming.
기후학자들은 지구대기의 온도가 얼마나 빨리 상승할지 예측한다.
The prognosis for the world's climate in the next century is uncertain.
다음 세기의 세계기후가 어떨지 예측하는 것은 어렵다.
The doctor's prognosis is guarded, but she is cautiously optimistic that recovery will be complete.
의사는 섣부른 예측을 삼갔지만, 그녀는 온전히 회복될 것이라고 조심스럽게 낙관했다.

✚
prognosticate [prɒgnˈɑstɪkˌeɪt] 예측하다.

Words from Greek Philosophers

Socratic
[sɒkrˈætɪk]

adjective
- 소크라테스와 관련된. 대화법과 관련된.

She challenges her students by using the Socratic method, requiring them to think and respond constantly in every class.

그녀는 모든 수업에서 끊임없이 생각하고 대답하도록 요구하는 소크라테스식 교수법을 적용하여 학생들에게 의문을 제기한다.

■

Socrates는 기원전 5세기 아테네에서 살면서 사람들을 가르쳤는데, 글은 남기지 않았다. 오늘날 우리가 그에 대해 알 수 있는 것은 모두 그의 제자 플라톤의 작품을 통해서 얻은 것으로, 플라톤의 작품은 사실상 소크라테스와 다른 사람들이 나눈 대화를 기록한 것이 전부다.
Socratic method 소크라테스식 교수법 —
오늘날 소크라테스는 쉬운 질문에서 점점 어려운 질문으로 나아가는 문답법으로 가장 많이 기억된다.
Socratic method는 세부적으로 귀납과 역설로 구성된다.
Socratic induction 소크라테스식 귀납 —
질문과 대답의 과정을 거쳐 점점 일반화에 이르는 것.
Socratic irony 소크라테스식 역설 —
교사가 무지를 가장하고 영리하게 질문을 던져 학생들이 자신의 이해에 오류가 있음을 스스로 깨닫게 하는 것.
The Socratic method is inappropriate for normal courtroom interrogation.
소크라테스의 문답법은 일반적인 법정심문에 적절하지 않다.

✚
induction [ɪndˈʌkʃən] 귀납법, 입회, 분만유도.
interrogation [ɪntˈerəgˈeɪʃən] 심문하다.

platonic
[plətˈɒnɪk]

adjective
- 플라톤의 사상과 관련된.
- 성적인 접촉을 배제한 연애관계의.

The male and female leads in sitcoms often keep their relationship platonic for the first few seasons, but romance almost always wins out in the end.

시트콤에서 남녀인물들은 캐릭터들은 처음 몇 시즌에서는 플라토닉한 관계를 유지하지만 결국에는 예외없이 로맨스가 승리한다.

■

Platonic dialogues 플라톤의 대화 —
플라톤은 소크라테스가 다른 사람들과 나눈 극적인 대화들을 통해 자신의 철학적 이론을 제시했는데, 이것을 Platonic dialogues라고 부른다.
Platonic form 플라톤의 형상 —
플라톤은 지상에 존재하는 모든 것이 이상적인 형상의 그림자, 창백한 모조품에 지나지 않는다고 주장했다.
플라톤이 주장한 이상적인 형상을 Platonic form이라고 부른다.
Platonic love 플라토닉러브 —
플라톤의 기록에 따르면, 소크라테스는 지혜를 사랑하는 사람은 사랑하는 사람에 대한 성적인 열정을 아름다움에 대한 음미와 더 고차원적인 힘과 우주적인 사랑으로 바꿀 줄 알아야 한다고 가르쳤다. 이성적으로 끌리는 친밀한 두 사람이 성적인 관계를 맺지 않는 것을 오늘날 platonic love 또는 platonic friendship이라고 부른다.
The dinner was good, but saying that it approached the platonic ideal of a meal was probably too much.
저녁은 훌륭했지만, 꿈에서나 볼 수 있는 이상적인 식사에 가까웠다고 말하는 것은 지나친 과장이다.

Felix qui potuit rerum cognoscere causas.
Fortunate who was able to know the causes of things.
원인을 알수 있는 자는 복되도다.

hedonism

[hˈiːdənɪzəm]

noun

● 쾌락을 삶의 주된 목표로 삼는 생활방식.

In her new spirit of hedonism, she went out for a massage, picked up champagne and chocolate truffles, and made a date that evening with an old boyfriend.

새롭게 쾌락주의를 따르기로 한 그녀는 마사지를 받으러 다니고 샴페인과 초콜릿트뤼플을 즐기고, 옛 애인과 저녁데이트를 했다.

■

그리스어 hedone(pleasure)에서 파생된 hedonism은 말 그대로 쾌락을 추구하는 사상을 의미한다.
The ancient Epicureans and the 19th-century Utilitarians both taught and pursued hedonistic principles.
고대 에피쿠로스학파와 19세기 공리주의는 모두 쾌락주의 원칙을 설파하고 추구했다.
hedonism은 일상적으로 말초적 쾌락을 의미하는 단어로 사용되지만, 철학에서는 대개 이기적인 방법으로는 얻을 수 없는 차분한 쾌락을 의미한다.

+

truffle [trˈʌfəl] 경단.
plight [plˈaɪt] 궁지.
stoicism [stˈoʊɪsɪzəm] 비극적 상황에서도 무덤덤함.
fortitude [fˈɔːrtɪtuːd] 불굴의 투지.
stoical [stˈoʊɪkəl] = stoic

stoic

[stˈoʊɪk]

adjective

● 쾌락이나 고통에 무심한 듯 보이는.

She bore the pain of her broken leg with such stoic patience that most of us had no idea she was suffering.

그녀는 부러진 다리의 통증을 무심한 듯 견뎌내었기에 우리는 대부분 그녀가 아픈지도 몰랐다.

■

Stoicism은 지혜를 얻기 위해서는 모든 종류의 기쁨, 슬픔, 열정으로부터 자유로워져야 한다고 가르친다. 고대그리스에서 처음 나타나 로마시대까지 인기를 구가한 이 철학사조는 불교의 가르침과 상당부분 일치한다. stoics는 Stoicism을 추종하는 사람들을 일컫는다. 스토아주의를 추종하는 이들 중에는 위대한 인물들이 많은데, 그 중에 정치인 Cicero, 극작가 Seneca, 로마황제 Marcus Aurelius가 있다. 마르쿠스 아우렐리우스 황제는 스토아철학의 개론서라 할 수 있는 《Meditations》를 쓰기도 했다.
They bore their plight with stoicism and fortitude.
그들은 차분하고 꿋꿋하게 난관을 견디며 헤쳐 나갔다.
스토아주의자가 아니라고 해도 정신적/신체적 고통을 꿋꿋이 견뎌내는 사람들을 보면 지금도 많은 이들이 경의를 표한다.
The kids of Kobe try to be as stoic as their parents in this tragic situation.
고베의 아이들은 이 비극적인 상황 속에서도 그들의 부모들처럼 무덤덤하려고 애쓴다.
She never ceased to admire the stoical courage of those in Northern Ireland.
그녀는 북아일랜드 사람들의 불굴의 투지에 늘 경의를 표한다.

NULL NUL

Latin $nullus = ne_{(not)} + ullus_{(any)}$
none 아무도 아닌

---

null
[nʌl]

adjective
- 법적인 효력이 없는.
- 아무것도 없는.

If we can prove that you signed the contract because you were being physically threatened, it will automatically be declared null.

신체적으로 위협을 받아 계약에 서명한 것으로 판명되면, 계약은 자동으로 무효가 된다.

■

The company refused to pay anything, claiming the contract is null and void.
회사는 대금지급을 거절하고 계약은 무효라고 주장했다.
법률분야에서 null and void라는 문구가 많이 쓰이는데, null과 같은 뜻이다.
In mathematics, a null set is a set of figures that's actually empty.
공집합은 원소가 하나도 없는 집합이다.
수학에서 null은 원소가 하나도 없다는 뜻이다.
In computer programming, a null is a character that doesn't actually show up as a character.
컴퓨터프로그래밍에서 null은 실제 문자로 표시되지 않는 문자를 말한다.
We're claiming the contract is null and void because the other company failed to do what it had agreed to.
우리가 계약무효를 주장하는 것은, 상대측 회사가 약속한 것을 이행하지 않았기 때문이다.

➕
void = empty
null set 공집합.

---

nullity
[nʌlɪti]

noun
- 무효.

He couldn't believe she'd actually left him for that nullity—a guy with no style, no drive, no personality at all.

스타일은커녕 매력도 없고 차도 없는 그 형편없는 인간을 좋다고 자신을 버렸다는 사실이 도무지 믿기지 않았다.

■

Intellectuals spoke of his book as a nullity.
지식인들은 그의 책을 쓰레기라고 말했다.
The law passed by the legislature is a nullity because it's so obviously unconstitutional that it's going to be shot down by the courts in no time.
입법부에서 통과된 이 법은 아무 의미가 없다. 헌법에 불합치하는 것이 명백하여 법정에서 곧바로 폐기될 것이기 때문이다.
She called him a nullity.
그녀는 그를 투명인간이라고 불렀다.
nullity는 nobody, nonentity, zero라는 말로 대체할 수 있다.
After five years and no children, she asked the church for an nullity of the marriage.
5년이 지나도록 아이가 생기지 않자 그녀는 결혼을 무효로 해달라고 교회에 요청했다.

➕
unconstitutional [ˌʌnkɒnstɪˈtuːʃənəl] 헌법을 위반하는.
nobody [nˈoʊbɒdi] 하찮은 사람.
nonentity [nɒnˈentɪti] 별볼일 없는 사람.
zero [zˈɪəroʊ] 가치없는 사람.
invalidate [ɪnˈvælɪdeɪt] 무효화하다.
abrogate [ˈæbrəgeɪt] 폐기하다.

영어에서 부정어들은 대부분 n-으로 시작한다는 사실을 알고 있는가?
no, not, never, nothing, none, no one, nowhere, non-은 모두 그리스어에서 유래한 것이다.

---

nullify
[nˈʌlɪfaɪ]

verb
- 법적으로 취소하다.
- 아무 가치 없게 만들다.

In soccer or water polo, a penalty can nullify a goal that has just been made.
축구나 수구에서는 반칙 하나가 이제 막 들어간 골을 무효로 만들수 있다.

■

A legislature may nullify a ban, a law, or a tax by simply passing a new law. 입법부는 새로운 법을 통과시킴으로써 기존의 제한, 법률, 세금을 무효화시킬 수 있다.
Election results can be nullified if a court finds the voting process was improper. 투표절차가 적절하지 않았다고 법원에서 판결할 경우 선거결과는 무효화될 수 있다.
A court ruling can be nullified by a higher court.
법원의 판결은 상급법원에 의해서 무효화될 수 있다.
In the years leading up to the American Civil War, Southern states claimed the right to nullify any federal law (such as antislavery laws) that they believed to be unconstitutional, leading to the Nullification Crisis of 1832.
남북전쟁이 벌어지기 전 남부주들은 몇몇 연방법(반노예법 등)을 위헌이라고 여기고 무효화할 권리가 있다고 주장했는데, 이는 마침내 1832년 연방법 시행거부사태로 이어졌다.
nullify의 동의어 annul 역시 어근 nul에서 나왔다.
또 다른 동의어로 invalidate와 abrogate가 있다.
The marriage was annulled last month.
혼인은 지난 달 무효가 되었다.
The next prime minister could abrogate the treaty. 다음 총리가 조약을 폐기할 수 있다.

✦
ruling [rˈuːlɪŋ] 법원의 판결.

---

annulment
[ənˈʌlmənt]

noun
- 무효선언.

He requested an annulment of the marriage from the Church, but his wife claimed that, after 15 years and two children, the idea of annulment was ridiculous.
남편은 교회에 혼인을 무효로 처분해달라고 요구했지만, 부인은 결혼한 지 15년이 지났고 두 아이가 있는 상황에서 혼인을 무효화하자는 주장은 터무니없다고 주장했다.

■

annulment는 처음부터 존재하지 않았던 것으로 간주한다는 공식적인 선언이다. annulment는 계약파기나 선거무효화를 말할 때도 쓰이지만 대부분 혼인을 무효화할 때 가장 많이 쓰인다.
법정에서 결정하는 혼인무효는 judicial annulment라고 하는 반면, 교회에서 결정하는 혼인무효는 ecclesiastic annulment라고 한다. 원칙적으로 divorce를 허용하지 않는 가톨릭교회에서는 annulment라는 제도를 통해 혼인을 종료하는 것을 허용한다. divorce는 혼인기록이 그대로 남는 반면, annulment는 혼인기록을 자체를 지워버린다.
The usual acceptable reason for annulment is a "failure to consummate" the marriage by having children. 혼인무효의 근거로 인정되는 가장 일반적인 이유는, 아이를 낳음으로써 '결혼을 완성하지 못함'이다.

✦
annul [ənˈʌl] 법적으로 이전 상태로 되돌리다.
judicial [dʒuːdˈɪʃəl] 판사의.
ecclesiastic [ɪklˌiːziˈæstɪk] 성직자의.
consummate [kˈɒnsəmeɪt] 합방하다, 섹스를 함으로써 관계를 완성하다.

FAC FACT

Latin facere
to make 만들다
to do 하다

factor

[fˈæktər]

noun

● 결과를 만들어내는데 기여한 성분/인자/요인.

The most important factor in the success of the treaty talks was the physical presence of the two presidents.

조약협상을 성공으로 이끈 가장 중요한 요인은 양국 대통령이 회담에 직접 참석한 것이다.

■

라틴어로 factor는 단순히 doer를 의미한다.
영어에서도 factor는 어떤 상황이나 물질의 특징을
결정하는 actor, element, ingredient를 의미한다.
Charm can be a factor in someone's success.
매력은 성공의 요인이 될 수 있다.
Lack of exercise can be a factor in producing a poor physique.
운동부족은 형편없는 몸매를 만드는 요인이 될 수 있다.
5 and 8 are factors of 40. 5와 8은 40의 factor다.
수학에서 곱셈이나 나눗셈에 들어가는 수를 factor라고
한다.
생물학에서는 gene을 factor라고 부른다. '유전자'는
전체유기체의 특징을 결정하는 '요인'이기 때문이다.
어떤 것의 크기, 세기, 레벨을 factor라고 표현하기도 한다.
Even in September the windchill factor can be
intense. 9월만 되어도 바람의 세기가 강할 수 있다.
suncream with a protection factor of 8.
자외선차단지수 8의 썬크림.

✛
physique [fɪzˈiːk] 체형, 체격.

factotum

[fæktˈoʊtəm]

noun

● 다양한 일을 수행하는 팔방미인. 총무보조.

Over the years she had become the office factotum, who might be doing legal research one day and organizing the company picnic the next.

지난 몇 년 동안 그녀는 사무보조원으로 일했다. 어떤 날은 법률조사를 하다가도, 그 다음 날에는 회사야유회를 준비했다.

■

고대 라틴어처럼 보이는 이 단어는 사실, 1592년
셰익스피어가 만들어낸 말이다. 셰익스피어는 자신을
Johannes Factotum이라고 소개하는데,
이 말은 오늘날 Jack-of-all-trade과 같은 뜻으로
a handy versatile person을 의미한다.
다소 가벼운 잡무를 처리하는 사환이나 잔심부름꾼을
일컫는 gofer에 비해 factotum은 보조자이긴 하지만
꽤 중요한 역할을 수행한다.
Jack of all trades, master of none.
다재다능한 사람은 어느 것에도 달인이 되지 못한 사람이다.
As the company's factotum, she often felt
overworked and underappreciated.
회사의 잡일을 도맡아 하는 그녀는, 지나치게 많은 업무를
처리하면서도 제대로 대우받지 못하고 있다는 기분을 자주 느꼈다.

✛
handy [hˈændi] 손재주가 좋은, 바로바로 쓸 수 있는.
versatile [vˈɜːrsətəl] 다재다능한, 다용도의.
gofer [gˈoʊfər] 잔심부름꾼.

fact는 원래 '완료된 일'이라는 뜻으로, 돌이킬 수 없는 사실을 의미한다.

benefactor는 '좋은 일을 하는 사람'이라는 뜻으로 '후원자'를 의미하고, factory는 '만드는 곳'을 의미하고,

manufacture는 (손으로) '만들다/생산하다'를 의미한다.

facile

[fˈæsəl]

adjective

● 피상적인, 단편적인(simplistic).

The principal made a facile argument **for the school's policy, but no one was convinced.**

교장은 학교정책을 아주 피상적으로 설명했지만, 아무도 납득시키지 못했다.

■

어떤 것에 facile을 붙인다면 내용을 제대로 이해하지 못하고 부주의하게 다루고 있다고 비판하는 것이다.

The subject of racism is admittedly too complex for facile summarization.

인종주의는 아무래도 단편적으로 요약하기에는 너무나 복잡한 문제다.

facile suggestion은 문제를 깊게 파고들지 않는 대충 만든 제안이며, facile solution은 일시적으로만 효과가 있는 피상적인 해법이다.

facile writers는 별다른 어려움 없이 빠르고 쉽게 글을 써 내려가는 것처럼 보이는 사람들을 일컫는다.

물론 그런 사람들이 쓴 글을 이해하기 위해서 독자들은 엄청난 고생을 해야 할 것이다.

She was quick-witted, but her reasoning was often facile and not deeply thoughtful.

그녀는 눈치가 빠르고 영리하기는 했지만, 그녀가 내세우는 논리는 피상적이고 사려깊지 않은 경우가 많았다.

✛

simplistic [sɪmplˈɪstɪk] 극단적으로 단순화한.

quick-witted 임기응변이 좋은, 기민한, 눈치가 빠른.

facilitate

[fəsˈɪlɪteɪt]

verb

● 더 쉽게 만들다.

● 더 순조롭게 진행되도록 하다.

Her uncle hadn't exactly gotten her the job, but he had certainly facilitated the process.

삼촌이 일자리를 구해주지는 못했지만, 구직활동을 용이하게 해 준 것은 분명하다.

■

facilitate는 '일을 완수하도록 도와주는' 것을 의미한다.

Clever employees are quietly facilitating all kinds of useful activity within their organizations all the time.

영리한 직원은 언제나 조직 안에서 온갖 유용한 활동이 순조롭게 진행되도록 조용히 뒷받침한다.

Facilitators do not teach or order but rather make the meetings as productive as possible.

심리치료집단이나 워크숍을 이끄는 사람을 대개 '퍼실리테이터'라고 부르는데, 이들은 가르치거나 지시하는 역할보다는 모임이 생산적이 될 수 있도록 도와주는 역할을 한다.

Even businesses now use facilitators in meetings where they don't want any person's particular desires to outweigh anyone else's.

최근에는 기업들도 회의를 주재하는 퍼실리테이터를 고용하기도 한다. 어느 한쪽이 일방적으로 압도하지 않도록 균형을 유지하는 것이 중요한 회의에서는 특히 이들의 역할이 중요하다.

다양한 분야에서 퍼실리테이터의 역할이 부각되면서 International Association of Facilitators라는 국제연맹도 조직되었다.

JUR

Latin jarare, jus
to swear. take an oath 맹세하다
right 권리 law 법

jurisprudence
[dʒˌʊərɪsprˈuːdəns]

noun
- 법률체계.
- 법학. 법철학.

As a young lawyer his heroes were the crusaders of 20th-century jurisprudence, especially Louis Brandeis and Thurgood Marshall.

젊은 변호사로서 그가 영웅으로 받드는 인물은 20세기 법학의 십자군, 특히 루이스 브랜다이스와 서드굿 마샬이었다.

■

jury(law)+prudentia(wise)가 결합한 jurisprudence는 법에 대한 지식, 즉 법학을 의미한다. jurisprudence가 학문으로 연구되기 시작한 곳은 로마제국이다. 법을 가르치는 학교도 로마시대 최초로 설립되었다. Roman jurisprudence는 로마인들이 창조한 다른 많은 것들과 마찬가지로, 이후 수백 년 동안 서구세계에서 법에 접근하는 기본적인 방식으로 자리잡았다.
jurisprudence는 다른 법률용어들과 마찬가지로 공식적인 문서에서만 사용된다.
Although her own philosophy of jurisprudence is liberal, most observers think her interpretations of the law as a judge have been balanced.
그녀 자신의 법철학은 자유주의에 가깝지만, 대다수 평론가들은 그녀의 법해석을 판사가 공정하게 판결한 것이라고 생각한다.

✚
jurist [dʒˈʊərɪst] 법학자.
jury [dʒˈʊəri] 배심원단.
juror [dʒˈʊərər] 배심원.
jurisdiction [dʒˌʊərɪsdˈɪkʃən] 사법권, 사법권이 미치는 지역.

abjure
[æbdʒˈʊər]

verb
- 공식적으로 거부하다.

The Spanish Inquisition forced many Jews to abjure their religion and adopt Christianity or be burned at the stake.

스페인의 종교재판은 많은 유대인에게 신앙을 포기하고 기독교로 개종하든가 화형을 당하든가 하나를 선택하라고 강요했다.

■

ab(away from)+jurare(swear)가 결합한 abjure는 문자 그대로 '버리기로 맹세하다'라는 뜻이다.
Many people abjure all sweets and fattening foods, often making their vow in front of friends or relatives.
많은 이들이 살을 빼고자 달콤한 군것질거리와 살찌는 음식은 절대 입에 대지 않겠다고 다른 사람들 앞에서 맹세한다.
abjure와 adjure는 헷갈리기 쉽다.
ad(to)+jurare(swear)가 결합한 adjure는 '—하도록 맹세하게 하다'라는 뜻이다.
A judge might adjure a criminal to change his ways; but it's up to the criminal to abjure a life of crime.
판사는 범죄자에게 새로운 삶을 살라고 설득할 수 있지만, 죄짓는 삶을 포기하는 것은 범죄자 자신에게 달려있다.
As soon as the party agrees to abjure violence, we're ready to allow them to participate in elections.
그 당이 공식적으로 폭력을 사용하지 않겠다고 약속만 한다면, 우리는 곧바로 선거에 참여할 수 있도록 허가할 준비가 되어있다.

✚
fattening [fˈætənɪŋ] 기름진, 금방 살찌게 만드는.
adjure [ədʒˈʊr] —하라고 명령하다, 간청하다.

juror는 judgment를 내리는 '배심원'을 의미하며, 이들이 모여 있는 '배심원단'은 jury라고 한다.
injury는 원래, 법정에서 판결로서 인정받은 '부당한 피해'를 의미한다.
personal injury는 신체적으로나 정신적으로 입은 '상해'를 의미한다.

perjury
[pˈɜːrdʒəri]

noun
● 위증죄.

Found guilty of perjury for lying under oath in front of a Congressional committee, he was sentenced to two years in prison.

의회 위원회 앞에서 선서를 하고서 거짓말을 했기 때문에 그는 위증죄 유죄판결을 받아 징역 2년형을 선고받았다.

■

per(harmfully)+jur(law)가 결합한 perjury는 문자 그대로 '법에 해로운'이라는 뜻이다. 의도적으로 진실을 말하지 않아 정당한 법집행을 방해하는 것이다.
법정이나 의회에 출석하여 증언을 할 때는 먼저 진실만을 말하겠다는 선서를 하는데, 선서를 하고 난 뒤 거짓말을 하면 perjury 처벌을 받을 수 있다.
To avoid committing perjury, a witness or defendant may "take the Fifth."
위증죄를 피하기 위한 유일한 방법은 수정헌법 5조를 행사하는 것이다.
The Fifth Amendment to the Constitution forbids forcing a citizen to admit to being guilty of a crime.
수정헌법 5조는 시민 스스로 유죄임을 인정하도록 강요하는 것을 금지한다. 다시 말해 자신에게 불리한 질문에는 대답하지 않을 권리, 묵비권을 보장하는 것이다.

✛
oath [oʊθ] 맹세, 선서.
defendant [dɪfˈendənt] 피고(인).
take the Fifth 묵비권을 행사하다.

de jure
[dˌiː dʒˈʊri]

adjective
● 법률상.

The country is a de jure democracy, but since one party controls all the media outlets it really isn't one.

그 나라는 법률상 민주주의 국가라고 하지만, 한 정당이 모든 언론매체를 장악하고 있기 때문에 실제로는 민주주의국가가 아니다.

■

라틴어를 그대로 가져온 de jure는 대개 법률문서에 등장한다.
법에 명문화되어 있다고 해도 의미없는 경우가 있다.
집행되지 않는 법은 존재하지 않는 것과 같기 때문이다.
법적으로 보장하는 권리라고 해도 그것을 시민이 행사할 때 어떤 불이익을 당할 수 있다는 여겨진다면,
사실상 그런 권리는 존재하지 않는 것과 같다.
이럴 경우 시민의 권리는 de jure(법률상) 보장되어 있기는 하지만 de facto(사실상) 존재하지 않는다고 말할 수 있다.
The Synod's declarations prevailed de jure but not de facto in the Roman Catholic Church down to the Reformation era.
로마가톨릭교회에서 시노드(주교들의 공동회의)를 통한 의사결정 절차는 법률상 보장되어 있었지만 종교개혁기까지 사실상 한 번도 실행된 적이 없었다.
The de jure power of the prime minister was considerable, but all real power was held by the army.
총리의 법적 권한은 상당하지만, 진짜 권력은 군대가 쥐고 있다.

✛
de facto [dˌɪ fˈæktoʊ] 사실상.

Latin Borrowings

ad hominem

[æd hˈɑmənɛm]
to the man

adjective

● 논의주제가 아니라 상대방을 공격하는.

Presidential campaigns have often relied on ad hominem attacks rather than serious discussion of important issues.

대통령선거운동은 중요한 문제를 진지하게 논의하기보다 인신공격에 의존하는 경우가 많다.

■

ad hominem은 against the other person이라는 뜻으로 사용된다.
ad hominem은 논쟁에서 이기는 기술을 연구하는 '수사학'에서 유래한 용어다. 자신의 주장을 뒷받침할 논리가 부족할 때, 자신을 방어하기 쉬운 방법 중 하나는 바로 상대방의 개인적인 문제를 트집잡아 공격하는 것이다.
Since ad hominem attacks require neither truth nor logic to be effective, their popularity has never waned.

인신공격은 진실이나 논리가 전혀 없어도 강력한 효과를 발휘하기 때문에, 지금도 토론과 논쟁에서 무수히 애용되고 있다.

✚

wane [wˈeɪn] 닳아서 사라지다.

ad hoc

[æd hˈɒk]
for this

adjective

● 일회성으로 기획된.

The faculty formed an ad hoc committee to deal with the question of First Amendment rights on campus.

교수진은 대학의 1차 개정권 문제를 논의하기 위한 한시적 위원회를 구성했다.

■

ad hoc은 for this specific occasion이라는 뜻으로 사용된다.
Issues that come up in the course of a project often require immediate, ad hoc solutions.

어떤 프로젝트를 진행하다보면 예상치 못한 문제들이 발생하는데, 이를 해결하려면 대개 이 문제에만 적용할 수 있는 해법을 찾아야 한다.
An ad hoc investigating committee is authorized to look into a matter of limited scope.

중대한 정치적 사건이 발생했을 경우 한시적인 특별조사위원회를 설치한다. 이들이 조사할 수 있는 범위는 대개 법적으로 제한된다.
An ad hoc ruling by an athletic council is intended to settle a particular case, and is not meant to serve as a model for later rulings.

특정한 분쟁을 해결하기 위한 논의결과를 발표하면서 이 조치를 ad hoc ruling이라고 표현한다면 이번에만 적용하기 위해 만든 규정이라는 뜻이다.
The organization deals with too many things on an ad hoc basis.

이 단체는 너무 많은 사안을 그때 그때 임시변통으로 해결한다.
그러한 단체는 제대로 체계가 갖춰지지 않았다는 뜻이다.

✚

ruling [rˈuːlɪŋ] 판결, 규정.

Inveniet viam aut faciet.
I will find a way or make one.
길을 찾을 못하면 만들 것이다.

de facto

[deɪ fˈæktoʊ]
from the fact

adjective
● 공식적으로 인정되지는 않지만 실재하는.

Although there was never a general declaration of war, the two countries were at war in a de facto sense for almost a decade.

전면적인 선전포고는 없었지만, 양국은 사실상 거의 10년 동안 전쟁을 했다.

■

de facto는 공식적으로 인정되지 않지만 실제로 존재한다는 뜻이다.
A de facto government is one that operates with all of the power of a regular government but without official recognition.

반군이 점령한 지역에서는 반군조직이 사실상 정부 역할을 하는 경우가 많다.
De facto segregation can be just as real and deep-rooted as legally enforced segregation.

법적으로는 인종차별이 금지되어 있다고 해도 현실에서는 굳건히 뿌리내리고 실행되는 경우가 있다.
The de facto leader of a group is just the one who all the rest seem to follow

실질적인 지도자는 공식적인 직함은 가지고 있지 않다고 해도 누구나 따르는 사람이다.

✦
segregation [sˌɛgrɪgˈeɪʃən] 인종분리/차별정책.
scope [skˈoʊp] 범위, 영역.

ex post facto

[ˌɛks poʊst fˈæktoʊ]
from a thing done afterward

adjective
● 모든 일이 벌어지고 난 뒤의.

When Carl tells us his "reasons" for why he behaved badly, they're nothing but ex post facto excuses for impulsive behavior.

칼이 우리에게 못되게 군 '이유'라고 이야기한 것은 충동적인 행동에 대한 사후변명에 불과하다.

■

ex post facto는 모든 일이 벌어지고 난 다음에 뒤늦게 벌어지는 것을 말할 때 사용된다.
Approval for a project is given ex post facto.

프로젝트에 대한 승인이 뒤늦게 났다.
프로젝트가 이미 시작되었거나 완료된 다음에 승인이 났다는 뜻이다.
Ex post facto laws are expressly forbidden by the United States Constitution.

소급입법은 미국헌법에서 명백하게 금지되어있다.
ex post facto laws는 이미 저질러진 행위에 대해 그 행위를 범죄라고 선고하기 위해 뒤늦게 만드는 법으로 '소급입법' 또는 '사후법'이라고 한다.

BENE

Latin
well 좋은

benediction

[bˌenɪdˈɪkʃən]

noun

● 축복기도(blessing). 특히 예배 끝에 하는 기도.

The moment the bishop had finished his benediction, she squeezed quickly out of her row and darted out the cathedral's side entrance.

주교의 축도가 끝나자마자 그녀는 서둘러 자리에서 빠져나와 성당 옆문으로 뛰쳐나갔다.

■

bene(well)+dict(speaking)가 결합한 단어로 'well-wishing'을 의미한다.

가톨릭 미사에서 성변화 의례가 끝난 뒤 Benedictus 로 시작하는 찬미곡을 들을 수 있는데, 이 말은 라틴어로 blessed라는 뜻이다.

Perhaps the best-known benediction is the so-called Aaronic Benediction from the Bible, which begins, "May the Lord bless you and keep you."

가장 유명한 축도는 성경에 등장하는 "주님께서 너희에게 복을 내리시며 너희를 지켜주시고"로 시작하는 '아론의 축도' 다.

최초의 수도원을 세운 사람이 바로 St. Benedict이며, 그의 이름은 지금도 세례명으로 많이 쓰인다. 이 이름을 가진 교황 또한 16명이나 된다.

✚

blessing [blˈesɪŋ] 은총을 비는 기도, 은혜.
blessed [blˈest] 축복받은.
squeeze [skwˈiːz] 비집고 나아가다.
row [rˈoʊ] 극장/교회의 일렬좌석.
dart [dˈɑːrt] 쏜살처럼 움직이다.

benefactor

[bˈenɪfˌækt ər]

noun

● 기부자. 다른 사람/집단을 재정적으로 돕는 사람.

An anonymous benefactor had given $15 million to establish an ecological institute at the university.

익명의 한 후원자가 대학의 생태학연구소 건립에 1,500만 달러를 기부했다.

■

A benefactor endowed a scholarship fund.
한 기부자가 장학금을 기부했다.
benefaction은 다양한 형태로 이뤄질 수 있다.
도서관을 확장할 자금을 내놓는 사람도, 상당한 재산을 병원건립에 써달라고 유언을 남기고 죽은 사람도 benefactor라고 할 수 있다.

Many benefactors have reported that giving away their money turned out to be the most rewarding thing they ever did.

많은 기부자들이 자신이 한 일 중 기부가 가장 보람 있는 일이었다고 고백한다.

John D. Rockefeller is famous for his benefactions.

록펠러는 엄청난 기부로 유명하다.

시카고대학, 록펠러재단, 록펠러대학 등이 모두 그의 돈으로 세워졌다.

✚

ecological [ˌiːkəlˈɒdʒɪkəl] 생태학의.
endow [ɪndˈaʊ] 주다, 부여하다.
benefaction [bˌenɪfˈækʃən] 자선, 기부.

benefit은 좋은 결과나 효과라는 뜻으로 '이득, 혜택'을 의미한다. beneficial은 좋은 결과나 효과를 만들어낸다는 뜻으로 '이로운, 유익한'을 의미한다. 이 라틴어 어근은 유럽의 다른 언어에서도 쉽게 찾을 수 있다. 스페인어 Bueno! 프랑스어 Bon! 이탈리아어 Bene!는 모두 Good! Fine! 즉 '좋아!'라는 말이다.

beneficiary
[bˌenɪfˈɪʃieri]

noun

● 수혜자. 특히 돈이나 혜택을 받는 사람/조직.

Living in a trailer in near-poverty, she received word in the mail that her father had died, naming her as the sole beneficiary of his life-insurance policy.

차상위계층으로 트레일러에 살던 그녀는, 아버지가 사망하면서 생명보험 단독수혜자로 그녀를 지정했다는 편지를 받았다.

■

A college may be the beneficiary of a private donation.

대학은 민간기부금의 수혜자가 될 수 있다.
beneficiary는 이처럼 생명보험 이외의 맥락에서도 자주 등장한다.
A "third-party beneficiary" of a contract is a person who the people signing the contract want to benefit from it.

보험계약을 할 때는 대개 '제3의 수혜자'를 설정할 수 있다.
A small business may be a beneficiary of changes to the tax code.

어떤 기업은 세법이 변경되면서 수혜자가 될 수도 있다.

✛

sole beneficiary 단독수혜자.
donation [doʊnˈeɪʃən] 기부.
third-party 제3자.
tax code 세법.

benevolence
[bɪnˈevələns]

noun

● 선행(kindness). 자비(generosity).

In those financially desperate years, the young couple was saved only by the benevolence of her elderly great-uncle.

돈이 쪼들려 궁핍했던 시절, 젊은 부부는 나이 지긋한 증조부 덕분에 연명할 수 있었다.

■

bene(well)+volens(wish)가 결합된 단어로 자비로운 행동을 의미한다.
The novels of Charles Dickens often include a benevolent figure who rescues the main characters at some point.

찰스 디킨슨 소설에는 어느 순간 자비로운 인물이 등장하여 주인공을 구해주는 패턴이 자주 등장한다.
《올리버트위스트》의 Mr. Brownlow,
《크리스마스캐롤》의 Ebenezer Scrooge
같은 인물을 예로 들 수 있다.
Kind assistance of a nonfinancial sort may turn out to be lifesaving benevolence as well.

돈과 무관한 친절한 도움도 생명을 구하는 선행이 될 수 있다.
자비는 돈으로만 베푸는 것이 아니다.
He wouldn't even have a place to live if it weren't for the benevolence of his wealthy godfather.

부유한 대부가 사비를 베풀지 않았더라면 살 곳조차 없었다.

✛

benevolent [bɪnˈevələnt] 자비로운.
generosity [dʒˌenərˈɒsɪti] 아량, 관대함.
well-wishing 남의 행복을 비는.

GRAT

Latin *gratus/gratia*
pleasing 기분 좋은 welcome 반가운
grace 품위 agreeableness 만족스러움

gratify
[grˈætɪfaɪ]

verb

● 충족시키다. 기쁨이나 만족을 주다.
● 유혹에 굴복하다. 마음껏 채우다.

It gratified him immensely to see his daughter bloom so beautifully in high school.

딸이 고등학교 시절 매우 아름답게 피어나는 모습을 보는 것은 그에게 엄청난 만족감을 주었다.

■

gratify는 grat+ify가 결합한 단어로 '쾌락을 채워주다'라는 뜻이다.
He was gratified to hear that his idea had been confirmed.
자신의 아이디어가 승인되었다는 소식을 듣고 신이 났다.
Truly gratifying experiences and accomplishments usually are the result of time and effort. 진정으로 만족스러운 경험과 성취란 대개 시간과 노력의 결과로 얻는 것이다.
Instant gratification of every desire will result in a life based on junk food and worse.
모든 욕구를 즉각 충족시키는 것은 결국 정크푸드만 먹고 사는 삶, 또는 그 이상의 나쁜 결과로 이어질 수 있다.
욕구를 즉각 만족시키는 것은 바람직하지 못하다.
gratifying an impulse는 give in to an impulse라는 말과 같다.

✦

bloom [blˈuːm] 꽃, 꽃이 피어나다.
give in to a demand 요구에 굴복하다.
gratification [grˌætɪfɪkˈeɪʃən] 만족.
impulse [ˈɪmpʌls] = a sudden desire
indulge [ɪndˈʌldʒ] 만끽하다, 응석을 다 받아주다.

gratuity
[grətˈuːɪti]

noun

● 팁.

After sitting for three hours over a six-course meal at Le Passage we always leave the waiter a very generous gratuity.

르파싸지에서 3시간 동안 풀코스 만찬을 하고 난 뒤 나올 때는 언제나 웨이터에게 상당한 팁을 주었다.

■

gratuity는 tip을 좀 더 고급스럽고 격식있게 표현하는 말이다.
고급레스토랑에 가면 Gratuities accepted라는 문구가 쓰여 있는 것을 볼 수 있다. '팁 받습니다'라는 뜻이다.
품위 있고 비싼 곳에서는 tip이라는 가벼운 말보다는 gratuity를 주로 사용한다. 예컨대 똑같은 돈이라도 택시기사에게 주는 것은 tip이고, 고급 레스토랑 지배인에게 주는 것은 gratuity다.

✦

six-course meal 6가지 음식이 순서대로 나오는 코스요리.

A meal that's served *graciously* will be received with *gratitude* by *grateful* guests.
'자비롭게' 대접하는 식사에 대해 '감사할 줄 아는' 손님들은 '고마움'을 느낄 것이다.
ingrate[ɪngrˈeɪʃieɪt]는 감사할 줄 모르는 '배은망덕한 사람'이다.

gratuitous
[grətˈuːɪtəs]

adjective
- 뜬금없는. 상황에 맞지 않는.

Members of the committee were objecting to what they considered gratuitous violence on television.

위원회 위원들은 TV에 나오는 불필요하다고 여겨지는 폭력에 대해 반대했다.

■

gratuitous violence 불필요한 폭력.
gratuitous는 gratuity에서 나온 말로 원래는 팁처럼 공짜로 주어진 것을 의미한다. 하지만 지금은 불필요할 뿐만 아니라 환영받지 못하는 것을 가리킬 때 사용된다.
To insult or criticize someone gratuitously is to make a hurtful remark that's uncalled for and undeserved.
비난할 필요도 없고 비난할 만한 가치도 없는 것에 대해 쓸데없이 비난을 퍼붓고 욕하는 것은 그저 남에게 상처를 주고자 하는 비뚤어진 행동에 불과하다.
gratuitous scenes in a film
영화를 보다가 불필요하다고 여겨지는 장면이 나온다면, 그것은 아마도 관객들을 유인하기 위해 감독이 일부러 넣은 장면일 확률이 높다.

✛

insult [ˈɪnsʌlt] 모욕, 모욕하다.

ingratiate
[ɪngrˈeɪʃieɪt]

verb
- —를 호의적으로 대하도록 만들다.

None of her attempts to ingratiate herself with the professor seemed to improve her grades.

교수의 환심을 사고자 하는 노력은 성적을 올리는 데 전혀 도움이 되지 않은 듯하다.

■

ingratiate는 in+grace가 결합한 말로 여기서 grace는 '자비, 호의'를 의미한다.
It was only by the grace of God that no one died. 아무도 죽지 않은 것은 정말 신의 자비 덕분이었다.
Amazing Grace는 '놀라운 우아함'이 아니라 '놀라운 자비/은총'이라는 뜻이다.
Many politicians are trying to ingratiate themselves with her. 많은 정치인들이 그녀의 환심을 사기 위해 노력한다. 거의 예외없이 ingratiate oneself with sb 형태로만 쓰여 '—의 환심을 사다'를 의미한다.
His policy is to ingratiate himself with anyone who might be useful to him. 그의 정책은 자신에게 도움이 될 만한 사람의 환심을 사기 위한 것이다.
Some people are able to win favor just by relying on their ingratiating smiles. 끌리는(호감을 끌어내는) 미소만으로도 상당한 호감을 얻는 사람들이 있다.

★
flattery(아첨)를 의미하는 몇 가지 관용적 표현들

bootlicking 군화를 혀로 핥다.
apple-polishing 사과를 반질반질하게 닦아서 선물하다.
brownnosing 밑을 핥아서 코에 변이 묻다.

CORD CARD

Latin
heart 심장

accord
[əkˈɔːrd]

verb
- 부합하다.

noun
- 합의, 일치(=agreement).

What she told police under questioning didn't accord with the accounts of the other witnesses.

그녀가 심문 중에 경찰에게 이야기한 것은 다른 증인들의 진술과 일치하지 않았다.

A new federal law may be in accordance with the guidelines that a company has already established.

새로운 연방법은 회사가 이미 수립한 지침에 부합할 것이다.

The rowdy behavior of the hero Beowulf accords with Norse ideals of the early Middle Ages.

영웅 베오울프의 난폭한 행동은 중세초기 스칸디나비아인들이 추구한 이상에 부합한다. 물론 셰익스피어의 극 속에 등장하는 스칸디나비아의 젊은 영주 햄릿의 이상과는 사뭇 다르다.

We heard of two countries signing a peace accord.

우리는 두 나라가 평화협정에 서명했다는 소식을 들었다.

accord가 명사로 사용될 때는 agreement와 같은 뜻을 갖는다.

These results are in accord with earlier research. 이 결과는 이전 연구와 일치한다.

✛
rowdy [rˈaʊdi] 난폭한, 소란스러운.
Norse [nˈɔːrs] 스칸디나비아의.
in accordance with a rule 규칙에서 벗어나지 않다.
cardiac [kˈɑːrdiæk] 심장의.
cardiac failure 心不全.

concord
[kˈɒŋkɔːrd]

noun
- 합의상태.
- 조화(=harmony).

In 1801 Napoleon signed a concord with the pope reestablishing the Catholic Church in France.

1801년 나폴레옹은 교황과 프랑스에 있는 가톨릭교회를 재건하겠다는 합의에 서명했다.

con(together)+cord(heart)에서 나온 concord는 기본적으로 '생각이 같다'는 뜻이다.

At the very outset of the American Revolution, the town of Concord, Massachusetts, was the site of a famous battle—obviously not exactly in keeping with its name.

미국 독립전쟁이 처음 발발했을 때 역사적인 전투가 벌어진 곳이 바로 매사추세츠 콩코드다. 물론 도시의 이름과는 맞지 않는다.

Concord는 이처럼 도시의 이름으로 많이 사용된다. 뉴햄프셔의 수도도 Concord다. concord의 어원인 라틴어 Concordia는 루터교 대학의 이름으로도 많이 사용된다.

Two countries signed a concord on matters that have led to trouble in the past.

두 나라가 과거에 분쟁으로 치달았던 문제에 대한 합의에 서명했다.

오늘날 concord는 다소 격식을 갖춘 단어로 사용된다.

✛
at the outset of 사건이 터진 초기에.
in keeping with —와 일치하다, 어울리다.
lyre [laɪər] 수금.
gracious [grˈeɪʃəs] 품위있는, 격조있는, 예의바른.

이 어근은 많은 영어단어 속에 들어 있다.
cardiac arrest는 heart attack(심장마비)과 같은 뜻이다.

cordial

[ˈkɔːrdʒəl]

adjective
- 따뜻하고 친근하고 정중한(=gracious).

noun
- 리큐르.

After the meeting, the president extended a cordial invitation to everyone for coffee at her own house.

모임을 마치고 대표는 참석자들을 모두 자신의 집으로 초대하여 커피를 마시며 뒷풀이를 했다.

■

Cordial greetings to friends on the street, or cordial relations between two countries, are warm without being passionate.

길에서 마주친 친구에게 건네는 호의적인 인사, 두 나라의 선린관계는 격정적이지는 않아도 다정하다.

cordial은 어원 그대로 '마음에서 우러나오는'이라는 뜻이다.

Cordials such as crème de menthe, Drambuie, or Benedictine are alcoholic enough to warm the spirits and the heart.

크렘드망트, 드람뷰이, 베네딕틴과 같은 코디얼은 원기를 돋우고 가슴을 데워 주는 술이다.

cordial은 심장에 좋다고 여겨지는 자극적인 약이나 음료를 가리키는 말로 쓰이기도 했는데, 지금은 liqueur를 의미한다.

✚
discord [dˈɪskɔːrd] 의견불일치, 불협화음.
dissent [dɪsˈent] 동의하지 않는 의견을 제시하다.
liqueur [lɪkˈɜːr] 리큐르. 증류주나 주정에 향신료, 과일, 꽃, 잎, 뿌리 등을 넣어 맛과 향기를 더한 술.

discordant

[dɪskˈɔːrdənt]

adjective
- 불화하는. 조화를 이루지 못하고 부딪히는.

The first discordant note at dinner was struck by my cousin, when he claimed the president was only interested in taking away our guns.

저녁식사를 하다가 찾아온 첫 번째 불협화음은 사촌이 대통령은 우리의 총을 빼앗아가는 데에만 관심있다고 주장하면서 시작되었다.

■

dis(apart)+cord(heart)가 결합한 discord는 생각이 다르다는 뜻으로 '불협화음/갈등'을 의미하며, 따라서 discordant는 '불협화음의/갈등하는'을 의미한다.
The opinions of Supreme Court justices are frequently discordant; justices who disagree with the Court's decision usually write a dissenting opinion.

대법관들의 의견은 자주 엇갈린다. 대법관 3분의 2가 동의하여 판결이 통과되더라도 이에 동의하지 않는 대법관들은 '부동의의견'을 작성한다. 이러한 소수의견을 obiter dictum이라고 한다.
The modern decor strikes a discordant note in this 17th century building.

이 현대적인 데코레이션은 17세기 건물과 전혀 어울리지 않는다.
연주 중간에 불협화음을 자아낸다는 뜻이다.
라틴어 cord(chord)는 고대의 현악기 lyre에 쓰이는 string을 의미하기도 했다. discordant에 사용된 cord(heart)와 형태만 같을 뿐 어원은 다르다.

✚
justice [dʒˈʌstɪs] = judge [dʒˈʌdʒ] 판사.
chord [kˈɔːrd] 현(string), 화음(음악의 코드).
cord [kˈɔːrd] = string 코드(전선).
obiter dictum [ˈɑbɪtər dˈɪktəm] 소수의견.

Latin Borrowings

gratis
[grˈætɪs]
favor

adjective/adverb
- 무료의/무료로.

The service is gratis, since it comes as part of a package deal.
이 서비스는 패키지상품의 일부로 무료입니다.

■

A party favor is a small item given gratis to everyone attending a party.
party favor란 파티에 온 사람들에게 감사의 마음을 담아 무료로 나눠주는 작은 선물을 의미한다.
The drinks is gratis. 음료는 무료입니다.
Drinks is served gratis. 음료는 무료로 제공됩니다.
gratis는 형용사로도 부사로도 쓸 수 있다.
David gives the first consultation gratis.
데이비드는 첫 번째 상담을 무료로 제공했다.
What I did for you was gratis, you understand?
나는 너한테 돈도 안 받고 해줬어. 알겠어?
The souvenirs were distributed gratis to anyone who stopped to see the display.
전시를 보러 들른 사람들에게 무료로 기념품을 나눠주었다.

✚
favor [fˈeɪvər] 댓가를 바라지 않고 주는 것. 호의, 도움, 은혜, 선물 등.
souvenir [sˈuːvənˈɪər] 기념품.

opus
[ˈoʊpəs]
work

noun
- 작품.

Beethoven's Ninth Symphony is also known as Opus 125.
베토벤의 9번 교향곡은 오푸스125라고도 알려져 있다.

■

literary opus는 대개 소설 한 편을 의미하지만 작가의 모든 작품을 일컫는 경우도 있다. 하지만 opus는 일반적으로 음악작품에 사용된다.
Mendelssohn의 Opus 90은 Italian Symphony이고, Brahms의 Op.77은 Violin Concerto다.
Opus는 Op.라고 줄여서 쓰기도 한다.
자신의 작품에 번호를 붙이지 않은 작곡가들도 많은데, 그럴 경우 후대의 학자들이 작품카탈로그를 정리하면서 번호를 붙인다.
Haydn의 Symphony No.104은 Hob.104라고 불리는데, 여기서 Hob.은 Haydn의 작품을 이렇게 정리한 사람이 Anthony van Hoboken라는 뜻이다.
Mozart의 Marriage of Figaro는 K.492라고 불리는데, 여기서 K.는 작품번호를 붙인 사람이 Ludwig Köchel이라는 뜻이다.
His latest opus is a set of songs on poetry by Pablo Neruda.
그의 마지막 작품은 파블로 네루다의 시에 곡을 입힌 노래들이다.

✚
catalogue [kˈætəlɒɡ] 작품을 모두 모아놓은 편람.

Quam bene vivas refert, non quam diu.
How well you live makes a difference, not how long.
얼마나 오래 살았느냐가 아니라 얼마나 잘 살았느냐가 중요하다.

magnum opus

[mˈægnəm ˈoʊpəs]

great work

noun

● 어떤 예술가의 가장 위대한 작품.

No one was exactly sure what the massive novel was about, but everyone was certain that it was his magnum opus.

굉장한 소설이 무엇인지 제대로 아는 사람은 없었지만, 누구나 그것이 그의 대표작이라고 확신했다.

■

The magnum opus of a great artist may be hard to agree on.

위대한 예술가의 대표작을 꼽는 것은 쉬운 일이 아닐 수 있다.

Many would pick Rembrandt's *The Night Watch*, Mozart's *Don Giovanni*, Ovid's *Metamorphoses*, Dante's *Divine Comedy*, Wren's St. Paul's Cathedral, and Michelangelo's Sistine Chapel murals as their magnum opus

많은 사람들이 렘브란트는 《야간순찰》, 모차르트는 《돈 조반니》, 오비드는 《변신이야기》, 단테는 《신곡》, 렌은 성바오로 대성당, 미켈란젤로는 시스티나성당 벽화를 대표작으로 꼽는다.

하지만 Shakespeare의 대표작은 《Hamlet》일까, 《King Lear》일까? Mahler의 대표작은 《The Song of the Earth》일까, 《The Ninth Symphony》일까? Marx Brothers의 대표작은 《A Day at the Races》일까, 《A Night at the Opera》일까?

+

massive [mˈæsɪv] 굉장한.
metamorphosis [ˌmetəmˈɔːrfəsɪs] 변신.
mural [mjˈʊərəl] 벽화.

onus

[ˈoʊnəs]

load

noun

● 의무. 부담.

Now that Congress has passed the bill, the onus is on the President to live up to his promise and sign it into law.

이제 의회에서 법안을 통과시켰으니, 공은 이제 대통령으로 넘어갔다. 자신의 약속을 지키고 법안에 서명하면 된다.

■

onus은 원래 '무거운 등짐'을 의미한다. 영어에서는 어떤 일에 대한 책임을 지거나 비난대상이 되는 '부담'을 의미한다.

대부분 The onus is on sb to do sth 형태로만 쓰인다.

The onus is on the shopkeeper to provide goods which live up to the quality of their description.

자신들이 내세우는 품질에 걸맞는 상품을 공급할 책임은 상점주인에게 있다.

The onus is on the prosecution to provide proof of guilt.

유죄증거를 제공할 책임은 검찰에게 있다.

onus probandi = burden of proof

어떤 사람이 유죄임을 입증할 책임.

형사사건에서 onus probandi는 검사에게 있다.

Now that they have apologized, the onus is on you to do the same.

그들이 사과했으니까, 이제 너도 똑같이 사과해야 한다.

+

live up to 기대에 부응하다.

DEMO DEM

Greek
people 사람들

demographic
[dˌeməgrˈæfɪk]

adjective
● 인구통계학의.
noun
● 인구통계.

Each year the state government uses the most current demographic figures to determine how to distribute its funding for education.

매년 주정부는 최신 인구통계 수치를 활용하여 교육예산을 어떻게 분배할지 결정한다.

■

demographic analysis는 나이부터 자주 사용하는 치약에 이르기까지 상상할 수 있는 온갖 주제에 관해 설문조사를 실시하여 대중이 어떤 사람들이고, 무엇을 필요로 하는지 알아내는 방법이다. 이를 통해 얻어낸 데이터는 정부기관, 정당, 기업 등 다양한 곳에서 유용하게 활용된다.

The government's census, which is conducted every ten years, is the largest demographic survey of all.

인구조사 중 가장 큰 것은 10년마다 정부에서 시행하는 인구센서스다.

TV advertisers are constantly worrying about how to appeal to the 18-to-24-year-old demographic.

TV광고주들은 18-24살 인구집단의 관심을 어떻게 끌지 끊임없이 고민한다. 이 문장에서와 같이 오늘날 demographic은 명사로도 사용된다.

✚
census [sˈensəs] 국가에서 정기적으로 실시하는 공식적인 인구조사.

endemic
[endˈemɪk]

adjective
● 풍토적인. 특정한 지역에서만 발견되는.
● 특정한 직업이나 환경에서만 발견되는.

Malaria remains endemic in tropical regions around the world.

말라리아는 전 세계 열대지방에서만 걸리는 풍토병으로 남아 있다.

■

en(in)+dem(people)이 결합한 endemic은 말그대로 in the population이라는 뜻이다. 특정 지역이나 환경에 속한 사람들 안에서만 발생하는 것을 의미한다.

Pandas are endemic to central China and eastern Tibet.

판다는 중국 중부와 티벳 동부에서만 야생상태로 발견된다.

Corruption is endemic in the government of a country. 부정부패는 국가정부에 만연한다.

Colds are endemic in nursery school.

감기는 어린이집에서 자주 발생한다.

Love of Barbie dolls is endemic among young American girls.

바비인형에 대한 사랑은 미국 소녀들 사이에서 나타나는 전형적인 현상이다.

endemic과 epidemic을 혼동하지 않도록 주의하라. endemic은 수세기 동안 한 지역에서 급격한 증가 없이 꾸준히 나타나는 '풍토병'을 의미하는 반면 epidemic은 어느 순간 폭발적으로 증가하는 '유행병'을 일컫는다.

✚
epidemic [ˌepɪdˈemɪk] 유행병.
doctrine [dˈɒktrɪn] 교리.
demagoguery [dˈeməgˌɑgəri] 선동.
= demagogy [dˈeməgɒdʒi]
demagogic [dˌeməgˈɒdʒɪk] 선동적인.

인민(people)이 지배하는 사회는 고대 그리스인들이 처음 발명해낸 정치체제로,
따라서 demokratia(democracy)라는 말도 당연히 그리스인들이 처음 만들어냈다.

demagogue

[dˈeməgɔːg]

noun
● 사람들을 자극하는 정치선동가.

His supporters called him a "man of the people"; his enemies called him a lying demagogue.

지지자들은 그를 '민중의 대표'라고 불렀지만, 반대편 사람들은 그를 거짓선동가라고 불렀다.

■

Demagogue was once defined by the writer H. L. Mencken as "one who will preach doctrines he knows to be untrue to men he knows to be idiots."

작가 멩켄은 선동꾼을 '바보들을 멀쩡한 사람들인 것처럼 모아놓고 거짓 정치노선을 진짜처럼 설파하는 사람'이라고 정의했다. 지금도 이러한 정의가 유효하다는 것을 쉽게 확인할 수 있다.

The "doctrines" preached by demagogues will naturally always be the kind that appeal directly to the ordinary voter, the "common man" or "little guy."

선동꾼들이 내세우는 정치이념은 거의 예외없이 평범한 유권자들, 특히 '보통사람'이나 '소시민'들의 귀를 솔깃하게 만든다. 선동이 그 자체로 나쁜 것은 아니지만, 사람들의 감정과 편견을 자극하여 자신의 정치적 야욕을 달성하는 가장 손쉬운 방법으로 악용될 수 있다는 점에서 늘 경계해야 한다.

In most countries, fear of demagogic leaders is so strong that voters aren't even permitted to vote directly for the nation's leader, but instead vote only for a local representative.

선동정치인이 등장할 수 있다는 두려움에 유권자들이 국가지도자를 직접 투표하는 것을 허용하지 않는 나라가 많다.

유권자들이 선출한 지역대표들이 국가지도자를 선출하는 간선투표를 채택하는 이유다.

demotic

[dɪmˈɒtɪk]

adjective
● 일반대중의.

Partly because of television, the demotic language and accents of America's various regions have become more and more similar.

어느 정도 TV의 영향으로 인해 미국의 다양한 지역에서 사람들의 말과 강세가 점차 비슷해졌다.

■

고대이집트에서 사제들이 쓰는 문자와 일반민중들이 쓰는 문자가 달랐는데, 사제들이 쓰는 문자를 hieratic, 민중들이 쓰는 문자를 demotic이라고 부른다.

demotic은 여전히 지적인 뉘앙스를 풍기는 단어지만, 상류층 스타일과 대비되는 대중적인 스타일, 특히 말이나 글에서 나타나는 특징을 일컬을 때 사용된다.

Demotic Californian is different from demotic Texan.

캘리포니아 사람들의 말투와 텍사스 사람들이 말투는 다르다.

The most demotic dress today is probably blue jeans and sneakers.

오늘날 가장 대중적인 옷은 청바지와 스니커즈다.

Those who wear jeans have demotic taste in fashion.

청바지를 입는 사람들은 대중적인 패션취향을 가지고 있다.

사실, 지금은 demotic style이 아닌 것을 찾기 힘든 시대라 할 수 있다.

✛
hieratic [hˌaɪərˈætɪk] 신관문자.

POPUL

Latin
people 사람들

populist
[pˈɒpʊlɪst]

noun
● 포퓰리스트.

He knew he would have to campaign as
a populist in order to appeal to
the working-class voters.

노동계급 유권자들의 표를 얻기 위해 포퓰리스트 선거전략을 펼쳐야
한다는 것을 알았다.

■

1890년대 미국에 Populist Party가 등장하면서
populist라는 말도 처음 등장했다.
Populist Party는 거대자본가의 이해에 맞서
농민들의 이해를 대변하는 정당으로 나중에는 도시의
노동자계급과도 손을 잡았다.
Populism can be hard to predict.
포퓰리즘은 일관된 정치이념이 아니기 때문에 예측하기가 쉽지 않다.
populism은 일반대중의 권리/지혜/덕목을 신봉하기
때문에 종교와 결탁하는 것도 서슴지 않는다. 대중의 감정을
자극하여 지지를 이끌어내기 위해 이주민이나 타인종을
공격하는 경우도 많다. 국제문제에는 거의 관심이 없으며
앞뒤가 모순된 반지성적인 주장도 거리낌없이 내세운다.
populism은 진보와 보수의 경계를 아무 망설임없이
넘나든다.
The populists always show their concern with
people with average incomes as opposed to
the rich and powerful.
포퓰리스트들의 한 가지 변치않는 특징은 부자와 권력자들에 맞서
평균임금을 받는 서민들의 이익을 대변한다는 것을 보여주기 위해
노력한다는 것이다.

✚
populism [pˈɒpjʊlɪzəm] 포퓰리즘.

populace
[pˈɒpjʊləs]

noun
● 일반대중. 인민. 전체 인구.

Perhaps Henry Ford's major
achievement was to manufacture a car
that practically the entire populace
could afford—the Model T.

헨리 포드의 주요업적은 아마도 사실상 전체 인구 누구나 살 수 있는
자동차 모델T를 생산해낸 것이다.

■

populace는 일반적으로 한 나라 안에 사는 사람 전체를
일컫는 말로 국민, 인민을 의미한다.
An educated and informed populace is essential
for a healthy democracy.
교육수준이 높은 깨어있는 시민이 건강한 민주주의의 기초가 된다.
여기서 populace는 사람들 중 일부가 아닌, 국민 전체를
의미한다.
Franklin D. Roosevelt's famous radio "Fireside
Chats" informed and reassured the American
populace in the 1930s as they struggled through
the Great Depression.
1930년대 미국이 경제대공황의 한복판을 헤쳐나가는 동안
프랭클린 루즈벨트 대통령은 유명한 '벽난로 옆 정담(로변담화)'를
통해 정부소식을 전하며 미국인들을 안심시켜 주었다.
많은 정치인들이 자신의 행위를 정당화하기 위해
'국민의 뜻'을 내세우는데, 여기서 국민이 바로 general
populace다. 엄청나게 많은 사람들의 생각과 행동을
일반화할 수 있다는 생각 자체가 넌센스다.
The general populace has never cared much
about foreign policy except when the country
goes to war.
일반대중은 나라가 전쟁에 돌입하지 않는 한, 외교정책에 대해 별다른
관심을 갖지 않는다.

people이라는 단어 자체가 이 어근에서 나왔다.

population은 특정한 지역에 사는 people을 의미하며, 또한 그 사람들의 수를 세는 '인구'를 의미하기도 한다.

popular culture는 '많은 사람들이 좋아하는 문화' 즉 대중문화를 의미한다.

populous
[pˈɒpjʊləs]

adjective
● 엄청난 인구가 밀집해 있는.

Most Americans can't locate Indonesia, the fourth most populous country in the world, on a map.

대다수 미국인들은 세계에서 인구가 네 번째로 많은 인도네시아를 지도에서 찾지 못한다.

■

Mexico City is the most populous city in North America.

수도권까지 포함하여 인구가 2000만 명이 넘는 멕시코시티는 북아메리카에서 가장 많은 사람들이 모여 사는 도시다.

멕시코시티는 원래 아즈텍왕국의 수도 Tenochtitlán을 확장한 도시로, 1519년 에스파냐의 탐험가 Hernán Cortés가 이곳을 처음 발견했을 당시에도 인구가 25만 명에 달하는 거대한 도시였다. (당시 유럽에서 가장 큰 도시라고 해도 인구는 10만 명이 되지 않았다.)

By the time Cortés conquered the city in 1521 it wasn't nearly so populous, since European diseases had greatly reduced the population.

하지만 1521년 에르난 코르테스가 테노치티틀란을 정복했을 때 인구는 이미 급격히 줄어든 상태였는데, 유럽인들이 몰고온 유행병으로 인해 원주민들이 대부분 죽었기 때문이다.

populous와 populace는 발음이 똑같으니 혼동하지 않도록 조심해야 한다.

vox populi
[vɑks pˈɑpjulˌaɪ]

noun
● 여론. 대중적인 정서나 의견.

Successful politicians are always listening to the vox populi and adjusting their opinions or language accordingly.

탁월한 정치인은 늘 여론에 귀 기울이며 거기에 맞춰 자신의 의견이나 언어를 조율한다.

■

Vox populi, vox Dei.

백성의 목소리는 신의 목소리. 샤를마뉴 대제 이전까지 유래를 거슬러 올라갈 수 있는 이 라틴어 격언은 '백성의 소리는 신성하다,' '백성의 말은 언제나 옳다'라는 뜻이다.

Today, by means of modern opinion polls, we seem to hear the vox populi year-round on every possible issue.

지금은 현대적인 여론조사를 통해 가능한 모든 사안에 대한 대중의 의견을 들을 수 있는 것으로 여겨진다.

vox populi를 줄여서 vox pop이라고 표기하기도 한다. 하지만 샤를마뉴 대제 시절 Vox populi, vox Dei 라는 라틴어 격언이 인용된 맥락까지 기억한다면 더 많은 깨달음을 얻을 수 있을지 모른다.

"Those people should not be listened to who keep saying the voice of the people is the voice of God, since the riotousness of the crowd is always very close to madness."

사람들이여! 백성의 목소리는 신의 목소리라고 계속 떠들고 다니는 사람이 말에 귀 기울이지 말라. 군중의 방종은 언제나 광기와 종이 한 장 차이일 뿐이니.

✛

riotous [rˈaɪətəs] 방탕한, 떠들썩한.

GREG

Latin *grex*
herd. flock 무리

aggregate
[ˈægrɪɡət]

noun
● 단위부품의 모음 또는 합계.
adjective
● 총합의.

His lawyers realize that the aggregate of incriminating details is now pointing toward a conviction.

그의 변호사들은 죄가 될 만한 세부항목 전체가 이제 유죄판결을 가리키고 있음을 깨닫는다.

■

The smaller minorities got an aggregate of 1327 votes. 작은 소수자집단은 모두 합쳐 1327표를 얻었다.
aggregate는 다양한 요소들을 모두 합한 것을 의미한다.
Her achievements were, in the aggregate, impressive enough to earn her a scholarship.
그녀의 업적은 총체적으로 볼 때, 장학금을 받을 만큼 인상적이었다. in the aggregate라는 형태로 자주 쓰인다.
Economists often discuss aggregate demand for goods and services in the country's economy.
경제학자들은 국가경제에서 재화와 서비스 총수요에 대해서 자주 이야기한다.
aggregate demand = total demand
It is her aggregate income from her three jobs.
그녀가 세 가지 직업을 통해 벌어들인 총소득이다.
Taken in the aggregate, these statistics are very disturbing.
전체적으로 볼 때, 이 통계들은 매우 신경쓰인다.

✚
demand [dɪmˈænd] 수요.
congregate [kˈɒŋɡrɪɡeɪt] 모이다.

congregation
[kˌɒŋɡrɪɡˈeɪʃən]

noun
● 한 자리에 모인 사람들. 집회.
● 교회의 신도.

That Sunday the congregation was especially large, and the minister delivered one of his best sermons.

그날 일요일 집회규모는 유난히 컸으며, 목사는 손꼽힐 만큼 훌륭한 설교를 하였다.

■

A crowd quickly congregates at the scene of an accident just as cows, sheep, or horses tend to congregate during a storm.
소, 양, 말이 폭풍우가 칠 때 한 곳에 모이는 것처럼 사고가 발생했을 때 사람들은 순식간에 모여든다. congregate는 이처럼 아무 계획없이 즉흥적으로 모여드는 것을 의미한다.
Under military rule, citizens are often forbidden to congregate on street corners or anywhere else. 군사정권 하에서 시민들은 교차로든 어디든 모이는 것이 금지되는 경우가 많다.
Most members of the congregation begin arriving a few minutes before services.
신도들은 대부분 예배가 시작하기 몇 분 전 도착하기 시작했다.
congregate는 즉흥적으로 모이는 것을 의미하는 반면, congregation은 특정한 목적을 가지고 모이는 사람들, 특히 예배를 드리기 위해 모이는 신도들을 일컫는다.
The Congregational Church was originally the church of the Puritan settlers, in which each congregation governed its own church independent of any higher authority.
회중교회는 영국에서 이주한 청교도들이 세운 교회로, 상부조직의 지휘를 받지 않고 교회의 회중들이 의견을 모아 직접 교회를 운영한다. 바로 이들이 하버드, 예일 등 미국의 주요대학을 세웠으며, 미국의 정치, 사회, 문화의 기틀을 만들었다.

찌르레기는 '무리지어 사는' gregarious birds다. gregarious는 사람에게도 쓴다.
She is such a *gregarious* and outgoing person.
(그녀는 밖에 나가 사람들과 어울리는 것을 좋아하는 사람이다.)

egregious
[ɪgrˈiːdʒəs]

adjective
● 두드러지게 나쁜(flagrant).

Many of the term papers contained egregious grammatical errors.
무수한 학기말과제에 어이없는 문법오류가 즐비했다.

■
ex(out of)+greg(herd)가 결합한 (ex에서 x 탈락)
egregious는 문자 그대로 out of herd를 의미한다.
egregious는 다른 것들과는 구별되는 특질을 가지고 있다는 뜻이다.
Originally, that distinguishing quality was something good, but by the 16th century the word's meaning had taken a U-turn and egregious was being applied to things that were outrageously bad.
egregious가 가리키는 남들과 구별되는 특징은 원래 다른 것보다 뛰어난 것을 의미했으나, 16세기 의미가 U턴하여, 다른 것보다 터무니없이 나쁜 것을 가리키는 말로 쓰이기 시작했다.
An egregious fool is one who manages to outdo run-of-the-mill fools.
터무니없는 바보는 평범한 바보를 능가하는 바보다.
egregious는 flagrant와 동의어로 자주 쓰인다.
—an egregious lie = a flagrant lie 새빨간 거짓말
The judge called the decision 'a flagrant violation of international law.'
판사는 그 결정을 '극악무도한 국제법위반'이라고 불렀다.

✛
flagrant [flˈeɪgrənt] 명백하게 나쁜, 극악무도한.
outrageous [autrˈeɪdʒəs] 충격적으로 극단적인, 매우 특별한.
outdo [ˈautduː] 능가하다.
run-of-the-mill 평범한.

segregate
[sˈegrɪgeɪt]

verb
● 격리하다. 대중에서 분리하다.
● 인종에 따라 차별하다.

Some schools are experimenting with gender segregation, claiming that both sexes learn better in classrooms from which the other sex is absent.
몇몇 학교에서는 이성이 없는 교실에서 학습효과가 좋다고 주장하며 성별에 따라 분리하여 반을 편성하는 실험을 하고 있다.

■
se(apart)+greg(herd)가 결합한 segregate는 set sth apart from the herd라는 뜻이다. 건강한 다수에서 탐탁치 않은 것을 빼서 격리하는 것을 의미한다.
During the apple harvest, damaged fruit is segregated from the main crop and used for cider. 사과를 수확하는 동안 손상된 과일은 주요 수확물에서 분리하여 사과주스를 만드는 데 사용한다.
In prisons, hardened criminals are segregated from youthful offenders.
감옥에서 흉악범이나 상습범은 청소년범죄자와 격리해서 수감한다.
Lepers used to be segregated from the general population because they were thought to be highly infectious. 나병환자는 전염성이 높다고 여겨져 일반대중으로부터 격리되기도 했다.
segregate or integrate 분리냐, 통합이냐
미국에서 유색인종차별정책을 철폐하기 위한 투쟁이 치열하던 시기에 매일 뉴스에 등장하던 두 단어.

✛
harden [hˈɑːrdən] 단단하게 하다. 닳고닳아 무감각해지다.
leper [lˈepər] 나병환자, 문둥이.
integrate [ˈɪntɪgreɪt] 통합하다.
an integrated school 흑인도 다닐 수 있는 학교.

Latin Borrowings

hoi polloi

[hˌɔɪˈpɒlˌɔɪ]

the many

noun

- 군중.

He's a terrible snob, the kind of person who thinks it's funny to say things like "the riffraff" and "the hoi polloi " and "the great unwashed."

그는 지독한 속물로, '인간쓰레기', '군중', '거렁뱅이' 같은 말을 내뱉는 것이 재미있다고 생각하는 부류다.

■

hoi polloi는 '많은 사람'을 의미한다.
hoi는 라틴어로 the에 해당하지만, 영어에서는 이를 무시하고 the hoi polloi라고 말한다.
hoi polloi는 원래 Pericles의 유명한 《Funeral Oration》에서 처음 나온 말로, 원래 긍정적인 의미로 사용되었다. 하지만 지금은 자신이 남보다 우월하다고 생각하는 사람들이 다른 사람들을 비하하는 말로 주로 사용한다. (물론 페리클레스의 민주주의 정신을 살려 사용하는 경우도 있다.)
hoi polloi와 비슷하게 시작하는 hoity-toity는 전혀 관계가 없는 말이다. hoity-toity는 haughty에서 나온 단어다.
She says she and her fellow stars would never go near a restaurant where the hoi polloi might be eating.

그녀는 가까운 동료스타들과, 평민들이 가는 식당에는 근처에도 가본적이 없다고 말한다.

+

riffraff [ˈrɪfrˌæf] 인간쓰레기.
the great unwashed [ˌʌnwˈɒʃt] 불가촉천민.
oration [ɔːˈreɪʃən] 연설.
hoity-toity [hˈɔɪtɪtˈɔɪti] 정말 별꼴이야.
haughty [hˈɔːti] 오만한, 건방진.

Cornucopia

[kˌɔːrnjʊkˈoʊpiə]

horn of plenty

noun

- 코르누코피아.
- 한가득.

These books were a cornucopia of wonderful stories and poems, and as a child I spent countless hours with them.

이 책들은 훌륭한 이야기와 시로 가득 차 있는 보물창고였다. 어린 시절 나는 이 책들을 보며 헤아릴 수 없이 많은 시간을 보냈다.

■

라틴어 cornu copiae는 horn of plenty라는 뜻이다.
cornucopia와 horn of plenty는 16세기 이후 영어에 편입된 새로운 표현이다. 코르누코피아는 염소뿔로 만든 그릇, 또는 염소뿔 모양으로 만든 버드나무 바구니를 일컫는다. 과일/야채/곡식을 담는다.
코르누코피아는 늦어도 기원전 5세기 이전 등장한 말이다. 제우스가 아기시절 잘못하여 염소의 뿔을 부러뜨렸는데, 이것을 자신을 돌봐주는 유모에게 선물로 주었다.
염소뿔 속 텅 빈 공간에 무엇이든 원하는 것이 가득 차는 주술이 걸려 있었다고 한다.
풍요로움을 상징하는 코르누코피아는 오늘날 그림이나 조각에서 쉽게 찾을 수 있다. 특히 수확을 기념하는 추수감사절 때 테이블 중앙장식으로 많이 사용된다.
The table was festooned with a cornucopia of fruit. 테이블은 온갖 과일로 장식되어 있었다.
When the economy is good, a job fair can be a cornucopia of employment opportunities.

경기가 좋을 때, 취업박람회는 엄청나게 많은 취업기회를 제공하는 자리가 될 수 있다.

+

be festoon [festˈuːn] with 엄청나게 많은 것들로 장식되다.
snob [snˈɒb] 높은 이에게 깍듯하고 낮은 이는 깔보는 속물.

Ego sum lux mundi.
I am the light of the world.
나는 세상의 빛이다.

detritus

[dɪtrˈaɪtəs]
debris

noun
● 잔해.

The base of the cliff was littered with the detritus of centuries of erosion.

절벽 밑에는 수백 년에 걸쳐 일어난 침식의 잔해들이 흩어져 있었다.

■

After the first hard freeze of fall, gardens are sadly littered with the detritus of the summer's plants and produce.

가을에 첫 강추위가 몰아친 뒤, 정원에 여름내 가꾼 갖가지 식물과 농작물의 잔해들이 흩어져 있는 쓸쓸한 모습을 볼 수 있다.

As the flooding Mississippi River retreats back to its ordinary course, it leaves detritus behind in its wake.

미시시피강이 범람했다가 원래 수위로 물러나면, 물이 휩쓸고 지나간 자리에 온갖 잔해들이 남는다.

The detritus of civilization may include junkyards and abandoned buildings.

고철처리장과 버려진 건물들은 문명의 잔해라고 할 수 있을 것이다.

Mental detritus may include all kinds of useless trivia.

사소하고 쓸모없는 오만가지 생각은 정신적 잔해라고 부를 수 있다.

The storm waves had left the beach littered with detritus.

거센 파도가 몰아치고 난 뒤 해변은 온갖 쓰레기로 어지럽혀있었다.

✚

erosion [ɪrˈoʊʒən] 침식.
freeze [frˈiːz] 결빙, 혹한.

atrium

[ˈeɪtriəm]
blackened

noun
● 아뜨리움, 건물 내부의 안뜰, 중앙정원.

Best of all, their new home had a large atrium, where they could eat breakfast in the fresh air in spring and summer.

무엇보다도 새집에는 큰 안뜰이 있어서 봄여름에는 시원한 바람을 맞으며 아침을 먹을 수 있었다.

■

오늘날 쇼핑몰이나 대형 사무용빌딩에 가보면 건물 안에 뻥 뚫린 공간에 키큰 나무들이 자라는 안뜰이 있는 경우가 많다. 외부의 빛이 안으로 들어올 수 있도록 지붕을 열어놓기도 하고 투명창으로 지붕을 만들어놓기도 한다. 이러한 공간을 atrium이라고 한다.
고대 로마사람들은 집이나 빌라 가운데 음식을 하는 부뚜막을 만들었다. 이곳은 그을음으로 벽이 까맣게 타는데, 이런 의미에서 이곳을 atrium이라고 불렀을 것으로 여겨진다.
물론 남는 공간에 로마인들은 꽃과 식물도 가꾸었고, 지금은 꽃을 가꾸는 안뜰을 일컫는 말로 atrium은 쓰이고 있다.
지금도 지중해 주변이나 중남미 열대지방에 가면 atrium이 있는 집을 쉽게 볼 수 있다. 복수형은 atria다. 여러 건물로 둘러싸여 한 가운데 마당같은 공간이 형성되는 경우도 있는데, 이것은 atrium이 아니라 courtyard라고 부른다. atrium은 건물 안에 속하는 사유지인 반면 courtyard는 공공공간이다.

✚

courtyard [kˈɔːrtjɑːrd] 건물로 둘러싸여 만들어진 공유공간.
be littered with sth 온통 널브러져 있다.
debris [deɪbrˈiː] 파편.
junkyard [dʒˈʌŋkjɑːrd] 고물야적장.

SERV

Latin
to be subject to —에 복종하다

serviceable
[sˈɜːrvɪsəbəl]

adjective

● 쓸만한.
● 실용적인.

In the attic they found some chairs and a table, which, with a new coat of paint, became quite serviceable for informal get-togethers.

다락방에서 찾아낸 의자 몇 개와 탁자 하나를, 새로 페인트를 칠했더니 일상적인 모임에서 꽤 쓸 만했다.

Someone who speaks serviceable Spanish isn't fluent in it but gets by pretty well.

실용적인 스페인어를 구사하는 사람은 유창하지는 않아도 그럭저럭 잘 헤쳐 나간다.

A serviceable jacket is practical and maybe even rugged. 쓸 만한 재킷은 실용적이면서도 견고하기도 하다.

Serviceable sometimes damns with faint praise.

serviceable은 칭찬하듯 폄하하는 말로 쓰이기도 한다.

어떤 공연을 보고 serviceable performance라고 말한다면 봐 줄만은 하지만 영감을 줄 만큼 탁월하지 않다는 뜻이다. serviceable curtain은 디자인이나 재질은 탁월하지 않지만 용도에 부합한다는 뜻이다. serviceable jacket 역시 패션으로서는 가치가 없다는 뜻이다.

✚
get-together 모임, 파티.
get by 그럭저럭 헤쳐나가다.
rugged [rˈʌgɪd] 바위투성이의, 울퉁불퉁한, 튼튼한.
damn (sb/sth) with faint praise 칭찬하는 듯한 말로 매도하다, 헐뜯다.

servile
[sˈɜːrvəl]

adjective

● 머슴으로 적합한.
● 노예근성의.

The dog's manner was servile, and it lacked a healthy independence.

그 개는 얌전했지만 건강한 독립성은 보이지 않았다.

The Russian serfs weren't freed until the 1860s, when the servile class in the U.S. was also freed.

러시아의 농노는 1860년대 비로소 해방되었으며, 미국의 흑인노예 역시 이 때 해방되었다.

중세유럽에서 농사 짓는 노예를 serf라고 불렀다.
농노제는 14세기부터 폐지되기 시작했다.

A person who shows servility usually isn't a servant, but simply seems too eager to please and seems to lack self-respect.

오늘날 servile은 대체로 개인의 태도를 묘사하는 말로 쓰인다. 노예처럼 행동하는 태도, 즉 자존심도 버리고 남의 비위를 맞추려고 하는 태도를 일컫는다.

✚
serf [sˈɜːrf] 농노.
servility [sˈɜːrvɪlɪti] 노예근성, 굴종.
servant [sˈɜːrvənt] 하인, 집안일도우미.

무언가를 대접하는 것은 serve, 그러한 행위는 service, service를 제공하는 사람은 servant다.
servant가 테이블에 음식을 올려놓듯이, 테니스나 배구에서 코트 안에 공을 집어넣는 것도 serve라고 한다.

servitude

[sˈɜːrvɪtuːd]

noun

● 노예상태. 남에게 예속된 상태.

She spent an entire summer working at a resort under conditions that felt like utter servitude.

그녀는 진짜 노예상태처럼 느껴지는 조건으로 리조트에서 여름 내내 일을 했다.

■

The entire black population of colonial America lived in permanent servitude.

식민지 시절 미국에서 흑인은 모두 영구적인 노예상태로 살았다.

Millions of the whites who populated America arrived in "indentured servitude," obliged to pay off the cost of their journey with several years of labor.

미국에 살기 위해 건너온 수백만 백인들도 '의무노역'이라는 조건에 매여 있었는데, 이는 이주비용을 몇 년 동안 노동을 해서 갚아야 한다는 조건이었다.

"The difference between going to sea and going to jail is that you are less likely to drown in jail."

배 타는 것과 감옥 가는 것의 차이는 감옥에서는 물에 빠져 죽을 일이 없다는 것. 영국에서 징병제를 실시할 때 유행한 말이다.

servitude는 징병처럼 회피하고 싶은 임무를 일컬을 때 사용된다.

✚

utter [ˈʌtər] 말소리로 내다, 진짜, 정말.
indentured [ɪndˈentʃərd] worker
일정 기간 의무적으로 노동을 하기로 약정한 노동자.

subservient

[səbsˈɜːrviənt]

adjective

● 부차적인.
● 비굴하게 복종하는.

Many have wondered why Congress always seems subservient to the financial industry, supporting it even when the voters are angrily calling for reforms.

의회가 그토록 금융산업에 굴종하듯 행동하는 이유를, 유권자들이 화가 나서 개혁을 외칠 때조차 금융산업을 옹호하는 이유를, 많은 이들이 궁금해한다.

■

sub(below)+serv(to be subject to)가 결합된 subservient는 복종하는 사람의 낮은 지위를 더 강조한다. Soldiers of a given rank are always subservient to those of a higher rank; this subservience is symbolized by the requirement that they salute their superior at every opportunity.

군인은 어떤 계급이든 상위계급의 군인에게 언제나 복종한다. 이런 복종은 기회가 생길 때마다 상관에게 경례를 해야 한다는 규율이 상징적으로 보여준다.

Women have often been forced into subservient relationships with men.

여자들은 대개 남자에게 복종적 관계를 맺도록 강요당했다.

A small nation may feel subservient to its more powerful neighbor. 작은 국가는 더 힘이 센 주변국에 원치 않아도 따라야 하는 비굴함을 느낄 수 있다.

So subservience usually brings with it a good dose of resentment.

그래서 복종은 대개 상당한 적개심을 초래한다.

✚

subservience [səbsˈɜːrviəns] 굴종, 종속.
salute [səlˈuːt] 경례하다, 경의를 표하다.

PLAC

Latin *placer/placare*
to please, be agreeable to 기분을 맞춰주다
to soothe 달래다/진정시키다

placate
[pləkˈeɪt]

verb
● 달래주다. 누군가의 분노나 비통함을 달래다.

The Romans had a number of ways of placating the gods, which occasionally included burying slaves alive.
로마인들은 신의 노여움을 달래는 다양한 방법을 알고 있었는데, 그 중에는 노예를 산 채로 묻는 방법도 있었다.

■
Politicians are constantly having to placate angry voters.
정치인들은 화가 난 유권자들을 끊임없이 달래야 한다.
Diplomats frequently need to placate a country's allies or possible enemies.
외교관들은 동맹국이나 적이 될 수 있는 나라를 회유해야 하는 경우가 많다.
Parents are always placating kids who think they've been unfairly denied something.
자신이 부당하게 거부당했다고 생각하는 아이들을 부모는 항상 달래 줘야 한다.
People with the best social skills are often the best at placating other people.
사교성이 뛰어난 사람들은 대개 다른 사람들의 비위를 맞춰주는 데 뛰어난 사람들이다. 그들은 그러한 행동을 통해 가장 큰 이득을 얻는 사람이 바로 자기 자신이라는 사실을 잘 안다.
Be a champion placaters.
행복한 연인관계나 부부관계를 이어 나가려면 상대방을 달래 주고 비위를 맞춰주는 데 선수가 되어야 한다.

✚
placation [pləkˈeɪʃən] 회유.
a placatory smile [plˈeɪkətɔːri] 화해의 미소.
soothe [sˈuːð] 달래다, 완화하다.

placebo
[pləsˈiːboʊ]

noun
● 플라시보.

The placebo worked miraculously: his skin rash cleared up, his sleep improved, and he even ceased to hear voices.
플라시보 효과는 놀랍다. 피부발진은 사라졌고 수면의 질도 향상되었으며 환청도 멈췄다.

■
placebo란 진짜 약인 것처럼 제공하는 아무 효과도 없는 약을 의미한다.
Doctors doing research on new treatments for disease often give one group a placebo while a second group takes the new medication.
신약의 효과를 검증하기 위한 실험을 할 때, 대개 한쪽 집단에는 플라시보를 주고 다른 집단에는 신약을 준다.
placebo를 복용하는 집단도 자신들이 진짜 약을 먹는다고 생각하기 때문에, 그들의 낙관적인 태도는 증상을 실제로 호전시키기도 한다. 따라서 진짜 약이 효과를 증명하려면 placebo보다 더 나은 결과를 내야 한다.
placebo effect 플라시보효과.
가끔은 환자가 호소하는 신체적 증상이 심리적인 것에 불과하다고 의심될 때, placebo를 처방하는 경우도 있다.

✚
skin rash 피부발진.
hearing voices 환청.
medication [mˌedɪkˈeɪʃən] 약.

철자가 달라지긴 했지만 pleasant(기분좋은), pleasurable(즐거운), pleasing(만족하는) 모두 여기서 나온 단어다.

placidity
[pləsˈɪdəti]

noun
- 아무도 방해하지 않는 평온한 자유.

Her placidity seemed eerie in view of the destruction she had witnessed and the huge loss she had suffered.

그녀가 목격한 파멸과 그녀가 겪은 엄청난 상실을 볼 때, 그녀의 평온한 태도는 기괴하게 느껴졌다.

■

placid cows가 한가로이 풀을 뜯는 placid scene을 보면 마음이 평온해진다.
—a placid lake 물결이 일지 않는 잔잔한 호수
—placid personality
　어지간해서는 흔들리지 않는 든든한 내면을 갖춘 사람
—placid baby 순한 아기
placidity는 contented cows처럼 다소 수동적인 성품을 의미하기도 한다.
The placidity of the quiet countryside was soothing after a week in the city.
조용한 시골의 평온함은 도시에서 바쁘게 보낸 한 주를 진정시켜준다.

✚

placid [plˈæsɪd] 평온한, 유유자적한.
contented [kəntˈentɪd] 주어진 현실에 만족하는, 자족하는.
soothe [sˈuːð] 진정시키다.

implacable
[ɪmplˈækəbəl]

adjective
- 만족시킬 수 없는. 누그러지지 않는.

Attempts to negotiate a peace settlement between such implacable enemies seem doomed to failure.

그토록 완고한 적들 사이에 평화를 정착시키려는 협상시도는 실패할 수밖에 없는 것으로 보인다.

■

im-은 부정을 의미하는 접두어로 implacable은 진정하거나 누그러질 기미가 없는 사람을 묘사하는 말이다.
A person who carries a grudge feels an implacable resentment.
원한을 품은 사람은 누그러지지 않는 분노를 느낀다.
An implacable foe is one you can't negotiate with, perhaps one who's fueled by implacable hatred.
철천지 원수는 타오르는 증오심으로 무장하여 협상할 수 없는 대상이다. implacable은 사람이 아닌 대상을 묘사할 때도 사용된다.
implacable opposition 거센 반대
implacable storm 약해질 기미가 보이지 않는 강렬한 폭풍.
implacable fate 뿌리칠 수 없는 지긋지긋한 운명.

✚

doomed to failure 실패할 수밖에 없는.
implacability [ɪmplˌækəbˈɪlɪti] 깊은 앙심.
grudge [grˈʌdʒ] 원한.
resentment [rɪzˈentmənt] 분개.

PAC

Latin
to agree 동의하다
peace 평화

pacify
[pˈæsɪfaɪ]

verb

- 분노/불안을 진정시키다(to soothe anger).
- 무력으로 진압하다(to subdue by armed action).

It took the police hours to pacify the angry demonstrators.

경찰은 몇 시간만에 분노한 시위대를 겨우 진정시킬 수 있었다.

■

Someone stirred up by a strong emotion can usually be pacified by some kind words.

강렬한 감정에 휩싸인 사람은 대개 따뜻한 말 몇 마디로 진정시킬 수 있다.

Unhappy babies are often given a rubber pacifier for sucking to make them stop crying.

우는 아기는 공갈젖꼭지를 입에 물려주면 대개 울음을 멈춘다.

베트남전쟁에서 미군은 베트콩을 몰아낸 지역에서 지역주민들이 적군에 더이상 협조하지 않도록 유인하기 위해 학교와 병원을 짓고 복지서비스를 제공했다. 이것을 미군은 pacification program이라고 불렀는데, 흔히 '안정화작전'이라고 번역한다.

Her soft lullabies could always pacify the unhappy infant.

그녀의 감미로운 자장가는 투정부리는 아이를 금방 달랬다.

✛

soothe [sˈuːð] the child/ her anger
아이를/ 화를 달래다.
subdue [səbdˈuː] 진압하다, 억누르다.
pacifier [pˈæsɪfaɪər] 공갈젖꼭지.
pacification [pˌæsɪfɪkˈeɪʃən] 강화, 평정, 화평.

pacifist
[pˈæsɪfɪst]

noun

- 평화주의자. 전쟁을 반대하는 사람.
- 종교적 이유로 병역을 거부하는 사람.

Her grandfather had fought in the Marines in World War, but in his later years he had become almost a pacifist, opposing every war for one reason or another.

그녀의 할아버지는 제2차 세계대전에 해병으로 참전했지만, 이후 어떤 이유로든 전쟁을 해서는 안된다고 주장하는 반전주의자가 되었다.

■

The Quakers and the Jehovah's Witnesses are famous pacifist religious groups.

퀘이커와 여호와증인은 유명한 반전주의 교단이다.

Pacifists haven't always met with sympathy or understanding.

반전주의자들이 늘 공감과 이해의 대상이 되는 것은 아니다.

Pacifism during wartime has often gotten people persecuted and even thrown in prison.

전시에 평화를 외치는 사람들은 박해받고 심지어 감옥에 갇히기도 한다.

The world watched in amazement as the gentle pacifist Gandhi won India its independence with almost no bloodshed.

온화한 평화주의자 간디가 유혈충돌은 거의 없이 인도의 독립을 이뤄내는 모습을 세계는 경이롭게 바라보았다.

✛

Jehovah [dʒɪhˈoʊvə] 여호와.
pacifism [pˈæsɪfɪzəm] 평화주의.
persecute [pˈɜːrsɪkjuːt] 박해하다, 괴롭히다.
agitation [ˌædʒɪtˈeɪʃən] 동요, 소요.
bloodshed [blˈʌdʃed] 유혈사태.

UNIT 23

Pacific Ocean은 말 그대로 Peaceful Ocean이라는 의미로, Ferdinand Magellan이 붙인 이름이다. 그는 칠레 최남단 Cape Horn 지역에서 폭풍을 뚫고 나와 마주한 바다가 너무나 잔잔하고 태평해 보여서 그런 이름을 붙였다고 한다. 물론 Magellan이 Pacific typhoon을 먼저 경험했다면 아마 전혀 다른 이름이 붙었을 것이다.

pact
[pˈækt]

noun

- 약속. 둘 이상의 사람 또는 집단 사이의 합의.
- 국가 간 맺는 조약이나 협정.

The girls made a pact never to reveal what had happened on that terrifying night in the abandoned house.

소녀들은 그날 밤 폐가에서 일어난 끔찍한 일을 절대 입 밖에 내지 않겠다고 맹세했다.

■

적대적이거나 갈등하던 두 나라가 어떤 '합의'를 하고 약속을 한다면 그것은 대개 '평화'의 시대가 왔다는 뜻이다. 어쨌든 양쪽이 합의하고 악수를 한 이상 서로 싸우지는 않을 것이다.
신문 국제면을 보면 다양한 pact들을 볼 수 있다.
—an arms pact 무기협정
—a trade pact 무역협정
—a fishing-rights pact 어업협정
—a non-aggression pact 불가침협정
개인 사이에 맺은 엄숙한 서약이나 약속도 pact라고 할 수 있다.
Police refused to say if the couple died in a suicide pact.
경찰은 두 사람이 동반자살합의를 하고 죽었는지 밝히기를 거부했다.
The cease-fire pact that had been reached with such effort was shattered by the news of the slaughter.
어렵게 일궈낸 정전협정은 학살소식이 들려온 순간 휴지조각이 되었다.

✛
dispute [dɪspjˈuːt] 갈등, 논쟁, 분쟁.
shatter [ʃˈætər] 산산히 부수다/부서지다.

pace
[pˈeɪsi]

preposition

- —에게는 죄송한 말씀이지만.

She had only three husbands, *pace* some Hollywood historians who claim she had as many as six.

그녀의 남편이 여섯 명이었다고 주장하는 몇몇 할리우드 역사가들에게는 미안한 말이지만, 그녀의 남편은 세 명 밖에 되지 않는다.

■

'보폭을 맞추다'를 의미하는 단어 pace와 겉모양은 똑같지만 발음이 다르다는 것을 눈여겨보라. 이 낯선 단어는 지식인들이 자신과 의견이 다른 사람들을 언급하면서 그들의 의견을 반박하고자 할 때 쓰는 유식한 단어다. 대개 이탤릭체로 인쇄하는데, 이는 독자들이 스펠링이 같은 '페이스'로 읽지 않도록 하려는 것이다.
The costs of the program, *pace* some commentators, will not be significant.
이 프로그램에 드는 비용은, 몇몇 해설가들에게는 죄송한 말씀이지만, 그리 크지 않습니다.
이 말은 평화와 무슨 상관이 있을까? 이 짧은 단어 속에는 다음과 같은 의미가 담겨 있다.
"내가 지금 언급하는 사람들에게 평화를. 나는 지금 당신과 논쟁을 하고 싶지 않아요. 그저 사실관계만 고치고 싶을 뿐이예요"
Pace my many critics, I have never had reason to change my views on the subject.
나를 비판하는 않은 분들에게는 죄송한 말씀이지만, 이 문제에 대한 내 생각을 바꿀 이유는 하나도 없습니다.

✛
pace [pˈeɪs] 페이스, 걷는 속도, 보폭, 걷다.
slaughter [slˈɔːtər] 도살하다, 살육하다.

Greek Borrowings

oligarchy

[ˈɒlɪɡɑːrki]
few rulers

noun
- 과두정치.

The population was shackled by an iron-willed oligarchy that dictated every aspect of their lives and ruthlessly crushed any hint of rebellion.

시민들을 모조리 철통과두정부에 의해 완전히 손발이 묶였다. 그들은 삶의 일거수일투족을 명령하고, 반란의 조짐이 조금만 보여도 무자비하게 박살냈다.

■

oligos(few)+archos(leader, ruler)가 결합한 oligarchy는 소수의 사람들이 통치하는 정치체제를 말한다.
aristos(best)+cracy(rule)이 결합한 aristocracy는 가장 뛰어난 시민, 즉 '귀족'들이 통치하는 정치체제를 말한다. aristocracy가 부패한 것이 바로 oligarchy다. 자신들의 이익을 위해 소수의 귀족들이 권력을 전횡하는 정치체제로 흔히 '과두(적은 두목)정치'라고 한다.
oligarchy는 1542년, 매우 부유한 몇몇 가문들이 자신들의 이익을 도모하기 위해 억압적으로 통치하는 정부를 묘사하기 위해 처음 사용되었다.

The country has a president, of course, but everyone knows he's just the front man for a shadowy oligarchy.

이 나라에는 물론 대통령이 있지만, 그가 이 나라를 실제로 지배하는 베일에 가려진 소수권력의 대리에 불과하다는 것을 사람들은 알고 있다.

+
shackle [ʃ ækəl] 차꼬, 족쇄를 채우다.
-willed —의지로 무장한.

ostracize

[ˈɒstrəsaɪz]
← ostraka (broken piece of pot)

verb
- 추방하다. 배척하다.

Back in the 1950s she had been ostracized by her fellow country-club members for her radical political beliefs.

1950년대, 그녀는 급진적인 정치신념으로 인해 컨트리클럽 동료회원들에게 따돌림을 당했다.

■

고대아테네 민주정에서 시민들은 1년에 한번씩 투표를 해서 도시국가에 문제를 일으킬 수 있다고 여겨지는 사람을 추방했다. 가장 많은 표를 얻은 사람은 특별한 혐의가 없더라도 10년 동안 국외로 추방당했다.
투표는 도자기파편 위에 이름을 적는 방식으로 이루어졌다. 당시 투표지 역할을 한 도자기파편을 ostraka라고 불렀으며, 이 투표를 ostrakizein이라 불렀다.
여기서 ostracize라는 영어단어가 나왔다.
Ostracism can be especially painful in school: no more sleepovers, no more party invitations, just lots of whispering behind your back.

오늘날 도편추방은 특히 학교에서 왕따라는 형태로 자주 벌어진다. 친구와 파자마파티도 더 이상 못하고, 아무도 파티에 초대하지 않는다. 등 뒤에서 속닥거리는 소리만 들릴 뿐이다.

Though he hasn't been convicted of anything yet, it's obvious that the community is going to ostracize him.

밝혀진 혐의가 하나도 없음에도, 집단은 여지없이 그를 추방할 것이다.

+
ostracism [ɒstrəsɪzəm] 추방.
sleepover [sl iːpoʊvər] 친구집에 가서 자며 놀기.
convict [kənv ɪkt] 혐의를 입증하다.

dogma

[dˈɔːɡmə]

to seem

noun

- 도그마. 의심해서는 안 되는 교리.

New findings about how animals communicate are challenging the current dogma in the field.

동물들끼리 소통하는 방식에 대한 새로운 발견은 이 분야에서 통용되는 통념을 위배한다.

■

Religious dogma and scientific dogma are sometimes at odds.

종교적 도그마와 과학적 도그마는 이따금씩 충돌한다.

창조론을 믿는 사람들과 진화론을 믿는 사람들이 논쟁할 때처럼, 서로 상대방의 주장을 '도그마'라고 폄훼한다.

Arguments of any kind are harder to resolve when both sides are dogmatic in their beliefs.

어떤 논쟁이든 양쪽 모두 자신의 신념을 신봉할 때 갈등을 푸는 일은 어렵다.

Many writers at this time held rigidly dogmatic views.

당시 많은 작가들이 엄격한 교조주의적 관점을 견지했다.

Her staff find her bossy and dogmatic.

직원들은 그녀가 으스대며 독단적인 사람이라는 것을 파악했다.

He applies the Marxist world view dogmatically to all social phenomena.

그는 모든 사회현상에 마르크시즘 세계관을 교조적으로 적용했다.

+

be at odds 충돌하다, 어긋나다.
dogmatic [dɔːɡmˈætɪk] 도그마를 신봉하는.
bossy [bˈɒsi] 으스대는.
aristocracy [ˌærɪstˈɒkrəsi] 귀족정치.
population [pˌɒpjʊlˈeɪʃən] 인구, 주민전체.

charisma

[kərˈɪzmə]

gift

noun

- 카리스마.
- 사람들의 눈길을 사로잡는 비범한 능력.

Many later leaders have envied the charisma of Napoleon Bonaparte, who many of his followers genuinely believed to be immortal.

많은 지도자들이 나폴레옹 보나파르트의 카리스마를 선망하는데, 많은 추종자들이 그가 영원불멸하다고 진짜 믿었다.

■

Charisma originally referred to an extraordinary power—the gift of healing, the gift of tongues, or the gift of prophecy—bestowed on an individual by the Holy Spirit.

카리스마는 원래 성스러운 영령이 개인에게 준 비범한 능력—치유력, 말재주, 예언능력—을 의미했다.

그리스인들은 사람들의 인기를 끌 수 있는 매력을 타고난 재능(gift)이라고 생각했다. 기독교인들은 카리스마를 영적인 힘으로 재해석하여 '성령의 힘'이라는 뜻으로 사용했다. 20세기에 들어서면서 카리스마는 비종교적인 의미로 사용되기 시작한다. 소수의 행운아만 가질 수 있는 신비스러운 매력, 특히 대중적 열정을 불러일으킬 수 있는 정치지도자들의 매력을 일컫는 말로 쓰이기 시작했다. 특히 1960년 존 F 케네디가 대통령에 당선되었을 때 언론들이 charisma라는 말을 많이 쓰면서 대중적으로 유행하시 시작했다. 그 이후 영화배우, 록스타, 운동선수, 장군, 기업가의 매력이나 리더십을 이야기할 때 카리스마라는 말이 자주 등장했다.

+

bestow [bɪstˈoʊ] sth on/upon sb
sth을 sb에게 주다. (여기서 sth은 소중한 것이다.)

NOM

Latin

name 이름

nominal
[nˈɒmɪnəl]

adjective
- 명목상 존재할 뿐 실재하지 않는.
- 보잘것없는. 의미 없는.

The actor himself was the nominal author, but 90 percent of the prose was the work of his ghostwriter.

배우 자신은 명목상 저자였을 뿐, 글의 90퍼센트는 대필작가가 쓴 것이었다.

■

The nominal ruler in a constitutional monarchy is the king or queen, but the real power is in the hands of the elected prime minister.

입헌군주제에서 명목상 통치자는 왕이나 여왕이지만, 실질적인 권력은 선거로 뽑힌 총리가 쥐고 있다. **명목상 존재하는 것은 이름으로만 존재한다는 뜻이다.**

In the United Kingdom, the British monarch is the nominal head of the Church of England.

영국에서 영국군주는 영국교회의 명목상 수장이다.

Those baptized in the Church who aren't really churchgoers might be called nominal Christians.

세례를 받고도 교회에 나가지 않는 사람은 명목상 기독교신자라고 할 수 있다.

You might sell a friend a good piece of furniture for a nominal amount.

친구에게 멋진 가구를 명목상 가격만 받고 판다면, 아주 싼 가격에 팔았다는 뜻이다.

The charge for a doctor's visit might be a nominal $20, since most of the cost is covered by an insurance plan.

의사의 왕진치료비가 명목상 20달러밖에 되지 않는 것은, 실제 비용의 많은 부분을 건강보험에서 지불하기 때문이다.

nomenclature
[nˈoʊmənkleɪtʃər]

noun
- 이름, 명칭, 명명법.
- 생물학에서 사용하는 학명.

Naming newly discovered plants or animals requires close study of the system of nomenclature.

새로 발견된 식물이나 동물에 이름을 붙이려면 명명법(학명을 붙이는 체계)에 대해 잘 알아야 한다.

■

Various specialized fields have their own particular nomenclatures, or sets of terms.

다양한 전문분야마다 제각각 고유한 명명법, 용어집이 있다.

Nomenclature is used most often for the system of biological classification created by Linnaeus.

nomenclature는 린네가 만든 생물학적 분류체계, 즉 '학명'을 일컬을 때 가장 많이 등장한다.

린네시스템에서 학명은 속명+종명으로 이루어진다. 예컨대 말의 학명은 Equus caballus이고, 얼룩말은 Equus cabraus다. (말과 얼룩말은 같은 속에 속한다는 것을 알 수 있다.) 브로콜리, 콜리플라워, 양배추는 모두 같은 종이기 때문에 학명이 모두 같다(Brassica oleracea).

✦
Linnaeus [lɪnˈiːəs] 린네.
cabbage [kˈæbɪdʒ] 양배추.
cauliflower [kˈɔːliflaʊər] 꽃양배추.
broccoli [brˈɒkəli] 꽃양배추의 일종.
constitutional [kˌɒnstɪtˈuːʃənəl] 헌법상의.
monarch [mˈɒnərk] 군주.
monarchy [mˈɒnərki] 군주제, 군주국.
baptize [bæptˈaɪz] 세례를 베풀다.
churchgoer [tʃˈɜːrtʃgoʊər] (꾸준하게) 교회에 나가는 사람.

어떤 직위에 오를 사람으로 '이름이 거명하는' 것을 nominate라고 하며, 이렇게 이름이 거명되는 사람을 nominee 라고 한다. 생물종의 학명은 모두 '이름을 두 개씩' 붙이는데, 이를 binomial이라고 한다. 예컨대 고양이의 binomial 은 Felis catus다. 수학에서 3x+4y과 같은 2항식은 binomial, 3항 이상 다항식은 polynomial이라고 한다.

ignominious

[ɪgnəmˈɪniəs]

adjective

● 수치스러운. 불명예스러운.
● 모욕적인. 굴욕적인.

If Attila the Hun was truly murdered by his bride on their wedding night, it was a most ignominious death for a warrior.

훈족 아틸라가 정말 결혼한 날 밤 신부에게 살해당했다면, 그것이야말로 전사에게 가장 불명예스러운 죽음이다.

■

Ig(not)+nom(name)이 합쳐진 ignominious는 문자 그대로 '이름이 지워진다'는 뜻이다.
옛 소련에서는 눈 밖에 난 당 지도자들을 (투옥이나 처형과 별개로) 존재하지 않았던 사람처럼 대했다. 공식적인 기록에서 이름을 삭제하고 사진에서 이미지도 지워버렸다.
A person who suffers an ignominious fate may die nameless and forgotten.

이름이 지워지거나 잊혀진 채 쓸쓸히 죽어가는 것은, 매우 수치스러운 운명일 것이다.

an ignominious end to his career

경력을 마무리하는 굴욕적인 최후. 기록에서 지워버리고 싶을 정도로 창피하다면 얼마나 수치스러운 것일까?
It threatened to damage the good name of the firm. 기업의 명성을 훼손할 수 있을 만큼 위협적이었다.
라틴어 nomen은 '이름'과 동시에 '명성'도 의미했다.
지금도 good name은 reputation과 같은 의미로 쓰인다.

✛

dishonorable [dɪsˈɑːnərəbəl] 명예롭지 못한.
disgrace [dɪsgrˈeɪs] 망신, 치욕, 욕보이다.

misnomer

[mˌɪsnˈoʊmər]

noun

● 잘못된 명칭.

Calling the native peoples of the western hemisphere "Indians" was one of the great misnomers in recorded history.

서반구 원주민을 '인디언'이라고 부르는 것은 기록역사에서 크게 잘못된 명칭 중 하나다.

■

Historians have long noted that the Holy Roman Empire was something of a misnomer.

역사학자들은 오랫동안 신성로마제국이 잘못 지어진 이름이라고 지적해왔다. 신성하지도 않았고, 로마에 있지도 않았고, 제국도 아니었기 때문이다.
Misnomers aren't limited to history.
잘못된 명칭은 역사에만 존재하는 것이 아니다.
Pennsylvania Dutch는 사실 네덜란드계가 아닌 독일계 사람들이다. 또한 Rocky Mountain oyster가 굴요리가 아니라는 사실은 많은 사람들이 요리가 나온 뒤 뒤늦게 깨닫는다.
Koala bears aren't bears—they're marsupials.
코알라베어는 곰이 아니라 유대목이다.
"Friend" is a misnomer for Charlotte; "rival" is more like it.

샬롯을 '친구'라고 부르는 것은 옳지 않다. '라이벌'이라고 부르는 것이 훨씬 적절하다.

✛

marsupial [mɑːrsˈuːpiəl] 유대목(새끼주머니가 있는 동물).
Rocky Mountain oyster 소고환으로 만든 요리.

ONYM

Greek *onyma*
name 이름, word 말

antonym

[ˈæntənɪm]

noun

● 반댓말. 반대의미를 가진 단어.

There's no point in telling a three-year-old that cat isn't an antonym of dog, and sun isn't an antonym of moon.

3살짜리 아이에게는 고양이가 개의 반댓말이 아니고, 해가 달의 반댓말이 아니라고 말해봐야 소용없다.

■

ant(opposite)+onym(name)은 말 그대로 '반댓말'이다. hot—cold, up—down, wet—dry, buy—sell, failure—success처럼 정확하게 짝을 찾을 수 있는 antonym도 있지만 old—young, old—new처럼 antonym이 하나 이상인 경우도 있다.
특히 small—large, small—big, little—big처럼 synonym이 있는 단어의 경우 antonym은 여러 개가 된다.
adore—hate, adore—detest, adore—loathe처럼 상황에 따라 antonym이 달라지는 경우도 있다.
antonym은 synonym만큼 많지 않다.
pink, weather, semipro, thirty, firefighter, wax, about, consider와 같은 단어들은 비슷한 말을 쉽게 떠올릴 수 있지만 반댓말은 잘 생각나지 않을 것이다.

✚

adore [əˈdɔːr] 열렬히 좋아하다.
detest [dɪˈtest] 혐오하다.
loathe [lˈoʊð] 질색하다.
synonym [sˈɪnənɪm] 비슷한말.
semipro [sˈemɪprˌoʊ] 세미프로.
monarch [mˈɒnərk] 군주.

eponymous

[ɪpˈɒnɪməs]

adjective

● 어떤 것의 이름이 된.

Adjectives such as Elizabethan, Victorian, and Edwardian show how the names of certain British monarchs have become eponymous for particular time periods and styles.

Elizabethan, Victorian, Edwardian과 같은 형용사는 영국 군주의 이름이 어떻게 특정한 시기와 스타일의 가리키는 이름이 되었는지 보여준다.

■

Common eponymous terms include Ohm's law, Parkinson's Law, and the Peter Principle.
사람이름을 붙여 만든 단어를 eponymous term 이라고 한다. 지명, 약 이름, 별 이름 등 다양한 곳에서 eponymous term을 볼 수 있다.
The Canadian city of Vancouver was named after the explorer George Vancouver;
the diesel engine was named for its inventor, Rudolph Diesel; Alzheimer's disease was named after
the physician Alois Alzheimer.
밴쿠버는 탐험가의 이름을 딴 것이고, 디젤엔진은 그것을 발명한 사람의 이름을 딴 것이며, 알츠하이머도 의사의 이름을 딴 것이다.
Superman is the book's eponymous hero.
슈퍼맨은 이 책의 제목을 자신의 이름으로 가진 영웅이다.
음악앨범 중에 가수이름만 쓰여 있는 것이 있는데, 이것을 eponymous album이라고 한다. 새하얀 바탕에 The Beatles라는 글자만 새겨져 있는 비틀즈의 앨범이 아마 가장 유명할 것이다. (음악팬들은 이 앨범을 '화이트앨범' 이라고 부른다.)

anonymous donor는 이름을 밝히지 않은 기부자.

synonym은 의미가 같은 동의어이고 homonym은 모양과 발음은 똑같지만 실제로는 아무 관계가 없는 단어다.

예컨대 '건강한'을 의미하는 well의 경우, healthy는 synonym이고 '우물'을 의미하는 well은 homonym이다.

patronymic

[pˌætrənˈɪmɪk]

noun

● 성. 부계 조상의 이름에서 가져온 이름.

Reading Tolstoy's vast novel, it can be helpful to know that Helene Vasilievna's second name is a patronymic, and thus that her father is named Vasili.

톨스토이의 방대한 소설 《전쟁과 평화》를 읽을 때, 엘렌 바실리예브나의 뒷 부분이 아버지로부터 물려받은 이름이며, 따라서 그녀의 아버지가 바실리라는 것을 알아두면 도움이 된다.

■

patronymic은 patronym이라고도 하는데, 일반적으로 아버지의 이름에 접두어나 접미어를 붙여 만든 이름을 의미한다.

Fitzpatrick—Patrick's son
Peterson/Petersen—Peter's son
MacDonald/McDonald—Donald's son
Hernández—Hernando's son

이러한 patronymic들은 오늘날 서양에서 surname으로 자리잡았다.

러시아에서는 지금도 patronym과 surname을 구분해서 사용한다. 예컨대 Peter Ilyich Tchaikovsky의 경우 Ilyich는 patronymic(son of Ilya)이며 Tchaikovsky는 surname(family name)이다.

✛

patronym [pˌætrənˈɪm] = patronymic
churn out 엄청난 양을 빠르게 찍어내다.
alias [ˈeɪliəs] 가명.

pseudonym

[sˈuːdənɪm]

noun

● 가명(=alias).

Hundreds of Hardy Boys, Nancy Drew, and Bobbsey Twins novels were churned out under such pseudonyms as Franklin W. Dixon, Carolyn Keene, and Laura Lee Hope.

Hardy Boys, Nancy Drew, Bobbsey Twins가 나오는 무수한 소설들이 Franklin W. Dixon, Carolyn Keene, Laura Lee Hope와 같은 필명으로 대량 생산되었다.

■

그리스어 pseudo-는 false(가짜)라는 뜻으로 pseudonym은 가짜이름(alias)을 의미한다.
(pseudo는 가끔 resembling이라는 의미로 쓰이기도 한다.)
작가의 pseudonym은 pen name이라고 하는데, Samuel Langhorne Clemens은 Mark Twain이라는 pen name으로 작품활동을 했다.
배우의 pseudonym은 stage name이라고 하는데, Marion Morrison은 John Wayne이라는 stage name으로 작품활동을 했다.
혁명가들은 혁명모의과정에서 자신의 신변을 보호하기 위해 cadre name을 사용한다.
Vladimir Ulyanov는 Lenin, Iosif Dzhugashvili는 Stalin이라는 cadre name으로 유명하다.
종교에서도 신도들에게 devotional name이라는 pseudonym을 준다. 1931년 Agnes Bojaxhiu는 Teresa라는 세례명을 받고 수녀가 되었는데, 그녀가 바로 세계적인 빈민활동가 Mother Teresa다.

✛

cadre [kˈɑːdreɪ] 특수한 목적을 수행하는 소집단, 집행부.
devotional [dɪvˈoʊʃənəl] 종교의례에 사용되는.

FALL

Latin fallere
deceive 속이다

fallacy
[fˈæləsi]

noun
● 오류.

In her new article she exposes yet another fallacy at the heart of these economic arguments.

새로운 글에서 그녀는 이 경제적인 논증의 핵심에서 또 다른 오류를 드러낸다.

In philosophy, fallacy is reasoning that comes to a conclusion without the evidence to support it.

철학에서 오류란 근거도 없이 결론으로 도약하는 추론을 의미한다. 오류는 순전히 논리가 잘못된 것일 수도 있고, 주장의 기초가 되는 전제가 잘못된 것일 수도 있으며, 단어의 의미를 일관성 있게 사용하지 않아 발생할 수도 있다.

★
Types of classic fallacy
전형적인 논리적 오류의 유형들.

—ad hominem fallacy 인신공격 오류
—question-begging fallacy 선결문제 요구 오류
—straw man fallacy 허수아비 공격 오류
—slippery slope fallacy 미끄러운 경사 오류
—gambler's fallacy 도박사 오류
—red herring fallacy 붉은 청어 오류
이러한 오류가 무엇인지 찾아보면, 우리가 일상적으로 어떤 논리적 오류를 저지르는지 깨닫게 될 것이다.

---

fallacious
[fəlˈeɪʃəs]

adjective
● 오류가 있는.

Any policy that's based on a lot of fallacious assumptions is going to be a bad one.

무수한 잘못된 가정에 기반한 정책은 나쁜 정책이 될 수밖에 없다.

fallacious는 격식이 있는 지적인 단어로 일상적인 대화에서는 거의 쓰지 않는 단어다. 이 말을 쓰면 다소 잘난 체하고 박식한 척하는 사람으로 여겨질 수 있다. fallacious는 글에서 널리 사용되며, 특히 다른 사람과 논쟁하는 글에서 자주 등장한다.

Such an argument is misleading, if not wholly fallacious. 그런 논증은 오해를 유발하려는 것이다. 순전히 오류가 아니라면.

Fallacious is used to describe both errors in fact and errors in reasoning, including all types of classic fallacies. 사실진술의 오류, 논증오류는 물론 논리적인 오류들 모두 fallacious라는 말로 묘사할 수 있다.

Saying that one cool summer disproves the whole idea of global warming is obviously fallacious and no one really believes it.

여름이 한 철 시원했다고 지구온난화라는 개념 전체를 반박하는 것은 과도한 오류이며, 누구도 그런 주장을 믿지 않을 것이다.

✛
errors in fact 사실 관계의 오류.
errors in reasoning 추론상 오류.

false가 여기서 나왔다. 지금은 '참이 아닌 거짓'이라는 의미로 주로 쓰이지만,
예전에는 어근의 뜻 그대로 '속이다'라는 의미로 많이 쓰였다.
fail과 fault도 이 어근에서 나왔다.

fallibility
[fˌæləbˈəlɪti]

noun
- 오류가능성.

Doctors are concerned about the fallibility of these tests, which seem unable to detect the virus about 20% of the time.

의사들은 이 테스트의 오류가능성을 염려한다. 검사할 때마다 20퍼센트 정도는 바이러스를 감지하지 못하는 것으로 보이기 때문이다.

■

범죄현장을 목격한 사람의 증언, 거짓말 탐지기, 비행기의 주요부품 등에 대해 이야기할 때 fallibility라는 단어가 자주 등장한다.
fallibility of memory 기억의 부정확성.
명확하게 기억하는 일이 실제로는 일어난 적이 없는 것으로 밝혀지는 경우를 가끔 있다.
Being fallible is part of being human.
실수를 하는 것은 인간의 일이다.
그래서 가장 큰 실수는 모든 면에서 가장 똑똑하다고 여겨지는 사람들이 저지르는 경우가 많다.
The fallibility of these tests has been shown again and again, but some doctors keep using them.
이 테스트의 오류가능성은 계속 반복해서 나타남에도, 의사들은 그걸 계속 사용한다.

✛
fallible [fˈælɪbəl] 오류를 저지르기 쉬운.

infallible
[ɪnfˈælɪbəl]

adjective
- 절대 오류가 없는.
- 제대로 작동하거나 성공하는 것이 명백한.

Two college friends of mine claimed to have an infallible system for beating the odds at roulette in Las Vegas.

나의 대학친구 둘은 라스베이거스 룰렛에서 반드시 이길 수 있는 완벽한 시스템을 가지고 있다고 장담했다.

■

infallible이라는 말이 나오면 무조건 의심하라. 사기일 확률이 높다.
infallible predictions 훤히 보이는 예측
an infallible plan 100% 성공보장 계획
an infallible cure 실패할 리 없는 치료
infallible lip gloss 절대 립스틱
진정한 과학자, 엔지니어, 의사라면 infallible과 같은 단어는 '절대' 이야기하지 않는다. 오히려 이런 단어를 내세우지 않는 정보가 제대로일 확률이 높다.
papal infallibility 교황 무오류성.
19세기 로마가톨릭교회에서 채택한 공식적인 입장으로, 신앙과 도덕에 관한 교황의 발언은 절대 의심해서는 안 된다는 원칙이다. 그 이후 교황들은 이러한 주제에 대해 훨씬 신중하게 발언한다.

★
false [fˈɔːls]

Thou shalt not bear false witness against thy neighbor. 네 이웃을 모함하는 가짜 증언을 하지 마라.
A false-hearted lover will send you to your grave. 마음이 삿된 애인은 당신을 무덤으로 보낼 것이다.
여기서 false가 '속이다'라는 뜻으로 쓰인 것을 볼 수 있다.

Words from Ancient History

exodus
[ˈeksədəs]

noun
- 대탈출.

The war led to a mass exodus of Iraq's Christians.

전쟁은 이라크의 기독교도들의 대규모 탈출로 이어졌다.

■

구약의 두번째 책은 모세와 이스라엘사람들이 이집트를 출발하여 시나이사막을 지나 시나이산에 도착해 10계를 받고, 팔레스타인 땅에 위치한 자신들의 고향으로 가는 험난한 여정을 진술한다.
하지만 히브리인들이 이집트를 탈출한 사건이 역사적으로 실재했다는 것을 입증하는 유적이나 문헌은 하나도 발견되지 않았다. (오로지 구약에만 기록되어있을 뿐이다.)
이 책의 히브리어 원제는 Shemot(names)이지만, 그리스어로 번역되면서 Exodos(departure)라는 제목이 붙었다. 이 그리스어 단어가 영어성경의 제목이 되면서 영어단어로 편입되었다. 한국어로는 '탈출기' 또는 '출애굽기 (出Egypt記)'라고 번역된다.
Her departure from the company led to an exodus of other employees.
그녀의 퇴사는 다른 직원들의 대탈출의 도화선이 되었다.

✚
The Old Testament 구약.
Hebrew [ˈhiːbruː] 히브리어.
depart [dɪpˈɑːrt] DE(away)+PART(part)
떨어져나가다, 출발하다, 벗어나다, 퇴사하다.

zealot
[zˈelət]

noun
- 열성적인 지지자. 광신자.

My girlfriend's father is a religious zealot, so I always find excuses not to have dinner at their house.

내 여자친구의 아버지는 지나치게 종교에 열성적이다. 그래서 나는 늘 저녁식사자리에 참석하지 않을 구실을 찾아내기에 바쁘다.

■

서기 1세기, 유대지역에서 로마의 팔레스타인 지배를 반대하는 이들이 봉기한다. Zealot이라고 불렸던 이들 '열심당원'들은, 로마군에 맞서 전투를 벌이다가 Masada 요새 안에 포위된다. 로마군의 대공습이 시작되는 순간, 1000명에 달하는 반란군은 스스로 목숨을 끊는 비극적 종말을 맞이한다.
이후 zealot은 어떤 명분에 광적으로 헌신하는 사람을 의미하는 말로 쓰이기 시작했다.
오늘날 zealot은 fanatic과 같은 의미로 쓰이며, zealotry는 fanaticism과 같은 의미로 쓰인다.
She was a zealous worker for charitable bodies.
그녀는 자선단체를 위해 열정적으로 일한다.
하지만 zealot에서 유래한 모든 단어가 부정적으로만 쓰이는 것은 아니다. Zeal, zealous는 단순히 '열정', '열정적인'이라는 뜻으로 쓰인다.
Zealous와 비슷한 jealous 역시 zealot에서 유래한 말이다.

✚
zeal [zˈiːl] 열심, 열정.
zealous [zˈeləs] = fanatical 열심인, 열광적인.
fanatic [fənˈætɪk] = zealot 광신도.
fanaticism [fənˈætɪsɪzəm] = zealotry [zˈelətrɪ] 광신.
jealous [dʒˈeləs] 질투하는.

Absurdum est ut alios regat, qui seipsum regere nescit.
It is absurd that he should rule others, who doesn't know how to rule himself.
자기 자신도 다스릴 줄 모르면서 다른 이를 다스린다는 것은 모순이다.

delphic

[dˈɛlfɪk]

adjective

● 모호한. 아리송한.

sibyl

[sˈɪbəl]

noun

● 여자무당.

All she could get from the strange old woman were a few delphic comments that left her more confused than ever about the missing documents.

이상한 노파에게서 그녀가 들을 수 있던 말은 사라진 문서에 대해 더 혼란만 가중시키는 아리송한 몇 마디가 전부였다.

■

그리스의 도시 Delphi에는 아폴론신전이 있었는데, 이 신전을 지키는 무당은 아폴론에 빙의하여 미래를 예언을 하는 것으로 유명했다. 그리스인들은 사적인 일이든 공적인 일이든 이곳을 자주 찾아가 신탁을 받았다.
하지만 문제는 무당이 내리는 점괘가 난해한 시로 되어 있다는 것이었다. 사제들이 시를 해석을 해주어야 했는데, 그러한 해석조차 이해하기 어려운 경우가 많았다.
When Croesus, king of Lydia, asked what would happen if he attacked the Persians, the oracle announced that he would destroy a great empire.
리디아의 왕 크로이소스가 페르시아를 공격하면 어떻게 될지 물었을 때 무당은 대제국이 무너질 것이라는 점괘를 준다. 하지만 그 대제국이 페르시아가 아니라 자신의 나라 리디아라는 사실을 뒤늦게 깨닫는다.
Some political commentators utter words of delphic complexity every week.
몇몇 정치논객들은 매주 아리송한 복잡한 발언을 쏟아낸다.

✛
oracle [ˈɔːrəkəl] 신의 말을 전해주는 사람. 또는 신탁.

The villagers told him about an aged woman who lived alone in a hut on a nearby mountain, a sibyl who knew the future and would prophesy under the right conditions.

마을사람들은 산기슭 오두막에서 홀로 사는 노파에 대해 이야기했는데, 그녀는 미래를 알고 있으며, 적절한 상황에 예언을 하기도 하는 무당이었다.

■

고대의 작가들의 기록에 따르면, 신의 뜻을 전해주는 여인들이 고대 바빌로니아, 그리스, 이탈리아, 이집트 등 다양한 지역에 산재했다.
그리스인들은 델포이에 있는 아폴론신전에서 신의 뜻을 전해주는 무당을 oracle이라고 불렀으며, 그 밖의 지역의 무당들은 sibyl이라고 불렀다. 하지만 신의 뜻을 전해준다는 점에서 이들은 모두 비슷한 역할을 하는 무녀들이었다.
Cumaean Sibyl 쿠마에 무당—
고대그리스의 이탈리아 식민지였던 Cumae의 어느 동굴에 살던 말라빠진 노파로 신통하기로 유명했다. 그녀의 예언은 열두 권 책으로 정리되었으나, 이 중 세권만 남아 로마제국이 혼란에 빠진 시기에 중요한 참고자료로 사용되었다. 미켈란젤로는 시스티나성당 천장화에 역사적으로 손꼽히는 위대한 무당 다섯 명을 그려 넣었는데, 그 중 한 명이 바로 Cumaean Sibyl이다.

✛
prophesy [prˈɒfɪsaɪ] 예언하다.
oracle [ˈɔːrəkəl] 신탁을 전하는 사제, 무녀.

PERI

Latin/Greek
around 둘레에

perimeter
[pərˈɪmɪtər]

noun
● 경계. 주위를 둘러싼 일정거리.

In a medieval siege, an army would surround the perimeter of a city's high walls, denying the population any food from outside as it assaulted the walls with catapults and battering rams.
중세시대의 공성전에서 군대는 도성의 경계를 둘러싸 백성들이 외부에서 식량을 받을 수 없도록 한 채 투석기와 공성망치로 벽을 무너뜨렸다.

■

The perimeter of a prison is ringed with high walls and watchtowers.
감옥의 경계는 높은 벽과 감시탑으로 둘러싸여 있다.
The entire perimeter of Australia is bounded by water.
오스트레일리아는 전 국토의 경계가 물로 둘러싸여 있다.
In geometry, you may be asked to calculate the perimeter of various geometrical shapes.
기하학에서는 다양한 도형들의 둘레를 계산하는 문제를 풀어야 한다.
농구에서 perimeter는 프리드로우 서클 바깥지역을 의미한다.
parameter와 혼동하지 않도록 주의하라.
Because of deer, she needed to put up a fence along the perimeter of the garden.
사슴 때문에 그녀는 정원 둘레에 울타리를 쳐야 했다.

✛
catapult [kˈætəpʌlt] 투석기, 노포.
battering ram 성문파괴용 대형망치.
parameter [pərˈæmɪtər] 매개변수, 최대범위.

periodontal
[pˌɛrioʊdˈɒntəl]

adjective
● 이빨을 둘러싼 조직의.

Years of bad living had filled his teeth with cavities, but it was periodontal disease that finished them off.
수년간의 잘못된 생활습관으로 이빨 여기저기에 구멍이 났지만, 정작 이빨을 완전히 못 쓰게 만들어 버린 것은 치주 질환이었다.

■

Dentists called periodontists specialize in the treatment of periodontal problems.
잇몸질환을 전문적으로 치료하는 치과의사를 치주과전문의라고 한다.
When you don't floss regularly to keep plaque from forming on your teeth and gums, the gums will slowly deteriorate.
치실을 사용해 이빨과 잇몸에 플라크가 쌓이지 않도록 늘 주의하지 않으면, 잇몸은 서서히 나빠진다.
When the gums have broken down to the point where they can't hold the teeth in place, a periodontist may need to provide dental implants.
잇몸이 주저앉아 이빨을 제대로 붙잡아줄 수 없는 지경에 이르면 치주과전문의들에게 치아임플란트 시술을 받아야 한다.
하지만 임플란트 시술은 매우 비쌀 뿐만 아니라 불편하고 불쾌하다는 것을 명심하라.

✛
cavity [kˈævɪti] 구멍, 몸에 난 텅 빈 공간.
floss [flˈɔːs] 명주실, 치실. 치실로 이빨 사이를 청소하다.
plaque [plˈæk] 명판, 플라크.
periodontist [pˌɛriədˈɒntɪst] 치주과의사.

period는 시작과 끝이 에워싸고 있는 '일정기간'을 말한다. 잠망경은 사방 구석구석을 둘러볼 수 있기 때문에 periscope라고 한다(see around). peristalsis는 장의 '연동운동'을 말하는데, 음식이 장 전체를 통과하여 이동할 수 있게 해준다는 뜻이다(process that moves food around the intestines).

peripatetic
[p͵erɪpətˈetɪk]

adjective

- 걸어다니는.
- 이곳저곳 옮겨다니는.

She spent her early adult years as a peripatetic musician, traveling from one engagement to another.

이제 막 어른이 되었을 때, 공연계약을 따라 이곳저곳 옮겨 다니는 떠돌이 악사 생활을 했다.

■

아리스토텔레스는 아테네에 Lyceum이라는 학교를 세웠다. 아리스토텔레스는 이곳에서 천천히 거닐면서 학생들을 가르쳤는데, 이들을 가리켜 그리스인들은 Peripatetics라고 불렀다. 그리스어 peripatos는 '걸어다니다'라는 뜻과 동시에 '토론하다'라는 뜻을 가지고 있었는데, 그리스인들은 늘 산책을 하며 토론을 했기 때문이다.

Peripatetic salespeople today stare into their laptop computers while endlessly flying from city to city.

오늘날 이동이 많은 세일즈맨들은 이 도시에서 저 도시로 끊임없이 이동하는 동안에도 늘 랩탑을 들여다본다.

In his youth he had been amazingly peripatetic, hitchhiking thousands of miles on three continents.

젊은 시절 도보여행을 진정으로 좋아하였던 그는, 히치하이킹을 하며 세 대륙에 걸쳐 수천 마일을 여행하였다.

✛
lyceum [laɪsˈiːəm] 리케이온, 강당, 강연장.
peripatetics [p͵erɪpətˈetɪks]
산책학파, 소요학파(거닐遙+거닐遙).

peripheral
[pərˈɪfərəl]

adjective

- 바깥 모서리, 특히 시야의 끝단의.
- 이차적인, 보충의(supplemental).

Like most good fourth-grade teachers, he had excellent peripheral vision, and the kids were convinced that he had eyes in the back of his head.

4학년을 가르치는 훌륭한 선생님답게, 그는 주변시야가 뛰어났다. 아이들은 선생님 뒷통수에도 눈이 있다고 생각했다.

■

Peripheral vision can be very valuable when you're driving at rush hour, especially when switching lanes.

출퇴근시간대에 운전을 할 때, 특히 차선을 변경할 때 주변시야는 매우 유용하다.

The romance is peripheral to the main plot of the movie. 로맨스는 이 영화에서 곁다리 플롯이다.

어떤 사안을 peripheral이라고 묘사한다면, 그것보다는 주요한 사안으로 관심을 돌려야 한다고 말하는 것이다.

Computer peripherals are the added components—printers, webcams, microphones, etc.—that increase a computer's capacities.

컴퓨터주변장치는 프린터, 웹캠, 마이크처럼 컴퓨터의 역량을 확장시켜주는 부가적인 기기들을 말한다.

오늘날 peripheral은 이처럼 명사로도 쓰인다.

✛
peristalsis [p͵erəstˈælsɪs] 연동, 꿈틀운동.
supplemental [s͵ʌplɪmˈentəl] 덧붙이는, 보충의.
= supplementary [s͵ʌplɪmˈenteri]

CENTR CENTER

Latin/Greek kentron/centrum

sharp point 뾰족한 끝
center point of a circle 원의 중심점

eccentric
[ɪksˈɛntrɪk]

adjective
- 유별난. 일반적인 양식을 따르지 않는.
- 중심에서 비껴난.

She keeps a dozen stray cats in her house and is rather eccentric, but her neighbors say she's very pleasant and completely harmless.

집에서 떠돌이고양이를 열두 마리나 키우는 다소 유별난 사람이지만, 이웃들은 그녀가 무척 쾌활하고 전혀 해를 끼치지 않는다고 말한다.

■

ex(out of)+centr(center)가 결합한eccentric은 말 그대로 off-center라는 뜻이다.
An eccentric wheel spins unevenly.
편심(偏心)바퀴는 상궤常軌(평상궤도)를 벗어나 불규칙하게 회전한다.
An eccentric person is a little off-center.
괴짜는 중심궤도에서 벗어나 기이하게 행동하는 사람이다.
Most eccentricities are inoffensive to others, and some may even do some good.
기행은 대개 남에게 해를 주지 않는다. 오히려 도움을 주기도 한다.
Some eccentrics are just ahead of their time.
몇몇 기인들은 단순히 시대를 앞서가는 것일 수도 있다.
대다수 형용사들과 마찬가지로 그러한 사람을 의미하는 명사로도 쓰인다.

✚
off-center 중심에서 비껴난.
eccentricity [ˌeksentrˈɪsɪti] 기행, 괴벽.
centrifuge [sˈentrɪfjuːdʒ] 원심분리기, 원심분리하다.

epicenter
[ˈɛpɪsˌɛntər]

noun
- 진앙.
- 중심.

The destruction caused by Mexico City's earthquake was extensive because the city was at the quake's epicenter.

멕시코시티지진의 피해가 컸던 것은 지진의 진앙지가 바로 멕시코시티였기 때문이다.

■

epi(over)+center가 결합한 epicenter는 지진이 발생한 진원(hypocenter) 위에(over) 위치한 진앙(震央)을 의미한다.
The epicenter of an earthquake lies over the center or "focus" of the quake.
진앙이란 진원에서 수직지표면에 위치한 지점을 의미한다.
hypocenter를 전문가들은 대부분 focus라고 부른다.
일상적인 맥락에서 epicenter는 비유적으로 쓰이기도 한다.
Wall Street lies at the epicenter of the financial world. 월스트리트는 금융계의 중심에 위치한다.
Luckily, the quake's epicenter was far away from any human settlement.
다행스럽게도 지진의 진앙은 인간의 거주지로부터 멀리 떨어져있었다.
She works hard at being outrageous, and it's not the first time she's been at the epicenter of a controversy.
그녀는 신경질적인 태도로 일에 하는데, 그녀가 논란의 중심된 것은 이번이 처음이 아니다.

✚
hypocenter [hˈaɪpoʊsˌɛntər] = focus 진원震源.
지진에너지가 처음 방출된 지점.

centrifuge는 center에서 밖으로 물질을 떨어져 나가게 하는 '원심분리기'를 의미한다.
이때 밖으로 밀어내는 강한 힘을 centrifugal force(원심력)라고 한다.

egocentric
[iːɡoʊsˈentrɪk]

adjective
● 자기중심적인(self-centered).

He's brilliant but completely egocentric, **and the only things he'll talk about are his own life and work.**

그는 영리하지만 철저히 자기중심적이다. 그가 하는 이야기는 자신의
삶과 일에 대한 것뿐이다.

■

ego는 라틴어로 '나'를 의미한다.
egocentric person에게는 '내가' 가장 중요하다.
Great artists and writers are often egocentrics.
Their egocentricity is an unfortunate side effect
of their talent.
위대한 예술가와 작가는 대개 자기중심적인 사람이다.
그들의 자기중심성은 탁월한 재능의 안타까운 부작용일
뿐이다.
Ordinary egocentricity shows up as selfishness,
lack of sympathy, and lack of interest in other
people.
평범한 사람들의 자기중심성은 이기심, 동정심의 결여,
다른 사람들에 대한 관심부족으로 나타난다.
There's nothing wrong with liking yourself so
long as you don't become egocentric.
자기중심적이 되지만 않는다면, 자기 자신을 좋아하는 것은 나쁠
것이 없다.

✦

egocentricity [ˌiːɡousentrˈɪsɪti] 자기중심성.
self-centered 자기중심적인.

ethnocentric
[eθnoʊsˈentrɪk]

adjective
● 자기 민족 중심적인.

Some reviewers criticized the ethnocentric bias **that came through in the way the film portrayed immigrants.**

몇몇 평론가들은 이 영화가 이민자들을 묘사하면서 드러내는
민족주의적 편견을 비판했다.

■

그리스어 ethnos는 nation 또는 people을 의미한다.
Ethnocentric persons usually behave badly
when traveling in foreign countries.
자신이 속한 국가가 최고라고 생각하는 사람들은 대개 외국을
여행하면서 못되게 행동한다.
미국에서는 이런 사람들을 Ugly American이라고
부른다.
Whenever you hear someone making fun of the
way a foreigner speaks English, just remember
that it's the foreigner, not the person laughing
at him, who actually can speak a foreign
language.
외국인이 영어를 말하는 것을 누군가 놀리는 모습을 본다면,
실제로 외국어를 말할 수 있는 대단한 능력을 가진 사람은 조롱하는
사람이 아니라 그 외국인이라는 것을 기억하라.
She claims that his remarks show an
ethnocentric bias against foreign cultures.
그의 언급은 외국문화에 대한 자민족 중심적인 편견을 보여준다고
그녀는 주장한다.

✦

ethnocentricity [ˌeθnoʊsˈentrɪsɪti] 자민족중심주의. 자신이
속한 국가나 민족이 세계의 중심이라고 생각하는 관념.

EPI

epilogue
[ˈepɪlɔːg]

noun

● 에필로그. 본 내용이 다 끝난 뒤 나오는 종결부.

Her editor told her the book really needed an epilogue, to tell where each member of the family is today.

편집자는 가족들이 지금은 어떻게 지내는지 알려주는 에필로그를 꼭 넣어야 한다고 말했다.

■

그리스어 어원에서 온 epilogue는 기본적으로 '(끝에) 덧붙는 말'을 의미한다. 에필로그는 본격적인 드라마가 모두 끝난 뒤 이야기를 정리하고 매듭짓는 역할을 한다.
For never was a story of more woe
Than this of Juliet and her Romeo.
줄리엣과 그녀의 연인 로미오의 이야기보다 더 슬픈 이야기는 없었다.
로미오와 줄리엣의 마지막 에필로그는 매우 유명하다.
영화에도 epilogue가 있다. 손에 땀을 쥐게 하는 climax가 끝난 뒤 살아남은 연인들이 카페에 앉아 자신들의 미래에 대해 이야기하는 마지막 장면이 epilogue 역할을 한다.
음악에도 epilogue가 있는데, climax가 끝난 뒤 나오는 coda가 epilogue에 해당한다.
오늘날 논픽션에서는 epilogue 대신 afterword, prologue 대신 foreword라는 말을 자주 사용한다.

✚

prologue [prˈoʊlɔːg] 머리말.
foreword [fˈɔːrwɜːrd] 추천서문. (대개 저자가 아닌 사람이 쓰는 글)
preface [prˈefɪs] 서문. (저자가 쓰는 글)
woe [wˈoʊ] 비통, 불행.
coda [kˈoʊdə] 종결부. (이탈리아어로 'tail')
afterword [ˈæftərwɜːrd] 뒤에 쓰는 말.

epiphyte
[ˈɛpəfˌaɪt]

noun

● 공중식물(air plant).

The strangler fig begins life as an epiphyte on a tree branch, drops its tendrils to take root in the ground around the trunk, and slowly covers and strangles the tree to death.

스트랭글러피그는 다른 나뭇가지에 착상하여 성장하기 시작하고, 덩굴을 감아 내려가며 나무기둥을 둘러싸 땅 속에 뿌리를 내리고 서서히 나무를 뒤덮고 옥죄어 죽인다.

■

epiphytic plant는 흙에 뿌리를 내리지 않고도 생존하기 때문에 air plant라고도 한다. 바위 위에서 자라는 이끼류, 물 위에서 자라는 조류가 바로 대표적인 공중식물이다.
열대지방에는 난초, 양치식물, 파인애플과 나무 등 공중식물이 상당히 많고 크다. 이들은 숙주식물에 위에서 자라기는 하지만, 물리적 지지대를 확보하기 위한 것일 뿐 영양분을 뽑아가지는 않는다.
To a newcomer in the tropical rain forest, the first sight of a great tree with large epiphytes hanging from every level can be eerie and astonishing. 열대우림을 처음 방문하는 사람에게 큰 나무에 거대한 공중식물이 층층이 매달려 있는 광경은 기괴하고도 놀랍다.
An epiphyte seems to live on air and water alone. 공중식물은 공기와 물만으로 살아가는 것처럼 보인다.

✚

strangle [strˈæŋgəl] 목 졸라 죽이다.
take root in the ground 땅에 뿌리를 내리다.
eerie [ˈɪəri] 등골이 오싹한.
fig [fˈɪg] 무화과.

earthquake's epicenter [ˈepɪˌsentər]는 지진이 발생한 hypocenter(진원)
바로 위에 있는 땅인 '진앙'을 의미한다.
epidermis[ˌepɪdˈɜːrmɪs]는 dermis(피부)의 가장 바깥층인 '표피/상피'를 의미한다.

epitaph
[ˈepɪtæf]

noun

● 비문. 무덤에 묻힌 사람을 기려 묘비에 새긴 글.

The great architect Christopher Wren designed London's majestic St. Paul's Cathedral, the site of his tomb and epitaph: "Si monumentum requiris, circumspice" ("If you seek my monument, look around you").

위대한 건축가 크리스토퍼 렌은 자신이 설계한 런던의 장엄한
건축물 세인트폴 대성당에 안치되었는데, 그의 묘비에는 이렇게
적혀 있다. "나의 기념물을 보고 싶다면 주위를 둘러보라."

■

epi(on)+taphos(tomb/funeral)에서 유래한
epitaph는, 묘비에 새겨진 비문을 의미한다.
하지만 묘비에 새겨진 문구가 아니더라도, 누군가를 기리는
짧은 글을 epitaph라고 부를 수 있다.
"First in war, first in peace, and first in the
hearts of his countrymen."
최초로 전쟁을 한, 최초로 평화를 일궈낸, 최초로 동포들 마음 속에
새겨진.
이 글귀는 George Washington을 추모하는 책에서
Henry Lee가 쓴 유명한 문구인데, 이것도 epitaph라고
부를 수 있다. 진짜 묘비에 새겨진 문구는 아니지만,
묘비에 새겨도 손색이 없을 정도로 간결하면서도 아름다운
추모의 글이기 때문이다.

✛
monument [mˈɒnjʊmənt] 거대한 기념 건조물.
tomb [tˈuːm] 무덤.
funeral [fjˈuːnərəl] 장례식.

epithet
[ˈepɪθet]

noun

● 형용사. 성질/특성을 묘사하는 단어나 어구.
● 창피한 별명.

King Richard I of England earned the epithet "Lionhearted," while his brother, King John, was given the epithet "Lackland."

잉글랜드의 리처드 1세는 '사자왕'라는 별명을 얻은 반면, 그의 동생
존은 '실지왕'이라는 별명을 얻었다.

■

epithet의 그리스어 어원은 기본적으로 어떤 사람의
특징을 묘사하는 꼬리표를 의미한다.
그린란드를 처음 개척한 바이킹 Erik Thorvaldsson
(에이리크 토르발드손)은 Erik the Red라는 이름으로 더
유명하고, 서부시대 전설의 무법자 Henry McCarty는
Billy the Kid라는 이름으로 더 유명하다. 이처럼 원래
이름 뒤에 epithet을 덧붙이는 경우가 많다.
인도의 독립운동가 Mohandas Gandhi는
Mahatma (위대한 영혼) Gandhi라는 이름으로 유명한데,
이처럼 이름 앞에 epithet을 붙이는 경우도 있다.
그리스의 화가 Doménikos Theotokópoulos는
El Greco(그리스인)로, 카스티야의 장군
Rodrigo Díaz는 El Cid(군주)로 더 유명한데, 이들처럼
아예 이름 대신 epithet으로만 불리는 경우도 있다.
They are hurling epithets at each other.
epithet을 서로 내뱉는다고 말할 때 epithet은 '욕설'을
의미한다.

✛
insulting [ɪnsˈʌltɪŋ] 모욕적인.
demeaning [dɪmˈiːnɪŋ] 품위를 떨어뜨리는.

Words from Sigmund Freud

ego
[ˈiːgoʊ]

I

noun

- 자기 존재를 확신하는 의식이나 관념.
- 자만심.

His raging ego was what his fellow lawyers remembered about him—his tantrums, his vanity, his snobbery, and all the rest of it.
그의 불타는 에고는 동료변호사들은 사이에서도 유명했다. 짜증, 허영심, 오만함, 나쁜 것은 다 가지고 있었다.

■

If a person seems to begin every sentence with "I," it's sometimes a sign of a big ego.
어떤 사람이 모든 문장을 '나'로 시작한다면, 과장된 에고를 가지고 있다는 신호일 수 있다. ego는 라틴어로 '나'라는 뜻이다. ego를 대중적인 어휘로 만든 사람은 정신분석학자 Sigmund Freud다. 하지만 Freud이론에서 ego라는 개념은 난해하기 때문에, 심리학자가 아닌 일반인들은 ego를 단순히 '자존심' 정도의 의미로 사용한다.
ego를 다소 '과장된 자아'라는 의미로 쓰는 경우도 많은데, 그럴 때 ego는 conceit과 비슷한 뜻으로 쓰인다.
He had a massive ego, never would he admit he was wrong.
그는 자부심에 가득 차 있어서 자신의 잘못을 절대 인정하지 않았다.
Life's little everyday victories are good—in fact, necessary—for a healthy ego. 살아가면서 사소한 일상의 성취는 좋은 것일 뿐만 아니라, 건강한 에고를 위해 꼭 필요한 것이다.

✚

tantrum [ˈtæntrəm] 갑작스러운 짜증.
vanity [ˈvænɪti] 자신의 능력에 대한 자만.
snobbery [ˈsnɒbəri] 교만, 자기가 잘났다고 믿음.
conceit [kənˈsiːt] 자부심, 우쭐대다.

alter ego
[ˌæltər ˈiːgou]

second I

noun

- 내 안에 숨어 있는 또다른 나.
- 나를 대리할 수 있는 믿을 수 있는 사람.

The White House chief of staff is a political alter ego, who knows, or should know, who and what the President considers most important.
대통령 수석보좌관은 대통령의 정치적 분신으로, 대통령이 가장 중요하게 여기는 사람이나 주제가 무엇인지 알고 있으며, 또 알아야 한다.

■

alter ego는 두 가지 의미로 사용될 수 있는데, 바로 personal clone과 second self다.
A professional alter ego might be a trusted aide who knows exactly what the boss wants done.
사장이 무엇을 원하는지 정확하게 알고 옆에서 다 처리해주는 사람을 professional alter ego라고 부를 수 있다.
이 경우 alter ego는 사장의 '복심腹心(=심복)'이다.
A personal alter ego might be a close friend who is almost like a twin. 마치 자신의 반쪽인양 떨어지기 힘든 친구는 personal alter ego라고 부를 수 있다.
흔히 소울메이트, 절친 등을 의미한다.
Gissing used his fictional alter ego to attack Victorian morals.
기싱은 자신의 소설 속 분신을 활용해 19세기 도덕윤리를 공격한다.
이 경우 alter ego는 자신의 숨겨진 자아를 일컫는다.
Dr. Jekyll is a good-hearted, honorable man; but after taking a potion, his alter ego, the loathsome and diabolical Mr. Hyde, takes over his personality.
지킬박사는 선량하고 존경받는 사람이지만, 물약을 마시면 또 다른 자아, 혐오스럽고 악마 같은 하이드가 그의 자아를 접수한다.

Cuiusvis hominis est errare, nullius nisi insipientis in errore perseverare.
Men can make a mistake; if not a fool anyone will not keep making the same one.
누구든 실수를 저지를 수 있지만, 어리석은 자만이 실수를 반복한다.

id

[ɪd]
it

noun

- 인간이 지닌 본능적인 욕구.

His own id often scared him, especially when a sudden violent impulse would well up out of nowhere.

자신의 이드에 그는 이따금씩 놀랐는데, 폭력적인 충동이 느닷없이 솟아 나올 때 더욱 그랬다.

id는 라틴어로 it이라는 뜻으로, 이 단어를 현대영어의 어휘목록에 올린 사람은 지그문트 프로이트(정확히는 그의 책을 옮긴 번역가)였다. 그는 인간의 성격이 id, ego, superego로 이루어져 있다고 주장한다.
프로이트에 따르면 id는 인간의 성격을 형성하는 가장 기본적인 토대로, 우리 몸의 원초적 본능, 특히 섹스와 공격성이 샘솟는 원천이다.
id 세계에서는 논리, 이성, 체계가 없기 때문에 서로 충돌하는 욕구들이 공존할 수 있다. 그 자체로 원시적인 본능이기 때문에 즉각적인 충족을 원한다.
id는 무의식 속에서만 작동하지만, 그 충동이 예술작품, 꿈, 말실수(Freudian slip)를 통해 발현되기도 한다.
The id is completely primitive and reacts unthinkingly according to the pleasure-pain principle.

본능적 욕구는 온전히 태고적인 것으로, 쾌락과 고통이라는 원칙에 따라 무의식적으로 반응한다.

+
clone [klˈoʊn] 복제인간/동물.
potion [pˈoʊʃən] 물약.
loathsome [lˈoʊðsəm] 진저리나게 싫은.
diabolical [dˌaɪəbˈɒlɪkəl] 끔찍한.
superego [sˌuːpərˈiːɡoʊ] 초자아.
Freudian slip 무의식을 드러내는 말실수.

libido

[lɪbˈiːdoʊ]
desire, lust

noun

- 성욕.
- 리비도. 원시적 충동.

She would sit at home trying not to think about where his unmanageable libido had led him this time.

그녀는 편안히 앉아서 이번에는 걷잡을 수 없는 충동이 그를 이끌었던 곳에 대해 생각하지 않으려고 애썼다.

라틴어 libido 역시 Sigmund Freud가 대중화한 단어다.
프로이트는 처음에 libido를 본능적인 sexual drive를 일컫는 말로 사용했는데, 나중에는 생존하고자 하는 인간의 정신적 에너지를 모두 일컫는 의미로 확장했다.
하지만 정신분석학자가 아닌 일반인들은 libido를 sexual drive와 동의어로 사용한다.
Those who enter the monastery don't lose their libido, just their opportunity to satisfy it.

수도원에 들어간다고 성욕이 사라지는 것은 아니다. 단지 그것을 만족시킬 기회가 사라질 뿐이다.

URB

Latin

city 도시

urbane
[ɜːrbˈeɪn]

adjective
- 몸가짐이 교양있고 세련된.
- 도시적인

He was remembered as a gentlemanly and urbane host of elegant dinner parties.

그는 우아한 저녁파티를 제공한 신사적이고 도회적인 호스트로 기억된다.

■

urbane의 동의어로는 suave, debonair, cosmopolitan 등이 있다.

icons of urbanity—

1960-70년대, 양복을 깔끔하게 차려 입고 숙녀를 정중하게 대하는 에티켓이 몸에 밴 '신사'를 연기하는 영화배우들이 세계적으로 큰 인기를 누렸는데, 이들을 'icons of urbanity'라고 불렀다. Fred Astaire, Alain Delon, 신성일 등이 대표적인 인물이다. 여기서 urbane/urbanity가 모두 남성을 묘사한다는 사실을 눈여겨보라. Teenagers in the 1960s read James Bond novels and watched his character onscreen to get tips about acquiring an urbane identity.

196-70년대 10대 청소년들은 소설과 영화를 통해 제임스 본드의 행동을 눈여겨보며 세련된 도시적인 신사가 되기 위한 힌트를 얻었다. 하지만 시대가 바뀌어 지금은 urbanity라는 개념 자체가 예전만큼 젊은이들의 마음을 사로잡지 못하는 듯하다.

✛

suave [swˈɑːv] 우아한, 예의 바르지만 다소 진솔하지 않은.
debonair [dˌebənˈeər] 말쑥하게 차려입은, 자신감 넘치는.
cosmopolitan [kˌɒzməpˈɒlɪtən] 국제적인 감각을 갖춘.
urbanity [əːrbˈænɪti] 도시적인 세련미.

exurban
[ˈɛksˌɜrbən]

adjective
- suburb보다 멀리 위치한 고급주택단지의.

Exurban areas typically show much higher education and income levels than closer-in suburbs or nearby rural counties.

엑서번지역은 일반적으로 인근 시골지역은 물론 도시와 인접한 서버번지역보다 교육수준이나 소득수준이 훨씬 높은 사람들이 모여사는 곳이다.

■

ex(outside of)+urb(city)를 결합한 exurb는 suburb보다 먼 곳에 훨씬 고급스러운 집을 짓고 살면서 도심으로 출근하는 사람들의 부유한 거주지역을 일컫기 위해 1955년경 만들어진 말이다.

원래 조용하고 작은 시골동네에 불과한 곳에, 아이를 키우기 좋은 곳을 찾아 다니던 도시의 고소득층 젊은이들이 모여들면서 exurb는 본격적으로 개발되기 시작했다. 오늘날 부동산개발업자, 마케팅전문가, 정치전략가 등이 하는 말에서 exurban development, exurban trend, exurban migration, exurban voters 같은 단어를 자주 들을 수 있다.

In their exurban home, 25 miles from the city, they looked out on a small field and woods.

도시에서 40킬로미터 떨어져 있는 한적한 교외저택 앞에는 작은 들판과 숲이 펼쳐져 있다.

✛

surburb [sˈʌbɜːrb] sub(close to)+urb(city) 교외.
suburbanite [səbˈəːrbənaɪt] 교외거주자.
commuter [kəmjˈuːtər] 시외에서 시내로 출퇴근하는 사람.
dweller [dwˈelər] 거주자.

urban life는 도시의 삶, 또는 도시인의 삶을 의미한다.
접두어 sub-가 붙은 suburb는 대도시 '주변지역'을 의미한다.
suburb에서 느낄 수 있는 독특한 분위기를 suburbanity라고 한다.

interurban
[ˌɪntərˈɜrbən]

adjective
- 도시 사이를 왕복하거나 연결하는.

Businesspeople in the two cities have been waiting for decades for a true high-speed interurban railway on the Japanese model.
두 도시에 사는 비즈니스맨들은 일본 신칸센과 같은 진정한 의미의 도시 간 고속철도가 놓이기를 수십 년 동안 기다렸다.

In those days you could take the interurban from Seattle to Tacoma.
그 당시에는 시애틀에서 타코마까지 오가는 전차가 있었지.
예전에 도시 사이를 빠른 속도로 오가던 덩치 큰 전차들이 있었는데 이것을 interurban이라고 불렀다.
Interurban was a fairly heavy but fast electric train, something between an urban trolley and a full-fledged long-distance train.
interurban은 urban trolley보다는 크지만 장거리를 달리는 열차보다는 작은 전차였다.
With oil supplies dwindling, there's hope that interurban railways will be coming back into wider use.
원유공급이 줄어들면서 도시간철도가 다시 보편화 될 것으로 기대된다.

+
trolley [trˈɒli] = trolley car = tram
full-fledged [fˈʊlfledʒd] 완전한 조건 다 갖춘. ('깃털이 완전히, 자란'이란 뜻)
dwindle [dwˈɪndəl] 줄어들다.

urbanization
[ˌɜːrbənaɪzˈeɪʃən]

noun
- 도시화. 도시가 형성되고 점차 확대되는 과정.

The area has been undergoing rapid urbanization, and six or seven of the old small towns are now genuine suburbs.
그 지역은 빠르게 도시화가 진행되면서, 오래된 작은 타운 예닐곱 개가 지금은 그야말로 변두리로 전락했다.

urbanization이라는 단어는 미국의 도시들이 급격하게 성장하던 1880년대 처음 등장했다.
The expansion of Los Angeles was an early example of uncontrolled urbanization.
당시 로스앤젤레스의 확장은 무분별한 도시화의 대표적인 사례였다.
Urbanization is often seen as a negative trend, with bad effects on quality of life and the environment.
도시화는 대개 우리 삶의 질과 환경에 나쁜 영향을 주는 부정적인 변화로 비춰진다.
But apartments require much less heat than houses, and commuting by mass transit rather than cars can reduce pollution and energy use.
하지만 아파트는 일반주택보다 열을 덜 사용할 뿐만 아니라, 자동차 대신 대중교통을 활용해 출퇴근함으로써 공해나 에너지소비를 줄일 수 있다.
And cities offer improved opportunities for jobs (and often for education and housing as well), so city growth doesn't make everyone unhappy.
또한 도시는 취업 (교육, 주거환경에도) 훨씬 유리한 기회를 제공하기 때문에 도시의 성장이 무조건 나쁜 것만은 아니다.

POLIS POLIT

Greek
city 도시

politic
[pˈɒlɪtɪk]

adjective
- 영민한.
- 계획을 실행하는 능력이 뛰어난.

Anger is rarely a politic way to seek agreement, since it usually comes across as rude and self-righteous.

동의를 얻기 위한 방법으로 화를 내는 것은 영리한 선택일 수 없다. 무례하고 독선적인 인상을 주기 때문이다.

■

Politic behavior in class always requires a respectful attitude toward your teacher.

교실에서 영리한 행동은 언제나 선생님을 존중하는 태도를 보이는 것이다.

politic은 public politics(대중정치)와 무관한 일상적인 맥락에서 벌어지는 정치적인 행위를 일컫는 말로 사용된다.

It's never politic to ask for a raise when your boss is in a terrible mood.

상사가 기분이 안 좋을 때 급여인상을 요구하는 것은 전혀 영리하지 않은 선택이다.

It would not be politic to ignore the reporters.

기자를 무시하는 것은 영리하지 못한 행동이다.

He knew it was never politic to mention his own children's achievements around his brother, whose oldest son was in prison.

형이 옆에 있는 자리에서 자신의 아들을 자랑하는 것은 예의가 아니라고 생각했다. 형의 큰아들이 감옥에 있기 때문이다.

✛

self-righteous [rˈaɪtʃəs] 혼자 옳다고 생각하는, 독선적인.
come across 우연히 마주치다, 문득 떠오르다.

politicize
[pəlˈɪtɪsaɪz]

verb
- 정치화하다.

By 1968 the Vietnam War had deeply politicized most of America's college campuses.

1968년 베트남전쟁은 미국의 대다수 대학캠퍼스를 정치에 휩쓸리게 만들었다.

■

We may speak of an issue becoming politicized, but also of a person or group becoming politicized.

어떤 문제를 '정치화'하는 것은 정치적 쟁점이 된다는 뜻이고, 어떤 사람이나 집단을 '정치화'하는 것은 정치에 관심을 갖게 만든다는 뜻이다.

Sexual harassment was once seen as a private matter, but in the 1980s and '90s it became thoroughly politicized.

성희롱은 한때 사적인 문제로 여겨졌지만, 1980년대와 90년대 완전히 정치적인 문제가 되었다. **여성들이 의원들에게 성희롱을 법적으로 처벌하라고 공개적으로 압박했기 때문이다.**

The issue of sexual harassment politicized many women.

성희롱문제는 많은 여성들을 정치에 관심을 갖게 만들었다.

The Congress has managed to politicize an issue that always used to be thought of as a private matter.

의회는 그동안 사적인 문제라고 여겨지던 이슈를 정치적 쟁점으로 만드는 데 성공했다.

✛

harass [hˈærəs / hərˈæs] 괴롭히다.
harassment [hərˈæsmənt] 괴롭힘, 희롱.

아테네, 테베, 스파르타 같은 고대그리스의 도시들은 개별적인 국가처럼 움직였다.
도시의 운영방향을 논의하는 것은 politics(정치)이고, 그렇게 결정된 것은 public policy(정책)이며,
도시의 질서를 유지하는 것은 police(경찰)이다.

acropolis
[əkrˈɑpəlɪs]

noun
- 도시의 높은 요새.

On the Athenian Acropolis, high above the rest of the city, stands the Parthenon, a temple to Athena.
아테네의 아크로폴리스는 도시에서 높은 지역으로 이곳에 아테나를 모시는 파르테논신전이 서있다.

■

acro(high)+polis(city)가 결합한 acropolis는 기본적으로 '높은 도시'라는 뜻이다. 도시 중심에 위치한 가장 높은 지역을 의미한다.
The Greeks and Romans usually included in their acropolises temples to the city's most important gods.
그리스인과 로마인은 아크로폴리스에 도시에서 가장 중요한 신들을 위한 신전을 지었다.
Athens built a great temple on its Acropolis to its protector goddess Athena.
아테네는 자신들의 수호신 아테나를 위한 멋진 신전을 아크로폴리스에 지었다. 도시의 이름도 이 여신의 이름에서 가져온 것이다.
유럽의 도시들은 대부분 이처럼 고지대에 세운 높은 성을 중심으로 형성되어 있다. 외적이 침입하면 도시민들은 성 안으로 대피하여 방어했다. 남미문명에서도 유럽과 비슷한 도시형태를 볼 수 있다.

✦
fortify [fˈɔːrtɪfaɪ] 요새화하다, 강화하다.

megalopolis
[mˌɛɡəlˈɑpəlɪs]

noun
- 거대도시.
- 도시를 중심으로 인구가 밀집되어 있는 지역.

With its rapid development, the southern coast of Florida around Miami quickly became a megalopolis.
마이애미 주변 플로리다 남부 바닷가는 급속한 발전에 힘입어 빠르게 거대 도시가 되었다.

■

기원전 371년 Sparta에 맞서 Arcadia라고 하는 지역을 방어하기 위해 Megalopolis라는 이름의 '큰 도시'가 생겨났다. 도시 가운데 있는 2만 석 규모의 경기장은 당시 이 도시의 규모가 얼마나 컸는지 보여주지만, 오늘날 메갈로폴리스의 인구는 5000명 정도에 불과하다.
Social scientists now identify 10 megalopolises in the U.S., each with more than 10 million people.
사회과학자들은 오늘날 미국에 인구 1000만 명이 넘는 거대도시가 10개 존재한다고 말한다.
하지만 보스턴에서 워싱턴까지 이어지는 동쪽해안선을 따라 위치한 도시들에만 현재 5000만이 넘는 사람들이 밀집되어 살고 있다.
But it's easily surpassed by the Japanese megalopolis that includes Tokyo, with more than 80 million inhabitants.
하지만 도쿄를 중심으로 하는 일본의 거대도시에 비하면 이는 새 발의 피다. 이곳에는 자그마치 8000만 명이 넘는 사람들이 밀집되어있나.

✦
inhabitant [ɪnhˈæbɪtənt] 거주자.

CULT

Latin cultus
care 돌봄

acculturation
[əkˌʌltʃərˈeɪʃən]

noun
- 문화변용.
- 사회화.

The old Eastern European bagel has gone through an acculturation in America, where it has acquired a soft texture, a white interior, and fillers like eggs and peanut butter.

옛 동유럽의 베이글이 미국으로 건너가 문화변용을 거치면서 부드러운 질감에 하얀 속살을 갖게 되었고 그 안에 계란이나 땅콩버터를 넣어서 먹는 빵으로 바뀌었다.

Whenever people come in close contact with a population that's more powerful, they're generally forced to acculturate in order to survive.

더욱 강력한 집단과 가까이 접촉하게 되면, 사람들은 일반적으로 살아남기 위해 문화변용을 강요받게 된다. acculturation은 다른 문화의 특징을 받아들이거나 차용함으로써 개인이나 집단의 문화가 수정되는 현상을 의미한다.

Learning a new language is usually part of the acculturation process, which may also include adopting new clothing, a new diet, new occupations, and even a new religion.

문화변용과정의 첫 단계는 새로운 언어를 배우는 것이고, 더 나아가 옷차림, 식습관, 일자리, 심지어 종교까지 영향을 받는다.

An older generation often fails to acculturate thoroughly, but their children often pick up the new ways quickly.

이전 문화를 경험한 구세대는 대개 온전하게 새로운 문화에 적응하지 못하지만, 그 자녀들은 대개 새로운 문화를 빠르게 흡수한다.

어린아이의 경우 acculturation은 특정한 사회의 문화를 습득하고 성장하는 '사회화' 과정을 의미한다.

cross-cultural
[krɔːs kˈʌltʃərəl]

adjective
- 둘 이상의 문화나 문화권을 비교하는.
- 문화간의.

A cross-cultural study of 49 tribes revealed a tight relationship between the closeness of mother-infant bonding in a given tribe and that tribe's peacefulness toward its neighbors.

49개 종족의 비교문화연구에서, 어머니와 유아의 결속 친밀도가 높은 부족일수록 주변종족과 평화롭게 지낼 확률이 높은 것으로 드러났다.

If you've ever traveled in a foreign country, you've found yourself making some cross-cultural comparisons.

해외여행을 다니다 보면, 누구나 자신도 모르게 서로 문화를 비교하게 된다.

왜 이탈리아에서는 온가족이 한 자리에 모여 저녁을 먹는 일이 유난히 많을까? 왜 멕시코 청소년들은 미국 청소년들에 비해 친척들끼리 어울려 노는 일이 많을까? Cross-cultural analysis has produced extremely interesting data about such things as the effects of various nations' diets on their populations' health.

비교문화분석은 매우 흥미로운 데이터를 제공한다. 예컨대 나라마다 다른 식습관이 사람들의 건강에 어떤 영향을 미치는지 비교해볼 수 있다.

Minority cultures within the United States often raised issues of cross-cultural conflict.

미국 내 소수문화는 문화간 갈등 이슈를 유발하는 경우가 많다. cross-cultural이란 말은 원래 anthropology에서 다양한 문화의 여러 양상을 비교연구하면서 만든 말이지만, 대도시에서 일상적으로 경험하는 다문화적 상황을 묘사할 때도 자주 사용된다.

cultivation은 식물을 돌보는 '경작'을 의미한다.
culture는 오랜 시간에 걸쳐 인간의 지식, 기술, 신념, 양식, 과학, 예술을 cultivating하여 만들어진다.

horticulture
[hˈɔːrtɪkˌʌltʃər]

noun
● 원예학.

He considered majoring in botany, but has decided instead on horticulture, hoping he can spend more time in a greenhouse than in the library or the lab.

식물학을 전공할까 고민하다가, 원예학으로 돌아섰다. 도서관이나 연구실보다는 온실에서 더 많은 시간을 보낼 수 있으리라는 기대 때문이다.

■

hort(hortus: 텃밭)+cult(care)가 결합한 horticulture는 과일, 야채, 꽃, 관상용 식물을 재배하는 기술을 연구하는 학문이다.
인류 최초의 텃밭은 약 1만 년 전 Fertile Crescent 지역에서 시작되었다. 당시는 지금보다 훨씬 비옥했을 것으로 여겨지는 이곳에서 인간은 wheat, barley, peas, lentils 같은 곡식작물들을 재배하기 시작했다.
농경과 더불어 소, 돼지, 양, 염소 등 가축도 시작되었다. Many horticulturists today work as researchers or plant breeders or tend orchards and greenhouses. 오늘날 원예학 전공자들은 대개 연구자, 식물육종전문가로 일하거나 과수원이나 온실을 관리한다.
Most American households contain at least one amateur horticulturist.
미국 가정에는 대부분 아마추어 원예가들이 한 명씩 있다.

✚
barley [bˈɑːrli] 보리.
lentil [lˈentɪl] 렌즈콩.
breed [brˈiːd] 양육하다, 교배시키다.
tend [tend] 돌보다.
orchard [ˈɔːrtʃərd] 과수원.

subculture
[sˈʌbkʌltʃər]

noun
● 하위문화.

Members of the emo subculture at her high school recognized each other by their skinny jeans, dyed hair, and canvas sneakers.

그녀가 다니는 고등학교의 이모컬쳐 학생들은 염색한 머리, 스키니진, 캔버스 운동화로 자신의 정체를 드러냈다.

■

subculture는 원래 생물학에서 '2차 배양'을 의미하는 용어로 쓰였으나 1930년대 사회학, 심리학, 인류학에서 '하위문화'라는 의미의 학술용어로 사용하기 시작하였다. 1950년대 미국 경제가 호황을 누리면서 10대 청소년들이 자동차를 갖게 되고 독립하기 시작하였고, 때마침 로큰롤이 등장하면서 젊은이들 사이에 특이한 유행이 번지고 있다는 사실이 감지되었다. 사람들은 이것을 youth subculture 라고 부르기 시작했고 이로써 일상적인 단어가 되었다.
As the country's wealth and freedom of movement continued to increase, the U.S. had become home to a large number of subcultures.
국가의 부가 늘어나고 자동차의 보급으로 이동이 자유로워지면서 미국은 무수히 많은 하위문화의 고향이 되었다.
하지만 21세기에는 인터넷의 발전에 힘입어 이전에는 상상조차 할 수 없었던 어마어마한 subculture들이 솟아나기 시작했다. bodybuilders, hackers, anime lovers, motocross enthusiasts, Trekkies(스타트랙 오타쿠), Mukbang 등 우리가 미처 상상하지도 못했던 subculture들을 온라인에서 찾을 수 있다.

✚
emo [ˈiːmoʊ] 1980년대 미국 10대 사이에서 유행한 emotional hardcore 음악에 영향을 받은 문화.

Words from **Ancient Places**

spartan
[spˈɑːrtən]

adjective
- 검소한. 극기하는.

When he was single, he had lived a spartan life in a tiny, undecorated apartment with one chair, a table, and a bed.

결혼 전 그는 의자 하나, 식탁 하나, 침대 하나 있는 장식도 전혀 되지 않은 작은 아파트에서 검소한 삶을 살았다.

■

고대그리스의 도시국가 Sparta는 언제라도 터질 수 있는 전쟁에 대비할 수 있도록 시민들에게 엄격하고 잘 규율된 생활방식을 강제한 것으로 악명이 높다.
Sparta에서는 남자여자 모두 신체단련을 해야 한다. 남자아이들은 7살부터 군사훈련을 받아야 하며, 삶의 대부분을, 심지어 결혼한 이후까지도 군대막사에서 살아야 했다.
Spartan accommodation 스파르타숙박 ─
여행을 하다보면 해변의 허름한 리조트나 화물선 같은 곳에서 싼 가격에 허름한 숙박을 제공하는 곳을 발견할 수 있는데, 이런 곳을 spartan accommodation이라고 부른다. 이런 곳들은 사치스러운 호텔객실과는 달리 거의 잠만 잘 수 있는 공간을 제공한다. 물론 '스파르타'라고 해서 새벽에 기상점호를 하거나 구보를 하지는 않으니 안심해도 된다.
Their spartan lifestyle prohibits a fridge or a phone.

그들의 검소한 생활양식은 냉장고나 전화도 허용하지 않는다.

+
accommodation [əkˌɒməˈdeɪʃən] 숙박시설.
fridge [frˈɪdʒ] = refrigerator 냉장고.

laconic
[ləkˈɒnɪk]

adjective
- 말수가 매우 적은.

Action-film scripts usually seem to call for laconic leading men who avoid conversation but get the job done.

액션영화의 대본은 대개 대화는 피하고 할 일만 해내는 무뚝뚝한 주인공을 찾는 듯하다.

■

고대스파르타는 그리스의 Laconia라고 알려진 지역에 위치했다. 그래서 Lakonikos(라코니아사람)는 곧 '스파르타사람'을 의미했다. 강인한 군사훈련에 길들여진 스파르타인들은 당대 최고의 전사들로서 극한의 조건도 불평없이 견뎌냈다. 스파르타인들이 소중히 여기는 가치는 다음 한 마디가 잘 보여준다.
"Men of few words require few laws."
말이 없는 사람은 법도 필요없다.
이러한 기질을 눈여겨본 영어화자들은 거의 말을 하지 않는 무뚝뚝한 태도를 laconic이라는 말로 묘사하기 시작했다.
Usually so laconic in the office, Dr. Lahey seemed less guarded, more relaxed
사무실에서는 거의 말이 없던 라희박사는 다소 긴장이 풀린듯 편안해졌다. laconic은 사람뿐만 아니라 말이나 행동을 수식하기도 한다.
─laconic wit 별 말없이 드러내는 재치
─laconic answer 최소한의 말만 하는 대답
─laconic phrase 말을 최대한 아낀 문구
"She left," said Pascoe laconically.
'떠났소.' 파스코는 통명스럽게 말했다.

+
terse [tˈɜːrs] = curt [kˈɜːrt] 간략한, 통명스러운.

Aeque pars ligni curvi ac recti valet igni.
Crooked logs make straight fires.
굽은 나무가 활활 타오른다.

sybaritic
[sɪbərˈɪtɪk]

adjective
● 사치와 향락을 즐기는.

When I knew them they were living a **sybaritic existence**—hopping from resort to resort, each more splendid than the last—but a year later the money ran out.
처음 알게 되었을 때 그들은 쾌락적인 생활을 즐기고 있었다. 리조트에서 리조트로, 지난 번보다 더 멋진 곳으로 옮겨 다녔다. 하지만 1년 후 돈이 바닥나버렸다.

■

Sybaris는 그리스인들이 이탈리아 반도 '장화'의 발가락에 해당하는 지역에 세운 고대도시로, 기원전 6세기 시민들의 부와 사치로 유명했다.
The **Sybarites'** wealth made them overconfident.
시바리스의 부는 시민들을 자만하게 만들었다.
결국 인근 도시국가와 전쟁을 하게 되었을 때 자신들보다 훨씬 작은 규모의 군대에 패하고 만다. 승리한 적국은 강줄기를 바꾸어 Sybaris를 강물로 덮어버렸고, 화려한 시바리스는 역사 속으로 사라지고 말았다.
이 도시가 있었던 것으로 추정되는 지역에 오늘날 Terranova da Sibari라는 도시가 있다.
The mood at the resort was **sybaritic**, and the drinking and dancing continued long into the night.
리조트의 분위기는 퇴폐적인 향락으로 물들어있었고, 술마시고 춤추는 자리가 밤새 이어졌다.

solecism
[sˈɑːlɪsɪzəm]

noun
● 말이나 글에서 문법적 실수.
● 적절치 못한 처신. 부적절한 에티켓.

The poor boy committed his first **solecism** immediately on entering by tracking mud over the Persian rug in the dining room.
그 가엾은 소년은 다이닝룸에 깔린 페르시아산 카펫 위에 진흙 발자국을 내 들어가는 순간부터 결례를 범했다.

■

소아시아(지금의 터키)에는 Soloi라고 하는 도시가 있었는데 이곳 사람들은 문법적으로 오류투성이의 그리스어를 말했다.
더욱이 이들은 사교적인 실수를 자주 저질르는 것으로 유명하여 지식인들 사이에서 solecism이라는 말이 쓰이기 시작했다.
The British magazine The Economist published a list of **solecisms** to be avoided in its prose.
영국의 잡지 《이코노미스트》는 문장을 쓸 때 자주 범하는 문법적 실수목록을 발표했다.
사람 사이에 지켜야 할 에티켓은 글을 쓸 때 지켜야 하는 문법과 같다. 그래서 social solecism은 '사교적 결례'를 의미하는데, 지금은 프랑스어 faux pas를 더 많이 쓴다.
He can't go to a cocktail party without committing at least one **solecism** and offending a couple of people.
그녀는 칵테일파티에 갈 때마다 꼭 한번 이상 사교적인 실수를 저질렀으며 사람들을 기분나쁘게 했다.

✛
faux pas [fˈoʊ pˈɑː] 사교적인 실수, 실례가 되는 행동.
= gaffe [gˈæf]
= blunder [blˈʌndər]

CAPIT

Latin caput
head 머리

capitalism

[kˈæpɪtəlɪzəm]

noun

● 사적 소유와 자유경쟁에 기반한 경제체제.

In the 1980s, the leaders of the free world had faith that capitalism and a free-market economy would solve all our problems.

1980년대 자유세계의 지도자들은 자본주의와 자유시장경제가 모든 문제를 해결할 것이라는 믿음을 가지고 있었다.

Capital is wealth that's used to produce more wealth. 더 많은 부(돈과 재화)를 창출하기 위해 사용되는 부를 자본이라고 한다. capital(자본)을 이용해 더 많은 재화와 돈을 벌어들이는 사람을 capitalist(자본가)라고 하며, capitalist들이 최대한 자유롭게 활동할 수 있도록 짜맞춘 경제체제를 capitalism(자본주의)이라고 한다.

Capitalism works by encouraging competition in a fair and open market. 자본주의는 공정하고 개방적인 시장에서 경쟁을 촉진함으로써 작동한다.

Where a capitalist economy encourages private actions and ownership, socialism prefers public or government ownership and control of parts of the economy. 자본주의경제는 사적 활동과 사적 소유권을 장려하는 반면, 사회주의는 경제의 많은 부분을 공공이나 정부가 소유하고 통제하는 것을 선호한다.

In a pure capitalist system, there would be no public schools or public parks, no government programs such as Social Security and Medicare, and maybe not even any public highways or police. 순수한 자본주의체제에서는 공립학교나 공공병원 같은 것은 물론, 사회보장제도나 건강보험처럼 정부가 운영하는 프로그램도 존재할 수 없고, 심지어 고속도로나 경찰도 존재할 수 없다. 현대사회에서는 pure capitalism도 pure socialism도 존재할 수 없다.

decapitate

[dɪkˈæpɪteɪt]

verb

● 참수하다(behead).
● 파괴하다.

The leaders of the uprising were decapitated, and their heads were mounted on long poles on London Bridge as a warning to the people.

폭동을 이끈 수괴들은 참수되었고, 그들의 머리통은 사람들의 경각심을 일깨우기 위해 런던다리 위에 긴 장대를 세워 꽂아놓았다.

de(away)+capit(haed)이 결합한 decapitate는 '머리통을 자르다'는 뜻이다.

decapitation은 오늘날 매우 잔인한 형벌로 보이지만, 사람을 죽이는 과거의 다양한 방법들과 비교해보면 매우 관대한 처분이었다. 거의 고통 없이 순식간에 죽을 수 있기 때문에 상당한 특권으로 여겨졌다.

실제로 Sir Walter Raleigh, Mary Queen of Scots, Henry VIII의 두 부인 등, 왕족이나 귀족들만 decapitation 혜택을 누릴 수 있었다.

그럼에도 목을 내려칠 때 잘못 겨냥하거나, 한번에 자르지 못하는 일이 빈번하게 발생했다. (그런 상태로 살아있다면 얼마나 고통스러울까!) 이런 일이 발생하지 않도록 단번에 목을 잘라 고통을 줄여주기 위해 고안해낸 것이 바로 18세기 프랑스 기요탱박사가 개발한 guillotine이다.

guillotine은 실제로 오늘날 보편적으로 사용하는 hanging보다도 고통을 주지 않는다.

✛
hanging [hˈæŋɪŋ] 교수형. 목을 매달아 죽임.
guillotine [gˈɪlətiːn] 단두대, 단두대로 목을 자르다.
Social Security 사회보장제도.
Medicare 65세 노인과 장애인을 대상으로 연방정부가 운영하는 미국의 건강보험제도.

이 어근이 나타나면 '중요한 것'을 의미할 가능성이 높다.
captain은 배의 '우두머리'이며, capital of a state는 국가의 '우두머리'가 일하는 곳(首都)이며
capital letter는 문장의 '머리(맨 처음)'를 장식하는 대문자다.

capitulate
[kəpˈɪtʃəleɪt]

verb

● 굴복하다.

At 2:00 a.m. the last three senators finally capitulated, allowing the bill to move forward.

새벽 2시, 마지막 상원의원 세 명이 결국 굴복하면서 법안이 통과될 수 있었다.

■

Capitulation often refers to surrender on the battlefield.

전투에서 저 상대방에게 항복하는 것을 capitulation이라고 한다.
전쟁에서 항복할 때는 대개 항복문서에 서명하는 절차를 거치기 때문에 capitulate는 원래 '조건부로 항복하다'는 의미가 강하다. 하지만 일상적인 상황에서는 조건이나 계약 없이 항복하는 것을 의미하는 경우가 많다.

A teacher can capitulate to her students' cries of protest against a homework assignment.

숙제가 많다고 반항하는 학생들의 외침에 굴복하는 선생님도 있다.

A father can capitulate to his kids' pleas to stop for ice cream.

아이스크림을 사달라고 조르는 아이들에게 굴복하는 아빠도 있다.

She's too proud to capitulate to her rivals on this point without getting something major in return.

그녀는 너무나 자신만만하여 라이벌이 이 순간 무언가 상당한 것을 보상하지 않는 한 굴복하지 않을 것이다.

✛
plea [plˈiː] 탄원, 청원.

recapitulate
[rˌiːkəpˈɪtʃəleɪt]

verb

● 요점을 되짚어보며 요약하다.

At the end of his talk, the president carefully recapitulated the main points in order.

연설 막판에, 대표는 주요핵심을 순서대로 세심하게 반복하였다.

■

'머리를 조아리다'를 의미하는 capitulate는, 한편으로 나열된 문장에서 핵심이 되는 부분에 '머리표'를 표시한다는 의미로 쓰이기도 했다. 그래서 capitulation은 글에 heading(소제목)을 달아 정리한 것, 즉 글의 '개요'라는 뜻이 되었다.
recapitulate는 이렇게 만든 소제목들을 '다시' 나열하는 것, 즉 앞에서 이야기한 주요내용을 간단하게 요약하여 보여준다는 뜻이다. 가끔은 앞에서 진술한 것을 그대로 restatement(재진술)하는 것도 recapitulation이라고 한다.
클래식 악보에서 recap이라는 단어를 볼 수 있는데, 이것이 바로 recapitulation의 줄임말이다. 지금까지 연주한 악장의 주요대목을 다시 반복해서 연주하라는 뜻이다.

Can you recap the points included in the proposal?

제안서의 핵심내용을 요약해서 다시 말해줄 수 있나요?
일상에서는 recapitulate를 recap으로 줄여서 말하는 경우가 많다.

✛
capitulation [kəpˌɪtʃʊlˈeɪʃən] 조건부 항복. 개요.
recap [riːkˈæp] 요약. 요약하여 정리하다.

CORP

Latin *corpus*
body 몸

corporeal
[kɔːrpˈɔːriəl]

adjective
● 신체와 연관된.

In paintings, angels usually look very much like corporeal beings, often with actual feathered wings.

그림 속 천사들은 대개 육신을 가진 존재처럼 그려진다. 실제 깃털이 달린 날개를 달고 있는 경우가 많다.

■

In Christianity, corporeal existence, unlike spiritual existence, is often said to be contaminated with evil.

기독교에서는 흔히, 고결한 영적 존재와 달리 육신은 악에 물들 수 있는 나약한 존재라고 말한다.

corporeal nature of reality 실재의 물성(物性)— 철학에서 자주 들을 수 있는 말이다.

For lawyers, corporeal properties are something physical such as houses or cars, as opposed to something valuable but nonphysical like a good reputation.

법률에서 명예처럼 가치는 있지만 비물질적인 것과 대비하여 집이나 자동차처럼 물질적 형태가 있는 것을 유형자산이라고 한다.

The footprints on the rug suggested that their mysterious nighttime visitor had been something more corporeal than a ghost.

카펫에 난 발자국은 미지의 밤손님이 아무래도 유령은 아니라는 것을 알려준다.

✛
contaminate [kəntˈæmɪneɪt] 오염시키다.

corpulent
[kˈɔːrpjʊlənt]

adjective
● 몸집이 큰. 뚱뚱한.

Squire Jenkins had often been described as "stout" or "portly," but more recently the word his acquaintances were using was usually "corpulent," or even "fat."

스콰이어 젠킨스는 예전에는 '퉁퉁한', '살집이 있는' 같은 말을 들었지만, 최근에는 '뚱뚱한', 심지어 '돼지같은' 같은 말을 자주 듣는다.

■

"You can never be too rich or too thin."

너무 풍만한 몸매도 너무 마른 몸매도 없다.

Wallis Simpson, the Duchess of Windsor (윈저공작부인 월리스 심슨)이 남긴 이 유명한 말은 몸에 대한 현대적인 관점을 대변한다.

In earlier times in Europe, corpulence was considered a sign of wealth and well-being.

유럽에서는 일찍이 뚱뚱한 것을 부와 풍요의 상징으로 여겼다.

실제로 유럽의 왕들은 대부분 뚱뚱였다.

Still today, corpulence is thought to be superior to thinness in some of the world's cultures.

지금도 몇몇 문화에서는 살 찐 것을 마른 것보다 우월하다고 여긴다.

지금은 corpulent/corpulence보다는 obese/obesity라는 단어를 많이 쓴다.

✛
stout [stˈaʊt] 살이 찐.
portly [pˈɔːrtli] 살이 찐. (중년남자에게 쓰는 말.)
obese [oʊbˈiːs] 뚱뚱한.
obesity [oʊbˈiːsɪti] 비만.

corpse는 dead 'body'를 의미한다. corporation은 여러 사람이 모여 한 '몸'처럼 움직이는 단체를 의미한다. 마찬가지로 corps는 여러 군인들이 한 '몸'처럼 움직이는 '부대'를 의미한다(i.e. Marine Corps). corpse[kɔːrps]와 corps[kɔːr] 는 발음이 다르니 주의하라!

corporal
[kˈɔːrprəl]

adjective
- 신체적인. 몸에 영향을 미치는.

She was reminded that, in the public-school system, shaking a child was now regarded as unacceptable corporal punishment.

공립학교에서 아이를 잡고 흔드는 것은 현재 용인되지 않는 체벌로 간주된다는 주의를 받았다.

■

Corporal punishment means "bodily punishment" which includes such acts as mutilation, branding, imprisonment, and even death. 신체형은 직접 몸에 가하는 처벌로 신체절단, 인두로 낙인 찍기, 투옥, 사형 등이 있다. 오늘날 대다수 나라에서 corporal punishment는 사라졌으나, 사형은 많은 경우 남아 있다. 사형은 capital punishment라고 하는데, 원래 의미는 머리통(capit)을 잘라버린다는 뜻이다. corporal punishment은 여전히 가벼운 형태로 많은 가정이나 학교에서 아이들을 대상으로 행해지고 있다. 이것을 신체에 고통을 주는 형벌이라는 의미에서 '체벌(體罰)'이라고 한다.
corporal works of mercy 몸으로 행하는 자선활동— 가톨릭에서는, 배고픈 자들에게 먹을 것을 나눠주고, 노숙자를 돌봐주고, 죽은자를 묻어주는 등 7가지 자선행위를 중요한 덕목으로 여긴다.
군대에서 상병에 해당하는 계급을 corporal이라고 하는데, 이 단어는 caporal이 변형된 것이다.
capital과 같은 어근(capit/capo: 머리)에서 나온 말이다.

✛
mutilation [mjˌuːtɪˈleɪʃən] 절단.
brand [brˈænd] 낙인을 찍다.
imprisonment [ɪmprˈɪzənmənt] 투옥.

incorporate
[ɪnkˈɔːrpəreɪt]

verb
- 이미 존재하는 것에 덧붙여 한 몸으로 만들다.
- 회사를 만들다.

The new edition incorporates many suggestions and corrections received by the author from his readers.

개정판은 저자가 독자에게 받은 많은 제안과 수정사항을 반영하였다.

■

incorporate는 기본적으로 add into a body 또는 form into a body를 의미한다. 개별요소를 합쳐 큰 몸뚱아리를 빚어낸다는 뜻이다.
A chef might decide to incorporate a couple of new ingredients into an old recipe, and then might incorporate that new item into the restaurant's dinner menu.
기존의 요리법에 몇 가지 새로운 재료를 '첨가하여' 새로운 요리를 만들어내고, 이렇게 만든 요리를 저녁메뉴에 '넣기로' 하였다.
The restaurant itself was incorporated at the beginning, and so is now a corporation.
레스토랑을 처음 시작할 때 여러사람이 모여 설립했다면, 레스토랑 그 자체를 하나의 '기업'이라고 할 수 있다.
자연인(개인)들이 모여 하나의 개인처럼 법적 권리를 행사할 수 있는 커다란 몸뚱아리(법인法人, corporation)를 만드는 것을 incorporate라고 한다.
Apple Inc.처럼 회사 이름 뒤에 붙는 inc는 incorporated의 약자다. 개인들이 모여 설립한 법인조직이라는 뜻이다.

✛
corporation [kˌɔːrpəˈreɪʃən] 기업, 법인.
Incorporated [ɪnkˈɔːrpəreɪtɪd] 적법한 절차로 설립된.

TORT

Latin torquere
to twist 비틀다 **wind** 감다
wrench 꺾다

tort

[tˈɔːrt]

noun

● 불법행위.

**The manufacturer was almost
bankrupted by the massive tort actions
brought by employees harmed by
asbestos.**

제조업체는 석면으로 인해 피해를 입은 직원들이 엄청난 불법행위
소송을 제기하여 파산할 지경에 이르렀다.

■

tort는 수세기 전 프랑스어를 가져온 것으로, 여전히 낯설어
보이는 영어단어다. twisted(not straight)을 의미하는
어근에서 나온 이 단어는 wrong(not right)이라는 뜻을
갖게 되었다. tort는 civils' wrong(시민의 부적절한 행동)의
일종이지만, crime과 달리 tort는 국가가 직접 처벌하지
않는다. 이러한 행위로 인해 피해를 입은 사람이 직접
소송을 제기해 배상을 받아야 한다.
Torts include all the so-called "product-liability"
cases, against manufacturers of cars, household
products, children's toys, and so on.
자동차, 가정용품, 장난감 등 제조업자들이 지는 소위 '제조물책임'
사건들이 모두 tort에 포함된다.
Torts also cover dog bites, slander and libel,
and a huge variety of other very personal cases
of injury, both mental and physical.
개에 물리는 일, 명예훼손, 정신적으로나 육체적으로나 개인들이 입는
다양한 피해사례 역시 모두 tort에 포함된다. 로스쿨에 입학하면
재미있는 tort class를 수강할 수 있다.
If you're sued for a tort and lose, you usually
have to pay "damages." 불법행위로 고소를 당하여
패소할 경우, 일반적으로 피해자에게 '손해배상금'을 지불해야 한다.
법률에서 damage는 '손해배상금'을 의미한다.

extort

[ɪkstˈɔːrt]

verb

● 갈취하다. 강압/위협/완력으로 남의 것을 빼앗다.

**She had tried to extort money from
a film star, claiming that he was
the father of her baby.**

그녀는 유명 영화배우에게 아기의 아버지라고 주장하면서 돈을
뜯어내려고 했다.

■

ex(out)+tort(twist)가 결합한 extort는 말 그대로
누군가의 팔을 비틀어 즙을 짜낸다는 뜻이다.
The school bully extorts lunch money from the
smaller kids in exchange for not beating them
up. 학교에서 아이들을 괴롭히는 학생은 몸집이 작은 아이들에게서
때리지 않는 대가로 점심값을 갈취한다.
Thugs extort "protection" money from business
owners with threats of violence.
건달들은 폭력적인 위협으로 사업주로부터 '보호료'를 갈취한다.
You might extort a favor from a brother or
sister by promising not to tell on them.
동생에게 고자질하지 않겠다고 약속하고 어떤 혜택을 강요할 수 있다.
Extortion is a mainstay of organized crime.
갈취는 조직범죄의 돈줄이다.
A mobster might extort favors from a politician
with threats of revealing some dark secret.
조직폭력배는 추한 비밀을 폭로하겠다고 협박하여 정치인에게서
이권을 챙길 수 있다.

✛

school bully 학교에서 남을 괴롭히는 아이.
thug [θˈʌg] 건달.
mobster [mˈɒbstər] 조직폭력배.
mainstay [mˈeɪnsteɪ] 근간, 버팀목.
extortion [ɪkstˈɔːrʃən] 강탈.

torture는 신체 일부를 비틀어 꺾어 고통을 주는 '고문'을 의미한다.
상대방의 팔뚝을 두 손으로 잡고 살갗을 반대방향으로 비틀어 아픔을 주는
Indian sunburn이라는 아이들 장난은 torture의 본래 뜻과 매우 흡사하다.

contort
[kənt'ɔ:rt]

verb
● 일그러뜨리다.

The governor's explanation of his affair was so contorted that it only made matters worse for him.
자신의 불륜에 대한 주지사의 해명은 너무나 왜곡되어 있어 문제를 악화시킬 뿐이었다.

■

Circus contortionists are known for twisting their bodies into pretzels. 서커스에서 몸을 꼬아 프레첼처럼 만드는 사람을 contortionist라고 한다.
Such contortions tend to be easier for females than for males, and much easier for the young than for the old. 이러한 비틀기 동작은 남자보다 여자, 노인보다 젊은이에게 훨씬 쉽다.
When trying to say something uncomfortable or dishonest, people often go through verbal contortions. 불편하거나 거짓된 말을 할 때, 사람들은 대개 말을 꼰다.
When someone else "twists" something you said or did, we usually say instead that they've distorted it. 누군가 내 말이나 행동을 비틀어 왜곡하는 것을 흔히 distort라는 동사로 표현한다.

✛

contortion [kənt'ɔ:rʃən] 비틀기, 왜곡.
distort [dɪst'ɔ:rt] 왜곡하다.
asbestos [æsb'estɒs] 석면.
product-liability 제조물책임법.
dog bite 개가 문 사건, 개에 물린 상처.
slander [sl'ændər] 말에 의한 명예훼손.
libel [l'aɪbəl] 글에 의한 명예훼손.
claim damage [d'æmɪdʒ] 손해배상을 요구하다.

tortuous
[t'ɔ:rtʃuəs]

adjective
● 구불구불한. 복잡한. 우여곡절의.

The road over the mountains was long and dangerously tortuous, and as you rounded the sharp corners you could never see whether a huge truck might be barreling down toward you.
산에 난 도로는 길고 위험할 정도로 구불구불하여, 급커브를 돌 때 거대한 트럭이 당신을 향해 거침없이 내려오더라도 알 수 없다.

■

A labyrinth is a tortuous maze.
labyrinth는 복잡한 미로를 말한다. labyrinth는 원래 반은 사람이고 반은 황소인 괴물 Minotaur를 가두기 위한 지은 감옥의 이름이다. 영웅 테세우스가 실의 한쪽 끝을 잡고 미로에 들어가서 미노타우로스를 죽이고 빠져나왔다.
A tortuous problem, a tortuous history, and the tortuous path of a bill through Congress all have many unexpected twists and turns.
복잡한 문제, 복잡한 역사, 법안이 의회를 거쳐 통과하는 복잡한 여정에는 모두 예상치 못한 꼬임과 반전이 많다.
A tortuous explanation or argument may be too crooked for its own good.
복잡한 설명이나 논쟁은 그 자체로 뒤틀려 있을 수 있다.
tortuous를 torture/torturous와 헷갈리지 않도록 주의하라.

✛

be barreling [b'ærəl] 거침없이 질주하다.
labyrinth [l'æbɪrɪnθ] 라비린토스, 미궁.
for one's own good 자신에게 이득이 되는.
torture [t'ɔ:rtʃər] 고문.
torturous [t'ɔ:rtʃərəs] 고통스러운.

Latin Borrowings

corpus delicti

[kˈɔːrpəs dəlˈɪktˌaɪ]
body of the crime

noun
- 범죄를 구성하는 실체적인 사실.
- 물증. 살해된 시체.

The police believed they had solved the crime, but couldn't prove their case without the corpus delicti.

경찰은 범죄를 해결했다고 생각했으나, 범죄구성요건 없이는 사건을 입증할 수 없었다.

■

corpus delicti는 '범죄의 실체'를 의미한다.
여기서 body는 죽은 시체가 아니라 범죄를 입증하는 실체를 의미한다.
corpus delicti는 '범죄구성요건'이라는 말로 번역되지만, 실제 현장에서는 단순히 범죄가 저질러진 물리적인 대상을 일컫는 경우가 많다.
In a case of arson, corpus delicti would be a ruined building; in a murder case, the victim's corpse.

방화사건에서 범죄의 실체는 불에 탄 건물이 될 것이고, 살인사건에서 범죄의 실체는 살해당한 시체가 될 것이다.

All of the elements were available to establish the corpus delicti of the defendant's crime.

이러한 요소들은 모두 피고의 범죄의 물증으로 사용될 수 있었다.

habeas corpus

[hˈeɪbiəs kˈɔːrpəs]
You shall have the body

noun
- 신체의 자유.

The country has a primitive legal system with no right of habeas corpus, and suspects often are shot before they ever see a judge.

그 나라는 신체의 자유 권리도 없는 원시적인 법률체계를 가지고 있으며, 용의자는 판사를 만나보지도 못하고 사형당하는 경우가 많다.

■

habeas corpus는 '당신은 몸을 가지고 있다'라는 뜻의 문장으로, 법률에 의하지 않고서는 인신을 구속할 수 없다는 법적 원칙으로서 '신체의 자유'를 의미한다.
오늘날에도 여전히 권력자의 명령만으로 투옥하거나, 공정한 재판을 통해 자신을 변호할 기회를 주지 않거나, 심지어 자신이 무엇을 잘못했는지 알지도 못하는 상태에서 수년 동안 사람을 감금하는 독재국가들이 존재한다.
habeas corpus는 영국에서 300년 전 성문법으로 제정되었으며, 이러한 법률원칙은 미국 등 현대국가의 기본이념으로 채택되었다.
In legal systems without habeas corpus, individuals are often locked up for years without ever knowing the charges against them.

신체의 자유를 보장하지 않는 법률체계에서 개인은 어떠한 혐의도 고지하지 않은 채 몇년 동안 감금될 수 있다.

Multi multa, nemo omnia novit.
Many men have known many things; no one has known everything.
많은 것을 아는 사람은 많아도 모든 것을 아는 사람은 없다.

stigma
[stˈɪgmə]
mark/brand

noun

● 오명. 불명예.

In these small villages, the stigma of pregnancy is a terrible thing for an unmarried girl.

이 작은 마을에서 임신했다는 오명은 미혼녀에게 매우 가혹하다.

■

stigma는 라틴어로, 노예의 몸에 찍는 낙인을 의미한다.
따라서 stigma는 열등한 사람이라는 징표다.
그리스도의 손과 발에 못 박힌 상처도 stigmata라고 한다
(stigma의 복수형). 후대에 성프란체스코와 같은 성인들의
손과 발에도 이러한 stigmata가 다시 나타났다고
전해진다.
There is a social stigma attached to single
parenthood.
한부모가정에는 사회적 낙인이 따라붙는다.
영어에서 stigma는 대개 사회적 낙인을 의미한다.
—the stigma of homelessness
—the stigma of overweight
—the stigma of mental illness.
The stigma of alcoholism makes it difficult to
treat.
알코올중독에 대한 사회적 편견은 재활을 어렵게 만든다.
Single mothers often feel that they are
stigmatized by society.
싱글맘들은 자신들이 사회에 찌든 편견을 자주 느낀다.
In the US, smoking carries a stigma.
미국에서 담배를 피우면 사회적 편견이 따라붙는다.

✛
stigmatize [stˈɪgmətaɪz] 오명을 씌우다.

apologia
[ˌæpəlˈoʊdʒiə]
apology

noun

● 변론서.

His resignation speech was an eloquent apologia for his controversial actions as chairman.

그의 퇴임연설은 회장으로서 논란을 빚었던 행동을 옹호하는
유창한 변론이었다.

■

apologia와 apology는 같은 어근에서 나온 말로 의미도
비슷한 듯 보이지만, 상당한 차이가 있다.
apology는 잘못을 인정하는 것인 반면, apologia는
잘못을 인정하기보다는 자신이 한 일을 정당화하는 것이다.
In 1992 some of the books published for
the 500th anniversary of Columbus's voyage
were apologias explaining why European
powers such as Spain acted as they did in the
New World.
1992년 콜럼버스의 신대륙발견 500주년을 기념하기 위해 출간된
몇몇 책들은 스페인을 비롯한 유럽의 열강들이 신대륙에서 저지른
행위를 옹호하고 정당화하는 변론서에 가까웠다.
예컨대 사람의 가죽을 벗겨 옷을 만드는 엽기적인
아즈텍사람들의 잔인한 풍습을 타파할 수 있었던 것은
기독교도들 덕분이라고 자화자찬한다.
하지만 바로 그 시기에 스페인 본토에서는 종교적 신념이
의심된다는 이유만으로 무수한 이들을 잡아다가 잔인하게
고문하고 몸을 절단하고 화형시켰다. 이러한 미치광이
역사에 대한 apologia도 나올 수 있을까?

✛
eloquent [ˈeləkwənt] 유창한.
Spanish Inquisition 스페인종교재판.

STRICT

Latin

to draw tight 바짝 당기다
to bind 묶다 tie 매다

stricture

[strˈɪktʃər]

noun

● 행동을 구속하는 것. 제한(=restriction).
● 비난.

There are severe legal strictures on the selling of marijuana in almost every state.

거의 모든 주에서 마리화나 판매를 법으로 엄격히 제한한다.

■

stricture는 수세기 동안 여러 의미로 사용되었지만 오늘날 가장 흔히 사용되는 '제한'이라는 의미는 최근에 생겨났다.

High-school teachers often put strictures on texting during class. 고등학교 선생님은 대개 수업시간에 문자메시지를 주고받지 못하도록 제한한다.

Cities concerned about their murder rate have slapped strictures on the possession of handguns. 살인발생률을 염려한 도시들은 권총 소유에 대한 엄격한 제한정책을 내놓는다.

The United Nations may vote to put strictures on arms sales to a country that keeps violating international treaties. UN은 국제조약을 계속 위반하는 국가에 무기판매 제한조치를 의결할 수 있다.

The article amounted to a harsh stricture on the whole medical profession.

신문기사는 의료계 전반에 가혹한 비난을 쏟아냈다.

'강한 비판'이라는 의미로 stricture를 쓰는 것은 다소 옛스러운 느낌을 주지만 여전히 지식인들 사이에 사용된다.

✛

text [tˈekst] 문자메시지를 보내다.
slap [slˈæp] 찰싹 내려놓다.
amount to —에 이르다, 결과적으로 —이 되다.

restrictive

[rɪstrˈɪktɪv]

adjective

● 제한적인.
● 구속하는.

The deed to the property had a restrictive covenant forbidding any development of the land for 50 years.

부동산 등기에 50년 동안 토지 개발을 금지하는 제한적인 계약조건이 포함되어 있었다.

■

Restrictive covenants in real-estate deeds were once used to forbid the buyer from ever selling the property to anyone of another race.

부동산 소유권을 증명하는 등기에 예전에는 다른 인종에게 부동산을 팔면 안 된다는 제한조건이 달려있기도 하였다.

물론 이러한 제한은 오늘날 불법이 되었다. 몇몇 지역에서는 집에 칠할 수 있는 페인트색상에 제한조건이 붙기도 한다.

In grammar, a restrictive clause is one that limits the meaning of something that comes before it.

문법에서 제한적 관계사절은 앞에 오는 항목의 의미를 제한한다.

That's the professor who I'm trying to avoid.

이 문장에서 who I'm trying to avoid라는 절은 the professor가 누구인지 식별해주는 restrictive clause다.

That's my History professor, who I'm trying to avoid. 이 문장에서 who I'm trying to avoid는 the professor가 누구인지 식별하는 것이 아니라 그에 대해 코멘트를 다는 nonrestrictive clause다.

비제한적 관계사절 앞에는 항상 콤마를 찍어야 하지만, 제한적 관계사절 앞에는 콤마를 찍으면 안 된다.

✛

deed [dˈiːd] 소유권을 입증하는 증서.
covenant [kˈʌvənənt] 계약, 서약(agreement).

strict는 '엄격하게 통제하다'라는 뜻이다.
누군가 "Strictly speaking…"이라고 말을 시작한다면
자신의 생각이나 말을 가장 좁은 의미로 사용하겠다는 뜻이다. 의미를 가능한 한 바짝 조인다는 말이다.

constrict

[kənstrˈɪkt]

verb
- 수축하다.
- 제한하다.

She felt that small towns, where everyone seems to know every move you make and is just waiting to gossip about it, can constrict your life terribly.

작은 마을, 모든 사람이 나의 일거수일투족을 알고 거기에 대해 수군대려고 혈안이 되어 있는 듯한 곳은 그녀의 삶을 끔찍하게 위축시킬 수 있다고 느껴졌다.

■

Arteries constricted by cholesterol slow the flow of blood.
콜레스테롤이 쌓여 좁아진 동맥은 피의 흐름을 느리게 만든다.
Economic growth may be constricted by trade barriers.
경제성장은 무역장벽으로 인해 위축될 수 있다.
A narrow, constricted life may be the result of poverty or lack of opportunity.
편협하고 위축된 삶은 빈곤이나 기회부족으로 인한 결과일 수 있다.
An actress may feel constricted by a role she played as a child.
어린 시절 연기했던 역할로 인해 활동에 제약을 받는 배우도 있다. 인기 드라마의 배역은 대중의 기억 속에 오래 남기 때문이다.
These deposits are beginning to constrict the coronary arteries to a dangerous degree.
이러한 침전물은 관상동맥을 수축시키기 시작하여 위험을 초래할 수 있다.

✛
artery ['ɑːrtəri] 동맥, 주요교통로.
deposit [dɪpˈɒzɪt] 침진물.

soconstrictor

[vˌæsoʊkənstrˈɪktər]

noun
- 혈관수축제.

For operations like this, my dentist likes to use a vasoconstrictor to keep bleeding to a minimum.

이런 수술의 경우, 나의 치과 주치의는 출혈을 최소화하기 위해 혈관수축제를 주로 사용한다.

■

Our blood vessels are constricting in order to retain body heat and widening to get rid of excess heat. 혈관은 체온을 유지하기 위해 수축하고, 과도한 열을 발산하기 위해 확장한다. 그래서 체온이 올라가면 피부가 붉어지고, 체온이 내려가면 창백해지는 것이다.
Since the width of the blood vessels affects blood pressure, vasoconstrictors are prescribed to treat low blood pressure and vasodilators are to treat high blood pressure.
혈관의 폭은 혈압에 영향을 주는데, 혈관수축제는 저혈압을 치료하기 위해 처방하고 혈관확장제는 고혈압을 치료하기 위해 처방한다.
Vasoconstrictors include antihistamines and amphetamines, as well as nicotine and caffeine; we commonly buy them for our runny noses and bloodshot eyes as well.
혈관수축제에는 항히스타민제와 암페타민은 물론 니코틴과 카페인도 들어있어서, 콧물이 나거나 눈이 충혈되었을 때에도 효과가 좋다.

✛
blood vessel [vˈesəl] 혈관.
vasodilator [vˌæsoʊdˈaɪlˌeɪtər] 혈관확장제.
antihistamine [ˌæntihˈɪstəmɪn] 항히스타민(알레르기 치료제).
amphetamine [æmfˈetəmiːn] 암페타민(각성제).
have a runny nose 콧물이 흐르다.
bloodshot eyes 충혈된 눈.

STRUCT STRU

Latin *struere*
to put together 조립하다 build 짓다
to arrange 배치하다

deconstruction
[dˌiːkənstrˈʌktʃən]

noun
● 해체비평.

Deconstruction **has been performed on Huckleberry Finn by English professors so many times that it's a wonder there's anything left of it.**

영문학교수들에 의한 《허클베리핀》에 대한 해체비평이 그토록 많이 수행되었음에도 여전히 많은 이야깃거리가 남아 있다는 것이 놀랍다.

■

deconstruction은 demolition이라는 뜻이 아니라 예술작품, 특히 글로 된 작품 속의 단어를 '분해'하거나 '분석'하여 진정한 의미를 찾아내는 작업을 의미한다. 물론 그 결과는 작가가 의도한 바와는 사뭇 다를 수 있다. A feminist may deconstruct an old novel to show how even an innocent-seeming story somehow depends on the oppression of women. 페미니스트 비평가는 오래된 소설을 해체하여 순수해 보이는 이야기가 어떻게 여성에 대한 억압에 의존하고 있는지 보여주기도 한다.
A new western may deconstruct the myths of the old West and show lawmen as vicious and criminals as flawed but decent.

새로운 서부극은 옛 서부극 신화를 해체하여 보안관을 잔인한 악당으로, 범죄자를 결함이 있지만 정의로운 사람으로 묘사한다.
Table manners, *The Sound of Music*, and cosmetics ads have all been the subjects of deconstructionist analysis. 식사예절, 《사운드오브뮤직》, 화장품광고 모두 해체주의 분석의 대상이 되었다.
물론 모든 사람이 해체론적 해석에 동의하지는 않으며, 해체비평이라는 개념 자체를 거부하는 사람도 있지만, 대다수 사람들이 지금까지 자신도 모르는 사이에 해체비평 속으로 뛰어들었다.

infrastructure
[ˈɪnfrəstrˌʌktʃər]

noun
● 하부구조. 기반시설.

The public loved her speeches about crime but dozed off when she brought up highway repair and infrastructure deterioration.

대중은 범죄에 대해 그녀의 이야기는 좋아했지만, 고속도로 보수와 기반시설의 악화에 대한 이야기를 꺼냈을 때는 꾸벅꾸벅 졸았다.

■

infra(below)+struct(build)에서 나온 infrastructure는 '아래에 지어진 구조'라는 뜻으로, 국가가 제대로 기능하기 위해 필요한 고정된 설비를 의미한다.
Infrastructures including roads, bridges, dams, the water and sewer systems, railways and subways, airports, and harbors are generally government-built and publicly owned.
도로, 교량, 댐, 상하수도, 철도, 지하철, 공항, 항만 등 인프라스트럭처는 일반적으로 정부가 건설하고 공공이 소유한다.
가끔 '지적 인프라스트럭처'나 '과학 인프라스트럭처'를 이야기하는 사람도 있는데, 그 의미는 매우 모호하다.

✚
doze off [dˈoʊz] 깜빡 졸다.
deterioration [dɪtˌɪəriərˈeɪʃən] 악화.
sewer [sˈuːər] 하수구.
demolition [dˌeməlˈɪʃən] 파괴.
lawman [lˈɔːmæn] 보안관.
vicious [vˈɪʃəs] 사악한.
flawed [flˈɔːd] 흠결이 있는.
decent [dˈiːsənt] 예의바른, 부끄럽지 않은.

construct는 여러 가지 조각을 모아 '조립하다'는 뜻이고, 그렇게 지어진 것을 structure라고 한다. instruction은 조각들을 어떻게 정리해야 하는지를 알려주는 '지침'이다. obstruct는 길을 가로막도록 지어진 '장애물'이다. destructive power는 이미 지어진 것을 해체하는 '파괴력'을 의미한다.

construe

[kənstrˈuː]

verb

● 해석하다(=interpret). 번역하다(=translate).

She asked how I had construed his last e-mail, and I told her that something about it had left me very worried.
그녀는 그의 마지막 이메일을 어떻게 해석했는지 물었고, 나는 매우 걱정스러운 점이 있다고 말했다.

■

An Attorney General might construe the term "serious injury" in a child-abuse law to include bruises. 검찰총장은 아동학대법에서 '심각한 부상'이라는 용어를 멍처럼 겉으로 표가 나는 상처로 해석할 수도 있다.
A judge might construe language about gifts to "heirs" to include spouses. 판사는 증여와 관련한 '상속인'이라는 말에 배우자가 포함되는 것으로 해석할 수 있다.
The IRS's construal of some of your activities might be different from your own—and much more expensive at tax time.
나의 몇몇 활동에 대한 국세청의 해석이 나의 해석과 다를 수 있으며, 이로써 세금정산시 더 많은 돈을 내야 할 수도 있다. construe가 **법률분야에서 사용될 때는 대개 '해석하다'를 의미한다.**
When the British say "public school," it should be construed as "prep school" in American terms. 영국의 public school은, 미국에서 prep school로 번역되어야 한다. **법률분야가 아닌 경우 construe는 '번역하다'라는 의미에 가깝다.**

✛
Attorney General 검찰총장.
bruise [brˈuːz] 멍, 멍들게 하다.
heir [ˈeər] 상속인.
IRS (=Inland Revenue Service) 미국 국세청.
prep school (미) 명문사립고등학교 = public school (영)

instrumental

[ɪnstrəmˈentəl]

adjective

● 악기와 관련한.
● 일을 진행하는 데 중요한 역할을 하는.

His mother had been instrumental in starting the new arts program at the school, for which she was honored at the spring ceremony.
그의 어머니는 학교에서 새로운 예술 프로그램을 시작하는 데 주요한 역할을 하였으며, 그 덕분에 봄 축제에서 상을 받았다.

■

instrument는 무언가를 만드는 데 사용되는 도구를 말하는데, 주로 음악을 만들어내는 악기를 의미한다.
A musical saw happens to be a carpenter's tool that can be played with a violin bow.
실제로 목수가 쓰는 도구인 톱을 바이올린 활로 연주하는 것을 가끔 볼 수 있다. 이것을 musical saw라고 한다. 집을 만드는 도구가 음악을 만드는 도구(악기)로 사용되는 희귀한 경우다.
It starts with an instrumental piece.
악기연주로 시작한다.
음악에서 instrumental은 '악기연주로 이루어지는'이라는 뜻으로 흔히 '기악器樂(악기로 연주함)'으로 번역된다.
예컨대 a jazz instrumental은 '연주로만 이루어진 재즈음악'을 말한다.
He was instrumental in getting my book published. 그는 내 책을 출판하는 데 중요한 역할을 했다. 음악과 무관한 분야에서는 어떤 일을 달성하는 데 '큰 역할을 한'이라는 의미로 쓰인다.

✛
a pair of pliers 펜치.
honor sb —을 추켜세우다.

CODE CODI

Latin $codex$

trunk of a tree 나무밑둥, 나무판에 쓰여진 문서
document written on wooden tablets

codex
[kˈoʊdeks]

noun

● 손으로 쓴 책. 특히 성서, 고전, 고문서.

There on the shelves of the monastery library they saw codex after codex, all carefully copied and illustrated by hand.

수도원의 도서관 서가에서 고문서들이 줄지어 꽂혀있는 것을 보았는데, 모두 세심하게 손으로 글을 옮겨 적고 삽화를 그려넣은 것이었다.

■

codex는 기원후 3-4세기경 발명된 새로운 문서 제작방식이다. 그 전까지 사용되던 scroll과 달리, 양피지나 파피루스를 네모나게 잘라 한쪽 변을 묶은 것이다. 앞뒷면에 모두 글을 쓸 수 있을 뿐만 아니라, 특정 구절을 쉽게 찾아낼 수 있어 긴 글을 담는 데 유용한 포맷이었다. codex는 오늘날 책의 원형이 되었다.
codex는 손으로 직접 썼기 때문에 단 한 권 밖에 없는 경우가 많다.
Today we no longer write our books in longhand, but the modern book has kept basically the same form as the original codices.
지금은 더 이상 손으로 직접 써서 책을 만들지 않지만, 책을 만드는 방법은 여전히 원래 codex를 만드는 방법과 기본적으로 같다.
codex의 복수형을 눈여겨보라.

✛
scroll [skrˈoʊl] 두루마리.
parchment [pˈɑːrtʃmənt] 양피지. 특수 약품 처리를 한 양이나 염소 가죽.
write in longhand 정자로 쓰다.
write in shorthand 속기로/약자로 쓰다.

codicil
[kˈɑːdɪsɪl]

noun

● 유언장의 수정내용이나 추가내용.
● 부록(appendix), 증보판(supplement).

With the birth of each new grandchild, the old man added a new codicil to his will.

새로운 손주들이 생길 때마다 노인은 유언장에 새로운 항목을 추가했다.

■

codicil은 little codex라는 뜻으로, 원래 글의 일부분을 수정하거나 새로운 내용을 덧붙이기 위해 사용하는 작은 양피지나 파피루스 조각을 말한다.
A codicil to a will can change the terms of the original will completely.
유언장에 덧붙이는 조항이 원래 유언장 전체를 바꿀 수도 있다.
따라서 유언장을 수정할 때는 유언장을 처음 쓸 때와 마찬가지로 공증을 받아야 한다.
codicil은 추리소설에서 살인사건의 주요한 동기로 자주 등장한다.
A codicil to the environmental treaty provided for a special exception for three African countries.
이 환경조약의 부록에는 아프리카 3개국에 대한 특별한 예외조항이 담겨있다.

✛
supplement [sˈʌplɪmənt] 증보, 보충제, 별책, 별도추가요금.

code는 본래 '글자로 적힌 것'을 일컫지만 '법률체계'를 의미한다. 고대에 글로 쓰여진 것은 법률 밖에 없었기 때문이다. 또한 극소수 사람들만 글을 쓰고 읽을 줄 알았기 때문에 보통사람들에게 문자는 의미를 알 수 없는 '암호'에 불과했다. 유전자에 담긴 genetic code는 혈액형부터 눈동자 색깔까지 개체의 모든 특성을 결정하는 정보이자 암호다.

codify
[kˈɑːdɪfaɪ]

verb
- 체계적으로 배열하다. 분류하다.

In the 6th century B.C., the great statesman Solon newly codified the laws of Athens, replacing the harsh legal code of Draco.

기원전 6세기, 위대한 정치가 솔론은 아테네의 새로운 법전을 편찬하여 무자비한 드라코법전을 대체했다.

■

code는 법조항들(laws)을 정리한 '법전'을 말한다.
B.C. 1760년경 완성된 고대바빌로니아의
Code of Hammurabi, 1804년 프랑스에서 만들어진
Napoleonic Code가 유명하다.
법조항들을 code 속에 넣기 위해서는 법조항들을
체계적으로 정리하고 분류하여야 한다.
The rules of baseball differed greatly from one place to another until they were codified by Alexander Cartwright in 1845.

야구규칙은 지역마다 달랐는데, 1845년 알렉산더 카트라이트가 정리하면서 오늘날 규칙이 만들어졌다.

물론, 그가 만든 야구규칙에는 지명타자 같은 규정은 없었다.

✛
designated hitter 지명타자.

decode
[dˌiːkˈoʊd]

verb
- 암호를 이해할 수 있는 포맷으로 만들다.
- 숨겨진 의미를 찾아내다(decipher).

The Allies were able to decode many important secret messages sent by the Germans and Japanese in World War II.

제2차 세계대전 당시 연합군은 독일군과 일본군이 발송한 수많은 중요 비밀 메시지를 해독할 수 있었다.

■

decode는 'code를 풀어서 이해할 수 있는 언어로 바꾸다'라는 뜻이다. 반대로 일반적인 메시지를 code form으로 바꾸는 행위는 encode라고 한다.
Psychologists often try to decode the images of their patients' dreams so as to understand the emotions behind them.

심리치료사들은 환자의 꿈 속에 나타난 이미지를 해독하여 이면에 숨은 감정을 이해하기 위해 노력한다.

Readers must often decode what a novel or story or poem is telling them, which may require two or three readings.

소설이나 시가 말하고자 하는 바를 해독하기 위해서는 두세 번 반복해서 읽어야 하는 경우도 많다.

I couldn't decipher his sloppy handwriting.

갈겨쓴 그의 글씨는 읽기 힘들다.

decipher는 decode와 동의어로 여겨지지만, decipher는 대개 읽기 힘든 손글씨를 판독한다는 의미로 쓰인다.

✛
encode [ɪnkˈoʊd] 암호로 바꾸다.
decipher [dɪsˈaɪfər] 해독하다, 판독하다.

thespian

[θˈespiən]
Thespis

noun

- 배우.

In summer the towns of New England welcome troupes of thespians dedicated to presenting plays of all kinds.

여름에 뉴잉글랜드 도시들은 온갖 연극을 선보이기 위해 헌신하는 극단을 환영한다.

■

그리스연극은 원래 합창단공연에서 유래한 것이다.
그리스 극작가 Thespis는 기원전 6세기 합창단 중 한두 명에게 개별역할을 주어, 이들이 합창단과 대화를 주고받으며 노래를 하는 구성을 만들어내는데, 이것이 바로 연극의 원형이 된다.
테스피스는 이러한 구성을 더 발전시켜 '비극'이라는 형식을 만들어냈을 뿐만 아니라, 직접 무대에 올라가 연기도 했기 때문에 최초의 '배우'이기도 하다. 나중에는 합창단을 아예 빼버리고, 배우들의 연기만으로 이뤄진 연극이 출현한다.
Thespis 같은 사람(thespian)은 곧 '배우'를 일컫는 말이 된다.
a distinguished thespian 뛰어난 배우
thespian은 형용사로도 쓰인다.
thespian ambitions 연기욕심.
thespian traditions 연기전통.
In everyone there is a bit of the thespian yearning for a stage.
누구에게나 무대에 올라 배우가 되고 싶은 갈망이 조금씩은 있다.

+
troupe [trˈuːp] 공연단.

cicerone

[sˌɪsərˈoʊni]
Cicero

noun

- 미술관/유적지의 관광안내가이드.

On Crete they sought out a highly recommended cicerone, hoping to receive the best possible introduction to the noteworthy historical sites.

크레타 섬에서 그들은 꼭 봐야할 역사유적을 가장 잘 안내해줄 수 있는 믿을 만한 관광가이드를 찾고 있었다.

■

로마의 정치인이자 연설가인 Cicero는 우아한 문체와 해박한 지식으로 (때로는 장광설로) 명성이 높았다.
18세기 이탈리아인들은 고대 로마제국의 위대한 문화유산을 탁월하게 설명하며 안내해주는 가이드들을 보고 '키케로 같이 말을 잘한다'고 생각하여 cicerone라고 부르기 시작했다.
He asked Shelley to become his cicerone.
그는 셸리에게 자신의 가이드가 되어달라고 했다.

philippic

[fɪˈɪpɪk]

Philip

noun

- 공개적인 비방연설.

Every few days he launches another philippic against teenagers: their ridiculous clothes, their abominable manners, their ghastly music.

며칠에 한 번씩 그는 청소년들에 대한 격렬한 비난을 쏟아냈다. 특히 우스꽝스러운 옷차림, 구역질나는 태도, 끔찍한 음악을 구실이 되었다.

■

기원전 351-350년 그리스의 위대한 웅변가 Demostenes는 마케도니아의 왕 필립2세를 비판하는 연설을 줄기차게 이어나갔다. 이때의 연설들을 philippikoi logo(speeches regarding Philip)라고 한다. 300년 후 기원전 44-43년, 로마 웅변가 Cicero는 Mark Antony를 공격하는 연설을 지속했는데, 이때 키케로가 모델로 삼은 연설이 바로 데모스테네스의 연설이다. 그래서 Cicero의 비방연설을 사람들은 philippica 또는 orationes philippicae라고 부른다. Splendid though both men's speeches were, Demosthenes was eventually exiled by the Macedonians, and Cicero was executed at Mark Antony's orders.

데모스테네스와 키케로의 연설은 모두 매우 탁월했지만, 결국 데모스테네스는 마케도니아인들에 의해 추방당했고, 키케로는 마르쿠스 안토니우스의 명령에 따라 처형당했다.

✛
abominable [əbˈɒmɪnəbəl] 끔찍한.
ghastly [gˈæstli] 역겨운.
exile [ˈeksaɪl] 추방, 추방하다.
execute [ˈeksɪkjuːt] 사형하다.
oration [ɔːrˈeɪʃən] 연설.

draconian

[drəkˈoʊniən]

Draco

adjective

- 매우 엄격한 혹은 가혹한.

The severe punishments carried out in Saudi Arabia, including flogging for drunkenness, hand amputation for robbery, and beheading for drug trafficking, strike most of the world as draconian.

사우디아라비아에서 집행된 가혹한 처벌, 음주에 태형, 도둑질에 손목 절단형, 마약거래에 참수형은 전 세계에 끔찍한 인상을 심어주었다.

■

Draco는 기원전 621년 그리스 최초의 법전을 펴낸 아테네의 지도자다. 그가 법전에서 처방한 처벌은 극도로 매서웠다. 빚을 갚지 못하는 사람은 노예가 되어야 했으며, 경미한 범죄도 사형을 언도할 수 있었다. So severe were these penalties that it was said that the Draco's code was written in blood.

형벌이 너무나 가혹하여 드라코법전은 피로 쓴 법전이라고 불리기도 했다.

다음 세기 등장한 현명한 지도자 솔론은 드라코법전을 개정하여 살해를 저질렀을 때에만 사형에 처하도록 했다. We need draconian measures to lower the healthcare costs.

의료비용을 낮추기 위한 강력한 조치가 필요하다.

✛
flog [flˈɒg] 채찍질하다, 매질하다.
amputate [ˈæmpjʊteɪt] 절단하다.
behead [bɪhˈed] 머리통을 자르다.
strike sb as sth —에게 어떠한 인상을 주다.

MORT MOR

Latin
to die 죽다
death 죽음

mortality
[mɔːrtˈælɪti]

noun
- 죽을 수밖에 없는 운명.
- 특정한 기간이나 장소에서 발생한 사망자 수.

Mortality rates were highest among those who lived closest to the plant.

공장에서 가장 가깝게 살았던 사람들의 사망률이 가장 높았다.

■

A person's sense of his or her mortality generally increases year by year, and often increases greatly after a serious accident or illness. 젊을 때는 자신이 죽을 수 있다는 생각 자체를 하지 않지만, 서서히 나이를 먹으면서 죽음을 인식하게 된다.
특히 심각한 사고나 질병을 경험한 뒤 죽음이 가까이 있다는 것을 절실하게 느낀다.
Mortality rates are calculated by government agencies, insurance companies, and medical researchers. 사망률은 전체 인구 중에 사망한 사람이 차지하는 비율로 정부, 보험회사, 의료연구자들이 조사한다.
Infant mortality rates provide a good indicator of a country's overall health.
영아사망률은 한 나라의 전반적인 보건수준을 보여주는 지표다.
Infant mortality rates는 생후 1년 이내의 아기 1000명 당 사망자수로 나타내는데, 2012년 가장 높은 나라는 아프가니스탄으로 121.6명을 기록했고 미국은 6.0명, 한국은 4.0명, 일본은 2.2명, 가장 낮은 나라는 모나코로 1.8명이었다.

✛
mortal [mˈɔːrtəl] 죽을 수밖에 없는, 치명적인, 평범한 사람.
immortal [ɪmˈɔːrtəl] 불멸의, 불후의, 불사신.

moribund
[mˈɔːrɪbʌnd]

adjective
- 죽기 직전의.
- 더 이상 작동하지 않거나 쓸모 없는.

Church attendance in Britain has fallen in recent years, but no one would say the Anglican church is moribund.

최근 영국에서 교회에 나가는 사람수가 크게 줄었지만, 영국국교회가 소멸 직전이라고 말하는 사람은 없다.

■

The patient was moribund by the time the doctor arrived.
의사가 도착했을 때 환자는 죽기 직전이었다.
The region's heavy industry is still inefficient and moribund.
이 지역의 중공업은 여전히 비효율적으로 고사직전이다.
moribund는 이처럼 실제로 죽는 것만 의미할 뿐만 아니라, 비유적으로도 많이 쓰인다.
경제상황이 나빠질 때면 어김없이 moribund mills/factories/towns에 관한 르포기사를 볼 수 있다.
A cut in interest rates will help the country's moribund housing market.
이자율 할인은 나라 전체의 죽어가는 주택시장에 도움이 될 것이다.
moribund state of poetry 아무도 시를 읽지 않는 시대.
moribund record industry 아사상태의 음반산업.
가끔은 moribund economy라는 말도 볼 수 있다.

✛
mill [mˈɪl] 제분소, 제철소.

mortuary는 죽은 사람을 땅에 묻기 전까지 보관하는 '영안실'을 의미한다. postmortem examination은 죽은 지 얼마 되지 않은 시체를 검사하는 autopsy(부검)이다. memento mori는 '언젠가 죽는다는 사실을 명심하라'는 뜻의 라틴어인데, 묘비에 새겨진 해골형상처럼 죽음을 상기시켜주는 것들을 일컫는 명사로 쓰인다.

amortize

[ˈæmərtaɪz]

verb

● 분할상환하다. 조금씩 나누어 갚다.

For tax purposes, they chose to amortize most of the business's start-up costs over a three-year period.

세금을 줄이기 위해 창업비용의 상당부분을 3년에 걸쳐 분할상환하기로 했다.

■

ad(to)+mort(death)가 결합한 amortize는 죽음을 향해 나아간다는 뜻이지만, 실제로는 빚을 분할상환하다는 의미로 사용된다. 주택담보대출을 받거나 사업자금을 대출받을 때 amortize라는 단어를 볼 수 있다.
Financial officers and tax lawyers can choose how to legally amortize various types of business expenses.

기업의 재무담당자나 세무사들은 다양한 사업비용을 합법적으로 분할상환하는 방법을 찾아낸다.

In mortgage amortization, much of what you pay month by month is actually interest on the mortgage debt, especially at the beginning.

주택담보대출상환의 경우, 처음 몇 년 동안 매달 지급하는 금액은 대부분 원금에 대한 이자다.

mortgage는 mort(dead)+gage(pledge) 즉 '죽음의 맹세'라는 뜻이다. 다행히 빚을 다 갚는다면 맹세(대출거래)는 소멸하겠지만, 빚을 갚지 못하거나 포기한다면 자기 목숨을 내놓아야 할지도 모른다.

✛

mortgage [mˈɔːrgɪdʒ] 주택담보대출.
amortization [ˌæmərtəzˈeɪʃən] 분할상환.

mortify

[mˈɔːrtɪfaɪ]

verb

● 억누르다. 고행을 통해 (욕구나 감정을) 죽이다.
● 치욕을 안겨주다.

Our 14-year-old is mortified whenever he sees us dancing, especially if any of his school friends are around.

우리 집 14살짜리 아이는 우리가 춤을 출 때마다 당혹스러워한다. 학교친구들과 함께 있을 때 특히 더 부끄러워한다.

■

실제로 mortify가 '죽이다'라는 의미로 쓰이던 때도 있지만 지금은 그렇지 않다.
mortification of the flesh—
기독교 특유의 고행의식으로, 자신의 몸을 스스로 학대하여 육신의 욕망을 '죽이거나' 고통을 주는 행동이다. 예전에는 대개 채찍질이나 하거나 신체를 훼손하는 과격한 풍습이 많았지만, 오늘날에는 대개 fasting, abstinence 형태만으로 행해진다.
Jane mortified her family by leaving her husband.
제인은 남편을 두고 떠남으로써 가족에 굴욕감을 안겨주었다.
MORT라는 어근이 들어가 dying of embarrassment (수치스러워 죽을 지경)을 안겨주다는 뜻이다.

✛

fasting [fˈæstɪŋ] 금식, 단식.
abstinence [ˈæbstɪnəns] 금욕(주로 음주, 섹스를 금함).
mortuary [mˈɔːrtʃueri] = morgue [mˈɔːrg] 시체안치소.
postmortem [pˌoʊstmˈɔːrtəm] 사후의. 부검.
postmortem examination을 줄여서 postmortem이라고만 쓰는 경우가 많다.
autopsy [ˈɔːtɒpsi] = postmortem

POST

Latin
after 후에
behind 뒤에

posterior

[pɒstˈɪəriər]

adjective
- 뒷부분의.

noun
- 후면.

In a human posterior and dorsal can both refer to the back, but in a fish posterior refers to the tail area.

사람의 경우 posterior나 dorsal은 모두 등/엉덩이를 일컫는 반면, 물고기의 경우 posterior는 꼬리를 일컫는다. (dorsal은 등을 일컫는다.)

posterior는 '뒤에 오는'을 의미하는 라틴어 postrus에서 왔다.
posterior는 생물학과 의학에서 뒷면/후면부를 의미하며, 앞면/전면부는 anterior라고 한다.
As more people took up running as a sport, doctors began to see an increase in stress fractures along the posterior as well as the anterior surface of the lower leg bones.

달리기를 운동삼아 하는 사람이 늘어나면서, 다리 아래쪽 뼈의 전면부는 물론 후면부에 발생하는 피로골절 증상이 늘어나고 있다.
일상에서 다소 유머스럽게 buttocks를 posterior라고 일컫기도 한다.

dorsal [dˈɔːrsəl] (동물의) 등, 등쪽의.
anterior [æntˈɪəriər] 앞쪽의.
increase in = rise
stress fracture 피로골절. stress(반복적인 압박)로 인해 뼈에 금이 가는 증상.

posthumous

[pˈɒstʃʊməs]

adjective
- 작가 사후에 출판된.
- 죽음 이후 뒤따르는/발생하는.

Though Van Gogh scarcely sold a single painting during his lifetime, he rose to posthumous fame as one of the world's great artists.

반 고흐는 생전에 겨우 한 점의 그림만을 팔았지만 사후에 얻은 명성으로 세계에서 가장 유명한 화가가 되었다.

Bill Clinton was the posthumous son of a father who died in an automobile accident.
빌 클린턴은 아버지가 교통사고로 죽고 나서 태어난 유복자다.
posthumous의 원래 뜻은 '아버지가 죽고 나서 태어난' 이란 뜻이다.
Such posthumous works as Herman Melville's *Billy Budd*, the diary of Anne Frank, and almost all the poetry of Emily Dickinson have become legendary.

허먼 멜빌의 《빌리버드》, 안네 프랑크의 일기, 에밀리 디킨슨의 시처럼 사후에 발견된 작품들은 대개 전설이 된다.
이들 작품 역시 그것을 낳은 아버지(작가)가 죽고나서 태어난 것이라 할 수 있다.

legendary [lˈedʒənderi] 놀라운, 전설속의.
buttocks [bˈʌtəks] 궁둥이.
stark [stˈɑːrk] 투박한, 삭막한.
postmodernism [pˌɒstmˈɒdərnɪzəm] 포스트모더니즘.

postscript는 편지를 다 쓰고 난 뒤 떠오른 생각을 덧붙이는 것으로 흔히 PS라고 줄여서 쓴다.

postpartum은 '분만하고 난 뒤'를 의미한다(postpartum depression 산후우울증).

postdated check은 훗날(수표에 기입된 날짜에) 돈을 지불하는 수표를 말한다.

postmodern
[pɒstmˈɒdərn]

adjective
● 건축/예술/문학에서 모더니즘에 대한 반발하는.

The postmodern AT&T building in New York, with the "Chippendale" top that reminds viewers of an antique dresser, aroused a storm of criticism.

뉴욕의 포스트모던 AT&T 사옥은 앤틱 화장대를 떠올리게 하는 '치펜데일'식 꼭대기 장식으로 유명한데, 이는 엄청난 혹평을 불러왔다.

■

modernism에 after, behind를 의미하는 post라는 접두어를 붙여, 모더니즘에 반대하는 흐름을 의미한다. postmodernism은 대개 맥락과 무관한 요소를 가미하여 전통적인 규범을 깨고 기이한 느낌을 준다.
Modernism represented a sharp break from 19th-century styles. 20세기 초 시작된 모더니즘은 19세기 스타일의 급격한 몰락을 상징한다.
In the 1970s architects began to be dissatisfied with the stark simplicity of most modern architecture.
1970년대 건축가들은 모더니즘 건축물들이 보여주는 삭막한 단순성에 불만을 느끼기 시작한다.
이들은 모던한 디자인에 다소 맥락에서 벗어난 전통적인 요소, 때로는 광고나 대중문화에서 착안한 강렬한 색상을 넣기 시작했는데 이러한 흐름을 postmodernism이라고 부른다.
Postmodernism often seems to be making fun of tradition.
포스트모더니즘은 많은 경우, 전통을 비웃는 것처럼 보인다.
특히 순수예술과 대중예술을 구분할 수 있다는 관념을 부정한다.

postmortem
[pɒstmˈɔrtem]

adjective
● 죽음 이후 일어나는. ● 사건 이후 뒤 따르는.
noun
● 부검. ● 사후평가.

In their postmortem discussion of the election, the reporters tried to explain how the polls and predictions could have been so completely wrong.

선거가 끝난 뒤 사후논의에서 기자들은 여론조사와 예측이 어떻게 그토록 완벽하게 잘못될 수 있는지 설명하고자 했다.

■

postmortem은 after death라는 뜻의 라틴어로, 사후(死後) 검사, 조사, 죽음 이후 절차를 의미한다.
A postmortem was carried out to establish the cause of death.
사망원인을 확인하기 위해 부검을 실시했다. postmortem examination은 시신을 검사하여 사망시각과 원인을 밝히는 '부검'을 의미하는데, 그냥 postmortem이라고만 말하기도 한다.
The stiffening called rigor mortis is one postmortem change that doctors look at to determine when death occurred.
사후경직이라고 하는 시신이 굳는 현상은 사망시각을 판단하기 위한 주요한 사후변화 중 하나다.
The postmortem on the presidential campaign is under way.
대선에 대한 사후평가가 현재 진행 중이다. 지금은 죽음뿐만 아니라 이미 끝난 사건에 대한 사후(事後) 평가나 토론을 일컫는 말로도 사용된다.

✛
establish [ɪstˈæblɪʃ] 사실을 입증하다.
rigor mortis [rˈɪgər mˈɔrtɪs] 사후경직(rigidity of death).
stiffen [stˈɪfən] 뻣뻣해지다.

TRIB

Latin *tribuere*
to give 주다
to pay 지불하다

---

tribute

[trˈɪbjuːt]

noun

- 감사/존중/애정을 표현하기 위한 어떤 것.
- 좋은 품질이나 효과를 증명하는 것.

Near the end of his speech, he paid tribute to the two pioneers in the field who were in the audience.

연설이 끝날 무렵, 그는 청중석에 있던 그 분야의 개척자 두 명에게 경의를 표했다.

tribute는 원래 한 지역을 지배하는 강력한 집단에 약한 집단이 상납하는 것을 일컫는다. 영세업자들이 마피아에게 제공하는 protection money, 적군의 공격으로부터 보호해주는 댓가로 이웃한 강대국에 상납하는 '조공'이 바로 tribute다.
I'd like to pay tribute to the party workers for all their hard work.
이 잔치를 준비하느라 수고하신 분들에게 고마움을 전하고 싶습니다.
과거에 tribute는 귀중품, 가축, 농산물, 용병과 같은 것이 될 수 있었지만 오늘날 tribute는 일반적으로 praise를 의미한다.
The song is a tribute to Roy Orbison.
이 노래는 로이 오비슨에게 바치는 것이다.
록밴드 공연에서 tribute라는 단어를 자주 들을 수 있다.
His success has been a tribute to hard work and professionalism.
그의 성공은 투철한 근면성과 직업정신의 당연한 결과다.
A is a tribute to B는, A가 B에 대한 보답으로 주어진 것이라는 뜻으로 B에 경의를 표하는 것이다.

+
tribute band 이전에 존재했던 록밴드에게 경의를 표현하기 위해 활동하는 밴드.

---

attribute

[ətrˈɪbjuːt] *verb* | [ˈætrɪbjuːt] *noun*

verb

- 어떤 것이 —에서 기인한다고 생각하다.
- 어떤 자질이 —에서 우러난다고 생각하다.

noun

- 자질(quality).

He attributed his long life to a good sense of humor and a glass of wine with lunch and dinner every day.

그는 자신의 장수를 탁월한 유머감각과 매일 점심, 저녁 식사를 할 때 곁들이는 와인 한 잔 덕분이라고 생각했다.

attribute는 기본적으로 pay tribute를 합친 단어라고 이해하면 쉽게 기억할 수 있다. 한 가지 주의할 점은 여기서 tribute는 긍정적인 의미만 갖지 않는다는 것이다.
The award winner who pays tribute to an inspiring professor is attributing her success to the professor. 자신에게 영감을 준 교수에게 공을 돌리는 수상자는, 곧 자신의 성공이 교수 덕분이라고 말하는 것이다.
She attributes her fear of dogs to an incident in her childhood. 그녀는 자신이 개를 무서워하는 이유를 어린 시절 겪은 사건 탓이라고 말한다.
여기서 attribute의 대상이 되는 사건은 경외하는 대상이라기보다 비난과 원망의 대상에 가깝다.
People were beginning to attribute superhuman qualities to him.
사람들은 그가 초인적인 자질을 가지고 있다고 생각하기 시작했다.
attribute A to B의 두 번째 의미는 A가 B에서 우러나오는 것으로 간주한다는 뜻이다.
One should not attribute human motives to animals. 동물에게 인간적인 동기를 부여해선 안 된다.
Many people attribute bad motives to the politician.
많은 사람들이 그 정치인이 나쁜 동기를 가지고 있다고 생각한다.
I believe that an even temper is an attribute of the best presidents. 침착함은 가장 좋은 대통령의 자질이라고 생각한다. attribute는 명사로도 쓰인다.

distribute는 필요한 사람들에게 '나눠주다, 배포하다'라는 뜻이다.
contribute는 어떤 집단에 돈이나 노력을 '기여하다, 공헌하다'는 뜻이다.

retribution

[rˌetrɪbjˈuːʃən]

noun
● 보복. 징벌.

The victims' families have been clamoring for retribution, sometimes even interrupting the trial proceedings.

희생자 가족들은 처벌을 강력히 요구하며, 재판정에서 소란을 피우기도 했다.

■

re(back)+trib(to pay)가 결합한 retribution은 문자 그대로 pay back, 즉 '되갚아줌', '복수'를 의미한다.
He didn't want any further involvement for fear of retribution.
복수를 당할지 모른다는 공포에 떨면서 더 이상 살고 싶지 않았다.
Victims are demanding retribution for the terrorist attacks.
희생자들은 테러리스트의 공격에 복수할 것을 요구했다.
God takes "divine retribution" on humans several times in the Old Testament, especially in the great Flood that wipes out almost the entire human race.
신은 구약성시에서 여러 번 인간에 대해 '신성한 응징'을 하는데, 특히 인류전체를 싹쓸이하는 대홍수가 대표적 사례.
Retribution for criminal acts, usually in the form of a prison sentence, is taken by the state, not the victims. 범죄행위에 대한 응징은 대개 징역의 형태로 희생자가 아닌 국가가 수행한다.

✛
clamor [klˈæmər] 강력하고 소란스럽게 요구하다.
divine [dɪvˈaɪn] 신의, 신성한.
even [ˈiːvən] 차분한, 변하지 않는.
temper [tˈempər] 성질.

tributary

[trˈɪbjʊteri]

noun
● 지류.

The entire expedition had perished of fever attempting to reach the source of one of the Amazon's great tributaries.

아마존강의 큰 지류 중 하나의 수원지에 도달하고자 하는 과정에서 원정대 전체가 열병으로 죽었다.

■

tributary는 원래 tribute를 바치는 사람이나 국가를 의미했다.
Ancient China had dozens of tributary states, and the emperor would receive elephants from Siam or young girls from Korea as tribute.
고대중국은 수십 개의 속국을 거느리고 있었고, 황제는 샴왕국에서는 코끼리, 고려왕국에서는 어린 소녀들을 조공으로 받았다.
오늘날 tributary는 지류를 의미한다. 작은 권력이 더 큰 권력에게 자신의 부를 제공하는 것과 마찬가지로, 작은 강은 더 큰 강에 물을 제공한다.
The Missouri River could be called a tributary to the Mississippi, even though it's about 2500 miles long and receives hundreds of tributaries itself.
미주리강은 4000킬로미터에 달하는 거대한 강일 뿐만 아니라 그 자체로 수백 개의 지류를 거느리고 있지만, 미시시피강의 지류라고 할 수 있다. '지류'라고 하면 작은 하천이 떠오르지만 이처럼 거대한 지류도 많다.

✛
expedition [ekspɪdˈɪʃən] 원정, 원정대.

Latin Borrowings

rigor mortis

[rˈɪgər mˈɔːrtɪs]
stiffness of death

noun
- 사후강직.

The coroner could tell from the progress of rigor mortis that death had occurred no more than six hours earlier.

검시관은 사후강직 진행도로 볼 때 사망한 지 6시간이 넘지 않았다고 말했다.

■

rigor mortis는, 죽은 뒤 몸이 굳는 현상으로 사망하는 순간 시작되어 대개 3-4일 안에 완전히 끝난다.
Rigor mortis results from a lack of certain chemicals in the muscles.
사후강직은 근육에 어떤 화학물질이 공급되지 않으면서 나타나는 현상이다.
그 진행속도는 죽기 전 근육활동과 외부온도에 따라 조금씩 달라진다.
The detective or the examiner can determine the time of the victim's death by rigor mortis.
형사나 검시관은 사후강직을 측정해 희생자가 죽은 시각을 알아낸다.
이는 대개 사건해결에 매우 중요한 실마리를 제공한다.
To judge from the degree of rigor mortis, she appeared to have died no later than 4:00 a.m.
사후강직의 정도로 판단하건데, 그녀는 새벽 4시이 이전에 죽은 것으로 보인다.
The death was so recent that rigor mortis hadn't yet set in.
아직 사후강직이 일어나지 않은 것으로 보아 죽은 지 얼마되지 않았다.

✚
coroner [kˈɔːrənər] 검시관.

memento mori

[məmˈɛntoʊ mˈoʊri]
Remember you must die

noun
- 죽음의 상징. (특히 해골.)

The first twinges of arthritis often serve as a vivid memento mori for middle-aged jocks trying to ignore their advancing years.

나이 드는 것을 무시하려 운동을 열심히 하는 중년남자들에게 찾아오는 첫 번째 관절염 통증은 대개 죽음의 상징과도 같은 역할을 한다.

■

memento mori는 원래 '죽는다는 사실을 기억하라'라는 의미의 문장이지만, 지금은 이 문구 아래 놓여 있는 '해골'을 가리키는 의미로 더 많이 쓰인다.
미국에 정착한 초기 청교도인들은 언제 죽을지 모르는 상황에서, 죽음의 의미를 되새기며 더욱 경건하게 살도록 독려하기 위해 묘비에 일부러 죽음의 상징들을 장식했다.
These death's-heads or skulls may strike us as ghoulish, but they helped keep the living on the straight and narrow for fear of eternal punishment.
죽은 사람의 머리통이나 해골은 엽기적으로 보일 수도 있지만, 영원한 형벌에 대한 두려움에 긴장된 상태에서 곧게 살아가도록 돕기도 한다.
지난 세기 유럽의 지식인들 중에는 죽음에 대한 상념이 마음속에서 떠나지 않도록 자신의 책상 위에 실제 두개골을 올려놓은 사람들이 많았다.

✚
twinge [twˈɪndʒ] 쑤시는 통증.
arthritis [ɑːrθrˈaɪtɪs] 관절염.
jock [dʒˈɒk] 열심히 운동을 하는 젊은 남자.
ghoulish [gˈuːlɪʃ] 죽음이나 고통을 탐닉하는. 엽기적인.

Vivamus, moriendum est.
Let us live, since we must die.
살자, 어차피 죽을 목숨.

a priori
[ˌeɪ praɪ ˈɔːraɪ]
from the former

adjective
- 선험적인.

Her colleagues rejected the a priori argument because it rested on assumptions they felt weren't necessarily true.

그녀의 동료들은 연역적인 논증을 거부했다. 그 논증의 토대 자체가 틀릴 수 있다고 생각했기 때문이다.

■

a priori는 a posteriori의 반대말로, '연역적인' 또는 '선험적인'이라는 말로 번역된다. 先驗은 '경험보다 앞선' 이라는 뜻이다. 경험하지 않고도 우리가 이미 알고 있는 것을 '선험적 지식'이라고 한다.
Whereas a posteriori knowledge is knowledge based solely on experience or personal observation, a priori knowledge is knowledge that comes from the power of reasoning based on self-evident truths.
귀납적 지식은 오로지 경험이나 개인적인 관찰에 기초한 지식인 반면, 선험적 지식은 자명한 진리에 기초한 추론의 힘에서 나오는 지식이다.
이처럼 a priori와 a posteriori는 나란히 등장하는 경우가 많다.
"Every mother has had a child" is an a priori statement, since it shows simple logical reasoning and isn't a statement of fact about a specific case.
"어머니에게는 모두 아이가 있다"는 선험적인 진술이다. 일반적인 진술을 논리적으로만 연결한 것이기 때문이다.
반대로 "이 어머니에게는 아이 다섯이 있다."와 같은 구체적인 진술은 경험을 통해서만 알 수 있는 진술이기에 a posteriori statement라고 할 수 있다.

a posteriori
[ˌeɪ poustɪri ˈɔːri]
from the latter

adjective
- 이미 알려진 사실에서 끄집어낸.

Most Presidents will come to the a posteriori conclusion that a booming economy is entirely due to their own economic policies.

대통령들은 대부분 경제호황은 전적으로 자신의 경제정책 덕분이라는 귀납적인 결론을 내릴 것이다.

■

a posteriori는결과에서 원인으로 거슬러 올라가는 추론으로, 흔히 '귀납적인'이라는 말로 번역한다.
The unity of the person was established a posteriori.
사람의 일관성은 그 사람의 행동을 바탕으로 판단할 수 있다.
물론 귀납적 접근으로 언제나 올바른 결론을 이끌어낼 수 있는 것은 아니다. 예컨대 수탉이 울고 나서 해가 뜬다고 해서, 수탉의 울음소리가 일출의 원인인 것은 아니다.
The philosopher published his own a posteriori proof of the existence of God.
그 철학자는 신의 존재를 입증한다고 주장하는 자신만의 귀납적인 증거를 발표했다.
That yappy little dog makes the a posteriori assumption that he's what keeps me from breaking into the house.
쉬지 않고 짖어대는 저 작은 개는 자신이 나를 집으로 들어가지 못하게 막고 있다는 귀납적인 가정을 하고 있다.

✚
yap [jˈæp] 시끄럽게 짖어대다.

PRO

Latin
for. favoring -을 좋아하는

proactive
[proʊˈæktɪv]

adjective
- 예상되는 변화/문제/조건을 고려하여 행동하는.

Our president prides himself on being proactive, and is always imagining situations the company might be facing in three or four years.

우리 사장은 미래를 대비하는 것에 자부심을 느껴, 회사가 3-4년 이내에 직면할 상황을 늘 상상한다.

■

문제가 심각해진 다음에야 대응하는 사람을 흔히 볼 수 있는데, 이들은 reactive person이라고 일컫는다. 하지만 이에 대한 반댓말은 존재하지 않았다. 앞을 내다보며 미리미리 준비하는 사람은 뭐라고 불러야 할까? 그래서 최근 만들어진 말이 바로 proactive다. A good parent attempts to be proactive on behalf of his or her children, trying to imagine the problems they might be facing in a few months or years. 훌륭한 부모는 몇 달 또는 몇 년 후 직면할 수 있는 문제를 상상하면서 자녀를 위해 미리 대처하기 위해 노력한다. In order to survive the competition a company should be proactive not reactive. 경쟁에서 살아남기 위해서 기업은 뒤늦게 대응하기보다는 미리 대비할 줄 알아야 한다. Proactive has only been around a few decades, and it can still sometimes sound like a fashionable buzzword. proactive는 만들어진 지 몇 십년 밖에 되지 않은 말이라, 여전히 유행하는 신조어처럼 들리기도 한다.

✚
reactive [riˈæktɪv] 대응하는, 반응하는.
buzzword [bˈʌzwɜːrd] 유행하는 신조어.

pro bono
[prˌoʊbˈoʊnoʊ]

adjective
- 법률 같은 전문지식을 무료로 제공하는.

The law firm allows her to do several hours of pro bono work every week, and she devotes it to helping poor immigrant families.

법률사무소가 매주 몇 시간씩 무료봉사를 할 수 있도록 배려해주어, 그녀는 가난한 이민자가정을 도와주고 있다.

■

라틴어로 pro bono publico는 for the public good이라는 뜻으로, 영어에서는 일반적으로 pro bono라고 줄여서 쓴다. The American Bar Association recommends that all lawyers donate 50 hours of pro bono work a year. 미국변호사협회는 변호사는 누구나 1년에 50시간씩 봉사할 것을 권고한다. As a pro bono work an advertising firm might produce a 60-second video for an environmental or educational organization. 광고회사는 환경단체나 교육기관을 위해 60초짜리 영상광고를 제작하여 기부하기도 한다. As a pro bono work a strategic-planning firm might prepare a start-up plan for a charity that funds shelters for battered women. 전략컨설팅회사는 매맞는 아내들을 위한 피난처를 제공하기 위해 자선기금 모금사업을 기획하기도 한다.

✚
bar [bˈɑːr] 변호사.
charity [tʃˈærɪti] 자선단체, 자선기금, 자선원조를 받는 사람.
batter [bˈætər] (가족 일원을 주기적으로) 두들겨 패다.

pro-democracy는 '민주주의를 옹호하는', pro-America는 '미국 편을 드는' 이라는 말이다. 하지만 이러한 의미로 pro- 접두어를 사용한 단어는 많지 않다.

proponent
[prəpˈoʊnənt]

noun
● 옹호자.

The new governor is a proponent of a longer school year, and he's gotten a lot of support from parents.
새 도지사는 학년을 늘려야 한다고 주장하는 사람으로, 부모들에게 상당한 지지를 얻었다.

■

Proponents of casinos argue that they create jobs. 카지노 옹호자는 카지노가 일자리를 만든다고 주장한다. Proponents of a casino ban—that is, casino opponents—argue that they're corrupting and they take money away from people who can't afford it. 카지노 금지 지지자, 즉 카지노 반대자는 카지노가 사람을 타락시키고, 사람들에게 감당할 능력이 없는 돈을 빼앗는다고 주장한다.
Steinem has always been a strong proponent of women's rights.
스테이넘은 언제나 여성권리의 강력한 옹호자였다.
As a rule, just about anything important that gets proposed also gets opposed.
일반적으로, 중요한 사항이 제안되면 반대의견이 나오기 마련이다.
proponent, propose, propound는 모두 라틴어 proponere에서 나온 말이다. 어떤 이슈를 제안하는 것은 곧 그것을 옹호하는 것이다.

✛
propose [prəpˈoʊz] 아이디어나 실행계획을 제안한다.
propound [prəpˈaʊnd] 토론거리를 제안하다.
opponent [əpˈoʊnənt] 반대자, 적수.
invoice [ˈɪnvɔɪs] 화물송장.
strike you as sth 무엇을 떠오르게 만들다.
strike her as (being) pro forma 형식적이라는 인상을 주다.

pro forma
[prˌoʊfˈɔːrmə]

adjective
● 형식상.

The letter she received from him after her husband's death struck her as pro forma, and she knew the old friendship between the two men had never really been repaired.
남편이 죽은 뒤 그가 보낸 편지를 받았는데 편지가 상당히 형식적이라는 것을 깨달았다. 오랜 친구였던 두 남자 사이의 우정이 끝내 복원되지 않았다는 것을 알 수 있었다.

■

기업에서는 실제 물건을 발송하기 전에 pro forma invoice를 발행하여 미리 선적수량과 금액을 확인한다. pro forma invoice는 실제 invoice가 아닌 '형식상' invoice이기 때문에 물품대금청구서 기능을 하지 못하고 '견적서' 역할만 한다. (물론 pro forma invoice를 토대로 거래가 승인되기 때문에 견적금액이 곧 지불금액이 되는 경우가 많다.)
A teacher might get officially observed and evaluated every three years, even though the whole thing is strictly pro forma.
교사에 대한 관찰과 평가는 공식적으로 3년마다 이뤄지지만, 모든 것이 순전히 형식적인 절차에 불과하다.
The critic said that the orchestral conductor gave a pro forma performance, since his heart wasn't in it. 평론가는 음악에 마음이 담겨 있지 않았다는 이유로 오게스트라 지휘자가 폼만 재는 공연이었다고 말했다.
A business owner might make a pro forma appearance at the funeral of a politician's mother, never having met her.
사업가라면 정치인의 모친상에 참석하여, 생전에 한 번도 본 적이 없는 고인을 애도하는 척할 수도 있다. 언젠가는 정치인으로부터 도움을 받아야 할 때가 올 수 있기 때문이다.

PRO

Latin
before. in front of 앞에

protrude

[proʊtrˈuːd]

verb
● 돌출하다. 튀어나오다.

As he leaned over, she noticed something protruding from under his jacket, and realized with a sickening feeling that he was armed.

그가 기댔을 때 그의 재킷 아래 무언가 툭 튀어나온 것이 느껴졌다. 그가 무기를 가지고 있다는 사실에 매스꺼운 느낌이 들었다.

■

pro(in front of)+trud(to thrust)가 결합한 protrude는 to thrust forward를 의미한다.
Neighbors' patio protrudes over my property boundary.

이웃집 테라스가 내 땅을 침범했다.

A protruding disc in your spine may have to be operated on sooner or later.

척추에서 돌출한 디스크는 조만간 수술을 받아야 한다.

Superficial protrusions, such as corns, tend to be less serious than more deeply rooted ones.

표면에 생긴 티눈 같은 돌기는 깊이 뿌리를 내린 것에 비하면 대개 덜 심각하다.

He's gotten terribly thin, and the bones of his arms now protrude from under his skin.

그는 너무나 삐쩍 말라서, 이제 팔의 뼈들이 피부 밑에서 튀어나왔다.

✛
thrust [θrˈʌst] 밀어내다.
patio [pˈætioʊ] 테라스.
protrusion [proʊtrˈuːʒən] 돌출부.
corn [kˈɔːrn] 티눈.

prophylaxis

[prˌɑːfɪlˈæksɪs]

noun
● 예방치료.

For rabies, prophylaxis in the form of vaccines for cats and dogs is much better than treating them after being bitten.

광견병으로 말할 것 같으면, 고양이와 개에게 백신 형태로 예방접종을 하는 것이 물린 다음에 치료하는 것보다 훨씬 낫다.

■

pro(in front of)+phylax(guard)가 결합한 prophylaxis는 예방치료를 의미한다.
Before the polio vaccine became available, prophylaxis against polio included avoiding crowds and public swimming pools.

소아마비백신이 나오기 전 소아마비를 예방하는 방법은 사람들이 붐비는 곳과 공공수영장을 가지 않는 것이었다.

These days a well-known kind of prophylactic is used to prevent sexually transmitted diseases; but prophylactic measures only work when people use them.

콘돔은 사람들이 사용하지 않으면 아무 효과도 발휘하지 못한다. 질병이 옮지 못하도록 막아주는 약물이나 장치를 prophylactic이라고 하는데, 일반적으로 콘돔을 유식하게 (그래서 유머스럽게) 일컫는 말로 쓰인다.

✛
rabies [rˈeɪbiːz] 광견병.
polio [pˈoʊlioʊ] 소아마비.
prophylactic [prˌɒfɪlˈæktɪk] 예방제, 콘돔, 예방하는.

proceed와 progress 모두 '앞으로 나아가다'는 뜻이다.
prominent는 다른 것들보다 두드러지게 '돋보이는'이라는 뜻이다.
pro-의 의미는 너무 다양하기 때문에 한 마디로 설명하기가 어렵다.

promulgate
[prˈɒməlɡeɪt]

verb

- 공표하다.
- (법을) 반포하다.

The country's new constitution was officially promulgated in a grand ceremony at the presidential palace.

국가의 새 헌법은 대통령궁에서 열린 대규모행사에서 공식적으로 선포되었다.

■

어떤 법이든 공표되어 시민들이 그 법의 존재를 알아야만, 효력을 발휘한다. 법이 존재하는지도 모르면 아무도 지키지 않을 것이기 때문이다. 고대 그리스와 로마에서는 사람들이 대부분 글을 읽지 못했기 때문에 새로운 법을 제정할 때마다 사람들이 모인 공공장소에서 법령을 큰 소리로 낭독했다. 그 시대를 묘사하는 영화에서 그러한 장면을 가끔 볼 수 있다. promulgate는 공표함으로써 법률의 효력을 발생시키는 행위를 일컫는 말이다.

A new constitution was promulgated last month.

새로운 헌법이 지난 달 공표되었다.

The shipping industry promulgated a voluntary code.

선사들은 자체규범을 공표했다.

Today promulgation of a law generally occurs simply by its being published in an official government publication and on a government Web site.

오늘날 법을 선포하는 방식은 일반적으로 공식 정부간행물과 정부의 웹사이트에 게시하는 방식으로 이루어진다.

신문과 TV뉴스에서도 새로운 법령이 제정되었다는 소식을 전하기도 하지만, 극히 일부분만 간단하게 소개한다.

prologue
[prˈoʊlɔːɡ]

noun

- 프롤로그. 작품의 도입부.
- 도입부의 사건전개.

The Boston Tea Party of 1773 turned out to be a prologue to the American Revolution.

1773년 보스턴 차 사건은 미국독립혁명의 서막이 되었다.

■

pro(in front of)+log(speech)가 결합된 prolog는 앞서 말한다는 뜻이다. 고대그리스에서는 연극의 막이 열리기 전에, 대개 신을 연기하는 배우가 혼자 나와서 관객에게 무대의 배경을 설명했는데 이것을 prologos라고 불렀다. 오늘날 드라마에서는 prologos를 대부분 사용하지 않기 때문에 scene-setting information을 극 초반에 다양한 방식으로 전달한다. 첫 장면에 등장하는 등장인물들 간의 대화를 통해서 scene-setting information을 제공하는 경우도 있고, 《Star Wars》 시리즈처럼 첫 화면에 글자를 띄워 보여주는 경우도 있다.

오늘날 논픽션에서는 scene-setting information을 전달하기 위해 preface, prologue, introduction과 같은 제목을 단 짧막한 섹션을 본문 앞에 제공한다. 이에 반해 소설은 연극과 마찬가지로 대부분 이러한 섹션을 별도로 제공하지 않으며, 따라서 작품초반부에서 scene-setting information을 다양한 방식으로 전달한다.

"The past is prologue." 과거는 프롤로그일 뿐이다. 이 말은 프롤로그가 글에서만 존재하는 것이 아니라 실생활에서 일어나는 사건들을 지칭할 수 있다는 것을 일깨워준다.

✚

lead-in [lˈiːd ɪn] 도입부.

PROP PROPI

Latin *proprius*
own 소유하다

proprietary
[prəprˈaɪəteri]

propriety
[prəprˈaɪɪti]

adjective
- 소유주의. 소유주만 행사할 수 있는.
- 사유의. 영리의.

noun
- 에티켓. 특히 남녀 사이에 예절을 지키는 것.

The local hospital was a not-for-profit institution, whereas the nearby nursing homes were proprietary.

이 지역병원은 비영리기관인 반면, 인근 요양원들은 영리기관이다.

Propriety used to forbid a young unmarried man and woman to go almost anywhere without an adult.

예의범절은 결혼하지 않은 젊은 남녀가 어른과 동행하지 않고 함께 다니는 것을 금지했다.

■

proprietary process는 누군가 소유하고 있어서 다른 사람들은 사용할 수 없는, 독점적인 제조공정을 의미하며, proprietary trademark는 누군가 소유하고 있어서 다른 사람은 사용할 수 없는 상표다. 이러한 독점권을 행사하기 위해서는 먼저 법적 등록절차를 거쳐 저작권이나 특허권을 인정받아야 한다.

After a certain period of time, inventions and processes lose their legal protection, cease to be proprietary, and enter the "public domain."

일정 기간이 지나면 법적 보호, 즉 소유권은 종료되고 누구나 자유롭게 사용할 수 있는 '공공영역'으로 편입된다.

Baseball fans often take a proprietary attitude toward their favorite team.

열혈 야구팬들은 자신이 응원하는 팀이 마치 자기 것 인양 행동한다.

proprietary는 이처럼 비유적인 방식으로도 쓰인다.

■

예절이 중요하게 여겨지고 정교하게 유지되던 시절에는 propriety와 impropriety라는 말이 매우 자주 사용되었다. 하지만 지금은 propriety와 impropriety 모두 '권한'이라는 맥락에서 쓰이는 경우가 많다.

propriety of government officials' dealings with private citizens 민간인을 대하는 공무원의 행동양식.

propriety of the relationship between a lawyer and a judge 변호사와 판사가 서로 지켜야 할 예의.

impropriety of speaking out of turn in an official meeting. 공식회의에서 자기 차례가 아님에도 발언하는 무례.

물론 남녀 사이에는 여전히 propriety와 impropriety 문제가 존재하지만, 지금은 사교적인 맥락보다 직장에서 발생하는 경우가 많다.

Wherever rules, principles, and standard procedures have been clearly stated, propriety can become an issue.

규칙, 원칙, 표준절차가 명시되어 있는 분야에서는 어디서든 행실의 적절성이 중요한 문제될 수 있다. **행실이 적절하지 않다는 것은, 불법은 아니라고 해도 사람들에게 나쁜 인상을 심어준다.**

✚
nursing home 양로원.
patent [pˈætənt] 특허권.
public domain 공유지, 공공재.
property [prˈɒpərti] 재산, 부동산, 특성.
proper [prˈɒpər] 적절한.
improper [ˌɪmprˈɒpər] 부적절한.
impropriety [ˌɪmprəprˈaɪɪti] 부적절함, 무례함.
monastery [mˈɒnəsteri] 수도원.

✚
speak out of turn 말할 순서가 아닌데 말하다. 권한을 넘는 발언을 하다.

property는 누군가 '소유한 자산'을 의미하며 proprietor는 property를 '소유한 사람'을 의미한다.
proper는 원래 '자신이 소유한'이라는 뜻으로, 1400년경 문학작품에 등장하는 "With his own proper sword he was slain."은 '자신의 검으로 죽임을 당했다'라는 뜻이다. 지금은 '적절한'이라는 뜻으로만 쓰인다.

appropriate
[əprˈoʊprieɪt]

verb

● 무단 도용하다. 특정한 용도로 떼어 두다.

It was one of those insulting words that sometimes get appropriated by a group that it's meant to insult, which then starts using it proudly and defiantly.

그것은 사람들을 공격하기 위해 만들어진 집단이 가끔 욕설로 사용하던 표현이었는데, 이후 오만하고 도발적인 태도로 사용하기 시작했다.

■

ad(to)+propri(own)가 결합한 appropriate는 기본적으로 '남의 것을 자기 것으로 만들다'라는 뜻이다.
If someone appropriated pieces of your novel, you might take him or her to court. 누군가 당신이 쓴 소설을 가져다 자기 것처럼 쓰면 법정에 세울 수 있다.
If you appropriated trade secrets from your former employers, you might be the one sued.
재직했던 회사의 영업비밀을 가져다가 자기 사업을 하면 고소당할 수 있다.
"Misappropriation of funds" is a nice way of saying "theft." '자금 횡령/유용/착복'은 남의 것을 자기 것처럼 쓴다는 말로 '도둑질'을 고상하게 표현한 것이다.
Each year the President and Congress create a budget and appropriate funds for each item in it. 매년 대통령과 의회는 예산을 편성하고, 예산에 속한 각 항목에 대한 용도별 금액을 배정한다. appropriate money for sth은 그 용도에만 쓸 수 있는 자금을 의미한다.

✛
defiant [dɪfˈaɪənt] 시비조의, 상대방을 자극하여 도발하게 만드는.
misappropriate [mˌɪsəprˈoʊprieɪt] 남의 돈을 자기 것처럼 쓰다.

expropriate
[eksprˈoʊprieɪt]

verb

● 소유권을 박탈하다. 토지를 수용하다.

It was only when the country's new government threatened to expropriate the American oil refineries that Congress became alarmed.

의회가 겁을 먹은 것은 바로 새로 들어선 정부가 미국의 정유공장을 몰수하겠다고 위협했을 때였다.

■

In ancient Rome, an emperor could condemn a wealthy senator, have him killed, and expropriate his property. 고대로마에서는 황제가 부유한 원로를 파면하고 죽이고 재산을 몰수할 수 있었다.
In 1536 Henry VIII declared himself head of the new Church of England and expropriated the lands and wealth of the Roman Catholic monasteries.
1536년 헨리8세는 스스로 새로운 영국교회의 수장이라 선포하고 영국 안에 있던 로마가톨릭의 수도원의 토지와 재산을 몰수했다.
Nearly all of North America was expropriated from the American Indians, usually without any payment at all. 북아메리카 대륙의 거의 모든 땅이 아메리카 원주민에게 어떠한 대가도 지급하지 않고 빼앗은 것이다.
Today, democratic governments only carry out legal expropriations, in which the owners are properly paid for their land. 오늘날 민주정부는 합법적인 토지수용만 실시한다. 토지소유자에게 적절한 보상을 한다.

✛
expropriation [eksprˌoʊpriˈeɪʃən] 강제수용.
condemn [kəndˈem] 비난하다, 형량을 선고하다.
senator [sˈenɪtər] 상원의원, 원로원 의원.

Latin Borrowings

quid pro quo
[kwˌɪd prou kwˈou]
something for something

noun
- 댓가로 주는 것.

He did something very nice for me years ago, so getting him that job was really a quid pro quo.
몇 년 전에 나에게 아주 잘 해준 적이 있어서 그에게 일자리를 소개해준 것은 사실 그에 대한 보답이었다.

■

quid pro quo은 원래 제대로 된 약 대신에 주는 약효가 떨어지는 약을 가리키는 말이었지만, 오늘날 부정적인 의미는 사라지고 a favor for a favor라는 의미로만 사용된다.
There's a quid pro quo for everything in politics—you'll soon learn that.
정치판에서는 절대 공짜는 없는 법이지. 곧 알게 될 걸세.
quid pro quo는 준 만큼 돌려받는 것을 의미한다.
The corporation gave a bribe to a candidate and expected to get a quid pro quo.
그 회사는 후보자에게 뇌물을 주었고 그에 상응하는 댓가를 기대했다.
The Congressman's vote was seen as a quid pro quo for the insurance industry's campaign contributions.
의원들의 표결은 보험업계에서 선거운동에 기여해준 것에 대한 댓가로 보여진다.

✚
bribe [brˈaɪb] 뇌물.

sine qua non
[sˈɪni kwaː nˈɑːn]
Without which, not

noun
- 필수조건.

Good planning is the sine qua non of a successful dinner party.
훌륭한 계획은 성공적인 만찬의 필수요소다.

■

sine qua non은 "Without something, something else won't be possible."이라는 의미의 라틴어문장에서 앞부분만 가져온 것으로, 어떤 것이 가능하기 위해서는 반드시 필요한 것을 말한다.
A solid customer base is the sine qua non to success.
탄탄한 고객기반은 성공에 필수조건이다.
A good agent is a sine qua non for an actor's career.
훌륭한 에이전트는 배우의 경력을 쌓는데 필수조건이다.
Successful agricultural reform is a sine qua non of Mexico's modernization.
성공적인 농업개혁은 멕시코 현대화의 필수요건이다.
The control of inflation is a sine qua non for economic stability.
인플레이션 관리는 경제적 안정의 필수조건이다.
She claimed there was no such thing as the sine qua non of a successful novel.
그것만큼 성공적인 소설의 필수조건은 없다고 그녀는 주장했다.

Fiat justitia, ruat caelum.
Let justice be done though the heavens fall.
하늘이 무너져도, 정의를 세워라.

in memoriam

[ɪn mɪmˈɔːriəm]
in memory of

adverb
- —를 추모하며.

The message on the pedestal begins "In memoriam" and then lists the names of the local young men who died in World War I.

아랫단에는 글이 새겨져 있는데, in memoriam으로 시작하여 제1차세계대전에서 사망한 그 지역의 젊은이들의 이름을 나열한다.

■

로마제국 시대 세워진 기념물과 묘비들을 보면 In memoriam이라는 표현 뒤에 이름이 따라나오는 것을 볼 수 있다.
"In memoriam" may also appear in the dedication of a book or poem.
In memoriam이라는 표현은 책이나 시의 헌사에서도 볼 수 있다.
Alfred Tennyson은 절친한 친구 Arthur Hallam의 죽음을 애도하며 17년이라는 기간에 걸쳐 탁월한 대작 《In Memoriam》을 썼다.
At the end of each year, the magazine includes a section called "in memoriam," which lists all the important figures who died that year.
한해를 마무리하며 잡지는 In Memoriam이라고 불리는 섹션을 만들어, 그해 사망한 중요한 인물들을 모두 망라하여 보여준다.

✛
pedestal [pˈedɪstəl] 받침대.
dedication [dˌedɪkˈeɪʃən] 헌납, 봉헌, 헌정사.

encomium

[ɪŋkˈoumiəm]
hymn to a victor

noun
- 찬사.

The surprise guest at the farewell party was the school's most famous graduate, who delivered a heartfelt encomium to the woman he called his favorite teacher of all.

송별파티에 깜짝 등장한 초대손님은 그 학교 졸업생 중 가장 유명한 사람이었다. 그는 자신이 가장 좋아하는 선생님이라고 꼽은 여교사에게 진심어린 찬사를 전했다.

■

셰익스피어의 희곡 《줄리어스 시저》에서 카이사르가 죽었을 때 마르쿠스 안토니우스는 이런 encomium을 보낸다.
"Friends, Romans, countrymen, lend me your ears."
친구여, 로마시민이여, 동포여. 내 말 좀 들어보소.
셰익스피어가 죽었을 때 벤 존슨이 바친 encomium 역시 유명하다.
"He was not of an age, but for all time."
그는 한 시대의 사람이 아니라 전 시대를 위한 사람이다.
The British poet laureate is expected to compose poetic encomiums to mark special events or to praise a person honored by the state.
영국의 계관시인들은 특별한 행사를 기념하거나 국가에서 어떤 이들의 공을 찬양할 때 사용할 시적인 찬사를 짓는 일을 한다.
Any awards banquet is thick with encomiums.
시상식 연회는 수상자들에게 보내는 찬사들로 꽃을 피운다.

✛
poet laureate [pˈoʊɪt lˈɔːriət] 월계관을 쓴 시인 (국가가 인정한 최고시인).
banquet [bˈæŋkwɪt] 연회.

TURB

to throw into confusion or upset 혼돈 속으로 넣다.
crowd or confusion 군중/혼란

turbid

[tˈəːrbɪd]

adjective

- 흙탕물처럼 탁한.
- 명확하지 않은, 혼란스러운.

The mood of the crowd was restless and turbid, and any spark could have turned them into a mob.

군중의 분위기는 불안하고 혼란스러워, 사소한 자극도 그들을 폭도로 변하게 할 수 있었다.

■

The Colorado River in spring, swollen by melting snow from the high mountains, races through the Grand Canyon, turbid and churning.

봄이 되면 높은 산의 눈이 녹아 흘러 들면서 물이 붙어난 콜로라도강은 그랜드캐년을 세차게 흐르며 토사를 휘저어 뿌연 흙탕물이 된다.

This day I passed very turbid urine with a considerable quantity of gravel.

이날 나는 매우 탁한 오줌을 누었다. 상당한 양의 결석이 쏟아져 나왔다.

화학물질의 농도가 진하다고 말할 때 turbid라는 단어를 쓴다.

His emotions were turbid, restless, and lacking in sanity.

그의 감정은 혼란스럽고 불안하고 제정신이 아니었다.

혼란스러운 인간의 감정도 turbid라는 말로 묘사할 수 있다. 특히 의중을 알 수 없는 경우에 자주 쓰인다.

✛
swollen [swˈoʊlən] 물이 붙은.
gravel [grˈævəl] 자갈, 돌.
sanity [sˈænɪti] 제정신, 판단력.
churning [tʃˈɜːrnɪŋ] = swirling
세차게 흐르는, 소용돌이치는.

perturb

[pərtˈɜːrb]

verb

- (마음을) 혼란스럽게 하다. 불안하게 하다.

News of the new peace accord was enough to perturb some radical opponents of any settlements.

새로운 평화협정체결 소식은 몇몇 급진적인 화해반대자들을 동요시키기에 충분했다.

■

per(thoroughly)+turb(upset)이 결합한 perturb는 '완전히 혼란에 빠뜨리다'라는 의미이지만, 지금은 그 날카로운 느낌이 거의 사라졌다.

Climate perturbations would alter ecologic interaction. 기후변동은 생태계의 상호작용을 바꿀 수 있다.

과학분야에서 perturb/perturbation은 정상적인 움직임에 영향을 미치는 요동/교란을 의미한다.

Thomas, of course, was cool and aloof and imperturbable.

토머스는 물론 냉정하고 초연한 태도를 유지하며, 조금도 동요하지 않았다.

아무리 힘든 순간도 침착함을 유지하며 태연하게 견딜 수 있는 돌부처와 같은 사람에게는 imperturbable이라는 수식어를 붙일 수 있다.

imperturbable composure 꿈쩍도 하지 않는 평온함.

✛
aloof [əlˈuːf] 멀리 떨어져, 관계에 연연하지 않는.
composure [kəmpˈoʊʒər] 침착함, 평정심.
row [rˈaʊ] 싸움, 다툼.
bumpy ride 자동차를 타고 자갈밭길을 달리는 느낌.
vane [vˈeɪn] 바람개비나 프로펠러의 날개.
jet [dʒˈet] 공기나 액체를 압축하여 작은 구멍으로 분사함으로써 만들어지는 빠른 기류.

turbulent

[tˈɜːrbjʊlənt]

adjective

● 흥분한, 동요한.
● 불안, 폭력, 소요를 유발하는.

The huge ocean liner Queen Elizabeth II was never much troubled by turbulent seas that might have sunk smaller boats.

거대한 여객선 퀸엘리자베스2세는 작은 배들은 침몰할 정도로 거센 파도에도 끄떡 하지 않았다.

■

He has had a turbulent political career.
그는 정치인으로서 산전수전 다 겪었다.
삶의 기복이 심한 사람에게는 turbulent life,
감정의 기복이 심한 사람에게는 turbulent emotion이 친숙할 것이다.
They had been together for five or six turbulent years of rows and reconciliations.
그들은 5-6년 동안 격동의 시기를 함께 보내며 치고박고 싸우고 화해했다.
1960년대 말은 미국과 유럽사회가 혁명으로 몸살을 앓는 turbulent years로 기억된다.
I had to have a boat that could handle turbulent seas. 나는 거센 바다를 떠다닐 수 있는 배가 필요했다.
The captain of an airplane warned passengers to fasten their seatbelts because of upper-air turbulence, which can make for a bumpy ride.
기장은 상승난기류 때문에 기체가 요동칠 수 있으니 승객들에게 안전벨트를 착용하라고 안내했다.
El Niño, a seasonal current of warm water in the Pacific Ocean, may create turbulence in the winds across the United States.
12월경 발생하는 태평양의 따듯한 해류 엘니뇨는 미국 전역에 난기류를 유발해 기상이변을 일으킨다.

turbine

[tˈɜːrbɪn]

noun

● 터빈.

The power plant used huge turbines powered by water going over the dam to generate electricity.

이 발전소는 댐을 넘어 떨어지는 물의 힘으로 거대한 터빈을 돌려서 전기를 생산한다.

■

turbine은 물, 증기, 공기 등의 압력으로 회전날개를 돌려 동력을 만들어내는 엔진이다. 가장 원시적인 turbine은 물레방아다.
steam turbine 증기터빈—
증기로 작동하는 터빈은 기원후 1세기 알렉산드리아의 영웅 헤론이 최초로 고안해냈으나, 1884년이 되어서야 구현되었다. steam-driven turbine을 줄인 말이다. 아래 turbine들도 마찬가지.
gas turbine 가스터빈—
공기를 이용하여 작동하는 터빈.
wind turbine 풍력발전기—
바람의 힘으로 거대한 날개를 돌려 전기를 만들어내는 터빈.
The largest wind turbine now has vanes with a turning diameter of over 400 feet.
현재 가장 큰 풍력발전기는 날개 회전폭 지름이 180미터에 달한다.
자동차에 turbo라는 단어가 붙어있는 것을 자주 볼 수 있는데, 이는 '터빈을 돌려' 구동한다는 뜻이다.
turbojet engine—
공기를 빨아들인 뒤 이를 압축-분사하여(jet) 터빈을 돌리는(turbo) 엔진. 비행기엔진으로 많이 쓰인다.
turboprop engine—
propeller를 이용해 터빈을 돌리는 엔진. 헬리콥터에 많이 쓰인다.

VOLV VOLU

Latin **volvere**
to roll 말다 turn around 돌리다
wind 감다 twist around 휘감다

voluble

[vˈɒljʊbəl]

adjective

- 주저함 없이 빠르게 말하는, 말이 많은.
- 입담이 좋은.

He proved to be a voluble informer who would tell stories of bookies, smugglers, and hit men to the detectives for hours.

그는 몇 시간 동안 마권업자, 밀매업자, 살인청부업자들의 이야기를 형사들에게 털어놓은 입담 좋은 정보원으로 밝혀졌다.

volu(roll)가 들어 있는 voluble은 rolling off his/her tongue라는 뜻이다.
In O. Henry's famous story "The Ransom of Red Chief," the kidnappers nab a boy who turns out to be so unbearably voluble that they can hardly wait to turn him loose again.

O 헨리의 유명한 단편소설 "The Ransom of Red Chief (붉은 두목의 몸값)"에서는 납치된 아이가 감당하기 힘들 정도로 입담이 좋아 유괴범들이 골탕먹는 이야기가 나온다.
이 작품은 영화 《나 홀로 집에》의 모티브가 되었다.

✛
bookie [bˈʊki] = bookmaker [bˈʊkmeɪkər]
경마, 경륜, 경정 등 사설마권업자.
smuggler [smˈʌɡələr] 밀수업자.
hit man 살인청부업자. 암살자.
ransom [rˈænsəm] 인질몸값.
slacker [slˈækər] 게으름뱅이.

devolve

[dɪvˈɒlv]

verb

- 낮은 개인/집단에게 책임/권한을 양도하다.
- 퇴보하다.

Since 1998, considerable power has been devolving from the British government in London to the new Scottish Parliament in Edinburgh.

1998년부터 상당한 권한이 런던의 영국정부에서 에딘버러의 새로운 스코틀랜드의회로 이양되고 있다.

de(down) + volv(roll)라는 어근에서 알 수 있듯이 devolution은 rolling back을 의미한다.
Once powers have been centralized in a unified government, giving any powers back—that is, devolving the power—to a smaller governmental unit can seem to be reversing a natural development.

통합정부에 집중되어 있던 권력을 작은 정부기관에게 돌려주는 것, 즉 권력이양은 자연스러운 발전과정을 거스르는 '퇴보'처럼 보일 수 있다.
The job that your boss doesn't want to do may devolve upon you.

상사가 하기 싫은 업무를 내가 떠맡을 수 있다.
In the 1930s, Germany with an extraordinary culture became a brutal dictatorship.

세계에서 가장 발전한 문화를 축적해온 독일이 1930년대 무자비한 독재국가로 변모했다. 이는 인류의 moral devolution이라고 볼 수 있다. 이러한 맥락에서 devolve/devolution은 오늘날 evolve/evolution의 반댓말로 쓰이기도 한다.
Parents may watch their slacker teenager and wonder if devolution is occurring right in front of their eyes.

10대가 되면서 아이들이 게을러지는 모습을 보면서 부모들은 '퇴행'을 직접 목격한다.

revolve는 말 그대로 '다시 돌고 돈다'는 뜻으로 '축을 중심으로 회전하다'는 뜻이다.
volume은 원래 둘둘 말아서 보관하는 파피루스 두루마리를 일컫는 말에서 나왔다.

evolution

[ˈiːvəˈuːʃən]

noun

● 진화.

Thomas Jefferson and the other Founding Fathers believed that political evolution **reached its highest form in democracy.**

토머스 제퍼슨을 비롯한 건국의 아버지들은 정치가 진화하여 최고의 정점에 도달한 형태가 바로 민주주의라고 생각했다.

■

evolution이란 단순하고 열등한 상태에서 복잡하고 우월한 상태로 변하는 과정을 의미한다.
Humans evolved long after dinosaurs were extinct.
인간은 공룡이 멸종하고 오랜 시간이 지난 뒤 진화했다.
가끔 인간과 공룡이 함께 등장하는 만화가 있는데, 이는 biological evolution에 대한 상식을 거스르는 것이다.
An idea evolves, even in your own mind, as the months or years pass.
어떤 아이디어는 머릿속에서도 몇 달, 또는 몇 년에 걸쳐 진화한다.
Many people believe that our societies tend to evolve, producing more goods and providing more protection for more people.
많은 사람들이 우리 사회가 진화하여, 더 많은 상품을 생산하고 더 많은 사람들이 안전하게 살 수 있게 될 것이라고 생각한다.
evolve/evolution 은 이처럼 생물학이 아닌 다른 분야에서도 사용된다. 사상, 기술, 사회제도 생물처럼 서서히 나은 방향으로 발전한다고 믿는다.

✛
evolve [ɪˈɒlv] 진화하다.

convoluted

[kˈɒnvəluːtɪd]

adjective

● 꼬이고 구부러져 뒤엉킨.
● 난해하고 복잡한.

After 10 minutes, Mr. Collins's strange story had become so convoluted **that none of us could follow it.**

10분이 지난 뒤, 콜린슨의 기묘한 이야기는 너무나 복잡해서 아무도 이해할 수 없었다.

■

con(together)+volu(roll)가 결합한 convoluted는 뇌 피질에서 볼 수 있는 복잡하게 뒤엉킨 패턴, 또는 뒤엉킨 실타래와 같은 상태를 의미한다.
A convoluted argument or a convoluted explanation is one that winds this way and that.
이리저리 뒤엉켜 이해하기 힘든 논증이나 설명을 convoluted라는 말로 묘사할 수 있다.
An official document may have to wind its way through a convoluted process and be stamped by eight people before being approved.
공문서 하나가 완성되기 까지는 복잡한 절차를 거치며 8명에게 승인을 받아야 하는 경우도 있다.
Convoluted language makes many people suspicious. 이해하기 힘든 말은 사람들을 의심하게 만든다.
Wittgenstein의 이 말을 명심하라.
"Anything that can be said can be said clearly."
말해질 수 있는 것은 무엇이든 명확하게 말할 수 있다.

✛
wind its way through/along sth 굽이치다.
suspicious [səspˈɪʃəs] 의심스러운, 수상쩍은.
convolution [kˌɒnvəˈluːʃən] 복잡하게 뒤엉킨 상태, 곡선이 복잡하게 얽혀있는 패턴.

FORT

Latin *fortis*
strong 강한

forte
[fˈɔrt] | [fˈɔːrteɪ]

noun

- 장기. 가장 잘하는 것.
- 포르테.

Her forte was statistics, and she was always at a disadvantage when the discussion turned to public policy.

그녀의 장기는 통계학이었기 때문에, 토론주제가 공공정책 분야로 넘어갈 때마다 불리한 상황에 처했다.

■

The strongest part of a sword's blade—the part between the handle (or hilt) and the middle of the blade—was given a name, the forte.

칼자루에서 칼날의 중간까지가 칼에서 가장 단단한 부분인데, 이 곳을 forte라고 불렀다.

중세시대 칼싸움을 하다가 칼이 부러지는 일이 많았기 때문에 forte를 활용해 적을 공격하는 것이 중요했다.

Today a forte is usually a special strength.

오늘날 forte는 대개 개인의 특별한 장점을 의미한다.

음악에서 forte는 '크게'를 의미한다. 포르테는 이탈리아어를 그대로 가져온 단어로 [fˈɔːrteɪ]라고 발음한다.

Carpentry isn't his forte, but he could probably build something simple like a bed.

목공은 그가 가장 잘하는 것은 아니지만, 침대처럼 간단한 것은 만들 수 있었다.

✛
hilt [hˈɪlt] 칼자루.
levee [lˈɛvi] 제방.
prosecutor [prˈɒsɪkjuːtər] 검찰.
suspect [sˈʌspekt] 용의자.

fortify
[fˈɔːrtɪfaɪ]

verb

- 강화하다.

Fortified by a good night's sleep and a big breakfast, they set off for the final 20 miles of their journey.

충분한 숙면과 든든한 아침으로 무장하고 마지막 남은 20마일 여정을 출발했다.

■

Medieval cities were fortified against attack by high walls.

중세도시는 적의 공격에 대비해 성벽을 높이 쌓아 방어하였다.

Volunteers fortified a levee against an overflowing river by means of sandbags.

자원봉사자들은 홍수를 대비해 모래주머니를 쌓아 강둑을 튼튼하게 보강했다.

Foods can be fortified by adding vitamins.

식품은 비타민을 첨가하여 영양을 강화할 수 있다.

"Fortified wines" have brandy added to them.

'강화와인'은 브랜디를 넣어 더 독하게 만든 술이다.

By adopting good exercise habits, you can fortify your body against illness.

좋은 운동습관은 웬만한 질병은 이겨낼 수 있도록 몸을 강화해준다.

fortify는 물리적이지 않은 것에도 쓸 수 있다.

An author's reputation could be fortified by the success of his new book.

작가의 명성은 새로 출간한 책의 성공으로 강화될 수 있다.

A prosecutor can fortify a case against a suspect by finding more evidence.

검찰은 더 많은 증거를 확보하여 피의자에 맞서는 주장을 강화할 수 있다.

어근 자체가 단어가 된 fort는 적의 공격에 대비하여 '튼튼하게' 지은 방어시설을 의미한다.
comfort는 con(강조)+fort(strong)에서 나온 말로 '힘을 불어넣어주고 희망을 주다(위로하다)'는 뜻이다.

fortification
[fˌɔːrtɪfɪkˈeɪʃˌɔːf]

noun

● 요새. 방어시설.

The city's fortifications had withstood powerful assaults by catapults, battering rams, and tall siege towers that rolled up to release soldiers onto the top of the walls.

도시의 방어시설은 투석기, 파성퇴, 병사들이 성벽에 오를 수 있도록 설계된 공성용 망루가 총동원된 강력한 공격도 견뎌냈다.

■

Fortification of the medieval cities—sturdy walls, towers at intervals, and moat alongside the wall—turned the entire city into a fort, or fortress.

중세 유럽의 도시들은 대부분 견고한 성벽이 완전히 둘러싸여 있었으며, 일정한 간격으로 세워진 탑과, 도랑을 파고 물을 채워 만든 해자가 성벽을 둘러싸 도시 전체를 요새로 바꿔 놓았다.

In World War II, the German fortification of the French coast included antitank barriers, bunkers, minefields, and underwater obstacles.

제2차 세계대전 때 독일군이 프랑스해변에 설치한 방어시설로는 대전차장벽, 벙커, 지뢰, 수중장애물 등이 있었다.

물론 노르망디 상륙작전에 투입된 엄청난 규모의 연합군의 공세를 막아내기에는 역부족이었다.

✛

assault [əsˈɔːlt] 공격, 맹공.
catapult [kˈætəpʌlt] 투석기.
battering ram 파성퇴.
siege [sˈiːdʒ] tower 공성망루.
moat [mˈoʊt] 해자.
sturdy [stˈɜːrdi] 견고한.

fortitude
[fˈɔːrtɪtˌuːd]

noun

● 불굴의 투지. 굳센 정신력.

He's just too nice, and we worry that he won't have the fortitude to deal with the monsters in that office.

착하디 착한 그가 저 사무실의 괴물들과 맞설 용기를 내지 못할까봐 걱정이다.

■

맨해튼에 있는 뉴욕공공도서관 계단 양 옆을 지키는 대리석 사자상에 이름이 있다. 하나는 Patience이고 하나는 Fortitude다.
라틴어 fortitudo는 육체적인 힘, 활력, 용기, 배짱을 의미하는 반면, 영어 fortitude는 의지가 굳은 정신, 근성을 의미한다.
플라톤은 인간이 반드시 갖춰야 할 4가지 덕목을 다음과 같이 제시했다.
—Prudence [prˈuːdəns] 사려깊음 (정확한 판단)
—Justice [dʒˈʌstɪs] 공명심 (사익과 공익 사이의 균형)
—Temperance [tˈempərəns] 절제 (중용)
—Fortitude 불굴의 용기 (기개)
In Christian tradition Plato's four virtue became known as the four "cardinal virtues." 플라톤의 4가지 덕목은 가톨릭전통에서 '4추덕'으로 이어져 내려오고 있다.

✛

cardinal [kˈɑːrdnəl] 추기경, 진홍색, 중요한.

Latin Borrowings

a fortiori

[ˌeɪ fɔrʃiˈɔːri]
from the stronger

adverb

● 더 분명한 이유로.

If drug users are going to be subject to mandatory sentences, then, a fortiori, drug dealers should be subject to them also.

마약사용자에게 법정형을 적용한다면, 마약딜러에게도 법정형을 적용하는 것은 두말하면 잔소리.

■

a fortiori는 방금 결론을 이끌어낸 것보다 훨씬 설득력 있게 명확한 결론을 도출해낼 수 있는 경우 쓰는 말이다.
Thus, if teaching English grammar to native speakers is difficult, then, a fortiori, teaching English grammar to nonnative speakers will be even more challenging.

원어민에게 영문법을 가르치는 것이 이렇게 어려운데, 하물며 외국인에게 영문법을 가르치는 것은 얼마나 어려울까?

If Britain can't afford a space program, then a fortiori neither can a much poorer country like India.

영국이 우주프로그램에 투자할 여유가 없다면, 인도처럼 더 가난한 나라들은 두말할 나위도 없이 할 수 없다.

＋
mandatory [ˈmændətɔːri] sentence 법적으로 정해진 형량.
↔ discretionary [dɪskrˈeʃəneri] 재량에 따라 정할 수 있는.

per se

[pɜːr sˈeɪ]
by itself

adverb

● 그 자체로.

He claims that the reason for the invasion wasn't oil per se, but rather the country's dangerous military power, which had been made possible by its oil.

그는 침략의 이유가 원유 그 자체가 아니라, 원유를 바탕으로 이뤄낸 그 나라의 위협적인 군사력이라고 주장한다.

■

per se는 자신이 일컫는 구체적인 대상과 그것이 상징하는 더 넓은 의미를 구별해서 일컫고자 할 때 사용하는 말이다.
I have no objection to educational testing per se, but rather to the way testing is done.

나는 교육적 목적으로 실시하는 시험 그 자체를 반대하는 것이 아니라, 시험을 보는 방식을 반대하는 거야.

The opposition party attacks a president's policy not because they dislike the policy per se but because they want to weaken the president.

야당이 대통령의 정책을 공격하는 것은 정책 그 자체를 싫어하기 때문이 아니라 대통령의 권한을 약화시키고 싶기 때문이다.

When New York's police chief decided to crack down on small crimes, it wasn't the small crimes per se that were his target, but instead the larger crimes which he believed would be reduced because of this new approach.

뉴욕의 경찰서장이 경범죄를 엄중히 단속하기로 했을 때, 그가 타겟으로 삼은 것은 경범죄 그 자체가 아니다. 이러한 새로운 접근법이 더 큰 범죄의 발생률을 떨어뜨릴 것이라고 믿기 때문이다.

＋
crack down on (정부가) —에 대해 엄격하게 법집행을 하다.

Veritas vos liberabit.
The truth shall set you free.
진리가 너희를 자유케하리라.

caveat emptor

[kˈeɪviæt ˈemptɔːr]

let the buyer beware

noun

● 구매자 위험부담원칙.

The best rule to keep in mind when buying anything from a pushcart is: "Caveat emptor."

길거리에서 물건을 살 때 반드시 명심해야 하는 한 마디는 바로 Caveat emptor라는 원칙이다.

■

caveat emptor는 물건을 사고 나면 모든 책임은 물건을 산 사람이 감수해야 한다는 뜻이다.
When buyers and sellers knew each other and were on equal footing, caveat emptor was the practical rule.

구매자와 판매자가 서로 알고 동등한 눈높이에 서있던 시절, caveat emptor는 실질적인 거래원칙이었다.

하지만 상거래가 발달하고 기술이 복잡해지면서 구매자들은 불리한 위치에 설 수밖에 없게 되었으며 이로써 제품결함, 거래기만 등 다양한 위험에 노출되었다. 따라서 오늘날 많은 정부들이 소비자를 보호하기 위한 다양한 법을 제정하여 시행한다. 하지만 warranty를 가지고 있지 않으면 어떠한 구제도 받지 못하는 경우도 있으니 조심할 것.
When you go out to buy a used car, the best advice, warranty or no warranty, is still "caveat emptor."

중고차를 사러 갈 때 가장 해주고 싶은 조언은, 보증이 있든 없든 모든 위험은 구매자가 부담한다는 것이다.

✚
footing [fˈʊtɪŋ] 발판.
warranty [wˈɔːrənti] 보증, 보증서.

carpe diem

[kˌɑrpi dˈaɪɛm]

Pluck the day

phrase

● 미래는 걱정하지 말고 이 순간을 즐겨라.

When he learned the phrase "Carpe diem" in high-school Latin class, he knew he'd found the motto he would live by for the rest of his life.

고등학교 라틴어 수업에서 Carpe diem이라는 문구를 배웠을 때, 그는 남은 생을 위해 간직해야 할 모토를 찾았다고 느꼈다.

■

Carpe diem은 로마의 시인 Horace의 문장으로 일반적으로는 Seize the day라고 번역한다.
좀더 자유롭게 번역을 하자면 Enjoy yourself while you have the chance라고 옮길 수도 있다.
In the 1989 American film *Dead Poets Society*, the English teacher John Keating famously says: "Carpe diem. Seize the day, boys. Make your lives extraordinary."

1989년 미국영화 《죽은 시인의 사회》에서 영어선생 존 키팅이 한 말은 매우 유명하다. "카르페디엠. 지금 이 순간을 놓치지 말라. 평범하게 살지 말라."

Their motto is "carpe diem," and the two of them have more fun than anyone I know.

그들의 모토는 '카르페디엠'이다. 그 두 사람은 내가 아는 어떤 사람보다 인생을 즐긴다.

✚
pluck [plʌk] 뽑다, 뜯다.

AER AERO

Greek
air 공기

aerial

['eəriəl]

adjective

● 공중에서 수행하는.
● 비행기로 수행하는.

They're doing an aerial survey of the whale population, which involves scanning the ocean's surface from an airplane.

고래 개체수를 파악하기 위한 항공조사는, 비행기에서 바다표면을 스캐닝한다.

■

Shakespeare gave the name Ariel to the famous air-spirit character in *The Tempest*.
셰익스피어가 《템페스트》에 등장하는 유명한 요정에 에이리얼이라는 이름을 붙여주었다.
An aerialist is an acrobat who performs high above the audience.
높은 공중에서 곡예를 펼치는 곡예사를 aerialist라고 한다.
In painting, aerial perspective is the way an artist creates the illusion that a mountain or city is far away, usually by making it slightly misty and bluish gray.
그림에서 공중원근법은 다소 희미한 푸르스름한 회색을 사용해서 산이나 도시가 멀리 있는 것처럼 보이도록 하는 기법이다.
An aerial work platform, or "cherry picker," supports a worker at a high elevation on the end of a crane. '체리피커'라고 하는 공중작업대는 크레인으로 작업자들을 높이 올려준다. aerial은 명사로 TV안테나, 풋볼에서 전방패스, 스케이트보드나 스노우보드를 타고 높이 뛰어오르는 묘기를 의미한다.

✛
acrobat ['ækrəbæt] 곡예사.
perspective [pərsp'ektɪv] 원근.

aerate

['eəreɪt]

verb

● 공기를 쐬다. 산소를 공급하다.

The garden soil was well aerated, since they had recently plowed in all the compost and manure and even added a box of earthworms.

정원 흙에 공기를 잘 쐬어주었다. 최근 비료와 거름을 주고 쟁기질했을 뿐만 아니라, 지렁이도 한 통 쏟아부었기 때문이다.

■

Faucet aerators and aerating showerheads can be easily installed by homeowners to cut water use by as much as 50%.
수도꼭지용 공기주입기와 통기샤워헤드는 집에서 손쉽게 설치할 수 있는데, 물사용량을 50퍼센트까지 줄여준다.
A lawn aerator removes little plugs of soil in order to let air deep into the soil. 잔디공기주입기는 토양 깊숙이 공기를 집어넣어 뭉쳐진 토양을 풀어준다.
A pond aerator is a necessity for an ornamental pond with no stream. 연못공기주입기는 흐르지 않는 관상용 연못에 반드시 설치해야 한다. 고여있는 물에는 인공적으로 산소를 공급해줘야 한다. 물속에 산소가 부족하면 조류가 번성하고 물고기가 살기 어려워진다.

✛
plow [pl'aʊ] 쟁기질하다.
compost [k'ɒmpoʊst] 비료, 퇴비.
manure [mən'ʊr] 거름.
faucet [f'ɔ:sɪt] 수도꼭지.
plug [pl'ʌg] 단단하게 뭉쳐진 것.
ornamental [ˌɔ:rnəm'entəl] 관상용의.
bluish [bl'u:ɪʃ] 푸르스름한.
elevation [elɪv'eɪʃən] 고도.
tetanus [t'etənəs] 파상풍.
botulism [b'ɒtʃəlɪzəm] 썩은 소시지에서 생성된 독소.

aerospace industry는 대기권 또는 우주를 날아다니는 항공기를 만든다.
aerodynamic design은 공기를 최고 속도로 관통할 수 있도록 설계하는 것이다.
aerophobia는 공기를 무서워한다는 말이지만 대개 '비행공포증'을 일컫는 말로 쓰인다.

aerobic
[eərˈoʊbɪk]

adjective

- 산소에 의존하는.
- 산소활용도를 높이는.

Trainers measure a person's aerobic capacity by means of the VO₂ max ("maximum volume of oxygen") test.

트레이너들은 VO₂맥스(최대산소흡입량) 검사로 개인의 산소활용능력을 측정한다.

■

Running, swimming, bicycling, and cross-country skiing are classic aerobic exercises.
달리기, 수영, 자전거타기, 크로스컨트리스키는 전통적인 유산소운동이다.
In 1968 a best-selling book called *Aerobics* introduced a system of exercise for increasing the body's ability to take in and use oxygen, and today aerobics classes take place everyday in thousands of gyms across the country.
1968년 베스트셀러 《에어로빅스》를 통해 처음 소개된 신체가 산소를 흡입하고 활용하는 능력을 높여주는 체계적인 운동법 에어로빅은, 오늘날 매일 전국 체육관에서 진행되고 있다.
Aerobic exercise particularly strengthens the heart and lungs, but usually has many other good effects as well.
에어로빅은 특히 심장과 폐를 강화하지만, 이외에도 좋은 효과가 많다.
Aerobic bacteria, which need oxygen to live, are essential for breaking down living matter so that it returns to the soil.
호기성 세균이란 생명을 유지하는 데 산소를 필요로 하는 생물을 말하는데, 살아있는 물질을 분해하여 토양으로 바꾸는 데 중요한 역할을 한다. 유명한 대장균 E. coli, 병원 가는 것을 꺼리게 만드는 staph와 strep도 모두 aerobic bacteria다.

anaerobic
[ænˌneərˈoʊbɪk]

adjective

- 혐기성. 산소가 필요하지 않은.
- 심장과 폐가 아닌 근육을 키우기 위한.

He's never run a mile in his life, and everything he does at the gym is anaerobic.

그는 평생 1킬로미터도 뛰어 본적이 없다. 체육관에서도 무산소운동만 한다.

■

a-/an(not/without)+aero(air)가 결합한 anaerobic은 공기, 즉 산소가 필요하지 않다는 뜻이다.
Anaerobic exercise, such as gymnastics, weight lifting, and sprinting, are of high intensity but short duration, so they don't involve much oxygen intake. 체조, 역기, 단거리달리기 같은 무산소운동은 강도는 높지만, 단시간 지속되기 때문에 많은 산소를 흡입하지 않아도 된다.
Anaerobic exercise doesn't do much for your heart and lungs and it doesn't burn off fat; what it does do is build muscle. 무산소운동은 심장과 폐에 큰 영향을 미치지 않으며, 지방을 태우지 않는 대신 근육을 만든다.
Anaerobic bacteria, which live without oxygen, are responsible for several nasty conditions, including tetanus, gangrene, botulism, and food poisoning. 산소 없이도 살 수 있는 혐기성세균은 파상풍, 괴저, 보툴리누스 중독, 식중독 등 여러 가지 역겨운 질병을 촉발한다.
The mouth is full of anaerobic bacteria. 입안에는 혐기성 세균들이 득실거린다. 개는 물론 사람에게 물려 깊은 상처가 났다면 위험할 수 있으니 빨리 응급처치를 하라.

✦

gymnastics [dʒɪmˈnæstɪks] 체조.
sprint [sprɪnt] 단거리 전력질주

TERR

Latin *terra*
earth 땅

parterre
[pɑrtˈɛr]

noun
- 프랑스식 정원.
- 극장의 1층 후방객석 (특히 2층 발코니 아래).

The city's park boasts a beautiful parterre with many varieties of roses.
도시의 공원은 다양한 장미로 아름답게 꾸며진 정원을 자랑한다.

■

parterre는 '땅 위'를 의미하는 프랑스어가 그대로 들어온 것이다.
And in the early years of the theater, the parterre was truly on the ground.
초기 극장에서 parterre는 말 그대로 땅바닥 객석을 의미했다.
In Shakespeare's day, an English theater's parterre was the cheap standing-room area right in front of the stage, normally filled with rowdy spectators.
셰익스피어 시절 무대 바로 앞에 서서 가장 싼 값에 연극을 볼 수 있는 구역을 parterre라고 했는데, 이곳은 늘 북적이고 소란스러웠다.
지금은 1층 맨 뒤, 발코니 아래에 있는 가장 싼 좌석을 의미한다.
프랑스사람들은 2층 발코니, 테라스 위, 계단 위에서 내려다볼 때 예쁘게 보이도록 정원이나 화단을 꾸미기를 좋아했는데 이것을 parterre garden이라고 한다.
이와 반대로 영국사람들은 사람의 손길로 꾸민 것이라는 사실조차 잊게 만들 정도로 자연스러운 정원을 좋아한다.

✛
rowdy [rˈaʊdi] 시끌벅적한.
plot [plˈɒt] 땅뙈기.
untamed [ʌntˈeɪmd] 길들이지 않은.

subterranean
[sˌʌbtərˈeɪniən]

adjective
- 지하의.

In Carlsbad Caverns National Park there is an astonishing subterranean chamber over half a mile long.
칼즈배드동굴 국립공원에는 길이가 800미터가 넘는 놀라운 지하공간이 있다.

■

A tunnel is a subterranean road or pathway, and a subway is a subterranean railway.
터널은 땅 속으로 가는 길 또는 통로이며, 지하철은 땅 속에 놓인 철도다.
The subterranean vaults at Fort Knox hold billions of dollars of gold reserves.
미국 켄터키에 있는 군사기지 포트녹스의 지하금고에는 연방정부가 소유한 금이 보관되어 있다.
Subterranean reservoirs called aquifers are tapped for water.
대수층이라고 불리는 지하저수지는 물의 원천이다.
충분한 압력이 가해지고 있는 대수층에 파이프를 박으면, 물이 지표면으로 뿜어져 올라온다.

✛
reservoir [rˈezərvwɑːr] 저수지, 저장소.
aquifer [ˈækwɪfər] 대수층.
tap sth for water ―을 뚫어(개발해) 물을 얻다.

Terra Firma는 출렁이는 바다와 대비되는 firm ground, 즉 '굳건한 땅'을 의미하는 라틴어로 지금도 자주 쓰인다. 프랑스에서는 감자를 pomme de terre라고 하는데, 말 그대로 풀이하자면 apple of the earth라는 뜻이다. terrace는 원래 집과 땅의 높이를 자연스럽게 이어주는 둔덕을 가리키는데 대개 이곳에 꽃이나 작물을 심는다.

terrarium

[tərˈeriəm]

noun
- 테라리움.

When no one was watching, they dropped their snake in the fifth-grade terrarium, and then waited in the hall to hear the screams.

아무도 없는 틈을 타 5학년 테라리움에 뱀을 풀어놓은 후, 복도에서 비명소리가 들려오기를 기다렸다.

■

The turtle exhibit at a zoo is often in a terrarium, sometimes in a plant conservatory.
동물원의 거북이 전시는 대개 테라리움에서 한다. 가끔은 식물온실을 이용하기도 한다.
terrarium은 바닥에 흙을 깔아 작은 동식물을 키우는 투명한 용기를 의미한다. 초등학교에는 대개 땅 속 개미들의 생활을 관찰하기 위한 ant terrarium이 있다.
Creating a good terrarium requires careful control not only of humidity but also of temperature, as well as good ventilation.
테라리움을 제대로 만들려면 습도, 온도는 물론, 환기도 세심하게 신경써야 한다.

✦
conservatory [kənsˈɜːrvətɔːri] 유리로 지은 온실.

terrestrial

[tɪrˈestriəl]

adjective
- 지구상의.
- 육지에 사는.

The roadrunner, although a largely terrestrial bird, can take flight for short periods when necessary.

로드러너는 크게 볼 때 땅에서 생활하는 새로 분류하지만, 필요할 때 잠시 날기도 한다.

■

Mercury, Venus, and Mars are often called the terrestrial planets, since they are rocky balls somewhat like Earth rather than great globes of gas like Jupiter, Saturn, Uranus, and Neptune.
수성, 금성, 화성을 '암석형 행성'이라고 부르는데, 이들은 목성, 토성, 천왕성, 해왕성과 같은 거대한 가스행성과 달리 지구처럼 암석으로 이루어져 있기 때문이다.
Moon rocks and meteors are extraterrestrial.
달에서 가져온 돌(월석)과 유성은 지구 밖에서 온 것이다.
Animals are often divided into the terrestrial (land-living) and the aquatic (water-living).
땅에 사는 동물과 물에 사는 동물을 구분할 때 terrestrial이라는 말이 사용된다.
Sometimes terrestrial animals are contrasted with arboreal animals, those that live in trees.
나무 위에 사는 동물들과 땅에서 사는 동물을 구분할 때도 terrestrial이라는 말이 사용된다.

✦
meteor [mˈiːtiər] 운석.
aquatic [əkwˈætɪk] 물에서 생활하는.
arboreal [ɑːrbˈɔːriəl] 나무 위에서 생활하는.
territory [tˈerətɔːri] 영토. 지역.

MAR

Latin **mare**
sea 바다

marina

[mərˈiːnə]

noun
- 작은 보트나 요트 정박지.

The coast of Florida has marinas all along it for the use of anything from flimsy sailboats to enormous yachts.

플로리다 해변에는 작은 돛단배에서 거대한 요트까지 두루 이용할 수 있는 정박지들이 도처에 널려있다.

■

marina는 '바다의'라는 뜻의 라틴어를 그대로 가져온 것이다.
At a modern marina, sailors can acquire whatever they need for their next excursion, or they can tie up their boats until the next weekend comes along.
현대적인 마리나에서는 다음 항해에 필요한 물품들을 구할 수도 있고, 다음 주말이 올 때까지 배를 묶어 놓을 수도 있다.

✚

flimsy [flˈɪmzi] 얇은, 빈약한.
excursion [ɪkskˈɜːrʒən] 유람.

aquamarine

[ækwəmərˈiːn]

noun
- 연한 청록색 옥. 연한 청록빛.

Many of the houses on the Italian Riviera are painted aquamarine to match the Mediterranean.

이탈리아 리비에라의 주택은 대부분 지중해와 어울리도록 담청록색으로 칠해져 있다.

■

라틴어 aqua marina는 '바닷물'을 의미한다.
햇살이 눈부신 날 그리스나 카리브섬 해변에서 철석이는 파도를 상상할 때 우리 머릿속에 떠오르는, 태양빛을 받은 투명한 바닷물의 푸른빛이 바로 aquamarine이다.
A lovely blue-green form of the semiprecious gem known as beryl is called aquamarine.
베릴이라고 하는 준보석 중에서 아름다운 청록빛을 발하는 것을 아쿠아마린이라고 한다.

✚

beryl [bˈerɪl] 에메랄드, 아쿠아마린 등 다양한 색을 띠는 돌.

marine은 기본적으로 '바다의'라는 뜻이다. marine corps는 바다를 통해 침투하는 군대 '해병대'를 의미한다. marine corps를 줄여서 marines라고도 하는데, 이로써 marine은 '해병'을 가리키는 명사로도 쓰이게 되었다. submarine은 바다 밑으로 다니는 배, 즉 잠수함을 의미한다.

mariner

[mˈærɪnər]

noun

● 선원. 뱃사람.

When he signed on as a mariner, the young Ishmael never suspected that the ship would be pursuing a great white whale.

선원으로 서명을 했을 때, 젊은 이슈마엘은 이 배가 거대한 흰 고래를 쫓을 것이라고는 생각조차 하지 못했다.

■

Rime of the Ancient Mariner 老水夫의 노래—Samuel Coleridge가 쓴 이 시는 늙은 뱃사람 이야기를 담고 있다. 그는 스스럼없이 다가온 Albatross를 활로 쏘아, 배에 폭풍과 재난을 불러온다. 그 벌로 동료선원들은 그 뱃사람의 목에 거대한 바다새의 시체를 매단 후, 그것이 다 썩을 때까지 풀지 못하게 한다. mariner는 explorer와 같은 의미로 쓰이기도 한다. 1960, 70년대 화성, 금성, 수성에 최초로 접근한 우주탐사선의 이름이 바로 Mariner였다.

✛

rime = rhyme [rˈaɪm] 각운을 맞춘 시.
ancient [ˈeɪnʃənt] 고대의, 늙은.
seafaring [sˈiːfeərɪŋ] 배를 자주 타는.
chart [tʃˈɑːrt] = map 지도상에 기입해넣다.

maritime

[mˈærɪtaɪm]

adjective

● 바다의. 바다와 접한.
● 해상운송의.

As a result of the ocean, Canada's Maritime Provinces—New Brunswick, Nova Scotia, and Prince Edward Island—have a late spring but a mild winter.

바다에 접한 뉴브런즈윅, 노바스코샤, 프린스에드워드섬 같은 캐나다의 주들은 바다의 영향으로 봄은 늦게 오지만 겨울이 포근하다.

■

The maritime countries of Portugal and England produced many seafaring explorers during the 16th and 17th centuries.

16-17세기, 포르투갈과 영국과 같은 바다와 인접한 국가들은 많은 해상탐험가들을 배출했다. 하지만 그들은 대부분 다른 국가의 깃발을 달고 항해에 나섰다.

Sailing for the Spanish, Ferdinand Magellan captained the ship that was the first to circle the world, charting many new maritime routes as it went.

포르투갈인 페르디난드 마젤란은 스페인국기를 달고 최초로 세계일주를 하면서 새로운 바닷길을 무수히 개척해냈다.

Henry Hudson, funded by the Dutch, claimed the maritime area that now includes New York City for the Netherlands.

영국인 Henry Hudson은 네덜란드의 지원을 받아 아메리카대륙 탐험에 나섰다.

그는 강을 따라 올라가며 주변지역을 네덜란드령이라고 선포하였다. 그 강은 그의 이름을 따 '허드슨강'이 되었고, 이 때 확보한 식민지는 New Amsterdam이 되었다. 이 곳이 바로 오늘날 New York이다.

Latin Borrowings

tabula rasa

[tˌæbjʊlə rˈɑːzə]

unmarked tablet

noun

- 아무 영향도 받지 않은 깨끗한 정신상태.
- 순수한 원래상태.

As for knowing what life outside of his little village was like, he was practically a tabula rasa.

그가 사는 작은 마을 바깥의 삶이 어떤지에 대한 지식은 말 그대로 백지였다.

■

In ancient Rome, students in class wrote on a wax-covered wooden tablet.

고대로마에서 학생들은 왁스를 칠한 나무판 위에 꼬챙이로 글자를 써서 메모했다.

tablet은 라틴어 tabula에서 온 것이다.

At the end of the day, the marks could be scraped off, leaving a fresh, unmarked tablet for the next day's lessons.

하루가 끝나면 다음날 쓰기 위해 글씨자국을 긁어내 깨끗하게 만들었다.

여기서 unmarked tablet이 바로 tabula rasa다.

The Greek philosopher Aristotle had called the mind at birth an "tabula rasa."

그리스 철학자 아리스토텔레스는 태어날 때 인간의 마음은 '아무 흠집도 없는 깨끗한 태블릿'과 같다고 말했다.

실제로 오늘날 생물학과 유전학에 따르면 태어날 때 우리 마음속에는 아무 생각도 존재하지 않는다.

+

implement [ˈɪmplɪmənt] 도구, 기구.
tablet [tˈæblət] 서판.

terra incognita

[tˌɛrə ɪn kˈɑgnɪtə]

unknown territory

noun

- 미지의 땅. 미개척 영역.

We've been to Phoenix once, but otherwise Arizona is terra incognita.

우리는 피닉스에 한번 갔지만, 나머지 애리조나는 미지의 땅이다.

■

로마의 지도제작자들은 아무도 탐험하지 않은 땅에 Terra Incognita라는 문구를 써넣었다. '알려지지 않은 땅'이라는 뜻의 이 말은 이후 수 세기 동안 계속 사용되었다. When Columbus and his successors first crossed the Atlantic, they entered upon terra incognita, a land that came to be called the "New World."

콜럼버스와 그의 후계자들이 처음 대서양을 건넜을 때 그들은 미지에 땅에 들어섰는데, 이 땅은 곧 '신세계'라고 불린다.

For most of us, subjects such as particle physics, French 17th-century drama, and soil mechanics are terra incognita.

대다수 사람들에게 입자물리학, 17세기 프랑스희곡, 토양역학과 같은 주제는 미지의 영역이다.

이 주제에 대해 조금이라도 관심이 있고 탐구하고 싶다면, 최대한 오래 살아야 할 것이다.

The entire field of quantum physics is terra incognita to me.

양자물리학은 나에게는 완전히 미지의 세계다.

Homines, dum docent, disunt.
Men learn while they teach.
가르치는 사람이 배운다.

impetus

[ˈɪmpɪtəs]
to attack

noun

- 충동.
- 추동력.

The promise of a nice bonus gave us all an added impetus for finishing the project on time.

두둑한 보너스를 준다는 약속은 프로젝트를 기한 내에 끝내겠다는 더 강력한 의욕을 불러일으켰다.

■

impetus는 긍정적이고 유쾌한 것일 수도 있고 부정적이고 불쾌한 것일 수도 있지만, 어느 경우든 행동하도록 자극을 하는 것이다.
The need to earn a living provides many people with the impetus to drag themselves out of bed every morning.

생계를 유지해야 하는 의무감은 매일 아침 많은 사람들에게 침대에서 스스로 몸을 일으키게 하는 힘을 제공한다.
The accident provided an impetus for changing the safety regulations.

그 사고는 안전규정을 변경해야 한다는 추동력을 제공했다.
The discovery gave fresh impetus to the research.

그 발견은 연구에 새로운 활력을 안겨주었다.
impetus 앞에는 an과 the 어느 것이나 쓸 수 있다. 관사를 아예 쓰지 않아도 된다.
The impetus for this latest big research effort is a prize that's being offered by a foundation.

막바지에 다다른 이 거대한 연구노력에 박차를 가한 힘은, 재단에서 주는 상을 받고자 하는 것이었다.

referendum

[ˌrɛfəˈrɛndəm]
← referre (carrying back)

noun

- 유권자들에게 찬반을 묻는 법적 제도. 국민투표.

The referendum on the tax needed for constructing the new hospital passed by seven votes.

병원 신축에 세금을 투입할 것인지 묻는 국민투표 결과 7표 차로 통과되었다.

■

A referendum is a measure that's referred to the people.

referendum은 대중에게 결정을 위임하는 제도다.
이 문장에서 refer to는 '맡기다, 위탁하다'는 뜻이다.
19세기 제정된 스위스의 헌법에서 특정사안에 대해 유권자가 의견을 직접 표시할 수 있다는 조항을 명시하면서 referendum이라는 단어를 '국민투표'라는 의미로 쓰기 시작했다.
미국헌법은 연방차원에서 referendum을 허용하지 않는다. 그래서 미국의 referendum은 주정부 차원의 문제만 다룬다. 미국의 주들은 전국선거를 실시할 때마다 중요한 사안에 대한 referendum을 함께 실시한다.
In U.S. referenda often involve such issues as new zoning ordinances, new taxes for schools, and new limits on spending.

미국의 주민투표는 대개 새로운 지역지정 조례, 새로운 교육세, 새로운 지출한도 등과 같은 온갖 법안에 대한 찬반을 묻는다.
referenda는 referendum의 복수형이다.

✦

ordinance [ˈɔːrdɪnəns] 조례.

VIV

vivacious

[vɪvˈeɪʃəs]

adjective

● 활기찬.

For the cheerleading squad, only the most outgoing, energetic, and vivacious of the students get chosen.
치어리딩팀에는 가장 외향적이고 활기차고 명랑한 학생들이 선발된다.

■

vivacious는 음악이나 글을 묘사할 때 쓰이기도 하지만 오늘날에는 일반적으로 사람, 특히 여자를 묘사할 때 쓰인다.
The main female characters in Shakespeare's plays are often full of humor, spirit, and vivacity.
셰익스피어 희곡의 여주인공들은 대개 유머가 풍부하고 활기차고 쾌활하다.
She had been a vivacious teenager, but had become rather quiet and serious by her thirties.
그녀는 10대 시절 쾌활했지만, 30대가 되자 말없는 신중한 사람이 되었다.
Marie is the vivacious one and Jan is the serious one.
마리는 유쾌하고 외향적인 반면 잰은 점잖다.

✦

squad [skwˈɒd] = squadron 대대, 단체, 조.
spirit [spˈɪrɪt] 활기, 용기, 투지.
vivacity [vɪvˈæsɪti] 명랑, 쾌활.

bon vivant

[bˌɑn vɪvˈɑnt]

noun

● 식도락가.

My uncle and aunt were bons vivants, and could usually be found in the evening at a swank midtown bar surrounded by a crowd of tipsy merrymakers.
삼촌과 이모는 식도락가로, 저녁이면 번화가의 화려한 술집에서 흥청거리는 사람들 사이에 둘러싸여 있는 것을 볼 수 있었다.

■

bon vivant는 good liver라는 뜻의 프랑스어로, 17세기에 영어에 들어왔다. (간이 좋아야 맛있는 음식을 마음껏 즐길 수 있는 것일까?) 몇 백 년이 흘렀음에도 여전히 프랑스식으로 발음한다.
A proper bon vivant has some money and lots of friends and plenty of style and knows a good wine and can tell a great story and loves to laugh. 진정한 식도락가 되려면 돈도 좀 있고 친구도 많고 다양한 스타일을 뽐내고 와인도 즐길 줄 알아야 하며, 이야기를 재미있게 하고 웃는 것을 좋아해야 한다.
Because of all these requirements, true bons vivants are rather rare.
이러한 요건을 모두 갖춰야 하기에 진정한 식도락가는 찾아보기 어렵다. 물론 지금은 그런 사람이 되고 싶어하는 사람도 없다.

✦

swank [swˈæŋk] 화려한, 허세부리다.
midtown 도심주변지역, 상업지구와 주택지구의 중간지역.
tipsy [tˈɪpsi] 얼큰하게 취한.
merrymaker 흥청거리는 사람.

supervivere에서 유래한 survive는 끔찍한 일을 이겨내고 '살아나다'는 뜻이다.

revival은 무언가를 다시 살게 만드는 '회복'을 의미한다. 오래된 영화든, 한동안 잊혀졌던 소설가에 대한 관심이든, 종교적 열정이든 어떤 것이 revival된다는 것은 새로운 생명을 얻는 것이다.

revivify

[riːˈvɪvɪfaɪ]

verb

● 다시 활기차게 하다(=revitalize).

All their efforts to revivify the boys' club seemed to be getting them nowhere, till one of the board members had a great idea.

소년클럽을 되살리고자 하는 온갖 노력은 허사였다. 한 이사가 멋진 아이디어를 떠올리기 전까지는.

■

Worn-out soil may be revivified by careful organic tending.

척박해진 토양은 세심한 유기물 관리를 통해 되살릴 수 있다.

A terrific new recruit can revivify a discouraged football team.

훌륭한 선수영입은 낙담한 풋볼팀에 활기를 다시 불어넣을 수 있다.

An imaginative and energetic new principal can revivify a failing high school.

상상력이 풍부하고 활기찬 새로운 교장은 쓰러져가는 고등학교를 되살릴 수 있다.

After World War II, one European country after another was slowly revivified.

제2차세계대전이 끝난 뒤, 유럽국가들은 하나둘씩 서서히 활기를 찾았다.

revivify, revive, revitalize, reinvigorate 등 의미와 형태가 비슷한 단어들을 함께 외워 두면 좋다.

✤

worn out 척박해진.

tend [tˈend] **sb or sth** 관리하다.

revive [rɪvˈaɪv] 부활시키다.

revitalize [rˌiːvˈaɪtəlaɪz] 생기를 다시 북돋다.

reinvigorate [rˌiːɪnvˈɪɡəreɪt] 활기를 불어넣다.

vivisection

[vˌɪvɪsˈekʃən]

noun

● 생체해부.

The lab attempts to avoid vivisection in its research, concentrating instead on alternative methods that have been developed.

이 연구실은 연구할 때 생체해부를 하지 않기 위해 이를 대신할 수 있는 지금까지 개발된 방법에 주목한다.

■

viv(alive)+sect(to cut)에는 나온 vivisection은 말 그대로 살아 있는 생물의 몸을 가르는 '생체해부'를 의미한다.

A.D. 2세기 그리스의 의사 Galen은 살아있는 원숭이와 개를 생체해부하여 척수가 근육의 움직임에 미치는 영향을 밝혀냈고, 혈관이 공기가 아니라 피를 운반한다는 사실도 밝혀냈다. 갈레노스의 발견은 이후 1000년 이상 의료행위의 기초적인 지식이 되었다.

Vivisection continues to be used in drug and medical research today, but often in secret.

생체해부는 오늘날 제약과 의학연구에서 계속 진행되고 있지만 대부분 비밀로 한다. **생체해부를 많은 사람들이 불편해하거나 더 나아가 반대하기 때문이다.**

He was horrified by vivisection, and even protested the dissecting of frogs in biology class.

그는 생체해부에 기겁을 했고, 생물학 수업에서 개구리를 절개하지 못하겠다고 거부하기도 했다.

✤

spinal cord [spˈaɪnəl kˈɔːrd] 척수.

a fierce opponent of vivisection 생체실험 극렬반대자.

dissect [daɪsˈekt] DIS(apart)+SECT(to cut) 절개하다.

CURR CURS

Latin currere
to run 달리다

concurrent
[kənkˈʌrənt]

adjective
- 동시에 발생하는, 동시에 작동하는.

The killer was sentenced to serve three concurrent life terms in prison.
살인자는 동시에 집행되는 세 가지 종신형을 선고받았다.

■

concurrent는 단순히 같은 시간에 발생한다는 의미가 아니라, 그 특성이 서로 비슷한 것이 같은 시간에 발생한다는 뜻이다.
Multitasking computers are capable of performing concurrent tasks.
멀티테스킹 컴퓨터는 동시에 여러 작업을 처리할 수 있다.
When we take more than one medication at a time, we run the risks involved with concurrent drug use.
한 번에 약을 여러 개 복용한다면, 약물상호작용으로 인한 위험이 발생할 수 있다.
At multiplex theater, several movies are running concurrently.
멀티플렉스극장에서는 몇 가지 영화가 동시에 상영된다.
Convention-goers had to decide which of the concurrent meetings to attend.
컨벤션에 가면 같은 시간에 하는 모임 중에 어디에 참석할지 선택해야 한다.

✛
concurrently 동시에.
medication [mˌedɪkˈeɪʃən] 약, 약물.

cursory
[kˈɜːrsəri]

adjective
- 흘깃 보는. 졸속의.

Having spent the weekend going to parties, she had only given the chapter a cursory reading before class on Monday.
주말에 파티에 가느라 바빠서, 월요일수업 시작 전에 챕터를 겨우 훑어본 것이 전부였다.

■

CORR/CURS 어근을 쓰는 다른 단어들과 달리, cursory에는 속도의 의미가 들어 있다. 여기서 속도는 세부적인 것들을 주의 깊게 보지 않는다는 것을 강조한다.
Cursory observations are generally shallow or superficial because of their speed.
대충 관찰하는 것은 너무 빨리 봐서 전체적으로 깊이가 없고 피상적일 수밖에 없다.
말을 타고 달리며 경치를 구경하는(走馬看山) 격이다.
Citizens complain about a cursory police investigation of a crime.
시민들이 범죄에 대한 경찰의 졸속수사에 항의한다.
물론 시민들이 항의하는 것은 수사를 빨리했기(速) 때문이 아니라 철저하게 하지 않았기(拙) 때문일 것이다.
After only a cursory look at the new car, he knew he had to have it.
신차를 잠깐 보기만 하고나서, 그걸 사야겠다고 생각했다.

✛
cursory glance/look 흘깃 보다.
cursory examination/inspection
졸속수사. (서툴 拙 + 빠를 速)

이 어근이 들어있는 단어들은 빠르지 않더라도 '이동'이나 '움직임'을 암시한다.
예컨대 current는 개울이나 강물의 흐름, 전선을 따라 흐르는 전기의 흐름을 의미한다.
excursion[ɪksk'ɜːrʒən]은 한 장소에서 다른 장소로 이동하는 짧은 여행을 의미한다.

discursive

[dɪsk'ɜːrsɪv]

adjective
● 이야기 흐름을 종잡을 수 없는.

Some days he allowed himself to write
long discursive essays in his diary
instead of his usual simple reporting of
the day's events.

언젠가 그는 일기에 매일 있었던 일들을 단순히 기록하는 대신
생각나는 대로 아무 주제에 대해서나 길게 쓰기 시작했다.

■

discursive는 라틴어 동사 discurrere
(to run about)에서 나온 말로 rambling about
over a wide range of topics(다양한 주제를 옮겨 다니며
이야기하는)이라는 뜻이다.
A discursive writing style generally isn't
encouraged by writing teachers.
두서없는 글쓰기는 작문교사들이 대체로 권장하지 않는다.
하지만 Charles Lamb과 Thomas de Quincey 같은
19세기 작가들의 discursive essay는 독서의 즐거움을
일깨워주기도 한다.
The great Michel de Montaigne might touch on
dozens of different topics in the course of
a long discursive essay.
위대한 작가 미셸 드 몽테뉴는 두서없이 이어지는 에세이에서 다양한
주제를 다루었다.
몽테뉴는 에세이를 처음 만들어낸 장본인이다.

+
ramble [r'æmbəl] 어슬렁거리다, 두서없이 말하다.
cursive [k'əːrsɪv] 필기체, 흘려 쓴.

precursor

[priːk'ɜːrsər]

noun
● 전조.

Scientists are trying to identify special
geological activity that may be
a precursor to an earthquake, which will
help them predict the quake's size, time,
and location.

과학자들은 지진의 전조가 되는 특별한 지질활동을 규명하여 지진의
규모, 시간, 위치를 예측하는데 도움을 얻고자 한다.

■

pre(before)+curs(run)가 결합한 precursor는 문자
그대로 '앞서 가는 것'을 의미한다. 이 라틴어를 번역해서
만든 말이 바로 forerunner다.
하지만 오늘날 precursor와 forerunner는 의미가 다소
다르게 사용된다. forerunner는 단순히 어떤 것 앞에 오는
것을 의미하는 반면, precursor는 일반적으로 앞서 길을
닦는 역할까지 한다.
The Office of Strategic Services in World War II
was the immediate precursor of today's Central
Intelligence Agency.
제2차세계대전 시기 OSS는 오늘날 CIA의 전신이다.
The blues music of the 1930s and 1940s was only
one of the precursors of the rock and roll of
today. 1930년대와 40년대의 블루스음악은 오늘날 락큰롤음악이
나올 수 있는 길을 닦았다.
Babbage's difference engine is today seen as
the forerunner of the modern computer.
배비지의 차분기관은 오늘날 현대적인 컴퓨터의 선조로 평가받는다.

+
forerunner [f'ɔːrrʌnər] 선조, 선구자.

ACER ACR

Latin *acer*

sharp 뾰족한

sour 신

acerbic

[əsˈɜːrbɪk]

adjective

● 신랄한. 기질/태도/말이 날카로운.

She had enjoyed his acerbic humor for years, but then a friend told her about the nasty jokes he was making about her behind her back.

그녀는 오랫동안 그의 신랄한 유머를 즐겼지만, 한 친구에게서 그가 자신에 대해 추잡한 농담을 하고 다닌다는 말을 들었다.

■

He was acclaimed for his acerbic wit and repartee.

그는 신랄한 재치와 재치있는 대응으로 갈채를 받았다.

An acerbic critic won't make many friends among the writers or artists whose work is being criticized.

신랄한 비평가는 자신이 비평하는 작품의 작가나 예술가들과 어울리고자 하지 않는다. 물론 그만큼 독자에게 재미와 즐거움을 안겨줄 수는 있을 것이다.

acerbity는 sarcasm보다 다소 덜 날카롭게 들린다. acerbity은 '찌르다'라는 말에서 유래한 반면 (acer=sharp), sarcasm은 '살점을 물어뜯다'라는 말에서 유래했기(sarc=flesh) 때문이다.

With four or five acerbic comments she managed to annoy or insult almost everyone in the room.

신랄한 네다섯 마디로 그녀는 그곳에 있던 사람들을 화나게 만들었다.

✚

be acclaimed for —으로 찬사를 받다.
repartee [ˌrepərˈteɪ] 재치있는 응답.
acerbity [əsˈɜːrbɪti] 신랄함.

acrid

[ˈækrɪd]

adjective

● 매캐한. 불쾌할 정도로 냄새나 맛이 강렬한.

The acrid odor of gunpowder hung in the air long after the shots' echoes had died away.

총성의 메아리가 사라지고도 한참 동안 매캐한 화약 냄새가 대기에 감돌았다.

■

acrid는 건물이나 숲에 불이 났을 때 뿜어져 나오는 연기를 묘사하는 형용사로 딱 들어맞는다.

Dense smog may cast an acrid pall over a city, making throats burn and eyes sting.

자욱한 스모그가 도시 전체에 매캐한 장막을 드리우면 목구멍이 화끈거리고 눈이 따갑다.

acid, acerbic과 마찬가지로 acrid도 모진 사람의 발언을 묘사하는 말로 쓰인다.

The acrid fumes in the plant irritated his eyes and nose for several days.

공장의 매캐한 연기는 며칠동안 눈과 코를 따갑게 했다.

✚

cast a pall [pɔːl] over 장막을 드리우다. 재미없게 만들다.
fume [fjuːm] 연기, 향. 화를 분출하다.
sarcasm [sˈɑːrkæzəm] 빈정댐.

acid flavor는 포도나 라임에서 나는 '신 맛'을 의미하지만 acid humor는 날카롭게 아픈 곳을 찌르는 '신랄한 유머'를 의미한다. 토양의 acidity(산성도)를 측정하면 어떤 작물을 심는 것이 좋은지 알 수 있다. 예컨대 블루베리는 acid soil(산성토양)을 좋아한다.

acrimony

[ˈækrɪmoʊni]

noun

● 험악함. 말, 태도, 기질이 거칠고 신랄함.

Town meetings here were usually civilized, and no one could recall an issue that had ever aroused such intense acrimony as the new pulp mill.

이곳 타운미팅 참가자들은 대부분 예의가 바르기에, 새로 건설된 펄프공장처럼 극심한 갈등을 유발했던 문제가 있었다는 사실을 떠올리기 어려웠다.

■

acrimony는 대개 강렬한 개인적 원한과 혐오에서 우러나는 거친 분노를 말한다.

An acrimonious exchange is full of cutting, unpleasant remarks designed to hurt.

험악한 대화는 상대방을 아프게 하기 위한 날카롭고 불쾌한 말로 가득하다.

Civil wars are often more acrimonious and bloody than foreign wars.

내전은 대개 외국과 하는 전쟁보다 훨씬 냉혹하고 잔인하다.

A bad divorce may be more acrimonious than any other kind of legal battle.

불행한 이혼은 그 어떤 법적 갈등보다 험악한 경우가 많다.

Even for a child-custody case, the acrimony between the parties was unusual.

양육권 재판을 하는 동안까지도 쌍방이 서로 헐뜯는 말을 주고받는 것은 흔지 않은 일이다.

✦
mill [mˈɪl] 제분소, 공장.
acrimonious [ˌækrɪmˈoʊniəs] 신랄한.
cutting remark [kˈʌtɪŋ] 상대방에게 상처주는 말.
harsh [hˈɑːrʃ] 거친, 가혹한.

exacerbate

[ɪɡzˈæsərbeɪt]

verb

● 악화시키다. 더 심하게, 폭력적으로 만들다.

The increase in coal-burning power plants has greatly exacerbated the buildup of greenhouse gases.

석탄을 태우는 발전소의 증가는 온실가스의 증가를 크게 악화시켰다.

■

ex(out of)+acer(sharp)에서 나온 exacerbate는 이미 나쁜 것을 더 나쁘게 만든다는 뜻이다.

A vicious remark can exacerbate a quarrel.

악의적인 발언은 말다툼을 더 험악하게 만들 수 있다.

The loss of a major industry in a city may exacerbate its already serious unemployment problem. 도시의 주요 산업이 소멸되면 기존의 심각한 실업문제를 악화시킬 수 있다.

A new drug can exacerbate the side effects of the drug a patient is already taking. 새로운 약은 환자가 이미 복용하고 있는 약의 부작용을 악화시킬 수 있다.

It used to be thought that too much blood in the body exacerbated a fever, so the patient's blood would be drained, often by means of leeches—and not all patients survived.

체내에 피가 너무 많아지면 열병이 더 심해진다고 생각하여 거머리를 이용해 환자의 피를 뽑아내기도 하였다. 물론 이러한 처방으로 인해 죽은 사람도 많다.

✦
buildup [bˈɪldˌʌp] 증강.
vicious [vˈɪʃəs] 잔인한, 폭력적인.
drain [drˈeɪn] 물을 빼다.
leech [lˈiːtʃ] 거머리.

Latin Borrowings

modus operandi

[mˈoʊdəs ɒpərˈændiː]

method of operating

noun

● 일반적인 절차.

A criminal who commits repeated crimes can often be identified by his modus operandi.

반복해서 범죄를 저지르는 범죄자는 대개 범죄방식으로 식별해낼 수 있다.

■

modus operandi는 경찰이나 추리소설작가들이 즐겨 쓰는 말로 특별한 '작업방식'을 의미한다.
We're beginning to get a handle on the killer's m.o., but we can't go public with it yet.
우리는 살인자의 특별한 살해방식을 파악하기 시작했으나 아직은 공개할 수 없다.
실제 대화에서는 m.o.로 줄여 쓰는 경우가 많다.
A frequent gambler who likes to play the horses may have a particular modus operandi for picking winners.
경마를 좋아하는 도박꾼은 대부분 우승마를 뽑는 자신만의 특별한 방법을 가지고 있다.
The usual modus operandi for the songwriters was for one to write the lyrics first and then for the other to compose the music.
노래를 만드는 일반적인 작업방식은 한 사람이 먼저 가사를 쓴 다음에 다른 사람이 거기에 맞는 곡을 붙이는 것이다.

✛
get a handle on sth —에 대해 감을 잡기 시작하다.
go public on/with —을 공개하다.

modus vivendi

[mˈoʊdəs vɪvˈendiː]

manner of living

noun

● 삶의 방식.
● 서로 싸우지 않고 지내기 위해 합의한 규칙.

During the budget crisis, the Democratic governor and the Republican legislature established a good working modus vivendi.

예산위기 때, 민주당 소속 주지사와 공화당 주도 입법부는 훌륭한 절충방식을 만들어냈다.

■

modus vivendi는 '생활방식'이라는 뜻으로 사용되기도 하지만, 일반적으로는 분쟁하는 쌍방이 영구적인 해법을 찾기 전까지 서로 평화를 유지하기 위해 합의하는 실무적인 '행동규약'을 의미한다.
After 1940, a modus vivendi between church and state was achieved.
1940년 이후 교회와 국가 사이에 행동규약이 체결되었다.
Two people going through a bitter divorce may be able to arrive at a modus vivendi that allows them to at least maintain an appearance of civility and dignity.
적대적인 이혼절차를 밟는 부부는, 적어도 겉으로는 예의와 품위를 유지하기 위한 관계규정을 설정할 수 있다.
The independent-minded teenager and her overprotective parents struggled to arrive at a modus vivendi that both sides could accept.
독립하고 싶어하는 10대와 과잉보호하는 부모가 둘다 수긍할 수 있는 삶의 방식을 찾아 가는 길은 험난하기 그지없다.

✛
legislature [lˈedʒɪsleɪtʃər] 의회, 입법부.
civility [sɪvˈɪlɪti] 교양, 예절.

Ut ameris, amabilis esto.
If you want to be loved, be lovable.
사랑받고 싶거든 사랑스럽게 행동하라.

curriculum vitae

[kərˈɪkjʊləm vˈiːti]
course of life

noun
- 이력서.

The job advertisement asked for an up-to-date curriculum vitae and three recommendations.
구인광고는 최근 이력서와 추천서 3장을 요구했다.

■

curriculum vitae는 살아온 과정을 보여주는 '이력서'를 의미한다. CV 또는 vita라고 줄여서 말하는 경우가 많다. 영국에서는 어떠한 업종에서나 이력서를 curriculum vitae라고 말하지만, 미국에서는 과학/의학 분야 업종과 대학의 교수직에 지원할 때에만 사용한다. 다른 분야에서는 résumé라는 말을 사용한다.
She sent out a curriculum vitae full of impressive educational and professional credentials.
그녀는 인상적인 학업과 직업증명으로 가득찬 이력서를 보냈다.
Her short stories are her main qualification for the job, but the college needs her curriculum vitae as well.
단편소설만으로도 그 자리를 얻을 수 있는 주요한 자질을 입증하였으나, 대학은 그녀의 이력서도 요구했다.

+

résumé [rˈezʊmeɪ] = vita [vˈitə] 이력서.
hollow [hˈɒloʊ] 텅빈, 공허한.
opprobrious [əˈproʊbriəs] 치욕적인.
treason [trˈiːzən] 반역.
hideous [hˈɪdiəs] 끔찍한.
execution [ˌeksɪˈkjuːʃən] 처형.
credential [krɪˈdɛnʃəl] 권위나 자격을 입증해주는 것.
qualification [ˌkwɒlɪfɪˈkeɪʃən] 필요한 자질을 충족함, 능력.

opprobrium

[əprˈoʊbriəm]
to blame

noun
- 치욕.
- 망신.

The writers of the New Testament hold the Pharisees up to opprobrium for their hypocrisy and hollow spirituality.
신약성경 집필자들은 바리새인들을, 그들의 위선과 공허한 영성에 대한 대중적 비난의 대상으로 전락시켰다.

■

Witches have long been the objects of opprobrium.
마녀는 오랫동안 질타의 대상이었다.
16, 17세기 유럽에서 수많은 여자들이 마녀로 몰려 화형당했다.
The opprobrious crime of treason could likewise result in the most hideous torture and execution.
반역이라는 치욕적인 범죄 역시 마찬가지로 가장 끔찍한 고문과 처형으로 다스렸다.
In *The Scarlet Letter*, the sin of adultery in Puritan times brought opprobrium on Hester Prynne.
《주홍글씨》에서 청교도시대의 간통죄는 주인공 헤스터 프린에 대한 온갖 질타를 안겨주었다.
Today the country of Israel is the object of opprobrium in many countries.
오늘날 이스라엘은 많은 나라들의 질타의 대상이다.
Mere smokers, or even overweight people, may sometimes feel themselves to be the objects of mild opprobrium.
담배를 피운다는 이유만으로, 또는 살이 쪘다는 이유만으로 가벼운 질타의 대상이 되었다고 느끼는 사람도 많다.

FUS

Latin *fundere*
to pour out 쏟아붓다
to melt 녹다

transfusion
[trænsfjˈuːʒən]

noun

● 수혈(=blood transfusion).

The transfusion gave her an immediate burst of energy, and her friends were astonished when they arrived at the hospital that afternoon.

수혈을 받자 그녀는 즉각 힘이 솟았으며, 오후에 병문안을 온 친구들은 깜짝 놀랐다.

■

Blood transfusions were first attempted by Europeans in the early 1600s.

수혈은 1600년대 초 유럽에서 최초로 시도되었다. **하지만 당시에는 해부학적 지식 부족으로 상당한 희생을 초래했다.**

Some patients were transfused with animal blood, and so many died as a result that by 1700 transfusions had been widely outlawed.

몇몇 환자들에게는 동물의 피를 주입하였고, 이로 인해 많은 사람들이 죽었다. 그로 인해 1700년쯤 수혈은 대부분 법으로 금지된다.

Not until 1900 were the major blood groups recognized, making transfusions safe and effective. 1900년이 되어서야 혈액형이 있다는 것이 밝혀졌으며, 이로써 수혈이 안전하고 효과적인 치료법으로 자리잡았다.

The mayor has promised a transfusion of $8 million in redevelopment funds.

시장은 재개발기금으로 800만달러를 수혈하겠다고 약속했다. **어떤 조직에 꼭 필요한 중요한 것을 피에 비유해서 표현하기도 한다.**

✦

fluid [flˈuːɪd] 액체, 물 흐르는 듯 부드러운, 유동적인.
transfuse [trænsfjˈuːz] 수혈하다.

effusive
[ɪfjˈuːsɪv]

adjective

● 야단스러운. 감정을 과도하게 드러내는.
● 자유롭게 표현하는.

At the victory party she lavished effusive praise on all her supporters for almost half an hour.

승리파티에서 그녀는 거의 30분 동안 모든 지지자들에게 과도한 칭찬을 아끼지 않았다.

■

effuse는 pour out, 즉 '쏟아내다'라는 뜻으로, effusive person은 자주 감정을 쏟아내는 사람을 의미한다.

Greeting someone effusively may include great hugs and wet kisses.

깊은 포옹과 진한 키스는 effusive greeting이라고 표현할 수 있다.

Academy Award winners tend to become embarrassingly effusive once they've got the microphone.

아카데미시상식에서 수상자들은 마이크 앞에 서는 순간 당황하여 감정을 마구 쏟아내는 경향이 있다.

effusiveness는 일반적으로 부정적인 감정보다는 '긍정적인 감정의 분출'을 의미한다.

✦

lavish [lˈævɪʃ] 성대한, 후한, 헤픈, 아낌없이 쓰다.
effuse [ɛfjˈuz] 쏟아내다, 발산하다.
wet kiss 입을 벌리고 상대방의 침이 묻을 정도로 하는 키스.
blood groups 혈액형(A, B, AB, O).
blood vessel [vˈesəl] 혈관.

fuse는 금속의 '녹는' 성질 활용하여 과부하된 회로를 차단하는 장치다.

nuclear fusion은 가벼운 원자핵들이 함께 '녹아' 더 무거운 원자핵을 형성하는 '핵융합'을 의미한다.

fusion cuisine은 여러 문화의 요리를 섞고 녹여서 하나로 만들어내는 '퓨전요리'를 의미한다.

profusion

[prəfjˈuːzən]

noun

● 풍성함. 양이 매우 많음.

In May the trees and flowers bloom with almost delirious profusion.

5월에는 나무와 꽃들이 거의 혼이 빠질 정도로 흐드러지게 피어난다.

■

pro(forth)+fus(pouring out)는 문자 그대로 pouring forth 즉 '쏟아붓다'는 뜻이다.

a profusion of gifts 엄청나게 많은 선물.

a profusely illustrated book 그림이 가득한 책.

A bad social error should be followed by profuse apologies.

진정으로 잘못을 뉘우친다면 끝없이 사과를 쏟아내야 한다.

Profound gratitude should be expressed with profuse thanks.

진심으로 고마움을 느낀다면 하염없는 감사인사로 표현해야 한다.

The bower was hung with roses blooming in great profusion.

나무터널에는 장미꽃이 흐드러지게 피어있다.

✦

delirious [dɪlˈɪəriəs] 정신이 나간.
abundance [əbˈʌndəns] 엄청나게 많은 양.
profuse [prəfjˈuːs] 넘치는.
profound [prəfˈaʊnd] 심오한, 강렬한.
bower [bˈaʊˈər] 나무를 우거지게 하여 만든 터널이나 쉼터.

suffuse

[səfjˈuːz]

verb

● 퍼지다.
● 액체나 빛처럼 공간을 가득 채우다.

As the soft light of dawn suffused the landscape, they could hear the loons crying over the lake.

새벽의 부드러운 빛이 풍경을 가득 메우면서, 호수 위로 울려퍼지는 아비새가 울음소리를 들을 수 있었다.

■

The odors of baking suffused the room.

빵 굽는 냄새가 방 안에 가득하다.

The room was suffused with firelight.

방안에 벽난로 불빛이 가득 채웠다.

This novel is suffused with Irish humor.

이 소설은 아일랜드식 유머로 넘쳐난다.

The face was suffused(filled/flushed) with joy/hope/love.

얼굴에 기쁨/희망/사랑이 한가득 퍼졌다(만발했다/붉어졌다)

An insect's gray wings are suffused with tinges of red.

곤충의 잿빛 날개는 붉은 색소로 가득 차 있다.

✦

loon [lun] 아비새.
flush [flˈʌʃ] 얼굴이 붉어지다.
tinge [tˈɪndʒ] 색조, 기미.

SOLU SOLV

Latin solver
to loosen, free, release 풀어주다

soluble
[sˈɒljʊbəl]

adjective
- 물(액체)에 녹는.
- 해결할 수 있는. 설명할 수 있는.

To an optimistic young principal, the problems of a school like this one might seem challenging but soluble.

낙관적인 젊은 교장에게 이와 같은 학교의 문제는 쉽지는 않겠지만 해결할 수 있는 것으로 보인다.

■

Soluble substances can be dissolved in liquids.
용해성 물질은 액체 속에서 녹을 수 있다.

화학실험실에서만 사용될 것처럼 보이는 단어지만,
우리 주변에서도 꽤 자주 볼 수 있다.
soluble과 solvable은 모두 solve에서 파생된 단어로
의미가 같다.
soluble/insoluble problems 해결할 수 있는/없는 문제
If only all life's problems were soluble by stirring
them in a container filled with water.
인생의 모든 문제들이 물속에 넣고 휘저으면 녹아버리듯 풀린다면
얼마나 좋을까!
fat-soluble vitamins 지용성 비타민
water-soluble vitamins 수용성 비타민
a soluble powder 가용성 분말

✛

solve [sˈɒlv] 풀다.
insoluble [ɪnsˈɒljʊbəl] 풀 수 없는, 녹지않는.
resolution [rˌezəlˈuːʃən] 해결, 다짐, 결단성.
resolve [rɪzˈɒlv] 결심하다, 용해하다, 해결하다.

absolution
[ˌæbsəlˈuːʃən]

noun
- 면죄.

Every week she would kneel to confess her little sins and receive absolution from the priest.

매주 그녀는 자신이 저지른 사소한 죄를 무릎 꿇고 고백하고,
사제에게 사면을 받는다.

■

라틴어 absolutus가 set free를 의미한다는 것을
알면 absolution이 왜 set free from sin을 의미하게
되었는지 이해할 수 있을 것이다. absolute 역시 free of
sin이라는 뜻에서 '순수한, 완벽한, 절대적인'이라는 의미를
갖게 되었다.
A priest absolves believers of their sins.
사제는 신자들의 죄를 용서한다. absolution의 동사형
absolve는 absolve sb of sth 형태로 쓰인다.
You may absolve your brother of blame for
a household disaster.
네 형은 집에 재앙에 초래한 것에 대한 비난을 면제해 줄 수 있다.
The court absolved the police of all blame in the
incident. 법원은 이 사건에 대한 경찰의 혐의가 없다고 선언했다.
You yourself may in time be absolved for that
scrape on the car backing out of a parking
space. 주차장에서 후진으로 차를 빼다가 자동차를 긁으면 스스로
자책하고 괴로워하겠지만 시간이 흐르면 언젠가는 자신을 풀어줄 수
있는 때가 올 것이다.

✛

kneel [nˈiːl] 무릎꿇다.
free of sin 죄가 하나도 없는.
absolve [æbzˈɒlv] 면제하다, 사면하다.
scrape [skrˈeɪp] 흠집.

solve a problem은 solution을 찾는 것으로, 막힌 수챗구멍을 뚫어 물이 빠져나가도록 하는 것과 같다.
solvent는 기름이나 페인트를 dissolve(풀어주는) 화학약품이다.

dissolution

[dˌɪsəlˈuːʃən]

noun
- 해산. 소멸.
- 부식이나 파괴로 인해 분해되거나 분리됨.

The dissolution of the U.S.S.R. was probably the most momentous event of the last quarter of the 20th century.
U.S.S.R.의 해체는 아마도 20세기의 마지막 4반세기에 발생한 가장 중대한 사건일 것이다.

■

dissolution의 동사형 dissolve는 '고체가 녹아 사라지다'라는 뜻이다.
The dissolution of American marriages became far more common in the later 20th century.
미국인들의 결혼의 해체는 20세기말 매우 흔한 일이 되었다.
이혼이란 결혼이 녹아내려 가족이 소멸하는 것이다.
When India won its independence in 1948, the dissolution of the once-global British empire was all but complete.
1948년 인도가 독립했을 때, 한 때 전 세계를 호령하던 브리튼제국의 해체는 거의 끝난 상태였다.
Factors such as crime and drugs might be contributing to the dissolution of contemporary society's moral fabric. 범죄와 마약과 같은
사회불안요소들은 현대사회의 도덕적 기반을 무너뜨릴 수 있다.
A dissolute person is someone in whom all restraint has dissolved.
자기통제가 모두 녹아버린 사람은 방탕한 사람이다.

✦
dissolve [dɪzˈɒlv] 용해하다, 해산하다.
all but = almost
dissolute [dˈɪsəluːt] 방종한, 타락한.
indecision [ˌɪndɪsˈɪʒən] 결정하지 못함, 유유부단.

resolute

[rˈezəluːt]

adjective
- 단호한. 결심이 확고한.

After ten years of indecision, the Senate finally seems resolute about reaching an agreement.
10년 동안의 방치 끝에, 상원은 마침내 결론을 내고야말겠다는 결의에 찬 듯 보인다.

■

resolve는 solve를 한번 더 푸는 것이므로 '복잡한 문제를 해결하다', '갈등을 해결하다'를 의미한다. 문제를 해결하면 결론에 도달하고 결론에 도달하면 행동에 나설 수 있다. 그래서 resolve는 make up your mind라는 의미도 갖게 되었다. 명사형 resolution은 '해결, 다짐, 결단성'을 의미한다. resolute와 resolved는 모두 '단호한'이라는 의미로, 같은 라틴어 어근에서 유래했다.
New Year's resolutions are something that you resolve to do in the year.
새해의 다짐은 실행하기로 결심한 것을 의미한다.
Barnet was desperate for money to resolve his financial problems.
바넷은 금전적 문제를 풀기 위해 돈을 필사적으로 구하러 다녔다.
resolve a dispute/conflict/problem 형태로 쓰일 때는 '해결하다'라는 뜻이고, resolve to do sth 형태로 쓰일 때는 '—하기로 결심하다'라는 뜻이다.
Mary resolved that she would stop smoking.
메리는 담배를 끊기로 결심했다.
She remained resolute in her belief that the situation would improve.
그녀는 상황이 개선될 것이라는 자신의 믿음을 확고하게 견지했다.

PURG

Latin *purgare*
to clean or cleanse 청소하다, 세척하다

purge
[pˈɜːrdʒ]

verb

- 죄/죄의식을 씻다.
- 원치 않는 불순물을 제거하다.

During the 1930s, Stalin purged the Soviet communist party of thousands of members who he suspected of disloyalty.

1930년대 스탈린은 충성심이 의심스러운 소비에트 공산당원 수천 명을 제거했다.

In some cultures, a ritual bath is performed to purge guilt or evil spirits.

몇몇 문화권에서는 죄의식이나 악령을 제거하기 위해 목욕의식을 한다.

The Minoans of ancient Crete may have used human sacrifice as a way of purging the entire community. 고대 크레타문명에서는 공동체 전체를 정화하는 방법으로 인간제물을 바쳤다. 공동체에게는 유익할 수 있겠지만 희생자에게는 가혹한 풍습이었다.

In many cultures, people periodically purge themselves physically—that is, clean out their digestive tracts—by taking strong laxatives; this used to be a popular springtime ritual, and herbal purgatives were readily available.

많은 문화권에서 사람들은 주기적으로 자신의 신체를 정화한다. 즉 강력한 설사제를 복용하여 소화기관을 말끔히 씻어낸다. 이는 봄철에 유행하는 의식이었는데, 설사를 유발하는 약초는 어디서든 쉽게 구할 수 있다.

✤
digestive tract [trˈækt] 소화관.
laxative [lˈæksətɪv] 하제.

purgative
[pˈɜːrgətɪv]

adjective

- 죄를 씻는. 정화하는.
- 장을 깨끗이 비우는.

I'm afraid my ten-year-old discovered the purgative effect of too many apples after a lazy afternoon in the orchard.

유감스럽게도 10살 난 우리 아이는 나른한 오후 과수원에서 사과를 너무 많이 먹으면 설사를 한다는 사실을 깨달았다.

Cleanliness is next to godliness.

경건 다음은 청결이다. 이 오래된 경구처럼 physical cleansing은 언제나 emotional/spiritual cleansing 과 긴밀하게 연관되어있다.

Confession has a purgative effect on the soul.

고백은 영혼을 정화하는 효과가 있다.

For centuries, doctors prescribed purgatives— that is, laxatives—for all kinds of ailments.

수세기 동안 의사들은 종류를 막론하고 가벼운 질병에는 무조건 설사약, 즉 하제를 처방했다. 실제로 이러한 처방이 효과있을 때가 많았다.

purgative는 명사로 laxative와 같은 의미로 쓰인다.

Some psychologists used to claim that expressing your anger is purgative; but in fact it can really foul things up.

화를 표출하는 것이 마음을 정화한다고 주장하는 심리학자들도 있지만, 오히려 상황을 완전히 망쳐버릴 수도 있다. 이런 행동은 아무 때나 purgative를 복용하는 것처럼 위험한 일이다.

✤
orchard [ˈɔːrtʃərd] 과수원.
godly [gˈɒdli] 신앙심이 깊은.
ailment [ˈeɪlmənt] 심각하지 않은 질병.
foul [fˈaʊl] up 망치다.

purgatory
[pˈɜːrgətɔːri]

noun

● 연옥.
● 일시적으로 고통을 겪는 장소나 상태.

For both of them, filled with anxiety, the long, sleepless night felt like purgatory.

두 사람 모두 불안에 휩싸여, 잠 못 드는 기나긴 밤은 연옥처럼 느껴졌다.

■

Purgatory is the place where the soul is cleansed of all impurities.
연옥은 영혼이 불결함을 모두 깨끗하게 씻어내는 곳이다.
단테는 《The Divine Comedy》에서 이렇게 묘사했다.
가톨릭교리에서 연옥은 영혼이 천국에 올라가기 전 거쳐가는 곳으로, 이곳에서 생전에 저지른 죄의 대가를 치른다.
Waiting to hear the results of a test, or whether you got a good job, can be a purgatory.
시험결과를 기다리거나 좋은 일자리에 합격했지 소식을 기다리는 시간은 연옥처럼 느껴질 수 있다.
오늘날 purgatory는 가혹한 고통과 비참함이 잠시 지속되는 장소나 상황을 일컫는 말로 사용된다.
An endless after-dinner speech can make an entire roomful of people feel as if they're in purgatory.
끝나지 않는 식후연설은 방안을 가득 메운 사람들에게는 마치 연옥에 있는 듯한 느낌을 줄 수 있다.

✛

impurity [ɪmpjˈʊərɪti] 불순물, 순결을 잃은 상태.
cleanse [klˈenz] 씻다. 정화하다.

expurgate
[ˈekspərgeɪt]

verb

● 불쾌한 것을 정화하다/제거하다.

In those years, high-school English classes only used expurgated editions of Chaucer's Canterbury Tales.

그 시절 고등학교 영어수업에는 초서의 《켄터베리이야기》를 청소년용으로 삭제된 버전만 사용했다.

■

Expurgation has a long and questionable history. 검열삭제에는 논란이 되는 긴 역사가 있다.
Perhaps history's most famous expurgator, or censor, was the English editor Thomas Bowdler.
아마도 역사상 가장 유명한 검열삭제자로는 영국의 편집자 토머스 보들러를 들 수 있을 것이다.
In 1818, Bowdler published the *Family Shakespeare*, an expurgated edition of Shakespeare's plays that omitted or changed any passages that, in his opinion, couldn't decently be read aloud in a family.
1818년 보들러는 《패밀리셰익스피어》라는 책을 출간하는데, 이 책은 가족 앞에서 점잖게 큰 소리로 읽기에 부끄럽게 여겨지는 구절들을 생략하거나 수정한 셰익스피어 희곡의 검열삭제판이었다.
I'm bowdlerizing it—just slightly changing one or two words so listeners won't be upset.
잠시 검열 중이야. 그냥, 듣는 사람이 불편해하지 않도록 한두 단어만 살짝 바꾸려고. 오늘날 Bowdler하다(-ize)라는 말은 expurgate와 동의어로 쓰이고 있다.

✛

expurgation [ˌekspərgˈeɪʃən] 검열삭제.
bowdlerize [bˈoʊdləraɪz] 외설스러운 부분을 잘라내다.
censor [sˈensər] 검열관.

Greek Borrowings

ethos
[ˈiːθɒs]
character/custom

noun

● 개인/집단/제도를 규정하는 태도.

The company's ethos has always been an interesting blend of greed and generosity.

이 회사의 기풍에는 늘 탐욕과 관용이 기묘하게 뒤섞여 있다.

■

아리스토텔레스는 ethos를 사람의 개성이나 인격을 일컫는 말로 사용했으며, 가장 뛰어난 ethos는 열정과 신중함 사이에서 균형을 유지하는 것이라고 말했다. 하지만 오늘날 일상적인 맥락에서 ethos는 개인, 기관, 사회마다 다른 관습/가치/태도/도덕률/신념을 일컫는 말로 쓰인다.

The ethos of the American frontier in the 19th century was rugged individualism and self-sufficiency.

19세기 미국 서부개척시대의 에토스는 강인한 개인주의와 자부심이었다.

In the suburbs, you can enjoy an ethos of permissiveness.

도시 바깥에서는 관대한 문화를 만끽할 수 있다.

There's something very wrong with a company's ethos when the employees who get ahead are the ones who tell on their friends.

승진하는 직원들이 동료를 고자질하는 이들이라면, 회사의 기풍에 상당한 문제가 있는 것이다.

+
a blend [blˈend] of —의 혼합물.
rugged [rˈʌgɪd] 울퉁불퉁한, 거친, 퉁명스러운, 튼튼한.
tell on 고자질하다. I'll tell my mummy on you.

hubris
[hjuːˈbrɪs]
extreme pride

noun

● 근거 없는 자신감.

Two hours later, the team's boastful pregame hubris bumped into the embarrassing reality of defeat.

두 시간 후, 경기 시작 전 하늘을 찌를 듯한 그 팀의 오만함은 패배라는 당혹스러운 현실과 맞닥뜨리고 말았다.

■

hubris는 신들에게 노여움을 살 만큼 하늘을 찌르는 자신만만함을 일컫는다.

Hubris was a character flaw often seen in the heroes of classical Greek tragedy, including Oedipus and Achilles.

오이디푸스와 아킬레스를 비롯하여 고대 그리스의 비극에 등장하는 영웅들에게 자주 볼 수 있는 성격적 결함이 바로 hubris다.

Pride goeth before a fall.

교만이 가는 곳에 몰락이 온다.

이 오래된 속담은 기본적으로 hubris를 경계하라고 일깨워준다.

It seems like hubris to brag about a victory before it has been won.

이기기도 전에 승리한 듯 으스대는 것은 오만함으로 비친다.

+
downfall [dˈaʊnfɔːl] 급락, 몰락.
flaw [flˈɔː] 결함.
sob [sˈɒb] 흑흑 소리 내 울다.
spectator [spˈekteɪtər] 관객.
buildup [bˈɪldˌʌp] 증강, 고조.
laxative [lˈæksətɪv] 설사유도제.
permissive [pərmˈɪsɪv] 관대한, 관용적인.
cathartic [kəθˈɑːrtɪk] 카타르시스를 주는, 장을 비워주는.
self-sufficiency 자족, 자부심.

Crede quod habes, et habes.
Believe that you have it, and you have it.
Fake it till you make it. 이미 성공한 것처럼 행동하면 진짜 성공한다.

catharsis

[kəˈθɑːrsɪs]
to make pure

noun

- 카타르시스.

Having broken down sobbing at the funeral, he said afterwards that it had felt like a catharsis.

장례식에서 울음을 쏟아낸 뒤, 그는 마음이 한결 차분해지는 느낌이 들었다고 말했다.

■

catharsis는 아리스토텔레스의 《시학》에서 처음 나온 말이다.
Aristotle claims that watching a tragedy provides the spectators with a desirable catharsis because of the buildup and release of the emotions of pity and fear.
아리스토텔레스는 비극을 보는 행위는 관객들에게 누구나 경험하고 싶어하는 카타르시스를 제공한다고 주장한다. 연민과 공포의 감정이 점차 고조되다가 마침내 분출되는 짜릿함은 행복감을 준다.
Sigmund Freud는 catharsis를 '무의식적 욕망과 생각을 의식세계로 끄집어내면서 부정적인 영향을 제거하는 과정'을 일컫는 말로 사용했다.
Today some people claim it's cathartic to merely express your anger or grief.
오늘날에는 분노와 슬픔을 마음껏 표출하는 것만으로도 카타르시스를 느낀다고 말하는 사람들이 있다.
하지만 이러한 감정분출을 '카타르시스'라고 일컫는 용례는 일반적으로 합의된 것이 아니라는 점을 명심하라.
Laxatives are called cathartic, since they provide a physical catharsis.
신체적인 카타르시스를 안겨준다는 의미로 변비약을 cathartic이라고 부르기도 한다.

thesis

[θˈiːsɪs]
act of laying down

noun

- 논제. 이론.
- 논문.

She's done all the coursework needed for her master's degree but hasn't yet completed her thesis.

그녀는 석사학위에 필요한 코스웍을 모두 이수했지만, 아직 학위논문은 완성하지 못했다.

■

thesis는 논증의 소재가 되는 아이디어를 '내놓다'는 뜻으로, 논문 또는 논제를 의미한다.
In many fields, a final thesis is the biggest challenge involved in getting a master's degree.
많은 학문분야에서 최종논문은 석사학위를 따기 위한 가장 어려운 관문이다.
A Ph.D. thesis is often called a dissertation.
박사학위 역시 논문을 써야 하지만 박사학위논문은 thesis라고 하지 않고 dissertation이라고 한다.
In the course of the paper the student may put forth several theses and attempt to prove them. 논문작성과정에서 학생들은 몇몇 논제를 제시하고 이것을 입증하기 위해 노력한다.
여기서 thesis는 논문이 아니라 '논제/아이디어'를 의미한다. thesis의 복수형이 theses라는 것을 눈여겨보라.
He had to revise his thesis twice before being granted his master's degree.
그는 석사학위를 신청하기 전에 자신의 논문을 두 번이나 고쳐 썼다.

✛

dissertation [dˌɪsərˈteɪʃən] 논문

DIS

Latin
apart 떨어진

dissuade
[dɪswˈeɪd]

verb
- 단념시키다. —을 하지 않도록 설득하다.

The thought of the danger he might be facing on the journey makes her uneasy, and she's trying to dissuade him from going.

그가 여행에서 마주칠지 모르는 위험이 자꾸 떠올라 불안해하는 그녀는, 그를 가지 못하게 만류하려고 애썼다.

■

dissuade는 persuade의 반댓말이지만 자주 사용되지 않는다. dissuade의 주어는 사람과 사물 모두 될 수 있으며 dissuade sb from (doing) sth 형태로 쓰인다.
A bad weather forecast may dissuade a fisherman from going out to sea that day.
날씨가 나쁠 것이라는 예보는 어부가 바다에 나가는 것을 단념하게 할 수 있다.
A warning on a cigarette pack almost never dissuades a real smoker from having his or her next cigarette. 담뱃갑에 새겨진 경고메시지는 흡연자에게 흡연을 그만두게 만들지 못한다.

✛
dissipate [dˈɪsɪpeɪt] 흩뜨리다, 탕진하다.
—dis apart + supare throw
distaste [dˌɪstˈeɪst] 진저리칠 정도로 싫어함.
—dis not +taste 맛 = aversion
disagreeable [dˌɪsəgrˈiːəbəl] 불쾌한, 사귀기 어려운.
—dis not + agreeable 상냥한, 기분을 잘 맞춰주는
disbar [dɪsˈbɑːr] 법조계에서 추방하다.
—dis expel from +bar 변호사석
disinfect [dˌɪsɪnfˈekt] 소독하다, 살균하다.
—dis deprive of +infect contaminate

disorient
[dˌɪsˈɔːrient]

verb
- 갈피를 못 잡게 하다. 혼란스럽게 만들다.

By now the hikers were completely disoriented, and darkness was falling fast.

이제 여행자들이 완전히 길을 잃었고, 빠르게 어둠이 내렸다.

■

orient는 동쪽, occident는 서쪽을 의미한다.
orient는 '(태양처럼) 솟아오르다'를 의미하는 단어에서 나왔다.
They oriented the church.
동쪽을 향하도록 교회를 설계했다.
orient는 원래 동사다. 교회를 지을 때 제단을 건물 동쪽 끝에 놓아야 한다. 이는 '동쪽에서 빛이 오듯... 人子도 그리할 것'이라는 마태복음 구절에서 유래한 전통이다.
orienteering은 지도와 나침반만을 사용해 길을 찾아가는 크로스컨트리게임이다.
It's easy for a hiker to become disoriented when an overcast sky hides the sun.
지금도 낯선 곳을 여행하는 사람들은 구름이 해를 가리면 방향을 쉽게 잃는다.

✛
hiker [hˈaɪkər] 걸어서 여행하는 사람.
orient [ˈɔːrient] 동쪽. 동쪽을 향하게 하다, 새로운 환경에 맞게 준비하다.
occident [ˈɑksədənt] 서쪽.
overcast [ˌoʊvərkˈæst] 구름이 뒤덮은.
orientation = induction course 신입예비교육.

DIS는 dissipate(흩뜨리다)처럼 본래 의미 apart가 그대로 쓰이는 경우도 있지만,
맥락에 따라 조금씩 다른 의미로 쓰인다. distaste, disagreeable에서는 not을 의미하고,
disinfect에서는 deprive of(억제하다)를 의미하고, disbar에서는 expel from(쫓아내다)을 의미한다.

discredit

[dɪskrˈedɪt]

verb

- 신용을 떨어뜨리다.
- 평판을 훼손하다.

His book had been thoroughly discredited by scholars, and his reputation was badly damaged.

그의 책은 학자들에 의해 완전히 발가벗겨졌고, 그의 명성은 심각하게 훼손되었다.

■

credit의 주요의미는 '신뢰'이며, 따라서 discredit은 기본적으로 '신뢰를 파괴하다'를 의미한다.
A scientific study may be discredited if it turns out it was secretly written up by someone paid by a drug company.
과학연구는 그것이 제약회사의 지원을 받은 연구자에 의해 은밀하게 작성된 것이라는 사실이 드러나는 순간 신뢰성이 추락한다.
The lawyer tried to discredit testimony in a trial by revealing that the witness just got out of the slammer.
변호사는 증인이 교도소에서 방금 출소했다는 사실을 밝힘으로써 재판에서 증언의 신빙성을 깎아내리기 위해 노력했다.
Many political campaigns rely on discrediting one's opponents.
많은 선거운동이 경쟁자의 신뢰를 훼손하는 데 집중한다.
입증되지 않은 사실이라 해도 상대방의 명예를 흠집낼 수 있다면 막무가내로 퍼트리는 정치인들을 흔히 볼 수 있다.

✚

testimony [tˈestɪmoʊni] 증언.
slammer [slˈæmər] 교도소.
lodge [lˈɑdʒ] 돈을 받고 방을 빌려주는 집 (rooming house).
hang out 빨래를 널다, 서성거리다.

dislodge

[dˌɪslˈɑdʒ]

verb

- 격퇴하다. 은신처/방호물에서 몰아내다.

Senators are attempting to dislodge the bill from the committee, where the chairman has failed to act on it for five months.

상원의원들은 위원회에서 법안을 몰아내고자 노력했는데, 그것은 위원장이 지난 5개월 동안 의결하기 위해 노력했던 법안이다.

■

lodge는 대개 여관이나 호텔처럼 '잠시 묵는 곳'을 일컫는 말로, 동사로 사용될 때는 그런 곳에 '머무르거나 숙박하다'는 뜻이다. 따라서 dislodge는 사람이나 사물을 '머무르던 곳에서 몰아내다'는 뜻이다.
You might use a toothpick to dislodge a seed from between your teeth.
이쑤시개를 이용해 이빨 사이에 낀 씨앗을 제거할 수 있다.
dislodge라는 말이 가장 적절하게 사용된 예라 할 수 있다.
Police might use tear gas to dislodge a sniper from his hiding place.
경찰이 최루탄을 쏘아 은신처에 숨어있는 저격수를 밖으로 끌어낼 때에도 dislodge라는 말을 쓸 수 있다.
A slate tile dislodged from a roof could be dangerous to someone hanging out on the street below.
지붕에서 빠져나온 기와는 그 아래 서성이는 사람에게 위험할 수 있다.

CRED

Latin *credere*
to believe 믿다
to entrust 신뢰하다

credence

[krˈiːdəns]

noun
- 신뢰, 신빙성.

He scoffed and said no one still gives any credence to the story of the Loch Ness monster.

그는 비웃으며 네스호 괴물 이야기를 아직도 믿는 사람은 아무도 없다고 말했다.

■

credence와 belief는 비슷하지만 차이가 있다. belief는 종교나 철학에 대해 이야기할 때 주로 사용되지만, credence는 보고서, 소문, 의견에 대해 이야기할 때 주로 사용된다. 또한 credence는 대개 give, lack, lend, gain 같은 동사의 목적어로 사용된다.

A new piece of evidence may lend credence to the alibi of a criminal suspect.

새로운 증거는 범죄용의자의 알리바이에 신빙성을 부여한다.

Claims that a political candidate can become the next President gain credence only after the candidate wins a few primaries.

어떤 후보가 다음 대통령이 될 수 있다는 주장은 몇몇 프리미어(예비선거)에서 승리한 뒤에야 신빙성을 얻는다.

Although stories about Elvis sightings persist, they lack credence for most people.

엘비스를 목격했다는 이야기가 끊이지 않고 있지만, 대다수 사람들에게 신뢰를 주지 못한다.

✚
scoff [skˈɒf] 비웃다.
sighting [sˈaɪtɪŋ] 우연한 목격.

credible

[krˈedɪbəl]

adjective
- 믿을 수 있는, 신뢰할 만한.
- 실현가능성이 높은.

Because of her past criminal record, the defense lawyers knew she wouldn't be a credible witness.

피고측 변호인은 과거 범죄경력으로 인해 그녀가 신뢰할 만한 증인이 아니라는 사실을 알고 있었다.

■

credible은 believable과 뜻이 같고, credibility는 believability와 뜻이 같다. 하지만 incredible과 unbelievable은 오늘날 credible과 believable의 반대 의미라기보다는 '(믿기 어려울 만큼) 놀라운'이라는 의미로 쓰인다.

credible evidence 신뢰할 만한 증거.
a credible plan 신뢰할 만한, 즉 성공가능성이 높은 계획.
a credible excuse 믿어줄 만한, 그럴듯한 변명.
I just punched that guy in the face—plus 1 street cred.

그 녀석 얼굴을 한 대 갈겼지. 스트릿크레드 1점 플러스.

street cred는 도심빈민가에 사는 거친 젊은이들 사이에서 자신을 증명함으로써 얻는 일종의 동료 간의 승인과 같은 것을 의미한다.

여기서 cred는 credibility를 줄인 말이다.

✚
credibility [krˌedɪbˈɪlɪti] 신뢰성.
incredible [ɪnkrˈedɪbəl] = unbelievable [ˌʌnbɪlˈiːvəbəl]
credulous [krˈedʒʊləs] 쉽게 믿는, 잘 속는.
dubious [dˈuːbiəs] 의심스러운.

대출금을 갚을 능력이 된다는 것을 보여주기 위해서는 credit rating(신용등급)이 높아야 한다.
내가 나인 것을 입증하기 위해서는 항상 credentials(신분증)을 가지고 다녀야 한다.

credulity

[krɪdˈuːlɪti]

noun

● 근거도 없이 쉽게 믿는 경향.

Thrillers and action movies only succeed if they don't strain our credulity too much.

스릴러와 액션영화가 성공하려면, 기꺼이 믿어주고자 하는 관객의 마음에 지나치게 의존해서는 안 된다.

■

A particularly far-fetched story strains credulity, stretches credulity, puts demands on our credulity, or makes claims on our credulity.
현실성이 없는 이야기는 믿어주고자 하는 마음을 쥐어짠다, 잡아당긴다, 요구한다, 호소한다.
현실성 없는 이야기를 받아들이기 위해서는 credulity를 최대한 너그럽게 확장해야만 한다.
Credulity is a quality of innocent children (of all ages) and isn't always a bad thing.
쉽게 믿는 경향은 기본적으로 순수한 아이들의 자질이다(물론 나이가 많은 아이도 있다). 그렇다고 나쁜 것만은 아니다.
예컨대 야구팬들은 매년 자신이 우승하는 팀이 우승할 것이라고 별다른 근거도 없이 확신하면서 이렇게 외친다.
"This is the year we're going to take it!"
올해는 우리가 우승할거야!
F. Scott Fitzgerald once defined advertising as "making dubious promises to a credulous public." 스콧 피츠제럴드 왈, 광고는 귀가 얇은 대중에게 미심쩍은 약속을 하는 것이다.

+

strain [strˈeɪn] 잡아늘리다, 쥐어짜다.
far-fetched 현실성이 없는, 믿기 어려운.
stretch [strˈetʃ] 잡아늘리다, 뻗다.

credo

[krˈiːdoʊ]

noun

● 신조.

She claims she made her money on Wall Street just by following the old credo "Buy low, sell high."

월스트리트에서 돈을 벌 수 있었던 비결은 '낮을 때 사고 높을 때 팔라'는 오래된 신조를 따른 것뿐이라고 말한다.

■

the Apostles' Creed and the Nicene Creed
사도신경과 니케아신경은 모두 Credo…라는 말로 시작한다. credo는 라틴어로 I believe라는 뜻이다.
신도들은 이들 신경을 credo라고 불렀고, 마침내 credo와 creed는 같은 의미로 정착되었다.
You may choose a different credo when you're 52 than when you're 19.
19살 때 좌우명과 52살 때 좌우명은 달라질 수 있다.
우리 삶의 지침이나 원칙, 좌우명도 credo라고 할 수 있다.
예컨대 20세기 미국의 작가 H. L. Mencken의 credo는 다음과 같다.
"I believe that it is better to tell the truth than to lie. I believe that it is better to be free than to be a slave. And I believe that it is better to know than to be ignorant."
나는 믿는다. 거짓말을 하는 것보다 진실을 말하는 것이 낫다고.
나는 믿는다. 노예가 되기보다 자유로운 것이 낫다고. 나는 믿는다.
무지하기보다 아는 것이 낫다고.

+

creed [krˈiːd] 신조, 강령.
apostle [əpˈɒsəl] 사도, 제자.
Nicene [nˈaɪsˌin] Nicaea의. (오늘날 터키에 위치한 고대도시)

FID

affidavit
[æfɪdˈeɪvɪt]

noun

● 진술서.

The whole family had signed affidavits **stating that they believed the will to be valid.**

가족 모두 유언장이 유효하다는 데 동의한다는 진술서에 서명했다.

■

affidavit는 라틴어로 He/She has sworn an oath (맹세했습니다).라는 의미로, 어떤 사실을 진술할 때 맨 앞에 하는 말이다. 지금은 진술서, 서약서를 가리키는 말이 되었다.

affidavit는 법정에 출석할 수 없는 상황에서 제출하기 위해 작성하는 경우가 많다. affidavit에 거짓이 담겨 있을 경우, 법적으로 처벌받을 수 있다.

Police officers must usually file an affidavit with a judge to get a search warrant.

경찰은 판사에게 수색영장을 청구할 때 일반적으로 affidavit을 제출해야 한다.

affidavit은 반대측 변호인과 대질하지 않고 작성하는 진술서인 반면, deposition은 반대측과 대질하여 작성하는 진술서를 의미한다.

The affidavit stated that no oral agreement had ever been made.

진술서에는 구술동의가 한번도 이뤄진 적 없다고 써있다.

✦

swear an oath 맹세하다.
file [fˈaɪl] 정식으로 제출하다.
deposition [dˌepəzˈɪʃən] 법정증언을 기록한 진술서.

diffident
[dˈɪfɪdənt]

adjective

● 부끄러움을 타는(timid, cautious).

He always found it a struggle to get his most diffident students **to speak in front of the class.**

숫기없는 학생을 교실 앞에 나와 발표하도록 하는 일이 어렵다는 것을 매번 느낀다.

■

diffident는 자신에 대한 믿음이 부족하다는 뜻으로 confident와 정반대 뜻이다. 자신의 능력이나 생각에 대한 신뢰가 없으면, 말하거나 행동하는 데 주저할 수밖에 없다.

Patients who feel diffident around their doctors don't dare ask them questions.

의사 앞에서 부끄러움을 타는 환자들은 의사에게 질문하는 것을 어려워한다.

A helpful friend tries to instill confidence in place of diffidence.

좋은 친구는 diffidence가 꿰차고 있는 자리에 confidence를 채워주기 위해 노력한다.

✦

timid [tˈɪmɪd] 소심한.
cautious [kˈɔːʃəs] 조심스러운.
confident [kˈɒnfɪdənt] 자신만만한.
confidence [kˈɒnfɪdəns] 자신감.
diffidence [dˈɪfɪdəns] 수줍음.
instill [ɪnstˈɪl] 몸에 배게 하다.

fidelity는 faithfulness(충실)와 같다. confidence는 어떤 사람이나 사물에 대한 믿음 또는 '신뢰'를 의미한다.
infidel은 신앙심이 없는 '불신자'를 의미한다.
개 이름으로 많이 사용되는 Fido는 라틴어로 'I trust(나는 신뢰한다)'라는 뜻이다.

fiduciary
[fɪdˈuːʃiəri]

adjective
- 신용과 관련된.
- 신용으로 묶여있는.

Pension-fund managers have a fiduciary responsibility to invest the pension's funds for the sole benefit of those who will receive the pensions.

연금기금 관리자는 기금을 투자하여 연금수령자에게 최대 이익을 제공해야 할 신탁책임을 진다.

■

A fiduciary relationship is one in which one person places faith in another.

신용관계란 한 사람이 다른 사람을 신뢰하는 관계다.

Stockbrokers and real-estate agents have fiduciary duties to their clients.

증권중개인과 부동산중개인은 의뢰인에 대한 신용의무를 진다. 의뢰인의 최대 금융이익을 제공하기 위해 행동해야 한다는 뜻이다.

Members of a company's board of directors have a fiduciary responsibility.

기업의 이사회 임원들에게는 회사의 주식을 가지고 있는 주주들의 경제적 이익을 보호할 신용책임이 있다.

There are legal requirements for those with fiduciary responsibility, and they can be sued for breach of fiduciary duty if they fail.

신용책임이 있는 사람들에게 요구되는 법적 요건들이 있으며, 이를 어기면 신용의무의 위반으로 고소당할 수 있다.

✛
breach [brˈiːtʃ] 위반, 침해.
double agent 이중간첩.

perfidy
[pˈɜːrfɪdi]

noun
- 신뢰관계 훼손(disloyalty), 배신(treachery).

While working for the CIA he was lured into becoming a double agent, and it seems he paid a high price for his perfidy.

CIA에서 일하는 동안 이중간첩이 되라는 유혹을 받았는데, 배신의 대가를 톡톡히 치른 것으로 보인다.

■

The perfidious Benedict Arnold—he plotted with the British to surrender West Point to them during the American Revolution.

베네딕트 아놀드는 미국독립전쟁 와중에 웨스트포인트를 영국군에게 내줄 모의를 했다.

이로써 그의 이름 앞에는 perfidious라는 수식어가 늘 따라다닌다.

The perfidy of the double agents Aldrich Ames (of the CIA) and Robert Hanssen (of the FBI) has also become notorious.

CIA의 알드리치 에임스와 FBI의 로버트 한센은 이중간첩 활동이 탄로나면서 배신자의 대명사가 되었다.

Ames는 1994년, Hanssen은 2001년 체포되었고, 모두 종신형을 선고받아 현재 감옥에 있다.

✛
disloyalty [dˌɪslˈɔɪəlti] 불충.
treachery [trˈetʃəri] 배신, 기만.
plot [plˈɒt] 작당하다, 실행계획을 세우다.
perfidious [pərfˈɪdiəs] 배신을 잘하는.
surrender [sərˈendər] —을 넘겨주다, 양도하다, 항복하다.

Latin Borrowings

bona fide

[bˈoʊnə fˈaɪdi]
in good faith

adjective
- 진실한.

According to the broker, they've made a bona fide offer to buy the property.

브로커에 따르면, 부동산을 사라는 그들의 제안은 진심이었다.

bona fide는 상대방을 속이거나 떠보려고 하는 의도가 전혀 없는, 다시 말해 '진심에서 우러난'이라는 뜻이다.
A bona fide sale is an entirely aboveboard transaction.

bona fide sale은 거래내역을 모두 투명하게 공개하는 거래다.
예컨대 주식거래는 모든 것을 투명하게 공개하는bona fide sale이다.
A bona fide promise is one that the person has every intention of keeping. 꼭 지키겠다는 마음으로 하는 약속을 bona fide promise라고 할 수 있다.
A bona fide proposal of marriage is one made by a suitor who isn't kidding around.
농담이 아닌 진심에서 우러나는 청혼을 bona fide proposal이라고 할 수 있다.
The firm required a reference to establish the bona fides of the client.

회사는 클라이언트의 진위를 확인하기 위해 추천서를 요구했다.
복수형(bona fides)으로 쓸 때는 상대방의 실적이나 업적이 사실인지 입증해주는 '공식서류'를 일컫는다.

✛
aboveboard [əbˈʌvbˌɔrd] 투명한. (노름할 때 노름판 위에 손을 올려놓도록 하는 관습에서 유래한 말.)
suitor [sˈuːtər] 구혼자.
bona fides [bˈoʊnə fˈaɪdiz] 증명서.
reference [rˈefərəns] 추천서.

ultimatum

[ˌʌltɪmˈeɪtəm]
ultimate

noun
- 최후통첩.

The ultimatum to Iraq in 1991 demanding that it withdraw from Kuwait was ignored, and a U.S.-led invasion was the response.

1991년 쿠웨이트에서 철수하라는 최후통첩을 이라크가 무시하자, 그에 대한 응답은 미국을 선두로 하는 침공이었다.

An ultimatum is usually issued by a stronger power to a weaker one.

최후통첩은 강한 나라가 약한 나라에게 보내는 것이다.
최후통첩을 내리는 쪽이 위협을 뒷받침할 만한 힘이 없다면, 그다지 무게가 실리지 않기 때문이다.
"Surrender completely or face the consequences."

무조건 항복하라. 그렇지 않으면 처참한 결과를 맞이할 것이다.
제2차 세계대전이 끝나갈 무렵 연합국은 일본에 이러한 최후통첩을 보낸다.
Japan rejected the ultimatum, and within days the U.S. had dropped atomic bombs on Hiroshima and Nagasaki, killing some 200,000 people.

일본은 최후통첩을 묵살했고 며칠 지나지 않아 미국은 히로시마와 나가사키에 원자폭탄을 투하한다. 이로써 약 20만 명이 사망했다.
When peace negotiations fell apart, an angry ultimatum was issued by the government.

평화협상이 파탄나자, 정부는 분노의 최후통첩을 발표했다.

Homines quod volunt credunt.
Men believe what they want to.
사람은 믿고 싶은 것만 믿는다.

neurosis

[nʊrˈoʊsɪs]
nerve disease

noun
- 노이로제.

**He has a neurosis about dirt,
and is constantly washing his hands.**
그는 더러운 것에 대한 노이로제가 있어 틈만 나면 손을 씻는다.

■

neuro(nerve)+osis(disease)가 결합한 neurosis
는 강박적으로 어떤 행동을 반복하는 증상이다. 어원을
그대로 살려 '신경증'이라고도 번역하지만, 그 이름과 다르게
실제로는 '신경망의 이상'과는 아무 상관없는 정신질환이다.
Unexplained anxiety attacks, unreasonable fears,
depression, and physical symptoms that are mentally
caused are all examples of neurotic conditions.
원인을 알 수 없는 불안발작, 비이성적 공포, 우울, 심리적 이유로
인해 발생한 신체적 증상은 모두 노이로제 질환의 사례라 할 수 있다.
A superstitious person who compulsively
knocks on wood or avoids anything with the
number 13 might be suffering from a harmless
neurosis. 강박적으로 나무를 두드리거나 숫자 13을 피하는
미신적인 사고 역시 약한 노이로제의 일종이라고 할 수 있다.
A severe neurosis such as agoraphobia can be
harmful. 광장공포증 같은 심각한 노이로제는 집에만 틀어박혀
있는 폐인을 만들 수 있다.
Neurosis is different from psychosis.
노이로제는 정신병과 구별되어야 한다. 정신병은 노이로제보다
훨씬 심각하고 다양한 증상을 보인다.

+

neurotic [nʊrˈɒtɪk] 노이로제와 연관된.
superstitious [ˌsuːpərstˈɪʃəs] 미신적인.
agoraphobia [ˌægərəfˈoʊbiə] 시장/광장공포증.
psychosis [saɪkˈoʊsɪs] 정신병.

colossus

[kəlˈɒsəs]
gigantic statue

noun
- 거대한 조각상.
- 업적/영향력이 매우 크고 중요한 사람.

**Even if Citizen Kane had been his only
movie, Orson Welles would be regarded
as a colossus in the history of film.**
《시민케인》이 유일한 출연작이었더라도, 오손 웰즈는 영화역사상
거인으로 간주되었을 것이다.

■

colossus는 그리스로마시대 세워진, 실물보다 훨씬 큰
조각상을 일컫는 말이다.
colossus 중 가장 유명한 것으로는 Colossus of
Rhodes를 들 수 있는데 기원전 280년경 그리스
로도스섬에 세워진 태양신 헬리오스 거상으로, 높이는
30미터가 넘었으며 건설하는 데 12년 이상 걸렸다고 한다.
The Statue of Liberty is a modern colossus,
enormous and stately, at the entrance to New
York Harbor. 뉴욕항 관문에 세워진 거대하고 위풍당당한
자유의 여신상은 현대의 콜로서스라고 할 수 있다.
Winston Churchill has played a colossal role
in history. 윈스턴 처칠처럼 역사상 거대한 업적을 세운 인물도
colossus라고 부를 수 있다.
colossus의 복수형은 colossi[kəlˈɒsaɪ]다.
For many years Microsoft has remained the
colossus of the software industry, feared by all
its competitors.
수년 동안 마이크로소프트는 소프트웨어산업의 거인으로 행세하며,
경쟁자들을 벌벌 떨게 만들었다.

+

colossal [kəlˈɒsəl] 거대한, 위대한.
stately [stˈeɪtli] 위풍당당한.

CRYPT

Greek
hidden 숨겨진

crypt
[krˈɪpt]

noun
- 예배당의 지하공간.
- 영묘.

His old nightmare was of being locked in a crypt with corpses as his only companions.
그의 오래된 악몽은 시체들만 있는 지하실에 갇혀있는 것이었다.

■

유서 깊은 교회의 예배당 밑에는 대개 비밀스러운 큰 지하공간이 있는데, 이 곳에는 대개 성인들의 시신이 누워있는 관이 놓여있다. 이곳을 crypt라고 한다.
또한 땅 위에 집을 짓고 관을 넣어두는 mausoleum도 crypt라고 부른다.
The great, echoing crypt of St. Stephen's Cathedral could have held hundreds of people.
슈테판대성당의 소리가 울리는 거대한 지하공간에는 수백명이 들어갈 수 있다.

✛
companion [kəmpˈænjən] 벗, 동행자.
mausoleum [mˌɔːzəlˈiːəm] 영묘. 건물형태의 무덤.
law-enforcement 법집행.

encrypt
[ɪnkrˈɪpt]

verb
- 암호로 바꾸다(encipher).
- 메시지를 기호로 전환하다(encode).

Messages on the group's Web site are encrypted in code words to keep law-enforcement agents from understanding them.
이 단체의 웹사이트에 있는 메시지는 경찰이 이해하지 못하도록 암호어로 되어 있다.

■

In countries ruled by dictators, novelists and playwrights have sometimes managed to encrypt their messages, conveying political ideas to their audiences so that the authorities never notice.
독재국가에서 소설가나 극작가들은 당국이 눈치챌 수 없도록 메시지를 교묘하게 비틀어 독자와 관객에게 정치적 견해를 전달하기도 한다.
Sensitive data that merely resides on a company's own computers is often encrypted as well.
민감한 데이터는 대개 암호화하여 기업내부 컴퓨터에만 보관한다.
She had failed to encrypt the file when she put it on her hard drive, and her secretary had secretly copied it.
그녀는 파일을 암호화하지 못하고 하드드라이브에 넣어두었는데, 그녀의 비서가 몰래 복사했다.

✛
encryption [ɪnkrˈɪpt] 암호화.
code [kˈod] 암호, 부호.
cipher [sˈaɪfər] (문자) 암호.

encrypt는 '암호를 사용해 의미를 숨긴다'는 뜻이다.
학술용어 중에서 crypto-로 시작하는 단어는 '무언가 숨어있다'는 뜻이다.

cryptic
[krɪptɪk]

adjective
- 아리송한(mysterious).
- 눈에 띄지 않게 숨기는.

From across the room, Louisa threw Philip a cryptic look, and he puzzled over what she was trying to tell him.

루이자가 방 한 켠에서 필립을 아리송한 표정으로 바라보자, 필립은 그녀가 무슨 말을 하려는지 몰라 어리둥절했다.

■

Until the early 19th century, Egyptian hieroglyphic writing was entirely cryptic, its meaning hidden from the modern world.

19세기 초 로제타돌에 새겨진 글이 마침내 번역되기 전까지 이집트의 상형문자는 수수께끼와도 같아서 그 의미는 베일 속에 가려져 있었다.

cryptic comment 의미를 정확하게 파악할 수 없는 말.
cryptic note 궁금증을 불러 일으키는 신비한 이야기를 담은 글.
Cryptic coloring among plants and animals acts like camouflage.

cryptic coloring/coloration은 눈에 잘 띄지 않게 위장하는 동식물의 보호색을 의미한다.

Some moths that are tasty to blue jays are cryptically colored to look like bugs that jays won't touch.

파랑어치가 좋아하는 몇몇 나방들은 어치가 건드리지 않는 벌레처럼 보이게끔 몸색깔을 위장한다.

✛
hieroglyphic [hˌaɪərəglˈɪfɪk] 상형문자의.
camouflage [kˈæməflɑːʒ] 위장, 속임수.
coloring [kˈʌlərɪŋ] 색칠하기, 착색제, 혈색, 동식물의 색깔.
coloration [kʌlərˈeɪʃən] 동식물의 색깔.
jay [dʒˈeɪ] 어치.
crack the code 암호를 풀다.

cryptography
[krɪptˈɑːɡrəfi]

noun
- 암호학.
- 암호 작성/해독술.

As a graduate student in mathematics, she never dreamed she would end up working in cryptography for the Defense Department.

수학과 대학원생으로서, 국방부에서 암호문을 작성하는 일을 하게 될 것이라고는 꿈에도 생각하지 못했다.

■

During World War II, cryptography became an extremely complex science for both the Allied and Axis powers.

제2차 세계대전을 거치면서 암호작성과 해독은 연합국과 추축국 양쪽에서 극도로 복잡한 학문으로 발전했다.

연합국과 추축국은 상대방의 암호체계를 뚫기 위해 치열하게 경쟁했지만 연합국은 나치의 암호를 해독하는 데 성공한 반면, 추축국의 cryptographer들은 Navajo 인디언말을 토대로 만든 미국의 암호를 끝내 풀어내지 못했다.

컴퓨터시대에 들어서면서 cryptography는 상상을 넘어설 만큼 복잡해졌다. 오늘날 cryptography는 인터넷뱅킹을 비롯해 온라인에서 널리 활용되고 있다.

Their cryptography hasn't been revised in two years, and we've been worried about the security of the data.

그들의 암호술은 2년 째 그대로 유지되고 있기에, 우리는 데이터보안을 우려한다.

✛
Allied powers 제2차 세계대전 당시 연합국.
Axis powers 추축국(독일, 이탈리아, 일본).

SCRIB SCRIP

Latin *scriber*
to write 쓰다

conscription
[kənskrˈɪpʃən]

noun
- 징병. 병역을 지게 함.

**The first comprehensive system for
nationwide conscription was instituted
by France for the Napoleonic wars that
followed the French Revolution.**

징병을 전국 단위로 관리하는 종합적인 체계는 프랑스혁명 이후
나폴레옹 전쟁 시대 최초로 구축되었다.

■

con(with)+scrip(write)에서 나온 conscript는
문자 그대로 누군가의 이름을 모아서 써넣음으로써 list를
만든다는 의미다. 여기서 중요한 사실은, 사람들은 이 list에
자신의 이름을 올리기 싫어한다는 것이다.
conscription은 적어도 고대 이집트왕국(기원전 27세기)
부터 존재해왔으며, 17-8세기 프러시아, 스위스, 러시아 등
유럽국가들이 다양한 형태의 conscription을 실시했다.
Universal conscription has been rare
throughout history. 전국민 의무병역(국민개병제)은 역사를
통틀어 매우 드물게 실시되었다.
미국에서는 남북전쟁 시기에 남/북 모두 conscription
을 최초로 실시하였으나 시민들은 거세게 저항했다.
conscription에 거부하는 시민들은 민병대를 조직하여
무장폭동을 일으키기도 했다. 미국정부는 전쟁이 끝날
때까지 이들을 끝내 제압하지 못했고, conscription을
포기할 수밖에 없었다. 1차 세계대전이 발발하고 난 뒤,
50년만에 미국은 conscription을 다시 실시할 수 있었다.

✚
conscript [kˈɒnskrɪpt] 징집된 신병. ↔ volunteer
       　　 [kənskrˈɪpt] 징발하다.
enlist [ɪnlˈɪst] 징집하다. 입대하다.
draft [drˈæft] 징병, 징병하다.

circumscribe
[sˈɜːrkəmskraɪb]

verb
- 활동범위를 명확하게 제한하다.
- 경계선을 그리다.

**Some children do best when their
freedom is clearly circumscribed and
their activities are supervised.**

자유를 확고하게 제한하고 감독할 때 최선을 다하는 아이들이 있다.

■

circum(around)+scrib(write)에서 나온
circumscribe는 '둘레에 선을 그어 경계를 표시하다'라는
뜻이다.
A boxing ring is circumscribed by ropes.
권투경기장은 로프로 경계를 표시한다.
The area for an archaeological dig may be often
circumscribed by ropes.
고고학 유물 발굴장소도 로프를 이용해 경계를 표시하는
경우가 많다.
A president's power is always circumscribed
by the constitution.
대통령의 권한은 언제나 헌법에 의하여 제한을 받는다.
A physician's assistant has a circumscribed
role that doesn't include writing prescriptions.
의료조무사는 처방전을 쓸 수 없는 제한된 역할만 수행한다.
The college feels a strong responsibility for
ensuring students' safety, but at the same time
it doesn't want to circumscribe student life too
much.
대학은 학생들의 안전을 보장하는 데 강한 책임을 느끼지만, 동시에
학생들의 삶을 지나치게 제한하고 싶어하지는 않는다.

✚
circumscription [sˌɜrkəmskrˈɪpʃən] 제한, 둘러싸인 구역.

scribble은 글씨를 정성 들여 쓰지 않고 휘갈겨 쓰는 것을 의미한다.
manuscript는 아직 출판하지 않은 원고다. describe는 그림을 보여주듯이 말로 묘사하는 것을 의미한다.

inscription

[ɪnskrˈɪpʃən]

noun

● 각인. 건물/동전/메달/화폐 등에 새겨진 글.
● 책이나 예술작품에 새긴 헌사(=dedication).

All U.S. coins bear the Latin inscription "E pluribus unum"—"From many, one."

미국의 모든 동전에는 E pluribus unum이라는 라틴어가 새겨져 있다. '여럿이 모여 하나'라는 뜻이다.

■

in(in/on)+scrip(write)에서 나온 inscription은 표면 위에 쓰거나 각인한 것을 의미한다.
Inscriptions in the ancient world were always chiseled into stone, as inscriptions still may be today. 고대에는 중요한 기록은 반드시 돌에 새겼기 때문에, 그러한 인각은 지금까지도 남아 있다.
The principal monument is a black wall on which are inscribed the names of all the Americans who died during the war.
주요 기념물은 전쟁에서 죽은 미국인들의 이름이 새겨져 있는 검은 벽이다.
Inside the cover someone had inscribed the words "To Thomas, with love".
누군가 표지 안쪽에 '토마스에게, 사랑을 담아'라고 써 놓았다.
She already knew the inscription she wanted on her gravestone: "She done the best she could."
그녀는 자신의 묘비에 새길 문장을 이미 정했다. "그녀는 최선을 다했다."

✛
chisel [tʃˈɪzəl] 끌, 조각칼로 새기다.
dedication [dˌedɪkˈeɪʃən] 헌사, 봉헌.
inscribe [ɪnskrˈaɪb] 새기다, 헌정하다.

proscribe

[proʊskrˈaɪb]

verb

● 금지하다. 해롭거나 불법적인 것을 못하게 하다.

Despite thousands of laws proscribing littering, many of America's streets and public spaces continue to be dumping grounds.

쓰레기 투기를 금지하는 수천 가지 법령에도 불구하고, 미국의 거리와 공공장소에는 끝없이 쓰레기가 뒹굴고 있다.

■

라틴어 접두어 pro-는 before/in front of라는 뜻을 지닌다. 따라서 proscribe는 '(누군가) 앞에서 (무엇을) 쓰다'라는 뜻이다. 실제로 라틴어 proscribere는 '사람들 앞에서 처형당할 사람의 이름을 쓰는' 무시무시한 행위를 의미한다. (이렇게 처형당하는 사람의 재산은 국가에 귀속된다.) 하지만 이 단어가 영어로 유입된 뒤에는 단순히 prohibit이라는 의미로 완화되었다.
오늘날 proscribe는 매우 비슷하게 생긴 단어 prescribe와 자주 헷갈릴 수 있는데 그 의미는 정반대에 가깝다. prescribe는 기본적으로 '권유하다'와 가까운 '처방하다'를 의미하는 반면 proscribe는 '금지하다'를 의미한다.
The number of fistfights and accidents at the games had finally forced officials to proscribe beer drinking completely.
게임하는 동안 수차례 벌어진 주먹질과 사고는 마침내 경기운영진에게 맥주반입을 완전히 금지하도록 압박했다.

✛
prescribe [prɪskrˈaɪb] 처방하다, 지시하다.

DUCT DUC

Latin ducere
to lead 이끌다

conducive
[kənˈduːsɪv]

adjective
- 도움이 되는. 이바지하는.

She found the atmosphere in the quiet café conducive to study and even to creative thinking.

그녀는 조용한 카페의 분위기가 공부를 하는 데, 더 나아가 창의성을 발현하는 데 도움이 된다는 것을 깨달았다.

■

conducive는 leading to a desirable result(원하는 결과로 인도하는)이라는 뜻이다.
A cozy living room may be conducive to relaxed conversation.
아늑한 거실은 편안한 대화를 할 수 있도록 도와준다.
A boardroom may be conducive to more intense discussions.
회의실은 더 집중적인 논의를 할 수 있는 환경을 제공한다.
Sometimes the home environment just isn't conducive to reading. 우리가 책을 읽기 싫어하는 것은 단순히, 집안환경이 책을 읽기에 적합하지 않기 때문일 수도 있다.
Particular tax policies are often conducive to savings and investment, whereas others are conducive to consumer spending. 특정한 세금정책은 저축과 투자를 촉진하는 반면, 어떤 정책은 소비를 촉진한다.
conducive는 거의 예외없이 be conducive to something 형태로만 사용된다.

✚
home equity loan
mortgage loan(집을 담보로 빌리는 대출)을 받은 뒤, 집의 남은 값어치만큼 빌리는 2차담보대출.

deduction
[dɪˈdʌkʃən]

noun
- 빼기(subtraction), 공제.
- 연역추론, 추론의 결과.

Foretelling the future by deduction based on a political or economic theory has proved to be extremely difficult.

정치이론이나 경제이론에 기반한 추론으로 미래를 예언하는 것은 지극히 어려운 것으로 판명되었다.

■

Most homeowners can get a federal income tax deduction on interest payments to a home equity loan. 대다수 주택소유자들은 홈에쿼티론에 지불하는 이자에 대해 연방소득세 공제를 받을 수 있다. deduct는 기본적으로 subtract와 같은 뜻이다.
The cost is tax deductible for your company.
이 비용은 당신 회사에서 세액공제를 받을 수 있다.
Mathematical reasoning is almost always deduction since it is based on general rules.
수학적 추론은 거의 예외없이 일반규칙을 따르기 때문에 연역추론이라고 할 수 있다. deduction은 또한 reasoning을 의미하기도 한다. 특히 일반원칙에 기반하여 특정한 발견을 산출해내는 '연역추론'을 의미한다.
Dr. Watson exclaims "Brilliant deduction, my dear Holmes!" 왓슨박사가 '기발한 추론이군. 홈즈!'라고 소리쳤다. 일상적인 맥락에서는 단순히 '추론'을 의미한다. 이 맥락에서 deduction은 일반원칙에서 끌어낸 것이 아니라 직접 찾아낸 구체적인 증거에서 끌어낸 귀납추론이다.

✚
deduct [dɪˈdʌkt] = subtract [səbtrˈækt] 빼다.
deductible [diˈdʌktəbəl] 뺄 수 있는, 공제액.
deductive [dɪˈdʌktɪv] 연역적인.
lure [ljˈʊər] 유혹하다.
menace [mˈenɪs] 협박하다, 으르다.

Duke는 기본적으로 leader를 의미하는데, 귀족 중에서 가장 높은 귀족으로 왕 바로 밑에 위치한다
(흔히 '공작'이라고 번역한다). 이탈리아의 독재자 Mussolini는 Il Duce라고 불렸는데,
이는 이탈리아어로 the leader라는 뜻이다. produce와 reduce처럼 익숙한 단어에서도 이 어근을 볼 수 있다.

induce

[ɪndˈuːs]

verb

● 설득하다(persuade). 권유하다(influence).
● 야기하다(bring about).

To induce him to make the call we had to promise we wouldn't do it again.

그에게 전화를 걸도록 설득하기 위해, 다시는 그 일을 하지 않겠다고 약속할 수밖에 없었다.

■

She induced a child to stop crying.

그녀는 우는 아이를 달랬다. induce는 '부드럽게 설득한다'는 의미로, induce sb to do sth 형태로 사용된다.
I have to induce a friend to go to a concert.
콘서트에 함께 가자고 친구를 꼬셔야 겠다.
An inducement is something that might lure you to do something, though inducements are occasionally a bit menacing.

inducement는 무언가를 하도록 꾀는 것을 의미하지만, 공갈협박이 가미되는 경우도 있다.
Doctors must at times induce labor in a pregnant woman.

의사는 임산부에게 분만을 유도해야 할 때도 있다.
이 경우 induce는 bring out이라는 뜻이다.
induce/inducement와 induct/induction는 같은 어원에서 나왔지만 뜻이 다르다.

✛
labor [lˈeɪbər] 진통, 분만.
inducement [ɪndˈuːsmənt] 권유, 유도, 유인.
induct [ɪndˈʌkt] 가입시키다, 취임시키다, 인도하다.
induction [ɪndˈʌkʃən] 취임식, 귀납법.
inductive [ɪndˈʌktɪv] 귀납적인 유도의.
induction course = orientation 신입예비교육.

seduction

[sɪdˈʌkʃən]

noun

● 죄를 저지르도록, 특히 성욕을 자극하는 유혹.
● 매혹(charm, attraction).

The company began its campaign of seduction of the smaller firm by inviting its top management to a series of weekends at expensive resorts.

회사는 최고경영진을 주말마다 호화 리조트로 초대하여 소기업의 매력을 홍보하는 캠페인을 시작했다.

■

se(aside)+duct(lead)가 결합한 seduction은 lead aside 또는 lead astray를 의미한다.
In *The Scarlet Letter*, Hester Prynne is forced to wear a large scarlet A, for "adulteress," after it is revealed that she's been seduced by the Reverend Dimmesdale.

《주홍글자》에서 헤스터 프린은 목사 딤스데일의 유혹에 넘어간 것이 드러난 뒤 adulteress를 상징하는 커다란 주홍색 글자 A를 가슴에 달고 살아야 하는 운명에 처한다.
Advertisements try to seduce us (often using sex as a temptation) into buying products we hadn't even known existed.

광고는 존재하는지도 몰랐던 제품을 사도록 우리를 유혹한다(여기서 성은 유혹의 수단으로 자주 사용된다).

✛
go astray [əstrˈeɪ] 옆길로 새다.
lead sb astray 나쁜 길로 이끌다, 타락시키다.
adulteress [ədˈʌltrɪs] 간통한 여자.
temptation [temptˈeɪʃən] 유혹.

Words from **Ancient Places**

arcadia

[ɑrkˈeɪdɪə]

noun
- 평온한 목가적인 즐거움이 있는 곳.

The Pocono Mountains of Pennsylvania are a vacationer's arcadia.

펜실베니아 포코노산맥은 피서객들에게 꿈의 여행지다.

■

그리스의 아름다운 전원지역 Arcadia는 로마 시인 베르길리우스의 작품에 등장한 이후, 속세의 욕망에 때 묻지 않은 이상향의 순수함을 상징하는 곳이 되었다. Arcadia에서 양치기들은 피리를 불며, 꼬리치는 요정들을 한가롭게 쫓아다닌다. 양치는 소녀들은 양들에게 노래를 불러주고, 염소다리를 가진 자연의 신들이 들판과 숲속에서 뛰어논다.

Today city dwellers who hope to retire to a country house often indulge in arcadian fantasies about what rural life will be like.

오늘날 은퇴하고 시골에 가서 살고 싶어하는 도시인들은 전원생활을 그리면서 아르카디아 판타지 속에 빠지곤 한다.

The letter described their new Virginia farm as a kind of arcadia of unspoiled nature.

편지는 그들의 새로운 버지니아 농장을 훼손되지 않은 자연이 있는 아르카디아처럼 묘사한다.

On weekends they would flee to their little arcadia in rural New Hampshire, leaving behind the trials of the working week.

그들은 주중의 골치아팠던 일들을 뒤로한 채 주말이 되면 뉴햄프셔 시골지역에 있는 작은 아르카디아로 날아가고는 했다.

✛

indulge in [ɪndˈʌldʒ] 만끽하다.
trial of (a situation) 골치아픈 시련, 성가신 일.

meander

[miˈændər]

verb
- 굽이쳐 흐르다.
- 두서없이 이야기하다.

A little-used trail meanders through the mountains, crossed by cowpaths onto which hikers often stray and get lost.

인적이 뜸한 오솔길이 산 사이로 구불구불 나 있는데, 소들이 지나가는 길목과 겹치는 곳에서 등산객들이 종종 길을 잃기도 한다.

■

터키 서쪽 고원에서 발원하여 400 km를 흘러 에게해로 들어가는 Maiandros River는 굽이가 많은 강으로 유명하다. (지금은 Menderes River라고 불린다.)
The river meandered gently along the valley floor.

강이 계곡바닥을 따라 잔잔하게 구불구불 흐른다.

마이안드로스에서 유래한 meander는 평탄한 땅 위로 강이 느리게 흐를 때 흔히 나타나는 모습을 묘사한다.
We meandered through a landscape of mountains, rivers, and vineyards.

우리는 산, 강, 포도밭이 보이는 풍경을 즐기며 거닐었다.

구불거리는 강처럼 여기저기 거니는 것을 meander라는 동사로 표현할 수 있다.

His talk appears to meander but by the end focuses attention on the true state of affairs.

그의 말은 두서가 없는 것 같았지만 마지막에는 현재 상황에 초점을 맞췄다.

잔잔한 음악, 느긋한 글, 한가로운 상념, 두서없는 말도 meander라는 말로 묘사할 수 있다.

✛

stray [strˈeɪ] 길을 잃고 방황하다, 길에서 떠도는.

Verba volant, scripta manent.
Spoken words fly away, written words remain.
말은 사라져도, 글은 남는다.

mausoleum

[mˌɔːzəˈiːəm]

noun

- 영묘. 지상무덤.
- 크고 우울한 건물이나 방.

The family's grand mausoleum occupied a prominent spot in the cemetery, for all the good it did the silent dead within.

이 가문의 웅장한 영묘가 공동묘지에서 눈에 가장 잘 띄는 자리를 차지하고 있다지만, 그래봤자 말없는 시체를 위한 것일 뿐.

■

기원전 4세기 소아시아의 왕 Mausolus는 수도 Halicarnassus를 세련된 공공건축물로 아름답게 꾸몄다. 하지만 할리카르나소스를 빛낸 가장 장엄한 건물은 바로 Mausoleum이었다.
Mausoleum은 마우솔루스가 죽은 뒤 왕비 Artemisia가 세운 거대무덤으로, 높이가 40미터에 달한다. 아름다운 조각들로 꾸며진 Mausoleum은 고대세계의 7대 불가사의 중 하나로 꼽히기도 한다. Halicarnassus는 무수한 공격을 받았지만 Mausoleum은 1000년 이상 파괴되지 않고 보존되었다. One day in the cemetery the mausoleum door was open, and he peered in with horrified fascination.

어느 날 묘지에 있는 영묘의 문이 열렸고, 그는 섬뜩한 황홀감에 사로잡혀 내부를 살펴보았다.

✚

for all the good it did 그래봤자.
peer [pˈɪər] 자세히 살펴보다.

sapphic

[sˈæfɪk]

adjective

- 레즈비언의.
- 사포풍의 시의.

The Roman poets Catullus and Horace composed wonderful love poems in sapphic verse.

로마의 시인 카툴루스와 호라티우스는 사포풍의 아름다운 사랑시들을 썼다.

■

시인 Sappho는 자기성찰적이면서도 열정이 담긴 시를 썼는데, 그러한 몇몇 열정은 기원전 600년 그리스의 섬 Lesbos에서 자신이 가르치던 여학생들을 향한 것이었다. 사포의 시는 파편으로 남겨져 있을 뿐이지만, 수세기 동안 경탄의 대상이었다. 특히 그녀가 구사한 독창적인 리듬패턴은 바로 sapphic verse라는 이름으로 불린다. 로마의 시인 카툴루스나 호라티우스 같은 후대의 시인들은 Sappho의 운율을 자신들의 시에 적용함으로써 그녀에 대한 존경을 표현했다.
Sappho로 인해 Lesbos섬에 사는 사람을 일컫는 lesbian은 여성동성애자를 일컫는 말이 되었다.
(레스보스 주민들은 이러한 상황을 어떻게 생각할까?)
lesbianism은 sapphic love라고 불리기도 한다.
As an experiment, he had written a poem in sapphic verse, but he suspected that the rhythm was more suited to Greek.

실험삼아 사포풍의 시를 써봤으나, 그 운율은 그리스어에 어울리는 것 아닐까 하는 생각이 들었다.

✚

lesbian [lˈezbiən] 여자동성애자. 레스보스섬 사람. 레스보스섬의.
lesbianism [lˈezbiənɪzəm] 여자동성애.

ENDO

Greek *endon*
within 안에

endogenous
[ɛndˈɑdʒənəs]

adjective
● 세포/장기/신체조직 안에서 발생한.

Vitamin D can be obtained from food and supplements, but it's also an endogenous vitamin, produced by the body when the skin is exposed to sunlight.

비타민D는 식품과 보충제로 섭취할 수 있지만, 피부가 햇빛에 노출되면 몸에서 생성되는 내인성 비타민이기도 하다.

■

생물학에서 몸안에서 생성되는 물질과 밖에서 획득하는 물질을 구분할 때 endogenous와 exogenous라는 용어를 사용한다.

It used to be thought that mutations in cells always resulted from exogenous causes, until it was discovered that substances in the body, including those called oxidants, could cause them endogenously as well. 세포의 돌연변이는 항상 외인성 요인에 기인한다고 여겨졌지만, 산화제를 비롯한 몸속물질이 내인적으로도 유발할 수 있다는 사실이 밝혀졌다.

"Circadian rhythms" are endogenously generated and don't actually depend on the sun for their timing. 생체리듬은 내인적으로 생성되는 것으로, 햇빛에 의해 결정되는 것이 아니다. **생체리듬은 대략 24시간 단위로 돌아가지만 지구의 자전주기와 꼭 맞지는 않다.**

✛
supplement [sˈʌplɪmənt] 보충제.
exogenous [ɛksˈɑdʒənəs] 외인성의.
mutation [mjuːˈteɪʃən] 돌연변이.
oxidant [ˈɑksɪdənt] 산화제.
circadian [səˈrkeɪdiən] 일일주기성.
Circadian rhythms 24시간주기 생체리듬.

endorphin
[endˈɔːrfɪn]

noun
● 엔도르핀.

On the final stretch of her daily five-mile run, she could usually count on the endorphins kicking in, giving her that beautiful "runner's high."

매일 8킬로미터씩 달리는 그녀는 대개 마지막 구간에서 밀려들어오는 엔도르핀에 의존할 수 있었는데, 이는 짜릿한 '러너스하이'를 안겨주었다.

■

ENDOgenous moRPHIN 고통을 완화시켜주는 화학물질 모르핀과 비슷한 물질이 우리 몸속에서도 분비된다는 사실이 1970년대 처음 밝혀진다. 그리고 이 말을 짧게 줄인 것이 이 단백질호르몬의 이름이 되었다. Morphine is a narcotic that closely resembles the endorphins and relieves pain in a similar way. 모르핀은 엔도르핀과 매우 유사한 마약으로, 통증을 완화하는 방식도 비슷하다.

Studies suggest that the pain-relieving practice called acupuncture works by releasing endorphins. 많은 연구자들은 침술이라고 불리는 통증완화요법이 엔도르핀을 방출함으로써 작동한다고 말한다. Endorphins also seem to play an important role in pregnancy.

엔도르핀은 또한 임신에서도 중요한 역할을 하는 것으로 보인다.

✛
stretch [strˈetʃ] 버팀.
narcotic [nɑːrkˈɒtɪk] 마약성분의.
endocrine disrupter 환경호르몬.
gland [glˈænd] 호르몬샘.
secrete [sɪkrˈiːt] 분비하다.
metabolism [mɪtˈæbəlɪzəm] 신진대사.

이 어근은 대부분 생물학 용어에서 볼 수 있다. 과학 이외 분야에서는 endogamy라는 말을 찾을 수 있는데, 관습적으로 집단 안에서만 결혼을 하는 '족내혼'을 의미한다.
endogamy는 원시부족뿐만 아니라 현대사회의 부유층에서도 볼 수 있다.

endocrine

[ˈendəkraɪn]

noun
● 호르몬.

adjective
● 내분비기관의.

Since the endocrines are so vital to human life, affecting such things as cell growth and blood sugar, the chemicals known as endocrine disrupters can be destructive and even deadly.
호르몬은 인간의 생명에 매우 중요하고 세포의 성장과 혈당과 같은 것에 영향을 미치기 때문에, 내분비교란물질이라고 불리는 화학물질은 파괴적이고 더 나아가 치명적일 수 있다.

■

우리 몸에는 핏속의 특정한 물질을 다른 물질로 바꿔서 혈관에 다시 방출하거나 밖으로 배출하는 역할을 하는 기관이 있는데 이것을 gland라고 한다.
The exocrine glands such as those that produce saliva and sweat secrete their products through tiny ducts or tubes on or near the body's surface. 침과 땀을 생성하는 샘과 같은 외분비샘은 몸의 표면과 가까운 곳에 작은 관을 통해 생성된 물질을 바깥으로 분비한다.
The glands without ducts, called the endocrine glands, secrete their products into the bloodstream.
내분비샘은 생성물질을 핏속에 다시 방출하기 때문에 분비관이 없다.
우리 몸에는 다양한 endocrine system이 있다.
pituitary [pɪtˈuːɪteri] 뇌하수체 성장호르몬 분비
thyroid [θˈaɪrɔɪd] 갑상샘, 방패모양샘. 신진대사 조절
adrenal [əˈdrinəl] 부신. 아드레날린/스테로이드 분비
ovary [ˈoʊvəri] 난소. 난자 생산.
hypothalamus [ˌhaɪpoʊˈθæləməs] 시상하부. 수면/체중 조절

✚
saliva [səlˈaɪvə] 침.

endodontics

[ˌendoʊdˈɑntɪks]

noun
● 근관치료학.

Her dentist told her the problem was endodontic and that she should see a specialist soon to prevent loss of the tooth.
치과의사는 그녀에게 치내요법을 받아야 하며, 치아손실을 예방하기 위해 빨리 전문의를 찾아가야 한다고 말했다.

■

endo(within)+odon(tooth)가 결합한 endodontic 은 이빨 속을 치료하는 의료분야다. 이빨 표면을 덮고 있는 enamel 층 아래는 dentin이라는 두껍고 단단한 층이 있고, 그 아래 이빨 한 가운데에는 pulp가 있다.
pulp는 신경과 혈관이 퍼져있는 부드러운 세포조직이다.
When a tooth has been badly damaged by decay or cracking, producing a risk of dangerous infection of the pulp, a "root canal" procedure is performed by an endodontist.
치아가 썩거나 갈라져 심하게 손상되면, 치수가 감염될 위험이 커지고, 치내요법의사는 '근관'치료를 한다.
Try to avoid ever getting to know an endodontist; brush your teeth twice daily, floss before bedtime, and never let a cavity go unfilled for long. 치과의사와 친해지고 싶지 않다면, 매일 양치질을 두 번씩 하고, 자기 전에 치실을 하고, 치아에 난 구멍을 오랫동안 그대로 방치해서는 안 된다.

✚
enamel [ɪnˈæməl] 에나멜, 법랑질.
dentin [dˈɛntɪn] 상아질.
pulp [pˈʌlp] 부드럽고 걸쭉한 상태, 치수.
canal [kənˈæl] = duct[dˈʌkt] 관.
floss [flˈɔːs] 치실로 이빨 사이를 청소하다. 치실, 명주실.

SCOP

Greek *skopein*
to look at 보다

endoscope

[ˈendəskoup]

noun
- 내시경.

Possible uses of the endoscope outside of medicine soon became apparent, and soon mechanics were using specially designed endoscopes to view the insides of jet engines.

의학 분야 외에도 내시경을 사용할 수 있는 용도는 금세 명확해졌고, 기술자들은 곧 제트엔진 내부를 보기 위해 특수하게 설계된 내시경을 사용하기 시작했다.

■

endo(within/inside)+scop(to look)를 결합한 endoscope는 1860년경 발명된 몸속 깊은 곳을 들여다보는 기구의 이름으로 처음 만들어진 단어다. 백열등과 광섬유케이블을 사용하는 현대적인 endoscope는 1967년이 되어서야 나왔다. An endoscope may be inserted through a natural passageway or through a tiny cut in the skin. 내시경은 코나 식도 같은 신체에 원래 존재하는 통로를 통해 삽입할 수도 있고, 피부에 작은 구멍을 내 삽입할 수도 있다. 케이블 끝에 달린 작은 카메라가 송출하는 화면을 보면서 의사는 튜브를 통해서 조직샘플을 채취하거나 작은 돌기를 잘라내거나 이물질을 제거한다. There are now specialized types of endoscopes for every part of the body. 지금은 신체부위별 특성에 맞게 제작된 다양한 내시경이 나와있다.

✛
fiber-optic cable 광섬유케이블.
passageway [pˈæsɪdʒweɪ] 통로.
esophagus [ɪsˈɒfəgəs] 식도.
cleat [klˈiːt] 돌출쐐기.
cleats 쐐기가 박힌 신발 (축구화).

arthroscopic

[ˈɑrθroʊskˌoʊpɪk]

adjective
- 관절경의.

The day he scheduled the fourth arthroscopic operation on his knee was the day he decided to hang up his football cleats.

네 번째 무릎 관절경 수술을 하기로 예약한 날은 축구를 그만두기로 한 날이었다.

■

arthr(joint)+scop(to look)이 결합한 arthroscope는 관절내부를 들여다보는 내시경을 의미한다. '관절'을 의미하는 그리스어 arthron에서 나온 어근 arthr을 쓰는 단어로는 '관절염'을 의미하는 arthritis, 곤충, 거미류, 갑각류 등 사지와 몸통이 관절로 분절되어 있는 '절지동물'을 의미하는 arthropod가 있다. Arthroscopic surgery, or arthroscopy, is performed with an arthroscope, a specialized type of endoscope. arthroscopy는 관절에 맞게 제작된 특수한 내시경(관절경)을 사용하여 손상된 관절을 치료하는 수술이다. 가까운 지점에 구멍을 두 개 뚫어 한 구멍에는 작은 카메라와 조명이 달린 케이블을 삽입하고, 한 구멍에는 케이블로 조종하는 작은 외과수술기구를 삽입한다. 광섬유 케이블을 통해 전송된 이미지를 보면서 수술을 집도한다. Most patients walk out of the hospital on crutches the same day, though full recovery may take a couple of months. 환자들은 대부분 수술 당일 목발을 짚고 걸어서 퇴원할 수 있지만, 완전히 회복되기까지는 두세 달 걸린다.

✛
arthritis [ɑːrθrˈaɪtɪs] 관절염.
arthroscope [ˈɑrθroʊskˌoʊp] 관절경.

scope는 '시선이 닿는 범위'를 의미한다. telescope는 멀리 있는(tele) 것을 보는 망원경, microscope는 아주 작은 (micro) 것을 보는 현미경, periscope는 주변을(peri) 보는 잠망경을 의미한다. 같은 물체를 살짝 다른 각도에서 찍은 사진 두개를 동시에 보여주면 3차원 입체영상처럼 보이는데 이것을 stereoscope(입체경)라고 한다.

laparoscopy
[lˈæpərouskˌoʊpɪ]

noun
- 복강경.

The initial laparoscopy involves inserting the cable through a tiny cut and inflating the internal area with carbon dioxide so that a good-sized area will become visible.

초기 복강경은 작은 구멍을 내 케이블을 집어넣고, 꽤 넓은 범위를 보기 위해 이산화탄소로 넣어 복부를 팽창시켰다.

■

laparo(wall of the abdomen)+scop(to look)이 결합한 laparoscope는 배 안을 들여다보는 내시경을 의미한다.
Common laparoscopic surgeries include removal of the gallbladder, appendix, or kidney, and removal of tumors from abdominal organs. 일반적인 복강경수술은 쓸개, 맹장, 신장을 제거하고 복부기관에 발생한 종양을 제거하는 것이다.
Like the other endoscopic surgeries, laparoscopy, as compared to traditional surgery, reduces risk of bleeding, pain following the operation, patient recovery time, and length of hospital stays. 다른 내시경수술과 마찬가지로 복강경수술도 전통적인 수술에 비해, 출혈위험, 수술 후 통증, 환자의 회복시간, 입원기간을 줄여준다.

+
abdomen [æbdˈoʊmən] 복부.
abdominal [æbdˈomɪnəl] 복부의.
gallbladder [gˈɔl,blædər] 쓸개.
crutch [krˈʌtʃ] 목발.
arthropod [ˈɑrθroʊp,ɑd] 절지동물.
hangs up one's shoes 운동을 그만두다(운동화를 걸어놓다).

oscilloscope
[əsˈɪləskˌoʊp]

noun
- 오실로스코프.

An oscilloscope next to the bed was monitoring her vital signs, but otherwise it was hard for a visitor to be sure she was even alive.

침대 옆 오실로스코프가 그녀의 심장박동상태를 모니터로 보여주지 않았다면, 방문객은 그녀가 살아있는지 알 수 없었다.

■

oscill(to swing)+scop(to look)이 결합한 oscilloscope는 전류의 변화를 시각적으로 보여주는 장치다. oscill이 사용된 영어단어로는 oscillation[ˌɑ:sɪlˈeɪʃən]이 있다.
The oscilloscope basically draws a graph of an electrical signal. Since all kinds of physical phenomena can be converted into an electric voltage, oscilloscopes can be used to measure such things as sound, light, and heat. 오실로스코프는 기본적으로 전기신호를 그래프로 그린 것이다. 어떠한 물리적 현상도 전압으로 변환할 수 있기 때문에, 오실로스코프를 사용해 소리, 빛, 열도 측정할 수 있다.
Auto mechanics use oscilloscopes to measure engine vibrations; doctors use them to measure brain waves. 자동차정비사는 엔진의 진동을 측정하기 위해, 의사는 뇌파를 측정하기 위해 오실로스코프를 사용한다.
Audio technicians use oscilloscopes to diagnose problems in audio equipment; electronics technicians use them to diagnose high-tech electronics problems. 음향기술자는 음향장비의 문제를 진단하기 위해, 전자기술자는 첨단 전자제품의 문제를 진단하기 위해 오실로스코프를 사용한다.

SPIR

Latin

breath 숨
to breathe 숨쉬다

spirited
[spˈɪrɪtɪd]

adjective

- 활력과 용기가 넘치는. 당찬.
- 생기있고 결의에 찬.

The team put up a spirited defense, but they were doomed from the start.

팀은 필사적으로 수비를 펼쳤지만, 처음부터 패배의 기색이 역력했다.

■

spirited는 '혼을 담은' 상태를 떠올리게 한다
—a spirited conversation 활기찬 대화.
—a spirited debate 불꽃 튀는 논쟁.
—a spirited horse 다루기 힘든 말.
—a spirited campaign 맹렬한 전투.
다양한 형용사에 spirited를 붙여 인간의 다양한 성격을 묘사한다.
—high-spirited = bold and energetic 활기 넘치는.
—mean-spirited = spiteful 속좁은.
—public-spirited = generous to a community
   공동체 의식이 있는.
There's always a spirited exchange of opinions around the Thanksgiving table, but nobody ever takes offense.

추수감사절 식탁에서는 늘 활기찬 대화가 오가지만 누구도 화를 내지 않는다.

✛

spiteful [spˈaɪtfʊl] 앙심을 품은, 악의적인.
inspire [ɪnspˈaɪər] 새로운 동기를 자극하다. 어떤 감정을 불어넣다.
inspiration [ˌɪnspɪrˈeɪʃən] 영감, 고무, 감화.
expire [ɪkspˈaɪər] 효력을 잃다. 유효기간이 끝나다. 죽다.
expiration [ˌekspɪrˈeɪʃən] 만기, 만료.
take offense/offence (Br.) [əfˈens] at sth
상대방의 말이나 행동에 불쾌함을 느끼다.

dispiriting
[dɪspˈɪrɪtɪŋ]

adjective

- 희망이나 열의를 빼앗는. 의기소침하게 만드는.

It was terribly dispiriting for them to lose yet another game, and he had to reassure his daughter that she'd actually done a great job as goalie.

또다시 경기에서 진 것은 진정으로 절망스러운 사건이었기에, 딸에게 골키퍼 역할은 정말 훌륭하게 해냈다고 용기를 북돋아주는 것 말고는 할 수 있는 일이 없었다.

■

dis(deprive of)+spirit(breath)이 결합한 dispirit은 숨을 빼앗다, 즉 '기를 꺾어버리다'라는 뜻이다.
Lots of things such as a bad job interview, an awful film, a relationship going sour can be dispiriting.

면접에서 실수, 엉터리 영화, 틀어진 관계 등 많은 일이 의기소침하게 만들 수 있다.

dispiriting과 비슷한 의미로 쓸 수 있는 단어는 다양하게 찾을 수 있다.
—discouraging 의욕을 꺾는.
—disheartening 낙심시키는.
—demoralizing 사기를 꺾는.
—depressing 우울하게 하는.
The company was doing badly, and she'd been having problems with her boss, so all in all it had been a dispiriting week at work.

회사는 형편없이 돌아갔고, 그녀는 상사와 불화를 겪었고, 그래서 전반적으로 의기소침한 한 주였다.

✛

go sour (상황이) 틀어지다.
all in all 전체적으로 고려할 때, 전반적으로.

다른 사람에게 숨을 불어넣는(inspire) 것은 곧 '어떤 기운을 불어넣어주는 것'이고, 그 기운은 그 사람에게 inspiration(영감)이 된다. 숨을 밖으로 내 쉴(expire) 때는 조심해야 한다. 마지막 숨이 될 수 있기 때문이다. 면허증, 신용카드, 회원권 등도 expiration date(만료일)가 오면 expire한다(죽다, 효력이 끝나다).

respirator

[rˈespɪreɪtər]

noun

- 방독마스크.
- 인공호흡기.

His lungs had been terribly damaged by decades of heavy smoking, and he'd been living on a respirator for the last year.

수십 년간 과도한 흡연으로 폐가 심각하게 망가졌기에, 지난 1년 동안 인공호흡기를 달고 살아야만 했다.

■

respiration은 '호흡'을 의미한다.
artificial respiration은 호흡이 멈춘 사람의 폐에 공기를 강제로 불어넣는 '인공호흡'을 의미한다.
respirator는 '호흡을 하게 만들어주는 장치'를 의미하지만 실제 기능은 다양할 수 있다. 예컨대 스쿠버다이빙을 할 때 사용하는 respirator는 다이버에게 호흡을 불어넣어주지 않는다.
반면 병원에서 사용하는 respirator는 폐에 산소를 인공으로 공급해준다. 요즘에는 명칭의 혼란을 피하기 위해서 ventilator라고 부르기도 한다.
His father has been living on a respirator for the last two weeks, but now his lungs seem to be improving.
아버지는 2주 동안 인공호흡기에 의지해야 했으나, 지금은 폐기능이 나아지고 있는 듯 보인다.

✚

respiration [rˌespɪrˈeɪʃən] 호흡.
ventilator [vˈentɪleɪtər] 산소호흡기, 환풍기.

transpire

[trænspˈaɪər]

verb

- 발생하다. 드러나다.

We kept up our questioning, and it soon transpired that the boys had known about the murder all along.

계속 캐묻자 아이들이 살인사건에 대해 처음부터 끝까지 알고 있었던 것이 곧 드러났다.

■

trans(through)+spir(breathe)가 결합한 transpire는 원래 '표면을 통해 수증기를 증발시키다'라는 뜻이다.
Without the air movement, the plants can't transpire to cool themselves.
공기의 흐름이 없다면 식물들은 발산하지 못하여 스스로 온도를 낮추지 못한다.
It transpired that she was not only his employee but also his girlfriend.
알고 보니 그 여자는 그 남자의 직원일 뿐만 아니라 여자친구이기도 했다.
원래 의미가 은유적으로 확장되어 그전까지는 비밀이었던 정보가 서서히 드러내는 것을 묘사할 때 자주 사용된다.
이 경우 it transpires that— 형태로 쓰인다.
Nothing is known as yet about what transpired at the meeting.
회의에서 무슨 일이 발생했는지는 아직 아무것도 밝혀지지 않았다.
더 나아가 이 단어는 단순히 '발생하다'라는 의미로도 사용된다.

✚

watery vapor 수증기.
pore [pˈɔːr] 기공.

Animal Words

canine
[kˈeɪnaɪn]

adjective
- 개의.

noun
- 개과 동물. 송곳니.

Pleasure in getting their tummies rubbed must be a basic canine trait, since all our dogs have loved it.

누가 배를 쓰다듬어 주면 좋아하는 것은 기본적인 개의 특성으로,
우리 개들은 모두 좋아한다.

■

라틴어로 개는 canis라고 한다.
개는 충성심에 있어서는 높은 평가를 받지만, 독립성에
있어서는 높은 평가를 받지 못한다.
doglike devotion 개 같은 헌신
doglike loyalty 개 같은 충성심
doglike는 일반적인 개를 일컫는 반면, canine은 개과
동물 전체, 네 발 달린 짐승을 총칭할 때 쓴다.
Dogs and their relatives in the Canidae family—
the wolves, jackals, foxes, and coyotes—are
often called canines.
개를 비롯하여 늑대, 자칼, 여우, 코요테 등 개과동물을 모두
canine이라고 부를 수 있다.
여기서 canine은 형용사가 아니라 명사로 쓰였다.
Canines have a sharp, pointy shape for tearing
food.
송곳니는 음식을 뜯기에 적합하도록 날카롭고 뾰족한 모양으로
생겼다.
앞니 좌우에 난 뾰족한 송곳니를 canine tooth,
줄여서 canine이라고 부른다.

✚
devotion [dɪvˈoʊʃən] 헌신.

lupine
[lˈupɪn]

adjective
- 늑대의.

Doctors reported that the boy showed lupine behavior such as snarling and biting, and walked with his knees bent in a kind of crouch.

의사들의 보고에 따르면, 소년은 으르렁거리고 무는 등의 늑대 같은
행동을 보였으며 몸을 웅크린 채 무릎으로 기었다.

■

lupine은 '늑대'를 의미하는 라틴어 lupus와 '늑대 같은'을
의미하는 lupinus에서 왔다.
늑대는 무리생활을 하는데, 두목과 부하가 분명하게
구별되는 매우 조직화된 사회구조를 형성한다.
늑대의 후손인 개들 역시 무리 지어 살 경우 이러한 늑대의
성향이 금세 다시 살아난다.
로마제국을 건설한 Romulus는 늑대에게 키워진 것으로
유명하다. 하지만 실제로 늑대에게 키워진 아이들은
언어능력이 완전히 퇴화되어 있기 때문에 그들이 실제로
어떻게 살았는지는 알 수 없다.
Lupine, a well-known garden flower, was
once thought to drain, or "wolf," the soil of its
nutrients.
정원에 많이 심는 꽃 루핀이 바로 '늑대'라는 뜻이다. 이 꽃은 토양의
영양분을 '늑대처럼 순식간에 먹어치운다'고 여겨졌기 때문이다.
여기서 wolf를 동사로 사용한 것을 눈여겨보라.

✚
snarl [snˈɑːrl] 으르렁거리다.
crouch [krˈaʊtʃ] 쭈그리고 앉다.
drain [drˈeɪn] 고갈시키다.
wolf [wʊlf] 게걸스럽게 먹어 삼키다.

Mundus vult decipi, ergo decipiatur.
The world wants to be deceived, so let it be deceived.
세상은 속고 싶어한다. 그러니 속여주자.

feline
[fˈiːlaɪn]

adjective
- 고양이의.
- 맵시 있는. 우아한. 교활한. 요망한.

The performers moved across the high wire with feline grace and agility.
곡예사는 고양이처럼 우아하고 민첩하게 높은 줄을 타고 건너갔다.

■

라틴어로 고양이는 felis라고 한다.
이집트인들은 고양이를 숭배했다. 실제로 그들은 수천 마리 고양이들을 미이라로 만들었고, 고양이 상을 세웠다.
In the Middle Ages, felines were feared as agents of the devil, and were thought to creep around silently at night doing evil.
중세시대, 고양이는 악마의 대리자로서 두려움의 대상이 되었고, 밤이 되면 살금살금 들어와 악행을 저지른다고 여겨졌다.
feline이 명사로도 쓰인다는 것에 주목하라.
The fascinating family called the Felidae includes about 40 species of superb hunters, including the lions, tigers, jaguars, cheetahs, cougars, bobcats, and lynxes.
고양이과로 분류되는 매력적인 동물로는 사자, 호랑이, 재규어, 치타, 쿠거, 살쾡이, 스라소니 등 약 40종이 있다.
이들은 모두 최고의 사냥꾼들로, 침착하고 조용하고 영리하며 대부분 독립적인 삶을 영위한다.
The dancers, in their black leotards, performed the piece with slinky, feline grace.
댄서는 검은 타이즈를 입고 나와 성적인 매력을 풍기며 도발적이고 우아한 안무를 펼쳤다.

✛
cougar [kˈuːɡər] 퓨마.
bobcat [bˈobkæt] 살쾡이.
lynx [lˈɪŋks] 스라소니.

leonine
[lˈiːənaɪn]

adjective
- 사자의.

As he conducted, Leonard Bernstein would fling his leonine mane wildly about.
지휘를 할 때 레너드 번스타인은 사자의 갈기 같은 머리카락을 열정적으로 휘날렸다.

■

라틴어로 사자는 leon이라고한다. lion이라는 단어가 여기서 나왔다. 사람이름으로도 많이 사용되어, Leon, Leo, Leona 모두 lion을 의미한다.
A leonine head usually has magnificent hair, like a male lion's mane.
'사자머리'는 대개 갈기가 무성한 숫사자처럼 산발한 헤어스타일을 의미한다.
The leonine strength of Hercules is symbolized by the lion's pelt that he wears.
헤라클레스의 '사자 같은 힘'은, 사자가죽을 뒤집어쓴 모습으로 상징된다. 12 과업 중 하나인 Nemean Lion를 죽이고 얻은 네메아 사자의 가죽은 어떤 무기도 뚫지 못한다.
Leonine courage is what is so notably lacking in The Wizard of Oz's Cowardly Lion.
《오즈의 마법사》에 나오는 겁쟁이사자는 사자의 상징이라 할 수 있는 용맹함이 없어 특히 눈에 띈다.

✛
fling [flˈɪŋ] 튕겨버리다.
mane [mˈeɪn] 갈기.
pelt [pˈelt] 털가죽.
cowardly [kˈaʊərdli] 겁이 많은.
slinky [slˈɪŋki] 몸매가 그대로 드러나 성적 매력을 자극하는.

MUR

Latin *murus*
wall 벽

muralist

[mjˈʊərəlɪst]

noun
● 벽화를 그리는 화가.

She's enjoying her new career as a muralist, but it's terribly hard on her when she sees her works wrecked by vandals.

그녀는 벽화가로서 새로운 삶을 즐기고 있지만, 공공기물 파괴자들이 훼손한 자신의 작품을 볼 때마다 괴롭다.

Murals have been around since long before the framed painting.
벽화는 액자에 담은 그림보다 훨씬 오래전부터 존재했다.
Scenic murals date back to at least 2000 B.C. on the island of Crete. 크레타섬에서 발견된 화려한 벽화는 최소한 기원전 2000년 이전에 그려진 것으로 여겨진다.
Indoor murals for private homes were popular in ancient Greece and Rome. 고대 그리스와 로마에서는 개인 집안에도 벽화를 그리는 것이 유행했다.
In the Renaissance the muralists Raphael and Michelangelo created great wall and ceiling paintings for the Catholic Church, and Leonardo da Vinci's *The Last Supper* became one of the most famous of all murals.
르네상스시대의 벽화가 라파엘과 미켈란젤로는 성당의 천장과 벽에 웅장한 그림을 그렸고, 레오나르도 다 빈치의 "최후의 만찬"은 가장 유명한 벽화 중의 하나가 되었다.
Mural painting saw a great revival in Mexico beginning in the 1920s.
벽화는 1920년대 멕시코에서 다시 꽃피운다.
혁명에 영감을 받은 Diego Rivera, J. C. Orozco, D. A. Siqueiros 등 유명한 화가들이 강렬한 정치적 의미가 담긴 벽화들을 선보였다.

intramural

[ˌɪntrəmjˈʊərəl]

adjective
● 학교나 기관 안에서 발생하는.

At college he lacked the time to go out for sports in a serious way, but he did play intramural hockey all four years.

대학에서 운동하는 시간이 심각하게 부족했지만, 4년 내내 교내 하키선수로 활동했다.

intra(within)+mur(wall)이 결합한 intramural은 문자 그대로 '벽 안에'를 의미한다. between을 의미하는 inter-와 혼동하지 말 것.
intramural은 대개 학교 안에서 이뤄지는 스포츠경기를 일컬을 때 자주 사용된다.
Intramural athletics is the most popular extracurricular activity at the college.
이 대학에서 교내운동경기는 방과후활동으로 가장 인기가 높다.
The college has had an intramural debating society for several years, but this year they've decided to challenge several nearby colleges in a debate competition.
대학은 수년 동안 학내 토론대회만 운영해오다가, 올해는 근처 몇몇 대학들과 함께 개최하는 토론경진대회에 나가기로 결정했다.
Women's softball was the most popular of the college's intramural sports.
여자소프트볼은 대학의 학내스포츠 중에서 가장 인기있는 종목이었다.

✛
extracurricular [ˌekstrə kərˈɪkjʊlər] 정규 과목 이외의.
wreck [rˈek] 완전히 파괴하다.
scenic [sˈiːnɪk] 볼거리가 많은.

이 어근에서 나온 영어단어는 몇 개 되지 않는다.

extramural
[ˌekstrəmjˈʊərəl]

adjective
- 학교나 병원과 같은 기관의 벽 너머의.

"Hospital Without Walls" is an extramural program that offers home health-care services.
"벽 없는 병원"은 가정의료서비스를 제공하는 대외프로그램이다.

■

extra(outside/beyond)+mur(wall)이 결합한 extramural은 문자 그대로 '벽 너머에'를 의미한다. 여기서 벽은 학교나 병원의 벽을 의미한다. extramural activities은 교외활동이나 원외활동, extramural competition 학교간 대항전을 의미한다. 많은 대학들이 우편이나 인터넷을 활용하여 수업을 진행하는 distance learning (원거리학습) 프로그램을 제공한다. 몇몇 대학에서는 이것을 extramural study(학교밖 학습)라고 표현하기도 한다. 외부의 재단이나 정부기관 등이 대학에 투자하는 '외부보조금'을 대학에서는 extramural income이라고 한다. 학교 벽을 넘어 들어온 수입이다.

The government mental-health center in Washington, D.C., conducts its own research but also funds extramural research at universities across the country.
워싱턴DC에 있는 정부가 설립한 정산건강센터는 자체연구도 수행하지만, 전국 대학들이 연합하여 수행하는 연구에도 기금을 제공한다.

✚

grim [grˈɪm] 음울한.
cellar [sˈelər] 지하저장고.
be hard on sb —를 모질게 대하다, —에 나쁜 영향을 미치다.

immure
[ɪmjˈur]

verb
- 감금하다.

In Dumas's famous novel, the *Count of Monte Cristo* is in fact a sailor who had been unjustly immured in an island prison for 15 years before breaking out and taking his revenge.
뒤마의 유명한 소설에 등장하는, 몬테크리스토백작은 15년 동안 섬에 부당한 이유로 갇혀있다가 탈출하여 복수하는 실존했던 선원이다.

■

In Eastern European legend, whenever a large bridge or fort was completed, a young maiden would be immured in the stonework as a sacrifice. 동유럽의 전설에 따르면, 큰 다리나 요새를 완성할 때마다 어린 소녀를 석조물 안에 제물 삼아 감금하고 봉인했다고 한다. (물론 실제로 그랬는지는 알 수 없다.)
In Poe's grim story "A Cask of Amontillado," a man achieves revenge on a fellow nobleman by chaining him to a cellar wall and bricking him up (= immuring him) alive. 에드거 앨런 포의 음울한 소설 "아몬틸라도의 통"에서 한 남자가 복수하기 위해 동료귀족을 사슬로 묶어 지하실 벽 안에 넣은 뒤 벽돌을 쌓아 가둬버린다.
At the end of Verdi's great opera Aida, Aida joins her lover so that they can die immured together. 베르디의 위대한 오페라 《아이다》의 결말에서, 아이다는 연인과 함께 석실에 갇혀 죽는 것을 선택한다.
Real-life examples of immurement as a final punishment are somewhat harder to find. 현실세계에서 극형으로 감금을 시행하는 사례는 찾아보기 힘들다.

EXTRA

Latin

outside 바깥의
beyond 넘어

extradite

[ˈekstrədaɪt]

verb
- 범죄피의자를 인도하다.

Picked up by the Colorado police for burglary, he's being extradited to Mississippi to face trial for murder.

절도혐의로 콜로라도 경찰에게 체포된 그는, 지금 살인죄 재판을 받기위해 미시시피로 이송되고 있다.

Extradition may become more complicated when two countries are involved.

범죄인인도는 국가 간에서 벌어질 때 매우 복잡한 문제가 되기도 한다.

extradition treaty 범죄인인도조약—

다른 나라에서 자국민을 재판해야 한다고 요구할 때 내어주기로 약속하는 것이다. 하지만 자국민을 인도하기 전 많은 것을 고려해야 한다. 예컨대 사형을 허용하지 않는 나라는 사형을 선고할 수 있는 재판에 자국민 피의자를 보내지 않을 것이다.

Most countries won't extradite someone accused of political crimes.

정치범이나 사상범으로 몰린 피의자는 대부분 인도하지 않는다.

extradition이 쉽지 않아 보일 때, 그 사람을 직접 납치해올 수도 있겠지만, 그럴 경우 외교분쟁을 초래할 수 있다.

➕
extradition [ˌekstrədˈɪʃən] 범죄인인도.
extrapolation 외삽(外揷).
buildup [bˈɪldˌʌp] 축적.

extrapolate

[ɪkstrˈæpəleɪt]

verb
- 추론하다. 외삽하다.

Economists predict future buying trends partly by extrapolating from current economic data.

경제학자들은 현재의 경제데이터를 바탕으로 추론한 것을 일정부분 참고하여 미래의 구매동향을 예측한다.

실험이나 경험을 통해 얻은 데이터를 활용하여 아직 알아내지 못한 영역의 데이터를 예측해내는 기법, 즉 바깥에 있는 데이터를 가져다가 삽입하여 추론하는 것을 extrapolation이라고 한다. (흔히 '외삽법'이라고 한다.)

Scientists have extrapolated the rate of carbon-dioxide buildup and predicted that its effect on the atmosphere will become increasingly severe.

과학자들은 지금까지 축적된 이산화탄소 증가율을 바탕으로 추론한 결과, 이산화탄소가 대기에 미치는 영향이 갈수록 심각해질 것이라고 예측한다.

On the basis of their extrapolations, they have urged governments and businesses to limit factory and automobile emissions.

이러한 추론을 토대로 과학자들은 지구온난화를 경고하며 공장과 자동차의 배출가스를 제한해야 한다고 주장한다.

extrapolate는 특별한 어순 제약 없이 활용할 수 있다.
extrapolate existing data to produce new data
extrapolate new data from existing data
extrapolate from existing data to produce new data
어떻게 써도 다 맞다.

extraterrestrial life는 terrestrial(지구의) 바깥에 사는 생명체, 즉 외계생명체를 의미하며
extragalactic nebula는 galactic(은하계의) 바깥에 위치한 성운을 의미한다.
extraordinary는 '평범한 수준을 넘어선'이라는 의미로 그냥 줄여서 extra라고 쓰기도 한다.

extrovert

[ˈekstrəvɜ:rt]

noun
● 외향적인 사람.

These parties are always full of loud extroverts, and I always find myself hiding in a corner with my drink.

이런 파티는 시끄럽고 외향적인 인간들로 늘 넘쳐난다. 나는 언제나 눈에 띄지 않는 구석에 처박혀 혼자 술을 마신다.

■

extra(outside)+vert(turn)이 결합한 extrovert는 기본적으로 '밖으로 향하다'라는 뜻이다. 어근을 살려 extravert으로 쓰기도 한다.
extrovert는 20세기 초 탁월한 심리학자 Carl Jung이 처음 만들어낸 말로, 내면보다는 자기 바깥에서 벌어지는 일에 관심을 기울이며, 어떤 일을 하고 싶다는 동기도 자기 바깥(특히 주변사람들)에서 얻는다. 이와 대립되는 introvert 는 내면에 주의를 기울이며 내면에서 동기를 얻는다.
Extroverts seem to be favored by societies such as ours, even though introverts seem to be on average more mentally gifted.
사회적 측면에서는 외향적인 사람이 훨씬 유리한 것처럼 보이지만 정신적 측면에서는 내성적인 사람이 평균적으로 뛰어나다.
심리학자들에 따르면, 갓 태어난 신생아 중에서도 낯을 가리는 아기와 낯을 가리지 않는 아기를 구분할 수 있다고 한다. introversion과 extroversion이 어느 정도는 타고난다는 것을 일깨워준다.

✦
introvert [ˈɪntrəvɜ:rt] 내성적인 사람, 내향적인.
introversion [ˌɪntrəvˈəːrʒən] 내향성.
extroversion [ˌekstrəvˈəːrʒən] 외향성.

extraneous

[ɪkstrˈeɪniəs]

adjective
● 외부의.
● 본질과 동떨어진.

Be sure your essays are well focused, with any discussion of extraneous topics kept to a minimum.

에세이의 논점을 잘 맞추도록. 주제와 무관한 논의는 최소화하도록.

■

extraneous와 strange는 모두 '바깥의' 또는 '밖에서 온'이라는 뜻의 라틴어 extraneus에서 나온 단어다. 물론 strange는 일상적으로 사용되지만 extraneous는 다소 격식을 갖춘 학술용어처럼 사용된다.
Researchers always try to eliminate extraneous factors (or "extraneous variables") from their studies.
실험을 할 때는 외부요인('외부변수')를 최대한 제거해야 한다.
예컨대 심리실험을 할 때는 피실험자들을 성, 연령, 건강 등에 따라 분류함으로써 모든 조건을 똑같이 만들어야 한다.
Such details are extraneous to the matter in hand. 그런 세세한 것들은 지금 신경 쓸 문제가 아냐.
He's locked himself in his studio to ensure that there won't be any extraneous distractions.
그는 주의를 분산시키는 외부요소를 완전히 배척하기 위해서 작업실에 스스로 감금했다.

✦
variable [vˈeəriəbəl] 변수, 변하기 쉬운.
extravagant [ɪkstrˈævəgənt] 사치스러운, 낭비하는.
extravaganza [ɪkstrˌævəgˈænzə] 호화롭고 웅장한 오락물.
distraction [dɪstrˈækʃən] DIS(apart)+TRACT(to draw)
관심을 끌어 산만하게 만드는 것.

VERT

Latin vetere

to turn/turn around 돌다

divert

[dɪvˈɜːrt]

verb

- 전환하다. 목적이나 방향을 다른 데로 돌리다.
- 기분전환하다.

The farmers had successfully diverted some of the river's water to irrigate their crops during the drought.

농부들은 가뭄 동안 작물에 물을 대기 위해 강물을 돌리는 데 성공했다.

The Roman circus was used to provide diversion for its citizens.

시민들에게 오락을 제공하기 위해 로마제국은 키르쿠스라고 하는 원형극장을 세웠다. circus는 라틴어로 circle을 의미한다. diversion은 바쁜 일상에서 잠시 머리를 식힐 수 있게 관심을 다른 곳으로 '돌릴 수 있는' 오락거리다.

Circus was also used to divert citizens' attention from the government's failings as well.

키르쿠스는 또한 정부의 실책에 대한 관심을 다른 곳으로 돌리기 위해 사용될 수도 있다.

The diversion of the Rome was often in the form of a fight—men pitted against lions, bears, or each other—and the audience was sure to see blood and death. 로마시대 오락은 사람과 사람, 또는 사람과 맹수를 싸우게 하는 것으로 결국에는 한쪽이 피를 흘리며 죽는 것으로 끝이 났다. 그러한 오락거리의 전통은 지금도 그대로 이어 내려오고 있다. 물론 그러한 비참한 결투를 극장화면으로 본다는 것만 다를 뿐이다.

+

irrigate [ˈɪrɪgeɪt] 물을 대다.
drought [drˈaʊt] 가뭄.
diversion [dɪvˈɜːrʒən] 시선을 끄는 행동, 기분전환용 오락거리.
pit against 구덩이(pit)에 던져 넣고 싸우게 만들다.

converter

[kənvˈɜːrtər]

noun

- (주파수/데이터 등을) 다른 형태로 바꾸는 장치.

She was so indifferent to television that she hadn't even bought a converter, and her old TV sat there useless until she finally lugged it down to the recycling center.

그녀는 TV에 전혀 관심이 없어 컨버터도 구입하지 않았고, 오래된 TV는 쓸모 없이 자리만 차지하다 결국 재활용센터로 넘겨졌다.

Electric converter can change direct current to alternating current or vice versa.

외국여행을 갈 때는 직류를 교류로, 또는 교류를 직류로 바꿔주는 전기변환장치를 반드시 챙겨야 한다.

Digital-analog converters change the new broadcast digital signal to the analog signal that older TV sets were made to receive.

디지털-아날로그 변환장치는 디지털신호를 오래된 TV가 수신할 수 있는 아날로그신호로 변환해준다.

한국에서는 2012년 12월 31일 아날로그방송 송출을 중단하고 디지털방송만 송출하기 시작했다. 아날로그TV를 이용하는 가정에서는 컨버터를 구입해서 부착해야만 TV를 계속 볼 수 있다.

A catalytic converter converts pollutants such as carbon monoxide into harmless form.

촉매변환장치는 일산화탄소 같은 오염물질을 무해한 물질로 바꿔준다. 자동차 배기장치에 장착된다.

+

lug [lˈʌg] 무겁고 거추장스러운 것을 질질 끌고 가다.
direct current 직류(DC). 늘 일정방향으로 흐르는 전류.
alternating current 교류(AC). 방향을 계속 바꾸며 흐르는 전류.

vertigo는 주변의 모든 것이 '빙빙 도는' 것 걸처럼 느껴지는 현상, 즉 현기증이다.
advertisement는 제품이나 서비스로 시선을 '돌리게' 만드는 광고다.

avert

[əvˈɜːrt]

verb

● 시선을 돌리다.
● 피하거나 예방하다.

General Camacho's announcement of lower food prices averted an immediate worker's revolt.

카마초 장군은 식료품 가격인하 발표로 일촉즉발 상태에 있던
노동자들의 반란을 피해나갔다.

■

Sensitive people avert their eyes from gory accidents. 예민한 사람들은 피가 흐르는 참혹한 장면을 보지
못하고 시선을 돌린다.
The most of accidents and disasters might itself have been averted if someone had been alert enough.
제대로 대응했다면 많은 재앙들을 피해나갈 수 있었을지도 모른다.
Negotiators may avert a strike by all-night talks.
경영진과 노조가 밤샘협상을 한다면 파업은 피해갈 수 있을지 모른다.
In the Cuban missile crisis of 1962, it seemed that nuclear catastrophe was barely averted.
1962년 쿠바 미사일위기 때, 핵전쟁이라는 대재앙을 간신히
비켜나간 것처럼 보인다.
Many people have a natural and emotional aversion to insects. 많은 이들이 벌레를 보면 본능적
정서적으로 진저리친다. aversion은 쳐다보기도 싫은 감정,
즉 dislike, disgust를 의미한다.

✚

revolt [rɪvˈoʊlt] 반란, 폭동 (=rebellion), 반란을 일으키다.
gory [gˈɔːri] 유혈이 낭자하는, 끔찍한.
catastrophe [kətˈæstrəfi] 재앙, 대참사.
catalytic [kˌætəlˈɪtɪk] 촉매의.
aversion [əvˈɜːrʒən] 혐오감.

revert

[rɪvˈɜːrt]

verb

● 이전 상태/조건/상황으로 되돌아가다.
● 이전 소유주에게 반환되다.

Control of the Panama Canal Zone, first acquired by the U.S. in 1903, reverted to the local government in 1999.

1903년 미국이 처음 획득했던 파나마운하지대 관할권은 1999년
파나마정부로 반환되었다.

■

re(back)+vert(to turn)이 결합한 revert는 기본적으로
turn back, 즉 '되돌아가다'라는 뜻이다.
Property will revert to the original owner at some future date or when something happens.
재산은 특정한 날짜가 되면 또는 특정 사건이 발생하면 (대개 빌린
사람이 사망하면) 원소유주에게 반환된다.
재산을 빌려줄 때는 거의 예외없이 이러한 조건이 달리기
때문에 revert와 reversion은 법률문서에서 자주 볼 수
있다.
Many reformed drinkers eventually revert to their old ways.
금주를 결심한 애주가들은 대부분 결국 원상태로 돌아간다.
법률과 무관한 경우에는 대개 부정적인 의미로 사용된다
("그러면 그렇지—").
Most people revert to smoking at least once or twice before succeeding in quitting for good.
대개 완전한 금연에 성공하기 전에 적어도 한두 번은 다시 흡연하는
상태로 '원위치'한다.

✚

reform [rɪfˈɔːrm] 개정하다, 개심하다.
for good = for ever 영원히.

Animal Words

bovine

[ˈboʊvaɪn]

adjective
- 소의.
- 우둔한.

In that part of Texas, many of the veterinarians specialize in bovine conditions and won't even deal with dogs or cats.

그 텍사스 지역에서는 많은 수의사들이 소에 특화되어 있어서 개나 고양이는 취급조차 하지 않을 것이다.

■

bovine은 cow를 뜻하는 라틴어 bos에서 왔다. 하지만 Bovidae라고 일컬어지는 biological family에는 cow뿐만 아니라 oxen, goat, sheep, bison, buffalo 등이 모두 포함된다.
bovine은 오늘날 bovine disease, bovine anatomy 등 전문용어로 자주 등장한다.
I'm depressed by the bovine enthusiasm of the crowd's response.
대중의 반응이 미지근한 것을 보고 우울해졌다.
영어권에서는 행동이 느리고 아둔한 사람을 소 같다고 말한다.
Zeus fairly melted when Hera turns her big bovine eyes on him.
헤라가 소처럼 큰 눈망울로 쳐다볼 때 제우스의 마음은 녹아내렸다.
물론 소라고 해서 무조건 나쁜 의미로만 쓰이는 것은 아니다. cow-eyed는 지금도 거부할 수 없게 만드는 순진한 눈망울을 의미한다.

✚

oxen [ˈɑːksən] ox의 복수형.
bison [ˈbaɪsən] 들소.
buffalo [ˈbʌfəloʊ] 물소.

porcine

[ˈpɔːrsaɪn]

adjective
- 돼지의.

She describes her landlord's shape as porcine, and claims he has manners to match.

그녀는 집주인을 돼지처럼 뚱뚱하다고 묘사하면서, 그의 매너 또한 그런 모습에 걸맞다고 말한다.

■

라틴어로 돼지는 porcus라고 한다. 돼지고기를 의미하는 pork가 여기서 나왔다.
돼지는 애완동물 못지않게 지능이 높고 친근한 동물이지만 그에 걸맞은 정당한 평가를 받지 못하고 있다. 진흙탕에서 뒹굴고 먹을 것을 보면 달려드는 습성 때문에 오히려 조롱의 대상으로만 여겨져 왔다.
돼지를 일컫는 또다른 단어 swine은 매우 부정적인 뉘앙스로 사용되는 데 반해, porcine은 그보다는 좀더 중립적인 의미로 사용된다.
piggish 역시 greedy, pushy에 초점을 맞추는 반면 porcine은 fat, pudgy, pink 같은 외형에 초점을 맞춘다.
pig는 경찰을 비하하는 표현으로도 많이 쓰인다.
하지만 이 말을 내뱉는 순간 바로 체포당할 수도 있으니 절대 입밖으로 내지 말 것.
She peeked out to see her porcine landlord climbing the stairs slowly, gasping for breath, with the eviction notice in his hand.
그녀는 돼지같은 집주인이 헐떡이며 계단을 천천히 올라가는 것을 살짝 엿보았다. 그의 손에는 퇴거명령서가 들려있었다.

✚

mud puddle [pʌdəl] 진흙웅덩이.
swine [swaɪn] 돼지같은 새끼.
piggish [pɪgɪʃ] 탐욕스러운, 불결한.

Extra Ecclesiam nulla salus.
Outside the Church there is no salvation.
교회 밖에는 구원이 없다.

ovine

[ˈoʊvaɪn]

adjective

- 양의.

In her veterinary practice she specialized in ovine medicine, but often treated cows and pigs as well.

수의학 실습에서 그녀는 양을 전공했지만 소와 돼지도 본다.

■

라틴어로 양은 ovis라고 한다.
Bovidae family에 속한 genus Ovis에는 양, 염소, 산양 등 다섯 가지 종이 속한다.
양은 1만 2000년 전쯤, 현재 이라크에 해당하는 수메르 지역에서 개 다음으로 두 번째 가축화되었다.
양은 처음에 우유, 가죽, 고기를 얻기 위해 사육되었다.
다 큰 양의 고기는 mutton이라고 하고, 새끼양의 고기는 lamb이라고 한다.
양털을 이용해 옷감을 짜기 시작한 것은 양을 키운 지 1만년 이상 지난 뒤인 기원전 1500년경 일이다.
명사로도 형용사로도 쓰이는 ovine은 과학/의학 분야에서 주로 사용된다. 가벼운 대화 중에 이런 단어를 쓰면 친구들이 우러러볼 것이다.

+

mutton [mˈʌtən] 양고기.
lamb [lˈæm] 양고기.
Bovidae family 소과.
genus [dʒˈiːnəs] Ovis 양속.
greedy [grˈiːdi] 탐욕스러운.
pushy [pˈʊʃi] 밀어붙이는.
pudgy [pˈʌdʒi] 통통한.
gasp [gˈæsp] 충격이나 고통으로 숨을 잠시 멈추다, 헐떡이다.
evict [ɪvˈɪkt] 퇴거명령하다.

caper

[kˈeɪpər]

noun

- 짓궂은 장난.

For their caper in the girls' bathroom, all three seniors were suspended for a week.

여자화장실에서 벌인 장난으로 인해 세 명 다 일주일 정학을 받았다.

■

caper는 라틴어로 male goat을 의미한다. 어린 염소가 뛰어노는 모습을 본 적이 있다면, caper가 어떤 종류의 장난을 의미하는지 쉽게 추측할 수 있을 것이다. (자동차 지붕 위로 마구 뛰어다닌다!)
They were capering about, shouting and laughing.
그들은 미친놈처럼 뛰고 소리지르고 웃어댔다.
caper는 이렇게 동사로도 쓰인다.
caper에서 나온 capriole (카프리올)은 승마에서 말이 앞발을 든 채로 총총 뛰는 기술을 일컫는다.
Capricorn, meaning "horned goat," is a constellation and one of the signs of the zodiac.
카프리콘, 즉 뿔 달린 염소는 황도12궁 중 하나인 별자리 이름이다.
capricious act 기운 넘치는 염소가 아무 생각 없이 저지를 법한 행동.
지중해연안에서 즐겨먹는 꽃봉오리 초절임 향신료 caper는 철자만 같을 뿐 유래가 다르다.

+

Capricorn [kˈæprɪkɔːrn] 염소자리.
zodiac [zˈoʊdiæk] 황도12궁.
capricious [kəprˈɪʃəs] 내키는 대로 행동하는.

VIS VID

Latin
to see 보다

vista
[vˈɪstə]

noun
- 멀리까지 볼 수 있는 시야. 전망.
- 멀리 미래를 내다보는 전망.

The economic vista for the next two years looks excellent, according to a poll of business economists.

경제전문가들을 대상으로 한 설문조사에 따르면 향후 2년 동안 경제전망은 매우 밝다.

◾

vista는 오늘날 일반적으로 산꼭대기에서 내려다볼 수 있는 것처럼 탁 트인 전망을 떠올리지만, 원래는 양쪽에 나무들이 일렬로 늘어선 큰 길을 멀리서 조망하는 것을 의미한다.
From my bedroom window I looked out on a crowded vista of hills and rooftops.
내 침실창문에서 언덕과 지붕 위들이 펼쳐진 화려한 장관을 볼 수 있다.
vista, view, outlook 모두 눈으로 멀리 내다보는 것을 일컫는 동시에 앞으로 일어날 일을 마음속으로 예측하는 것을 일컫기도 한다. 웅장한 대로를 말을 타고 걷는다면, 1킬로미터 정도 가면 무엇과 마주칠지 알 수 있다.
이는 곧 머지않은 미래를 내다보는 것과 같다.
Turning a corner, they found themselves gazing out on the broad vista of the river valley.
코너를 돌자, 강가 계곡이 보이는 드넓은 전망이 눈에 들어왔다.

✚
vista = outlook = view 전망, 관점.
crowded [krˈaʊdɪd] 빽빽이 들어 찬.

vis-à-vis
[vˌizəvˈi]

preposition
- ─와 비교하여.

Many financial reporters worry about the loss of U.S. economic strength vis-à-vis our principal trading partners.

많은. 경제전문기자들은 미국이 주요 무역상대국에 대하여 경제적 힘을 잃어가는 것은 아닌지 우려한다.

◾

vis-à-vis는 라틴어에서 유래한 프랑스어에서 온 단어로 face-to-face라는 뜻이다.
이 프랑스어가 영어에 처음 들어온 이유는 '두 사람이 서로 마주보고 앉는 작은 마차'를 일컫기 위한 것이었다.
이후 다양한 뜻으로 확장되면서 마주보고 춤을 추는 dancing partner를 일컫는 말로도 쓰이기도 한다.
오늘날에는 전치사로 많이 쓰이는데, 얼굴을 맞대고 서로 비교하거나 대조하는 모습에서 의미에서 쉽게 유추할 수 있다.
A greyhound is very tall vis-à-vis a Scottie.
그레이하운드는 스카치테리어와 비교할 때 매우 키가 크다.
The Red Sox have often fared badly vis-à-vis the Yankees.
레드삭스는 양키스와 맞붙었을 때 형편없는 경기를 하는 일이 많다.
When she considered Cleveland vis-⊠-vis other cities where she might have to live, she always chose Cleveland.
어디에서 살아야 할까 생각하며 클리브랜드와 다른 도시들을 비교할 때마다, 그녀는 항상 클리브랜드를 선택했다.

✚
carriage [kˈærɪdʒ] 말이 끄는 마차(승객이 타는 공간).

vision은 우리가 눈으로 볼 수 있는 '시력'을 의미한다. visual image는 곧 something visible to our eyes라는 뜻이다. visitor는 직접 와서 보는 사람이다. VIS는 VID로 쓰기도 하는데, video가 여기서 나왔다. 율리시우스 카이사르의 유명한 말 veni, vidi, vici (I came, I saw, I conquered)에서도 vid라는 어근을 볼 수 있다.

visionary

[vˈɪʒəneri]

noun

- 예지력과 상상력이 있는 사람.
- 비현실적인 몽상가.

His followers regarded him as an inspired visionary; his opponents saw him as either a con man or a lunatic.

추종자들은 그를 영감을 받은 선지자라고 여겼으나 그의 적대자들은 그를 사기꾼이나 미치광이로 보았다.

■

Martin Luther King, Jr. was a visionary in his hopes and ideas for a just society.

마틴 루터 킹 주니어는 정의로운 사회를 만들고자 하는 소망과 아이디어를 가진 비저너리였다.

visionary는 미래에 대한 전망이 확고한 사람을 말한다. 물론 그들의 vision이 늘 맞는 것은 아니므로 visionary의 아이디어는 찬란하게 빛날 수도 있지만 비참하게 실패할 수도 있다. 하지만 visionary는 대개 긍정적 의미로 사용된다.

visioary는 형용사로도 쓰인다.

—a visionary project 비현실적인 프로젝트
—a visionary leader 선견지명이 있는 지도자
—a visionary painter 초현실적인 그림을 그리는 화가
—a visionary company 원대한 구상이 있는 회사

His ambitious plans for the city marked him as a true visionary.

도시에 관한 야심찬 계획을 들어보면 그는 여지없이 진정한 비저너리라 할 수 있었다.

✛

visualize [vˈɪʒuəlaɪz] = envision [ɪnvˈɪʒən]
fare [fˈeər] well/badly/better
= do well/badly/better

envisage

[ɪnvˈɪzɪdʒ]

verb

- 마음속에 그림을 그리다(visualize).
- 직시하다.

A mere three weeks after they had started dating, the two were already arguing, and none of us could envisage the relationship lasting for long.

데이트를 시작한 지 겨우 3주 만에 그 둘은 싸우기 시작했고, 두 사람 모두 관계가 오래 갈 것이라고는 전혀 생각하지 않았다.

■

One of the imagination's most valuable uses is its ability to see something in the "mind's eye"—that is, to visualize, envision, or envisage something.

상상의 가장 큰 효용은 아마도 '마음의 눈'으로 무언가를 볼 수 있는 능력, 즉 무언가를 시각화하는 것이라 할 수 있다.

Envisaging a possibility may be one of the chief abilities that separate human beings from the other animals.

가능성을 시각화하는 것은 인간을 다른 동물과 구별해주는 주요한 능력이다.

He had never envisaged spending the whole of his working life in that particular job.

그 일을 평생 하면서 살게 될 것이라고는 꿈도 꾸지 않았다.

We could envisage a completed piece of furniture. 완성된 가구의 모습을 머릿속에 그려볼 수 있다.

envisage의 대상은 물질적인 것일 수도 있고 비물질적인 것일 수도 있다.

Envisaging the sinking of an island nation may focus our minds on climate change.

가라앉는 섬나라를 그려보는 것은 기후변화에 대해 관심을 갖게 만들어준다. 그래서 envisage는 '직시하다'를 의미하기도 한다.

SPECT

Latin specere
to look at 보다

aspect

[ˈæspekt]

noun
- 어떤 것의 한 부분.
- 어떤 것이 드러나보이는 방식.

Many experts believe the mental aspect **of distance racing is more important than the physical aspect.**

많은 전문가들이 장거리경주는 정신적 측면이 신체적인 측면보다 중요하다고 생각한다.

라틴어 aspectus는 look at이라는 뜻이다. 따라서 어떤 것의 aspect는 기본적으로 '보이는 방향'을 의미한다.
The house had a south-west aspect.
이 집은 남서향이다.
aspect는 무언가를 다면적으로 분석할 때 유용하게 사용할 수 있으며, 따라서 학술적인 글에서 자주 등장한다.
Travel is your favorite aspect of my job.
여행다닐 수 있다는 것이 내가 하는 일에서 가장 좋아하는 측면이다.
Eating well is one aspect of a healthy life.
잘 먹는 것은 건강한 삶의 한 측면이다.
progressive aspect 동사의 진행형.
문법에서 aspect는 '상(相)'을 의미한다.
The most troubling aspect of the whole incident was the public reaction.
전체 사건에서 가장 골치아픈 요인은 대중의 반응이었다.

prospect

[prˈɑːspekt]

noun
- 미래에 어떤 일이 일어날 가능성.
- 어떤 일이 일어날 기회.

There was little prospect of **a breakthrough in the negotiations before the elections.**

선거 전 협상의 돌파구가 생길 가능성은 거의 없었다.

pro(forward)+spcet(look at)이 결합한 prospect는 말 그대로 앞을 내다본다는 뜻이다.
The prospect of a recession may lead investors to pull their money out of the stock market.
불황에 대한 전망은 투자자들에게 주식시장에서 돈을 빼내도록 한다.
Graduates of a good law school usually have excellent prospects for finding employment.
좋은 법학대학원을 졸업한 사람은 대개 취업전망이 매우 밝다.
The story should act as a warning to other prospective buyers.
이 이야기는 이 제품을 사려고 하는 다른 잠재고객에게 경고로 작동할 것이다.
—prospective earnings 장래수입
—prospective costs 예상비용
—a prospective writer 작가지망생
The prospect of spending an evening with such an unhappy couple was just depressing.
그토록 티격태격하는 커플과 저녁을 보내야 한다는 걸 생각하니 참 우울했다.

✚
prospective [prɑːspˈektɪv] 예상되는, 가망이 큰.

spectacle은 눈 여겨 볼 만한 '장관'을 의미한다. 로마제국은 spectacular chariot race(눈길을 뗄 수 없는 마차경주) 또는 검투사와 맹수의 spectacularly bloody battle(눈길을 뗄 수 없게 만드는 혈투)로 spectators(관객들)의 시선을 사로잡았다. spectacles는 '안경'을 의미한다.

---

perspective

[pərspˈektɪv]

noun

- 시각, 바라보는 각도, 방향, 관점.
- 원근법.

From the perspective of the lowly soldier, the war looked very different.

계급이 낮은 군인의 시각에서 전쟁은 매우 다르게 보였다.

■

Before the 1400s paintings simply lacked accurate perspective.

1400년대 이전 그림에는 정교한 원근법 자체가 없었다.

납득하기 어려울 수도 있지만, 원근법은 '발견된 것'이다. 예전에는 중요한 인물/대상은 크게, 덜 중요한 것은 작게 그리는 것이 전부였다. 물론 멀리 있는 대상을 가까운 것보다 작게 그린 경우도 있지만, 이는 정확하게 계산된 것이 아니었다.

오늘날 perspective는 standpoint와 거의 같은 의미로 쓰인다. standpoint는 말 그대로 자신이 물리적으로 '서 있는 장소'라는 뜻이지만, 지금은 내가 누구인지 내가 무엇을 하는지에 따라 달라지는 '세상을 보는 관점'을 의미한다.

His father's death gave him a whole new perspective on life.

아버지의 죽음은 그에게 삶에 대한 전혀 새로운 관점을 심어주었다.

Remember to keep things in perspective.

상황을 늘 제대로 판단해야 한다는 것을 명심하라.

perspective는 더 나아가 상황을 전체적으로 조망하는 능력을 의미하기도 한다.

I think he's lost all sense of perspective.

판단력을 완전히 잃은 것 같다.

Some judges only look at crimes like these from the perspective of the police.

몇몇 판사들은 이런 범죄를 경찰의 관점에서만 바라본다.

---

prospectus

[prɑːspˈektəs]

noun

- 사업계획서/주식공모제안서.

The prospectus for the mutual fund says nothing about how its profit forecasts were calculated.

이 뮤추얼펀드 안내서는 예상수익을 어떻게 계산했는지 설명하지 않는다.

■

prospectus는 prospect와 마찬가지로 앞을 내다본다는 뜻이 들어있다.

기업에서 prospectus는 투자자나 고객을 모집하기 위해 기업이 배포하는 기업설명서, 새로운 사업계획을 설명하며 앞으로 어떤 모습이 될지 미리 보여주는 사업계획서, 설립취지서 등을 의미한다.

사립학교나 대학에서 prospectus는 신입생을 모집하기 위해 배포하는 학교소개서, 학교요람 등을 의미한다.

주식시장에서 prospectus는 주식을 공모하기 위해 기업에서 발행하는 안내문, 뮤추얼펀드 가입설명서, 투자안내문 등을 의미한다.

미국에서는 prospectus보다는 catalog라는 말을 많이 쓴다.

The prospectus for the new development was full of glowing descriptions that made both of us suspicious.

새로운 개발을 위한 사업계획서는 온통 좋은 점만 늘어놓아서 오히려 우리 모두 의심만 키웠다.

✦

university catalog 대학일람.
standpoint [stˈændpɔɪnt] 관점.
glowing [glˈoʊɪŋ] 열렬하게 떠받드는.

CIRCU CIRCUM

Latin *circus*
circle 원

circuitous
[sərkjˈuːɪtəs]

adjective
- 우회로의.
- 에둘러 말하는.

She sometimes arrives at her conclusions by circuitous reasoning that her students can't even follow.

가끔 그녀는 학생들이 따라가기 힘든 복잡한 추론으로 결론에 도달할 때도 있다.

■

circuitous는 대개 direct의 반댓말로, 일반적으로 길과 설명을 수식하는 말로 자주 쓰인다.
Detours are usually circuitous.
우회로는 대개 둘러간다.
A circuitous path, twisting and turning and cutting back on itself, is the kind of route you'd expect to find in the mountains.
우회로는 꼬불꼬불하거나 돌아가거나 길이 아닌 곳을 가로질러가는 것으로 산에서 흔히 볼 수 있다.
Lawyers sometimes find themselves making circuitous arguments.
변호사는 가끔 에둘러 변론을 하는 경우가 있다.
원치 않는 의뢰인을 변호할 때 더더욱 그러한 태도가 나타난다.
We finally found the house, but only after getting completely lost and taking an extremely circuitous route.
우리는 마침내 집을 찾기는 했으나, 길을 잃고 뺑뺑 돌다가 겨우 찾은 것이었다.

✚
detour [dˈiːtʊər] 우회, 에둘러 감.

circumference
[sərkˈʌmfrəns]

noun
- 원둘레.
- 형상이나 물체의 표면 또는 경계.

To calculate the circumference of a circle, multiply its diameter by 3.1416.

원둘레를 계산하려면 지름에 3.1416을 곱한다.

■

Attempts have been made to measure the circumference of the earth since the time of Aristotle.
아리스토텔레스시대부터 지구의 둘레를 측정하려는 시도는 계속되었다.
The measurement that Columbus was relying on had calculated the earth's circumference as about a quarter too small.
콜럼버스가 사용했던 계산법은 지구의 둘레를 4분의 1 정도로 축소한 것이었다. 그래서 동쪽으로 가는 것보다 서쪽으로 배를 타고 가면 중국에 더 빨리 도착할 수 있다고 생각했던 것이다.
이후에 무수한 시행착오를 거쳐 밝혀낸 사실은...
The Greeks had calculated the earth's circumference correctly way back in the 3rd century B.C.
기원전 3세기 그리스인들이 계산해놓은 지구의 둘레가 오늘날 측정해낸 거리와 정확히 일치한다는 것이다.
The race course runs the entire circumference of the lake twice, a total of ten miles.
경주코스는 호수 전체를 두 바퀴 도는 것인데, 총 16킬로미터에 달했다.

✚
perimeter [pərˈɪmɪtər] 어떤 영역의 바깥 경계선.
diameter [daɪˈæmɪtər] 지름.

circumspect
[sˈɜːrkəmspekt]

adjective
- 온갖 위험의 가능성을 회피하는.

Her answer was careful and circumspect, and I couldn't help thinking she knew a lot more than she was telling.
그녀의 대답은 매우 신중하고 조심스러워서, 그녀가 말한 것보다 더 많은 것을 알고 있다고 생각하지 않을 수 없다.

◾

circum(circle)+spect(to look)가 결합한 circumspect는 기본적으로 행동하기 전에 '주변을 둘러보다'라는 뜻이다.
Being a doctor has traditionally called for a circumspect personality.
의사가 되고자 한다면 예로부터 조심성 있는 성격을 갖춰야 한다고 여겨졌다. 그래야 환자에게 신뢰를 줄 수 있기 때문이다.
Scholars are known for their circumspection.
학자들 역시 신중함 측면에서 결코 뒤처져서는 안 된다.
자신이 저술한 책이나 논문에 잘못된 증명이나 오류나 인용실수가 들어가는 순간 명성이 추락하기 때문이다.
Bankers once had a reputation for great circumspection.
한때 은행가들도 답답할 정도로 조심성이 많기로 유명했다.
하지만 2008년 터진 금융위기는, 그러한 명성이 허상이라는 것을 일깨워주었다.
Whenever we asked where his income came from, he would say something vague and circumspect and treat it as a joke.
그의 수입이 어디서 나오는지 물을 때마다 그는 에둘러 모호하게 말하며 농담하듯이 넘기곤 했다.

✚
circumspection [sˌɜːrkəmspˈekʃən] 세심함.

circumvent
[sˌɜːrkəmvˈent]

verb
- 우회하다.
- 교묘하게 피해가다.

We knew there was a traffic jam on the highway and circumvented it by using back roads.
우리는 고속도로가 막힌다는 사실을 알고서 뒷길로 우회했다.

◾

In mythology, a person's attempts to circumvent fate are almost always doomed.
신화 속에서 운명을 회피하려고 하는 사람은 거의 예외없이 파멸한다.
In the *Iliad* we're told of how Achilles' mother, Thetis, hoping to circumvent the prophecy that her child would die in a war against Troy, disguised the boy as a woman.
《일리아드》에서 아킬레스의 어머니 테티스는 아들이 트로이전쟁에서 죽을 것이라는 예언이 실현되지 않게 하려고 아들을 여장시킨다. 하지만 오디세우스는 보석행상으로 위장하여 아낙들을 찾아간다. 보석 속에 검 하나를 놓아두었는데, 보석에는 눈길도 주지 않고 곧바로 검을 집어드는 사람이 있었으니 그가 바로 아킬레스였다. 이로써 정체가 발각되어 아킬레스는 전쟁터로 끌려가고 만다.
People attempt to circumvent the law, or at least some requirements that they'd rather not have to deal with. 사람들은 꼭 지키지 않아도 되는 법이나 몇몇 의무를 회피하기 위해 노력한다.

✚
doom [dˈuːm] (비참한 결말로) 이어지다.
Achilles [əkˈɪliːz] 아킬레스.
disguise [dɪsɡˈaɪz] 위장하다, 변장하다.
peddler [pˈedlər] 행상.

Animal Words

equestrian
[ɪkwˈestriən]

adjective
- 승마의.

The circus's equestrian acts, in which bareback riders performed daring acrobatic feats atop prancing horses, were her favorites.

깡총거리며 걷는 말 위에 안장 없이 올라타 위험한 곡예를 선보이는 서커스단의 마장마술을 그녀는 가장 좋아한다.

■

equestrian은 라틴어로 '말'을 의미하는 equus에서 나왔다.

Equestrian statues have been popular through the centuries.

기마상은 수 세기 동안 인기를 누려왔다.

뉴욕 5번가에 서 있는 유명한 General Sherman 동상처럼 군인들의 기마동상들을 많이 볼 수 있는데, 이러한 조형물에는 비밀이 숨어있다. 말이 네 발굽을 모두 땅에 붙이고 있으면 말을 탄 사람이 자연사했다는 뜻이고, 발굽 하나를 들고 있으면 전투에서 입은 부상으로 죽었다는 뜻이고, 발굽을 두 개 들고 있으면 전투 중 죽었다는 뜻이다. Until the 20th century almost every officer in Europe and America was trained in equestrian skills and combat.

20세기까지 유럽과 미국의 거의 모든 장교들은 기마술과 기마전 훈련을 받았다.

+
prance [prˈæns] 깡총거리며 걷다.
daring [dˈeərɪŋ] 용감한.
feat [fˈiːt] 감탄이 나오는 행동.
hoof [hˈuːf] 발굽.

asinine
[ˈæsɪnaɪn]

adjective
- 당나귀같은.
- 멍청한.

He's not so great when he's sober, but when he's drunk he gets truly asinine.

맨정신일 때도 그다지 똑똑하지 않았지만, 취했을 때는 정말 멍청하기 그지없었다.

■

당나귀는 라틴어로 asinus라고 한다.
남을 바보라고 말할 때 자주 사용하는 ass는 donkey와 같은 말이다. 당나귀는 상식도, 논리도 통하지 않는, 고집만 세고 어리석게 행동하는 사람(특히 남자)을 비유적으로 일컫는다.
Idiotic or rude remarks, aggressive stupidity, and general immaturity can all earn the description: asinine behavior.

멍청하거나 무례한 말, 대책없는 어리석음, 전반적인 미성숙 등 이 모든 것들을 당나귀의 행동에 비유할 수 있다.

물론 상대방 면전에서 asinine이라는 표현을 쓴다면 진짜 당나귀처럼 미쳐 날뛸지도 모른다. Jeff and his crowd were in the balcony, catcalling, throwing down cans, and being generally asinine.

제프와 그의 친구들은 발코니에 몰려나와 야유를 하고 깡통을 던졌는데, 한마디로 멍청한 바보들이었다.

+
donkey [dˈɒŋki] 당나귀, 얼간이.
ass [ˈæs] 당나귀, 멍청이.
idiotic [ˌɪdiˈɒtɪk] 멍청한.
catcall [kˈætkɔːl] 야유하다.
twitch [twˈɪtʃ] 씰룩 대다.

Medicus curat, Natura sanat.
The physician cares while nature heals.
의사가 돌보고, 자연이 치유한다.

vulpine

[vˈʌlpaɪn]

adjective

- 여우의.
- 교활한. 영리한. 여우같은.

She'd already decided she didn't like anything about him, especially the twitchiness, that vulpine face, and those darting eyes.

그는 어느 구석 하나 마음에 드는 것이 없었다. 특히 씰룩거림, 얍삽한 얼굴, 안구떨림은 정말 밥맛이었다.

■

라틴어로 vulpes는 여우를 의미한다.
Foxes may be sleek and graceful runners.
반짝이는 털을 가진 여우는 우아하면서도 매우 재빠른 동물이다.
Over the centuries foxes have "outfoxed" countless farmers.
오랫동안 여우는 무수한 농부들을 '농락했다.'
농부들은 여우가 닭을 잡아먹지 못하게 하기 위해 수세기 동안 온갖 방법을 다 썼으나 모두 실패했다. outfox라는 단어가 생겨날 정도로 여우는 언제나 농부들보다 영리했다.
Vulpine today almost always describes a face or manner that suggests a person capable of the same kind of sly scheming.
오늘날 vulpine은 교활한 술수를 부릴 수 있다고 여겨지는 얼굴이나 행동을 묘사할 때 사용된다.

✦

sleek [slˈiːk] 윤기나는.
outfox [aʊtfˈɒks] = outwit, outsmart 꾀로 압도하다.
sly [slˈaɪ] 교활한.
scheme [skˈiːm] 모의하다.
antic [ˈæntɪk] 익살.
snub [snˈʌb] nosed 들창코의.
scramble [skrˈæmbəl] 기어오르다.
agility [əˈdʒɪlɪti] 빠르고 수월하게 움직이는 능력, 민첩함.

simian

[sˈɪmiən]

adjective

- 원숭이의.

Every afternoon the pale youth could be found watching the simian antics in the Monkey House with strange intensity.

매일 오후, 창백한 젊은이는 원숭이 우리 앞에서 원숭이들의 익살을 이상할 정도로 집중해서 관찰했다.

■

원숭이를 의미하는 라틴어 simia는 simus(snub-nosed)에서 온 것이다.
Biologists study simian viruses in the search for cures to AIDS and other diseases.
생물학자들은 에이즈와 같은 질병에 대한 치료제를 찾기 위해 원숭이 바이러스를 연구한다.
과학/의학에서는 monkey/ape이라는 말 대신 simian이라는 말을 쓴다.
Babies often cling to their mothers in a simian way.
아기들이 엄마에게 매달려 있는 모습이 꼭 원숭이같다.
일상적인 상황에서 simian은 인간의 행동을 묘사하기 위해 쓰인다.
Kids playing on a jungle gym may look like simians.
정글짐에서 노는 아이들을 보면 원숭이 같다는 느낌이 들기도 한다.
But if you notice that a friend has a simian style of walking or eating bananas, it might be best not to tell him.
하지만 친구의 걸음걸이나 바나나를 먹는 모습이 원숭이와 비슷하다는 생각이 들더라도, 그걸 입밖으로 내는 순간 후회하고 말 것이다.
The child scrambled over the wall with simian agility.
아이들은 원숭이 같은 민첩성으로 담을 올랐다.

DICT

Latin *dicere*
to speak 말하다

diction
[dˈɪkʃən]

noun
- 정확성, 명료성, 효율성을 고려한 단어선택.
- 발음의 명확성.

Our CEO is determined to appear in some TV ads, but he first needs to work on his diction with a vocal coach.

우리 회사 CEO는 TV광고에 출연하기로 했지만, 먼저 보컬코치와 발음을 명확하게 교정하는 작업을 해야 한다.

■

Teachers may use diction commenting on the word choices in your essay.

작문과제에 선생님이 diction에 주의하라는 피드백을 준다면 '단어선택'이 잘못되었다는 뜻이다. diction은 word choice와 같은 말이다. (syntax와 비교해보라.)

Teacher might use diction on you as well, especially when she's asked you to read something aloud and you mumble your way through it.

책을 큰 소리로 읽어보라고 했는데 무슨 말인지 알아들을 수 없게 중얼거린다면, 선생님은 그 때도 diction에 신경 쓰라고 지적할 것이다. 여기서 diction은 clarity of speech를 의미한다.

The two women share the same gentle Scottish accent and crisp, precise diction.

두 여성 모두 똑같이 부드러운 스코틀랜드 억양에 또렷하고 명확한 발음을 가지고 있었다.

✛

syntax [sˈɪntæks] 통사론, 단어를 조합하여 문장을 만드는 법.
crisp [krˈɪsp] 바삭한, 상쾌한, 또렷한.
pronounce on 선고하다, 공표하다.
few and far between 흔치 않은.
senate [sˈenɪt] 고대 로마의 원로원, 오늘날 미국의 상원.

edict
[ˈiːdɪkt]

noun
- 칙령. 법적 효력이 있는 포고. 명령.

In 1989 an edict by the leader of Iran pronouncing a death sentence on a British novelist stunned the world.

1989년 이란의 최고지도자가 영국의 소설가에게 사형을 선고한 사건은 전세계를 놀라게 했다.

■

ex(out)+dict(to speak)이 결합한 edict는 speak out이라는 의미로 황제나 최고지도자가 명령을 내리는 것을 말한다. 이러한 명령을 포고령(布告令: 널리 알리는 명령), 칙령(勅令: 왕이 내리는 명령)이라고 한다.

Edicts are few and far between in a democracy, since very few important laws can be made by a president or prime minister acting alone.

민주주의 사회에서는 포고령/칙령을 보기 힘든데, 대통령이나 수상이 혼자서 제정할 수 있는 법률이 매우 제한되어 있기 때문이다.

The dictator could make decisions quickly, issuing his edicts faster than the senate could act.

혼자 빠르게 결정하고 명령을 내리는 것은 의회가 움직이는 것보다 훨씬 빠르다. 그래서 Roman Republic의 Senate은 국가적 위기가 닥쳤을 때 edict 권한을 지닌 한 사람 (dictator)을 지명했다.

When the crisis was over, the edicts were canceled and the dictator usually retired from public life.

위기가 끝나면 모든 edict는 효력을 잃고, dictator는 대개 모든 공직에서 물러났다. 공화정은 다시 원로원이 이끌어나간다. dictator는 edict하는 사람, 독재자는 獨裁(제 맘대로 판단)하는 사람이다. 인류 역사상 독재는 예외없이 영구집권을 꿈꾼다.

dictionary는 '말' 하는데 필요한 단어들을 모아 놓은 보물창고이다.
'반대하는'이라는 의미의 접두어 contra가 붙은 contradict은 어떤 말에 대해 '반박하거나 부정하다'는 뜻이다.

jurisdiction
[dʒˌʊərɪsdˈɪkʃən]

noun

● 사법권. 법적판단을 행사할 수 있는 힘.
● 사법 관할권. 사법권을 행사할 수 있는 영역.

Unluckily for the defendants, the case fell within the jurisdiction of the federal court rather than the more tolerant state court.

피고인들에게는 불행하게도, 사법관할권은 좀더 관용적인 주법원이 아닌 연방법원에게 돌아갔다.

■

jurisdiction은 사건을 어떤 법원에서 심리하고 어떤 법집행기관에서 관여할지 결정하는 권한을 의미한다.
흔히 '사법권' 또는 '관할권'이라고 번역한다.
But although they may seem like mere technicalities, jurisdictional matters sometimes turn out to be all-important in the final outcome.
사법권은 단순히 절차적 문제에 불과한 것처럼 보이지만 최종판결에 매우 중요한 영향을 미치기도 한다.
어느 법원, 어느 수사기관에서 사건을 처리하느냐에 따라 형량이 달라질 수 있기 때문이다.
Jurisdiction may depend on where you are, on who you are, and on what the subject is.
사건발생 위치에 따라 (어느 주 법원), 피의자 신분에 따라 (미성년자일 경우 소년법원, 군인은 군사법원), 심리 주제에 따라 (가정폭력은 가정법원, 상표권 침해는 특허법원) 사법관할권은 달라질 수 있다.

✛
defendant [dɪfˈendənt] 피의자, 피고인.
tolerant [tˈɒlərənt] 관대한.
jurisdictional [dʒˌʊərɪsdˈɪkʃənəl] 사법권의.

dictum
[dˈɪktəm]

noun

● 금언.
● 격식을 갖춘 권위있는 진술.

It has long been a dictum of American foreign policy that the government doesn't negotiate with kidnappers and terrorists.

납치범이나 테러리스트와는 협상하지 않는다는 것이 미국 외교정책의 오랜 철칙이었다.

■

dictum은 철학에서 자주 등장하는 말이지만 경제학, 정치학 등 다른 분야에서도 등장한다.
Almost any condensed piece of wisdom can be called a dictum. 지혜를 압축한 한 마디를 dictum이라고 한다.
"The perfect is the enemy of the good."
완벽주의는 선의 가장 큰 적.
"Buy low, sell high." 쌀 때 사서 비쌀 때 팔아라.
"All politics is local." 지역 없이 정치 없다.
판사들이 판결에 대한 개인적 의견을 덧붙인 글을 obiter dictum이라고 한다. 이것은 statement made in passing(지나가며 하는 말)이라는 뜻으로, 판결에는 직접 영향을 미치지 못하지만 법관 개인의 의견을 강력하게 피력하는 방법이다.
He often repeated Balzac's famous dictum: "Behind every great fortune is a great crime."
그는 발작의 유명한 금언을 자주 반복했다. "커다란 행운 뒤에는 어김없이 커다란 범죄가 있다."

✛
obiter dictum [ˈɒbɪtər dˈɪktəm]
소수의견, 부수의견, 덧붙이는 말. 복수형은 obiter dicta.

CONTRA

Latin
against —에 반대하는

contraband
[kˈɒntrəbænd]

noun
● 어떤 국가로 반출입이 금지된 물품.

Late at night he would go driving through the desert on the interstate, peddling his contraband to wary gas-station attendants.

그는 밤 늦게 사막을 통과하는 고속도로를 달려, 경계를 늦추지 않는 주유소종업원에게 밀수품을 팔았다.

■

contra(against)+bannus(order, decree)가 결합한 라틴어 contrabannum이 이탈리아어 contrabbando가 되었고, 이 단어가 다시 영어로 들어와 contraband가 되었다.
Most of the city markets were flooded with contraband goods.
이 도시의 거의 모든 시장에는 불법물품들로 넘쳐난다.
Contraband items could simply be things are meant to be taxed.
세금신고를 하지 않고 파는 물건도 contraband라고 할 수 있다.
contraband는 밀수품뿐만 아니라, 담배나 술처럼 세금이 붙어서 유통해야 하는 품목을 신고하지 않고 판매하는 물건, 마약처럼 완전히 불법적인 물건까지 모든 불법유통거래품목을 일컫는다.

✛
wary [wˈeəri] 경계를 늦추지 않는.
decree [dɪkrˈiː] 법령, 포고.
peddle [pˈedəl] 돌아다니며 팔다.
attendant [ətˈendənt] 종업원.
smuggle [smˈʌgəl] 밀수하다, 밀입국하다.

contraindication
[kˌɒntrəɪndɪkˈeɪʃən]

noun
● 치료금기. 약물 간의 충돌.

A history of stomach ulcers is a contraindication to regular use of aspirin.

위궤양을 앓은 사람은 아스피린을 주기적으로 복용하면 안 된다.

■

Serious anxiety is often an indication for prescribing a tranquilizer.
심각한 불안은 대개 진정제를 처방하기에 적절한 증상이다.
의학에서 indication은 어떤 치료방법이 가장 적절한지 알려주는 증상이나 조건을 의미한다. 따라서 contra+indication은 그러한 치료방법을 사용하기 어렵게 만드는 증상이나 조건을 의미한다. 어떤 약물이나 치료법이 효과를 발휘하지 못하거나 부작용을 유발할 가능성이 높은 상태나 조건으로 흔히 '약물금기', '병용금기'라는 말로 번역된다.
Drugs and conditions that are contraindicated for a medication are listed on its label, and reeled off at high speed in TV ads.
약물을 복용할 때 금기가 되는 약물이나 건강상태는 약물 라벨에 표시되어 있으며, TV광고에서도 빠른 속도로 언급한다.
Patients should guard against the dangers of drug interaction by reading labels carefully.
약을 복용할 때는 설명서를 꼼꼼히 읽어, 약물간 상호작용의 위험을 사전에 예방해야 한다.

✛
ulcer [ˈʌlsər] 궤양.
reel [rˈiːl] off 빠르게 정보를 훑다.
tranquilizer [trˈæŋkwɪlaɪzər] 진정제.

contrast는 비교되는 대상에 반하여 서 있다는 것으로 '대조하다'를 의미한다.
contrapuntal music은 대비되는 멜로디를 함께 연주하여 묘한 조화를 이뤄내는 '대위법'을 적용한 음악이다.
바흐의 음악에서 그 진수를 느낄 수 있다.

contravene

[kˌɒntrəˈviːn]

verb

- 위반하다.
- 반대하다.

The power company was found to be contravening state and federal environmental standards for wastewater discharged into bodies of water.

전력회사는 폐수를 수역으로 방류할 때 지켜야 하는 주와 연방의 환경기준을 위반한 것으로 밝혀졌다.

■

The company's policies are in contravention of national labor laws.

이 회사의 정책은 국가노동법을 위반한다.

contravene은 대개 법과 관련된 상황에서 나온다.

The contravention of copyright laws is a big topic today especially where electronic information is involved.

저작권법 위반은 특히 전자정보가 넘치는 오늘날 가장 큰 관심사다.

The trade organization finds that the country is contravening international trade agreements.

그 나라가 국제무역협정을 위반하고 있다는 사실을 무역기구가 밝혀냈다.

✚

discharge [dɪstʃˈɑːrdʒ] 방출하다. 빚을 갚다. 의무를 이행하다.

contrarian

[kəntrˈeəriən]

noun

- 반골. 거꾸로 행동하는 사람.
- 역투자자.

My father was by nature a contrarian, who never accepted the common wisdom and loved nothing so much as a good argument.

우리 아버지는 타고난 반골로, 일반적인 지혜를 절대 그대로 받아들이지 않았으며 좋은 논쟁을 그토록 즐겼다.

■

She is a young contrarian intellectual.

그녀는 젊은 지식인 반골이다.

반골은 기본적으로 대중이 믿는 것은 틀릴 가능성이 높다고 생각한다.

Most successful investors often behave like contrarians by "buying low and selling high."

뛰어난 주식투자가가 되기 위해서는 '반골'처럼 생각해야 한다.
'쌀 때 사서 비쌀 때 판다'는 전략 자체가 대중과 다르게 생각해야만 실행에 옮길 수 있는 것이다. 대다수 투자자들이 가치를 낮게 평가할 때 상승가능성이 높다고 판단하여 주식을 사고, 대다수 투자자들이 가치를 높게 평가할 때 하락가능성이 높다고 판단하여 주식을 팔아야 한다.

contrarian은 형용사로 쓰이기도 한다.

You can always express a contrarian opinion, hold a contrarian view, or pursue a contrarian investment strategy.

당신은 언제든 반대의견을 표명하고, 반대견해를 갖고, 반대투자전략을 추구할 수 있다.

물론 그러한 판단이 잘못된 것으로 판명되었을 때, 조직에서 가차없이 추방당할 수 있다는 것을 기억하라.

HOMO HOM

Greek *homos*
same 같은
similar 비슷한

homonym

[hˈɒmənɪm]

noun

● 동형이의어.

homogeneous

[hˌɒmədʒˈiːniəs]

adjective

● 동질의.
● 균질의. 전체적으로 구조나 구성이 단일한.

The pool of "a pool of water" and the pool of "a game of pool" are homonyms.

'물 웅덩이'를 의미하는 pool과 '포켓볼'을 의미하는 pool은 동형이의어다.

■

homonym은 homophone과 homograph를 모두 포괄하는 의미로 사용된다. 단어에는 스펠링, 발음, 의미라는 세 가지 차원이 존재하는데 이들 중 어떤 것이 같고 어떤 것이 다르냐 하는 구분에 따라 세 가지 유형으로 구분할 수 있다.
homophone은 발음이 같은 단어를 의미한다. 예컨대 to, too, two처럼 스펠링은 달라도 발음이 같은 단어, quail처럼 발음뿐만 아니라 스펠링도 같지만 뜻이 다른 단어를 homophone이라고 한다.
homograph는 스펠링이 같은 단어를 의미한다. 뱃머리를 의미하는 bow와 활을 의미하는 bow처럼 스펠링은 같지만 발음과 뜻이 다른 단어, quail처럼 스펠링뿐만 아니라 발음도 같지만 뜻이 다른 단어를 homograph라고 한다.
하지만 quail처럼 스펠링과 발음이 모두 같고 의미만 다른 단어를 별도로 일컫는 말은 존재하지 않는다.
몇몇 언어학자들은 bow처럼 스펠링만 같고 발음과 뜻이 다른 단어만 homonym이라고 불러야 한다고 주장한다.

✛

homophone [hˈɒməfoʊn] 동음어.
homograph [hˈɒməgræf] 동형어.
bow [baʊ] 뱃머리, 머리를 숙이다.
　　[boʊ] 활, 매듭.

Though she was raised in a small town, she found the city more interesting because its population was less homogeneous.

그녀는 작은 마을에서 자랐지만 도시에 더 흥미를 느꼈다. 사람들이 덜 동질적이었기 때문이다.

■

A slab of rock is homogeneous if it consists of the same material throughout, like granite or marble. 돌판은 대개 균질하다. 화강암이든 대리석이든, 전체가 같은 물질로 되어 있기 때문이다.
A neighborhood is homogeneous because all the people in it are similar, having pretty much the same background, education, and outlook. 동네사람들의 배경, 교육수준, 외양 같은 것들이 모두 비슷할 경우 사람에게도 homogeneous라는 말을 쓸 수 있다.
Some people find homogeneity a little boring in a neighborhood, while others find it comforting. 이웃사람들 사이의 동질성은 지루하게 느껴질 수도 있지만 편안하게 느끼는 사람도 있다.
너무나 많은 사람들이 homogeneous에서 e를 빼고 homogenous라고 쓰는 바람에, 이 단어도 사전에 올라갔다.

✛

homogeneity [hˌɒmədʒənˈiːɪti] 동질성.
homogenous [həmˈɒdʒənəs] = homogeneous
quail [kwˈeɪl] 메추라기, 움찔하다.

homosexual은 같은 성에 속하는 사람을 좋아하는 '동성애자'를 의미한다.

그리스어 homo와 라틴어 homo는 스펠링은 같지만 의미가 다른 homograph다. Homo sapiens, 프랑스어 homme, 스페인어 hombre는 모두 라틴어 homo에서 유래한 단어로 '사람'을 의미한다.

homologous

[hˈɒmələgəs]

adjective
● 달라 보이지만 같은 조상에서 유래한.

Arms and wings are homologous structures **that reveal the ancient relationship between birds and four-legged animals.**

팔과 날개는 새와 네발짐승 사이의 태고적 관계를 보여주는 이형동원 구조다.

■

homo(same)+log(speak)가 결합한 homologous는 이형동원(異刑同源)이라는 뜻이다.

Panda's thumb is not homologous to the human thumb.

판다의 앞발에는 엄지손가락처럼 보이는 큰 손가락이 있는데 이 손가락은 댓닢을 벗길 때 요긴하게 사용된다. 하지만 이것은 엄지손가락이 아니라 손목뼈가 튀어나와 발달한 것이다. 판다는 이것 말고도 이미 다섯 손가락을 모두 가지고 있다.

The tiny stirrup and anvil bones of our inner ear do seem to be homologous with the bones that allow a garter snake to swallow a frog whole.

인간의 귀 속에 있는 작은 등골과 침골은 개구리를 통째로 삼킬 수 있도록 입을 크게 벌리게 해주는 뱀의 뼈와 같은 조상에서 나온 것으로 보인다.

✛

stirrup [stˈɜːrəp] 말안장의 발을 거는 고리.
stirrup bone stirrup처럼 생긴 뼈.
anvil [ˈænvɪl] 모루.
anvil bone anvil처럼 생긴 뼈.
garter snake 북미에 많이 사는 독 없는 뱀.

homogenize

[həmˈɒdʒənaɪz]

verb
● 균질처리하다.
● 균질화하다.

By now the suburb had gotten so homogenized **that he couldn't tell the families on his street apart.**

이제는 도시근교의 모습들이 다 비슷비슷해져, 그 동네에 사는 사람들만 따로 떼어서 말할 수 없었다.

■

Many people have never seen milk with the cream on top, and probably think cream separation only happens in expensive yogurt.

우유는 원래 표면에 지방이 떠오르는데, 이 지방덩어리를 cream이라고 부른다. 우유를 마시기 편하게, 뭉쳐있는 지방을 완전히 풀어서 골고루 섞이게 만드는 작업을 homogenize라고 한다.

homogenized milk는 대략 100년 전 나왔기 때문에 오늘날 현대인들은 우유에 지방이 떠있는 것을 거의 보지 못했을 것이다. 하지만 지금은 오히려 아주 값비싼 요거트를 먹을 때나 크림을 떠내는 특별한 경험을 할 수 있다.

They worry about the homogenization of culture.

그들은 문화가 획일화될까봐 걱정한다.

homogenize는 우유와 무관한 맥락에서도 많이 사용된다. 오늘날 교통, 통신, 매스미디어가 발달하면서 지방마다 특성이 사라지는 현상을 homogenize라는 말로 표현할 수 있다. 물론 homogenization을 싫어하는 사람만이 homogenize라는 단어를 사용할 것이다.

✛

homogenization [həmˌɒdʒənaɪzˈeɪʃən] 균질화.

Animal Words

ornithologist
[ˌɔːrnɪθˈɒlədʒɪst]

noun
- 조류학.

John James Audubon, the great painter of the birds of early America, was also a writing ornithologist of great importance.

존 제임스 오듀본은 초기 아메리카의 위대한 조류화가이자 중요한 저술을 남긴 조류학자이기도 했다.

■

그리스어 어근 ornith는 bird를 의미하여 ornithology는 새를 연구하는 학문, 즉 '조류학'이라는 뜻이다.
Amateur ornithology, usually called birding or birdwatching, is an extraordinarily popular pastime in America.
미국에서는 새를 관찰하는 아마추어 조류학이 매우 인기있는 취미활동이다.
새를 관찰하는 활동을 birding 또는 birdwatching이라고 하며, 이런 일을 하는 사람을 birder 또는 birdwatcher라고 한다. 이들의 수는 미국에서만 자그마치 400만 명이 넘는다.
Amateur ornithologist들을 위한 field guide도 무수히 출간되어 있으며, 매년 Christmas Bird Count 라는 행사를 개최하여 아메리카대륙 전역의 새들의 개체수를 파악하는 활동도 한다.

✚
pastime [pˈæstaɪm] 취미활동.

aquiline
[ˈækwɪlaɪn]

adjective
- 독수리의.
- 독수리 부리처럼 생긴.

The surviving busts of noble Romans show that many of the men had strong aquiline noses.

현존하는 로마제국 귀족들의 흉상을 보면 많은 남자들이 강인한 매부리코를 가지고 있다는 것을 알 수 있다.

■

aquila는 라틴어로 eagle을 의미한다. 오늘날 북반구 천체의 '독수리자리'를 Aquila라고 한다.
The aquiline figure on the U.S. seal brandishes the arrows of war and the olive branch of peace.
미국 휘장에 그려진 독수리 그림은 전쟁을 상징하는 화살과 평화를 상징하는 올리브가지를 움켜쥐고 있다.
aquiline nose 매(독수리)+부리(처럼 생긴)+코.
aquiline은 독수리의 부리처럼 구부러진 코를 묘사할 때 자주 사용된다.

✚
aquila [ˈækwɪlə] 독수리.
hooked [hˈʊkt] 갈고리 모양으로 생긴.
seal [sˈiːl] 휘장.
brandish [brˈændɪʃ] 휘두르다.
constellation [kˌɒnstəlˈeɪʃən] 별자리.
orchard [ˈɔːrtʃərd] 과수원.
pollinate [pˈɒlɪneɪt] 꽃가루를 옮겨주다.
beekeeping [bˈiːkiːpɪŋ] 벌치기.
apiculture [ˈeɪpɪkʌltʃər] 양봉.
beehive [bˈiːhaɪv] = hive 벌집.
sting [stˈɪŋ] 침을 쏘다.
intrude [ɪntrˈuːd] 침입하다.

Quidquid latine dictum sit altum videtur.
Whatever is said in Latin, appears profound.
라틴어로 말하면 뭐든 심오해보인다.

apiary

[ˈeɪpɪˌɛri]

noun
- 벌집. 양봉장.

Apple orchards are excellent sites for apiaries, since the bees keep the apple trees productive by pollinating them.

사과 과수원이 양봉하기에 가장 좋은 장소인 이유는, 벌들이 수분을 통해 사과나무의 생산성을 유지해주기 때문이다.

■

라틴어로 벌은 apis라고 부른다. 따라서 양봉은 apiculture 또는 beekeeping이라고 한다. apiculture는 기본적으로 꿀벌들이 필요 이상의 꿀을 생산하도록 만들어 꿀을 수확하는 것이다.
An apiary usually consists of many separate beehives.
양봉장은 대개 수많은 벌집들로 이루어져 있다.
벌집 속 벌들의 생활방식은 기이하고도 경이롭다. 모든 구성원을 낳는 어머니가 될 암펄은 일찍이 유충 단계에서부터 royal jelly를 먹여 queen bee로 키워진다. 나머지 발육이 덜 된 수만 마리의 암펄들은 모두 worker bee가 된다. 수펄은 소수에 불과한데, 이들은 전혀 일을 하지 않는다.
The worker bees defend the hive by kamikaze means, stinging any intruder and dying as they do so.
일벌들은 가미카제 방식으로 벌집을 방어한다. 침입자에게 침을 쏘면 자신도 죽기 때문이다.
침에 내장이 연결되어 있어 침을 꽂고 날아오를 때 내장이 딸려 나간다.
There's more drama in a quiet-looking apiary than the casual observer might notice.
벌들이 평화롭게 날아다니는 것 같아 보여도 벌집 안에서는 매일 사투가 벌어지고 있다.

serpentine

[sˈɜːrpəntaɪn]

adjective
- 뱀처럼 구불구불한.

noun
- 사문석. 파티리본.

The Great Wall of China, the greatest construction of all time, wends its serpentine way for some 4000 miles across the Chinese landscape.

역사상 가장 위대한 건축물이라 할 수 있는 중국의 만리장성은 중국 산야를 가로지르며 6500킬로미터 정도 구불구불하게 뻗어 나간다.

■

serpent가 유래한 라틴어 serpere는 '꿈틀거리다'라는 뜻이다. 땅 위에서 구불구불 움직이며 나가는 뱀의 모양을 연상시키는 것은 serpentine이라는 단어로 묘사할 수 있다.
serpentine woodland pathways 구불구불한 숲속 길. winding과 같은 뜻으로 사용한다.
자동차 후드 밑에 에어컨, 파워스티어링, 교류발전기 등 다양한 보조장치를 돌리는 구동벨트를 serpentine belt라고 한다. 여러 모터에 걸쳐서 돌아가는 모습이 구불거리는 뱀을 연상시켜서 이런 이름을 붙였을 것이다.
serpentine은 또한 무늬가 있는 초록색 돌을 일컫는 이름으로도 쓰이는데, '뱀 무늬를 가진 돌'이라는 의미로 蛇紋石이라고 번역한다.
파티할 때 사람들 머리 위로 던지는 꼬불꼬불한 긴 테이프(tape streamer)도 serpentine이라고 부른다.

➕

wend [wˈend] 어슬렁거리며 나아가다.
serpent [sˈɜːrpənt] 뱀.
winding [wˈaɪndɪŋ] 꾸불꾸불한.
streamer [strˈiːmər] 파티장식용 긴 리본

PART

3

SOPH

Greek
wise 현명한
wisdom 지혜

sophistry
[sˈɒfɪstri]

noun
- 궤변. 교묘하게 기만하는 추리나 논증.

For lawyers and politicians, the practice of sophistry from time to time is almost unavoidable.
변호사와 정치인에게 궤변을 늘어놓는 일은 피할 수 없는 업무다.

■
기원전 5세기 그리스의 Sophists는 이 도시 저 도시를 옮겨 다니며 돈을 받고 설득술(수사학)과 철학을 가르치는 사람들이었다.
Sophists는 당대에 존경받는 철학자들이었으나, 논쟁에서 이기는 얄팍한 기술만 가르친다는 비판을 받았다.
Sophists를 비판한 대표적인 사람으로 철학자 Plato와 희곡작가 Aristophanes가 있다. 이들 비판자들의 견해가 오늘날 sophist, sophistry, sophistical이라는 단어의 의미로 남았다.

✚
sophist [sˈɒfɪst] 소피스트, 궤변론자.
sophistical [səˈfɪstɪkəl] 궤변의.

sophisticated
[səˈfɪstɪkeɪtɪd]

adjective
- 사회가 작동하는 방식을 제대로 아는.
- 고도로 복잡한, 발전된.

In *Woman of the Year*, Katharine Hepburn plays a sophisticated journalist who can handle everything except Spencer Tracy.
《올해의 여성》에서 캐서린 햅번은 모든 것을 다룰 줄 아는 노련한 기자로 등장하는데, 스펜서 트레이시만은 마음대로 하지 못한다.

■
A sophisticated argument is thorough and well-worked-out.
수준 높은 논쟁은 철저할 뿐만 아니라 매우 생산적이다.
A satellite is a sophisticated piece of technology.
위성은 첨단기술의 결정체다.
A sophisticated person knows how to get around in the world.
약아빠진 사람은 세상을 어떻게 살아가는지 안다.
sophistry와 긴밀히 연관되어 있는 sophisticate는 '궤변으로 속이다'라는 의미의 동사다. 따라서 sophisticated 역시 오랫동안 긍정적인 의미로 쓰이지 않았다. 지금도 sophisticated라는 단어를 볼 때마다 많은 이들이 그것이 정말 좋은 것인지 의심한다.

✚
work out well = work out 만족스럽게 진행되다.
sophisticate [səˈfɪstɪkeɪt] 세련된 사람, 닳고닳은 사람. 순박함이 없는 사람.

'철학'을 의미하는 philosophy는 phil(love)+sophy(wisdom)이 결합된 말로,
'지혜를 향한 사랑, 슬기를 얻고자 하는 애닳음'이라는 뜻이다.

sophomoric
[sˈɒfəmˌɔːrɪk]

adjective
● 건방진.
● 중2병의.

**We can't even listen to those
sophomoric songs of his, with their
attempts at profound wisdom that just
demonstrate how little he knows about
life.**

그의 중2병 노래들은 도저히 들어줄 수가 없다. 심오한 지혜를
말하고자 하지만 삶에 대한 이해가 얼마나 얕팍한지 보여주기만
할 뿐이다.

■

sopho(wise)+mor(fool)이 결합한 sophomoric은
지혜와 무지가 한 단어 속에 대비되어있다.
어근 MOR가 사용된 대표적인 단어로 moron이 있다.
17세기 캠브리지대학은 2학년생을 일컫는 말로
sophomore라는 단어를 만들어냈다. 1학년을 어리버리
보내고 2학년이 되면 자신도 지혜를 가지고 있다는 착각에
빠지는 경향이 있는데, 이를 재치있게 표현한 것이다.
1년 동안 배운 새로운 지식에 압도되어 세상을 다 아는
것처럼 말하고 행동하지만 실제로는 여전히 지식이 상당히
부족하고 미성숙한 상태에 불과하다.
하지만 오늘날 영국에서는 sophomore를 더 이상 쓰지
않는다. 미국에서는 대학 2학년뿐만 아니라 고등학교
2학년을 가리키는 말로도 쓴다.
sophomoric wit/behavior/arguments
세련된 척하려고 애쓰는 재치/행동/주장.
번데기 앞에서 주름잡는 행동을 묘사할 때
sophomoric보다 적절한 형용사는 없을 것이다.

✛
sophomore [sˈɒfəmˌɔːr] 2학년.
moron [mˈɔːrɒn] 바보, 박치.

theosophy
[θiˈɑsəfi]

noun
● 신지학(神智學).

**He had experimented with a number
of faiths, starting with Buddhism and
ending with a mixture of Eastern
and Western thought that could best be
called theosophy.**

그는 불교에서 시작하여 신지학이라 부를 수 있는 동서양 사유의
혼합에 이르기까지 수많은 신앙체계를 체험했다.

■

theo(god)+soph(wisdom)에서 나온
theosophy라는 단어는 17세기 말 처음 등장했다.
윤회사상에 기반하여 신과 세계를 바라보는 신비주의
종교운동이다.
하지만 이 이름으로 가장 크게 성공한 종교운동은
1875년경 러시아의 철학자 Helena Blavatsky가
이끈 것이다. 헬레나 블라바츠키는 플라톤철학, 기독교,
불교, 힌두교 등 동서양의 사상을 결합한 Theosophy
신학체계가 성스러운 계시처럼 자신에게 나타났다고
주장한다.
블라바츠키가 1875년 설립한 Theosophical Society
(신지학협회)와 그녀의 추종자 Rudolf Steiner가 설립한
Anthroposophical Society(인지학협회)는 지금도
건재하다. 이들의 영향을 받아 생겨난 것이 바로 20세기
전세계를 휩쓴 New Age Movement다.

✛
reincarnation [rˌiːɪŋkɑːrnˈeɪʃən]
윤회, 죽은 뒤 다른 육신으로 부활한다는 믿음.

THEO ^{THE}

Greek
god 신

pantheon
[pˈænθiɒn]

noun
- 위인들을 한곳에 안치한/기념하는 건물.
- 뛰어난 인물이나 사물들의 집합.

A Hall of Fame serves as a kind of pantheon for its field, and those admitted in the early years are often the greatest of all.

'명예의 전당'은 오늘날 분야별 만신전 역할을 한다. 초창기에 이름을 올린 사람들이 전 시대에 걸쳐 가장 뛰어난 위인들인 경우가 많다.

■

로마에는 주요한 신들의 이름을 딴 별도의 신전들이 곳곳에 있었다. 그러던 중 기원전 27년 모든 신을 모시는 신전 pantheon이 처음 지어졌다.
pantheon은 두 차례 파괴되었으나, 서기 126년경 세 번째 완공된 신전은 지금도 그대로 보존되어 로마의 중요한 관광명소가 되었다. 특이한 돔 구조로 된 이 신전에는 화가 Raphael 과 Carracci, 그리고 두 명의 왕이 묻혀있다.
Panthéon in Paris—
1790년 파리에 팡테옹이라는 이름의 거대한 교회가 완공되었다. 이 교회는 프랑스의 위대한 인물들의 시신을 안치하겠다고 공언하였고, 실제로 Victor Hugo, Louis Pasteur, Marie Curie 등 수많은 위인들이 이곳 벽장 속에 잠들어 있다.

✦
condemn [kəndˈem] 비난하다.
guidance [gˈaɪdəns] 지침, 길잡이.
popular vote 대중투표.
Bill of Rights 권리장전.
apotheosize [əpˈɑθiəsˌaɪz] 신격화하다.
epitome [ɪpˈɪtəmi] 최상의 현현.
agnosticism [ægnˈɒstɪsɪzəm] 불가지론.

apotheosis
[əpˌɒθiˈoʊsɪs]

noun
- 신의 자리에 오름.
- 완벽한 모범.

Abraham Lincoln's apotheosis after his assassination transformed the controversial politician into the saintly savior of his country.

에이브러햄 링컨은 암살된 후 신격화되면서 논란거리가 되는 정치인에서 미국의 신성한 구세주로 다시 태어났다.

■

고대그리스인들은 역사적인 인물들을 신으로 숭배했다.
In Rome, apotheosis was rare until the emperor Augustus declared the dead Julius Caesar to be a god, and soon other dead emperors were being apotheosized as well.
로마에서는 이러한 전통이 없었지만 아우구스투스 황제가 죽은 율리우스 카이사르를 신이라 공표한 뒤 다른 황제들도 사후에 신격화되기 시작했다.
나폴레옹, 조지 워싱턴, 셰익스피어 같은 영웅적인 인물들이 구름 사이로 승천하는 모습을 그린 오래된 그림들을 볼 수 있는데, 이 역시 apotheosis를 표현한 것이다.
Baroque music reached its apotheosis in the works of J. S. Bach.
바로크음악은 바흐의 작품에서 절정에 다다랐다.
신의 자리에 오른다는 것은 '최고의 경지'에 도달한다는 뜻이다. 오늘날 개인을 신격화하는 일은 많지 않기 때문에 apotheosis는 대부분 epitome과 같은 의미로 쓰인다.
The Duesenberg Phaeton was the apotheosis of the touring car.
듀센버그페이톤은 투어링카의 극치였다.
She looked the epitome of elegance.
그녀는 그야말로 우아함의 극치처럼 보였다.

theology는 '신'을 연구하는 학문이며, 그것을 연구하는 사람은 theologian이다.
monotheism은 '유일신을 숭배하는 종교'로 기독교, 이슬람교, 유대교가 있다.
고대 그리스와 로마는 여러 신을 믿는 polytheistic religion 전통을 가지고 있다.

atheistic
[ˌeɪθiˈɪstɪk]

adjective
- 무신론의. 신이나 신성한 힘의 존재를 부정하는.

The atheistic Madalyn Murray O'Hair successfully sought the removal of prayer from American public schools in the 1960s.

1960년대 무신론자 매덜린 머레이 오헤어는 미국 공립학교에서 기도하는 관습을 없애는 데 성공했다.

In the Roman Empire, early Christians were called atheistic because they denied the existence of the Roman gods.

로마인들은 초기 기독교인들이 로마의 신들을 인정하지 않는다는 이유로 무신론자라고 비난했다.

Once the Christian church was firmly established, it condemned the Romans as atheists because they didn't believe in the Christian God. 기독교가 뿌리내리고 난 뒤, 교회는 기독교의 신을 믿지 않는다는 이유로 로마인들을 무신론자라고 비난했다.

In later centuries, English-speaking Christians would often use the words pagan and heathen to describe such non-Christians.

몇 세기가 지난 뒤 영어를 사용하는 기독교인들은 비기독교인들을 폄훼하여 일컬을 때 pagan 또는 heathen이라고 불렀다.

atheism은 신과 같은 존재는 없다고 주장하는 '무신론'이고, agnosticism은 신과 같은 존재가 있는지 없는지 알 수 없다고 주장하는 '불가지론'이다. 종교에 대해 별다른 관심이 없는 사람들은 대부분 agnostics 다.

✛
pagan [ˈpeɪɡən] = heathen [ˈhiːðən] 이교도, 야만인.
atheism [ˈeɪθiɪzəm] 무신론.

theocracy
[θiˈɒkrəsi]

noun
- 신을 대리하는 종교지도자들이 통치하는 정부.
- 정교일치국가

The ancient Aztecs lived in a theocracy in which guidance came directly from the gods through the priests.

고대 아즈텍인들은 사제를 통해 신들의 계시를 받아 운영되는 신정국가에서 살았다.

In the Middle Ages, the Muslim empires stretching around much of the Mediterranean were theocracies.

중세시대 지중해 연안을 대부분 차지했던 무슬림제국은 신정국가였다. **이탈리아반도 역시 교황이 통치하는 신정체제를 유지했다.**

Modern Iran and Saudi Arabia (and perhaps half a dozen others) are usually regarded as theocratic governments, since, even though Iran's president is elected by popular vote and Saudi Arabia is ruled by a royal family, the countries' laws are religious laws.

이란과 사우디아라비아를 비롯한 7-8개 나라들은 지금도 정교일치국가로 간주된다. 이란은 국민투표로 대통령을 선출하고 사우디아라비아는 왕실이 국가를 통치하지만 두 나라 모두 종교법을 국법으로 삼기 때문이다.

When a government tries to follow all the teachings of a single religion, things usually don't work out terribly well, so U.S. Constitution and Bill of Rights forbid using religion as the principal basis for democracy.

특정한 종교의 교리에 따라 국가를 통치하려고 할 때 상당한 혼란과 부작용이 발생하는 것은 자명하기 때문에, 미국의 헌법과 영국의 권리장전은 종교를 민주주의의 근간으로 삼는 것을 금지하고 있다.

PAN

Greek

all 모든

panacea
[pˌænəsˈiːə]

noun

● 만병통치약(cure-all).

Educational reform is sometimes viewed as the panacea for all of society's problems.

교육개혁은 가끔 모든 사회문제를 해결할 만병통치약으로 여겨진다.

■

Panacea는 모든 질병을 치료하는 그리스의 여신으로 all-healing이라는 뜻이다.
In the Middle Ages and the Renaissance, alchemists who sought to concoct the "elixir of life" and the "philosopher's stone" also labored to find the panacea.

중세와 르네상스 시대의 연금술사들은 영원한 죽지 않는 '생명의 묘약'과 흔한 물질을 금으로 바꿔주는 '현자의 돌'을 빚어내고자 했을 뿐만 아니라, 모든 질병을 치료하는 만병통치약을 찾기 위해 노력했다.

panacea는 골치 아픈 사회문제를 단박에 해결해줄 비법이라는 의미로도 자주 사용된다. 물론 그런 해결책은 없기 때문에 panacea는 언제나 비꼬는 의미로 사용된다.
There's no panacea for the current problems plaguing Wall Street.

오늘날 월스트리트에 만연한 문제들을 일거에 해결해줄 '만병통치약'은 없다.

✛

concoct [kənˈɒkt] 이것저것 섞어서 만들어내다.
pandemic [pændˈemɪk] 전세계/전지역에서 발발하는 유행병.
endemic [endˈemɪk] 특정 장소에서만 발발하는 전염병.
epidemic [epɪdˈemɪk] 같은 시기에 발발하는 전염병.

pandemonium
[pˌændɪmˈoʊniəm]

noun

● 대혼란. 아수라장.

Pandemonium erupted in the stadium as the ball shot past the goalie into the net.

공이 골키퍼를 비켜가 그물에 꽂히자, 경기장은 순식간에 아수라장으로 변했다.

■

존 밀턴의 《Paradise Lost》에서 타락한 사탄은 사자를 통해 다음과 같이 선포한다.
A solemn Councel forthwith to be held
At Pandaemonium, the high Capital
Of Satan and his Peers.

곧 준엄한 심판의 법정이 열린다.

판데모니움—
사탄과 만마의 수도에서.

밀턴은 사탄과 모든 악귀들이 모이는 지옥의 수도를 Pandaemonium이라고 이름붙였다. '악령'을 의미하는 라틴어 daemonium에 '모두'를 의미하는 그리스어 pan을 붙여 만든 것이다.
pandemonium은 이후 hell과 같은 의미로 쓰이기도 했다. 하지만 hell은 대개 pandemonium보다는 훨씬 북적거리고 시끄럽고 혼란스러운 곳으로 그려진다.
오늘날 pandemonium은 특정한 장소를 일컫기보다는 uproar/commotion이라는 의미로 많이 쓰인다.

✛

herald [hˈerəld] 전령, 사자, 알리다.
uproar [ˈʌprɔːr] 사람들이 마구 소리를 질러대는 혼란상황.
commotion [kəmˈoʊʃən] 소요, 폭동.
plague [plˈeɪg] 전염병, 전염병처럼 괴롭히다.

영어에서 pan은 '완전', '전체', '보편'과 같은 의미를 더해주는 접두어로 사용된다.
panoramic view는 '전 방향을 다' 보여준다는 뜻이다. pantheon은 '모든 신을 다' 모시는 사원이다.
pandemic은 '전세계적으로 퍼져 나가는 유행병'으로 인류에 큰 위험이 될 수 있다.

pantheism
[pˈænθiɪzəm]

noun

● 범신론. 자연법칙을 신으로 간주하는 믿음체계.

Most of her students seemed to accept a vague kind of pantheism, without any real belief that God had ever appeared in human form.

그녀의 제자들은 대부분 일종의 범신론을 받아들인 것으로 보이며, 신이 인간의 형상으로 나타났다는 것은 전혀 믿지 않았다.

■

pantheism은 우주를 구성하는 물질, 그것을 관장하는 힘, 우주 자체가 곧 신이라고 생각하는 믿음체계로 '범신론汎神論'이라고 번역한다.

가장 대표적인 pantheism은 Hinduism을 들 수 있으며, 그리스철학자들도 대부분 pantheism을 믿었다. pantheism은 종교와 철학의 형태로 오랜 전통 속에 이어져 내려왔으며, 최근에는 New Age라고 하는 종교운동이 pantheism을 표방한다.

Most Christian thinkers reject pantheism.

기독교는 범신론을 배척한다.

pantheism은 기독교와 달리 신 자체를 어떤 인격적인 존재로 가정하지 않는다. 따라서 창조주와 피조물을 구별할 수도 없으며, 인간이 도덕적인 선택을 해야 할 어떠한 의미도 제공하지 않는다. 여러 신이 존재한다고 믿는 polytheism(다신교)와 혼동해서는 안 된다.

Pantheism has been a common element in religious belief in the West over many centuries.

범신론은 수세기에 걸쳐 서양의 종교적 신앙에서 보편적인 요인으로 작용했다.

✛

an impersonal deity 비인격신, 인간의 모습을 갖지 않는 신.

panoply
[pˈænəpli]

noun

● 방대한 모음. 관련된 것을 모아 놓은 집합.
● 완벽하게 갖춰 입은 복장.

The full panoply of a royal coronation was a thrilling sight for the throngs of sidewalk onlookers and the millions of television viewers.

왕실대관식에 등장하는 완벽한 복식은 이를 보기 위해 길가에 몰려든 인파와 수백만 TV시청자들에게 신나는 구경거리였다.

■

'완전무장'을 의미하는 그리스어 panoplia에서 온 panoply는 영어에서도 병사나 기사가 '완벽하게 갖춰 입은 군장'을 의미했다.

Panoply of medieval knights on horseback couldn't possibly have marched in such outfits.

중세기사들은 완전무장을 하면 너무 무거워서 말을 타고 행진조차 할 수 없었다.

하지만 이렇게 차려 입는 것은 인상적인 볼거리를 제공했는데, 이로써 panoply는 '모든 것들이 한 자리에서 보여주는 장관'이라는 비유적 의미로 쓰이기 시작한다. 오늘날 panoply는 격식에 맞춰 의례용 의상을 차려 입고 펼치는 호화로운 의전을 의미한다.

the stirring panoply of a military parade

전율이 느껴질 듯한 대규모 군사퍼레이드.

the breathtaking panoply of autumn foliage

숨이 멎을 듯 펼쳐진 가을단풍.

✛

coronation [kˌɔːrənˈeɪʃən] 대관식.
throng [θrˈɔːŋ] 군중, 운집하다.
stirring [stˈɜːrɪŋ] 전율이 느껴지는.
foliage [fˈoʊliɪdʒ] 무성한 나뭇잎들.
impersonal forces 인간이 개입할 수 없는 힘. (자연력, 운명 등)

MONO

Greek *monos*
single 하나

monogamous
[mənˈɒgəməs]

adjective
● 한 사람하고만 결혼하는.

Geese, swans, and most other birds are monogamous and mate for life.

거위, 백조 등 새들은 대부분 한 이성하고만 짝을 짓고 평생 함께 한다.

■

mono(single)+gamos(marriage)가 결합한 monogamy는 한 사람하고만 결혼생활을 하는 '단혼'을 의미한다.
American marriage is by law monogamous.
미국의 결혼제도는 법적으로 1부1처제다.
monogamy는 배우자를 한 명만 갖는 것을 허용한다.
Some Islamic countries permit polygamy.
몇몇 이슬람국가에서는 중혼을 허용한다.
polygamy는 여러 배우자를 갖는 것을 의미하지만, 1부다처가 일반적인 형태이기 때문에 '1부다처제'라는 의미로 쓰인다. '1처다부제'는 polyandry라고 한다.
In America, the Mormons were polygamous until 1890, when they were forced to adopt monogamy by the unsympathetic federal government.
미국에서는 몰몬교도들이 1890년까지 1부다처제를 실행했으나 연방정부의 강경한 조치에 굴복해 1부1처제를 수용했다.
The relationship was unbalanced: she was perfectly monogamous, while he had two other women in his life.
그들의 관계는 불균형한 것이었다. 아내는 온전히 일부종사했지만, 남편은 일생에 여자가 두 명 더 있었다.

monoculture
[mˈɑnoʊk ˌʌltʃər]

noun
● 단일종 재배.
● 단일문화.

Monoculture is practiced on a vast scale in the American Midwest, where nothing but corn can be seen in the fields for hundreds of square miles.

대규모로 단일종을 재배하는 미국 중서부지역에서는 수백 제곱킬로미터 땅에 옥수수 빼고는 아무것도 보이지 않는다.

■

The Irish Potato Famine of 1845-49 resulted from the monoculture of potatoes.
1845-49년 아일랜드 감자기근은 전국토에 온통 감자만 심었다가 초래한 비극이다. 극심한 병충해가 돌아 감자농사가 모조리 망하면서 100만 명 이상 아사했다. 물론 영국의 식민지수탈정책이 더 근원적인 원인일 수 있다.
Almost every traditional farming society has practiced crop rotation.
전통적인 농경사회에서는 대부분 한정된 땅뙈기에 여러 작물을 돌려가며 심는다. 그래야 토양의 질을 유지할 수 있기 때문이다.
하지만 현대 대규모농업은 기본적으로 monoculture를 실시한다. 파종, 방제, 수확 등을 매우 효율적으로 할 수 있어, 엄청난 양의 곡물을 저렴한 비용으로 생산할 수 있기 때문이다. 물론 같은 땅에서 매년 같은 작물을 계속 재배하기 위해서는 엄청난 양의 비료를 쏟아부어야 한다.
Many experts believe this monoculture all comes at a huge cost to the environment.
많은 전문가들은 이러한 단일종재배방식이 머지않아 엄청난 환경재앙을 초래할 것이라고 주장한다.

monorail은 레일이 하나인 철로이며, monocle은 신사들이 한쪽 눈에 끼워 사용하던 '외눈안경'이다.
monotonous voice는 단일한 톤(단조)으로만 이어지는 지루한 목소리를 말하며,
monopoly는 어떤 유형의 제품이나 서비스를 모두 한 회사가 소유하는 '독점'을 의미한다.

monolithic

[mˌɒnəlˈɪθɪk]

adjective
- 한 덩어리로 되어 있는.
- 한 덩어리처럼 움직이는.

The sheer monolithic rock face of Yosemite's El Capitan looks impossible to climb, but its cracks and seams are enough for experienced rock climbers.

요세미티 엘캐피탄은 거대한 돌 하나로 이뤄진 암벽으로, 등반이 불가능할 것처럼 보이지만 숙련된 등반가들은 암벽표면의 갈라진 틈을 타고 기어오른다.

■

mono(single)+lith(stone)이 결합한 monolith는 스톤헨지에 우뚝 서 있는 것 같은 거대한 돌기둥을 의미한다. monolith라는 말이 있을 정도로 '거석'이 인간에게 깊은 인상을 심어주는 것은, 그토록 거대한 물체가 한 덩어리라는 사실 때문이다.
To the lone individual, any huge institution or government bureaucracy can seem monolithic.
개인의 입장에서는 정부의 관료조직이나 대기업이 하나로 똘똘 뭉쳐있는 거대한 돌덩이처럼 보일 수 있다.
The former U.S.S.R. once seemed monolithic and indestructible to the West.
구소련 역시 서유럽의 관점에서 볼 때 절대 무너뜨릴 수 없는 거대한 괴물처럼 보였다.
하지만 1990년 이후 소련이 무수한 독립국가들로 쪼개지고 말았다는 사실을 다른 나라들도 명심해야 할 것이다.

✦
seam [sˈiːm] 갈라진 틈.
monolith [mˈɒnəlɪθ] 하나의 돌로 된 거대한 기둥.
indestructible [ˌɪndɪstrˈʌktɪbəl] 파괴할 수 없는.
spouse [spˈaʊs] 배우자.
polyandry [pˈɑliˌændri] poly(many)+andr(male)

monotheism

[mˈɑːnəθiːˌɪzəm]

noun
- 유일신 숭배.

Christian monotheism finally triumphed in the Roman Empire in A.D. 392, when the worship of pagan gods and goddesses was forbidden.

기독교 유일신숭배신앙은 서기 392년 로마제국과 싸움에서 마침내 승리를 거둔다. 이후 다른 신과 여신을 숭배하는 것은 금지되었다.

■

The monotheism of the ancient Hebrews had to combat the polytheism of the surrounding peoples from the earliest times.
유일신이라는 독창적인 개념은 탄생한 순간부터 인류의 보편적인 다신교신앙과 끊임없이 갈등할 수밖에 없었다.
Several times in their history the Hebrews turned away from their monotheistic beliefs and accepted foreign gods.
히브리인들 역시 무수히 유일신을 저버리고 외래의 신들을 받아들였다.
지혜의 왕 솔로몬 역시 다른 민족의 신에 귀의하였다.
그럴 때마다 유일신은 히브리인들을 엄하게 벌했다고 성경은 전한다.
오늘날 유대교와 깊은 관계를 맺고 있는 기독교와 이슬람교 역시 monotheism을 표방한다.

✦
pagan [pˈeɪɡən] 기독교에 속하지 않은.
polytheism [pˈɑːlɪθiːˌɪzəm] 다신교.

TEN TENU

Latin **tenuis**
thin 가는

tenuous
[tˈenjuəs]

adjective
- 희박한. 빈약한.

It's a rather tenuous theory, and the evidence supporting it has been questioned by several researchers.

그 이론은 다소 빈약하여, 이를 뒷받침하는 근거들에 대해 몇몇 연구자들이 의문을 제기했다.

■

고무 같은 것을 자꾸 잡아당기다보면 얇아져 곧 끊어질 것처럼 약한 상태가 되는데, 이 상태를 묘사하는 단어가 바로 tenuous다.

A person with a tenuous hold on his sanity should be watched carefully.

정신줄을 겨우 붙잡고 있는 사람은 주의깊게 관찰해야 한다.

If a business is only tenuously surviving, it will probably go bankrupt in the next recession.

어떤 사업이 겨우 연명한다면, 다음 경기침체가 닥치는 순간 파산할 가능성이 높다.

The United Peace Alliance had only a tenuous connection with the organized Labor movement.

UPA는 노동운동조직과 거의 관계를 맺고 있지 않다.

For now, our travel plans are tenuous.

지금으로선, 우리의 여행계획은 어떻게 될지 모른다.

The sub-plots are only tenuously interconnected.

서브플롯 사이의 연관성이 매우 약하다.

✛
sanity [sˈænɪti] 온전한 정신상태.
smallpox [smˈɔːlpɒks] 천연두, 마마.
foliage [fˈoʊliɪdʒ] 무성한 이파리들.

attenuated
[ətˈenjueɪtɪd]

adjective
- 희석된.

The smallpox shot is an injection of the virus in an attenuated form too weak to produce an actual case of smallpox.

천연두주사는 천연두가 실제 발병지는 못할 정도로 약하게 희석한 천연두바이러스를 몸에 주입하는 것이다.

■

attenuate는 완전히 없애 버리는 것이 아니라 강도를 약화하는 것이다.

Rock musicians often use noise-attenuating ear plugs to save their hearing.

많은 록뮤지션들이 청력을 보호하기 위해 소음완화용 귀마개를 사용한다.

Radio waves can become attenuated by the shape of the landscape, by foliage, by atmospheric conditions, and simply by distance.

전파는 지형, 나뭇잎, 대기조건뿐만 아니라 거리만으로도 약해질 수 있다.

A friendship can become attenuated if neither person bothers to keep in touch.

어느 한쪽이 신경써서 계속 연락하지 않으면 우정은 약해질 수 있다.

The attenuated virus should be incapable of actually causing disease.

희석된 바이러스는 실제 질병을 유발할 확률이 없어야 한다.

We used to play with our cousins a lot in our childhood, but all those old friendships have become attenuated over the years.

우리는 어린시절 사촌들과 상당히 많은 시간 함께 놀았지만, 어릴적 그토록 진한 우정은 세월이 가면서 약해졌다.

extend는 어떤 것을 잡아 늘이는 것으로, 잡아 늘이면 가늘어진다.
pretend는 원래 사람들 앞에서 어떤 사물을 잡아 늘려서 보여준다는 의미였으나, 지금은 남들 앞에서 자기 자신을 잡아 늘려 보여준다는 의미로 '~인 척하다'라는 말로 쓰인다.

extenuating
[ɪkstˈenjueɪtɪŋ]

adjective
- 정상참작 가능한.

A good college rarely accepts someone who has dropped out of high school twice, but in his case there were extenuating circumstances, including the death of both parents.

좋은 대학은 대개 고등학교를 두 번이나 중퇴한 사람을 받아들이지 않지만, 그의 경우에는 부모의 죽음 등 사정을 봐줄 만한 상황이 있었다.

■

extenuating은 ex(out of)+tenu(thin)에서 나온 단어다. 오늘날 extenuating 다음에는 거의 예외없이 circumstances가 나온다.
extenuating circumstance는 재판정에서 중요한 개념으로 '정황상 이것저것 참조하여 헤아릴 수 있는(情狀參酌) 상황'을 의미한다.
If you kill someone in self-defense, that's obviously an extenuating circumstance that makes your act different from murder.

자신을 방어하기 위해 상대방을 죽였다면, 그것은 분명히 정상참작할 만한 상황으로 살인과는 구별된다.
Juries will usually consider extenuating circumstances, and most judges will listen carefully to an argument about extenuating circumstances as well.

배심원들은 일반적으로 정상참작 요건을 고려할 것이며, 대부분 판사들은 정상참작 여부를 두고 벌어지는 논쟁을 주의깊게 경청할 것이다.

✛
extenuation [ɪkˌstenjuˈeɪʃən] 정상참작.

distended
[dɪstˈend]

adjective
- 사방으로 펼쳐진.

All the children's bellies were distended, undoubtedly because of inadequate nutrition or parasites.

아이들의 배가 모두 부풀어 있다. 의심할 여지없이 영양결핍과 기생충 때문이다.

■

dis(apart)+ten(thin)이 결합한 distend는 풍선이 부풀어오르면서 얇아지는 고무막을 연상시킨다.
Before giving you a shot, the nurse may wrap a rubber tube around your upper arm to distend the veins.

주사를 놓기 전 간호사는 팔뚝 위에 고무줄을 묶어 정맥을 팽창시킨다.
When the heart isn't pumping properly, the skin of the feet and ankles may become distended.

심장이 제대로 펌프질을 하지 않으면, 발과 발목의 피부가 팽창할 수 있다.
The doctor noticed that an internal organ has become distended.

의사는 복부장기가 팽창한 것을 발견했다.
이처럼 distended는 의학용어로 자주 등장한다.
Jiro waddled closer, his belly bulging and distended.

지로는 뒤뚱거리며 다가왔다. 배가 불뚝 튀어나와 있었다.

✛
waddle [wˈɒdəl] 뒤뚱거리며 걷다.
bulge [bˈʌldʒ] 불룩 튀어나오다.

TEN

Latin *tenere*
to hold (on to) 잡고 있다

tenure

[tˈenjər]

noun

● 재임기간. 직무, 직책, 직위를 붙잡고 있는 기간.
● 종신재직권.

I know two assistant professors who are so worried about being denied tenure **this year that they can't sleep.**

내가 아는 부교수 두 명은 올해 종신재직권을 따지 못할까 걱정되어 잠을 자지 못한다.

■

He was in the middle of his tenure as Oxford Professor of Poetry and at the height of his fame. 그는 옥스포드대학에서 시 전공교수로 재직하는 동안 명성이 최조고에 달했다.

30-year tenure as chairman 의장으로 30년 재직.

brief tenure in the sales manager's office 영업관리부서에서 잠깐 근무.

tenure는 이처럼 어떤 직업이나 지위를 유지한 기간을 의미한다.

하지만 대학에서 tenure는 다른 의미로 사용된다. 가장 뛰어난 (또는 가장 운 좋은) 교수들은 전통적으로 6년 정도 재직하고 난 뒤 tenure라고 하는 '종신재직권'을 받는다.

It's becoming increasingly difficult to acquire academic tenure.

대학의 종신재직권을 얻는 것은 점점 어려워지고 있다.

tenured professor는 오늘날 가장 안정적인 직업이라 할 수 있겠지만, 대학마다 종신교수들이 이미 넘쳐나고 있기 때문에 테뉴어를 받는 것은 점점 어려워지고 있다.

✛

incumbency [ɪnkˈʌmbənsi] 정부의 직위에 재직한 상태, 또는 재직한 기간.

tenacious

[tɪnˈeɪʃəs]

adjective

● 집요한. 무언가에 집착하는.

He was known as a tenacious reporter **who would stay with a story for months, risking his health and sometimes even his life.**

그는 몸을 사리지 않고 때로는 목숨조차 내놓고 수개월 동안 하나의 사건에 매달리는 집요한 기자로 정평이 높다.

■

Success in most fields requires a tenacious spirit and a drive to achieve.

어떤 분야에서든 성공하려면 성취하고자 하는 집념과 욕망이 있어야 한다.

Thousands of actors and actresses work tenaciously to build a TV or film career.

무수한 남녀배우들이 TV나 영화 출연경력을 쌓기 위해 치열하게 분투한다.

But without talent or beauty, tenacity is rarely rewarded, and only a few become stars.

하지만 재능이나 미모가 뒷받침되지 않고서는, 끈기만으로는 적절한 보상을 받을 수 없다. 극히 소수만 스타가 된다.

The sick child's tenacious grip on life was their only hope now.

아파도 삶의 끈을 놓지 않는 아이의 노력만이 이제 그들의 유일한 희망이 되었다.

✛

tenacity [tɪnˈæsɪti] 끈기, 불굴, 집념.

tenant는 집, 땅을 '잡고 있는' 사람이라는 뜻으로 '실제 거주자'를 의미한다. 실거주자와 부동산의 주인이 다를 경우 tenant는 세입자가 되며 landlord는 집주인이 된다. lieutenant는 someone who hold the position이라는 뜻으로 위급한 시기가 왔을 때 주요직무를 대신 수행하는 대리, 대행, 부관, 부서장 등을 의미한다(군대에서는 위관급 장교).

tenable
[tˈenəbəl]

adjective

● 방어할 수 있는. 유지/옹호/지지할 수 있는.

**She was depressed for weeks after
her professor said that her theory wasn't
tenable.**

그녀의 이론을 방어할 수 없다는 교수의 말을 듣고 난 뒤 몇 주 동안
그녀는 우울했다.

■

tenable은 holdable, 즉 '잡고 있을 수 있는'을 의미한다.
tenable은 과거에는 hold militarily against
an enemy force(적군에 맞서 도시를 수호하다)라는 의미로
주로 사용되었지만, 요즘은 대부분 hold ideas or
theories (아이디어나 이론을 방어하다)라는 의미로 사용된다.
If you hold an opinion but evidence appears
that completely contradicts it, your opinion is
no longer tenable.
근거들이 자신의 주장과 완전히 반대되는 것으로 보임에도 주장을
꺾지 않는다면, 그런 주장은 더 이상 방어할 수 없다.
The old ideas that cancer is infectious or that
being bled by leeches can cure your whooping
cough now seem untenable.
암이 전염된다거나 거머리로 백일해를 치료할 수 있다는 믿음은 이제
방어할 수 없는 것으로 보인다.

✚
untenable [ʌnˈtenəbəl] 방어할 수 없는, 지켜질 수 없는.
infectious [ɪnfˈekʃəs] 전염되는.
leech [lˈiːtʃ] 거머리.
whoop [hˈuːp] 탄성을 지르다, 부엉부엉 울다, 씩씩거리다.
whooping cough [hˈuːpɪŋ kɔːf] 백일해. (숨을 쉴 때마다
거친 숨소리가 나서 붙여진 이름.)

tenet
[tˈenɪt]

noun

● 교리, 원칙.

**It was soon obvious that the new owners
didn't share the tenets that
the company's founders had held to
all those years.**

회사의 창업자들이 줄곧 유지해 온 원칙을, 새로운 소유주들은
공유하지 않고 있다는 것이 곧 명확해졌다.

■

tenet이란 something we hold(우리가 쥐고 있는 것)을
의미하지만 그 대상은 손으로 직접 쥘 수 있는 것이 아니라
어떤 집단의 구성원들이 공유하는 원칙이나 믿음을
의미한다.
Tenets may combine elements of both faith and
ideals. tenet은 신념과 이상이 버무려진 것이라고 할 수 있다.
the tenets of Islam or Hinduism
이슬람교 또는 힌두교의 교리
the tenets of Western democracy
서구 민주주의의 원리
the tenets of the scientific method
과학적 방법의 원칙

★
lieutenant [luːtˈenənt] 미국 육군의 대위.
= lieu(place)+ten(hold)
in lieu [lˈuː] **= in place = instead**

■ He left what little furniture he owned to
his landlord *in lieu of* rent. (=instead of)
An increased salary or time off in lieu.

TANG TACT

Latin *tangere/tactus*
to touch 만지다
sense of touch 촉감

tact

[tˈækt]

noun

● 눈치. 요령. 기분 좋게 사람을 다루는 능력.

Already at 16 his daughter showed remarkable tact in dealing with adults, which she certainly hadn't gotten from him.

그의 딸은 불과 16살에 어른을 다루는 뛰어난 요령을 보여줬는데, 그에게서 물려받은 능력은 분명히 아니었다.

이 단어는 라틴어를 기반으로 하는 언어인 프랑스어에서 수입된 것으로 원래는 sense of touch(촉감)를 의미한다. 여러 사람들이 개입된 곤란한 상황을 헤쳐 나가야 할 때, 손가락 끝의 민감한 '촉觸'이 필요한 경우가 많다.

"Tact is the ability to describe others as they see themselves."

눈치란 상대방이 원하는 모습대로 상대방을 묘사해주는 능력이다. 링컨은 눈치를 이렇게 정의하면서, 타고나는 것이 아니라 갈고 닦아야 하는 자질이라고 말한다.

Someone tactful can soothe the feelings of the most difficult people.

눈치 있는 사람은 까다로운 사람들의 감정까지도 달래준다.

A tactless person will generally make a bad situation worse.

눈치가 없는 사람은 일반적으로 상황을 더 나쁘게 만든다.

+
tactful [tˈæktfəl] 상대방을 기분 나쁘게 하거나 당황스럽게 하지 않는.
tactless [tˈæktləs] 눈치없는, 남을 기분 나쁘게 만드는.
soothe [sˈuːð] 화나 고통을 진정시키다.

tactile

[tˈæktəl]

adjective

● 만짐으로써 알 수 있는.
● 촉감과 관련된.

He always enjoyed the tactile sensation of running his hand over the lush turf.

그는 언제나 무성한 잔디 위에 손을 스칠 때 느껴지는 촉감을 좋아했다.

Take the tactile option. 휴대전화를 진동으로 설정하세요.
Naturally "tactile learners" learn much better at "hands-on" than at tasks that involve patient listening and reading.

천성적으로 촉각에 민감한 학습자들은 설명을 듣거나(청각) 글을 읽는(시각) 지루한 과정보다는 '직접 만져보는 실습'을 통해 더 많은 것을 배운다.

Many longtime readers resist using e-books, saying they miss the tactile sensations of leafing through an actual book.

오랜 시간 책읽기를 좋아하는 많은 독자들이 전자책을 싫어하는 것은, 실제 책장을 넘기는 촉감을 맛볼 수 없기 때문이다.

The blind, using the raised dots of the braille alphabet, rely entirely on their tactile sense to read.

앞을 못 보는 사람들은 오돌토돌한 점자를 활용하여, 촉각에만 의존하여 글을 읽는다.

+
lush [lˈʌʃ] 무성한, 고급스러운.
leaf [lˈiːf] through 책장을 빨리 넘기다.
Braille [brˈeɪl] 점자. (점자를 발명한 프랑스의 음악가 브라유의 이름.)

contact(접촉하다)는 말 그대로 몸에 '닿다'라는 뜻이기도 하고 '연락하다'는 뜻이기도 하다.

tangential
[tændʒˈenʃəl]

adjective
● 살짝 닿은. 별로 상관없는.

The government is trying to determine if the extremists were deeply involved or if their relationship to the suspect was merely tangential.

정부는 극단주의자들이 깊이 관여했는지 아니면 그들과 용의자의 관계가 일시적인 것이었는지 알아내기 위해 노력하고 있다.

■

기하학에서 tangent는 곡선과 한 지점이 닿은(TANG) 직선을 일컫는다.
The conversation went off at a tangent.
대화가 옆길로 샜다.
원래 이야기곡선에서 벗어나 다른 방향으로 뻗어 나간다는 뜻이다.
Their romance is tangential to the book's main plot. 그들의 로맨스는 책의 주요 플롯에서 곁다리로 등장한다.
원래 이야기와 별로 상관이 없다는 말이다.
The question was only tangential to the main subject, but he answered it anyway.
그 질문은 주요 주제와 별로 상관은 없었음에도, 어쨌든 대답했다.

✛
geometry [dʒiˈɒmɪtri] 기하학.
tangent [tˈændʒənt] 곡선과 한 지점이 닿는 직선.
go off at a tangent 옆으로 새다.

tangible
[tˈændʒɪbəl]

adjective
● 만져봄으로써 알 수 있는. 물질적인.

The snow was tangible evidence that winter had really come.

눈은 겨울이 정말 왔다는 것을 알려주는 손에 잡히는 증거였다.

■

tangible은 문자 그대로 만져볼 수 있다는 뜻이다.
A rock is tangible, and so is a broken window; if the rock is lying next to the window, it could be tangible evidence of vandalism.
돌은 만져볼 수 있으며 깨진 유리창도 만져볼 수 있다. 돌이 창가에 놓여있다면 기물파손을 입증하는 만져볼 수 있는 증거가 될 것이다.
The tension in a room is tangible.
방 안에 도는 긴장감은 만질 수 있을 정도였다.
얼마나 긴장이 극에 달하면 손으로 만질 수 있겠는가?
Tension, like hope, happiness, and hunger, is literally intangible.
긴장은 희망, 행복, 배고픔과 마찬가지로 만질 수 없는 것이다.
When lawyers talk about an intangible asset, they might mean something like a company's good reputation—very valuable, but not quite touchable.
법률에서 무형자산이란 기업의 명성처럼 만질 수 없는 자산을 의미한다.
intangible benefits 뭐라고 꼬집어 말할 수 없는 막연한 혜택.

✛
vandalism [vˈændəlɪzəm] 공공기물파손.
intangible [ɪntˈændʒɪbəl] 만질 수 없는.

UNI

Latin
one

unicameral
[j͵unəkˈæmərəl]

adjective
- 단원제의.

In China, with its unicameral system of government, a single group of legislators meets to make the laws.
단원제를 채택한 중국에서는 단일한 입법의원들의 모임에서 법을 제정한다.

■

unicameral은 one-chambered라는 의미로 주로 의회의 구성을 이야기할 때 사용된다.
미국의 연방의회와 대다수 서양의 민주주의국가들은 입법기관이 두 개로 구분되어 있는 bicameral system으로 이루어져있다.
미국의 의회는 Senate과 Representative로 이루어져 있는데 '상원'과 '하원'으로 번역한다.
And except for Nebraska, all the state legislatures are also bicameral.
네브래스카를 뺀 모든 주의 입법기관이 양원제다.
미국은 왜 bicameral system을 채택했을까?
권력을 고스란히 시민들의 손에 내어주지 않기 위해서다.
건국의 아버지들은 일반유권자들을 신뢰하지 않았다.
그래서 주민들이 뽑은 Representatives가 Senates를 선출하는 간접선거제도를 헌법에 명시한 것이다.
하지만 1914년 수정헌법이 통과한 이후, 상원의원도 직접선거를 통해 선출하는 것으로 바뀌었다.

✚

legislature [lˈedʒɪslətʃər] 입법부.
Senate [sˈenɪt] 고대로마의 원로원. 상원.
representative [rˌeprɪzˈentətɪv] 대표자.
unilateralism [jˌuːnɪlˈætərəlɪzəm] 일방주의.
bilateral [bˌaɪlˈætərəl] 쌍방의.
multilateral [mˌʌltilˈætərəl] 다방면의.

unilateral
[jˌuːnɪlˈætərəl]

adjective
- 한 사람이 일방적으로 결정한.
- 몸의 어느 한 쪽에만 영향을 미치는.

The Japanese Constitution of 1947 includes a unilateral rejection of warfare as an option for their country.
1947년 일본헌법은 자국을 위해 선택할 수 있는 조치로서 전쟁에 대한 일방적 거부를 담고 있다.

■

The world is a smaller place than it used to be, and we get uncomfortable when a single nation adopts a policy of unilateralism.
국가 간의 관계가 그 어느 때보다도 긴밀해지면서, 어떤 국가가 일방주의 정책을 표방하는 것을 많은 국가들이 불쾌하게 여긴다.
A unilateral invasion of another country usually looks like a grab for power and resources.
다른 나라에 대한 일방적 침략은 대개 세력이나 자원을 확보하기 위한 것으로 여겨진다.
The U.S. announced unilateral nuclear-arms reductions in the early 1990s. Previously, such reductions had only happened as part of bilateral agreements with the old Soviet Union.
미국은 1990년대 초반 일방적으로 핵무기 감축을 발표했다. 그 전까지 이러한 감축은 구소비에트연방과 쌍방합의에 의해서만 가능한 일이었다. 이처럼 세계가 환영하는 unilateral action도 가끔 일어난다.
We often need multilateral agreements on issues such as climate change.
기후변화와 같은 이슈에는 대개 다자간 합의가 필요하다.
The president is allowed to make some unilateral decisions without asking Congress's permission.
대통령은 몇 가지 조항에 대해 의회의 승인을 요청하지도 않고도 일방적인 결정을 내릴 수 있는 권한을 갖는다.

uniform은 하나의 디자인으로 만들어 모든 사람이 입는 옷이다. united group은 어떤 사안에 대한
의견이 하나인 모임이다. unitard는 leotard(레오타드)와 tights(타이즈)가 하나로 붙은 옷으로
스키, 무용, 자전거 선수들이 주로 입는다. 바퀴가 하나밖에 없는 외발자전거는 unicycle이라고 한다.

unison

[júːnɪsən]

noun

● 동시에 똑같이 말함.
● 일치.

Unable to read music well enough to harmonize, the village choir sang only in unison.

화음을 넣을 만큼 악보를 읽지 못하여, 마을합창단은 똑같은
음으로만 노래를 불렀다.

■

"Good morning!" the kids replied in unison.
아이들이 동시에 한 목소리로 '굿모닝'이라고 대답했다.
unison은 거의 in unison이라는 형태로만 쓰이는데,
같은 말을 동시에 내뱉는 것을 의미한다.
Demonstrators chanted in unison.
시위대가 일제히 구호를 외쳤다.
The old church music called Gregorian chant
was written to be sung in unison.
그레고리오성가라고 하는 오랜 전통의 교회음악은 화음없이
같은 음으로만 노래하게끔 작곡되었다.
The aerobics class moves in unison following
the instructor.
에어로빅수업은 강사를 따라 똑같이 움직인다.
The whole town works in unison when
everyone agrees on a common goal.
시민 전체가 공동의 목표에 동의하면 마을 전체가 일심단결하여
움직인다.

✛

chant [tʃ ænt] 짧은 구절을 반복하다.
unitary [júːnɪteri] 단일한.
Trinity [trínɪti] 3위1체(셋이 한 몸).
predestination [priːdestɪnéɪʃən] 예정설.
천국에 갈지 지옥에 갈지 태어날 때부터 이미 정해져 있다는
개신교(Calvinism)의 핵심교리.

unitarian

[juːnɪtέəriən]

adjective

● 유니테리언주의의.

With his Unitarian tendencies, he wasn't likely to get into fights over religious beliefs.

유니테리언 성향을 가진 그는 신앙을 두고 싸울 일이 없었을 것이다.

■

Unitarianism은 18세기 잉글랜드에서 탄생한 기독교의
한 분파로 19세기 이후 미국에서 크게 성장하여 지금에
이른다.
Unitarians reject the idea of the three-part
Trinity—God as father, son, and holy spirit.
유니테리언은 성부, 성자, 성령이 곧 하느님이라는 3위1체설을
부정한다. 이들이 Unitarian이라고 불리는 것은 unitary
God을 믿기 때문이다. 3위 1체론을 부정한다는 것은
예수그리스도를 신으로 간주하지 않는다는 뜻이다.
이러한 측면에서 Unitarianism은 기독교가 아닌 별개의
종교로 간주하는 사람도 많다.
21세기 Unitarian church는 위축되는 교세를 타개하기
위해 Universalist church와 통합하여 Unitarian
Universalism으로 확장한다. Universalist는 개신교의
기본교리인 predestination을 부정한다. 이들은 지옥에
가더라도 결국에는 모두 구원받는다는
universal salvation(보편구원론)을 믿기 때문에
universalist라고 불린다.
오늘날 50만 명에 달하는 신도를 거느린 Unitarian
Universalism은 기존의 기독교와 달리 교리 측면에서
매우 관대하며 불교, 이슬람교 등 다른 신앙을 포용한다.
unitarian을 소문자로 쓰는 경우도 있는데,
이는 Unitarian church에 나가지 않지만 이들의 믿음에
동의하는 사람을 의미한다.

TOXI

Greek/Latin

poison 독

toxin

[tˈɒksɪn]

noun

● 독소.

Humans eat rhubarb stems without ill effects, while cattle may die from eating the leaves, which seem to contain two different toxins.

인간은 대황줄기를 먹어도 부작용이 없지만, 소는 대황잎을 먹고 죽을 수 있다. 대황잎에는 두 가지 다른 독소가 있는 것으로 여겨진다.

■

For centuries South American tribes have used the toxin curare, extracted from a native vine, to tip their arrows. 수 세기 동안 남아메리카부족은 토종 포도나무에서 추출한 독소 큐라레를 화살촉에 칠했다.
The garden flower called wolfsbane or monkshood is the source of aconite, an extremely potent toxin. 바꽃 또는 투구꽃이라고 부르는 정원에 심는 꽃은 매우 강력한 독소 아코닛의 원료다.
The castor-oil plant yields the almost unbelievably poisonous toxin called ricin. 피마자는 믿기 어려울 정도로 독성이 강한 리신이라는 독소를 만들어낸다.
Today health advisers of all kinds talk about ridding the body of toxins. 오늘날 온갖 건강전문가들은 우리 몸에서 독소를 제거해야 한다고 말한다. 하지만 이들이 말하는 detox는 의미가 꽤 모호하다.

+
rhubarb [rˈuːbɑːrb] 대황.
potent [pˈoʊtənt] 강력한.
castor oil 피마자기름.
rid [rˈɪd] 제거하다.
detox [diːtˈɒks] = detoxification[diːtˌɒksɪfɪkˈeɪʃən] 해독.
relaxant [rɪlˈæksənt] 이완제.

toxicity

[tɑːksˈɪsɪti]

noun

● 유독성.

Though they had tested the drug on animals, they suspected the only way to measure its toxicity for humans was by studying accidental human exposures.

동물을 대상으로 실험을 하더라도, 인간에 대한 독성을 측정하기 위해서는 사람에게 우발적으로 노출시키고 연구하는 법밖에 없다.

■

The dose makes the poison. 일정 양 이상을 넘어가야 독이 된다. 이 오래된 유명한 격언에서 말하듯이 toxicity는 대부분 상대적인 개념이다. 물도 너무 많이 마시면 죽을 수 있고, 비소도 아주 미량 복용하면 약이 될 수 있다.
Even though botulinum toxin is the most toxic substance known, it's the basic ingredient in Botox, which is injected into the face to get rid of wrinkles. 보툴리누스는 알려진 물질 중 가장 치명적인 독소지만, 보톡스의 기본성분으로 얼굴주름을 없애기 위해 주입한다.
To determine toxicity officially, researchers often use the "LD50" test: If 50 milligrams of the substance for every kilogram of an animal's body weight results in the death of 50% of test animals, the chemical is a poison.
독성을 공식적으로 판단하기 위해서는 대개 LD50 테스트를 거쳐야 한다. 동물 체중 1킬로그램 당 50밀리그램을 주입했을 때 실험동물의 50퍼센트가 사망할 경우, 이 화학물질은 독성물질로 분류된다. 하지만 이러한 실험방법은 한계가 있으며, 따라서 toxicity는 여전히 유동적인 개념으로 남아있다.

+
arsenic [ˈɑːrsənɪk] 비소.
lethal [lˈiːθəl] 치명적인.

고대그리스/로마 사람들은 독에 대한 상당한 지식이 있었다. 소크라테스는 독미나리로 만든 사약을 먹고 죽었다. 로마제국과 대적하던 폰투스왕국의 미트리다네스왕은 독을 연구하기 위해 죄수들을 대상으로 실험하였으며, 스스로 독에 대한 면역력을 기르기 위해 매일 조금씩 독을 먹기도 했다.

toxicology

[tˌɒksɪkˈɒlədʒi]

noun

● 독물학.

At medical school he had specialized in toxicology, hoping eventually to find work in a crime laboratory.

그는 의과대학에서 독물학을 전공하면서, 최종적으로 과학수사연구소에서 일할 수 있기를 희망했다.

■

Most of us are aware of toxicology primarily from crime shows on TV. 우리는 대부분 TV 범죄드라마에서 독물학을 처음 접한다. 하지만 제약회사나 화학회사는 물론 정부에서도 독물학 전공자는 중요한 임무를 수행한다. 물, 토양, 공기의 오염을 측정하고 식품과 약품 속에 해로운 물질이 들어가지 않도록 감시하는 업무를 한다. Toxicological issues often have to do with quantity; questions about how much of some substance should be considered dangerous, whether in the air or in a soft drink, may be left to toxicologists. 독물학문제는 대개 양과 관련이 있다. 어떤 물질이 어느 정도 양이 되어야 위험한지, 공기 중에서 또는 청량음료 속에서 제각각 해답을 찾는 것은 독물학자들의 몫이다. Occasionally a toxicology task could be more exciting: for instance, discovering that what looked like an ordinary heart attack was actually brought on by a hypodermic injection of a paralyzing muscle relaxant.

독물학임무가 더 흥미진진한 경우도 있다. 예컨대, 일반적인 심장마비처럼 보이는 증세가 근육을 마비시키는 근육이완제를 피하주입하여 발생했다는 사실을 밝혀내는 과학수사에도 기여한다.

➕

hypodermic [hˌaɪpədˈɜːrmɪk] 피하주사의.

neurotoxin

[nˌʊroʊtˈɒksɪn]

noun

● 신경독.

From her blurred vision, slurred speech, and muscle weakness, doctors realized she had encountered a neurotoxin, and they suspected botulism.

흐릿한 시력, 불분명한 발음, 근육약화와 같은 증상에서, 의사들은 그녀가 신경독에 노출되고 있다는 사실을 알아차렸다. 보톨리누스중독으로 의심된다.

■

5감뿐만 아니라 호흡, 소화, 심장박동도 모두 신경계에 의존하여 작동하기 때문에 뱀, 벌, 거미 등 무수한 동물들의 독이 신경계를 마비시킨다. Some wasps use a neurotoxin to paralyze their prey so that it can be stored alive to be eaten later. 말벌들은 신경독으로 먹이를 마비시킨 뒤 나중에 먹기 위해 산 채로 저장해두기도 한다. Snake venom is often neurotoxic (as in cobras and coral snakes, for example), though it may instead be hemotoxic (as in rattlesnakes and coppermouths), operating on the circulatory system. 뱀독도 대개 신경에 독성을 발휘하는데, 순환계에 독성을 발휘하는 혈액독을 쓰는 뱀도 있다. Artificial neurotoxins, called nerve agents, have been developed by scientists as means of chemical warfare. 신경가스라고 부르는 인공신경독은 과학자들이 화학전 무기로 개발한 것이다.

➕

slur [slˈɜːr] 흘려말하다.
wasp [wˈɒsp] 말벌.
venom [vˈenəm] 독액.

META

Greek

behind 뒤에
beyond 넘어

metadata

[mˈetədeɪtə]

noun

● 메타데이터.

**Before putting videos up on the Web
site, she always tags them with a decent
set of metadata.**

웹사이트에 동영상을 올리기 전에, 그녀는 항상 적절한
메타데이터로 태그를 붙인다.

■

meta(behind)가 붙은 metadata는 눈에 보이는
data 뒤에 있는 data라는 뜻으로, 우리 눈에는 보이지
않는다. metadata는 전자파일이나 거기에 담긴 콘텐츠를
간략하게 설명하는 꼬리표로서 그 파일을 쉽게 검색할 수
있도록 도와준다.

A piece of metadata might identify the file,
its size, the date it was compiled, its nature,
and so on. 메타데이터는 파일의 이름, 크기, 생성날짜, 속성 등을
기록한 전자데이터로, 대개 그 파일 자체에 포함되어 있다.

Metadata is particularly important for making
pictures searchable. 메타데이터는 특히 사진을 검색하는 데
중요하다. 컴퓨터가 이미지 자체를 읽어낼 수 없기 때문에
'그랜드캐년', '하이킹', '협곡'과 같은 단어를 사진파일 속에
metadata로 담아야 나중에 검색할 수 있다. 음성파일도
metadata가 없으면 찾아내기 힘든 경우가 많다.

Metadata tags for a Web page, including tags
identifying its most important content, ensure
that the page won't be overlooked by a search
engine. 웹페이지에 숨겨져 있는 메타데이터 태그와 주요
콘텐츠를 파악할 수 있는 메타데이터 태그는 검색엔진이 그 페이지를
놓치지 않도록 해준다.

✛
decent [dˈiːsənt] 적절한, 준수한, 단정한.

metaphorical

[mˌetəfˈɔːrɪkəl]

adjective

● 은유적인.

**He always points out to his classes that
metaphors can be found in poetry of all
kinds, from "The eyes are the windows
of the soul" to "You ain't nothin'
but a hound dog."**

그는 수업에서 '눈은 영혼의 창'에서부터
'너는 사냥개에 불과해'에 이르기까지 온갖 시에서 은유를 발견할 수
있다는 것을 늘 일깨워준다.

■

meta(beyond)+phor(to carry)가 결합한
metaphor는 어떤 단어나 문구의 의미를 다른 단어나
문구로 '옮겨서' 담는다는 뜻이다.

"O, my luve's like a red, red rose"
오 나의 빨갛고 빨간 장미 같은 사랑이여.

simile는 '—처럼(like/as)' 형식으로 이루어지는 반면
metaphor는 '—은 —이다(be동사)' 형식으로 이루어진다.
하지만 be동사를 쓰지 않고도 metaphorical
statement를 만들어낼 수 있다.

"The teacher gave us a mountain of homework."
선생님이 숙제 한 무더기를 내주었다.

"We're drowning in paperwork."
서류 속에 파묻혀 허우적거리고 있다.

When the Gypsy Carmen sings "Love is a wild
bird," she's being metaphorical.
집시 카르멘이 "사랑은 자유로운 새"라고 노래할 때, 그녀는 은유적
표현을 하는 것이다.

✛
simile [sˈɪmɪli] 직유.
metaphor [mˈetəfɔːr] 은유.

metacarpal bone은 carpal(손목뼈)에서 뻗어 나온 다섯 가닥 뼈로 손바닥을 형성하는 '장골'을 의미한다.
metalanguage는 language 자체를 해설하는 데 사용되는 언어로, 흔히 '메타언어'라고 한다.

metaphysics
[ˌmetəˈfɪzɪks]

noun
● 형이상학.

Most of the congregation prefers to hear their minister preach about virtue, and they get restless when his sermons head in the direction of metaphysics**.**

신도들은 대부분 목사가 도덕에 대해 설교하는 것은 좋아하지만, 설교가 형이상학으로 나가면 안절부절 못한다.

■

Just as physics deals with the laws that govern the physical world (such as those of gravity or the properties of waves), metaphysics describes what is beyond physics.

물리학이 (중력의 작용이나 파동의 속성 등) 물질세계를 통제하는 법칙을 다루듯이, 형이상학은 물리학 너머에 있는 것을 다룬다.

대개 실재 자체의 본질과 기원, 불멸의 영혼, 신의 존재 등이 형이상학의 주제가 된다.

Most metaphysical questions are still as far from a final answer as they were when Plato and Aristotle were asking them.

형이상학적 질문에 대한 궁극의 해답은 여전히 멀리 있다. 플라톤과 아리스토텔레스가 얻은 해답에서 전혀 나아진 것이 없다.

관찰할 수도 없고, 측정할 수도 없고 심지어 존재하는지도 확신할 수 없는 주제에 대해서 이야기하기 때문이다.

✚
congregation [ˌkɒŋɡrɪɡˈeɪʃən] 회중.
physics [fˈɪzɪks] 물리학.
tag [tˈæɡ] 꼬리표를 붙이다.
compile [kəmpˈaɪl] (여러 자료를 모아) 작성하다.

metonymy
[məˈtɑnəmi]

noun
● 환유.

When Wall Street has the jitters, the White House issues a statement, and the people wait for answers from City Hall, metonymy **is having a busy day.**

월 스트리트가 초조해하고, 백악관이 성명을 발표하고, 사람들이 시청의 답변을 기다릴 때, 환유는 바쁜 하루를 보내고 있다.

■

In a metaphor we substitute one thing for something else that's usually quite different.

은유에서는 어떤 대상을 대개 전혀 다른 대상으로 대체한다.

예컨대 컴퓨터로 연결된 전세계적인 네트워크를 거미줄(web)이라고 부르는 것처럼, 은유는 어떤 것을 연관성 있지만 전혀 다른 것으로 지칭하는 표현법이다.

In metonymy, we replace one word or phrase with another word or phrase associated with it.

환유에서는 어떤 단어나 구를 그것과 관련된 다른 것으로 대체한다.

예컨대 영화산업을 Hollywood라고 부르거나 워싱턴의 로비스트들을 K Street라고 부르는 것이 metonymy다. 위 예문에서 증권시장을 Wall Street이라고 부르고 대통령을 White House라고 부르고 시행정부를 City Hall이라고 부르는 것도 모두 metonymy다. Saying "the press" to refer to the news media, or "sweat" to refer to hard work, could also be called metonymy. 언론매체를 '프레스'라고 말하거나, 고된 노동을 '땀'이라고 말하는 것도 환유라고 할 수 있다.

✚
jitter [dʒˈɪtər] 불안해하다.
substitute [sˈʌbstɪtuːt] 대체하다.

MORPH

Greek

shape 모양

amorphous

[əmˈɔːrfəs]

Adjective

● 일정한 모양이나 형태가 없는.

Picking up an amorphous lump of clay, she molded it swiftly into a rough human shape.

특별한 형태가 없는 진흙 한 덩어리를 집어 들어 사람 모양으로 빠르게 빚었다.

■

According to the Greek myths, the world began in an amorphous state.

그리스의 창조신화에 따르면 세상은 무정형의 상태에서 시작했다.

Most of us have had nightmares that consist mostly of just a looming amorphous but terrifying thing.

우리는 대개 어렴풋하고 형체가 없는 것들이 스멀스멀 다가오는 악몽을 꾸기도 한다.

A new word may appear to name a previously amorphous group of people.

이전에는 전혀 구별되지 않던 집단을 지칭하기 위해 새로운 단어가 생겨나기도 한다. 1983년 등장한 yuppie, 1989년 등장한 X세대 같은 말이 대표적인 예다.

어떤 계획을 amorphous plan이라고 일컫는다면, 세부적인 실천사항이 없다고 비판하는 것이다.

The job description seemed a bit amorphous, and she wondered what she would really be doing.

직무설명이 두리뭉실한 듯 보였기에 그녀는 자신이 진짜 해야 하는 일이 무엇인지 궁금했다.

✦

yuppie [jˈʌpi] 1940-50년대 출생한 미국인으로 suburb나 exurb에 거주하며 전문직에 종사하는 부유한 젊은 엘리트들.

anthropomorphic

[ˌænθrəpəmˈɔːrfɪk]

adjective

● 인간의 형상을 띤. 의인화된.
● 비인간 사물이 인간의 특성을 갖는.

The old, diseased tree had always been like a companion to her, though she didn't really approve of such anthropomorphic feelings.

늙고 병든 나무는 늘 그녀 곁을 지켜주었지만, 그녀는 그 나무를 인간처럼 대한다고 생각하지는 않았다.

■

anthrop(human being)+morph(shape)이 결합한 anthropomorphic은 기본적으로 '인간의 형상을 한'이라는 뜻이지만, 정반대로 겉모양과 무관하게 '인간처럼 행동하는 것'을 의미할 때도 많다.

Greek and Roman gods are anthropomorphic(=human in appearance).

그리스와 로마의 신들은 인간의 형상을 하고 있다.

anthropomorphic cup 인간의 모습을 본 따서 만든 컵.

The animal characters in Aesop's fables are anthropomorphic.

이솝우화에 나오는 동물들은 사람처럼 행동한다.

손에 닿지 않아 딸 수 없는 포도를 보면서 '신 포도일 뿐'이라고 정당화하는 여우는 겉모습은 비록 인간과 다르지만 인간처럼 느끼고 생각한다.

Mula won his Emmy in 1991 for his art direction on *Dinosaurs*, an ABC comedy about a family of anthropomorphic creatures.

뮬라는 1991년, 사람처럼 말하고 행동하는 공룡가족 이야기를 담은 ABC방송의 코미디 《다이나소어》로 미술감독 부문 에미상을 받았다.

✦

anthropomorphism [ˌænθrəpəmˈɔːrfɪzəm] 의인화.

morph는 영어에서 사용되기 시작한 지 100년도 되지 않는 새로운 단어다.
상상조차 할 수 없었던 방식으로 이미지나 모형을 변형하거나 움직이는 디지털기술이 등장하면서
일상적인 용어로 쓰이기 시작했다.

metamorphosis

[mˌetəmˈɔːrfəsɪs]

noun

- 변신. 초자연적으로 발생한 물리적 변화.
- 변태. 출산/부화 후 일어나는 발달상 변화.

Day by day the class watched the gradual metamorphosis of the tadpoles into frogs.

날마다 학급생들은 올챙이가 개구리로 서서히 변태하는 모습을 관찰했다.

■

Many ancient myths end in a metamorphosis.
고대의 신화들은 대개 변신으로 이야기를 끝맺는다.
Apollo에게 쫓기던 요정 Daphne를 구하기 위해 강의 신은 그녀를 월계수로 변신시킨다. 질투심에 가득 찬 Athena는 베 짜는 솜씨가 뛰어난 여인 Arachne를 거미로 변신시켜 평생 거미줄만 짓도록 한다.
Natural substances may also metamorphose, or undergo metamorphosis. 자연적인 물질들도 변신한다.
예컨대 작은 유기체들이 수천 년에 걸쳐 열과 압력을 받아 석유/석탄으로 변하고, 석탄이 다이아몬드로 변하는 것도 metamorphosis다.
The most beloved of natural metamorphoses is probably the transformation of caterpillars into butterflies.
우리가 가장 좋아하는 자연의 변신이야기는 애벌레가 나비로 변하는 '변태'일 것이다. **복수형을 눈여겨보라.**
This marble was limestone before it underwent metamorphosis.
이 대리석은 석회암이 변성되어 발생한 암석이다.

✦
tadpole [tˈædpoʊl] 올챙이.
metamorphose [mˌetəmˈɔːrfoʊz] 변태하다, 변성하다.

morphology

[mɔːrfˈɒlədʒi]

noun

- 형태학. 동식물의 구조와 형태를 연구하는 학문.
- 형태론. 단어의 형성을 연구하는 학문.

The morphology of the mouthparts of the different mayfly species turns out to be closely related to what they feed on and their methods of eating.

다양한 하루살이들의 주둥이 형태를 연구해보면, 먹이와 먹는 방법에 따라 주둥이 형태가 달라진다는 것을 알 수 있다.

■

생물학 분야에서 morphology는 유기체의 모양과 배열을 연구함으로써, 그들의 기능, 발달, 진화과정을 밝혀내는 '형태학'을 의미한다. 형태학은 생물종을 분류할 때 중요한 역할을 한다.
언어학에서 morphology는 단어가 어디서 유래했는지, 왜 현재 모습이 되었는지 연구하는 분야로 '형태론'이라고 부른다.
천문학, 지질학 등 다른 과학에도 morphology가 있는데, 이들도 모두 '형상'에 초점을 맞춘 접근방법을 일컫는다.
He had written his senior thesis on the morphology of a species of dragonfly.
그는 잠자리 한 종의 형태학에 관한 졸업논문을 썼다.

✦
mayfly [mˈeɪflaɪ] 하루살이.
morphological [mɔːrfˈɒlədʒikəl] 형태학적.
loom [lˈuːm] 거대한 형체가 불쑥 다가오다.

DI DUP

Greek/ Latin
two

dichotomy
[daɪkˈɒtəmi]

noun

● 2분법.
● 두개로 쪼개짐.

Already in her first job, she noticed a dichotomy between the theories she'd been taught in college and the realities of professional life.

첫 번째 직장에서 이미 그녀는 자신이 대학에서 배운 이론과 직장이라는 현실 사이의 괴리를 목격했다.

■

In the modern world there's a dichotomy between fast and intense big-city life and the slower and more relaxed life in the country.
오늘날 세상은 빠르고 치열한 대도시의 삶과 느리고 한가로운 시골의 삶으로 양분되어 있다.
하지만 이러한 dichotomy는 전혀 새삼스러운 것이 아니다. 고대로마의 시인 호라티우스는 기원전 1세기에 이미 이러한 2분화된 사회에 대한 불평을 쏟아냈다.
There's the dichotomy between wealth and poverty, between the policies of the leading political parties, between a government's words and its actions.
부유층과 빈곤층 사이의 괴리, 주요 정당들의 정책적 괴리, 정부의 약속과 행동 사이의 괴리는 영원히 해결되지 않는 이분법적 세계다.
무엇보다도 우리는 늘, 지금 이 순간 가장 큰 행복을 주는 행동과 성숙하고 분별있는 행동이 대립하는 dichotomy 속에서 고뇌한다.
Democracies must always deal with the difficult dichotomy between individual liberties and social order.
민주주의는 늘 개인의 자유와 사회질서 사이의 난해한 2분법을 조율해야 한다.

dimorphic
[daɪmˈɔrfɪk]

adjective

● 두 가지 형태로 발현되는.

One of a birder's challenges is identifying birds of the less colorful sex in dimorphic species.

야생조류를 관찰할 때 어려운 일 중 하나는, 암수가 다르게 생긴 종에서 덜 화려한 성별의 새를 알아보는 것이다.

■

di(two)+morph(shape)가 결합한 dimorphic은 '2가지 형상을 가진'이란 말로 생물학에서 자주 쓰인다. 포유류의 경우, 수컷은 대체로 암컷보다 덩치가 크기만 할 뿐 다른 뚜렷한 차이점은 없다. 하지만 새의 경우, 암컷과 수컷의 외모는 눈에 띌 정도로 다른 경우가 많은데, 이것을 dimorphism이라고 한다.
Among pheasants, mallards, cardinals, or peacocks, the males are more colorful.
꿩, 청둥오리, 홍관조, 공작새의 경우, 수컷이 암컷보다 훨씬 화려하다.
The golden orb-weaver spider is spectacularly dimorphic. 무당거미는 놀라울 정도로 이형발달을 한다.
암컷은 수컷보다 20배 정도 몸집이 크며, 교미 중에 수컷을 잡아먹는다.
Parrots are strikingly dimorphic, unlike canaries, in which you can't tell the sexes apart until the male starts singing.
앵무새는 놀라울 정도로 이형발달을 하는데, 그에 반해 카나리아는 수컷이 노래하기 전까지는 암수조차 가리기 힘들 정도로 똑같다.

+

pheasant [fˈezənt] 꿩.
mallard [mˈælɑrd] 청둥오리.

duel은 두 사람이 싸우는 것으로 '결투'를 의미한다. duplicate는 똑같이 복사한 복제본이다.
두 사람이 짝을 이뤄 노래를 부르는 것을 duet이라고 하고 이들을 duo라고 일컫는다.
dual citizenship은 동시에 두 나라에 속하는 '이중국적'을 의미한다.

duplex
[dʹuːpleks]

adjective

● 두 부분으로 이루어진.

duplicity
[duːplʹɪsɪti]

noun

● 속임수. 표리부동.

The upper floor of their splendid duplex apartment had a panoramic view of Paradise Park.
그들이 사는 멋진 복층아파트의 위층에서는 파라다이스 파크 전경을 볼 수 있다.

By the time Jackie's duplicity in the whole matter had come to light, she had left town, leaving no forwarding address.
그 일 전반에서 이중성이 낱낱이 드러나자, 재키는 우편물을 전달받을 주소도 남기지 않고 마을을 떠났다.

■

duplex는 대개 명사로 사용되는데, 기술분야에 따라 다양한 의미로 사용될 수 있다.
A duplex can be either a two-family house or a two-story apartment.
일상적으로 duplex는 두 가구가 생활할 수 있는 주택, 또는 복층아파트를 의미한다.
컴퓨터공학과 통신에서 duplex communication은 동시에 양방향으로 신호를 보낼 수 있는 것을 의미하는 반면 half-duplex communication은 한 번에 한 방향으로만 신호를 보낼 수 있다. (half-duplex와 짝을 맞추기 위해 duplex를 full-duplex라고 표기하기도 한다.)
duplex가 나오면 일단 double로 번역해서 문맥을 추론해보라. 문맥에 맞지 않는다면 전문용어일 확률이 높다.
They shared the modest duplex with another family of four, who they often met when going in and out.
싸구려 2층집을 식구가 넷인 가족과 함께 썼는데, 나가고 들어올 때 자주 마주쳤다.
The duplex was roomy, but a great deal of noise came through the wall separating them from the other family.
2가구 주택은 널찍했지만, 두 집을 가르는 벽 너머로 상당한 소음이 들려왔다.

■

The Greek god Zeus often resorted to duplicity to get what he wanted. 그리스의 신 제우스는 자신이 원하는 것을 얻기 위해 자주 속임수를 썼다.
물론 그가 원하는 것은 거의 예외없이 예쁜 여자였다.
Zeus' duplicity usually involved a disguise.
제우스의 속임수는 대개 변신술로 나타난다.
Leda를 꼬실 때는 백조로 변신하고, 에우로파를 납치하여 강간할 때는 황소로 변신한다.
Sometimes Zeus had to be duplicitous to get around his wife, Hera. 아내 헤라에게 부정한 현장을 들키지 않기 위해 제우스는 사기를 치기도 한다.
Io(이오)와 밀애를 나누다 헤라에게 들킬 위기에 처하자, 제우스는 이오를 암소로 만들어버린다. 이오는 암소가 된 상태로 쫓겨 다니던 중 제우스의 딸을 낳는다. 불쌍한 이오.
A liar's duplicity usually catches up with him sooner or later.
거짓말장이의 표리부동은 대부분 언젠가는 드러나게 마련이다.

✛
duplicitous [duːplʹɪsɪtəs] 사기치는.
modest [mɑ́dist] 검소한, 저렴한.
catch up with sb 숨기고 싶은 과오가 탄로나다.

CUR

Latin curare
to care for 돌보다

curative
[kjˈʊərətɪv]

adjective
● 치유효능이 있는.

curator
[kjʊrˈeɪtər]

noun
● 큐레이터.

As soon as the antibiotic entered his system, he imagined he could begin to feel its curative effects.

항생제가 체내로 흡수되자마자 약효를 곧바로 느낄 수 있을 것이라고 상상했다.

In recent decades, zoo curators have tried to make the animals' surroundings more and more like their natural homes.

최근 수십 년 동안, 동물원 큐레이터들은 동물의 환경을 그들의 원래 서식지과 비슷하게 만들기 위해 노력해왔다.

■

Medical researchers are finding curative substances in places that surprise them.
오늘날 의학연구자들은 뜻밖의 장소에서 치료물질을 찾아내고 있다.
Aspirin's main ingredient came from willow bark and Taxol, a drug used in treating several cancers, was originally extracted from the bark of a yew tree.
아스피린의 주재료는 버드나무 껍질에서 왔다. 몇몇 암을 치료하는 약재 택솔 역시 주목의 껍질에서 처음 추출한 것이다.
The curative properties of these natural drugs are today duplicated in the laboratory.
이러한 천연약재의 치료속성은 오늘날 실험실에서 복제되고 있다.
The curative benefits of antibiotics have saved many lives.
항생제의 치유효능은 무수한 생명을 구했다.

■

curator는 미술관뿐만 아니라 박물관, 동물원 등 다양한 곳에서 전시관련업무를 하는 사람이다.
Curatorial duties include acquiring new artworks, caring for and repairing objects already owned, discovering frauds and counterfeits, lending artworks to other museums, and mounting exhibitions of everything from Greek sculpture to 20th-century clothing.
큐레이터가 하는 일로는, 새로운 작품을 확보하고, 보유한 작품들을 보전하고 수리하고, 위조품과 모조품을 찾아내고, 작품을 다른 전시관에 대여하고, 고대그리스의 조각부터 20세기 의복까지 다양한 전시를 기획하는 일이 있다.
In a good-sized art museum, each curator is generally responsible for a single department or collection.
규모가 있는 미술관에서는 일반적으로 분야별, 주제별로 큐레이터가 따로 있다.

✚
willow [wˈɪloʊ] = willow tree
yew [jˈuː] =yew tree

✚
curatorial [kjˌʊərətˈɔːriəl] 큐레이터의.
fraud [frˈɔːd] 가짜, 사기, 기만.
counterfeit [kˈaʊntərfɪt] 위조품, 위조의, 위조하다.
mount an exhibition 전시를 기획하다/개최하다.

'치료하다'라는 뜻의 cure가 여기서 나왔다.
manicure는 손을 돌보는 것이고 pedicure는 발을 돌보는 것이다.

procure

[prəkjˈʊər]

verb

● 획득하다.

Investigators were looking into the question of how the governor had procured such a huge loan at such a favorable rate.

조사관들은 주지사가 어떻게 그렇게 유리한 이율로 그렇게 큰 대출을 받을 수 있었는지 따졌다.

■

procure는 기본적으로 obtain과 같은 뜻이지만, 그 과정에 어느 정도 노력을 들이거나 형식적인 절차를 밟았다는 의미를 내포한다.
In many business offices, a particular person is responsible for procuring supplies.
기업에는 대개 보급품을 조달하는 담당자가 있다.
Government agencies have formal procurement policies.
정부기관에는 공식적인 조달정책이 있다.
He procured girls of 16 and 17 to be mistresses for his influential friends.
자신의 영향력있는 친구를 위해 섹스파트너로 16-17살 여자아이들을 알선해주었다.
procure sth for sb는 '―를 위해 ―을 구해주다'라는 뜻인데, something에 여자가 들어가는 경우 '매춘부를 알선하다'라는 뜻이 된다.
We asked our purchasing manager to procure new chairs for the office.
구매과장에게 사무실에서 쓸 새로운 의자를 마련해달라고 요구했다.

✦
mistress [mˈɪstrəs] 내연녀.

sinecure

[sˈɪnɪkjʊər]

noun

● 조금만 일해도 상당한 급여를 지급하는 직무.

The job of Dean of Students at any college is no sinecure; the hours can be long and the work draining.

어느 대학에서나 학생처장 직무는 전혀 꿀보직이 아니다. 근무시간은 길고 일은 고되다.

■

sine(without)+cure(care)가 결합한 sinecure는 '배려가 없는'이라는 뜻이다.
In some countries, the government in power may be free to award sinecure positions to their valued supporters.
몇몇 나라에서는 실권을 가진 정부가 자신들의 유력한 지지자들에게 알짜배기 직책을 보상처럼 자기들 맘대로 나눠주기도 한다.
The positions occupied by British royalty are called sinecures by some people.
영국왕실이 아무것도 하는 일 없이 특권만 누린다고 비판하는 사람도 있다. 하지만 반대로, 영국왕실이 다양한 공공서비스, 자선활동, 의전을 수행하고 있으며, 세계에서 영국의 위상을 높이기 위해 노력한다는 점을 인정해야 한다고 주장하는 사람도 있다.
The job turned out to be a sinecure, and no one cared if he played golf twice a week.
그 일은 꿀보직으로 판명났다. 주중에 두 번 골프를 치러 나가도 아무도 신경쓰지 않았다.

✦
drain [drˈeɪn] 물을 빼다, 진을 빼다.
royalty [rˈɔɪəlti] 왕족, 인세, 특허사용료.

MAND

Latin **mandare**
to entrust 위임하다
to order 명령하다

mandate

[mˈændeɪt]

noun

● 법적 명령. 공식적인 명령.
● 대표자에게 위임한 권한.

The new president claimed his landslide victory was a mandate from the voters to end the war.

신임대통령은 자신의 압승이 전쟁을 끝내라는 유권자의 명령이라고 주장했다.

■

A mandate from a leader is a command you can't refuse.

통수권자의 mandate는 거부할 수 없는 명령이다.

mandate는 personal command와는 차원이 다르다. mandate는 개인이 아니라 법률이나 투표 등 제도적인 절차에 의해 뒷받침되기 때문이다.

The Clean Air Act was a mandate from Congress to clean up air pollution.

CAA는 대기오염을 정화하라는 의회의 명령이다.

The Clean Air Act mandated new restrictions on air pollution.

CAA는 대기오염에 대한 새로운 규제를 명령한다.

이처럼 mandate는 동사로도 사용된다.

Elections are often interpreted as mandates from the public for certain kinds of action.

선거결과는 특정한 조치를 취하라는 대중의 명령으로 흔히 해석된다. 물론 정치인들이 자신의 입맛에 맞게 선거결과를 해석할 위험은 늘 존재한다.

✚
landslide [lˈændslaɪd] 산사태, 압도적 승리.

mandatory

[mˈændətɔːri]

adjective

● 의무적인. 법적으로 반드시 해야 하는.

If attendance at the meeting hadn't been mandatory, she would have just gone home.

회의에 참석하는 것이 법적인 의무가 아니었다면 그냥 집에 갔을 것이다.

■

Crash helmets are mandatory for motorcyclists.

오토바이를 탈 때 헬멧을 반드시 써야 한다.

법, 규칙, 규정의 형태로 제시되는 mandate를 따르는 것을 mandatory라고 묘사한다. mandatory가 붙는 행동을 어기면 mandatory punishment를 받을 수 있다.

mandatory seat belts 반드시 매야 하는 안전벨트.

안전벨트 착용의무를 지키지 않으면 벌금을 물을 수 있다.

mandatory inspections 의무적인 정기감사.

mandatory prison sentences

특정한 범죄에 대해서 반드시 선고해야 하는 징역형.

mandatory retirement 의무적인 정년퇴직.

한때 65살이 되면 정년퇴직을 해야 한다고 법으로 정해져 있기도 했다. 물론 지금은 사라졌다.

The session on business ethics is mandatory for all employees.

기업윤리는 모든 직원이 이수해야 하는 필수세션이다.

✚
mandate [mˈændeɪt] 명령.

command는 '명령'이다.
commandment 역시 명령을 의미하지만, 대개 '신의 명령'을 일컫는다.
commando unit는 특수한 군사작전명령을 수행하는 '특공대'다.

commandeer

[kˌɒmənd'ɪər]

verb

● 징발하다. 군사적 목적으로 강제로 점유하다.

No sooner had they started their meeting than the boss showed up and commandeered the conference room.

회의를 시작하자마자 사장이 나타나서 회의실을 써야 한다며 그들을 쫓아내버렸다.

■

Military forces have always had the power to commandeer houses.

군대는 필요시 언제든 민간인의 음식, 집기, 가축은 물론 주택까지 거의 모든 것을 징발할 권한을 가지고 있다.

My father commandeered the car just when I was about to take it out for the evening.

저녁 데이트에 자동차를 가지고 나가려 할 때, 아버지가 나타나 자동차를 빼앗아가 버렸다.

The teacher commandeered her cell phone as she was texting in the middle of class.

수업시간에 문자메시지를 보내다 들켜 선생님이 휴대전화를 압수했다.

His older sister commandeered the TV remote to watch some lousy dancing competition.

형편없는 쇼프로그램을 봐야 한다며 누나가 TV리모콘을 빼앗아갔다.

A group of four gunmen tried to commandeer the jet soon after takeoff.

무장한 네 명의 강도가 이륙하자마자 항공기를 탈취하려고 했다.

✛
command [kəmm'ænd] 명령하다. 통솔하다.

remand

[rɪm'ænd]

verb

● 하급법정으로 사건을 되돌려보내다.
● 추후 재판이 있을 때까지 구치소로 돌려보내다.

The state supreme court had remanded the case to the superior court, instructing it to consider the new evidence.

주 대법원은 그 사건을 일반법원으로 돌려보내면서 새로운 증거를 참고하여 다시 판결하라고 지시했다.

■

remand는 기본적으로 order back 또는 send back이라는 뜻으로 오늘날 법률분야에서만 사용된다.

If the higher court looks at the case and sees that the lower court made certain kinds of errors, it will simply remand it.

상급법원은 하급법원에서 올라온 사건을 검토한 뒤, 재판에 문제가 있다고 판단하는 경우 재판을 진행하지 않고 사건을 하급법원으로 다시 돌려보낸다.

The two men were charged with burglary and remanded in custody.

두 남자는 절도혐의로 기소되어 구치소에 수감되었다.

She was remanded on bail.

그녀는 보석금을 내고 다음 재판 때까지 방면되었다.

He is currently being held on remand.

그는 현재 구치소에 갇혀 있다.

구치소는 재판이 진행중이거나 처벌이 확정되지 않은 피의자들을 가두어 두는 곳이다. 이에 반해 교도소는 형이 확정된 사람들을 가두어 두는 곳이다.

✛
custody [kʌstədi] 구류, 감금.
on bail [b'eɪl] 보석금을 내는 조건으로.

PART

bipartite
[baɪpˈɑːrtaɪt]

adjective
- 두 부분으로 된.
- 둘로 나뉘어진.

The report is a bipartite document, and all the important findings are in the second section.

이 보고서는 두 부분으로 되어있는데, 중요한 연구결과는 모두 두 번째 섹션에 실려 있다.

■

대개 전문용어로 쓰이는 bipartite는 의학과 생물학에서 자주 볼 수 있다.
bipartite patella는 둘로 나뉘어진 무릎뼈로, 많은 이들이 타고나는 기형이다.
bipartite life cycle은 뚜렷이 구분되는 두 가지 형태의 생명주기를 의미한다. 예컨대 velella(벨렐라)라고 하는 생명체는 어릴 적에는 수 천개가 군집을 이뤄 바닷물표면을 떠다니며 살다가, 어느 정도 시간이 지나면 해파리로 변태하여 새로운 삶을 산다.

✛
bipartite patella [pətˈelə] 2분슬개골.

impartial
[ɪmpˈɑːrʃəl]

adjective
- 공평한(fair). 편파적이거나 치우치지 않은.

Representatives of labor and management agreed to have the matter decided by an impartial third party.

노사대표는 공정한 제3자가 이 사안을 결정하도록 위임하는 데 합의했다.

■

He's partial to sporty women with blue eyes.
그는 파란 눈의 탄탄한 몸매의 여성을 보면 정신을 못차린다.
I'm very partial to cream cakes.
나는 크림케이크라면 사족을 못 쓴다.
partial to/toward sb or sth은 다소 편파적으로 좋아한다는 말이다. 편파적이라는 것은 전체그림에서 일부만 본다는 뜻이다. impartial은 partial과 정반대 의미다.
The United Nations sends impartial observers to monitor elections in troubled countries.
UN은 문제가 발생한 국가의 선거를 감시하기 위해 중립적인 참관인들을 파견한다.
We hope judges and juries will be impartial when they hand down verdicts.
평결을 내릴 때 판사와 배심원이 공정할 것이라고 기대한다.
Grandparents aren't expected to be impartial when describing their new grandchild.
새로 태어난 손주를 자랑하는 할아버지들에게 냉정하기를 기대할 수는 없을 것이다.

✛
partial [pˈɑːrʃəl] 일부분의, 편파적인.
hand down 판결/결정을 내리다.
verdict [vˈɜːrdɪkt] 평결, 판단.

part는 스펠링 그대로 영어에서 사용한다. apartment는 큰 건물을 조각조각 분할하여 만든 집이다(part away). compartment는 전체공간(열차)을 구획하여 만든 '칸막이 객실'을 의미한다. particle은 전체를 잘게 쪼갠 '입자'를 의미한다.

participle
[pˈɑːrtɪsɪpəl]

noun
● 분사.

In the phrase "the crying child," "crying" is a present participle; in "satisfaction guaranteed," "guaranteed" is a past participle.

the crying child라는 구에서 crying은 현재분사이고, satisfaction guaranteed에서 guaranteed는 과거분사다.

■

The eight parts of speech—
noun, pronoun, verb, adjective, adverb, preposition, conjunction, interjection
문장 안에서 단어가 작동하는 방식에 따라 분류한 것을 part라고 한다. 이것을 '품사'라고 부른다.
Principal parts of English verbs—
영어 동사 역시 기능에 따라 다음 네가지 part로 분류할 수 있다.
—infinitive 부정사. to move, to speak
—past tense 과거시제. moved, spoke
—past participle 과거분사. moved, spoken
—present participle 현재분사. moving, speaking
여기서 participle은 part(부분)+ciple(조각)이 결합한 단어로 part를 쪼갠 더 작은 조각을 일컫는다. 영어동사의 participle은 동사로도 형용사로도 활용할 수 있다.
—past participle: the 'spoken' word,
—present participle: a 'moving' experience
Dangling participle—
Climbing the mountain, the cabin came in view.
이 문장은 문법적으로 잘못된 문장인데, climbing이라는 행위의 주인이 문장의 주어 cabin이 아니기 (또는 climbing이라는 형용사가 cabin을 수식하지 않기) 때문이다. 이것은 원어민들도 글을 쓰면서 자주 저지르는 문법오류로, dangling participle이라고 한다.

partisan
[pˈɑːrtɪzən]

noun
● 특정 이념이나 집단을 열렬히 지지하는 사람.
● 빨치산 게릴라.

Throughout his career on the Supreme Court, he had been a forthright partisan of the cause of free speech.

대법관으로 재직하는 동안, 그는 언론의 자유라는 대의를 열렬히 옹호하는 사람이었다.

■

partisan은 특정 분파나 정당을 지지하는 사람으로, 가끔은 정부군에 맞서는 게릴라전사들처럼 군사적인 행동을 하는 경우도 있다.
You are too partisan.
You seem to practice partisan politics.
partisan은 이렇게 형용사로도 쓸 수 있다. 자신의 정당을 지나치게 옹호하고 상대방 정당을 공격하는 데 혈안이 되어 있다는 비난의 의미가 담겨있다.

✛
forthright [fˈɔːrθraɪt] 숨김없이, 대놓고.
dangle [dˈæŋgəl] 매달리다.

BI | BIN

Greek/ Latin
two. double 두 배

bipartisan
[baɪpˈɑːrtɪzən]

adjective
- 양당이 모두 참여하는.

The president named a **bipartisan commission** of three Republicans and three Democrats to look into the issue.
대통령은 문제를 조사하기 위해 공화당 의원 세 명과 민주당 의원 세 명으로 구성된 초당적 위원회를 임명했다.

■

partisan은 기본적으로 '어떤 당에 속하는'이라는 뜻이므로 bipartisan은 두 당에 속한다는 뜻이다.
In a two-party system of government, legislation often must have some **bipartisan support** in order to pass into law.
양당제 정부에서 입법부가 법안을 통과시키기 위해서는 대개 두 당의 지지를 받아야 한다.
물론 헌법으로 두 당만 허용한다고 규정하는 나라는 거의 없지만, 많은 나라들이 양당제로 운영되고 있다.
Bipartisan committees review legislation, compromising on some points and removing or adding others in order to make the bill more agreeable to both parties.
두 당이 함께 구성한 위원회는 법률을 검토하면서, 두 당 모두 수용할 수 있는 법안을 만들기 위해 어떤 부분에서는 절충하고 어떤 부분은 삭제하고 어떤 부분은 추가한다.
We need a **bipartisan approach** to educational reform. 교육개혁을 위한 초당적인 접근이 필요하다.

✚
partisan [pˈɑːrtɪzən] 빨치산(민간인 출신의 무장세력). 당의 이념을 지지하는.

binary
[bˈaɪnəri]

adjective
- 두 개로 이루어진.

noun
- 2진법.

The Milky Way contains numerous **binary stars**, each consisting of two stars orbiting each other.
은하수는 서로 공전하는 두 개의 별로 이루어진 수많은 쌍성으로 이루어진다.

■

binary는 여러 분야에서 전문용어로 사용된다.
All computer software is written in **binary code**, which uses only two digits, 0 and 1.
컴퓨터 소프트웨어는 모두 0과 1만 사용하는 2진코드로 이루어져 있다.
0은 off(low-voltage impulse)를 의미하고 1은 on(high-voltage impulse)을 의미한다.
예컨대 'HELLO'라는 단어는 1001000 1000101 1001100 1001100 1001111라는 binary code가 모니터상에 출력된 것이다.
The machine does the calculations in **binary**.
이 기계는 2진법으로 계산한다.
At the very heart of the computer revolution was the **binary number system**.
컴퓨터혁명의 핵심에 바로 2진법이 있다.
The computer works by making choices between **binary opposites**.
컴퓨터는 대립쌍 사이에서 선택을 함으로써 작동한다.

✚
bisect [bˈaɪsˌekt] 둘로 가르다.
A highway built through the middle of a neighborhood *bisects* it into two pieces.
고속도로가 가로지러 건설된 뒤 그 지역은 반으로 쪼개졌다.

bicycle은 바퀴가 두 개인 자전거다.
binocular는 작은 망원경이 두 개 붙어 있는 '쌍안경'이다.
bigamy는 동시에 두 명과 결혼하는 '중혼'으로 결혼과 동시에 감옥에 갈 확률이 높다.

biennial
[baɪˈeniəl]

adjective
- 2년에 한 번의.

noun
- 두해살이풀.

The great biennial show of new art in Venice usually either puzzles or angers the critics.

베니스에서 2년에 한 번씩 열리는 큰 규모의 뉴아트쇼는 비평가들을 당황스럽거나 화나게 만든다.

■

bi(two)+enn(year)가 결합한 biennial은 2년에 한 번 열린다는 뜻이다.
유명한 국제미술전에는 대개 '비엔날레'라는 말이 붙는데, biennale는 biennial의 이탈리아어로 2년마다 열린다는 뜻이다.

Biennials are plants that live two years, bearing flowers and fruit only in the second year.

biennial은 명사로 '두해살이 풀'을 일컫는데, 이들은 2번째 되는 해에 꽃과 열매를 맺는다. 당근, 사탕무(sugar beet)가 대표적인 biennial이다. 하지만 우리는 이 식물들의 뿌리를 얻는 데에만 관심이 있기 때문에 꽃과 열매가 열리기 전에 먼저 뽑아 먹는다. (그래서 꽃과 열매를 본 적이 없을 것이다.)
semiannual은 semi(half)+ann(year)가 결합한 것으로 '1년에 두 번'을 의미한다.
하지만 biweekly가 '1주일에 두 번'인지 '2주에 한 번'인지, bimonthly가 '한 달에 두 번'인지 '두 달에 한 번'인지는 불분명하다. 사람마다 다른 의미로 사용할 수 있으니 이 두 단어는 조심해서 쓰거나 쓰지 않는 것이 좋다.

✛
semiannual [ˌsɛmiˈænjuəl] 1년에 두 번.
biweekly [bˌaɪˈwiːklɪ] 격주로, 1주일에 두 번(=semiweekly).
bimonthly [bˌaɪˈmʌnθlɪ] 격월로, 한달에 두 번 (=semimonthly).

bipolar
[baɪpˈoʊlər]

adjective
- 양극이 있는.

Our bipolar Earth spins on an axis that extends between the North and South Poles.

양극이 있는 우리 지구는 북극과 남극을 연결하는 축을 중심으로 회전한다.

■

Magnets are always bipolar: one pole attracts and the other repels or drives away.

자석에는 예외없이 양극이 있다. 한 극은 끌어당기고 한 극은 밀어낸다.

The Cold War arms race was bipolar.

냉전시대의 무기경쟁에도 양극이 있었다.

미국과 소비에트연방이라는 두 강대국이 서로 밀고당겼기 때문이다.

Bipolar disorder is the newer name of what used to be called manic-depressive illness.

예전에 '조울병'이라고 하던 질병을 지금은 '양극성장애'라고 부른다. 오늘날 bipolar라는 단어가 대중화된 것은 바로 이 정신병 때문이다. 우울증이 깊어지면 극단적인 조증상태(manic pole)와 극단적인 우울상태(depressive pole) 사이를 오락가락하여서 이러한 이름이 붙었다.

bipolar disorder는 매우 심각한 질병이기는 하지만, 리튬을 복용하여 제어할 수 있다.

Powerful drugs like lithium are often prescribed for bipolar depression.

리튬과 같은 강력한 약물은 주로 양극성 우울증에 처방한다.

✛
manic [mˈænɪk] 들뜨고 활기차고 조바심내는.

AUTO AUT

Greek

same 동일한
self 자신의

automaton

[ɔːtˈɒmətən]

noun
- 로봇. 자동으로 움직이는 기계.
- 기계적으로 행동하는 사람.

The work he used to do as a welder in the assembly plant has been taken over by a sophisticated automaton designed overseas.

조립공장에서 용접기사로서 그가 했던 작업은 이제 해외에서 제작된 첨단로봇이 수행하고 있다.

■

automata라는 복수형으로 더 많이 사용되는 automaton은 '자동기계'라는 뜻으로, 지금은 대개 '로봇'이라고 부른다.
The idea of the automaton has fascinated people for many centuries.
오토마타는 오래 전부터 인류를 매료시킨 개념이었다.
949년 비잔틴제국의 궁정을 방문한 사람에 따르면 기계 새들이 금으로 된 나무에 앉아서 노래를 부르고, 기계 사자들이 옥좌 양 옆에서 으르렁거리며 거대한 꼬리를 흔들며 앉아 있었는데, 황제가 앉아 있는 옥좌가 갑자기 높은 천장을 향해서 솟아올랐다가 천천히 내려오니 그 사이에 황제는 새로운 예복으로 갈아입고 있었다고 한다.
초기 automata는 물, 증기, 무거운 추 같은 것을 이용해 움직였다. 오늘날 automata는 자동차를 만들 때는 물론 훨씬 작은 전자기기를 만들 때도 사용된다.

✚

automata [ɔːtˈɒmətə] automaton의 복수형.
weld [wˈeld] 용접하다.

autoimmune

[ˌɔːtoʊɪˈmjuːn]

adjective
- 자가면역의.

His doctors suspected that the strange combination of symptoms might be those of an autoimmune disease.

주치의는 여러 증상이 기묘하게 결합되어 나타나는 것이 자가면역질환 증상일지 모른다고 추측했다.

■

antibody는 원치 않는 박테리아, 바이러스, 암세포로부터 몸을 보호하는 기능을 하는 혈액 속 단백질로 '항(anti)체(body)'라고 번역한다. 건강한 신체는 다양한 antibody를 만들어 낸다.
immune system 면역체계. 감염에 대응하는 세포와 기관.
autoimmune disease 자가면역질환. 다양한 이유로 antibody가 과다활성화되어 건강한 조직을 공격하는 증상. 자기 자신을 향해 immune response(면역반응)을 보이는 현상이다.
More than eighty autoimmune diseases have been identified, the best-known being type 1 diabetes, multiple sclerosis, lupus, and rheumatoid arthritis.
현재까지 80여 가지 자가면역질병이 발견되었는데, 가장 유명한 것으로는 제1형 당뇨병, 다발성 경화증, 낭창, 류머티즘 관절염이 있다.

✚

autoimmunization 자기면역화.
diabetes [dˌaɪəbˈiːtɪz] 당뇨병.
sclerosis [sklərˈoʊsɪs] 경화증. 몸의 특정 부위가 굳는 현상.
lupus [lˈuːpəs] 낭창. 피부결핵.
rheumatoid arthritis [rˈuːmətɔɪd ɑːrθrˈaɪtɪs] 류머티즘 관절염.

automatic은 '스스로' 작동하며, automobile은 말이 끌지 않아도 '스스로' 움직이는 달구지다.
autograph는 자신이 직접 손을 쓴 '싸인'이며, autopsy는 자신의(auto) 눈으로(opsis) 직접 시신을 확인하는 절차로 '부검'을 의미한다.

autonomy
[ɔːˈtɑnəmi]

noun
- 자치권. 스스로 통치하는 권력이나 권리.
- 자율성. 스스로 지시할 수 있는 자유.

Though normally respectful of their son's autonomy, the Slocums drew the line at his request to take a cross-country motorcycle trip.

슬로컴즈 부부는 아들의 자율성은 일반적으로 존중하지만, 오토바이를 타고 전국일주를 하고 싶다는 요청에는 선을 그었다.

■

nomos는 그리스어로 law를 뜻한다. 따라서 autonomous는 '스스로 법을 만드는' 이라는 뜻이며 autonomy는 '스스로 법을 만들 수 있는 권한'을 뜻한다. The autonomy of individual states in the United States has posed serious constitutional questions for two centuries.
미국 주정부의 자치권은 지난 200년 간 심각한 헌법적 논란을 제기했다. 캐나다에서 프랑스어를 사용하는 퀘벡, 이스라엘의 팔레스타인 거주지역, 독립을 주장하는 러시아 일부지역에 autonomy를 어느 정도 허용할 것인가 하는 문제는 오랜 시간 국제사회의 골칫거리였다.
The autonomy of children is almost always limited by their parents.
아이들의 자치권, 즉 자율성은 대부분 부모들이 제한한다. 반대로 부모들의 autonomy 역시 노년이 되어 경제사정이 나빠지면 성인이 된 자식들에 의해 제한될 수 있다.

✛
draw the line at ―를 제한하다.
autonomous [ɔːˈtɑnəməs] 자율적인.
autonomous region 자치지역.

autism
[ˈɔːtɪzəm]

noun
- 자폐증.

She was beginning to think that her four-year-old's strange behavior and complete lack of interest in his playmates might be due to autism.

그녀는 4살 된 아들이 기이한 행동을 하고 친구에 대해 전혀 흥미를 느끼지 못하는 것을 보고 자폐증이 아닐까 의심하기 시작했다.

■

autism은 3살 이전 증상이 나타나기 시작하는데, 사회적 관계를 형성하거나 다른 사람과 의사소통하는 데 문제를 겪으며, 특정한 행동을 끝없이 반복하는 증상을 보인다. autism의 원인은 생물학적인 것으로 여겨지며, 조금은 증상이 가벼운 Asperger's syndrome과 연관이 있는 것으로 보인다. 이러한 증상은 100명 중 한 명 꼴로 나타나는데, 남자아이에게만 나타난다.
autistic children 자폐아. 일반적으로 말하기를 거부하고, 장난감에 집착하며, 변화에 격렬하게 저항하고, 이따금씩 아무 이유없이 분노를 터뜨린다. 10명 중 한 명은 어려운 피아노곡을 단 한 번 듣고 연주하거나, 교육을 전혀 받지 않고도 복잡한 기계를 수리해내는 등 놀라운 지적 능력을 발휘하기도 한다.
autism은 어른이 되면서 대부분 완화되지만, 어른이 된 뒤에도 여전히 자폐가 남는 경우가 있다. 하지만 autistic adult는 별 무리 없이 독립적인 삶을 영위할 수 있다. 일반적인 심리적 위축상태를 묘사하기 위해서 autistic을 느슨한 의미로 사용하는 경우도 있다.

✛
autistic [ɔːˈtɪstɪk] 자폐의.
Asperger's syndrome 아스퍼거증후군.

CRAC CRAT

Greek

rule 지배
power 권력

aristocrat
[ərˈɪstəkræt]

noun
- 귀족.

A **wealthy aristocrat** from a famous European family, she surprised everyone by becoming a supporter of little-known jazz musicians.

유명한 유럽의 가문의 부유한 귀족인 그녀는 거의 알려지지 않은 재즈음악가들을 후원으로써 사람들을 놀라게 했다.

■

aristos(best)+crat(power)이 결합한 aristocracy는 고대 그리스에서 지적이며 도덕적으로 탁월하여 통치자 자격이 충분한 best people이 통치하는 정치체제를 의미했다. 하지만 best의 기준은 머지않아 '부모에게서 물려받는 신분'이라는 의미로 변질되었다.
Most modern society has no formal aristocracy, but certain families have achieved an almost aristocratic status because of the wealth they've held onto for generations.

오늘날 사회에는 공식적으로 귀족이 존재하지 않지만 몇몇 가문들은 엄청난 부를 세습함으로써 귀족과 다를 바 없는 지위에 올랐다.
His parents had been London shopkeepers, but many who met him assumed from his fine manners and accent and dress that he was an aristocrat.

그의 부모님은 런던에서 상점을 운영했으나, 그를 만나는 많은 사람들은 그의 세련된 매너와 말투와 옷차림을 보고 귀족집 자제일 것이라고 생각했다.

✚

aristocracy [ˌærɪstˈɒkrəsi] 귀족, 귀족정치.

autocratic
[ˌɔːtəkrˈætɪk]

adjective
- 독재의.
- 독재자와 비슷한.

It's hard to believe that a guy who seems so nice to his friends is an **autocratic boss** who sometimes fires people just because he's in a bad mood.

친구들에게는 너무도 친절한 사람이, 기분이 나쁘다는 이유만으로 사람들을 해고하는 독재자 사장이라고는 믿기지 않는다.

■

autos(same/self)+ crat(power) 즉 자기 자신이 모든 권력을 갖는 것을 말한다. autocratic government는 모든 권력을 한 개인이 가지고 있는 정부를 말한다. 이를 autocracy라고 하는데, dictatorship과 같은 말이다.
A parent can all behave like autocrats.
독재자랑 똑같이 행동하는 부모도 있다.
—an autocratic leadership style 독재자 리더십
Her father had been harsh and autocratic, and her mother and brothers had barely opened their mouths when he was around.

그의 아버지는 거칠고 독선적이었으며, 그가 곁에 있을 때 그의 어머니와 형제들은 거의 입을 열지 않았다.

✚

autocracy [ɔːtˈɒkrəsi] 독재정치, 독재권력.
dictatorship [dɪktˈeɪtərʃɪp] 독재.

어떤 집단에 이 어근이 붙으면 그들이 '권력'을 가지고 있다는 뜻이다.
demos와 결합한 democracy는 인민이 지배하는 정치체제, theos와 결합한 theocracy는 신의 의지를 따르는
정치체제, merit와 결합한 meritocracy는 실력에 따라 권력을 분배하는 엘리트정치체제를 의미한다.

bureaucrat
[bjˈʊərəkræt]

noun
- 관료. 임명된 정부공무원.
- 복지부동 공무원.

To settle his insurance claim he had to make his way through four or five bureaucrats, every one of them with a new form to fill out.

보험금 청구업무를 진행하기 위해 관료 너댓 명을 거쳐야 했는데, 매번 서류를 처음부터 새로 작성하여야 했다.

■

프랑스어로 책상을 의미하는 bureau가 붙은 bureaucracy는 '책상에 앉아있는 사람들이 운영하는 정부'를 의미한다.
The idea of a bureaucracy is to split up the complicated task of governing a large country into smaller jobs that can be handled by specialists. 관료주의는 거대한 나라를 통치하는 복잡한 임무를 전문가들이 다룰 수 있도록 잘게 쪼개기 위해 나온 개념이다.
bureaucracy는 흔히 비효율의 대명사처럼 여겨지지만, 국가 전반에 걸쳐 발생하는 일상적인 업무를 법규에 따라 처리하는 가장 효과적인 업무처리방식이다.
bureaucratic government는 현대국가만의 전유물이 아니다. 고대 로마제국에도 거대하고 복잡한 bureaucracy가 존재했다. 하급의 bureaucrat이 상급 bureaucrat에게 보고하는 방식을 통해 황제까지 보고가 빠르게 올라갔다.
—bureaucratic red tape
　까다로운 형식과 절차가 지배하는 관료주의
—cut the red tape 관료주의를 혁파하다.

✚
bureaucracy [bjʊrˈɒkrəsi] 관료주의.

plutocracy
[pluːtˈɒkrəsi]

noun
- 금권정치. 재물로 운영되는 정부.
- 대부호 지배계급.

Theodore Roosevelt sought to limit the power held by the plutocracy of wealthy industrialists.

시어도어 루스벨트 대통령은 부유한 산업자본가들이 금권으로 휘두르는 권력을 제한하고자 했다.

■

ploutos는 그리스어로 wealth를 의미한다.
Plouton/Pluto는 모든 재물(광물자원)이 저장되어 있는 지하세계를 지배하는 신이다. 그래서 plutocracy는 돈으로 정부를 지배하는 금권정치를 의미한다.
The economic growth in the U.S. in the late 19th century produced a group of enormously wealthy plutocrats.
19세기 말 미국경제의 급격한 성장은 거대갑부들을 양산했는데, 이들은 정치적으로도 힘을 발휘했다.
예컨대 록펠러의 Standard Oil은 주요지역의 의원들을 매수하여 입법부를 통제하였는데, 실제로 1905년 오하이오와 뉴저지는 democracy가 아닌 plutocracy가 지배했다고 해도 과언이 아니다.
The country is supposedly a democracy, but it's really run as a plutocracy by about twenty extremely wealthy families.
그 나라는 민주주의를 한다고 하지만, 실질적으로는 20개 정도 되는 극도로 부유한 가문에 의한 금권정체체제로 운영되고 있다.

✚
plutocrat [plˈuːtəkræt] 재력으로 권력을 부리는 부호.

DOM

Latin *domus/dominus*
house 집
master 주인

dominion

[dəmˈɪnjən]

noun

- 영토. 통치권이 미치는 지역(domain).
- 통치. 최고의 권위.

The Roman empire had dominion over the entire Mediterranean, which the Romans called mare nostrum, "our sea."

로마제국은 지중해 전역을 지배하였는데, 로마인들은 지중해를 mare nostrum(우리 바다)이라고 불렀다.

■

dominion은 원래 지배자가 행사하는 힘을 가리키는 말이지만, dominion이 미치는 영역도 dominion이라고 부른다.

In the days of the British Empire, England had dominion over many countries throughout the world.

영국은 제국시절 전세계에 걸쳐 무수히 많은 나라의 통치권을 가지고 있었다.

어떤 나라의 '통치권'을 갖는 것은 곧 그 나라의 '영토'를 갖는 것이다.

캐나다는 19세기 영국에서 완전히 독립했음에도, 1950년대까지 공식문서에서 자신들의 국호를 The Dominion of Canada라고 썼다. '대영제국의 캐나다영토'라는 뜻이다.

dominion은 지금 잘 쓰지 않기 때문에 시사토론 같은 곳에서는 듣기 힘들다. 하지만 역사소설, 판타지 비디오게임 같은 곳에서는 자주 접할 수 있다.

+

domain [doʊmˈeɪn] 통치권, 영향력이 작동하는 영역, 영토.
public domain 공공 지적 자산.
domain name 도메인(인터넷 주소체계).

predominant

[prɪdˈɒmɪnənt]

adjective

- 우세한. 중요성/힘/영향력/권위에서 더 큰.

The predominant color of the desert landscape was a rusty brown.

사막 풍경의 주된 색은 녹이 쓴 갈색이었다.

■

The predominant theme in an essay is the main idea that the writer wants to express.

에세이의 메인주제는 작가가 표현하고자 하는 주요한 아이디어를 의미한다.

The predominant language of Switzerland is German. 스위스의 주요언어는 독일어.

The predominant cause of obesity in children is a bad diet. 소아비만의 주된 원인은 나쁜 식습관이다.

Your predominant reason for wanting a larger vocabulary may be to simply be a better-educated person.

당신이 어휘력을 키우고자 하는 주요한 이유는 당연히 '학식있는 사람이 되고 싶다'는 바람일 것이다.

물론 '풍부한 어휘력이 이성에게 호감을 높여준다'는 무수한 연구결과를 보고 이 책을 집어 들었다고 하더라도, '멋진 이성을 만나기 위해' 단어를 공부한다고 말하지는 말자. 그것은 이 책을 읽는 우리만 아는 비밀!

In older age groups women predominate because men tend to die younger.

나이가 많은 집단에서는 여자들이 훨씬 많은데, 남자들은 대부분 일찍 죽기 때문이다.

+

predominate [prɪdˈɒmɪneɪt] 우위를 점하다, 두드러지다.

"Every man is to be master of his own house." 성서에서 아하수에로왕은 복종하지 않는 자신의 아내에게 분노하여 이렇게 선포한다. 이것은 가정을 domain(=dominant area)이라고 간주하고, 남자를 dominant member라고 선언한 것이다. 물론 지금도 가정을 domain이라고 생각하는 사람은 없을 것이다.

domineering

[dˌɒmɪnˈɪərɪŋ]

adjective

● 으스대는 태도로 남을 통제하려고 하는.

His mother was a domineering type, and not even his stepfather dared do anything without her permission.

어머니는 군림하려는 유형이어서, 그의 계부조차 그녀의 허락 없이는 아무것도 하지 못했다.

■

Domineering은 acting like a lord라는 뜻이다. A domineering parent tells you what you can wear or what friends you can spend time with.

강압적인 부모는 어떤 옷을 입어야 하는지, 어떤 친구를 사귀어야 하는지 꼬치꼬치 참견하고 지시한다.

Those of us who grow up with a domineering parent usually flee as soon as we're old enough.

일일이 통제하는 부모 밑에서 자란 아이들은 대개 독립할 수 있는 나이가 되자마자 부모에게서 도망친다.

He shows a lordly disdain for the common man.

그는 평민 앞에서 우월감에서 나오는 거드름을 피웠다.

✛

lord [lˈɔːrd] 우두머리, 지배자.
lordly [lˈɔːrdli] 오만한, 도도한.
disdain [dɪsdˈeɪn] 경멸. 경멸하다.
common man 평민. 서민.
여기서 common은 천한/저속한/천박한이라는 뜻.

domination

[dˌɑːmɪnˈeɪʃən]

noun

● 권력. 패권.
● 남에게 권력을 행사함.

The region was under the domination of a single nation, even though it hadn't yet invaded its neighbors.

이 지역은 한 국가의 지배를 받았지만, 한번도 이웃나라를 침략하지 않았다.

■

The total domination of Europe has never been achieved.

유럽 전체를 지배하는 패권은 한번도 실현된 적이 없다.

Domination은 대개 무력으로 쟁취하는 것을 의미한다. The Roman empire could never fully dominate the northern Germanic tribes.

로마제국은 북부게르만족을 완전히 지배한 적이 없다.

Although Adolf Hitler was briefly dominant over most of the continent, he never managed to overpower England.

아돌프 히틀러는 잠시나마 유럽대륙을 거의 대부분 장악했지만 영국은 끝내 제압하지 못했다.

domination은 군사력과 무관한 경우에도 사용된다. The great tennis player has continued his domination of the world's courts this season.

위대한 이 테니스선수는 이번 시즌에서도 세계 코트의 패권을 유지했다.

The domination of popular music by rock and roll was obvious by the end of the 1950s.

1950년대 말 대중음악을 장악한 로큰롤의 영향력은 부인할 수 없다.

✛

dominant [dˈɒmɪnənt] 우세한, 지배적인.
dominate [dˈɒmɪneɪt] 지배하다, 우위를 점하다, 압도하다.

TRI

Greek/Latin
three

triad
[trˈaɪæd]

adjective
- 셋으로 구성된 것.

noun
- 삼합회.

The kids in the garage band next door seemed to know six or seven triads and a couple of seventh chords.

이웃집에서 개러지밴드를 하는 아이들은 3화음 예닐곱 개와
7화음 두어 개를 알고 있는 것으로 보인다.

■

triad는 셋으로 구성된 것을 의미한다.
음악에서 triad는 세 음으로 구성된 '3화음'을 뜻한다.
D-major triad는 D—F#—A, F-minor triad는
F—A♭—C로 이뤄진다. major triad는 장음계를 대표하는
'장3화음', minor triad는 단음계를 대표하는 '단3화음'
이다. 많은 음악이 triadic harmony로 끝을 맺는다.
의학에서 triad는 동시에 세 가지 증상이 나타나는 것을
말한다.
Triad는 중국의 국제적인 범죄조직 三合會를 의미한다.
초창기 天地人을 상징하는 3각형 심볼을 사용하였는데,
여기서 triad라는 이름이 유래했다. 오늘날 10만 명이 넘는
이들이 활동하는 것으로 알려진 대규모 범죄조직으로,
중국은 물론 미국, 캐나다, 유럽 등 전세계 차이나타운을
중심으로 활동한다.

✚
chord [kˈɔːrd] 화음코드.
cord [kˈɔːrd] 단단한 스트링.

trilogy
[trˈɪlədʒi]

noun
- 3연작. 3부작.

William Faulkner's famous "Snopes trilogy" consists of the novels *The Hamlet*, *The Town*, **and** *The Mansion*.

윌리엄 포크너의 유명한 '스놉스 3부작'은
소설 《읍내》, 《마을》, 《저택》으로 구성된다.

■

고대그리스에서는 연극공연을 목적으로 쓴 비극
3부작이 많았다. 하지만 지금껏 온전히 남아 있는 3부작은
Aeschylus(아이스킬로스)의 Oresteia(오레스테이아)
trilogy가 유일하다. 다음 세 권으로 이루어져 있다.
—Agamemnon 아가멤논
—The Libation Bearers 제주를 바치는 여인들
—The Eumenides 에우메니데스
오늘날 trilogy는 난해하게 전개되는 이야기나 장구한
시간에 걸친 이야기를 풀어내기 위한 방법으로 사용된다.
Tolkien's *Lord of the Rings* wasn't actually intended as a trilogy.
톨킨의 《반지의 제왕》은 원래 3부작으로 의도된 것이 아니었다.
하지만 총 세 권이 출간되면서 3부작 중 하나로 불린다.
George Lucas's three original *Star Wars* movies are an example of a film trilogy.
조지 루카스가 만든 세 편의 오리지널 《스타워즈》는 대표적인 영화
3부작이다. 물론 오랜 시간이 흐른 뒤 여섯 편을 더 만들어
총 9부작이 되었다.

✚
libation [laɪbˈeɪʃən] 제사상에 올리는 술.
Eumenides 복수를 하는 세 자매 여신들. (=로마의 Furies)

tricycle은 바퀴가 셋 달린 자전거다.
triangle은 angle이 세 개인 도형 '3각형'이다.
triumvirate는 세 남자가 이끄는 '3두정치'를 말한다.

triceratops

[traɪsˈɛrətˌɑps]

noun
- 트리케라톱스.

The triceratops probably used its three horns for defense against the attacks of meat-eating dinosaurs.

트리케라톱스는 아마도 세 개의 뿔을 이용해 육식공룡의 공격을 방어했을 것이다.

■

Triceratops was one of large dinosaurs that lived during the Cretaceous period and had three horns, a bony crest or hood, and hoofed toes.

트리케라톱스는 백악기에 살았던 대형공룡 중 하나로 세 개의 뿔과 뼈로 이루어진 크레스트(또는 후드)와 발굽을 가지고 있었다.
Triceratops는 공룡이 완전히 멸종하는 순간까지 살아남았던 공룡으로 길이 10미터, 높이 2.5미터에 달했다. 머리 뒤로 frilled hood(주름진 코트 깃)를 빳빳하게 세운 것처럼 단단한 뼈가 펼쳐져 있는데, 그 용도는 아직 밝혀지지 않았다.
Despite its ferocious looks and three-foot-long horns, the triceratops was actually a vegetarian.

흉포하게 생긴 모습과 1미터에 달하는 뿔을 달고 있음에도 트리케라톱스는 풀만 먹는 초식공룡이었다.

✚
bony [bˈoʊni] 골질의.
crest [krˈest] 볏.
hood [hˈʊd] 코트 깃, 자동차본넷.
hoof [hˈʊf] 발굽.
frill [frˈɪl] 주름장식.
ferocious [fərˈoʊʃəs] 흉포한.

trident

[trˈaɪdənt]

noun
- 3지창.

The bronze statue at the middle of the great fountain depicted a sea god emerging from the water, wreathed in seaweed and carrying a large trident.

커다란 분수 중앙에 있는 동상은 물 속에서 솟아오른 바다의 신을 묘사한 것으로 커다란 삼지창을 들고 해초로 둘러싸여 있다.

■

tri(three)+ dent(tooth)가 결합한 trident는 이빨, 갈퀴가 세 개인 '3지창'을 의미한다.
The trident has long been used to spear fish in different parts of the world. 3지창은 세계 각지에서 오래전부터 물고기를 잡는 데 사용되어온 도구다.
그리스신화 속 바다의 신 Poseidon과 그에 대응하는 로마의 신 Neptune이 trident를 늘 들고 다닌다.
A roman gladiator called a retiarius, is equipped as though he were a fisherman, with a weighted net and a trident; with his net he would snare his sword-wielding opponent, and with his trident he would spear his helpless foe.

고대로마의 검투에서 어부처럼 추가 달린 그물과 삼지창으로 무장한 '레티아리'라고 하는 검투사들이 다양한 유형의 검투사들 중에서 가장 승률이 높았다고 한다. 칼을 휘두르는 적에게 그물을 던져 꼼짝 못하는 한 다음 삼지창으로 찔러 죽였다.

✚
wreathe [rˈiːð] 에워싸다, 둥근 고리모양으로 만들다.
prong [prˈɔːŋ] 갈퀴.
gladiator [glˈædieɪtər] 검투사.
snare [snˈeər] 덫, 덫으로 잡다.
wield [wˈiːld] 무기를 휘두르다.
spear [spˈɪər] 창, 창으로 찌르다.

VOR

Latin *vorare*
to eat 먹다

carnivorous
[kɑːrnˈɪvərəs]

adjective
● 육식의.

He'd gotten tired of his vegetarian guinea pigs and decided he preferred carnivorous pets such as ferrets.

그는 채소만 먹는 기니피그에게 싫증을 느껴서 흰담비 같이 육식 애완동물을 선택했다.

■

The order of mammals that Linnaeus named the Carnivora includes such families as the dogs, the bears, the raccoons, the weasels, the hyenas, the cats, and the seals.

포유목 중에서 린네가 식육목으로 분류한 동물과에는 개, 곰, 너구리, 족제비, 하이에나, 고양이, 물개가 있다.

Most carnivores eat only meat in the wild, but some have varied diets.

육식동물은 대부분 야생에서 고기만 먹지만, 다양한 식단을 즐기는 경우도 있다.

예컨대 곰은 고기도 먹지만 풀을 훨씬 많이 먹는다.

Carnivores have powerful jaws and complex teeth, and most are highly intelligent.

육식동물은 턱관절이 매우 강하고 치열이 복잡하며 대부분 지능이 높다.

Humans, like their ape cousins, are basically omnivores.

인간은 다른 영장류와 마찬가지로 기본적으로 잡식동물이다.

✛
carnivore [kˈɑːrnɪvɔːr] 육식동물.
omnivore [ˈɑːmnɪvɔːr] 잡식동물.

herbivorous
[həːrbˈɪvɔːrəs]

adjective
● 초식의.

In spite of their frightening appearance, marine iguanas are peaceable herbivorous animals that feed mostly on seaweed.

무시무시한 생김새와 달리 바다이구아나는 주로 해초를 먹는 온순한 초식동물이다.

■

Many herbivorous animals are noted for their gentle and passive ways.

많은 초식동물이 온순하고 수동적인 성질을 보인다.

But such behavior is not universal among herbivores.

하지만 그런 습성이 모든 초식동물 사이에 보편적인 것은 아니다.

예컨대 코뿔소나 코끼리는 위협을 느낄 때 매우 공격적으로 돌변할 수 있다.

The herbivorous Diplodocus had a thick tail that could be used as a lethal weapon against attacking carnivores.

초식공룡 디플로도쿠스는 자신을 공격하는 육식공룡에 맞서 치명적인 무기로 사용할 수 있는 두꺼운 꼬리를 가지고 있다.

Herbivorous humans are usually called vegetarians.

초식하는 사람은 채식주의자라고 부른다.

✛
herbivore [hˈɜːrbɪvɔːr] 초식동물.
peaceable [pˈiːsəbəl] 온순한, 싸우려 하지 않는.
ferret [fˈɛrət] 흰담비.

특정한 음식을 즐겨 먹는 사람을 묘사할 때 -ivorous라는 접미어를 붙이는데, 이는 -eating이라는 뜻이다. frugivorous[fruˈdʒɪvərəs]는 fruit-eating, granivorous[grəˈnɪvərəs]는 grain-eating, graminivorous [ˌɡræmɪˈnɪvərəs]는 grass-eating이라는 뜻이다.

insectivorous
[ɪnsektˈɪvɔːrəs]

adjective
- 벌레를 먹는.

Their rather odd 12-year-old son kept insectivorous plants in his bedroom and fed them live flies.

그들의 약간 특이한 열두 살 아들은 자기 방에 식충식물을 키우면서 살아있는 파리를 먹인다.

■

Of the amphibians, frogs and many lizards are largely insectivorous.
양서류 중에서 개구리, 도마뱀은 대체로 곤충을 잡아먹는다.
The order of mammals called Insectivora contains the shrews, moles, and hedgehogs.
포유목 중에서 식충목으로는 뾰족뒤쥐, 두더지, 고슴도치가 있다.
Many insects are themselves insectivores.
많은 곤충들이 곤충을 잡아먹는다.
잠자리는 대표적인 식충곤충이다.
It's the insectivorous plants that tend to fascinate us; of the over 600 species, the best known are the Venus flytrap, the pitcher plants, and the sundews.
식충식물에 많은 이들이 매력을 느낀다. 600여 종에 이르는 식충식물 중에서 가장 잘 알려진 것으로는 파리지옥풀, 벌레잡이통풀, 끈끈이주걱이 있다.

✚
insectivore [ɪnsˈektɪvɔːr] 식충동물.
shrew [ʃrˈuː] = shrewmouse
mole [mˈoʊl] 두더지, 뾰루지, 첩자.
hedgehog [hˈedʒhɔːɡ] 고슴도치.
flytrap [flˈaɪtrˌæp] 파리지옥풀.
pitcher [pˈɪtʃər] 주머니잎.
sundew [sˈʌndjˌu] 끈끈이주걱.

voracious
[vɔːrˈeɪʃəs]

adjective
- 식욕이 왕성한.

One of the hardest parts of dieting is watching skinny people with voracious appetites consume large amounts of food without gaining weight.

다이어트에서 가장 어려운 점 중 하나는 엄청난 식욕으로 상당히 많은 음식을 먹으면서도 살이 찌지 않는 마른 사람들을 보는 것이다.

■

Teenagers are voracious eaters.
10대 아이들은 식욕이 왕성하다.
voracious는 먹는 것이 아닌 데에도 쓰인다.
I became a voracious reader on vacation.
휴가기간 동안 독서광이 되었다.
Americans have long been voracious consumers.
미국인들은 오래전 열성적인 소비자가 되었다.
Some countries have a voracious appetite for oil.
몇몇 나라들은 엄청난 원유를 소비한다.
Voracious corporations keep "swallowing" other companies through mergers.
식욕이 왕성한 기업은 합병을 통해 다른 회사들을 계속 '삼킨다.'
From the variety of books on his shelves, we could tell he was a voracious reader.
선반에 꽂혀있는 다양한 책을 보면 그가 독서광이었다는 것을 알 수 있다.

✚
appetite [ˈæpɪtaɪt] 식욕, 욕구.

CARN

Latin
flesh 살
meat 고기

carnage
[kˈɑːrnɪdʒ]

noun
- 학살, 살육(slaughter).

Countries around the world appealed to all sides of the conflict to stop the carnage of the war in Bosnia.

전세계 국가들이 보스니아전쟁에서 벌어지는 대학살을 멈추라고 모든 분쟁당사자에게 호소했다.

carnage는 프랑스어에서 그대로 가져온 단어로, 전장에서 벌어지는 광범위한 학살을 의미한다.
Several eyewitnesses described a scene of carnage as the van left the road and rammed into pedestrians. 몇몇 목격자들은 밴이 도로를 벗어나 보행자들을 향해 돌진하면서 벌어진 아수라장을 증언하였다.
carnage는 전쟁이 아니더라도 많은 사람이 죽는 상황을 비유적으로 일컬을 때 사용되기도 한다.

> ★
> ### carnival [kˈɑːrnɪvəl]
>
> 기독교국가에서는 부활절 바로 앞 40일 동안 평소에 즐겨 먹는 음식, 특히 고기를 먹지 않는 금욕생활을 한다. 이 기간을 Lent(4순절)이라고 한다. Lent를 시작하기 바로 전 3일 또는 7일 동안 고기를 마음껏 먹는 축제를 벌이는데, 이 축제를 사람들은 carne levare(고기여, 안녕)라고 불렀다. 나중에 이 축제의 이름은 carnevare로 축약되었고, 오늘날 carnival 이 되었다. 고기를 베푸는 축제라는 의미에서 사육제(베풀謝+고기肉)라고 번역하기도 한다. 또한 carnival의 마지막날이자 Lent 바로 전날을 Mardi Gras[ˈmɑrdiˌɡrɑ]라고 하는데, 이날 사람들이 길거리에 쏟아져 나와 난장파티를 벌인다. 브라질의 삼바축제가 바로 이날 펼쳐진다.

carnal
[kˈɑːrnəl]

adjective
- 육체적인 쾌락의.

The news stories about students on *Spring Break* tend to focus on the carnal pleasures associated with the annual ritual.

《Spring Break》에 실린 학생들에 관한 기사는 이 연중행사와 관련해서 즐길 수 있는 육체적 즐거움에 초점을 맞춘 편이다.

과거 기독교는 carnal을 spiritual의 반대되는 개념, 즉 '육체의 즐거움'이라는 의미로 사용했다.
Gluttony is a deadly carnal sin. 폭식/폭음은 육욕의 대죄.
따라서 경건한 수도자와 은수자는 거의 먹지 않으며 술은 손도 대지 않았다.
Their ruling passion is that of carnal love.
그들을 지배하는 열정은 육체적 사랑이다.
지금은 대부분 단순히 '성적인'이라는 의미로 쓰인다.
carnal desire는 육욕/색욕을 의미한다.

✦
slaughter [slˈɔːtər] 학살, 도살.
pedestrian [pɪdˈestriən] 보행자.
gluttony [ɡlˈʌtəni] 대식, 폭식, 폭음.
hermit [hˈɜːrmɪt] 은둔자, 수행자.

> ★
> ### cannibal [kˈænɪbəl]
>
> 원래 'Caniba(Carib) 사람의'라는 뜻으로, 카리브섬 사람들이 식인을 한다는 풍문에서 '식인종' 또는 '식인의'라는 의미로 쓰이게 되었다.
> cannibalism [kˈænɪbəlɪzəm] 식인풍습, 동족포식.

carnation은 원래 color of flesh(살색: pink)라는 뜻으로, 이 색깔을 띤 꽃을 일컫는 이름이 되었다.

carnival은 고기를 마음껏 먹을 수 있는 축제를 의미한다.

cannibal carnival은 끔찍한 풍경이 펼쳐질 수 있으니 상상하지 말자.

incarnate

[ɪnkˈɑːrnɪt] *adjective* | [ˈɪnkɑːrneɪt] *verb*

adjective
- 육체의 모습을 띤.

verb
- 육화하다. 현신(現身)하다.

For the rest of his life, he would regard his childhood nanny as goodness incarnate.

남은 생애 내내, 그는 자신의 어린 시절 유모를 선이 육화된 존재로 간주했다.

■

The Christian church regards Jesus as the incarnation of God.

기독교회는 예수를 하느님의 현신이라고 간주한다.

incarnation/incarnate라는 단어는 그 자체로 종교적인 함의를 풍기지만, 성경에 한 번도 나오지 않는다. 사도신경과 가톨릭미사에서 incarnatus라는 라틴어가 나올 뿐이다. 그럼에도 이 단어는 오늘날 기독교에서 자주 사용된다.

the devil/evil incarnate 현신한 악마, 육화한 악.

여기서 incarnate가 명사 뒤에 나오는 것을 눈여겨보라. 형용사 incarnate는 명사 뒤에서 수식하는 경우가 많다.

"For her followers, she incarnates the virtue of selflessness." 추종자들에게 그녀는 이타성의 화신이었다.

incarnate는 동사로도 쓰인다.

"This report simply incarnates the prejudices of its authors."

이 보고서는 작성자의 편견을 그대로 드러내 보여줄 뿐이다.

✚

incarnation [ˌɪnkɑːrnˈeɪʃən] 현신, 화신.
prejudice [prˈedʒʊdɪs] 편견, 선입관을 갖게 하다.
deadly sins 기독교에서 가장 중대한 죄로 꼽는 일곱가지 행위.
strike sb as sth —같다는 인상을 주다.

reincarnation

[rˌiːɪŋkɑːrnˈeɪʃən]

noun
- 환생.
- 윤회.

Even as a child he struck everyone as a reincarnation of his grandfather, not in his features but in his manner and personality.

어린 시절 그는—외모는 아니지만—행동과 성격이 할아버지와 똑닮아 할아버지가 환생했다는 느낌을 주었다.

■

She thinks she is a reincarnation of Cleopatra.

그녀는 자신이 클레오파트라의 환생이라고 생각했다.

재미있는 사실은, 환생을 믿지 않는 문화에서 오히려 이러한 표현을 자주 접할 수 있다는 것이다.

In Hindu belief, a person must pass through a series of reincarnations—some of which may be as insects or fish—before fully realizing that the bodily pleasures are shallow and that only spiritual life is truly valuable; only then do the reincarnations cease.

힌두교에서는 사람이 계속해서 환생을 거친다고 믿는다. 그중 몇 번은 벌레나 물고기가 될 수도 있다. 육체의 쾌락은 깊이가 없으며 영적인 삶만이 진정으로 소중하다는 것을 온전히 깨닫고 난 뒤에야 환생은 비로소 끝난다.

이처럼 '환생'이 계속 반복되는 것이 곧 '윤회'다.

For Hindus, an "old soul" is a person who seems unusually wise from early in life, and whose wisdom must have come from passing through many reincarnations.

힌두세계에서 어린 시절부터 유달리 지혜로워 보이는 사람은 '오래된 영혼'을 타고났다고 말하는데, 무수한 윤회를 거치면서 축적된 지혜를 물려받은 것이다.

OMNI

Latin **omnis**

all 모든

---

omnivore

[ˈɑːmnɪvɔːr]

noun

● 잡식동물.

Human beings have evolved as omnivores and have many characteristics of carnivores.

인간은 잡식동물로 진화하여 육식동물의 특성도 많이 가지고 있다.

■

omni(all)+vor(eat)가 결합한 omnivore는 초식과 육식을 모두 하는 잡식동물을 의미한다.
Human beings are classic omnivores.

인간은 전형적인 잡식동물이다.

인류는 hunter-gatherer로서 사냥과 낚시도 하면서 열매, 씨앗, 이파리, 뿌리도 채집하여 풍부한 식단을 꾸렸다. 인간의 몸은 이 두 가지 일을 모두 잘 해낼 수 있도록 진화했다. 손은 무언가 꺾어서 집는 데 최적화되어 있으며, 뭉툭한 발바닥과 적절한 몸집은 사냥감을 빠르게 추격할 수 있도록 뒷받침한다. 약 1만 년 전 시작된 농경이 인류의 생활양식을 바꿔놓을 수 있었던 것은, 수렵(가축)과 채집(경작)을 모두 대체했기 때문이다.

The other omnivorous mammals include chimpanzees, pigs, opossums, porcupines, bears, raccoons, chipmunks, mice and rats, and skunks.

잡식성 포유류에는 침팬지, 돼지, 주머니쥐, 고슴도치, 곰, 너구리, 다람쥐, 쥐, 스컹크 등이 있다.

Even many mammals classed as carnivorous turn out to be capable of shifting to plant foods when necessary.

육식성으로 분류되는 포유류들도 필요할 경우 초식성으로 전환할 수 있는 것으로 밝혀졌다.

---

omniscient

[ɒmnˈɪʃənt]

adjective

● 모든 것을 다 아는. 전지의.

Brought up in a strict Christian family, he knew that an omniscient God was watching him every second of his life.

엄격한 기독교 집안에서 자란 그는 전지한 하느님이 삶의 모든 순간을 지켜보고 있다고 확신했다.

■

omni(all)+sci(to know)가 결합한 omniscient는 knowing all을 의미한다.
Omniscience is something that a totalitarian state may try to achieve.

전국민감시체제는 전체주의국가가 이루고자하는 꿈이다.

더 작은 카메라, 마이크, 도청장치를 비롯하여 실시간으로 정보를 송신하는 인터넷 등 새롭게 등장하는 다양한 기술로 인해 사람들의 행동을 낱낱이 감시하는 일은 더욱 쉬워지고 있다.

omniscient narrator 전지적 화자.

관점을 자유롭게 넘나들며 등장인물이 무엇을 하고, 무슨 생각을 하는지 다 설명해주는 작품 속 화자.

✢

opossum [əpˈɒsəm] 주머니쥐.
porcupine [pˈɔrkjəpˌaɪn] 고슴도치.
chipmunk [tʃˈɪpmʌŋk] 다람쥐.
omnivorous [ɒmnˈɪvərəs] 잡식동물의.
carnivore [kˈɑːrnɪvɔːr] 육식동물.
herbivore [hˈɜːrbɪvɔːr] 초식동물.

omni-는 '모든 방면에서, 모든 곳에서, 제약이 없는'이라는 의미를 덧붙여준다.
omnidirectional antenna는 어느 방향으로나 전파를 송출하거나 수신할 수 있는 안테나를 말한다.
Omni는 호텔체인에서 과학잡지에 이르기까지 다양한 브랜드네임으로 사용되고 있다.

omnipotent
[ɒmnˈɪpətənt]

adjective
- 무한한 권력을 지닌. 전능한.

omnibus
[ˈɒmnɪbʌs]

adjective
- 많은 것이 담긴. 옴니버스.

Christian theodicy attempts to explain why an omniscient, omnipotent, and omnibenevolent God **allows evil to exist and even expand.**

기독교섭리론은 전지전능하고 지극히 자비로운 하느님이 악이 존재하도록, 심지어 확산되도록 용납하는 이유를 설명하려고 한다.

■

omni(all)+potens(power)가 결합한 omnipotent는 '모든 권력을 가진'이라는 뜻이다.
라틴어 omnipotens는 기독교에서 신을 수식하는 말로 사용되었는데 이 단어는 영어로 almighty, 한국어로 '전능한'으로 번역된다.
Democracies do their best to make omnipotence impossible.
민주주의는 무한권력이 등장하지 못하게 하기 위해 최선을 다한다.
omnipotent가 정부나 통치자를 수식하는 경우, 공포를 느낄 수 있다.
Power tends to corrupt, and absolute power corrupts absolutely.
권력은 부패하기 쉽다. 절대권력은 절대부패한다.
영국의 어느 정치인이 남긴 유명한 말이다.

✛

theodicy [θiˈɑdəsi] 섭리론.
omnibenevolent [ˌɒmnɪbənˈɛvələnt] 모든 것에 자비로운.

Eager to go home for vacation, Senate leaders assembled an omnibus bill **to tie up the loose ends on dozens of unrelated projects.**

집으로 돌아가 휴가를 즐기고 싶은 마음에 상원의원들은 서로 무관한 수십 개 프로젝트를 매듭짓기 위한 일괄처리법안을 마련했다.

■

라틴어로 omnibus는 for all(모두를 위한)이라는 뜻이다.
An omnibus bill in Congress packages several measures together.
의회에서 여러 법안을 한데 묶어 상정하는 것을 일괄처리법안이라고 한다.
An omnibus survey may poll the public on a wide range of issues.
광범위한 주제에 대한 대중의 의견을 구하는 것을 일괄여론조사라고 한다.
An omnibus edition of a writer's stories may bring together just about all of them.
한 작가의 작품을 모두 모아서 내는 '합본'을 옴니버스 에디션이라고 한다.
19세기 처음 등장한 대중교통수단에, '누구나' 싼 값으로 탈 수 있다는 뜻에서 omnibus라는 이름이 붙었다.
20세기 초 이 단어는 bus로 축약되었다.

✛

loose ends 매듭짓지 못한 끝단.
measure [mˈeʒər] 법안.
package [pˈækɪdʒ] 하나로 묶다.

TRI

Greek/Latin

three

---

trimester
[traɪmˈestər]

noun
- 3학기 중 한 학기.
- 3등분한 기간 중 하나.

Most women experience morning sickness in the first trimester of pregnancy.

대부분 여성들은 임신기간 중 첫 3개월 동안 입덧을 경험한다.

■

흔히 임신이 지속되는 9개월을 초기-중기-말기 3단계로 구분하는데, 이렇게 구분된 3개월을 trimester라고 한다. sex(6)+mester(month)가 결합한 semester는 academic year를 절반으로 나누었을 때 한 학기를 의미한다.
학년을 셋으로 나눌 경우 한 학기는 trimester라고 한다.
학년을 넷으로 나누는 경우도 있는데, 이때 마지막 4학기는 여름방학이기 때문에 이 경우에도 한 학기를 trimester라고 한다.

✚

semester [sɪmˈestər] 2학기제에서 한 학기.
morning sickness 임산부가 겪는 입덧. (대개 아침에 증세가 심하다고 한다.)

trinity
[trˈɪnɪti]

noun
- 3위1체.
- 3인1조.

In Christian art depicting the Trinity, the Holy Spirit is almost always shown as a radiant dove.

3위1체를 묘사한 기독교 미술에서, 성령은 거의 언제나 빛나는 비둘기로 그려진다.

■

Trinity 또는 Holy Trinity는 기독교의 핵심교리이면서도 논리적으로는 이해할 수 없는 개념으로 처음 생겨날 때부터 무수한 논란과 분열을 초래했다.
Trinity는 사실 성경에 나오지 않는 말이다. 다만 신약에 Father, Son, Holy Spirit이 함께 언급될 뿐이다.
아버지는 유대인의 수호신 하느님, 아들은 인류의 구세주 예수, 성령은 교회의 수호자로 간주되는데, Trinity는 이들이 셋인 동시에 하나라는 뜻이다.
오늘날 주요 기독교(가톨릭과 개신교) 교회는 trinitarian이다. Trinity를 인정하지 않는 순간 기독교에서 추방당할 확률이 높다.
유대교와 이슬람교는 Trinity가 유일신 교리를 훼손하는 신성모독이라고 비판한다. 그들이 보기에 기독교는 신이 셋이나 되는 다신교이기 때문이다.
유럽인들은 무수한 땅에 Trinity라는 이름을 붙이고 다녔다. 스페인사람들이 카리브해에서 발견한 섬에 Trinidad라는 이름을 붙였는데, 이것이 오늘날 트리니다드토바고가 되었다. (Trinidad는 Trinity의 스페인어.)

✚

trinitarian [trˌɪnɪtˈɛriən] 3위1체설을 신봉하는 사람.

triptych

[ˈtrɪptɪk]

noun

● 트립틱. 3폭 제단화.

The Renaissance produced many beautiful triptychs portraying religious scenes that are still used as altarpieces.

르네상스 시대에는 제단 뒤에 세워놓는 장식으로 종교적인 장면을 묘사한 아름다운 3폭 그림이 무수히 만들어졌다.

■

tri(3)+ptyche(fold)가 결합한 triptych은 경첩으로 연결된 세 개의 패널로 이루어진 병풍으로 바깥쪽 패널이 가운데 패널 위로 접힌다. triptych은 대부분 교회제단에 세울 목적으로 제작된다.
Many great triptychs were produced in the Renaissance, perhaps the most famous being Hieronymus Bosch's *The Garden of Earthly Delights*. 르네상스시대에 특히 훌륭한 트립틱이 많이

제작되었는데, 그 중 가장 유명한 작품으로는 히에로니무스 보스의 '세속적인 쾌락의 정원'을 들 수 있다. (이 책의 파티션에 배경으로 깔린 그림이다.)

triptych은 지금도 계속 제작되고 있는데, 아일랜드의 화가 Francis Bacon의 triptych이 특히 유명하다.

✛

altarpiece [ˈɔːltərpiːs] 제단 뒤편 장식.
commonplace [kˈɒmənpleɪs] 일반적인.
vulgar [vˈʌlɡər] 저속한, 천박한, 통속적인.
trivialize [trˈɪviəlaɪz] 하찮게 여기다.
triviality [trˌɪviˈælɪti] 쓸데없는 것.

trivial

[trˈɪviəl]

adjective

● 사소한. 하찮은.

She was so caught up in the trivial details of the trip that she hardly noticed the beautiful scenery.

그녀는 여행하면서 사소한 것들에 집착하느라 아름다운 풍경을 거의 감상하지 못했다.

■

tri(3)+via(way)가 결합한 trivial은 고대로마에서 세 길이 합쳐지는 곳을 일컫는 단어였다.
crossroad는 온갖 사람들이 모이는 매우 공적인 장소이기에 trivial은 commonplace 또는 vulgar와 같은 의미로 쓰였다. 하지만 오늘날 영어에 들어와서는 '언급할 가치가 별로 없는'이라는 의미로 바뀌었다.
수학에서 trivial sum은 너무 단순하여 설명하거나 정의하거나 증명할 필요도 없는 간단한 셈을 의미한다.
"Small talk" at a party is usually trivial conversation.
파티에서 나누는 잡담은 대개 사소한 대화를 말한다.
A trivial excuse for not going on a date might hide an emotion that isn't so trivial.
데이트를 취소하면서 하는 사소한 변명은 그리 사소하지 않은 감정을 숨기는 것일 수도 있다. 예컨대 I have to wash my hair (머리를 감아야 해서 못 나가)라는 말은 I can't stand the sight of you(넌 꼴도 보기 싫어)라는 뜻일 수 있다.
To trivialize something is to treat it as if it didn't matter, as if it were just another triviality.
어떤 것을 사소하게 만드는 것은 그것을 별볼일 없는 것처럼 대수롭지 않게 여긴다는 뜻이다.

DOC DOCT

Latin docere
to teach 가르치다

doctrine

[dˈɒktrɪn]

noun
- 교리. 독트린.
- 공식적 원칙, 의견, 믿음.

According to the 19th-century doctrine of "papal infallibility," a pope's official statements on matters of faith and morals must be regarded as the absolute truth.

19세기 '교황 무오류설' 교리에 따르면, 신앙과 도덕의 문제에 대한 교황의 공식적인 진술은 절대진리로 받아들여야 한다.

■

고대로마에서 doctor는 '가르치는 사람(teacher)'을 일컫는 말이었다. 가톨릭교회는 신앙체계를 가르치는 사람을 doctor라고 불렀고, 이들이 가르치는 이론은 doctrine이라고 불렀다. 지금은 교회뿐만 아니라 다양한 곳에 doctrine이 존재한다.

legal doctrine = legal principle
법리란 선배법조인들의 가르침이다.
Traditional psychiatrists still follow the doctrines of Sigmund Freud.
전통적인 정신의학자들은 여전히 프로이트의 가르침을 따른다. 이 경우 가르침은 '학설(學說)'을 의미한다.
Communist doctrine 공산주의 신조.
이는 곧 1920-30년대 소비에트 연방에서 신성한 것으로 여겨지던 '레닌의 가르침'을 의미한다.
미국의 대통령들도 이따금씩 '가르침'을 공표한다.
1823년 Monroe Doctrine은 더 이상 유럽의 간섭을 용납하지 않겠다는 것을 천명했으며,
1947년 Truman Doctrine은 공산주의에 맞서 자유국가들을 군사적, 경제적으로 지원할 것을 천명했다.

docent

[dˈoʊsənt]

noun
- 도슨트.
- 시간강사.

Visitors to Istanbul's great Topkapi Museum often decide they need to hire an English-speaking docent.

이스탄불의 훌륭한 톱카피박물관을 방문하는 사람들은 대개 영어로 설명해주는 도슨트를 고용해야 할 필요성을 느낀다.

■

docent는 박물관이나 유적지 같은 곳에서 관람을 안내하는 가이드를 일컫는다.
docent는 대개 자원봉사자들로, 대가를 받지 않고 일한다.
몇몇 미국대학에서는 시간강사를 docent라고 부르기도 한다.
미국대학의 associate professor에 해당하는 교직원을 독일대학에서는 docent라고 부른다. tenure는 받았으나 아직 정교수 수준에는 오르지 못한 '부교수'들이다.

✚

tenure [tˈenjər] 종신재직권.

doctor는 원래, 어떤 영역에서나 다른 사람들을 '가르칠' 수 있을 정도로 고도의 교육을 받은 사람을 가리킨다. 의사만 의미하지 않는다.

doctrinaire

[dˌɒktrɪnˈeər]

adjective
- 교조적인. 원칙만 고수하는.

She had never taken a doctrinaire approach to teaching, since education theories didn't always match the reality of instructing 25 lively students.

그녀는 학생들을 가르칠 때 절대 교조적으로 접근하지 않았다. 교육이론은 생기발랄한 학생 25명을 가르쳐야 하는 현실과 거리가 멀기 때문이다.

■

doctor가 가르쳐준 doctrine을 현실에 그대로 적용하려고 하는 태도를 doctrinaire라고 묘사할 수 있다. A doctrinaire judge will give identical sentences to everyone found guilty of a particular crime. 원칙주의 판사는 특정범죄에 대하여 유죄로 밝혀진 사람에게는 모두 똑같은 판결을 내린다. A doctrinaire feminist may treat all men as if they were identical. 교조주의 페미니스트는 모든 남자를 똑같다고 취급한다. A doctrinaire economist might call for a single solution for the economic problems in all countries. 원론주의 경제학자는 나라마다 다른 사회적, 문화적 역사를 무시하고 모든 나라의 경제문제에 똑같은 해법을 적용하라고 촉구한다. 지금까지 보았듯이, 누군가를 묘사할 때 doctrinaire라는 표현을 쓴다면 결코 좋게 평가하는 것이 아니다.

+
lively [lˈaɪvli] 명랑한, 활기찬.
identical [aɪdˈentɪkəl] 똑같은.
identical twins 일란성 쌍둥이.

indoctrinate

[ɪndˈɒktrɪneɪt]

verb
- 기초나 원칙을 가르치다.
- 사상을 주입하다.

In the Army's basic training, sergeants have 11 weeks to indoctrinate their new recruits with army attitudes and discipline.

육군의 기본훈련에서, 하사관들은 11주 동안 신병들에게 군인의 자세와 규율을 주입한다.

■

indoctrinate는 doctor가 doctrine을 가르친다는 뜻으로, 원래는 전혀 부정적인 의미가 없었다. Every society indoctrinates its young people with the values of its culture. 어떤 사회든 젊은이들에게 자신의 문화적 가치를 가르친다. U.S. citizens tends to be indoctrinated to love freedom, to be individuals, and to work hard for success, among many other things. 미국시민들은 많은 가치들 중에서 특히 자유를 사랑하고, 개인주의를 지향하고, 성공을 위해 열심히 일하라고 교육받는다. Religious cults mostly indoctrinate their members to give up their freedom and individuality. 사이비 종교집단들은 대개 신자들에게 자유와 개성을 포기하고 오로지 교회를 위해서 헌신하라고 세뇌한다. 이처럼 오늘날 indoctrinate는 대부분 '세뇌하다'라는 부정적 의미로 사용된다. 이러한 부정적 뉘앙스를 풍기고 싶지 않다면 indoctrinate 대신 단순하고 무난한 동사 teach나 instruct를 선택하라.

+
sergeant [sˈɑːrdʒənt] 하사관.
indoctrination [ɪndˌɒktrɪnˈeɪʃən] 세뇌, 주입.
brainwash [brˈeɪnwɒʃ] 세뇌.

PED

child 아이

pedagogy
[pˈedəgoʊdʒi]

noun
- 교수법. 가르치는 기법.

His own pedagogy is extremely original; it sometimes alarms school officials but his students love it.

그의 교수법은 지극히 독창적이어서, 학교관계자들을 초조하게 만들기도 하지만 학생들은 좋아한다.

■

paid(boy)+agogos(leader)가 결합한 그리스어 paidagogos는 원래, 아이들을 하루종일 돌보며 예절도 가르치고 공부도 시키는 노예를 일컫는 말이었다.
이후 pedagogue는 '교사'를 의미하는 말로 바뀌었으나, 지금은 낡은 느낌이 드는 옛말로 인식되어 '고리타분하고 지루한 교사'를 일컬을 때 주로 사용된다.
오늘날 pedagogy는 '교수법'이란 의미로 사용된다.
교육을 전공하는 사람이라면 누구나 pedagogic training을 받아야 한다.

✛

pedagogue [pˈedəgɒg] 남을 가르치려 드는 사람, 교사.
pedagogic [pˌedəgˈɒdʒɪk] 교수법과 관련한.
= pedagogical
pedagogical method 교수법.

pedant
[pˈedənt]

noun
- 학식을 뽐내는 사람.
- 고지식하고 상상력이 부족한 교사.

At one time or another, every student encounters a pedant who can make even the most interesting subject tedious.

한번쯤은, 어떤 학생이든 가장 흥미로운 주제조차 지루하게 만드는 고리타분한 선생을 만나기 마련이다.

■

I am no pedant and avoid being dogmatic concerning English grammar and expression.
나는 고지식한 사람이 아닙니다. 영어문법과 표현에 관해 엄밀한 규칙을 적용하고 싶지는 않습니다.
It isn't always easy to tell a pedantic teacher from one who is simply thorough.
고지식한 선생과 빈틈없이 꼼꼼한 선생을 구분하는 것은 쉬운 일은 아니다.
Some professors get an undeserved reputation for pedantry from students.
과목 자체가 인기가 없는 경우 학생들에게 부당하게 '꼰대'라는 평판을 듣는 교수들도 있다.
pedant는 꼭 교사만을 지칭하는 것은 아니다. 자신이 가진 지식을 지루하게 늘어놓는 현학적이고 고지식한 사람을 지칭하기도 한다.
At the age of 72 he was regarded by most of the students as a boring pedant.
72살이 되었을 때, 그는 학생들 사이에서 지루하고 고지식한 선생으로 여겨졌다.

✛

tedious [tˈiːdiəs] 지루한, 진저리나는.
pedantic [pɪdˈæntɪk] 아는 체하는, 현학적인.
pedantry [pˈedəntri] 깐깐하게 규칙을 따짐.

'발'을 의미하는 PED는 라틴어에서 온 것인 반면,
'아이'를 의미하는 PED는 그리스어에서 온 것이다.
형태가 똑같지만 이 둘을 구분하는 것은 별로 어렵지 않다.

pediatrician
[pˌiːdiətrˈɪʃən]

noun
- 소아과 의사.

encyclopedic
[ɪnsˌaɪkləpˈiːdɪk]

adjective
- 백과사전적인.
- 광범위한 주제를 다루는.

Children in the U.S. usually see a pediatrician until they turn at least 15 or 16.

미국 아이들은 대개 15-16살이 될 때까지 소아과 진찰을 받는다.

■

ped(child)+iatros(physician)가 결합한 pediatrics는 children's medicine, 즉 '소아의학'을 의미한다.
pediatrics는 아동의 질병/성장/치료를 전문적으로 다루는 분야로 비교적 최근 생겨난 의학분야다.
1900년까지만 해도 아이들은 몸집만 작은 어른으로 간주했으며, 따라서 어른과 똑같은 치료법을 좀 약하게 적용할 뿐이었다.
Benjamin Spock who wrote *Baby and Child Care* was the most famous pediatrician of the 20th century.

《아기와 육아》를 저술한 벤저민 스포크는 20세기 가장 유명한 소아과의사다. 2차세계대전 이후 미국의 육아문화에 혁명을 몰고왔을 뿐만 아니라 70년대 한국에서도 번역출간되어 엄청난 반향을 일으켰다.

pediatric은 영국에서 paediatric으로 표기한다.
Tuesday the baby sees the pediatrician for her immunizations and checkups.

화요일, 아기는 예방접종과 건강검진을 위해 소아과에 가기로 했다.

✛

pediatrics [pˌiːdiˈætrɪks] 소아의학.
pediatric [pˌiːdiˈætrɪks] 소아과의.

Someone with the kind of encyclopedic knowledge she has should be competing on *Jeopardy.*

그녀만큼 다양한 분야에 해박한 지식을 가진 사람은 《제퍼디》에 나가야 한다.

■

encyclopedia는 그리스어 enkyklios paideia (general education)에서 온 말이다.
어근을 더 파고들면 en(in)+kyklios(circle)와 paid(child)+eia(rearing)으로 분해할 수 있다.
paideia는 말 그대로는 child-rearing이라는 뜻이지만, 실제로 그리스인들은 수준높은 education을 의미했다.
가장 유명한 encyclopedia는 뭐니뭐니해도 《Encyclopedia Britannica》를 들 수 있다.
인간이 쌓은 모든 분야의 지식을 포괄하는 방대한 저작이라고 할 수 있다. 물론 지금은 온라인 백과사전 Wikipedia가 훨씬 많이 사용된다.
She published an encyclopedic study of ancient Egypt.

그녀는 고대이집트에 관한 백과사전적 연구물을 출간했다.

encyclopedic은 책뿐만 아니라 다양한 분야에 대한 '해박한 지식'을 묘사할 때도 사용된다.
By the time she was 25 she had an encyclopedic knowledge of her state's history.

25살이 되었을 때 그녀는 자신이 사는 나라의 역사에 대하여 백과사전적 지식을 갖게 되었다.

✛

encyclopedia [ɪnsˌaɪkləpˈiːdiə] 백과사전.

PED

Latin
foot 발

quadruped
[kwˈɒdrʊped]

noun
● 네 발 달린 짐승.

She always tells her friends that her farm has five kinds of quadrupeds: sheep, goats, cows, horses, and pigs.
그녀는 농장에 양, 염소, 소, 말, 돼지 다섯 가지 4족동물이 있다고 친구들에게 늘 말한다.

■

라틴어 quadruped와 그리스어 tetrapod는 의미가 똑같다. 하지만 이 두 단어는 영어에서 구별해서 사용한다. quadruped는 4족동물, tetrapod[ˈtɛtrəˌpad]는 4지동물을 의미한다.
예컨대 사람이나 새는 tetrapod이지만 quadruped는 아니다. 4지 중 2지만 걷는 데 사용하기 때문에 이들을 biped[bˈaɪped] 로 분류한다.
곤충은 다리가 여섯 개로 hexapod[ˈhɛksəˌpad]이고, 문어는 다리가 여덟 개로 octopod[ˈaktəˌpad]이다. 하지만 팔다리가 홀수인 동물은 존재하지 않는다.
From his fleeting glimpse, all he could tell was that it was a small brown quadruped that could move very fast.
스치듯 보았기에 그가 말할 수 있는 것은, 그것이 아주 빠르게 움직이는 네 발 달린 작은 갈색 짐승이라는 사실이다.

✚
tetrapod [tˈɛtrəpˌad] 4지동물.
biped [bˈaɪped] 2족동물.
hexapod [hˈɛksəpˌad] 6지동물.
octopod [ˈaktəpˌad] 8지동물.
fleet [fliːt] 빠르게 지나가다.
fleeting [ˈfliːtɪŋ] 스치듯 지나가는.

pedigree
[pˈedɪgriː]

noun
● 가계, 혈통.

She talks a lot about her pedigree, but never mentions that a couple of her uncles spent time in prison.
그녀는 자신의 혈통에 대해 많은 이야기를 하지만, 두 삼촌이 감옥에 갔던 것은 절대 이야기하지 않는다.

■

A family tree, or genealogical chart, resembled a crane's foot.
혈통을 도표로 나타낸 가계도를 보고, 프랑스인들은 학의 발과 닮았다고 생각했다. 그래서 가계도를 프랑스인들은 pied de grue(foot of a crane)라고 불렀고 여기서 pedigree라는 말이 나왔다.
The word pedigree is usually used for purebred animals.
pedigree라는 단어는 흔히 고양이, 경주마, 개 등 순종을 가리키는 데 사용된다. 물론 소와 양 같은 가축의 족보를 따질 때도 이 말을 쓴다.
Some people continue to believe that "purity" in human family trees is a good thing as well, though most of us find the idea a little creepy.
아직도 인간의 가계도에서도 '순혈'이 좋다고 생각하는 사람들이 있지만 우리는 대부분 이런 생각에 오싹함을 느낀다.

✚
genealogical [dʒˌiːniˈæləˌdʒɪkəl] 계보학의.
crane [krˈeɪn] 두루미, 크레인.
purebred [pjˈurbred] 순혈의.
creepy [krˈiːpi] 소름끼치는. (꿈틀거리는 벌레를 보고 느끼는 감정)

pedal은 발로 누르는 것이다. pedicure는 '발, 발가락, 발톱 관리'를 의미한다.
pedestal은 무언가를 올려놓기 위한 '받침대'로 그것의 발 역할을 한다는 뜻이다.

impediment
[ɪmpˈedɪmənt]

noun
● 장애물. 움직임을 방해하는 것.

Her poorly developed verbal ability was the most serious impediment to **her advancement.**
그녀의 어눌한 말투는 승진의 가장 심각한 걸림돌이었다.

■

impede는 길을 가는 사람의 발(ped)을 걸어 넘어뜨리는 것을 의미하는 라틴어 동사에서 온 말이다.
Fallen rock is impeding the progress of rescue workers.
굴러 떨어진 바위가 구조대원들의 진로를 방해하고 있다.
A lack of adequate roads and bridges could be an impediment to economic development.
길이나 다리와 같은 인프라 부실은 경제발전에 장애물이 될 수 있다.
impediment는 기본적으로 '가고자 하는 길'을 가로막는 것이다. 따라서 an impediment to communication/marriage/progress는 자연스럽게 들리는 반면 an impediment to aging/disease/decay는 매우 어색하게 들린다.
The presence of her little sister was a definite impediment to her romantic plans for the evening.
그녀의 여동생의 존재는 그날 저녁 멋진 밤을 보내고자 하는 계획을 가로막는 명백한 장애물이었다.

✚
impede [ɪmpˈiːd] 방해하다.
obstruction [obstrˈʌkʃən] 방해물, 차단.
obstacle [ˈobstəkəl] 장애물.
drab [drˈæb] 칙칙한, 단조로운.
dull [dˈʌl] 생기없는, 둔한.
bore [bˈɔːr] 지루하게 하다. 따분함.

pedestrian
[pɪdˈestriən]

adjective
● 평범한(commonplace), 상상력이 없는(unimaginative).
noun
● 보행자.

While politicians endlessly discussed the great issues facing Russia, the Russians worried about such pedestrian concerns **as finding enough food, shelter, and clothing.**
정치인들이 러시아에 맞서는 거대 의제를 놓고 끊임없이 논의하는 동안, 러시아인들은 의식주문제를 해결하는 것과 같은 일상적인 문제를 고민하고 있었다.

■

pedestrian은 '걸어서 이동하는 사람'을 의미하는 명사로 많이 알고 있겠지만, 원래는 형용사였다. 말이나 마차를 타고 빠르게 이동하는 것과는 달리 터벅터벅 걷는 것은 '단조롭고 무딘' 일이다.
His style is so pedestrian that the book becomes a real bore.
그의 글쓰기는 너무 평범하고 진부해서 책이 정말 지루하다.
pedestrian은 특색없고 생기없는 글을 묘사할 때 자주 사용된다.
He was a rather pedestrian student.
그저 평범한 학생이었어요.
사람, 취향, 자질, 특히 정치인을 묘사할 때에도 쓰인다.
In comparison with the elaborate stage shows put on by today's rock artists, most of the stage presentations of 1960s rock stars seem pedestrian. 오늘날 록뮤지션들이 펼치는 화려한 무대와 비교하면 1960년대 록스타들의 무대는 대부분 평범해 보인다.
His sister's trips to Borneo made his vacations at the seashore seem pedestrian.
여동생의 보르네오 여행은 해변에서 보내는 그의 휴가를 단조로운 시간처럼 보이게 만들었다.

QUADR QUART

Latin
four

quadrant
[kwˈɒdrənt]

noun
- 4분의 1 원. 4분면.

Washington, D.C., like a number of other cities, is divided into quadrants called Northwest, Northeast, Southwest, and Southeast.

다른 수많은 도시들처럼 워싱턴D.C.도 4등분으로 나누어 북서, 북동, 남서, 남동으로 불린다.

■

예로부터 고도를 계산하거나 항로를 측정할 때 원을 4등분한 모양의 기구를 사용했는데, 이것을 quadrant라고 한다. 욕실 한쪽 구석에 둥글게 가림막을 설치하여 샤워부스를 만드는 경우, 바닥이 4등분된 원 모양이 된다. 이러한 샤워부스를 quadrant shower라고 한다. 많은 도시들이 전체 면적을 4등분해서 일컫는 경우가 많은데 이 때 한 지역을 quadrant라고 한다.

✚

quadruplet [kwˈɒdrʊplət] 네쌍둥이.

quadrille
[kwɒdrˈiːl]

noun
- 카드리유.

Quadrilles were very popular at balls in the American South before the Civil War.

카드리유는 남북전쟁 이전 미국 남부의 무도회에서 매우 유행했다.

■

quadrille은 네 쌍의 커플이 함께 추는 춤을 말한다. 원래 18세기 프랑스의 한 지방에서 시작된 춤으로, 머지않아 프랑스 귀족들 사이에서 크게 인기를 끌기 시작한다. 격식을 갖춰 우아하게 차려 입은 귀족들이 즐기는 카드리유는 음악도 느려지고 동작도 차분해졌다. 카드리유는 영국을 거쳐 뉴잉글랜드까지 전파된다. 19세기 미국에서 quadrille은 다시 보통사람들을 위한 춤으로 변모한다. 경쾌한 음악에 맞춰 춤을 추는 사람들에게 동작과 스텝을 큰 소리로 알려주는 caller가 등장하고 춤동작도 매우 커진다. 이름도 square dance 로 바뀐다.

✚

square dance 스퀘어댄스. 미국의 민속춤.

quarter는 one-fourth dollar, 즉 25 cents다. quart는 one-fourth gallon이다. quadrangle은 angle이 네 개인 도형으로 '4각형'을 의미한다. square나 rectangle 말고도 무수한 quadrangle이 존재한다는 사실을 잊지 말라. quadruplet을 출산하면 당신은 틀림없이 뉴스의 주인공이 될 것이다.

quadriplegic
[kwˌɒdrɪplˈiːdʒɪk]

adjective
- 4지가 마비된.

noun
- 4지가 마비된 사람.

A motorcycle accident in her teens had killed her boyfriend and left her a quadriplegic.
10대 때 오토바이 사고로 그녀의 남자친구는 죽고 그녀는 사지가 마비되었다.

■

Quadriplegics are paralyzed in all four limbs.
quadriplegic은 팔다리가 전부 마비된 사람을 일컫는다.
다리만 마비된 사람은 paraplegic이라고 한다.
quadriplegia는 부상이나 질병으로 인해 척추에 문제가 생겨 발생한다.
Today voice-activated wheelchairs help the quadriplegic get around.
오늘날 음성구동 휠체어는 4지마비환자의 이동을 돕는다.
주택의 전자기기들도 이들을 위해 개발되고 있다.
또한 원숭이를 훈련시켜 이들의 일상을 도울 수 있도록 활용하기도 한다.
The work of the quadriplegic actor Christopher Reeve has led to remarkable advances in developing new nerve connections, enabling some determined paraplegics and quadriplegics to walk again. 말에서 떨어져 전신마비가 된 수퍼맨 크리스토퍼 리브의 노력은 새로운 신경 연결과 재활에 주목할 만한 발전을 일궈냈다. 덕분에 의지가 강한 몇몇 하반신마비 또는 전신마비 환자들이 다시 걸을 수 있게 되었다.

✚
quadriplegia [kwˌɒdrɪplˈiːdʒɪə] 4지마비.
paraplegic [pˌærəplˈiːdʒɪk] 하반신 마비환자.
hemiplegia [hˌɛmɪplˈiːdʒɪə] 반신불수.

quartile
[kwˈɔrtaɪl]

noun
- 4분위.

The schools in our town always average in the lowest quartile in both reading and math achievement.
우리 마을에 있는 학교들은 항상 읽기와 수학 성취도에서 가장 낮은 4분위에 속한다.

■

quartile은 집단을 어떤 기준에 따라 4등분했을 때 한 조각을 의미한다.
The first quartile is the one that scores highest and the fourth quartile scores lowest.
1/4분위는 점수가 가장 높은 집단이고, 4/4분위는 점수가 가장 낮은 집단이다.
For achievement and proficiency tests, the first quartile is the place to be.
성과 및 효율성테스트에서는 1/4분위가 가장 바람직하다.
For blood pressure or cholesterol, the third quartile is healthier.
혈압이나 콜레스테롤 수치를 측정할 경우에는 3/4분위가 가장 건강하다.
A grade-point average that falls in the top quartile earns a student special privileges.
성적평균이 1/4분위에 속하면, 그런 학생은 특별한 혜택을 받는다.

✚
earn sb sth ―에게 ―을 안겨주다.

FORM

Latin
shape/form 모양/형태

format
[fɔ́ːrmæt]

noun
- 어떤 것의 모양, 크기, 전반적인 구성.
- 전반적인 계획, 배열, 재료선택.

verb
- 컴퓨터 디스크를 포맷하다.

The new thesaurus would be published in three formats: **as a hardcover book, a large paperback, and a CD-ROM.**

새로운 유의어사전은 양장본, 보급판, CD-ROM, 세 가지 포맷으로 출판될 것이다.

■

format은 원래 신문이나 책의 '지면디자인'을 일컫는 단어였으나, 지금은 매우 다양한 의미로 확장되어 사용되고 있다.
요즘은 TV뉴스도 format이 자주 바뀐다.
여기서 format은 전반적인 구성을 의미한다. 시트콤이나 범죄드라마 같은 프로그램의 형식도 format이라고 한다. 음악만 틀던 라디오방송에서 토크쇼도 한다면 format이 바뀌었다고 말할 수 있다.
컴퓨터시대에 format은 이제 동사로도 사용된다.
'컴퓨터 데이터를 정리하는 것'을 formatting, 다시 포맷하는 것은 reformatting이라고 한다.
No one was surprised when WTFX's new format **turned out to be exactly the same as that of the company's 70 other stations.**

WTFX에서 내놓은 새로운 라디오방송 포맷이 이 회사의 70개 라디오방송국의 포맷과 똑같은 것으로 판명났음에도 아무도 놀라지 않았다.

conform
[kənfɔ́ːrm]

verb
- 비슷하거나 같게 만들다.
- 순응하다. 일반적인 기준이나 관습을 따르다.

My family was too odd to really conform **to the little town's ideas about proper behavior, but it didn't seem to bother our neighbors too much.**

우리 가족은 너무 특이해서 이 작은 마을에서 적절하다고 여기는 행동규범에 전적으로 순응하지는 못했지만, 이웃들에게는 그다지 신경 쓰이지 않는 것 같았다.

■

con(together)+form(shape)에서 나온 conform은 기본적으로 '다른 것들과 생김새를 맞추다'는 뜻이다.
Employee behavior must usually conform with **basic company policies.**
피고용자는 일반적으로 회사의 기본정책에 순응해야 한다.
A Maine Coon cat or a Dandie Dinmont terrier must conform to **its breed requirements in order to be registered for breeding purposes.**
개나 고양이를 번식 목적으로 순종 인증을 받으려면 품종요구사항 기준에 부합해야 한다.
Being a conformist **is usually a safe bet.**
순응주의자가 되는 것은 대체로 안전한 베팅이다.
Nonconformist **ignores society's standards and the whole idea of** conformity.
순응하지 않는 사람은 사회적 가치를 무시할 뿐만 아니라 순응이라는 개념 자체를 무시한다. 삶이 다소 위험하고 조마조마할 수 있지만 훨씬 신나고 재미있는 경험을 할 수 있다.

✛
odd [ɒd] 기괴한, 자투리의, 홀수의, 짝짝이의.
conformist [kənfɔ́ːrmɪst] 순응하는 사람.
conformity [kənfɔ́ːrmɪti] 준수, 남들 하는 대로 따라함.

formation은 특정한 '형태'를 이루며 행진하는 '대형'을 의미한다.

formula는 정보를 표현하는 표준적인 '양식'을 의미한다. 수학기호로 표현된 공식도 formula이며, 편지를 끝맺을 때 쓰는 Sincerely yours와 같은 정형화된 문구도 formula라고 한다.

formality

[fɔːrmˈælɪti]

noun

- 기존에 확립된 관습이나 행동양식.
- 격식. 관습적인 규칙을 따르는 것.

The bride and groom wanted a small, intimate wedding without all the usual formalities.

신랑과 신부는 일반적인 격식을 모두 없애고 작고 소박한 결혼식을 원했다.

■

formal behavior는 적절한 form을 따르는 행동을 의미하며, informal behavior는 그러한 form을 의식하지 않는 자유로운 행동을 의미한다.

The formality of a dinner party is indicated by such formalities as invitations, required dress, and full table settings.

디너파티의 격식은 초대장, 요구되는 복장, 전체 테이블세팅과 같은 격식으로 드러난다.

legal formality = legal technicality

법률적 격식이란 곧 '법률적 절차'를 의미한다. 절차를 소홀히 하다가 큰 코 다칠 수 있다.

America requires fewer formalities than many other countries.

미국은 다른 나라에 비해 격식을 거의 따지지 않는 문화다.

예컨대 독일에서는 수년간 알고 지낸 사람만 이름을 부를 수 있지만, 미국은 그렇지 않다. 물론 우리가 의식하지 못하는 또 다른 맥락의 격식이 미국사회에 작동하고 있을지 모른다.

The new couple found the formality of the elegant dinner a little overwhelming.

새로운 커플에게 우아한 저녁만찬의 격식은 다소 버겁게 느껴졌다.

formative

[fˈɔːrmətɪv]

adjective

- 형태나 모양을 빚어내는.
- 중요한 성장이나 발달이 있는.

She lived in Venezuela during her formative years **and grew up speaking both Spanish and English.**

그녀는 베네수엘라에서 성장기를 보낸 덕분에 스페인어와 영어를 모두 사용하면서 자랐다.

■

The Grand Canyon is a product of the formative power of water. 그랜드캐년을 빚어낸 힘은 물이다.

무언가 형태를 빚어내는 것에는 formative를 붙일 수 있다.

The automobile was a huge formative influence on the design of modern cities.

자동차는 오늘날 도시설계에 엄청난 영향을 발휘한다.

An ambitious plan goes through a formative stage of development.

거대한 계획은 언제나 형성단계를 거친다.

formative는 물리적인 형체가 없는 것에도 사용된다.

The formative years of the U.S. included experimentation with various forms of government.

미국은 국가형성기 동안 다양한 형태의 정부를 실험했다.

The most important formative experiences in our own lives tend to take place in the first 20 years or so.

우리 삶에서 인격형성에 가장 중요한 영향을 미치는 경험은 대략 20살까지 벌어진다.

✛

former [fˈɔːrmər] 이전의. ↔ latter [lˈætər]

technicality [tˌeknɪkˈælɪti] 전문적인 절차.

FIG

Latin

to shape or mold 모양을 빚다
a form or shape 모양/형태

figurative

[fˈɪɡjərətɪv]

adjective

- 미술에서 형상이나 인물을 재현한.
- 비유적인.

When the poet says he's been living in the desert, it's a figurative reference to his emotional life.

시인이 사막에 살고 있다고 말한다면, 그것은 자신의 정서적 삶을 비유적으로 표현한 것이다.

■

Words and phrases can have both literal and figurative meanings. 단어와 구는 축자적 의미와 비유적인 의미를 가질 수 있다. 우리는 일상에서 이 두 가지 의미를 모두 사용한다.

We can literally close the door to a room, or we can figuratively close the door to further negotiations. 우리는 문자 그대로 방문을 닫기도 하지만, 비유적으로 추가협상으로 들어가는 문을 닫기도 한다. 진짜 문을 닫는 것이 아니라 협상에 참여하지 않겠다고 거절하는 것이다.

Figurative language includes figures of speech, such as similes ("she's been like a sister to me") and metaphors ("a storm of protest"). 비유적 언어에는 직유("그녀는 나에게 언니 같아")와 은유("반항의 폭풍")와 같은 비유표현이 있다.

You've probably noticed that lots of the definitions in this book show both a literal meaning and a figurative meaning. 여러분들은 이 책에 등장하는 무수한 단어들이 축자적 의미(대개 물리적인 것)와 비유적 의미(대개 물리적이지 않은 것)를 둘 다 가지고 있다는 사실을 깨달았을 것이다.

And sometimes it's hard to tell whether a phrase is literal or figurative. 물론 축자적인 의미인지 비유적인 의미인지 구분하기 어려운 경우도 있다.

configuration

[kənfˌɪɡjərˈeɪʃən]

noun

- 설정.
- 부품이나 요소의 배열.

We've changed the configuration of the office so that employees will have more privacy at their desks.

직원이 책상에서 사적인 자유를 더 많이 갖도록 사무실의 배치를 변경했다.

■

configuration은 컴퓨터과학, 수학 등 과학기술 분야에서 보편적으로 사용되는 용어다.

Two scientists won a 1962 Nobel Prize for their description of the configuration of the DNA molecule.

1962년 James Watson과 Francis Crick은 DNA분자의 염기서열을 밝혀낸 업적으로 노벨상을 받았다.

Since then, researchers have studied what different configurations within the DNA strands mean and what they control.

그 이후 연구자들은 DNA 가닥 안의 다양한 배열이 무엇을 의미하는지, 그들이 무엇을 제어하는지 연구해왔다.

Genetic engineers have tried to configure or reconfigure DNA in new ways to prevent or treat diseases.

유전공학은 질병을 예방하거나 치료하기 위해 DNA를 새롭게 '배열'하거나 '재배열'하는 실험을 끊임없이 하고 있다.

✚

molecule [mˈɒlɪkjuːl] 분자.
strand [strˈænd] 가닥.
figure of speech 비유표현.
simile [sˈɪmɪli] 직유.

figure는 shape(모양)을 의미한다.
transfiguration은 겉모양의 '변형'을 의미한다.
disfiguring injury는 '신체변형을 유발하는 부상'이다.

effigy
[ˈefɪdʒi]

noun

● 조상(彫像). 증오하는 사람을 조잡하게 빚은 형상.

The night before the big game, an effigy **of the rival coach was burned on a huge bonfire.**

큰 경기가 열리기 전날 밤, 상대팀 코치의 인형을 만들어 거대한 모닥불 속에 넣어 태웠다.

■

고대이집트인들은 죽은 사람을 묻을 때 그를 닮은 인형을 만들어 함께 묻는 관습이 있었다. 시신이 부패하더라도 이 인형으로 죽은 이의 형상을 보존할 수 있다고 생각했다. 이 인형을 effigy라고 한다.
판타지영화에서 마녀나 주술사들이 어떤 대상에게 고통을 주기 위해 작은 인형을 만들어 바늘로 찌르는 모습을 볼 수 있는데, 그 인형도 effigy라고 한다.
Effigy now usually refers to crude stuffed figures of the kind that get abused by angry protestors and unruly college students.
오늘날 effigy는 대개 화난 시위자들이나 과격한 대학생들이 증오하는 대상을 조롱하기 위해 조잡하게 만든 허수아비 인형을 가리킨다.
In 1998 he was burnt in effigy.
1998년 그의 허수아비 화형식이 열렸다.

✛
bonfire [bˈɒnfaɪər] 횃불, 모닥불.
crude [krud] 대충 만든
stuffed [stʌft] 속을 채워넣은.
unruly [ʌnrˈuli] 제멋대로 구는.

figment
[fˈɪgmənt]

noun

● 꾸며낸 것.

His preference for Cindy is a figment of your imagination**; believe me, he barely knows she exists.**

그가 신디를 좋아한다는 것은 당신이 상상으로 만들어낸 허구에 불과해. 내 말 믿어. 그는 그녀가 있다는 사실조차 알지 못해.

■

figment는 '꾸며낸 것'을 말하는데, 대부분 a figment of sb's imagination이라는 형태로 쓰인다. People didn't realize the Martian invasion was just a figment of the author's imagination.
사람들은 화성인침공이 저자의 상상의 산물일 뿐이라는 사실을 깨닫지 못했다.
1938년 미국에서 H. G. Wells의《우주전쟁》을 각색한 라디오드라마를 듣고 많은 사람들이 드라마 내용을 실제상황으로 착각하여 한바탕 난리가 벌어졌다.
The attack wasn't just a figment of my imagination.
공격은 나의 상상 속에서만 벌어진 일이 아니었다.
Don't tell him, but his popularity is just a figment of his imagination.
그에게 말하지는 마. 어쨌든 그의 인기는 상상의 산물에 불과해.
The idea that my parents don't like you is a figment of your imagination.
우리 부모님이 널 좋아하지 않는다는 건, 너만의 생각일 뿐이야.

✛
transfigure [trænsfˈɪgjər] 아름답게/거룩하게 변모하다.
disfigure [dɪsfˈɪgjər] 보기 싫게 변모하다. 외모가 손상되다.

LONG

Latin *longus*
long 긴

longitude
[lˈɒndʒɪtuːd]

noun
- 경도.

Checking the longitude, she was surprised to see that the tip of South America is actually east of New York City.

경도를 확인하는 과정에서, 남아메리카의 끝부분이 뉴욕보다 동쪽에 있다는 사실에 놀랐다.

■

Each line of longitude is identified by the number of degrees it lies east or west of the so-called prime meridian in Greenwich, England.

북극에서 남극으로 이어지는 경도는 영국 런던에 있는 그리니치 천문대를 지나는 가상의 본초자오선을 기준으로 동쪽이나 서쪽으로 벌어져 있는 각도로 식별한다.

The longitude of the Egyptian city of Cairo is about 31°E—that is, about 31° east of London.

이집트 카이로의 경도는 대략 동경 31도인데, 이는 런던에서 동쪽으로 약 31도 돌아간 경도 상에 위치한다는 뜻이다.

A longitudinal study is a research study that follows its subjects over many long years.

종적 연구는 오랜 세월에 걸쳐 한 가지 주제를 쫓아가는 접근방법이다.

Longitudinal engine drives a crankshaft that runs lengthwise under a vehicle rather than crosswise. 종축 엔진은 크랭크축이 가로가 아닌 세로로 왕복운동을 한다. **대개 후륜구동자동차에서 사용한다.**

✚
meridian [mərˈɪdiən] 자오선.
longitudinal [lˌɒndʒɪtˈuːdɪnəl] 세로방향의, 경도의.
crankshaft 크랭크축.
rear-wheel-drive 후륜구동.

elongate
[ɪlˈɔːŋgeɪt]

verb
- 잡아늘이다.

When mammals gained the ability to fly, it wasn't by means of feathered wings; instead, over thousands of years the digits of their "hands" elongated and a web formed between them.

포유류가 나는 능력을 갖게 된 것은 깃털이 달린 날개 때문이 아니라, 수천 년 동안 늘어난 '손가락'과 그 사이에 생긴 막 때문이다.

■

Her legs were elongated by the very high heels which she wore.

그녀의 다리가 늘어난 것은 바로 그녀가 신고 있는 하이힐 때문이다.

elongate는 과학, 특히 해부학에서 신체부위를 설명할 때 자주 등장한다.

1960년 DC코믹스에서 선보인 Elongated Man은 이름 그대로 몸이 늘어나는 초능력을 가진 수퍼히어로였다. 하지만 Plastic Man, Elastic Lad, Mr. Fantastic 등 똑같은 능력을 지닌 수퍼히어로들이 연달아 등장하면서 수퍼히어로로서 변변한 경력도 쌓지 못하고 무대에서 퇴장하고 말았다.

By following a few basic tips, you can elongate your laptop battery's life by a month or more.

몇 가지 기본적인 요령만 지킨다면, 랩탑의 배터리 수명을 한 달 이상 늘일 수 있다.

✚
digit [dˈɪdʒɪt] 손가락, 발가락, 숫자의 자릿수.
lengthwise [lˈeŋθwaɪz] 세로로, 종으로.
crosswise [krˈɔːswaɪz] 가로질러, 횡으로.
latitude [lˈætɪtuːd] 위도.

long-suffering wife는 오랜 세월 인내하며 살아온 아내를 의미하며(≒糟糠之妻)
long-winded는 말이나 글이 '장황하고 지루한'이란 의미다. prolong은 어떤 것을 '잡아늘이다'라는 뜻이며
chaise longue[ʃˈeɪz lˈɒŋ]은 뒤로 젖히면 누울 수 있는 '긴 의자'를 의미한다.

longueur
[lɔŋgˈɜr]

noun

● (소설이나 음악의) 지루한 부분.

She tells me the book is extremely rewarding, in spite of some longueurs during which she occasionally drops off to sleep.

정말 읽을 만한 가치가 있는 책이라고 그녀는 말했지만, 어느 부분에서는 지루하여 읽다가 잠이 들기도 했다고.

■

longueur는 프랑스에서 사용하던 라틴어를 그대로 가져온 것이다. 외국어를 들여오는 가장 큰 이유는 그런 의미를 가진 단어가 자국어에 없기 때문인데, longueur가 바로 그런 경우다.
longueur는 책에 대해 이야기할 때 가장 많이 등장하지만, 강의와 연설을 설명할 때에도 자주 쓰인다.
프랑스어에서 가져온 단어들은 기본적으로 비평가나 교수 등 유식한 (척하는) 사람들이 주로 애용하는데, longueur는 일상적으로도 자주 쓰인다.
이런 단어를 쓰면 여러분도 지적으로 보일 것이다!
The talk was just one longueur after another, and she finally got up and tiptoed out of the lecture hall.
대담은 끊임없이 이어진 지루함 중 하나였을 뿐이었고, 결국 그녀는 자리에서 일어나 살금살금 강의실에서 빠져나왔다.

✦

drop off 자기도 모르게 잠들다.
skinny [skˈɪni] 폭이 좁은, 너무 말라서 볼품이 없는.
cramp [krˈæmp] 죄다, 속박하다, 경련.
stalk [stˈɔːk] 줄기, 대.
ovate [ˈoʊveɪt] 달걀모양의.
oval [ˈoʊvəl] 타원형.

oblong
[ˈɒblɔːŋ]

adjective

● 한쪽 면이 다른 쪽 면보다 긴.

Their apartment was awkwardly oblong, with a long skinny hall running past the cramped rooms.

그들이 사는 아파트는 어색하게 길어서, 비좁은 방들 사이로 길고 좁은 복도가 나 있었다.

■

It bears short-stalked ovate or oblong leaves, with strongly marked veins.
그 식물은 짧은 줄기에 엽맥이 도드라진 달걀모양의 길쭉한 이파리를 낸다. oblong은 나뭇잎과 같은 사물의 모양을 묘사할 때 유용하게 사용할 수 있는 단어다.
A stretched circle has to be called an oval, but any rectangle that isn't square is oblong.
한 방향으로 잡아늘린 원은 타원이라고 부르기 때문에 oblong circle이라는 말은 쓰이지 않는다. 하지만 정사각형이 아닌 직사각형은 oblong이라고 부를 수밖에 없다.
실제로 oblong은 '긴 직사각형'을 일컫는 명사로도 쓰인다.
Pills are generally oblong rather than round, to slide down the throat more easily.
알약은 일반적으로 동그란 형태를 길게 늘린 형태로 되어 있어서, 목구멍에서 더 쉽게 넘어간다.
알약은 대개 oval이 아닌 oblong 모양으로 되어 있다.
An oblong table will often fit a living space better than a square or round one with the same area.
같은 공간이라도 정사각형이나 원형 테이블보다 긴 테이블은 공간효율성이 높다.
People are always buried in oblong boxes.
사람은 죽으면 예외없이 길다란 상자 속에 들어가 묻힌다.

TETR

Greek
four

tetracycline

[tˌɛtrəsˈaɪklɪn]

noun
- 테트라사이클린.

**He was sent home with a prescription
for tetracycline and some advice about
how to avoid Lyme disease in the future.**

그는 테트라사이클린 처방과 함께 향후 라임병을 예방하기 위한
조언을 듣고 귀가 조치되었다.

■

tetra(four)+cycl(circle)이 결합한 tetracycline은
말 그대로 four-ringed라는 뜻이다. 정확하게 말하자면
four fused hydrocarbon rings로 이루어진
화학물질이다. 이처럼 화학물질 이름은 대개 그리스어나
라틴어 어근 두세 개를 결합하여 만든다.
Tetracycline, which comes from a kind of
soil bacteria, is one of the most used of the
antibiotics.
토양 박테리아에서 추출하는 테트라사이클린은 가장 많이 이용되는
항생제 중 하나다. antibiotics는 박테리아와 같은 미생물에
작용하는 약물로 virus에는 작용하지 않는다.
Tetracycline has proved effective against acne,
chlamydia, cholera, rickets, and various lung and
eye infections, among many other conditions.
테트라사이클린은 수많은 증상 가운데 여드름, 클라미디아, 콜레라,
구루병, 다양한 폐질환과 눈질환에 효과가 있는 것으로 입증되었다.
이처럼 다양한 효능이 있는 항생제를 Broad-spectrum
antibiotics라고 한다.

+
acne [ˈækni] 여드름.
chlamydia [kləmˈɪdiə] 클라미디아(성병).
rickets [rˈɪkɪts] 구루병.

tetrahedron

[tˌɛtrəhˈidrən]

noun
- 4면체.

**Her son's box kite was a tetrahedron,
and its pyramid shape was easy to pick
out among the traditional designs flown
by the other children.**

그녀의 아들의 상자연은 4면체였는데, 다른 아이들이 날리는
전통적인 디자인의 연 사이에서 피라미드 형상은 쉽게 눈에 띄었다.

■

The simplest tetrahedron is made of four equal-
sided triangles.
가장 단순한 4면체는 똑같은 크기의 삼각형 네 개로 이루어진다.
하나는 바닥이 되고, 나머지 세 개가 그 위에서 맞춰지면서
피라미드 형태를 만든다.
But the great pyramids of Egypt aren't
tetrahedrons.
하지만 이집트의 거대한 피라미드는 4면체가 아니다.
정4각형의 바닥 위에 3각형 네 개로 이루어져 있다.
4면이 아니라 5면인 셈이다.
A tetrahedron can be a strong and stable
structure, since it's made of four triangles.
4면체는 단단하고 안정적인 구조일 수 있다. 3각형 네 개로
이루어져있기 때문이다.

세계적인 인기를 누리는 비디오게임 Tetris는 정4각형 블록을 네 개씩 묶은 조각을 쌓는 게임이다.
Tetris를 빼면 TETR를 사용하는 단어들은 대부분 화학용어.

tetralogy

[ˌtɛtrˈælədʒi]

noun

● 4부작.

The Raj Quartet, Paul Scott's long and complex **tetralogy** of India, was made into a highly praised television series.

폴 스콧의 길고 난해한 인도 4부작 《라즈콰르텟》은 TV시리즈로 제작되어 매우 좋은 평가를 받았다.

■

Vivaldi's Four Seasons could be called a **tetralogy**.

비발디의 '4계'는 4부작이라고 할 수 있다. 계절마다 바이올린 콘체르토가 하나씩 구성되어 있기 때문이다.

Eight of Shakespeare's history plays are often grouped into two **tetralogies**.

셰익스피어의 역사희곡 8개 작품은 Major tetralogy와 Minor tetralogy로 묶기도 한다.

Wagner's great *Ring of the Nibelung*, an **opera tetralogy** based on Norse mythology, contains about 18 hours of music.

북유럽신화를 기반으로 한 바그너의 오페라 4부작 《니벨룽겐의 반지》는 약 18시간에 달하는 음악으로 이루어진 대작이다.

tetralogy는 고대그리스에서 한 작가의 작품을 네 개씩 묶어 공연했던 것에서 기원한다. 먼저 공연하는 세 작품은 반드시 비극이어야 하고, 마지막 작품은 반드시 신나는 희극이어야 한다.

Aeschylus, Sophocles, Euripedes 등 탁월한 극작가들의 tetralogy가 존재했지만, 지금까지 온전하게 남아 있는 것은 하나도 없다.

✛

concerto [kəntʃˈeərtoʊ] 협주곡.

tetrapod

[tˈɛtrəˌpɑd]

noun

● 4지를 가진 척추동물.

His special study was the great seismosaurus, probably the largest **tetrapod**—and the largest land animal—that ever lived.

그의 특별한 연구대상은 지구상에서 가장 큰 4지동물이자 가장 큰 육지동물로 추정되는 세이스모사우루스였다.

■

tetra(four)+pod(foot)가 결합한 tetrapod는 '네 발을 가진 동물'을 일컫는다. 최초의 4지동물은 파충류였다. 다양한 크기로 존재하던 파충류가 진화하면서 거대한 공룡이 출현한다.

Today the **tetrapods** include the reptiles, the amphibians, the birds, and the mammals—including humans.

오늘날 4지동물에는 파충류, 양서류, 조류, 인간을 포함한 포유류가 있다.

물고기는 tetrapod로 분류되지 않지만, 수억 년 전 물고기의 쌍지느러미에서 4지가 진화되어 나왔을 가능성은 매우 크다.

Every large land animal is a **tetrapod**, as is every bird.

거대한 육상동물은 모두 4지동물이다. 새도 역시 마찬가지다.

✛

reptile [rˈɛptɪl] 파충류.
amphibian [æmfˈɪbiən] 양서류.
mammal [mˈæməl] 포유류.

NEG NEC/NE

Latin negare

to say no 부정하다

negligent

[nˈeglɪdʒənt]

adjective

- 적절한 치료를 받지 못하는.
- 태만한. 소홀함이 드러나는.

The Army Corps of Engineers was found negligent for having failed to keep the New Orleans levees in good repair.

육군공병대는 뉴올리언스 제방을 제대로 복구하고 유지하는 데 태만했던 것으로 밝혀졌다.

■

Negligence is a common claim in lawsuits regarding medical malpractice, auto accidents, and workplace injuries.

negligence는 의료과실, 자동차사고, 산업재해와 관련한 법적 소송에서 흔히 등장하는 용어로, 흔히 '부주의', '과실'로 번역된다.

The jury determined that the airline was negligent in training and supervising the crew.

배심원단은 항공사가 승무원 훈련과 감독을 소홀했다고 판단했다.

She became more and more neglectful of her responsibilities. 그녀는 자신의 책임을 점차 소홀히했다.

neglectful은 negligent와 같은 뜻이지만 좀더 일상적인 맥락에서 사용된다.

She can be negligent about answering your e-mail, or negligent in the way her dress.

이메일에 답장하는 것을 소홀히 하거나 옷차림을 소홀할 수 있다.

물론 일상적인 맥락에서도 negligent를 쓸 수 있다.

negligee [nˈeglɪʒeɪ] 네글리제. 코르셋을 하지 않고 집안에서 편하게 입는 드레스. negligent에서 나온 말이다.

✛

neglectful [nɪglˈektfʊl] 태만한, 소홀한.
negligence [nˈeglɪdʒəns] 태만, 부주의.

abnegation

[ˌæbnɪgˈeɪʃən]

noun

- 금욕.

She's been denying herself pleasures since she was a child, so she's actually attracted by the life of abnegation that a nun leads.

그녀는 어렸을 때부터 자신의 쾌락을 부정하는 삶을 살았기에, 실제로 수녀의 금욕적인 삶에 매료되었다.

■

Abnegation plays an important part in the teachings of all the major religions.

금욕은 모든 주요 종교에서 중요한 역할을 한다.

Buddha was a prince who gave up all his worldly goods when he discovered the world of poverty that lay outside the palace gates, and abnegation has been a Buddhism practice ever since.

붓다로 왕자로 살다가 궁궐 바깥의 가난한 세상을 발견하고서 자신의 모든 세속적인 재산을 포기하였는데, 그 이후 금욕은 불교의 전통이 되었다.

Special periods of abnegation and fasting may even be included in a religion's yearly calendar.

금욕과 금식을 하는 특별한 기간이 종교의 연간달력에 표기되는 경우도 있다. 기독교에서는 Lent 40일 동안 쾌락을 금하고, 이슬람에서는 Ramadan 30일 동안 낮 시간에 먹는 것을 금한다.

✛

Lent [lˈent] Easter(부활절) 바로 전 40일 동안 금식하는 기간. 사순(40)절.
Ramadan [rˈæmədæn] 이슬람 음력 9월 한 달 동안 해가 떠서 질 때까지 금식/금주하는 기간.

NEG/NEC/NE는 단어 앞에 붙어 denial/refusal을 의미하는 접두어처럼 쓰인다.
negate는 어떤 것의 효력을 '무력화시키다'라는 의미이고,
negative는 부정하거나 반박하거나 거절하는 것을 의미한다.

negligible

[nˈeglɪdʒɪbəl]

adjective

● 무시해도 될 만큼 적은. 하찮은.

Local weather forecasters had made it sound like the blizzard of the century, but the amount of snow turned out to be negligible.

지역의 기상예보관들은 100년에 한 번 있을 법한 엄청난 눈보라가 칠 것처럼 말했지만, 실제로 내린 눈의 양은 무시해도 될 만큼 적었다.

■

negligible은 neglectable과 같은 뜻이지만, neglectable은 별로 사용되지 않는다.
If an accident results in negligible damage to your car, you should be thankful.
사고가 났음에도 차의 손상이 무시해도 좋을 만큼 사소하다면 그것만으로도 감사해야 한다.
If two years of intense focus on testing in the classroom results in a negligible improvement in student test scores, it's probably time to try something new.
2년 동안 학교시험에 집중했음에도 시험성적이 거의 오르지 않았다면, 새로운 길을 찾아야 할 것이다.

✛

neglect [nɪglˈekt] 소홀히하다, 적절한 관심을 쏟지 않다.
neglectable [nɪglˈektəbəl] 소홀히 해도 괜찮은.

renege

[rɪnˈɪg]

verb

● 약속이나 의무를 어기다.

If his partners renege at this point, the whole project will probably fall through.

그의 동료들이 이 지점에서 약속을 지키지 않으면, 프로젝트 전체가 망할 것이다.

■

To renege on a bet is to refuse to pay up when you lose.
내기에서 약속을 지키지 않는 것은 내기에 지고도 돈을 내지 않는 것이다.
To renege on a promise of marriage, or on a deal of any kind, is to pull out.
결혼약속이든 어떠한 거래약속이든 약속을 깨는 것을 renege라고 표현한다.
History is full of promises and commitments and treaties that were reneged on.
역사는 파기된 약속과 공약과 조약으로 가득 차 있다.
미국의 백인정착민과 정부는 원주민과 맺은 무수한 조약들을 300년 이상 일방적으로 어겼다.
He always welshes on his deals.
welsh 역시 renege와 같은 뜻으로 사용된다. 하지만 welsh는 Welsh(웨일스사람)에서 온 말이기 때문에 차별적인 의미를 담고 있다. 쓰지 않는 것이 좋다.

✛

pull out 손을 빼다.
welsh [wˈelʃ] 돈 떼먹고 도망가다.
negate [nɪgˈeɪt] 무효화하다, 부인하다.

SCI

Latin *scire*

to know 알다
to understand 이해하다

conscientious

[kˌɒnʃiˈenʃəs]

adjective
- 도덕적인. 양심적인(scrupulous).
- 성실한.

New employees should be especially conscientious about turning in all their assignments on time.

새로운 직원들은 특히 정해진 시간 안에 과업을 완수해야 한다는 것을 명심하라.

■

conscience와 그 형용사 conscientious는 모두 '죄책감을 느끼는'을 의미하는 라틴어동사에서 나온 말이다. conscientious는 도덕률을 준수하거나 맡은 임무를 수행하는 데 만전을 기하는 것을 의미한다.
A conscientious person has a strong moral sense, feelings of guilt when he or she violates it.
양심이 있는 사람은 도덕성이 매우 강하여, 스스로 이를 거슬렀을 때 죄책감을 느낀다.
A conscientious worker has a sense of duty that forces him or her to do a careful job.
양심이 있는 노동자는 꼼꼼하게 일을 처리해야 한다는 사명감을 느낀다.
A conscientious report shows painstaking work on the part of the writer.
양심이 있는 기사는 그 자체로서 글쓴이의 정성과 노력이 묻어난다.
conscientious objector
양심을 이유로 병역을 거부하는 사람

✚

conscience [kˈɒnʃəns] 양심.
scrupulous [skrˈuːpjʊləs] 공정성/도덕성을 따지는, 세심한.

nescience

[nˈɛsɪəns]

noun
- 무지. 지식이나 자각의 결여.

About once every class period, my political-science professor would angrily denounce the nescience of the American public.

정치학 교수님은 학기 중에 한 번씩 미국 대중의 무지를 맹렬히 비난한다.

■

ne(not)+sci(to know)가 결합한 nescience는 문자 그대로 '아는 것이 없다'는 뜻으로, 유식한 사람들이 쓰는 표현이다. 형용사 nescient 역시 마찬가지다.
Is it any wonder Americans are sometimes called nescient?
미국인들이 이따금씩 무식하다는 소리를 듣는 이유가 궁금한가? 미국인 중 40%는 인간과 공룡이 동시대에 살았다고 믿으며, 49%는 대통령이 헌법을 무시해도 된다고 믿으며, 60%는 정부를 구성하는 3대 기관이 무엇인지 모르고 (입법부, 사법부, 행정부!), 75%는 세계지도에서 이스라엘이 어디 있는지 찾지 못한다.

✚

nescient [nˈɛsɪənt] 무지한.
denounce [dɪnˈaʊns] 공적인 자리에서 비난하다. 잘못된 행동을 고발하여 법적 처리를 요구하다.
eerie/eery [íəri] 기괴한, 오싹한.

'과학'을 의미하는 science는 기본적으로 '지식'을 의미한다.
conscience는 '도덕적 지식'이며, conscious는 제대로 이해하고 판단할 수 있는 '의식이 있는'이라는 뜻이다.

prescient
[ˈpreʃiənt]

adjective
- 앞으로 벌어질 일을 미리 아는.

For years she had read the Wall Street Journal every morning, looking for prescient warnings about crashes, crises, and catastrophes on the horizon.

수년 동안 그녀는 다가올 폭락, 위기, 파국을 예고하는 징후를 찾아 매일 아침 월스트리트저널을 탐독했다.

■

Being truly prescient would require supernatural powers.

진정으로 미래를 내다보기 위해서는 초자연적 힘이 필요하다.

Well-informed people may have such good judgment as to appear prescient.

사정에 정통한 사람은 탁월한 판단을 내릴 수 있는데, 마치 선견지명이 있는 것처럼 보인다.

Any apparent prescience is usually the result of leaks from people with inside knowledge.

지나치게 명백한 선견지명은 대개 내부정보가 유출된 결과일 확률이 높다.

The most successful stockbrokers have the reputation of being almost eerily prescient.

가장 성공한 주식중개인들은 귀신처럼 미래를 예측하는 것으로 유명하다.

✦

on the horizon 곧 들이닥칠.

unconscionable
[ʌnˈkɒnʃənəbəl]

adjective
- 비양심적인. 도덕률을 따르지 않는.
- 터무니없는. 지나치게 불합리하거나 부당한.

When the facts about how the cigarette industry had lied about its practices for decades finally came out, most Americans found the behavior unconscionable.

담배산업이 수십 년 동안 자신들의 소행에 대해 거짓말을 해 왔는지 마침내 드러나자, 미국인들은 대부분 이를 비양심적인 일로 여겼다.

■

Unconscionable acts can range from betraying a confidence to mass murder.

비양심적인 행동은 신뢰를 저버리는 것에서 대량학살에 이르기까지 다양할 수 있다.

A critic is free to call a fat new book "an unconscionable waste of trees."

새로 출간된 두꺼운 책을 혹평할 때 '양심도 없는 나무 낭비'라고 표현하는 것을 볼 수 있다.

unconscionable은 다섯 음절이나 되는 긴 단어임에도 비교적 자주 쓰인다.

미국 법률에서 쌍방이 합의했더라도, 계약내용이 터무니없어서 판사가 즉각 무효화할 수 있는 계약을 an unconscionable contract라고 말한다.

CRIT

Greek

to judge 판단하다
to decide 결정하다

criterion

[kraɪtˈɪəriən]

noun

● 판단이나 결정을 내리는 기준.

He's one of those readers whose main criterion for liking a book is whether it confirms his prejudices.

그는 자신의 편견을 더 확고하게 해주는 책을 좋은 책이라고 판단하는 독자들 중 하나다.

■

My principal criterion for a new car may be its gas mileage.

새 차를 살 때 가장 중요한 판단기준은 연비다.

When filling a job opening, employers usually look for several criteria in the applicants.

직원을 채용할 때 고용주는 대개 자신이 정한 몇 가지 기준을 지원자들이 충족시키는지 눈여겨본다. **복수형을 눈여겨보라.**

When college admissions officers are reading student applications, they always keep a few basic criteria in mind.

학생들의 지원서를 읽을 때 입학사정관들은 기본적인 입학기준을 늘 염두에 둔다.

One criterion for both the employer and the admissions officer might include the size of the applicant's vocabulary!

직원을 뽑든 학생을 뽑든 공통적으로 눈여겨보는 한 가지 기준은 바로 지원자가 구사하는 어휘수준이다!

이 책을 열심히 공부해야 하는 또 하나의 이유다.

✚

gas mileage 연료 대비 효율, 연비.
admissions officer 입학사정관.

critique

[krɪtˈiːk]

verb

● 비평하다.

noun

● 비평. 평론.

Whenever he reads his latest story in the fiction-writing seminar, one of the other students always delivers a nasty critique.

소설쓰기 세미나에서 신작을 낭독할 때마다 한 학생이 어김없이 가차없는 비평을 쏟아낸다.

■

criticize은 부정적으로 '비판하다'는 의미인 반면, critique은 긍정적일 수도 있고 부정적일 수도 있는 '비평하다'를 의미한다.

Writers and artists often form groups solely to critique each other's work.

작가와 예술가들은 대개 서로 비평을 주고받기 위해 그룹을 만들어 활동한다.

Scientific articles frequently get critiqued in letters to the editor in the following issue of the journal.

학술논문에 대한 비평은 대개 학술지편집자에게 편지형태로 보내며 다음 호에 게재된다.

critique는 명사로도 쓰인다.

When a paper of yours receives a critique from a teacher, you should read it carefully, and then reread it; getting mad or offended is the worst way to react. 작문과제에 선생님이 달아주는 코멘트는 일종의 평가다. 코멘트를 보고 무작정 화를 내거나 상처를 받기 보다는 주의깊게 읽고 또 읽어보며 의미를 새겨보는 것이 좋다.

✚

criticize [krˈɪtɪsaɪz] 비난하다.

film critic(영화평론가)은 영화를 보고나서 무엇이 좋고 나쁜지 '판단하여' 이야기해주는 사람이다.
critical opinion(비판적인 의견)은 영화를 보지 않아도 된다는 확신을 심어 주기도 한다.
하지만 좋아하는 배우가 나오는 영화라면 negative criticism쯤은 가볍게 무시하고 극장에 갈 수 있다.

hypercritical
[hˌaɪpərkrˈɪtɪkəl]

adjective
- 지나치게 비판적인.

Most teachers do their best to correct their students' mistakes without seeming hypercritical.

선생들은 대부분 학생들의 실수를 바로잡아주면서 지나치게 비판적인 모습을 보이지 않기 위해 최선을 다한다.

◼

hyper(excessive, beyond)+crit(judge)이 결합한 hypercritical은 기본적으로 too fussy라는 뜻이다.
In TV and film comedies, the mother-in-law is just about always hypercritical, since the person her child married is never good enough for her.

코미디에서 시어머니나 장모는 늘 사위나 며느리에 대해 늘 '까다롭게 구는' 역할로 나온다. 자녀와 결혼한 사람이 자신의 마음에 차는 경우는 많지 않기 때문이다.

If your father asks what you think of his new experimental meatloaf and you say it needs a pinch of oregano, you're being constructive; if you say he should cut down on the sawdust next time, you're probably being hypercritical.

아빠가 만든 실험적인 요리를 먹어보고는 '오레가노를 조금만 뿌리면 좋겠어요'라고 말한다면 건설적인 조언이 될 수 있겠지만 '톱밥 좀 작작 뿌려요'라고 말한다면 지나친 비난이 될 수 있다.

✚
fussy [fˈʌsi] 호들갑을 떠는.
meatloaf [mˈiːtlouf] 다진 고기와 야채를 섞어 빵 모양으로 구운 것.

hematocrit
[hˈɛmətoʊkrˌɪt]

noun
- 적혈구용적률. 피에서 적혈구가 차지하는 비율.
- 혈액 원심분리기.

The latest blood test had revealed that her hematocrit had risen considerably and was almost back to normal.

마지막 피검사에서 적혈구용적률이 상당히 높아진 것으로 나타나 거의 정상으로 회복되었다.

◼

hemato(blood)+crit(judge)이 결합한 hematocrit은 기본적으로 '피를 판단하다'는 뜻이다.
Our blood is mostly made up of four components: plasma, red blood cells, white blood cells, and platelets.

우리의 피를 구성하는 네 가지 주요 성분은 혈장, 적혈구, 백혈구, 혈소판이다.

The normal hematocrit for men is about 48%, for women about 38%.

정상적인 적혈구용적률은 남자는 48퍼센트, 여자는 38퍼센트다.
이 수치를 벗어날 경우 몸에 이상이 있다는 뜻이기 때문에 hematocrit은 다양한 질병을 조기진단할 수 있는 유용한 지표가 된다. 그래서 건강검진을 할 때 hematocrit을 측정하기 위해 반드시 피를 뽑는다.

An instrument called a hematocrit is used to separate a sample of blood into its components.

혈액샘플을 성분 별로 분리하는 기계도 hematocrit이라고 부른다.

✚
plasma [plˈæzmə] 혈장.
platelet [plˈeɪtlət] 혈소판.

PENT

Greek
five

pentathlon
[pentˈæθlɒn]

noun
- 5종경기.

The modern Olympic pentathlon includes swimming, cross-country running, horseback riding, fencing, and target shooting.

현대올림픽 5종 경기에는 수영, 크로스컨트리, 승마, 펜싱, 사격이 포함된다.

■

penta(five)+athlos(contest/trial)이 결합한 pentathlon은 '5가지 경기'라는 뜻이다.
The ancient Greek pentathlon tested warriors' skills in sprinting, long jumping, javelin throwing, discus throwing, and wrestling.
고대그리스의 5종경기는 단거리달리기, 멀리뛰기, 창던지기, 원반던지기, 레슬링으로 전사들의 기량을 테스트하는 것이었다.
오늘날 올림픽 5종경기와는 하나도 겹치지 않는다.
A pentathlete must have muscles and reflexes suited to almost any kind of physical feat.
5종경기선수는 거의 모든 신체적 역량을 최대한 발휘할 수 있는 근력과 유연성을 갖추어야 한다.
Track stars with superb all-round training usually try out for the pentathlon competition.
육상스타들은 최고의 종합 트레이닝을 받은 뒤 대부분 5종경기에 도전해본다.

+
sprint [sprˈɪnt] 단거리를 전속력으로 달리다.
javelin [dʒˈævlɪn] 던지는 창(투창).
discus [dˈɪskəs] 원반.
feat [fˈiːt] 최고의 기량.
decathlon [dɪkˈæθlɒn] 10종경기.

pentameter
[pentˈæmɪtər]

noun
- 5보격.

Shakespeare's tragedies are written mainly in blank verse, which is unrhymed iambic pentameter.

셰익스피어의 비극들은 주로 압운이 없는 약강5보격 무운시로 쓰였다.

■

강세를 받지 않는 음절 다음에 강세를 받는 음절이 따라 나오는 '약강' 한 묶음을 iamb라고 한다.
iambic pentameter는 iamb가 다섯 번 나오는 것을 일컫는다. 흔히 '약강5보격'이라고 번역한다.
영어로 쓰여진 위대한 영시들은 대부분 iambic pentameter로 이루어져있다.
Chaucer, Shakespeare, Milton도 iambic pentameter를 즐겨 사용했다.
Robert Frost의 시에서 전형적인 iambic pentameter를 찾을 수 있다.
"I'm going out to clean the pasture spring"
I'm go | ing out | to clean | the pas | ture spring
Robert Frost의 또다른 싯구에서는
iambic tetrameter도 찾을 수 있다.
"And miles to go before I sleep"
And miles | to go | before | I sleep

+
rhyme [rˈaɪm] 각운, 압운.
blank verse 압운이 없는 시.
iambic [aɪˈæmbɪk] 약강 패턴으로 이루어진.
tetrameter [tetrˈæmətər] 4보격.

pentagon은 각(gon)이 5개인 도형, 즉 '5각형'을 의미한다. 진짜 pentagon 모양으로 생긴
워싱턴D.C.의 Pentagon은 세계에서 가장 큰 사무용빌딩으로 유명하다.
한국을 비롯한 여러 나라의 전통음악에서는 음을 5단계로 구분하는 pentatonic scale을 사용한다.

Pentateuch
[pˈɛntətˌuk]

noun
● 모세5경.

**The Pentateuch takes us from the
creation of the world up to the Israelites'
arrival in the Promised Land.**

모세5경은 창세에서 시작하여 이스라엘 사람들이 약속의 땅에
들어갈 때까지 담고 있다.

■

Pentateuch는 그리스어로 five books라는 뜻으로,
Moses가 지었다고 전해지는 Bible에서 가장 오래된 책
5권을 말한다. 유대인들은 이 5권을 Torah라고 부르며,
성인식을 할 때 암송한다.
Pentateuch includes the books of:
—Genesis [ˈdʒɛnɪsɪs] 창세기. 탄생
—Exodus [ˈɛksədəs] 탈출기 (출애굽기), 탈출
—Leviticus [ləˈvɪtɪkəs] 레위기
—Numbers 민수기
—Deuteronomy [ˌdutərˈɑnəmi] 신명기
이 다섯 권에는 아담과 이브, 야곱과 그의 형제들, 모세와
10계명 등 성서에서 가장 오래되고 유명한 이야기가 담겨
있다.

✛
Ten Commandments 10계명.
Pentecost [pˈɛntɪkɔːst] 오순절.
Pentecostalism [pˌɛntɪkˈɔːstəlɪzəm] 오순절주의.
Resurrection [rˌɛzərˈɛkʃən] 그리스도의 부활.
congregation [kˌɒŋgrɪgˈeɪʃən] 회중.

Pentecostal
[pˌɛntɪkˈɔːstəl]

adjective
● 오순절교파의.

**Their neighbors belonged to
a Pentecostal sect and homeschooled
their daughters, who never wore clothes
more revealing than floor-length skirts
and long pants.**

그들의 이웃은 오순절교파로 딸들을 홈스쿨링을 했는데, 그 딸들은
바닥까지 끌리는 스커트와 긴 바지 말고는 몸이 드러나는 옷을 절대
입지 않았다.

■

고대그리스어로 pentekoste는 fiftieth day를
의미한다. Easter부터 (부활절까지 포함하여) 50일째 되는
날이다. 성경에 따르면, 그리스도가 부활한 지 50일째 되는
날 갑자기 하늘에서 세찬 바람이 휘몰아치는 소리가 나더니
혀같은 것들이 나타나 불길처럼 갈라져서 사도들 위에
내렸다. 그들의 마음은 성령으로 가득 차, 성령이 시키시는
대로 알아들을 수 없는 외국어로 말을 하기 시작했다.
Pentecost에 내린 성령이 오늘날에도 재현될 수 있다고
믿는 것을 Pentecostalism이라고 하며, 이러한 믿음을
따르는 사람들을 Pentecostalists라고 한다.
"Speaking in tongues," when everyone in
a congregation may begin talking in languages
that no one can understand, is the best-known
practice of Pentecostals.
예배시간에 모든 신도들이 아무도 알아들을 수 없는 '방언'을
쏟아내는 의식이 바로 오순절교파의 가장 눈에 띄는 특징이다.
Pentecostals는 특정한 교단을 이루기보다는 다양한
교단 속에 여러 형태로 소속되어 있다. 오늘날 전 세계에
5억 명 이상의 신도가 있는 것으로 추정되며, 특히
라틴아메리카와 아프리카에서 신도가 계속 늘어나고 있다.
한국의 가장 큰 교회 순복음교회가 대표적인
Pentecostal church다.

REG

Latin *regula*
rule 규칙

regimen
[rˈedʒɪmen]

noun
- 음식/운동/약물을 활용하는 일상적인 건강요법.

As part of his training regimen, he was now swimming two miles, running seven miles, and bicycling 15 miles every day.

훈련요법의 일환으로, 현재 매일 3킬로미터 수영, 11킬로미터 달리기, 24킬로미터 자전거타기를 하고 있다.

■
현대인들은 끊임없이 자신을 가꾸기 위해 노력한다. 그 결과 다양한 '양생법' 또는 '건강관리요법'들이 쏟아져나오고 있다.
—skin-care regimens 피부관리 비법
—low-cholesterol regimens 저콜레스테롤 식이요법
—weight-loss regimens 체중감량 도인술
—mental regimens 정신수련법
A rehab regimen may require having your activities monitored at a treatment center.
사고, 질병, 수술 등에서 회복하는 사람들을 위해 치료센터에서 체계적으로 운영하는 재활요법도 있다.
Her new regimen included a yoga session and a one-hour bike ride every day.
그녀의 새로운 건강관리일정에는 매일 요가 세션과 한 시간 자전거타기가 포함되어 있다.

✛
rehab [rˈiːhæb]
= rehabilitation [rˌiːhəbɪlɪtˈeɪʃən] 재활, 갱생

interregnum
[ˌɪntərrˈegnəm]

noun
- 권력공백기. 왕위가 비어있는 기간.
- 정부의 통제력이 제대로 작동하지 않는 기간.

During the weeklong interregnum between the CEO's death and the appointment of a new CEO, she felt that she was really running the whole show.

CEO가 사망한 뒤 새로운 CEO가 임명되기까지 1주일간에 걸친 권력공백기 동안 그녀는 자신이 실제로 모든 것을 운영하고 있다고 느꼈다.

■
Every time a pope dies, there's an interregnum period before a new one is elected by the cardinals.
가톨릭에서는 교황이 사망할 때마다 추기경들이 새 교황을 선출할 때까지 '공위空位기간'이 발생한다.
The interregnum following the death of Edward VI in 1553 was briefly suspended when Lady Jane Grey was installed as Queen.
1553년 에드워드6세가 사망한 뒤 공위기간이 발생했을 때 Lady Jane Grey가 여왕으로 옹립되었다. 하지만 Lady Jane은 단 9일만에 Mary Tudor에게 쫓겨나 런던타워에 감금되었고, 불과 17살의 나이에 참수당하고 만다.
In most democratic systems, since the law specifies who should take office when a president or prime minister dies unexpectedly, there's no true interregnum.
민주주의국가에서는 대부분 대통령이나 총리가 예기치 않게 사망했을 때 누가 권한을 대행할 것인지 법률이 구체적으로 명시하고 있기 때문에 진정한 권력공백기는 거의 발생하지 않는다.

✛
cardinal [kˈɑːrdnəl] 추기경.
be installed [ɪnstˈɔːl] 취임하다.

regular는 일종의 rule, 특히 자연법칙을 따르는 것을 의미한다. regime은 rule을 통제하는 집단, 즉 '정권'을 의미한다. regulating an industry는 rule을 따르도록 강제하다, 즉 regulation을 집행하다는 뜻이다. 반대로 기존의 rule을 없애는 작업은 deregulation이라고 한다.

regalia
[rɪɡˈeɪliə]

noun
- 왕가의 상징이나 엠블렘.
- 왕권을 상징하는 공식적인 옷.

The governor seems to enjoy life in the governor's mansion and all the regalia of office more than actually doing his job.
주지사는 실제로 직무를 수행하는 것보다 주지사 관저에서 지위를 뽐내며 사는 것을 즐기는 듯 보인다.

■

regal office는 '왕위'를 의미하는데, 여기서 regal은 '왕권과 관련된'이라는 뜻이다. regalia는 군주만이 가질 수 있는 물건, 특히 군주만이 착용할 수 있는 옷과 장식품을 일컫는다.
The British monarchy's regalia include the crown jewels (crown, scepter, orb, sword, etc.) that lend luster to royal coronations.
영국의 왕권을 상징하는 보물들(왕관, 홀, 보주, 검 등)은 왕위대관식을 더욱 빛나게 해준다.
대학졸업식 때 학생들은 사각모, 가운, 학위를 상징하는 휘장 등을 착용하는데, 이러한 것들은 academic regalia라고 할 수 있다. 중세시대 가톨릭교회에서 대학을 처음 설립했을 때, 학생들에게 성직자들의 옷을 입혔는데, 이것이 지금까지 전통으로 내려온 것이다.
At a ceremonial occasion such as this, every officer would be present, in full regalia.
이와 같은 의례적인 상황에는 모든 관료들이 예복을 차려입고 참석해야 한다.

✛
crown jewels 왕권을 상징하는 장신구들.
scepter [sˈeptər] 홀(笏).
orb [ˈɔːrb] 보주(寶珠).
lend luster [lˈʌstər] 반짝임을 부여하다.
coronation [kˌɔːrənˈeɪʃən] 대관식.

regency
[rˈiːdʒənsi]

noun
- 섭정. 대리통치기간 또는 그러한 정부.

Since the future king was only four when Louis XIV died, France spent eight years under a regency before he took the throne at 13 as Louis XV.
루이14세가 죽었을 때 대를 이을 왕이 겨우 네 살 밖에 되지 않았기에 프랑스는 그가 13살이 되어 루이15세로 즉위할 때까지 8년 동안 섭정으로 유지되었다.

■

1810년 영국의 왕 조지3세가 정신이상 선고를 받자, 그의 아들이 아버지를 대신해 실질적인 군주 역할을 한다. 그는 Prince Regent(섭정공)라고 불렸으며, 아버지가 죽을 때까지 그가 섭정하던 10년을 Regency period(1811-1820)라고 부른다.
Prince Regent는 아버지가 죽고 난 뒤 곧바로 왕에 즉위하여 조지4세가 된다. 조지4세는 10년 동안 왕위를 유지했는데, 때로는 그가 왕으로 있던 1830년까지 총 20년을 Regency period라고 일컫기도 한다.
Regency period는 세련된 건축, 패션, 문학이 꽃피운 것으로 유명하다. 특히 Jane Austen의 작품의 시대적 배경으로 잘 알려져있다.
오늘날 미국과 영국의 호텔이나 가구업체들 중에 Regency를 브랜드로 쓰는 것을 볼 수 있는데, 이는 당시의 세련된 스타일을 제공한다는 의도라고 볼 수 있다.
또한 지금도 이 시기를 배경으로 하는 수많은 로맨스소설들이 쏟아져 나오고 있는데, 이런 작품들을 Regencies라고 부르기도 한다.
역사상 무수한 나라에서 regency가 존재했으나, 오늘날 미국인들은 거의 예외없이 regency 하면 Prince Regent의 통치시대를 떠올린다.

LEGA

Latin *legare*
to appoint 지명하다
to send as a deputy 대표로 보내다

legate
[lˈegɪt]

noun
● 대사. 공식대표.
verb
● [liegit] 유언으로 증여하다.

All the important European powers sent legates of some kind to the peace conference.
주요 유럽강대국은 모두 평화회담에 공식대표를 파견했다.

■

legate는 지금은 자주 사용되지 않는 단어로, 동의어 envoy가 더 흔하게 사용된다.
전자통신이 발전하기 전 legate는 상당히 큰 책임을 맡는 경우가 많았는데, 자신이 제대로 일을 처리하고 있는지 본국정부에 일일이 확인할 수 없었기 때문이다.
The Vatican sends papal legates to represent the pope's point of view in negotiations.
교황청은 협상에 교황의 입장을 대변하기 위해 교황청대사를 파견한다. 교황에서 파견하는 대사는 지금도 legate라고 부른다.
The king's legate arrived two weeks early in order to negotiate the agreement that the king would later sign in person.
왕의 대사는 왕이 직접 서명해야 하는 조약을 협상하기 위해 2주 먼저 도착했다.

✛
papal [pˈeɪpəl] 교황의.
pope [pˈoʊp] 교황.
envoy [ˈenvɔɪ] 사절, 공사(공식 사절), 외교관.

legacy
[lˈegəsi]

noun
● 유언으로 남겨진 것.
● 유산. 조상이나 전임자에게 물려받은 것.

The Stradivarius family of violin makers left a priceless legacy of remarkable instruments.
바이올린 제작자 스트라디바리우스 가문은 뛰어난 악기라는 값진 유산을 남겼다.

■

legacy는 기본적으로 유언장의 조건에 따라 물려받은 돈이나 개인의 소유물, 물질적인 유산을 의미한다.
Much of Western civilization—law, philosophy, aesthetics—could be called the undying legacy of ancient Greece.
법률, 철학, 미학 등 서구문명의 상당부분이 고대그리스가 남긴 불멸의 유산이라고 할 수 있다.
legacy는 이처럼 무형의 유산까지 포괄하는 의미로 확장되어 사용되기도 한다.
The rights and opportunities that women enjoy today are partly the legacy of the early suffragists and feminists.
오늘날 여성들이 누리는 권리와 기회는 어느 정도까지는 초기 여성참정권운동가들과 페미니스트들의 유산이라고 할 수 있다.
Each generation hopes to leave the next a legacy of peace and prosperity.
어느 세대나 다음 세대에게 평화와 번영이라는 유산을 남겨주고 싶어 한다.

✛
suffragist [sˈʌfrədʒɪst] 여성참정권론자.

legal(법적인, 합법적인)과 같은 단어가 이 어근에서 나왔으나,
대표를 임명하여 파견하는 것과 법이 무슨 관계인지는 언뜻 이해하기 어려울 수 있다.

---

delegation
[dˌelɪɡˈeɪʃən]

noun

● 집단의 의견을 전달하기 위해 선발된 대표단.

Each American colony sent a delegation to the Second Continental Congress, and in its second year all 56 delegates approved Jefferson's Declaration of Independence.

모든 미국의 식민지들은 제2차대륙회의에 대표단을 파견했으며, 2차년도에는 56명의 대표들이 모두 제퍼슨의 독립선언을 승인했다.

■

어떤 분야에서 회의가 열릴 때마다 관련된 집단들은 자신의 입장을 대표하는 사람들을 파견한다. 이들을 delegation이라고 하고, 여기에 속한 멤버 개개인은 delegate라고 부른다.

A delegation of nondoctors to a medical convention may want to make sure the rights and needs of patients aren't ignored.

의학회의에 참석한 비의사대표단은 환자의 권리와 요구가 무시되지 않도록 노력할 것이다.

A delegation of laypeople may attend a religious conference to express the concerns of other laypeople. 종교회의에 참석한 평신도대표단은 일반평신도의 관심사를 표출할 것이다.

At the conference a carefully chosen delegation presented its views to the president. 회담에서 세심하게 선별된 대표단이 대통령에게 자신들의 견해를 제시했다.

✛
delegate [dˈelɪɡət] 대표.
　　　　 [dˈelɪɡeɪt] 대표로 파견하다.

---

relegate
[rˈelɪɡeɪt]

verb

● 좌천시키다. 유배보내다.
● 결정이나 실행을 떠맡기다.

First-year students were relegated to the back of the line so that all the upper classes could eat first.

1학년학생들은 윗학년들이 먼저 먹을 수 있도록 뒷줄로 밀려났다.

■

relegate는 원래 to send into exile, banish를 의미한다.

He relegated the old sofa to the basement.
오래된 소파를 지하실로 옮겼다. 거실에 있던 소파를 홈 데코레이션 시베리아로 '유배'보냈다는 뜻이다.

The chief executive may relegate the problem to a committee "for further study."
최고경영자는 그 문제를 '심화연구' 위원회에 떠맡겼다.
마주하고 싶지 않은 골치아픈 문제를 장기연구과제로 지정해 연구소로 '유배보내면' 자기 임기는 편하게 마칠 수 있다.

My own contributions have been relegated to a short sentence near the end.
내가 쓴 기고문은 다 날아가고 맨 마지막에 짤막한 문장으로 언급되었을 뿐이다. 내가 공들여 쓴 글이 '좌천'되었다고 말하는 것은 지금 이 사태가 몹시 불쾌하다는 표현이다.

There in the corner, where the shopkeeper had decided to relegate him, sat a stuffed bear with a mournful face.
상점 구석에一주인이 팔리지 않는 물건을 이곳에 처박아 놓는데一슬픈 표정을 한 곰인형이 앉아 있다.

✛
exile [ˈegzaɪl] 유배지.
banish [bˈænɪʃ] 추방하다, 쫓아내다.

MIS

Latin **mittere**

to send 보내다

---

mission
[mˈɪʃən]

noun

- 임무, 특히 군사적 임무.
- 사명. 중요하게 여겨지는 의무.

She considers it her mission to prevent unwanted puppies and kittens from being born.

그녀는 자신의 사명을 원치 않는 새끼고양이나 강아지가 태어나지 않도록 하는 것이라고 여긴다.

■

Your own mission in life can be anything you pursue with almost religious enthusiasm.

삶의 사명이란 거의 종교적인 열정으로 추구하는 어떤 것이다.

People with a mission very often succeed in really changing things.

사명을 가진 사람들은 실제로 변화를 이끌어내는 데 성공하는 경우가 많다.

mission accomplished 임무완수

mission statement 조직의 사명을 진술한 문서

Their mission on this occasion was to convince their elderly father to surrender his driver's license.

이 참에 그들이 해야 할 일은, 나이든 아버지에게 운전면허를 반납하도록 납득시키는 것이었다.

---

missionary
[mˈɪʃəneri]

noun

- 선교사.

North American missionaries have been working in Central America for decades, and you can find their churches in even the most remote jungle regions.

북아메리카 선교사들은 수십 년 동안 중앙아메리카에서 활동해 왔기에, 심지어 매우 외진 정글지역에서도 그들이 세운 교회를 볼 수 있다.

■

1540년경, Jesuits(예수회)라고 하는 가톨릭사제단이 이교도를 기독교로 개종시키기 위해 세계 곳곳에 선교사들을 파견하기 시작했다. 머지않아 가톨릭과 경쟁하던 개신교들도 똑같이 선교사를 보내기 시작한다.

Today Protestant missionaries are probably far more numerous.

지금은 개신교 선교사들이 가톨릭 선교사들보다 훨씬 많을 것이다.

The only people in the village who could speak English were a Peace Corps volunteer and a missionary at the little church.

이 마을에서 영어를 줄 아는 사람은 평화유지군 자원봉사자 한 명과 작은 교회를 운영하는 선교사 한 명이 전부다.

convert [kənvˈɜːrt] 개종하다.
[kˈɒnvɜːrt] 개종자.

missile 은 대기나 물 속을 꿰뚫고 빠른 속도로 나아갈 수 있는 것을 일컫는다.

dismiss는 '놓아주다, 내보내다'라는 뜻이다. 별로 중요하지 않다고 여겨지는 것, 필요없다고 판단되는 것, 고려할 가치가 없다고 간주되는 주장 등은 dismiss의 대상이 된다.

emissary

[ˈemɪseri]

noun

- 사절, 특사.

Now in his 70s, he had served over many years as a presidential emissary **to many troubled regions of the world.**

이제 70대가 된 그는 오랜 기간 세계의 수많은 분쟁지역에 대통령특사로 파견되었다.

■

missionary와 마찬가지로 emissary도 mission을 받고 보내지는 사람이다. 하지만 emissary는 정부, 정치지도자, 비종교기관을 대표하는 경우가 많으며, emissary의 mission은 대개 협상을 하거나 정보를 수집하는 것이다.

A president may send a trusted emissary to a war-torn region to discuss peace terms.

대통령은 전쟁으로 피폐해진 지역에 평화협상을 진행하기 위해 믿을 수 있는 특사를 파견한다.

A company's CEO may send an emissary to check out another company that they may be thinking of buying.

기업의 CEO는 인수하고자 하는 기업에 대해 알아보기 위해 메신저를 보낸다.

A politician may send out an emissary to persuade a wealthy individual to become a supporter.

정치인은 재력가에게 후원을 해달라고 설득하기 위해 사절을 보낸다.

An emissary was sent to the Duke with a new offer.

공작에게 새로운 제안을 할 사절을 보냈다.

✛

envoy [ˈenvɔɪ] 사절, 공사(대사보다 한 단계 낮은 외교관).

transmission

[trænzmˈɪʃən]

noun

- 전송. 특히 전기신호를 보내는 것.
- 변속기. 엔진의 동력을 구동축으로 보내는 장치.

Even in the Middle Ages, transmission **of news of a ruler's death across the Asian continent could be accomplished by sun reflectors within 24 hours.**

중세시대에도, 통치자가 사망한 소식을 태양반사경을 활용해 아시아대륙을 가로질러 24시간 이내에 전송할 수 있었다.

■

trans(across)+mis(to send)가 결합한 transmission은 무언가 보내주는 역할을 하는 것을 의미한다.

Disease transmission occurs when an infection passes from one living thing to another.

질병의 전염은 한 개체에서 다른 개체로 병이 옮겨갈 때 발생한다.

TV signal transmission can be interrupted by tree leaves.

폭풍이 불어 나뭇가지와 잎이 심하게 흔들릴 때 나뭇잎이 TV전파송신을 방해하기도 한다.

Your car's transmission transmits the engine's power to the axle, changing the gears to keep the engine working with maximum efficiency at various speeds.

자동차의 변속기는 엔진의 동력을 구동축으로 전달하는 장치로, 기어를 바꾸어 다양한 속도에서 엔진의 효율을 극대화할 수 있도록 도와준다.

Transmission of the bacteria usually occurs through close personal contact.

세균의 전파는 대개 개인간의 밀접접촉을 통해 발생한다.

Transmission of electric power over long distances always involves considerable losses.

먼 곳으로 전력을 보내려다 보면 언제나 상당한 손실이 발생한다.

QUINT

Latin
five

quincentennial
[kwɪnsˈɛntənɛri]

noun
- 500주년.

quintessential
[kwˌɪntɪsˈenʃəl]

adjective
- 제5원소의.
- 정수의.

In 1992 Americans celebrated the quincentennial of Christopher Columbus's first voyage to the New World.

1992년 미국인들은 크리스토퍼 콜럼버스의 신대륙발견 500주년을 기념했다.

■

The United States can look forward happily to our national quincentennial in 2276.

미국은 2276년이 되어야 건국 500주년을 맞이할 수 있다.
미국에서 가장 오래된 도시인 플로리다 St. Augustine도 2065년이 되어야 500주년이 된다.
미국은 2076년 tricentennial, 2176년 quadricentennial을 맞이한다.

✚

tricentennial [trˌaɪsentˈeniəl] 300년째.
quadricentennial [ˌkwɑdrɪsenˈteniəl] 400년째.

As a boy, he had thought of steak, eggs, and home fries as the quintessential Saturday breakfast.

어린 시절 가장 완벽한 토요일 아침식사는 스테이크, 달걀, 집에서 만든 감자튀김이라고 생각했다.

■

고대와 중세의 철학자들과 과학자들은 우리가 살고 있는 세상이 earth, air, fire, water 네 가지 요소로 이루어져 있다고 믿었다.
Aristotle는 여기에 aether 또는 ether라고 하는 다섯 번째 요소를 추가했다. ether는 네 요소가 채우지 못한 공간을 채우는 물질로, 대체로 눈에 보이지 않지만 가끔 별과 행성의 형태로 나타나기도 한다고 아리스토텔레스는 말한다. 이후 작가들은 ether를 눈에 보이지 않는 빛이나 불로 묘사했다.
중세시대 ether는 quinta essentia(fifth element)로 일컬어지기 시작한다. quinta essentia는 지구의 한계를 초월하는, 완벽한 어떤 물질을 상징하는 것으로 각인된다.
Guys and Dolls is the quintessential American musical. 《아가씨와 건달들》은 미국 뮤지컬의 정수다.
오늘날 quintessential은 가장 독보적인 어떤 것을 일컫는 말로 쓰인다.
For her, The Night of the Living Dead remained the quintessential horror film, against which she judged all the others.

그녀에게 《살아있는 시체들의 밤》은 호러영화의 정수이기에 그녀는 이 영화를 기준으로 다른 호러영화를 판단한다.

✚

ether [ˈiːθər] 에테르.

quintuplet은 다섯쌍둥이다.
미국에서 quintuplet이 태어난 기록은 60번 정도 밖에 되지 않는다.

quintet

[kwɪntˈet]

noun
- 5중주.
- 5인조.

The team's five starters are considered one of the most talented quintets in professional basketball.
그 팀의 선발선수들은 프로농구에서 가장 재능 있는 다섯 명으로 여겨진다.

■

A classical quintet is usually written for strings or woodwinds, but brass quintets have also become popular in North America recently.
클래식 5중주는 대개 현악기(바이올린 2, 비올라 2, 첼로 1) 또는 목관악기(플루트, 오보에, 클라리넷, 바순, 호른)로 구성되지만, 최근 북미에서는 금관악기 5중주(트럼펫 2, 호른, 트럼본, 튜바)가 인기를 끌고 있다.
In jazz, Miles Davis led two famous quintets.
재즈에서 마일즈 데이비스는 전설적인 퀸텟을 두 번이나 이끌며 뛰어난 작품을 발표하였다.
In pop music, the Miracles, the Temptations, and the Jackson 5 were immensely popular vocal quintets. 팝음악에서는 미라클, 템테이션, 잭슨파이브가 엄청난 인기를 끈 5중창단이었다.
In rock, one of the most common instrumental lineups has been a quintet consisting of two guitars, a bass, a keyboard, and drums.
락음악에서 가장 일반적인 악기구성은 두 대의 기타, 베이스, 키보드, 드럼으로 구성된 5인조다. Grateful Dead와 Beach Boys 가 대표적인 quintet band다.

✚
woodwind [wˈʊdwɪnd] 목관악기.

quintile

[kwˈɪntɪl]

noun
- 5분위.

According to the tests, their one-year-old boy ranks high in the second quintile for motor skills.
테스트 결과, 그들의 한 살짜리 아들은 운동능력에서 두 번째 5분위에서 높은 위치에 속한다.

■

Statistics informs us about our income, ice-cream consumption, or trash production.
통계는 소득, 아이스크림소비량, 쓰레기배출량 등 다양한 정보를 제공한다. 특히 미국인들은 자신들과 연관된 이러한 통계수치에 열광한다.
어떠한 통계든 다섯 조각으로 나눠 비교하면 더 재미있는데, 이렇게 나눈 조각 하나를 quintile이라고 한다.
The fifth or lowest quintile would include the 20 percent who make, eat, generate the least, and the first quintile would include the 20 percent who make, eat, or generate the most.
다섯 번째 또는 가장 낮은 5분위는 소득이 가장 낮거나 아이스크림을 가장 적게 먹거나 쓰레기를 가장 적게 배출하는 20퍼센트에 해당하는 반면, 첫 번째 5분위는 가장 많이 벌고, 먹고, 배출하는 20퍼센트에 해당한다.
The test results placed her in the highest quintile of the population.
시험결과는 그녀를 전체인구 5분위에서 가장 높은 집단에 올려놓았다.

PEL

compel
[kəmpˈel]

verb
● 강요(강제)하다. (어떤 일이) 일어나게 하다.

After returning from the lecture, they felt compelled to contribute to one of the refugee relief agencies.

강연을 듣고 난 후, 난민구호기관 한 곳에 기부하지 않으면 안 될 것 같은 느낌을 받았다.

■

com-은 의미를 강조하는 역할을 하여 compel은 drive forcefully(강하게 몰아붙이다)라는 뜻이 된다. 형용사는 compulsive, 명사는 compulsion이다.
I felt compelled to speak to a friend about his drinking.
친구의 음주벽에 대해 한 마디 하지 않을 수 없었다.
She compelled to reveal a secret in order to prevent something from happening.
일이 터지는 것을 막기 위해 비밀을 폭로할 수밖에 없었다.
You might not want to do something unless there's a compelling reason.
강렬한 이유가 뒷받침되지 않는 한 행동에 옮기기는 쉽지 않다.
a frighteningly violent yet compelling film
끔찍하게 폭력적이지만 눈을 뗄 수 없는 영화.
이 경우 compelling은 너무 재미있어서 계속 볼 수밖에 없다는 뜻이다.
compelling reading/viewing
= compulsive reading/viewing
compulsive gambling/overeating/spending
끊을 수 없는 도박/과식/지출습관

✛
compulsion [kəmpˈʌlʃən] 강박. 억제하기 힘든 욕구.
dispel [dɪspˈel] 떨쳐내다.

expel
[ɪkspˈel]

verb
● 쫓아내다. 퇴출하다.

For repeatedly ignoring important agreements over several years, the two countries were eventually expelled from the trade organization.

수년간 중요한 합의사항들을 여러 차례 이행하지 않아, 두 국가는 결국 무역기구에서 퇴출당했다.

■

ex(out)+pel(to drive)이 결합한 expel은 '내쫓는다'는 뜻이다. 명사는 expulsion이다.
expel은 eject와 비슷한 뜻이지만 다소 의미상 차이가 있다. eject는 throw out(내던지다), expel은 drive out(몰아내다)라는 뜻이다.
The player ejected from a game may be back tomorrow, but the student expelled from school is probably out forever.
쫓겨나더라도 다시 돌아올 수 있는 경우에는 eject를 쓰고, 쫓겨나면 다시 돌아오기 힘든 경우에는 expel을 쓴다.
He was expelled for making racist remarks.
그는 인종주의적 언사로 인해 쫓겨났다.
Three diplomats were expelled for spying.
세 외교관이 스파이 혐의로 추방되었다.
The archerfish can expel sudden jets of water at insects, knocking them into the lake or river.
물총고기는 벌레를 향해서 물줄기를 갑자게 세차게 뿜어내, 호수나 강으로 떨어뜨릴 수 있다.

✛
eject [ɪdʒˈekt] 쫓아내다, 튕겨내다.
expulsion [ɪkspˈʌlʃən] 퇴학, 퇴출, 제명, 추방.

propeller는 비행기를 움직이게 하는 장치다.

dispel은 어떤 생각이나 의심을 '떨쳐버리다'라는 뜻이다.

impel

[ɪmpˈel]

verb

● 내적으로 압박하다.

As the meeting wore on without any real progress being made, she felt impelled to stand and speak.

회의가 어떠한 실질적인 진척도 없이 시간만 축내자, 그녀는 일어나 발언하지 않을 수 없다고 느꼈다.

■

impel은 compel과 의미가 비슷하여 동의어로 쓸 수도 있지만, impel은 좀더 내적인 충동과 절박함에서 나오는 것을 말한다. 이러한 의미차이는 형용사 impulsive와 명사 impulse의 용법에서 확연하게 드러난다.

She acts on impulse.

그녀는 내키는 대로 행동한다.

impulse가 형용사처럼 쓰이는 예외적인 경우도 있는데 바로 impulse buying/purchase라는 말이다.

충동구매를 의미한다.

He is too impulsive to be a responsible prime minister.

총리직을 맡기에는 너무나 충동적이다.

impulsive behavior 충동적인 행동.

Don't count on conscience to impel most people to make the right choice under such difficult circumstances.

그렇게 어려운 상황에서 대다수 사람들이 올바른 선택을 하도록 압박하기 위해 양심에 의지하지 말라.

✦

wear(-wore-worn) 시간이 흘러가다.

impulse [ˈɪmpʌls] 충동.

impulsive [ɪmpˈʌlsɪv] 충동적인.

repulsive [rɪpˈʌlsɪv] 혐오스러운.

repel

[rɪpˈel]

verb

● 가까이 오지 못하게 하다. 물리치다

Her son, knowing how she was repelled by rats and snakes, had started keeping them in his bedroom.

엄마가 얼마나 뱀과 쥐를 질색하는지 잘 알기에, 자신의 침실에 그것들을 키우기 시작했다.

■

여기서 re-는 again이 아니라 back이라는 의미로, repel 은 drive back 즉 '물리치다'라는 뜻이다.

repel의 형용사형은 repellent/repulsive이고 명사형은 repulsion이다. 최근에는 repel 대신에 repulse를 쓰는 경우가 많다.

That guy repulses me.

그 놈이 날 거부해.

a very large, very repellent toad.

아주 크고 징그러운 두꺼비.

Repulsive odor drove us out of the room.

구역질나는 냄새 때문에 방에서 나올 수밖에 없었다.

The goal of an armed defense is the repulsion of an enemy.

군사방위의 목적은 적을 몰아내는 것이다.

Magnets exhibit both attraction and repulsion.

자석은 인력과 척력을 가지고 있다.

✦

repellent [rɪpˈelənt] 징그러운.

repellant [rɪpˈelənt] 방충제(벌레가 가까이 오지 못하게 하는 것).

repulse [rɪpˈʌls] 퇴짜놓다. 멀리하다.

repulsion [rɪpˈʌlʃən] 격렬한 반감, 치를 떪.

MINI MINU

Latin
small 작은
least 최소의

minimalism
[mˈɪnɪməlɪzəm]

noun
- 미니멀리즘.

minuscule
[mˈɪnɪskjuːl]

adjective
- 매우 작은.

He'd never understood what anyone liked about minimalism, since minimalist stories always seemed to leave out any description of people's characters and motivation and rarely even described their surroundings.

그는 사람들이 왜 미니멀리즘을 좋아하는지 도대체 이해할 수 없었다. 미니멀리스트 소설은 언제나 사람의 성격이나 동기를 생략해버리고, 심지어 배경조차 묘사하지 않는 것 같았기 때문이다.

■

1960년대 Steve Reich, Philip Glass, John Adams를 비롯한 몇몇 작곡가들이 인도와 동남아시아 음악에서 영감을 얻어 새로운 음악을 작곡하기 시작했다. 처음부터 빠른 박자와 화음이 빠르게 반복되고 약간의 변주만 이어지는 이들 음악을 사람들은 minimalist music이라고 불렀다.
비슷한 시기에, 미술계에서도 순수한 기하학적 형상만으로 이루어진 작품이 등장하기 시작한다. Donald Judd의 아무 장식 없는 은색상자, Bruce Nauman의 네온튜브로 만든 작품들을 사람들은 minimalist art라고 불렀다.
문학에서도 Samuel Beckett와 Raymond Carver의 뼈대만 남아있는 소설을 사람들은 minimalist novel이라고 불렀다.

✦
minimal [mˈɪnɪməl] 최소한의.
paycheck [pˈeɪtʃˌɛk] 급료.

For someone who had been living on a minuscule budget since graduating from college, even the paycheck for a minimum-wage job felt like wealth to her.

대학 졸업 후 아주 적은 예산으로 살아온 사람으로서, 최저임금을 받는 직업의 급료조차 그녀에게는 대단한 것처럼 느껴졌다.

■

majuscule—minuscule은 대문자-소문자를 의미한다. 지금은 upper case—lower case 또는 capital letters—small letters라는 말을 자주 쓴다.
There were actually several minuscules, but the most important was promoted from around A.D. 800 on by Charlemagne of the Holy Roman Empire.

알파벳 소문자는 여러 형태가 존재했으나 800년경 신성로마제국의 샤를마뉴황제가 보급한 것으로 거의 표준화되어 지금까지 내려온다. 그래서 샤를마뉴문자개혁 이후 작성된 문서들은 지금도 큰 문제없이 읽을 수 있다.
minuscule 스펠링을 눈여겨보라. '작은'을 의미하는 어근은 mini임에도, 또 mini라고 발음함에도 이 단어는 minu-로 쓴다.
She can't stand it when they start arguing over minuscule differences while ignoring the really important issues.

진짜 중요한 문제는 모른체하고 매우 사소한 차이를 놓고 논쟁을 벌이는 것을 보고 그녀는 도저히 참을 수 없었다.

✦
majuscule [mədʒˈʌskjˌu]] 대문자, 대문자의.

minimum은 가장 적은 수를 의미하며, minute amount는 거의 0에 가까울 정도로 적은 양이다.
(여기서 minute는 [maɪnˈuːt]라고 발음한다.) mini-는 1950년대 이후 유행하기 시작한 접두어로
minivan, miniskirt, mini-mart, minipark 등 다양한 단어에 붙여 사용된다.

minutiae
[mɪnˈuːʃiiː]

noun
- 세세한 일.

She likes "thinking big," and gets annoyed when her job requires her to deal with what she considers minutiae.

그녀는 '크게 생각하기'를 좋아해서, 사소하다고 여겨지는 일을 직장에서 시킬 때마다 짜증이 난다.

■

스펠링만 봐도 알 수 있듯이, 이 단어는 라틴어를 그대로 가져온 것이다. 라틴어에서 이 단어의 단수형 minutia는 smallness라는 뜻이고, 복수형 minutiae는 trifles라는 뜻이다. 영어는 이 단어의 복수형을 그대로 가져왔다.
Much of his early work is concerned with the minutiae of rural life.

그녀의 초기작품은 대부분 시골생활의 소소함에 관한 것이다.

Most people are not interested in the minutiae of the research, just its conclusions.

사람들은 대부분 연구의 사소한 부분은 신경쓰지 않는다. 결론만 중요하다.

He gets bogged down/buried in minutiae at the office.

그는 사무실에서 잡일을 처리하느라 허우적거리고 있다(잡일 속에 파묻혀있다).

하지만 사소해 보이는 일이라고 해서 소홀히해서는 안된다.
The devil is often in the details.

악마는 디테일에 숨어있다.

✛
trifle [trˈaɪfəl] 하찮은 것, 시시한 것.
bog [bˈɒg] **down** 수렁에 빠져 허우적거리다.
diminish [dɪmˈɪnɪʃ] 작아지다, 작아지게 만든다.

diminutive
[dɪmˈɪnjʊtɪv]

adjective
- 작은 크기를 나타내는.
- 매우 작은.

In German, Hänsel is a diminutive form of Hans (which is a diminutive form of Johannes), and Gretel is a diminutive form of Margaret.

독일어에서 Hänsel은 Hans의 애칭이며 (Hans는 Johannes의 애칭이다) Gretel은 Margaret의 애칭이다.

■

diminish가 to grow smaller를 의미하듯이, diminutive는 very small을 의미한다.
She noticed a diminutive figure standing shyly by the door. 문 옆에 수줍게 서 있는 작은 형체가 눈에 들어왔다.
We were served some rather diminutive rolls.

다소 조그마한 롤케이크이 나왔다.

★
Diminutive forms of English
언어학에서 diminutive는 형용사나 명사에 붙여 작은 것을 지칭하는 접미사를 의미한다.

piglet [pˈɪɡlət] 새끼돼지 ←pig
dinette [daɪnˈet] 간이식탁 ←diner
cigarette [sˌɪɡərˈet] 담배 ←cigar
diskette [dˈɪsket] 디스켓 ←disk
doggy [dˈɔːgi] 강아지 ←dog
bootie [bˈuːti] 앵클부츠 ←boots
Bobby ←Bob
Debbie ←Deborah

NUMER

Latin

number 수
to count 세다

numerology
[nˌuːmərˈɒlədʒɪ]

noun
● 수비학. 숫자의 의미에 대한 믿음.

alphanumeric
[ˌælfənuːmˈerɪk]

adjective
● 글자와 숫자를 모두 사용하는.

Though he didn't believe in numerology as a mystical bond between numbers and living things, he never went out on Friday the 13th.

그는 숫자와 살아 있는 것들 사이에 신비로운 관계가 있다는 숫자미신을 믿지는 않았지만, 13일의 금요일에는 절대 외출하지 않았다.

■

As an element of astrology and fortune-telling, numerology has long been employed to predict future events.

수비학은 점성술과 운세에서 중요한 요소로서, 오랫동안 미래의 사건을 예측하기 위한 도구로 사용되어왔다.
numerology는 기독교세계에서도 찾아볼 수 있다. 초기 기독교인들은, 3은 3위1체를 상징하는 숫자, 6은 세속적인 완전함을 상징하는 숫자, 7은 하늘의 온전함을 상징하는 숫자라고 생각했다. 지금도 많은 사람들이 별다른 이유없이 어떤 것이든 3개 또는 7개로 묶는 것을 좋아한다.
Numerologists also use numbers to interpret personality.

수비학은 개인의 성격이나 미래를 알아내기 위해 사용되기도 한다. 글자의 획수를 세는 성명학, 생년월일에서 나온 숫자를 기반으로 운세를 점치는 사주팔자 모두 numerology의 일종이다.

✛
mystical [mˈɪstɪkəl] 신비로운.
astrology [əstrˈɒlədʒɪ] 점성술.

Back in the 1950s, we always spoke our phone numbers in alphanumeric form, using the letters printed on the dial: for example, "TErrace 5-6642," instead of "835-6642."

1950년대에는 다이얼에 인쇄되어 있는 알파벳을 사용하여 전화번호를 말했다. 예컨대 835-6642 대신 TErrace5-6642라고 말했다.

■

Alphanumeric passwords are much harder for a hacker to crack than plain alphabetic passwords.

알파벳과 숫자가 섞인 암호는 알파벳으로만 된 암호보다 해킹하기가 훨씬 어렵다. 가능한 조합의 수가 훨씬 많기 때문이다.
License plates usually contain an alphanumeric identifier.

자동차 번호판도 대개 글자와 숫자를 모두 사용한다. 숫자만으로 차량번호를 만들면 자릿수가 너무 커지기 때문이다.
In computing, the standard alphanumeric codes, such as ASCII, may contain not only ordinary letters and numerals but also punctuation marks and math symbols.

컴퓨팅에서 ASCII와 같은 표준 알파벳-숫자 코드는 일반적인 문자와 숫자뿐만 아니라 구두점과 수학기호까지 구현한다.

✛
crack [krˈæk] 해킹하다.
numeral [nˈuːmərəl] 숫자.

numeral은 수를 표시하는 기호, 즉 '숫자'다. numerous는 수를 세야 한다는 의미니 '많은'이라는 뜻이 된다. innumerable은 수로 표시할 수 없다는 말이니 '셀 수 없이 많은'이라는 뜻이다.
numerical superiority는 '수적 우위', numerical standing은 수로 순서를 매긴 랭킹, 즉 '순위표'를 의미한다.

enumerate

[ɪnˈuːməreɪt]

verb
- 열거하다.

The thing he hated most was when she would start enumerating his faults out loud, while he would sit scowling into the newspaper trying to ignore her.

그가 가장 싫어하는 것은 그녀가 그의 잘못을 큰 소리로 열거하는 것이었다. 그럴 때마다 그 소리가 듣기 싫어 인상을 쓰며 신문에 얼굴을 파묻었다.

■

In a census year, the government attempts to enumerate every single citizen of the country.

인구조사 연도에 정부는 국가의 모든 시민을 명부에 올리기 위해 노력한다. 하지만 오늘날 첨단기술시대에도 쉽지 않은 일이다.

Medical tests often require the enumeration of bacteria, viruses, or other organisms to determine the progress of a disease or the effectiveness of a medication.

의료검진을 할 때는 대개 박테리아, 바이러스, 기타 유기체들이 모두 망라된 목록이 있어야 병의 진행상황이나 약물의 효과 등을 파악할 수 있다.

"Enumerated powers" are specific powers granted to Congress by the United States Constitution.

미국정치에서 enumerated powers는 '의회의 권력'을 의미한다. 헌법에서 구체적으로 나열한 권력만 행사할 수 있기 때문에 이런 이름이 붙었다.

✛
scowl [sk'aʊl] 화가 나 얼굴을 찌푸리다.

supernumerary

[sˌupərnˈumərˌɛri]

adjective
- 적당한 수를 초과한.

Whenever the workload for the city's courts and judges gets too large, supernumerary judges are called in to help.

법원과 판사가 처리해야 할 일이 너무 많아지면, 예비판사에게 도움을 청한다.

■

super(above)+ numer(number)가 결합한 supernumerary는 적절한 수를 초과하는 상태를 의미한다.

He is born with supernumerary teeth/ supernumerary fingers/supernumerary toes.

이빨/손가락/발가락을 더 가지고 태어난 사람 이야기를 들어 본적 있을 것이다.

He was lucky to capture a supernumerary rainbow.

여러 무지개가 겹쳐서 나타나는 희귀한 현상을 supernumerary rainbow라고 한다.

A supernumerary is usually someone in a crowd scene onstage.

supernumerary를 명사로 사용할 때는 많은 사람이 등장하는 장면에 출연하는 '단역배우'를 일컫는다.
extra, spear-carrier와 같은 말이다.

✛
spear-carrier 단역. 엑스트라. 창을 든 군사 1.

DEC

Greek/ Latin
ten

decalogue
[dˈɛkəlˌɒg]

noun
- 모세의 10계.
- 기본적인 계율.

At 15 she posted a decalogue of life rules on her bedroom door, starting with "1. Be respectful to teachers."

15살 때 그녀는 자기 방문에 기본적인 생활규율을 붙여 놓았는데, 첫 번째 항목은 '1. 선생님을 존중하자'였다.

■

deca(ten)+log(word)가 결합한 decalogue는 10개의 명령이라는 뜻으로 모세가 시나이산에서 하느님에게 받은 Ten Commandments를 의미한다. In Jewish and Christian tradition, the Ten Commandments are regarded as laws handed down from the highest authority and as the foundation of morality.

유대교와 기독교 전통에서 10계는 최고 권위가 내려준 율법으로, 도덕의 기본토대로 여겨진다.

Individuals have often had their own personal decalogue.

자신만의 10계를 정해 놓고 따르는 사람도 있다.

"Never put off till tomorrow what you can do today." 오늘 할 수 있는 일을 절대 내일로 미루지 말라. Thomas Jefferson's decalogue의 첫 번째 계율이다.

✚
commandment [kəmˈændmənt] 계율.
mow [mˈoʊ] 베다.
logarithm [lˈɔːgərɪðəm] 로그함수.
gruesome [grˈuːsəm] 끔찍한.
poach [pˈoʊtʃ] 동물을 불법으로 사냥하다.
bombardment [bˌɒmbˈɑːrdmənt] 폭격.
shot put 투포환. shot (heavy ball) + put (throw)
vault [vˈɔːlt] = jump over

decathlon
[dɪkˈæθlɒn]

noun
- 10종경기.

Though the U.S. has dominated the Olympic decathlon for its whole modern history, the 1948 victory by the 17-year-old Bob Mathias still astonished the world.

미국은 현대 올림픽 역사를 통틀어 올림픽 10종경기의 강자로 군림해 오긴 했지만, 1948년 17살 밥 머사이어스의 기록은 지금 봐도 놀랍다.

■

dec(ten)+athlon(contest)이 결합한 decathlon은 '10종경기'를 의미한다.

The modern Olympic decathlon, which was born in 1912, consists of the 100-meter run, 400-meter run, 1500-meter run, 110-meter high hurdles, javelin throw, discus throw, shot put, pole vault, high jump, and long jump.

1912년 처음 선 보인 올림픽 10종경기는 100미터, 400미터, 1500미터, 110미터허들 달리기, 창던지기, 원반던지기, 포환던지기, 장대높이뛰기, 높이뛰기, 멀리뛰기로 구성된다.

The Olympic decathlon winner has been called the finest all-around athlete in the world.

올림픽 10종경기 우승자는 세계에서 가장 뛰어난 만능선수로 평가받는다. 1912년 올림픽 decathlon과 pentathlon에서 모두 금메달을 딴 Jim Thorpe는 20세기 미국 최고의 운동선수로 여겨진다.

✚
sprint [sprˈɪnt] 단거리를 전속력으로 달리다.
javelin [dʒˈævlɪn] 던지는 창(투창).
discus [dˈɪskəs] 원반.

decade는 10년이다.
decimal system은 10을 기본단위로 사용하는 셈법으로 '10진법'이라고 한다.
decahedron은 면(hedron)이 10개인 '10면체'다.

decibel
[dˈesɪbel]

noun
● 데시벨.

She worries about the damage that high decibel levels can cause, and always wears ear protection when mowing the lawn.

그녀는 높은 데시벨 수치가 초래할 수 있는 피해를 걱정하여, 잔디를 깎을 때마다 귀마개를 착용한다.

■

decibel에서 bel은 전화를 발명한 Alexander Graham Bell을 의미한다.
Decibels work on a logarithmic scale.

데시벨은 로그 단위로 작동한다. 따라서 20 decibel은 10 decibel의 10배 크다는 뜻이고, 50 decibel은 20 decibel보다 1000배 크다는 뜻이다.

The decibel readings of some everyday sounds make for interesting comparisons.

일상의 소리를 데시벨로 측정해보면 흥미로운 비교를 할 수 있다.

Whispers and rustling leaves usually register under 20 decibels, the average level of conversation is about 50 decibels, and noisy factories or office machinery may have decibel levels of 90 to 100.

속삭이는 소리와 나뭇잎이 바스락거리는 소리는 대개 20데시벨 미만인 반면, 일반적인 대화는 50데시벨, 공장이나 사무용 기계에서 나는 시끄러운 소음은 90-100데시벨까지 올라간다.

Sounds between 100 and 120 decibels can eventually cause deafness.

100-120데시벨 소리에 장시간 노출되면 청각을 잃을 수 있다.
기차가 지나가는 소리, 대포 쏘는 소리, 락콘서트에서 듣는 음악소리가 이 정도 수준에 달한다.

decimate
[dˈesɪmeɪt]

verb
● 대량으로 학살하다.

Before the developments of modern medicine, diphtheria and typhoid could decimate the populations of entire towns and cities.

현대의학이 발달하기 전, 디프테리아와 장티푸스로 인해 마을이나 도시의 전체인구가 대폭 감소하기도 했다.

■

In ancient Rome, mutiny in the ranks was dealt with by selecting, through drawing lots, one soldier in every ten and making the other nine club or stone the unfortunate winner of this gruesome lottery to death.

고대로마 시대 장군들은 병사들이 항명하지 못하도록 끔찍한 명령을 내렸다. 제비뽑기로 10명당 한 명을 뽑아 나머지 아홉 명이 몽둥이로 때리거나 돌로 쳐 죽이는 것이었다.

Crassus, Mark Antony, Augustus 등 로마의 위대한 장군들도 부대를 지휘할 때 이 방법을 사용했다. 이러한 로마군의 전통에서 나온 decimate라는 말은, 의미가 변해 지금은 엄청난 인명손실이나 파괴를 일컫는 말로 쓰인다.

A wave of layoffs has decimated a company's workforce. 잇따른 해고는 회사의 노동력을 초토화시켰다.

The populations of some of Africa's greatest wild animals have been decimated by poaching.

아프리카의 몇몇 거대 야생동물들은 밀렵으로 대량살상되었다.

Aerial bombardment has decimated whole sections of a city. 공중폭격으로 도시가 완전히 파괴되었다.

✦
rank [rˈæŋk] 계급. the ranks 일반병사 전체.
mutiny [mjˈuːtɪni] 항명, 반란.

TEMPOR

Latin *tempus*
time 시간

temporal
[tˈempərəl]

adjective
- (영원/천상과 대비하여) 시간의 지배를 받는.
- (공간과 대비하여) 시간과 관련된.

The quick passing of the seasons as we grow older makes us feel the fleeting nature of temporal existence.

나이가 들면서 계절이 점점 빠르게 지나가는 것을 보면 시간 속 존재의 덧없는 본질을 느끼게 된다.

■

temporal은 '세속적인', '덧없는'이라는 뜻으로 쓰인다.
Temporal existence is often contrasted with spiritual existence, which many religions teach is eternal.
시간의 지배를 받는 존재는, 무수한 종교들이 영원하다고 가르치는 영적인 존재와 자주 대비된다.
In past centuries, the Roman Catholic Church exerted temporal authority throughout much of Europe.
지난 수세기 동안 로마가톨릭교회는 유럽의 상당한 지역에서 세속적 권위, 즉 정치권력을 행사했다.
The Church of England has always been officially headed by the temporal ruler of Great Britain.
영국교회는 언제나 영국의 세속적인 군주가 공식적인 수장이다.
Child psychologists often measure "temporal processing" in children with mental difficulties.
아동심리학에서는 정신장애를 겪는 아동을 대상으로 temporal processing이라는 검사를 실시한다. 말 그대로 정보를 처리하는 '속도'가 정상인지 측정하는 것이다.
해부학에서 측두엽을 temporal lobes라고 하는데, 이것은 시간과 무관한 단어다. 눈과 귀 사이에 맥박이 뛰는 곳을 temple이라고 하는데 'temple과 가까운'이라는 뜻의 형용사가 temporal이다. 모양만 같을 뿐 어원은 전혀 다른 homonym이다.

contemporary
[kəntˈempəreri]

adjective
- 같은 시기에 존재하거나 발생한.
- 현시대와 관계있는(modern, current).

The two scientists were contemporary with each other, but neither seemed to have heard of the other's existence.

두 과학자는 동시대에 살았지만 서로 상대방의 존재에 대해 들어본 적이 없는 것처럼 보였다.

■

일상적인 맥락에서 contemporary는 대개 modern 또는 new를 의미한다.
She writes a lot of contemporary music for people like Whitney Houston. 그녀는 휘트니 휴스턴과 같은 이들을 위해 현대적인 음악을 많이 작곡했다.
오래된 역사적 사실을 이야기할 때 contemporary가 등장하면 대개 두 대상이 같은 시기에 존재했다는 뜻이다.
Jesus was contemporary with the Roman emperors Augustus.
예수는 로마의 아우구스투스황제와 동시대인이다.
Muhammad was contemporary with Pope Gregory the Great.
무하마드는 그레고리 대교황과 동시대에 살았다.
contemporary는 여느 형용사와 마찬가지로 사람을 일컫는 명사로도 쓰인다.
Jane Austen's contemporaries included Coleridge and Wordsworth.
제인 오스틴의 동시대인으로는 콜리지와 워즈워드가 있다.
Like most of my contemporaries, I grew up in a vastly different world.
대다수 또래들과 마찬가지로, 나는 매우 다른 세상에서 성장했다.

✛
vastly [vˈæstli] = extremely

temporary repair는 '잠깐' 동안만 작동할 수 있도록 수리하는 것을 말한다. ballad tempo와 hip-hop tempo는 다르다고 말할 때 tempo는 '속도'를 의미한다. 라틴어 격언 Tempus fugit을 번역한 것이 바로 Time flies다. 그 어느 때보다 여름휴가 때 시간이 쏜살같이 날아가는 것을 체험할 수 있다.

extemporaneous

[ɪkstˌempərˈeɪniəs]

adjective

- 즉흥적인. 원고 없이 하는(impromptu, improvised).
- 즉흥적으로 나오는 작곡/무용/연설/창작의.

It was once common in middle-class homes to make extemporaneous speeches, **recite poetry, and give little solo song recitals after a dinner with guests.**

한때는 중산층가정에서 손님과 함께 저녁식사를 마치고 난 뒤 즉흥발언을 하고, 시를 암송하고, 조촐한 독창회를 여는 일이 흔했다.

■

The ability to speak well extemporaneously is an important talent for politicians.

전혀 준비가 되어 있지 않은 상황에서도 즉흥적으로 말을 잘할 수 있는 능력은 정치인에게 중요한 자질이다.

White House spin doctors 백악관 공보비서관— extemporaneous speech를 하다보면 실수가 나오기 마련인데, 이러한 말실수를 해명하고 무마하기 위해 출동하는 이들을 spin doctor라고 부른다. 자기 측에 유리하도록 말을 돌리는(spin), 즉 왜곡/편집/수정하는 전문가들이다.

An extemporaneous speech is planned beforehand but not written down, while an impromptu speech is genuinely unprepared or off-the-cuff.

extemporaneous speech은 원고만 작성하지 않았을 뿐 미리 준비를 한 연설인 반면, impromptu speech은 아무 준비없이 즉석에서 하는 연설을 일컫는다. 하지만 지금은 대부분 이 두 단어를 구분하지 않고 쓰는 경우가 많다.

➕

impromptu [ɪmprˈɒmptuː] 즉흥적인.
improvise [ˈɪmprəvaɪz] 즉석에서 만들어내다.
off-the-cuff remark 즉흥적으로 (아무 생각없이) 내뱉은 말.

temporize

[tˈempəraɪz]

verb

- 눈치를 보다. 시류에 맞춰 행동하다.
- 시간을 벌기 위해 논의를 질질 끌다.

The legislature was accused of temporizing **while the budget deficit continued to worsen.**

입법부는 예산적자가 악화되는 동안 상황을 관망하기만 했다고 비난받았다.

■

temporize는 to pass the time(시간을 흘려보내다) 이라는 의미의 라틴어에서 왔다. 하지만 영어에서는 '시간을 끌며 남들 눈치를 본다'는 의미가 덧붙여졌.

A political leader faced with a difficult issue may temporize by talking vaguely about possible solutions without actually doing anything.

정치인들은 대개 어려운 문제에 직면했을 때 시간을 벌기 위해 아무 행동도 하지 않고 가능한 해법에 대해 최대한 모호하게 이야기한다.

People aren't usually admired for temporizing.

사람들은 대개 눈치만 보며 시간을 끄는 것을 좋아하지 않는다. 하지만 정치인들은 거의 예외없이, 사람들이 싫어하는 선택을 하지 않기 위해 어떻게든 문제가 잠잠해지기만을 기다리는 것을 선호한다.

No matter how long you temporize and stall for time, the problem won't go away.

아무리 시간을 끈다고 해도, 문제는 사라지지 않는다.

➕

deficit [dˈefəsɪt] 적자, 결손.
fleeting [flˈiːtɪŋ] 잠깐 존재하고 사라지는.
exert [ɪgzˈɜːrt] 힘을 행사하다.
temple [tˈempəl] 관자놀이.
stall [stɔːl] **for time** 이러저러한 핑계를 대어 시간을 끌다.

CHRON

Greek
time 시간

chronic
[krˈɒnɪk]

adjective
- 만성적인. 항상 곁에 있는.
- 오랜 시간 지속되거나 자주 재발하는.

He had stopped to pick up ice-cream
cones for the kids, hoping it would give
him a temporary rest from their chronic
bickering.

그는 잠깐 멈춰 아이들에게 줄 아이스크림콘을 샀다. 아이들과
끊임없이 이어지는 말다툼에서 잠시나마 벗어날 수 있는 휴식을
주기를 바라며.

■

Chronic coughing goes on and on.
만성적인 기침은 계속 반복된다.
Chronic lateness occurs day after day.
만성적인 지각은 날마다 반복된다.
Chronic lameness never seems to get any
better.
만성적인 절름발이는 나아질 기미를 보이지 않는다.
chronic은 우리가 유쾌하게 느끼는 것에는 붙지 않는다.
그래서 chronic warfare라고는 말해도
chronic peace라고는 말하지 않는다.
chronic illness라고는 말해도
chronic health라고는 말하지 않는다.
The doctor told him his condition was chronic
and untreatable but not life-threatening.
의사는 그의 질환이 만성이고 치료할 수 없으나, 생명에는 지장이
없다고 말했다.

✦
bicker [bˈɪkər] 사소한 일로 말다툼하다.
lame [lˈeɪm] 다리를 저는.
warfare [wˈɔːrfeər] 전투.

chronology
[krənˈɒlədʒi]

noun
- 발생순서대로 사건을 나열함.
- 연대표.

The scandal had gotten so complex
that the newspaper had to print
a chronology showing the order of
the numerous events involved.

이 스캔들은 너무 복잡하여 신문은 관련된 수많은 사건들의 순서를
보여주는 연대표를 실어야 했다.

■

History is much more than a simple chronology
of events, but keeping events in chronological
order is the first essential step in thinking
about it.

역사는 단순히 사건들을 발생순서대로 나열해 놓은 것이 아니지만,
역사를 공부하기 위해서는 먼저 사건들을 발생순서에 따라 정리해야
한다.
The book includes a chronology of his life and
works. 이 책에는 그의 삶과 작품의 연대표가 실려있다.

✦
chronological [krˌɒnəlˈɒdʒɪkəl] 발생 순으로.

chronicle은 '특정 시기에 일어난 사건의 기록'을 의미한다.
그래서 Chronicle이라는 이름을 쓰는 신문이 많다.
chronometer는 시간을 측정하는 기구로, 일반적인 시계보다 훨씬 정밀하다(그래서 훨씬 비싸다).

anachronism
[ənˈækrənɪzəm]

noun

- 시대에 어긋나게 사람/물건을 배치하는 오류.
- 시대에 뒤쳐진 사람이나 물건.

A Model T Ford putt-putting down the highway at 25 miles per hour was an anachronism by 1940.

시속 40킬로미터로 고속도로를 통통거리며 달리는 포드의 모델T는 1940년에는 볼 수 없던 시대착오적인 장면이다.

■

Macbeth, which is set in the 11th century, contains anachronistic references to clocks and cannons, which the real Macbeth would have known nothing about. 11세기가 배경인 《맥베스》에는 시계와 대포가 대사 중에 등장하는데, 11세기에는 시계와 대포가 존재하지 않았기 때문에 이는 시대에 맞지 않는 인용이다. 하지만 셰익스피어 시대 사람들은 anachronism을 전혀 신경쓰지 않았다. 그래서 시대적 배경이 고대 그리스/로마라고 해도 배우들은 당대 영국인들의 옷을 입고 연기했다.
Today, a writer may spend months doing research in order to avoid anachronisms in the historical novel she's working on.
오늘날 작가들은 역사소설을 집필하면서 시대가 어긋나는 실수를 하지 않기 위해 상당한 시간을 투자한다.
Manual typewriters and slide rules are anachronisms in these days of computers and calculators.
타자기와 계산자는 컴퓨터와 계산기를 쓰는 지금 이 시대에 맞지 않는 물건이다. 여기서 anachronism은 '현재라는 시대에 잘못 배치된 물건, 시대에 뒤쳐진 물건'을 의미한다.

✛
putt-putt = put-put 엔진이 통통거리다.
anachronistic [ənˌækrənˈɪstɪk] 시대가 맞지 않는, 뒤쳐진.

synchronous
[sˈɪŋkrənəs]

adjective

- 정확히 같은 시간에 발생하는(simultaneous).
- 정확히 같은 간격으로 움직이거나 반복하는.

The theory depends on whether the chemical appeared in synchronous deposits worldwide seven million years ago.

이 이론은 700만 년 전 퇴적된 전 세계 지층에서 이 화학물질을 발견할 수 있느냐에 따라 진위가 갈릴 것이다.

■

geosynchronous orbit 지구정지궤도—
Communications satellites are usually put into a synchronous orbit. 통신위성은 대개 동기궤도 위에 떠있다.
통신위성들은 지상에서 보면 움직이지 않는 것처럼 보이지만, 실제로는 지구의 자전속도에 맞춰 이동한다. 지구표면상 특정 위치에 항상 고정되어있기 때문에 이러한 위성을 geostationary satellite이라고 말한다.
Because of this type of synchronized movement, you can aim and fix your satellite dish. 이러한 동기화 이동 기술이 없었다면, 지금 우리는 위성안테나를 실시간으로 조종하면서 TV를 봐야만 할 것이다.
It was a really weird moment of synchronicity.
정말 기묘한 순간의 일치였다.
어떤 사건이 동시에 발생하는 것을 synchronicity라는 말로 묘사할 수 있다. 예컨대 1951년 Dennis the Menace라는 이름의 만화주인공이 단 3일 차이로 미국과 영국에서 각각 발표된 적도 있다.

✛
simultaneous [sˌaɪməltˈeɪniəs] 동시에 발생하는.
synchronize [sˈɪŋkrənaɪz] 동시에 작동하도록 맞추다.
synchronicity [sˌɪŋkrənˈɪsɪti] 동시성.
menace [mˈenɪs] 말썽꾸러기, 개구장이.

EV

Latin *aevum*
age or lifetime 시대

coeval
[koʊˈivəl]

adjective
- 동시대의.

noun
- 동시대인. 동시대 물건.

Homer's *Iliad* and *Odyssey*, probably written around 700 B.C., are coeval with portions of the Hebrew Bible, or Old Testament.

호머의 《일리아드》와 《오디세이》는 기원전 700년경 쓰여진 것으로 추측되는데 히브리성서, 즉 구약의 일부가 작성된 시기와 같다.

■

co(together)+ev(age)가 결합한 coeval은 기본적으로 '같은 시대의'라는 뜻이다.
The abundant reef growth on Gotland was coeval with that in Estonia. 고틀란트의 산호초가 풍부하게 성장한 시기와 에스토니아의 산호초 성장시기는 겹친다.
Two stars thought to be coeval because they have nearly the same mass and brightness.
두 별은 질량과 밝기가 거의 같기 때문에 같은 시기에 생성된 것으로 여겨진다.
coeval은 명사로도 사용된다.
His coevals often mastered this habit as part of the university social experience.
그의 동시대 사람들은 대학시절 사교생활의 일부로 이런 습관에 능숙했다.
That tree was planted when I was born, so it and I are coeval.
저 나무는 내가 태어날 때 심은 것으로, 나와 동갑이다.

✛
reef [riːf] 산호초.
eon [ˈiːɒn] = aeon 영겁. 천문학에서는 10억년.

longevity
[lɒndʒˈevɪti]

noun
- 장수.
- 수명.

Picasso had a career of remarkable longevity, and was producing plentifully until his death at 91.

피카소는 눈에 띌 만큼 오랜 기간 활동하였는데, 91살 사망할 때까지 왕성하게 작품을 발표했다.

■

longevity는 great span of life를 의미한다.
The members of that family are noted for their longevity.
이 집안사람들은 장수하는 걸로 유명하다.
The longevity of the average American has increased greatly, from about 45 years in 1900 to over 75 years today.
평균미국인들의 수명은 크게 늘어나, 1900년 약 45살에서 오늘날 75살을 넘어섰다.
The most impressive human longevity is nothing compared to the 400-year lifespan of an ocean clam found near Iceland.
인간의 수명이 아무리 늘었다고 해도 아이슬란드 근해에서 발견된 400년 동안 생존한 대합에 비하면 보잘것없다.
더 나아가 캘리포니아에서는 5000년 이상 생존한 것으로 추정되는 소나무가 발견되었다.
longevity는 실제 생명이 있는 것뿐만 아니라 물건의 수명을 의미할 때도 사용된다.
We want to create more longevity in our product. 우리는 우리 제품의 수명을 더 늘리고자 한다.

✛
clam [klˈæm] 대합조개.
lifespan [ˈlaɪfspæn] 수명.

라틴어 aevum에 대응하는 그리스어는 aion인데,
여기서 나온 eon은 '영겁의 시간'을 의미한다.

medieval

[mˌiːdiˈiːvəl]

adjective

● 중세의(약 500년부터 1500년까지 유럽의).
● 아주 오래된.

The great cathedral at Chartres in France, finished in 1220, is a masterpiece of medieval architecture.

1220년 완공된 프랑스의 샤르트르대성당은 중세건축의 걸작이다.

■

medi(middle)+ev(age)가 결합한 medieval은
문자 그대로 '중간시대의'란 뜻이다.
여기서 '중간'이란 위대한 로마제국의 몰락과
문명이 '부활'하는 르네상스 사이에 있다는 뜻이다.
Medieval Ages는 흔히 Dark Ages라고도 하는데,
이 시기에 문명이 몰락했다고 여겨지기 때문이다. 로마제국
몰락 후 유럽인들 대부분—심지어 왕족과 귀족들도—
문맹으로 전락한다. 그래서 이 시기에 대한 기록도 거의
남아있지 않다.
Medieval Ages was a time of poverty, famine,
plague, and superstition, rather than the age
of magic, dazzling swordplay, towering castles,
and knights in splendid armor displayed in
today's graphic novels and video games.

그래픽소설이나 비디오게임에서는 마법, 눈부신 검술, 우뚝 솟은 성,
화려한 갑옷을 입은 기사의 시대로 그려지지만, 실제로는 가난, 기근,
전염병, 미신이 창궐한 시대였다.

✛

famine [fˈæmɪn] 기근.
plague [plˈeɪg] 전염병.
dazzling [dˈæzlɪŋ] 눈부신.
swordplay [sɔrdplˈeɪ] 검술.
tract [trˈækt] 넓은 땅, 지역.

primeval

[praɪmˈiːvəl]

adjective

● 원시시대와 연관된.
● 태초부터 존재한.

When European settlers first arrived in North America, they found vast tracts of primeval forest, seemingly untouched by human influence.

유럽정착민들이 북아메리카에 처음 도착했을 때 인간의 손길이
닿지 않은 것처럼 보이는 광활한 원시림지대를 발견했다.

■

prim(first)+ev(age)가 결합한 primeval은
말 그대로 '최초의 시대'를 일컫는 말로, 대개 지구의
역사에서 가장 초기를 떠올리게 한다.
Myths are often stories of the creation of
the world and of its primeval beings.
신화는 대개 이 세상과 더불어 최초의 존재를 창조한 이야기다.
The trees in a primeval forest may be 400 years
old—not as old as the world, but maybe as old
as they ever live to.
원시림이란 수령이 400년 정도 되는 나무들이 모여 있는 숲을
말한다. 물론 세상의 나이만큼 오래된 것은 아니지만 나무의
평균수명을 고려할 때 가장 오래된 나무들이라고 할 수 있다.
Life on earth began in the protein-rich waters
of the primeval seas and swamps.
지구의 생명체는 단백질이 풍부한 원시바다와 원시습지에서 처음
나왔다. 작은 유기체와 식물들이 땅속에 묻혀 수백만 년 동안
부패하여 만들어진 primeval swamps가 바로 오늘날
우리의 주요에너지원 역할을 하는 석유와 석탄이다.

✛

swamp [swˈɒmp] 습지.
organism [ˈɔːrgənɪzəm] 유기체.
petroleum [pətrˈoʊliəm] 석유.

CENT

Latin centum
hundred 100

centenary
[sentˈenəri]

noun
- 100주년. 100주년 기념행사.

The company is celebrating the centenary of its founding with a lavish banquet.

회사는 성대한 연회로 설립 100주년을 기념했다.

■

centenary와 centennial은 cent(100)+enn(year)이 결합하여 만들어진 말이다.
The year 2019 marks the centenary of a Bauhaus' founding.
2019년은 바우하우스 설립 100주년이 되는 해이다.
centenary는 '100주년'이라는 뜻이지만, 이를 기념하기 위한 '100주년 기념행사'도 일컫는다.
Gerald Ford's centenary occurred in 2013, and John Kennedy's in 2017.
제럴드 포드의 탄생 100주년은 2013년이고, 존 케네디의 탄생 100주년은 2017년이다.
인물을 기념하는 centenary는 대개 그가 태어난 해를 기준으로 한다.
If you live long enough to be a centenarian, you'll be around to join the celebrations.
100살까지 살 수 있다면 centenary에 주인공으로 직접 참석할 수 있다.

✛
centennial [sentˈeniəl] = centenary
lavish [lˈævɪʃ] 돈을 쏟아부은.
centenarian [sˌentɪnˈeəriən] 100년, 또는 그 이상 산 사람.

centigrade
[sˈentɪɡreɪd]

noun
- 100분도. 섭씨.

The normal temperature of a human body is 37° centigrade.

인체의 정상체온은 섭씨 37°다.

■

The centigrade scale is essentially identical to the Celsius scale. 100분도 단위는 세계 대부분 지역에서 표준 온도 단위로 사용하는 섭씨와 기본적으로 동일하다.
Anders Celsius of Sweden first devised the centigrade scale in the early 18th century.
스웨덴의 안데르스 셀시우스가 18세기 초 물이 어는 온도부터 물이 끓는 온도까지 100으로 나눠 측정하는 100분도 단위를 처음으로 고안해냈다.
But in his version, 100° marked the freezing point of water, and 0° its boiling point.
하지만 셀시우스가 처음 고안한 100분도에서는 100°가 물이 어는점, 0°가 물이 끓는점이었다. 나중에 학자들은 이 둘을 바꾸는 것이 덜 헷갈린다는 사실을 발견했고, 이것이 오늘날 공식적인 Celsius가 되었다.
To convert Fahrenheit degrees to centigrade, subtract 32 and multiply by 5/9. To convert centigrade to Fahrenheit, multiply by 9/5 and add 32.
화씨를 섭씨로 바꾸려면 32를 뺀 뒤 5를 곱한 다음 9로 나눈다.
섭씨를 화씨로 바꾸려면 9를 곱한 뒤 5로 나누고 32를 더한다.

✛
Celsius [sˈelsiəs] 섭씨. ℃로 표기.
Fahrenheit [fˈærənhaɪt] 화씨. 독일의 화학자 Daniel Gabriel Fahrenheit가 개발한 온도측정단위. ℉로 표기.

centimeter

[sˈentɪmˌiːtər]

noun

- 센티미터.

There are 2.54 centimeters in an inch, 30.48 centimeters in a foot.

1인치는 2.54센티미터이며, 1피트는 30.48센티미터이다.

■

The metric system is used in most countries of the world.

미터법은 세계 대부분 국가에서 길이, 구역, 부피를 측정하는
기본단위로 사용된다.

A meter consists of 100 centimeters, a square meter consists of 10,000 square centimeters, and a cubic meter consists of 1,000,000 cubic centimeters.

1미터는 100센티미터, 1제곱미터는 1만 제곱센티미터, 1입방미터는
100만 입방센티미터다.

Last week's rainfall in Paris measured less than a centimeter.

지난 주 파리의 강수량은 1센티미터도 되지 않는다.

✚

cubic [kj`uːbɪk] 3제곱의.

centurion

[sentˈʊriən]

noun

- 센추리온.

Centurions and their centuries were the backbone of the great Roman armies.

센추리온과 이들이 이끌던 병사들은 로마제국 군대의 중추였다.

■

고대로마에서는 병사 100명 정도를 한 부대로 묶었는데
이들을 century라고 하며, 이들을 이끄는 대장을
centurion이라고 불렀다. 성경에는 '100夫長' 또는
'100人대장'이라고 번역되어 나온다.

A Roman century was approximately equal to a company in the U.S. Army, and a centurion was roughly equivalent to a captain.

고대로마의 센추리는 미국육군의 중대와 거의 비슷하며, 센추리온은
대위와 비슷하다.

centurion이 되기 위해서는 기본적으로 체격이 커야 하며
체력이 튼튼해야 한다. 검술, 투창술이 뛰어나야 할 뿐만
아니라, 장비를 꼼꼼하게 잘 관리할 줄 알아야 한다.

Jesus performs a miracle for a centurion in Capernaum, centurions are present at the crucifixion, and in later years St. Paul is arrested by centurions.

예수는 가버나움에서 한 센추리온에게 기적을 행하였으며, 예수가
십자가에 못 박히는 골고다언덕에서 센추리온이 예수에 대한 믿음을
고백한다. 나중에 사도바울을 센추리온들이 체포하기도 한다.

신약성경에서 백부장은 대개 우호적인 인물로 그려진다.

✚

company [k`ʌmpəni] 중대.
captain [k`æptɪn] 대위.
crucifixion [krˌuːsɪf`ɪkʃən] 예수가 십자가에 못 박힌 사건.

VER

verify

[vˈerɪfaɪ]

verb

- 옳다는 것을 입증하다.
- 정확한지 검증하다.

It is the bank teller's job to verify the signature on a check.

수표에 적힌 서명의 진위를 확인하는 것은 은행직원이 할 일이다.

■

One big problem was how to verify that weapons had been eliminated.

미국과 구소련이 핵무기 감축협상을 벌일 때, 한 가지 큰 문제는 핵무기를 폐기했다는 것을 '어떻게 입증할 것인가' 하는 것이었다.

Since neither side wanted the other to know its secrets, verification of the facts became a difficult issue.

양측이 서로 자신들의 비밀을 숨기려 했기 때문에 '그 사실을 입증하는 일은 까다로운 사안이 되었다.

Many doubted that the real numbers would ever be verifiable.

서로 믿지 못하는 상황에서, 실제 수치를 정말 입증할 수 있는 것인지 의심하는 사람이 많았다.

She was never able to verify anything he had told her about his past.

그가 털어놓은 자신의 과거 중에서 어느 것 하나 그녀는 검증할 수 없었다.

✚

verification [vˌerɪfɪkˈeɪʃən] 확인, 입증.
verifiable [vˌerɪfˈaɪəbəl] 입증할 수 있는.

aver

[əvˈɜːr]

verb

- 사실이라고 단언하다.

The defendant averred that she was nowhere near the scene of the crime on the night in question.

피고인은 문제의 그날 밤 범죄현장 근처엔 얼씬도 하지 않았다고 단언했다.

■

ad(to)+ver(truth)에서 나온 동사 aver는 진실이라고 확신하는 것을 진술하는 것이다.

Perry Mason's clients aver that they are innocent, while the district attorney avers the opposite.

페리 메이슨의 의뢰인들은 자신이 결백하다는 것을 주장하는 반면, 이에 맞서는 지방검사는 반대 주장을 펼친다.

aver는 법정과 연관된 이야기에서 자주 등장한다.

If you make a statement while under oath, and it turns out that you lied, you may have committed the crime of perjury.

법정에서 진실만 말하겠다고 선서를 하고 난 뒤 진술한 내용이 거짓으로 밝혀진다면, 위증죄로 저지르는 것이다.

The prosecutor expected the witness to aver that the suspect was guilty.

검찰은 목격자가 용의자를 범인으로 지목할 것이라고 기대했다.

✚

defendant [dɪfˈendənt] 피고인.
district attorney 지방검사.
under oath [ˈoʊθ] 법정에서 진실만을 말하겠다고 선서를 한 뒤.
crime of perjury [pˈɜːrdʒəri] 위증죄.

재판에서 verdict는 ver(truth)+dict(speak)가 결합된 말로, 말로 표현된 진실 즉 '판결'을 의미한다.
verdict는 또한 증언의 veracity(truthfulness)에 따라 달라질 수 있다.

verisimilitude

[vˌerɪsɪmˈɪlɪtuːd]

noun

● 있을 법한 모양새.
● 예술이나 문학에서 사실적인 묘사

By the beginning of the 20th century, the leading European painters were losing interest in verisimilitude **and beginning to experiment with abstraction.**

20세기 초 유럽의 주요 화가들은 사실주의 기법에 흥미를 잃고 추상적인 실험을 하기 시작했다.

■

very(truth)+simili(like)가 결합된 verisimilitude는 말 그대로 similarity to the truth를 뜻한다.
Most fiction writers and filmmakers aim at some kind of verisimilitude to give their stories an air of reality.

영화감독이나 소설가들은 어느 정도 사실성을 가미함으로써 이야기에 현실감을 부여한다.

현실을 있는 그대로 보여주지 않더라도 어느 정도 현실에서 일어날 법한 이야기라야 관객이나 독자들이 감정이입을 할 수 있다.

A mass of good details in a play, novel, painting, or film may add verisimilitude.

연극, 소설, 그림, 영화에서 풍부하고 섬세한 디테일은 사실성을 더해준다.

A spy novel without some verisimilitude won't interest many readers.

사실성이 부족한 첩보소설은 많은 독자를 끌어 모으지 못할 것이다.

Her films showed her own reality, and she had no interest in verisimilitude.

그녀의 영화는 그녀 자신의 실체를 보여주었으나, 그녀는 사실성에 전혀 관심이 없었다.

veracity

[vərˈæsɪti]

noun

● 사실과 일치함.
● 믿음직스러움. 진실성.

We haven't been able to check the veracity of **most of his story, but we know he wasn't at the motel that night.**

그가 말한 이야기의 많은 부분이 진실인지 확인할 수 없지만, 그날 밤 모텔에 있지 않았다는 사실은 분명하다.

■

People often claim that a frog placed in cold water that then is gradually heated will let itself be boiled to death, but the story actually lacks veracity.

개구리를 찬물에 넣고 서서히 가열하면 물이 펄펄 끓을 때까지 꿈쩍 않고 있다가 결국 죽는다는 이야기를 사람들이 많이 하지만, 이 이야기에는 아무 근거가 없다.

We often hear that the Inuit peoples have dozens of words for "snow," but the veracity of the statement is doubtful.

이누이트(에스키모) 말에 '눈'을 일컫는 단어가 특별히 많다는 이야기 역시 진실성이 의심스럽다.

영어에도 flake, blizzard, powder, drift, freezing rain 등 눈을 일컫는 표현이 무수히 존재하며, 그에 비해 이누이트의 표현이 특별히 많아 보이지는 않는다.

In 2009 millions accepted the veracity of the claim that, against all the evidence, the elected president wasn't a native-born American.

2009년 온갖 증거에도 불구하고, 대통령으로 당선된 오바마가 미국태생이 아니라는 주장을 수백만명이 믿었다.

가짜뉴스를 만들어내고 퍼트리는 수법은 갈수록 교묘해지고 있다. 아무 생각없이 '진실'이라고 받아들인 정보가 사회를 혼란에 빠뜨릴 수 있다는 사실을 명심하라.

SIMIL SIMUL

Latin *similis/simulare*
like, resembling, similar 비슷한
to make like 비슷하게 만들다

simile
[sˈɪmɪli]

noun
- 직유.

He particularly liked the simile he'd thought of for the last line of the song's chorus, "It felt like a bullet in his heart."

그는 노래의 마지막 코러스 가사로 떠올린 '총 맞은 것처럼'이라는 직유표현을 특히 좋아했다.

■

Fiction, poetry, and philosophy have been full of similes for centuries.
소설, 시, 철학에는 오래전부터 직유로 가득 차 있었다.
simile는 전혀 다른 두 가지 항목의 어느 한 특성을 '처럼'이나 '같이'라는 말로 연결하여 비유하는 화법이다.
"The road was a ribbon of moonlight" could be called a metaphor, though "The road was like a ribbon of moonlight" would be a simile.
'그 길은 달빛 리본이었다.'는 은유라 할 수 있고 '그 길은 달빛 리본 같았다'는 직유라 할 수 있다.
simile와 metaphor는 창조적 글쓰기의 기본이 되는 표현법이다.
"A day without sunshine is like a chicken without a bicycle" has to be the oddest simile of all time.
"햇살 없는 날은 자전거 없는 닭과 같다"는 역사상 가장 이상한 직유라고 할 수 있을 것이다.

✦
facsimile [fæksˈɪmɪli] fac(make)+simile 팩시밀리.
= FAX
assimilation [əsˌɪmɪlˈeɪʃən] 흡수, 동화.

assimilate
[əsˈɪmɪleɪt]

verb
- 흡수하다. 완전히 받아들이고 이해하다.
- 동화되다. 다른 사회나 문화의 일부분이 되다.

One of the traditional strengths of American society has been its ability to assimilate one group of immigrants after another.

미국사회의 전통적인 강점 중 하나는 이러저러한 이민자 집단들을 동화시키는 능력이다.

■

Food assimilates better if taken slowly.
천천히 먹을수록 음식은 훨씬 잘 흡수된다.
assimilate는 to make similar라는 뜻의 라틴어 동사에서 왔는데, 원래 음식이 몸속에 들어가 신체기관에 흡수되는 과정을 묘사하기 위해 쓰였다.
Students need to assimilate new concepts.
학생들은 새로운 개념을 흡수해야 한다.
음식과 마찬가지로, 어떤 관념이나 사실도 마음속으로 받아들이고 완전히 소화하여 자신의 지식체계 안으로 흡수할 수 있다.
A newcomer to a job or a subject must assimilate an often confusing mass of information.
어떤 분야나 조직에 갓 입문한 사람은 대개 어지러울 정도로 상당히 많은 정보를 소화해야 한다. 이것을 제대로 흡수하지 못하면 그 분야나 조직의 일원으로 활동하기 힘들다.
An immigrant family assimilates into its new culture by gradually adopting a new language and the habits of their new neighbors.
이민자 가족은 새로운 이웃들의 언어와 관습을 수용하면서 서서히 새로운 문화 속으로 들어가 하나가 된다.

similar things는 서로 닮았다.
simultaneous events는 동시에 발생한 사건이다.
Fax를 통해 들어오는 facsimile은 원본과 정확히 일치한다.

simulacrum
[sˌɪmjʊlˈeɪkrəm]

noun

● 모조품. 복제품. 특히 겉만 유사하게 만든 것.

As a boy he had filled his bedroom with model fighter jets, and these simulacra had kept his flying fantasies active for years.

남자아이답게 침실에는 전투기모형이 가득했으며, 이러한 모형들 덕분에 오랫동안 비행하는 공상을 계속 할 수 있었다.

■

simulacrum은 원래 다른 무언가를 재현해 보여주는 것을 의미한다. 따라서 유화나 대리석상 같은 미술품은 모두 자연을 재현하기 때문에— 본래 의미에서—simulacrum 이라고 할 수 있다. 하지만 오늘날 simulacrum은 진품을 대체하고자 하는 싸고 질이 떨어지는 엉성한 모조품, 복제품을 일컫는 말로 주로 쓰인다.
In old Persia a beautifully laid out garden was a simulacrum of paradise. 고대 페르시아의 아름답게 꾸며진 정원은 파라다이스를 모방한 것이었다.
Some countries' governments are mere simulacra of democracy, since the people in power always steal the elections by miscounting the votes. 민주주의를 겉으로만 흉내내면서 실제로는 개표를 조작함으로써 선거의 결과를 권력자들이 도둑질하는 정부도 있다. **복수형을 눈여겨보라.**
A bad actor might do a simulacrum of grief on the stage that doesn't convince anyone.
실력없는 배우는 무대 위에서 슬픈 감정을 어설프게 흉내내어 관객의 공감을 얻지 못한다.

✚
simulacra [sˌɪmjʊlˈeɪkrə] simulacrum의 복수형.
pale imitation 엉성한 모조품.

simulate
[sˈɪmjʊleɪt]

verb

● 시뮬레이션하다.
● 모조품을 만들다.

The armed services have made extensive use of video games to simulate the actual experience of warfare for their recruits.

군대는 신병들에게 실제 전쟁상황을 체험하도록 하기 위해서 비디오게임을 적극적으로 활용한다.

■

The zircon simulates a diamond.
홈쇼핑채널에 자주 등장하는 다이아몬드는 대부분 지르콘이라는 암석을 다이아몬드처럼 만든 모조품이다.
A skilled furrier can dye lower-grade furs to simulate real mink.
숙련된 모피가공업자는 질이 낮은 털을 염색하여 진짜 밍크처럼 보이는 제품을 만들어낸다.
A skilled actress can simulate a range of emotions from absolute joy to crushing despair.
뛰어난 배우는 환희에 찬 기쁨에서 비참한 절망까지 폭넓은 감정을 연기해낼 수 있다.
An apparatus that simulates the hazards of driving while intoxicated is likely to provide some very real benefits.
술에 취해 운전을 하면 얼마나 위험한지 보여주는 시뮬레이션 기기는 음주운전 예방에 도움이 될 것이다.

✚
zircon [zˈɜrkɑn] 지르콘.
furrier [fˈɜːriər] 모피상, 모피가공업자.
crushing [krˈʌʃɪŋ] 눌러 터뜨릴 정도로 강렬한.
hazard [hˈæzərd] 위험.
intoxicated [ɪnˈɒksɪkeɪtɪd] 술이나 마약에 취한.

SENS

Latin *sensus*
feeling 느낌 sense 감각

sensor

[sˈensər]

noun

● 물리량을 감지하여 신호를 전송하는 장치.

The outdoor lights are triggered by a motion sensor that detects changes in infrared energy given off by moving human bodies.

외부조명은 인체가 움직일 때 발산하는 적외선 에너지의 변화를 감지하는 동작센서에 의해 작동한다.

■

A burglar alarm may use a photosensor to detect when a beam of light has been broken, or may use ultrasonic sound waves that bounce off moving objects.

도난경보기는 움직이는 물체에 의해 광선이 흐트러지거나, 초음파에 굴절이 생기는 것을 감지하는 광센서를 활용한다.

Barometers are the sensors detecting pressure and Breathalyzers and smoke detectors chemicals.

기압계는 압력을 감지하는 센서이고, 음주측정기와 화재감지기는 화학물질을 감지하는 센서다.

A cheap car alarm may be nothing but a shock sensor.

싸구려 자동차 경보장치는 강한 진동을 감지하는 단순한 충격센서에 불과한 경우가 많다.

✛
barometer [bərˈɒmɪtər] 기압계.
Breathalyzer [brˈeθəlaɪzər] 알코올측정기(상표).

desensitize

[dˌiːsˈensɪtaɪz]

verb

● 감각/감도를 떨어뜨리다.

Even squeamish nursing students report becoming desensitized to the sight of blood after a few months of training.

비위가 약한 간호수련생들도 몇 개월 수련을 거치고 나면 피를 보아도 둔감해진다고 말한다.

■

Basic training in the armed forces tries to desensitize new recruits to pain.

군대의 기초훈련은 신병들에게 고통에 둔감해지도록 하는 것이 목표다.

We can desensitize ourselves to the summer heat by turning off the air conditioning, or become desensitized to the cold by walking barefoot in the snow.

에어컨을 끄면 한여름의 더위에 둔감해질 수 있고, 눈 위를 맨발로 걸으면 추위에 둔감해질 수 있다.

Parents worry that their children will be desensitized to violence by playing video games.

부모들은 아이들이 비디오게임을 하면서 폭력에 둔감해질까 걱정한다.

Desensitizing may be natural and desirable under some circumstances, but maybe not so good in others.

둔감해지는 것이 자연스럽고 바람직한 것인 경우도 있지만, 그렇지 않은 경우도 있다.

✛
squeamish [skwˈiːmɪʃ] 사소한 것에도 잘 놀라는.
sensitize [sˈensɪtaɪz] 민감하게 하다.

sense라는 말 자체가 라틴어를 그대로 가져온 말이다.
sensation은 몸으로 느낄 수 있는 감각을 말한다.
sensitive는 감각을 아주 잘 느끼는, 즉 '민감한, 예민한'이라는 뜻이다.

extrasensory
[ˌɛkstrəsˈɛnsəri]

adjective
- 기존 감각을 통해 반응/행동하는 것이 아닌.

A kind of extrasensory capacity seems to tell some soldiers when danger is near.
몇몇 군인들에게는 위험이 닥쳤을 때 일종의 초감각적 능력이 말을 거는 듯하다.

■

extra(outside/beyond)가 붙은 extrasensory는 기본적으로 '감각 너머'에 존재하는 것을 의미한다.
extrasensory perception 초감각 지각능력.
흔히 ESP라고 줄여서 말한다. 대표적인 ESP로는:
telepathy [tɪˈlepəθi]—
텔레파시, 정신감응. 마음으로만 소통하는 능력
clairvoyance [klˈeərvˌɔɪəns]—
심령술. 죽은 자와 이야기를 나누는 능력
precognition [ˌpriːkɑːɡˈnɪʃən]—
예지력. 미래를 내다보는 능력
According to polls, about 40% of Americans believe in ESP.
설문조사에 따르면 미국인의 40퍼센트가 초감각지각능력이 존재한다고 믿는다.
ESP를 개인적으로 경험했다고 주장하는 사람도 미국에는 매우 많다. 예컨대 오랫동안 잊고 지내던 사람이 갑자기 꿈에 나타났는데, 다음날 그가 죽었다는 소식을 듣는다면 그것을 우연이라고 치부하기는 어려울 것이다. 하지만 ESP가 실재하는지 입증하려는 과학적 시도는 한번도 성공한 적이 없다.
Husband and wife seemed to communicate by extrasensory means, each always guessing what the other needed before anything was said.
남편과 아내는 초감각적 수단으로 소통하는 것처럼 보인다. 서로 상대방이 말하기도 전에 무엇을 필요로 하는지 늘 추측한다.

sensuous
[sˈenʃuəs]

adjective
- 감흥을 주는.
- 감각과 연관된.

Part of what audiences loved about her was the delight she took in the sensuous pleasures of well-prepared food.
시청자들이 그녀를 좋아하는 이유 중 하나는 잘 준비된 음식이 주는 감각적 즐거움 속에서 그녀가 안겨주는 쾌감이다.

■

These people like sensual dance rhythms.
이 사람들은 말초적인 감각을 자극하는 댄스리듬을 좋아한다.
sensual은 육체적, 성적, 관능적 욕구를 자극하는 것을 일컫는다. 하지만 청교도 시인 John Milton은 고상한 예술이 안겨주는 고차원적인 만족감을 표현할 수 있는 새로운 단어가 필요하다고 생각했다. 그렇게 만들어낸 단어가 바로 sensuous다.
Great music can be a source of sensuous delight.
위대한 음악은 고귀한 감흥의 원천이 될 수 있다.
Wealthy Romans led lives devoted to sensual pleasure.
부유한 로마인들은 감각적 쾌락에 몰두하는 삶을 살았다.
물론 이러한 진술은 부당한 편견일 수 있다.
She is a beautiful and sensuous young woman.
성욕을 자극하는 아름다운 젊은 아가씨.
밀턴의 고귀한 바람을 저버리고, 지금 사람들은 sensual과 sensuous를 혼동해서 쓰는 경우가 많다.

✛

sensual [sˈenʃuəl] 관능적인, 섹시한, 말초적인.

KILO

Greek *chilioi*
thousand 1000

kilobyte
[kˈɪləbaɪt]

noun
● 킬로바이트. 1024바이트.

A 200-word paragraph in the simplest text format takes up about a kilobyte of storage space on your hard drive.

가장 단순한 텍스트 포맷의 200단어짜리 한 단락은 하드 드라이브에 약 1킬로바이트 저장공간을 차지한다.

■

kilo라는 어근의 의미를 알면 킬로바이트가 당연히 1000바이트일 것이라고 생각할 것이다.
하지만 실제로 1킬로바이트는 1000에 가장 가까운 2의 제곱수로, $2^{10}=2×2×2×2×2×2×2×2×2×2=1024$다. 2^{10}은 two to the tenth power 또는 two to the power of ten이라고 읽는다.
Since the capacity of memory chips is always based on powers of 2, locations in electronic memory circuits are identified by binary numbers.

메모리칩의 용량은 항상 2의 제곱수로 이루어지기 때문에 전자메모리회로의 위치는 2진수(0과 1로만 이루어진 숫자)로 식별된다.

On a hard drive, a kilobyte is enough capacity for a few sentences of text, but for audio or video it's too small to even mention.

하드드라이브의 1킬로바이트는 몇 문장 정도는 충분히 저장할 수 있다. 하지만 오디오나 비디오라면 말할 가치도 없을 만큼 너무 작다.

✚
binary [bˈaɪnəri] 2진법의.

kilometer
[kˈɪləmɪtər]

noun
● 킬로미터. 1000미터.

U.S. highway signs near the Canadian border often show distances in kilometers in addition to miles.

캐나다 국경 근처의 미국 고속도로 표지판은 대개 거리를 마일뿐만 아니라 킬로미터로도 표시한다.

■

The U.S. has been slow to adopt metric measures, which are used almost everywhere else in the world.

전 세계 거의 모든 나라들이 미터법을 사용하고 있음에도 미국은 여전히 미터법을 받아들이는 데 꾸물거리고 있다.

The U.S. and Great Britain are practically the only developed nations that still show miles rather than kilometers on their road signs.

선진국 중에 도로표지판에 킬로미터가 아닌 마일을 표시하는 나라는 사실상 미국과 영국 밖에 없다.

But even in the U.S., footraces are usually measured in meters or kilometers, like the Olympic races.

하지만 미국에서도 육상경주는 올림픽경기와 마찬가지로 미터/킬로미터로 표시한다.

Runners normally abbreviate kilometer to K: "a 5K race", "the 10K run", and so on.

육상선수들은 5K 레이스, 10K달리기처럼 대개 킬로미터를 K로 축약해서 부른다.

✚
footrace 두 발로 하는 경주.
abbreviate [əbrˈiːvieɪt] 축약하다.

영어에서 kilo-는 대부분 metric system과 연관되어 나오는 말이다. 프랑스혁명 다음 해 metric system을 쓰기 시작하면서 그리스어를 프랑스식으로 표기한 이 단어가 확산되기 시작했다. Kilowatt는 1000와트를 뜻한다. 컴퓨터가 등장하기 전까지만 해도 그다지 익숙하지 않은 말이었다.

kilohertz
[kˈɪləhɜːrts]

noun
- 킬로헤르츠. 1000헤르츠.

An onboard tape recorder turned out to be using a 10-kilohertz signal, the same frequency used by the aircraft's control system.

탑재된 테이프기록장치는 항공기 제어시스템에서 사용하는 것과 같은 10kHz 주파수를 사용하는 것으로 밝혀졌다.

■

헤르츠는 라디오전파를 처음 송신하고 수신한 독일의 물리학자 Heinrich Hertz의 이름을 따서 만든 것이다. A frequency of 680 kilohertz (kHz) means the station's transmitter is oscillating at a rate of 680,000 cycles per second.

지금 듣는 AM 라디오방송국 주파수가 680kHz라면, 방송국의 송신기가 1초당 68만 번 진동하고 있다는 뜻이다.

Shortwave radio operates between 5.9 and 26.1 MHz, and the FM radio band operates between 88 and 108 MHz.

단파라디오는 5.9~26.1MHz에서 작동하며 FM라디오 주파수대역은 88~108MHz에서 작동한다.

메가헤르츠(MHz)는 1초당 100만 번 진동한다는 뜻이다.

✦
onboard [ˈɑnbɔrd] 탑재된.
frequency [frˈːkwənsi] 주파수, 진동수.
transmitter [trænzmˈɪtər] 송신기.
oscillate [ˈɒsɪleɪt] = vibrate 진동하다, 두 지점 사이를 왕복하다.

kilogram
[kˈɪləgræm]

noun
- 킬로그램. 1000그램.

The kilogram is the only base unit of measurement still defined by a physical object rather than a physical constant (such as the speed of light).

킬로그램은 (빛의 속도와 같은) 물리적 상수보다 물리적 대상에 의해 규정되는 유일한 기본측정 단위다.

■

The original concept of the kilogram is the mass of a cubic decimeter of water.

킬로미터는 원래 1입방 데시미터의 물의 질량이다.

킬로미터는 1793년 프랑스의 새로운 혁명정부가 질량을 측정하는 기본단위로 채택한 것이다.

In 1875, in the Treaty of the Meter, 17 countries, including the U.S., adopted the French kilogram as an international standard.

1875년 미터협약에서 미국을 포함한 17개국이 프랑스의 킬로그램을 국제표준으로 채택했다.

In 1889 a new international standard for the kilogram, a metal bar made of platinum iridium, was agreed to.

1889년 플래티넘 이리듐으로 만든 금속막대로 킬로그램의 국제기준이 새롭게 합의되었다.

For all practical purposes, a kilogram equals 2.2 pounds. 1킬로그램은 사실상 2.2 파운드와 같다.

✦
constant [kˈɒnstənt] 상수.
mass [mˈæs] 질량.
cubic [kjˈuːbɪk] 입방의.
decimeter [dˈɛsɪmɪtər] 10분의 1미터, 10센티미터.
for all practical purposes 사실상, 편의상.

CIS

Latin
to cut. cut down. or slay 자르다/베다

concise
[kəns'aɪs]

adjective
- 간결한. 표현이나 진술이 짧게 압축된.

Professor Childs's exam asked for a concise, one-page summary of the causes of the American Revolution.

차일드 교수는 미국독립혁명이 일어난 원인을 한 쪽 분량으로 간결하게 정리하라는 시험문제를 출제했다.

■

Almost every reader values concision.
독자들은 대부분 간결성을 높이 여긴다.
하지만 직접 글을 써보면, 길고 어려운 단어를 넣어 문장을 길게 써야 독자들에게 더 깊은 인상을 줄 수 있다는 유혹을 느낀다.
Concise writing is usually easier to read, better thought out, and better organized—that is, simply better writing.
간결한 글은 대개 읽기 쉽지만, 더 깊이 생각해야 하고, 더 치밀하게 구성해야 한다.
간결하다는 말은 무조건 짧은 것만을 의미하지 않는다. concise는 정확히 말해서 brief but packed with information을 의미한다. 간단히 말해서 더 잘 써야 한다.
Ms. Raymond's report was concise but managed to discuss all the issues.
레이몬드의 보고는 간결하지만 모든 이슈를 언급하고 있다.

✛
concision [kəns'ɪʒən] 간결성.

excise
['eksaɪz]

verb
- 잘라내다. 외과적으로 잘라 내다.

noun
- 소비세.

The ancient Minoans from the island of Crete apparently excised the hearts of their human sacrifices.

크레타섬에 살던 고대 미노아인들은 인간을 제물로 바치면서 심장을 도려냈다는 증거가 명백하게 남아있다.

■

ex(out)+cis(cut)가 결합한 excise는 cut out을 의미한다.
The writer excised long passages of his novel to reduce it to a reasonable length.
작가는 분량을 맞추기 위해 글의 긴 단락을 잘라냈다.
The film director excised a scene that might give offense.
영화감독은 관객에게 불쾌감을 줄 만한 장면을 잘라냈다.
A surgeon may excise a large cancerous tumor, or make a tiny excision to examine an organ's tissue. 외과의사는 커다란 악성종양을 잘라내기도 하고, 조직검사를 하기 위해 아주 작은 조직을 잘라내기도 한다.
Much of what consumers pay for tobacco or alcohol products go to cover the excise taxes.
담배나 술을 사기 위해 소비자가 지불하는 금액의 상당부분이 제조업체가 주정부와 연방정부에 납부하는 소비세를 충당하기 위해 쓰인다. 미국에서 excise는 '소비세'를 의미한다.
동사와 명사의 의미가 전혀 다른 것은, 스펠링만 같을 뿐 전혀 다른 어원에서 나온 별개의 단어이기 때문이다.

✛
offense ['ɔfens] 상대방을 불편하게 하는 행동.
cancerous tumor 악성종양.
excision [ɪks'ɪʒən] 절단, 절제.

incisor는 무언가 물어서 자르는 '큰 앞니'를 의미한다.
늘 나무를 갉아야 하는 비버는 특히 incisor가 크다.
decision은 그동안 이어져온 논의의 불확실성을 '끊어버리는' 일이다.

incisive

[ɪnsˈaɪsɪv]

adjective
● 판단이 정확하고 날카로운.

A few incisive questions **were all that was needed to expose the weakness in the prosecutor's case.**

날카로운 질문 몇 개 만으로 검찰의 논증의 약점을 드러내는 데 충분했다.

■

in(into)+cis(cut)이 결합한 incise는 cut into, 즉 날카로운 도구로 잘라 '파고들다'는 뜻이다.
A doctor uses a scalpel to make an incision in the skin. 의사는 메스로 피부를 절개한다.
A good analyst makes incisive comments about a news story, cutting through the unimportant details.

탁월한 분석가는 새로운 기사에서 중요하지 않은 세부정보들을 잘라내버리며 날카로운 논평을 한다.

incisive remark는 '핵심을 파고드는 말'이다.
A good critic incisively identifies a book's strengths and weaknesses.

탁월한 비평가는 책의 장점과 단점을 날카롭게 짚어낸다.

After the surface is polished, a design is incised or painted.

표면을 매끄럽게 만든 뒤, 도안에 맞춰 조각을 새기거나 칠을 한다.

✛

scalpel [skˈælpəl] 수술용 메스.
incise [ɪnsˈaɪz] 절개하다, 조각하다.
incision [ɪnsˈɪʒən] 절개.

precision

[prɪsˈɪʒən]

noun
● 정밀성.

By junior year she was speaking with greater precision, **searching for exact words in place of the crude, awkward language of her friends.**

3학년이 되었을 때 그녀는, 미숙하고 서툴게 말하는 친구들과는 달리 적재적소에 맞는 단어를 찾아서 훨씬 정교하게 말을 했다.

■

일상적으로는 precision과 accuracy를 같은 의미로 쓰지만, 과학자와 공학자들은 이 둘을 구분한다.
accuracy는 구체적인 측정값, 즉 측정값이 실제값과 얼마나 가까운지 따지는 '정확성'을 의미하며, precision은 측정방식의 신뢰성, 즉 같은 것을 측정할 때마다 똑같은 결과를 얼마나 잘 내놓는지 따지는 '정밀성'을 의미한다.
그래서 무언가를 측정하는 것처럼 신뢰성을 생명으로 하는 기계를 precision instrument(정밀기기)라고 하지 accuracy instrument(정확기기)라고 하지 않는다.
비행기를 조종에서는 precision landing(정밀착륙)이 중요하며, 천연가스 생산에서는 precision drilling (정밀시추)가 중요하다.
The work was carried out with military precision.

이 작전은 치밀한 계획에 따라 한치의 오차도 없이 실행되어야 한다.
precision bombing 정밀폭격

✛

precise [prɪsˈaɪs] 정확한, 정밀한.
to be precise 정확히 말해서.

TOM

Greek
to cut 자르다

appendectomy
[ˌæpɪndˈɛktəmi]

noun
● 맹장제거수술.

Appendectomy **is an emergency procedure, since appendicitis can be fatal if its symptoms are ignored.**

증상을 무시할 경우 맹장염은 치명적일 수 있기 때문에, 맹장제거수술은 응급으로 시행해야 한다.

■

The appendix is a tiny tube attached to the large intestine that no longer has any real function. 맹장은 대장에 붙어있는 작은 관으로 지금은 어떠한 기능도 하지 않는다.
Appendicitis, inflammation and swelling of the appendix, usually resulted from bacterial infection. 맹장에 염증이 생겨 붓는 맹장염은 대개 세균감염으로 인해 발생한다. 10살에서 19살 사이에 갑자기 찾아오는 경우가 많으며, 미국에서 응급수술을 하는 가장 흔한 원인이다.
Since the appendix has so little to do, appendectomies normally have no negative aftereffects at all. 맹장은 기능이 거의 없기 때문에 맹장제거수술은 일반적으로 수술 후유증이 거의 없다.
If appendicitis is ignored, bacteria may enter the blood and infect other parts of the body. 맹장염을 그대로 두면 세균이 핏속으로 침입해서 신체의 다른 부위를 감염시킬 수 있다.

✛
appendix [əpˈendɪks] 맹장.
appendicitis [əpˌendɪsˈaɪtɪs] 맹장염.
intestine [ɪntˈestɪn] 창자.
inflammation [ˌɪnfləmˈeɪʃən] 염증.
swelling [swˈelɪŋ] 부어오름.

gastrectomy
[gæstrˈɛktəmi]

noun
● 위절제수술.

Gastrectomy **is used to treat holes in the stomach wall, noncancerous tumors, and cancer, but is performed only when other treatments have been rejected.**

위절제술은 위벽에 생긴 구멍, 양성종양은 물론 암을 제거하기 위해 시행되지만, 다른 치료법을 적용할 수 없을 때에만 선택한다.

■

gastr는 그리스어로 belly를 의미한다.
gastric, gastronomy 같은 단어에서 이 어근을 볼 수 있다.
Believe it or not, there are many people today who have had a gastrectomy and live without a stomach.
믿거나 말거나, 오늘날 꽤 많은 사람들이 위절제술을 받고 위 없이 살아간다. 아주 천천히 신중하게 하루종일 먹어야 하는 경우가 많지만, 완전히 정상인처럼 먹고 마셔도 괜찮은 경우도 있다.
He had undergone a gastrectomy after tests had revealed tumors on the stomach wall.
테스트 결과 위벽에 종양이 있는 것으로 밝혀진 다음 그는 위절제술을 받았다.

✛
gastric [gˈæstrɪk] 위의.
gastronomy [gæstrˈɒnəmi] 요리평론.
aftereffect [ˈæftərəfˌɛkt] 후유증.

anatomy의 어원 라틴어 anatomia는 dissection(절개, 해체 후 조사함)과 의미가 같다. 지금은 거의 금지되었지만 50년 전까지만 해도 정신분열증을 치료하기 위한 방법으로 lobotomy(뇌엽절제술)라는 수술이 성행했다. 신경망을 제거하고 brain lobe(뇌엽)을 잘라내는 것으로 미국에서만 4만 명이상 이 수술을 받았다.

tonsillectomy
[tˌɑnsəlˈɛktəmi]

noun

● 편도선제거수술.

His daughter's usual doctor thought antibiotics could cure her swollen tonsils, but a specialist recommended tonsillectomy.

그 사람 딸의 주치의는 항생제가 부은 편도선을 치료할 수 있을 것이라 생각했으나, 전문의는 편도선 절제술을 권했다.

■

The tonsils are the areas of tissue that you can see in the mirror on both sides of your throat (not to be confused with the uvula, which hangs down in the middle).편도선은 목 양쪽 측면에 있는 조직으로, 거울로 볼 수 있다(가운데 달려 있는 목젖과 혼동하지 말라). Tonsillitis are inflammation of the tonsils usually by strep or staph bacteria. 편도선염은 대개 연쇄상구균이나 포도상구균에 의한 감염된 증상이다. Tonsillectomy, the most common surgery performed on children in the U.S., is intended to relieve tonsillitis. 편도선절제술은 미국에서 아이들에게 행해지는 가장 흔한 수술로 편도선염을 완화하기 위해 시행된다. But the fact is, tonsillitis can often be successfully treated with antibiotics. 하지만 편도선염은 대부분 항생제로 손쉽게 치료할 수 있다. 다시 말해 1-2 주 정도 고통과 불편함을 초래하는 tonsillectomy는 일반적으로 불필요하다는 뜻이다.

✛
tonsil [tˈɑːnsəl] 편도선.
uvula [jˈuːvjələ] 목젖.
tonsillitis [tˌɒnsɪlˈaɪtɪs] 편도선염.
strep = streptococcus [strˌeptəkˈɑːkəs] 연쇄상구균.
staph = staphylococcus [stˌæfəloʊkˈɑkəs] 포도상구균.

mastectomy
[mæstˈektəmi]

noun

● 유방절제수술.

She has always dreaded being disfigured by mastectomy, but her talks with the surgeon have calmed her considerably.

그녀는 늘 유방절제술로 가슴이 변형된다는 생각에 두려움에 휩싸였지만, 외과의사와 상담한 뒤 상당히 안정을 되찾았다.

■

Breast cancer is the most common cancer among American women.
유방암은 미국 여성들에게 가장 흔한 암이다.
Early cases can often be treated with drugs or with a small operation called a lumpectomy.
초기에는 약, 또는 멍울절제술로 치료할 수 있다.
하지만 종양이 클 경우에는 유방을 절제해야 한다.
"Simple mastectomy" allows the breast to be reconstructed, using artificial implants or tissue from elsewhere on the body.
'가벼운' 유방절제술은 인공보형물을 사용하거나 신체의 다른 부분에서 조직을 이식하여 유방을 재건할 수 있다.
But "radical mastectomy" takes much of the chest muscle and makes reconstruction impossible.
하지만 암이 상당히 진행된 경우에는 '근치' 유방절제술을 시행해야 하는데, 가슴근육을 상당부분 제거하기 때문에 유방재건 자체가 불가능하다.

✛
disfigure [dɪsfˈɪɡjər] 외형을 손상시키다.
lump [lˈʌmp] 멍울, 혹.
lumpectomy [lʌmpˈektəmi] 멍울절제술.
implant [ˈɪmplænt] 신체에 삽입하는 인공물, 임플란트.

ANN ENN

Latin **annus**
year 1년

annuity
[ənˈuːɪti]

noun

- 연금. 또는 그러한 지급을 약속하는 보험계약.

Throughout her working career she invested regularly in annuities that would support her after retirement.

일하는 기간 내내 그녀는 퇴직 후 생계를 뒷받침할 연금에 정기적으로 투자했다.

■

annuity는 원래 1년에 한 번 급여를 지급하는 보험상품을 일컫는 말로, 연금(年金)이라고 번역한다. 이후 1년보다 짧은 주기로 지급하는 상품도 많이 나왔지만, 여전히 모두 annuity라고 부른다.

Annuities are normally contracts with life-insurance companies that specify that payments begin at retirement.

연금은 일반적으로 은퇴시점부터 지급하는 조건으로 보험회사와 계약한다.

Sweepstakes jackpots may also come as annuities.

복권당첨금도 연금형식으로 분할하여 받을 수 있다.

An annuity can be a wise idea if you think you're going to live a long time.

자신이 오래 살 것이라고 예상한다면 연금에 가입하는 것은 현명한 선택일 수 있다. 하지만 연금상품은 복잡하기 때문에 광고에 현혹되지 말고 여러 보험회사의 상품을 세심하게 비교한 뒤 가입해야 한다.

Company pensions are traditionally doled out in the form of annuities.

기업연금은 전통적으로 연금형태로 나뉘어 지급된다.

superannuated
[sˌuːpərˈænjueɪtɪd]

adjective

- 낡은. 시대에 뒤떨어진. 구식의.
- 노화/병약을 이유로 은퇴 압박을 받는.

He called himself a car collector, but his backyard looked like a cemetery for superannuated clunkers.

그는 자신을 자동차 수집가라고 소개했지만, 그의 집 뒷마당은 노후화된 고물차들의 묘지처럼 보였다.

■

super(above)+annus(year)가 결합한 superannuated는 too old를 의미한다.

A 65-year-old surfer might be regarded as superannuated by the young crowd riding the waves.

65살에 서핑을 하면 젊은이들이 보기에 눈꼴사나울 수 있다. 이처럼 적정한 나이를 넘겨 은퇴압박을 받는 상황을 superannuated라고 묘사할 수 있다.

A superannuated hippie might still be dressing the way he did in 1972.

1972년 입었던 히피 옷을 지금도 입고 다니는 사람 역시 꼴불견처럼 보일 수 있다. 너무 나이가 들다보면 유통기한이 지난 것에 집착하는, 시대에 뒤쳐진 사람이 될 확률이 높아진다.

✦

clunker [klˈʌŋkər] 낡아서 부서질 것 같은 기계, 자동차.
an age limit 나이제한(최소 나이와 최대 나이 모두 포함).
jackpot [dʒˈækpɒt] 상금.
pension [pˈenʃən] 은퇴 후 받는 연금.
dole [dˈoʊl] out 나누어 지급하다.
sweepstakes [swˈiːpsteɪk] 판돈(stake)을 이긴 사람이 모두 쓸어담는(sweep) 내기. 복권.

anniversary는 annual event(매년 열리는 행사)로 '기념일'을 뜻한다.
나이가 들수록 anniversary는 점점 빨리 돌아온다.

millennium
[mɪlˈeniəm]

noun
- 1000년 또는 1000년이 되는 해.
- 지구상 위대한 행복과 완벽함의 시대 .

The first millennium B.C. saw the rise of important civilizations in Greece, Rome, India, Central America, and China.

기원전 1000년에서 0년 사이에 그리스, 로마, 인도, 중앙아메리카, 중국에서 주요문명의 출현이 목격되었다.

■

mill(1000)+enn(year)이 결합한 millennium은 말 그대로 1000년을 의미한다.
We're living today at the beginning of the third millennium since the birth of Christ.
우리는 지금 그리스도 탄생 이후 세 번째 밀레니엄이 시작하는 시점에 살고 있다.
Millenarians or millennialists speak of a coming millennium when Jesus will return to reign on earth for 1,000 years, evil will be banished, and all will live in peace and happiness.
1000년 왕국신도들은 새로운 1000년 동안 예수가 이 땅에 재림하여 악을 모두 물리쳐 우리 모두 평화롭고 행복하게 살아가는 세상이 올 것이라고 주장한다.
1000년이 넘어갈 때마다 1000년 왕국이 도래할 것이라고 주장하는 기독교 종파들이 등장하는데, 이들을 millenarian 또는 millennialist라고 한다. 하지만 지난 2000년 동안 그들의 바람은 한번도 실현된 적이 없었다.

✛
millenarian [mˌɪlənˈɛriən] 1000년왕국주의자.

perennial
[pərˈeniəl]

adjective
- 다년생의. 몇 년간 계속 성장하는.
- 중단 없이 지속되는.

noun
- 다년생 식물.

"See You in September" is a perennial summertime hit among lovesick teenagers.

See You in September는 사랑에 빠진 10대 청소년들의 영원한 여름철 히트곡이다.

■

A perennial garden is full of perennials, flowers that continue to bloom year after year.
해마다 꽃이 피는 다년생 식물로 가득한 정원을 perennial garden이라고 한다. 한 철만 자라고 죽는 1년생 식물은 annual, 2년생 식물은 biennial, 다년생 식물은 perennial이라고 한다.
Evergreens are perennially green; for that reason, they're perennial favorites for Christmas wreaths and decorations.
상록수는 늘 푸르다. 그러한 이유로 크리스마스 화환과 장식의 재료로 영원히 사랑받는다.
Taxes are a perennial political issue.
세금은 때만 되면 매년 등장하는 정치적 이슈다.
A perennial political candidate may come back over and over claiming he's the only one who can save us from taxes.
세금지옥에서 구원해줄 수 있는 사람은 자신뿐이라며 선거철만 되면 돌아오는 사람도 있다.
매번 떨어지면서도 선거만 되면 다시 나타나는 사람은 어느 나라에서나 볼 수 있다.

✛
wreath [riθ] 꽃이나 나무로 만든 둥근 장식.

MILL

Latin
thousand 1000, 1000번째

millefleur
[mˌilflˈɜr]

adjective
- 꽃과 식물 무늬로 가득찬.

She was painstakingly embroidering a millefleur pattern on a pillow casing.
그녀는 베개 커버에 밀플뢰르 패턴을 정성스럽게 수놓고 있었다.

■

라틴어 milleflores(1000송이 꽃)이 프랑스어에 들어와 millefleur가 되었는데, 이것이 영어에 그대로 들어왔다. In the famed Unicorn Tapestries, the unicorn is seen frolicking, relaxing, being hunted, and being caught, all against a beautiful millefleur background.
중세유럽에서 시작된 Unicorn Tapestry는 아름다운 꽃무늬를 배경으로 유니콘이 뛰어놀거나 쉬거나 사로잡히거나 갇혀있는 등 다양한 모습으로 묘사되어 있는 벽걸이직물 양식을 일컫는다.
똑같은 라틴어 milleflores에서 나온 이탈리아어 millefiori[ˌmiləfiˈɔri] 역시 '1000송이 꽃'을 의미하지만, 이 단어는 영어에서 화려한 색깔의 꽃무늬로 장식된 유리공예품 '밀레피오리'를 일컫는 말로 쓰인다.
프랑스어 mille-feuille[milˈfɔi]도 빵집에 가면 자주 볼 수 있는데 1000 leaves라는 뜻으로, 마른 나뭇잎이 켜켜이 싸여 있는 것처럼 보이는 puff pastry '밀푀유'를 일컫는다.

✚
famed [fˈeimd] 유명한.
puff pastry 부풀린 페이스트리.
puff [pˈʌf] 혹 불다.
pastry [pˈeistri] 빵으로 만든 과자.
preside [prizˈaid] 통솔하다.
to date = up to now

millenarian
[mˌɪlənˈɛriən]

adjective
- 1000년왕국설을 신봉하는.

noun
- 1000년왕국신봉자.

Millenarianism is one of the future-oriented beliefs common in the New Age movement.
천년왕국설은 뉴에이지운동에서 흔히 볼 수 있는 미래 지향적인 신앙 중 하나다.

■

Originally the millennium was the thousand years prophesied in the biblical Book of Revelation, when holiness will prevail on earth and Jesus Christ will preside over all.
밀레니엄은 단순히 1000년을 의미하는 것이 아니라, 원래 요한계시록에서 예언한 성스러움이 땅 위에 퍼지고 예수가 모든 것을 주재하는 새로운 1000년을 의미하는 말이었다.
수 세기 동안 성서에서 예언한 millennium이 도래한다고 확신하며 세상의 종말과 심판의 날이 가까이 왔다고 설파하는 기독교종파들이 이따금씩 출현하였는데, 이들을 millenarian이라고 한다.
기독교를 믿지 않는다고 하더라도 인간성이 완벽하게 실현되는 새로운 시대가 올 것이라고 믿는 사람들도 millenarian이라고 부를 수 있다. 이들은 자신들이 원하는 미래가 도래할 것이라고 확신하면서도, 그러한 미래를 조금이라도 앞당기기 위해 정치적, 사회적, 경제적 혁명을 도모한다.
The millennium always seems to be approaching; to date, it hasn't arrived.
밀레니엄은 언제나 임박한 듯 보여도 아직까지 오지 않았다.

✚
prophesy [prˈɒfisai] 예언하다.
prevail [privˈeil] 전반에 퍼지다.

millennium은 1000년이며, million은 1000이 1000개 모인 것이다.
milligram은 1그램을 1000조각낸 것이고, milliliter는 1리터를 1000조각낸 것이고,
millimeter는 1미터를 1000조각낸 것이다.

millipede
[mˈɪlɪpiːd]

noun

● 노래기.

As they turned over rocks and bricks in their search for the lost bracelet, millipedes of various sizes went scurrying off.

잃어버린 팔찌를 찾기 위해 바위와 벽돌을 뒤집자, 다양한 크기의 노래기들이 재빨리 달아났다.

■

The earth is home to about 10000 species of millipedes. 지구상에는 약 1만 종의 노래기가 서식한다. 물론 이름처럼 다리가 1000개까지는 되지 않지만 정말 많다.
Though millipedes have no poison fangs, many of them can, when threatened, emit a liquid or gas poisonous to their enemies.
독니는 없지만, 많은 노래기들이 위험을 받을 경우 적을 향해 독성 액체나 가스를 분출한다.
How can millipedes possibly coordinate all those legs so that it doesn't trip over itself?
노래기들은 저 많은 다리를 어떻게 조율하길래 제 다리에 걸려 넘어지지 않는 걸까?
Like some conga line or bunny hop, millipedes scuttle away to a rhythm only it can hear.
콩가라인댄스 또는 버니홉댄스를 추듯이 노래기는 자신만 들을 수 있는 리듬에 맞춰 황급히 도망친다.

+
bracelet [brˈeɪslɪt] 팔찌.
scurry [skˈɜːri] 재빨리 움직이다.
fang [fˈæn] 송곳니.
scuttle [skˈʌtəl] 허둥지둥 달아나다.
conga line/bunny hop 앞사람을 잡고 여러 사람들이 줄지어 서서 추는 춤.

millisecond
[mˈɪlisekənd]

noun

● 1000분의 1초

A lightning bolt lasts only about 20 milliseconds, though the image may stay in one's eye for much longer.

번개는 불과 20밀리세컨드 정도 지속될 뿐이지만 그 영상은 우리의 시각에 훨씬 오래 남아 있을 수 있다.

■

A millisecond isn't long enough for the blink of an eye, but a few milliseconds may determine the winner of a swim race or a hundred-yard dash.
밀리세컨드는 눈 깜짝할 새도 되지 않는 아주 짧은 시간이지만, 수영경기나 100미터달리기의 승패를 결정지을 수도 있다.
With the ever-increasing speed of modern technology, even a millisecond has started to seem a little sluggish.
점점 빨라지는 현대 과학기술 덕분에 밀리세컨드조차 이제는 다소 느리게 여겨지기 시작했다.
컴퓨터연산은 이제 nanosecond 단위로 측정한다.
Some Olympic races have been extremely close, but no one has ever won by a single millisecond
몇몇 올림픽 경주는 극도로 막상막하인 경우도 있지만, 1000분의 1 초 차이로 이긴 사람은 아직 한 명도 없다.

+
sluggish [slˈʌgɪʃ] 느린.
nanosecond [nˈænousˌekənd] 10억분의 1초.

QUIS QUIR

Latin
to seek or obtain 찾아내다

inquisition
[ˌɪnkwɪzˈɪʃən]

noun

● 거칠고 엄격한 조사/심문.

The President's first choice for the job turned him down, fearing the Senate hearings would turn into an inquisition into her past.

대통령의 첫 번째 직무선택은 그의 임명을 거부하는 것이었다. 상원청문회가 자신의 과거를 들춰내는 기회로 변질될까 염려했기 때문이다.

inquiry는 단순히 진실을 찾기 위해 질문하는 것이라면, inquisition은 집요하게 물고 늘어지는 길고 철저한 심문을 의미한다.

inquiry와 inquisition은 본래 같은 뜻이었지만, 15세기 시작되어 300년 이상 지속된 Spanish Inquisition 덕분에 이러한 의미분화가 일어났다.

In Spanish Inquisition, church-appointed inquisitors sought out nonbelievers, Jews, and Muslims, thousands of whom were sentenced to torture and to burning at the stake.

스페인종교재판이 진행되는 동안 교회가 지명한 inquisitor들이 전국을 순회하며 신을 믿지 않는 이들, 유대인들, 무슬림들을 색출하여 고문하고 화형에 처했다.

이 무자비한 살육으로 죽은 사람은 자그마치 200만 명이 넘는다.

✚
inquiry [ɪnkwˈaɪəri] 질문, 조사.
inquisitor [ɪnkwˈɪzɪtər] 집요하게 캐묻는 심문자.

perquisite
[pˈɜːrkwɪzɪt]

noun

● 기본급 외의 특전이나 수입.
● 독점할 수 있는 소유 또는 권리.

A new car, a big house, and yearly trips to Europe were among the perquisites that made the presidency of Wyndam College such an attractive position.

새 차, 큰 집, 매년 유럽여행은 윈덤대학의 총장 직위를 탐나게 만들어주는 특전들이다.

per(thoroughly)+quis(to seek/obtain)가 결합한 perquisite은 원래 '끈질기게 달라고 요구하는 것'을 의미하지만, 영어에서는 '요구하다'라는 의미가 거의 사라져서 요구하지 않아도 저절로 주어지는 가치나 권리를 의미하게 되었다.

The President of the United States enjoys as perquisites the use of Camp David and Air Force One.

미국대통령은 캠프데이비드와 에어포스원을 사용할 수 있는 특전을 누린다.

이처럼 perquisite은 특정한 직무나 지위를 맡았을 때 따라오는 혜택이나 특전을 말하지만, 가끔은 직무와 관련 없이 소수의 사람들만 누리는 독점적인 권리나 특권을 의미하는 경우도 있다.

One of the perks of being a student is cheap travel.

학생이 되면 누릴 수 있는 특권 중 하나는 교통경비 할인이다.
일반적으로 perk이라고 줄여 쓰는 경우가 많다.

✚
perk [pˈɜːrk] = perquisite 특전, 혜택.

이 어근은 QUIR (inquiry), QUES (question/quest), QUER (query) 등으로도 활용된다.

acquisitive
[əkwˈɪzɪtɪv]

adjective

● 갖고자 하는, 욕심 많은.

With each year the couple became more madly acquisitive, buying jewelry, a huge yacht, and two country estates.

해가 갈수록 그 부부는 물욕이 더 커져서 보석, 거대한 요트, 부동산도 두 개나 샀다.

■

America is an acquisitive society, a society devoted to getting and spending.

미국은 탐욕사회, 즉 돈을 벌고 쓰는 것이 전부인 사회다.

An acquisitive nation may seek to acquire other territories by force.

욕심이 많은 국가는 무력으로 다른 나라의 영토를 획득하고자 한다.

But mental acquisition of specialized knowledge or skills—or new vocabulary!—doesn't deprive others of the same information.

하지만 특별한 지식이나 기술, 또는 새로운 단어를 획득하는 것은 다른 사람에게서 그 정보를 빼앗는 것이 아니다.

The whole family was acquisitive by nature, and there were bitter legal battles over the will.

가족 구성원 모두 본래 탐욕이 많아서, 유언장을 놓고 격렬한 법정싸움이 벌어졌다.

✛

acquisition [ˌækwɪzˈɪʃən] 획득, 취득, 습득.
acquire [əkwˈaɪər] 얻다, 획득하다, 습득하다.
deprive [dɪprˈaɪv] of —을 박탈하다.

requisition
[rˌekwɪzˈɪʃən]

noun

● 권한에 걸맞는 (보급품 같은 것에 대한) 요구, 요청.
● 징발.

The teachers had grown impatient with having to submit a requisition for even routine classroom supplies.

교사들은 학급의 일상적인 비품에 대해서도 일일이 청구서를 제출해야 하는 것에 점차 짜증이 났다.

■

requisition은 주로 공문서에 등장하는 단어다.
We have to send our office's purchasing department a requisition for computers. / We have to requisition more computers from the department.

구매부에 컴퓨터를 더 사달라고 요청서를 보내야 한다.

requisition은 원래 명사지만 지금은 동사로도 많이 쓴다.
The building was requisitioned as a military hospital for the duration of the war.

이 건물은 전시에 군인병원으로 징발되었다.

국가는 전쟁 같은 위급상황에서 개인이 소유한 차량, 건물, 음식 등을 requisition 할 수 있다.

You couldn't even get a pencil unless you filled out a requisition.

구매요청서를 작성하지 않으면 연필 한 자루도 얻을 수 없다.

✛

commandeer [kˌɒmændˈɪər] 징집하다, 징발하다.

PRE

preclude
[prɪklˈuːd]

verb

● 미리 막다(prevent).

If we accept this cash offer from the company, that will preclude our joining in the big suit against it with the other investors.

우리가 이 회사에서 내놓은 이 현금 제안을 받아들이면, 이 회사를 상대로 한 큰 소송에 다른 투자자들과 함께 참여할 수 없게 될 것이다.

■

preclude는 법률문서에서 자주 볼 수 있는 단어로, 법적인 행위 자체를 못하게 막아버린다는 의미로 자주 사용된다.
The new law was passed by Congress to preclude any suits of a certain kind against a federal agency.

연방기관을 상대로 어떠한 소송도 하지 못하도록 막는 새로운 법안이 의회에서 통과되었다.

Some judges have found that the warnings on cigarette packs preclude any suits against the tobacco companies by lung-cancer sufferers.

몇몇 판사는 담뱃갑에 표시된 경고문구가 폐암으로 고생하는 흡연자들이 담배회사를 상대로 소송할 수 있는 권리를 애초에 차단한다고 판결하였다.

법률과 무관한 일상에서도 가벼운 의미로 사용한다.
Bad weather often precludes trips to the beach.

나쁜 날씨는 대개 해변에 나갈 마음을 처음부터 꺾어버린다.

A lack of cash might preclude any beach vacation at all.

현금부족은 해변 근처로 휴가를 가는 것조차 꿈꿀 수 없게 만든다.

precocious
[prɪkˈoʊʃəs]

adjective

● 어린 나이에 어른의 특성이나 능력을 보이는.

Everyone agrees that their seven-year-old daughter is smart and precocious, but she's also getting rather full of herself.

누구나 그들의 7살짜리 딸이 영리하고 조숙하다고 입을 모아 칭찬하지만, 그녀 역시 다소 자만심이 이만저만 아니다.

■

coquere(to ripen/cook)이 결합한 precocious는 '제때보다 앞서서 너무 빨리 익은'이라는 뜻이다.
Margaret was always a precocious child.

마가렛은 늘 조숙한 아이였다.

Despite her precocious talent for music and art, she failed both subjects at school.

음악과 미술에서 조숙한 재능을 가지고 있음에도, 두 과목에서 모두 낙제했다.

✛

be full of yourself 자만심에 차다.
ripen [rˈaɪpən] 익다, 익게 하다.
ripe [rˈaɪp] 익은, 원숙한.
precooked [priːkˈʊkt] 미리 조리해놓은, 반조리된.
precocity [prɪkˈɒsɪti] 조숙함.
suit [sˈuːt] = lawsuit 소송.
—business suit 수트.
—Red suits me well 빨간색이 나한테 잘 어울려.
—Suit yourself. 하고 싶은 대로 해.
diabetes [daɪəbˈiːtɪs] 당뇨병.
arthritis [ɑːrθrˈaɪtɪs] 관절염.
malnutrition [mˌælnuːtrˈɪʃən] 영양실조.
infection [ɪnfˈekʃən] 감염병.

prefix는 단어 앞에 붙는(fix) '접두어'다. prediction은 어떤 일이 일어날지 미리 말하는(dict) 것으로 forecast와 같다. 만나보기도 전에 어떤 사람에 대해 미리 판단할(jud) 경우, 그것은 대개 prejudice(편견)으로 드러날 때가 많다. The 8:00 news *precedes* the 9:00 news. 8시뉴스는 9시뉴스보다 앞서 간다(ced=go).

predispose

[prˌiːdɪspˈoʊz]

verb

● 어떤 태도를 갖도록 미리 영향을 미치다.
● 어떤 질병에 걸릴 소인을 갖다.

Growing up in a house full of sisters had predisposed her to find her friendships with other women.

여자형제로 가득 찬 집에서 자란 덕분에 여자들과 쉽게 사귈 수 있었다.

■

predispose는 어떤 것을 쉽게 받아들일 수 있도록 미리 준비시켜 놓는다는 뜻이다.

A longtime belief in the essential goodness of people predisposes us to trust a stranger.

사람은 본질적으로 선하다는 오랜 믿음은 낯선 사람을 믿는 마음가짐을 심어준다.

Teachers know that coming from a stable family generally predisposes children to learn.

교사들은 안정된 가정환경이 일반적으로 아이들이 배울 수 있는 자질을 심어준다는 것을 안다.

Viewing television violence for years may leave young people with a predisposition to accept real violence as normal. TV에 나오는 폭력장면을 수년간 보다보면 젊은이들은 실제 폭력을 아무렇지 않게 받아들일 수 있다.

A person's genes may predispose her to diabetes or arthritis.

개인의 유전자가 당뇨병이나 관절염에 쉽게 걸리는 소인을 심어 놓는다.

Malnutrition over a long period can predispose you to all kinds of infections.

장기간에 걸친 영양실조는 온갖 전염병에 취약해지게 만든다.

prerequisite

[prˌiːrˈekwɪzɪt]

noun

● 선행되어야 하는 조건.

In most states, minimal insurance coverage is a prerequisite for registering an automobile.

대다수 주에서는 최소한의 보험가입을 자동차를 등록하기 위한 선행조건으로 제시한다.

■

requirere(to require)가 결합한 prerequisite는 어떤 일을 하기에 앞서 요구되는 것을 의미한다.

Possessing a valid credit card is a prerequisite for renting a car.

자동차를 렌트하기 위해서는 먼저 유효한 신용카드를 소지하고 있어야 한다.

A physical exam may be a prerequisite for receiving a life-insurance policy.

생명보험에 가입하기 위해서는 건강검진을 먼저 받으라는 요구를 받을 수 있다.

Successful completion of an introductory course is often a prerequisite for enrolling in a higher-level course.

입문과정을 좋은 성적으로 완수하는 것은 고급과정에 등록하기 위한 선행조건이다.

✛

coverage [kˈʌvərɪdʒ] 보장범위, 취재범위.
enroll [ɪnrˈoʊl] (학교나 수업에) 등록하다.
precede [prɪsˈiːd] 앞서다.

POS

Latin *ponere*
to put/ place 놓다

impose
[ɪmpˈoʊz]

verb

● 강압적으로 요금이나 벌금을 부과하다.
● 부당하게 이용하다.

After seeing her latest grades, her parents imposed new rules about how much time she had to spend on homework every night.

최근 성적을 보고 난 뒤, 그녀의 부모는 매일 밤 일정한 시간을 숙제하는 데 써야 한다는 새로운 규칙을 부과했다.

■

A CEO imposed a ban on smoking in the office.
경영자는 사무실에서 금연 명령을 내렸다.
impose는 자신의 권한을 이용하여 규칙을 지키도록 강요한다는 뜻이다.
The state imposed new taxes on luxury items and cigarettes.
정부는 사치품과 담배에 세금을 부과했다.
The federal government sometimes imposes trade restrictions on another country to punish it.
연방정부는 가끔 다른 국가를 응징하기 위해 무역봉쇄정책을 부과하기도 한다.
"I hope I'm not imposing on you."
폐를 끼치고 싶지 않습니다. 불편을 드리고 싶지 않습니다.
이 말은 I hope I'm not forcing my presence on you (내가 곁에 있는 것을 억지로 받아들이도록 강요하고 싶지는 않다)와 같은 뜻이다.
self-imposed deadline 스스로 부과한 마감기한.

✚

imposition [ˌɪmpəzˈɪʃən] 규칙, 규율, 부담.

juxtapose
[dʒˌʌkstəpˈoʊz]

verb

● 나란히 놓다.

You won't notice the difference between the original and the copy unless you juxtapose them.

원본과 사본을 나란히 놓고 보지 않으면 둘의 차이를 알 수 없다.

■

juxta(near)+pos(to put)가 결합한 juxtapose는 put near 즉, '나란히 놓다'라는 뜻이다.
Interior designers constantly make decisions about juxtaposing objects and colors for the best effect.
인테리어 디자이너는 최상의 효과를 얻기 위해 다양한 배치와 색상을 나란히 놓고 비교한다.
Juxtaposing two video clips showing the different things can be an effective means of criticizing.
정치인이 같은 주제에 대해 다른 말을 한 영상 두 개를 나란히 놓고 보여주는 것은 효과적인 비판수단이 될 수 있다.
The juxtaposition of two similar X-rays can help medical students distinguish between two conditions that may be hard to tell apart.
비슷한 X레이 사진 두 장을 나란히 놓으면, 하나씩 놓고서는 발견하기 힘든 상태를 좀더 쉽게 구별할 수 있다.
Advertisements frequently juxtapose "before" and "after" images to show a thrilling transformation.
극적인 변화를 보여주기 위해 '이전'과 '이후' 사진을 나란히 비교해 보여주는 광고가 많다.

✚

juxtaposition [dʒˌʌkstəpˈəzɪʃən] 나란히 놓음.

필름을 expose하는 것은 빛이 드는 곳에 '내어 놓는다(placing it out)'라는 뜻이다.
노래를 compose하려면 다양한 음을 '모아 놓아야(put together)' 한다. 동네에 교도소를 세우는 것에
oppose하는 것은 상대 앞에 '자신을 맞대면하도록 놓는(put yourself against)' 것이다.

transpose

[trænspˈoʊz]

verb

● (둘의) 위치나 순서를 바꾸어 놓다.
● 다른 장소나 시간으로 이동하다.

She rechecked the phone number and discovered that two digits had been transposed.

전화번호를 다시 확인하였더니 숫자 두 개가 뒤바뀌어 있었다.

■

You can prboalby raed tihs setnence witohut too mcuh toruble.

As matter of fact, transposing two letters in a word often doesn't matter too much.

위 문장에서 볼 수 있듯이 단어 속 두 글자를 뒤바꾸어놓아도 사람들은 잘 알아채지 못한다.

Can I sew you to another sheet?

Transposing two words or sounds has been a good source of humor over the years.

단어나 음절을 뒤바꾸는 것은 오랫동안 유머의 좋은 원천이 되었다.
의학에서 transposition은 신체의 장기가 원래 위치에서 벗어난 것을 의미한다.
음악에서 transposition은 곡의 키(장/단조)를 바꿔 연주하거나 노래한다는 의미다. 이러한 조 바뀜을 한 번에 알아듣는다면 상당한 음악실력이 있는 것이다.

✦

sew [sˈoʊ] 꿰매다.
transposition [trænspˈozɪʃən]
(수학) 이항移項, (의학) 전위轉位, (음악) 조바꿈.

superimpose

[sˌuːpərɪmpˈoʊz]

verb

● 겹쳐 놓다. 다른 것 위에 놓다.

Using transparent sheets, she superimposes territory boundaries on **an outline of Africa, showing us how these changed in the late 19th and early 20th century.**

투명종이를 사용하여 아프리카의 밑그림 위에 영토경계선을 겹쳐 놓으면, 19세기 말과 20세기 초에 경계선이 어떻게 달라졌는지 볼 수 있다.

■

Superimposition was one of the magical effects employed by early filmmakers.

영화에서 화면합성은 하나의 장면에 두 개 이상의 이미지를 겹쳐 보여주는 기법으로 자주 애용된다.

Filmmakers superimpose shadowy images of ghosts or scenes from a character's past onto scenes from the present.

영화감독들은 유령이나 인물의 과거장면의 흐릿한 이미지를 현재 장면 위에 겹쳐 보여준다.

Superimposing your own ideas on a historical event has to be done carefully.

역사적인 사건에 자신의 생각을 덧붙이는 일은 신중해야 한다.
그 사건에 대한 새로운 사실이 밝혀질 때마다 생각은 달라질 수 있기 때문이다.

✦

superimposition [sˌuːpərɪmpˈəzɪʃən] 화면합성.

SEMI HEMI/DEMI

Greek/ Latin
half 절반

semitone
[sˈemitoʊn]

noun
● 반음.

The ancient piano in the great music room had been allowed to fall terribly out of tune, with every note at least a semitone flat.

커다란 음악실의 오래된 피아노는 음정이 하나도 안 맞을 정도로 방치되어, 모든 음이 적어도 반음씩 낮았다.

■

semitone(half tone/half step)은 피아노의 흰 건반에서 가장 가까운 검은 건반까지의 거리를 말한다. 예컨대 G에서 G#, E에서 Eb을 예로 들 수 있다.
한 옥타브 안에 (G에서 다음 G까지) 12개의 semitone이 있다.
Two semitones equal a whole tone.
반음 두 개는 온음 하나와 같다.
Semitones are the smallest intervals that are used intentionally in almost any of the music you'll normally hear.
반음은 우리가 일반적으로 듣는 거의 모든 음악에서 의도적으로 사용되는 가장 작은 음의 간격이다.
Seeing that the highest note was out of her comfortable range, she asked her pianist to play the whole song a semitone lower.
가장 높은 음표가 편안한 음역대에서 벗어난 것을 보고 그녀는 피아니스트에게 노래 전체를 반음 낮게 연주해달라고 요청했다.

semicolon
[sˈemikˌoʊlən]

noun
● 세미콜론.

Some young vandal had done a search-and-replace on Mr. Marsh's computer file, and in place of every semicolon was the mysterious message "Hendrix RULES!"

몇몇 젊은 반달들이 마시씨의 컴퓨터파일에서 '찾아 바꾸기'를 실행하여, 모든 세미콜론을 "헨드릭스 짱!"이라는 알 수 없는 메시지로 바꿔놓았다.

■

semicolon은 1566년경 이탈리아의 인쇄업자에 의해 현대적인 구두점으로 도입되었다. colon(:)은 1450년경 등장했기 때문에 semicolon(;)보다 100년 이상 앞서 쓰이기 시작했다.
하지만 semicolon symbol은 그보다 훨씬 오래전부터 존재했다. 고대그리스어에서 question mark로 사용했기 때문이다.
A colon introduces something.
콜론은 무언가를 도입하는 기능을 한다.
대개 목록, 때로는 문장을 도입한다.
A semicolon separates two independent but related clauses.
세미콜론은 두 개의 독립된, 하지만 긴밀히 연관되어 있는 절을 분리한다. 복잡한 목록에서 항목을 분리하기 위해 comma 대신 쓰이기도 한다.

+
vandal [vˈændəl] 공공기물을 파괴하는 사람.
cripple [krípl] 불구로 만들다.
confine [kənfáin] sb to sth sb를 sth에 가두다, 제한하다.

hemi-는 그리스어, semi-는 라틴어 어근이다. hemisphere는 구를 반으로 쪼갠 '반구'이며,
semicircle은 원을 반으로 쪼갠 '반원'이다. 프랑스어에서 건너온 demi- 역시 half를 의미한다.
demitasse는 저녁식사 후 디저트로 마시는 커피잔으로 보통 커피잔의 절반 밖에 되지 않는다.

hemiplegia
[hˌɛmɪplˈidʒiə]

noun
● 반신불수.

She's starting to regain the use of her right hand, and some of the therapists think her hemiplegia might eventually be reversed.

그녀가 오른손 신경을 회복하면서 몇몇 치료사들은 그녀의 반신마비가 마침내 완쾌될 것이라고 생각한다.

■

hemi-는 semi-와 같은 의미이지만 과학용어나 의학용어에 주로 등장한다.
paraplegia와 마찬가지로 hemiplegia는 척추손상이나 혈액응고 등으로 인해 몸의 절반을 쓰지 못하는 상태를 말한다.
hemiplegia는 증상에 따라 세분화되기도 한다:
hemiatrophy [ˌhɛmɪˈætrəfi] 편측위축
—atrophy [ˈætrəfi] 위축증, 기능퇴화
hemihypertrophy [ˌhɛmihaɪ pərtrəfi] 편측비대
—hypertrophy [haɪ pərtrəfi] 비대증, 이상발달
hemiparesis [ˌhɛmɪpəˈrisɪs] 편측부전
—paresis [pəˈrisɪs] 不全 (부분마비, 제대로 작동하지 않음)
A childhood disease had resulted in the crippling hemiplegia that had confined him to a wheelchair for ten years.
어린적 질병은 반신불수로 이어졌고 이로 인해 그는 10년 동안 휠체어생활을 해야만 했다.

✚
hemiplegic [hˌɛmɪplˈidʒik] 반신불수의.
paraplegia [pærəplˈiːdʒə] 하반신마비.

semiconductor
[sˌemikəndˈʌktər]

noun
● 반도체.

Silicon, which makes up 25% of the earth's crust, is the most widely used semiconductor, and as such has formed the basis for a revolution in human culture.

지구 지각의 25퍼센트를 구성하는 실리콘은 가장 널리 사용되는 반도체로, 인류문화를 혁명하는 기초가 되었다.

■

A semiconductor sometimes acts as a conductor and sometimes as an insulator.
반도체는 때로는 도체, 때로는 절연체로 작동하는 물질을 말한다.
평소에는 전기가 통하지 않지만 온도가 올라가면 전기가 통한다.
Conducting ability of a semiconductor can be much increased by chemical treatment.
반도체의 전도성은 화학처리를 거쳐 크게 높일 수 있다.
A manufactured chip of silicon, less than half an inch square, may contain millions of microscopic transistors.
3제곱센티미터도 되지 않는 실리콘칩 하나에는 수백만 개의 미세한 트랜지스터가 들어있다.
이 칩 하나로 컴퓨터, 자동차, 휴대폰, 전자레인지 등 전자제품을 제어하고 메모리까지 저장할 수 있다.

✚
crust [krʌst] 맨 바깥층, 단단한 껍질.
conduct [kəndʌkt] 전기나 열을 전달하다.
insulate [ˈɪnsəleɪt] 전기나 열을 차단하다.
microscopic [mˌaɪkrəskˈɒpɪk] 현미경으로 볼 수 있는.

PART

4

EQU

Latin *aequus*
equal 같은

equable
[ˈekwəbəl]

adjective
- 평정을 유지하려 하는.
- 극적으로 변화하거나 변이하지 않는.

Her friends thought it odd that such an equable woman had married a man so moody and unpredictable.

그토록 정숙한 여자가 그렇게 변덕스럽고 종잡을 수 없는 남자와 결혼했다는 것을 친구들은 이상하게 생각했다.

■

A steady, calm, equable personality may not produce much excitement but usually makes for a good worker and a good parent, and maybe even a longer life.

한결같은, 차분한, 정숙한 성격은 흥은 별로 없지만 대개 좋은 노동자와 좋은 부모가 되는 데 이바지할 뿐만 아니라 장수하는 데에도 도움이 된다.

equable은 기후나 사람의 성격을 묘사하는 데 사용되지만, 지금은 사람의 성격을 묘사하는 말로는 자주 사용되지 않는다. equable personality가 예전처럼 바람직한 것으로 여겨지지 않기 때문이다.

그럼에도 20세기 초 시인 Robert Service의 노래는 새겨 둘 만하다.

Avoid extremes: be moderate
In saving and in spending.
An equable and easy gait
Will win an easy ending.

극단을 피하라. 중용하라
저축과 소비에 있어.
차분하고 편안한 걸음걸이는
마지막에 가뿐히 승리를 거둘 것이니.

✛
gait [gˈeɪt] 걸음걸이 모양.

adequacy
[ˈædɪkwəsi]

noun
- 어떤 요구나 요건에 충족함.

Environmentalists doubt the adequacy of these regulations to protect the wilderness areas.

환경주의자들은 야생동물보호구역을 보호하기 위한 이러한 규제의 타당성을 의심한다.

■

When we question the adequacy of health-care coverage, or parking facilities, or school funding, we're asking if they are equal to our need.

의료보험 혜택, 주차시설, 학교예산 등의 적절성을 따지는 것은, 그것들이 필요한 만큼 제공되는지 따진다는 뜻이다.

"His performance was adequate."

그의 실적은 용인될 수 있는 수준이다.

누군가에게 이런 말을 듣는다면 칭찬이 아니라는 사실을 명심하라. 그 정도밖에 안 된다는 뜻이니까.

There was more than enough water, but he worried about the adequacy of their food supplies.

신경써야 할 것은 물 공급만이 아니었다. 음식공급도 충분한지 걱정했다.

✛
adequate [ˈædɪkwət] 적절한, 용인할 수 있는.
expenditure [ɪkspˈendɪtʃər] 지출.
constellation [kˌɒnstəlˈeɪʃən] 별자리, 성운.
zodiac [zˈoʊdiæk] 12궁도, 황도.
astrology [əstrɒlˈədʒi] 점성술.
Libra [lˈiːbrə] 천칭자리, 12궁 중 하나.

equalize는 여러가지를 같게, 대등하게 만드는 것을 말한다.
equivalent는 값/용도/의미가 같은 '등가의'라는 뜻이다. equilateral triangle은 '세 변의 길이가 같은'
삼각형을 말한다. 21+47=68처럼 두 변이 같은 수학식을 equation(등식)이라고 한다.

equilibrium
[iːkwɪˈɪbriəm]

noun

- 양쪽이 균형을 이루는 상태.
- 정서적으로 균형이나 평정을 이룬 상태.

The news had come as a shock, and it took him several minutes to recover his equilibrium.

뉴스는 큰 충격을 주었고, 평정심을 되찾는 데 몇 분이나 걸렸다.

■

equi(equal)+libra(weight/balance)가 결합된 equilibrium은 두 개의 무게가 균형을 이룬다는 뜻이다.
As a constellation, zodiac symbol, and astrological sign, Libra is usually pictured as a set of balance scales.

별자리, 12궁도, 점성술에서 Libra는 대개 천칭으로 그려진다.
특히 눈을 가린 정의의 여신이 천칭을 들고 있는 모습은 공정과 평등과 정의를 상징한다.
For the economy to be in equilibrium, income must equal expenditure.

경제가 균형점을 찾기 위해서는 소득이 지출과 같아져야 한다.
equilibrium은 생물학, 화학, 물리학, 경제학 등 다양한 분야에서 전문용어로 사용된다.
Stocks seesawed ever lower until prices found some new level of equilibrium.

주가는 계속 널을 뛰면서 하락하다가 새로운 균형을 찾아냈다.
I paused in the hall to take three deep breaths to restore my equilibrium.

다시 평정심을 되찾기 위해 복도에서 멈춰 서서 깊이 숨을 세 번 들이쉬었다.
일상적인 맥락에서는 정서적인 평정상태를 의미한다.
In a healthy economy, supply and demand are in a state of approximate equilibrium.

건강한 경제에서 공급과 수요는 대체적으로 균형을 이룬다.

equinox
[ˈiːkwɪnɒks]

noun

- 낮과 밤의 길이가 같은 날.

She and her friends got together for an equinox party twice a year to celebrate the arrival of the fall and the spring.

그녀와 친구들은 다 함께 가을과 봄의 도래를 기념하기 위해 일 년에 두 번, 춘분과 추분 파티를 한다.

■

nox가 라틴어로 '밤'을 의미한다는 것을 안다면 equinox의 의미를 기억하기는 어렵지 않다. 낮과 밤의 길이가 같은 날을 의미한다.
There are two equinoxes in the year.

equinox는 낮과 밤의 길이가 같은 날로, 1년에 두 번 온다.
spring equinox(춘분)은 3월 21일경, fall equinox(추분)은 9월 23일경이다.
equinox와 반대로 밤과 낮의 길이가 가장 크게 차이나는 날은 solstice라고 한다.
The summer solstice occurs around June 22, when the sun is farthest north of the equator.

하지는 태양이 적도에서 북쪽으로 가장 멀리 올라간 6월 22일경으로, 낮이 가장 길다.
The winter solstice occurs around December 22, when the sun is farthest south of the equator.

동지는 태양이 적도에서 남쪽으로 가장 멀리 내려간 12월 22일경으로, 밤이 가장 길다.

✛

solstice [sˈɒlstɪs] 하지와 동지.
equator [ɪkwˈeɪtər] 적도.

PAR

Latin
equal 동등한

parity
[pˈærɪti]

noun
- 동등한 상태.

That year the Canadian dollar reached parity with the U.S. dollar for the first time in three decades.

그해 캐나다달러는 30년 만에 처음으로 미국달러와 동등한 가치를 달성했다.

■

parity는 물리학, 수학, 의학, 유전학, 마케팅 등 분야마다 조금씩 다른 의미로 사용된다.
Back when the Soviet Union and the U.S. were opposing superpowers, there was often talk of parity in nuclear weapons between the two sides.

소련과 미국이 강대국으로 맞설 때, 양측 간 핵무기 수의 균형을 맞추기 위한 협의가 자주 있었다.

We sometimes hear about parity between mental and physical health.

정신적 건강과 신체적 건강이 적절하게 균형이 맞아야 한다고 말할 때에도 parity라는 말을 쓴다.

The euro and the U.S. dollar will achieve parity, but it rarely lasts long.

유로와 미국달러가 동등한 가치를 갖게 될 수 있지만 그 상황은 오래가지 않는다. parity라는 단어를 가장 많이 접할 수 있는 분야는 환율에 관한 논의를 할 때다.

✛
superpower [sˈuːpərpaʊər] 강대국.

disparity
[dˌɪspˈærɪti]

noun
- 격차. 불균형.

He'd been noticing an increasing disparity between what the government was claiming and what he saw happening all around him.

정부의 주장과 주변에서 일어나는 일들 사이에 점점 격차가 커지고 있다는 것을 알아챘다.

■

dis(away/non)+par(equal)이 결합한 disparity는 동등함과 거리가 먼 상태를 의미한다. 사회경제적 불평등을 이야기할 때 disparity는 자주 등장한다.
a racial disparity in hiring 고용문제에서 인종간 불균형
a health disparity between the rich and the poor 부자와 가난한 사람 사이의 건강 불균형
an income disparity between men and women
남성과 여성 사이의 소득불균형
Scientists are trying to pull together disparate ideas in astronomy.

과학자들은 천문학에서 전혀 다른 아이디어를 하나로 융합하려고 노력한다. disparity에서 나온 형용사 disparate은 차이가 매우 크다는 것을 강조한다. disparate과 desperate을 혼동하지 않도록 주의하라.

✛
disparate [dˈɪspərət] 완전히 딴판의.
desperate [dˈespərət] 절망적인, 막가는.
pellet [pˈelɪt] 작은 알갱이.
paragon [pˈærəgɑn] 본보기, 완벽한 모범.
peerless [pˈɪərləs] 비할 데 없는, 극상의.

par는 평균이나 기준이 되는 양을 의미한다. 골프는 홀마다 기준타수가 정해져있는데, 이것을 par라고 한다. compare는 두 개의 대상이(com) 얼마나 동등한지(par) '비교해보는' 것이다. 이렇게 비교해볼 수 있는 것은 comparable things다.

nonpareil
[nˌɑːnpərˈel]

noun

● 비할 데 없이 뛰어난 사람이나 사물.

Critics seem to agree that this is the new nonpareil of video-game consoles, the one to beat.

비평가들은 새로 출시된 뛰어난 비디오게임 콘솔이 경쟁자들을 모두 물리칠 것이라는 데 동의하는 듯하다.

■

Nonpareil is famous as the name of the candies covered with white sugar pellets that they buy at the movie theater.
미국의 아이들은 (어떻게 발음하는지 알지 못해도) 영화관에서 사 먹는 흰 설탕 알갱이로 덮인 사탕 이름으로 nonpareil이라는 단어를 처음 배운다. 실제로 미국에서는 색색깔 설탕 알갱이를 nonpareil이라고 부른다.
A famous boxing champion of the 1920s was known as Nonpareil Jack Dempsey.
1920년대 미국에는 '비교불가 잭 뎀시'라는 유명한 복싱챔피언이 있었다.
동의어 paragon과 peerless와 마찬가지로 nonpareil은 회사나 제품 이름으로 많이 쓰인다.
BMW 3 series is still the one to beat.
BMW 3시리즈는 여전히 이 차급에서 최강자다.
She's a nonpareil classroom teacher— enthusiastic, knowledgeable, concerned, entertaining, funny, everything a teacher should be.
그녀는 비교불가 선생이다. 열정적이고, 아는 것도 많고, 학생들에게 심경을 쓰며, 재미있고, 웃기고, 선생으로서 갖춰야 할 것을 다 가지고 있다.

subpar
[sʌbpˈɑː]

adjective

● 평균이하의.

Because of a severe cold, her performance that evening had been subpar, but the audience seemed to love it anyway.

심한 추위로 인해 그날 저녁 그녀의 공연은 기대에 못 미쳤지만, 관객은 어쨌든 공연을 즐기는 것 같았다.

■

sub(below)+par(equal)가 결합한 subpar는 평균 수준에 미치지 못한다는 뜻이다.
subpar ratings for a TV show—
TV 쇼프로그램으로서 평균이하 시청률
subpar care at a nursing home—
양로원의 평균이하 서비스
subpar attendance at a concert—
콘서트의 평균이하 참석률
subpar work by a contractor—
계약자의 평균이하 계약이행
We played a subpar round of golf.
우리는 서브파라운딩을 했다.
원래 par보다 기준을 낮춰서 골프게임을 하는 것을 '서브파라운딩'이라고 한다.

★
골프에서 유래한 관용구

par for the course 누구나 도달할 수 있는 당연한 성과
on a par with = comparable to —와 동등한

LATER

Latin *lateralis*
side 옆

lateral
[lˈætərəl]

adjective
● 측면의.

bilateral
[bˌaɪlˈætərəl]

adjective
● 양측이 참여하는.

Only in the lateral views did the X-rays reveal a suspicious-looking shadow on the lung.
측면에서 찍었을 때만이 X레이에 폐에 의심스러워 보이는 그림자가 드러났다.

■

A lateral job change is one that keeps you at about the same job level and salary.
수평적 직업전환은 같은 직업군에서 비슷한 급여수준을 유지하며 일자리를 옮기는 것이다.

The coach had special drills to improve his players' lateral speed and agility.
감독은 선수들의 옆으로 뛰는 속도와 민첩성을 향상하기 위해 특별훈련을 실시했다.

The British speak of "lateral thinking"—what the Americans might call "thinking outside the box."
미국인들이 '상자 밖 생각'이라고 부르는 것을 영국인들은 '옆으로 생각하기'라고 말한다. 관계가 없어 보이는 것을 적용하여 기발한 해법을 찾아내는 아이디어를 말한다.

Unlike a forward pass, a lateral may be made from any position, and any number may be made in a single play.
전방패스와 달리, 측면패스는 어느 위치에서나 몇 번이든 할 수 있다. 축구에서 같은 팀 선수끼리 옆으로 공을 주고받는 것을 lateral pass라고 한다.

✚

agility [ædʒˈɪlɪti] 기민함, 민첩함.

Instead of working on a set of separate bilateral trade agreements, they propose bringing the countries of the region together to sign a single joint agreement.
그들은 양자간 무역협정을 개별적으로 연달아 하는 것보다, 지역국가들이 모여서 단일한 공동협정에 모두 서명하자고 제안한다.

■

bi(2)+later(side)가 결합한 bilateral은 '2면이 있는'이라는 뜻이다.
In the days when there were two superpowers, the U.S. and the Soviet Union regularly engaged in bilateral arms negotiations.
미국과 소련이 세계를 양분하고 있던 시절 이들은 주기적으로 양자 무기협상을 체결했다.
하지만 냉전이 끝난 오늘날 이러한 협상은 흔치 않다.
A bilateral hip replacement replaces both hip bones in the same operation.
양측골반치환술은 한번의 수술에서 골반 양쪽을 모두 대체하는 수술이다.
Bilateral symmetry indicates that, in many organisms (such as humans), the left side is basically the mirror image of the right side.
좌우대칭은 (사람을 비롯하여) 많은 생명체들의 경우, 왼쪽이 기본적으로 오른쪽의 거울이미지라는 것을 일깨워준다.

✚

symmetry [sˈɪmɪtri] 대칭.
lineal [lˈɪniəl] 직계의.
solid [sˈɒlɪd] 입체.

'옆'을 의미하는 라틴어 latus는 wide라는 의미의 형용사로도 사용된다.
'옆'과 '폭'이 명확하게 관련이 있지는 않지만, 어쨌든 넓다는 것은 옆면이 멀어진다는 뜻이다.
latitude는 옆으로 뻗어나가는 선(위도: width), longitude는 위아래로 뻗어나가는 선(경도: length)를 의미한다.

collateral

[kəlˈætərəl]

adjective
● 관련이 있으나 중요성은 떨어지는.

noun
● 담보물건.

Though the army referred to the civilian deaths as "collateral damage," since civilians weren't the intended targets, the incident aroused intense anger among the survivors.

육군은 민간인을 고의적으로 조준한 것은 아니었기 때문에 민간인 사망을 '부수적 피해'라고 언급했으나, 그 사건은 생존자들 사이에 극심한 분노를 불러일으켰다.

■

A collateral issue is something that may be affected but isn't central to the discussion.
부차적인 문제란, 논의에 영향을 받을 수 있지만 중요한 논의대상은 아니라는 뜻이다.
To an anthropologist, your cousin would be called a collateral relative, since he or she is "off to the side" of your direct line of descent.
인류학에서 사촌은 '옆으로 빗나가' 있다는 뜻으로 방계친족으로 분류한다. 반면 할머니, 형제, 딸은 lineal relatives로 분류한다.
If you take out a loan to buy a car, the loan agreement usually states that the car is collateral that goes to the lender if the sum isn't paid. 자동차를 사기 위해 대출을 받으면, 대출계약서에는 대개 대출금을 갚지 못할 경우 자동차는 대부업자에게 귀속되는 담보라고 명시되어 있다.

✚
descent [dɪsˈent] 혈통, 가계.
ascendant [əsˈendənt] 존속(=선조).
descendant [dɪsˈendənt] 비속(=후손).

equilateral

[ˌiːkwɪˈætərəl]

adjective
● 모든 변이나 면이 동일한.

On her desk she kept an equilateral prism, through which every morning the sun would project the colors of the spectrum onto the far wall.

그녀는 책상 위에 모든 면이 동일한 프리즘을 놓아두었는데, 매일 아침 햇살이 프리즘을 투과하여 먼 벽면에 색색깔 스펙트럼을 만들어낸다.

■

equi(equal)+later(side)가 결합한 equilateral은 문자 그대로 '변이나 면이 똑같다'는 뜻이다. 쉽게 예상할 수 있듯이 geometry에서 자주 나오는 단어다.
An equilateral rectangle has the special name square. rectangle 중에서 모든 변이 같은 것은 특별히 square 라고 부른다. (rectangle = right angle)
The standard polygons—the pentagon, hexagon, octagon, etc.—are assumed to be equilateral if we don't say otherwise.
5각형, 6각형, 8각형 등 표준다각형은 특별한 언급이 없는 경우 등변이라고 가정한다. (polygon = many angles)
The standard polyhedrons are also equilateral.
표준다면체도 등변이다. 똑같은 square 6개로 이루어진 hexahedron은 특별히 cube라고 부른다.
(polyhedron = many-sided solid)
The tetrahedron has four triangular sides.
4면체는 3각형 면을 네 개 가지고 있다.
참고로 바닥면이 square로 되어 있는 이집트 피라미드는 tetrahedron이 아니라 pentahedron이다.

✚
geometry [dʒiˈɒmɪtri] 기하학.

MULTI

Latin **multus**
many 많은

multicellular

[mˌʌltɪsˈɛljʊlə]

adjective
● 다세포의.

multidisciplinary

[mˌʌltidˈɪsɪplɪneri]

adjective
● 학제간. 여러 영역에 걸친.

Multicellular organisms—fungi, plants, and animals—have specialized cells that perform different functions.

곰팡이, 식물, 동물 등 다세포생물은 다양한 기능을 하는 특수한 세포를 지니고 있다.

■

Multicellular organisms are distinguished from the very primitive single-celled organisms—bacteria, algae, amoebas, etc.

다세포생물은 박테리아, 조류, 아메바와 같은 매우 원시적인 단세포생물과 구별된다.

In complex multicellular organisms, only the surface cells can exchange substances with the external environment.

복잡한 다세포생물의 경우, 표피세포만 외부환경과 물질을 교환할 수 있다.

The smallest multicellular organisms actually seem to have at least 1,000 cells, while the human body has trillions.

가장 작은 다세포 유기체는 최소 1000개의 세포를 가지고 있는 듯 보인다. 이에 비해 인간이 가진 세포 수는 조 단위가 넘는다.

✚

primitive [prˈɪmɪtɪv] 원시의.

Her favorite class was Opera, a multidisciplinary class taught jointly by a music professor and a literature professor.

그녀가 가장 좋아하는 수업은 오페라로, 음악교수와 문학교수가 함께 가르치는 융합과정이었다.

■

discipline은 학문분야를 의미한다. 따라서 multidisciplinary (또는 interdisciplinary) course는 여러 학문분야가 함께 팀을 이루어 특정한 주제에 대해 가르치는 과정을 의미한다.

Multidisciplinary teaching can open students' eyes to different views of a subject that they had never considered before.

다양한 학문이 결합된 수업은 주제에 대해 이전에는 전혀 생각해보지 못한 다른 관점을 갖도록 시야를 넓혀줄 수 있다.

multidisciplinary panel discussion은 다양한 분야의 학자들이 모여 특정한 주제에 대해 토론하는 것이다.

✚

discipline [dˈɪsɪplɪn] 학문분야.
interdisciplinary [ˌɪntərdˈɪsɪplɪneri] 학제적인.
at work 작동하고 있는.
unilateral [jˌuːnɪlˈætərəl] 일방적인.
palm [pˈɑːm] 야자나무.
thatch [θˈætʃ] 이엉, 지붕.
utensil [juːtˈensəl] 요리기구.
thesaurus [θɪsˈɔːrəs] 시소러스(동의어사전).
marvel [mˈɑːrvəl] 경탄하다.
trillion [trˈɪljən] TRI(3)+MILLION(100만)
1,000,000,000,000. 1조.

multicultural society는 다양한 국적, 언어, 종교를 가진 사람들이 모여 사는 사회다.
multimedia artwork은 댄스, 음악, 영화, 텍스트 등 다양한 매체를 활용한 예술작품이다.
multitude of complaints는 불평이 물밀 듯 쏟아져 들어올 때 쓸 수 있는 말이다.

multifarious

[mˌʌltɪfˈeərɪəs]

adjective
- 다채로운.

Natives put the coconut palm to multifarious uses: using the nuts for eating, the juice for drinking, the wood for building huts, the leaves for thatch, the fiber for mats, and the shells for utensils.

원주민들은 코코넛야자나무를 다양한 용도로 사용한다. 알맹이는 먹고, 주스는 마시고, 나무로 오두막을 짓고, 잎으로 지붕을 얹고, 식물섬유로는 돗자리를 만들고, 껍질은 조리기구로 사용한다.

■

multifarious는 다소 거창한 느낌을 주는 단어로 일상적으로 많이 쓰지는 않지만, 종류가 많다는 것을 강조하고자 할 때 쓰면 상당한 효과를 발휘할 수 있다.
Dictionary fans are amazed by the multifarious meanings of the words.
사전을 좋아하는 사람들은 단어의 다채로운 의미에 놀란다.
Thesaurus lovers may marvel at the multifarious synonyms for drunk.
시소러스 애호가들은 drunk의 각양각색의 동의어가 있다는 사실에 놀라기도 한다.
Arriving at college from his little high school, he was delighted but overwhelmed by the multifarious course choices that were open to him.
작은 고등학교를 다니나 대학에 들어왔을 때 그는 자기 앞에 놓인 다채로운 과정을 선택할 수 있다는 사실에 너무 기쁘기도 하고 벅차기도 했다.

multilateral

[mˌʌltilˈætərəl]

adjective
- 다자간의.

A couple of times a year, representatives of the large industrial democracies meet for a round of multilateral trade negotiations.

1년에 두 번, 거대 산업민주주의국가의 대표들이 다자간 무역협상을 위해 만난다.

■

multi(many)+later(side)에서 나온 multilateral은 기본적으로 '여러 면을 가진'이라는 뜻이다.
The philosophy of multilateralism claims that the best solutions generally result when as many of the world's nations as possible are involved in discussions.
다자주의철학은 가능한 한 많은 국가가 논의에 참여할 때 일반적으로 가장 좋은 해법이 나온다고 주장한다.
Multilateralists often favor strengthening the United Nations.
다자주의자는 대부분 UN을 강화하는 것을 지지한다.
Today multilateralism can be seen at work in, for example, the World Health Organization, the World Trade Organization, and the International Criminal Court.
오늘날 다자주의가 세계보건기구, 세계무역기구, 국제형사재판소 같은 곳에서 작동하고 있는 것을 볼 수 있다.
The U.S. doesn't always join the major multilateral organizations, instead often behaving as if a unilateral approach is best for the interests of it.
미국은 주요 다자기구에 모두 가입하지는 않으며, 일방적 접근이 훨씬 이익인 것처럼 행동하는 경우가 많다.

TELE

Greek
distant 멀리 떨어진

telegenic

[tˌelɪdʒˈenɪk]

adjective

● 방송에 적합한 외모와 태도를 지닌.

**The local anchorpeople all have
telegenic faces and great hair, though
they don't always seem to know a lot
about the economy or political science.**

지역앵커는 모두 TV방송에 적합한 얼굴과 멋진 헤어스타일을 하고
있지만, 항상 경제나 정치학에 대한 지식을 많이 가지고 있는 것처럼
보이지는 않는다.

■

-genic은 '-을 유발하는'이라는 뜻이다.
television과 photogenic을 합성한 telegenic이라는
단어는 TV가 거의 보급되지 않았던 1930년대 처음
등장했다.
People running for political office today worry
about being telegenic enough to have
a successful career.

정치선거에 출마하는 사람들은 성공적인 커리어로 이어질 만큼
외모가 TV카메라에 잘 받을지 걱정한다.
오늘날 시청자들의 눈에 외모와 태도가 매력적으로 보이는
것은 엄청난 자산이 될 수 있다.
Telegenic events are often human tragedies,
such as fires, earthquakes, or floods, which
happen to broadcast well and capture the
interest of the viewers.

TV방송에 적합한 사건이란 대개 화재, 지진, 홍수처럼 비극적인
일들이다. 이런 사건들은 TV에 방송하기 좋을 뿐만 아니라 시청자의
관심을 쉽게 사로잡을 수 있기 때문이다.

teleological

[tˌiliˈɑlədʒɪkəl]

adjective

● 세상이 어떤 목적에 따라 설계되었다고 믿는.

**Many naturalists object to the
teleological view that sees everything in
nature as part of a grand design or plan.**

많은 자연학자들은 자연의 모든 것을 거대한 설계나 계획의 일부로
보는 목적론적 관점에 반대한다.

■

teleology는 기본적으로 '멀리 있는 결과나 목적을 따지는
관점'이라는 뜻으로 대개 '목적론'이라고 번역한다.
Aristotle's famous "teleological argument"
claims that anything complex must have
a creator, and thus that God exists.

아리스토텔레스의 유명한 '목적론적 증명'은 복잡한 것에는 반드시
창조자가 있으며 따라서 신은 존재한다고 주장한다.
A teleological explanation of evolutionary
changes claims that all such changes occur for
a definite purpose.

진화에 대한 목적론적 설명은 그 모든 변화는 명확한 목적을 위해
발생한다고 주장한다.
Teleological ethics claims that we should judge
whether an act is good or bad by seeing if it
produces a good or bad result, even if the act
involves harming or killing another person.

'목적론적 윤리'는 사람을 해치거나 죽인 행위라도 그 결과가 좋은지
나쁜지 살핌으로써 행위의 선악여부를 판단해야 한다고 주장한다.

✛

evolutionary 진화(론)적인.

telescope는 멀리 있는 대상을 보는 '망원경'을 의미한다.

telephoto lens는 멀리 있는 대상을 확대해서 찍을 수 있는 '망원렌즈'를 의미한다.

television은 멀리서 일어난 일을 바로 눈 앞에서 보여준다.

telemetry

[təlˈemɪtri]

noun

● 원격측정기술.

The telemetry of the satellite had gone dead in 1999, and its fate remains a mystery.

원격측정기록은 1999년을 끝으로 더 이상 오지 않았으며, 위성의 운명은 수수께끼로 남았다.

■

미사일, 로켓, 무인비행기, 위성, 무인탐사선 등은 자신의 위치, 고도, 속도와 같은 요인들은 물론 주변 온도, 기압, 풍속, 방사선과 같은 상태 데이터를 수집하여 실시간으로 원격전송한다. 이러한 데이터전송기술을 telemetry라고 한다.

Astronauts on the space shuttle are monitored with telemetry that measures and transmits readings on their blood pressure, respiration, and heart rates.

우주왕복선에 탑승한 우주비행사들은 혈압, 호흡, 심박수를 측정하여 전송하는 원격측정기술로 실시간 모니터링된다.

telemetry는 기상정보 측정, 야생동물의 개체수와 이동경로 추적, 농업용수 관리 등 다양한 곳에 사용된다.

Wildlife zoologists use telemetry to track the migration habits of the caribou.

야생동물연구자들은 순록의 이동습성을 추적하기 위해 원격측정기술을 활용한다.

✛

probe [prˈoʊb] 탐침기, 탐사선.

respiration [rˌespɪrˈeɪʃən] 호흡.

caribou [kǽrəbùː] 북아메리카에 서식하는 순록.

telecommute

[tˌelɪkəmjˈuːt]

verb

● 컴퓨터를 이용해 원격근무하다.

A dozen of our employees are now telecommuting, and we calculate that altogether they're saving 25 gallons of gasoline and its pollution every day.

현재 직원 12명이 재택근무를 하고 있는데 계산 결과, 우리는 매일 휘발유 100리터와 그만큼의 오염물질을 줄이고 있다.

■

tele(distant)+commute가 결합한 이 단어는 통신망을 활용해 출퇴근을 대신한다는 뜻이다.

telecommuting은 1970년대 초, 전화선을 통해 가정의 컴퓨터단말기를 메인프레임 컴퓨터에 연결할 수 있게 되면서 처음 나온 말이다.

1991년 world wide web이 만들어지고 광대역 통신망이 보급되면서 telecommuter는 미국에서만 수백만 명까지 늘어났다.

Telecommuting has obvious environmental benefits and lessen traffic congestion.

원격근무는 환경적으로 분명한 이점이 있으며, 교통체증도 완화해준다.

어린 자녀를 둔 사람들, 장애를 가진 사람들에게도 일할 수 있는 기회를 주기 때문에 오늘날 많은 나라에서 정책적으로 장려한다. 지금은 telecommute/telecommuting/telecommuter 보다 telework/teleworking/teleworker라는 말을 많이 쓴다.

✛

congestion [kəndʒˈestʃən] 교통정체.

SPHER

Greek
ball 공

spherical

[sfˈɪrɪkəl]

adjective
- 구 모양의.

The girls agreed that the spacecraft had been deep blue and perfectly spherical, and that its alien passengers had resembled large praying mantises.

소녀들이 입을 모아 말하기를, 우주선은 짙은 파란색으로 완벽한 공 모양이었으며 그 안에 탑승한 외계인들은 거대한 사마귀처럼 생겼다.

■

Apples and oranges are both spherical.

사과와 오렌지는 모두 둥글다.

완벽한 원은 아니라고 해도spherical shape을 띤 3차원 물체를 묘사할 때 사용할 수 있다.

An asteroid is often spheroidal—fairly round, but lumpy.

소행성은 대개 축을 중심으로 대칭을 이루어 회전하는 '타원체' 모양을 띠고 있다.

-oid는 '-을 닮은'이라는 뜻이다.

Football and rugby balls are ovoid, unlike the spherical balls used in other sports.

풋볼과 럭비볼은 다른 스포츠에서 사용하는 구형 공과 달리 달걀처럼 길쭉하다.

✛

spacecraft [spˈeɪskræft] 우주선.
mantis [mˈæntɪs] = praying mantis 사마귀.
sphere [sfˈɪər] 구.
spheroid [sfˈɪrɔɪd] 편구.
spheroidal [sfˈɪrɔɪdəl] 편구의.
asteroid [ˈæstərɔɪd] 소행성.
lumpy [lˈʌmpi] 혹이 튀어나온.

stratosphere

[strˈætəsfɪər]

noun
- 성층권. 지상 10-50km에 존재하는 대기층.
- 최상층. 매우 높은 지역.

In the celebrity stratosphere she now occupied, a fee of 12 million dollars per film was a reasonable rate.

현재 그녀가 위치한 최상급 셀레브리티 수준에서, 영화 한 편 출연료는 120억 원 정도가 적절하다.

■

strato(spread/layer/level)+sphere(ball)가 결합한 stratosphere는 troposphere 바로 위를 감싸고 있는 고요한 성층권을 의미한다.

Stratosphere contains the ozone layer, which shields us from the sun's ultraviolet radiation.

태양의 자외방사선이 투과하여 들어오지 못하도록 막아주는 오존층도 성층권에 있다.

지구를 둘러싸고 있는 atmosphere는 온도를 기준으로 다음 3단계로 구분할 수 있다.

troposphere [trˈoʊpəsfˌɪər] 대류권—

지표면에서 지상 10km까지. 기류가 변화무쌍(trop)하다. 우리가 접하는 공기로 영하 70도까지 떨어진다. 날씨변화가 이곳에서 일어난다.

stratosphere 성층권—

지상 10-50km. 늘 32도 정도를 유지하며 따뜻하다. 비행기가 이곳으로 다닌다.

ionosphere [aɪˈɑnəsfˌɪər] 전리권—

지상 50-1000km. 지구 가장 바깥에 위치한 대기권으로 섭씨 1000도까지 치솟는다. 대기분자가 태양복사선에 의해 전리(ionize)되어있다.

✛

radiation [rˌeɪdiˈeɪʃən] 방사선, 복사선.

공은 그 자체로 sphere(球體)다.
지구도 역시 sphere 형상이다.
atmosphere(대기층)처럼 지구를 둘러싸고 있는 보이지 않는 sphere도 있다.

biosphere
[bˈaɪəsfɪər]

noun
● 생물권. 생명체와 이들을 둘러싼 환경.

**The moon has no biosphere,
so an artificial one would have to be
constructed for any long-term stay.**
달에는 생물체가 전혀 존재하지 않기 때문에 장기간 체류하기
위해서는 인공적으로 생명이 살 수 있는 환경을 만들어야 할 것이다.

■
bio(life)가 결합한 biosphere는 지구라는 환경
속에 사는 1000만 종에 달하는 생물 전체를 의미한다.
biosphere에는 다음과 같은 요소들이 포함되어있다.
lithosphere [lˈɪθə,sf,ɪər] 암석권. lithos(stone)—
지구의 단단한 표면 전체.
hydrosphere [hˈaɪdrəsf,ɪər] 수권. hydros(water)—
구름과 대기 중의 수증기를 포함하여 지구의 물 전체.
atmosphere [ˈætməsf,ɪər] 대기권. atmos(vapor)—
지구의 공기 전체.
The biosphere recycles its air, water, organisms,
and minerals constantly to maintain an
amazingly balanced state.
바이오스피어 안에서 공기, 물, 유기체, 미네랄 등이 끊임없이
순환하며 완벽한 균형을 유지한다.
biosphere라는 단어가 아직 생소하게 들릴 수도
있겠지만, 처음 등장한 지 벌써 100년이나 된 단어다.
Every living thing that we know of inhabits the
earth's biosphere.
우리가 아는 모든 생명체는 지구의 생물권 속에 거주한다.

✛
inhabit [inhǽbit] 서식하다, 거주하다.
equator [ɪkwˈeɪtər] 적도.

hemisphere
[hˈemɪsfɪər]

noun
● 반구. 적도나 자오선으로 나눈 지구의 반쪽.

**A sailor who crosses the equator
from the northern to the southern
hemisphere for the first time is
traditionally given a special initiation.**
처음으로 적도를 넘어 북반구에서 남반구로 넘어가는 선원은
전통적으로 특별한 기념식을 한다.

■
hemi(half)+spher(ball)가 결합한 hemisphere는
구의 절반, 즉 '반구'라는 뜻이다.
The northern and southern hemispheres are
divided by the equator.
북반구와 남반구는 지구의 양 극점 사이의 중간을 가르는 equator
로 구분한다.
eastern hemisphere와 western hemisphere는
임의적으로 구분할 수밖에 없다.
전통적으로 영국 그리니치를 남북으로 관통하는 가상의
선 prime meridian (0° meridian)을 기준으로 삼지만,
일반적으로 유럽, 아프리카, 아시아, 오스트레일리아는
동반구, 아메리카를 중심으로 한 대서양과 태평양은
서반구로 분류한다.
As soon as his normal baseball season is over,
my nephew joins a team in the southern
hemisphere, where spring training is just
starting.
일반 야구시즌이 끝나면 조카는 봄 트레이닝이 이제 막 시작하는
남반구 팀에 곧바로 합류한다.

✛
meridian [mərˈɪdiən] 자오선, 경선.
prime meridian 본초자오선.

STRAT

Latin *stratum*

spread 펴다

stratum

[strˈeɪtəm]

noun
- 층. 계층.

stratification

[strˌætɪfɪkˈeɪʃən]

noun
- 계층화. 계층.

Alcohol and drug abuse are found in every stratum of society.

술과 마약 남용은 사회의 모든 계층에서 발견된다.

■

Rock and soil strata can be seen in road cuts, cliffs, quarries, riverbanks, and sand dunes.

암석과 토양층은 도로변 절개지, 절벽, 채석장, 강둑, 사구에서 볼 수 있다. geology에서 stratum은 지층을 말한다. (복수형을 눈여겨보라. strata!)

Archaeologists digging in historical sites are careful to note the stratum where each artifact is found.

역사적인 유적지를 발굴하는 고고학자 역시 유물을 발견할 때마다 지층을 주의 깊게 기록한다.

Earth scientists divide the earth's atmosphere into strata, just as oceanographers divide the ocean's depths into strata.

지구과학자는 지구의 대기를 층으로 구분하고, 해양학자도 바다의 깊이를 층으로 구분한다.

For social scientists, a stratum is a group of people who are similar in some way, such as education, culture, or income.

사회학자에게 층은 교육, 문화, 소득 등 어떤 면에서 비슷한 사람들의 집단을 의미한다.

✦
quarry [kwˈɔːri] 채석장.
oceanography [ˌoʊʃənˈɒɡrəfi] 해양학.
trout [trˈaʊt] 송어.
refuge [rˈefjuːdʒ] 피난.
stratify [strˈætɪfaɪ] 층으로 분화하다.

The stratification of the lake in summer keeps oxygen-rich cold water at the bottom, where coldwater fish such as trout take refuge.

여름철 호수의 층리는 산소가 풍부한 차가운 물을 바닥에 머물게 한다. 이로서 송어처럼 찬물에 사는 어종이 이곳에서 여름을 날 수 있다.

■

If you look for it, you'll find stratification almost everywhere.

찾아보면 거의 어느 곳에서나 층을 찾을 수 있다.

키 큰 나무의 경우, 높이마다 서식하는 기생식물, 벌레, 포유류들이 다르다.

The earth beneath you may be stratified into several distinctive layers within the first 20 feet.

발 아래 토양은 지표면에서 6미터만 파도 여러 층으로 구분할 수 있다.

In what ways has economic globalization affected the U. S. stratification system?

경제적 세계화는 미국의 계층체계에 어떤 식으로 영향을 미쳤을까?

In old mill towns you could actually see the social stratification, since the wealthy people lived on the high ground and the working class lived down below.

공장을 중심으로 형성된 오래된 마을에서 실제로 사회적 계층을 볼 수 있다. 부유한 사람들은 높은 언덕에 사는 반면 노동계급은 그 아래 낮은 지역에 산다. mill town은 19세기 공장(mill: 대개 노동집약적인 방직공장)을 중심으로 형성된 소도시를 일컫는다.

strata는 로마시대 돌을 깐 길(paved road)를 일컫는 말이었는데, 오늘날 지층, 계층이라는 뜻으로 쓰인다. strata는 영어에서 street가 되었다.

substrate

[sˈʌbstrˌeɪt]

noun

● 맨 아래 층. 기층. 기질.

The soil is the substrate of most seed plants.

토양은 대부분 씨앗식물이 뿌리를 내리는 기층이다.

■

sub(below)+strat(bed)가 결합한 substrate는 어떠한 층의 맨 아래층을 가리킨다. 기층, 기질, 기판 등으로 번역할 수 있다.

Rock may serve as the substrate for the coral in a coral reef.

산호초에서 바위는 산호가 살 수 있는 기층 역할을 한다.

Tiny wafers of silicon serve as the substrate for computer chips.

실리콘웨이퍼는 컴퓨터칩의 기판 역할을 한다.

The resistant starch is a very good substrate for the bacteria inside the human gut.

저항성 전분은 사람의 장내에서 박테리아가 생존할 수 있는 아주 좋은 기질이다.

Reading is the substrate on which most other learning is based.

독서는 다른 학습이 뿌리내릴 수 있는 토대가 된다.

이처럼 일상적인 맥락에서 substrate는 단순히 foundation을 의미하기도 한다.

+

reef [rˈiːf] 암초.
wafer [wˈeɪfər] 얇고 둥근 과자, 가톨릭미사에서 쓰는 성체과자.
resistant starch 소화되지 않는 전분.

stratocumulus

[strˌeɪtoʊkjˈumjələs]

noun

● 층적운.

A dark bank of stratocumulus clouds was moving in quickly, and in March that usually meant bad weather.

층적운의 어두운 층이 빠르게 움직였는데, 3월에 이러한 날씨는 대개 악천후를 의미했다.

■

구름은 형태와 성질에 따라 다음과 같이 구분한다.

stratus [strˈeɪtəs] = layer
낮은 고도에서 넓게 펼쳐진 층운(層雲). 안개구름.

cumulus [kjˈuːmjələs] = heap
낮은 고도에서 쌓여있는 적운(積雲). 뭉게구름.

cirrus [sˈɪrəs] = curl
높은 고도에서 양털처럼 생긴 권운(卷雲). 새털구름.

nimbus [nˈɪmbəs] = rainstorm
눈/비를 머금고 있는 잿빛 난운(亂雲). 먹구름.

이러한 기본 분류를 조합하여 구름을 더 세분할 수 있다.

altostratus [ˌæltoʊstrˈeɪtəs] = high layer
높은 고도에 펼쳐져있는 고층운.

altocumulus [ˌæltoʊkjˈuːmjələs] = high heap
높은 고도에 쌓여있는 고적운.

cirrostratus [sˌɪrəstrˈeɪtəs] = curl layer
높은 고도에 양털처럼 펼쳐져있는 권층운.

cirrocumulus [sˌɪrəkjˈuːmjələs] = curl heap
양털처럼 생긴 구름이 쌓여있는 권적운.

stratocumulus [strˌeɪtəkjˈuːmjələs] = layer heap
stratus가 여러 층 얇게 쌓여있는 층적운. cumulus보다 얇고 넓게 펼쳐져있으며 겨울에 자주 볼 수 있다.

nimbostratus [nˌɪmboʊstrˈeɪtəs] = rainstorm layer
낮은 고도에서 비, 눈, 진눈깨비를 뿌리는 잿빛 난층운.

cumulonimbus [kjˌumjəlˈoʊˈnɪmbəs]
= heap rainstorm 높은 고도까지 쌓여있는 적란운.

NANO

Greek *nanos*
dwarf 난쟁이

nanoparticle
[nˈænoʊpˌɑːrtɪkəl]

nanotechnology
[nˌænoʊteknˈɑlədʒi]

noun
● 나노입자. 나노미터로 측정할 수 있는 입자.

noun
● 나노기술.

Nanoparticles of iron are being used to clean up soil pollution, helping break down molecules of dangerous substances into simple compounds.

철 나노입자는 위험한 물질의 분자들을 단순한 혼합물로 분해할 수 있도록 도와줌으로써 토양오염을 정화하는 데 사용된다.

■

nano는 단위용어로서 10억분의 1을 의미한다. nanometer는 10억분의 1미터로 머리카락 두께의 800분의 1 수준이다.
Nanoparticles of a material usually have very different qualities from those that the material has at its ordinary scale.

어떠한 물질의 나노입자는 대개 그 물질이 보통 크기일 때와는 매우 다른 특성을 보인다. 이는 나노입자가 미래 기술에서 적용될 수 있는 가능성에 대한 상당한 기대를 자극하는 이유다.
Aluminum nanoparticles added to rocket fuel can make the fuel burn twice as fast.

알루미늄 나노입자를 로켓연료에 첨가하면 연료를 2배 빠르게 태울 수 있다.
Silicon nanoparticles are increasing the energy efficiency of solar cells.

실리콘 나노입자는 태양전지의 에너지 효율을 높여준다.

✚
particle [pˈɑːrtɪkəl] 입자.
compound [kˈɑmpaʊnd] 혼합물, 화합물.

Nanotechnology is now seen as contributing to numerous environmental solutions, from cleaning up hazardous waste sites to producing strong but lightweight materials for auto bodies.

유해폐기물 매립지 정화에서 자동차 차체에 쓸 수 있는 튼튼하면서 가벼운 소재를 생산하는 데까지 나노기술은 현재 수많은 환경문제를 해결하는데 기여하는 것으로 보인다.

■

nanotechnology는 nanoparticle을 활용한 기술이다. nanotech라고 줄여서 쓰기도 한다.
Nanotechnology is already being used in automobile tires, land-mine detectors, and computer disk drives.

나노기술은 이미 자동차 타이어, 지뢰탐지기 및 컴퓨터 디스크 드라이브에 사용되고 있다.
nanotechnology를 활용한 nanomedicine은 특히 많은 관심을 받고 있다. 혈관 속에 혈액세포만한 로봇을 주입하여 암세포를 공격하거나 손상된 세포를 수리할 수 있는 세상이 다가오고 있다.

✚
land-mine [lˈændmaɪn] 지뢰.
nanomedicine [nænoʊmˈedɪsɪn] 나노의학.

영어에서 '작다'는 접두어로 오랫동안 그리스어 micro-, 나중에는 mini-가 주로 사용되었다.
과학기술이 발전하면서 '극도로 작은'을 의미하는 새로운 접두어가 필요해졌고, nano-가 되살아났다.
첨단기술에 nano-가 붙기 시작하자 nanoskirt, nano-brain 등 새로운 조어들이 생겨나고 있다.

nanostructure
[nˈænoʊstrˌʌktʃər]

noun
- 나노구조. 분자 차원의 물질의 구조, 배열.

In the 1990s the physics department, which had been doing extensive research on microstructures, began to get deeply involved in nanostructures, including nanofoam, nanoflakes, and nanofibers.

미세구조에 대한 집중적인 연구를 통해, 1990년대 물리학 분야는 나노폼, 나노플레이크, 나노섬유를 비롯한 나노구조에 깊이 개입하기 시작했다.

■

Two important types of nanostructure are nanocrystals and nanotubes.
나노구조에서 중요한 두 가지 유형은 나노결정과 나노튜브다.
Nanocrystals made from semiconductors change color depending on their size, and are being used for such tasks as detecting viruses in living cells. 나노결정은 크기에 따라 색이 변하고 반도체 성질을 갖는 작은 결정으로, 살아있는 세포에서 바이러스를 찾아내는 것 같은 용도로 사용된다.
Nanotubes can conduct enormous amounts of electrical current, far more than metal wires.
나노튜브는 금속보다 훨씬 많은 양의 전류를 전달할 수 있다.
나노튜브는 대개 순수하게 탄소로만 만들어진 작은 관이다.
Nanotubes are now being used in materials for lightweight tennis rackets and golf clubs, and may soon enable the manufacture of TV screens no thicker than a film.
나노튜브는 초경량 테니스라켓과 골프클럽을 만드는 재료로 사용되기도 한다. 머지않아 나노튜브를 이용해 필름처럼 얇은 TV 스크린도 나올 것으로 예상된다.

nanosecond
[nˈænoʊsˌekənd]

noun
- 10억분의 1초.

When he finally asked if she would marry him, it took her about a nanosecond to say yes.

그가 마침내 그녀에게 결혼해달라고 청했을 때, 그녀는 10억분의 1초만에 좋다고 대답했다.

■

In computers, the speed of reading and writing to random access memory (RAM) is measured in nanoseconds.
컴퓨터 분야에서 RAM에 담긴 정보를 읽거나 쓰는 속도를 측정할 때 나노세컨드가 사용한다.
하드드라이브나 CD-ROM에서 정보를 읽거나 쓰는 속도, 인터넷으로 정보를 찾아내는 속도를 측정할 때는 millisecond를 사용한다.
millisecond는 1000분의 1초로 nanosecond보다 100만 배 긴 시간이다.
nanosecond는 일상적인 맥락에서도 자주 사용된다. 물론 이 경우 기술적으로 정확한 시간을 의미하는 것이 아니라 매우 빠르다는 것을 강조한다.

✛
random access memory (RAM) 임의접근기억장치.
millisecond [mˈɪlisekənd] 1000분의 1초.
conduct [kəndˈʌkt] 전기, 열을 전달하다.
conductor [kəndˈʌktər]
전기 열을 전달하는(傳) 길이 되는(導) 물질(體).
semiconductor [sˌemikəndˈʌktər] 반(半)도체.

VIR

Latin
man 남자

virility
[vɪˈrɪlɪti]

noun
- 정력.
- 남성의 힘, 남성성.

For his entire life he believed that anyone who had been a Marine had established his virility beyond any doubt.

그는 평생, 한번 해병이었던 사람은 의심할 여지없이 남성성이 굳건하다고 믿었다.

Virility is depicted on the covers of dozens of romance novels.
virility가 무엇을 말하는지 감이 안 잡힌다면 로맨스소설의 표지에 그려진 남자의 모습을 떠올려보라. 자신만만한 태도, 넓고 탄탄한 가슴, 윤기가 흐르는 머리결, 눈길을 사로잡는 의상이 바로 virility의 표상이다.
But real virile traits are often hair on the chest and any hint of future baldness.
하지만 진정한 남성성의 특징이란 대개 가슴에 난 털과 머지않아 머리가 벗겨질 기미에서 찾을 수 있다
High-school football provides a showplace for demonstrations of adolescent virility.
고등학교 풋볼은 사춘기의 넘치는 남성성을 발산할 수 있는 기회를 제공한다.

+
masculinity [mˌæskjʊlˈɪnɪti] 남자다움, 남성성.
depict [dɪpˈɪkt] 묘사하다.
virile [vˈɪrəl] 남성적인.
showplace [ʃˈoʊplˌeɪs] 명소, 대중에게 보여주기 위해 공개된 장소.

triumvirate
[traɪˈʌmvɪrət]

noun
- 3두정치.
- 3자 연합체. 세 집단의 연합 통치체제.

A triumvirate slowly emerged as the inner circle of the White House, and the vice president wasn't among them.

백악관 내부 이너서클에서 3두정치가 서서히 형성되었는데, 부통령은 거기에 끼지 못했다.

The first triumvirate of the Roman Republic, which consisted of Julius Caesar, Pompey, and Crassus, was simply an alliance or partnership, not a formal institution of the government.
카이사르, 폼페이우스, 크라수스로 구성된 로마공화정의 1차 3두정은 단순히 세력 간의 동맹이었을 뿐 공식적인 정부가 아니었다. 하지만 세력균형은 오래 지속되지 못하고 결국 카이사르에게 권력이 집중되었으며, 결국 카이사르는 암살되고 만다.
The second triumvirate took over, with Octavian, Mark Antony, and Lepidus and divided the Roman world among themselves.
옥타비아누스, 안토니우스, 레피두스로 이뤄진 2차 3두정은 로마영토를 각자 분할통치했다.
But these triumvirs also soon turned on one another, with Octavian alone taking power.
하지만 이 세 집정관들 역시 대립하게 되었고, 마침내 옥타비아누스가 권력을 독점한다. 옥타비아누스는 여세를 몰아 공화정을 폐지하고 제정(Roman Empire)을 선포한 뒤 첫 번째 로마황제에 오른다.

+
alliance [əlˈaɪəns] 동맹.
triumvir [traɪˈʌmvɪr] 3두정치에 참여하는 집정관.

virtue는 '좋은 자질(美德)'을 의미하지만 원래는 이상적인 '남자'가 갖춘 자질이라는 뜻이다.
virtuous behavior는 '도덕적으로 훌륭한 행동'을 의미하지만 원래는 '남자다운 행동'이라는 뜻이다.
고대 그리스로마인들은 남자다움을 가장 좋은 미덕이라고 믿었다.

virago
[vɪrˈɑgoʊ]

noun

● 사나운 여자. 여장부.

The staff called her a virago and other things behind her back, but everyone was respectful of her abilities.
직원은 그녀가 안 보는 곳에서는 잔소리가 심한 여자라라며 궁시렁댔지만, 모두들 그녀의 능력은 존경했다.

■

virago의 원래 라틴어 의미는 female warrior였지만 수세기가 흐르면서 부정적인 뉘앙스로 변질되었다.
The most famous virago in English literature is the ferocious Kate in Shakespeare's *The Taming of the Shrew*.
영국문학에 등장하는 가장 유명한 '여장부'는 셰익스피어의 《말괄량이 길들이기》에 등장하는 '사나운 케이트'일 것이다.
자신의 남편 Emperor Claudius를 독살하여 아들 Nero에게 제위를 물려준 로마의 Agrippina, 12세기 자신의 남편 King Henry II of England에 맞서도록 아들들을 부추긴 Queen Eleanor of Aquitaine은 대표적인 historical viragoes(역사적인 악녀들)일 것이다.
Jackson is an awesome virago who delivers her lines like bayonet thrusts.
잭슨은 총검을 찌르듯 자신의 대사를 내뱉는 멋진 여전사다.
오늘날 virago는 악녀보다는 존경스러운 여자영웅을 일컫는 말로 쓰이는 경우가 많다.

✚

an overbearing [ˌoʊvərbˈeərɪŋ] wife 고압적인 아내.
ferocious [fərˈoʊʃəs] 사나운, 굉장한.
bayonet [bˈeɪənət] 총끝에 다는 칼.
thrust [θrˈʌst] 찌름, 추진력, 쑤셔넣다.

virtuosity
[vˌɜːrtʃuˈɒsɪti]

noun

● 기교. 특히 순수예술에서 보이는 탁월함.

Playing with the band, his virtuosity doesn't show through; you really have to hear him solo to appreciate him.
밴드합주에서는 그의 기교를 충분히 보기 어렵다. 그의 기교를 제대로 보려면 솔로연주를 들어야 한다.

■

고대그리스에서는 곡예, 마술, 시낭송, 트럼펫연주, 호메로스의 서사시 한 장면을 연기하기 등 다양한 경연이 도시마다 끊임없이 펼쳐졌는데, 모두 남자만 참여할 수 있었다. 경연에서 우승한 사람에게는 virtuous라는 수식을 붙여 칭송했다. virtuous는 원래 full of manly virtues(진정으로 남자다운)이라는 뜻이었다.
virtuous [vˈɜːrtʃuəs] 고결한, 단정한.
virtue [vˈɜːrtʃu] 고결함, 미덕.
virtuoso [vˌɜːrtʃuˈoʊzoʊ] 거장(巨匠), 명인, 고도로 숙련된 연주자. 거장과 같은.
virtuoso performance 뛰어난 연주솜씨로 관객을 놀라게 하는 공연.
virtuosity는 주로 음악가의 '탁월한 기량'을 의미하지만, 작가, 배우, 댄서, 운동선수에게도 사용된다.

★
한국의 군대용어처럼, 미국에서는 풋볼용어가 조직생활에서 많이 쓰인다.

get to the red zone. 성공확률이 높은 곳으로 가다.
―red zone은 골라인 바로 앞 득점확률이 높은 지역
Hail Mary pass 승부수.
―지고 있는 팀이 경기종료 직전에 마지막으로 던지는 패스
move the ball 돌진하다.
―공을 들고서 상대방의 육탄방어를 뚫고 전진하다

VAL

Latin $valere$
to be worthy, healthy, or strong 가치있다.
to have power or influence 영향력이 있다.

valor
[vˈælər]

noun
● 용기.

equivalent
[ɪkwˈɪvələnt]

adjective
● 동등한. 힘/양/가치/면적/크기가 같은.
● 효과나 기능이 비슷하거나 사실상 같은.

The gun duels of the Old West were invented by a novelist inspired by the valor of the knights in medieval tournaments.
옛 서부의 권총결투는 중세시대 마상시합을 벌이는 기사들의 용맹함에서 영감을 받아 한 소설가가 발명해낸 것이다.

■

Valor in uniform is still rewarded by medals.
제복을 입은 사람들이 보여주는 용맹함은 훈장이나 메달로 보상한다.
Air Force Medal of Honor(공군명예훈장)에는 VALOR라는 단어가 새겨져 있다.
신체적인 위험을 무릅쓰고 공공의 안전을 지킨 시민에게 주는 상의 이름도 Medal of Valor로 메달에 valor를 상징하는 V가 새겨져 있다. (한국의 '용감한 시민상'과 같다.)
valorous warriors 용맹한 전사들.
valorous[ˈvælərəs]는 원시적인 전사들을 수식할 때 쓰는 단어다.
She made a valiant attempt to fix the problem. 그녀는 문제를 바로잡기 위해 과감한 시도를 했다.
valiant[vˈæliənt]는 일상적인 용기와 의지를 묘사하는 형용사로 오늘날 자주 사용된다.
At a memorial ceremony, the slain guard who had tried to stop the gunman was honored for valor.
추도식에서 총을 쏘는 사람을 막으려다 죽은 경비의 용기를 기렸다.

✚
gun duel 권총결투.
tournament [tˈʊərnəmənt] 마상시합, 토너먼트.

A square can be equivalent to a triangle in area, but not in shape.
정사각형과 삼각형의 넓이가 같을 수 있지만 모양은 다르다.

■

Eight kilometers is roughly equivalent to five miles. 8킬로미터는 대략 5마일 정도 된다.
equivalent는 완전히 똑같지는 않지만 그 효과나 목적이나 성격이 비슷하다는 뜻이다.
The U.S. Congress finds its equivalent in the British Parliament.
미국의 콩그레스는 영국의 팔리아먼트와 같은 기능을 한다.
여느 형용사처럼 equivalent는 명사로도 쓰인다.
The president of the United States has his British equivalent in the prime minister.
미국의 프레지던트는 영국의 프라임미니스터와 같은 지위를 갖는다.
The heavily armored knight on his great armored horse has been called the Middle Ages' equivalent of the army tank.
갑옷을 뒤집어쓴 말에 올라탄 중무장한 중세의 기사는 오늘날 전차에 비유할 수 있다.
We may not be able to find an identical chair, but we'll find an equivalent one.
똑같은 의자를 찾지 못하더라도, 비슷한 의자는 찾아낼 것이다.

✚
equivalence [ɪkwˈɪvələns] 등가.
slay [slˈeɪ] -slew-slain. 잔인하게 죽이다.

valuate는 얼마나 가치있는지, 건강한지 '평가하는' 것이다.

valid license는 여전히 '유효한 면허'를 의미하며 valid proof는 '유력한 증거'를 의미한다.

prevalent
[ˈprevələnt]

adjective
- 널리 퍼진. 만연하는.

On some campuses Frisbees seem to be more prevalent than schoolbooks, especially in the spring.

몇몇 캠퍼스에서는 특히 봄에는, 교과서보다 플라스틱원반을 더 많이 볼 수 있는 듯하다.

■

Smallpox was prevalent on several continents for many centuries.

천연두는 수세기 동안 여러 대륙에 만연했다. 유럽인들은 아메리카에 천연두를 전파했다. 이방인들의 무장공격보다 천연두로 인해 죽은 아메리카 인디언들이 더 많았다.

One ideal of male or female beauty may be prevalent in a particular society.

남자나 여자의 아름다움에 대한 단일한 이상형이 특정한 사회에 보편적일 수 있다. 물론 이러한 미의 기준은 사회마다 크게 다를 수 있다.

There was a prevalent notion that if you went swimming less than an hour after eating you might drown because of stomach cramps.

1950-60년대에는 밥을 먹고 난 뒤 한 시간 이내에 수영을 하면 위경련으로 익사할 수 있다는 관념이 보편적인 상식처럼 퍼져 있었다.

Not every prevalent idea is exactly true.

일반적인 상식이 모두 정확한 사실은 아니다.

✢
cramp [krˈæmp] 경련, 쥐.
prevalence [ˈprevələns] 만연.

validate
[vˈælɪdeɪt]

verb
- 인증하다. 공식적으로 승인하다.
- 유효성을 입증하다.

It will take many more research studies to validate a theory as far-reaching as this one.

이 이론처럼 파급효과가 큰 이론을 입증하기 위해서는 더 많은 연구가 필요할 것이다.

■

Validating a pass might require getting an official stamp on it.

통행증이 효력을 발휘하려면 공인스탬프가 찍혀 있어야 한다.

Validating experimental data might require checking it against data from further experiments.

실험데이터를 입증하려면 이후 실험에서 나온 데이터와도 대조해봐야 한다.

An A on a test might validate your study methods.

시험에서 A학점을 받는다면, 자네의 학습방법이 효과가 있다는 것이 입증될 것이네.

You might go to a trusted friend to validate your decision.

자신이 내린 결정의 타당성을 인정받고자, 믿을 수 있는 친구를 찾아가기도 한다.

✢
valid comment [vˈælɪd] 타당한 논평.
far-reaching 영향력이 매우 큰.
validation [vˈælɪdeɪʃən] 입증, 확인, 비준.

AMBI

Latin

on both sides 양쪽에
around 여기저기에

ambiguous
[æmbˈɪgjuəs]

ambient
[ˈæmbiənt]

adjective
● 애매한. 여러 방식으로 이해될 수 있어 불명확한.

adjective
● 사방을 에워싼.

Successful politicians are good at giving ambiguous answers to questions on difficult issues.

성공한 정치인은 골치아픈 질문에 대해 애매한 대답을 하는 데 능숙하다.

The ambient lighting in the restaurant was low, and there was a bright candle at each table.

레스토랑 안의 전체적인 조명은 어두웠으며, 테이블마다 밝게 타오르는 양초가 놓여있었다.

▪

ambiguous는 '결판을 내지 못한'이라는 뜻의 라틴어 동사 ambigere에서 왔다.

Her eyes are an ambiguous color.

그녀의 눈동자는 정확히 어떤 색깔이라고 말하기 어렵다.

The ambiguity of the Mona Lisa's smile makes us wonder what she's thinking about.

모나리자의 알 수 없는 미소는 그녀가 무슨 생각을 하고 있는지 궁금하게 만든다.

An ambiguous order can be taken in at least two ways; on the other hand, the order "Shut up!" may be rude but at least it's unambiguous.

어떤 명령은 여러 가지로 해석할 수 있다. 오히려 '닥쳐!' 같은 명령은 무례하긴 해도 애매하지 않다.

애매한 명령은 조직에 혼란을 초래한다.

Lord Raglan's ambiguous order confused the commander of the Light Brigade and led to its disastrous charge.

래글런 경의 모호한 명령은 경기병여단 지휘관들을 혼란에 빠뜨렸고 이는 부대원 전원이 몰살당하는 돌격작전으로 이어졌다.

✚

ambiguity [ˌæmbɪgjˈuːɪti] 애매함.
unambiguous [ˌʌnæmbˈɪgjuəs] 모호하지 않은, 명백한.

▪

ambient light TV나 그림처럼 시선이 가는 대상을 에워싼, 공간을 채우는 조명.

ambient temperature 어떤 공간을 채우는 공기의 온도.
과학에세이에서 자주 볼 수 있는 말.

ambient music = atmospheric background music

긴장을 풀고 명상하기 좋게끔 깔아주는 배경음악.

The candlelit restaurant is probably trying for a romantic ambience, or "atmosphere."

테이블마다 촛불을 켜 놓은 레스토랑은 아마도 로맨틱한 분위기를 자아내고자 했을 것이다.

ambience는 atmosphere와 같은 뜻이다.

When the ambient light is low, photographers use a flash.

전체적인 조명이 어두울 경우, 사진을 찍을 때 플래시를 사용한다.

✚

ambience [ˈæmbiəns] 공간이 자아내는 분위기.
atmosphere [ˈætməsfɪər] 분위기, 대기.
atmospheric [ˌætməsfˈerɪk] music 무드음악.
Charge of the Light Brigade 경(輕)기병 여단의 돌격.

ambidextrous [ˈæmbidˈekstrəs] people은 오른손과 왼손을 모두 잘 쓰는 '양손잡이'를 의미한다.

ambivalent
[æmbˈɪvələnt]

adjective
- 상반되는 감정이나 태도를 동시에 가지고 있는.
- 상반되거나 다른 선택 사이에서 오락가락하는.

He was ambivalent about the trip: he badly wanted to travel but hated to miss the summer activities at home.
그는 여행에 대해 양가감정이 들었는데, 여행은 꼭 가고 싶었지만 집에서 보내는 여름도 놓치고 싶지 않았다.

■

ambivalent는 어떤 문제나 이슈에 대해 여러 감정이 복잡하게 얽혀있다는 뜻으로, 만들어진 지 100년도 안되는 비교적 새로운 단어다. 다분히 예상할 수 있는 일이지만, 심리학에서 처음 나온 말이다.
We are both somewhat ambivalent about having a child.
우리는 둘 다 아이를 갖는 것에 대해 다소 모순된 감정을 가지고 있어요.
We might feel ambivalence about accepting a high-paying job that requires us to work long hours, about lending money to someone we like but don't know well—or about ordering a chocolate ice-cream after we've been starving on a strict diet for weeks.
돈은 많이 주지만 장시간 일해야 하는 직업을 선택할 것인지, 좋아하지만 잘 알지는 못하는 사람에게 돈을 빌려줘야 할 것인지, 또 몇 주 동안 엄격한 다이어트를 끝내고 초콜릿 아이스크림을 주문할 것인지 고민할 때 우리는 양가감정을 느낀다.

✛
waver [wˈeɪvər] 오락가락 흔들리다.
badly needed /wanted 절실히 필요한/바라는.
ambivalence [æmbˈɪvələns] 양가(兩價)감정.

ambit
[ˈæmbɪt]

noun
- 법률과 같은 것이 적용되는 범위.

The treatment of farm animals generally falls outside the ambit of animal-cruelty laws in the U.S.
가축을 대하는 방식은 일반적으로 미국의 동물학대법의 적용대상에서 제외된다.

■

With this new legislation, tobacco now falls within the ambit of FDA regulation.
새롭게 제정된 이 법률에 따라 담배는 이제 FDA의 규제범위 안에 포함된다.
ambit는 법률 분야에서 주로 사용되는 다소 공적인 용어로, 물리적인 영역이 아니라 추상적인 영역을 일컫는다.
An immigrant might live completely within the ambit of her immigrant community until she started college, where she might find herself in a much broader social ambit.
이민자는 대개 온전히 이민자 커뮤니티 안에서만 살아가다가 대학에 입학하고 난 뒤에야 훨씬 넓은 사회적 영역에 편입된다.
Most of the Latin American colonies were established by Spain, but in the 19th century, as the U.S. became stronger and Spain became weaker, they began to enter the ambit of U.S. power.
라틴아메리카 식민지는 대부분 스페인이 개척했으나, 19세기 미국이 부상하고 스페인이 쇠퇴하면서 미국의 세력권으로 편입되기 시작했다.
He reminded the audience that particle physics didn't really fall within the ambit of his expertise.
입자물리학은 그의 전문지식 영역에 속하지 않는다는 사실을 청중들에게 일깨워주었다.

POLY

Greek *polys*
many 많은

polyp
[pˈɒlɪp]

noun
- 바다에 사는 촉수동물. 폴립.
- 결장이나 성대의 점막에 자라는 결절.

She had had a polyp removed from her throat, and for two weeks afterward she could only whisper.
그녀는 목구멍에서 폴립을 제거한 뒤 2주 동안 속삭이듯 말할 수밖에 없었다.

■

그리스어 polypous(many-footed)는 '문어'를 일컫는다. 오늘날 polyp은 히드라, 말미잘, 산호 같은 무척추동물을 일컫는다.
The invertebrate known as the polyp may appear to be many-footed, though it never walks anywhere since its "feet" are tentacles.
폴립이라고 알려진 무척추동물은 발이 많은 것처럼 보이지만, 실제로는 돌아다니지 않는다. 그들의 '발'은 사실 발이 아니라 촉수이기 때문이다. tentacles는 작은 미생물들을 잡아 입속에 집어넣는 손 역할을 한다.
Polyps of the nose or vocal cords are usually only inconvenient, causing breathing difficulty or hoarseness, and can be removed easily.
코나 성대에 생긴 폴립은 호흡장애나 거친 목소리 등 불편함을 유발하지만 치명적이지도 않으며 쉽게 제거할 수 있다.
Polyps in the intestines can sometimes turn cancerous. 소화관에 자라는 폴립은 암으로 돌변하기도 한다.
폴립이 종양을 일컫게 된 것은, 몇몇 종양의 경우 '발'을 점막 표면에 꽂아 넣고 붙어 있는 것처럼 보이기 때문이다.

✚
invertebrate [ɪnvˈɜːrtɪbrət] 무척추동물, 무척추동물의.
mucous membrane [mjˈuːkəs mˈembreɪn] 점막, 점액을 분비하는 세포막.

polyglot
[pˈɒliglɒt]

noun
- 다중언어구사자.

adjective
- 다중언어를 사용하는.

As trade between countries increases, there is more need for polyglots who can act as negotiators.
국가간 무역이 증대하면서 협상가로 활동할 수 있는 다중언어구사자가 더 많이 필요하게 되었다.

■

poly(many)+glot(language)이 결합한 polyglot은 '다중언어를 구사하는 사람'을 의미하는 명사로 쓰이기도 하고, '여러 언어로 이루어진'을 의미하는 형용사로 쓰이기도 한다.
An international airport is bound to be polyglot, with people from all over the world speaking their native languages.
국제공항에서는 여러 언어가 사용될 수밖에 없다. 전 세계에서 갖가지 말을 하는 사람들이 모여드는 곳이기 때문이다.
One of history's more interesting polyglots was the Holy Roman Emperor Charles V,
who claimed that he addressed his horse only in German, conversed with women in Italian and with men in French, but reserved Spanish (his original language) for his talks with God.
역사상 흥미로운 다중언어구사자로 신성로마제국의 황제 찰스 5세가 있는데, 그는 자신이 타고 다니는 말에게는 독일어로만 말하고, 여자에게는 이탈리아어, 남자에게는 프랑스어로 대화했으며, (그의 모국어인) 스페인어는 신과 이야기할 때 쓰기 위해 아껴두었다고 한다.

✚
be bound to happen 당연히 벌어질 일이다.
be reserved for 어떤 사람이나 목적을 위해 아껴 놓다.
hoarse [hˈɔːrs] 쉰 목소리의.

polytechnic institute는 다양한 기술과 지식을 가르치는 학교다.
polygamy는 배우자를 여럿 둘 수 있는 결혼 또는 그러한 결혼제도를 의미한다.
pollysyllabic words는 이 책에서 무수히 볼 수 있는 '음절이 많은(다음절) 단어'를 의미한다.

polymer
[pˈɒlɪmər]

noun

- 폴리머. 중합체.

Nylon, a polymer commercially introduced in 1938, can be spun and woven into fabrics or cast as tough, elastic blocks.

나일론은 1938년 상업적으로 출시된 중합체로, 실로 가공하여 직물을 짤 수도 있고 단단하면서도 탄성이 있는 덩어리로 만들 수도 있다.

■

polymer는 monomer가 여러 개 결합하여 큰 분자를 이룬 화합물이다. 자연에서 찾을 수 있는 polymer로는 shellac, cellulose, rubber 등이 있다. 이들은 다양한 형태를 만들어낼 수 있는 유연성(가소성)을 가지고 있는데, 이러한 물질을 인공적으로 처음 대량생산하는 데 성공한 것이 바로 1870년쯤 등장한 celluloid다. celluloid는 지금도 필름을 만드는 데 사용된다.
이후 발전을 거듭하면서 다양한 synthetic polymers가 개발되었다. 강한 내구성과 잘 썩지 않는 특성 때문에 다양한 목적으로 활용되는 polymeric compound 중에는 다음과 같은 것들이 있다.
polypropylene [pˈɒlɪprˈɒpɪliːn] 폴리프로필렌
캐리어가방, 음료운반박스, 경첩 등을 만드는 소재.
polyurethane [pˈɒlɪjˈʊərəθeɪn] 폴리우레탄
페인트, 접착제, 고무, 발포제품 등을 만드는 소재.
polyvinyl chloride [pˈɒlɪvˈaɪnəl ˈklɔrˌaɪd] 폴리염화비닐
녹슬지 않는 파이프를 만드는 소재. 흔히 PVC라고 한다.
polyester [pˈɒliˈestər] 폴리에스터
1970년대 세계 패션의 흐름을 바꿔버린 나일론.

+
monomer [mˈɑnəmər] 단위체.
polymeric [pˌɒlɪmˈerik] compound 중합으로 만든 복합물.

polygraph
[pˈɒligræf]

noun

- 폴리그래프. 거짓말 탐지기.
- 여러 신체기능을 동시에 기록하는 기구.

My brother-in-law is completely law-abiding, but he's such a nervous type that he's failed two polygraph tests at job interviews.

처남은 법을 절대 어길 사람이 아니지만 구직면접에서 두 번이나 거짓말탐지기를 통과하지 못할 만큼 겁이 많다.

■

poly(many)+graph(write)가 결합한 polygraph는 여러 가지 결과를 동시에 기록한다는 뜻이다.
A polygraph's output consists of a set of squiggly lines on a computer screen, each indicating one function being tested.
폴리그래프의 결과는 컴퓨터스크린에 여러 구불구불한 선으로 표시되는데, 선들은 제각각 하나씩 신체기능을 표시한다.
대개 혈압, 폐활량, 맥박, 발한을 측정하는데, 이들은 모두 거짓말을 할 때 치솟는 경향이 있어서, 거짓말을 탐지하는 목적으로 활용된다. 1924년 처음 사용되기 시작한 polygraph는 이후 계속 발전해왔다.
Many experts still believe that polygraphs are unreliable and that a prepared liar can fool the machine. 하지만 많은 전문가들이 여전히 거짓말탐지기는 신뢰할 수 없으며, 준비된 거짓말쟁이는 얼마든지 기계를 속일 수 있다고 생각한다. 오늘날 polygraph는 법집행 과정뿐만 아니라 직원을 채용하는 과정에서도 많이 사용한다. 특히 신규경찰을 채용할 때 과거에 법을 어긴 적이 있는 사람을 걸러내기 위해 사용한다.

+
law-abiding [əbˈaɪdɪŋ] 법을 반드시 준수하는.
squiggly [skwˈɪɡəli] 불규칙하게 꺾인.

ORTHO

Greek *orthos*
straight 곧은
right, true 올바른

orthodontics
[ˌɔrθəˈdɑntɪks]

noun

● 고르지 못한 치아를 교정하는 치과치료술.

A specialty in orthodontics would require three more years of study after completing her dentistry degree.

치아교정 전문가가 되려면 치의학 학위를 딴 뒤에 3년 더 공부해야 한다.

■

Orthodontics has been practiced since ancient times. 치아교정술은 고대부터 행해졌다.
하지만 오늘날 우리에게 익숙한 정교한 기술이 소개된 것은 겨우 수십 년 밖에 되지 않는다.
Braces, retainers, and headgear are used to fix such conditions as crowding of the teeth and overbites.
교정기, 유지장치, 헤드기어를 사용해 덧니와 부정교합 같은 증상을 교정한다.
Speech defects, psychiatric disturbances, personality changes… all are correctable through orthodontic measures.
언어장애, 심리불안, 성격변화 등… 많은 요인을 치과교정술로 고칠 수 있다. 물론 몇몇 연구자들의 주장일 뿐이다.
After graduation from dental school, Kyle took a postgraduate course in orthodontics.
치과대학을 졸업한 뒤, 카일은 대학원에서 치아교정술을 전공했다.

✦
brace [brˈeɪs] 버팀대, 지지대.
crowding of the teeth 좁은 공간에 이빨이 모여 나는 것.
overbite [ˈoʊvərbˌaɪt] 윗니가 아랫니를 지나치게 덮는 것.
defect [dˈiːfekt] 결함, 온전하지 못한 흠.

orthodox
[ˈɔːrθədɒks]

adjective

● 종교적으로 확고한 신념을 가진.
● 확립된 규칙이나 전통을 따르는.

The O'Briens remain orthodox Catholics, faithfully observing the time-honored rituals of their church.

오브라이언 일가는 여전히 정통가톨릭 신앙을 지키며 교회의 유서 깊은 미사를 충실하게 준수한다.

■

An orthodox religious belief or interpretation is one handed down by a church's founders or leaders.
개창자나 지도자들로부터 내려오는 종교적 믿음이나 교리해석에 orthodox라는 말을 붙일 수 있다.
Orthodox Judaism처럼 Orthodox를 대문자로 표기한 경우, 주류신앙 중에서도 근본주의 종파를 일컫는다.
Orthodox medical treatment follows the established practices of mainstream medicine.
주류의학의 정립된 치료방법을 철저히 따르는 의술에도 orthodox라는 말을 붙일 수 있다.
Unorthodox thinking is known in business language as "thinking outside the box."
경영학에서는 정통에서 벗어난 사고를 '상자 밖에서 생각하기' 같은 말로 표현한다.

✦
conventional [kənˈvenʃənəl] 전통적인, 평범한, 재래식무기를 쓰는.
unorthodox [ʌnˈɔːrθədɒks] 정통에서 벗어난, 보편적이지 않은.

orthotics는 약한 관절이나 근육을 지지해주는 인공 보조물을 활용하여 자세를 바로잡아주는 '외과교정술'을 의미한다. orthograde animals는 몸을 '곧추' 세워 직립보행을 하는 동물이다.

orthopedics
[ˌɔrθəpˈidɪks]

noun
● 골격의 교정 또는 변형 예방.

For surgery to correct the child's spinal curvature, they were referred to the hospital's orthopedics section.

아이의 척추측만을 교정하는 수술을 위해, 그들은 정형외과로 가서 진찰을 받았다.

■

Just as an orthodontist corrects crookedness in the teeth, an orthopedist corrects crookedness in the skeleton.

치열교정사가 비뚤어진 치열을 바로잡듯이, 정형사는 비뚤어진 골격을 바로잡는다.

ortho(straight)+ped(child)가 결합한 orthopedics는 원래 아이들의 골격을 교정해주는 것이었다. 지금도 정형외과에 가면 어린 환자들이 많다.

Adults also often have need of orthopedic therapy when suffering from a joint disease like arthritis or when recovering from a broken arm or leg.

관절염 같은 관절질병에 시달리거나 팔다리가 부러졌다가 회복하는 어른들도 정형치료를 받아야 한다.

✚
Sb is referred to a hospital/specialist.
진찰/치료를 위해 어떤 병원/의사에게 보내지다.
curvature [kˈɜːrvətʃər] 굽음.
crooked [krˈʊkɪd] 구부러진, 비뚤어진, 부정직한. (발음주의)
arthritis [ɑːrθrˈaɪtɪs] 관절염.

orthography
[ɔrθˈɑgrəfi]

noun
● 표준용법에 따르는 철자법.

Even such eloquent writers as George Washington and Thomas Jefferson were deficient in the skill of orthography.

조지 워싱턴과 토머스 제퍼슨 같은 달필가들도 철자는 자주 틀렸다.

■

Even as recently as the 19th century, the orthography of the English language was still unsettled.

19세기까지만 해도 영어의 철자법은 명확하게 정립되지 않았다.

There was much orthographic variation, even among the more educated.

교육받은 사람들 사이에서도 철자법은 제각각이었다.

Noah Webster의 스펠링북이나 《McGuffey's Readers》같은 책이 나온 다음에야 영어스펠링은 서서히 통일되기 시작했다.

영어의 어려운 철자법으로 골치를 썩는 이들에게 마크 트웨인이 남긴 말은 한 가닥 위안이 될지 모른다.

"I don't give a damn for a man that can spell a word only one way."

한 가지 단어를 한 가지 철자법으로만 쓰는 사람에게 나는 아무 호감도 느끼지 못한다.

✚
deficient [dɪfˈɪʃənt] in ―이 부족한, 불완전한.
orthographic [ɔrθˈɑgrafik] 철자법상의.
give a damn 신경쓰다, 관심을 갖다.

RECT

Latin *rectus*
straight 곧은
right 바른

rectitude

[rˈektɪtuːd]

noun

- 정직성. 도덕적 일관성.

The school superintendent was stern and not terribly popular, but no one questioned her moral rectitude.

학교교장은 엄격하고 전혀 인기가 없었지만 그녀의 청렴성을 의심하는 사람은 없었다.

■

'곧은'을 의미하는 rect가 정직성, 도덕성을 의미하는 것은, 우리가 곧은(straight) 것에서 정직(honesty)을 연상하기 때문이다.

"I hope for your sake you're playing it straight."

네 자신을 위해서라도 정직하게 행동하기를 바란다.

이에 반해 우리는 진실을 숨기는 부정직한 것을 굽은 것 (crook/crooked)에 비유한다.

"The man is a crook and a liar."

그 남자는 무언가를 속이는 거짓말장이이다.

—a crooked [krˈʊkɪd] cop 부패한 경찰

—a bent accountant 부정한 회계원

rectitude는 오늘날 다소 구식표현처럼 들리지만, 이 단어가 표상하는 덕목은 결코 시대에 뒤떨어진 것이 아니다.

✚

straight [strˈeɪt] 곧게 뻗은.
crook [krˈʊk] 구부리다, 악당, 사기꾼.

rectify

[rˈektɪfaɪ]

verb

- 바로잡다. 교정하다.

The college is moving to rectify this unfortunate situation before anyone else gets hurt.

대학은 더 이상 다치는 사람이 나오지 않도록 이 불행한 상황을 바로잡고자 움직이고 있다.

■

곧게 펴는 것은 곧, 바로잡는 것이다.

We might rectify an injustice by seeing to it that a wrongly accused person is cleared.

불의를 바로잡기 위해서는 부당한 혐의를 받는 사람이 누명을 벗는 것을 봐야 한다.

An error in a financial record can be rectified by replacing an incorrect number with a correct one.

장부상 오류를 바로잡기 위해서는 틀린 숫자를 정확한 숫자로 바꿔야 한다.

If the error is in our tax return, the Internal Revenue Service will be happy to rectify it for us.

세금환급에 오류가 있으면 국세청은 기꺼이 우리를 위해 바로잡아줄 것이다.

We might then have to rectify the impression that we were trying to cheat on our taxes.

그러면 우리는 어떻게 세금을 좀 덜 낼 수 있을까 잔머리를 굴리고자 했던 마음을 바로잡아야 할 것이다.

✚

Internal Revenue Service 미국 국세청 = IRS
impression [ɪmprˈeʃən] 막연한 느낌, 생각.

correct는 '바르게 고친다'는 뜻이다.

rectangle은 마주 보고 있는 직선이 곧게 평행한 사각형을 의미한다.

라틴어 rectus musculus는 복근처럼 곧게 뻗어 있는 근육으로 '직근'이라고 한다(영어에서는 rectus라고만 쓴다).

rectilinear

[rˌɛktəlˈɪniər]

adjective

● 직선으로 움직이거나 직선을 그리는.
● 직선으로 구성된.

After admiring Frank Lloyd Wright's rectilinear buildings for years, the public was astonished by the giant spiral of the Guggenheim Museum.

몇 년 동안 프랭크 로이드 라이트의 직선으로 이뤄진 건축에 매료되었던 대중들은 구겐하임 미술관의 거대한 나선구조를 보고 깜짝 놀랐다.

■

rect(straight)+ line(line)가 결합한 라틴어 rectilinear는 '직선으로 된'을 의미한다.

rectilinear pattern/construction—

직선이 현저하게 부각되는 패턴이나 건축

기하학에서 rectilinear는 대개 '직각'을 의미한다 (=perpendicular).

rectilinear polygon 직각으로 이루어진 다각형—

집의 평면도가 대개 rectilinear polygon으로 되어 있다.

Rectilinear rays, such as light rays, travel in a straight line.

빛이 일정한 속도로 뻗어나가기 때문에 rectilinear ray라고 말할 수 있다.

물리학에서 rectilinear는 rectilinear motion(직선으로 뻗어나가는 움직임)을 의미한다.

✛

geometry [dʒiˈɒmɪtri] 기하학.
polygon [pˈɑlɪɡɑn] 다각형.
perpendicular [pˌɜːrpəndˈɪkjʊlər] 직각으로 교차하는.

directive

[dɪrˈektɪv]

noun

● 지침, 지시사항(특히 상부에서 내려온).

At the very beginning of the administration, the cabinet secretary had sent out a directive to all border-patrol personnel.

정부가 처음 세워졌을 때 내각비서관(장관)은 모든 국경순찰대원들에게 명령을 하달했다.

■

A directive directs.

directive는 방향을 가리키는 것이다.

A directive from a school principal might provide guidance about handling holiday celebrations in class.

학교교장의 지시사항은 학급에서 휴일축제를 어떻게 보낼 것인지 지침을 제시한다.

A directive from the Vatican might specify new wording for the Mass in various languages.

바티칸에서 하달하는 명령은 다양한 언어로 미사를 진행하기 위한 새로운 어휘를 지정해준다.

Even the European Union issues directives to its member countries, which they often ignore.

EU도 회원국들에게 지침을 발표한다. 물론 그것이 지켜지는 경우는 많지 않다.

✛

personnel [pˌɜːrsənˈel] 조직에 속한 사람들. 인사과.
direct [dɪrˈekt] 방향을 가리키다, 지시하다, 지휘하다.

SANCT

Latin *sanctus*
holy 성스러운

sanction
[sˈæŋkʃən]

noun
● 승인. 제재.

verb
● 승인하다. 제재하다.

The bill's opponents claimed that removing criminal penalties for drug possession would amount to sanctioning drug use.

법안 반대자들은 마약소지에 대한 형사처벌을 없애는 것은 마약사용 합법화로 이어질 것이라고 주장한다.

■

sanction은 원래 make holy에서 나온 말로 '교회가 공식적으로 승인하다'라는 뜻이다. 지금은 교회보다는 정부기관이나 공식적인 조직에서 승인하는 것을 일컫는 말로 사용된다.
The college sanctioned the use of office space by a gay organization. 대학은 게이단체에게 공식적으로 공간을 사용할 수 있도록 승인했다. 여기서 sanction은 give its blessing to(축복을 주다)와 같은 의미다.
The hot-rod association sanctioned two new tracks for official races.
자동차개조협회는 공식경주에 신규트랙 두 개를 승인했다.
The company was accused of giving its sanction to illegal activities. 회사는 불법행위를 승인한 혐의로 고소당했다. 이처럼 sanction은 명사로도 사용된다.
They failed to sanction Japan for butchering whales in violation of international conservation treaties. 일본의 포경을 국제자연보호조약 위반으로 제재하는 데 실패하였다. 국가가 행위자로 등장할 때 sanction은 무역을 차단하여 불이익을 준다는 뜻이다.
U.N. imposed new sanctions on North Korea following missile tests.
UN은 미사일시험 이후 북한에 새로운 제재를 부과했다. (명사) '승인'과 '제재'라고 하는 거의 반대되는 의미를 가지고 있어 많은 이들이 sanction이라는 단어를 보면 헷갈려 한다.

sanctimonious
[sˌæŋktɪmˈoʊniəs]

adjective
● 독실한 척하는.

The candidates' speeches were sanctimonious from beginning to end, filled with stories about how their deep faith was the basis for everything they did.

후보자들의 연설은 처음부터 끝까지 남보다 자신의 진정한 종교인인 척하는 내용이었고, 깊은 믿음이 어떻게 자신들의 행동 하나하나에 영향을 주는지에 관한 이야기로 가득했다.

■

Making a show of your religious morality has always struck some people the wrong way.
자신의 종교적 도덕성을 드러내고자 하는 욕망은 언제나 사람들을 잘못된 방향으로 몰아간다.
We shouldn't let our left hand know what our right hand is doing. 오른손이 하는 일을 왼손이 모르게 하라. Sermon on the Mount에서 예수가 한 유명한 말이다. 선행은 자신을 위해 하는 것이지 남에게 보여주기 위한 것이 아니라는 뜻이다.
a sanctimonious hypocrite 남들보다 엄격하게 종교적 규율을 준수하는 척하거나 도덕적인 척하는 위선자.
Sanctimony is a good strategy to win votes in America. 종교적으로 신심이 깊은 척하는 것은 미국에서 유권자의 표를 얻는 훌륭한 전략이다.

✚
Sermon on the Mount 산상수훈.
hypocrite [hˈɪpəkrɪt] 위선자.
sanctimony [sˌæŋktɪmˈoʊni] 독실한 체함.
amount [əmˈaʊnt] to 결과적으로 —로 이어지다.
hot-rod 성능을 높이기 위해 개조한 자동차.
butcher [bˈʊtʃər] 푸줏간, 도살하다.

sanctity는 '성스러움'을 의미한다. sanctify는 '성스럽게만들다', '신성화하다'라는 뜻이다.
sanctified spot은 대개 갈라진 바위틈에서 연기가 솟아나거나 맑은 샘이 솟아나는 등 신기한 자연현상이 목격되는 곳, 또는 신에게 예배하는 신전이 있던 곳으로, 이곳에는 세속의 권력이 힘을 발휘하지 못했다.

sacrosanct

[sˈækroʊsæŋkt]

adjective

- 신성불가침의.
- 어떠한 비난도 용납되지 않는. 금과옥조 같은.

Lots of experts have criticized the governor's education program, but it's regarded as sacrosanct by members of her own party.

많은 전문가들이 주지사의 교육프로그램을 비판했지만, 주지사가 속한 정당에서는 그의 정책을 신성한 것처럼 받들었다.

■

sacro(sacred)+sanct(holy)는 문자 그대로 made holy by a sacred rite(성스러운 예식으로 신성화된)란 뜻으로, 원래 최상의 거룩한 것을 의미했다. 하지만 지금은 사람들이 절대진리처럼 여기는, 어떠한 비판이나 의심도 허용하지 않는 것을 묘사할 때 사용한다.
Government officials say that the independence of the bank will remain sacrosanct.
정부관리들은 은행의 독립성은 절대 훼손되지 않을 것이라고 말한다.
A piece of writing is more likely to be thought of as sacrosanct by its author.
저자는 자신이 쓴 글에 조금이라도 손을 대면 안된다고 생각할 확률이 높다.
Today, weekend rest days were considered sacrosanct.
오늘날 주말휴일은 신성불가침한 개념으로 여겨진다.

✛
sacred [sˈeɪkrɪd] 신성한.

sanctuary

[sˈæŋktʃueri]

noun

- 신성한 구역. 교회나 사원 같은 거룩한 장소.
- 피난처. 보호소.

The midtown park is a tranquil sanctuary amidst the city's heat, noise, and bustle.

도심공원은 도시의 열기, 소음, 부산함 속에 조용한 안식처 역할을 한다.

■

Historically, churches have been sanctuaries where fugitives could seek at least temporary protection from the law. 역사적으로 교회는 도망자가 법망을 피해 일시적이나마 보호를 받을 수 있는 '성소' 역할을 했다.
In 1486 sanctuary for the crime of treason was disallowed by Henry VIII.
1486년 헨리8세는 반역죄에게는 성소를 인정하지 않았다.
In the 1980s many U.S. churches provided sanctuary to political refugees from Central America. 1980년대 미국의 많은 교회들이 중미에서 온 정치적 망명자들에게 피난처를 제공했다.
Today, wildlife sanctuaries provide protection for the species within its boundaries.
오늘날 야생동물 보호구역은 그 경계안에 있는 생물종을 보호한다.
Farm-animal sanctuaries now rescue livestock from abuse and starvation.
가축피난소는 가축들을 학대와 굶주림에서 구출한다.

✛
tranquil [trˈæŋkwɪl] 평온한.
bustle [bˈʌsəl] 부산하게 움직이다, 떠들썩함.
treason [trˈiːzən] 반역.
fugitive [fjˈuːdʒɪtɪv] 도망자.
refugee [rˌefjuːdʒˈiː] 피난민.

METER METR

Latin/Greek
measure 측정

metric
[mˊetrɪk]

adjective
- 미터법과 관련된, 미터법으로 측정한.
- 미터로 배열한.

Americans have resisted using the metric system for years, but are now slowly getting accustomed to a few of the metric units.
미국은 오랫동안 미터법을 사용하는 것에 저항해왔지만, 지금은 서서히 몇몇 미터법 단위에 익숙해지고 있다.

■
metric system은 프랑스에서 혁명 이후 몇 년 사이에 만들어진 것으로, 이 체계는 오늘날 전세계 대다수 지역에서 거리, 무게, 부피를 재는데 사용되고 있다.
Basic metric units include the kilogram (the basic unit of weight), the liter (the basic unit of volume), and of course the meter (the basic unit of length).
기본적인 미터 단위로는 킬로그램(무게단위), 리터(부피단위), 그리고 당연히 미터(길이단위)가 있다.
metric 또는 metrical은 또한 노래와 시의 기저에 흐르는 리듬을 의미하기도 한다.
과학에서는 metric이라는 말을 많이 쓰고, 시나 음악에서는 metrical이라는 말을 많이 쓴다.

✚
metrical [mˊetrɪkəl] = metric
isometric [ˌaɪsəmˊetrɪk] exercise 등척성 운동.
isometric drawing 등축 투영법.
iambic [aɪˊæmbɪk] iamb(약강)로 이루어진.
dactylic [dˊæktlɪk] dactyl(강약약)로 이루어진.

meter
[mˊiːtər]

noun
- 미터법의 기본단위. (=39.37인치)
- 시나 음악의 규칙적인 리듬.

The basic meter of the piece was 3/4, but its rhythms were so complicated that the 3/4 was sometimes hard to hear.
그 곡은 기본박자는 3/4박자였지만, 리듬이 너무 복잡해서 어느 부분에서는 3/4박자처럼 들리지 않았다.

■
A 100-meter dash might take you a second longer than a 100-yard dash.
100미터 단거리달리기는 100야드 단거리달리기보다 1초 정도 더 걸린다.
미터는 야드보다 약간 길기 때문이다. (100야드=91.44미터).
For a musician, the meter is the regular background rhythm, expressed by the "time signature" written at the beginning of a piece or section: 2/2, 2/4, 3/8, 4/4, 6/8, etc.
음악에서 미터는 규칙적인 배경리듬으로, 악보나 섹션이 시작하는 부분에 2/2, 2/4, 3/8, 4/4, 6/8 등과 같이 '박자기호'로 표시되어 있다.
"America the Beautiful" is in 4/4 meter (or "4/4 time").
유명한 미국찬가 "America the Beautiful"은 4/4박자다.
4/4박자는 4/4 meter 또는 4/4 time이라고 읽는다.
Poetic meters are named with traditional Greek and Latin terms such as iambic and dactylic.
시에서도 박자 또는 운율을 느낄 수 있는데 이것을 meter라고 한다.
하지만 poetic meter는 숫자로 읽지 않고 iambic이나 dactylic와 같은 그리스어나 라틴어로 일컫는다.
물론 일상적인 대화에서는 이러한 것들을 모두 뭉뚱그려 rhythm이라고 말한다.

odometer

[odˈɒmɪtər]

noun

● 이동한 거리를 측정하는 도구.

Jennifer watched the odometer to see how far she would have to drive to her new job.
제니퍼는 새로운 직장으로 출퇴근하려면 운전해야 하는 거리가 얼마 정도 되는지 확인하기 위해 주행거리기록을 보았다.

■

odo(road/trip)+meter(measure)가 결합한 odometer는 지금까지 주행한 거리를 기록하는 '총주행거리계'를 의미한다.
An odometer shares space on your dashboard with a speedometer, a tachometer, and a "tripmeter." 총 주행거리를 보여주는 적산거리계는 자동차계기판 위에 속도계, 엔진회전계, '구간거리계'와 함께 표시되어 있다.
자동차 계기판에 odometer는 대개 ODO, tripmeter는 대개 TRIP라고 표시되어있다. tripmeter는 버튼을 눌러 리셋할 수 있다.
The odometer is what crooked car salesmen tamper with when they want to reduce the mileage a car registers as having traveled.
나쁜 중고차상들은 자동차의 주행거리가 기록된 수치를 줄이고자 할 때 조작하는 것이 바로 적산거리계다.
물론 odometer를 조작하는 것은 불법이다.
One of life's little pleasures is watching the odometer as all the numbers change at the same time. 적산거리계의 숫자판이 한꺼번에 바뀌는 순간을 목격하는 것은 삶의 소소한 즐거움 중 하나다.

✦

tamper [tˈæmpər] with 부정하게 조작하다, 간섭하다.

tachometer

[tækˈɑːmɪtər]

noun

● 회전 속도를 측정하는 도구.

Even though one purpose of a tachometer is to help drivers keep their engine speeds down, some of us occasionally try to see how high we can make the needle go.
타코미터의 한 가지 목적은 운전자가 엔진의 회전속도를 낮출 수 있도록 도와주는 것이다. 물론 가끔은 타코미터의 바늘이 어디까지 올라가는지 보려고 페달을 밟아 보기도 한다.

■

tach(speed)+meter(measure)가 결합한 tachometer는 원래 speed-measurer라는 뜻이다.
빛보다 빠르게 이동하는 것으로 추정되는 소립자를 tachyon이라고 부르는데,
이는 tach(speed)+yon(ion)을 결합한 것이다.
물론 tachyon이 정말 존재한다고 해도 너무 빨라서 어떤 장비로도 확인할 수 없을 것이다.
또한 심장이 통제할 수 없을 정도로 빠르게 뛰는 질환을 tachycardia라고 하는데
tach(speed)+kardia(heart)를 결합한 것이다.
Since the speed that an auto tachometer measures is speed of rotation of the crankshaft, the numbers it reports are revolutions per minute, or rpm's.
자동차의 타코미터는 크랭크축의 회전속도를 측정하는 것으로, 그 수치는 rpm(분당회전수)으로 표시된다.

✦

tachyon [tˈækiɑn] 타키온.
tachycardia [tˌækɪkˈɑrdiə] 심박항진.
crankshaft [krˈæŋkʃæft] 크랭크샤프트.

TRANS

Latin
through 통해 across 가로질러
beyond 넘어

transient

[trˈænʃənt]

adjective
- 짧은 순간 존속하는.

noun
- 뜨내기.

It's a college town, so much of its population is transient.

대학가는, 사람들이 대부분 잠깐 머물다 떠나가는 곳이다.

■

transient mood는 스쳐 지나가는 분위기다. transient visit은 어딘가 가는 길에 잠시 들르는 것이다. 농번기에 농촌에는 transient work이 넘쳐난다.

You may occasionally experience a transient episode of dizziness or weakness, which vanishes without a trace.

어지럼증이나 체력이 떨어지는 일시적인 증상을 이따금씩 겪을 수도 있지만, 그런 증상은 흔적도 없이 금방 사라진다.

The hoboes and tramps of earlier years were some of our most colorful transients.

예전 떠돌이노동자들은 가장 기억에 각인된 떠돌이들이다.

transient는 잠깐 머물다 떠나는 뜨내기를 일컫는 명사로도 쓰인다.

✛

hobo [hˈoʊboʊ] 떠돌이노동자.
tramp [trˈæmp] 잡일을 하며 떠돌며 사는 사람.
an episode of an illness 잠시 찾아왔다 사라지는 강렬한 증상.
Gospel [gˈɒspəl] 복음. 예수의 행적을 기록한 책.
relate [rɪlˈeɪt] a story 이야기하다.
disciple [dɪsˈaɪpəl] 제자.
turnpike [tˈɜːrnpaɪk] 유료도로.
tollbooth [tˈoʊlbuːθ] 요금징수소.
E-ZPass 미국의 하이패스.

transfiguration

[trænsfɪgjˌərˈeɪʃən]

noun
- 변모. 변신.

Being in love caused a complete transfiguration of her personality.

사랑에 빠지면서 그녀의 성격은 완전히 변했다.

■

The Gospels relate that one day Jesus took three disciples up a mountain, where they witnessed his transfiguration into divine form.

복음서는 어느 날 예수가 세 제자를 데리고 산에 올라갔는데, 그곳에서 제자들이 예수가 신의 형상으로 변한 것을 목격했다는 이야기를 전한다. 예수의 얼굴은 태양처럼 빛났고, 옷은 하얗게 눈이 부셨고, 그가 신의 아들이라고 선언하는 음성이 하늘에서 들려왔다. 성서에 기록된 이 사건을 일컫는 말로 transfiguration은 영어에 처음 등장했다.

The Feast of the Transfiguration 거룩한 변모 축일.

예수의 변모를 기념하는 날로, 이 축일 덕분에 transfiguration이라는 단어는 더욱 대중적으로 확산되었다. 그래서 transfiguration은 종교적이면서도 긍정적인 뉘앙스를 풍긴다.

Her face was transfigured by joy.

그녀의 얼굴은 기쁨으로 활짝 폈다.

An "ugly duckling" is slowly transfigured into a radiant beauty.

'미운 오리새끼'는 서서히 아름답게 빛나는 모습으로 변모한다.

Transfiguration is a subject long taught at the Hogwarts School by Minerva McGonagall.

《해리포터》 팬이라면 호그와트마술학교에서 미네르바 맥고나걸 교수가 가르치는 과목이름이 바로 transfiguration이라는 것을 기억할 것이다. 바로 '변신술'이다.

translation은 한 언어에서 다른 언어로 저자가 전달하고자 하는 의미를 옮기는 '번역'이다.

TV신호는 전파나 케이블을 통해 우리 집으로 transmit(전송)된다.

public transportation(대중교통)으로 이동할 때 버스-지하철을 transfer(환승)해야 하는 경우도 있다.

transponder
[trænspˈɑːndər]

noun

● 무선응답기.

When a patient is admitted to an emergency room, an implanted transponder can relay important data about his or her medical history.

환자가 응급실에 입원할 때, 환자 몸에 심어져있는 트랜스폰더가 중요한 건강기록 데이터를 전해줄 수 있다.

■

transponder는 제2차 세계대전 기간에 transmitter와 responder가 합쳐져 만들어진 단어로, 특정 신호가 수신될 경우에만 신호를 방출하는 기기를 일컫는다. transponder는 교통, 의학, 스포츠 등 일상의 많은 분야에 적용되고 있다.
Transponders are basic to modern aviation and communications satellites.
트랜스폰더는 오늘날 항공과 위성통신의 필수기술로 자리잡았다.
The "E-ZPass" that lets you drive right through turnpike tollbooths is a transponder.
고속도로 톨게이트를 그냥 통과하게 해주는 '하이패스'가 바로 트랜스폰더다. 원격시동을 걸 수 있는 자동차열쇠도 트랜스폰더를 활용한 기술이다.
In a big crowded foot race, you may carry a tiny transponder on your shoe that records when you cross both the starting line and the finish line. 많은 사람이 참여하는 경주에서는 신발에 작은 트랜스폰더를 장착하여 출발선과 결승선을 통과하는 시각을 기록한다.

✛

be admitted to a hospital 입원하다.
relay [rɪlˈeɪ] 교대하다, 중계하다.
transmitter [trænzmˈɪtər] 송신기.

transcendent
[trænsˈendənt]

adjective

● 탁월한.
● 초월적인. 이해할 수 있는 한계를 넘어서는.

Despite the chaos around her she remained calm, with a transcendent smile on her face.

주위가 매우 혼란스러웠지만, 그녀는 초월한 듯 차분한 미소를 짓고 있었다.

■

trans(across)+scandere(to climb)이 결합한 transcend는 한계를 넘어 높이 오른다는 뜻이다.
A transcendent experience is one that takes you out of yourself and convinces you of a larger life or existence.
초월적인 경험이란 자신의 경계를 넘어서는 더 큰 삶이나 존재로서 나를 확신하는 것이다. 이런 의미에서 transcendent는 spiritual과 비슷한 의미로 쓰이기도 한다.
The American writers and thinkers known as the Transcendentalists, including Ralph Waldo Emerson and Henry David Thoreau, believed in the unity of all creation, the basic goodness of humankind, and the superiority of spiritual vision over mere logic.
랠프 월도 에머슨과 헨리 데이비드 소로 등 초월주의자라고 알려진 미국의 작가-사상가들은 모든 창조물의 합일, 인간의 기본적인 선함, 단순한 논리를 뛰어넘는 영적 통찰력의 우월성을 믿었다.
the transcendent importance of an issue such as climate change 기후변화와 같은 이슈의 초월적인 중요성.
여기서 transcendent는 인간의 문제일 뿐만 아니라 지구상에 존재하는 만물의 문제라는 뜻이다.

✛

transcendental [trˌænsendˈentəl] 경험 이전에 존재하는.

MUT

Latin *mutare*
to change 변하다

commute
[kəmjˈuːt]

immutable
[ɪmjˈuːtəbəl]

verb
- 감형하다. 덜 가혹한 처벌로 바꾸다.
- 통근하다. 정기적으로 왕복하다.

adjective
- 변경할 수 없는. 변경하기 쉽지 않은.

There was a public outcry at the harshness of the prison sentence, and two days later the governor commuted it to five years.

징역형이 가혹하다며 대중이 격렬하게 항의하자, 이틀 후 주지사는 5년으로 감형하였다.

Early philosophers believed there was an immutable substance at the root of all existence.

초기 철학자들은 모든 존재의 근원에 불변의 물질이 있다고 믿었다.

■

Jim commutes to Manhattan every day.
짐은 매일 맨해튼으로 출퇴근한다.

commute는 비교적 거리가 먼 두 지점 사이를 정기적으로 왕복하는 것으로, 기본적으로 '위치를 바꾼다'는 뜻이다.
The number of commuters to London has dropped by 100,000.
런던으로 출퇴근하는 사람이 10만 명으로 떨어졌다.

형벌이나 감옥에 대한 이야기에서 commute라는 단어가 등장하면 법원이 내린 처벌을 약한 것으로 바꿔준다는 뜻이다.
His death sentence was commuted to life imprisonment. 사형을 무기징역으로 감형받았다.
Most commutations are the result of the prisoner's good behavior. 감형은 대개 감옥에서 모범적으로 행동한 대가로 받는 것이다.

■

mutable은 changeable과 같은 뜻으로, 부정을 의미하는 im-을 붙이면 반대말이 된다.
In computer programming, an immutable object is one that can't be changed after it's been created.
컴퓨터프로그래밍에서, 불변객체는 일단 생성한 다음에는 바꿀 수 없는 것을 말한다.
In a constantly changing world, people who hunger for things as immutable as the laws of nature may try to observe an immutable moral code and set of values.
끝없이 변화하는 세상에서, 자연법칙처럼 불변하는 것을 갈구하는 사람들은 불변의 도덕규범과 가치관을 찾으려고 한다.
Unfortunately, immutability isn't a basic quality of many things in this world.
안타깝게도 불변성은 세상의 많은 것들의 기본특성이 아니다.

✚
hunger [hˈʌŋgər] for/after 갈구하다.

✚
outcry [ˈaʊtkraɪ] 절규.
commuter train 통근열차.
commutation [kˌɑːmjʊtˈeɪʃən] 감형.

헐크나 고질라처럼 SF영화에 출현하는 사람이나 동물은 대개
신비한 외계의 힘이나 방사능을 쏘여 유전자가 달라진(mutate) 돌연변이(mutation)의 희생자들이다.
이들 영화에 등장하는 돌연변이체(mutant)들은 한결같이 힘이 엄청나게 세고 무섭게 생겼다.

permutation
[ˌpɜːrmjuːˈteɪʃən]

noun
- 순열. 객체집합의 바꿀 수 있는 순서나 배치.

They had rearranged the rooms in the house plans four or five times already, but the architect had come up with yet another permutation.

주택평면도의 방배치를 이미 네다섯 번씩 바꿨음에도, 건축가는 또 다른 배치도를 생각해냈다.

■

There are six permutations of the letters A, B, and C, selected two at a time.

A, B, C에서 두 글자를 뽑아 만들어낼 수 있는 순열은 6가지다. (AB, AC, BC, BA, CA, CB.)

There are only three combinations in this case.

이 경우 조합은 3가지 밖에 없다. (AB, AC, BC.)

순서를 고려하지 않는 것은 permutation(순열)이 아니라 combination(조합)이라고 한다.

Permutation is an important concept in mathematics, especially in the field of probability. 순열은 수학에서, 특히 확률에서 중요한 개념이다.

Some soap operas love permutations; the cast of regulars is constantly being rearranged into new pairs, and even triangles.

몇몇 연속극은 우려먹기를 좋아한다. 맨날 나오는 출연자들을 불러다가 짝을 바꾸고, 심지어 삼각관계를 만들어내기도 한다.

일상에서 사용하는 permutation은, 기존의 것을 순서만 바꿔 만들어내는 것을 일컫는다.

✦
probability [ˌprɒbəˈbɪlɪti] 확률.
regular [ˈregjələr] 정규적으로 고용된 사람.

transmute
[trænzmjʊuːt]

verb
- 모양이나 성질을 바꾸다.
- 더 나은 상태로 바뀌다.

Working alone in his cluttered laboratory in 15th-century Milan, he spent twenty years searching for a method of transmuting lead into gold.

15세기 밀라노의 지저분한 실험실에서 홀로 작업하며, 그는 납을 황금으로 바꾸는 방법을 찾느라 20년을 보냈다.

■

A writer may transmute his life into stories or novels. 작가는 자신의 삶을 이야기나 소설로 바꿀 수 있다.

transmute은 형태나 성질이 완전히 다른 것으로 바꾸는 것을 일컫는다.

An arranger might transmute a lively march tune into a quiet lullaby.

편곡자는 활기찬 행진곡을 조용한 자장가로 바꿀 수 있다.

Human souls are transmuted into the body and existence of their choice.

인간의 영혼은 스스로 육체를 선택하여 환생한다.

플라톤의 《Republic》에 나오는 Myth of Er (에르신화)에 따르면, 인간의 영혼은 한결같이 지난 생애에서 경험한 몸이나 삶보다 더 '좋아 보이는' 것을 선택하여 환생한다. 그래서 온순한 사람은 폭군으로 윤회하고, 농부는 용감한 (하지만 단명하는) 전사로 윤회한다. 자신에게 주어진 삶의 진정한 행복을 누릴 줄 아는 현명한 사람은 그만큼 찾기 힘들다는 뜻이다.

✦
clutter [klˈʌtər] 난장판. 어지럽게 널려있다.
lullaby [lˈʌləbaɪ] 자장가.

VEST

Latin *vestire/vestis*
to clothe or dress 옷을 입다
clothing or garment 옷

divest
[dɪvˈest]

verb
- 권위, 직위, 재산을 박탈하다.
- 옷, 장식, 장비를 벗기다.

In protest against apartheid, many universities in the 1980s divested themselves of **all stock in South African companies.**

1980년대 많은 대학들이 인종차별정책에 반대하여 남아프리카 기업들의 주식을 모조리 처분했다.

■

de(un)+vest(dress)에서 나온 divest는 말 그대로 '옷을 벗다'라는 뜻이다.
If you decide to enter a monastery, you may divest yourself of most of your possessions. 수도원에 들어가기로 했다면 가지고 있던 물건들을 대부분 버려야 한다. divest oneself of는 '자기 자신에게서 —을 벗기다/박탈하다'라는 뜻이다.
When a church is officially abandoned, it's usually divested of its ornaments and furnishings. 교회가 공식적으로 문을 닫을 경우, 교회에서 쓰던 물건과 가구들은 대부분 포기해야 한다.
A company that's going through hard times may divest itself of several stores.
경영난을 겪는 회사는 일부 지점들을 처분해야 한다.
Investors are constantly divesting themselves of stocks that aren't performing well enough.
투자자들은 수익이 시원치 않은 주식들을 계속 처분한다.
When it turns out that athletes have been using steroids, they're usually divested of any awards they may have won. 스테로이드를 복용해 왔다는 사실이 밝혀진 운동선수들은 그동안 받은 상을 모조리 박탈당한다.

investiture
[ɪnvˈestɪtʃər]

noun
- 어떤 사람을 공식적으로 임명함. 서임.

At an English monarch's investiture, **he or she is presented with the crown, scepter, and sword, the symbols of power.**

잉글랜드 대관식에서는 권력의 상징인 왕관, 홀, 검을 왕에게 수여한다.

■

investiture는 원래 새로 임명된 공직자가 입는 관복을 의미한다. 관복은 곧 권력을 상징한다.
The Middle Ages saw much debate over the investiture of bishops by kings and emperors.
중세유럽에서는 교황과 봉건군주들이 주교 서임권을 놓고 곳곳에서 충돌했다.
These rulers felt that high religious offices were theirs to give as rewards for someone's loyal service or as bribes for someone's future support; the popes, on the other hand, regarded these investitures as the improper buying and selling of church offices. 군주들은 높은 종교관직을 충성스러운 봉직에 대한 댓가로, 또는 향후 자신을 지지해 달라는 뇌물로 활용하고자 했다. 이에 반해, 교황은 이러한 서임을 교회 관직을 부적절하게 사고파는 행위라고 간주했다.
The investiture struggle caused tension between popes and monarchs and even led to wars. 서임권 논쟁은 교황과 군주들 사이에 긴장을 야기했으며, 심지어 전쟁으로 이어지기도 했다.

✚
officeholder [ˈɔfɪshˌoʊldər] 공직자.
garment [gˈɑːrmənt] 의복.

이 어근은 스펠링 그대로 영어에서 '조끼'를 의미하는 단어로 사용되고 있다.

transvestite

[trænzvˈesteɪt]

noun

● 이성 복장 도착자(특히 남자).

In Handel's operas, the heroic male leading roles are today often sung by female transvestites, since he originally wrote them for the soprano range.

헨델의 오페라에서 영웅적인 남자주인공은 오늘날 대개 남장을 한 여자배우들이 맡는데, 헨델이 소프라노 음역대로 노래를 부르도록 곡을 썼기 때문이다.

■

trans(across)+vest(dress)가 합쳐진 transvestite는 문자 그대로 cross-dresser를 의미한다.
In the theater, from ancient Greece to Elizabethan England, transvestism was common because all parts—even Juliet—were played by men.
고대 그리스에서 엘리자베스 시대의 영국까지 연극에서는 남자가 여자옷을 입는 것은 흔한 일이었다. 남자만 연극무대에 설 수 있었기 때문이다. (줄리엣도 남자가 연기했다!)
Traditional Japanese Kabuki and Noh drama still employ transvestism of this sort.
일본의 가부키와 가면극 노가쿠는 지금도 이러한 복장도착 전통을 그대로 유지하고 있다.
In everyday life, it's now so acceptable for women to wear men's clothing that the word transvestite is generally applied only to men.
오늘날 일상에서 여자들이 남자옷을 입는 것은 통용되기 때문에, transvestite란 말은 일반적으로 남자에게만 쓰인다.
최근 생겨난 용어 transgender는 자신이 반대의 성을 타고났거나, 남성과 여성 어느 쪽에도 속하지 않는다고 생각하는 사람들을 일컫는다.

travesty

[trˈævəsti]

noun

● 저급한 엉터리 모방.

verb

● 패러디하다.

The senator was shouting that the new tax bill represented a travesty of tax reform.

상원의원은 새로운 세제법안이 세제개혁인 것처럼 어설프게 흉내낼 뿐이라고 소리쳤다.

■

travesty는 transvestite와 똑같은 어근이 결합한 말이다. cross-dressing은 상대방을 희화화하는 행동으로 여겨지기도 한다.
A verdict that angers people may be denounced as a "travesty of justice." 어이없는 판결을 비난할 때 사람들은 흔히 travesty of justice라는 말을 쓴다. '정의를 가장함' 또는 '정의를 조롱함'이라는 뜻이다.
Saturday Night Live specializes in dramatic travesties mocking everything from political figures and issues to popular culture.
SNL은 정치인은 물론 대중문화의 주요이슈를 조롱하며 드라마틱하게 희화화하는 코미디프로그램으로 유명하다.
Mel Brooks has travestied movie genres of all kinds—westerns, thrillers, and silent films, among others.
멜 브룩스는 서부영화, 스릴러, 무성영화 등 온갖 영화를 패러디하는 코미디영화 감독으로 유명하다. travesty는 동사로도 쓰인다.

✚

verdict [vˈɜːrdɪkt] 판결.
denounce [dɪnˈaʊns] 공식적으로 비난하다, 고발하다.
transvestism [trænzvˈestɪzəm] 이성복장도착.
possessions [pəzˈeʃənz] 소유물, 가재도구.
ornament [ˈɔːrnəmənt] 장식품.
furnishings [fˈɜːrnɪʃɪŋz] 가구.

GRAPH

Greek **graphein**
to write 쓰다

calligraphy
[kəlˈɪɡrəfi]

noun
- 캘리그래피.

Calligraphy can be seen today in event invitations, logo designs, and stone inscriptions.

오늘날 캘리그래피는 초대장, 로고디자인, 돌에 새긴 글에서 볼 수 있다.

■

kalli(beautiful)+graph(write)가 결합한 calligraphy는 예술적이고 스타일이 살아있는 우아한 글씨를 의미한다.
In East Asia calligraphy has long been considered a major art.

동아시아에서 캘리그래피는 오래 전부터 예술로 여겨져 왔다(서예). 인도, 페르시아, 이슬람 등 다양한 문화권들도 아름다운 필체에 매우 높은 가치를 부여했다.

Calligraphers in the West use pens with wide nibs, with which they produce strokes of widely differing width within a single letter.

알파벳 캘리그래피에서는 넓적한 펜촉을 사용해 한 글자 안에서 획의 폭을 다양하게 만들어낸다.

In his spare time he practiced calligraphy, using special pens to write short quotations suitable for framing.

시간이 날 때마다 그는 캘리그래피를 연습하였다. 특별한 펜을 사용하여 액자에 끼워 걸어놓기에 적합한 짧은 인용구를 썼다.

➕
nib [nˈɪb] 펜촉.
stroke [strˈoʊk] 획.
catchy [kˈætʃi] 마음을 사로잡는.

hagiography
[hˌægiˈɑɡrəfi]

noun
- 성인의 전기.
- 주인공을 우상화한 전기.

According to the new biography, which should really be called a hagiography, the former prime minister doesn't seem to have done anything small-minded or improper in his entire life.

새로 출간된 전기는 사실상 '용비어천가'라고 불러야 마땅할 정도로 전 수상을 미화하여 일평생 인색하거나 부적절한 일을 한번도 하지 않은 사람처럼 묘사한다.

■

수 세기 동안 글을 읽을 줄 아는 사람들에게 성인(聖人)들의 전기는 인기있는 읽을거리였다. 성인들의 삶을 엮은 짧은 전기들은 언제나 베스트셀러가 되었다. 이들의 전기에는 무시무시한 용을 처치하거나 마법을 부려 공간을 이동하는 등 흥미진진한 모험담이 가득했다. 진실이라고 믿기 어려울 정도로 너무나 완벽한 인물로 그려질 뿐만 아니라, 신성하지 않은 행동은 전혀 하지 않는다. 물론 그러한 성인 중에는 아예 실존하지 않은, 꾸며낸 인물도 있었다. 이러한 전기를 hagiography라고 한다.
Still today, hagiographic accounts of the lives of politicians and pop-culture stars are being written.

지금도 정치인과 대중스타의 일생을 우상화하는 전기들이 꾸준히 집필되고 있다. 하지만 오늘날 독자들은 교훈적인 이야기보다는 교훈과는 거리가 먼 개인적인 스캔들이나 사생활에 더 관심이 있는 듯하다.

➕
hagiographic [hˌægiəɡrˈæfɪk] 우상화하는.
pastime [pˈæstaɪm] pass+time 시간을 보내기 위한 심심풀이 취미.

graph는 autograph(싸인)나 paragraph(문단)처럼 문자 그대로 writing(쓰기)를 의미하는 경우도 있지만, photography(사진촬영), seismograph(지진계)처럼 recording(기록)을 의미하는 경우도 많다. 어근 자체가 단어가 된 graph(그래프) 역시 '기록'이라는 의미가 강하다.

choreography
[ˌkɔːriˈɒɡrəfi]

noun
- 안무보.
- 안무를 구성하고 연출하는 기술.

The reviews praised the show for its eye-catching choreography, calling it the best element of the whole musical.

평론가들은 눈길을 사로잡는 안무에 대해 높이 평가하며, 뮤지컬 전체에서 가장 뛰어난 요소라고 말했다.

고대그리스에서 choreia는 chorus를 하면서 둥글게 원을 만들며 춤을 추는 '강강수월래' 같은 것을 의미했다. 17-18세기, 프랑스에서 발레가 종합예술로 발전하면서 소리를 기호로 기록하는 '악보'처럼 춤을 기호로 기록하는 방법이 고안되었다.

A notable facet of K-Pop is the impressively synchronized choreography that is almost as catchy as the song it goes along with.

K팝의 특별한 측면은 매력적인 노래 못지않게 모든 멤버들의 움직임이 정확히 일치하는 인상적인 안무로 눈을 떼기 어렵게 만든다는 것이다.

chorus [ˈkɔːrəs] 합창.
choreographer [ˌkɔːriˈɒɡrəfər] 안무연출가.
choreograph [ˈkɔːriəɡræf] 안무를 짜다.
account for 비중을 차지하다. 설명하다.
facet [ˈfæsɪt] 다면체의 한 면.
synchronize [ˈsɪŋkrənaɪz] 동시에 움직이는.
discography [dɪsˈkɒɡrəfi] 가수, 음악가가 발표한 음반목록.
lithography [lɪˈθɒɡrəfi] 석판화기법.
etching [ˈetʃɪŋ] 동판화.
engraving [ɪnˈɡreɪvɪŋ] 조각, 판화.
woodcut [ˈwʊdkʌt] 목판화.

lithograph
[ˈlɪθəɡræf]

noun
- 석판화.

To make a lithograph, the artist first draws an image, in reverse, on a fine-grained limestone or aluminum plate.

석판화를 만들려면 먼저 표면을 매끄럽게 민 대리석이나 알루미늄판에 그림을 좌우가 반대가 되게끔 그린다.

lithos(stone)+graph(write)가 결합한 lithograph는 말 그대로 돌 위에 쓰는 것을 말한다. 물과 기름이 섞이지 않는 성질을 활용해 평평하고 매끄러운 대리석 위에 그림을 그리고 그것을 종이에 찍어내는 기법이다.

The lithographic process was invented around 1796 and soon became the main method of printing books and newspapers.

석판화기법은 1796년경 발명되어 곧 책과 신문 등을 대량인쇄하는 기술로 자리 잡았다.

Artists use lithography to produce prints (works intended to be sold in many copies).

화가들은 작품을 대량생산하여 판매할 목적으로 석판화를 활용했다.

Art lithographs sometimes resemble older types of prints, including etchings, engravings, and woodcuts.

예술석판화들은 기존의 동판화, 음각화, 목판화 느낌이 나게 제작되는 경우가 많다 Pablo Picasso, Marc Chagall, Joan Miró, M. C. Escher의 작품이 유명하다.

Today lithographic printing accounts for over 40% of all printing, packaging, and publishing.

오늘날 전체 인쇄물, 포장지, 출판물 중 40퍼센트 이상이 lithographic printing으로 제작된다.

지금은 돌판이 아닌 알루미늄판을 사용하기 때문에, 대개 '평판인쇄'라고 번역한다.

PER

Latin

through, throughout 전반에
thoroughly 철저히

percolate

[pˈɜːrkəleɪt]

verb

● 삼투하다. 작은 구멍을 통해 스며들다.
● 퍼지다. 확산되다.

She tells herself that the money she spends on luxuries eventually percolates down to the needy.

그녀는 자신이 사치품에 쓰는 돈이 결국에는 궁핍한 사람들에게 스며들 것이라고 자기 최면을 건다.

■

percolate는 to put through a sieve를 의미하는 라틴어동사에서 왔다. 작은 입자가 체를 통과하는 것은 곧 filtering하는 것과 같다.

Water is drawn downward through the soil, and this percolation usually cleans the water.

물은 흙을 통해 밑으로 빨려 들어가는데, 이렇게 스며드는 과정에서 대개 물은 깨끗해진다.

She percolated the coffee and put croissants in the oven to warm.

그녀는 커피를 내린 다음, 크로아상을 데우기 위해 오븐에 넣었다.

percolate는 물리적이지 않은 현상에도 사용한다.

All of these thoughts percolated through my mind. 이 모든 생각이 내 마음 속에 스며들었다.

Spanish words may gradually percolate into English, often starting in the Southwest.

스페인어가 주로 남서부지역부터 점차 영어 속으로 침투하고 있다.

✦

sieve [sˈɪv] 체.
needy [nˈiːdi] 궁핍한, 빈민.
luxury [lˈʌkʃəri] 사치, 호사, 사치품, 고급스러운.
pore [pˈɔːr] 작은 구멍들(모공, 기공 등).
porous [pˈɔːrəs] 작은 구멍으로 가득찬.

pervade

[pərvˈeɪd]

verb

● 골고루 퍼지다.

We all knew that more job cuts were coming, and the entire office was pervaded with anxiety.

우리는 더 많은 감원이 다가오고 있다는 것을 알았기에, 사무실 전체에 불안감이 퍼졌다.

■

A chemical odor pervaded the building.

화학약품 냄새가 건물 전체에 퍼졌다.

Most scientists believe that outer space is pervaded by mysterious "dark matter."

과학자들은 우주공간이 신비한 '암흑물질'로 가득 차 있다고 믿는다.

pervade는 일상적으로도 사용될 수 있다.

Humor pervades the novel. 유머가 소설에 녹아있다.

Gloom pervaded our gathering.

침울함이 모임을 뒤덮었다.

Corruption pervades the government.

부패가 정부에 만연하다.

Fatherlessness is a pervasive problem in poor neighborhoods.

가난한 지역에서는 아버지의 부재가 매우 흔한 문제다.

Pervasive optimism sometimes causes the stock market to soar.

낙관론이 팽배하면 주가의 급상승을 유발하기도 한다.

✦

odor [ˈoʊdər] 냄새, 향기.
gloom [glˈuːm] 어두침침함, 우울.
pervasive [pərvˈeɪsɪv] 곳곳에 퍼진, 만연한.
soar [sˈɔːr] 치솟다, 날아오르다.

perforate는 '구멍을 뚫다'는 의미이고, perennial은 '1년 내내'라는 뜻이다. permanent는 줄곧 그대로 남아 있다는 의미로 '영구적인'이라는 뜻이다. persuade는 철저하게(per) 조언한다(suade)는 의미로 '설득하다'라는 뜻이 되고, pervert는 완전히(per) 돌리다(vert)라는 의미로 '왜곡하다, 곡해하다'라는 뜻이 된다.

permeate
[pˈɜːrmieɪt]

verb

● 스며들다. 배어들다.

On Saturday mornings back in those days, the aroma of fresh pies and breads would permeate almost every house on the block.

당시 토요일 아침이면 단지 내 집집마다 갓 구운 파이와 빵 냄새가 진동했다.

■

At exam time the campus is permeated/pervaded by a sense of dread.
시험시간에 캠퍼스는 두려움으로 뒤덮인다.
Anxiety about climate change has started to permeate into the public's consciousness.
기후변화에 대한 불안이 대중의 의식 속에 스며들기 시작했다.
여기서 permeate와 pervade는 바꿔 쓸 수 있다. 하지만 permeate와 pervade가 완전히 똑같은 것은 아니다. pervade는 기본적으로 기체가 퍼지는 것을 묘사하는 반면, permeate는 액체가 스며드는 것을 묘사한다. 예컨대 다음과 같은 맥락에서는 permeate/permeable/impermeable을 써야 한다.
My boots are permeated by water. 내 부츠는 물이 새.
Certain oils make leather less permeable.
어떤 오일을 바르면 가죽에 물이 덜 스며든다던데.
I just want to buy boots made of impermeable material. 그냥 방수재질로 만든 부츠를 살래.

✚
permeable [pˈɜːrmiəbəl] 스며들 수 있는, 투과성의.

persevere
[pˌɜːrsɪvˈɪər]

verb

● 반대, 난관을 뚫고 일궈내다.

For ten years she persevered in her effort to find out what the government knew about her husband's disappearance.

10년 동안 그녀는 남편의 실종에 대해 정부가 알고 있는 정보를 캐내기 위해 불굴의 노력으로 파헤쳤다.

■

The early settlers of the New World persevered in the face of constant hardship and danger.
신대륙의 초기 정착민들은 끊임없는 고난과 위험을 헤치고 나갔다.
실제로 정착 첫 해 겨울, 정착민 절반이 질병과 기아로 죽었다.
Their perseverance paid off, and within five years their community was healthy and self-sufficient.
하지만 끈질긴 인내는 결실을 맺어 5년도 되지 않아 이들은 건강하고 자급자족하는 공동체를 일구는 데 성공한다.
Solitary inventors have persevered in pursuing their visions for years.
고독한 발명가들은 사람들의 비웃음과 재정적 빈곤 속에서도 수년 동안 자신의 비전을 굽히지 않고 실현해냈다.
She's extremely stubborn, so I'm sure she's going to persevere until the whole thing is completed.
그녀는 엄청 고집이 세서, 전체를 완성할 때까지 뚫고 나갈 것이라고 확신한다.

✚
perseverance [pˌɜːrsɪvˈɪərəns] 악착스러운 끈기.

CEPT

Latin
to take or seize 붙잡다

reception
[rɪsˈepʃən]

noun
- 수신. 받는 행위.
- 리셉션. 격식을 갖추고 응대하는 사교모임.

Although the reception of her plan by the board of directors was enthusiastic, it was months before anything was done about it.

그녀의 계획에 대한 이사회의 반응은 열렬했지만, 몇 달이 지나도록 그에 대한 실질적인 조치는 하나도 없었다.

■

reception은 receive의 명사형이다.
At the reception they served smoked salmon.
리셉션의 주요메뉴는 훈제연어였다. 리셉션은 방문객들을 격식을 차려 대접하는 연회를 의미한다.
Adjust the aerial's position and direction for the best reception.
수신이 가장 잘 되도록 안테나 위치와 방향을 조절하라.
The new novel gets a poor critical reception.
새로 출간된 소설에 대한 비평가들의 반응이 나쁘다.
bad TV reception TV신호가 제대로 수신되지 않음. 수신불량.
reception desk 호텔이나 빌딩의 방문객 안내데스크
They waited weeks to hear about the board's reception of their proposal.
자신들의 제안에 대한 이사회의 반응을 듣고자 몇 주를 기다렸다.

✛

meet with/ receive/have/get a ... reception ...
—한 반응/평가를 받다.
aerial [ˈeəriəl] 안테나.

intercept
[ˌɪntərsˈept]

verb
- 가로채다. 가로막다.

The explosives had been intercepted by police just before being loaded onto the jet.

폭발물은 항공기에 실리기 직전 경찰에 의해 발각되었다.

■

inter(between)+cept(take/seize)는 말 그대로 중간에 가로챈다는 뜻이다.
Arms shipments coming to a country are sometimes intercepted, but such interceptions can be understood as acts of war.
다른 국가로 이동하는 무기수송선의 운항을 가로막는 경우도 있는데, 이러한 방해는 도발행위로 간주될 수 있다.
In football, soccer, and basketball, players try to intercept the ball as it's being passed by the other team. 풋볼, 축구, 농구에서 선수들은 상대팀이 패스하는 공을 가로채기 위해 노력한다.
In years gone by, letters and documents being carried between officials could be intercepted.
예전에는 관청이나 군부대 사이에 편지나 문서를 나르는 messenger가 있었는데, 이들 전령을 붙잡아 서신이나 문서를 중간에서 가로채기도 했다.
An intercepted e-mail isn't actually stopped, but simply read secretly by a third party.
이메일을 중간에 가로채는 것은, 제3자가 비밀리에 읽기만 하고 그대로 전달된다. 그래서 이메일감청은 잘 발각되지 않는다.

✛

interception [ˌɪntərsˈepʃən] 가로채기, 차단.
email interception (=email hacking) 이메일 감청.

capture(포획)란 captor(포획자)가 captive(포로)를 사로잡는 행동을 의미한다.
capture의 동사는 원래 captivate였지만 지금은 매력이나 마법을 활용하여 '정신적으로 사로잡다'는 의미로만
쓰고, capture를 그대로 '포획하다'라는 의미의 동사로 사용한다.

perceptible
[pərˈseptɪbəl]

adjective
- 감지할 수 있는. 뚜렷한.

Pasternak gave him a barely perceptible smile.
패스터낙은 그에게 보일 듯 보이지 않는 미소를 지어보였다.

■

per(through)+cept(take/seize)가 결합하여
whatever can be taken in through
the senses(감각을 통해 인지할 수 있는 것)을 의미한다.
A perceptive person picks up minor changes, small clues, or hints and shades of meaning that others can't perceive.
촉이 좋은 사람은, 남들은 인지하지 못하는 사소한 변화, 작은 실마리, 힌트, 미묘한 어감을 포착해낸다.
A perceptive person's perception—a tiny sound, a slight change in the weather, a different tone of voice—often won't be perceptible to another.
작은 소리, 날씨의 미세한 변화, 목소리 톤의 차이 등을 예민하게 감지하는 사람의 지각은 대개 다른 사람들에게는 인지되지 않는다.
extrasensory perception (=ESP) 투시, 예지, 텔레파시 등 초감각인지능력.
By the fall there had been a perceptible change in the mood of the students.
가을이 되자 학생들의 분위기가 달라지는 것을 뚜렷하게 감지할 수 있었다.

+
perceive [pərˈsiːv] 감지하다, 파악하다.
perceptive [pərˈseptɪv] 지각력이 예민한.
perception [pərˈsepʃən] 인지, 지각, 이해.

susceptible
[səsˈeptɪbəl]

adjective
- 영향을 쉽게 받을 수 있는.
- 감염되기 쉬운.

She impressed everyone immediately with her intelligence, so they're now highly susceptible to **her influence and usually go along with anything she proposes.**
그녀는 자신의 지성으로 금세 모든 사람에게 깊은 인상을 주었고, 그들은 이제 그녀의 영향력에 매우 순응하게 되어 그녀가 제안하는 것이라면 무엇이든 따른다.

■

sus(up)+cept(take)가 결합한 susceptible은
take up(=absorb) 즉, '잘 빨아들이는'이라는 뜻이다.
A sickly child may be susceptible to colds, and an unlucky adult may be susceptible to back problems. 병약한 아이는 감기에 걸리기 쉽고, 재수없는 어른은 등통증을 겪기 쉽다.
A lonely elderly person may be susceptible to what a con man tells him or her on the phone.
외로운 노인들은 보이스피싱 전화에 넘어가기 쉽다.
And students are usually susceptible to the teaching of an imaginative professor—that is, likely to enjoy and learn from it.
학생들은 상상력이 풍부한 교수의 가르침에 깊은 영향을 받는다. 다시 말해 수업을 즐기면서 배울 확률이 높다.

+
sickly [ˈsɪkli] 병약한, 몸에 좋지 않은.
capture [kˈæptʃər] 포획, 포획하다.
captor [kˈæptər] 포획자.
captive [kˈæptɪv] 포로, 감금된. 선택의 여지가 없는.
captivate [kˈæptɪveɪt] = attract, charm 홀리다.

PREHEND

Latin *prehendere*
to seize 잡다

prehensile
[prɪhˈensəl]

adjective
- 움켜잡는 데 적합한.

apprehend
[ˌæprɪhˈend]

verb
- 체포하다. 붙잡다.
- 이해하다.

The squid has eight short "arms" but also two long prehensile tentacles that it uses for catching its prey.
오징어는 짧은 '팔' 여덟 개뿐만 아니라, 먹이를 붙잡는 데 사용하는 긴 촉수를 두 개나 가지고 있다.

■

Howler monkeys are among the American monkeys with prehensile tails.
짖는원숭이는 물건을 감아쥘 수 있는 꼬리를 가진 아메리카원숭이다.
Howlers can wrap their tails around a nearby branch while using their prehensile feet and hands for picking lice from their fur or lobbing a coconut at an unwelcome tourist.
짖는원숭이는 가까운 나뭇가지를 꼬리로 감싸잡고, 물건을 잡기에 적합한 손과 발로 털에서 이를 고르거나 반갑지 않은 관광객에게 코코넛을 던진다.
Our own hands are prehensile but our feet are not. 우리 손은 물건을 잡는 데 적합하지만 발은 그렇지 못하다.
Our feet are much better for running than the prehensile feet of a monkey or ape.
우리 발은 원숭이나 유인원의 움켜잡을 수 있는 발보다 달리는 데 훨씬 적합하다.

✛
tentacle [tˈentəkəl] 촉수.
howl [hˈaʊl] 긴 소리로 울부짖다.
lice [lˈaɪs] 이.
lob [lˈɒb] 공중으로 높이 던져올리다.

It was a few minutes before she managed to apprehend the meaning of what she had just seen.
방금 본 것의 의미를 파악하는 데 몇 분 밖에 걸리지 않았다.

■

To apprehend is to seize or grasp, either physically or mentally.
apprehend는 물리적으로든 정신적으로든 무엇인가를 붙잡는다는 뜻이다.
To apprehend a thief is to nab him, but to apprehend a confusing news story, or to apprehend a difficult concept in physics, is to understand it.
도둑을 붙잡는 것은 체포하다는 뜻인 반면, 혼란스러운 신문기사나 어려운 물리학 개념을 붙잡는 것은 이해하다는 뜻이다.
We'd been a little apprehensive about their visit.
우리는 그들의 방문에 다소 긴장한 상태였다.
apprehensive는 앞으로 불길한 일이 벌어질 것이라는 예감을 붙잡고 있다는 뜻이다. 따라서 근심, 두려움, 초조함과 같은 심리상태를 묘사한다.

✛
nab [nˈæb] 현행범을 잡다.
apprehensive [ˌæprɪhˈensɪv] 염려하는.
comprehensive [kɒmprɪhˈensɪv] 연관된 내용을 모두 포괄하는.

무엇인가를 손에 '쥔다'는 것은 곧 '이해한다'는 은유적 의미도 지닌다.
PREHENS로 사용되는 경우도 많다.

comprehend

[kˌɒmprɪhˈend]

verb
- 의미를 파악하다. 이해하다.
- 포괄하다(include).

In the days following the dropping of the atomic bomb on Hiroshima, the public slowly began to comprehend the fact that the nuclear age had arrived.

히로시마에 원자폭탄이 투하된 뒤, 대중은 핵시대가 도래했다는 사실을 서서히 깨닫기 시작했다.

■

You can understand the instructions in a handbook without completely comprehending their purpose. 책의 목적을 완전히 파악하지 않고도 거기에 나오는 지시사항을 이해할 수 있다.
comprehend은 어떤 것의 온전한 본질이나 의미를 정신적으로 붙잡는다는 뜻이다. 따라서 comprehend는 understand보다 의미가 다소 강하다.
Good manners comprehend more than simple table etiquette.
훌륭한 태도는 간단한 식탁예절보다 많은 것을 포함한다.
이 경우 comprehend는 include와 같은 의미다.
True courage comprehends more than just physical showing off.
진정한 용기는 육체적인 과시 이상 많은 것을 포괄한다.
사실 comprehend를 include라는 의미로 쓰는 용법은 오늘날 자주 보기 어렵다. 하지만 이 용법을 알아야만 형용사 comprehensive의 의미를 추론할 수 있다.
A comprehensive exam includes all the material that was studied in the course.
'종합시험'은 수업에서 공부한 내용을 모두 포괄한다.
a comprehensive guide to British hotels and restaurants 영국 호텔/레스토랑 종합가이드

reprehensible

[rˌeprɪhˈensɪbəl]

adjective
- 모진 비난을 받을 만한.

Whether or not he ever broke the law, his treatment of his first wife was thoroughly reprehensible.

그가 법을 어긴 적이 있건 없건, 첫 번째 아내를 대한 태도는 정말 비난받을 만했다.

■

re(back)+prehens(to seize)가 결합한 reprehend는 문자 그대로 hold back, restrain을 의미한다.
튀어나오려고 하는 것을 꽉 잡아 억누른다는 뜻이다.
A senator might be scolded for reprehensible conduct, but might also be called a thoroughly reprehensible person.
상원의원의 비난받을 만한 행동을 질책할 수도 있지만, 상원의원을 그 자체로 비난받을 만한 사람이라고 말할 수 있다. 어떤 행동에 대해 욕하는 것은 그 사람을 욕하는 것과 같다.
Most of us would call dogfighting morally reprehensible, and would use the same word to describe those who put the dogs up to it.
개싸움에 대해서 욕 먹어도 싼 행동이라고 말할 수 있듯이, 개에게 그런 싸움을 시키는 사람들에게도 욕 먹어도 싼 사람이라고 말할 수 있다.

✛

restrain [rɪstrˈeɪn] 억누르다, 제지하다.
scold [skˈoʊld] 꾸짖다.
sinner [sˈɪnər] 죄인.
disapproval [dˌɪsəprˈuːvəl] 못마땅함, 마음에 들지 않음.

ICON

Latin *icon*
image 이미지

icon
[ˈaɪkɒn]

noun
- 이콘(=idol).
- 상징(=emblem, symbol).

Henry Ford's assembly line captured the imagination of the world, and he and his company became icons of industrial capitalism.

헨리 포드의 조립라인은 전 세계인의 상상력을 사로잡았고, 포드는 자신의 회사와 더불어 산업 자본주의의 상징이 되었다.

■

Eastern Orthodox에서는 icon을 상당히 중요시하는데, icon은 대개 작은 목판에 (또는 금박을 입힌 목판에) 예수나 마리아 같은 성인들의 초상을 그려 넣은 그림으로, 교회나 독실한 가정의 벽에 걸어 둔다. 동방정교회가 icon을 중시하는 이유 중 하나는, 교육을 받지 못한 사람들에게도 신앙심을 북돋을 수 있기 때문이다.
Icons are regarded as sacred.
이콘은 성스러운 물건으로 여겨진다.
실제로 많은 이들이 이콘을 향해 기도를 드린다. 이콘이 기적을 불러온다고 믿는 사람도 많다.
이러한 의미에서 icon은 오늘날 symbol 또는 emblem이라는 의미를 갖게 되었다. 오늘날 컴퓨터 화면의 작은 이미지들을 icon이라고 부르는 것은, 이것이 무언가의 symbol이기 때문이다.
또한 icon을 신성시하던 풍습에서 icon은 idol과 같은 뜻으로도 쓰인다. 20세기 대중스타를 idol이라고 부르기 시작하면서, icon도 같은 의미로 쓰이게 되었다.

✚
Eastern Orthodox church 동방정교회.
emblem [ˈembləm] 상징.
idol [ˈaɪdəl] 우상.

iconic
[aɪkˈɒnɪk]

adjective
- 상징적인(=symbolic).
- 크게 성공했거나 존경받는 사람/사건과 관련된.

The 1963 March on Washington was the iconic event in the history of the civil-rights movement, now familiar to all American schoolchildren.

1963년 워싱턴 평화대행진은 시민권 운동 역사에서 매우 상징적인 사건이며, 오늘날 미국에서 학교를 다니는 아이라면 누구나 알고 있다.

■

iconic은 원래 '아이콘을 닮은'이라는 뜻이지만 오늘날에는 대개 '매우 존경스러워 아이콘이 될 수 있는'이라는 의미로 쓰인다.
iconic이란 말은 광고나 선전에서 많이 들을 수 있다.
기업들은 자신을 iconic brand라고 소개하고, 쇼진행자들은 팝스타를 iconic singer라고 소개한다.
Absolutely Iconic!—
여기서 iconic은 first-rate, immortal, flawless를 뜻하며 다른 것과 비교할 수 없을 정도로 뛰어나다는 뜻이다.
Thirty years later, his great speech was viewed as an iconic moment in modern American history.
30년 뒤, 그의 위대한 연설은 미국 현대사의 상징적인 순간으로 인식되었다.

✚
first-rate 최고 등급의, 1류의.
immortal [ɪmˈɔːrtəl] 불멸의, 영원한.
flawless [flˈɔːləs] 흠 없는.

iconoclast

[aɪkˈɒnəklæst]

noun

● 성상파괴자.
● 이미 정착된 신념과 제도를 공격하는 사람.

She's always rattling her friends by saying outrageous things, and she enjoys her reputation as an iconoclast.

그녀는 늘 솔직하게 자기 생각을 내뱉어 친구들을 당황하게 만들며, 인습파괴자라는 명성을 즐긴다.

■

초기 성경들이 쓰여질 무렵, 중동의 종교들은 대부분 여러 신을 섬기고 있었다. 일반적으로 다양한 신의 idol을 만들어 숭배하는 것을 장려했는데, 대부분 idol에 영험한 기운이 있다고 간주했다.

구약성서에 따르면 신은 Ten Commandments를 통해 idol을 만들어 숭배하지 말며, 너무나 위대하여 idol로 만들 수 없는 유일신만 섬기라고 명령한다.

하지만 기원후 6세기 기독교인들은 자신들의 신앙을 드높이기 위해 또다시 religious idol을 만들기 시작한다. 이에 반대하는 사람들의 목소리가 커지면서 726년 Iconoclastic Controversy가 일어났는데, 교황의 지지를 등에 업은 iconoclasts는 교회와 수도원을 돌아다니며 icon을 부수고 불을 지르기 시작했다. clast는 그리스어로 to break라는 뜻이다.

하지만 광기가 수그러든 뒤 교회는 다시 예수와 마리아를 비롯한 성인들을 구체적으로 묘사하는 것을 용인했다. 오늘날 iconoclast는 관습에 끊임없이 시비를 걸며 기존의 틀을 깨는 괴짜를 일컫는 말로 쓰인다.

✚

rattle [rˈætəl] 덜컥거리다. 덜컥거리게 만들다.
commandment [kəmˈændmənt] 계명, 지령.
Iconoclastic Controversy 성상파괴논쟁.
pore [pɔːr] over/through 꼼꼼히 들여다보다.

iconography

[aɪkənˈɒɡrəfi]

noun

● 도상학. 예술의 상징성을 연구하는 학문.

Today scholars pore over the advertisements in glossy magazines, studying the iconography for clues to the ads' hidden meanings.

오늘날 학자들은 고급잡지에 실린 광고를 면밀히 분석하고, 그 이면에 숨은 의미의 단서를 찾기 위해 도상학을 연구한다.

■

책상에 앉아서 글을 쓰는 남자의 발치에 사자 한 마리가 앉아있다면 그것은 바로 St. Jerome을 묘사한 그림이다. 전설에 따르면, St. Jerome은 사자의 발톱에 박힌 가시를 뽑아준 뒤 사자와 둘도 없는 친구가 되었다고 한다. 침대에 누워서 쏟아지는 황금소나기를 맞는 젊은 여성이 그려져 있다면, 남자와 접촉하지 못하도록 탑 안에 가두어 놓은 Danaë를 묘사한 것이다. 하지만 제우스는 황금빛 햇살(또는 금화)로 변신하여 다나에에게 접근하여 그녀를 강간하는 데 성공한다. 이러한 iconographic approach 는 미술관람을 신나는 경험으로 만들어준다.

amateur iconographer들은 우리가 매일 접하는 광고 이미지 속에 숨어있는 무수한 상징들을 찾아낸다.

★

St. Jerome

라틴어로 성경을 번역한 인물. 서민들이 쓰는 라틴어를 사용하여 성경을 번역했기 때문에 그의 성경을 Vulgata version이라고 부른다(=vulgar 통속적인, 저속한). 이 성경은 이후 가톨릭의 정본이 된다. Jerome은 영어식 표기이며 원래 그리스어 이름은 히에로니무스Hieronymus다.

CEED ^{CED}

Latin **cedere**
to go forward 나아가다
to yield 산출하다

cede
[sˈiːd]

verb
● (조약을 통해) 양도하다. 이양하다.

concede
[kənsˈiːd]

verb
● 마지못해 수긍하다(to admit grudgingly, yield).

**Their 88-year-old father reluctantly
ceded control over his finances to two of
the children this year.**

88살 아버지는 자신의 재산을 관리하는 권한을 올해 마지못해
두 자식들에게 넘겼다.

■

Spain ceded Puerto Rico to the U.S. in 1898,
following the Spanish-American War.
스페인은 스페인-미국전쟁이 끝난 1898년 푸에르토리코를 미국에
이양했다.
cede는 영토와 권리를 논할 때 자주 등장하는 격식있는
용어다.
The U.S. ceded control of the Panama Canal to
Panama in 1999.
미국은 1999년 파나마운하 관할권을 파나마에게 양도했다.
Critics warn that we are ceding leadership
in alternative-energy technology to China.
경제평론가들은 대체에너지 기술의 주도권을 중국에 넘겨주고
있다고 경고한다.
오늘날 cede는 이처럼 일상적인 상황에도 자주 사용된다.
Citizens of one European country or another
are always worrying that their own country is
ceding too much power to the European Union.
유럽의 몇몇 국가들의 시민들은 늘 자신의 나라가 유럽연합에 너무
많은 권한을 넘겨주는 건 아닌지 우려한다.
The treaty requires that both sides cede
several small tracts of land.
이 조약은 양쪽 모두 몇몇 작은 영토를 양도할 것을 요구한다.

**To his friends, Senator Beasley conceded
that his reelection campaign was badly
run and that he made several damaging
errors.**

상원의원 비즐리는 친구들에게 재선캠페인이 형편없이 펼쳐졌으며,
자신도 몇 가지 치명적 실수를 저질렀다고 인정했다.

■

After the votes have been counted, one
candidate traditionally concedes the election
to his or her opponent by giving a concession
speech.
개표가 끝나면 한 후보는 관례적으로 선거결과를 수용하는 연설을
함으로써 상대편의 승리를 인정한다.
If you're lucky, your boss will concede that
she was wrong the last time she criticized you.
운이 좋다면 지난번에 나를 질책했던 것이 잘못된 판단이었다고
인정하는 상사를 만날 수도 있다.
In the middle of an argument, we're not all so
good at conceding that the other guy might
have a good point.
논쟁 중에는 상대편이 맞는 주장을 한다고 해도 거기에 수긍하는
것은 그리 쉬운 일이 아니다.

✛
grudging [grˈʌdʒɪŋ] 내키지 않는.
grudgingly = reluctantly
concession [kənsˈeʃən] 상대방의 주장이나 권리를 인정함.
tract of land 넓은 땅.

proceed는 어원 그대로 '계속 진행하다'라는 뜻이고
recede는 거꾸로 나아가는 것이니 '물러나다'라는 뜻이다.
이들 동사의 명사형은 procession과 recession으로 스펠링만 변형된 것이다.

accede

[æksˈiːd]

verb

- 요청이나 요구에 응하다.
- 승인하다. 동의하다.

This time Congress refused to accede to the demands of the president, and began cutting the funding for the war.

이번에는 의회에서 대통령의 요청을 거부하고 전쟁예산을 삭감하기 시작했다.

■

Voters usually accede to a tax increase only when they're convinced it's the only real solution to a shortfall in government funding.

유권자들은 정부재정의 부족분을 메울 다른 대안이 없다는 것이 분명할 때에만 증세에 마지못해 동의한다.

accede는 이처럼 다른 사람의 요구나 요청에 의한 압박으로 인해 마지못해 굴복한다는 뜻이다.

A patient may accede to surgery only after the doctor assures him it's better than the alternatives.

의사가 수술보다 좋은 대안이 없다고 확신을 줄 때에만 환자들은 수술에 동의한다.

If you accede to your spouse's plea to watch the new reality show at 9:00, you may get to choose something better at 10:00.

9시에 방송하는 새로운 리얼리티 쇼를 보자는 배우자의 간청을 들어주면, 10시에는 더 좋은 선택권을 얻을 수도 있다.

Britain would not accede to France's request.

영국은 프랑스의 요청에 동의하지 않을 것이다.

✛
shortfall [ʃˈɔːrtfɔːl] 부족분.
plea [plˈiː] 탄원, 간청.

precedent

[prˈesɪdənt]

noun

- 지침이나 기준이 될 수 있는 사례나 사건.

When Judy bought Christmas presents for all her relatives one year, she claimed that it set no precedent, but it did.

주디는 언젠가 모든 친지들에게 줄 크리스마스선물을 주면서, 이건 전례가 없는 일이라고 말했는데, 정말 그랬다.

■

A precedent is something that precedes.

precedent는 말 그대로 앞서 오는 것이다.

The Supreme Court relies on precedents.

대법원은 판례에 의존하여 판결한다.

When hostages are being held for ransom, a government may worry about setting a bad precedent if it gives in.

인질범의 몸값요구에 굴복할 경우 정부는 나쁜 선례를 남기게 될 것이라고 우려한다.

The trial could set an important precedent for dealing with large numbers of similar cases.

이 재판은 앞으로 벌어질 수 있는 무수히 많은 비슷한 사건들을 처리하는 중요한 전례가 될 수 있다.

A company might "break with precedent" by naming a foreigner as its president for the first time.

기업은 처음으로 외국인을 대표로 지명함으로써 '전례를 깰 수도 있다.'

✛
precede [prɪsˈiːd] 앞서 일어나다, 선행하다.
hostage [hˈɒstɪdʒ] 인질.
ransom [rˈænsəm] 몸값.
break with precedent 전례를 깨다.

ANTE

Latin

before. in front of 앞에

antechamber
[ˈæntitʃˌeɪmbər]

noun

- 방으로 연결되는 외실. (주로 대기실로 쓰인다)

The antechamber to the lawyer's office was both elegant and comfortable, designed to inspire trust and confidence.
변호사 집무실로 들어가는 외실은 우아하면서도 안락했다. 믿음과 신뢰를 북돋기 위한 디자인이었다.

■

You will find an antechamber outside the private chambers of a Supreme Court Justice.
대법관 집무실로 들어가려면 먼저 앞방을 통과해야 한다.
antechamber는 흔히 곁방, 앞방, 전실(前室) 등으로 번역한다.
유럽에서 성을 지을 때 성주가 생활하는 사적인 공간 앞에 antechamber를 만드는데, 이 공간은 대개 드레스룸이나 응접실로 사용되며 성이 공격을 받을 때는 호위대가 이곳을 지킨다.
격식을 낮춰 anteroom이라고 부르기도 하며, 오늘날에는 의사, 검사, 카운슬러 등의 집무실 앞에 있는 대기실을 가리킨다.
Please step into the judge's antechamber; she'll be with you in a few minutes.
판사의 전실로 들어와 기다리세요. 금방 나오실 겁니다.

✚

anteroom [ˈæntiruːm] 앞방.
status quo antebellum [ˌæntibˈɛləm] 전전(戰前)의 상태.

antedate
[ˈæntɪdeɪt]

verb

- (시간이) 선행하다.
- (수표 같은 것에) 실제보다 앞선 날짜를 표기하다.

Nantucket Island has hundreds of beautifully preserved houses that antedate the Civil War.
낸터컷섬에는 남북전쟁 이전에 지은 오래된 집 수백 여 채가 아름답게 보존되어 있다.

■

Dinosaurs antedated the first human beings by almost 65 million years.
공룡은 인류가 처음 등장했던 시기보다 무려 6500만 년 앞서 존재했다.
The oral use of a word may antedate its first appearance in print by a number of years.
어떤 단어가 글로 쓰여진다면, 그 전에 수년 동안 말로 쓰여졌을 것이다.
Antedating a check or a contract isn't illegal unless it's done for the purpose of fraud.
수표나 계약서에 지난 날짜를 쓰는 것은 사기를 칠 목적이 아니라면 위법은 아니다.
She was tempted to antedate the letter to make it seem that she had not forgotten to write it but only to mail it.
그녀는 편지를 쓰는 것을 잊고 있던 것이 아니라 그것을 부치는 것을 잊고 있었던 것으로 보이게끔 편지에 날짜를 앞당겨 쓰고 싶은 유혹을 느꼈다.

✚

postdate [poʊstdˈeɪt] 실제보다 뒷날짜를 기록하다, 뒤에 일어나다.
help out 바쁜/버거운 일을 도와주다.
appreciate [əprˈiːʃieɪt] (가치/상황/문제를) 알아보다, 평가하다.

antediluvian[ˈæntɪdɪˈluːvɪən]은 ante(before)+diluvia(flood)가 결합한 말로
'(노아의) 홍수 이전의', '아주 구식의'를 의미한다. antebellum은 ante(before)+bell(war)이 결합한 말로
'전쟁 전'을 뜻하는데, 미국에서는 대개 남북전쟁 이전을 가리킨다.

antecedent

[ˌæntɪsˈiːdənt]

noun

- 대명사가 가리키는 앞서 나온 단어나 구.
- 앞서 일어난 사건이나 원인.

As I remember, she said "My uncle is taking my father, and he's staying overnight," but I'm not sure what the antecedent of "he" was.

"삼촌이 아버지를 데려가는데, 그는 하룻밤 머물고 갈거야."라고 말한 걸로 기억하는데, 여기서 '그'가 둘 중에서 누굴 말하는지 모르겠어.

▪

Sloppy writers sometimes leave their antecedents unclear.

글을 대충 쓰다보면 선행사가 모호해지는 경우가 있다

A basic principle of clear writing is to keep your antecedents clear.

명확한 글쓰기의 기본원칙은 선행사를 분명하게 하는 것이다.

Sheila turns 22 tomorrow, and she is having a party.

—여기서 she의 antecedent는 Sheila다.

Sheila helps Kathleen out, but she doesn't appreciate it.

—여기서 she는 Sheila일 수도 있고 Kathleen일 수도 있다.

Bad eating habits could be an antecedents of heart disease. 나쁜 식습관은 심장질환의 전조가 될 수 있다.

이처럼 문법이 아닌 다른 맥락에서도 사용할 수 있다.

Unwise Treaty of Versailles was one of the antecedents of World War II.

어리석은 베르사이유조약은 제2차 세계대전 발발의 전조 중 하나였다.

They are my own antecedents.

'나의 선행사'란 곧 내가 존재할 수 있는 원인이 되어준 부모나 조상을 지칭한다.

anterior

[ænˈtɪərɪər]

adjective

- 앞쪽, 머리쪽에 위치한.
- 시간상 전개상 앞서 나오는.

When she moved up to join the first-class passengers in the plane's anterior section, she was delighted to recognize the governor in the next seat.

비행기 앞쪽에 위치한 일등석으로 옮겼을 때, 옆좌석에 도지사가 앉아 있는 것을 보고 아주 기뻤다.

▪

Anatomy books refer to the anterior lobe of the brain, the anterior cerebral artery, the anterior facial vein, etc.

해부학 책을 보면 뇌의 전두엽, 전대뇌동맥, 전안면정맥 같은 단어들을 볼 수 있다.

anterior는 앞부분에 위치한다는 뜻이다.

Supporters of states' rights point out that the individual states enjoyed certain rights anterior to their joining the union.

주 권리를 지지하는 사람들은, 개별 주들은 연방을 유지하는 것보다 우선하는 권리가 있다고 말한다. 의학이 아닌 다른 분야에서 anterior는 '시간이나 순서에서 앞서는' 것을 의미한다.

Prenuptial agreements are designed to protect the assets that one or both parties acquired anterior to the marriage.

혼전계약서는 쌍방이 결혼하기 전 각자 취득한 자산을 보호하기 위한 것이다.

✛

lobe [lˈoʊb] 둥근 돌출부.
cerebral [sərˈiːbrəl] 뇌.
artery [ˈɑːrtəri] 동맥.
prenuptial [prinˈʌpʃəl] 결혼식 전의, 교미 전의.

INTER

Latin
between 사이

intercede

[ˌɪntərsˈiːd]

verb
- 우호적이지 않은 쌍방을 중재하다.
- 다른 사람을 대신하여 간청하다.

He had interceded for her with their boss on one important occasion, for which she was still grateful.

중요한 일이 생겼을 때 그녀를 위해 사장과 중재역할을 했고, 그것에 대해 그녀는 여전히 감사하고 있었다.

■

inter(between)+ced(to go forward)가 결합한 intercede는 문자 그대로 go between이다.
If you've been blamed unfairly for something, a friend may intercede on your behalf with your coach.

어떤 것에 대해 정당하지 않은 비난을 받았다면, 친구가 당신을 위해 코치에게 가서 오해를 풀어줄 수 있다.

Teachers have to intercede in a student dispute.
교사는 학생들 사이에 발생한 분쟁을 중재해야 한다.

The intercession of foreign governments has sometimes prevented conflicts from becoming worse than they otherwise would have.

외국정부의 중재는 중재하지 않을 경우 악화될 수 있는 갈등사태를 미연에 방지하기도 한다.

Only after I got the coach to intercede did the principal agree to change my suspension to probation.

코치에게 중재를 부탁하고 난 뒤에야 교장은 정학을 근신으로 바꾸어주기로 동의했다.

✚
go-between 중매자.
intercession [ˌɪntərsˈeʃən] 중재.

interdict

[ˈɪntərdɪkt]

verb
- 금지하다. 방해하다.
- 이동로를 차단하다.

All weapons trade with the country had been interdicted by the NATO alliance, and ships were actually being stopped and searched before being allowed to dock.

이 나라와의 모든 무기거래는 북대서양조약기구에 의해 차단되었고, 실제로 해상에서 멈춰 수색을 한 다음에야 부두에 댈 수 있는 허가를 받을 수 있었다.

■

Interdict는 매우 엄격한 금지를 의미한다. 가끔은 폭력적인 조치를 동원하기도 한다.
During the Middle Ages and Renaissance, the powerful Catholic Church interdicted a person or place, and sometimes even an entire country.

중세와 르네상스시대 강력한 힘을 발휘했던 가톨릭교회는 사람이나 특정 장소, 때로는 국가 전체를 '파문하는' 조치를 취하기도 했다.

interdict는 교회가 누릴 수 있는 특권을 빼앗거나 성직에 참여하는 것을 금지하는 형벌이다.

Troops could be ferried in to interdict drug shipments. 마약운반을 차단하기 위해 군대가 배를 타고 와
해상수색을 할 수 있다.

The National Trust has placed an interdict on jet-skis in Dorset, Devon and Cornwall.

국립공원관리공단은 도셋, 데본, 콘월에서 제트스키를 금지했다.

명사로 '금지명령'을 의미한다.

✚
ferry [fˈeri] 배로 실어나르다.
interdiction [ˌɪntərdˈɪkʃən] 금수, 봉쇄.

intercity trains는 '도시 사이를 오가는 기차'라는 뜻이고, intercom은 '둘 사이에 소통할 수 있는 장치'를 의미하며, intercept는 '사이에서 잡아채다'라는 뜻이다.

interstice

[ɪntˈəːrstɪs]

noun

● 갈라진 틈. 균열.

All the interstices between the rocks have been filled with new cement, and the wall should be fine for another hundred years.

바위 사이 틈을 모조리 새 시멘트로 채웠으니, 앞으로 백 년 동안 이 벽은 아무 문제도 없을 것이다.

■

interstice는 기본적으로 물리적인 틈새를 의미한다.
the interstices in surfaces 표면의 틈새
microscopic interstices between particles in chemical compounds 화합물 알갱이 사이의 미세한 틈새.
interstice는 추상적인 의미로도 사용된다.
the interstices in a movie's plot 영화 줄거리의 빈틈
the interstices in the economy 경제의 간극
the interstices in what's covered by a complicated tax law 복잡한 세법이 포괄하지 못하는 틈새
발음에 주의하라. interstice와 옆에 나오는 interpolate는 inter-로 시작하는 다른 단어들과 달리 두 번째 음절에 강세가 온다. 복수형 interstices도 마찬가지다.
특히 interstices에서 마지막 e는 bees와 같이 길게 발음한다. [ɪntˈəːrstɪsiːz]
The door to the ruined barn was locked, but through an interstice in the wall I glimpsed an old tractor and several odd pieces of machinery.

폐허가 된 헛간의 문은 잠겨있었지만, 벽의 갈라진 틈 사이로 오래된 트랙터와 몇몇 낯선 기계장치들이 눈에 띄었다.

interpolate

[ɪntˈɜːrpəleɪt]

verb

● 글이나 대화 사이에 문장을 끼워넣다.

On page 6, she noticed that someone had interpolated a couple of sentences that completely altered the meaning of her original text.

6 페이지에 원문의 의미를 완전히 바꾸는 몇 문장을 누군가 삽입했다는 것을 알아차렸다.

■

Williams interpolated much spurious matter.
윌리엄스는 매우 그럴듯한 문구를 끼워넣었다.
These odd assertions were interpolated into the manuscript some time after 1400.
이 기괴한 주장은 1400년 이후 어느 시점에 원고에 끼워넣어진 것이다.
Legislators are sometimes enraged to discover what someone has quietly interpolated into their favorite bill at the last minute.
입법의원들은 누군가 마지막 순간에 자신이 원하는 문구를 아무말도 없이 끼워넣은 것을 보고 격분하기도 한다.
Any contract always has to be read carefully to make sure the other lawyer didn't slip in an undesirable interpolation.
어떠한 계약이든 주의깊게 읽어봐야 한다. 상대 변호사가 원치 않은 삽입구문을 슬쩍 끼워넣지 않았는지 반드시 확인해야 한다.

✚

microscopic [mˌaɪkrəskˈɒpɪk] 현미경으로 볼 수 있는.
spurious [spjˈʊəriəs] 진짜같은.
slip in 흐름을 깨지 않고 끼워넣다.
suspension [səspˈenʃən] 판결을 내릴 때까지 등교/출근을 금지하는 조치. 정학.
probation [prˈoʊbˈeɪʃən] 보호관찰, 집행유예, 근신.

RETRO

Latin
back. backward. behind 뒤로 향하는

retroactive
[ˌretroʊˈæktɪv]

adjective
- 소급적용되는.

The fact that the tax hike was retroactive annoyed the public the most.
세금인상이 소급적용된다는 사실이 국민들을 가장 짜증나게 했다.

■

retroactive는 active backward 라는 뜻으로 시간의 흐름을 거스르는 것을 말한다.
Retroactive taxes, laws, and regulations are often seen as particularly obnoxious and unfair.
소급적용되는 세금, 법률, 규정들은 대개 불쾌하고 부당하다고 여겨진다.
But nobody ever objects to receiving a retroactive raise at work.
하지만 직장에서 임금을 소급인상한다고 하면 아무도 반대하지 않을 것이다.
Retroactive judgments on historical people and events in terms of present-day morality may indicate that we're ignorant of history.
역사적 인물과 사건을 지금의 도덕적 기준으로 재단하는 소급적 판단은 역사에 무지하다는 것을 보여줄 뿐이다.
Since his salary review was delayed by a few weeks, his boss made the raise retroactive to the beginning of the month.
연봉협상이 몇 주 연기된 탓에, 사장은 봉급인상을 월초부터 소급해서 적용해주었다.

✚
hike [haɪk] 급상승.
obnoxious [ɒbnˈɒkʃəs] 불쾌한.
defy [dɪfˈaɪ] 거스르다.
afterwards [ˈæftərwərdz] 그 이후로.
faint [fˈeɪnt] 정신을 잃을 정도로 어지러운.

retrospective
[ˌretrəspˈektɪv]

noun
- 회고전. 한 예술가의 작품 전체를 전시/공연함.

adjective
- 소급적용되는 (retroactive)

A retrospective covering the photographer's entire career is forcing critics to revise their earlier estimates of her status as an artist.
사진작가의 전체 작품경력을 보여주는 회고전은 예술가로서 작가의 위상에 대한 비평가들의 기존 평가에 변화를 이끌어낸다.

■

retro(back)+specere(look)이 결합한 retrospective는 한 예술가가 지금까지 쌓아온 작품활동을 되돌아보는 '회고전'을 의미한다.
The subject of a retrospective is usually an older living artist, or one who has recently died.
회고전의 주인공은 노년의 예술가 또는 최근 사망한 예술가인 경우가 많다.
화가나 조각가를 기념하는 회고전도 있고, 영화감독과 배우를 기념하는 회고전도 있고, 작곡가를 기념하는 회고전도 있다. 하지만 미술의 경우에는 작품을 모두 모아 정리하기가 어렵고 비용도 많이 들기 때문에 아주 유명한 예술가가 아니면 retrospective는 거의 열리지 않는다. 어쨌든 retrospective는 그 사람의 이룬 업적을 한눈에 볼 수 있는 기회가 되기 때문에 새로운 팬을 확보하는 계기가 되기도 한다.
Afterwards, retrospective fear of the responsibility would make her feel almost faint.
이후, 책임감에 대한 공포가 되살아나 그녀를 거의 실신하게 만들 것이다.
She turns 70 this year, and the museum is honoring her with a huge retrospective.
올해 70살이 되는 그녀를 위해, 미술관은 대대적인 회고전으로 그녀의 업적을 기린다.

retro는 접두어로 사용되기도 하지만,
독립적인 단어로 사용되어 옛 스타일이나 패션을 의미하기도 한다.

retrofit
[rˈetroʊfɪt]

verb

● 새로운 부품이나 장비를 장착하다.

The office building has been retrofitted with air-conditioning, but the result has been a mixed success.

사무실 건물에 에어컨을 설치했지만, 그 결과는 절반의 성공이었다.

■

제2차 세계대전 동안 무기기술은 빠른 속도로 발전했다. 비행기와 선박을 만들고 있는 와중에 더 새로운 기술이 쏟아져 나오는 경우도 많았다. 이런 상황에서, 이미 완성된 기체에 새로운 기술을 적용하는 retrofit이라는 개념이 등장했다.

Retrofitting was revived on a massive scale during the energy crisis of the 1970s.

1970년대 에너지위기가 닥쳤을 때 retrofit 바람이 다시 일어났다. 수백만 채의 낡은 주택에 새로운 기술을 추가하여 에너지효율을 높이는 사업이 진행되었다.

retrofitting은 새로운 기술을 가미해야 하는 반면, renovating은 새로운 기술을 가미하지 않아도 상관없다.

The navy plans to retrofit a fleet of 25-year-old ships to increase their speed and monitoring capacity.

해군은 25년 된 배들로 이뤄진 함대의 속도를 높이고 감시능력을 강화하기 위한 장비개선사업을 계획하고 있다.

✚
renovate [rˈenəveɪt] 수선하다, 쇄신하다.
name-calling 비방, 욕설.
strike sb as sth sb에게 sth를 떠올리게 만들다.

retrogress
[rˌetrəgrˈesɪv]

verb

● 퇴행하다. 더 나쁜 이전 상태로 돌아가다.

According to the tests, the sophomores had actually retrogressed in the course of spring term.

시험결과에 따르면, 2학년 학생들은 봄학기에 실제로 성적이 나빠졌다.

■

retrogress는 progress의 반대말로 '뒤로 간다'는 뜻이고, retrogression은 퇴행을 의미한다.

In difficult social situations an adolescent can retrogress to a childish level of maturity.

치열한 경쟁상황 속에서 청소년은 성숙도가 유치한 수준으로 퇴행할 수 있다.

Under the extreme conditions of total war, a whole society may retrogress to a primitive state.

전면전이라는 극단적인 상황에서 사회 전체가 원시적인 상태로 퇴행할 수 있다.

The increasing number of poor or homeless people has been seen as evidence of modern social retrogression.

빈곤층이나 노숙자가 늘어나는 것은 현대사회가 퇴행하는 증거로 여겨진다.

The rise of loud, name-calling TV and radio personalities strikes many people as a sign of political retrogression.

TV나 라디오에서 소리를 지르며 남을 비난하는 사람들이 많이 등장하는 현상은 많은 이들에게 정치적 퇴행의 징후로 여겨진다.

BIO

Greek
life 생명

bionic

[baɪˈɒnɪk]

adjective

● 전자-기계장치를 이용해 신체기능을 강화한.

Bionic feet and hands for amputees have ceased to be mere sci-fi fantasies and are becoming realities.

수족이 절단된 사람들을 위한 생체공학적인 손과 발은 단순한 SF 상상이 아닌 현실이 되고 있다.

The science of bionics uses knowledge about how biological systems work to help solve engineering problems.

바이오닉스란 생물학적 작동방식을 활용하여 공학적 문제를 해결하는 학문이다.

바이오닉스의 대표적인 성과물로는 꺼끌꺼끌한 씨앗이 옷에 달라붙는 것에서 영감을 얻어 만들어낸 Velcro, 뇌와 신경계가 연결된 방식을 모방하여 설계한 컴퓨터칩 등을 들 수 있다.

하지만 일상적으로 bionic은 조금 다른 의미로 사용된다. bio+electronic이 결합한 말로 부족한 신체기능을 전자-기계장치를 이용해 강화하는 기술을 일컫는다.

A perfect bionic arm would move and function as easily as a real arm.

완벽한 생체공학적 팔은 진짜 팔처럼 자연스럽게 움직이고 작동할 것이다. 의수의족을 묘사할 때 bionic이라는 말을 가장 많이 볼 수 있다.

+

amputate [ˈæmpjʊteɪt] 수족을 절단하다.
amputee [ˌæmpjʊtˈiː] 팔이나 다리가 절단된 사람.
cancerous [kˈænsərəs] 암으로 발전할.
swab [swɒb] 걸레질하다. 면봉으로 바르다. 문지르다.
physical [fˈɪzɪkəl] 신체검사, 건강검진.

biopsy

[bˈaɪɒpsi]

noun

● 생체검사.

Everyone felt relieved when the results of the biopsy showed the tumor wasn't cancerous.

조직검사 결과 종양은 암이 아닌 것으로 밝혀지자 모두 안도했다.

biopsy란 살아있는 유기체에서 조직/세포/체액을 채취하여 검사하는 것으로 흔히 '조직검사'라고 한다. Most biopsies are done by using a needle to extract tissue or fluid, but some may instead require cutting, and others may amount to nothing more than swabbing the inside of the patient's cheek.

생체검사는 대부분 주사바늘을 사용하여 조직이나 체액을 추출하지만, 칼로 조직을 잘라내야 하는 경우도 있다. 물론 환자의 볼 안쪽을 면봉으로 닦는 것만으로도 충분한 경우도 있다.

암이 의심될 경우 조직을 떼어내 검사하고, 심장질환이 의심될 경우 심장근육을 떼어내 검사하고, 태아의 장애여부를 검사하기 위해 임신부의 양수를 검사한다.

Doctors recommended a biopsy in case the X-ray had missed something.

의사들은 X레이가 놓칠 수 있는 부분을 보완하기 위해 조직검사를 하라고 권유한다.

She had a physical last week, and the doctor ordered a biopsy of a suspicious-looking patch of skin.

그녀는 지난 주 검강검진을 받았는데, 의사가 피부의 의심스러워 보이는 부위를 조직검사 하라고 명령했다.

biology는 생명체와 생체과정을 연구하는 학문이다.
biosphere는 생명이 존재할 수 있는 지구의 전체영역을 의미한다.
biotechnology는 생물을 활용하여 유용한 제품을 만들어내는 기술이다.

biodegradable
[ˌbaɪoʊdɪɡrˈeɪdəbəl]

adjective
● 생분해성의.

Though the advertisements promised that the entire package was biodegradable, environmentalists expressed their doubts.

광고에서는 전체포장이 생분해물질이라고 약속했지만, 환경론자들은 의문을 표시했다.

■

bio(life)+de(downward)+grad(walk, move)가 결합한 biodegradable는 자연 속에서 미생물에 의해 무해한 기본물질로 분해될 수 있다는 것을 의미한다.
Newly developed biodegradable plastics are now appearing in numerous products.
최근 새롭게 개발된 자연분해성 플라스틱을 사용한 제품들이 많이 나오고 있다. 물론 biodegradable이라고 써 있다고 해서 기존의 동식물제품 만큼 빠르게 썩는다는 뜻은 아니다.
A loaf of bread may require only a couple of weeks, and a piece of paper may vanish in a couple of months, but some "biodegradable" plastic milk cartons may take four or five years.
빵조각은 겨우 몇 주면 분해되고, 종이도 몇 달이면 사라지겠지만, '자연분해성' 플라스틱 우유팩은 4-5년 정도 걸린다.
Their bags are made of biodegradable plastic that they claim will break down within two months.
그들의 가방은 두 달 내에 분해된다고 주장하는 생분해성 플라스틱으로 만들어진 것이다.

✛

a loaf [lˈoʊf] of bread 오븐에서 구워낸 형태 그대로의 빵.
carton [kˈɑːrtən] 판지나 플라스틱으로 만든 상자.

symbiosis
[ˌsɪmbaɪˈoʊsɪs]

noun
● 공생.

The lichen that grows on rocks is produced by the symbiosis of a fungus and an algae, two very different organisms.

바위에서 자라는 이끼는 전혀 다른 유기체인 곰팡이류와 조류가 공생하여 생겨난 결과물이다.

■

sym(with)+bio(life)가 결합한 symbiosis는 전혀 다른 생물종이 서로 혜택을 주고받으며 협력하여 살아가는 것을 말한다.
Symbiotic associations are found throughout the plant and animal world.
공생군집은 식물, 동물을 막론하고 많은 사례를 찾을 수 있다.
무시무시한 아프리카악어의 이빨 사이에 낀 음식물을 쪼아 먹는 악어새 이야기는 아마도 가장 유명한 공생 사례일 것이다.
Neither we nor E. coli in our intestines could live without the other. 우리 인간도 수백만 가지 세균들과 공생한다. 특히 창자에 서식하는 대장균이 사라지면 대장균은 물론 우리도 살 수 없다.
the cozy symbiosis of the traditional political parties 기존 정당들의 아늑한 공생. 인간관계에서도 symbiotic relationship을 어렵지 않게 찾을 수 있다.

✛

lichen [lˈaɪkən] 이끼.
fungus [fˈʌŋɡəs] 균사체, 버섯류.
algae [ˈældʒiˌ] 물속 또는 물 근처에서 자라는 식물, 조류.
E. coli [iːkˈoʊlaɪ] 대장균. 이 세균을 처음 발견한 독일의 의사 Escher에 coli(=of the colon)를 붙인 단어.
colon [kˈoʊlən] 결장.

MICRO

microbe

[mˈaɪkroʊb]

noun

● 미생물.

Vaccines reduce the risk of diseases by using dead or greatly weakened microbes to stimulate the immune system.

백신은 죽거나 매우 쇠약해진 미생물을 사용하여 면역체계를 자극함으로써 질병의 위험을 떨어뜨린다.

■

microbe에서 be는 life를 의미하는 bio에서 온 것이다. Microbes, or microorganisms, include bacteria, protozoa, fungi, algae, amoebas, and slime molds. 미생물에는 박테리아, 원생동물, 균류, 조류, 아메바, 점균류 등이 있다.
Every human is actually the host to billions of microbes, and most of them are essential to our life. 우리 인간은 실제로 수십억 개의 미생물이 기생할 수 있는 숙주 역할을 하며, 또한 그러한 미생물들은 대부분 우리 생명유지에 꼭 필요한 역할을 한다.
Much research is now going into possible microbial sources of future energy.
미생물을 미래에너지의 원천으로 활용할 수 있는 가능성에 대한 많은 연구가 현재 진행되고 있다. 과학에서 micro-는 대개 100만분의 1을 의미한다. microsecond는 100만분의 1초, micrometer는 100만분의 1미터다.

✛
protozoa [prˌəʊtəzˈəʊə] 원생동물.
fungi [fˈʌndʒaɪ] 균류.
algae [ˈældʒi] 조류.
amoeba [əmˈiːbə] 아메바.
slime mold 점균류.
microbial [mˈaɪkroʊbiəl] 미생물의.

microbiologist

[mˌaɪkroubaɪˈɑːlədʒɪst]

noun

● 미생물학자.

Food microbiologists study the tiny organisms that cause spoiling and foodborne illness.

식품미생물학자는 음식을 상하게 하거나 음식을 매개로 전파되는 질병을 유발하는 작은 유기체를 연구한다.

■

Since microorganisms are involved in almost every aspect of life on earth, microbiologists work across a broad range of subject areas.
미생물은 지구상 거의 모든 생명체와 연관되어 있기 때문에 미생물학자는 광범위한 영역에서 일한다.
A marine microbiologist studies the roles of microbial communities in the sea.
해양미생물학자는 바다의 미생물군집의 역할을 연구한다.
A soil microbiologist might focus on the use and spread of nitrogen.
토양미생물학자는 질소의 사용과 확산에 초점을 맞춰 연구한다.
Veterinary microbiologists might research bacteria that attack racehorses or diagnose anthrax in cows. 가축미생물학자는 경주마를 공격하는 박테리아를 연구하거나 소의 탄저병을 진단한다.
The government puts microbiologists to work studying how to defend ourselves against the possibility of germ warfare. 정부는 미생물학자에게 세균전이 발발했을 때 어떻게 방어할 것인지 연구하는 용역을 준다.

✛
nitrogen [nˈaɪtrədʒən] 질소.
veterinary [vˈetərəneri] 수의학의.
anthrax [ˈænθræks] 탄저병.

microscope는 아주 작은 것을 볼 수 있는 '현미경'이며, 이것으로 볼 수 있는 것을 microscopic objects라고
한다. 많은 도서관들이 옛 신문들을 원래 크기의 400분의 1로 줄인 microfilm을 보관하고 있다.
micro는 오늘날 흔한 접두어가 되었다. microbus, microquake 등 새로운 단어들이 쏟아져 나오고 있다.

microbrew

[mˈaɪkroubrˌuː]

noun

● 양조장에서 소량만 만든 맥주.

As a city of 75,000 people with eight breweries, it offers a greater variety of microbrews per capita than any other place in America.

75,000명이 거주하는 도시에 양조장이 8개나 있어, 미국 내 어느 곳보다 1인당 즐길 수 있는 수제맥주의 종류가 많다.

■

Microbrews are usually beers or ales made with special malts and hops, unfiltered and unpasteurized, and thus distinctive in their aroma and flavor.

마이크로브루는 일반적으로 여과와 살균을 하지 않은 특수한 맥아와 홉으로 제조한 맥주나 에일로, 그 향과 맛이 독특하다.

Many microbreweries double as bar/restaurants, called brewpubs, where the gleaming vats may be visible behind a glass partition. 많은 마이크로양조장들은 술집/레스토랑 역할도 하는데, 이곳을 브루펍이라고 한다. 브루펍에서는 유리벽 너머로 번들거리는 커다란 술통을 볼 수 있다.

"Craft brewing" and the opening of local brewpubs began in earnest in the U.S. in the 1980s. '수제양조'와 지역별 브루펍은 1980년대 미국에서 본격적으로 확산되기 시작하였다.

But not everyone is willing to pay extra for a beer, and lots of people are simply used to the blander taste of the best-selling beers, so by 2008 microbrews still only accounted for about 4% of all beer sold in the U.S. 하지만 맥주를 비싼 돈을 내고 사 먹으려는 사람은 많지 않으며, 많은 이들이 대중적인 맥주의 담백한 맛에 익숙해져 있기에, 2008년 미국의 전체 맥주판매량에서 마이크로브루가 차지하는 비중은 4% 정도에 불과하다.

microclimate

[mˈaɪkroʊklˌaɪmɪt]

noun

● 미시기후. 작은 지역의 특별한 기후.

Temperature, light, wind speed, and moisture are the essential components of a microclimate.

온도, 빛, 풍속, 습도는 미시기후의 필수 구성요소다.

■

The microclimate of an industrial park may be quite different from that of a nearby wooded park. 공업단지의 미시기후는 인근 숲이 우거진 공원의 기후와 매우 다르다. 식물은 빛과 열을 흡수하는 반면, 공업단지의 아스팔트 주차장과 지붕은 빛과 열을 공기 중으로 다시 방사하기 때문이다.

A microclimate can offer a small growing area for crops that wouldn't do well in the wider region. 미시기후는 넓은 지역에서 재배하기 힘든 작물을 재배할 수 있는 작은 지역을 제공하기도 한다. 숙련된 농부들은 미시기후를 고려하여 식물을 세심하게 선택하고 배치한다.

San Francisco's hills, oceanfront, and bay shore, along with its alternating areas of concrete and greenery, make it a city of microclimates. 샌프란시스코의 언덕, 해안, 만은 콘크리트와 녹지가 교차하는 지형과 더불어, 미시기후가 심하게 달라지는 도시를 만들어낸다.

✛

oceanfront [ˈoʊʃənfrˌʌnt] 바다와 접해있는 육지.
greenery [grˈiːnəri] 나무와 풀.
brewery [brˈuːəri] 양조장.
malt [mˈɔːlt] 엿기름(=맥아).
double as (주된 용도 외에 다른 용도로도) 쓰이다.
gleam [glˈiːm] 번들거리다.
vat [vˈæt] 배럴, 통.
bland [blˈænd] 강하지 않은, 담백한.

TEMPER

Latin *tempere*
to moderate누그러뜨리다
keep within limits 선을 넘지 않다.

temper

[t`ˈempər]

verb

● 극단적인 것을 완화하다.

A wise parent tempers discipline with love.

현명한 부모는 훈육을 사랑으로 적절히 완화한다.

■

어근의 의미가 그대로 영어단어 temper의 의미가 되었다. 극단적인 성질을 완화하기 위해 그에 걸맞은 반대물질을 넣고 섞어 중화하는 것을 의미한다.

A judge must temper justice with mercy.

판사는 정의와 자비를 섞어 어느 한쪽이 지나치지 않도록 균형을 맞춰야 한다.

Young people only gradually learn to temper their natural enthusiasms with caution.

젊은 사람은 타고난 열정과 신중함과 섞어 균형을 잡는 법을 하나씩 배워나갈 뿐이다.

In dealing with others, we all try to temper our honesty with sensitivity.

다른 사람을 상대할 때, 정직함만이 유일한 미덕은 아니다. 상대방의 감정을 감지하기 위해 노력할 줄 알아야 한다.

temper가 명사로 쓰일 때는 '화를 잘 내는 기질/기분'을 의미한다.

✛
caution [kˈɔːʃən] 경계심, 경고하다.
sensitive [sˈensɪtɪv] 다른 사람의 감정이나 생각을 민감하게 느끼는.
epidemic [ˈepɪdˈemɪk] 유행병.
plummet [plˈʌmɪt] 급락하다.
moody [mˈuːdi] 기분이 언짢은, 기분변화가 심한.
canine [kˈeɪnaɪn] 개과의.
feline [fˈiːlaɪn] 고양이과의.
vaccination [vˌæksɪnˈeɪʃən] 백신접종.

distemper

[dˌɪstˈempər]

noun

● 개/고양이에게 발생하는 바이러스성 질병.

An epidemic of feline distemper had swept the country, and its cat population had plummeted.

고양이 디스템퍼라는 전염병이 전국을 휩쓸면서 고양이 개체수가 급감했다.

■

What is the source of your distemper?

자네의 침울함은 어디서 유래한 것인가?

셰익스피어의 《햄릿》에 등장하는 이 대사에서 distemper는 moodiness를 의미한다. temper에 dis(apart)가 붙은 distemper는 원래 평정심이 무너진 상태, 즉 우울을 의미한다.

Canine distemper also affects foxes, wolves, mink, raccoons, and ferrets.

개 디스템퍼는 여우, 늑대, 밍크, 너구리, 족제비에도 전염된다.

Feline distemper or panleukopenia actually isn't related to canine distemper. If caught quickly, it too can be treated.

고양이 디스템퍼는 고양이백혈구감소증이라고도 하는데, 사실 개 디스템퍼와 아무 관련이 없는 질병이다. 조기에 발견할 경우 치료할 수 있다.

Distemper can be treated with medication, but is generally fatal if not treated. And both types can be prevented by vaccination.

디스템퍼는 약물로 치료할 수 있지만 제 때 치료를 하지 않으면 일반적으로 치명적일 수 있다. 개든 고양이든 디스템퍼는 모두 백신으로 예방할 수 있다.

대다수의 인구가 temperate zone에 사는데, 이는 temperature(온도)가 너무 덥지도 않고 춥지도 않은 적당한 '온대지방'을 의미한다. temperature는 원래 몸속에서 다양한 기본요소들의 적당하게 혼합되어 있는 상태를 의미했으나, 시간이 지나면서 몸이 얼마나 뜨거운지 차가운지 가늠하는 척도라는 의미로 바뀌었다.

temperance
[tˈempərəns]

noun
- 욕구절제.
- 술을 마시지 않음.

Buddhism teaches humankind to follow "the middle way"—that is, temperance **in all things.**

불교는 중생에게 '중용'을 따르라고, 즉 모든 면에서 절제하라고 가르친다.

■

temperance는 기본적으로 moderation과 같은 뜻으로 '적당한 수준을 지키는 것'을 의미한다.
The reformed alcoholic extoled the joys of temperance.
개심한 알코올중독자는 절주의 즐거움을 찬양했다.
술과 관련하여 사용될 때 temperance는 적절한 음주를 의미하는 것이 아니라 술을 완전히 끊는 것을 의미한다.
1890년대 기독교근본주의자이자 여성운동가였던 Carry Nation은 도끼를 들고 다니며 술집들을 부수는 과격한 테러운동을 펼쳤다. 이러한 운동 덕분에 20세기 초 미국에서 Prohibition이라는 흑역사가 도래한다.
Her eternal watchword was temperance, and no one ever saw her upset, worn out, angry, or tipsy.
그녀의 영원한 슬로건은 절제였다. 그래서 누구도 그녀가 신경질을 부리거나 녹초가 되거나 화를 내거나 취한 모습은 보지 못했다.

✚
moderation [mˌɒdərˈeɪʃən] 적당한 수준. 과도하지 않음.
extol [ɪkstˈoʊl] 열정적으로 찬양하다.
Prohibition [prˌoʊɪbˈɪʃən] 금주법. 또는 이 법이 실시된 시대 (1919-33년).
tipsy [tˈɪpsi] 살짝 술에 취한.

intemperate
[ɪntˈempərət]

adjective
- 온건하지 않은. 극단적인.

Lovers of fine wines and scotches are almost never intemperate **drinkers.**

좋은 와인과 스카치위스키를 사랑하는 사람은 결코 과음하지 않는다.

■

in(not)+temper(to moderate)가 결합한 intemperate는 temperate와 정 반대 의미를 갖는다.
Someone intemperate rejects moderation in favor of excess.
절제하지 않는 사람은 적당함을 거부하고 폭주한다.
A religious fanatic is likely to preach with intemperate zeal.
종교적 광신도는 열광적으로 설교할 확률이 높다.
A mean theater critic may become intemperate in her criticism of a new play, filling her review with intemperate language.
말이 거친 연극비평가는 새로운 연극에 대해 평론을 하면서 극단적으로 치우칠 수 있으며, 극단석인 언사를 늘어놓을 수 있다.
A region with an intemperate climate isn't where all of us would choose to build a house.
기후가 극단적인 지역에는 누구도 집을 지으러 하지 않는다.
temperate와 intemperate는 날씨를 묘사하는 말로도 쓰인다.

✚
fanatic [fənˈætɪk] 광신자.
excess [ɪksˈes] 초과, 극단적인 행동.
      [ˈekses] 초과한.

MANIA

Latin
madness 광기

kleptomania
[kl‚ɛptoʊmˈeɪniə]

noun
● 도벽. 물건을 훔치고 싶은 강렬한 욕구.

Kleptomania leads its sufferers to steal items of little value that they don't need anyway.
도벽은 필요하지도 않은 별 가치도 없는 물건을 훔치도록 이끈다.

■

klepto-는 '훔치다'를 의미하는 그리스어에서 온 어근으로, kleptomania는 남의 물건을 훔치도록 유도하는 광증을 의미한다.

Kleptomania is a serious mental illness, often associated with mood disorders, anxiety disorders, eating disorders, and substance abuse.
도벽은 심각한 정신질환으로 기분장애, 불안장애, 섭식장애, 약물남용과 함께 발생하는 경우가 많다.

Many kleptomaniacs live lives of secret shame because they're afraid to seek treatment.
많은 도벽 환자들이 치료받기를 겁내, 남모르는 수치심을 안고 살아간다.

Kleptomania is often the butt of jokes.
도벽은 자주 농담의 소재가 된다.

+
substance abuse 약물남용.
kleptomaniac [klˌɛptəmˈeɪniæk] 도벽이 있는 사람.
the butt of a joke 우수갯소리의 소재.
grandiose [grˈændioʊs] 우쭐대는.
binge drinking 엄청난 양의 술을 단시간에 마시는 음주행태.
blackout [blˈækaʊt] 의식 상실.

dipsomaniac
[dˌɪpsəʊmˈeɪniæk]

noun
● 알코올중독자.

She didn't like the word alcoholic being applied to her, and liked dipsomaniac even less.
그녀는 자신이 알코올릭이라 불리는 것을 싫어했는데, 딥소매니악이라는 말은 더 질색했다.

■

'갈증'을 의미하는 그리스어 dipsa가 결합된 단어지만, 갈증의 대상이 물이 아닌 술로 바뀌었다.

Dipsomaniac is someone involved in frequent episodes of binge drinking and blackouts.
딥소매니악은 엄청난 양을 단시간에 마시고 기절하는 것을 반복하는 사람이다.

전문가들은 alcoholic과 dipsomaniac을 구분해 쓴다. alcoholic은 단순히 술을 꾸준히 마시는 흔히 볼 수 있는 술꾼인 반면 dipsomaniac은 binge drinking과 blackout을 반복하는 병적인 상태를 일컫는다.

★
alcoholic and dipsomaniac
술꾼, 술고래, 주정뱅이를 의미하는 단어는 예로부터 무수히 전해 내려온다.
sot [sɑːt]
lush [lˈʌʃ]
wino [wˈaɪnoʊ]
souse [saʊs]
drunkard [drˈʌŋkərd]
boozer [bˈuːzər]
boozehound [bˈuːzhˌaʊnd]
guzzler [gˈʌzlər]
tippler [tˈɪplər]
tosspot [tˈɒspˌɑt]

어근과 스펠링이 똑같은 mania는 '정신질환' 또는 '지나친 들뜸'을 의미한다.
maniac은 거칠고 폭력적이고 정신적으로 병을 앓는 사람, 또는 무언가에 미친듯이 파고드는
사람을 의미한다. 카페인을 지나치게 섭취하면 manic mood(조증 상태)가 찾아온다.

megalomaniac
[ˌmˌegələmˈeɪniæk]

noun
- 과대망상.

When the governor started calling for arming his National Guard with nuclear weapons, the voters finally realized they had elected a **megalomaniac.**

통치권자가 국방군이 핵무장을 해야 한다고 주장하기 시작하자, 유권자들은 그제서야 자신들이 과대망상 환자를 뽑았다는 것을 깨달았다.

■

Megalomania is a mental disorder marked by feelings of personal grandeur.

과대망상은 자신의 위대함에 집착하는 정신장애다.

그리스어 어근 megalo-는 "크다는" 뜻이다.

Megalomania has probably afflicted many rulers throughout history: Stalin suffered from the paranoia that often accompanies megalomania.

과대망상은 역사상 많은 통치자들이 앓던 병이다. 스탈린은 과대망상이 자주 동반하는 편집증을 앓았다.

Megalomaniac is generally thrown around as an insult and rarely refers to real mental illness.

과대망상이라는 말은 진짜 정신질환을 가리키기보다는 모욕을 주기 위해 쓰이는 경우가 많다.

grandeur [grˈændʒər] 웅장함, 장대함.
afflict [əflˈɪkt] 괴롭히다, 영향을 미치다.
paranoia [pˌærənˈɔɪə] 편집증, 남을 과도하게 의심하는 증상.
throw around 남발하다.
blowhard [blˈoʊhˌɑrd] 자기주장만 내세우는 고집불통.
know-it-all 자기 생각이 정답이라고 생각하는 사람.

egomaniac
[ˌiːgoʊmˈeɪniæk]

noun
- 남들 문제에는 전혀 관심이 없는 사람.

He's a completely unimpressive person, but that doesn't keep him from being an **egomaniac.**

그는 지극히 평범한 사람이었지만, 그것이 그를 이기주의로 빠지지 못하게 막아주지는 못했다.

■

ego는 라틴어로 '나'를 뜻하고 영어로는 주로 '자신의 가치에 대한 평가'를 의미한다. 사람들의 ego는 대개 건강한 수준에 머물지만 과잉되는 경우도 있다.

Egomaniacs may display a grandiose sense of self-importance, with fantasies about their own brilliance or beauty, intense envy of others, a lack of sympathy, and a need to be adored or feared.

에고매니악은 자신의 총명함이나 아름다움에 대한 환상, 다른 사람에 대한 강렬한 질투, 연민의 부재, 숭배나 경외의 대상이 되고 싶은 욕구 등과 함께 자신의 중요성을 부풀려 인식하는 증상을 보인다.

Generally egomaniac doesn't mean much more than blowhard or know-it-all.

일상에서 에고매니악은 자기 마음대로 모든 결정을 하는 고집불통과 같은 의미로 쓰인다.

★
manic-depressive illness
조증-우울증(조울증).

기분상태가 급격하게 오락가락하는 정신질환으로, 지금은 대개 bipolar disorder(양극성 장애)라고 부른다.

CAD

Latin *cadere*
to fall 떨어지다

cadaver
[kədˈævər]

noun
- (해부용) 시체.

The cadaver she was given to work on, from the Manhattan morgue, was that of an unclaimed homeless woman.

그녀가 받은 해부용 시체는, 맨해튼시체보관소에서 온 것으로, 찾는 이가 없는 노숙자 여성의 시신이었다.

■

cad는 to fall과 동시에 to die를 의미한다. 쓰러져 죽은 것이 곧 cadaver다.
cadaver는 corpse와 기본적으로 같은 뜻이지만, 신원이 중요하지 않은 시체를 일컬을 때 주로 사용된다.
The tall man has a long, cadaverous face.
그 키 큰 남자의 얼굴은 길고 빼빼 마른 송장처럼 보였다.
죽지 않았지만 벌써 시체처럼 보이는 사람도 있다.
In those days grave robbers would dig up a cadaver at night after the burial and deliver it to the medical school.
그 당시 도굴꾼들은 매장한 날 밤에 시체를 파내 의과대학에 가져다 팔았다.

✦
morgue [mˈɔːrg] 시체공시소.
corpse [kˈɔːrps] 시체.
cadaverous [kədˈævərəs] 송장처럼 보이는.
hip [hˈɪp] 최신유행을 선도하는.

decadent
[dˈekədənt]

adjective
- 퇴폐적인.

The French empire may have been at its most decadent just before the French Revolution.

프랑스제국이 가장 퇴락했던 시절은 프랑스혁명이 발발하기 바로 직전일 것이다.

■

A powerful nation may be said to be in a decadent stage if its power is fading.
강대국의 힘이 약해질 때, 그 나라는 퇴락단계에 있다고 말할 수 있다.
We've tended to link Rome's fall to the moral decay of its ruling class, but not everyone agrees on what moral decadence looks like or even how it might have hastened the fall of Rome. 로마의 몰락을 많은 이들이 지배계급의 도덕적 부패와 연결지어 설명하지만, 도덕적 타락이 구체적으로 무엇을 일컫는지, 더 나아가 그러한 타락이 있었다고 하더라도 그것이 로마의 몰락을 정말 재촉했는지, 이러한 문제에 누구나 동의하는 것은 아니다.
1880-90년대 프랑스와 영국의 시인과 예술가들이 탐닉한 퇴폐적인 사회풍조를 Decadence라고 한다.
최근에는 진한 초콜릿으로 만든 케이크를 decadent라고 부르기도 한다. 초콜릿을 마음껏 즐길 때 왠지 모르게 도덕적 죄책감이 들기 때문일까?
The scene in the hip downtown nightclubs just seemed decadent and unhealthy to her.
요즘 잘 나가는 다운타운의 나이트클럽의 풍경은 그녀가 보기에 퇴폐적이고 건강하지 않았다.

✦
decay [dɪkˈeɪ] 부패하다, 쇠락하다.
decadence [dˈekədəns] 데카당스, 퇴폐, 방종.

cascade는 물이 쏟아지는 '폭포'를 의미한다.
a cascade of problems는 문제가 폭포수처럼 쏟아져 내려오다는 말이니
여기서 cascade는 '엄청난 양'을 의미한다.

cadence

[kˈeɪdəns]

noun

● 음악의 종결방식.
● 운율.

**As the piano came to a cadence,
the singer ascended to a beautiful high
note, which she held for several seconds
until the piano came in again in a new
key.**

피아노가 종결부로 다가가면서, 가수는 아름다운 고음으로
올라갔다. 고음이 몇 초 동안 지속되고 나서 피아노는 새로운 키로
다시 시작되었다.

■

음악을 끝맺을 때 악절은 낮은 음으로 떨어진다.
이렇게 음악을 끝맺는 방식은 16세기 정립되었는데,
이러한 기법을 cadence라고 한다.
Most cadences are harmonic "formulas."
카덴스는 대부분 '화음공식'으로 존재한다.
우리가 듣는 음악은 대부분 이러한 패턴에 따라 끝맺는다.
**Whether you're consciously aware of it or not,
a cadential passage is usually quite recognizable.**
음악에 대한 지식이 전혀 없는 사람이라고 해도 음악이 끝나는
소절은 쉽게 인지한다.
어려서부터 카덴스 패턴을 엄청나게 들어왔기 때문이다.
말에서도 cadence를 찾을 수 있는데, 억양이 '떨어지는'
부분을 일컫는다. 이렇게 억양을 구분하는 것은 곧
speech rhythm(운율)을 파악하는 것이며, 따라서
cadence는 '운율'이라는 의미로 사용된다.

✦
ascend [əsˈend] 상승하다.
passage [pˈæsɪdʒ] 소절, 악절.
cadential [kədˈɛnʃəl] 카덴스의.

cadenza

[kədˈɛnzə]

noun

● 카덴차.

**Each of her arias was greeted with
greater applause, but it was the brilliant
improvised cadenza of her final number
that brought down the house.**

그녀의 아리아 모두 갈채를 받았지만, 특히 마지막에 선보인 놀라운
즉흥적인 카덴차는 열렬한 환호를 받았다.

■

concerto는 soloist(대개 피아노나 바이올린)와
오케스트라가 협연하는 대규모 협주곡이다. concerto는
오케스트라 연주가 완전히 멈추고 난 뒤 soloist 독주로
끝을 맺는데, 이 부분을 cadenza라고 한다.
Cadenzas are also heard in many vocal arias.
카덴차는 많은 보컬 아리아에서 들을 수 있다.
cadenza에서 soloist는 화려하면서도 독창적인 연주로
청중을 매료시킨다.
cadenza는 cadence를 의미하는 이탈리아어를 그대로
가져온 것이다.
**The soloist's cadenza was breathtaking, and the
audience burst into applause as he played his
final notes.**
솔로이스트의 카덴차는 숨막힐 듯 놀라웠으며, 마지막 마디를
연주했을 때 청중은 우뢰와 같은 박수로 화답했다.

✦
applause [əplˈɔːz] 박수갈채.
improvise [ˈɪmprəvaɪz] 즉흥적으로 연주하다.
bring down the house 건물 무너질 정도로 박수를 받다.
flourish [flˈɜːrɪʃ] 화려한 연주.

NECRO

Greek *nekros*
dead body 사체

necrosis

[nekrˈoʊsɪs]

noun
- 괴사. 탈저.

He had ignored the spider bite for several days, and his doctor was alarmed to see that serious necrosis had set in.

며칠 동안 거미에 물린 것을 잊고 지냈는데, 의사는 심각하게 괴사가 진행된 것을 보고 놀랐다.

■

Burns produce necrosis. 화상은 괴사를 유발할 수 있다. 괴사는 상처, 감염, 열이나 냉기, 독극물, 암 등 자연적이지 않은 이유로 세포가 죽어가는 현상이다.
The bedsores suffered by nursing-home patients are a form of necrosis.
요양원환자들이 겪는 욕창 역시 괴사의 한 형태다.
The dreaded condition known as gangrene, in which the dying tissue turns black or green, is another form. 괴저라는 끔찍한 상태는 죽어가는 조직이 검은색이나 녹색으로 변하는 괴사의 또다른 형태다.
When untreated, the dying cells release substances that lead to the death of surrounding cells, so untreated necrosis can lead to death. 치료하지 않으면 죽어가는 세포가 주변세포마저 죽음으로 몰아가는 물질을 방출한다. 따라서 괴사를 치료하지 않고 그대로 두면 사망에 이를 수 있다.
Treatment usually requires the removal of the necrotic tissue, and in severe cases can even involve amputating a limb.
괴사를 치료하는 방법은 일반적으로 죽은 조직을 제거하는 것이다. 심각한 경우 팔다리를 절단해야 할 수도 있다.

✚
bedsores [bˈedsɔːrz] 욕창.

necromancer

[nˈekrəmænsər]

noun
- 무당. 죽은 사람을 불러내는 사람.

Her specialty is communication with the dead, and she might once have been known as a necromancer, but her sign says simply "Psychic."

그녀의 특기는 죽은 자와 대화를 하는 것인데, 예전에는 무당이라고 알려지기도 했지만, 그녀의 간판에는 '심령술사'라고만 쓰여 있다.

■

The practice of necromancy goes back as far as the ancient Assyrians and Babylonians and has continued through all the centuries since.
강령술은 고대 앗시리아와 바빌로니아까지 근원을 거슬러올라갈 수 있는데, 그로부터 지금까지 내려온다. 중세유럽에서 강령술은 흑마술로 치부되어 교회에 의해 금지되었다.
In Europe a necromancer might work in a remote graveyard at night, standing within a magical circle he had drawn to shield himself from the anger of the spirits.
유럽에서 무당은 밤에 외진 묘지에서 영혼들의 분노로부터 자신을 보호하기 위해 마법의 원을 그리고 그 안에 서서 의식을 했다.
Body parts of a person who died suddenly or violently were believed to contain the unused energy, which made them valuable in the necromantic ceremony. 급작스럽게 또는 끔찍하게 죽은 사람의 사체에는 다 쓰지 못한 에너지가 남아있다고 여겨져 강령의식에서 중요한 소품이 되었다. 그래서 네크로멘서가 이들의 무덤을 파헤치는 장면을 영화에서 가끔 볼 수 있다.
Necromancy is now practiced by channelers, mediums, and shamans, and even by groups of amateurs sitting around a Ouija board.
오늘날 강령술은 무당, 영매, 도인 등이 하며, 점괘판을 가운데 놓고 일반인들도 한다.

necrophagous는 사체(necro)를 먹는(phagous) 벌레를 의미한다.
necrophagous는 시체를 발견했을 때 그 사람이 언제 죽었는지 알아내는 데 매우 유용한 판단기준이 된다.

necropolis

[nekrˈɒpəlɪs]

noun

● 큰 묘지. 특히 고대의 잘 꾸며진 묘지.

On Sundays the downtown is like a necropolis, and he was always slightly disturbed by the complete absence of life among all those buildings.

일요일마다 시내는 묘지 같았고, 그는 늘 그 모든 건물에 활기가
완전히 사라진 것을 다소 불안해했다.

■

necro(dead body)+polis(city)가 결합한
necropolis는 말 그대로 '죽은 자들의 도시'다.
Most of the famous necropolises of Egypt line
the Nile River across from their cities.
이집트의 유명한 공동묘지들은 대부분 나일강을 가운데 두고 도시
맞은 편에 있다.
In ancient Greece and Rome, a necropolis
would often line the road leading out of a city.
고대 그리스와 로마에서 공동묘지는 도시 밖으로 나가는 길을 따라
펼쳐져있다.
In the 1940s a great Roman necropolis was
discovered under the Vatican's St. Peter's
Basilica. 1940년대 고대로마의 거대한 공동묘지가 바티칸
성베드로대성당 밑에서 발견되었다.
지하수위가 높아 매장이 어려운 뉴올리언스와 같은
저지대에서는 지상무덤을 짓는데, 이런 지역의 공동묘지들
역시 necropolis라는 이름을 붙이기에 손색이 없다.

✦
cemetery [sˈemətəri] = graveyard 묘지.
water table 지하수층 수면.
low-lying areas 저지대.
necrotic [nekrˈoʊtɪk] 괴사하는.
gangrene [gˈæŋɡriːn] 괴저, 탈저.

necropsy

[nˈɛkrɑpsi]

noun

● (동물) 부검.

verb

● (동물을) 부검하다.

Daisy's sudden death was so mysterious that we paid for a necropsy, and it turned out she'd been a victim of lethal chemicals in our imported dog food.

우리는 데이지가 갑작스럽게 죽은 이유를 이해할 수 없어서 돈을
내고 부검을 실시했는데, 수입사료에 함유된 독성 화학물질 때문에
희생된 것으로 밝혀졌다.

■

Human autopsies are generally performed
either to determine the cause of death.
사람을 부검하는 일은 일반적으로 사람의 사망원인을 판정하기 위해
실시한다.
Autopsies are also performed to discover
whether a death might actually have resulted
from murder.
부검은 또한 죽음의 원인이 살인인지 밝혀내기 위해 실시되기도 한다.
부검결과는 범인을 잡는 데 유용한 실마리를 제공한다.
Autopsies may be necessary when tracking an
epidemic. 전염병을 추적할 때에도 부검을 해야 하는 경우가 있다.
Animal necropsies are actually more common
than human autopsies.
사람을 부검하는 것보다 동물부검은 훨씬 일상적으로 벌어진다.
축산업자들은 가축이 죽으면 원인을 규명해 다른 가축에게
위험이 되지 않도록 늘 주시하기 때문이다.

✦
autopsy [ˈɔːtɒpsi] 부검.
lethal [lˈiːθəl] 치명적인.
epidemic [ˌepɪdˈemɪk] 전염병.
amputate [ˈæmpjʊteɪt] 팔다리를 절단하다.

SIGN

Latin $signum$
mark or sign 표시, 신호

signify

[sˈɪgnɪfaɪ]

verb
● 상징적으로 의미하다.
● 기호를 활용해 보여주다.

The improved performance of the students signifies **that the new approach may be working.**

학생들의 향상된 성적은 새로운 접근법이 효과가 있다는 것을 보여준다.

■

signify는 기본적으로 to make a sign/signal이라는 뜻으로 indicate와 동의어다.
indicate는 무언가를 '가리킨다'는 뜻으로 index와 같은 어원에서 나온 말이다. index finger는 무언가를 '가리킬' 때 쓰는 손가락이다.
significant는 important,
significance는 importance를 의미한다.
마찬가지로 insignificant는 unimportant,
insignificance는 unimportance를 의미한다.
In these auctions, bidders signify that they're raising their bids by holding up a paddle with a number on it.
이러한 경매에서 입찰한 사람들은 탁구라켓 같은 표지판에 숫자를 써서 들어올림으로써 입찰하는 것을 행동만으로 보여준다.

✛
index [ˈɪndeks] 색인, 지표.
significant [sɪgnˈɪfɪkənt] 의미있는.
significance [sɪgnˈɪfɪkəns] 의의.
paddle [pˈædəl] 노, 노 모양 물건, 주걱, 탁구 라켓 모양 물건.

insignia

[ɪnsˈɪgnɪə]

noun
● 권위나 명예의 증표. 표식. 휘장.

Peering closely at the photograph, he could now see clearly the insignia **of the Nazi SS on his grandfather's chest.**

사진을 가까이 들여다보니 이제서야 할아버지의 가슴에 달린 나치SS 휘장이 명확하게 눈에 들어왔다.

■

Insignia are the official signs of rank, titles, or awards.
계급, 직함, 수상내역을 표시하는 공식적인 증표를 insignia라고 한다.
메달이나 왕관도 일종의 insignia라고 할 수 있다.
The Catholic church employs such insignia as the red robes of cardinals.
가톨릭교회에서는 진홍색예복을 추기경을 표상하는 insignia로 활용한다.
각 나라마다 대통령을 상징하는 insignia가 있다. 이를 presidential seal이라고 하는데, 대통령이 연설할 때 연설대에 presidential seal이 박혀있는 것을 볼 수 있다.
insignia를 가장 많이 활용하는 곳은 뭐니뭐니해도 군대다.
다양한 막대, 줄무늬, 배지, 기장을 활용하여 계급이나 소속을 표시한다.

✛
cardinal [kˈɑːrdnəl] 진홍색, 추기경.
seal [sˈiːl] 인장.

traffic signal은 계속 바뀌는 '교통신호'이고 traffic sign의 고정되어 있는 '교통표지'다.
signature는 나를 입증하는 '싸인'이다.
건축가의 design은 건물의 골격과 패턴을 선으로 표시한 것이다.

---

signatory
[sˈɪgnətɔːri ‿]

noun

● 협정에 서명한 사람이나 정부.

**More than a dozen countries were
signatories to the agreement setting
limits on fishing in international waters.**
국제수역에서 어획할 수 있는 한도를 정한 협정에 서명국으로
12개국 이상이 참여했다.

■

Signatory is one who signs his or her signature.
문서에 자신의 signature를 sign하는 사람을 signatory라고 한다.
In 1215 the English barons revolted against King
John and forced him to join them as a signatory
to the Magna Carta.
1215년 영국의 귀족들은 반란을 일으킨 뒤 존왕에게 대헌장에
'서명자'로 참여하도록 압박했다.
This agreement stated the barons' own duties
to the King but also assigned the barons clear
rights and limited the King's power over them.
이 협정은 왕에 대해 귀족이 져야 하는 의무를 명시하는 동시에,
귀족의 권리를 분명히 명시하고 귀족에게 행사할 수 있는 왕의 권한을
제한했다. 마그나카르타는 일반시민들과는 무관한 문서지만
서양역사에서 민주주의를 향해 나아간 최초의 계약으로
평가받는다.

✛

signature [sˈɪgnətʃər] 지필시명.
assign [əsˈaɪn] sth to sb 마음대로 쓰라고 할당하다. 임무를
부여하다.

---

signet
[sˈɪgnət ‿]

noun

● 개인이나 기관이 서명 대신 사용하는 인장.
● 인장이 새겨진 반지.

**The charters of lands and rights of
the early American colonies were
confirmed with the king's signet.**
초기 미국식민지의 토지와 권리를 보장하는 칙허장은 영국 왕의
인장이 있어야 효력이 있었다.

■

signet은 도장과 같은 역할을 한다. 수천 년 전부터
사용되어온 signet은 모두 다르게 만들어지기 때문에
똑같은 것은 존재할 수 없다. 고대인들은 자기의 소유권을
표시하거나 계약서에 서명할 때 signet을 찍었다.
signet은 나중에 문서의 비밀을 유지하기 위한 도구로
사용되기 시작했다. 문서를 접은 다음 뜨거운 왁스를
한 방울 떨어뜨리고 거기에 signet을 찍었다. 그러면
signet 문양을 망가뜨리지 않고서는 문서를 열 수 없다.
signet은 휴대하기 편하도록 반지 형태로 많이 제작된다.
가장 유명한 signet ring은 아마도 교황의
Fisherman's Ring일 것이다.
Fisherman's Ring에는 고기를 낚는 베드로의 모습을
중심으로 교황의 이름이 둘레에 새겨져있다. 교황이 죽으면
이 반지는 파기되고, 새로운 교황이 즉위할 때마다 새로운
signet을 만든다.

✛

a blob of hot wax 뜨거운 왁스 한 방울.

TEXT

Latin
to weave 짜다

textual
[tˈekstʃuəl]

adjective
- 글과 연관된. 글에 기반한.

A textual analysis of 1700 lipstick names, including Hot Mama and Raisin Hell, suggested to the author that the women buying them lack a healthy sense of self-worth.

Hot Mama와 Raisin Hell 등 립스틱 제품명 1700개의 텍스트분석은 립스틱을 구입하는 여성들에게 건강한 자존의식이 부족하다는 것을 알려준다.

■

인쇄술이 발명되기 전에는 손으로 직접 글을 써서 책을 베껴야 했다. text를 이렇게 직접 필사하다보면 실수를 하게 되는데, 이렇게 잘못 필사된 것을 textual error라고 한다. 이러한 필사본을 또 다른 사람이 필사하고 또 그것을 필사하다보면 textual error는 점점 많아질 수밖에 없다. 여러 필사본을 대조하면서 textual error를 찾아내 ancient texts를 복원해내는 작업을 textual criticism이라고 하며 이러한 일을 하는 사람들을 textual critics라고 한다.
오늘날 문학수업에서 실시하는 textual analysis는 의미가 매우 다르다. textual analysis는 개별 단어와 구를 면밀히 검토하며 시나 소설이 무엇을 의미하는지 추론하는 작업을 말한다.

✚

text message 문자메시지. = text
the text of his speech 정확한 워딩.
copyist [kˈɒpɪst] 필사자.
crook [krʊk] 사기꾼, 범죄자.
contextual clue 맥락단서.

context
[kˈɒntekst]

noun
- 맥락. 문맥.
- 상황. 사건이 발생한 전후조건/환경/사정.

The governor claimed that his remarks were taken out of context and that anyone looking at the whole speech would get a different impression.

정부관계자는 자신의 발언이 오해받는 것은 맥락을 제거했기 때문이며 전체 발언을 살펴보면 다른 인상을 받을 것이라고 주장했다.

■

낯선 단어와 마주쳤을 때 context에서 의미를 추론할 수 있는 단서를 찾을 수 있는데, 이것을 contextual clue 라고 한다.
Taking a remark out of context can change its meaning entirely.
어떤 발언을 맥락에서 빼낼 경우, 그 의미는 완전히 달라질 수 있다.
The behavior of historical figures should be seen in the context of their time.
역사적 인물들의 행동은 그들이 살았던 시대의 맥락 안에서 봐야 한다. 지금 우리 시대와 사회규범이 크게 다를 수 있기 때문이다.
When the sentence was taken out of context, it sounded quite different.
문장을 맥락에서 빼내면, 매우 다르게 들린다.
By taking his remarks out of context, the papers made him look like a crook.
문맥에서 그의 말을 빼냄으로써 보고소는 그를 사기꾼처럼 보이게 만들었다.

✚

put sth in context 맥락 속에 넣다.
out of context 맥락에서 벗어나.

textile은 실로 짜거나 뜨개질로 엮은 '천'을 의미한다.
천을 짠 소재에 따라 천 표면은 매끄럽기도 하고 거칠기도 하는 등 느낌이 달라지는데
이것을 texture라고 한다. 개별 낱말들을 '엮어' 만들어낸 문장이나 문단은 text라고 한다.

hypertext
[hˈaɪpərtekst]

noun
● 하이퍼텍스트.

Three days ago my mother was asking me why some of the words are underlined in blue, but by yesterday she was already an expert in hypertext.

3일 전 엄마는 몇몇 단어들이 왜 파란색으로 밑줄이 쳐져 있는지 물었는데, 어제 벌써 하이퍼텍스트를 완벽하게 활용하는 달인이 되어 있었다.

■

above/beyond를 의미하는 hyper가 붙어, 평범한 text의 한계를 넘어선 어떤 특별한 텍스트를 의미한다. 책과 달리 전자텍스트에서 특정부분을 마우스로 클릭하면 또 다른 텍스트로 들어갈 수 있도록 인도해주는 데이터베이스포맷을 hypertext라고 한다. 오늘날 인터넷을 사용하는 사람이라면 hypertext가 어떤 것인지 잘 알고 있을 것이다. 다만 그것을 hypertext라고 하는지 모를 수 있다. hypertext는 1960년대 초 Ted Nelson이 처음 만들어낸 개념으로, 몇 년 뒤 Douglas Engelbart가 실제로 컴퓨터에 구현해냈고, 1991년이 되어서야 인터넷에 도입되었다.

Many young people wonder how anyone ever did research without the benefit of hypertext links.

많은 젊은이들이 하이퍼텍스트 링크의 도움을 받지 않고 어떻게 연구를 했을까 신기해 한다.

＋
be an expert in　—에 능숙하다.
HTTP = Hypertext Transfer Protocol
HTML = Hypertext Mark-up Language

subtext
[sˈʌbtekst]

noun
● 서브텍스트. 말이나 글 속에 숨어있는 의미.

The tough and cynical tone of the story is contradicted by its romantic subtext.

이 이야기의 거칠고 냉소적인 어조는 로맨틱한 서브텍스트와 모순된다.

■

literary text는 다양한 의미로 해석될 수 있다. 페이지에 나열되어 있는 글자들의 literal meaning과 행간에 존재하는 hidden meaning이 다른 경우가 많기 때문이다. 이 hidden meaning이 바로 subtext다. 예컨대 아서 밀러의 연극 《The Crucible》은 17세기 세일럼 지역에서 벌어진 마녀재판 이야기를 담고 있지만, 이 작품의 subtext는 많은 사람들을 공산주의자로 몰아 기소한 1950년대 '마녀사냥' 재판이 얼마나 부당한지 보여주는 것이었다. 남녀 사이에 주고받는 대화에도 수많은 subtext가 존재하기 때문에 숨은 의미를 파악하기 위해서는 유심히 귀 기울여야 한다. subtext와 subplot은 다른 개념이다. subplot은 main plot을 따라 함께 진행되는 부차적인 플롯을 의미한다.

The deeper meaning of many literary works lies in their subtext.

많은 문학작품의 깊은 의미는 서브텍스트 속에 숨어있다.

＋
literary text　문학텍스트.
literal meaning　문자 그대로의 의미, 축자적 의미.
between the lines　행간에.
the Salem witchcraft trials　세일럼의 마녀재판.
subplot [sˈʌbplɔt]　부차적인 플롯.

TROPH

Greek *trophe*
nourishment 영양

atrophy

[ˈætrəfi]

noun

- 질병이나 운동부족으로 인한 근육의 위축.
- 퇴화나 쇠퇴.

verb

- 퇴화하다. 퇴보하다.

After a month in a hospital bed, my father required a round of physical therapy to deal with his muscular atrophy.

병상에서 한 달을 지낸 아버지는 위축된 근육을 되살리기 위해 물리치료를 체계적으로 받아야 했다.

■

a(not)+troph(feed)가 결합한 atrophy는 기본적으로 '잘 먹이지 않은'이라는 뜻이지만 영어에서는 '음식의 결핍'이라는 의미는 사라지고 몸이 쇠약해지는 증상만 일컫는 말이 되었다.

Those who have been bedridden for a period of time will notice that their muscles have atrophied.

오랜 시간 병상에 누워 지내다보면 근육이 퇴화한 것을 느낄 수 있다.

atrophy는 동사로 사용되기도 한다.

After being out of work a few years, you may find your work skills have atrophied.

몇 년 간 일을 하지 않으면 업무능력이 퇴화한다.

atrophy는 비유적인 의미로도 자주 사용된다.

A democracy can atrophy when its citizens cease to pay attention to how they're being governed.

자신이 어떤 방식으로 통치되고 있는지 시민들이 관심 갖지 않는 순간 민주주의는 퇴보할 수 있다. 깨어있는 시민들의 적극적인 행동만이 민주주의를 발전시켜 나간다.

✛

bedridden [bˈedrɪdən] 침대에서 벗어나지 못하는.

hypertrophy

[haɪpˈɜrtrəfi]

noun

- 비대. 특정한 장기나 조직의 과도한 발달.
- 지나친 성장이나 복잡함.

verb

- 비대해지다.

Opponents claimed that the Defense Department, after years of being given too much money by the Congress, was now suffering from hypertrophy.

몇 년 동안 의회가 지나치게 많은 예산을 승인한 결과, 국방부 조직이 비대해져 문제가 발생한 것이라고 반대자들은 주장한다.

■

hyper(above/beyond)+troph(nourishment)가 결합한 hypertrophy는 atrophy의 반대말로, 지나치게 성장했다는 뜻이다.

Extreme muscle hypertrophy generally involves taking steroids, which can do great damage to the body.

근육을 비정상적으로 키우기 위해서는 대개 스테로이드를 복용해야 하는데, 이는 몸에 상당한 해를 미칠 수 있다.

Hypertrophy of the heart sounds as if it might be healthy, but instead it's usually a bad sign.

심장이 비대하다는 말은 얼핏 좋은 것처럼 들리지만, 대개 나쁜 징후다.

hypertrophied nationalism 비대한 국가주의.

atrophy와 마찬가지로 hypertrophy는 비유적 의미로 사용되며, 동사로도 사용할 수 있다.

Muscular hypertrophy as extreme as that is only possible with steroids.

그처럼 극단적인 근육비대증은 스테로이드를 쓰지 않고서는 나올 수 없다.

✛

hypertrophic [haɪpˈɜrtrəfik] 비대한.
muscular [mˈʌskjʊlər] 근육의, 근육이 잘 발달된.

이 어근은 일상적인 영어에서는 거의 볼 수 없지만, 과학책을 들추면 자주 볼 수 있다.
하지만 trophy, apostrophe, catastrophe 속에 들어있는 TROPH는 전혀 다른 어근에서 유래한 것으로
to turn을 의미한다.

dystrophy
[dˈɪstrəfi]

noun
- 위축. 부실한 영양공급으로 발생하는 장애.

The most common of the muscular dystrophies **affects only males, who rarely live to the age of 40.**

가장 일반적인 근육위축증은 남성에게만 일어나는데, 이 병에 걸리면 40살 이상 살기 힘들다.

dys(bad/difficult)+troph(nourishment)가 결합한 dystrophy는 '충분하지 않은 영양공급으로 인해 발생하는 질환(異營養症)'을 의미하지만, 지금은 근육위축과 관련된 질병을 일컬을 때 사용된다.
muscular dystrophy 근육위축증—
muscular dystrophy는 인체의 다양한 부위에서 발생할 수 있다. 눈에서 나타날 경우, 손에서 나타날 경우, 증상이 완전히 달라질 수 있다. 가장 널리 알려진 유형으로는 Duchenne's Muscular Dystrophy(뒤센근육위축증)이 있다. 남자에게만 발병하는 이 질병은 3300명 중 한 명 꼴로 발병한다.

eutrophication
[juːtrˌɒfɪkˈeɪʃən]

noun
- 부(富)영양화. 물에 용해된 영양성분이 증가함.

Local naturalists are getting worried about the increasing eutrophication **they've been noticing in the lake.**

현지 환경운동가들은 호수에서 발견한 급속한 부영양화 현상에 대해 관심을 쏟고 있다.

eu(well)+troph(nourishment)가 결합한 eutrophication은 dystrophy와 반대로 '지나치게 많은 영양을 공급하는 상태'를 의미한다. eutrophication은 오늘날 환경분야에서 자주 사용된다.
Nitrates and phosphates, especially from lawn fertilizers, run off the land into rivers and lakes, promoting the growth of algae and other plant life, which take oxygen from the water, causing the death of fish and mollusks.

소똥, 비료, 세제, 인분에 많이 함유된 질산과 인산이 강이나 호수로 흘러 들어갈 경우, 물속에서 조류와 같은 식물의 성장을 촉진한다.
조류가 지나치게 늘어날 경우 이들을 분해하는 미생물들이 물속에 용해되어 있는 산소를 과도하게 사용하고, 이로써 산소고갈로 인해 물고기와 연체동물들이 죽는다.
eutrophication of Lake Erie 이리호의 부영양화—
6-70년대 발생한 매우 심각한 환경문제로, 당시 Lake Erie는 dead lake라고 불리기도 했다.

✦
dissolved oxygen 용존산소.
nitrate [nˈaɪtreɪt] 질산염.
phosphate [fˈɒsfeɪt] 인산염.
mollusk [mˈɑːləsk] 연체동물.
cow manure [mənˈʊər] 소똥, 거름, 퇴비.

TROP

Greek *tropos*
to turn/ change 바꾸다.

tropism
[trˈoʊpɪzəm]

noun
- 굴성, 향성.
- 특정한 성향.

The new president was soon showing a tropism for bold action, a tendency that seemed more the result of instinct than of careful thought.

새 대통령은 머지않아 과감한 조치를 선호한다는 것을 보여주었다. 신중한 고려보다는 본능적인 반응에서 나오는 것처럼 보이는 성향이었다.

■

tropism은 식물이 어떤 자극을 받았을 때 자극이 오는 방향 또는 그 반대 방향으로 뻗어나가거나(向性) 구부리는(屈性) 움직임을 말한다.
미생물분야에서 tropism은 감염시키고자 하는 특정한 세포를 감지해내는 바이러스의 능력을 의미한다.
사람이나 집단에게 tropism이라는 단어를 사용할 경우, 자신도 모르는 사이에 보이는 특정한 경향성을 의미한다.
hydrotropism [haɪdrˈatrəpˌɪzəm] 굴수성 (屈水性)—
수분이 많은 쪽으로 뻗어나가는 성질.
phototropism [foʊtˈatrəpˌɪzəm] 굴광성 (屈光性)—
빛을 향해 뻗어나가는 성질.
thigmotropism [θɪgmˈatrəpˌɪzəm] 굴촉성 (屈觸性)—
접촉에 반응하여 움직이는 성질. 예컨대 덩굴나무는 작은 덩굴손을 뻗어 딱딱한 물체를 감지하면 거기에 덩굴손을 붙여 간다.

entropy
[ˈentrəpi]

noun
- 엔트로피. 카오스, 무작위.

The apartment had been reduced to an advanced state of entropy, as if a tiny tornado had torn through it, shattering its contents and mixing the pieces together in a crazy soup.

아파트는 고도의 엔트로피 상태로 쪼그라들었다. 마치 작은 토네이도가 아파트를 뚫고 나가면서 온갖 집기와 파편들을 산산조각 내고 휘저어 거대한 수프를 만든 것 같았다.

■

en(within)+trop(change)가 결합한 entropy는 기본적으로 change within (a closed system) 즉, '(폐쇄계) 내부에서 발생하는 변화'를 의미한다.
entropy가 발생하는 closed system이란 에너지나 물질을 바깥영역과 교환하지 않는 닫힌 영역을 말한다.
closed system은 다양할 수 있다. 예컨대 물컵에 색소 한 방울을 떨어뜨렸을 때 물 전체에 색깔이 고르게 퍼지는 것도 entropy 현상이라고 할 수 있는데, 이때 폐쇄계는 물컵 안에 담긴 물이다. 따뜻한 방 안에서 물컵에 담긴 얼음이 녹는 것도 entropy 현상이라고 할 수 있는데, 방 안(폐쇄계)에 있는 모든 물체의 온도가 같아지는 것이기 때문이다. 물리학과 무관하게 일반적으로 entropy라는 단어를 사용할 때는 '거대한 붕괴'를 의미하는 경우가 많다. 이때 상정하는 '폐쇄계'는 우주전체이다.

★
tropics [trˈɒpɪks] 회기선. 열대지방.

tropics에 도달하는 순간 태양은 방향을 '바꾼다.' 매년 6월 22일 태양은 지상에서 직각으로 머리 위에 뜨는 최북단 위도에 도달하는데, 이곳을 Tropic of Cancer(북회귀선)라고 한다. 반대로 12월 22일에는 최남단 위도에 도달하는데, 이곳은 Tropic of Capricorn(남회귀선)이라고 한다. 이 두 tropics 사이에 있는 위치한 지역도 tropics라고 부르는데, 이곳이 바로 1년 내내 기온이 높은 '열대지방'이다.

troposphere는 기상현상이 발생하여 날씨가 수시로 '변하는' 대기층인 '대류권'을 의미한다.
tropics는 태양이 왔던 길로 '되돌아가는 선(회귀선)'을 의미한다.

heliotrope

[hˈiliətrˌoʊp]

noun
- 헬리오트롭.

A long bank of purple heliotrope lined the walkway, and her guests were always remarking on the flowers' glorious fragrance.

산책길가 둑방에 보랏빛 헬리오트롭이 늘어서 있었는데, 꽃을 구경하는 사람마다 싱그러운 꽃내음에 대해 한 마디씩 했다.

Helios는 그리스의 태양신으로, 영어단어에서 태양을 의미한다. heliotrope은 이름 그대로 매일 동쪽에서 서쪽으로 해를 따라 고개를 돌리는 꽃이다. 하지만 이처럼 태양을 쫓는 heliotropism은 많은 꽃에서, 심지어 잎에서도 볼 수 있다.
heliotrope이라고 하는 속(屬)에는 약 250종의 식물이 있는데, 대부분 잡초로 여겨지지만 garden heliotrope은 물망초를 닮은 향기로운 다년생 식물로 유명하다.
The sunflower is, in fact, more dramatically heliotropic than the heliotrope.
해바라기는 사실 헬리오트롭보다 훨씬 드라마틱하게 해를 쫓는다.
heliotropism은 햇볕이 부족한 북쪽의 추운 지역에서 많이 볼 수 있다. 이 식물들은 짧은 성장기 동안 꽃잎으로 햇빛을 반사하여 꽃의 중심에 있는 씨방을 따듯하게 데우는데, 이러한 온기를 이용해 꽃가루를 옮기는 곤충들을 유혹하는 것으로 추정된다.

✚
be in the soup = be in trouble
glorious [glˈɔːriəs] 영광스러운, 찬란한, 유쾌한, 대단한.
fragrance [frˈeɪɡrəns] 향기.
antidepressant [ˌæntaɪdɪprˈɛsənt] 항우울제.
tranquilizer [trˈæŋkwəlˌaɪzər] 진정제.
anesthetic [ˌænɪsθˈetɪk] 마취제, 마취의.

psychotropic

[sˌaɪkoʊtrˈɒpɪk]

adjective
- 향정신성. 정신에 작용하는.

My mother is taking two drugs that may produce psychotropic side effects, and I'm worried that they might be interacting.

어머니는 향정신성 부작용을 유발할 수 있는 두 가지 약물을 복용하고 있는데, 두 약물이 상호작용을 일으키지 않을까 걱정스럽다.

Any medication that blocks pain, from aspirin to the anesthetics used during surgery, can be considered a psychotropic drug. 아스피린부터 마취제에 이르기까지 통증을 차단하는 약물은 물론, 기분을 전환하는 효과가 있는 약물은 모두 향정신성 약물이라고 할 수 있다.
Caffeine and nicotine can be called psychotropic.
카페인과 니코틴도 향정신성 물질이라고 할 수 있다.
Native American religions have used psychotropic substances derived from certain cactuses and mushrooms for centuries.
아메리카 원주민들은 종교의례에서 수백 년 동안 선인장과 버섯에서 추출한 향정신성 물질을 사용했다.
Psychotropic prescription drugs include antidepressants and tranquilizers.
향정신성 처방약으로는 Prozac 같은 우울증치료제, Valium 같은 신경안정제가 있다.
Even children are now prescribed psychotropic drugs, often to treat attention deficit disorder.
요즘은 ADD(주의력결핍장애)를 치료한다는 명목으로 아이들에게도 향정신성 약물을 처방한다.
psychotropic과 psychoactive는 일반적으로 같은 의미로 사용한다.

TOP

Greek *topos*
place 장소

topical
[tˈɒpɪkəl]

adjective
- 국소용. 신체 일부에만 사용할 수 있는.
- 주요 화제거리가 되는.

If the topical ointment doesn't work on the rash, the doctor will prescribe an antibiotic pill.

국소연고가 발진을 치료하는 데 효과가 없으면 의사는 항생제를 처방할 것이다.

■

병원에 가면 topical을 어근의 의미 그대로 사용하는 것을 볼 수 있다. 전체가 아닌 일부(아픈 부분)를 의미한다.

topical medicine 국소(局所)치료.
topical anesthetic = local anesthetic 국부마취
↔ general anesthetic 전신마취

병원 밖에서는 topical을 지금 이 시점과 장소에서 회자되는 이야기·주제를 일컫는 의미로 사용한다.

—topical story 시사적인 이야기.
—topical reference 시사적인 사건이나 화제를 인용함.
—topical humor 시사적인 유머.

이들은 모두 현재 뉴스에 나오는 topic에 초점을 맞춘 이야기라는 뜻이다. standing comedy는 대개 현재 인기있는 영화나 최신 정치스캔들을 농담소재로 삼는다. 하지만 뉴스는 계속 바뀌고 새로운 화제도 계속 쏟아져 나오기 때문에 topical humor는 대개 수명이 짧다.

Since he hates needles, he asks his dentist to use only a topical anesthetic inside his mouth.

그는 바늘을 싫어하기 때문에 치과의사에게 입 안에 국소마취만 해달라고 부탁했다.

✛
anesthesia [ˌænɪsθˈiːʒə] 마취.

ectopic
[ektˈɒpɪk]

adjective
- 제 위치를 벗어난.

A pacemaker was installed to correct her ectopic heartbeat.

이소성 심장박동을 교정하기 위해 심장박동조율기를 부착했다.

■

ec(out of)+topic(place)가 결합된 ectopic은 말 그대로 '제자리를 벗어난'이라는 뜻으로 의학분야에서 많이 쓰인다. 이소異所(다른 장소), 전위轉位(바뀐 위치), 기외期外(그 밖) 같은 말로 번역된다.

ectopic kidney 원래 있어야 할 자리에서 벗어나 있는 콩팥. 이소신장.
ectopic heartbeat 심장근육을 자극하는 전기신호가 비정상적인 심장부위에서 발생하는 증상. 심실기외수축.

An ectopic pregnancy is a pregnancy in which the fertilized egg begins to develop in an area outside the uterus, such as in a fallopian tube.

자궁외임신이란 수정란이 자궁 밖, 즉 나팔관 같은 곳에 착상하여 자라는 증상이다.

아마도 ectopic pregnancy라는 말을 통해 ectopic이라는 단어를 처음 접한 사람이 많을 것이다.

An ectopic pregnancy is an unusual event that poses serious medical problems.

자궁외 임신은 심각한 의학적 문제를 유발하는 흔치않은 증상이다.

✛
fertilize [fˈɜːrtɪlaɪz] 수정시키다.
uterus [jˈuːtərəs] = womb 자궁.
fallopian tube [fəlˈoʊpiən tˈuːb] 나팔관.

topic은 원래 '장소'라는 단어에서 나왔지만,
'사람들이 모인 자리마다 달라지는 이야기' 즉 '화제'라는 뜻으로 쓰인다.
어근의 의미만으로 단어의 의미를 추측해내기 어려운 대표적인 사례라 할 수 있다.

utopian
[juːˈtoʊpiən]

adjective
● 유토피아의.

Some of the new mayor's supporters had gotten increasingly unrealistic, and seemed to expect that she could turn the city into a utopian community.

새 시장의 지지자들 중 일부는 점점 비현실적이 되어, 시장이 도시를 유토피아사회로 바꿔줄 것이라고 기대하는 것처럼 보였다.

■

ou(no)+topos(place)가 결합한 utopia는 말 그대로 no place, nowhere라는 뜻이다.
1516년 Thomas More는 《Utopia》에서 당대의 혼란스러운 정치상황과 극명하게 대조되는 대서양의 가상의 섬나라를 묘사한다. 지구상에 그렇게 완벽한 곳은 존재할 수 없다는 사실을 잘 알고 있었기에 그는 이곳의 이름을 utopia라고 붙였다.

People have long dreamed of creating utopian communities.

사람들은 오랫동안 유토피아사회를 만드는 꿈을 꾸었다.
같은 이상을 꿈꾸는 사람들이 자신들만의 원칙에 따라 서로 협력하며 살아가는 commune을 만들었던 역사가 실제로 존재한다. (물론 대부분 실패했다.)

A complete absence of national border controls is as utopian today as the vision of world government.

국경통제가 전혀 없는 세상은, 세계정부를 꿈꾸는 것만큼이나 오늘날 허황된 몽상에 불과하다.
사회개혁운동에 냉소적인 사람들은 더 나은 사회를 꿈꾸는 이상을 utopian이라는 말로 폄하한다. 그래서 utopian은 오늘날 '비현실적인', '몽상하는'과 같은 비꼬는 의미로 사용된다. 하지만 그런 꿈들이 없었다면 이 세상은 지금처럼 더 살 만한 곳으로 발전하지 못했을 것이다.

topography
[təˈpɒɡrəfi]

noun
● 지형학, 지세, 형세.

Planning the expedition involved careful study of the region's topography.

탐험계획에는 이 지역의 지형에 대한 세심한 연구가 포함되어있다.

■

top(place)+graph(write, describe)가 결합한 topography는 지형을 기록하는 기술, 또는 그러한 기록의 결과물 즉, 지형과 땅의 생김새를 의미한다.
The topography of the Sahara Desert features shifting sand dunes and dry, rocky mountains.

사하라 사막의 지형은 움직이는 모래언덕과 건조한 바위산으로 이루어져있다.

topographic map 지형도—
동일한 높이를 표시하는 등고선을 활용하여 각 지역의 대략적인 고도와 윤곽을 보여주는 지도. 줄여서 topo map이라고도 한다.
Topo maps are useful for hikers among other people.

지형도는 누구보다도 도보여행자들에게 유용하다.
The topography of a river valley often includes a wide, fertile floodplain.

강 유역의 지형에는 대개 범람할 때마다 물이 잠기는 넓고 비옥한 땅이 있다.

✛
dune [dʌ́ːn] 모래언덕.
commune [kάmjuːn] 코뮨, 자치공동체.
floodplain = flood plain 강이 범람할 때마다 잠기는 평원.

PSYCH

Greek psyche
breath 숨 life 생명
soul 영혼

psyche
[sˈaɪki]

noun
- 마음(mind). 정신(soul). 인격(personality).

Analysts are constantly trying to understand the nation's psyche and why the U.S. often behaves so differently from other countries.

연구자들은 미국의 정신이 무엇인지 또 미국은 왜 다른 국가들과 그토록 다르게 행동하는지 이해하고자 끊임없이 노력한다.

16세기 그리스어 psyche가 들어와 그대로 영어단어가 되었다.
그리스신화에서 프시케는 사랑의 신 Eros(Cupid)와 사랑에 빠진 아름다운 공주로, 매우 어려운 관문을 뚫고 결혼허락을 받아낸다. 그리하여 프시케는 대개 사랑을 통해 스스로 구원에 도달하는 '영혼'의 상징으로 여겨진다. 그리스어에서 phyche는 '나비'를 의미하기도 하는데, 이는 그리스인들이 영혼을 어떻게 상상했는지 보여준다.
A characteristic of the feminine psyche has been considered to seek approval from others.
여성성의 한 가지 특징은 남들로부터 승인을 받고자 하는 것으로 여겨졌다.
In English, psyche often sounds less spiritual than soul, less intellectual than mind, and more private than personality.
영어에서 psyche는 soul보다 덜 영적이고, mind보다 덜 지적이며, personality보다 더 사적인 느낌을 준다.

+
psychiatrist [sɪkˈaɪətrɪst] 정신과의사.
psychoanalysis [sˌaɪkoʊənˈæləsɪs] 정신분석.
fungus [fˈʌŋɡəs] 진균류. 복수형은 fungi [ˈfʌn.dʒaɪ].

psychedelic
[sˌaɪkədˈelɪk]

adjective
- 환각과 관련된.

noun
- 환각제.

In her only psychedelic experience, back in 1970, she had watched with horror as the walls began crawling with bizarrely colored creatures.

1970년, 단 한번의 환각경험에서 그녀는 벽이 기괴한 색깔의 생물체들로 우글거리는 공포스러운 장면을 목격했다.

The most famous—or notorious—of the psychedelic drugs is LSD, a compound that can be obtained from various mushrooms and other fungi but is usually created in the lab.
가장 유명한, 악명이 높은 환각제는 LSD로, 다양한 버섯류와 균류에서 추출한 물질을 실험실에서 합성하여 만든다.
How psychedelics produce their effects is still fairly mysterious. 환각제가 어떻게 환각효과를 발휘하는지는 아직 상당부분 미스테리로 남아있다. 이는 환각물질에 대한 금기가 너무 강렬하여 한 동안 제대로 연구가 진행되지 못했기 때문이다. 하지만 최근 새로운 연구결과들이 쏟아져 나오고 있다.
Psychedelics are now used to treat anxiety in patients with cancer, and are being tested in the treatment of such serious conditions as severe depression, alcoholism, and drug addiction. 환각제는 오늘날 암환자들의 불안감을 완화해주는 약물로 사용되고 있으며, 심각한 우울증, 알코올중독, 약물중독과 같은 심각한 증상을 치료하기 위한 목적으로 실험되고 있다.

+
crawl with [krˈɔːl] 우글거리다.
bizarre [bɪzˈɑːr] 기괴한.

psychology는 정신과 행동을 연구하는 '심리학'이며, psychologist는 개인이나 집단의 정신적 문제를 연구하거나 상담하는 '심리학자'를 의미한다. psychiatry는 정신적, 정서적 장애를 다루는 '정신의학'이며 psychiatrist는 '정신과의사'로 일반적인 의사와 마찬가지로 약을 처방할 수 있다.

psychosomatic
[sˌaɪkoʊsoʊmˈætɪk]

adjective
● 심리적/정서적 문제로 인해 발생한 신체증상의.

Her doctor assumed her stomach problems were psychosomatic but gave her some harmless medication anyway.

그녀의 주치의는 복통이 심리적인 원인에 의한 것이라고 생각했지만 어쨌든 무해한 약을 처방했다.

■

psycho(mind)+soma(body)가 결합한 psychosomatic은 말 그대로 몸과 마음이 긴밀하게 연결되어 있는 상태를 의미한다. '정신-신체의' 또는 '심신의' 또는 '심인성心因性'이라고 번역한다.
The placebo effect could be a biochemical basis for a psychosomatic phenomenon.
플라시보효과는 심신질환 현상을 치료하는 생화학적 토대가 될 수 있다. placebo effect는 fake medicine(가짜약)을 처방하여 얻는 효과를 일컫는다
"Oh, it's probably just psychosomatic."
그건 심리적인 문제일 뿐일지 모릅니다.
의사가 이렇게 말한다면, 환자의 신체적 고통이나 질환이 상상―예컨대 동정을 얻고자 하는 노력―일 뿐이기에 스스로 마음만 바꾸면 즉시 나을 것이라고 말하는 것이다. 물론 실제 불편함을 느끼는 환자에게는 이러한 진단이 가혹하게 들릴지도 모른다.
psychosomatic medicine 정신-신체의학, 심신의학

+
placebo [pləsˈiˌboʊ] 플라시보.
biochemical [baɪoʊkˈemɪkəl] 생화학의.

psychotherapist
[sˌaɪkoʊθˈerəpɪst]

noun
● 심리치료사.

He's getting medication from a psychiatrist, but it's his sessions with the psychotherapist that he really values.

그는 정신과의사에게서 약을 받고 있지만, 그가 정말 가치있다고 여기는 것은 심리치료사의 상담을 받는 시간이다.

■

Psychological counseling can usually be called psychotherapy.
개인의 심리에 대해 상담하는 것을 심리치료라고 한다.
The most intense form of psychotherapy, called psychoanalysis, usually requires several visits a week.
심리치료 중에서도 가장 집중적인 치료법은 정신분석으로, 이는 대개 한 주에 여러 번 상담을 받아야 한다.
A type of psychotherapy known as behavior therapy focuses on changing a person's behavior (often some individual habit such as stuttering, tics, or phobias) without looking very deeply into his or her mental state.
심리치료의 일종인 행동치료는 심리상태를 깊이 들여다보기보다는 내담자의 행동(대개 말더듬, 틱장애, 공포증 같은 개인적인 습관)을 바꾸는 데 초점을 맞춘다.

+
stutter [stˈʌtər] 더듬거리다, 말더듬.
tic [tˈɪk] 안면경련장애.
phobia [fˈoʊbiə] 공포증.

HYPER

Greek
above or beyond 위에, 너머에

hyperactive
[ˌhʌɪpərˈæktɪv]

adjective
- 과도하게 활동적인.

hyperbole
[haɪpˈɜːrbəli]

noun
- 극도의 과장.

Stephen King's hyperactive imagination has produced dozens of fantastical stories, not to mention countless nightmares in his readers.

스티븐 킹의 쉴새없는 상상력은 수십가지 환상적인 이야기를 만들어냈다. 독자들에게 무수한 악몽을 안겨준 것은 말할 필요도 없다.

■

Hyperactive children usually have a very short attention span and can't sit still.

지나치게 활동적인 아이들은 대개 집중하는 시간이 매우 짧아서 잠시도 가만히 앉아있을 수 없다. 정신과의사와 심리학자은 이러한 hyperactivity를 바람직한 상태라고 보지 않는다. Hyperactivity can lead to difficulty in learning. 과잉행동은 학습장애로 이어질 수 있다. Not every high-spirited child is hyperactive. 에너지가 넘친다고 해서 모두 과잉행동장애로 분류되는 것은 아니다. 에너지가 넘치는 것은 아이들에게 매우 정상적인 것이다. Some parents think that prescribing drugs for hyperactivity is mostly just good for the drug companies. 과잉행동에 약을 처방하는 것은 제약회사에게만 좋은 일이라고 생각하는 부모들도 있다.

✛
fantastical [fæntˈæstɪkəl] = fantastic
high-spirited 원기왕성한, 쉴 새없이 모험에 나서는.
live up to 기대만큼 충족하다.
hyperbolic [ˌhʌɪpərbˈɒlɪk] 과장법의.
salt intake 소금섭취(량).

The food at Chez Pierre was good, but it couldn't live up to the hyperbole of the restaurant critics.

체즈피에르의 음식은 맛있었지만 레스토랑평론가의 과장된 극찬을 받을 만큼은 아니었다.

■

Advertisers and sports commentators make their living by their skillful use of hyperbole.

광고업자와 스포츠해설가가 먹고 사는 기술은 과장법을 능수능란하게 구사하는 것이다.

Presenting each year's Superbowl as "the greatest contest in the history of sports" certainly qualifies as hyperbole.

매년 슈퍼볼이 열릴 때마다 '스포츠 역사상 가장 위대한 경기'라고 소개하는 것은 과장된 표현이 분명하다.

Equally hyperbolic are advertisers' claims that this year's new car model is "the revolutionary vehicle you've been waiting for" when it's barely different from last year's.

마찬가지로 작년 것과 거의 차이가 없음에도 올해의 신차모델을 가리켜 '당신이 기다려온 혁신적인 차'라고 떠벌리는 것도 뻔한 과장이다. 작년에 선보인 차도 똑같이 그런 문구로 소개했을 것이다.

Politicians love hyperbole too.

정치인들 역시 과장법을 좋아한다. 대통령을 '독재자'라고 몰아붙이고, 정부의 새로운 법안을 무작정 '날치기로 통과된 최악의 법안'이라고 비난하는 것이 표를 얻는 가장 확실한 방법이라고 생각하는 머저리 정치인이 많다.

hyperinflation은 일반적인 인플레이션을 넘어서는 엄청난 인플레이션이다.
hypercritical과 hypersensitive 역시 비판이나 민감도가 정상수준을 넘어가는 수준을 의미한다.
무릎이나 팔꿈치를 hyperextend하는 것은, 관절을 정상적인 운동범위를 넘어 구부리거나 잡아당기는 것이다.

hypertension
[hˌaɪpərˈtenʃən]

noun
● 고혈압.

hyperventilate
[hˌaɪpərvˈentɪleɪt]

verb
● 호흡항진 증상을 보이다.

Pregnancy is often accompanied by mild hypertension that doesn't threaten the mother's life.
임신은 종종 산모의 생명을 위협하지 않는 가벼운 고혈압을 동반한다.

■

hypertension은 스릴러영화가 절정에 다다랐을 때 느껴지는 '긴장' 같은 것을 떠오르게 하지만, 긴장과는 아무 상관이 없는 말이다.
High blood pressure often occurs when the arteries or veins become blocked or narrowed.
동맥이나 정맥이 막히거나 좁아지면 혈관벽에 가해지는 압력이 높아지는데, 이것을 '고혈압'이라고 한다. blood pressure 가 높아질수록 심장이 피를 펌프질하는 일은 힘들어진다. 심각할 경우 심장마비나 뇌졸중을 초래할 수 있기 때문에 hypertension은 결코 가벼운 질환이라고 볼 수 없다.
Though hypertension often produces no warning symptoms, your blood pressure can be checked quickly and easily by a nurse.
고혈압은 대개 어떠한 전조증상도 없이 찾아오지만, 혈압은 간호사의 도움을 받아 쉽고 빠르게 확인할 수 있다.
hypertension은 담배를 피우거나 소금을 너무 많이 섭취하여 발생하는 것으로 여겨지지만, 유전적으로 발생하는 경우도 많다. 혈압이 높은 것으로 나오면, 일단 담배를 끊고 체중을 줄이고 소금섭취량을 낮추고 운동을 해서 혈압을 낮춰야 한다. 이러한 방법이 모두 실패한다면, 약에 의존할 수밖에 없다.

✚
artery [ˈɑːrtəri] 동맥.

They laughed so hard they began to hyperventilate and feel giddy.
그들은 너무 심하게 웃는 바람에 숨이 가쁘고 현기증을 느끼기 시작했다.

■

Hyperventilating can be a response to fear and anxiety. 호흡항진은 공포와 불안에 의해 초래된 반응일 수 있다. 호흡항진이란 숨을 빠르고 깊게 몰아 쉬는 것을 일컫는다.
A test pilot who panics and hyperventilates faces a dangerous situation.
공황상태에 빠져 가쁜 숨을 몰아쉬는 시험비행사는 위험할 수 있다. 숨을 너무 빠르게 몰아 쉬면 핏속에 이산화탄소 수치가 떨어지고 산소 수치가 올라가면서 혈관이 수축하는 현상이 발생한다. 이로써 오히려 몸에 산소가 제대로 공급되지 못하는 결과를 초래하고, 심각할 경우 현기증을 느껴 실신하기도 한다.
The usual remedy for hyperventilation is breathing into a paper bag.
호흡항진에 빠졌을 때 일반적인 치료법은 종이봉투를 입에 대고 숨쉬는 것이다. 새로운 산소가 허파로 마구 쏟아져 들어가지 못하도록 함으로써 핏속 이산화탄소 농도를 일정 수준 유지할 수 있으며, 따라서 정상호흡을 빠르게 회복할 수 있다.

✚
giddy [gˈɪdi] 아찔한.
panic [pˈænɪk] 공포에 질려 허둥대다, 공황상태에 빠지다.
carbon dioxide [daɪˈɒksaɪd] 이산화탄소.
blood vessel [vˈesəl] 혈관.
vein [vˈeɪn] 정맥.
stroke [strˈoʊk] 뇌졸중.

HYPO HYP

below, under 아래

hypochondriac

[hˌaɪpəkˈɒndriæk]

adjective
- 건강염려증의.

noun
- 건강염려증 환자.

Hercule Poirot, the detective hero of the Agatha Christie mysteries, is a notorious hypochondriac, always trying to protect himself from drafts.

애거사 크리스티 추리소설의 주인공 에르퀼 푸아로 탐정은 약간의 찬 바람이 드는 것도 허용하지 않으려는 건강염려증 환자로 악명이 높다.

■

hypochondria는 hypo(under)+chondros (cartilage)가 결합한 말로 여기서 cartilage는 가슴뼈의 연골을 의미한다. 고대에는 바로 이 연골 부위에서 다양한 질병이 발생한다고 여겼다.
Hypochondria is an anxiety and depression that come from worrying too much about one's own health.
히포콘드리아는 자신의 건강에 지나치게 염려하여 생기는 불안증이나 우울증이다.
'심기증(心氣症)', '건강염려증' 등으로 번역된다.
In her middle age she became a thorough hypochondriac, always convinced she was suffering from some new disease.
중년이 되었을 때 그녀는 지독한 건강염려증을 앓게 되어, 자신이 어떤 새로운 질병으로 고생하고 있다고 확신했다.

✚

draft (=draught) [drˈæft] 찬 바람, 외풍.
cartilage [kˈɑːrtɪlɪdʒ] 연골.
hypochondria [hˌaɪpəkˈɒndria] 히포콘드리아, 심기증.
diabetes [dˌaɪəbˈiːtɪs] 당뇨병. 혈당을 스스로 조절하지 못하는 병.
hyperglycemia [hˌaɪpərɡlaɪsˈimiə] 고혈당증.
seizure [sˈiːʒər] 발작.

hypoglycemia

[hˌaɪpoʊɡlaɪsˈimiə]

noun
- 저혈당증.

She had been controlling her hypoglycemia through diet and vitamins, but she now realized she needed to add daily exercise as well.

그녀는 식단관리와 비타민으로만 저혈당을 관리했지만, 이제는 매일 운동도 해야 한다는 것을 깨달았다.

■

hypo(under)+glyk(sweet)가 결합한 hypoglycemia는 '단 맛에 영향을 받는 질병'을 의미한다. 참고로 glycerine이나 monoglyceride처럼 glyc이 들어있는 화학물질은 기본적으로 당(糖)이 주요합성물이다.
People with diabetes have difficulty controlling the sugar in their blood.
당뇨가 있는 사람은 핏 속의 당 농도를 통제하지 못한다.
Hypoglycemia and hyperglycemia is the main symptom of diabetes.
저혈당과 고혈당은 당뇨의 주요 증상이다.
Early symptoms of hypoglycemia may be as minor as nervousness, shaking, and sweating, but it can lead to seizures and unconsciousness.
저혈당의 초기증상은 신경과민, 떨림, 발한처럼 사소한 것일 수 있지만 발작이나 졸도로 이어질 수 있다.
하지만 hypoglycemia는 탄수화물이 많은 음식이나 음료를 섭취함으로써 빠르게 해소할 수 있다. 이에 반해:
Hyperglycemia usually requires an injection of insulin, which the sufferer usually gives himself.
고혈당은 인슐린을 주입해서 당 수치를 낮춰야 하는데, 대개 환자 자신이 직접 자기 몸에 주사를 놔야 한다.

hypo가 붙은 단어들은 의학용어일 확률이 높다. hypodermic needle은 피부 아래(피하)까지 들어가는 주사바늘을 의미한다. hypotension는 저혈압, hypertension는 고혈압을 의미한다.
epicenter(진앙) 아래 지진이 발생한 지점을 hypocenter(진원)이라고 한다.

hypothermia
[hˌaɪpoʊθˈɜːrmiə]

noun
- 저체온증.

By the time rescuers were able to pull the boy from the pond's icy waters, hypothermia had reached a life-threatening stage.

구조원들이 연못의 얼음장 같은 물에서 소년을 끌어냈을 때, 저체온증은 생명을 위협하는 심각한 단계에 달한 상태였다.

■

hypo(below)+therm(warm)이 결합한 hypothermia는 '체온이 떨어져 생기는 질병'을 의미한다. Hypothermia, which usually results from submersion in icy water or prolonged exposure to cold, may constitute a grave medical emergency.

저체온증은 얼음처럼 차가운 물에 빠지거나 오랜 시간 추위에 노출되어 발생하는 증상으로, 심각한 응급상황으로 이어질 수 있다. Hypothermia begins to be a concern when body temperature dips below 95°F.

체온이 35℃ 밑으로 떨어지면 저체온증이 나타날 수 있다. 구체적인 증상으로 맥박, 호흡, 혈압이 떨어지기 시작한다. 32℃ 이하로 체온이 떨어지면 몸이 떨리는 반응조차 멈추는데, 이는 매우 위급한 상황으로 응급조치를 하지 않으면 목숨을 잃을 수 있다.

✚
submerge [səbmˈɜːrdʒ] 물 속에 담그다, 잠기다.
dip [dˈɪp] below/under —아래로 내려가다, 가라앉다.
shiver [ʃˈɪvər] (추위, 공포로 인해) 떨다.

hypothetical
[hˌaɪpəθˈetɪkəl]

adjective
- 가설의. 논의나 연구를 위해 세운 가정과 관련된.
- 가상의. 예를 들고자 상상한.

The candidate refused to say what she would do if faced with a hypothetical military crisis.

후보는 가상의 군사적 위기에 직면하였을 때 어떻게 할 것인지 대답하기를 거부했다.

■

hypo(under)+thesis(put)가 결합한 hypothesis는 put under(아래에 놓다)라는 뜻에서 '기초'나 '기반'을 의미한다. 무엇이든 추론하기 위해서는 가장 기초가 되는 '가정'을 토대로 삼아야 하는데, 그러한 가정이 곧 hypothesis다.
The theory that the dinosaurs became extinct because of a giant meteor that struck the earth near the Yucatán Peninsula involves the hypothesis that such a collision would have had such terrible effects on the earth's climate that the great reptiles would have been doomed.

유카탄반도 부근에 충돌한 거대한 운석 때문에 공룡이 멸종했다는 이론은 그러한 충돌이 지구의 기후에 엄청난 변화를 몰고 거대한 파충류를 멸종시켰다는 가설 위에 서 있다.
철저한 연구와 조사 끝에 오류가 없는 것으로 판명된 hypothesis는, 일반적으로 theory라고 불린다.

✚
hypothesis [haɪpˈɒθɪsɪs] 가설, 가정.
meteor [mˈiːtiər] 운석.
be doomed [dˈuːmd] 망할 운명이 정해져있다.

DERM

Greek *derma*
skin 피부

dermal

[dˈɜrməl]

adjective
- 피부와 관련된.

epidermis

[ˌepɪdˈɜːrmɪs]

noun
- 표피층.

The agency is always studying what can be done to prevent dermal exposure to chemicals in the workplace.

이 기관은 작업장에서 화학물질에 피부가 노출되지 않도록 예방하기 위한 조치를 상시 연구한다.

■

Dermal therapy usually means restoring moisture to dry, cracked skin.
피부관리는 대개 건조하고 갈라진 피부에 수분을 공급하는 것을 의미한다.

Dermal fillers such as collagen can be injected to fill in acne scars or reduce wrinkles.
콜라겐 같은 피부필러는 여드름 흉터를 채우거나 주름을 줄이기 위해 주입되기도 한다.

Dermal fillers have now been joined by treatments like Botox, which paralyzes facial dermal muscles, again in order to reduce wrinkles.
오늘날 피부필러는 보톡스와 같은 약물과 혼합하여 주름을 없애기 위해 사용된다. Botox는 얼굴의 피부근육을 마비시키는 약물로, 피부근육이 무수히 접히면서 생긴 흔적(주름)을 제거하는 데 효과가 뛰어나다.

a cutaneous drug reaction 피부에 나타나는 약물반응.
cutaneous는 dermal과 의미가 같다.

✛

acne [ˈækni] 여드름.
collagen [kˈɒlədʒən] 콜라겐.
paralyze [pˈærəlaɪz] 마비시키다.
cutaneous [kjutˈeɪniəs] 피부의.

The epidermis is the body's first line of defense against infection, external injury, and environmental stresses.

표피는 감염, 외상, 환경스트레스에 맞서는 우리 몸의 최전선이다.

■

epi(outer)라는 접두어가 결합한 epidermis는 dermis에서 가장 바깥층에 위치한 껍질을 의미한다.
The epidermis itself consists of four or five layers; the outermost layer is made of dead cells, which are being shed continuously.
표피층도 4-5개 층으로 이루어져 있다. 가장 바깥에 있는 층은 죽은 세포로 되어있으며, 이들은 지속적으로 탈각한다.

The epidermis acts as a physical barrier— a protective wrap over the body's surface, which, by preventing water loss, allows vertebrates to live on land.
표피는 몸의 장벽 역할을 한다. 보호막처럼 신체표면을 감싸 수분손실을 막아주는데, 그 덕분에 척추동물이 육지에서 살 수 있는 것이다.

✛

dermis [dˈɜrmɪs] 피부, 진피층.
outermost [ˈaʊtərmoʊst] 맨 바깥.
shed [ʃˈed] (나뭇잎, 털 등을) 떨구다.
vertebrate [vˈɜːrtɪbrɪt] 척추동물.
rash [rˈæʃ] 발진.
blister [blˈɪstər] 물집.
scab [skˈæb] 딱지가 생기다.
scale [skˈeɪl] 껍질이 벗겨지다.
eczema [ɪgzˈiːmə] 습진.
psoriasis [sərˈaɪəsɪs] 건선.
dandruff [dˈændrʌf] 비듬.

dermatologist는 skin specialist다.
hypodermic injection은 피부 밑에(HYPO-) 주사액을 주입하는 '피하주사'를 의미한다.
pachyderm은 '피부가 두꺼운 동물'이라는 뜻인데, 대부분 코끼리를 일컫는다.

---

dermatitis

[dˌɜːrmətˈaɪtɪs]

noun

● 피부염.

The only dermatitis she had ever suffered had been the result of playing in poison ivy when she was little.

그녀가 겪은 유일한 피부염은 어릴 때 담쟁이덩굴을 가지고 놀다 걸린 것이다.

Dermatitis usually appears as a rash, and may cause itching, blisters, swelling, and often scabbing and scaling.

피부염은 대개 발진으로 나타나며, 가려움증, 수포, 부종과 같은 증상을 유발하며, 대개 딱지가 앉거나 껍질이 벗겨진다.

Contact dermatitis is caused by something (often a chemical) touching the skin.

접촉피부염은 어떤 (대개 화학)물질이 피부에 닿아 생기는 것이다.

Atopic dermatitis usually affects the insides of the elbows, the backs of the knees, and the face; generally resulting from an inherited sensitivity, it's often triggered by inhaling something. 아토피피부염은 대개 팔꿈치 안쪽, 무릎 뒤쪽, 얼굴에 영향이 나타난다. 일반적으로 유전적인 민감성피부로 인해 나타나는데, 대개 무언가 흡입함으로써 촉발된다.

Eczema, psoriasis, and dandruff are all forms of dermatitis. 습진, 건선, 비듬은 모두 피부염의 일종이다.

Even in the worst cases, dermatitis isn't infectious and doesn't produce serious health consequences. 최악의 경우라도 피부염은 전염되지 않으며 심각한 건강문제를 초래하지도 않는다.

✛
poison ivy 담쟁이덩굴. '옻'을 품고 있는 덩굴식물.

---

taxidermist

[tˈæksidɜːrmɪst]

noun

● 박제사.

The taxidermist suggested that the bobcat be displayed in the act of leaping fiercely toward the viewer.

박제사는 살쾡이를 관람객을 향해 사납게 뛰어오르는 자세로 전시하자고 제안했다.

Taxidermists are called on not only by sportsmen and collectors but by museums, movie studios, and advertisers.

사냥꾼과 수집가뿐만 아니라 박물관, 영화스튜디오, 광고 등에서도 박제사를 찾는다.

Taxidermists first remove the skin then create a plaster cast of the carcass with which to produce a "mannequin," on which they replace the skin.

박제사는 먼저 거죽을 벗기고, 사체를 석고모형을 떠서 '마네킹'을 제작한 다음 거기에 거죽을 씌운다.

살아있는 것처럼 보이는 이러한 trophy를 제작하기 위해서는 고도의 기술력과 집중력뿐만 아니라 예술적인 감각까지 갖춰야 한다.

✛
sportsman [spˈɔːrtsmən] 사냥, 낚시를 즐기는 사람.
bobcat [bˈɒbkæt] 삵.
plaster cast 석고모형.
carcass [kˈɑːrkəs] 사체.
trophy [trˈoʊfi] 전리품.
taxidermy [tˈæksidɜːrmi] 박제술.
infectious [ɪnfˈekʃəs] 전염성의.

LOG

Greek *logos*
word 언어 speech 말
reason 이유

physiology
[fˌɪziˈɒlədʒi]

noun

- 생리학.
- 생리. 생명체나 기관의 기능과 작동방식.

For students planning to go to medical school, the university's most popular major is Human Physiology.

의학대학원에 진학하려는 학생들에게 가장 인기있는 전공은 인간생리학이다.

■

physio(physical)+logy(reason)가 결합한 physiology는 생리학이라는 뜻이다. physiology는 생명체/조직/세포의 기능과 작동원리를 연구하는 생물학의 한 분야다. 의료분야에 종사하려면 신체조직과 세포가 어떻게 정상적으로 기능하는지 알아야 한다.
"Anatomy and physiology" are now often spoken of in the same breath.
오늘날 '해부학과 생리학'을 붙여 이야기하는 경우가 많다.
생리학은 신체구조에 초점을 맞추는 해부학과 다른 것으로 여겨져 왔지만, 구조와 기능을 과학적으로 구분하기 어렵다는 것이 밝혀졌기 때문이다.

✚

anatomy [ənˈætəmi] 해부학.

methodology
[mˌeθədˈɒlədʒi]

noun

- 방법론. 특정분야에서 준수하는 규칙/방법.

Some researchers claimed that Dr. Keller's methodology was sloppy and had led to unreliable conclusions.

몇몇 연구자들은 켈러박사의 방법론이 엉성하여 신뢰할 수 없는 결론이 나왔다고 주장했다.

■

Bad methodology can spoil the research projects.
잘못된 방법론은 연구프로젝트를 망칠 수 있다.
어떤 실험을 하든 방법론은 매우 중요하다.
Whenever a piece of research is published in a scientific or medical journal, the researchers always carefully describe their methodology.
과학저널이나 의학저널에 연구논문을 실을 때, 연구자들은 언제나 자신의 방법론을 주의 깊게 설명한다.
그렇지 않으면 그들의 연구의 품질을 다른 학자들이 제대로 평가할 수 없기 때문이다.
There's method in his madness.
미친 놈 같아도 다 그렇게 행동하는 이유가 있기 마련이다.

✚

method [mˈeθəd] 방법.

ideology

[aɪdiˈɒlədʒi]

noun

● 이념. 이데올로기.

By the time she turned 19, she realized she no longer believed in her family's political ideology.

19살이 되자, 그녀는 더이상 자신이 가족의 정치적 이념에 동의하지 않는다는 사실을 깨달았다.

■

어근 ideo-는 쉽게 추측할 수 있듯이 idea를 뜻한다. Ideological thinkers come up with large theories about how the world works and try to explain everything (and maybe even predict the future) according to those theories.

이데올로기사상들은 세계가 어떻게 작동하는지 설명하는 거대이론을 만들고, 그 이론에 따라 모든 것을 설명하려고 (더 나아가 미래를 예측하려고) 한다.

Ideas and theories about human behavior can always be carried too far, since such behavior is very hard to pin down.

인간의 행동에 대한 아이디어나 이론은 늘 극단으로 나가는 경우가 많은데, 인간의 행동은 특정하기 어렵기 때문이다.

일련의 정치적 사상이나 이론에 열성적으로 헌신하는 사람을 ideologue라고 하는데, 이는 프랑스어를 그대로 가져온 것이다. 아무 쓸모도 없어 보이는 생각으로 가득 찬 당대의 정치사상가들을 비꼬는 의미로 나폴레옹이 만들어낸 말이다.

✦

carry sth too far/to extremes/to excess
너무 멀리 가지고 가다. 너무 멀리 나가다.
ideological [ˌaɪdiəˈlɒdʒɪkəl] 이념적인.
ideologue [ˈaɪdiəlɔːg] = **ideologist** [aɪdiˈɒlədʒɪst]
특정 이념에 경도된 사람.

cardiology

[kˌɑːrdiˈɒlədʒi]

noun

● 심장학. 심장의 기능과 질환에 대한 학문.

After his heart attack, he actually bought himself a cardiology textbook and set about learning everything he could about his unreliable organ.

심장마비를 겪고 난 뒤, 그는 심장학교본을 구입해 미덥지 않은 이 장기에 대해 습득할 수 있는 정보를 모조리 학습하기 시작했다.

■

card/cord는 heart를 의미하는 어근으로 심장과 관련한 단어에 자주 등장한다. cardiologist는 cardiograph가 기록한 cardiogram을 보고 진단할 줄 알아야 한다.

평소에 달리기 같은 cardiovascular exercise를 열심히 해서 심장건강을 유지해야 한다. 또한 주변에 갑자기 심장마비환자가 발생했을 때는 cardiopulmonary resuscitation을 즉각 실시할 수 있도록 준비해야 한다.

✦

cardiograph [kˈɑːrdioʊɡrˌæf] 심전계.
cardiogram [kˈɑːrdioʊɡrˌæm] 심박동곡선.
cardiovascular [kˌɑːrdioʊvˈæskjʊlər] 심장과 혈관의.
cardiopulmonary [kˌɑːrdioʊpˈʊlməˌnɛri] 심장과 폐의.
resuscitate [rɪsˈʌsɪteɪt] 소생시키다.
cardiopulmonary resuscitation = CPR 심폐소생술.

IATR

Greek

healer 치유사
physician 의사

iatrogenic
[aɪˌætrədʒˈɛnɪk]

adjective
- 의사로 인한.

Most medical malpractice suits seek compensation for iatrogenic injury.

의료과실 소송은 대부분 의사에 의해 발병한 상해에 대한 보상을 요구한다.

■

iatr(physician)+gen(birth)이 결합한 iatrogenic은 문자 그대로 '의사가 만들어낸'이라는 뜻이다. iatrogenic disease는 '의료진의 부주의로 인해 발생한' 질병이다.

latrogenic injury and death still remain serious risks.

의료진의 실수로 인해 발생하는 상해나 사망은 여전히 심각한 위험으로 남아있다.

1797년 미국의 초대대통령 조지 워싱턴은 인후염 치료를 받다가 의사의 잘못된 판단으로 인해 과다출혈로 죽었다. 물론 이러한 어이없는 의료사고가 21세기에도 일어나지 않기를 바라지만 현실은…

Doctors' families seem a normal, generally healthy lot, with a remarkably low incidence of iatrogenic illness.

의사의 가족들은 전반적으로 상당히 건강할 뿐만 아니라 의료과실의 피해자가 될 확률 또한 매우 낮다. 적어도 수술에서 깨어났을 때 의사가 멀쩡한 다리를 잘라낸 사실을 깨닫는 경험은 하지 않을 것이다.

✚
malpractice [mælprˈæktɪs] 과실.
suit [sˈuːt] 소송.

bariatric
[bˌærɪˈætrɪk]

adjective
- 비만 치료와 관련된.

In the type of bariatric surgery called gastric bypass, part of the stomach is actually stapled off.

위장접합술이라고 하는 비만치료수술은 위의 일부분을 실제로 가는 철사로 묶어서 떼어낸다.

■

bar(weight)+iatr(physician)이 결합한 bariatric은 overweight, obesity을 치료한다는 뜻이다. bar(baros)는 barometer에서 볼 수 있는데, 이는 공기의 무게, 즉 압력을 측정하는 단위다.

Bariatric surgery is only employed when other methods of weight loss have been tried and failed. 비만수술은 체중감량을 위한 다른 시도가 모두 실패했을 때에만 시행된다.

Bariatric surgery doesn't just help people look and feel better—it's a potential lifesaver, because obesity greatly increases the risk of heart disease, diabetes, cancer, and stroke.

위장수술은 외모와 기분만 좋게 하는 것이 아니라 잠재적으로 생명을 구하는 것이다. 비만은 심장질환, 당뇨병, 암, 뇌졸중 같은 위험을 크게 높이기 때문이다.

✚
gastric [gˈæstrɪk] 위의.
bypass [bˈaɪpæs] 우회로.
staple [stˈeɪpəl] 무언가를 묶기 위한 가는 철사, 스테이플로 묶다.
obesity [oubˈiːsɪti] 비만.
diabetes [dˌaɪəbˈiːtiːs] 당뇨병.
stroke [strˈoʊk] 발작.

이 어근은 대개 단어 가운데 들어가기 때문에 쉽게 눈에 띄지 않는다.

pediatrician은 아이(ped)를 치료하는 '소아과의사'다.

psychiatrist는 정신(psych)를 치료하는 '정신과의사'다. physiatrist는 몸(phys)를 치료하는 '물리치료사'다.

geriatric
[ˌdʒɛriˈætrɪk]

adjective

● 노인과의.

We guessed we were now in the hospital's geriatric wing, since all the patients seemed to be elderly.

모든 환자가 나이가 들어 보여, 우리는 노인병동에 들어왔다고 생각했다.

65세 이상 노인들은 젊은 사람들과 신체적으로 다른 문제를 겪는다. 몸도 노쇠하고 체력이 떨어져 신체활동이 불안하다. 시력과 청력도 퇴화되고, 면역시스템도 약해서 질병에 쉽게 노출된다. 더 나아가 지능저하, 기억력감퇴, 우울증 같은 정신적인 문제로 인해 치료과정은 더 어려워진다. 오늘날 고령화 사회가 되면서 노인만을 전문적으로 치료하는 geriatrics는 갈수록 중요해지고 있다.

From pediatrics to geriatrics, there are dozens of options awaiting nursing majors upon graduation.

소아과에서 노인과까지, 졸업할 때까지 수십가지 과목 중에서 간호전공을 선택을 할 수 있다.

Many doctors shy away from full-time geriatrics because it typically pays less than other specialties.

많은 의사들이 노인과만 보려 하지 않는다. 다른 전공에 비해 일반적으로 보수가 낮기 때문이다.

Geriatric patients receive most of the country's medical care every year.

노인과 환자들은 대부분 매년 국가에서 의료보장을 받는다.

+

geriatrics [ˌdʒɛriˈætrɪks] 노인과.
pediatrics [ˌpiːdiˈætrɪks] 소아과.

podiatrist
[pədˈaɪətrɪst]

noun

● 발 전문의사.

Like most podiatrists, she spends a lot of time dealing with minor complaints like bunion, ankle sprains, arch pain, and hammertoes.

대다수 발 전문 의사처럼 그녀는 엄지발가락 관절기형, 발목염좌, 장심 통증, 추상족지 같은 사소한 불편을 치료하는데 많은 시간을 보냈다.

In the U.S., a podiatrist is a doctor of podiatric medicine (D.P.M.), who is licensed to perform surgery.

미국에서 podiatrist는 D.P.M.(doctor of podiatric medicine)으로 발과 관련한 수술을 할 수 있는 면허를 가진 전문의다.

발과 관련된 질환은 대부분 사람의 발이 아스팔트와 콘크리트 위에서 걷는데 적합하게 설계되어 있지 않기 때문에 발생한다. 더 나아가 신발을 신는 것조차 발에 맞지 않을 수 있다. 신발을 채우는 완충재가 발에 도움이 되기보다는 오히려 해로울 수 있다.

영국에서는 발전문의를 chiropodist라고 하는데, 이 단어는 발과 손을 모두 치료하던 시대에 붙여진 이름이다. 그리스어로 chiro-는 hand, pod-는 foot을 의미한다.

+

podiatric [pədˈaɪətrɪk] 발치료의.
bunion [bˈʌnjən] 엄지발가락 관절 돌출.
sprain [sprˈeɪn] 발목접질림(염좌).
arch [ˈɑːrtʃ] 발바닥 가운데 오목한 부분 (장심).
hammertoe [hˈæmərˌtoʊ] 발가락기형.

HEM HEMO

Greek
blood 피

---

hemorrhage

[hˈemərɪdʒ]

noun
- 출혈.

He arrived at the emergency room reporting headache, nausea, and drowsiness, and the doctor immediately suspected that he'd suffered a brain hemorrhage.

응급실에 도착한 그는 두통, 메스꺼움, 졸음을 호소했고, 의사는 즉각 뇌출혈을 의심했다.

■

hemorrhage은 심한 충격이나 약물의 부작용으로 인해 발생한다. 출혈은 대개 심각한 문제는 아니지만 cerebral hemorrhages(뇌출혈)은 생명을 위협할 수도 있다.
In older people, hemorrhages are often caused by blood-thinning medication taken to prevent heart attacks. 노인들의 경우, 심장마비를 예방하기 위해 복용하는 혈액응고억제제에 의해 출혈이 발생하는 경우가 많다.
A bruise is a hemorrhage close enough to the surface of the skin to be visible.
멍은 눈에 보일 정도로 피부 표면 가까이에서 일어나는 출혈이다.
의사들은 멍을 hematoma라고 부른다.
The business is hemorrhaging money.
이 사업은 자금출혈이 크다. 동사를 사용되는 hemorrhage는 꼭 피만 흘리는 것은 아니다.
The U.S. has been hemorrhaging industrial jobs for decades.
미국에서 수십 년 동안 기업의 일자리가 빠져나갔다.
hemorrhage는 스펠링이 어지러우니 눈여겨보라.

✛
nausea [nˈɔːziə] 욕지기.
drowsy [drˈaʊzi] 졸음이 쏟아지는.

---

hematology

[hˌiːmətˈɑːlədʒi]

noun
- 혈액학.

Her specialty in hematology let her work with patients of all ages and types, since blood problems may affect almost anyone.

혈액학을 전공한 덕분에 그녀는 모든 연령대, 모든 유형의 환자를 진료할 수 있는데, 혈액문제는 거의 모든 이들과 연관이 있기 때문이다.

■

Blood test can reveal more about your physical condition than almost any other kind of examination. 신체기능의 가장 기초가 되는 피를 검사하는 것은 다른 어떠한 검사보다 몸상태에 대해 많은 것을 알려 준다. 따라서 hematology는 의학에서 중요한 위치를 차지한다.
Since blood cells are formed in the bone marrow, the bones are one important focus for hematologists. 피세포는 골수에서 형성되기 때문에 뼈는 혈액학자들에게 중요한 관심대상이다.
Coagulation, thickening, is what keeps us from bleeding to death from even small wounds.
혈액응고는 작은 상처만으로도 피가 빠져나가 죽을 수 있는 가능성을 차단하는 메커니즘이다.
There are dozens of serious blood diseases, including anemia (a lack of red blood cells) and leukemia (cancer involving a buildup of white blood cells). 심각한 혈액질환 으로는 빈혈(적혈구 결핍), 백혈병 (백혈구가 증식하는 암) 등 수십 가지가 있다.

✛
marrow [mˈæroʊ] 골수.
cerebral [sərˈiːbrəl] 뇌의.

의학용어에서 자주 볼 수 있는 어근이다. 단어 끝에 붙일 때는 h-를 빼고 -emia라고 쓴다.
anemia[ənˈiːmiə] (빈혈), leukemia[lukˈiːmiə] (백혈병), hyperglycemia[hˌaɪpərglaɪsˈimiə] (고혈당증)
hematoma [hˌimætˈoʊmə] (혈종) 모두 피와 연관된 질환이라는 것을 알 수 있다.

hemophilia
[hˌiːməfˈɪliə]

noun
- 혈우병.

When he was a child, his hemophilia had kept him from joining the other kids in rough play at recess.
어릴적 그는 혈우병 때문에 쉬는 시간에 다른 아이들과 맘껏 놀지 못했다.

◼

hemo(blood)+philia(love)가 결합한 hemophilia는 피를 사랑하는 질병 즉 '혈우병'을 의미한다.
Hemophilia is the result of an inherited gene, and almost always strikes boys rather than girls. 혈우병은 유전으로 인해 발생하는 질병으로, 거의 예외없이 여자아이들보다는 남자아이들에게 나타난다.
물론 유전자는 엄마를 통해서 전해질 수도 있다.
Since the blood lacks an ingredient that causes it to clot or coagulate when a blood vessel breaks, even a minor wound can cause a hemophiliac to bleed to death if not treated.
혈관이 파손되었을 때 피를 응고하는 요소가 부족하여, 경미한 상처라도 빨리 치료하지 않으면 출혈로 인해 사망할 수 있다.
특히 몸 안에서 출혈이 일어날 경우에는, 환자가 그 상황을 인지하지 못할 수 있기 때문에 위험할 수 있다.
Queen Victoria transmitted the hemophilia gene to royal families all across Europe.
혈우병 유전자를 보유하고 있었던 영국의 빅토리아여왕은 유럽 전역의 왕족에게 혈우병을 전파하는 역할을 했다.
특히 그녀의 손녀가 낳은 러시아 황태자가 혈우병을 앓았고, 이는 러시아왕가가 몰락하는 주요원인이 되었다. 지금은 혈액응고를 도와주는 약물이 개발되어 혈우병 환자들도 평균수명에 가까운 삶을 살 수 있다.

hemoglobin
[hˌiːməglˈoʊbɪn]

noun
- 헤모글로빈.

Her doctor had noticed her low hemoglobin count and was insisting that she include more iron-rich vegetables in her diet.
의사는 그녀의 헤모글로빈 수치가 낮다는 것을 발견하고, 철분이 풍부한 채소를 식단에 포함할 것을 당부했다.

◼

When filled with oxygen, the hemoglobin in your blood is bright red. 핏속 헤모글로빈은 폐에서 산소를 가득 싣고 나갈 때는 선홍빛을 띤다. 반면, 산소를 다 소진하고 폐로 돌아올 때는 푸르스름한 빛을 띤다.
Hemoglobin levels can change from day to day.
헤모글로빈 수치는 날마다 달라질 수 있다. 출혈, 철분섭취 부족, 임신 등으로 인해 헤모글로빈 수치가 크게 떨어질 수 있다.
When you give blood, a nurse first pricks your finger to test your hemoglobin level.
헌혈을 할 때, 간호사는 먼저 손가락끝을 찔러 헤모글로빈 수치를 검사한다. 헤모글로빈 수치가 낮은 상태를 anemia라고 한다. anemia는 대개 크게 걱정할 필요는 없지만, 심각한 경우도 있으니 조심해야 한다.

✚

prick [prˈɪk] 찌르다.
thin [θˈɪn] 묽게 만들다.
medication [mˌedɪkˈeɪʃən] 약물.
bruise [brˈuːz] 멍.
recess [rɪsˈes] 쉬는 시간.
inherit [ɪnhˈerɪt] 물려받다.
clot [klˈɒt] 엉기다.
coagulate [koʊˈægjʊleɪt] 응고하다.
transmit [trænzmˈɪt] 전파하다.
coagulate [koʊˈægjʊleɪt] 응고하다.

ITIS

Greek / Latin

disease 질병
inflammation 염증

bursitis
[bərsˈaɪtɪs]

noun
● 점액낭 염증.

hepatitis
[hˌepətˈaɪtɪs]

noun
● 간염.

My barber developed bursitis after many years of lifting his arms all day.

내 이발사는 오랜 세월 하루 종일 두 팔을 들고 일하는 바람에 점액낭염에 걸렸다.

■

A bursa is a little pouch filled with fluid that sits between a tendon and a bone.

점액낭은 힘줄과 뼈 사이에 있는, 체액으로 가득 찬 작은 주머니이다. 이곳의 체액이 박테리아에 감염되거나 지나친 움직임으로 자극을 받을 때 염증이 생길 수 있는데, 이것을 bursitis 라고 한다.

Throwing a baseball too many times at one session may inflame and irritate one of the bursae in the shoulder.

한 시즌에 너무 많은 공을 던지면 어깨의 점액낭에 염증이 발생하거나 지나치게 자극될 수 있다.

bursa의 복수형 bursae를 눈여겨보라.

예로부터 housemaid's knee, soldier's heel, tennis elbow라고 부르던 질병이 바로 bursitis다.

Bursitis generally goes away after a few weeks of resting the affected area, and the pain can be treated with ice packs and aspirin.

점액낭염은 일반적으로 염증이 발생한 부위를 몇 주간 쉬면 사라지며, 통증은 얼음팩과 아스피린으로 치료할 수 있다.

✛
pouch [pˈaʊtʃ] 주머니.
fluid [flˈuːɪd] 체액.
tendon [tˈendən] 힘줄.
inflame [ɪnflˈeɪm] 불을 붙이다, 악화시키다.
infectious [ɪnfˈekʃəs] 전염되는.

His skin now had a yellowish tinge, as did the whites of his eyes, and his doctor immediately recognized the signs of advanced hepatitis.

눈의 흰자위에 이어 피부색까지 황달로 노래지자, 의사는 그가 간염말기라는 사실을 금방 알아차렸다.

■

The liver, the body's largest gland, performs many important tasks, but is also vulnerable to many illnesses. 우리 몸에서 가장 큰 분비기관인 간은 여러 가지 중요한 임무를 수행하지만, 많은 질환에 취약하기도 하다. hepatitis에는 여러가지 유형이 있는데, A-E가 붙은 간염은 특히 바이러스 감염에 의해 발생한다. 예컨대 가장 흔한 A형 간염은 오염된 음식과 물을 통해 걸린다. Hepatitis B usually travels via sexual activity or shared needles.

B형 간염은 성행위나 주사바늘을 통해 전염된다.

C형 간염 역시 주사바늘을 남과 함께 씀으로써 전염된다. Some other types, including alcoholic hepatitis aren't infectious. 잦은 음주로 인해 발생하는 알코올성 간염과 같은 유형은 전염으로 발생하는 것이 아니다.

There are vaccines for types A and B, and drug treatments for A, B, and C, though the drugs aren't always effective. A형/B형 간염은 예방할 수 있는 백신이 있고, A형, B형, C형은 치료제도 있다. **하지만, 치료제가 100퍼센트 효과가 있는 것은 아니다.**

✛
tinge [tˈɪndʒ] 기미, 기색.
gland [glˈænd] 분비기관, 샘.

appendicitis는 appendix가 붓고 아픈 질병이고, tonsillitis는 tonsil이 붓고 아픈 질병이고, laryngitis는 larynx가 붓고 아픈 질병이다. 이 어근을 사용해 언제든 새로운 단어를 만들어낼 수 있다. 예컨대 senioritis는 senior(고등학교3학년/대학4학년)가 되면 학생들이 수업을 소홀히 하는 현상을 일컫기 위해 만들어낸 말이다.

bronchitis
[brɒŋkˈaɪtɪs]

noun
- 기관지염.

tendinitis
[tˌɛndənˈaɪtɪs]

noun
- 건염.

Before the smoking ban went into effect, three flight attendants had sued the airline, claiming secondhand smoke was to blame for their bronchitis.
금연이 시행되기 전, 승무원 세 명이 간접흡연으로 인해 기관지염에 걸렸다면서 항공사를 상대로 소송을 제기했다.

■

The bronchial tubes carry air into the tiny branches and smaller cells of the lungs. 기관지는 폐의 작은 가지들과 그보다 작은 세포들로 공기를 전해주는 통로다.
In bronchitis, the tubes become sore and you develop a deep cough.
기관지염에 걸리면 기관지가 쓰리고 깊은 기침을 하게 된다.
Bronchitis caused by bacteria can be treated with antibiotics.
박테리아 때문에 발생한 기관지염은 항생제로 치료할 수 있다. 하지만 바이러스 때문에 발생한 기관지염은 치료제가 없다.
A bout of bronchitis may involve a couple of weeks of coughing (with no laughing allowed), weakness, and loss of energy and interest in doing things. 기관지염에 걸리면 2주 정도는 (웃기도 힘들 정도로 심한) 가슴통증을 동반한 기침과 심각한 활력저하로 인해 만사가 다 귀찮아진다. **골골 앓는 수밖에 없다.**
Apart from that, bronchitis is rarely serious—at least if it doesn't progress to pneumonia.
그러한 불편만 잘 참아낸다면 기관지염은 그다지 걱정하지 않아도 된다. 다만 폐렴으로 진행되지 않도록 주의해야 한다.
He's a heavy smoker, and he's been suffering from bronchitis several times a year. 지독한 흡연으로 인해 그는 한 해에만 몇 차례씩 기관지염으로 고생했다.

After years of tennis and bicycling, she now has tendinitis of both the elbow and the knee.
수년간 테니스를 치고 자전거를 탄 것 때문에 그녀는 현재 팔꿈치와 무릎에 모두 건염이 생겼다.

■

tendinitis는 골프나 테니스를 즐기는 사람들, 바이올린 연주자, 목수 등 특정한 동작을 반복적으로 하는 사람들에게 많이 찾아온다. 특히 자세가 바르지 않으면 예외없이 찾아온다.
Tendinitis is usually treated by keeping the joint from moving, by means of a splint, cast, or bandage.
힘줄에 생긴 염증을 치료하기 위해서는 부목, 깁스, 붕대 등을 이용해 관절을 움직이지 않도록 고정시켜야 한다.
If not dealt with in time, tendinitis can turn into the more serious tendinosis, or tendon degeneration.
건염을 제때 치료하지 않으면, 훨씬 심각한 건병(힘줄 퇴화하는 증상)로 발전할 수 있다.

✛

tendon [tˈɛndən] 힘줄.
joint [dʒˈɔɪnt] 관절.
splint [splˈɪnt] 부목.
cast [kˈæst] 깁스.
bandage [bˈændɪdʒ] 붕대.
degenerate [dɪdʒˈenəreɪt] 퇴화하다.
sore [sˈɔːr] 쓰린.
bronchial [brˈɒŋkiəl] tube 기관지.
bout [bˈaʊt] 한바탕, 병치레.
pneumonia [njuːmˈoʊniə] 폐렴.

DYNAM

Greek *dynamis*
power 힘

dynamic
[daɪnˈæmɪk]

adjective
● 역동적인.
● 끊임없이 움직이며 생산적인. 정력적인.

The situation has entered a dynamic phase, and what we knew about it last week has changed considerably by now.
상황이 역동적인 국면에 접어들어, 지난주 알고 있던 것과는 이제 상당히 달라졌다.

■

All living languages are dynamic rather than static, changing from year to year even when they don't appear to be.
사람이 쓰는 언어는 모두 정적이기보다는 역동적이다. 늘 그대로인 것처럼 보일 때조차 매년 끊임없이 바뀌고 있다.
A bustling commercial city like Seoul is intensely dynamic, constantly changing and adapting.
서울처럼 번잡한 상업도시는 매우 역동적이다. 끊임없이 변화하며 새로운 흐름에 적응한다.
The relationship between housing values and interest rates charged by banks is a dynamic relationship that changes all the time.
주택가격과 은행이자율의 관계는 항상 변하는 역동적 관계다.
dynamic이라는 단어는 오늘날, 원래 의미가 무엇인지 헷갈릴 만큼 온갖 광고에 여기저기 등장하고 있다.
By all accounts, he was a dynamic and forceful individual.
어느모로 보나 그는 활동적이고 힘이 넘치는 사람이었다.

✚
static [stˈætɪk] 정적인.
bustle [bˈʌsəl] 분주하게 움직이다, 붐비다.

dynamo
[dˈaɪnəmoʊ]

noun
● 직류전기를 생산하는 발전기.
● 힘세고 정력적인 사람.

Even as they entered the power plant, the roar of the water covered the sound of the immense dynamos.
발전소에 들어서는 순간부터 세찬 물소리가 엄청난 발전기의 소리를 덮어버렸다.

■

dynamo는 1832년 상업용 전기를 생산하기 위해 개발된 발전기다. 이후에 나온 다른 발전기와 마찬가지로 초기모델은 석탄을 태워 만들어낸 증기로 기계에너지를 생산하고 이를 다시 전기에너지로 변환하는 방식이었다. 하지만 오늘날 우리가 사용하는 표준전기는 alternating electric current(AC)이기 때문에 direct electric current(DC)를 생산하는 dynamo는 자주 볼 수 없다. New York's legendary mayor Fiorello La Guardia was a human dynamo whose forcefulness and vigor matched that of his intensely dynamic city.
뉴욕의 전설적인 시장 피오렐로 라가디아는 역동적인 도시 뉴욕만큼이나 활력과 스테미너가 넘치는 인간다이나모였다.

✚
alternating electric current (AC) 교류 전기.
direct electric current (DC) 직류전기.
vigor [vˈɪgər] 정력, 스테미너.

dyne은 power를 측정하는 단위이며, power를 측정하는 도구는 dynamometer라고 한다.
1867년 Alfred Nobel은 자신이 발명한 powerful explosive(강력한 폭발물)에 dynamite라는
이름을 붙였다.

aerodynamics

[ɛərˌoʊdaɪnˈæmɪks]

noun
- 공기역학.

hydrodynamic

[hˌaɪdroʊdaɪnˈæmɪk]

adjective
- 유체역학의.

Early automobile designs were based on the boxlike carriages drawn by horses, back when no one was even thinking about aerodynamics.

초기 자동차 디자인은 말이 끄는 상자 모양의 마차를 기반으로 했다. 당시에는 공기역학에 대해 생각조차 하지 못했다.

■

Aerodynamics began as a science around the time of the Wright brothers' first manned flights.

공기역학은 라이트형제가 첫 유인비행기를 발명한 시기를 전후하여 등장한 과학이다.
그 이후 항공기, 자동차, 로켓, 미사일, 기차, 선박은 물론 이따금씩 강풍을 견뎌야 하는 다리와 고층건물과 같은 대형구조물을 건조할 때 고려해야 하는 중요한 학문이 되었다.
aerodynamic vehicle—
가장 빠른 속도에 도달할 수 있도록, 또 가장 효율적으로 연료를 사용할 수 있도록 설계된 차량.
Although we might casually call any sleek car design aerodynamic, true aerodynamics is practiced not by artistic product designers but instead by highly trained scientists.

날렵한 유선형 자동차를 보고 에어로다이나믹 디자인이라고 말하기도 하지만, 진짜 공기역학은 예술적인 제품디자인의 영역이 아니라 고도로 숙련된 과학의 영역이다.

+
sleek [sliːk] 날렵한.

Building levees to contain a flood presents complicated hydrodynamic problems.

홍수를 막기 위해 제방을 짓는 것은 복잡한 유체역학적 문제를 야기한다.

■

Bernoulli's principle, which is basic to the science of hydrodynamics, says that the faster a fluid substance flows, the less outward pressure it exerts.

유체역학의 기초가 되는 베르누이의 원리에 따르면, 유체의 흐름이 빨라질수록 그것이 방출하는 압력은 작아진다.
hydrodynamics와 aerodynamics는 밀접한 관련이 있는데, 날개 위아래로 공기가 빠르게 흘러가면서 비행기를 들어올리는 메커니즘, 경주용 자동차가 가속할 때 뒷바퀴가 뜨지 않도록 잡아주는 스포일러의 메커니즘을 hydrodynamics로 어느 정도 설명할 수 있기 때문이다.
Hydrodynamics is sometimes applied today in studying the surface of the planets and even the stars.

유체역학은 오늘날 가끔 행성이나 별의 표면을 연구하는 데에도 적용된다.
보트나 서핑보드 같은 데 hydrodynamic이라는 단어가 쓰여 있다면 대개 hydrodynamically efficient를 의미할 것이다.

+
fluid [flˈuːɪd] 액체, 액체처럼 부드럽게 움직이는.
spoiler [spˈɔɪlər] 바람의 방향을 바꿔주는 비행기나 자동차에 달린 보조날개. 일을 망쳐버리는 사람.

AUD

Latin *audire*
hearing 들림

auditor
[ˈɔːdɪtər]

noun
● 공식적으로 재정을 감사하고 입증하는 사람.

It seems impossible that so many banks could have gotten into so much trouble if their auditors had been doing their jobs.

회계감사원들이 자신들의 일을 제대로 했더라면 그 많은 은행들이 이렇게 곤란을 겪을 일은 없었을 것이다.

The auditing of a company's financial records by independent examiners on a regular basis is necessary to prevent "cooking the books," and thus to keep the company honest.

기업에 속하지 않은 조사원들이 정기적으로 기업의 재정기록을 감사하는 일은 '회계조작'을 막고 회사를 정직하게 운영하도록 하는 데 꼭 필요하다.

회계감사는 기본적으로 숫자를 '눈으로 보고' 계산하는 일이기 때문에 listening이라는 의미에서 이 단어가 어떻게 나왔는지 의아하게 여겨질 수 있다. 하지만 감사를 하려면 어쨌든 사람들의 해명을 '들어야' 할 것이다.

The bank first learned of the problem when it carried out an internal audit.

은행은 내부감사에서 그 문제를 처음 발견했다.

audit은 명사로도 쓰인다.

audit의 또 다른 의미인 '청강'에는 listening이라는 개념이 훨씬 분명하게 드러난다. 시험을 보거나 성적을 받지 않고 수업만 듣는 것을 audit이라고 한다.

✚
audit [ˈɔːdɪt] 감사하다, 청강하다, 감사.
cook [kʊk] 조작하다, 날조하다.

auditory
[ˈɔːdɪtɔːri]

adjective
● 청각을 통해 인지된.
● 청각 또는 청각기관과 연관된.

With the "surround-sound" systems in most theaters, going to a movie is now an auditory experience as much as a visual one.

대다수 극장에 있는 '입체음향' 시스템 덕분에 영화 보는 일은 이제 시각적인 체험만큼이나 청각적인 체험이 되었다.

auditory, acoustic, acoustical은 의미상 서로 가깝지만 acoustic, acoustical은 소리에, auditory는 청각에 초점을 맞춘다.

Dogs have great auditory powers.

개들은 뛰어난 '청력'을 가지고 있다. 들을 수 있는 능력은 acoustic power가 아니라 auditory power다.

The auditory nerve lets us hear by connecting the inner ear to the brain.

청각신경은 속귀와 뇌를 연결하여 소리를 들을 수 있도록 한다. 청각신경 역시 acoustic nerve가 아니라 auditory nerve다.

Architects concern themselves with the acoustic properties of an auditorium.

건축가들은 오디토리움의 음향효과에 매우 신경을 쓴다.

Instrument makers concern themselves with the acoustic properties of a clarinet or piano.

악기 만드는 사람들은 클라리넷이나 피아노 같은 악기의 음질에 신경을 쓴다.

✚
acoustic [əkˈuːstɪk] = **acoustical** 음향의.
acoustic instrument 전기를 이용하지 않고 소리내는 악기.
auditorium [ˌɔːdɪtˈɔːriəm] 청중석, 대강당.

audible은 '들리는', '들을 수 있는'이라는 뜻이며, audience는 '듣는 사람들'을 의미하며,
사람들이 모여서 듣는 공간을 auditorium이라고 한다. 오늘날 audio는 소리와 관련된 것을 일컬을 때 거의
빠짐없이 사용된다.

audition
[ɔːdˈɪʃən]

noun
● 공연자의 실력을 평가하기 위한 시연.

verb
● 오디션에 참여하다.

**Auditions for Broadway shows attract
so many hopeful unknown performers
that everyone in the business calls them
"cattle calls."**

브로드웨이공연을 위한 오디션은 희망에 부푼 수많은
무명공연자들에게 매혹적인 것이어서 업계사람들은 캐틀콜이라고
부른다.

■

Most stars are discovered at auditions.
많은 스타들이 오디션을 통해 발굴된다.
audition은 동사로도 쓰인다.
After Lana Turner gained her stardom, actors
had to audition to be her leading man.
라나 터너가 스타덤에 오른 뒤, 그녀의 상대역을 맡을 남자배우들은
오디션을 치러야 했다.
Musicians audition for a job in an orchestra.
음악가들은 오케스트라에 들어가기 위해 오디션을 본다.

✛
leading man 남자주연.
cattle call 누구나 참여할 수 있는 대규모 오디션. 먹이를 주는
시간에 소들을 불러모으는 소리.

inaudible
[ɪnˈɔːdɪbəl]

adjective
● 들리지 않거나 들을 수 없는.

**The coach spoke to her in a low voice
that was inaudible to the rest of
the gymnastics team.**

코치는 체조팀의 다른 사람들은 들을 수 없는 작은 목소리로
그녀에게 말했다.

■

in(not)+aud(hearing)이 결합한 inaudible은
audible의 반대 뜻이다.
What's clearly audible to you may be inaudible
to your elderly grandfather.
나에게 분명하게 들리는 것들이 나이 든 할아버지에게는 들리지
않을 수 있다.
Modern spy technology can turn inaudible
conversations into audible ones with the use of
high-powered directional microphones.
현대의 첩보기술은 고성능 지향성 마이크를 이용해 들리지 않는
대화도 들리게 만들 수 있다.
따라서 자신이 염탐당하고 있다고 느낀다면, 주변소음을
크게 하여 소리가 섞이도록 하라.
If you don't want everyone around you to know
you're bored, keep your sighs inaudible.
당신이 지루해한다는 걸 주변사람들에게 들키고 싶지 않다면,
한숨소리가 들리지 않게 조심하라.

✛
audible [ˈɔːdɪbəl] 들리는.

SON

Latin
sound 소리

sonic
[sˈɒnɪk]

adjective
- 소리와 관련된.
- 음속의. 공기 중 소리의 이동속도와 연관된.

A sonic depth finder can easily determine the depth of a lake by bouncing a sound signal off the bottom.

음파측정기는 바닥으로 음향신호를 쏴 되돌아오는 시간을 측정하여 물속 깊이를 잰다.

■

소리는 공기 중에서 시속 1200킬로미터로 나아간다.
이 속도보다 빠른 이동속도를 supersonic speed라고 한다.
A sonic boom is an explosive sound created by a shock wave formed at the nose of an aircraft.
소닉붐이란 비행기의 맨 앞 뾰족한 부분에 형성되는 충격파에 의해 발생하는 폭발음을 일컫는다.
In 1947 a plane piloted by Chuck Yeager burst the "sound barrier" and created the first sonic boom. 1947년 척 예거가 최초로 '음속장벽'을 뚫고 초음속비행에 성공하면서 처음으로 소닉붐을 만들어냈다.
sonic barrier(시속12000km)를 넘어서는 순간 sonic boom이라고하는 폭발음이 발생하는데 지금은 기술발전으로 인해 초음속비행기에서도 sonic boom을 거의 들을 수 없게 되었다.

✚
sonorous [sənˈɔːrəs] 감미로운.
shock wave 충격파.
supersonic [sˌuːpɑrsˈɒnɪk] 초음속의.
sonar [sˈoʊnɑːr] 수중음파탐지기.
ultrasound [ˈʌltrəsaʊnd] 초음파.
ultrasonography [ˌʌltrəsənˈɑɡrəfi] 초음파영상기술.
sonogram [sˈɑːnəɡræm] 초음파영상.
fetus [fˈiːtəs] 태아.

ultrasonic
[ʌltrəsˈɒnɪk]

adjective
- 사람이 들을 수 있는 것보다 주파수가 높은.

My grandfather's dog is always pricking up its ears at some ultrasonic signal, while he himself is so deaf he can't even hear a bird singing.

할아버지의 개는 어떠한 초음파 신호에도 귀를 쫑긋 세우는 반면, 할아버지는 너무 귀가 멀어서 새가 지저귀는 소리도 못 듣는다.

■

Ultrasound technology has been used medically since the 1940s. 초음파기술은 1940년대부터 의학 분야에서 사용되기 시작했다. 물질의 밀도가 달라지면 소리신호가 통과하는 속도가 달라진다는 원리를 활용하는 기술이다.
Sonograms, the pictures produced by ultrasound, can reveal heart defects, tumors, and gallstones. 초음파를 이용해 만들어내는 초음파영상은 심장이상, 종양, 담석 등을 찾아내는 데 사용된다.
Since low-power ultrasonic waves don't present any risks to a body, they're most often used to display fetuses during pregnancy in order to make sure they're healthy.
저출력 초음파는 몸에 전혀 해롭지 않기 때문에 임신 중 태아의 건강상태를 확인하는 데 주로 사용된다.
High-power ultrasonics are so intense that they're actually used for drilling and welding.
고출력 초음파는 매우 강력해서 구멍을 뚫거나 용접을 할 때 사용된다. ultrasonic은 대개 ultrasonic wave를 줄여서 말하는 것이다.
Ultrasonics has many other uses, including underwater sonar sensing.
초음파는 수중 음파탐지 등 다양한 용도로 활용된다.

sonata는 악기 한두 개로 연주하는 작품을 의미하는데, 원래 이탈리아어 동사로 sounded라는 뜻이다.
a sonorous voice는 깊고 풍성한 듣기 좋은 목소리를 의미한다.

dissonant
[dˈɪsənənt]

adjective
- 불협화음의.
- 조화하지 않는(incompatible, disagreeing).

Critics of the health-care plan pointed to its two seemingly dissonant goals: cost containment, which would try to control spending, and universal coverage, which could increase spending.

의료보험제도를 비판하는 사람들은 두 가지 목표가 양립하기 어려워 보인다는 점을 지적한다. 지출을 통제하고자 하는 비용절감과 지출을 늘릴 수 있는 보편적 적용범위를 어떻게 동시에 달성할 수 있는가?

■

dis(not)+son(sound)이 결합한 dissonant는 서로 충돌하는 불협화음을 의미한다.
Early in the 20th century, composers such as Arnold Schoenberg and his students developed the use of dissonance in music as a style in itself. 20세기 초 아르놀트 쇤베르크와 그 제자들은 불협화음을 자신들의 작품 스타일로 발전시켰다. 물론 사람들은 대부분 그런 음악을 여전히 받아들이지 못하고 있으며, 여전히 traditional tonality에 기반한 음악을 즐겨 듣는다.
Cognitive dissonance is what happens when you believe two different things that can't actually both be true. 인지적 불협화음은 양립할 수 없는 두 가지 다른 사실을 모두 받아들이는 것을 의미한다.
dissonant는 이처럼 소리와 무관한 것에도 사용된다.

✛
containment [kənˈteɪnmənt] 봉쇄.
tonality [toʊnˈælɪti] 조성調聲, 음의 조합.
dissonance [dˈɪsənəns] = discord 불협화음.
consonance [kˈɒnsənəns] 협화음, 조화.

resonance
[rˈezənəns]

noun
- 소리의 울림.
- 소리의 깊이와 음질의 풍성함과 다양성.

The resonance of James Earl Jones's vocal tones in such roles as Darth Vader made his voice one of the most recognizable of its time.

다스베이더 같은 역할에서 제임스 얼 존스의 목소리 톤이 만들어내는 울림은 그의 목소리를 당대에 가장 유명한 목소리로 만들어 주었다.

■

Many of the finest musical instruments possess a high degree of resonance.
좋은 악기는 대개 공명하는 정도가 매우 높다.
공명은 원래 음에 떨림과 울림을 더해줌으로써 음을 더 풍성하게 증폭시켜준다.
Violins made by the Italian masters Stradivari and Guarneri possess a quality of resonance that later violinmakers have never precisely duplicated.
이탈리아 장인 스트라디바리우스나 구아리네리우스가 만든 바이올린은 아주 뛰어난 공명을 만들어내는데, 후대의 제작자들 중 누구도 이들의 기술을 정확하게 재현해내지 못했다.
This novel resonates strongly with me.
이 소설은 내게 깊은 울림을 준다. 작가가 마치 나의 경험과 감정을 묘사하는 것처럼 느껴질 때, 이렇게 말할 수 있다.
resonance, resonate, resonant는 이처럼 소리가 아닌 다른 것을 묘사할 때도 사용할 수 있다.

✛
resonate [rˈezəneɪt] 공명하다, 깊이 울리다.
resonant [rˈezənənt] 소리가 깊게 퍼지는, 깊은 울림을 주는.

CLAM CLAIM

Latin **clamare**
to shout or cry out 외치다

---

clamor
[klˈæmər]

noun
● 떠들썩한 소음. 시끄러운 외침.
● 강렬한 항의, 요구.

The clamor in the hallways between classes was particularly loud that morning as news of the state championship swept through the student body.

쉬는 시간 복도에서 떠드는 소리는 그날 아침 유난히 시끄러웠다. 챔피언십 뉴스가 학생 전체를 휩쓸었기 때문이다.

■

The clamor on Broadway at midday can be astonishing to a tourist from a town.
한낮의 시끄러운 브로드웨이의 풍경은 시골에서 온 여행객들에게 놀라운 것일지도 모른다.

The clamor on the floor of a stock exchange goes on without stopping for seven hours every day.
증권거래소 객장의 소란은 매일 7시간 동안 멈추지 않고 계속된다.

A clamor of protest may sometimes be quieter, but is often just as hard to ignore.
시위로 인한 소음은 가끔 잦아들기도 하지만, 대개는 무시하기 어려울 정도로 시끄럽다.

The president disregarded the growing public clamor for her resignation.
대통령은 사임을 요구하는 대중의 점점 커지는 외침을 무시했다.

The audience cheered, clamoring for more.
청중들은 환호하며 앵콜을 외쳤다. clamor는 이처럼 동사로 쓰이기도 한다.

The proposed new tax was met with a clamor of protest.
새로 상정된 세금은 강렬한 저항에 부딪혔다.

---

acclamation
[ˌækləmˈeɪʃən]

noun
● 환호. 승낙/칭찬/동의를 표시하는 큰 소리.
● 함성이나 박수로 표시하는 찬성의견.

To the principal's suggestion that Friday be a holiday to honor the victors in the national math Olympics, the students yelled their approval in a long and loud acclamation.

전국 수학올림픽 우승자들을 기념하기 위해 금요일에 휴업하자는 교장선생님의 제안에 학생들은 길고 큰 환호로 찬성을 외쳤다.

■

approval은 한 명이 할 수도 있지만, acclamation은 많은 사람이 참여해야 한다.

an acclaimed movie 널리 찬사를 받는 영화.

The young singer is enjoying massive critical acclaim.
이 젊은 가수는 엄청난 평단의 찬사를 받고 있다. critical acclaim은 흥행의 보증수표가 되는 경우가 많다.

A popular proposal can be passed by acclamation.
절대 다수가 지지하는 제안은 '박수로' 또는 '구두로' 통과의결을 할 수 있다.

The news was greeted with considerable popular acclamation.
소식이 전해지자 엄청난 사람들이 박수치며 환호했다.

At first it looked like I was going to win by acclamation.
처음에는 내가 만장일치로 이길 것처럼 보였다.

✛

acclaim [əkˈeɪm] 갈채하다.

claim 은 대개 '요청하다'라는 뜻이다.
exclamation은 놀라거나 기쁘거나 충격을 받았을 때 지르는 탄성을 일컫는다.

declaim

[dɪklˈeɪm]

verb

● 웅변조로 말하다.

Almost any opinion can sound convincing if it's declaimed loudly and with conviction.

큰 소리로 확신에 차 말하면 어떤 의견이든 설득력 있게 들린다.

■

Actors declaimed a passage in a Shakespeare play.

세익스피어 연극에서 배우들이 웅변조로 대사를 읊었다.

declaiming style은 무대나 연단에 서서 웅변하듯이 말하는 것을 의미한다.

Aunt at Sunday dinner declaimed on the virtues of roughage.

고모는 일요일 저녁 식사자리에서 섬유질음식의 좋은 점에 대해 열변을 토했다.

Good advice is usually more welcome when it's not given in a declamatory style.

일방적으로 쏘아대는 말투로는 아무리 좋은 조언도 곱게 들리지 않는다.

I got tired of hearing him declaim about how much better things were when he was young.

그가 젊었을 때 얼마나 잘 나갔는지 떠벌리는 말을 들어주는 것도 이제 지쳤다.

✛

it sounds convincing 그럴 듯하게 들린다.
with conviction 확신에 차.
roughage [rˈʌfɪdʒ] 섬유질, 거친 음식.
declamatory [dɪklˈæmətɔːri] 연설투의.

proclaim

[proʊklˈeɪm]

verb

● 선포하다.

He burst into the dorm room, jumped onto his bed, and proclaimed that he had just aced the sociology exam.

기숙사 방에 들이닥쳐 자기 침대로 뛰어들면서, 사회시험을 잘 봤다고 장담했다.

■

pro(forward/out)+claim(shout)이 결합된 proclaim은 자신의 주장을 대중을 향해 '밖으로 내뱉는다'는 뜻이다. proclaim은 대개 왕이나 독재자의 일방적인 '선포'를 떠올리게 만든다.

Emancipation Proclamation 노예해방선언— proclamation는 자신에게 주어진 권한을 행사하겠다고 선언하는 것을 의미한다. 링컨은 특정지역의 노예를 해방시킬 수 있는 대통령의 권한을 행사한다고 선포했다.

The governor proclaimed a day in honor of the state's firemen.

주지사는 소방관의 노고를 기념하는 날을 선포하였다.

Movie critics proclaimed him to be the best director of all.

영화평론가들은 그를 최고의 영화감독으로 손꼽았다.

She proclaimed her New Year's resolutions to a crowd of friends.

그녀는 친구들 앞에서 새해결심을 공표했다.

✛

aced the exam/test 시험을 잘 치다.
emancipation [ɪmˌænsɪpˈeɪʃən] 해방.
proclamation [prˌɒkləmˈeɪʃən] 선포.

CANT CHANT

Latin *cantare*
to sing 노래하다

cantata
[kænt'ɑːtə]

noun

● 독창/중창/합창과 기악반주로 이루어진 성악곡.

Composers of the 18th century composed sacred cantatas by the dozen, and Bach's friend G. P. Telemann actually wrote over a thousand.

18세기 작곡가들은 수많은 성악곡을 작곡했는데, 바흐의 친구 텔레만은 실제로 1000개가 넘는 성악곡을 썼다.

■

17-18세기에 유행한 cantata에는 악기연주로만 구성된 sonata와 달리 노래가 있다.
요한 세바스찬 바흐의 cantata가 가장 유명한데, 바흐는 종교시들을 가사로 사용하여 약 200곡에 달하는 cantata를 작곡했다.
바흐의 cantata는 독창, 이중창, 합창 등 다양한 형식의 노래들이 다채롭게 이어지며 조화를 이룬다. 그의 작품 중 종교적 색채가 약한 것들은 오늘날 미니오페라처럼 연주되기도 한다.
The university chorus was going to perform a Bach cantata along with the Mozart Requiem.
대학합창단은 모차르트 레퀴엠과 바흐 칸타타를 합창할 예정이었다.

✚

hymn [hˈɪm] 찬송가.

incantation
[ˌɪnkæntˈeɪʃən]

noun

● 주술 의식 중간에 읊조리는 주문.

He repeated the words slowly over and over like an incantation.

그는 주문처럼 그 말을 천천히 계속 반복했다.

■

in(intense)+cant(sing)가 결합한 enchant는 '열정적으로 노래를 불러 홀리다'라는 뜻이다. 이러한 노래의 마력을 활용하기 위해 고대의 신성한 의례들로부터 오늘날 종교의식에 이르기까지 노래를 적극적으로 활용한다.
Incantations have often been in strange languages.
주문은 대개 이상한 말로 되어 있다.
우리에게 익숙한 incantation으로는 "Abracadabra"를 들 수 있다.

✚

enchant [ɪntʃˈænt] 마법을 걸다, 홀리다.

라틴어 cant가 프랑스어에서 chant로 변형되었는데, 라틴어와 프랑스어가 모두 영어에 들어왔다.
그래서 영어에서는 cant와 chant 모두 사용된다. chant는 성가, chantey는 뱃노래를 의미한다.

cantor
[kˈæntər]

noun

● 유대교 예배의 선창자.

The congregation waited for the cantor to begin the prayers before joining in.

유대교 회중들은 선창자가 먼저 기도를 시작하면 따라 하기 위해 기다렸다.

■

cantor는 유대교 예배에서 랍비 다음으로 가장 비중 있는 인물이다. cantor는 아름다운 목소리로 노래를 부를 수 있어야 할 뿐 아니라 긴 히브리어 경전을 암송해야 한다.
Cantors such as Jan Peerce and Richard Tucker became international opera stars.

잰 피어스나 리처드 터커 같은 유대교 선창자들은 오페라가수로 전향하여 국제적인 성공을 거두었다.
He began his singing career as a cantor in Brooklyn and ended it as an international opera star.

그는 브루클린에서 유대교 선창자로 성악을 시작하여 국제적인 오페라스타로 경력을 마무리했다.

✛
worship service 예배.

descant
[dˈeskænt]

noun

● 데스캔트. 주 선율보다 높은 음으로 부르는 부분.

The soprano added a soaring descant to the final chorus that held the listeners spellbound.

소프라노가 마지막 코러스에 하늘을 찌를 듯한 데스캔트를 넣자 청중들은 넋을 잃고 말았다.

■

des(two/apart)+cant(sing)가 결합한 descant는 주요 선율과 다르게 부르는 '또 다른 노래'를 의미한다. 원래 음보다 높게 변주하는 음악적 기교를 의미한다. 가창력이 뛰어난 가수들은 대개 노래의 마지막 클라이맥스 부분에 descant를 넣어 청중을 감동의 도가니로 몰아넣는다.
As part of their musical training, she always encouraged them to sing their own descant over the main melody.

뮤지컬 연습의 일부로 그녀는 늘 주요멜로디 위에 자신만의 데스캔트를 부르라고 격려하였다.

✛
hold sb spellbound [spˈelbaʊnd] 홀리다. 매료시키다.

EU

Greek
well 편안한

eugenic

[judʒˈɛnɪk]

adjective

● 번식관리를 통해 우수한 자손을 생산하기 위한.

Eugenic techniques have been part of sheep breeding for many years.

수년 동안 우생학기술은 양 번식의 중요한 분야였다.

■

eu(well)+gen(birth)이 결합한 eugenics은 우수한 종자를 번식시키기 위한 연구(우생학)를 의미한다.
Breeders of farm animals have long used eugenic methods to produce horses that run faster or pigs that provide more meat.

가축의 번식을 연구하는 이들은 더 빠르게 달리는 말, 더 고기를 많이 제공하는 돼지를 얻기 위해 오랜 기간 우생학적 방법을 사용해왔다.

Through eugenics, Holstein cows have become one of the world's highest producers of milk.

우생학을 통해 홀슈타인 소는 세계에서 최고급 우유를 생산하는 품종이 되었다.

The idea of human eugenics was taken up enthusiastically by the Nazis in the 20th century, with terrible consequences.

20세기 나치가 열렬히 추종한 인간우생학은 끔찍한 결과를 초래하였다.

Though the dog is the product of generations of eugenic breeding, she is high-strung and has terrible eyesight.

이 개는 세대를 거친 우생학적 번식의 산물이지만, 그녀는 매우 예민하고 시력이 매우 나쁘다.

✛

Eugene [jʊdʒiˈn] '좋은 혈통'을 의미하는 남자이름.
Eugenia [judʒˈiniə] Eugene의 여자형.
eugenics [juːdʒˈɛnɪks] 우생학.

euphemism

[jˈuːfəmɪzəm]

noun

● 불쾌감을 주는 말이나 표현을 완곡하게 바꾼 것.

The Victorians, uncomfortable with the physical side of human existence, had euphemisms for most bodily functions.

빅토리아시대 사람들은 인간실존의 육체적 측면을 불편하게 여겨 신체기능을 대부분 완곡하게 표현했다.

■

Golly and gosh started out as euphemisms for God, and darn is a familiar euphemism for damn.

golly와 gosh는 God을 완곡하게 표현하기 위해 사용되기 시작하였으며 darn 역시 damn을 완곡하게 표현하기 위해 자주 쓰인다.

euphemism은 어떤 언어에서나 오래전부터 사용되어왔다.

Shoot, shucks, and sugar are all euphemistic substitutes for a well-known vulgar word, shit.

shoot, shucks, sugar는 shit이라는 표현을 완곡하게 표현하기 위한 대체단어로 사용된다.

euphemistic phrase 리스트는 이 밖에도 무수히 찾을 수 있다.

die—pass away
lie—misspeak
fire—downsize
old person—senior citizen

✛

euphemistic [jˌuːfəmˈɪstɪk] 완곡어법의.
high-strung/highly-strung
(팽팽하게 줄을 당긴) 몹시 긴장된, 신경질적인

euthanasia[juːθənˈeɪʒə]는 치명적인 질병에 걸리거나 부상을 당한 동물의 고통을 덜어주기 위해서 편안하게 죽을 수 있도록 도와주는 '안락사'를 의미한다.

euphoria
[juˈfɔːriə]

noun
- 강렬한 행복감, 희열.

Swept up in the euphoria of a Super Bowl victory, the whole city seemed to have poured out into the streets.
슈퍼볼 우승에 감격한 나머지 모든 사람들이 거리로 쏟아져 나온 것 같았다.

■

Euphoria is the feeling of an intense (and usually temporary) "high."
euphoria는 강렬한 (대개 일시적인) '도취' 감정이다.
When we win enough money in the lottery, or even just when the home team wins the championship, we have good reason to feel euphoric.
복권에 당첨되었을 때, 하다못해 응원하는 팀이 우승했을 때, 행복감에 도취될 만한 이유는 충분하다.
의학적으로 euphoria는 약물이나 정신질환에 의해 촉발된 비정상적이고 적절하지 않은 흥분된 감정상태를 의미한다.
The end of the war was marked by widespread euphoria and celebration.
전쟁이 끝나자 전국은 희열과 축하로 들썩였다.
They felt such euphoria that they almost wept with joy.
그들은 강렬한 행복감을 속에서 기쁨의 눈물을 흘렸다.

✛
euphoric [juːfɔːrɪk] 행복에 겨운

eulogy
[jˈuːlədʒi]

noun
- 애도사, 애도문.
- 찬사.

The book was a fond eulogy to the 1950s, when Americans had joined social organizations of all kinds.
이 책은 미국인들이 온갖 사회단체에 참여했던 1950년대에 바치는 애정어린 헌사였다.

■

eu(well)+log(speech)가 결합한 eulogy는 글자 그대로 '칭찬만 늘어놓는 연설'을 의미한다.
The minister delivered a long eulogy.
장관은 긴 추도사를 낭독했다.
우리는 죽은 사람에 대해서는 좋은 말만 하기 마련이다. 하지만 살아있는 사람에 대해서도 좋은 말만 하는 매우 예외적인 경우도 있는데, 이 역시 eulogy라고 한다.
The most famous eulogies include Lincoln's Gettysburg Address and Pericles' funeral oration for the Athenian warriors.
가장 유명한 eulogy로는 링컨의 게티스버그연설과 아테네전사들을 기리는 페리클레스의 추도사를 들 수 있다.
Her eulogy for her longtime friend was the most moving part of the ceremony.
오랜 친구를 보내는 그녀의 애도사는 장례식에서 가장 심금을 울리는 순서였다.

✛
fond [fˈɒnd] 좋아하는, 애정어린.
eulogist [jˈuːlədʒist] eulogy를 전하는 사람.

GEN

Greek *genos*
birth 탄생

genesis
[dʒˈenɪsɪs]

noun
- 기원. 발생.

The genesis of the project dates back to 1976, when the two young men were roommates at Cornell University.

이 프로젝트의 기원은 1976년, 두 젊은이가 코넬대학 룸메이트였던 시절로 거슬러 올라간다.

■

성경의 첫 번째 책이자 가장 잘 알려진 책을 고대 그리스인들은 Genesis라고 불렀다.
genesis는 '인류의 기원'이라는 뜻으로, 세계창조, 아담과 이브, 카인과 아벨, 노아의 방주, 바벨탑, 아브라함과 그 아들 등에 관한 이야기가 담겨있다.
인류창조에 비하면 보잘것없겠지만 그럼에도 무언가 창조적인 새로운 시작을 일컫는 말로 오늘날 자주 사용된다.
The genesis of the idea for his first novel lay in a casual remark by a stranger one afternoon in the park.

첫 소설을 구상하게 된 계기는 어느날 오후 공원에서 낯선 이가 툭 내뱉은 한 마디에서 찾을 수 있다.

generator
[dʒˈenəreɪtər]

noun
- 발전기.

The jungle settlement depended on a large generator, which provided electricity for a couple of hours each morning and evening.

정글정착지는 매일 아침저녁으로 두 시간씩 전기를 공급하는 대형발전기에 의존하여 생활했다.

■

Normally when we use the word generator, we're thinking of a small machine powered by gasoline or diesel.

일반적으로 우리가 사용하는 '발전기'라는 단어는 가솔린이나 디젤로 구동하는 작은 기계를 일컫는다.
기계에너지를 전기에너지로 바꿔주는 장치다.
But a generator may be a huge spinning turbine powered by water, wind, steam, gas, or nuclear reactions, which sends electricity out through power lines to thousands of customers.

하지만 발전기는 물, 바람, 증기, 가스, 핵반응에 의해 돌아가는 거대한 회전터빈을 일컬을 때도 있다. 여기서 생산된 전기는 전선을 통해 수천 명의 소비자에게 공급된다.
A special kind of generator called an alternator powers a car's electrical system while the car is running. 얼터네이터라고 하는 특별한 종류의 제너레이터가 자동차가 달리는 동안 차량의 전기장치(조명, 파워스티어링 등)에 필요한 전력을 생산한다.
자동차에 사용되는 generator는 모두 alternator다.

✛
alternator [ˈɔːltərneɪtər] 교류전기 발전기.
power line 전선.

gene은 생명체를 결정하는 정보를 담고 있는 '유전자'를 의미한다. generation은 같은 번식주기에 함께 태어난 '세대'를 일컬으며, 이들은 next generation을 generate(낳다)한다. 한 가문의 generation이 이어져온 역사를 탐구하는 것을 genealogy(계보학, 족보연구)라고 한다.

genre
[ʒ ɒnrə]

noun

● 문학/예술/음악의 독특한 유형이나 범주.

Opera was a new genre for her, since all her compositions up until then had been songs and chamber music.

그때만 해도 가곡과 실내악만 작곡했기 때문에 오페라는 그녀에게 새로운 장르였다.

■

genre는 발음에서 추측할 수 있듯이, 라틴어에서 유래한 프랑스어를 영어로 가져온 것이다.
The main genres of classical music would include symphonies, sonatas, and opera.
클래식음악의 주요 장르로는 교향곡, 소나타, 오페라가 있다.
The major genres of literature would include novels, short stories, poetry, and drama.
문학의 주요 장르로는 소설, 단편, 시, 희곡이 있다.
생물학에서 속을 genus라고 하는데, genus와 genre 모두 어근 GEN에서 유래했다.

✚
genus [dʒ ˈiːnəs] 屬.

carcinogenic
[k ˌɑːrsɪnədʒ ˈenɪk]

adjective

● 발암성의.

Although she knows all too well that the tobacco in cigarettes is carcinogenic, she's too addicted to quit.

그녀는 담배에 들어간 담뱃잎이 암을 유발한다는 사실을 너무도 잘 알고 있음에도, 중독되어 끊지 못한다.

■

It sometimes seems as if the list of carcinogenic substances gets longer every day.
발암물질 목록은 날마다 늘어나는 것처럼 보이기도 한다.
The suspected carcinogen will often have to be withdrawn from the market.
발암물질로 의심되는 것은 대개 시장에서 퇴출된다.
A building material like asbestos sometimes turns out to be a carcinogen.
석면과 같은 건축자재가 발암물질로 밝혀지는 경우도 있다.
과학용어 중에 -gen으로 끝나는 단어들을 볼 수 있는데, 이들은 대부분 '—을 유발하는 물질'이라는 뜻이고 -genic으로 끝나는 단어는 '—을 유발하는'이라는 뜻이다.
—carcinogen [k ˈɑːrsɪnədʒen] 발암물질
—allergen [ˈælərdʒen] 알레르기 유발물질
—photogenic [f ˌoʊtədʒ ˈenɪk] 사진발 잘 받는
—telegenic [t ˌelɪdʒ ˈenɪk] TV카메라발 잘 받는
Any insecticides that are known to be carcinogenic have supposedly been banned by the federal government.
발암성분이 있는 것으로 알려진 살충제는 연방정부로부터 금지된 것으로 알려져있다.

✚
asbestos [æsb ˈestɒs] 석면.

CATA

cataclysm
[kˈætəklɪzəm]

noun
- 지구표면의 거대한 극적 변화.
- 파멸로 이어질 수 있는 중대한 격변.

World War I was a great cataclysm in modern history, marking the end of the old European social and political order.
제1차세계대전은 현대사에서 유럽의 사회적 정치적 구체제를 끝장낸 거대한 격변이었다.

■

cata(down)+clysm(wash)이 결합한 cataclysm은 본래 flood/deluge를 의미한다. (특히 Noah's Flood를 일컬을 때가 많다.)
An earthquake or other natural disaster that changes the landscape is one kind of cataclysm.
풍경을 바꾸는 지진과 같은 자연재해도 cataclysm이라고 부른다.
A violent political revolution may also be a cataclysmic event.
격렬한 정치적 혁명 역시 cataclysm에 비유할 수 있다.
cataclysm은 대부분 catastrophe로 바꿔 쓸 수 있다.

✛
deluge [dˈeljuːdʒ] 억수같이 쏟아지는 비, 쇄도.
cataclysmic [kˈætəklɪzmɪk] 격변의.
catastrophe [kətˈæstrəfi] 재앙.
upheaval [ʌphˈiːvəl] 융기. 대격변.

catacomb
[kˈætəkoʊm]

noun
- 묘실로 연결된 통로가 있는 지하 묘지.

The early Christian catacombs of Rome provide a striking glimpse into the ancient past for modern-day visitors.
로마제국 시절 초기기독교인들의 카타콤은 오늘날 방문객들에게 고대인들의 삶을 엿볼 수 있는 놀라운 경험을 선사한다.

■

About forty Christian catacombs have been found near the roads that once led into Rome in 1578.
1578년, 한때 로마로 진입하는 도로였던 곳 근처에서 40여개의 기독교인들의 카타콤이 발굴되었다.
The catacombs of Paris are abandoned stone quarries that were not used for burials until 1787.
파리의 카타콤은 원래 로마시대 돌을 캐기 위해 뚫은 거대한 지하터널이었다. 루이16세가 파리시내의 무덤을 모조리 없애라고 명령하면서 1787년부터 온갖 유골과 시체를 이곳에 보관하기 시작하였고, 이로써 오늘날 모습이 되었다.
The catacombs built by a monastery in Palermo, Sicily, for its deceased members later began accepting bodies from outside the monastery.
시칠리아 팔레르모수도원의 카타콤은 원래 죽은 수도사를 묻기 위해 만든 것인데, 나중에는 외부인들의 시신도 받아서 보관했다.
오늘날 유럽에 가면 곳곳에서 으스스한 카타콤투어를 즐길 수 있다.

✛
quarry [kwˈɔːri] 채석장, 캐내다.
deceased [dɪsˈiːst] 사망한.

catalogue는 원래 종이에 눌러쓴(put down) 물품목록을 의미한다.
catapult는 cata(down)+pult(to hurl)가 결합한 말로,
적군을 찍어 누르는 돌을 날리는 '투석기' 또는 '미사일 발사장치'를 의미한다.

catalyst
[kˈætəlɪst]

noun
- 촉매제.
- 중대한 변화를 촉매하는 사람/사물.

The assassination of Archduke Ferdinand in Sarajevo in 1914 turned out to be the catalyst for World War I.
1914년 사라예보에서 일어난 페르디난드 대공 암살사건은 제1차 세계대전을 촉발한 것으로 드러났다.

■

Chemical catalysts are substances that can bring about important chemical changes in large quantities of material.
화학적 촉매제는 극소량만으로도 상당량의 물질에 중대한 화학적 변화를 일으킬 수 있는 물질이다.
The catalytic converter in your car's exhaust system uses tiny amounts of platinum to swiftly convert the engine's dangerous gases to carbon dioxide and water vapor.
자동차 배기장치의 촉매변환장치는 플라티늄을 미량 사용하여 엔진에서 발생하는 위험한 가스를 이산화탄소와 수증기로 빠르게 변환한다.
The Great Depression served as the catalyst for such important social reforms as Social Security.
대공황은 사회보장과 같은 중요한 사회개혁의 촉매역할을 했다.
이처럼 '촉매'라는 말은 오늘날 화학과 무관한 상황에서도 널리 사용된다.

✚
archduke [ˌɑːrtʃdˈuːk] 대공.
catalytic [kˈætəlɪtɪk] 촉매의.

catatonic
[kˌætətˈɒnɪk]

adjective
- 정신분열증에 시달리는. 정신분열증과 연관된.
- 동작/활동/표현이 마비된.

After an hour, extreme boredom had produced a catatonic stupor in those of the audience who were still awake.
한 시간 후, 극도의 따분함으로 여전히 깨어 있는 청중들도 멍한 상태로 마비된 듯했다.

■

Catatonia is primarily a form of the terrible mental disease known as schizophrenia.
분열성 마비는 심각한 정신질환인 정신분열증의 주요 증상이다.
catatonia는 다른 정신질환에서도 자주 나타난다.
Catatonic patients may be "frozen" for hours or even days in a single position.
분열성 마비의 주요 증상은 극심한 근육경직으로 인해 한 자세로 몇 시간, 심지어 며칠 동안 '굳어' 있는 것이다.
일상적인 상황에서는 표정에 변화가 없는 사람을 유머러스하게 catatonic person이라고 일컫기도 한다.

✚
stupor [stˈuːpər] 무감각, 인사불성.
catatonia [kˌætətˈoʊniə] 분열성 마비.
schizophrenia [skˌɪtsəfrˈiːniə] 정신분열증.

THERM THERMO

Greek
warm 따듯한

thermal
[θˈɜːrməl]

adjective
- 뜨거운. 열과 관련된.
- 체온을 지켜주는.

A special weave called thermal weave traps insulating air in little pockets to increase the warmth of long underwear and blankets.

열직조라고 하는 특수한 직조물은 단열공기를 작은 포켓들에 가둠으로써 속옷과 담요의 온기를 오래 유지한다.

■

Much of the male population of the cold states would wear a garment of thermal underwear covering the entire body, called a union suit.
미국의 북부 지방의 남자들은 대부분 '유니온슈트'라고 하는 위아래가 붙은 보온내복을 입었다.
덕분에 미국의 농부나 카우보이 같은 시골사람들은 대부분 겨우내 가려움증에 시달렸으며, 구린내를 풍겼다.
(예전에는 1주일에 한 번 목욕을 하면 정말 청결한 편이었다).
Thermal imaging is photography that captures "heat pictures"—rather than ordinary light pictures—of objects. 열이미지는 가시광선이 아닌 열선을 찍는 사진으로 적외선카메라로 포착한다.
Thermal pollution occurs when industrial water use ends up warming a river in a damaging way.
열오염은 산업용수가 강을 뜨겁게 만들어 해를 끼치는 결과를 초래하는 것을 말한다.
Thermal enables hawks to soar upward without moving their wings. 상승온난기류는 날개를 움직이지 않고도 매가 하늘높이 치솟을 수 있도록 한다.
비행에서는 thermal을 '상승하는 따뜻한 기류'를 일컫는 명사로 사용한다.

thermodynamics
[θ ˌɜːrmoʊdaɪnˈæmɪks]

noun
- 열역학.

With his college major in electrical engineering, he assumed it would be an easy step to a graduate-school concentration in thermodynamics.

대학에서 전자공학을 전공했기 때문에, 대학원에서 열역학을 파고 드는 것이 쉬울 것이라고 생각했다.

■

thermo(warm)+dynam(power)이 결합한 thermodynamics는 말 그대로 열힘(熱力)을 연구하는 학문이다. 열에너지와 운동에너지가 기본적으로 같다는 사실에 기반하여, 열과 다른 에너지 사이의 전환방식을 연구한다.
The study of thermodynamics dates from before the invention of the first practical steam engine in the 18th century.
열역학의 시작은 증기를 사용하여 물리력을 만들어내는 산업용 증기엔진이 발명되기 이전의 18세기까지 거슬러올라간다.
Today most of the world's electrical power is actually produced by steam engines.
지금도 거의 모든 전기가 사실상 증기엔진에 의해 생산되고 있다.
따라서 thermodynamics는 전력생산분야에서 여전히 매우 중요한 학문이다.

✦

weave [wˈiːv] 짜다, 직조, 직조물.
trap [trˈæp] 덫을 놓아 빠져나가지 못하게 하다.
insulate [ˈɪnsəleɪt] 단열하다, 격리하다.
nucleus [nˈuːkliəs] 핵. 복수형은 nuclei [nuːkliˈaɪ]
detonate [dˈetəneɪt] 폭발하다, 폭파하다.
fission [fˈɪʃən] 분열.
fusion [fjˈuːʒən] 융합.

thermometer는 신체, 공기, 오븐의 온도를 측정하는 '온도계(체온계)'다. thermostat은 온도를 일정하게 유지하는 '온도조절장치'다. 1904년 독일의 한 회사가 뜨거운 물을 오래 보관할 수 있는 진공단열용기(보온병)를 처음 개발한 뒤 Thermos라는 이름을 붙인 이유가 이제 이해될 것이다.

thermonuclear

[ˌθɜːrmoʊnˈuːkliər]

adjective

● 열핵의. 초고온을 이용한 원자핵 융합반응의.

In the 1950s and '60s, anxious American families built thousands of underground "fallout shelters" to protect themselves from the radiation of a thermonuclear blast.

1950년대와 60년대는 불안에 떠는 미국의 가정들이 열핵폭발에 의한 방사능노출에서 벗어나기 위해 수천개의 지하 '낙진대피소'를 만들었다.

■

thermo(heat)+nuclear가 결합된 말로, nuclear는 nucleus(원자의 중심, 핵)의 형용사다.
The nuclear explosives, detonated in 1945, were fission bombs, since they relied on the splitting of the nuclei of uranium atoms.
1945년 일본에 투하된 핵폭탄을 fission bomb이라고 하는데, 우라늄 원자의 핵분열에 의존하여 폭발하기 때문이다.
하지만 원자핵을 결합시키는 nuclear fusion은 훨씬 큰 파괴력을 촉발한다. 예컨대 태양 같은 항성들이 계속 빛과 열을 내뿜는 것은 항성 내부의 깊은 곳에서 핵이 지속적으로 융합하며 폭발하기 때문이다.
마침내 1952년 수소원자들을 융합하여 헬륨원자를 만들 때 나오는 엄청난 폭발력을 이용하는 수소폭탄이 발명되면서 thermonuclear era가 시작되었다. fusion bomb 은 1945년 투하된 fission bomb보다 폭발력이 수백 배 강력하다.
fusion bomb을 thermonuclear라고 말하는 이유는 무엇일까? 핵융합을 촉발하기 위해서는 엄청난 고열이 필요하기 때문이다. 이러한 고열을 촉발하기 위해 사용되는 기폭장치가 바로— fission bomb이다!

British thermal unit

[brˈɪtɪʃ θˈɜːrməl jˈuːnɪt]

noun

● BTU. (1파운드의 물을 화씨 1도 올리는 데 필요한 열량.)

Wood-stove manufacturers compete with each other in their claims of how many British thermal units of heat output their stoves can produce.

장작난로 제조사들은 자신들의 난로가 더 높은 BTU를 생산해낼 수 있다고 경쟁적으로 주장한다.

■

In North America, Air conditioners, furnaces, and stoves are generally rated by BTUs.
북미에서 에어컨, 화로, 난로의 성능은 일반적으로 BTU로 표시된다.
이때 BTU는 '시간당 BTU'라는 뜻이다.
에어컨의 경우 '시간당 냉방능력'을 의미한다.
BTU는 1876년 처음 만들어졌으나, metric system을 기반으로 하지 않기 때문에 오늘날 metric system을 쓰는 나라에서는 사용하지 않는다. 그래서 그 이름과 달리 영국에서는 거의 안 쓰고 미국에서만 쓴다. 미국에서는 천연가스나 프로판가스 연비도 BTU로 표기한다.
오늘날 metric system에서 주로 사용하는 열량단위는 calorie로, 1BTU는 252calories 정도 된다.
하지만 음식에 사용되는 칼로리는 대개 kilocalorie를 의미하기 때문에, 음식의 열량을 측정할 때 1BTU는 대략 0.25 calories를 의미한다.

✦

furnace [fˈɜːrnɪs] 난로, 용광로.
metric system 미터법. meter, gram, liter에 기반한 단위.

ERR

Latin *errare*
to wander 방황하다
to stray 헤매다

errant
[ˈerənt]

adjective
- 목적없이 방황하는.
- 수용할 수 있는 범위나 패턴에서 벗어난.

Modern-day cowboys have been known to use helicopters to spot errant calves.

요즘 카우보이들은 무리에서 벗어난 송아지들을 찾기 위해 헬리콥터를 이용한다고 한다.

A knight-errant was a wandering knight who went about slaying dragons or rescuing damsels in distress.

방랑기사는 정처없이 떠돌다 용을 죽이거나 곤궁에 처한 여인들을 구하는 기사를 일컫는다.

—an errant sock 한 짝을 잃어버려 한 짝만 남은 양말.
—an errant cloud 푸른 하늘에 홀로 떠다니는 구름.
—an errant politician 부정한 정치인.
—an errant husband 바람 피우는 남편.
—an arrant knave 신뢰할 수 없는 악당

arrant kanve는 Shakespeare 작품에 나오는 구절로, 지금과는 스펠링이 다르게 표기되었다.

Occasionally an errant cow would be found on the back lawn, happily grazing on the fresh clover.

가끔 길을 잃고 떠도는 소가 뒷마당에서 신선한 클로버를 신나게 뜯어먹는 모습을 볼 수 있다.

＋
knight-errant [nˈaɪt ˈerənt] 중세의 방랑기사.
slay [slˈeɪ] 죽이다, 도살하다.
damsel [dˈæmzəl] 젊은 숙녀.
in distress 곤란에 처한.
knave [nˈeɪv] 악한, 악당.

aberrant
[æbˈerənt]

adjective
- 정상적인 범위에서 벗어난.

Sullivan's increasingly aberrant behavior was leading his friends to question his mental stability.

설리반의 이상행동이 점점 늘어나자, 친구들은 그의 심리적으로 불안정한 것은 아닌지 의심하기 시작했다.

errant에 ab(away)가 붙은 aberrant는 일반적인 경로나 형태에서 벗어나 방황하는 것을 묘사한다.

Aberrant behavior may be a symptom of other problems.

이상행동은 다른 문제의 징후일 수 있다.

The discovery of an aberrant variety of a species can be exciting news to a biologist.

어떤 종의 이상변이를 발견하는 사건은 생물학계를 흥분시키는 소식이 될 수 있다.

Identifying an aberrant gene has led the way to new treatments for diseases.

이상유전자를 식별해내는 것은 질병을 치료하는 새로운 방법을 찾는 계기가 되기도 한다.

After several incidents of disturbingly aberrant behavior, his parents began taking him to a psychiatrist.

신경쓰이는 이상행동이 몇 차례 발생한 뒤, 그의 부모는 정신과의사에게 그를 데리고 갔다.

＋
stray [strˈeɪ] 길에서 벗어나다, 정처없이 방황하는.
a stray cat/dog 길 고양이/버려진 개.
a stray bullet 유탄.

error는 무엇이 옳고 그른지 모르고 헤맨다는 뜻이다.
erratum[eˈrɑːtəm]은 '실수'라는 뜻의 라틴어로 책의 '오탈자'를 의미하며,
복수형 errata[eˈrɑːtə]는 오탈자를 모아놓은 '정오표'를 의미한다.

erratic
[ɪrˈætɪk]

adjective
- 정해진 코스가 없는.
- 일관성이 없는.

erroneous
[ɪrˈoʊniəs]

adjective
- 잘못된(mistaken), 부정확한(incorrect).

In the 1993 World Series, the Phillies weren't helped by the erratic performance of their ace relief pitcher, "Wild Thing."

1993년 월드시리즈에서 필라델피아 필리스는 '와일드씽'이라 불리던 에이스 구원투수의 변덕스러운 실력에서 아무런 도움도 받지 못했다.

■ .

A missile that loses its guidance system may follow an erratic path.

유도장치가 망가진 미사일이 날아가는 경로는 예측할 수 없다.
여기서 erratic은 '정해진 길을 따르지 않는'이라는 뜻이다.
A river with lots of twists and bends is said to have an erratic course.

굽이침이 심한 강은 erratic course를 따라 흐른다고 말할 수 있다.
A stock market that often changes direction is said to be acting erratically.

동향이 자주 바뀌는 주식시장의 움직임은 아무 예측도 할 수 없다.
여기서 erratic은 '일관성이 없는, 불규칙한'이라는 뜻이다.
An erratic heartbeat can be cause for concern.

불규칙한 심장박동은 주의깊게 살펴야 한다.
If your car idles erratically it may mean that something's wrong with the spark-plug wiring.

자동차가 불규칙하게 공회전하면 점화플러그 연결에 문제가 있다는 뜻이다.

✚
idle [ˈaɪdəl] 빈둥거리다, 공회전하다.

For years her parents had had an erroneous idea of her intelligence, because she didn't begin to talk until the age of six.

몇 년 동안 그녀의 부모는 그녀의 지능에 대해 잘못된 생각을 가지고 있었는데, 여섯 살이 될 때까지 말을 하지 않았기 때문이다.

■

erroneous는 기본적으로 containing errors라는 뜻으로 assumption, idea, notion 같은 단어들 앞에 자주 등장한다.
Mistaken information can lead to erroneous theories, erroneous conclusions, and erroneous decisions.

틀린 정보는 잘못된 이론, 부정확한 결론, 그릇된 결정으로 이어질 수 있다.
His economic predictions are based on some erroneous assumptions.

그의 경제예측은 몇몇 잘못된 가정에 기반한 것이다.
It had been widely and erroneously reported that Armstrong had refused to give evidence.

암스트롱이 증거를 제출하기를 거부했다고 잘못 보도되어 널리 퍼졌다.
Her low opinion of him turned out to be based on several erroneous assumptions.

그에 대한 부정적인 의견은 몇 가지 부정확한 가정에 기초한 것으로 판명되었다.

FLU

Latin fluere
to flow 흐르다

affluence

[ˈæfluəns]

noun
● 물질적인 풍요.

The affluence of the city's northern suburbs is indicated by the huge houses there.

도시 북쪽 교외지역의 부유함은 그곳의 거대한 집들을 보면 알 수 있다.

■

affluence는 to flow abundantly를 의미하는 라틴어동사 affluere에서 왔다. affluence는 부유함이 흘러 넘친다는 뜻이다.

The postwar era was one of new affluence for the working class.

전쟁이 끝나자 노동계급에게 새로운 풍요의 시대가 도래했다.

The affluent residents of suburbs often work in the central city but pay taxes back home.

교외에서 사는 부유한 주민들은 대개 도심에서 일하면서 세금은 자신의 거주지에 납부한다. 이로 인해 대도시의 부가 밖으로 빠져나가는 흐름이 발생한다.

Imperial Rome was a city of great affluence as well as terrible poverty.

로마제국 시대 로마는 엄청난 풍요 못지않게 끔찍한 빈곤이 공존하는 도시였다.

✛
abundant [əbˈʌndənt] 풍족한.
affluent [ˈæfluənt] 부유한, 부자.
flume [fluːm] 좁은 골짜기, 도랑. (i.e. flume ride)

effluent

[ˈefluənt]

noun
● 배출된 오염 폐기물.

The effluent from the mill had long ago turned this once-beautiful stream into a foul-smelling open-air sewer.

공장에서 나온 폐수는 오래 전에 한때 아름다웠던 이 개울을 악취가 풍기는 노천하수구로 바꿔 놓았다.

■

effluent는 to flow out를 의미하는 라틴어 동사 effluere에서 나왔다. effluent는 오래 전 강이나 호수에서 '흘러나오는' 물줄기를 의미했지만, 지금은 거의 예외없이 물과 대기 속으로 '흘러나오는' 오염물질을 의미한다.

Liquid factory waste, smoke, and raw sewage can all be called effluents.

공장에서 나오는 액체폐기물, 연기, 처리하지 않은 하수 모두 effluent라고 부를 수 있다.

An effluent filter keeps treated waste flowing out of a septic tank from clogging up its drainage pipes.

폐수필터는 정화조에서 나오는 처리된 오수가 배수관을 막지 못하도록 한다.

✛
sewage [sˈuːɪdʒ] 오수.
septic [sˈeptɪk] tank 정화조.
clog [klˈɒg] 기름, 먼지 등이 쌓여 통로를 막다.
drainage [drˈeɪnɪdʒ] 배수.

물 흐르듯(flow) 말하는 사람은 fluent speaker다. influence는 원래 별에서 흘러나와 인간에게 영향을 미치는 보이지 않는 fluid(액체)를 일컫는 말이었다. 15세기 발생한 전염병을 이탈리아사람들은 star's influence가 작용한 것이라고 믿었는데, influence의 이탈리아어 influenza가 영어로 흘러들어와 오늘날 바이러스성 전염병을 의미하는 말이 되었다.

confluence

[kˈɒnfluəns]

noun

● 합류.
● 합류지점.

The confluence of several large economic forces led to the "perfect storm" that shook the world economy in 2008.

몇몇 경제대국들의 합류는 2008년 세계경제를 뒤흔든 '퍼펙트스톰'으로 이어졌다.

■

거대한 두 강이 만나 하나가 되는 '두물머리'가 confluence의 본래 의미다.
- a confluence of events
- a confluence of interests
- a confluence of cultures

여러 사건들이, 다양한 이해관계가, 서로 다른 문화가 조우하고 융합하는 것을 말할 때 confluence라는 말을 쓸 수 있다. confluence는 거센 두 물살이 만나면서 소용돌이치고 합쳐지는 강렬한 이미지를 여전히 떠올리게 한다. 실제로 이러한 confluence에서 놀라운 혁신이 솟아나는 경우가 많다.

mellifluous

[mɪlˈɪfluəs]

adjective

● 꿀처럼 흘러내리는. 꿀처럼 단.

His rich, mellifluous voice is familiar to us from countless voice-overs for commercials, station breaks, and documentaries.

그의 풍부하고 감미로운 목소리는 광고, 방송국알림, 다큐멘터리에 나오는 무수한 음성녹음을 통해 친숙하다.

■

mel(honey)+flu(to flow)가 결합한 mellifluous는 말 그대로 flowing like honey라는 뜻이다. 대개 소리를 묘사할 때 사용된다.

Young listeners had forgotten that music could be mellifluous and still have depth.

젊은 청취자들은 음악이 달콤할 수 있으며 여전히 깊이를 간직할 수 있다는 사실을 잊고 말았다.

The DJ on a radio station that plays soft music may have a voice so mellifluous that it almost puts the listener to sleep.

부드러운 음악을 들려주는 라디오 DJ는 청취자를 잠들게 할 수 있을 만큼 목소리가 감미로운 경우가 많다.

The mellifluous tones of a Mozart flute concerto poured from the window.

모차르트 플룻 콘체르토의 감미로운 연주가 창 넘어 흘러들어왔다.

✛

station break 라디오나 TV에서 방송국이름을 알려주는 짧은 자체 홍보코너.

PUNC

Latin *punctum*
point 점

punctilious

[pʌŋktˈɪliəs]

adjective
- 세부사항을 까다롭게 따지는.

A proofreader has to be punctilious **about** spelling and punctuation.

교정자는 맞춤법과 구두점을 매우 꼼꼼하게 따져가며 적용해야 한다.

■

punctilio는 작은 점, 또는 의례를 진행하는 세부적인 규칙을 의미한다. punctilio를 꼼꼼하게 따지는 것을 punctilious이라고 한다.

Joe was always punctilious about repaying loans.

조는 늘 대출금 갚는 것을 꼼꼼하게 챙긴다.

Greece is not that punctilious about such fiscal matters.

그리스는 그런 예산문제를 그 정도로 꼼꼼하게 따지지 않는다.

punctiliousness는 가치 있는 덕목이다. 물론 작은 것에 지나치게 주의를 기울이다 큰 것을 놓치는 우를 범해선 안 될 것이다.

She was so punctilious about the smallest office policies that everyone went to her when they had forgotten one of them.

그녀는 사소한 운영규칙까지 까다롭게 따져서, 규칙이 기억나지 않을 때 사람들은 그녀를 찾는다.

✛
punctilio [pʌŋktˈɪlioʊ] 미세한 점, 세부규칙.
fiscal [fˈɪskəl] 예산, 세금.

punctual

[pˈʌŋktʃuəl]

adjective
- 시간을 잘 지키는. 제 시간에.

The company had become much more punctual **under the new President, and every meeting started precisely on time.**

새로운 사장이 부임하면서 회사는 시간을 더 정확하게 지켜야 했으며, 모든 회의는 제 시간에 시작했다.

■

punctual은 원래 수술을 하기 위해 몸에 뚫은 구멍을 의미하는 puncture에서 나온 말이다. 하지만 오늘날 punctual은 시간과 관련한 의미로만 쓰인다.

A punctual train shows up on the dot.

정시에 맞춰 오는 기차.

a punctual payment 제 날짜에 지불하는 돈.

a punctual person 정시에 나타나는 사람.

My guest arrived punctually. 손님이 정시에 도착했다.

I'll have to have a word with them about punctuality.

시간엄수에 대해 그들과 이야기를 좀 해야겠어.

She arrived at seven prompt.

She arrived prompt at seven.

그녀는 7시 정각에 도착했다.

✛
puncture [pˈʌŋktʃər] 구멍, 구멍을 내다.
on the dot = prompt [prˈɒmpt] 정시에. 정각에.

마침표는 그야말로 point만으로 만들어진 punctuation(구두점)이다.
punctured tire는 날카로운 포인트에 찔려서 '빵꾸난 타이어'다.

compunction
[kəmpˈʌŋkʃən]

noun

- 양심의 가책. 죄책감으로 인해 발생한 불안.
- 근심.

Speeding is something many people seem to do without compunction, their only concern being whether they'll get caught.

과속은 많은 사람들이 죄책감을 느끼지 못하고 저지르는 일이다. 그들의 관심사는 오로지 속도위반에 걸리느냐 마느냐 하는 것뿐이다.

■

compunction은 기본적으로 '죄책감'이나 '양심의 가책'을 의미한다.
People who aren't "stung" or "pricked" by conscience has no compunction.
양심에 '쏘이거나 찔리지' 않는 사람들은 죄책감을 느끼지 못한다.
Ruthless businessmen steal clients and contracts from other businessmen without compunction. 무자비한 사업가들은 다른 기업들로부터 고객과 계약을 아무렇지도 않게 빼앗는다.
He killed without compunction.
그는 아무런 망설임도 없이 살인을 했다.
She had no compunctions about lying.
그녀는 아무 거리낌없이 거짓말을 한다. (복수형으로도 쓴다.)
여기서 본 예문들처럼 compunction은 죄책감을 느끼지 못하는 사람에 대해 이야기할 때 쓰는 단어다. 반면 guilt, qualm, regret, remorse, doubt, unease와 같은 단어들은 죄책감에 시달릴 때 주로 사용한다.

✛

misgiving [mˌɪsgˈɪvɪŋ] 불안, 염려.
qualm [kwˈɑːm] 염려, 메스꺼움.
remorse [rɪˈmɔːrs] 회한, 자책.

acupuncture
[ˈækjʊpʌŋktʃər]

noun

- 침술.

As a last resort he agreed to try acupuncture treatment with Dr. Lu, and his pain vanished like magic.

최후의 수단으로 류박사의 침술치료를 받는 데 동의했는데, 통증이 정말 마법처럼 사라졌다.

■

needle을 의미하는 라틴어 acus와 point를 의미하는 punc가 결합한 acupuncture는 중국사람들이 이미 2500년 전부터 사용해오던 의술이 17세기 처음 영어권에 소개되면서 이를 일컫기 위해 만들어진 단어다.
acupuncturist는 아주 가는 침을 여러 개 놓아 통증을 치료하는데, 치료받을 때 느낌은 다소 불편하지만 별로 아프지는 않다.
acupuncture의 바탕이 되는 고대의 신체에너지(경락) 이론은 아직도 과학적으로 입증되지 않았지만, 여전히 많은 사람들이 acupuncture가 pain reduction에 효과가 있다고 증언한다.
Acupuncture is also used for many other conditions, including insomnia, depression, smoking, and overweight.
침술은 불면증, 우울증, 흡연, 과체중 등 다양한 건강상태를 개선하기 위해 활용된다.

✛

a last resort 마지막 의지할 수 있는 것.
pain reduction 통증완화.
qualified acupuncturist 자격을 갖춘 침술사.

COSM

Greek
order 우주의 질서

cosmos
[kˈɒzməs]

noun
- 우주. 질서와 조화를 갖춘 체계로서 우주.
- 그 자체로 완벽하고 질서 정연한 시스템.

The astronomer, the biologist, and the philosopher all try in their own ways to make sense of the cosmos.

천문학자, 생물학자, 철학자는 자신만의 방식으로 우주를 이해하기 위해 노력한다.

◼

Cosmos is generally used to suggest an orderly or harmonious universe.

코스모스는 단순히 '우주'라는 의미로 쓰이는 경우가 많지만, 기원전 6세기 피타고라스는 이 단어를 처음 사용할 때 '질서와 조화'가 잡혀 있는 우주를 의미했다.
그리하여 물리학자 못지않게 종교적 신비주의자들도 cosmos라는 말을 자주 사용한다.
cosmic ray는 외계에서 우리에게 쏟아지는 물리적인 '우주(광)선'을 의미하는 반면, cosmic question은 우주를 형성하는 질서를 이해하고자 하는 명상과 관련한 질문이다.

➕
cosmic [kˈɒzmɪk] 우주의, 코스모스의.
mystic [mˈɪstɪk] 신비주의자, 신비로운(=mystical).

cosmology
[kɒzmˈɒlədʒi]

noun
- 우주론. 우주의 본질을 설명하는 이론.
- 우주의 기원과 구조를 연구하는 천문학.

New Age teachers propose a cosmology quite unlike the traditional Jewish, Christian, or Islamic ways of viewing the universe.

뉴에이지의 스승들은 전통적인 유대교, 기독교, 이슬람교와는 전혀 다른 방식으로 우주에 대해 접근한다.

◼

In modern astronomy, the leading cosmology is the Big Bang theory.

현대천문학에서 주류 우주론은 빅뱅이론이다.
빅뱅이론은 Big Bang(거대한 폭발)이 일어나 물질과 에너지를 사방으로 방사하면서 우주가 생겨났다는 주장이다. 이처럼 우주가 어떻게 탄생하고 형성되었는지 설명하는 cosmology는 현대 이전에도 종교마다 문화마다 다양하게 존재해왔다.
One reason why fans watch *Star Trek* is for the various cosmologies depicted in the show.
사람들이 《스타트랙》에 열광하는 이유 중 하나는 이 작품에서 다양한 우주론이 등장하기 때문이다.
시간과 공간, 그리고 삶의 의미에 관한 다채로운 cosmology가 드라마 속에 펼쳐진다.

➕
astronomy [əstrˈɒnəmi] 천문학.
depict [dɪpˈɪkt] 묘사하다.

microcosm

[mˈaɪkroʊkɒzəm]

noun

- 축소판. 소우주.

**The large hippie communes of the 1960s
and '70s were microcosms of socialist
systems, with most of socialism's
advantages and disadvantages.**

6-70년대 대규모 히피공동체는 사회주의 체제의 축소판으로,
사회주의의 장점과 병폐를 거의 다 보여주었다.

A troubled urban school can look like
a microcosm of America's educational system.
도시학교의 난맥상은 미국 교육제도의 축소판이라 할 수 있다.
A company's problems may be so typical that
they can represent an entire small country's
economic woes "in microcosm."
어떤 기업이 겪는 골치아픈 문제들은 너무 전형적이어서, 작은 국가의
경제적 고민을 '집약적으로' 보여주기도 한다.
Microcosm, and especially its synonym
microcosmos, are sometimes used when talking
about the microscopic world.
microcosm은—특히 microcosmos와 동의어로 쓰이는 경우—
현미경으로 들여다봐야 하는 세계를 일컫기도 한다.

+

microcosmos [mˌaɪkroʊkˈɒzməs] 소우주.
microscopic [mˌaɪkrəskˈɒpɪk] 현미경으로 볼 수 있는.
commune [kˈɒmjuːn] 코뮌, 자치공동체.
　　　　　[kəmjˈuːn] 교감하다.

cosmopolitan

[kˌɒzməpˈɒlɪtən]

adjective

- 세계시민적인. 국제적인 소양과 경험을 갖춘.
- 다양한 사람과 문화의 영향을 받아 만들어진.

**New York, like most cosmopolitan cities,
offers a wonderful array of restaurants
featuring foods from around the world.**

대다수 국제적인 도시들과 마찬가지로, 뉴욕에는 전세계 각지의
음식을 선보이는 다양한 식당들이 즐비하다.

우주라는 의미의 cosmos에 polit(citizen)이 결합한
cosmopolitan은 citizen of the world라는 뜻이다.
교통과 통신이 발달한 오늘날 cosmopolitan이 되는 것은
어려운 일이 아니다.
도시나 나라에 cosmopolitan이라는 말이 붙을 경우,
다양한 나라에서 유래한 여러 측면과 요소를 갖추고 있는
국제적인 장소라는 의미가 된다.
The family are rich, and extremely sophisticated
and cosmopolitan.
그들 가족은 부유하고 지극히 세련되고 국제적인 감각을 갖추고 있다.
Brigitta has such a cosmopolitan outlook on life.
브리지타는 매우 개방적인 시선으로 삶을 바라본다.

+

an array of 다양한 품목을 죽 늘어놓은.

PROTO PROT

protagonist
[proʊtˈæɡənɪst]

noun
- 문학작품의 주인공.

Macbeth is the ruthlessly ambitious
protagonist **of Shakespeare's play,
but it is his wife who pulls the strings.**

맥베스는 셰익스피어 희곡에서 무자비하고 야심찬 주인공이었지만
그를 조종한 사람은 아내였다.

■

protagonist는 그리스어 prōtagōnistes를 가져온
것인데 이는 first struggler라는 뜻이다.
Struggle, or conflict, is central to drama.
The protagonist or hero of a play, novel, or film
is involved in a struggle of some kind, either
against someone or something else or even
against his or her own emotions.

드라마의 핵심은 갈등이다. 따라서 연극, 소설, 영화의 주인공,
히어로는 어떤 사람이나 사건, 또는 하다못해 자신의 감정과 맞서
싸워야 한다.

주인공에 맞서는 인물은 antagonist라고 하는데,
이는 to struggle against라는 뜻의 그리스어 동사를
가져온 것이다.
The protagonist of The Wizard of Oz is a Kansas
farm girl named Dorothy.

《오즈의 마법사》의 주인공은 캔자스 농장에 사는 도로시라는 이름의
소녀다.

✦
pull strings 배후에서 조종하다.
antagonist [æntˈæɡənɪst] 악역, 반영웅.

protocol
[prˈoʊtəkɔːl]

noun
- 외교상 또는 군사상 규약.
- 전자통신망에서 데이터의 형식을 지정하는 규약.

**The guests at the governor's dinner
were introduced and seated according
to the** strict protocol **governing such
occasions.**

주지사의 저녁만찬에 초대된 손님들은, 경우에 어울리는 엄격한
의례에 따라 소개하고 착석했다.

■

proto(first in time)+ col(glue)이 결합한 그리스어로
파피루스 두루마리의 첫 장을 의미한다.
영어에서 protocol은 본래 a first draft or record를
의미했으나, 이후 조약과 같은 외교문서의 첫 번째 원고를
의미하는 말로 사용된다.
Wearing shorts and sandals to a state dinner
at the White House would not be permitted
"according to protocol."

백악관에서 열리는 공식만찬에 반바지와 샌들을 착용하고 가는 것은
'의전'에 맞지 않는 행동이다.

Royal protocol forbids touching the queen of
England except to shake her hand.

영국왕실의 의전은 악수할 때 외에는 여왕의 몸에 손을 대는 것을
금지한다.

오늘날 protocol은 과학실험을 하거나 컴퓨터 데이터를
다루는 규약을 의미하는 말로도 사용된다.
—diplomatic protocol 외교적 규범
—the Montreal protocol 몬트리올의정서
—the detoxification protocol 해독처치법
—hypertext transfer protocol 하이퍼텍스트전송규약
  = HTTP

protozoa[ˌprəʊtəˈzəʊə]는 아메바나 짚신벌레 같은 단세포 '원생동물'로, 이들은 생물계에서 가장 기초가 되는 원시적인 생명체집단이다. proton은 neutron(중성자)과 함께 원자핵의 가장 기본이 되는 구성요소 '양성자'다. protoplanet은 가스와 먼지의 소용돌이에 불과하지만 언젠가는 행성이 될 것으로 예측되는 '원시행성'이다.

protoplasm
[prˌoʊtəplˈæzəm]

noun

● 세포의 살아있는 부분을 구성하는 물질. 원형질.

A mixture of organic and inorganic substances, such as protein and water, protoplasm is regarded as the physical basis of life.

단백질과 물처럼 유기질과 무기질이 섞여 있는 원형질은 생명체의 물리적 기초로 여겨진다.

■

protoplasm은 19세기 중반 발견된 세포 안의 젤리와 같은 물질을 가리키는 용어로 처음 만들어졌다. plasm(plasma)은 피를 구성하는 맑은 액체(혈장)를 의미하는 그리스어다. 여기에 proto를 붙여 생명체의 토대가 되는 액체라는 의미를 담았다.
Many people imagined that the first life-forms must have arisen out of a great seething protoplasmic soup.
많은 이들이 부글거리는 위대한 원형질수프에서 최초의 생명체가 나왔다고 상상한다.
하지만 지금은 핵 외부의 살아있는 물질을 가리키는 cytoplasm 같이 더 정교한 용어들이 나오면서 protoplasm이라는 단어는 생물학에서 많이 사용되지 않는다.
There under the microscope we saw the cell's protoplasm in all its amazing complexity. 현미경 아래에서 우리는 놀라울 정도로 복잡한 세포의 원형질을 보았다.

✛

plasma [plˈæzmə] 혈장.
seething [sˈiːðɪŋ] 부글부글 거품이 끓는.
cytoplasm [sˈaɪtoʊplˌæzəm] 세포질.

prototype
[prˈoʊtətaɪp]

noun

● 패턴화의 기본이 되는 원래 모형.
● 새로운 설계를 위해 제작한 최초 실물 버전.

There was great excitement when, after years of top-secret development, the prototype of the new Stealth bomber first took to the skies.

수년 간의 1급비밀 개발작업 이후, 새로운 스텔스폭격기의 프로토타입이 하늘에 처음 날아올랐을 때, 정말 흥분되었다.

■

prototype은 모델이나 영감을 불러일으키는 사람이나 사물을 의미한다.
A successful fund-raising campaign can serve as a prototype for future campaigns.
성공적인 모금캠페인은 이후 캠페인들의 프로토타입이 될 수 있다.
The legendary Robin Hood is the prototypical honorable outlaw, the inspiration for countless other romantic heroes.
전설 속 로빈후드는 정의로운 무법자의 프로토타입으로, 무수히 많은 로맨틱한 영웅들에게 영감을 주었다.
Every new "concept car" starts off as a unique prototype.
새로운 모든 '컨셉카'는 독특한 프로토타입으로 시작한다.
오늘날 프로토타입은 기술분야에서 널리 사용되고 있다.
The engineers have promised to have the prototype of the new sedan finished by March.
엔지니어들은 3월까지 새로운 세단의 프로토타입을 끝낼 것이라고 약속했다.

✛

prototypical [prˌoʊtətˈɪpɪkəl] 프로토타입 역할을 하는.

ANTHROP

Greek
human being 인간

---

anthropoid
[ˈænθrəpɔɪd]

noun
● 유인원. 인간을 닮은 동물.

The chimpanzees, gorillas, orangutans, gibbons, and bonobos are all classified as anthropoids.
침팬지, 고릴라, 오랑우탄, 긴팔원숭이, 보노보는 모두 유인원으로 분류된다.

■
anthrop(human)+oid(resembling)가 결합한 anthropoid는 문자 그대로 '인간을 닮은 유인원'을 의미한다.
Anthropoid apes resemble humans more closely than do other primates such as monkeys and lemurs.
유인원은 원숭이나 여우원숭이 같은 영장류보다 인간과 훨씬 비슷하게 생겼다.
Some anthropoids spend a good deal of time walking on their hind legs.
몇몇 유인원들은 상당한 시간을 뒷다리로만 걸어다닌다.
이들은 매우 영리할 뿐만 아니라 도구를 쓰기도 한다.
But if you call someone an anthropoid, you're probably not complimenting his intelligence.
물론 어떤 사람을 유인원이라고 부른다면, 그것은 그의 지능을 칭찬하는 것은 아닐 것이다.

✛
primate [prˈaɪmeɪt] 영장류.
gibbon [gˈɪbən] 동남아시아 긴팔원숭이.
ape [ˈeɪp] 유인원.
lemur [lˈiːmər] 여우원숭이.
hind [hˈaɪnd] legs 뒷다리.
compliment [kˈɒmplɪmənt] 칭찬하다.

---

anthropology
[ˌænθrəpˈɒlədʒi]

noun
● 인류학.

By studying the cultures of primitive peoples, anthropology may give us a better understanding of our own culture.
인류학은 원시인들의 문화를 연구함으로써 우리의 문화를 더 잘 이해할 수 있게 해준다.

■
Anthropologists study the whys and wherefores of human existence.
인류학자들은 인간이 존재하는 방식을 연구한다.
Every group and every culture now seems to be possible material for anthropology.
이제는 모든 집단과 문화가 인류학의 연구대상이 될 수 있다.
예전에는 아마존정글 같은 곳에 사는 원시부족들을 주로 연구대상으로 삼았지만 지금은 도시에 사는 현대인들까지 관찰대상으로 삼는다.
anthropology는 접근방식에 따라 다양한 세부학문으로 나뉘어진다. 진화에 초점을 맞추는 경우도 있고, 언어에 초점을 맞추는 경우도 있고, 고고학 관점에서 접근하는 경우도 있으며, 문화의 시대별 변화를 주목할 수도 있다.
historian은 문자로 기록된 사료에 초점을 맞춰 과거를 거슬러올라가는 반면, anthropologist는 대개 문자기록이 아닌 다른 실마리를 활용한다.

✛
the whys and (the) wherefores 원인과 이유.
archaeology [ˌɑːkiˈɒlədʒi] 고고학.
anthropomorphic [ˌænθrəpəmˈɔːrfɪk] 의인화된.

---

anthropomorphic god은 제우스나 아테나처럼 인간의 모습을 하고 인간처럼 행동하는 신이다.
anthropomorphized animals는 이솝우화나 만화영화에 등장하는 동물처럼 겉모습은 동물이지만 사람처럼 말하고
행동한다. 인간처럼 생겼든, 생긴 것은 달라도 인간처럼 행동하든, 모두 anthropomorphism (의인화)의 일종이다.

misanthropic

[mˌɪzənθrˈɒpik]

adjective
- 인간을 혐오하는.

Few characters in literature are more misanthropic than Ebenezer Scrooge, who cares for nothing but money.

문학작품 속 인물 중에 에베네저 스크루지보다 인간을 혐오하는 인물은 없을 것이다. 그는 돈 말고는 그 어떤 것에도 신경쓰지 않는다.

■

misein(to hate)+anthrop(human)이 결합한 misanthropy는 '인간혐오'를 의미한다.
Jonathan Swift was famous for the misanthropy of works such as *Gulliver's Travels* which make fun of all kinds of human foolishness.
조너선 스위프트는 온갖 인간의 어리석음을 조롱하는 《걸리버여행기》와 같은 작품에서 보여준 인간혐오로 유명하다.
In spite of his apparent misanthropic attitude, he spent a third of his income on founding a hospital and another third on other charities— certainly not the acts of a true misanthrope.
하지만 스위프트는 수입의 3분의 1을 병원을 설립하는 데 썼으며, 또 3분의 1은 자선단체에 기부했다. 진정한 인간혐오자의 행동이 아닌 것은 분명하다.
지금은 misanthrope보다는 cynic, grinch와 같은 단어들이 주로 사용된다. 어쨌든 그런 사람들과는 자주 마주치지 않기를 바랄 뿐이다.

✛

misanthrope [mˈɪzənθroʊp] 인간혐오자.
cynic [sˈɪnɪk] 인간은 이기적일 뿐이라고 생각하는 사람.
grinch [grɪntʃ] 주변사람들을 우울하게 만드는 사람.
charity [tʃˈærɪti] 자선단체.

lycanthropy

[laɪkˈænθrəpi]

noun
- 자신이 늑대로 변했다는 망상.
- 늑대로 변신하는 마법.

The local farmers avoided the residents of the village in the next valley, who had long been suspected of grave robbing and lycanthropy.

이 지역 농부들은 옆 계곡에 사는 사람들을 무서워했는데, 그들은 무덤을 파헤치고 늑대로 변신한다고 오랫동안 여겨졌다.

■

lykos(wolf)+anthrop(human)이 결합한 lycanthropy는 기본적으로 wolfman이라는 뜻이다. 밤이 되면 늑대로 변해 동물, 사람, 묘지에 묻힌 시체를 먹어치우고 새벽이 되면 다시 인간으로 되돌아오는 늑대인간은, 고대 그리스와 로마까지 거슬러 올라가는 유럽의 오래된 전설이다.
Lycanthropes may be evil and possessed by the devil, or may instead be the victims of a werewolf bite and thereby cursed to change into wolf form at the full moon.
늑대인간은 사악하여 악마에게 홀린 사람이거나, 다른 늑대인간에게 물려 보름달이 뜰 때 늑대로 변하는 저주를 받은 사람이다.
werewolf는 고대영어 wer(man)+wolf가 결합한 말로 lycanthrope와 똑같은 뜻이다.
werewolf가 사악하다는 것은 시체를 일부만 먹고 버리는 모습에서 드러난다. 실제로 늑대와 같은 맹수들은 동물이나 시체를 남김없이 먹어 치운다.

✛

folklore [fˈoʊklɔːr] 민간전승 풍속, 속담, 전설 등.
lycanthrope [laɪkˈænθrəp] 늑대인간.
werewolf [wˈeərwʊlf] 늑대인간.
possessed [pəzˈest] 홀린, 사로잡힌.

OID

Greek

appearance 외모
form 형태

---

rhomboid

[rˈɑːmbɔɪd]

noun
- 맞변의 길이가 같은 4각형. 능형근(마름근).

The flimsy picture frame had been damaged en route, and its rectangular shape was now a rhomboid.
조잡한 액자는 도중에 망가져서, 사각형의 직각이 깨지고 말았다.

■

Rhomboids always look like a lopsided diamond or rectangle. 롬보이드는 기본적으로 기울어진 마름모꼴이나 직사각형처럼 보인다. rhomboid는 전문용어로 능형(菱形)이라고 하는데, 마름모꼴은 편릉형(偏菱形), 직사각형은 장릉형(長菱形)이라고 한다.
Rhomboid muscles attach your shoulder blades to your spine. 어깨뼈를 척추에 붙여주는 근육을 뒤에서 보면 마름모꼴을 띠기 때문에 롬보이드근육(능형근)이라고 부른다. rhomboid exercises, rhomboid pain은 모두 이 근육과 관련된 것을 일컫는다.
Rhomboid muscles can be strained by carrying a heavy backpack, serving a tennis ball, or just slumping in your chair in front of a computer all day. 무거운 배낭을 매거나 테니스를 할 때 서브를 잘못 넣거나, 하루 종일 컴퓨터 앞에 앉아 구부정하게 앉아있는 것만으로도 능형근에 무리가 갈 수 있다.

✛
flimsy [flˈɪmzi] 조잡한.
en route [ˌɒn rˈuːt] = on the way 도중에.
lopsided [lˌɒpsˈaɪdɪd] 한쪽으로 기울어진.
strain [strˈeɪn] 잡아늘이다, 긴장하다, 결리다.
blade [blˈeɪd] 칼날.
slump [slˈʌmp] 쿵 떨어지다, 구부정하게 앉다.

---

deltoid

[dˈɛltɔɪd]

noun
- 삼각근.

In Anatomy class she had learned about the deltoids, which her trainer at the gym just called "delts."
해부학수업에서 그녀는 삼각근에 대해서 배웠다. 헬스클럽에서 트레이너가 체육관에서 delts라고 부르던 것이었다.

■

그리스 알파벳의 네 번째 문자 delta(Δ/δ)의 대문자는 삼각형처럼 생겼다. 여기서 dalta는 '삼각형'을 의미하게 되었으며 deltoid는 'delta 모양을 한'이란 뜻이다.
In English, delta commonly means the sand deposits that form a huge triangle at the mouth of certain large rivers.
영어에서 델타는 일반적으로 큰 강 하구에 생성된 커다란 삼각형 모래퇴적물(삼각주)을 의미한다.
The triangular, swept-back wings seen on jet fighter aircraft are called delta wings.
제트기에서 삼각형 후퇴각 날개를 델타윙이라고 한다.
Some gym trainers treat shoulder and deltoid muscles as synonyms.
몇몇 헬스트레이너들은 어깨와 삼각근을 동의어처럼 쓴다.
rhomboid와 마찬가지로 deltoid를 일상에서 가장 자주 들을 수 있는 곳은 바로 헬스장이다.

✛
anatomy [ənˈætəmi] 해부학.
deposit [dɪpˈɒzɪt] 퇴적물.
triangular [traɪˈæŋɡjʊlər] 삼각형의.
swept-back 뒤로 쓸어 넘긴, 뒤로 젖혀진.

고대그리스인들은 원시적인 망원경으로 화성과 목성 사이에 떠다니는 '별(aster)처럼 보이는' 작은 무리들을 관찰했는데, 이것을 asteroid라고 불렀다(소행성). factoid는 사실(fact)처럼 보이는 '허위사실'이다. nutsoid(nut: 무엇인가에 미친 사람), nerdoid(nerd: 범생이), freakazoid(freak: 괴짜) 같은 신조어도 여기서 나왔다.

dendroid
[dˈɛndrɔɪd]

adjective
- 나무 모양의.

The reef was a fantastic jungle, its dendroid corals resembling luminous, poisonous trees in a landscape of bizarre beauty.

암초는 환상적인 정글이었고, 나무 모양의 산호는 기괴하게 아름다운 풍경속에 빛나는 독을 지닌 나무를 닮았다.

■

dendrology는 나무를 연구하는 '수목학'이며 이 학문을 연구하는 사람을 dendrologist라고 한다. Dendroid describes something that "branches" in all directions from a central "trunk" in an irregular way.

나무처럼 가운데 기둥에서 사방으로 불규칙적으로 '가지'가 뻗어나가는 형태를 dendroid라고 말할 수 있다.

—dendroid seaweeds 나무처럼 생긴 해초
—dendroid moss 나무처럼 생긴 이끼
—dendroid algae 나무처럼 생긴 조류

Seen from up close, the mosses turn out to be dendroid, resembling a colony of tiny trees.

가까이 확대해서 보면 이끼들은 나무와 닮아, 작은 나무들의 군집처럼 보인다.

✦
reef [rˈiːf] 암초.
coral reef 산호초. 산호가 착상하여 번식하는 바위.
luminous [lˈuːmɪnəs] 반짝이는, 빛나는.
poisonous [pˈɔɪzənəs] 유독한.
bizarre [bɪzˈɑːr] 기괴한.
dendrology [dɛndrˈɑlədʒi] 수목학.

humanoid
[hjˈuːmənɔɪd]

adjective
- 인간처럼 생긴.

We slowly learn that most of Dr. Bennell's friends have been replaced by humanoid substitutes that have emerged from pods.

우리는 베넬박사의 친구들이 대부분 팟에서 튀어나온 휴머노이드 용병으로 대체되었다는 사실을 알게 되었다.

■

인간과 비슷하게 생긴 로봇을 humanoid robot 또는 android robot이라고 부른다. andro(man)+oid(appearance)는 '남자 모습을 한'이라는 뜻으로 humanoid와 같은 말이다. Accounts of the Yeti, Sasquatch, and Bigfoot continue to fascinate us mainly because of their humanoid characteristics.

예티, 새스콰치, 빅풋 이야기가 우리를 끊임없이 매료시키는 것은 그들이 사람과 비슷하기 때문이다.

The idea of creating a monstrous humanoid, such as Victor Frankenstein's creation, has intrigued us for centuries.

프랑켄슈타인처럼 인간모습을 한 끔찍한 피조물을 만들어내는 이야기는 수백 년 동안 사람들의 호기심을 자극했다.

✦
pod [pˈɒd] 완두콩이 들어있는 꼬투리. 꼬투리처럼 생긴 용기.
substitute [sˈʌbstɪtuːt] 대체용병.
monstrous [mˈɒnstrəs] 기괴한.
intrigue [ɪntrˈiːg] 호기심을 돋우다.

KINE

Greek *kinesis*
movement 움직임

kinesiology
[kɪnˌisiˈɑlədʒi]

noun
- 신체운동학.

With a kinesiology degree in hand, she landed a job as a rehab therapist for patients following heart surgery.

신체운동학 학위를 손에 넣자마자 그녀는 심장수술을 받은 환자들을 위한 재활치료사 일자리를 얻어냈다.

■

Kinesiology focuses particularly on the mechanics of muscular activity.

신체운동학은 근육이 움직이는 메커니즘에 초점을 맞춘 학문이다.

kinesiology는 운동기능 습득, 신체활동에 대한 몸의 반응 등을 연구하는 분야로, '신체운동학' 또는 '운동요법'이라고 번역한다.

kinesiologists는 병원에서 수술 후 회복 중인 환자들을 위한 재활치료사로 많이 일한다. 또한 학교에서 체력단련프로그램을 운영하거나 일반인들을 위한 운동프로그램을 설계하기도 한다.

➕

rehab [rˈiːhæb] = rehabilitation 재활, 갱생.
muscular [mˈʌskjələr] 근육의.
deficit [dˈefəsɪt] 결핍, 부족.
fidget [fˈɪdʒɪt] 손발을 가만히 두지 못하다. 끊임없이 꼼지락거리다.

hyperkinetic
[hˌaɪpərkɪnˈetik]

adjective
- 과잉행동증상이 있는.
- 정신없이 바쁘게 행동하는.

Noises Off **is a hyperkinetic stage farce that moves at a breathless pace for a full hour and a half.**

《노이즈 오프》는 1시간 반 내내 숨가쁜 속도로 진행되는 슬랩스틱 익살극이다.

■

hyper(above/beyond)+kine(movement)가 결합한 hyperkinetic은 움직임이 일반적인 수준을 넘어선다는 뜻이다.

Kids with ADHD are usually not just hyperkinetic but also inattentive, forgetful, and flighty.

ADHD 아이들은 대개 과잉행동뿐만이 아니라 산만하고 건망증이 심하고 변덕스럽기도 하다.

attention-deficit/hyperactivity disorder = ADHD 주의력결핍/과잉행동 장애.

He's been hyper all morning. 아침 내내 들떠있더군.

최근에는 hyperkinetic/hyperactive를 줄여서 hyper라고만 쓰기도 한다. 물론 이렇게 줄여서 쓸 때는 심각한 장애를 의미하지는 않는다.

At 25 he was still as hyperkinetic as a 14-year-old, constantly fidgeting at his desk, with his leg bouncing up and down.

25살인데 여전히 14살 아이처럼 과잉행동증상이 있는 그는 끊임없이 책상을 두드리고 다리를 흔든다.

➕

hyperactive [hˌaɪpərˈæktɪv] 잠시도 가만히 있지를 못하는.
inattentive [ˌɪnətˈentɪv] 부주의한.
flighty [flˈaɪti] 변덕스러운.

kinetic energy는 '운동에너지'를 의미한다.
kinetic art는 Alexander Calder의 유명한 모빌처럼 '움직이는 예술작품'을 의미한다.
'움직이는 그림'이 만들어내는 예술 cinema(영화) 역시 kine에서 유래했다.

kinescope
[kˈɪnəskˌoʊp]

noun

● 키네스코프. TV에 나오는 영상을 촬영한 필름.

In the archives she turned up several kinescopes of Ernie Kovacs's 1950s show, which she thought had been dumped into New York Harbor decades ago.

기록보관소에서 1950년대 어니코박쇼가 담긴 키네스코프 몇 개를 찾았는데, 수십 년 전 뉴욕항에서 모두 폐기되었다고 여겨지는 것들이었다.

■

TV가 처음 개발되었을 때, TV카메라는 찍은 화면을 그대로 송출하는 기능 밖에 없었다. 따라서 모든 것을 생방송으로 제작할 수밖에 없었으며, 방송을 별도로 녹화하지 못했다. TV방송을 녹화하는 유일한 방법은 TV브라운관에 나오는 화면을 필름으로 촬영하는 것이었다. TV전파가 닿지 않는 곳에는 이 필름을 기차나 배로 실어 보내주었다. kinescope는 원래 TV브라운관 상표였는데, TV화면을 촬영할 때마다 이 상표가 보여서 TV화면을 녹화한 필름을 일컫는 말로 쓰이기 시작했다. TV브라운관에 나오는 화면을 촬영하면 하얀 점과 줄이 생기며 노이즈가 거칠어진다. 그럼에도 TV방송을 기록으로 남기는 방법은 한동안 kinescope 밖에 없었다. 1951년 TV카메라로 생중계하지 않고 필름으로 찍은 것을 송출하는 코미디쇼가 나온 이후, 녹화제작방식이 보편화되었고 이로써 kinescope도 역사 속으로 사라졌다. 지금도 인기있는 Saturday Night Live는 생방송으로 진행하던 옛날 TV쇼 제작방식을 응용한 포맷으로 대성공을 거두었다.

+
grainy [grˈeɪni] 하얀 점들이 지글거리는.
fuzzy [fˈʌzi] 흐릿한.

telekinesis
[tˌɛləkɪnˈisɪs]

noun

● 염력.

Fascinated by telekinesis as a boy, he'd spent hours in his room trying to push a pencil off the table using only his mind.

어렸을 때 염력에 매료된 그는, 자기 방에서 마음만으로 연필을 테이블에서 밀어내기 위해 많은 시간을 보냈다.

■

tele(far off)+kine(movement)가 결합한 telekinesis는 멀리서 물체를 움직이는 초자연적인 힘을 의미한다. 마음의 힘(念力)만으로 움직인다는 뜻에서 psychokinesis라고도 한다.
Any reported telekinetic experiences have been the result of fraud, wishful thinking, or naturally explainable events.

지금껏 보고된 무수한 염력 목격담들은 하나같이 사기이거나 희망사항에서 나온 망상에 불과한 것으로 밝혀졌다. telekinesis는 지금도 영화, TV, 소설, 비디오게임, 만화 등에서 인기있는 이야기소재로 활용되고 있다.

+
fraud [frˈɔːd] 사기.
kinetic [kɪnˈetɪk] 움직이는. 동역학의.

FUG

Latin *fugere*
to flee 도망치다
to escape 탈출하다

centrifugal

[sentrˈɪfjʊɡəl]

adjective

● 원심력의. 중심에서 밖을 향해 움직이는.

Their favorite carnival ride was the Round-up, in which centrifugal force flattened them against the outer wall of a rapidly spinning cage.

그들이 좋아하는 카니발놀이기구는 라운드업이다. 빠르게 회전하는 원통 안에서 원심력에 의해 벽에 납작 달라붙게 된다.

■

Centrifugal force is what keeps a string with a ball on the end taut when you whirl it around.

줄 끝에 공을 달아 돌리면 줄이 팽팽해지는데, 이것은 바로 원심력 때문이다.

A centrifuge is a machine that uses centrifugal force.

원심분리기는 원심력을 사용하는 기계다.

Powerful centrifuges are essential to nuclear technology and drug manufacturing.

핵발전기술이나 의약품제조과정에는 강력한 원심분리기가 필요하다.

A rock tied to a string and whirled about exerts centrifugal force on the string.

돌을 끈에 매달아 빙글빙글 돌리면 끈에 원심력이 발생한다.

Centrifugal force keeps roller-coaster cars from crashing to the ground.

원심력은 롤러코스터가 땅에 충돌하지 않도록 해준다.

✛

taut [tˈɔːt] 팽팽한, 긴장된.
centrifugal force 원심력.
centrifuge [sˈentrɪfjuːdʒ] 원심분리기.
flatten [flˈætən] 납작하게 만들다.

refuge

[rˈefjuːdʒ]

noun

● 피신. 위험이나 곤경에서 벗어남.
● 피난처.

Caught in a storm by surprise, they took refuge in an abandoned barn.

예기치 못한 폭풍을 만나 버려진 헛간으로 몸을 피했다.

■

re(back/backward)+fuge(flee)가 결합한 refuge는 fleeing backward(뒷걸음쳐 달아나다)라는 뜻이다.

During the frequent air-raids, people took refuge in their cellars.

빈번하게 공습이 벌어지는 동안, 사람들은 지하실로 피신했다.

refuge는 seek/take/find refuge처럼 몇몇 동사들과 짝을 지어 사용된다.

Religion may be a refuge from the woes of your life.

종교는 삶의 고뇌에서 벗어날 수 있는 피난처 역할을 하기도 한다.

A beautiful park may be a refuge from the noise of the city.

아름다운 공원은 도시의 소음에서 벗어날 수 있는 피난처가 된다.

Your bedroom may be a refuge from the madness of your family.

침실은 정신 사나운 식구들에게서 벗어날 수 있는 피난처가 될 수 있다.

Fleeing the Nazis, he had found refuge in the barn of a wealthy family in northern Italy.

나치로부터 달아나면서 그는 이탈리아 북부에서 부유한 집안의 헛간에서 피난처를 찾았다.

✛

air-raid 공습.
cellar [sˈelər] 지하식품저장고.
exert [ɪgzˈɜːrt] (힘을) 행사하다, 발휘하다.

refugee는 어떤 위협이나 위험에서 탈출한 '피난민'이며
fugitive는 법을 피해 도망다니는 '탈주자'를 의미한다.

---

fugue
[fjˈuːg]

noun

- 푸가. 변주된 가락이 뒤따라 나오는 음악.

For his debut on the church's new organ, the organist chose a fugue by J. S. Bach.
교회에 들여놓은 새 오르간을 위한 첫 연주곡으로 연주자는 바하의 푸가를 선택했다.

■

In fugues, the various parts (or voices) seem to flee from and chase each other in an intricate dance.
푸가는 다양한 파트(또는 노래)가 서로 달아나기도 하고 뒤쫓기도 하면서 서로 엉켜서 춤을 추는 듯한 느낌을 주는 음악이다.
아이들이 부르는 돌림노래도 일종의 단순한 형태의 fugues라고 할 수 있다. 하지만 헨델이나 바하가 작곡한 fugues는 훨씬 길고 극도로 복잡하다.
As the last piece in the recital, she had chosen a particularly difficult fugue by Bach.
리사이틀의 마지막 연주곡으로 그녀는 바흐의 특별히 어려운 푸가를 선택했다.

✚
intricate [ˈɪntrɪkət] 복잡하게 뒤엉킨.
flee [fliː] sth —로부터 달아나다.

subterfuge
[sˈʌbtərfjuːdʒ]

noun

- 속임수.

The conservatives' subterfuge of funding a liberal third-party candidate in order to take votes away from the main liberal candidate almost worked that year.
진보진영의 주요후보의 표를 분산시키기 위해 진보진영의 제3후보를 후원하는 보수세력의 잔꾀가 그 해에는 거의 성공할 뻔했다.

■

subter(secretly)+fug(flee)가 결합한 subterfuge는 '몰래 달아나다'라는 뜻의 라틴어동사에서 왔다.
하지만 영어에서 subterfuge는 속임수를 써서 당황스럽거나 불편한 상황, 비난받을 수 있는 상황, 더 나아가 감옥에서 벗어나는 것을 의미한다.
The life of spies consists of an endless series of subterfuges.
스파이의 삶은 끝없는 속임수의 연속이라고 해도 과언이 아니다.
Putting words like "trans-fat free" on junk-food packaging is a subterfuge to trick unwary shoppers.
정크푸드 포장지에 '트랜스지방 제로' 같은 표현을 넣는 것은 순진한 소비자를 기만하는 속임수라고 말할 수 있다.
Getting a friend to call about an "emergency" in order to get out of an evening engagement is about the oldest subterfuge in the book.
저녁약속에서 빠져나오기 위해 친구에게 '긴급'전화를 요청하는 것도 고전적인 속임수라 할 수 있다.

✚
unwary [ʌnwˈeəri] 미숙한.
the oldest trick in the book 오랫동안 사용되어온 속임수.

ABS AB

Latin

from —에서 나온
away, off —에서 벗어난

abscond

[æbskˈɒnd]

verb

● 도주하다.

abstemious

[æbstˈiːmiəs]

adjective

● 절제하는.

They discovered the next morning that their guest had absconded with **most of the silverware during the night.**

이튿날 아침, 손님들이 밤중에 은그릇을 다 가지고 도망친 것을 깨달았다.

■

abs(away)+condere(to hide)가 결합한 abscond는 hide away(몰래 도망치다)라는 뜻이다.
The Ring of the Nibelung begins with a dwarf absconding with gold.
바그너의 걸작 오페라 《니벨룽겐의 반지》는 난쟁이가 황금을 가지고 도망치는 장면으로 시작한다. 이 황금으로 만든 마법의 반지를 가진 자는 세상을 지배하는 신이 될 수 있다.
In *The Hobbit*, Bilbo Baggins absconds from Gollum's caves with the ring he has found.
톨킨의 《호빗》에서 빌보 배긴스는 골룸의 동굴에서 찾아낸 반지를 가지고 도망친다. 바로 이것이 영화 《반지의 제왕》에서 골룸이 "my precious"라고 외치는 반지다. 톨킨이 바그너의 오페라에서 영감을 얻었다는 것은 잘 알려진 사실이다.
A young couple might abscond from their parents to get married. 결혼을 반대하는 부모들을 피해 도망쳐 숨어 사는 젊은 연인도 있다. 물론 머지않아 부모들과 어떻게든 마주칠 수밖에 없을 것이다.
The bride is so shy that her mother fears she'll abscond from the reception.
신부가 너무 수줍음을 많이 타, 연회에 참석하지 않고 도망칠까봐 그녀의 어머니가 조마조마할 정도였다.

Her parents had left her two million dollars when they died, having been so abstemious **for years that their neighbors all assumed they were poor.**

그녀의 부모는 세상을 뜨면서 200만 달러를 유산으로 남겼는데, 오랫동안 너무나 금욕적으로 살았기 때문에 이웃들은 모두 그녀의 부모가 가난한 줄 알았다.

■

abs(away from)+temetum(strong drink)가 결합한 abstemious는 원래 '술을 멀리하다'라는 뜻이다.
The Rule of St. Benedict demands an abstemious life of obedience and poverty.
14세기 수도사들은 성 베네딕토 규율에 따라 살았는데, 이는 복종과 가난을 미덕으로 삼는, 절제하는 삶을 요구한다.
But not all monks could maintain such abstemious habits.
하지만 모든 수도사들이 절제하는 삶을 유지하지는 못했다. 초서의 《Canterbury Tales》에는 채식규율을 어기고 맛있는 고기를 얻기 위해 사냥을 다니는 뚱뚱한 수도사가 등장하기도 한다.
끊임없이 소비를 부추기는 현대사회에서 abstemious라는 말은 어느 모로 보나 진부하게 들릴 수밖에 없다.

✦
dwarf [dwˈɔːrf] 난쟁이.
restrained [rɪstrˈeɪnd] 감정을 드러내지 않는, 차분한.
obedience [oʊbˈiːdiəns] 복종.

abuse는 use away from, 즉 '잘못된 방식으로 사용하다'는 뜻이다. abduct는 lead away from 즉 '유괴하다'는 뜻이다. aberrant는 wander away from 즉 '규범에서 벗어난,' '일탈한' 이라는 뜻이다.
이 어근이 들어있는 단어는 너무 많기에 여기서 모두 나열하려는 것은 absurd idea, 즉 '터무니없는 생각'이다.

abstraction
[æbstrˈækʃən]

noun
● 추상적인 관념.
● 잠시 넋이 나감. 멍때림.

All the ideas she came up with in class were abstractions, since she had no experience of actual nursing at all.
그녀가 수업시간에 내놓은 아이디어는 모두 추상적인 것이었다. 실제 간호 경험이 전혀 없었기 때문이다.

abs(away)+tract(to drag)가 결합한 abstract는 구체적인 예시를 '빼버리고' 개념을 사고하는 것을 일컫는다.
abstract art 추상미술―
일상적인 물질계에 존재하는 대상을 그림에서 '빼버리고' 그 너머에 있는 어떤 것을 보여주고자 하는 미술이다.
Theories are often abstractions.
이론이란 대개 구체적인 경험을 '빼내고' 남은 관념을 의미한다.
예컨대 경제이론은 경제 전반을 설명하는 폭넓은 관점을 얻기 위해 구체적인 대상을 빼낸 것이다. (물론 그래서 아무것도 제대로 설명하지 못하기도 한다.)
논문을 한 문단으로 요약한 글을 abstract라고 하는데, 논문 전체에서 '뽑아낸' 핵심내용이라는 뜻이다.
Andrew noticed her abstraction and asked, "What's bothering you?"
앤드류는 그녀가 넋을 놓고 있는 것을 보고 물었다. '무슨 걱정 있어요?'
우리 뇌의 코드가 '뽑히거나' 나사가 '풀린' 상태도 abstraction이라고 한다.

✛
come up with 제안하다.
nurse [nˈɜːrs] 간호하다. 오래도록 감정을 품다. 젖을 먹여 키우다. 간호사.
quantum physics 양자물리학.

abstruse
[æbstrˈuːs]

adjective
● 난해한. 간단하게 설명할 수 없는.

In every class he fills the blackboard with abstruse calculations, and we usually leave more confused than ever.
그는 수업시간마다 칠판을 복잡한 계산식으로 가득 채워서, 우리는 그 어느 때보다도 혼란에 빠지곤 한다.

abs(away)+ trudere(to push)에서 나온 abstruse는 push away, 즉 '한쪽으로 밀어 치우다'라는 뜻이지만, 영어에서는 '전문가들이 쓰는 자신만 알아들을 수 있는 말'을 묘사할 때 주로 사용되어 오늘날 '난해한' 이라는 의미가 되었다.
Scientific writing is often filled with the kind of abstruse special vocabulary.
과학에 관한 글들은 대개 난해한 전문용어로 가득 차 있다.
하지만 정교하게 진술하기 위해서는 전문용어를 써야 하는 경우가 많다.
The language of quantum physics can make an already difficult subject even more abstruse to the average person.
양자물리학 같은 과학에서 사용하는 언어는 일반인들에게 그러잖아도 어려운 주제를 더 어렵게 만든다.
The researcher's writing was abstruse but it was worth the effort to read it.
연구자의 글은 난해했지만 노력을 기울여 읽을 만한 가치가 있었다.
The abstruse vocabulary of the literature professor led many students to drop her class.
문학교수가 난해한 어휘를 사용한 덕분에 많은 학생들이 수업을 포기했다.

NEO

Greek *neos*
new 새로운

neoclassic

[nˌioʊklˈæsɪk]

adjective
● 신고전주의의.

He had always admired the paintings of the French neoclassical masters, especially Poussin and Ingres.

그는 늘 프랑스의 신고전주의 화가들, 특히 푸생과 앵그르의 그림을 높이 평가했다.

■

라틴어 classicus는 of the highest class(최상위 계급의)라는 뜻이다. 그래서 classic과 classical은 원래, 고대 그리스/로마의 가장 훌륭한 예술작품을 일컫는 말이었다. 하지만 이 말은 머지않아 '고대 그리스/로마의 모든 예술작품'을 일컫는 말로 바뀐다. 유럽인들은 classical antiquity를 사실상 최고의 문화로 여기기 때문이다. 미술과 건축 분야에서 한 양식이 오랜 시간 지속되면 대개 그에 대한 반발이 일어나기 마련이다. 1600년부터 1700년대 초까지 유럽에서 유행하던 화려한 baroque style에 대한 반발로 질서, 절제, 더 단순하고 더 보수적인 구성을 중시하는 문화적 양상이 나타난다. 이는 곧 classical antiquity의 가치와 상통했기 때문에 neoclassicism[nˌioʊklˈæsɪsˌɪzəm]이라고 불렸다. neoclassicism은 일반적으로 1700년대 또는 1800년대 초반에 만들어진 예술작품을 일컫지만, classical antiquity의 예술세계에서 영감을 얻은 것으로 보이는 작품은 모두 neoclassicism으로 분류하기도 한다. 신고전주의 시대에 활동한 대표적인 작곡가는 Mozart, 화가는 David, 조각가는 Canova가 있다.

✛

antiquity [æntˈɪkwɪti] 고대, 고대유물.
classical antiquity = classical era = classical period = classical age 고대 그리스/로마시대를 통칭하는 말.

Neolithic

[nˌiːəlˈɪθɪk]

adjective
● 신석기시대의.

Around the Mediterranean, the Neolithic period was a time of trade, of stock breeding, and of the first use of pottery.

지중해 연안지역에서는 신석기시대에 물건을 거래하고 가축을 키웠으며, 도기를 처음 사용했다.

■

그리스어에서 lithos는 '돌'을 의미한다.
—Paleolithic [ˌpeɪliəlˈɪθɪk] age Old stone age
—Mesolithic [ˌmɛsoʊlˈɪθɪk] age Middle stone age
—Neolithic age New stone age
Neolithic age는 일반적으로 기원전 9000년경 시작되어 기원전 3000년경 Bronze age가 도래하면서 끝난다. Neolithic age에 농경과 목축이 시작되었으며, 이때 처음으로 인간은 영구적인 정착지를 마련하기 시작했다.

✛

stock breeding 가축사육.
pottery [pˈɒtəri] 도기, 요업, 도기산지.

★

William Ramsay는 자신이 발견한 새로운 기체에 그리스어 어근을 활용하여 이름을 붙였다.

—argon idle
—krypton hidden
—xenon strange
—neon new
이런 이름들은 다소 신비로운 느낌을 준다.

neo가 들어있는 영어단어는 많다. neo-Nazi처럼 의미를 쉽게 추측할 수 있는 단어도 있지만 의미를 추측하기 힘든 단어도 많다. 예컨대 neotropical이 '북회귀선 이남의 신대륙(남미)'를, neophyte [nˈiːəfaɪt]가 '초보자'를 의미한다는 것은 추측하기 어렵다.

neoconservative
[nˌioʊkənsˈɜrvətɪv]

noun

● 네오콘.

Many believed that foreign policy in those years had fallen into the hands of the neoconservatives, and that the war in Iraq was one result.

당시 외교정책은 네오콘들에 의해 좌우되었으며, 그 결과 중 하나가 바로 이라크전쟁이라고 여겨진다.

■

1960년대 Norman Podhoretz와 Irving Kristol을 비롯한 몇몇 유명한 사회주의 지식인들이 좌파진영에서 정치적 극단주의가 확산되는 것에 회의를 느껴 반대방향으로 선회하기 시작했다.
하지만 Podhoretz와 Kristol은 단순히 정치적 중도에서 멈추지 않고 훨씬 오른쪽 극단까지 나아갔다. 특히, 다른 나라에 대한 강력한 군사행동도 불사해야 한다는 폭력적인 주장까지 펼쳤다.
사람들은 이들을 neoconservatives라고 부르기 시작했다. 물론 이들의 사상을 neoconservatism이라고 분류하는 것이 합당한가 하는 논란도 있었다.
Podhoretz는 자신들의 정치철학을 전파하기 위한 잡지를 발간하기도 했다.
물론 지금은 Neocon이 되기 위해 젊은 시절 진보주의 운동가로서 경력을 쌓을 필요는 없다.
My father subscribes to the neoconservative magazines and still thinks we had no choice but to invade Iraq.

우리 아버지는 네오콘 잡지를 구독하고 있는데, 아직도 우리가 이라크를 침공한 것은 어쩔 수 없는 선택이었다고 생각한다.

✛

neoconservatism [nˌioʊkənsˈɜrvətɪvˌɪzəm] 신보수주의.

neonatal
[nˌiːoʊnˈeɪtəl]

adjective

● 신생아의(생후 1개월 이내 아기의).

The hospital's newest addition is a neonatal intensive-care unit, and newborns in critical condition are already being sent there from considerable distances.

병원에서 가장 최근 추가된 시설은 신생아 집중치료실로, 위험한 상태로 태어난 신생아들을 예전에는 상당히 먼 곳으로 보내야 했는데, 지금은 이곳으로 보낸다.

■

Most hospitals now offer neonatal screening.
오늘날 산부인과 병원들은 대부분 '신생아검사'를 실시한다.
neonatal screening은 세상에 나온 뒤 첫 며칠 사이에 신생아에 이상이 있는지 파악하고 발견된 문제를 치료하는 과정이다.
미국은 neonatal care에 많은 비용을 쓰면서도 체코, 포르투갈, 쿠바 등 훨씬 가난한 나라들보다 여전히 infant mortality가 높다.
The baby might not have survived if the hospital hadn't had an excellent neonatal ward.
그 병원에 훌륭한 신생아병동이 없었다면 그 아기는 살지 못했을지도 모른다.

✛

newborn [nˈuːbɔːrn] 신생아, 갓 태어난.
infant mortality 영유아 사망률.
neonatal care 신생아 의료.
neonate [nˈioʊnˌeɪt] = neonatal baby
screening [skrˈiːnɪŋ] 검진, 선별.
fall into the hands/clutches of sb —의 손아귀에 들어가다. 여기서 somebody에 들어가는 사람은 악당이다.

NOV

Latin *novus*
new 새로운

novice
[nˈɒvɪs]

noun

- 초보자.
- 행자. 성직자 수련과정을 거치는 사람.

It's hard to believe that a year ago she was a complete novice as a gardener, who couldn't identify a corn stalk.

1년 전 그녀가 옥수수대도 알아보지도 못하는 완전 초보 정원사였다는 사실이 믿기지 않는다.

■

novice는 라틴어 novicius에서 왔는데, 이는 새로 정복한 지역에서 유입되는 노예를 일컫는 말이었다. 이들을 노예로 부리기 위해서는 일정기간 직무훈련을 시켜야 했다. 가톨릭과 불교에서 신부, 수녀, 비구, 비구니가 되고자 하는 사람은 일정기간 novice로 복무해야 한다. (가톨릭에서는 이들을 novitiate라고 한다).

No matter what kind of novice you are—at computers, at writing, at politics, etc.—you've got a lot to learn.

컴퓨터든 글쓰기든 정치든 분야를 막론하고 novice는 많은 것을 배워야 한다.

In his youth he had intended to join the priesthood, and he even served as a novice for six months before giving it up.

젊은 시절 그는 성직자가 되고자 하는 마음으로 6개월 동안 행자생활을 했으나 결국 포기했다.

✦

stalk [stɔːk] 줄기, 몰래 뒤를 밟다, 으스대며 걷다.
novitiate [noʊˈvɪʃɪt] 수련사, 수련기간.
compliment [kˈɒmplɪmənt] 칭찬, 칭찬하다.
smoosh/smush [smʊʃ] 빻다.
smash와 crush를 섞어 만든 속어.
destine [dˈestɪn] for —를 예정해두다. —될 운명이다.

novel
[nˈɒvəl]

adjective

- 새로운. 개념/양식 측면에서 독창적인.

noun

- 소설.

His techniques for dealing with these disturbed young people were novel, and they caught the attention of the institute's director.

정서적으로 장애가 있는 이들 청소년을 다루는 그의 기술은 전혀 새로웠기에, 보호시설 책임자의 주목을 끌었다.

■

If someone tells you that you've come up with a novel idea or a novel interpretation of something, it's probably a compliment.

누군가 당신이 제시한 아이디어나 해석을 novel이라는 말로 묘사한다면 기뻐하라. 독창적인 생각을 떠올릴 수 있는 사람은 많지 않기 때문이다.

물론 새로운 것이라고 해서 무조건 가치있는 것은 아니다. 장식장 위에 올려놓는 작고 귀여운 물건들을 novelty라고 부르는데, 이들은 대개 쓸모 없는 것들이다.

14세기 이탈리아 작가들은 짧은 이야기들을 모아 작품집을 펴내기 시작했는데, 새로운 문학적 형식이라는 뜻에서 사람들은 이것을 novella라고 불렀다. 3세기가 흐른 뒤 영어에서 novel은 '소설'이라는 뜻으로 사용되기 시작했다.

She often comes up with novel interpretations of the evidence in cases like this, and she's sometimes proven correct.

그녀는 이러한 사건에서 증거에 대한 새로운 해석을 자주 내놓는데, 그녀의 해석이 옳은 것으로 판명되는 경우도 있다.

✦

disturbed [dɪstˈɜːrbd] 정서적으로 혼란스러운.
novelty [nˈɒvəlti] 진기함, 진기한 물건, 싸구려 기념품.

낡은 집을 renovating하는 것은 집을 '다시 새롭게' 만드는 일이다.
17세기 영국의 왕은 스코틀랜드인들을 캐나다 대서양 연안에 있는 큰 섬으로 이주시키면서
그 섬에 Nova Scotia, 즉 '새로운 스코틀랜드'라는 이름을 붙여주었다.

innovation
[ɪnəˈveɪʃən]

noun
- 혁신. 새로운 생각이나 기기나 방법의 도입.

"Smooshing" bits of candy into ice cream while the customer watched was just one of his innovations that later got copied by chains of ice-cream outlets.
손님이 보는 앞에서 아이스크림에 사탕을 잘게 부숴 넣는 것은 그가 발명해낸 여러 혁신 중 하나로, 훗날 아이스크림을 판매하는 체인점들이 그대로 따라했다.

■
A company that doesn't innovate is destined for failure. 혁신하지 않는 기업은 망할 수밖에 없다.
innovation이라는 말은 기업에서 자주 사용한다.
The most important and successful businesses were usually started by innovators.
오늘날 성공한 주요 기업들은 대개 혁신가에 의해 시작되었다.
Company managers should always at least listen to the innovative ideas of their employees.
오늘날 기업들 역시 직원들의 혁신적인 아이디어에 귀 기울이기 위해 늘 노력해야 한다.
The company had a history of innovation that had earned it immense respect and attracted many of the brightest young engineers.
이 회사는 혁신의 길을 걸어왔다. 그러한 혁신은 엄청난 명성을 안겨주기도 하였고 무수히 많은 영민한 젊은 엔지니어들을 끌어당기는 요인이 되었다.

✚
innovate [ˈɪnəveɪt] 혁신하다, 쇄신하다.
innovative [ˈɪnəveɪtɪv] 혁신적인.

supernova
[ˌsuːpərˈnoʊvə]

noun
- 초신성.
- 폭발적으로 명성이나 인기를 얻는 것.

After exploding, a nova leaves a "white dwarf" which may explode again in the future, but a supernova destroys the entire star.
폭발 뒤 신성은 미래에 다시 폭발할 수 있는 '백색 왜성'을 남기지만, 초신성은 완전히 파괴되어 아무것도 남지 않는다.

■
nova는 '새 별(新星)'을 의미하지만, 정확하게 말하면 '새로 태어난 별'이 아니라 폭발하면서 '새롭게 눈에 띈 별'이다. nova는 폭발 후 원래 빛보다 100만 배까지 밝은 빛을 뿜어내다 며칠 후 이전 상태로 돌아간다.
supernova는 엄청나게 큰 새 별, 정확히 말해서 폭발하면서 엄청난 빛을 발산하며 새롭게 눈에 띈 별을 의미한다. 초신성은 폭발하기 전 빛보다 10억 배 밝은 빛을 뿜어내며 몇 주 뒤 서서히 빛을 잃고 사라진다. 이들은 대개 black hole이 된다.
The remains that were shot out into space of a great supernova seen in A.D. 1054 are now known as the Crab Nebula.
1054년 관측된 거대한 초신성은 엄청난 잔해를 방출했는데, 이 잔해가 바로 '게 성운'이다.
사람 역시 갑자기 명성이 폭발하여 스타가 되기도 한다. 하지만 이러한 supernova들은 1년도 되지 않아 사람들 뇌리에서 사라지고 블랙홀로 빨려 들어가는 경우가 많다.

✚
dwarf 난쟁이. 왜성矮星(난쟁이별, 일반적인 크기보다 작은 별).
nebula [ˈnebjələ] 성운(星雲, 먼지와 가스로 이루어진 우주구름).

ART

Latin
skill 기술

artful
[ˈɑːrtʃəl]

adjective

- 솜씨 좋은, 기발한.
- 교활한(sly), 약삭빠른(wily).

It was an artful solution: each side was pleased with the agreement, but it was the lawyer himself who stood to make the most money off of it.

그것은 기발한 해법이었다. 양측은 합의에 만족했지만, 이 합의로 가장 많은 돈을 가져 갈 사람은 바로 변호사 자신이었다.

■

An artful piece of prose is clearly and elegantly written.

잘 쓴 글이란 명확하게 의미를 전달하면서도 문체가 우아한 글이다.

여기서 artful은 well-crafted와 같은 뜻이다.

An artful argument cleverly leaves out certain details and plays up others so as to make a stronger case.

교활한 논증이란 몇몇 세부적인 설명은 교묘하게 생략하고 상대방을 약올려 더 강한 주장을 하게 만드는 논증이다.

artful과 crafty는 '교활한/간교한'이라는 뜻이다.

이에 반해 crafted는 '공들여 다듬은'이라는 뜻이고 artistic은 '예술적인'이라는 뜻이다.

He'd done an artful job of writing the proposal so as to appeal to each board member who would have to approve it.

그는 제안을 승인해야 하는 이사들의 마음에 꼭 들도록 제안서를 작성하는 재주가 있다.

✚

sly [slˈaɪ] 교활한, 음흉한.
wily [wˈaɪli] 약삭빠른.
play up 괴롭히다, 약올리다.

artifact
[ˈɑːrtɪfækt]

noun

- 공예품. 유물.

Through the artifacts found by archaeologists, we now know a considerable amount about how the early Anasazi people of the Southwest lived.

고고학자들이 발굴한 유물을 통해 우리는 이제 미국 남서부 지역에 살던 초기 아나사지 사람들에 대해 많은 것을 알게 되었다.

■

art(skill)+fact(to make)가 결합한 artifact는 문자 그대로 '인간의 기술로 만들어낸 것'을 의미한다.

Ever since the first rough stone axes began to appear about 700,000 years ago, human cultures have left behind artifacts.

70만 년 전 투박한 돌도끼가 처음 등장한 이래 인류는 무수한 유물을 만들어냈다.

이러한 artifacts를 통해 인류의 일상을 추정할 수 있다.

A mere stone that was used for pounding isn't an artifact, since it wasn't shaped by humans for its purpose.

단순히 무언가를 두드리기 위해 사용한 돌은 유물이 아니다. 인간이 의도적으로 모양을 만들어낸 것이 아니기 때문이다.

영국에서는 artefact라고 표기한다.

She found a small clay artifact in the shape of a bear at the site of the ancient temple.

그녀는 고대사원 터에서 곰 형상을 한 작은 진흙공예품을 찾았다.

The strangest artifact they had dug up was a bowl on which an extremely odd animal was painted.

그들이 발굴한 가장 기이한 유물은 매우 기괴한 동물들이 그려져있는 사발이었다.

이 어근은 수 세기 전까지만 해도 우리 인류가 '기술'과 '예술'을 뚜렷하게 구분하지 않았다는 사실을 일깨워준다. art에는 또한 '영민함'이라는 의미도 있다.

이로 인해 이 어근이 들어간 단어들은 의미를 예측하기 힘든 경우가 많다.

artifice
[ˈɑːrtɪfɪs]

noun

● 기교. 영리한 기술.
● 교묘한 속임수.

By his cunning and artifice, Iago convinces Othello that Desdemona has been unfaithful.

이아고는 교활하고 간교한 술책으로 데스데모나가 부정을 저질렀다고 오델로를 믿게 만들었다.

■

artifact와 artifice는 어근이 똑같다(skill+to make). '무언가를 만들어낸 인간의 기술, 손재주'를 의미한다.
The artifice that went into this jewelry can still astound us.

이 보석을 가공하는데 들어간 '기술'은 지금도 우리에게 놀라운 것이다.
The chef had used all his artifice to disguise the nature of the meat.

요리사는 자신의 모든 '솜씨'를 발휘해 고기의 본래 맛을 숨겼다.
They had gotten around the rules by a clever artifice.

그들은 교묘한 '재주'로 규정을 빠져나갔다.
이처럼 물리적 피조물이 나오지 않는 상황에도 사용된다.
The artifice of the plot is ingenious.

구성의 '기교'는 기발했다.
artificial과 마찬가지로 artifice도 긍정적이지도 부정적이지도 않은 중립적인 의미를 갖는다. 하지만 simplicity와 naturalness을 중시하는 사람들에게 이들 단어는 다소 불편하게 느껴질 수 있다.

✛
cunning [kˈʌnɪŋ] 잔꾀.
astound [əstˈaʊnd] = astonish [əstˈɒnɪʃ] 놀라게 하다.

artisan
[ˈɑːrtɪzən]

noun

● 장인. 숙련노동자.

At the fair, they saw examples of the best carving, pottery, and jewelry by local artisans.

박람회에서 지역장인들이 만든 가장 훌륭한 조각, 도예, 보석들을 구경했다.

■

artisan과 artist는 다르다. 물론 구분하기 힘들 때도 많다.
In the Middle Ages, artisans organized themselves into guilds.

중세유럽의 장인들은 자체적으로 길드를 조직하였다.
도시마다 직조공, 목수, 제화공 등 장인들이 제각각 독립적인 길드를 운영하며 임금과 가격을 책정하고, 품질수준을 높게 유지했으며, 외부경쟁자로부터 구성원을 보호했다. 하지만 미국에는 길드 전통이 없다.
Today, when factories produce almost all of our goods, artisans usually make only fine objects for those who can afford them.

우리가 사용하는 거의 모든 제품들이 공장에서 대량생산되는 오늘날, 장인은 대개 경제력이 있는 사람들만을 위한 정교하고 고급스러운 물건을 만든다.
You can now buy artisanal cheeses, breads, and chocolates—but probably not if you're watching your budget.

장인이 만든 치즈, 빵, 초콜릿 같은 것도 있지만, 주머니사정을 고려한다면 여러분들은 구경하는 것만으로도 만족해야 할 것이다.

✛
fair [fˈeər] 박람회.
pottery [pˈɒtəri] 도기류.
artisanal [ˈɑːrtɪzənəl] 장인이 만든.

TECHNI TECHNO

Greek *techne*
art, craft, skill 기술

technocrat
[tˈeknəkræt]

noun
- 테크노크라트. 기술관료.

The new president, a great fan of science, had surrounded himself with an impressive team of technocrats.

새로운 대통령은 엄청난 과학광으로, 화려한 테크노크라트들로 이뤄진 참모진을 꾸렸다.

■

technocracy는 1919년 W.H. Smith가 '기술전문가들이 지배하는 사회체제'를 일컫기 위해 만들어낸 단어다. 1930년대 대공황을 거치는 동안 정치인들에 대한 환멸에 힘입어 technocracy는 대중적인 관심을 받기 시작했다. Fans of technocracy claimed that letting technical experts manage the country would be a great improvement.

테크노크라시 옹호자들은 기술지식으로 무장한 전문가들에게 국가운영을 맡기면 사회가 훨씬 개선될 것이라고 주장한다. 하지만 technocratic administration이 공공문제를 훨씬 합리적이고 과학적으로 해결해낼 수 있다는 믿음은 환상에 불과하다. 어떤 문제에 대한 이견이 충돌할 경우, 자신들의 전문지식을 내세워 이견을 간단히 무시하고 밀어붙이는 techno-autocracy로 흘러갈 확률이 매우 높기 때문이다.

As governor, he had the reputation of being a technocrat, convinced that much of the state's problems could be solved by using proper technology and data.

주지사인 그는 테크노크라트로 명성이 높다. 주에 산적한 문제의 상당수는 적절한 기술과 데이터를 활용하여 해결할 수 있다고 확신했다.

technophobe
[tˈeknoʊfoʊb]

noun
- 기술공포증을 가진 사람.

The new employee was a middle-aged technophobe, who seemed startled every time a new page popped up on her computer screen.

신입사원은 신기술을 두려워하는 중년으로, 컴퓨터 화면에 새로운 페이지가 뜰 때마다 놀라는 듯했다.

■

technophobia는 1965년경 만들어진 용어로 새로운 기술에 대한 공포증을 의미한다. Luddite도 비슷한 의미를 갖지만, technophobe는 주로 전자장비를 무서워하는 사람을 일컫는다.

Today there is plenty of technophobia around since we've been flooded with electronic gadgetry.

오늘날 전자기기들이 쏟아져 나오는 상황에서 기술공포증을 곳곳에서 목격할 수 있다.

The explosion of the atomic bomb made technophobes out of millions of people.

원자폭탄이 터지는 모습은 수백만 명에게 기술공포증을 안겨주었다.

Since human-caused climate change has been a result of technology, it's not surprising that it too has produced a technophobic response.

인간이 유발한 기후변화는 기술발전의 결과로 인한 것이기에 기술을 무서워하는 반응이 나오는 것도 전혀 놀라운 일이 아니다.

✛

technocracy [teknˈɒkrəsi] 기술지배사회.
technocratic [tˌeknəkrˈætɪk] 테크노크라시의.
technophobia [tˌeknoʊfˈoʊbɪə] 기술공포증.
Luddite [lˈʌdaɪt] 기계화, 자동화를 반대하는 사람.
gadgetry [gˈædʒɪtri] 잡다한 기기들. gadget을 총칭하는 말.

Techno-thriller(테크노스릴러)는 '쥬라기공원'처럼 과학기술이 인류를 위협하는 이야기를 담은 장르를 일컫는다. 20세기 말 전세계 클럽을 휩쓴 techno는 Techno-dance pop을 줄인 말이며, 요즘 자주 들을 수 있는 tech는 technology를 줄인 말이다.

technophile
[tˈeknoʊfaɪl]

noun
- 기술을 사랑하는 사람.

Back in my day, the high-school technophiles **subscribed to Popular Mechanics, built ham radios, and were always taking apart the engines of their clunkers.**

소시적, 기술을 좋아하는 고등학생들은 《파퓰라미캐닉스》를 구독하고, 무선라디오를 제작하고, 늘 고물차 엔진을 분해했다.

■

technophobe라는 말이 나온 뒤 머지않아 이에 대한 반댓말로서 technophile이라는 단어가 나왔다. 이 단어의 동의어로는 geek, gearhead, propeller-head가 있다. (propeller-head는 1950년대 유행한 만화주인공이다.) 19세기 Yankee ingenuity라는 말을 만들어낼 정도로 온갖 놀라운 발명품을 쏟아낸 미국사람들은 대부분 technophile이었다.
Today, American technophilia may be seen most vividly when a new version of a popular video game sells millions of copies to young buyers on the day of its release. 오늘날 젊은이들 사이에 인기있는 비디오게임이 새롭게 출시되는 날 수백만 부씩 팔려 나가는 풍경은 미국인들의 기술사랑을 여실히 증명한다.

✛
ham [hˈæm] 아마추어 무선통신.
clunker [klˈʌŋkər] 고물차.
geek [gˈiːk] 괴짜, 컴퓨터광.
gearhead [gˈɪəhˌed] 기술광.
ingenuity [ˌɪndʒənˈuːɪti] 무언가를 발명해내는 독창성.
necrophilia 시신과 섹스를 즐기는 사람.
-philia [fɪliə] 병적으로 집착하는 경향. 애호.

pyrotechnic
[pˌaɪroʊtˈekniks]

adjective
- 불꽃쇼와 연관된. 눈부시게 화려한.

Her astonishing, pyrotechnic performance **in the concerto left the audience dazed.**

협주곡에서 그녀의 놀랍고 화려한 연주는 관객의 혼을 빼놓았다.

■

그리스어 pyr에서 fire가 나왔다. funeral pyres는 화장을 할 때 쓰는 '장작더미'를 말하고, 어린시절 많은 이들이 한 번씩 거치는 pyromaniac stage는 '불을 놓고 싶어하는 정서발달단계'를 의미한다. pyrotechnics은 말 그대로 'fireworks(불꽃놀이)를 다루는 기술'을 의미하지만 실제로는 exciting, explosive, dazzling, sparkling, brilliant와 같은 의미로 사용되는 경우가 더 많다.
The pyrotechnic performances of dancers are really impressive. 댄서의 눈부신 안무는 정말 인상적이었다.
The pyrotechnics of a rock guitarist's licks are unbelievable. 록기타리스트의 눈부신 속주 테크닉은 믿기 어려울 정도로 현란했다.
pyrotechnic은 flashy나 flamboyant보다 훨씬 높은 찬사인 경우가 많다.

✛
concerto [kəntʃˈeərtoʊ] 협주곡.
daze [dˈeɪz] 혼을 빼놓다. 놀라움에 멍한 상태.
pyre [paɪər] 화장용 장작더미.
pyromaniac [pˌaɪəroʊmˈeɪniæk] 방화광, 불을 놓고 싶어하는.
pyrotechnics [pˌaɪroʊtˈekniks] 불꽃제조술, 현란함.
firework [fˈaɪərwɜːrk] 불꽃쇼, 불꽃놀이.
lick [lˈɪk] 기타(속주).
flashy [flˈæʃi] 반짝하는.
flamboyant [flæmbˈɔɪənt] 현란한.

PHOB

Greek *phobos*
fear 공포

agoraphobia

[ˌæɡərəfˈoʊbiə]

noun
● 시장공포증.

After barely surviving a terrible attack of agoraphobia in the middle of the Sonoran Desert, he finally agreed to start seeing a psychologist.

소노라사막 한가운데에서 광장공포증의 끔찍한 엄습에서 겨우 살아남은 뒤, 그는 마침내 심리학자의 상담진료를 받는 것에 동의했다.

■

agora는 고대그리스의 시장을 의미한다. 따라서 agoraphobia는 군중이 오가는 공공장소를 두려워하는 증상이다. '광장공포증'이라고도 번역되지만 단순히 넓은 장소를 두려워하는 것은 아니다.

Agoraphobia may also be a fear of experiencing some uncontrollable or embarrassing event (like fainting) in the presence of others with no help available.

사람들이 많은 곳에서 (실신처럼) 주체할 수 없는 당황스러운 사건을 겪을 때 아무런 도움도 받지 못할 수 있다는 두려움도 시장공포증이다.

평범한 사람들이 보기에는 다소 이해하기 어려울 수도 있지만, agoraphobe는 혼자 여행하는 것은 물론, 상점에 들어가는 것도 무서워 할 수 있고, 심지어 열린 공간에 혼자 서 있는 것만으로도 공포를 느낄 수 있다.

Agoraphobia is often a serious and socially crippling condition. 광장공포증은 사회생활 자체를 불가능하게 할 정도로 심각한 경우가 많다.

✛
phobia [fˈoʊbiə] 공포증.
-phobe [-foʊb] 공포증을 앓는 사람.

acrophobic

[ˌækroʊfˈoʊbik]

adjective
● 고소공포증의.

She's so acrophobic that, whenever she can't avoid taking the route that includes the high bridge, she asks the police to drive her across.

그녀는 고소공포증이 심해서, 높은 다리를 건너가야야 할 때마다, 경찰차를 태워달라고 요청한다.

■

acro(height)+phobia(fear)가 결합한 acrophobia는 높은 곳을 무서워하는 '고소공포증'을 의미한다. 그리스어에서 akron은 '높이' 또는 '꼭대기'를 의미하는데, 이 단어의 어근 acro는 acrobat(높은 곳을 걷는 사람), Acropolis(높은 곳에 위치한 도시요새) 같은 단어에서 볼 수 있다.

Most acrophobes experience abnormal dreads of high places, along with the vertigo.

고소공포증이 있는 사람들은 현기증과 더불어 높은 곳에 대한 비정상적인 두려움을 느낀다.

Acrophobia and claustrophobia both play a role in another well-known phobia: aerophobia.

고소공포증과 밀실공포증은 또 다른 잘 알려진 공포증을 자아내는 데 중요한 역할은 한다. 바로 비행공포증이다.

✛
acrobat [ˈækrəbæt] 곡예사.
vertigo [vˈɜːrtɪɡoʊ] = dizziness 현기증, 어지러움.
dread [dred] of sth —에 대한 두려움.
claustrophobia [klˌɔːstrəfˈoʊbiə] 폐소공포증.
aerophobia [ˌɛrəfˈoʊbiə] 비행공포증.

특별한 대상에 공포를 느끼는 증상을 일컬을 때 자주 등장한다.

claustrophobia는 closed room에서 느끼는 공포, 즉 밀실공포증이다. 특급호텔에 가면 대부분 13층이 없는데 이것은 숫자 13(triskaideka)을 무서워하는 triskaidekaphobia에서 기인한 것이다.

arachnophobia
[ərˌæknəfˈəʊbɪə]

noun

- 거미공포증.

At 50, my sister still suffers from arachnophobia, and can't sleep in a room unless she knows it has no spiders.

50살인 언니는 지금도 거미공포증에 시달려, 방 안에 거미가 없다는 것을 확인하기 전에는 잠에 들지 못한다.

■

Arachne was a weaver of such skill that she dared to challenge the goddess Athena at her craft.

아라크네는 베 짜는 기술이 뛰어난 여인으로, 길쌈의 여신 아테나에게 옷감 짜는 솜씨가 누가 더 뛰어난지 겨뤄보자고 감히 도전한다.

결국 Arachne는 Zeus를 능멸하는 내용을 담은 tapestry를 짜서 경쟁에서 이겼고,

화가 난 Athena는 Arachne를 두들겨 패고 그녀의 작품을 갈가리 찢어버렸다. 분을 못 이긴 Arachne는 스스로 목매달아 죽었다.

Out of pity, Athena loosened the rope, which became a cobweb, and changed Arachne into a spider. 죽은 아라크네를 보고는 연민을 느낀 아테나가 목줄을 풀어주자 밧줄은 거미줄로 변했고, 아라크네는 거미로 변했다.

Today, the spiders, scorpions, mites, and ticks all belong to the class known as arachnids. 오늘날 '거미류'로 분류되는 동물로는 거미, 전갈, 이, 진드기가 있다.

✛

tapestry [tˈæpɪstri] 태피스트리, 벽에 거는 카펫.
cobweb [kˈɒbweb] 거미줄로 만든 집.
mite [mˈaɪt] 진드기.
tick [tˈɪk] 이, 진드기.
arachnid [ərˈæknɪd] 거미류.

xenophobe
[zˌenəfˈoʊb]

noun

- 외국인혐오자.

A Middle Easterner reading the U.S.'s visa restrictions might feel that the State Department was run by xenophobes.

중동사람들이 미국의 비자제한조항을 읽으면, 미국무부가 외국인혐오자에 의해 운영되고 있다고 느낄지 모른다.

■

xenophobia에 들어있는 xeno는 이방인, 손님, 외국인을 의미하는 그리스어 명사 xenos에서 왔다.

Xenophobia is generally thought of as just serious narrow-mindedness, the kind of thinking that goes along with racism and extreme patriotism.

xenophobia는 심각하게 편협한 사고방식으로 대개 인종주의, 민족주의, 국가주의와 함께 발생한다.

다른 phobia와 달리 xenophobia는 심리적 이상상태가 아니다.

In times of war, a government will often actually try to turn all its citizens into xenophobes. 전쟁시기에 정부는 모든 시민을 외국인혐오환자로 만들기 위해 전력을 기울이는 경우가 많다.

Immigration is almost the only thing he talks about these days, and he seems to have become a full-fledged xenophobe.

이민은 그가 최근 이야기하는 거의 유일한 주제인데, 이제 그는 골수 외국인혐오자가 된 것처럼 보인다.

✛

faint [fˈeɪnt] 기절하다.
cripple [krˈɪpəl] 절름거리게 만들다.

GEO

Greek
Earth 땅

geocentric
[dʒ͵ioʊsˈɛntrɪk]

adjective
● 지구를 중심으로 하는.

He claims that, if you aren't a scientist, your consciousness is mostly geocentric for your entire life.

그의 주장에 따르면, 과학자 아니고서는 대부분 지구를 우주의 중심에 놓고 생각하며 살아간다.

■
In 1543 the Polish astronomer Copernicus publish his calculations proving that the Earth actually revolves around the sun, thus replacing the geocentric model with a heliocentric model.

1543년 폴란드의 천문학자 코페르니쿠스가 태양이 지구를 도는 것이 아니라 지구가 태양을 도는 것이라고 주장하면서 천동설은 지동설로 대체되었다. 당연한 것이지만, 인류는 원래 지구를 중심으로 태양이 돈다고 생각했다.

geocentrism 지구를 중심으로 태양이 도는 천동설.
heliocentrism 태양을 중심으로 지구가 도는 지동설.
helios는 그리스의 태양신이다.

Geocentrism remains central to various religious sects around the world.

믿거나 말거나, 오늘날 21세기에도 천동설을 믿는 종교가 많다.

Still today one in five adult Americans believes the sun revolves around the Earth.

믿거나 말거나, 미국의 성인 다섯 명 중 한 명은 아직도 천동설을 믿고 있다.

✚
geocentrism [dʒ͵ioʊsˈɛntrɪsɪzəm] 천동설.
heliocentrism [h͵iliəsˈɛntrɪsɪzəm] 지동설.
revolve [rɪvˈɒlv] around —을 중심으로 돌다.

geophysics
[dʒ͵iːoʊf ˈɪzɪks]

noun
● 지구물리학.

Located in the heart of oil and gas country, the university offers a degree in geophysics and many of its graduates go straight to work for the oil and gas industry.

석유/가스 생산국의 심장부에 위치한 이 대학은 지구물리학 학위를 수여하며, 졸업 후에는 대부분 곧바로 석유/가스채취기업에 취직한다.

■
geophysics는 물리학의 원리를 지구를 연구하는 데 적용하는 학문으로, 지각운동과 지각 내부의 온도와 같은 것을 연구한다. 또한 아직은 베일에 싸여 있는 geomagnetic field 같은 것에 대해서도 연구한다. geophysicist는 석유나 광물이 매장된 곳을 찾아내거나, 지진을 예측하거나, 지하수가 어디에 모이고 어떻게 흐르는지 연구하는 전문가나 학자들이다.

It was the mystery of the earth's magnetic field that eventually led him into the field of geophysics.

결국 그를 지구물리학 분야로 이끈 것은, 지구의 신비로운 자기장이었다.

✚
geomagnetic [dʒ͵ioʊmægnˈɛtɪk] 지자기(地磁氣)의.
magnetic field 자기장.

geography는 땅 표면의 특징을 기록하는(graph) '지리학', geology는 암석과 토양, 지구의 역사와 자원을 연구하는(log) '지질학'을 의미한다. geometry는 나일강 홍수가 지나간 뒤 경작지의 경계를 다시 확정하기 위해 면적을 측정하고(meter) 계산하는 작업에서 시작된 '기하학'을 의미한다.

geostationary
[dʒ͵ioʊstˈeɪʃənɛri]

adjective
- 정지궤도에 떠있는.

It was the science-fiction writer Arthur C. Clarke who first conceived of a set of geostationary satellites as a means of worldwide communication.
정지위성을 이용해 전세계 커뮤니케이션을 한다는 상상을 처음 한 사람은 바로 과학소설 작가 아서 클라크였다.

■

a geostationary satellite 정지위성—
지구 위 특정한 위치에 항상 그대로 머물러 있는 위성. 실제로는 지구의 자전속도와 똑같은 속도로 지구를 공전한다.
a geostationary orbit 정지궤도—
정지위성이 떠 있는 궤도(GSO). 3만5000킬로미터 상공에 위치한다. 우리가 위성TV/라디오의 접시안테나의 방향을 조절할 필요가 없는 것은 geostationary satellite에서 쏘는 전파를 수신하기 때문이다. TV에 나오는 기상사진도 geostationary satellite에서 보내주는 것이다. 적국의 움직임도 geostationary satellite으로 감시한다.
By 2009 there were about 300 geostationary satellites in operation.
2009년 전세계적으로 운용 중인 정지궤도위성은 300개 정도 된다고 한다.

반면 자동차나 휴대폰에 GPS 정보를 제공하는 인공위성은 geostationary satellite이 아니다. 이들은 하루에 지구를 두 바퀴씩 돈다.

✛
stationary [stˈeɪʃənɛri] 움직이지 않고 고정되어 있는.
GPS = global positioning system

geothermal
[dʒ͵ioʊθˈɜrməl]

adjective
- 지열의.

Geothermal power plants convert underground water or steam to electricity.
지열발전소는 지하수나 증기를 전기로 바꾼다.

■

geo(earth)+therm(warm)에서 나온 geothermal은 '땅에서 나오는 온기'와 관련된 것을 의미한다.
geothermal power plant는 거대한 지각판이 활발하게 움직이는 지역, 대개 화산이 있는 지역에 위치한다.
Small-scale geothermal systems may also supply useful energy.
작은 규모의 지열시스템도 유용한 에너지 공급원이 될 수 있다.
개인주택의 경우 땅을 깊이 파지 않더라도 50-60도 정도 되는 열기를 끌어올려 차가운 물을 데울 수 있으며, 겨울에는 난방을 하고 여름에는 냉방을 할 수 있다. 이러한 작은 규모의 지열시스템은 화산에서 멀리 떨어진 지역에서도 활용할 수 있다.
Their house is mostly heated by a geothermal heat pump, so they pay almost nothing for fuel.
그들의 집은 거의 지열펌프에 의존하여 난방을 하기에, 연료비로 나가는 돈이 거의 없다.

LOQU

colloquium

[kəlˈoʊkwiəm]

noun

● 학회. 콜로퀴엄

There's a colloquium at Yale on Noah Webster in September, where she's scheduled to deliver a paper.

9월 예일대학에서 열리는 노아 웹스터 학회에서 그녀는 논문을 발표할 예정이다.

■

com(together)+loqui(speak)에서 나온 colloquy는 문자 그대로 '대화하다'라는 뜻이다. colloquy와 colloquium은 원래 같은 의미로 쓰였지만 오늘날 colloquium은 conference만을 의미한다. 하지만 어근이 그대로 살아 있어 colloquium은 conference 중에서도 질의응답이 중요하게 여겨지는 것을 일컫는다. 대개 여러 발언자가 한 가지 주제에 대해 강의를 하고 질문에 답하고 토론하는 형식으로 진행된다. The brief colloquy made a serious impression on Kennedy.

이 짧은 대담은 케네디에게 강렬한 인상을 주었다.

My professor is participating in the colloquium, and we're all required to attend.

교수님이 학회에 참석하는데, 우리도 모두 참석하란다.

✛

colloquy [kˈɑləkwi] 대화, 자유토론.
conference [kˈɒnfrəns] 회의, 협의회.

soliloquy

[səlˈɪləkwi]

noun

● 독백. 생각의 흐름을 표현하는 연극 대사.

Film characters never have onscreen soliloquies, though they may tell us their thoughts in a voiceover.

영화 속 인물들은 직접 독백을 하지 않고, 보이스오버 기법을 통해 생각을 말로 전달한다.

■

solus(alone)+loqui(talk)에서 나온 soliloquy는 등장인물이 무대에 혼자 있을 때 또는 깜깜한 무대에서 혼자 스포트라이트를 받을 때 관객을 향해 머릿속 생각을 말로 전달하는 것을 말한다.

소설에서 등장인물의 생각을 독자에게 전달하는 것은 전혀 어색하지 않지만, 연극에서 인물의 생각을 관객에게 전달할 수 있는 방법은 인위적이고 어색한 soliloquy밖에 없다. The soliloquies of Shakespeare are the most famous, but modern playwrights such as Tennessee Williams, Arthur Miller, and Sam Shepard have also employed them.

세익스피어 작품 속 독백은 특히 유명해서 테네시 윌리엄스, 아서 밀러, 샘 셰퍼드 같은 현대의 극작가들이 여전히 차용해서 사용한다.

"To be or not to be, that is the question."

사느냐 죽느냐, 그것이 문제로다. (햄릿)

"Tomorrow and tomorrow and tomorrow"

내일 또 내일 또 내일 (맥베스)

"But soft! what light from yonder window breaks?"

잠깐! 저기 창문을 뚫고 들어오는 빛은 무엇일까? (로미오와 줄리엣)

✛

voiceover 화면 밖 해설.
soliloquize [səlˈɪləkwaɪz] 독백하다.
yonder [jˈɒndər] = over there

eloquent preacher는 풍부한 표현력으로 유창하게 말한다. 인형이 말을 하는 것처럼 연기하는 사람을 ventriloquist라고 하는데, 입을 거의 움직이지 않고 말하기 때문에 마치 배(ventr)에서 소리가 나는 것처럼 보인다는 뜻에서 이런 이름이 붙었다. 이것을 그대로 번역한 것이 복화술(腹話術)이다.

colloquial
[kəlˈoʊkwiəl]

adjective
● 대화체의.

The author, though obviously a professional writer, uses a colloquial style in this new book.

글쓰기에 탁월한 사람이 분명함에도, 저자는 이번에 출간한 새 책에서는 대화체를 썼다.

■

colloquy는 기본적으로 '대화'를 의미하므로, colloquial language는 우리가 말할 때 흔히 사용하는 언어를 의미한다.
colloquial language에서는 대부분 can't, it's, they've같이 축약된 형태가 사용되며 slang도 쓴다.
긴 단어보다는 짧은 단어가 주로 사용된다.
글을 쓸 때는 대개 formal language를 사용한다. 축약된 표현을 쓰지 않으며 1인칭 주어를 쓰지 않는다. 물론 이메일과 문자메세지는 예외다.
But colloquial language isn't necessarily bad in writing, and it's sometimes more appropriate than the alternative.

하지만 대화체 언어를 글에서 쓰면 절대 안된다는 뜻은 아니다. 가끔은 문어체보다 훨씬 적절한 경우도 있다.

✛
slang [slˈæŋ] 속어.
colloquialism [kəlˈoʊkwiəlɪzəm] 구어적 표현.
colloquially [kəlˈoʊkwiəlɪ] 구어체로.

loquacious
[ləkwˈeɪʃəs]

adjective
● 말을 아주 많이 하는(=talkative).

She had hoped to read quietly on the plane, but the loquacious salesman in the next seat made it nearly impossible.

그녀는 비행기에서 조용히 책을 읽고 싶었지만, 옆자리에 앉은 끊임없이 말을 하는 세일즈맨 덕분에 독서는 거의 불가능했다.

■

The normally loquacious Mr O'Reilly has said little. 평소에 그렇게 말이 많던 오라일리씨가 별로 말이 없다.
A loquacious author might produce a 1200-page novel.
말발(글발)이 좋은 작가는 1200페이지에 달하는 소설도 써낼 수 있다. loquacious는 말뿐만 아니라 글에도 쓸 수 있다.
Loquacious letters used to go on for pages.
몇 장이 넘어가는 긴 편지도 loquacious라는 형용사를 붙일 수 있다. 사람뿐만 아니라 사물에도 쓸 수 있다.
Lincoln's brief 269-word Gettysburg Address was delivered after a two-hour, 13000-word speech by America's most famous orator, a windbag of loquacity.
269 단어로 된 짧은 링컨의 게티버그연설은 당시 미국에서 가장 유명한 연사, 말을 쉴새없이 쏟아내는 연사의 1만 3000 단어로 된 두 시간짜리 연설 다음에 나왔다.

✛
talkative [tˈɔːkətɪv] 말하기를 좋아하는.
orator [ˈɔːrətər] 웅변가.
windbag [wˈɪndbæg] 수다쟁이.
loquacity [loʊkwˈæsəti] 말이 많음.

VERB

Latin verbum
word 말

verbose

[vɜːrbˈoʊs]

adjective
- 장황한. 필요 이상으로 말을 많이 하는.

The writing style in government publications has often been both dry and verbose—a deadly combination.

정부출간물의 문체는 대개 건조하면서도 장황하다. 최악의 조합이다.

Many of us love our own voices and opinions and don't realize we're being verbose until our listeners start stifling their yawns.

우리는 대부분 자기 이야기를 하는 것을 좋아하기에 상대방이 하품을 하기 시작할 때가 되어서야 자신이 지나치게 말을 많이 했다는 사실을 깨닫는다.

Most people have lost any patience they once had for verbosity.

사람들은 더 이상 장황함을 견딜 수 없게 되었다.

빠르게 진행되는 TV쇼와 액션영화에 익숙한 오늘날, 말할 때도 에둘러 표현하지도 않고 글도 대부분 사무적으로 쓰는 것을 미덕으로 여긴다.

Many students try to fill up the pages of their term papers with unneeded verbosity.

많은 학생들이 학기말 레포트 분량을 채우기 위해 불필요한 문장을 장황하게 늘어놓는다.

➕
wordy [wˈɜːrdi] explanation 쓸데없이 장황한 설명.
deadly [dˈedli] 치명적인, 목숨을 건, 매우 나쁜.
stifle a yawn 하품을 참다.
verbosity [vɜːrbˈoʊsəti] 다변, 장황.

proverb

[prˈɒvɜːrb]

noun
- 격언.

"Waste not, want not" used to be a favorite proverb in many households.

"낭비하지 않으면 아쉬운 것도 없다."는 많은 가정에서 좋아하는 격언이었다.

proverb는 쉽게 기억할 수 있는 지혜의 토막으로 속담 또는 격언을 의미한다. 보편적인 진실이나 상식적인 논평을 담고 있어 사람들의 입에 자주 오르내린다. 오래전부터 내려오는 말이기 때문에 문화적인 맥락이 깊이 배어 있다. 무척 비싸다는 말을 할 때 영어에서는 "It costs an arm and a leg." 즉, 팔 한 짝과 다리 한 짝을 팔아야 할 정도라고 말하고, 프랑스에서는 "It costs the eyes in your head."" 즉, 눈알을 팔아야 할 정도라고 말하고 스페인어에서는 kidney(콩팥)를 팔아야 할 정도라고 말한다.

proverb의 또 다른 특징은 상반된 관점을 담은 격언이 모두 존재한다는 것이다. 예컨대 "Look before you leap(돌다리도 두드려보고 건너라)"라는 격언이 있는 반면 "He who hesitates is lost(우물쭈물하다가 다 놓친다)"라는 격언도 있다.

proverb에 대한 proverb도 있다.

"Proverbs are invaluable treasures to dunces with good memories."

격언은 기억력이 좋은 지진아들의 소중한 보물이다.

➕
invaluable [ɪnvˈæljəbəl] 값을 헤아릴 수 없을 만큼 귀중한.
dunce [dˈʌns] 저능아.

verb는 움직임을 표시하는 단어로 문장을 완성하기 위해서는 반드시 등장해야 한다.
아무리 훌륭한 생각도 verbalize(말로 표현하다) 하지 않으면 아무도 알아주지 않는다.
verbal expression은 그림이나 몸짓이 아닌 '말이나 글'로 표현한 것을 의미한다.

verbatim

[vərbˈeɪtɪm]

adjective
● 글자 그대로의.

adverb
● 정확한 표현으로.

It turned out that the writer had lifted long passages verbatim **from an earlier, forgotten biography of the statesman.**

그 작가는 잊혀진 초기 정치인의 자서전에서 긴 구절을 토씨 하나 바꾸지 않고 그대로 가져온 것으로 드러났다.

■

verbatim은 라틴어로, 원래의 스펠링과 의미가 그대로 영어에 들어왔다. 그래서 언뜻 보기에는 명사처럼 보이지만 형용사/부사다.

At one time the ability to recite verbatim the classic texts was the mark of a well-educated person.

한 때 고전텍스트를 글자 그대로 외우는 것은 높은 교육수준을 보여주는 증표로 여겨졌다.

Some passages in the book are taken verbatim from the blog.

이 책의 몇몇 문장은 블로그에서 글자 그대로 가져온 것이다.

—verbatim account 글자 그대로 기록/보고

Please quote me verbatim or don't "quote" me at all.

내 말을 글자 그대로 인용하지 않을 거라면, 아예 인용하지 말라.

✚
word for word translation 축자역 (글자 그대로 번역)

verbiage

[vˈɜːrbiːɪdʒ]

noun
● 말은 많지만 의미없는 장황함(=wordiness).

The agency's report was full of unnecessary verbiage, **which someone should have edited out before the report was published.**

그 기관의 보고서는 불필요한 장황함으로 가득하여, 보고서를 발간하기 전에 누군가 편집을 해야 한다.

■

Government reports are notorious for their unfortunate tendency toward empty verbiage.

정부보고서는 의미도 없는 말을 장황하게 늘어놓는 유감스러운 경향으로 악명이 높다.

그럴 수밖에 없는 이유 중 하나는 법규를 위반하지 않고자 하는 공무원들의 조심성 때문이다.

Legal documents are generally full of verbiage.

법률문서는 일반적으로 장황함으로 가득하다.

그럴 수밖에 없는 이유 중 하나는 조금이라도 빠져나갈 수 있는 구멍을 모조리 차단하기 위한 신중함 때문이다.

Unneeded verbiage is often trying to disguise its lack of real substance or clarity of thought.

불필요한 장황함은 대개 빈약한 내용이나 명확하지 않은 사고를 감추고자 하는 노력인 경우가 많다.

Unnecessary verbiage usually gets in the way of clarity in writing.

불필요한 장황함은 대개 글의 명확성을 방해한다.

✚
disguise [dɪsgˈaɪz] 위장하다, 속이기.
get in the way of 길을 가로막다, 방해하다.

JUNCT

Latin jungere
to join 결합하다

---

juncture
[dʒˈʌŋktʃər]

noun
- 중대한 전기. 중요한 시점, 단계.
- 교차로. 또는 분기점.

The architect claims his design for the new Islamic Museum represents a juncture of Muslim and Western culture.

건축가는 자신의 새 이슬람박물관을 이슬람문화와 서양문화의 교차를 상징하는 디자인으로 설계했다고 주장한다.

■

Here is the juncture of the turnpike and Route 116. 이곳이 고속도로와 116번도로가 만나는 교차로다.
Here is the juncture of the Shenandoah and Potomac Rivers.
이곳이 셰넌도어강과 포토맥강이 합류하는 지점이다.
이처럼 juncture는 원래 물리적으로 만나는 지점을 일컫는 단어다.
At this critical juncture, the President called together his top security advisers.
이 중대한 전기에 대통령은 핵심안보보좌관들을 소집했다.
하지만 어떤 시점, 특히 중요한 사건들이 '교차하는 시점'을 일컫는 말로 자주 쓰인다.
These churches seem to operate at the juncture of religion and patriotism.
이 교회들은 종교와 애국주의가 교차하는 지점에서 운영되는 것 같다.
이처럼 여러 아이디어, 시스템, 스타일, 분야가 하나로 합쳐지는 것을 일컫는 경우도 많다.
Her job is at the juncture of product design and marketing.
그녀의 직업은 제품디자인과 마케팅이 교차하는 지점에 위치한다.

adjunct
[ˈædʒʌŋkt]

noun
- 부가물. 원래 속하지 않지만 추가된 것.

All technical-school students learn that classroom instruction can be a valuable adjunct to hands-on training.

기술학교학생들은 누구나 교실수업이 현장실습을 하기 위한 중요한 부가물이라는 사실을 깨닫는다.

■

ad(to/toward)+junct(to join)이 결합한 adjunct는 다른 대상에 '결합되어 있는' 것을 의미한다.
A car wash may be operated as an adjunct to a gas station.
세차는 주유소의 부가적인 서비스일 수 있다.
An adjunct professor is one who's attached to the college without being a full member of the salaried faculty.
겸임교수는 대학에서 강의는 하지만, 정식 고용된 정교수의 지위는 인정받지 못한다.
And anyone trying to expand his or her vocabulary will find that daily reading of a newspaper is a worthwhile adjunct to actual vocabulary study.
어휘를 확장하려고 한다면, 매일 신문을 읽는 것이 실질적인 어휘학습의 놓칠 수 없는 부수효과라는 것을 깨닫게 될 것이다.

✦

salaried [sˈælərid] 급여를 받는.
turnpike [tˈɜːrnpaɪk] 유료통행고속도로.

junction 은 길이나 철로가 합쳐지는 '교차로'다.

this and that/to be or not to be에서 and와 or는 두 단어나 단어군을 하나로 결합해주는 '접속사'로, conjunction이라고 한다.

disjunction

[dɪsdʒˈʌŋkʃən]

noun

● 괴리, 분리.

● 두 대상 사이의 단절.

By now she realized there was a serious disjunction between the accounts of his personal life that his two best friends were giving her.

이제 그녀는 그가 늘어놓는 개인사와 그의 두 절친이 들려주는 이야기 사이에 심각한 괴리가 존재한다는 것을 깨달았다.

■

disjunction은 단순히 두 대상 사이에 연결되는 지점이 없다는 뜻일 수도 있고, 커다란 간극이 존재한다는 뜻일 수도 있다.

The disjunction between a star's public image and her actual character may be big.

사람들이 컴퓨터에 대해 기대하는 것과 사람들이 컴퓨터에 대해 아는 것 사이에 커다란 괴리가 존재할 때가 많다.

We may speak of the disjunction between science and morality, between doing and telling, or between knowing and explaining.

과학과 도덕, 말과 행동, 아는 것과 설명하는 것 사이에 존재하는 괴리에 대해 이야기하기도 한다.

최근에는 새롭게 생겨난 동의어 disconnect가 disjunction보다 많이 사용되는 듯하다.

Most philosophers see no disjunction between science and morality.

대다수 철학자들은 과학과 도덕 사이에 어떠한 괴리도 존재하지 않는다고 말한다.

✛

disconnect [dˌɪskənˈekt] 단절, 절연.

conjunct

[kəndʒˈʌŋkt]

adjective

● 결합된.

Politics and religion were conjunct in 18th-century England, and the American colonists were intent on separating the two.

18세기 영국의 정치와 종교는 하나로 결합되어 있었던 반면, 아메리카 식민지개척자들은 이 둘을 분리하고자 했다.

■

con(with/together)+junct(to join)이 결합한 conjunct는 기본적으로 함께 묶여있다는 뜻이다.

conjunct는 특정한 분야에서 전문용어처럼 사용되는 경우가 많다.

conjunct motion of an ascending scale

상승하는 음계의 매끄러운 흐름.

음악에서는 멜로디가 매끄럽게 전개되는 것을 묘사할 때 conjunct라는 형용사를 쓴다.

conjunct influences 인접한 행성이 서로 미치는 영향.

천문학에서는 인접한 별이나 행성 사이의 관계를 묘사할 때 conjunct라는 형용사를 쓴다.

and/or/but처럼 단어들 또는 단어군을 하나로 묶어주는 접속사를 conjunction이라고 하며 so/however/meanwhile/therefore/also와 같은 접속부사를 conjunctive adverb라고 한다. 이들을 모두 묶어 conjunct(접속기능어)라고 부른다.

✛

conjunction [kəndʒˈʌŋkʃən] 접속사.

LINGU

Latin

tongue 혀
language 언어

linguistics
[lɪŋgwˈɪstɪks]

noun

● 언어학. 인간의 언어를 연구하는 학문.

The new speechwriter, who had majored in linguistics, was soon putting his knowledge of the deceptive tricks of language to good use.

언어학을 전공한 새 연설문 작성자는 이내 거짓을 그럴 듯하게 포장하는 현란한 언어적 기량을 한껏 발휘하기 시작했다.

■

중학교에서 배우는 문법을 비롯해 언어를 분석하는 기술은 모두 linguistics에서 나온 것이다.
200년 전까지만 해도 학교에서 배우는 일반적인 문법이 linguistics의 전부였다. 하지만 오늘날 linguistics는 언어의 역사, 언어교육, 음성발화 등 다양한 주제를 연구한다.
Her brother was an accomplished linguist.
그녀의 오빠는 외국어에 뛰어난 소질을 가지고 있다.
linguist는 대개 '언어학자'를 의미하지만 '외국어에 능통한 사람'을 의미하기도 한다.
Never having studied linguistics, he didn't feel able to discuss word histories in much depth.
언어학을 공부해본 적이 없기에 그는 그토록 깊이있게 단어의 역사를 논의할 수 있다고 생각하지 않았다.

✚

lingo [lˈɪŋgoʊ] 잘 알아들을 수 없는 말. 외국어, 은어, 전문용어.
deceptive [dɪsˈeptɪv] 거짓을 믿게 만드는.
accomplished [əkˈɒmplɪʃt] 기량이 뛰어난.

multilingual
[mˌʌltilˈɪŋgwəl]

adjective

● 여러 언어를 구사하는. 또는 그런 능력이 있는. 다국어의.

She soon discovered that he was truly multilingual, fluent in not only the German and Polish he had grown up speaking but in English and Arabic as well.

그는 성장하는 과정에서 체득한 독일어와 폴란드어에 능통할 뿐만 아니라 영어와 아랍어까지 할 줄 아는, 그야말로 진정한 다국어 능력자라는 사실이 곧 드러났다.

■

라틴어 multi(many)+lingu(tongue)가 결합한 multilingual은 여러 언어를 구사할 줄 안다는 뜻이다.
그리스어 poly(multi)+glot(lingu)이 결합한 polyglot 역시 multilingual과 똑같은 뜻이다.
The best way to become multilingual is probably to be born in a bilingual household.
다국어사용자가 될 수 있는 가장 좋은 방법은 2중 언어를 쓰는 집에서 태어나는 것이다.
어려서부터 두 언어를 배우는 것은 나중에 다른 외국어를 더 쉽게 습득할 수 있는 바탕이 된다.

✚

bilingual [bˌaɪlˈɪŋgwəl] 두 언어를 쓰는, 두 언어로 이루어진.

native tongue 같은 표현에서 볼 수 있듯이 영어에서 tongue는 language와 같은 뜻으로 쓰인다. 말실수를 의미하는 slip of the tongue는 라틴어 lapsus linguae를 그대로 옮긴 것이다. lingu는 프랑스어에서 langu로 바뀌었고, 다시 영어로 들어오면서 lingu와 langu가 모두 쓰이게 되었다.

lingua franca
[lɪˈɪŋgwə frˈæŋkə]

noun
- 링구아프랑카.

That first evening in Tokyo, she heard English being spoken at the next table, and realized it was serving as a lingua franca for a party of Korean and Japanese businessmen.

도쿄에 도착한 첫날 저녁, 옆 테이블 사람들이 영어로 이야기하는 것을 들었다. 한국과 일본의 비즈니스맨들이 회식을 하는 자리에서 영어를 링구아프랑카로 사용한다는 사실을 처음 깨달았다.

■

중세시대 아랍사람들은 유럽사람들을 통틀어 Franks라고 불렀다. Frank는 원래 오늘날 France 지역에 살던 게르만족을 일컫는 말이다.
아랍인과 유럽인들 사이에 교역이 활발해지면서, 지중해 항구에서는 이탈리아어, 아랍어 등 여러 언어가 뒤섞여 사용되었는데, 이곳에서 새로운 언어가 출현했다. 어느 문화 사람이든 무리 없이 이해할 수 있었던 이 새로운 언어를 아랍인들은 lingua franca라고 불렀는데, 이는 Frankish language(프랑크족 언어)라는 뜻이다. 이로써 lingua franca는 '모국어가 서로 다른 사람들이 사용하는 제 3의 공용어'를 일컫는 말이 되었다.
lingua franca는 인위적으로 만들어낸 언어만을 의미하지 않는다. 예컨대 로마제국이 강성한 시절 라틴어는 유럽의 lingua franca로 사용되었다. 지금은 영어가 전세계의 lingua franca라고 할 수 있다. 베트남을 가든 러시아를 가든 영어로 이야기하면 대부분 통한다.
The Spaniards and Germans at the next table were using English as a lingua franca.
옆 자리에 앉은 스페인사람과 독일사람은 영어를 링구아프랑카로 사용했다.

linguine
[lɪŋˈgwini]

noun
- 링귀네. 좁고 납작한 파스타 면.

As a test of her clients' table manners, she would serve them challenging dishes and watch to see how gracefully they could handle chopsticks or deal with long, slithery linguine.

식사예절을 테스트하기 위해 그녀는 손님들에게 다루기 힘든 요리들을 대접했는데, 젓가락으로 길고 미끌거리는 링귀네를 얼마나 우아하게 집어먹는지 눈여겨보았다.

■

오늘날 언어 중에서 라틴어와 가장 비슷한 언어는 어쨌든 이탈리아어이다. little tongues를 의미하는 이탈리아어 linguine는 파스타 면 중 하나다.
이탈리아 레스토랑에 가보는 것만으로도 꽤 많은 이탈리아어를 배울 수 있다.

★

다양한 파스타면의 이름을 살펴보자.

linguine [lɪŋgwˈini] 링귀네 little tongues (혀)
spaghetti [spəgˈeti] 스파게티 little strings (끈)
fettuccine [fˌetutʃˈini] 페투치네 little ribbons (리본)
penne [pˈɛneɪ] 펜네 little quills (깃)
orzo [ˈɔrtsoʊ] 오르조 barley (보리)
farfalle [faːfˈæleɪ] 파팔레 butterflies (나비)
vermicelli [vˌɜrməsˈeli] 버미첼리 little worms (벌레)
capellini [kˌɑpəlˈini] 카펠리니 little hairs (머리카락)
fusilli [fjusˈili] 퓨질리 little spindles (방추)
radiatori [rˈeɪdiətəri] 라디아토리 little radiators (방열판)

LUM

Latin *lumen*
light 빛

lumen

[lˈumən]

noun

● 루멘. 물리학에서 빛의 양을 측정하는 단위.

The lumen is a measure of the perceived power of light.

루멘은 지각된 빛의 힘을 측정하는 단위다.

■

빛을 측정하는 일반적인 단위로 candela와 lumen이 있다. 둘 다 국제표준단위로 초(시간), 킬로그램(무게), 미터(길이)를 기본단위로 사용한다.
candela는 빛의 세기를 측정하는 단위로, 일반적인 촛불의 세기를 1칸델라로 잡는다.
lumen은 '광선량(luminous flux)'을 측정하는 단위로, 100와트짜리 표준전구가 1500-1700 lumen을 발산한다. Luminous flux indicates how much light is actually perceived by the human eye.

루멘이 측정하는 광선량이란 인간의 눈으로 인지되는 빛, 즉 자외선이나 적외선을 뺀 가시광선의 양을 의미한다.

Halogen lights produce about 12 lumens per watt, ordinary incandescent lightbulbs produce about 15 lumens per watt, and compact fluorescent bulbs produce about 50 lumens per watt.

할로겐전구는 1와트당 약 12루멘, 일반백열전구는 1와트당 15루멘, 콤팩트형광램프는 1와트당 약 50루멘을 방출한다. 이처럼 기술에 따라 전기를 빛으로 바꾸는 효율도 달라진다.

✛

flux [flˈʌks] 유동, 흐름.
incandescent [ˌɪnkændˈesənt] 백열광을 내는.
fluorescent [flʊərˈesənt] 형광성의.

luminous

[lˈuːmɪnəs]

adjective

● 빛이 가득한.
● 빛을 발산하는.

She ended her recital with a luminous performance of Ravel's song cycle, and the crowd called her back for repeated encores.

빛나는 기량으로 라벨의 연작가곡 독주회를 마치자, 관객들은 앙코르를 연호하며 그녀를 무대로 다시 불러냈다.

■

luminous signs 네온사인. 네온, 크립톤, 아르곤, 크세논, 라돈과 같은 가스를 사용하는 전광판은 luminous라는 단어로 묘사할 수 있는 가장 전형적인 물건들이다.
luminous paint 선명한 색감이 나는 형광페인트.
luminous fabrics 형광 느낌이 나는 천.
기술발전에 힘입어 오늘날 옷, 가구, 인테리어 등 다양한 물건에 luminous라는 형용사를 쓸 수 있게 되었다.
luminous를 비롯하여 radiant, shining, glowing, lustrous 등 빛이 나는 상태를 묘사하는 형용사들은 비유적으로 사용할 때 긍정적인 의미를 더해준다. 예컨대 a face, a performance, a poem처럼 빛이 나지 않는 것에 이들 형용사를 붙이면 이들을 높여주는 것이다.
Her luminous voice was all the critics could talk about in their reviews of the musical's opening night.

그녀의 옥구슬 같은 목소리는 뮤지컬 개봉 첫날 비평가들의 평가에서 빠짐없이 언급되었다.

✛

radiant [rˈeɪdiənt] 밝게 빛나는.
glowing [glˈoʊɪŋ] 타오르는 듯 빛나는.
lustrous [lˈʌstrəs] 광택이 나는, 번쩍거리는.

illuminate는 '빛을 비추다' 또는 '명확하게 하다'를 의미하며,
illumination은 '조명'을 의미한다.

bioluminescent
[bˌaɪolˌʊumənˈɛsənt]

adjective

● 생물이 스스로 빛을 내는.

**Most of the light emitted by
bioluminescent marine organisms is
blue or blue-green.**

바닷속 발광생물들이 발산하는 빛은 대개 파란색 또는 청록색이다.

■

bio(life)+lum(light)이 결합한 bioluminescent는
'살아서 빛을 내는'이라는 뜻이다.
지금까지 육지에서 발견된 bioluminescent life-form
(발광생명체)은 fireflies, glowworms, fox-fire
fungus가 전부다. 하지만 바다에서는 plankton, squid,
comb jellies 등 무수한 물고기들이 스스로 발광한다.
이들은 대개 깊은 바닷속에 산다.
Single-celled algae living at or near the
surface can also create a remarkable show
as in Bioluminescent Bay on the Puerto
Rican island of Vieques. 푸에르토리코 비에케스섬의
바이오루미니선트베이에 가면, 스스로 발광하는 조류로 인해
바닷물에서 빛이 나는 장관을 경험할 수 있다. **드물지만 수면
가까이 사는 단세포 조류가 발광하는 경우도 있다.**
Bioluminescence is unknown in true plants, and
mammals, birds, reptiles, and amphibians never
got the knack of it either.

균류를 제외한 식물, 포유류, 조류, 파충류, 양서류 중에서는 스스로
빛을 내는 노하우를 터득한 종은 아직 발견되지 않았다.

✛

fox-fire fungus [fˈʌŋgəs] 야광버섯.
squid [skwˈɪd] 오징어.
comb jelly 빗해파리.
got the knack of —의 요령을 터득하다.

luminary
[lˈuːmɪneri]

noun

● 매우 유명하거나 두드러진 인물.

**Entering the glittering reception room,
she immediately spotted several
luminaries of the art world.**

눈부신 응접실에 들어서자마자, 예술계의 몇몇 유명인들이 곧바로
눈에 띄었다.

■

라틴어 luminaria는 lamp 또는 heavenly bodies
(천체)를 의미한다.
중세의 점성술사에게 luminary는 하늘에서 가장 밝게
빛나는 heavenly body인 태양과 달을 의미했다.
오늘날 luminary는 star, leading light와 더불어
celebrity 또는 눈부신 성공을 이룬 사람을 의미하는 말로
사용된다.
He had just been introduced to another
luminary of the literary world and was feeling
rather dazzled.

그는 곧바로 문학계의 또다른 유명인사를 소개받았는데, 마치 눈이
부셔 어지러운 느낌이었다.

✛

glittering [glˈɪtərɪŋ] 작은 조각들이 반짝이며 빛나는.
celebrity [sɪlˈebrɪti] 명사, 유명인.
firefly [fˈaɪərflaɪ] 반딧불이, 빛을 내며 날아다니는 곤충.
glowworms 반딧불이 유충.

LUC

Latin *lux/lucere*

light 빛
to shine or glitter 빛나다/반짝이다

lucid

[lˈuːsɪd]

adjective

- 명료한. 분명하고 이해하기 쉬운.
- 명료하게 생각할 수 있는.

On his last visit he had noticed that his elderly mother hadn't seemed completely lucid.

마지막 방문 때, 노모의 의식이 온전치 않다는 사실을 알아차렸다.

Mental lucidity is easy to take for granted when we're young.

총명함은 어린 시절에는 당연한 것으로 여겨진다.

나이가 들면서 술, 약물, 심리적 불안정 등이 축적되면서 점점 희미해질 뿐이다.

Avoiding the condition called dementia often involves a combination of decent genes, physical and mental activity, and a good diet.

치매를 앓지 않으려면 좋은 유전자를 타고나는 것도 중요하지만, 나이가 들어도 육체적 정신적 부지런히 활동하고 건강한 식습관을 유지해야 한다.

Alzheimer's disease는 dementia의 한 종류다.

Writing lucidly can take a lot of work at any age.

명료하게 글을 쓰기 위해서는 나이와 무관하게 누구든 상당한 노력을 기울여야 한다.

글쓰기는 기술이다. 다른 기술과 마찬가지로 오랜 견습과정을 거치며 연마해야 한다.

✛
dementia [dɪmˈenʃə] 치매.
decent [dˈiːsənt] 말쑥한, 어디 내놔도 부끄럽지 않은.

elucidate

[ɪlˈuːsɪdeɪt]

verb

- 명확하게 이해할 수 있도록 설명하다.

A good doctor should always be willing to elucidate any medical jargon he or she uses.

훌륭한 의사라면 자신이 사용하는 의학용어를 환자들이 명확하게 이해할 수 있도록 기꺼이 설명해야 한다.

■

elucidate는 기본적으로 '빛을 비추다'라는 뜻이다.

애매하고 복잡한 것에 빛을 비추어 명확하게 이해할 수 있도록 설명해주는 것을 말한다.

Elucidation of a complex new health-care policy may be a challenge.

새로운 건강보험약관을 알기 쉽게 설명하는 일은 쉬운 일이 아니다.

Elucidation of the terms of use for a credit card may be the last thing its provider wants to do.

신용카드 이용약관을 알기 쉽게 설명하는 것은 신용카드회사로서는 끝까지 미루고 싶은 일, 즉 하고 싶지 않은 일일 것이다.

The physicist Carl Sagan had a gift for elucidating astronomical science to a large audience.

물리학자 칼 세이건은 천문학을 대중에게 쉽게 설명하는 뛰어난 재능을 가지고 있었다.

The book's introduction helps elucidate how the reader can make the best use of it.

이 책의 서문은 책을 가장 효과적으로 사용할 수 있는 방법을 독자들이 분명하게 이해할 수 있도록 도와주었다.

✛
jargon [dʒˈɑːrgən] 은어, 전문용어.

Lucifer(루키페르)는 '빛을 나르는 자'란 뜻으로, 고대로마에서 동이 트는 것을 알려주는 morning star(샛별)을 일컫는 말이었다. 하지만 기독교가 전파된 뒤 '사탄'의 대명사가 된다. 한때 천사였으나 '위대한 빛'이 되고자 하는 욕심을 부리다 결국 천국에서 내쳐졌고 선한 모든 것들에 맞서는 '타락천사'가 되었다는 설화가 이때 만들어졌다.

lucubration
[ˌlukəbrˈeɪʃən]

● 어렵고 힘든 공부.
● 그러한 공부의 결실. 노작(勞作).

Our professor admitted that he wasn't looking forward to reading through any more of our lucubrations on novels that no one enjoyed.

아무도 좋아하지 않는 소설들을 분석한 우리의 '노작'을 교수님은 끝까지 읽지 못할 거 같다고 실토했다.

lucubration은 원래 '등불 아래서 공부한다'는 뜻이다.
전구가 없던 시절, 밤에도 공부하는 것은 공부가 몸에 밴 모범적인 학생들만 할 수 있는 어려운 일이었다.
물론 등불도 없어 반딧불과 눈에 비친 달빛에 의지해 공부한 중국인에 비하면 그다지 자랑할 만한 일도 아니다(螢雪之功).
lucubration는 문어적인 느낌이 나는 단어이며,
지금은 위 예문에서 볼 수 있듯이 비꼬는 투로 사용하는 경우가 많다.

✚
sarcasm [sˈɑːrkæzəm] 비꼼, 빈정거림.

translucent
[trænzlˈuːsənt]

● 반투명의. 반대편이 선명하게 보이지는 않는.

Architects today often use industrial glass bricks in their home designs, because translucent walls admit daylight while guarding privacy.

오늘날 건축가들은 홈디자인에 산업용 유리벽돌을 자주 사용하는데, 반투명유리벽은 사생활을 지켜주면서도 햇빛은 통과시켜준다.

trans(through)+parent(appear)는
'보이는 것을 통과시켜준다'는 뜻인 반면
trans(through)+lucent(shine)는
'빛을 통과시켜준다'는 뜻이다.
따라서 transparent는 '투명한'이라는 뜻이 되고,
translucent는 빛만 통과시킬 뿐 흐릿하게 보이기 때문에 '반투명한'이라는 뜻이 된다.
Frosted glass, often used in bathroom windows, is translucent.
유리창에 서리가 낀 것처럼 한쪽면을 긁어서 뿌옇게 만든 frosted glass는 욕실창문으로 많이 사용된다.
와인을 담아 마시는 크리스탈잔도 대부분 translucent glass로 만든다.
She had fair hair, blue eyes and translucent skin.
그녀의 머리결은 금발이고, 눈동자는 파랗고, 피부는 눈부시게 회었다.
빛이 나듯이 피부가 희다는 뜻으로도 자주 사용된다.

✚
goblet [gˈɒblɪt] 굽 달린 잔.
fair [fˈeər] 살결이 흰, 머리결이 금발인.

UMBR

Latin *umbra*
shadow 그림자

umber

[ˈʌmbər]

noun
- 엄버. 망간과 산화철 화합물로 된 암갈색 광물.
- 고동색.

Van Dyke prized umber as a pigment and used it constantly in his oil paintings.

반 다이크에게 엄버는 최고의 안료였으며, 유화를 그릴 때마다 엄버를 끊임없이 사용했다.

이탈리아에는 다양한 천연안료의 재료가 되는 광물이 매장되어 있다. 그 중 유명한 광물이 바로 umber다. umber는 문자 그대로 '그림자'색이라는 의미다.

When crushed and mixed with paint, umber produces an olive color known as raw umber; when crushed and burnt, it produces a darker tone known as burnt umber.

엄버를 빻아 도료와 섞으면 황록색이 나는데 이것을 raw umber라고 하며, 엄버를 빻아 불에 구워 도료와 섞으면 고동색이 나는데 이것을 burnt umber라고 한다.

Since the late Renaissance, umber has been in great demand as a coloring agent.

엄버는 르네상스 말기부터 안료로서 수요가 크게 늘었다.

특히 풍경화에서 흙이나 벽돌을 묘사할 때 umber를 많이 사용한다.

✚
mineral deposit 광상(鑛床), 유용한 광물이 많이 묻혀 있는 지역.
pigment [pˈɪgmənt] 안료.
coloring agent 색깔을 내는 요소.

adumbrate

[ˈædʌmbreɪt]

verb
- 힌트를 주거나 예고하다.
- 개략적으로 알려주다.

The Secretary of State would only adumbrate his ideas for bringing peace to Bosnia.

국무장관은 보스니아의 평화를 위한 자신의 아이디어를 개략적으로 선보였을 뿐이다.

ad(to)+umbr(shadow)는 foreshadow와 같은 의미로 어떤 일이 온전히 실현되기 전에 어렴풋하게 보여준다는 뜻이다.

Tough questioning by a Supreme Court justice may adumbrate the way he or she is planning to rule on a case.

대법관이 던지는 까다로운 질문을 보면 대법관이 재판을 진행해 나가고자 하는 방향을 예측할 수 있다.

A bad review by a critic may adumbrate the failure of a new film.

비평가들의 낮은 평점은 새로 개봉한 영화의 흥행하기 힘들다는 것을 예고한다.

And rats scurrying off a ship were believed to adumbrate a coming disaster at sea.

배에서 쥐떼가 허둥지둥 빠져나가는 것은 해상재난이 닥칠 전조로 여겨진다.

✚
foreshadow [fɔːrʃˈædoʊ] 전조를 보이다.
shadowy [ʃˈædoʊi] 어슴푸레한.
bad review 악평.
scurry [skˈɜːri] 허둥지둥 달리다.

'작은'이란 뜻의 접미어 -ella를 붙인 umbrella는 햇빛이나 비를 가려 '작은 그림자'를 만들어주는 물건이다.

penumbra
[penˈʌmbrə]

noun

- 캄캄한 그림자 주변을 둘러싼 부분적인 그림자.
- 완전히 채워지지 않은 테두리나 주변부.

This area of the investigation was the penumbra where both the FBI and the CIA wanted to pursue their leads.

이 수사의 영역은 FBI와 CIA 모두 주도권을 쥐고 싶어하는 경계부분에 있다.

■

pen(almost)+umbr(shadow)가 결합한 penumbra는 '반그림자(半影)'을 의미한다. 그림자가 드리워 빛이 전혀 들지 않는 캄캄한 영역은 umbra, 햇빛이 새어 들어 다소 밝은 '잿빛 영역'은 penumbra라고 한다.
The right to privacy falls under the penumbra of the U.S. Constitution.

사생활 보호권은 미국 헌법에서 흑백 중간에 걸친 gray area에 속한다.
프라이버시 권리를 보장하는 구절이 헌법에 명시적으로 존재하지 않지만, 그렇게 해석할 수 있는 대목이 있기 때문이다. 어쨌든 프라이버시는 회색영역에 존재하기 때문에 상황에 따라 다르게 해석할 수 있으며 따라서 사생활의 범위는 계속 달라질 수 있다.
The farther away a source of light is from the object casting a shadow, the wider will be that shadow's penumbra.

광원이 피사체로부터 멀수록 짙은 그리자를 드리우고, 광원이 넓을수록 그림자는 회색으로 물든다.

✦

umbra [ˈʌmbrə] 빛이 전혀 닿지 않는 진한 그림자(本影).

umbrage
[ˈʌmbrɪdʒ]

noun

- 남에게 무시당하여 느끼는 불쾌함.

She often took umbrage at his treatment of her, without being able to pinpoint what was offensive about it.

이유는 정확하게 꼽을 수 없지만, 그녀를 대하는 그의 태도는 자주 기분 나쁘게 만들었다.

■

umbrage는 원래 shadow를 의미했으나 shadowy suspicion이라는 뜻을 갖게 되었고, 이후 그림자가 안겨주는 displeasure라는 의미로 발전했다.
An overly sensitive person may take umbrage at something as small as having his or her name pronounced wrong.

지나치게 민감한 사람은 자기 이름을 잘못 부르는 것과 같은 사소한 일에도 기분 나빠 할 수 있다.
오늘날 take umbrage at sth 형태로 사용된다.
Some people are quick to take umbrage the moment they think someone might have been disrespectful.

몇몇 사람들은 누군가 자신을 기분나쁘게 대했다고 생각되는 순간 쉽게 불쾌감을 느낀다.

✦

pinpoint [ˈpɪnpɔɪnt] 정확하게 지적하다/타격하다.
offensive [əˈfensɪv] 거슬리는, 모욕적인, 공격.
shadowy [ˈʃædoʊi] 그림자가 드리운, 그늘진.
suspicion [səsˈpɪʃən] 의심, 혐의, 미심쩍음.

PHOTO

Greek
light 빛

photoelectric
[ˌfˌoʊtoʊɪlˈektrɪk]

adjective
- 광전자의.

They wanted to avoid the kind of smoke detector that uses radioactive materials, so they've installed the photoelectric kind instead.

방사능물질을 사용하는 화재경보기는 쓰고 싶지 않았기에, 대신 광전자경보기를 설치했다.

■

The photoelectric effect occurs when light falls on a material such as a metal plate and causes it to emit electrons.

빛이나 X레이 같은 방사선이 표면에 닿는 순간 금속은 전자를 방출하는데, 이것을 광전효과라고 한다.

빛이 입자로 되어있다는 light quantum theory (광양자설)를 통해 photoelectric effect를 규명해낸 사람은 바로 아인슈타인이다. 이 연구업적으로 아인슈타인은 노벨상을 받았다.

Photoelectric cells, or photocells, are used in burglar-alarm light detectors and garage-door openers.

광전자셀, 즉 포토셀은 도난경보기나 차고문 개폐기에 사용된다. 이들은 광선을 발사하여 광선의 흐름이 깨지는 것을 감지한다.

✚
electron [ɪlˈektrɑn] 전자.
photocell [fˈoʊtoʊsˌɛl] 광전지.

photovoltaic
[fˌoʊtoʊvaltˈeɪɪk]

adjective
- 광발전의.

A potentially more practical solution is photovoltaic panels, which use silicon cells to turn sunlight into electricity.

잠재적으로 훨씬 실질적인 해법은 광전지패널로, 실리콘전지를 이용하여 햇빛을 전기로 바꿔준다.

■

photovoltaic에서 voltaic은, 전지를 발명한 Alessandro Volta의 이름에서 따온 것이다. photovoltaic effect는 빛이 특정한 반도체물질에 닿는 순간 전기를 발생시키는 현상을 의미한다. 이러한 반도체물질을 photovoltaic cell이라고 한다. photoelectric cell은 photoelectric effect를 응용하여 비교적 단순한 임무를 수행하는 전기장치인 반면, photovoltaic(PV) cell은 빛으로 전기를 생산해내는 장치다.

하지만 이 두 가지 모두 사람들이 photocell(광전지)이라고 줄여서 부르기 때문에 혼동하지 않도록 주의해야 한다. 태양광발전을 하는 반도체물질 solar cell은 대표적인 photovoltaic cell이다. 기술이 나날이 발전하여 어떤 표면에든 부착할 수 있을 정도로 얇은 박막필름으로 나오기도 하고, 최근에는 표면에 스프레이처럼 뿌려 즉석에서 필름을 만들어내는 제품도 나오고 있다.

✚
solar cell 태양(광)전지.

사진을 photography라고 하는 것은 필름이나 종이에 이미지를 새기는 작업을 할 때 '빛'을 이용하기 때문이다. 복사를 photocopy라고 하는 것은 정전기를 띤 미세한 잉크입자에 '빛'을 쪼여 이미지를 만들어내기 때문이다.

photon
[fˈoʊtɒn]

noun

● 광자. 빛에너지의 미세한 입자 또는 그 뭉치.

The idea that light consists of photons is difficult until you begin to think of a ray of light as being caused by a stream of tiny particles.

빛의 줄기가 미세한 입자들의 흐름으로 인해 만들어지는 것이라고 생각하기 전에는 빛이 광자로 구성되어 있다는 말이 이해되지 않을 수 있다.

■

광선 속 에너지가 작은 입자로 존재한다는 것을 처음 이론화한 사람은 바로 알베르토 아인슈타인이다. 지금까지 밝혀진 과학적 사실은 빛이 파동처럼 (음파나 파도처럼) 움직이기도 하지만 입자의 흐름처럼 움직이기도 한다는 것이다. photon의 에너지는 감마선이나 엑스선 같은 고에너지에서 적외선이나 전파와 같은 저에너지까지 폭넓게 존재하지만, 이동속도는 모두 똑같다. laser는 photon을 집약하여 목표물을 향해 한꺼번에 이동하게 하는 것으로 놀라운 위력을 발휘한다.

✚

a stream of particle [pˈɑːrtɪkəl] 입자의 흐름.

photosynthesis
[fˌoʊtoʊsˈɪnθəsɪs]

noun

● 광합성.

Sagebrush survives in harsh climates because it's capable of carrying on photosynthesis at very low temperatures.

산쑥은 험한 기후에서도 살아남는데, 매우 낮은 기온에서도 광합성을 할 수 있기 때문이다.

■

photo(light)+synthesis(put together)가 결합된 photosynthesis는 기본적으로 '빛의 도움을 받아 조립하다'라는 뜻으로 '광합성(光合成)'이라고 번역한다. 햇빛이 식물의 잎에 머금고 있는 물분자를 oxygen과 hydrogen으로 쪼개 주면, 식물은 거기서 나온 oxygen을 대기 중으로 방출하고 hydrogen만 남긴다. 이렇게 남은 hydrogen은 공기 중에서 빨아들인 carbon dioxide와 결합하여 유기물 carbohydrate를 만들어내는데, 이것이 바로 식물이 섭취하는 먹이다. 인간을 비롯한 동물은 carbohydrate을 직접 만들어내지 못하기 때문에 식물을 먹어서 carbohydrate를 섭취해야 한다.

✚

oxygen [ˈɒksɪdʒən] 산소.
hydrogen [hˈaɪdrədʒən] 수소.
carbon dioxide [kˈɑːrbɒn daɪˈɒksaɪd] 2산화+탄소.
carbohydrate [kˌɑːrboʊhˈaɪdreɪt] 탄소+수소 화합물, 탄수화물.

ROOT	UNIT	ROOT	UNIT	ROOT	UNIT	ROOT	UNIT	ROOT	UNIT
AB/ABS	72	DEM/DEMO	22	JUR	20	PEL	51	SOPH	41
ACER/ACR	33	DERM	66	KILO	53	PEND	11	SPECT	39
AER/AERO	32	DI/DUP	43	KINE	71	PENT	49	SPHER	57
AM	7	DICT	40	LATER	56	PER	61	SPIR	37
AMBI	58	DIS	35	LEGA	50	PERI	25	STRAT	57
ANIM	1	DOC/DOCT	47	LEV	11	PHIL	7	STRICT	28
ANN/ENN	54	DOM	45	LINGU	74	PHOB	73	STRUCT/STRU	28
ANT/ANTI	10	DUC/DUCT	36	LOG	66	PHON	4	SUB	18
ANTE	62	DYNAM	67	LONG	48	PHOT	75	SUPER	18
ANTHROP	71	DYS	6	LOQU	74	PLAC	23	SUR	18
AQU	9	ENDO	37	LUC	75	PLE/PLEN	1	SURG	8
ARM	8	EPI	25	LUM	75	POLIS/POLIT	26	SYN	13
ART	73	EQU	56	MAL	6	POLY	58	TANG/TACT	42
AUD	68	ERR	70	MAND	44	POPUL	22	TECHNI	73
AUT/AUTO	45	EU	69	MANIA	63	PORT	5	TELE	57
BELL	8	EV	52	MAR	32	POS	55	TEMPER	63
BENE	21	EXTRA	38	MATER/MATR	2	POST	29	TEMPOR	52
BI/BIN	44	FAC/FACT	20	MED/MEDI	17	POT	1	TEN	42
BIO	63	FALL	24	META	43	PRE	55	TEN/TENU	42
CAD	64	FID	35	METR/METER	59	PREHEND	61	TERM/TERMIN	15
CANT/CHANT	68	FIG	48	MICRO	63	PRIM	4	TERR	32
CAPIT	27	FIN	15	MILL	54	PRO	30	TETR	48
CARN	46	FLECT/FLEX	12	MINI/MINU	51	PRO	30	TEXT	64
CATA	69	FLU	70	MIS	50	PROB	13	THE/THEO	41
CEED/CED	62	FORM	48	MONO	41	PROP/PROPRI	30	THERMO	69
CENT	52	FORT	31	MORPH	43	PROT/PROTO	71	TOM	54
CENTR/CENTER	25	FRACT	12	MORT/MOR	29	PSYCH	65	TOP	65
CEPT	61	FUG	72	MULTI	56	PUN/PEN	3	TORT	27
CHRON	52	FUNCT	6	MUR	38	PUNC	70	TOXI	43
CIRCU/CIRCUM	39	FUS	34	MUT	60	PURG	34	TRACT	16
CIS	54	GEN	69	NANO	57	PUT	13	TRANS	60
CLAM/CLAIM	68	GEO	73	NECRO	64	QUADR/QUART	47	TRI	45/46
CLUS/CLUD	14	GNO/GNI	19	NEG/NCE/NE	49	QUINT	50	TRIB	29
CO	14	GRAD	19	NEO	72	QUIS/QUIR	55	TROP	65
CODE/CODI	28	GRAPH	60	NOM	24	RE	16	TROPH	65
CONTRA	40	GRAT	21	NOV	72	RE	16	TUIT/TUT	12
CORD/CARD	21	GRAV	11	NUL/NULL	20	RECT	59	TURB	31
CORP	27	GREG	22	NUMER	51	REG	50	UMBR	75
COSM	70	HEM/HEMO	67	OID	71	RETRO	62	UND	9
CRAC/CRAT	45	HER/HES	14	OMNI	46	SANCT	59	UNI	42
CRE/CRET	19	HOLO/HOL	17	ONYM	24	SCEND	2	URB	26
CRED	35	HOM/HOMO	40	ORTHO	59	SCI	49	VAL	58
CRIM	3	HYDR	9	PAC	23	SCOP	37	VER	53
CRIT	49	HYP/HYPO	66	PALEO	17	SCRIB/SCRIP	36	VERB	74
CRYPT	36	HYPER	66	PAN	41	SEMI/HEMI	55	VERT	38
CULP	3	IATR	67	PAR	56	SENS	53	VEST	60
CULT	26	ICON	61	PARA	7	SEQU	15	VIR	58
CUR	44	IDIO	10	PART	44	SERV	23	VIS/VID	39
CURR/CURS	33	INTER	62	PATER/PATR	2	SIGN	64	VIV	33
DE	5	ITIS	67	PATH	10	SIMIL/SIMUL	53	VOC	4
DEC	51	JECT	5	PED	47	SOLU/SOLV	34	VOLU/VOLV	31
		JUNCT	74	PED	47	SON	68	VOR	46

A

a fortiori 260
a posteriori 245
a priori 245
aberrant 570
abjure 170
abnegation 400
abscond 588
absolution 280
abstemious 588
abstraction 589
abstruse 589
accede 507
acclamation 558
accord 178
accretion 158
acculturation 218
acerbic 274
Achilles' heel 18
acme 157
acquisitive 449
acrid 274
acrimony 275
acrophobic 598
acropolis 217
acupuncture 575
ad hoc 172
ad hominem 172
adequacy 458
adherent 118
adjunct 606
Adonis 67
adumbrate 614
advocate 37
aegis 115
aeolian harp 130
aerate 262
aerial 262
aerobic 263
aerodynamics 553
affidavit 290
affluence 572
aggravate 93
aggregate 186
agnostic 162
agoraphobia 598
alleviate 94
alphanumeric 420
alter ego 212
amazon 114
ambient 478
ambiguous 478
ambit 479
ambivalent 479
ambrosia 122
amicable 60
amorous 61
amorphous 356
amortize 239
anachronism 427
anaerobic 263
Anglophile 63
animated 16

animosity 17
annuity 444
annulment 167
antagonist 86
antebellum 68
antecedent 509
antechamber 508
antedate 508
anterior 509
anthropoid 580
anthropology 580
anthropomorphic 356
antigen 86
antipathy 87
antithesis 87
antonym 200
apathetic 84
apiary 333
Apollonian 51
apologia 229
apotheosis 338
append 96
appendage 97
appendectomy 442
apprehend 502
approbation 112
appropriate 251
aquaculture 76
aquamarine 266
aquanaut 76
aqueduct 77
aquifer 77
aquiline 332
arachnid 59
arachnophobia 599
arcadia 300
aristocrat 370
armada 72
armistice 72
armory 73
artful 594
arthroscopic 304
artifact 594
artifice 595
artisan 595
ascendancy 25
asinine 324
aspect 320
assimilate 434
atheistic 339
atrium 189
atrophy 530
attenuated 344
attribute 242
audition 555
auditor 554
auditory 554
Augean stable 115
autism 369
autocratic 370
autoimmune 368
automaton 368
autonomy 369

aver 432
avert 315

B

Bacchanalian 50
bariatric 546
bellicose 68
belligerence 69
benediction 174
benefactor 174
beneficiary 175
benevolence 175
biennial 367
bilateral 462
binary 366
biodegradable 515
bioluminescent 611
bionic 514
biopsy 514
biosphere 469
bipartisan 366
bipartite 364
bipolar 367
bon vivant 270
bona fide 292
bovine 316
British thermal unit 569
bronchitis 551
bureaucrat 371
bursitis 550

C

cacophony 39
cadaver 522
cadence 523
cadenza 523
calligraphy 496
calliope 43
calypso 123
canine 308
cantata 560
cantilever 95
cantor 561
caper 317
capitalism 222
capitulate 223
carcinogenic 565
cardiology 545
carnage 378
carnal 378
carnivorous 376
carpe diem 261
Cassandra 106
cataclysm 566
catacomb 566
catalyst 567
catatonic 567
catharsis 285
caveat emptor 261
cede 506
centenary 430
centigrade 430
centimeter 431

centrifugal 586
centurion 431
cereal 83
charisma 197
chimera 139
choreography 497
chronic 426
chronology 426
cicerone 236
circuitous 322
circumference 322
circumscribe 296
circumspect 323
circumvent 323
clamor 558
coalesce 116
codependency 117
codex 234
codicil 234
codify 235
coeval 428
cogeneration 116
cognitive 162
cohere 118
cohesion 117
collateral 463
colloquial 603
colloquium 602
colossus 293
commandeer 363
commute 492
compel 416
complement 12
comport 49
comprehend 503
compunction 575
concede 506
concise 440
concord 178
concurrent 272
condescend 24
conducive 298
configuration 394
confine 124
confluence 573
conform 392
congregation 186
conjecture 44
conjunct 607
conscientious 402
conscription 296
consequential 127
constrict 231
construe 233
contemporary 424
context 528
contort 227
contraband 328
contraindication 328
contrarian 329
contravene 329
converter 314
convoluted 257

cordial 179
cornucopia 188
corporal 225
corporeal 224
corpulent 224
corpus delicti 228
cosmology 576
cosmopolitan 577
cosmos 576
counterinsurgent 71
credence 288
credible 288
credo 289
credulity 289
crescent 158
criminology 28
criterion 404
critique 404
Croesus 146
cross-cultural 218
crypt 294
cryptic 295
cryptography 295
culpable 32
curative 360
curator 360
curriculum vitae 277
cursory 272
cyclopean 123
cynosure 131

D
de facto 173
de jure 171
debase 46
decadent 522
decalogue 422
decapitate 222
decathlon 422
decibel 423
decimate 423
declaim 559
decode 235
deconstruction 232
decriminalize 28
deduction 298
defamation 46
definitive 124
deflect 100
defunct 57
degenerative 47
degrade 160
dehydrate 78
dejection 47
delegation 411
Delphic 205
deltoid 582
demagogue 183
demographic 182
demotic 183
dendroid 583
deplete 13
deport 49

dermal 542
dermatitis 543
descant 561
descendant 25
desensitize 436
detritus 189
devolve 256
dichotomy 358
diction 326
dictum 327
diffident 290
diminutive 419
dimorphic 358
Dionysian 50
dipsomaniac 520
directive 485
disarming 73
discordant 179
discredit 287
discursive 273
disjunction 607
dislodge 287
disorient 286
disparity 460
dispiriting 306
disrepute 110
dissolution 281
dissonant 557
dissuade 286
distemper 518
distended 345
divert 314
divest 494
docent 384
doctrinaire 385
doctrine 384
dogma 197
domination 373
domineering 373
dominion 372
draconian 237
dragon's teeth 59
dryad 83
duplex 359
duplicity 359
dynamic 552
dynamo 552
dysfunctional 57
dyslexia 52
dyspeptic 53
dysplasia 53
dystopia 52
dystrophy 531

E
eccentric 209
ectopic 534
edict 326
effigy 395
effluent 572
effusive 278
ego 212
egocentric 209

Egomaniac 521
egregious 187
elevation 94
elongate 396
elucidate 612
Elysium 35
emissary 413
empathy 85
enamored 60
encomium 253
encrypt 294
encyclopedic 387
endemic 182
endocrine 303
endodontics 303
endogenous 302
endorphin 302
endoscope 304
entropy 532
enumerate 421
envisage 319
epicenter 208
epicure 66
epidermis 542
epilogue 210
epiphyte 210
epitaph 211
epithet 211
eponymous 200
equable 458
equestrian 324
equilateral 463
equilibrium 459
equinox 459
equivalent 476
equivocate 36
errant 570
erratic 571
erroneous 571
ethnocentric 208
ethos 284
eugenic 562
eulogy 563
euphemism 562
euphoria 563
eureka 157
eutrophication 531
evolution 257
ex post facto 173
exacerbate 275
excise 440
exclusive 120
excrescence 159
exculpate 32
exodus 204
expatriate 21
expel 417
expropriate 251
expurgate 283
extemporaneous 425
extenuating 345
extort 226
extradite 312

extramural 311
extraneous 313
extrapolate 312
extrasensory 437
extrovert 313
exurban 214

F
facile 169
facilitate 169
factor 168
factotum 168
fallacious 202
fallacy 202
fallibility 203
fauna 82
feline 309
fiduciary 291
figment 395
figurative 394
finite 125
flora 82
formality 393
format 392
formative 393
forte 258
fortification 259
fortify 258
fortitude 259
fractal 102
fractious 102
fugue 587
functionary 56

G
gastrectomy 442
generator 564
genesis 564
genre 565
genuflect 101
geocentric 600
geophysics 600
geostationary 601
geothermal 601
geriatric 547
gorgon 139
gradation 160
gradient 161
gratify 176
gratis 180
gratuitous 177
gratuity 176
grave 92
gravitas 92
gravitate 93

H
habeas corpus 228
Hades 34
hagiography 496
halcyon 130
hector 106
hedonism 165

heliotrope	533	impute	111	kinescope	585	metadata	354
hematocrit	405	in memoriam	253	kinesiology	584	metamorphosis	357
hematology	548	inanimate	17	kleptomania	520	metaphorical	354
hemiplegia	455	inaudible	555	kudos	156	metaphysics	355
hemisphere	469	incantation	560			meter	488
hemoglobin	549	incarnate	379	L		methodology	544
hemophilia	549	incisive	441	laconic	220	metonymy	355
hemorrhage	548	incognito	163	laparoscopy	305	metric	488
hepatitis	550	incoherent	119	lateral	462	microbe	516
herbivorous	376	incorporate	225	legacy	410	microbiologist	516
herculean	114	increment	159	legate	410	microbrew	517
hoi polloi	188	incriminate	29	leonine	309	microclimate	517
holistic	144	inculpate	33	lethargic	35	microcosm	577
holocaust	145	indeterminate	128	levity	95	Midas touch	146
Holocene	145	indoctrinate	385	libido	213	millefleur	446
hologram	144	induce	299	lingua franca	609	millenarian	446
homogeneous	330	infallible	203	linguine	609	millennium	445
homogenize	331	infinitesimal	125	linguistics	608	millipede	447
homologous	331	inflection	101	lithograph	497	millisecond	447
homonym	330	infraction	103	longevity	428	minimalism	418
horticulture	219	infrastructure	232	longitude	396	minuscule	418
hubris	284	ingratiate	177	longueur	397	minutiae	419
humanoid	583	inherent	119	loquacious	603	misanthropic	581
hydraulic	78	innovation	593	lucid	612	misnomer	199
hydrodynamic	553	inquisition	448	lucubration	613	mission	412
hydroelectric	79	inscription	297	lumen	610	missionary	412
hydroponics	79	insectivorous	377	luminary	611	mnemonic	42
hyperactive	538	insignia	526	luminous	610	modus operandi	276
hyperbole	538	instrumental	233	lupine	308	modus vivendi	276
hypercritical	405	insuperable	150	lycanthropy	581	monoculture	342
hyperkinetic	584	insurgent	70			monogamous	342
hypertension	539	intemperate	519	M		monolithic	343
hypertext	529	intercede	510	magnanimous	16	monotheism	343
hypertrophy	530	intercept	500	magnum opus	181	moribund	238
hyperventilate	539	interdict	510	malevolent	54	morphology	357
hypochondriac	540	interject	44	malfunction	56	mortality	238
hypoglycemia	540	intermediary	143	malicious	54	mortify	239
hypothermia	541	interminable	129	malign	55	multicellular	464
hypothetical	541	interpolate	511	malnourished	55	multidisciplinary	464
		interregnum	408	mandate	362	multifarious	465
I		interstice	511	mandatory	362	multilateral	465
iatrogenic	546	interurban	215	marina	266	multilingual	608
icon	504	intractable	137	mariner	267	muralist	310
iconic	504	intramural	310	maritime	267	muse	42
iconoclast	505	intuition	105	martial	74	myrmidon	74
iconography	505	inundate	80	mastectomy	443	
id	213	investiture	494	maternity	22	N
ideology	545	iridescent	122	matriarch	22	nanoparticle	472
idiom	88	irrevocable	36	matrilineal	23	nanosecond	473
idiomatic	88			matrix	23	nanostructure	473
idiopathic	89	J		mausoleum	301	nanotechnology	472
idiosyncrasy	89	jovial	90	mea culpa	33	narcissism	66
ignominious	199	juncture	606	meander	300	necromancer	524
immure	311	Junoesque	90	median	142	necropolis	525
immutable	492	jurisdiction	327	mediate	142	necropsy	525
impartial	364	jurisprudence	170	medieval	429	necrosis	524
impediment	389	juxtapose	452	mediocrity	143	negligent	400
impel	416			Megalomaniac	521	negligible	401
impetus	269	K		megalopolis	217	nemesis	138
implacable	193	kilobyte	438	mellifluous	573	neoclassic	590
impose	452	kilogram	439	memento mori	244	neoconservative	591
impotent	14	kilohertz	439	mentor	27	Neolithic	590
impunity	30	kilometer	438	mercurial	91	neonatal	591

nescience 402
nestor 19
neurosis 293
neurotoxin 353
nomenclature 198
nominal 198
non sequitur 127
nonpareil 461
novel 592
novice 592
null 166
nullify 167
nullity 166
numerology 420

O
oblong 397
occlusion 120
odometer 489
odyssey 26
oedipal 58
oenophile 62
oligarchy 196
Olympian 98
omnibus 381
omnipotent 381
omniscient 380
omnivore 380
onus 181
opprobrium 277
opus 180
ornithologist 332
orthodontics 482
orthodox 482
orthography 483
orthopedics 483
oscilloscope 305
ostracize 196
ovine 317

P
pace 195
pacifist 194
pacify 194
pact 195
paean 43
paleography 140
Paleolithic 140
paleontology 141
Paleozoic 141
palladium 107
panacea 340
pandemonium 340
Pandora's box 99
panoply 341
pantheism 341
pantheon 338
paralegal 64
paramedic 65
paramilitary 65
paramour 61
paraphrase 64
parity 460

parterre 264
participle 365
partisan 365
paternalistic 21
pathos 84
patriarchy 20
patrician 20
patronymic 201
pedagogy 386
pedant 386
pedestrian 389
pediatrician 387
pedigree 388
penal 30
penance 31
pendant 96
Penelope 26
pentameter 406
Pentateuch 407
pentathlon 406
Pentecostal 407
penumbra 615
per se 260
perceptible 501
percolate 498
perennial 445
perfidy 291
perimeter 206
periodontal 206
peripatetic 207
peripheral 207
perjury 171
permeate 499
permutation 493
perquisite 448
persevere 499
perspective 321
perturb 254
pervade 498
philanthropy 63
philatelist 62
philippic 237
phonetic 38
phonics 38
photoelectric 616
photon 617
photosynthesis 617
photovoltaic 616
physiology 544
placate 192
placebo 192
placidity 193
platonic 164
plenary 12
plenipotentiary 15
plutocracy 371
podiatrist 547
politic 216
politicize 216
polyglot 480
polygraph 481
polymer 481
polyp 480

polyphonic 39
populace 184
populist 184
populous 185
porcine 316
portage 48
portfolio 48
posterior 240
posthumous 240
postmodern 241
postmortem 241
potentate 15
potential 14
precedent 507
precision 441
preclude 450
precocious 450
precursor 273
predispose 451
predominant 372
prehensile 502
prerequisite 451
prescient 403
prevalent 477
primal 40
primate 41
primer 40
primeval 429
primordial 41
pro bono 246
pro forma 247
proactive 246
probate 112
probity 113
proclaim 559
procrustean 75
procure 361
profusion 279
prognosis 163
projection 45
prologue 249
Promethean 99
promulgate 249
prophylaxis 248
proponent 247
proprietary 250
propriety 250
proscribe 297
prospect 320
prospectus 321
protagonist 578
protean 18
protocol 578
protoplasm 579
prototype 579
protracted 137
protrude 248
proverb 604
pseudonym 201
psyche 536
psychedelic 536
psychosomatic 537
psychotherapist 537

psychotropic 533
punctilious 574
punctual 574
punitive 31
purgative 282
purgatory 283
purge 282
putative 111
pyrotechnic 597
Pyrrhic victory 147

Q
quadrant 390
quadrille 390
quadriplegic 391
quadruped 388
quartile 391
quid pro quo 252
quincentennial 414
quintessential 414
quintet 415
quintile 415

R
rebellion 69
rebut 134
recapitulate 223
reception 500
reciprocal 135
recluse 121
reconcile 133
recrimination 29
rectify 484
rectilinear 485
rectitude 484
redound 81
redundancy 81
referendum 269
reflective 100
refraction 103
refuge 586
regalia 409
regency 409
regimen 408
regress 135
reincarnation 379
reiterate 132
rejuvenate 133
relegate 411
remand 363
remorse 132
renege 401
repel 417
replete 13
reprehensible 503
reprobate 113
reputed 110
requisition 449
resolute 281
resonance 557
respirator 307
restrictive 230
resurgent 71

retract 136
retribution 243
retroactive 512
retrofit 513
retrograde 161
retrogress 513
retrospective 512
revert 315
revivify 271
revoke 134
rhomboid 582
rigor mortis 244

S
sacrosanct 487
sanctimonious 486
sanction 486
sanctuary 487
sapphic 301
satyr 51
Scylla and Charybdis 138
seclusion 121
seduction 299
segregate 187
semicolon 454
semiconductor 455
semitone 454
sensor 436
sensuous 437
sequential 126
serpentine 333
serviceable 190
servile 190
servitude 191
sibyl 205
signatory 527
signet 527
signify 526
simian 325
simile 434
simulacrum 435
simulate 435
sine qua non 252
sinecure 361
siren 27
Sisyphean 147
Socratic 164
solecism 221
soliloquy 602
soluble 280
sonic 556
sophisticated 336
sophistry 336
sophomoric 337
Spartan 220
spherical 468
spirited 306
Stentorian 19
stigma 229
stoic 165
stratification 470
stratocumulus 471
stratosphere 468

stratum 470
stricture 230
stygian 34
subconscious 154
subculture 219
subjugate 155
subliminal 154
subpar 461
subsequent 126
subservient 191
substrate 471
subterfuge 587
subterranean 264
subtext 529
subversion 155
suffuse 279
superannuated 444
superfluous 150
superimpose 453
superlative 151
supernova 593
supernumerary 421
supersede 151
surcharge 152
surfeit 153
surmount 152
surreal 153
susceptible 501
suspend 97
sybaritic 221
symbiosis 515
synchronous 427
syndrome 109
synergy 109
syntax 108
synthesize 108

T
tabula rasa 268
tachometer 489
tact 348
tactile 348
tangential 349
tangible 349
tantalize 58
taxidermist 543
technocrat 596
technophile 597
technophobe 596
telecommute 467
telegenic 466
telekinesis 585
telemetry 467
teleological 466
telepathic 85
temper 518
temperance 519
temporal 424
temporize 425
tenable 347
tenacious 346
tendinitis 551
tenet 347

tenuous 344
tenure 346
terminal 128
terminus 129
terra incognita 268
terrarium 265
terrestrial 265
tetracycline 398
tetrahedron 398
tetralogy 399
tetrapod 399
textual 528
theocracy 339
theosophy 337
thermal 568
thermodynamics 568
thermonuclear 569
thesis 285
thespian 236
titanic 98
tonsillectomy 443
topical 534
topography 535
tort 226
tortuous 227
toxicity 352
toxicology 353
toxin 352
traction 136
trajectory 45
transcend 24
transcendent 491
transfiguration 490
transfusion 278
transient 490
translucent 613
transmission 413
transmute 493
transpire 307
transponder 491
transpose 453
transvestite 495
trauma 156
travesty 495
triad 374
tributary 243
tribute 242
triceratops 375
trident 375
trilogy 374
trimester 382
trinity 382
triptych 383
Triton 91
triumvirate 474
trivial 383
Trojan horse 107
tropism 532
tuition 104
turbid 254
turbine 255
turbulent 255
tutelage 105

tutorial 104

U
ultimatum 292
ultrasonic 556
umber 614
umbrage 615
unconscionable 403
undulant 80
unicameral 350
unilateral 350
unison 351
unitarian 351
upsurge 70
urbane 214
urbanization 215
utopian 535

V
v is-à-vis 318
validate 477
valor 476
vasoconstrictor 231
venereal 67
veracity 433
verbatim 605
verbiage 605
verbose 604
verify 432
verisimilitude 433
virago 475
virility 474
virtuosity 475
visionary 319
vista 318
vivacious 270
vivisection 271
vociferous 37
voluble 256
voracious 377
vox populi 185
vulcanize 75
vulpine 325

WXYZ
xenophobe 599
zealot 204
zephyr 131

이 책에 관한 더 많은 자료를 얻고 싶다면
QR코드를 스캔하세요.
[xcendo.net/voca로 연결됩니다.]

미리엄웹스터 보캐뷸러리 빌더

초판 1쇄 발행 2020년 1월 31일
초판 2쇄 인쇄 2022년 2월 2일
지은이 Mary Wood Cornog
옮긴이 크레센도 번역가그룹
꾸민이 김정환
펴낸이 윤영삼
펴낸곳 콘체르토
주소 서울 강서구 마곡중앙로 171, 프라이빗타워2차 511호
전화 070-8688-6616
팩스 0303-3441-6616
전자우편 editor@xcendo.net
홈페이지 xcendo.net
트위트 twitter.com/xcendo
페이스북 facebook.com/bookbeez
Copyright ⓒ 콘체르토 2020, Seoul
ISBN 979-11-965472-2-6 (13740)
이 도서의 국립중앙도서관 출판예정도서목록(CIP)은 서지정보유통지원시스템 홈페이지(http://seoji.nl.go.kr)와
국가자료종합목록시스템(http://www.nl.go.kr/kolisnet)에서 이용하실 수 있습니다. (CIP제어번호 : CIP2020001358)